美国研究文选

（1987～2010）

上卷

SELECTED WORKS

ON *AMERICAN STUDIES QUARTERLY*

1987～2010

主编/黄平　胡国成　赵梅

社会科学文献出版社
SOCIAL SCIENCES ACADEMIC PRESS (CHINA)

序

1981年，在邓小平同志的亲切关怀下，中国社会科学院美国研究所成立了，它是与改革开放相伴随的，也是中美建交的直接产物，其意义不仅在于中国社会科学院多了一个下属机构，而且在于它开启了系统的学术意义上的新中国的美国研究。美国所成立后，1987年《美国研究》杂志创刊。

《美国研究》自创刊以来，始终坚持“成为中国所有从事研究美国问题的学者们共同的园地，成为大家交流对美国的认识和理解的一个中心”的办刊宗旨和目标，坚持科学性、学术性、综合性的办刊方针，与改革开放以来我国的美国研究发展历程相伴随，逐步形成了求实、开放、厚重的办刊风格，成为我国美国研究领域和国际问题研究领域中的一本受人喜爱的学术杂志。

在中国社会科学院美国研究所成立30周年这个特殊的日子，我们精选出《美国研究》自1987年创刊至2010年刊载的部分论文，这些文章分别涉及美国政治、经济、外交、社会、文化与历史等方面，共46篇。所选文章大体有以下三类。

第一类是基础性研究论文，这类文章大多由老一代学人所作、发表于80年代中后期，对美国的制度、社会、中美关系等一些基本问题进行探讨。如李道揆先生的《试论美国宪法的限权政府原则》、张毅先生的《美国民主政体的起源》、董乐山先生的《美国社会的暴力传统》、施咸荣先生的《美国黑人的三次文艺复兴》、陈宝森先生的《从金融业的困境看美国的市场经济》、袁明教授的《略论中国在美国的形象》等。

第二类是在学术界产生过重要影响的文章，如资中筠先生的《中国的美国研究》、王缉思先生的《美国霸权的逻辑》，沈宗美先生的《对美国主流文化的挑战》等。

第三类是近年来发表的、探讨有关美国及中美关系的重大问题的文章，如王希的《多元文化主义的起源、实践与局限性》、楚树龙与方力维合著的《美国人口状况的发展变化及其影响》、袁征的《论美国枪支管制运动的发展及前景》、李云林的《关于美国次贷危机严重性的实证判断》、朱锋的《“中国崛起”与“中国威胁”：美国“意象”的由来》，徐彤武的《奥巴马政府的医疗改革及其前景》等。

这些文章在一定程度上反映出我国的美国研究走过的历程。在过去30年间，中国的美国研究视野不断扩大，从最初的对策研究逐渐转向对美国全方位的研究，包括政治、经济、外交、社会、文化、历史等各个方面，对美国的认识也在不断深化。与此同时，研究者的队伍不断壮大，新人辈出。

这些文章中，有的作于30多年前，其中的一些数据已经过时；有的作者也已经故去。由于时间仓促、篇幅限制，更由于编辑者的眼光局限，本次选编的还只是很小的一部分，挂一漏万在所难免。从中我们还是可以看到作者们多年的努力所开出的果实，而他们也通过这些研究开启了一种风气、一个事业，那就是严谨、求真，既把美国当作一个现代化的参照系来研究，也把美国作为一种文明体系来研究。这种风气、这个事业，将代代相传、发扬光大。

编者

2011年4月19日

目　录

第一篇　总论

第二篇　经济与科技

第三篇 政治

第四篇 社会、文化与历史

第五篇　外交与军事

第六篇　中美关系

第一篇

总　　论

中国的美国研究[*]

资中筠[**]

中国和美国，各处地球东西，隔洋遥对。早期具有这一地理知识的中国人曾为诗形容称："足心相对一球地，海面长乘万里风"。[①] 诗虽不佳，却是写实。而两国的历史、文化、风土、人情，以及过去和现在的政治制度、经济条件等，可谓相去万里。但是在近代史上，美国在中国的对外关系中占据着主要地位，在不同时期对中国的各方面产生着不可忽视的影响。也许正是这两个民族迥异的特点，吸引着一代又一代知识分子相互探索和研究。就中国方面而言，尽管100多年以前，得风气之先的知识分子已经开始对了解美国产生兴趣，但是由于种种原因，系统的、学术性的美国研究得以真正深入、全面地发展，还是近10年来的事。

19世纪中叶到目前的情况，大致可分以下几个阶段来叙述。

一 新中国成立之前的一百年

据历史学家们考证，中国人初到美国早在美国独立战争之前。但是知

* 本文所提到的美国研究主要指人文与社会科学领域，一般不包括自然科学、技术本身的研究。文中提到国内的研究机构只是举例，难以求全。另外，1949年以后在我国台湾所进行的研究也未包括在内。

** 资中筠，时任中国社会科学院美国研究所研究员、副所长。

① 清人林鍼《西海纪游草》一书刊登的署名"浯屿梅瘦云"读后题诗。引自钟叔河著《走向世界》，中华书局，1985，第59页。

识分子赴美，并写下文字记述，则是在1844年《望厦条约》签订之后。迄今所知，第一部著作首推1847年赴美工作的福建人林鍼写的《西海纪游草》。这是一本诗集，附有长篇骈体文的序，最早刻本的年代为1849年。随后有志刚的《初使泰西记》、张德彝的《欧美环游记》（《再述奇》）、容闳的《西学东渐记》等。这些早期的关于旅美见闻的述评今天看来当然是相当肤浅，而且有不少谬误甚至可笑之论。但是它们在当时都起了打开眼界的作用。作者领悟到自己过去是“坐井观天”，现在则是“以蠡测海”；读者则感叹“跼蹐于一室之中，老死于户牖之下，几不知天地之大，九州之外更有何物”。[①] 更重要的是这些作者不限于猎奇式地记述异国风土人情，而且也涉及政治、社会情况，并且指点江山，评论得失，还自觉或不自觉地与中国作对比。不论作者身份如何，原来思想如何保守，亲身到美国（当然也包括欧洲）看过之后，总在不同程度上承认别人之长，对自己有所启发。至于从清末维新到孙中山领导的民主革命，乃至“五四”运动前后，中国的仁人志士向西方寻求救国、革新之道，对美国的考察就更深入，目的性更加明确。这期间，一些报纸杂志在介绍美国方面起了很大的作用。例如，美国的《独立宣言》被首次翻译发表在1901年出版的《国民报》第1期上。自20世纪初以来，在介绍美国方面曾作出贡献的众多杂志中，《东方杂志》可称一枝独秀。它创办于1904年，到1949年迁至台湾的几十年中，刊登了大量介绍美国的文章，包括政体、政党、经济、财政、社会、工业、农业、外交、军事、文化以及人物传记等各个方面。题目小的有《美国制棉籽油法》，大的有《英美法革命后建国事业之比较》，范围极广。那时还有其他一些杂志也发表过介绍美国的文章，如《庸言》、《夏声》等，不过寿命都比较短。总的说来，包括《东方杂志》在内，这些介绍都是零散的，而不是系统的。

20世纪30年代，特别是抗日战争爆发后，中美关系日益密切，报纸杂志刊登美国情况的文章激增，不过大多数内容是紧密配合时事的，基础性研究的文章较少。《世界知识》是其中在数量和影响上较突出的一种。

① 王广业题《西海纪游草》序文，引自钟叔河著《走向世界》，中华书局，1985，第58页。林鍼、志刚、张德彝等著作均见钟叔河主编《走向世界丛书》，岳麓书社。

以翻译西洋报刊为主的《西风》杂志，其所刊关于美国的文章的比重远超过其他国家，也可以算是着力介绍美国的一本刊物。

当然，在这个时期，中国人绝不仅限于通过报刊文章了解美国。大批留学生赴美学习、美国在华创办的学校以及兴办的各种事业，乃至独占中国市场的好莱坞电影，特别是第二次世界大战中作为“盟友”的密切来往，都使中国人对美国增加了理性和感性认识。但是这些都不能算是专门的对美国的研究。事实上，从抗战之前到战后，对美国的研究仅限于少数学者所从事的分散的、个别的工作，而且是附属于个别专业，如世界史、哲学、政治学、经济学、社会学，等等。例如胡适对杜威实证主义的研究和介绍，并在自己的治学方法中深受其影响，就是其中突出的例子。至于专门从事研究美国的机构更是不存在的。可以这样说，在当时的中国知识分子中，有相当多的人受过美国文化的熏陶，甚至接受了不少美国思想和生活方式的影响。但是专门从事美国研究，可称为美国问题专家的却寥寥无几。对美国的认识和介绍停留在比较浅的层次。

中国共产党领导的解放区就更为闭塞。当时中国共产党对美国是重视的，但是资料来源有限，没有条件进行系统的研究。只有个别地方出版过反映美国的丛刊。例如，晋绥解放区太岳新华书店于1947～1949年，曾编辑出版《美国问题研究》丛刊，内容包括美国的经济危机、对外政策、黑人问题等论文。1949年，中华人民共和国成立之前，曾在北平出版过柯柏年主编的《美国手册》。

第二次世界大战结束到1949年这段时间里，美国站在国民党一边介入中国内战的特殊情况，造成中国知识分子中的一部分人亲美、崇美，一部分人强烈反美，而且越到后期，反美情绪越加强烈和普遍。因此，这个时期对美国的研究高度政治化。中国国民党方面从利用美国内部矛盾、争取美援出发，对某些问题可以说钻得很深，摸得很透，但是谈不上学术研究。在共产党以及左派知识界，则着重揭露和谴责美国，进而分析其帝国主义本质。例如这个时期出版的伦德伯格（F. E. Lundberg）著《美国六十大家族》（*America's Sixty Families*，1937）、乔治·塞尔德斯（George Seldes）著《豪门美国》（*One Thousand Americans*，1947）等，对以后中国对美国的看法和研究产生了相当长期的影响。

二　新中国成立之后至“乒乓外交”

中华人民共和国成立后，各方面工作逐步走上正轨。为了配合开展外交工作和对外经济关系的需要，在中央政府领导之下，中国开始发展国际问题研究。美国研究是其中一部分，它的发展和消长一方面与中国的整个国际研究事业相一致，一方面又与中美关系的特殊情况有关联。同其他方面的国际研究一样，美国研究主要是作为涉外工作的一部分进行的，附属在有关政府部门和工会、青年、妇女、和平等群众团体的国际部门。在高等院校中这方面工作比较薄弱，20 世纪 60 年代之前没有专门研究美国的机构，有关美国的教学内容一般包括在世界历史、世界经济和国际关系等课程中。1956 年，在外交部赞助下，成立了中国科学院国际关系研究所。① 这是最早的、规模较大的国际研究机构，集中了一批专家，美国研究也是其中的一个重要项目，当时重点是研究美国经济。研究成果多数为内部调研报告，公开文章发表在该研究所的刊物《国际问题研究》上。另外《世界知识》杂志还继续刊载有关介绍美国的通俗性文章。

1949 年 10 月，山东新华书店出版的《中美关系真相》是新中国出版的第一本有关美国的书。以后陆续出版了少量的著作和译著。1950 年，北京生活·读书·新知三联书店出版从俄文翻译的《战后美国经济剖视》，近百万字，是最早的大型译著。50 年代后半期比前半期在数量上和领域的广度上有显著发展。不过译著的数量大大超过著作，而且一部分是从俄文和日文转译而来。中华人民共和国成立初期，有一批从美国回来的知识分子，是这个时期提供美国情况的骨干力量，同时还受到来华长住的美国朋友的帮助。

进入 60 年代，世界形势发生了很大变化，中国对世界的兴趣不断增长。特别是“两大阵营”的概念开始打破，中国与第三世界以及西方国家的关系日益开展。进一步了解西方国家，包括美国，成为迫切的客观需要。同时，中国国内已经从三年经济困难的谷底走出来，各方面恢复和发展得比较顺利，可以有余力多关心国际事务。于是在 1963 年底，根据毛泽

① “国际关系研究所”即现在的“国际问题研究所”的前身。

东主席关于“加强外国问题研究”的指示，周恩来总理亲自主持了有关人员的会议，并由国务院发了文件。在此以后，美国问题研究与其他方面的国际研究一道，有了长足的、迅速的发展。1964 年及以后，原中国科学院哲学社会科学研究部（即现在的中国社会科学院前身）所属的一些研究所，如外国文学、世界经济、世界历史等研究所相继成立了一批专门从事美国问题的研究室或组。一些大学，如武汉、南开等，在经济、历史、文学、哲学等好几个系里都设立专门研究美国的研究室，武汉大学专门成立了美加经济研究所。其他如山东大学、华东师范大学等也分别设立研究美国文学、经济、地理、教育的研究室。复旦大学建立国际政治系，分工是研究资本主义国家，其中当然包括美国。从此，美国分科研究开始组织队伍，加强研究力量。图书资料开始积累，为此目的的外汇拨款也列入国家财政计划。原来各政府部门所属的有关研究所的工作有所调整，并继续得到加强。

但是，好景不长，在 1966 年爆发的长达 10 年的一场浩劫——“文化大革命”中，美国研究和其他各个领域的工作一样，遭到破坏、陷于瘫痪，相当一部分图书资料散失，或停止购进，绝大部分研究人员都被迫放弃了专业工作。尽管如此，前几年中建立起来的机构、组织的队伍，以及已经积累的一些资料和开展的少量的工作，为以后这方面工作的恢复和发展奠定了一个基础。有这个基础和白手起家还是大不相同的。

这个时期中国对美国的研究虽然有较大发展，但是有一定的局限性。主要是与美国一直处于隔绝和敌对状态。由于隔绝，资料来源有限，更谈不到感性认识，因此观察问题往往隔靴搔痒；由于敌对，研究的内容多数从揭露、批判着眼。另外，自 20 世纪 50 年代以来，中国对国际事务的了解和研究受苏联的影响较大，许多教科书和资料都是从苏联转译来的，而且反映了苏联早期的观点。20 世纪 60 年代，苏联与美国搞缓和，对美国的提法有变化，而中国则主要担心美苏联合反华，反对“美苏勾结主宰世界”。凡此种种，使当时对美国的研究有教条主义倾向，难得客观、全面，也不大可能有好整以暇的、冷静的观察。例如，往往容易片面夸大美国的经济危机、财团对决策的操纵、工人运动的声势以及左派的力量，等等。但是，应该说，作为中国最高决策依据的估计，比公开发表的文章还是要客观一些。愈是在高层愈是如此。否则就无法解释毛泽东主席在“文化大革命”的极“左”思潮高潮中，作出“乒乓外交”的决策。

三　开始解冻阶段

由于从1971年开始的中美关系的突变，中国对美国研究的恢复先于其他遭“文革”破坏的领域。在基辛格秘密访华之前，在极小的范围内已经开始了对美国内政、外交特别是新中国成立以来中美关系的研究。这一研究目的十分明确，参加的人员和议题的范围都极狭小，并且在极端保密中进行。

1972年尼克松访华以及《中美上海联合公报》的发表，是中美关系史上的一个重大转折，也是中国对美国研究的一个转折。从那时起，美国不再是一个纯反面的对象。中性的，以至正面的有关美国情况的报道开始在报刊出现。有关国际问题的内部刊物中，关于美国的内容陡增。尼克松访华前后，谢伟思、费正清、拉铁摩尔等过去因为对于美国对华政策持不同意见，而遭迫害和排挤的中国问题专家特地被邀访华，引起了人们对抗战后期中国共产党同美国关系这段历史的回忆和新的兴趣。尼克松访华后，各界陆续来华访问的美国人日益增加。经过了几十年的隔绝和敌对之后，中国人又有机会直接接触美国人，以极大的兴趣重新认识美国。那时，凡有美国人在中国作报告，必然座无虚席，报告内容也不胫而走。举一个例子：长期在中国、热心帮助中国发展农业机械化的美国农业专家、作家韩丁，曾作过一个报告，内容谈到他一人经营相当于七八百中国亩的地，同时还有大量时间旅行和写作。这件事对习惯于小农经济的中国人来说确实是大开眼界。他的报告印发范围极广，一时之间不仅在北京，而且外地许多单位的负责人都在谈论韩丁的农场。更加令中国人惊奇的是，韩丁有这么多地，却还常常入不敷出，还要负债，靠夫妇二人的其他收入来维持生活。这与中国人对“大地主”的整个概念完全不符。举这个例子是为了说明当时中国的一般干部，包括居于领导岗位的人物，对美国的了解多么少。就了解美国而言，那可以说是一次新的启蒙教育。伴随着这种新鲜感而来的是对美国各个方面的新的、强烈的求知欲。

此时，“文化大革命”前已有的研究机构部分地恢复了工作，有的大学建立了新的研究美国的组、室等。有一些与这方面工作有关的专业人员从“干校”调回。但是当时还没有具备开展真正深入而客观的美国研究的条件。就国内而言，“文化大革命”所造成的内部动乱、不正常的政治生活、思想禁锢、闭关锁国状况并未结束。国外的资料、信息只有少数特许的机构和人员才能接触到。在观点上也仍受到各种束缚，更谈不到百家争鸣。就中美关系而言，当时尚未恢复正常，而是处于极端微妙的状态，多少年来相互之间的敌对和成见不可能在一个早上消除。更有甚者，尽管打开中美关系是毛泽东主席本人的决策，但是当时窃据高位的人时常要加以反对，或借题发挥，为别有用心的政治目的服务。以至于出现过像“蜗牛事件”这样贻笑天下的荒唐事件。[①] 在这种情况下，自难开展大规模的实事求是的学术性研究。专门为了处理中美关系而进行的必不可少的调研工作，仍在极小范围内进行，笼罩在周围的那层神秘色彩仍未消除。

四　新时期及其特色

大约从 1979 年初起，中国的美国研究进入了一个蓬勃发展的新阶段。这主要是由两大因素促成的。一是划时代的中国共产党十一届三中全会确立了“实践是检验真理的唯一标准”的原则，松开了精神上的紧箍咒，全国人民思想空前解放，学术领域的禁区一个个被突破，同时，全面开放政策使人们眼界大开，获得前所未有的、丰富的信息资料。这是促进学术繁荣的共同因素。而中美关系正常化、两国正式建交，又是促进美国研究发展的特殊因素。从那时以后的七八年中，中美之间气氛的改变、两国交流的蓬勃发展、数以万计的中国留学生及学者赴美学习和考察，给美国研究带来新的有利条件。在这期间，不但过去原有的研究机构得到恢复和加强，而且新的各种研究组织不断涌现出来。大体上以两种形式出现：一种是从事国际问题研究的新老机构加强了研究美国的科、室；一种是一些大专院校在文科的系和专业中恢复、加强或新设立该学科的美国教研组或研究室，如美国经济、美国历史、美国文学等。这一新的发展形势提出了把美国研究建设成为一门综合性学科的客观要求。于是 1981 年 5 月，中国社

---

① 1973 年中国电子工业部代表团访美，美接待单位赠每人一个玻璃蜗牛作纪念。有人向江青告发，说美借此讽刺中国发展慢如蜗牛爬行，而接受者被指控丧失民族立场。江青借此掀起轩然大波，实则反对周恩来及其领导的政府部门。

会科学院美国研究所应运而生。这是中国第一所多学科、综合性的研究美国的研究机构。而且研究所设在中国社会科学院内这一事实，标志着美国研究作为一门学科，已进入社会科学的领域。此后，又有一些综合性的美国研究机构相继成立，其中主要有复旦大学的美国研究中心（1984 年）、南京大学与美国约翰斯·霍普金斯国际关系高级研究院联合举办的美国研究中心（1986 年）等。此外，四川大学也成立了美国研究中心。1979 年之后中国还相继成立了美国历史学会、美国经济学会和美国文学研究会。

这个时期的研究成果仅从数量上说，非以前任何时期可以同日而语，主要表现在大量的学术论文散见于如雨后春笋般出现的各种杂志、学报等上面。关于书籍，表 1① 可以说明一些问题。

表 1　新时期有关美国问题研究的书籍

单位：部

年　代	著　作	译　著	总　计
1949～1959	134	408	542
1960～1965	40	390	430
1971～1986	116	580	726

更重要的是，在内容上，新时期的美国研究具有新的特点。

（1）严谨的、实事求是的治学态度。如前所述，这个时期美国研究的繁荣发展，是同整个学术的全面繁荣和思想活跃分不开的，是“实践是检验真理的唯一标准”的原则得以贯彻的结果。因此越来越多的学者在研究工作中能逐步摆脱僵化的教条的束缚，对纷纭复杂的研究对象采取科学的、分析的态度，并且言必有据，逐步克服断章取义的恶习。像过去那种把一切归为非“友谊”即“侵略”、非“进步”即“反动”，是不足取的、过于简单化的做法，这一点大体上已成为学者们的共识。在这种气氛下，不同观点的争鸣也得到开展。例如，对于“里根经济学”的得失利弊、美苏力量对比、旧的美国财团的划分是否还能成立，以及历史上美国对华“门户开放”政策等，都存在着不同的看法，可能会长期争论下去。有关

① 表 1 数字 1978 年以前的根据《全国总书目》，1979 年之后根据《全国新书目》统计而来。范围是哲学、政治、经济、军事、文化、文学、历史、地理。

美国历史、经济、外交、军事战略、文学等各种学术讨论会颇为频繁，大大促进了各研究机构之间的横向交流、学者之间的相互切磋，无疑对促进这方面的工作和深化对有些问题的认识是大有裨益的。

（2）新的、丰富的资料来源。新时期的美国研究是在全面开放、中国人面向世界的新高潮中进行的。绝大多数研究美国的人员，都有机会到美国作短期访问，或长期考察、学习。一则可以得益于极为发达和使用方便的美国图书、档案资料设备，积累宝贵的素材；二则可以从与美国同行的交流中乃至交锋中，开阔视野，拓展思路，得到新的启发；三则可以从实地观察和切身体会中印证书本知识和理论。这样就从根本上改变了过去那种主要依靠闭门读书，或至多是第二手的，或过时的感性知识的状况。

如果说以上第（1）条是主观因素，那么第（2）条就是客观因素。两者相结合，使中国的美国研究在短短七八年中突飞猛进。

（3）研究成果的深度与广度超过以往。从已发表的研究成果来看，题材涉及面之广，为前所未有，改变了过去多侧重政治、经济、外交、军事的状况，而及于社会、历史、文学、教育、哲学、宗教等各个方面。特别是社会思潮、价值观念等更是新的领域。更主要的是研究的兴趣日益向深层发展，不满足于知其然，而要究其所以然。例如研究美国外交，不仅限于叙述其某一时期的政策“是什么”，而是深究其历史根源、决策过程、产生影响的诸多因素及其消长，等等。另外，就美国的某一项政策、某一项制度、某一种现象进行深入剖析的研作日益增加，这又与过去主要从宏观角度论述有所不同。当然并不是说，当前宏观的研究被忽视了，相反，诸如美国的全球战略这样的大题目就是一个热门题目。

（4）学者队伍的壮大和成长。这几年中，研究美国的专业人员队伍壮大的速度是空前的。一部分是过去从事一般国际问题研究或涉外工作的人员，把注意力集中到研究美国上来；一部分是各专业学科的学者在本专业中把美国作为研究专题；还有政府机关或企业部门结合本单位业务加强研究美国的力量。一个新的现象是，非官方的、出于自发的兴趣而从事美国研究的人数日益增加，有专业的，也有业余的。这里面层次当然有深浅之别，质量也参差不齐，体现了普及与提高相结合。还有中青年队伍的蓬勃成长。在 20 世纪 70 年代末和 80 年代初中美双方学者的交流中，一个令人遗憾的突出现象是，中方年龄普遍高出美方很多。当时，美国有的基金会在世界各国招考年龄在35岁以下的高级研究人员，对中国则不得不特殊照顾而放宽5～10岁。现在这种情况正在迅速改变中。例如，1986年10月在北京举行的中美青年学者关于中美关系史（1945～1955）学术讨论会，作为会议主角的中方学者平均年龄略低于美方。这在五年以前是难以想望的。目前还有大批青年正在中国和美国的大学中学习或研究。可以期待在不久的将来，他们将以丰硕的成果成为美国研究领域中的生力军。

当然，总的说来，中国对美国的综合研究还是处于初创阶段，尚有许多不尽如人意之处。例如档案不开放、图书资料不健全、使用不便、各单位协作和通气不足等，都使中国学者与美国同行相比处于不利地位。在主观方面，专业人员的素质仍有待提高，青年、老年学者各有弱点。有些研作仍失之肤浅，并且从一个极端到另一个极端，或全盘否定或全盘肯定的现象依然存在。还有许多领域有待开发，有许多问题尚需提高到理论上来认识。此外，分科研究与综合研究的关系也没有很好地解决。

五　美国研究之我见

中国人为什么要研究美国？发展美国研究的意义何在？目前流行的说法是“为四化服务”，或做“智囊”。当然，这种说法适用于各种社会科学的研究，不仅于美国研究为然。如果不是作狭隘的、短视的、急功近利的理解的话，当然没有错。但是这仍不能完全概括。笔者认为，美国研究的意义可以分几个层次：

（1）在中国全面开放的今天，对全世界都应加深了解，这是不言而喻的。而美国这样一个大国，有其特殊性和复杂性。过去或为敌，或为友，与中国有过特殊的关系，今后还要长期打交道。这中间可能有愉快的合作，也可能有痛苦的摩擦。互相了解愈深，则愈能妥善处理双方的关系。无论是外交、贸易、文化交流莫不如此，这是显而易见的。这也是在研究目的中最浅近的一个层次。

（2）美国作为超级大国，对世界局势有独特的影响。方今世界上作为单独的国家只有美、苏能左右战争与和平，地球上几乎每个地区都可能感觉到它们的影响。离开了对美国的力量、意愿、战略、策略以及短期或长期利益所在的估计，就无以观察整个国际局势。对美国肤浅的、简单片面的了解往往会导致对整个国际局势的错误估计。而要真正了解美国的对外关系，又必须了解造成这种关系的诸多内在因素。从这个意义上讲，有必要对美国作全面的、深入的研究。

（3）美国是一个高度发达的现代化国家。其历史背景、地理条件、发展道路以及价值观念等，无不与中国形成鲜明对照，在中国今天探索走向现代化的道路中是一个重要的参考系。美国已经证明流弊很多的经验固不可取，即使在美国是成功的、行之有效的，多数也未必能照搬到中国。但是有没有这个参考系，有没有这个借鉴，对中国人了解自己，提高对世界的认识，研究各种选择的利弊得失，却是大不相同的。中华民族要振兴，必须打开胸怀，吸收新鲜的养料。“坐井观天”当然不行，像林铖那个时代那样“以蠡测海”，也已远远不够了。现在有必要，也有充分的条件寻根究底，观其“全豹”。至于必须知所取舍、善于消化，这是当然的，但这个命题也只有通过深入的而不是一知半解的研究来得到解决。

（4）美国之为美国，既是西方文明发展的一部分，又有其自成体系的独特发展道路。对于以“究天人之际，通古今之变”为己任的社会科学工作者来说，美国是一个极有吸引力的、值得研究的典型。这对政治学、经济学、人类学、社会学、历史学、哲学等都适用；而这又使“美国研究”本身足以成为一门综合学科。这种研究在中国是新的，有许多问题待解决，在理解上也很不相同。但是作为探求人类社会发展史的学问的一部分，是大有可为的。

以上是个人浅见。如能成立，那么对研究的意义就不宜做“立竿见影”的要求。不必一篇文章提出一项具体建议为决策者所采纳才算起了“智囊”作用；美国的某项经验直接“拿来”为我所用，才算是“为四化服务”。一般说来，学术研究最终能够发生社会效用的周期长短不一，或十年，或百年，“立竿见影”的情况是有的，但不是通例。归根结底是面对全社会，起开发民智的作用。同其他社会科学一样，如果说做“智囊”，应该是做全民族的“智囊”。从这个意义上说，中国的美国研究也许可以从根本上为中华民族的振兴，为中国走向现代化作出一些贡献。这应当不算陈义过高。

（原载《美国研究》1987 年第 1 期）

美国霸权的逻辑*

王缉思**

【内容提要】 以个人自由权利为核心的意识形态，是美国霸权主义的主要思想基础。国内民主是这套简单划一的价值观的制度基础。社会多元化带来的民主外延的扩大，扩大了美国价值观的社会适应性，在思想上形成了一种"多数人的专制"。它逐渐超越了白人种族主义和基督新教的"天命观"，在对外事务中演化成特殊形态的美国民族主义，造成了霸权思想的膨胀。美国人在追求民族私利的时候很少有道德顾忌，充满自以为是的领袖欲望。同时，在美国的权力制衡、决策机制、社会结构和文化传统中，仍然存在着某些自我约束、自我反省的因素。

【关键词】 美国外交　霸权　意识形态　民主

在冷战后的世界上，一提起"霸权"，人们首先甚至唯一想到的是美国。关于"霸权"的定义，国内外已有不少著述论及。① 根据《现代汉语词典》

---

* 在本文完稿的过程中，得到资中筠、陶文钊、胡国成、赵梅、张立平、门洪华、樊吉社、王义桅、余万里等学者的匡正和帮助，谨此致谢。文中谬误之处，自应由作者负责。

** 王缉思，时任中国社会科学院美国研究所所长、研究员；中共中央党校国际战略研究所所长。

① 国内学者中，周柏林对霸权概念作了较为详尽的比较。见周柏林著《美国新霸权主义》，天津人民出版社，2002，第 2～6、21～22 页。西方学者有关霸权和"霸权稳定论"的观点评述，见倪世雄等著《当代西方国际关系理论》，复旦大学出版社，2001，第 292～305 页。

的定义，霸权是“在国际关系中以实力操纵或控制别国的行为”。[①] 美国的一本权威辞书对霸权（hegemony）的定义是：“领导、权威或影响，常指在联盟或邦联中一个国家或政府的政治支配地位（political dominance）。”[②]

通过仔细观察，可以发现中国人和西方人关于霸权的看法有一些微妙而重要的差别。正如上引词典所界定的，在中国人眼中，霸权首先是一种“行为”，一种主观决定的政策，而不是指一种客观态势，于是有“称霸”、“争霸”的说法。霸权一词含强烈的贬义，让人联想到称王称霸、专横霸道、倚强凌弱的做法。将霸权当做“主义”来推行，就带有更加严重、恶劣的性质。所以，我们常常声明，无论将来中国如何强大，“中国永远不称霸”。中国近代以来长期受到西方霸权的压迫，从20世纪60年代到80年代还受到苏联霸权的威胁，所以对世界政治中的霸权有一种本能的反感。

英文中的hegemony则是源于古希腊语的一个比较深奥的词，没有明显的贬义。它指某个国家、国家集团或政权所处的超群的优势地位或能力，而不是指一种行为或政策。hegemony有“支配”的含义，但很难体会出“横行霸道”的味道。一般英文词典上没有“霸权主义”（hegemonism）的词条，西方学术专著也很少使用“霸权主义”这个概念。所谓“霸权国”或“霸主”（hegemon），亦是一个中性词，指“有能力确保管理国家关系的原则，并愿意这样做的国家”。[③] 因此，对于美国被别的国家称为霸权国，一般美国人并不敏感。[④]

美国学者约瑟夫·奈在其近著《美国实力的悖论》[⑤] 中谈道：“‘霸权’是俄罗斯、中国、中东、法国和一些其他国家的政治领导人不时使用

---

① 中国社会科学院语言研究所词典编辑室编《现代汉语词典》，商务印书馆，2002，第21页。

② *Webster's New Universal Unabridged Dictionary*（New York：Dorset & Baber，1979），p. 841.

③ Robert Keohane，*International Institutions and State Power*：*Essays in International Relations Theory*（Boulder：Westview Press，1989），p. 234. 转引自门洪华《国际机制与美国霸权》，《美国研究》2001年第1期，第79页。

④ 然而美国官方和了解中国外交的政要、学者对中国反对霸权主义的立场是很在意的，他们认为中国说的反霸就是反美。前总统国家安全事务助理布热津斯基在这点上强调的最多。

⑤ 这本书的中文版把书名 *The Paradox of American Power* 翻译成《美国霸权的困惑》。在书中，“American Power”几乎一律翻译为“美国霸权”，但在其他地方则把power译为“力量”或“实力”。可见译者并非不能区分power和hegemony的不同含义，而是另有用意。见约瑟夫·奈《美国霸权的困惑》，世界知识出版社，2002。

的一个责骂用词。在美国的软实力影响大的国家里，这个词不经常使用，使用中也没有那么多的贬义。如果霸权意味着有能力强行制定或者至少支配国际关系中所使用的规则和安排的话，那么今天的美国很难说是霸主。……如果更谨慎一点，把霸权界定为一个国家比其他国家拥有多得多的资源及能力的一种局面，那么它仅仅表示美国的优势，而并非一定表示支配和控制”。[①] 奈在这里也说“霸权”不一定是贬义。他也把霸权描述为一种能力或地位，而不是一种愿望或政策。

本文将“霸权地位”同“霸权主义”加以概念上的区分，前者指一种能力和客观局面，后者指使用强权胁迫及其他损害他国权益的手段追求霸权、维持霸权的指导思想、行为和政策。霸权地位和霸权主义主要是相辅相成的关系：有了霸权地位就有能力推行霸权主义政策，而霸权主义能够加强霸权地位。但是，两者之间又可能产生不协调，比如过度推行霸权主义的扩张政策会危及本国的霸权地位；某个国家霸权地位在衰落的过程中，其霸权主义却有可能更为嚣张。

今天美国的全球霸权地位，是许多国内外因素合力的产物，包括“天赋”的地理位置和自然资源，以及历史机遇。例如，没有苏联的消亡，就没有美国“独霸”的机会（当然，美国的所作所为也促进了苏联的消亡）。但在诸多国内外因素中，美国自身的强盛是第一位的。[②] 同理，美国的霸权主义行为、政策和思想，也是多重因素相互作用的结果，其中最重要的因素也应当从美国国内寻找。然而在我们对美国霸权的研究中，最薄弱的环节恰恰在于美国霸权主义的国内根源。本文仅就美国霸权主义的国内思想基础、制度基础和所受到的国内制约，发表几点不成熟的看法。

一　简单划一的意识形态

美国霸权主义的主要思想基础，是其国内高度统一的意识形态。说美

① Joseph S. Nye, Jr., *The Paradox of American Power: Why the World's Only Superpower Can't Go It Alone* (New York: Oxford University Press, 2002), pp. 15 - 16.

② 在国内学者关于美国强盛之道的论著中，资中筠近年来的成果当属精品，其代表作见资中筠主编《冷眼向洋：百年风云启示录》，上卷，生活·读书·新知三联书店，2000，第1～304页。

国人的“意识形态高度统一”，一定会遭到许多美国人的驳斥。首先，“意识形态”（ideology）在美国政治中含贬义，通常表示一种褊狭的信念。在美国的政治词汇中，其他民族和人群的信仰可以称为意识形态，而美国人持有的是一种价值观（values）、信念（creed）、精神（spirit）、气质（ethos）、理想（ideal）、信仰（faith），甚至可以称之为神话（myth）。更重要的是，美国人会强调他们社会中种族、宗教、文化背景上的多元化，以及由此派生的思想观念上的多元化。一个开放、多元而且言论自由的国家，怎么可能产生一种高度统一的意识形态呢？

美国社会的开放、多元和言论自由是毋庸置疑的。这也正是美国人引以为自豪而许多其他国家的人向往美国之处。但是，“开放”、“多元化”、“言论自由”，等等，本身就是带有强烈美国意识形态色彩的观念。当然，这些观念的根源应追溯到欧洲。但美国人又会说，他们的许多祖先是因为在欧洲和其他地方受到不开放、不宽容的宗教迫害而迁居到北美去的，是在美国享受到更大自由的。美国人向来鄙视欧洲残存的封建传统，“把欧洲战乱频仍归咎于否定自由及人性尊严的政治体制当道”。[①]

自由、民主、公民权利、三权分立、政教分离、以私有财产不可侵犯为基础的市场经济、宪法至高无上的法治，等等，都是美国社会的成员一致接受并且不容挑战的原则。这些传统的自由主义原则在美国的历史进程中早已融为一体，不可分割。例如，美国人都认为没有个人自由和私有制的民主不是真正的民主，私有财产得不到保护的市场经济不是真正的市场经济。美国思想家、理论家、政治家所争论的，不外乎如何解释和实践这些原则。在美国，自由主义同保守主义之争构成政治思想斗争的主线。但是，“即使是传统的保守主义，他们所要保守的也是自由的传统。他们所要保守的也就是形成于英国、光大于美国，从盎格鲁—撒克逊到美利坚一脉相承并扩展整个世界的自由主义大传统”。[②] 在美国政治光谱中处于左端的激进派，则主张以激进的方式实现极端化了的自由主义原则。激进的左派以批评美国政府、国会、资本家集团为己任，但其思想武器仍旧是美国意识形态的一个核心原则，即政府是为人民设立的，个人的权利高于国家

① 亨利·基辛格：《大外交》，海南出版社，1997，第16页。

② 刘军宁：《保守主义》，中国社会科学出版社，1998，第18页；李强：《自由主义》，中国社会科学出版社，1998，第4页。

的权力，因而美国人民有理由批评以至推翻自己所不信任的政府。[①] 这样，在美国人当中，连极右派和极左派也仍然有许多共同奉为圭臬的原则，互相攻击对方违反了这些原则。美国的政治主流一般都在温和的保守派和温和的自由派之间徘徊，以争取最大范围的政治共识。不管是标榜自由主义的民主党还是提倡保守主义的共和党，其意识形态的基本原则依然是相同的。

简单地说，将美国人凝聚在一起的传统核心观念是“自由”，是一种个人权利观。所有美国政治派别，都以“自由”为自己的旗帜，无一例外。富兰克林·罗斯福总统概括的“四大自由”（言论自由、信仰自由、免于匮乏的自由、免于恐惧的自由）成为家喻户晓的经典表述。20 世纪末的一项民意调查问道：“你作为美国人最感到骄傲的是什么?”69% 的人回答说：“自由。”[②] 如果单就意识形态来说，美国国内没有通常意义上的“政治反对派”或“持不同政见者”。

这套以“自由”为核心的意识形态是美国的立国之本，通过《独立宣言》、《美国宪法》、《权利法案》（宪法前十条修正案）、《联邦党人文集》等经典著作化为文本。华盛顿、林肯等早期政治家的言行，联邦最高法院的一些判例，直到当代民权领袖马丁·路德·金的著名演讲词（《我有一个梦》），美国总统的演说、声明、国情咨文，都在体现、补充和强化这套意识形态。毫不夸张地说，没有这一立国之本，就没有美国，更没有当今美国赖以称霸世界的实力地位。

美国人的宗教信仰同美国意识形态不断地相互强化。美国外交中特有的理想主义同现实主义的结合，“孤立主义”同扩张主义的交替，“美国例外论”和美国人的“天定命运观”，都构成美国推行霸权政策的基础，国内学者对此著述甚丰，无须赘述。[③] 笔者在这里想强调的是，就其扎根于

---

① 见王缉思为霍华德·津恩著《美国人民的历史》中文版所写的序言，上海人民出版社，2000，第 8 页。

② 埃里克·方纳：《美国自由的故事》，王希译，商务印书馆，2002，第 461 页。

③ 关于美国宗教对政治的影响和理想主义、天定命运观、美国例外论等概念，可参见国内学者的以下近著：刘澎《当代美国宗教》，社会科学文献出版社，2001；周琪《美国人权外交政策》，上海人民出版社，2001；王晓德《美国文化与外交》，世界知识出版社，2000；刘建飞《美国与反共主义：论美国对社会主义国家的意识形态外交》，中国社会科学出版社，2001。

美国社会的深度而言，就其文本和其他体现形式的广度而言，就其历史生命力和世界影响而言，美国意识形态都超过历史上其他霸权国的思想基础。在沙皇的专制统治下，“俄罗斯的政策是用种种阴谋手段支持新发明的泛斯拉夫主义理论”，[①] 这激起了国内外其他民族的激烈反抗。法西斯德国的种族优越论只能在德意志民族中产生共鸣；日本称霸时期的“东亚共荣”论在日本以外的任何地区皆缺乏号召力；苏联霸权主义最终在国家内部的种种弊端、意识形态同现实生活的脱离、持不同政见者的反叛等诸多因素的作用下无法维持。相比之下，美国意识形态却能够适应新形势，补充新观念，而且万变不离其宗。[②]

意识形态的简单化使美国人不容易在国际事务中“换位思考”，甚至很难理解其他国家的复杂国情。法国哲学家托克维尔早就发现，美国人虽然大谈个人权利，但是他们的思想其实非常单调乏味，鲜见有真正独立头脑的人。[③] 作为美国人邻居的加拿大人，对美国意识形态的简单化也感到难以理解。加拿大学者沙卡文·伯科维奇评论道，美国人生活在一个自己制造出来的神话当中，它“是一个由一致的意识形态联结在一起的、多元的、讲究实际的民族……（它有）数以百计的派别，虽然彼此之间毫不相同，却都在执行着同一使命”。[④] 美国人眼中的世界一直就是两个：以美国为代表的“自由世界”和以美国的敌人为代表的“邪恶”世界。美国的使命就是“捍卫自由世界”和“消灭邪恶势力”，灰色地带是不存在的。

从美国国内的思想论争来看，内容不可谓不丰富。但是，当通过美国人的意识形态透镜来观察外部世界时，视角又不可谓不简单。例如，堕胎问题是当代美国重要的政治议题，以强调胎儿生命权的“重生命”者为一方，以强调妇女选择权的“重选择”者为另一方，论点相当复杂，争斗十分激烈，成为总统和国会选举中政治家必须表态的问题，甚至提到“关系

① 恩格斯：《德国的革命和反革命》，《马克思恩格斯选集》第一卷，人民出版社，1972，第546页。

② 参见王缉思《美国意识形态的新趋势》，《美国年鉴2000》，中国社会科学出版社，2000，第205～223页。

③ Allan Bloom, *The Closing of the American Mind* (New York: Simon & Schuster, 1987), p. 247.

④ 转引自西摩·马丁·李普塞特《一致与冲突》，张华青等译，上海人民出版社，1995，第3页。

到国家兴衰”的高度。[①] 但是，当涉及对中国计划生育政策的态度时，争论双方却一致加以反对，因为无论是妇女选择权还是胎儿生命权，都是个人权利问题，同中国实行计划生育政策的道理找不到适当的共同点。由于美国社会精英在意识形态上的高度一致，没有任何有影响的政治派别会为本·拉登的恐怖主义活动击掌叫好，会理解和支持朝鲜发展核武器，会赞赏米洛舍维奇对科索沃的政策，会哀叹苏联社会主义制度的消亡，会赞成中国大陆使用武力解决台湾问题。

二　霸权主义扎根于国内民主

不难发现，在美国意识形态指导下产生的国内体制和政治行为，与同样受美国意识形态指导的对外政策主张和行为，有着深刻的矛盾：前者倡导权力制衡，后者主张美国独霸；前者强调人人生而平等，后者否认大小国家一律平等；前者主张法律高于一切，后者经常无视国际法的基本准则；前者摒弃政治斗争的暴力方式，后者动辄使用武力解决国际争端；前者禁止军队干预政治，后者允许国防部和军方在对外战略决策中发挥重要作用，如此等等。资中筠先生在提到美国的对外行为时，使用了“对内立民主，对外行霸道”的说法，是很贴切的。她并且指出，不能因为美国的霸道而拒绝借鉴它的国内经验，也不能因为它的民主而放弃同它的霸道作斗争。[②]

任何一个国家的对内政策和对外政策都出自同一个社会根源，同一种历史传统。美国的对内民主和对外霸道表面上十分矛盾，实则有多重的内在联系，相辅相成。美国外交学者米德指出，美国的外交政策和国内政策出自同一个国内民主过程。他说：“传统观点认为，民主社会不适合于在外交政策上取得成功。恰恰相反，美国外交过程的混乱，尤其是由于它植根于民主社会，长期以来总体上是有益的。”[③] 美国的对内民主给它在世界

① 赵梅：《“选择权”与“生命权”：美国有关堕胎问题的论争》，《美国研究》1997 年第 4 期，第 55～85 页。

② 资中筠前引书，上卷，第 21～22、286～299 页。

③ Walter Russell Mead, *Special Providence: American Foreign Policy and How it Changed the World* (New York: Alfred A. Knopf, 2002), pp. 84－85.

上的霸权行为提供了有力支持，而它的某些霸权行为又给它的国内民主增添了越来越多的新内容。

美国民主为霸权行为服务，首先表现在对外霸权行为可以通过民主制度获得其合法性。美国民主的重要标志之一是立法、司法和行政的三权分立，在对外关系中主要是国会和行政当局的分权。① 第一次世界大战后美国国会否决了威尔逊政府加入《凡尔赛和约》和国际联盟的决定，成为国会同行政当局在外交上唱反调的典型事例。但是，在当代特别是冷战后的美国外交中，鲜有国会否决行政当局重大外交决定的情况。② 海湾战争、科索沃战争、阿富汗战争、伊拉克战争，都是在获得国会某种认可后发动的，于是便取得了在美国政治中的合法性，或曰战争得到了国会的“授权”。

国会议员不是政府官员，因此在批评外国政府、指点外部事务中很少顾忌，基本不受外交口径的约束。国会通过许多外交方面的法案和议案，如损害中国主权的《与台湾关系法》、充满霸权主义色彩的《赫尔姆斯—伯顿法》和《达马托法》，向外部世界施加美国政府难以施加的压力。有些国会决议对本国行政当局没有约束力，却有损外国的形象和利益。美国国会议员参与外交活动，发挥了政府官员难以发挥的某些作用。这是美国民主可以支持其对外霸权的又一个方面。

美国通过各种类型的民意调查，显示公众对国际事务的倾向和看法。为数众多、政治倾向各异的教育和研究机构、慈善基金会、思想库、非政府组织、宗教团体都对国际问题感兴趣，愿意参与对外关系。跨国公司和财团更是在海外有巨大的利益。虽然美国内部的利益集团和政治派别在外交事务方面的分歧明显，但总体上看战略目标一致，合力大于分力，分歧点仅在于达到战略目标的方式、手段和步骤。

对于美国普通公众和一般团体来说，由于对外部世界的直接联系和了解不多，信息来源局限于本国媒体和政府声明，加上美国媒体在全球信息传播中所处的垄断地位，多数人很容易作出支持美国外交政策的判断。即

---

① 关于国会与行政当局在美国对外关系中的权力关系，参阅杰里尔·A·罗赛蒂《美国对外政策的政治学》，世界知识出版社，第九章，1997，第267~315页。

② 一个重要例外是1999年10月共和党主导的参议院拒绝批准克林顿政府要求签署的《全面禁止核试验条约》。

使在专业性很强、对外部世界了解相当深的思想库和大学里，对国际事务的判断标准也大同小异。例如，2003年的伊拉克战争之前，美国国内的反战情绪一度高涨，但多项民意调查显示，支持发动这场战争的人数一直居多。即使在反战的人群中，也不会出现同情萨达姆·侯赛因的舆论。

这种在观察外部世界方面的舆论一律，使美国的霸权政策很容易被国内民主程序所认可。同国会议员一样，许多美国的非政府组织、前政要、外交智囊、军人、学者、教授、科学技术专家、商人、新闻媒体工作者以至普通公民，都会自觉地为本国的外交政策和国家利益辩护，从而加大了美国的外交活动范围。在美国同非西方国家的双边关系中，经常出现一个社会对付一个政府的局面，即在美国方面是政府、国会、媒体、民间团体、商界、学者多管齐下、软硬兼施，而对方是政府的单一渠道、同一种声音。这样，美国国内的多元化就可以成为施行霸权政策的一个工具和借口。例如，当中国人指出美国向中国台湾出售武器是违背国际准则的霸权行径时，美国人会振振有词地辩解说，此项政策也许有不合理之处，但它是以《与台湾关系法》为基础的，得到美国国会和舆论支持的。如果中国要改变美国此项政策，必须先说服美国公众和国会议员。

当代美国新保守派思想家布鲁姆指出，美国民主同时又是一种多数人的专制（tyranny of the majority）。他说：

> 除非反对派的意见确实有坚实的基础，大多数人的意见总是占上风。这就是真正危险的多数人专制的形式。它不是积极迫害少数人的那种专制，而是粉碎了内心反抗意志的那种专制，因为反主流原则的够水平的资源不存在，更高的正确性也不存在。只有多数派存在，多数人的决定是唯一的裁决。这种专制的可怕不在于其权力，而在于其貌似正义。……
>
> 在理性的政体中，由于缺乏原有意义上的、基于原则或者公正信念的阶级，理性越发一览无余。对于最根本的政治原则，人们有一个基本共识，于是对这些原则的怀疑就失去了立足之地。在贵族政体中，还有一个平民党，但是在民主政体中没有贵族党。这意味着反叛主导原则的人们既得不到保护，也得不到尊敬。……
>
> 思想的自由不仅要求（或者说甚至不特别要求）解除法律的禁

> 锢，而且要求替代性观念的存在。最成功的专制不是那种用武力来保证一致性的暴政，而是让人们不知道还存在着其他的可能性，不能想象别的道路也能走通，不了解天外有天。赋予一个人以自由之身的，并非感情或者义务，而是思想，有理性的思想。感情基本上是约定俗成的。真正的差异是思想和基本原则的差异。民主里的很多因素导致了对差异认识的否定。①

美国国内在对外关系方面的“民主舆论”，通过20世纪的反法西斯战争、冷战和21世纪初的反恐战争，已经形成一种“多数人的专制”，一种布鲁姆所说的“真正危险”而又“最成功的专制”。它使美国人对世界事务的认知在共同利益和共同价值观的基础上趋于一致，排斥国内外真正的不同意见。这就授予了美国领导集团和政治精英一把“可怕而貌似正义的”软刀子，让他们能够以表面上十分理性而实质上常常是非理性的方式，通过国内民主使国家的“软实力”在国内实现最大化，使美国在国际上形成一个强大而统一的意志（特别是对比作为整体的欧盟和一些在国内缺乏意识形态一致性的国家而言）。人口仅占世界总人口4.6%的美国，之所以能够在世界上如此霸道，其基于共同价值观的国内民主发挥了重要作用。一句话，美国的霸权思想深深扎根于国内民主的土壤之中。

三　民主的扩大促进霸权思想的膨胀

美国国内民主的发展变化，加强了美国的霸权地位，也充实了它的霸权主义思想。历史上的美国民主，主要是美国白种男人之中的民主。早期美国政治家中的白人种族主义倾向盛行。开国元勋之一托马斯·杰斐逊对黑人的歧视是人所共知的。连以主张解放黑人奴隶闻名于世的亚伯拉罕·林肯总统，也说过天性在白人和黑人之间设定了一条鸿沟，可能将永远阻止他们完全平等地生活在一起。② 早期的美国意识形态和霸权主义，是以种族主义为主要特征的。正如美国历史学家迈克尔·亨特所说：“（过去

---

① Bloom, op. cit., pp. 247-249.

② 关于美国的种族主义理论和观念，参见爱·麦·伯恩斯《当代世界政治理论》，商务印书馆，1983，第447～452页。

的）美国决策者以种族等级来衡量其他民族和国家的价值。他们对背离美国模式的革命，尤其是左派的革命，显示敌对态度。”① 美国外交中的种族主义色彩，在对待东亚各国特别是中国革命的态度上和在越南战争中，都表现得十分明显。此外，国内的种族歧视，对人权的粗暴践踏，包括20世纪50年代初期的麦卡锡主义，使美国民主对外界的吸引力大打折扣。

第二次世界大战期间，有色人种和少数族裔对保卫美国起到了巨大作用，种族主义开始不攻自破。冷战初期，出于国家安全和意识形态的需要，杜鲁门政府取消了美国军队中的种族隔离制度。在20世纪60年代的美国民权运动中，马丁·路德·金援引《美国宪法》和《独立宣言》的人权原则，证明“人人生而平等”对白人和黑人同样适用。② 其后美国社会的发展变化，特别是20世纪80年代和90年代大批新移民的涌入，对美国民主的形态和政治凝聚力产生了深远影响。虽然事实上的种族歧视远没有销声匿迹，但种族主义在美国政治中已经臭名昭著。族际平等、肤色平等、男女平等，成为社会必须遵守的“政治正确性”。

在全球化的冲击下，在大批新移民进入美国的时代，一个缺乏共同文化、共同种族、共同宗教的“美利坚民族”的根基是什么？依靠什么来凝聚？美国历史学家小阿瑟·施莱辛格的解释是：美国比过去任何一个历史时期都更需要民主、自由、人权这些信念来支撑。③ 从这个角度来看，美国的外交政策也需要更多地体现这些“美国理想”，因为外交毕竟是为国内政治服务的。在外交中更多地表现美国意识形态和“民主诉求”，对其他国家而言则意味着外交中更强烈的霸权色彩。

美国民主中的多元化趋势，已经明显地表现在对外关系中。从一定程度上说，是美国对古巴实行霸权政策，才带来了古巴难民外逃，古巴血统的美国人才可能急剧增加到现在的130多万人。同时，这些美籍古巴人对佛罗里达等州的地方政治，对美国对古巴的政策，都产生了较大影响，强

① Michael H. Hunt, *Ideology and U. S. Foreign Policy* (New Haven: Yale University Press, 1987), p. 171.

② Martin Luther King Jr., "I Have a Dream," in Melvin I. Urofsky, ed., *Basic Readings in U. S. Democracy* (Washington D. C.: United States Information Agency, 1994), pp. 230 - 232.

③ 参见 Arthur Meier Schlesinger, Jr., *The Disuniting of America: Reflections on a Multicultural Society* (New York: W. W. Norton, 1998)。

化了美国对卡斯特罗领导的古巴政府的敌视态度。越南战争的后果之一，是越南统一前后大批越南南方人移民到美国。现居住在美国的越南移民已经超过了100万人。亚太血统的美国人现有总数达1250万人以上。在美国的外交系统、军队系统、情报系统和跨国公司中，少数族裔和非白人所占的比例大大高于他们在全国人口中所占的比例。这些涉外系统雇用美籍亚洲人去担任同亚洲各国相联系的工作；用美籍拉美移民去加强同拉美各国的联系；用美籍伊朗人、美籍阿拉伯人去收集有关中东地区的情报，从事反恐斗争；在驻韩美军中利用有韩国血统的官兵同韩国人沟通……同时，美国政府很少担心这些少数族裔的美国人会被同他们有血缘关系的国家利用来对美国进行策反。这是美国外交在心理和手段上的重要优势。在人才的使用上，美国能够不拘一格。出生在德国的犹太人基辛格，出生在波兰的布热津斯基，出生在捷克、成为美国有史以来官阶最高的女性的奥尔布赖特，父母来自牙买加、本人出生在纽约黑人区的鲍威尔，都是美国多元化在外交上的代表。对他们的重用，不仅为美国在国际上的霸权添砖加瓦，也有利于加强国内少数族裔的向心力。①

少数族裔在美国社会中所占数量、比例和政治影响的增加，一方面对社会凝聚力和美国的白人文化传统形成了挑战，另一方面也加强了美国对外部世界的关注。近几十年来进入美国的新移民，特别是其中的政治活跃分子，增加了美国对外扩张和“人权干预”的动力。在美国定居的外国人和新移民中的政治活跃分子，通常是原来国家内部的反对派，不少人以受本国迫害为由，想通过他们的“新祖国”去实现在故土没有条件实现的目标，力争在美国长期居住并发挥影响。出于种种原因，他们往往比土生土长的美国人更加积极地要求美国加强对外干涉的力度。可以说，对外国内政的干涉符合这部分美国公民的“民主要求”。

冷战结束后的世界政治中，民族宗教问题十分突出，对日益多元化的美国社会也构成重大挑战。克林顿在他1993年的就职演说中强调：“现在内政与外交之间已不再有明确的界限。”② 这一点在民族宗教问题上表现得尤为明显。“9·11”事件对美国的一个警示，就是世界范围的民族宗教问

① 在具有强烈保守色彩的布什政府中，两位黑人（鲍威尔和赖斯）同时担任外交决策中的两个主要角色，其中还有一位女性，这在几十年前是不可想象的。

② 《美国历届总统就职演说集》，岳西贾，张卫星译，中央编译出版社，1995，第450页。

题，特别是伊斯兰的激进思想和势力，如果任其发展，将严重影响美国的国内稳定和团结。“9·11”把世界范围内“文明的冲突”进一步延伸到美国国内，加剧了政治主流同种族、宗教、文化多元的矛盾，加剧了社会控制同公民权利的矛盾，加剧了开放的移民政策同排外情绪的矛盾。缓和这些国内矛盾的方法之一，就是以反恐为旗帜，打击国际上的伊斯兰激进势力和“邪恶国家”，巩固美国的世界霸权。

在国际上反恐和在国内缓和内部矛盾的这种微妙关系，对美国领导集团来说是只可意会不可言传的。“9·11”之后，美国领导人反复强调，恐怖袭击的原因同美国的中东政策无关，也不是“文明的冲突”。他们对“9·11”的解释是，美国代表着自由、民主、人权、宽容的理想，因而遭到国际恐怖主义组织及其支持者和同情者（“邪恶国家”）的忌恨；后者代表的是专制，是褊狭和仇恨，是对人类尊严、自由和生命的藐视。把“9·11”视为对美国民主制度和理想的攻击，为美国人所普遍接受。在“9·11”当天发表的演说中，布什总统就说：“美国成为攻击目标，是因为我们是在世界上代表自由和机会的最明亮的灯塔。”① 在“9·11”之后两个月，布什在穆斯林斋月前夕发表讲话，对美国和全世界的穆斯林致以“热烈的问候”，称颂伊斯兰教“教导人们仁爱、怜悯与和平”，“它是美国增长最快的宗教之一，现在美国已有几百万信众”，并宣扬美国正在通过人道主义援助，重建阿富汗。② 2001 年 12 月 13 日，布什又向穆斯林祝贺伊斯兰新年。这些姿态，旨在表示美国的“兼容并包”和“仁慈”，企图把外部世界对美国霸权的不满和反抗，统统归入“反自由、反民主”的行列，从而加强国内凝聚力。

纵观历史，可以看到一个不变的美国信条，即深信“国家的伟大有赖于为自由而创造安全的世界”。③ 随着国内的社会变化，特别是种族、宗教、文化多元化和民主外延的扩大，美国霸权的社会和宗教基础逐渐从白人种族主义和基督新教的“天定命运观”过渡到自由、民主和人权的“普

① Quoted in Kurt M. Campbell and Michele A. Flournoy, *To Prevail*: *An American Strategy for the Campaign Against Terrorism* (Washington D. C.: The CSIS Press, 2001), p. 351.

② 布什总统 2001 年 11 月 15 日在白宫的讲话，卢宁译，朱世达校，载中国社会科学院美国研究所课题组编《布什言论（2001 年 1 月 16 日 - 12 月 31 日）》（未出版），第 338 页。

③ Hunt, op. cit., p. 171.

适价值观”。[①] 布什总统在2002年美国独立日的演讲中说，今天“没有美国种族，只有美国信念。” （“There is no American race; there's only an American creed.”）[②] 如果美国以自由主义为核心的意识形态为其霸权行为提供了思想基础的话，民主则为其霸权行为提供了制度基础，使美国人在国家的旗号下团结对外。可以看到，第二次世界大战以来美国霸权思想的膨胀，是同美国民主的逐渐扩大和多元化趋势的增强同步发展、相互促进的。正如王希所论证的，在美国政治文化的影响下，“国家不再仅被视为一种具有强制性和压迫性的权力机制，而更多地被视为是一种意识形态，一种价值体系，一种经济利益的汲取和分配制度。当国家成为了公民利益的绝对基础时，维护国家利益便成为公民的愿望与义务。”[③]

四　民族主义和基于国内体验的国际行为方式

任何一个民族的民族主义，都包藏着若干非理性的因素。比如，民族主义通常包含这样一种信念：自己的民族是可爱的、伟大的、爱好和平的、乐善好施的，自己的民族强大起来是全人类之福；而别的某个或某些民族却是丑陋的、渺小的、侵略成性的、自私自利的，它们强大起来便是全人类之灾。站在超越民族主义的立场，这样一种信念是狭隘而没有说服力的，缺乏历史学、人类学、社会学的学理基础。但是站在本民族的立场上，这一信念却是很自然的，是被本民族对历史和文化的描述而趋向理性化的。美国的民族主义披上了漂亮的自由、民主和市场经济的理性外衣，从而向国内公众掩盖了其非理性的一面。

---

① 在推崇普适价值观和宗教多元化的背景下，连“神”（God）的概念也发生了变化。美国总统在演讲结尾时常说的God bless America，通常翻译成“上帝保佑美国”，现在似应翻译为“神保佑美国”。因为“上帝”在当代中国专指基督教的神，不指真主安拉、佛祖或别的宗教中的神，但美国宗教进一步多元化之后，God在政治生活中已经泛化，不专指基督教的上帝。参见刘澎《当代美国宗教》，社会科学文献出版社，2001，第16页。

② Quoted in Minxin Pei, “The Paradoxes of American Nationalism,” *Foreign Policy*, May/June 2003, p. 34. 该文的译文见《美国民族主义的悖论》（门洪华译），2003年6月9日《学习时报》。

③ 王希：《美国历史上的“国家利益”问题》，《美国研究》2003年第2期，第28页。

美国的民族主义是和美利坚民族[1]的形成相关的。由于美国人不是来源于同一种族、文化或宗教，共同的政治价值观（即上文所说的意识形态）便成为美国民族主义的主体。华裔美国学者裴敏欣在一篇专门论述美国民族主义的文章中指出，美国民族主义的首要特征就是它基于政治上的理想，而非文化或种族上的理想。裴敏欣的文章还揭示了美国民族主义的另外一些特征，如美国的民族自豪感来源于美国的物质力量、科技成就和全球影响；爱国主义由民间自发推动而不是由政府来促进；美国民族主义是胜利诉求，乐观地向前看，而不是像绝大多数的民族那样是悲情诉求。倒回去看历史，因而美国人对悲情诉求的民族主义甚少同情。这些都是很精辟的归纳。[2] 在这里笔者还想做一些引申。

美国人的自豪感不仅表现在为本国的称颂和辩护上，还表现在对本国的批评上。一些美国思想家和学者对美国政府和美国政策的批评、对其历史的反思、对种族歧视和其他社会弊病的揭露，其尖锐、深刻的程度甚至超过外国人对美国的批评。美国不少文艺影视作品把美国国会议员甚至总统作为反面人物来刻画。但是，当代美国人却几乎从不以任何外国为榜样，或者认为美国人的丑恶行为超过其他国家。换句话说，他们看到了美国的恶，但看不到有比美国更好的国家。他们更不会因为批评美国而站在美国的敌人一边。著名的美国左派思想家诺姆·乔姆斯基在“9·11”之后强烈谴责美国自己的恐怖主义行为，但同时指出：“（本·拉登）这伙人在以往的20年里残酷伤害当地穷苦和被压迫的人民。恐怖分子从不把人民放在眼里。”[3] 伊拉克战争之前访问中国的一位美国学者，表示对这场即将到来的战争持强烈的反对态度。但他又说，一旦战争爆发，他会盼望美国速战速决，减少美军伤亡。尖刻地揭露和批判“美利坚帝国”外交的学者查默斯·约翰逊写道，冷战时期苏联在东欧建立卫星国，其实美国在亚洲所做的也是建立自己的卫星国；现在“美国官员和媒体总是说伊拉克和朝鲜等国家是‘无赖国家’，但我们必须问问美国自己是否已经成了一个无

---

① 严格地讲，美利坚人是否构成一个“民族”（nation），在学术上是有争议的。按照欧洲传统的民族理论，只有拥有共同祖先（血统）的群体才被称为 nation。

② Minxin Pei，op. cit.，p. 34.

③ 诺姆·乔姆斯基：《恐怖主义、全球化与美国》，《读书》2001 年第 12 期，第 68 页。

赖超级大国”。[①] 无论如何，约翰逊并没有说，也不会说美国的行为比苏联、伊拉克和朝鲜更恶劣。

美国的民族主义确实是由民间自发推动而不是政府促进的，美国也很少有形式上的官方媒体或“御用文人”，这是美国人很引以为自豪的。美国媒体如果想让公众怀疑外国（特别是它们眼中的专制国家）媒体报道的准确性，只需说“这是该国官方媒体说的”。这是美国公众对其他国家的民族主义和反美情绪很难同情或理解的重要原因。此外，同欧洲等地的人相比，有出国旅行和在国外生活经历的美国人在总人口中的比例很低。今天美国的社会精英绝大部分出生在第二次世界大战之后，长期生活在国内稳定和衣食无忧的环境下（享有“免于恐惧和匮乏的自由”）。所谓“饱汉不知饿汉饥”，他们难以想象，更难以接受其他国家尤其是穷国人民的思想和生活方式。

美国是个外向的民族。美国人不讳言私利，而且认为私利同公利未必是矛盾的。美国人对于自己在外交上追求私利的目标和自以为是，也很少加以掩饰。1998 年 2 月，时任国务卿的奥尔布赖特在为美国向伊拉克发射巡航导弹的行动辩护时说：“如果我们不得不使用武力，那是因为我们是美国。我们是不可缺少的国家。我们站得高，看得远。”[②] 短短几句话，充分表现了美国人的一种心态，包含着一种逻辑。这个逻辑就是：美国像市场经济中的一个企业那样，向世界提供着某种公共产品（稳定、经济增长等）。一个大企业的动机是为自己创造利润，但它纳税，提供公共产品，客观上有利于社会。同理，美国的动机当然是自私自利的，但别的国家都需要美国，因此它在为世界提供公共产品；美国为自己做得越多，对世界贡献越大，它的利己就是利人。关于企业和社会的关系，里根总统的一位密友和谋士、大企业家贾斯廷·达特说过：“我从来不寻求一个要造福于人类的企业。我觉得，一个企业如果雇用了很多人，赚了很多钱，它事实

① Chalmers Johnson, *Blowback*: *The Costs and Consequences of American Empire* (New York: Henry Holt and Company, 1999), pp. 216 – 217.

② Quoted in Andrew J. Bacevich and Lawrence F. Kaplan, “Battle Wary,” *New Republic*, May 25, 1998, p. 12.

上就在造福于人类。我们做的每一件事都包含着贪婪，我觉得这没有什么错。"[1] 奥尔布赖特和达特的话代表着美国人对企业利益、国家利益的认识，他们坦言一己私利，而没有感到在道德上有什么缺陷。

美国人为什么不能用像他们的国内政治那样以一种民主、平等、温和的方式来维护他们在国际上的权益，而往往要诉诸强权乃至暴力呢？这个问题也可以在美国人的思维方式和行为方式中得到一些解释。

美国自由民主的思想基础是个人主义。美国人从小受到的是个人主义思想灌输，推崇的是依靠个人奋斗，在激烈无情的社会竞争中取胜，取得安全感和成就感，成为本行业的先锋和领袖。同欧洲发达国家和日本相比，美国的自由放任经济思想更加强调个人和企业的自力更生，而不是依赖政府和社会保障，强调个人利益是社会进步和经济增长的推动力，让人们按照自己的自然天性去自由竞争，实现人力和物力的最佳配置。美国学校鼓励个人与众不同的表现，培养领导才能。这种社会习俗和思维同中国社会中那种依靠家庭、集体和组织来解决个人问题的行为方式，那种把一切个人成就归功于集体、归功于领导的思维习惯，是截然相反的。美国人以具备领导才能为骄傲，到处都搞竞选和"竞争上岗"，在国际上当然也会以"舍我其谁"的态度去争"领导地位"，而不会像在渗透了儒家文化的社会里那样，担心"枪打出头鸟"。

在美国早期的历史中，法制不健全，边疆无限大，社会鼓励的是一种挑战权贵、尚武斗狠、见义勇为的孤胆英雄。将这种西部牛仔精神搬到以缺乏权威和法制、竞争激烈、无政府状态为特征的国际舞台上，就产生了美国式的霸道和领袖欲。一位美国社会学家在冷战时期就指出："一个美国人终其一生而追求某种安全感，而他对个人主义的不可割舍又使这种安全感可望而不可即。美国民族就像美国个人一样，在物质、社会和道德方面都作出自我破坏来追求某种安全感，但却永远无法获得它，因为美国不是试图通过平等与合作来赢得安全，而是试图获取优势并将自己的意志强加于世界许多地区。"[2] 如果此言不谬，那么今天美国外交上的单边主义，

① Quoted in Robert N. Bellah et al., *Habit of the Heart: Individualism and Commitment in American Life* (New York: Harper & Row, 1985), pp. 263 - 264.

② Henry Steele Commager, "Forward" to Francis L. K. Hsu, *Americans and Chinese: Passage to Differences* (Honolulu: The University Press of Hawaii, 1981), pp. xvii - xviii.

军事上追求绝对优势的理念，就是美国式“个人英雄主义”灵魂深处所固有的特征在国际舞台上的自然表现。

关于美国人通过战争来实现个人梦想的传统，另一位美国学者罗伯逊这样写道：

> 美利坚民族今天常常被看成一个大写的个人。个人的品质、美德和理想归属于国家。美国人仍然讲着美利坚民族的故事，仍然相信美利坚国家的团结、伟大目标和最终命运。这些故事的主题常常是有组织的大规模行动，常常是体现了民族主义和自由理想的战争。美国的战争是革命，是具有世界规模的内战。那些战争的目标是自由，是摧毁奴隶制（无论其形式如何）和实现个人和国家的独立。在美国神话中，战争表现了这样的信念：只要团结起来，组织起来，心甘情愿地为所向往的目标贡献自己的一切人力和物力，美国人就能做到想做的一切，能够缔造诸多国家或重建诸多社会，能够加速进步，给世界带去自由和民主。①

罗伯逊这段话写于 1986 年。此后美国从海湾战争一直打到伊拉克战争，续写着它的战争神话，其模式、理由、目标和国内动员方式与罗伯逊的描述如出一辙，都是“正义战胜邪恶”，要求敌人彻底投降。正如美国社会学家李普塞特所指出的，“与其他国家不同，我们很少认为自己只是在捍卫本国的利益。由于每一场战争都是善与恶的较量，因此唯一可接受的结局就是敌人‘无条件投降’”。②

那么，在美国的政治、社会和文化传统中，是否有一种支持其对外霸权行为的暴力倾向？对这个问题的回答必须十分谨慎，因为每种文化、每个民族都兼有和平与暴力两方面的传统，很难说美利坚民族要比其他民族更崇尚暴力。但是，几十年来美国频繁发动对外战争，却不断在宣传美国比别的国家更爱好和平，无论如何是具有讽刺意味的。美国学者米德在解释美国外交何以取得成功的近著中探讨了美国的“好战倾向”（warlike

① 詹姆士·罗伯逊：《美国神话美国现实》，中国社会科学出版社，1990，第 447 页。

② 西摩·马丁·李普塞特：《一致与冲突》，张华青等译，上海人民出版社，1995，第 316 页。

disposition）。他说：“人们常说美国人民比他们的西欧盟友更信奉宗教。但同样正确的是，他们也更加具有军事倾向。”① 关于美国社会的暴力传统，美国历史学家施莱辛格的话也很有启发：

我们总自以为是一个温和的、宽容的、仁慈的民族，一个受法治而不是君主统治的民族。……然而，这绝不是我们传统中唯一的气质。因为我们一直是一个崇尚暴力的民族。看不到这一点，我们就不能正视我们国家的现实。我们必须承认，我们的身体内有一种破坏性的欲望。它源于我们历史上社会制度中的黑暗和紧张关系。毕竟，我们从一开始就屠杀印第安人并奴役黑人。毫无疑问，过去我们做这些事情时，手持《圣经》和祷告书，但是，没有人能像我们意识到自己国家的使命。在它的深处，在它的传统中、社会体制中、条件反射中和灵魂中，深深地埋藏着一种暴力倾向。

……

我们无法逃避这样的指责：我们的确是一个可怕的民族，因为在这10年间我们杀死了3位在世界上代表美国理想主义的杰出领导人（引者按：指肯尼迪兄弟和马丁·路德·金）。

我们是一个可怕的民族，因为我们在过去3年来一直在从事一场与我们国家的安全和利益没有关系的战争来毁灭另一半球的一个弱小国家（按：越南战争）。

我们是一个可怕的民族，因为世界上许多人怀疑对美国最真诚的朋友和学者丹尼斯·布罗根（按：英国学者）先生的结论中有其内在的联系：“在国内凶杀成性的国家又是世界上第一个，也是唯一的一个投掷原子弹的国家。我们能肯定这是偶然的吗？”

我们是一个最可怕的民族，因为我们在国内和国外的各种暴行到现在还没有唤醒我们的政治家的良知，或者削弱我们在道德上自以为始终准确无误的超然信念。②

---

① Mead, op. cit., p. 222.

② 小阿瑟·施莱辛格：《暴力》。转引自梁茂信《都市化时代：20世纪美国人口流动与城市社会问题》，东北师范大学出版社，2002，第361～362页。

五 霸权行为的国内制约

像施莱辛格这样一位曾任肯尼迪总统特别顾问的著名学者能够如此深刻而尖锐地批评本民族的劣根性，甚至称本民族为“最可怕的民族”，这在美国以外的其他国家是不可想象的。在政治家中，卓尔不群的是曾任肯尼迪和约翰逊时期美国国防部长的麦克纳马拉。他在各种非议和讥讽面前，勇敢地发表了揭露越南战争期间美国决策中不可告人的内幕、否定自己言行的回忆录，并根据越战的教训，对冷战后美国的外交和国防政策提出了尖锐的批评。① 本文中提到和没有提到的许多美国思想家、批评家对美国的反省，尽管囿于个人见闻和政治观念，在我们看来还不够到位，但足以说明美国人是敢于而且善于反思的。这些批评家作为一个精英群体，在美国的大学、研究机构和对政府决策有影响的思想库里十分活跃。除了学术追求、社会良知以外，许多人还有自己的政治抱负和利益考虑。在两党的政治角逐和宦海沉浮中，政治谋士同现行政策保持一定距离，针砭时弊，进行“小骂大帮忙”式的批评，有时会有利于个人前途。无论其动机如何，效果有多大，知识精英对政府的批评和质疑，对美国的霸权思想和行为形成了一定的制约。

美国政治中的权力制衡、舆论监督、公众参与，也给美国的对外行为和政策选择划定了几个界限。第一是权力和权威的限制。总统虽然在外交上享有所谓“帝王般的权力”，但在发动大规模战争、国防预算、军事战略、外交大政方针等许多方面，仍然要受到国会和国家安全委员会、国务院、国防部等行政机构的制约，无法独断专行，完全按照个人的意志和政治利益作出决策。从整体来说美国的外交决策服务于其国家的长远利益，而不会像纳粹德国或萨达姆统治下的伊拉克的对外政策那样，走向极端的狂热、短视和非理性。

20 世纪 70 年代初的越南战争后期，美国的对外政策走到了本国历史上狂热、短视和非理性的顶点。至少上百万越南人和 5 万多美国人直接死

① Robert S. McNamara, *In Retrospect: The Tragedy and Lessons of Vietnam* (New York: Random House, 1995).

于这场战争。1973 年美国被迫从越南撤军，最后导致给美国带来巨大民族耻辱的失败。越南战争的结束固然主要是国际因素的作用，但在美国民权运动背景下的人民反战运动，也是约翰逊总统宣布不竞选连任、尼克松政府决定撤军的重要原因。尼克松曾经哀叹道："越南战争不是在越南的战场上输掉的。它是在国会大厅中、在大报和电视网的编辑室里、在杰出大学的课堂上输掉的。"① 的确，当时尼克松虽然还有权力继续进行这场战争，但已经失去这样做的政治基础和道义权威了。

第二是程序的限制。同历史上的霸权国家相比，美国外交决策的透明度较高，可预测性也较强。2002 年 9 月出台的美国国家安全战略报告提出了"先发制人"的战略思想，激起了许多国家的强烈批评。但是，如果美国决定对其他国家发动先发制人的进攻，会在一段时间内对该国进行公开的军事威胁，利用危机，设定双方让步的底线，大造国内外舆论，与盟国磋商，而不会采取法西斯德国进攻波兰、日本偷袭珍珠港、苏联 1968 年入侵捷克斯洛伐克和 1979 年入侵阿富汗那种突然袭击的方式。这并不说明美国霸权的"善意"，而是说明美国决策过程的复杂会给其他国家提供应对危机、影响美国决策的机会，而不至于让局面完全失控。

第三是道义的限制。由于政治、文化、宗教上的多元，美国政府无法垄断道德资源，不能自称是道义上的最终评判者。正像越南战争的结局所说明的，霸权的极端不义之举终究会在美国国内失去道义支持。当美国的外交孤立、战争的持久和惨烈、无数的生灵涂炭、美国扶植的南越政权的腐败无能、越南人民的英勇抗击……一切都活生生地摆在美国公众面前时，所有为战争所做的辩解和动员都已无济于事。此后，美国人在对外进行军事干涉时，都会被越南战争的阴影所笼罩，不得不给战争持续的时间、美军伤亡、对方的平民伤亡等画出一条底线。

第四是信息传播的制约作用。虽然美国政府在冷战后的海外军事行动中竭力对新闻媒体加以控制，特别是"9·11"之后美国在对外关系中的舆论一律现象更为突出，但在全球化时代，信息毕竟是封锁不住的。伊拉克战争前后世界性的反战、反美舆论和示威游行，在美国的媒体、思想库

① Richard Nixon, *The Real War*, New York: Warner Books, 1980. Quoted in Joseph A. Amter, *Vietnam Verdict: A Citizen's History* (New York: The Continuum Publishing Company, 1982), p. 349.

和民意调查机构中，引起了相当大的震动。1970年，在国外出生的美国人占美国总人口的4.7%，2000年这一比例已高达10.4%，即2837.9万美国人是在国外出生的，[①] 相当于法国人口的一半，接近加拿大的人口。就此看来，尽管同其他发达国家相比，美国人出国的比例不高，但可以用来了解外国的国内人力资源非常丰富，国际信息十分发达。

六　结论

概括地说，以个人自由权利为核心的意识形态，构成美国霸权主义的主要思想基础。国内民主是这套简单划一的价值观的制度基础，而社会多元化带来的民主外延的扩大，使这套价值观具有更广泛的社会适应性，在思想上形成了一种“多数人的专制”。它逐渐超越了白人种族主义和基督新教的“天命观”，在对外事务中演化成特殊形态的美国民族主义，造成了霸权思想的膨胀。国内社会发展的体验，使美国人在追求民族私利的时候很少有道德顾忌，充满自以为是的领袖欲望。同时，在美国的权力制衡、决策机制、社会结构和文化传统中，仍然存在着某些自我约束、自我反省的因素，为美国霸权主义走向狂热和短视设定了边界。

对美国霸权行为的思想基础的探讨，同挖掘美国霸权主义的经济动机、战略利益动机和国内政治动机并不矛盾，而是相互补充的。笔者想强调的是，“经济是政治的基础，政治是经济的集中表现”的简单逻辑，不能为美国的国际行为提供完整的解释。美国霸权行为的重要特征，正在于美国作为一个民族有一种近乎宗教式的非理性的冲动。美国物质力量的强大、科学技术的进步，部分来源于这种冲动。这种非理性的冲动同时也造就了美国的全球扩张，以及外部世界对美国的反抗、反感和迷惑。人们可以用石油等经济因素来部分地解释美国1991年发动的海湾战争和2003年发动的伊拉克战争。而用经济因素来解释科索沃战争就很牵强。阿富汗战争、越南战争、朝鲜战争等，都离不开某种地缘政治的考虑，却都与经济动机挂不上钩。但是，上述战争无一不同美国的价值观有关。

---

① *The World Almanac and Book of Facts 2002* (New York: World Almanac Books, 2002), p. 384. Source: Bureau of the Census, U. S. Department of Commerce.

最后回到本文开篇提到的霸权地位同霸权思想、霸权行为的区别上来。自从冷战走向尾声，我们一直期待着美国霸权地位的衰落和多极化时代的到来，而事实情况是美国全球霸权地位巩固的形势逐渐明朗，我们对多极化的表述则从20世纪90年代中期的“加速发展”变成今天的“在曲折中发展”。历史进程说明，特定形态的国际格局是可遇而不可求的。苏联的迅速解体和消失出乎人们的想象，美国霸权地位的上升也违背人们的愿望。美国独霸的局面绝不会是永恒的，但历史何时发展到美国迅速衰落的阶段，我们只能拭目以待。

把美国从霸权地位上拉下来，把世界上其他权力中心的地位提上去，超过了现阶段任何国家或国家集团的能力，因而是不现实的。但是，外部世界却能够对美国的霸权政策和行为施加影响，对美国的霸权思想进行分析和批评。“9·11”恐怖袭击对美国霸权形成了强烈的冲击，然而这种冲击没有分化美国社会（其策划者也未必设定了这样的目标），相反却增强了美国的内聚力，进一步激活了美国的保守势力、民族主义和排外情绪，客观上促成了美国牵头的反恐国际阵线，巩固了它的霸权地位。由此可见，用恐怖主义活动来打击美国霸权只能适得其反，同它进行军备竞赛和军事对抗也得不偿失。要有效地牵制美国的霸权行为，除了国际舞台上的外交折冲之外，还需要深入了解美国的政治、经济、社会和文化，以便充分利用美国社会中制约其国家霸权行为的诸多因素。

从本文的分析中可以看到，美国霸权主义的国内思想基础根深蒂固。在美国没有从霸权地位上跌落时，要想撼动它的霸权思想，就要铲断那个单一的自由主义意识形态，改变美国人的民族主义和思维框架，使他们相信世界上有比美国更值得羡慕的社会制度和生活方式。当听到外国人对美国在世界上四处插手的批评时，美国人经常不无得意地讥讽说：“是啊，全世界的人都在高喊‘美国佬滚回去’，但又要悄悄补上一句：‘把我们带上’。”这就是美国霸权的逻辑！可以推断，只有当各国的美国领事馆门前不再人头攒动时，当美国形成向外移民的风潮时，美国的霸权心态才会泯灭，多极化时代才会到来。

（原载《美国研究》2003年第3期）

全球化与中国文化

李慎之[*]

世界已经进入全球化时代。

自从1492年哥伦布远航美洲使东西两半球会合之时起，全球化过程已经开始了。为什么现在才说世界进入全球化时代呢？这是因为在过去500年中，我们看到的还主要是国家力量的伸张，民族利益的碰撞，宗教的传播、文化的渗透……总之，还只是局部力量的会合而引起的冲突和融合。而现在，我们已经可以清楚地看到了超国家的、超国界的、全球性的力量在行动，全球性的问题在蔓延。

从1989年柏林墙的坍塌到1991年苏联的瓦解，到1993年欧洲统一市场的形成和1994年建立信息高速公路的倡议的纷纷出台，可以说是这样一种转折的分界线。

世界上人口最多、领土最广的国家——中国、印度和前苏联各共和国几乎同时卷入了市场经济全球化的大潮，至少在经济上，主动地开始"照国际惯例办事，与国际惯例接轨"了。

经济也许还应该算作物质层次的现象，而在思想的领域，就在这几年，信息的传播已经可以以无间隔的速度到达地球上任何一个角落，几乎可以不留下任何死角。1989～1991年所发生的事情，事实上可以解释为信

* 李慎之，原任中国社会科学院美国研究所所长、中国社会科学院副院长，该文发表时，已退休。

息的力量冲破了封闭的壁垒。而现在，世界上许多国家又提出了要在21世纪初建成信息高速公路的计划，到那时，世界上千千万万的普通人几乎都可以随时取得他们所需要知道的任何信息。叫了二三十年的从工业化时代向信息化时代的转变，看来就要在世纪之交实现了。

市场经济的全球化和信息传播的全球化应该说是全球化时代最重要的标志，还有许多其他的标志：环境污染的全球化，人口爆炸以及由之而来的移民问题的全球化，核武器以及其他大规模毁灭武器扩散所造成的对全人类的威胁，恶性传染病、毒品买卖与犯罪活动的全球化……甚至垃圾处理都成了全球性的问题。正因为如此，联合国秘书长加利在1992年联合国日致辞时说："第一个真正的全球性的时代已经到来了。"时间正好离1492年500年。

全球性的时代已经到来，全球化的过程方兴未艾。

从进化论（不但是生物进化论而且是宇宙进化论）的立场来看，全球化是值得欢迎的。而且毋宁说，不论你欢迎不欢迎，它都是必然要到来的，既无可反对，也无法回避。然而，只有未来的（比如说，200年后）的人类才能简单地作这样"价值中立"的判断，对于我们这些活在今天的世界上而且被"裹胁"进入"加速全球化"（以区别于过去500年间慢吞吞地全球化）时代的人来说，全球化过程带来的绝不仅仅是愉快欢乐，而且还要带来许多的烦恼痛苦，因为它不但会带来融合与和谐，还会带来摩擦与冲突，在许多情况下，甚至是血与火的斗争，是生与死的抉择，虽然世界大战的惨祸也许可以避免。

"话说天下大势合久必分，分久必合。"这是《三国演义》开宗明义的话，也是中国多数人信奉的历史哲学。用此来观察全人类的历史，同观察中国历史一样贴切。自从几百万年以前地球上出现了人类以来，总的说来是分的趋势。出于求生的需要，人们越走越开，越走越远。然而地球是圆的，到了距今500年前，这种趋势倒转过来了，人类又走到一起来了。不过正如从汉的"分"到晋的"合"一样，中间不知经历了多少残酷的场景：殖民主义与帝国主义，第一次世界大战与第二次世界大战，只是其中最突出的几场而已。因此全球化过程绝不会是太太平平的，这是我们必须看到的第一点。

我们必须看到的第二点是，加速全球化的最大推动力从来就是市场经济。就其本质来说，市场的力量是绝不承认任何界限的。只要有利可图，它就会像水银泻地那样无孔不入。它在过去已经冲破了许多部落的、民族的樊篱；今后它还要冲破更多的国家的、地区的、种族的、宗教的、文化的界限。对于那些比较适应市场经济的国家，困难当然可能小一些；而对于那些新近才引入市场经济的国家来说，痛苦就会很多，抵制也不难想见。正因为如此，西方才有一些忧时兼自忧、警世兼自警的理论家预测：我们这个星球上会发生所谓“文明的冲突”。这种冲突范围的广度与激烈的程度还要走着瞧。总之，全球化的过程将冲破文明的界限是没有问题的。它将证明人类社会不是一个拼盘，而是一个系统。

还要看到第三点。市场经济就其积极面讲，它的伟大的作用就是解放了个人的主动性与创造性，因而大大促进了财富的增值；而就其消极面讲，它利用的正是人原始的利己心，是人对物质享受似乎永远不会满足的贪欲。正因为如此，它提高了人们的生活水平，增加了个人可能得到的自由度；它也许把牛仔裤和可口可乐、迪斯科和摇滚乐……同海洛因和艾滋病一起传播到全世界。它打破了自古以来多数人已经习惯而且视为当然的生活方式，却还来不及给他们带来应有的新秩序。

就这样，随着全球化进程的加速，今天的世界陷入了价值观念空前的大失落和大混乱之中。

在所谓的西方（也就是发达国家），新思潮层出不穷。现代主义还没有热闹够，就出现了后现代主义。曾几何时，后现代主义又像已不时兴，恨不得再玩玩后后现代主义了，思想的模糊和语言的贫乏使人们只能诉之于后 X、后 Y、后 Z，可是这既解救不了世界，也解救不了自己。

这个世界上一方面固然并不缺少各色各样的后 X、后 Y、后 Z，一方面却又出现了原教旨主义的勃兴，不但有广为人知的伊斯兰教原教旨主义，也有印度教的原教旨主义，以至东正教的、天主教的、耶稣教的、儒教的原教旨主义……虽然人们大多只注意到这种现象存在于发展中世界，但事实上它也以各种极端主义的形式和亚宗教的形式在发达国家中蔓延。

人的灵魂在过去与未来、前进与后退之间彷徨、挣扎、熬煎。

这就是人们现在都已看到而且感受到的全球文化大危机。这个危机之所以是大危机，是因为它不仅表现在诸如教育事业的衰败、出版行业的不景气、文学水平的低落、画家画不出好画、音乐家作不出好曲子，科学碰到了逻辑的和实验的限界等方面，而是表现为所谓“文化”的核心之核心——道德水准的持续下降上。传统的价值失落了，能够维系人心、安定社会的新的价值标准还不知在哪里。

世界上不少先识之士已经意识到了这个问题。仅以美国而论，保罗·肯尼迪是一个，小阿瑟·施莱辛格又是一个，预言“文明的冲突”的塞缪尔·亨廷顿也算一个。不过他们大多不肯明言问题的症结，也开不出救治的药方来。大胆的狂人当然也并不缺少，欧洲的新法西斯分子和新纳粹分子就是，然而听了他们的话，世界只会更快地堕入更深的灾难。

历来重视自己的文化的中国人，从19世纪起就深刻地意识到自己国家的文化危机了。这是因为大体上从1840年的鸦片战争以来，中国碰到了李鸿章所说的“三千年未有之变局”，指的是传承了三千多年的中国文化——包括经济、政治与生活习惯在内的广义的文化——要向一种全新的文化转变，本来还只要向工业化时代的文化转变，现在还要加上向信息化时代的文化转变。中国人都知道这是一个多么激烈而痛苦的过程，真的是交织着光明与黑暗、前进与后退、成功与失败……

可以使我们欣慰的是，我们现在可以有把握地预言，中国的转型期将在鸦片战争大约200周年的时候底于完成。因为中国已经义无反顾地走上了市场经济的道路，而且已经取得了举世公认的成就。

这是了不起的成就——用200年的时间走完人家走了四五百年的道路。

但是，不能忘记200年间多少仁人志士以至广大民众所经历过的希望与失望；不能忘记我们所付出的代价，而且还有困难在前面，还有代价要付出。

回过头去看，许多先行者提出的方案，不论是维新还是救亡，不论是三民主义还是社会主义，也不论是搞世界革命还是与国际接轨，统统都为的是走上全人类都要走的必由之路——全球化之路。

我们相信中国由传统社会走向现代社会的转型期即将完成，只是好比说，我们在打通一座大山的时候，知道我们离出口已经不远了，但是隧道尽头的光明不但不能使我们歇脚停手，更不能使我们忘记前面还有塌方的危险，流沙的危险，洪水的危险……“行百里者半九十”是中国先哲有益的告诫。事实上现代化仅靠市场经济是远远不够的，我们还必须建立民主与法治，还必须建立现代化的道德秩序，而现在我们看到的却是一种礼崩乐坏，上无道揆、下无法守的情况。人们可以认为这是转型期的自然现象，但是如果不加救治，后果只能是“不堪设想”。

人类的价值观念历来是有变化的，但是最核心最基本的要素总是普遍而永恒的。中国人历来追求的郅治都要求“淳风俗，正人心”，可是现在的普遍心理是“向钱看”，为了钱什么都可以不顾，什么都可以不管。中国古人历来所鄙视的机会主义的“弄潮儿”，现在居然成了时代英雄。所谓痞子文学，其精义无非是鼓吹“何不游戏人间”，“何不潇洒走一回”，“什么价值标准，什么仁义礼智信，什么温良恭俭让，什么恭谨勤劳，什么艰苦朴素，统统见鬼去吧”，“什么立诚推仁，什么居敬主静，什么希圣希贤，你算老几”。然而难道中国人在失去了所有这些传统的价值观念之后，真的就能实现现代化的目标么？难道12亿中国人能就这样稀里哗啦地走向全球化的世界么？

答案只能是否定的。如果中国人不能继往开来，建立上承旧统而下启新运的道德秩序，我们就将既不能实现现代化，也没有资格在全球化的未来世界上占有一个尊严的位置。

尤其值得我们警惕的是：在中国即将完成自己的转型期的时候，世界也正在进入一个更大的转型期——由工业化时代转入信息化时代的转型期。换言之，也就是中国的价值观念大混乱的时期刚好与世界的价值观念大混乱的时期重合。有道是：“过了一关又一关，山外还有山连山！”

幸乎？不幸乎？我们以两点论来看问题：它既是坏事，也是好事。可是我们致力的方向只有一个：尽力尽快把坏事变成好事。

全球价值观念大失落、大混乱的原因，从最根本处说，其实是跟中国价值观念大失落、大混乱的原因一样的，它同样出现在历史大转弯的关头。远的不说，即将过去的20世纪虽然给人类带来了两场惨痛酷烈的世界大战，但它毕竟把全球工业化的时代推向最后阶段，把市场经济在全球普及，把科学技术推广到全球，把人类财富的总积累提高到只要使用得当就可以迅速改变一个或者几个国家面貌的程度，把生产力发展到确有可能满足全人类基本需要的程度，把个人的自由度提高到空前未有的程度。但是它也给世界留下了文化堕落、道德败坏，贫富差距扩大，霸权主义与民族利己主义同时存在，种族主义以及文化摩擦在世界范围内和各个国家内部同时凸显，人口膨胀与环境破坏的矛盾看来竟像是一个打不开的死结……面对这种新的局面，人类感到茫然不知所措。他们既不知如何解决现实中的问题，也不知道如何正确地利用新开辟的可能性。20世纪七八十年代曾在中国引起强烈关注的“三信危机”，现在遍及全世界。首先突出地表现在历来自以为富裕繁荣、文明先进的西方：社会涣散，家庭破裂，儿童失教，青年放纵……美国和其他国家的统计数字表明，犯罪率、自杀率、精神病发生率与失业率一起持续上升，人们（首先是世界前途所系的青年人）失去了信仰，对政府和社会权威缺乏信任，对前途没有信心。

正因为如此，最近去世的美国前总统尼克松在他身后发表的文章中说：“今天美国是世界上唯一的超级大国，也是最强大和富裕的国家。……然而，虽然我们在物质上是富有的，但是我们在精神上是贫穷的。”①

发达的国家是如此，不发达的国家呢？在最贫穷的非洲大陆，一位当地的学者哈桑·巴认为当前非洲战乱不止的一个原因是：“这些社会已经在殖民化和现代化期间丧失了他们原有的传统价值标准，它们已不再拥有本国本土能调节各种冲突的机制，已不再有精英人物来考虑教化对立的各方。……人们忘记了人文的准则首先是由一个社会在其历史过程中的民族价值观念的形成的浓缩物。”②

再听听前联合国秘书长德奎利亚尔的话：“发展决不能理解为仅仅限于物质享受方面的增长。它还需要精神方面的补充。”“我们现在的以不断扩大物质消费为主的发展方式，既不是行得通的，也不是可以无限延伸的。它们不仅在破坏文化的结构，而且还对生物圈构成了威胁，因而也就是对人类的生存构成了威胁。”③

一切迹象都指陈，发生了文化危机，或者（就其本质来说是）价值危机。旧的道德秩序崩溃了，新的道德秩序还没有能建立起来。

危机是全球性的，这种认识使我们感到沉重，因为在八面来风的情况下，要解决中国自己的文化危机会更加困难。但是也可以给我们以希望，因为在着手解决我们自己问题的时候，我们可以得到全球大趋势的助力。

---

① 美国《新选择》月刊1994年5月号。

② 法国《解放报》1994年4月25日。

③ 法国《世界报》1994年2月25日。

上面引证的德奎利亚尔的话是他在1992年底才成立的世界文化发展委员会在1994年初召开的第二次会议上讲的。这个委员会的任务是“重新考虑文化的概念本身，应当深化文化和发展之间的联系。”据他说，“以前从来没有在世界范围内作过这件事”。他问道：“为什么不可以设想在全球范围内搞一个文化发展方面的马歇尔计划呢?”

把现在的西方社会称做“病态社会”的美国《未来学家》杂志说：“西方现代文化正在危害我们的精神健康。这使我们有足够的理由建立一整套新的价值标准和信仰体系。西方现代文化与西方社会所面临的其他严重问题之间的关系，使得这件事情显得更加迫切。”（1993年11~12月号）

我们中国人应当欢迎，应当支持这种努力，但是，我们不应当等待或者单纯依赖他人而不首先自己从事这种努力。中国人不能做“待文王而后兴”的人。

在这方面，我们中国人是有优越的条件的。

孔孟之道历来被认为是一种政治—伦理哲学，它可以成为我们重建道德秩序的精神支柱。(俄国人就羡慕地说，“要是俄罗斯也有自己的孔夫子就好了”。[①]）中国的多数哲学流派——不论是儒家、道家、佛家都强调人与自然的和谐，人与人的和谐，都要求个人把社会责任置于一己的私利之上，它们都可以帮助我们从今天的各种各样的矛盾与混乱中自拔自立。

康德这样的思想家认为自己毕生奋斗的目标就在于提高人的地位，然而正是中国的先哲把人的地位看得最高。《孝经》上说：“天地之性人为贵”;《礼记》上说：“人者天地之心也。”这就是说，人是宇宙的自我认识、自我觉悟、自我发展。人的尊严，人的价值来自天地，来自宇宙：人当然有能力拯救自己。

1993年夏天，笔者在美国看到一本专门从事中国研究的杂志，上面有一篇文章说，“在中国面临的各种危机中，核心的危机（The Core Crisis）是自性危机（Identity Crisis)”，“中国人正在失去中国之所以为中国的中国性（Chineseness)”。我为这种观察的深刻与批评的尖锐所折服。然而我相

① 《新时代》1993年第39期。

信，“我们中国不会永远这样下去的”。[①] 我们一定会找回我们迷失的“自性”的。

不可否认，这是一个极其伟大也极其艰巨的工程，我们甚至不敢说是不是已经有人在着手了。外国人看到了我们的问题，然而在我们自己的土地上呢？四顾茫茫，旷野里偶然传来几声微弱的呼喊，却听不到多少回声。“物极必反”是古训，是天道，难道事情还没有到“极”，因此也还不会“反”么？我怀疑……

奇怪的是，虽然重建中国文化的事业还说不上有什么成就，我们的社会风气和道德水准还在继续滑坡，但是随着中国经济的振兴，虽然还只有少数几个人手里有了几个钱，一种虚骄之气已经在冒头了：“中国《易经》天下第一”，“中国气功举世无双”，“21 世纪是中国人的世纪”，“三十年河东，三十年河西，以后是咱们的天下”。

1994 年春节电视台的迎春晚会节目中，有一位刚刚装上了电话的农村老大娘喜滋滋地跟她在大洋彼岸求学的孩子打电话。做娘的心疼孩子为筹措学费而不得不打工，怜惜地说：“等你学好了，把咱国家建设好了，让他们也给咱们洗盘子洗碗来。”

这是极其粗鄙的民族主义，是完全违反全球化的趋势与精神的，也是违反中国的传统的。孔子说：“己所不欲，勿施于人。”又说“己欲立而立人，己欲达而达人”，这才是咱们中国的精神！

1993 年底（11 月 23 日），新加坡前总理李光耀在香港举行的世界华商会议上说：“海外华人在取得成功的时候，必须提防华人沙文主义。……在中国趋向繁荣和强大的时候，这一点更为重要。”李光耀告诫的是海外华人，难道本土中国人就不该加倍警惕吗？

同年早一个星期（11 月 16 日）美国前总统布什也在香港发表演说，题目叫《大中国的发展对世界的冲击》，最后一段说：“我知道我们美国人

---

① 1987 年我访问日本时，有一次与当时的公明党委员长竹入义胜谈话。他告诉我，他在 20 世纪 70 年代“文化大革命”最黑暗的时期第一次访问中国时受到中国总理周恩来的接见。当接见结束，周恩来已送客转身，竹入一行也已经走到楼梯口的时候，周恩来突然又折回来，走到竹入跟前说了一句：“竹入君，我们中国不会永远这样下去的。”说罢转身就走。竹入义胜告诉我，他当时分明看到周恩来的眼里噙着眼泪。我也分明看到竹入告诉我这句话的时候眼里闪着泪花。今生今世，我永远不会忘记这句话。

经常会强调你们可以向我们学习什么。我们经常大谈我们的自由市场和民主制度，因为我们相信它们的作用。但是事实上，世界在变，当力量和财富扩散以后，我们可以也必须向你们学习，而这可能是我们的时代最有希望的一点。”“在西方世界，我们一直只谈权利，但是你们在亚洲，在香港这里以及其他地方，提醒我们繁荣和和平都有赖于个人的责任。”

西方人现在也要向中国人学习了。这些话听起来确实可以使人飘飘然。但是，我们也该扪心自问：难道我们真的已经把市场经济正确运行的规则和民主法治的真谛学到手了吗？学到可以随心所欲地进行再创造的地步了吗？难道我们真的已经把列圣先贤教导我们的把社会责任置于个人利益之上的道德规范践履躬行，“无丝毫亏欠”了吗？

民族主义是孙中山先生为使中国摆脱帝国主义、殖民主义的侵略压迫而提出的伟大目标。但是中国传统的理想却是“天下主义”而不是“民族主义”。所以孔子说“大道之行也，天下为公”；子夏说：“四海之内皆兄弟也。”后人如顾炎武、王夫之特别区分“国”与“天下”的差别，置天下于国之上，以为国不过是指政权，而天下是指文化。所以美国汉学家列文森认为中国人的“天下主义”就是文化主义，因为中国人古来并不重视异民族的肤色容貌，而只重视它的政教礼乐，所谓“进于夷狄则夷狄之，进于中国则中国之”。中国的“民族主义”是到19世纪末在列强环伺欺压下才产生的。因此，它只能是民族解放主义，而不能是民族扩张主义。在这个加速全球化的时代，在中国复兴而取得与世界列国平等的地位以后，中国的文化应该还是回复到文化主义与天下主义——在今天来说也就是全球主义。

当然，在今天这个世界上，虽然科学、技术、经济，以至某些生活习惯、行为方式的全球化已经灼然可见。但是文化是仅次于体质形貌而区分人类各个族群的最后标志。哪怕世界上已经有许多先识之士相信物质生活的全球化必然要导致精神生活的全球化，例如，1983年在蒙特利尔召开的第17届世界哲学大会就十分强调“人类统一和世界文化统一的最高价值”。但是我们毕竟离这个阶段还相当遥远，这正是《文明的冲突》这样的文章得以在今天这个时候出笼的原因。（虽然可以合理地希望不用再花上500年的时间了）

如果我们不以虚幻的愿望来代替切实的行动，那么当务之急就是要振兴各民族的民族文化，从中发掘其最本质的，也必然是与其他各民族文化共同的价值观念，并且加速和加深本民族文化与其他民族的文化的交流融合，从而促使各民族文化的特殊性逐步融入全人类文化的普遍性之中。

在这个加速全球化的时代，这本来是各民族都要做的工作。但是对中国人来说，这件事情特别紧迫，特别重要。道理是再简单不过了，就因为中华民族是世界上最大的民族，中国文化是世界绵延最久而又辐射甚广的文化。如果中华民族不能促进全球由混乱走向有序这个伟大的历史过程，它就必然要延迟甚至促退这个过程。是非利害，洞若观火。事实上，上面提到过的美国前总统布什在其演说中就曾提到："人们想要知道……对世界其他地区而言，亚洲的兴起是祸是福？而其中最重要的就是，中国在这些问题中将产生什么样的影响？"布什对这个问题作了十分干脆的回答。他说："有些人在听到我上面说到亚洲的经济增长，并且举出了许多惊人的数字以后，会问这样的增长会使美国受害吗？答案当然是否定的。亚洲的伸张和中国的发展反而会使美国蒙利。"对外界的各种疑惧与期待，我们也可以作一断语，中国经济和文化的振兴，如果走的是沙文主义的道路，那就一定是中国之祸；如果走的是全球主义的道路，那就一定是中国之福。还可以再加上一句："中国之祸肯定是世界之祸；中国之福肯定是世界之福。"

在历史上，在亚洲范围内，中国文化对比起周边国家来曾是一种强势文化，因而曾长时期博得它们"向风慕化"。但是，不容讳言，自近代以来，中国文化对比起西方文化来，变成了一种弱势文化，因而中国人曾有过一百几十年向西方人（包括俄国人）学习的经历。这期间曾由于胡适说过一句"全盘西化"的话而引起一场轩然大波，即所谓"'全盘西化'与'中国本位文化'之论战"。后来，胡适承认"全盘西化"一词有语病，"全盘西化"是不可能的，应当改为"充分世界化"，这场论战才告停息。在60年以后的我们看来，"充分世界化"应当进一步发展为"全球化"。这不是一个咬文嚼字的问题，而是因为在提充分世界化的时候，人们心目中的世界实际上仍然是西方的强势文化统治的世界，所谓"彻底世界化"还是逃不了向所谓"先进的西方"学习的实质。而今天则不但世界的"力量平衡"已经发生了变化，而且事实上出现了超国家、超国界的全球性力量和全球性的问题，人们已经可以看到超乎东方、西方、南方、北方的全球性的要求。根据这种新的共同的要求，提出新的解决办法，这不是哪一个国家的任务，而是所有国家的任务，也就是要由全球性文化来解决的任务。

这样的一种形势与要求实际上已经被当代世界各国所意识到了。上面引证的布什所谓向亚洲、向中国学习的话以及蒙特利尔哲学家大会所谓建立全球统一文化的话就是证明。我们的邻国日本近20年来一直以“国际化”作为“贸易立国”与“技术立国”的出发点与归宿点，离我们更近的韩国近年来也大力倡导“国际化”。日本《产经新闻》1994年3月底就韩国总统金泳三访华发表的报道就明确标出“韩国正在朝着‘全球’转换思路”。《产经新闻》指出，韩国已经认识到，在今天的世界上，一个国家的外交仅仅着眼于这样那样的双边关系是远远不够的，多边关系已经越来越重要，而多边关系就是一种全球机制。

中国人只要回想20多年前恢复在联合国的席位给我们带来的欣喜与因此而来的巨大变化就不能不更加感到恢复我们在关贸总协定（马上就要变成国际贸易组织了）席位的迫切性。不过也许很多人没有领会到，参加这样的国际经济组织，事实上也就是参加正在形成中的全球文化的创建。

上面说了许许多多的话，目的只是为了要说明中国文化的现代化必须以传统为基础，以全球化为目的。不以传统为基础，12亿中国人将失其头绪而又成为一盘散沙，那样也就无法参加已经开始的加速全球化的进程；不以全球化为目标，那么中国文化的建设又会走到我们刚刚在十多年前批判过的“闭关自守，夜郎自大”的老路上去。

这样一来，讨论了一百多年的体用之争也可以解决了：以全球化的普遍规律为“体”，以中国特色为“用”。中国能够根据自己的经验和长处，参加为全球化的过程明道立法，制礼作乐，也就是确立规范的大业，也应当可以算是明体达用了。

我们上面提到日本和韩国都已提出以“国际化”为民族目标，而许多西方大国却似乎还未见有这种提法。看来它们也许自以为主宰世界多年，已经够“国际化”的了，然而，就今天世界形势发展的速度与规模来看，实际上还是大大不够的，谁不能顺应历史的潮流，谁就要受到历史的惩罚。哪个民族能“先天下之忧而忧”，才是真正的“先进民族”。

中国在这方面有比较好的条件。一部上下五千年的中国文化史事实上也就是以中原文化为核心与中国大地上各种各样文化通过各种各样的矛盾冲突达到协调融合，终于形成今天的中华民族的历史。世界上的其他大国如印度、美国、俄罗斯以至德、英、法、西、意……大体上也都经过类似的形成过程。即使是比较小的国家，也无不经过类似的部族、民族协调融合的过程，不过范围大小不一，历史长短不一、结果生熟不一而已。可以设想，开始于500年之前，必将完成于500年之内的全球化也会重复类似的经历，不过由于成分更杂、范围更大，因而在一体化之中，必然会具有更多的多元化的特征。

中国文化由于上述特别丰富的经验而应当对全球化作出更大的贡献，这是我们应尽的责任。不过我们也要明白，我们的经验主要属于近代以前，也就是工业化以前的时代。对于近代的国际社会而言，我们还是一个后来者。就以联合国组织和关贸总协定而论，中国虽然都是创始国之一，然而其创意主要还不是来自中国。因此为了积极参与全球化的进程，我们一方面要努力总结继承自己的文化传统中的精华，另一方面还要加倍学习外域文化传统中的精华，也就是两者之中有利于建立全球秩序的成分。

所谓文化，固然可以作广义的理解，把人所创造的一切，从饮食、衣服到音乐、图画统统包括进来，但是必须明确，其核心还在于规范人与自然的关系和人与人的关系的最基本的准则，而要处理好人与自然的关系，其前提又是必须处理好人与人的关系。因此文化的核心之核心就是要确立人类社会的道德规范。就这方面而论，中国文化是有其优长之处的。因为中国文化历来以“天人合一”为最高境界，中国文化追求人与自然的和谐，而且追求通过人与自然的和谐以至冥合这样的最高境界（即所谓“同天境界”）来实现生活中人与人之间的和谐。这正是同当前的全球化的大趋势完全一致的。

作为一个中国人，笔者原则上相信作为中国文化的核心的中国哲学能够给当今中国的文化危机和全球的文化危机开出一条最好的解救的道路来。但是回到现实生活中，我们又不能不看到我们自己还正在危机中挣扎，我们还远远不能说已经看到了此岸与彼岸之间的桥梁，我们甚至不能说我们已经找到了迷失的“自性”，我们又如何能在全人类面前夸口呢？

是好样的，只有自己做出榜样来。

面对堆积如山的问题，我们有时候真会感到不知从何着手。如果还是拿山来做比方，那就是要开凿打通大山的隧道，还不知从哪里下第一铲（这里是指建立全球道德秩序而不是上面所说的与全球经济秩序接轨了）。然而，中国哲学教导我们，只有从自己本身先下手。《大学》说："物有本末，事有终始。知所先后，则近道矣。古之欲明明德于天下者，先治其国；欲治其国者，先齐其家；欲齐其家者，先修其身；欲修其身者，先正其心；欲正其心者，先诚其意；欲诚其意者，先致其知。致知在格物。物格而后知至；知至而后意诚；意诚而后心正；心正而后身修；身修而后家齐；家齐而后国治；国治而后天下平。"所谓"天下平"就是指的全球化的经济、政治、法律、道德秩序的确立。

要达到这个目的，除了人人都来树立自己的道德人格外，别的捷径是没有的。

"重新估定一切价值。"这是一百多年前尼采提出来的口号。其影响不可谓不广，后果不可谓不深。但是，时移世易，现在又到了重新估定这一百多年来所重新估定的一切价值的时候了。

在我们要重新建立道德秩序的时候，中国不会是孤独的，因为这正是全世界又要重新估定一切价值的时候。我们只希望中国自己的道德秩序能够建立得比较早一点，能够对人类史上第一次建立的全人类的秩序——全球秩序作出比较大的贡献。

不管任务多么困难，我有三点信心：一，我相信：天地生人，或者说宇宙用几百亿年的时间进化出人类来，不是为了要毁灭他。二，我相信：既然连最低级的细胞都有自组织的能力，人类社会也一定有自组织的能力。孟子说："天之生民久矣，一治一乱。"顾炎武总结了中国历史上风俗由敝坏而转为淳厚的经验，得出结论："则知天下无不可变之风俗也。"实际上历史已经多次证明这一点了。三，虽然追根究底起来，人类发展出的科学与技术是产生今天的文化危机的重要原因，但是我相信：科学技术还会继续发展，最后能给人以力量来解决它自己造成的问题。

因此，还是一句老话，道路是曲折的，前途是光明的。

地球只有一个，人类本是一家。"一致而百虑，殊途而同归"的日子总是要到来的。

到了那个时候，人类还有真正伟大的任务要去完成呢！

1993 年 12 月在海口《现代中国文化走向》
讨论会上的发言
1994 年 5 月 31 日改定于北京
（原载《美国研究》1994 年第 4 期）

第二篇

经济与科技

美国人口的分布、流动和地区经济发展

——兼评杰克逊等著《地区差别：美国1960～1990年的经济增长》

茅于轼*

美国50个州习惯上被分成九个地区。这些地区由于历史的原因及自然资源结构的不同，经济发展水平历来相差很远。最早的欧洲移民集中在美国东北部，这一地区现仍是美国经济和文化的重心。在工业发展的初期，需要形成制造业和商业相对集中的地点——城市，而在铁路大量修筑以前，城市只能靠水运来支持，所以那时的经济发展和水运的方便有关。到19世纪末叶，工业的积累使美国有能力大造铁路，同时人口增加造成了对于新土地和新资源的需求，所以发生了人口和资金西移的大趋势，西部经济迅速发展。20世纪初，汽车制造业的大发展，进一步改变了美国的经济布局。铁路只能将繁荣带到沿线，而公路则能普惠到整个平面。第二次世界大战期间美国将大量兵力投入到太平洋战区，以后又发生了朝鲜战争和越南战争，这都对美国太平洋沿岸经济的发展起了促进作用。20世纪70年代初能源危机之后，美国南方各盛产石油和天然气的州经济发展获得巨大推动力，同时由于国际竞争，美国的传统工

* 茅于轼，时任中国社会学院美国研究所研究员。

业——钢铁工业、汽车工业等，失去了发展的势头，资金和人才流向了电子、通信、国防、飞机、医药、办公室用具等高技术领域，而且服务、金融等部门的产出在国民生产总值中的比重不断提高，使得地区经济发展发生相应的变化。它的基本规律是各种自然资源较充足的地方，工会力量较薄弱工资较低的地方，人口密度较稀地价较低的地方，自然景色美吸引人们居住的地方，经济得到较快的发展，结果是人口再一次地大规模西移。图 1 说明了这一变迁的历史比较。美国一百多年来人口和经济西移的趋势还在继续。

图 1　美国 150 年来人口重心西移的速度

美国各地区经济发展速度的差别，无论在宏观上或微观上，都有很重要的意义。从联邦政府的角度来看，经济发展程度是税收的基础，而人口的分布又和社会保险经费支出直接相关，更不必说许多公共设施的建设都需要以当地经济的预测为依据。从企业界的角度看，市场在什么地方，何处的劳动力供应充足，工资比较低，原料从哪里取得，这些问题的答案也需要参考各地区经济发展的预测。正因为这个问题的重要性，美国有六个单位从事地区经济发展规律的研究，并发布研究的结果，其中三个是官方的，即人口普查局（Bureau of Census）、经济分析局（Bureau of Economic Analysis）和橡树岭国家试验室（Oak Ridge National Laboratory）；三个是私人的，即国家计划协会（National Planning Association）、大通计量经济所（Chase Econometrics）和资料资源公司（Data Resources Inc.）。其中主要的是经济分析局，它于 1972 年、1974 年、1977 年、1980 年都发布了对地区经济的预测。除以上六个机构之外，特别需要提及的还有哈佛大学和麻省理工学院两大著名学府主办的城市研究联合中心（Joint Center for Urban Studies），它主要从事人口、家庭、地区发展的研究。该联合中心初建于 1959 年，至今已有近 30 年的历史。1981 年该中心发表了由五位作者共同完成的《地区差别：美国1960～1990 年的经济增长》一书。这个研究成果不但由于作为主持单位的两大学府的声望，由于参加人员的实力雄厚而显得重要，而且由于他们的研究大量利用了前述六个单位的已有成就，所以可以看做是 80 年代最有权威的代表美国水平的在地区经济发展问题上总结性的意见。

一 人口和经济分布的静态模型

杰克逊等五人的著作，从人口和经济结构两方面回顾了各地区经济发展的规律，并据此作出每个地区 20 世纪 80 年代内经济发展的预测。在人口和经济发展的关系中，作者分析了人口的年龄结构、生育率、人口流动以及工资水平、非工资收入、人均收入等指标和人口的关系。以人口为主要环节来研究地区经济是一个聪明的办法。人口是劳动力的源泉，而劳动又是生产力中最活跃的要素。人口又是消费的主体，消费在美国这样一个经常困于消费不足的经济中，对促进经济发展常处于关键地位。同时人口统计（家庭结构、年龄结构、迁移率、生育率、收入水平、就业情况）是各类统计中最完善且比较可靠的，因此从人口出发来研究各地区的经济发展，又得有资料上的便利。但是在这种研究方法中需要突破的一点是人口和经济发展的具体关系。对此有不同的假定便会对过去的发展作出不同的解释，进而对将来的发展作出不同的预测。

作者在书中反复强调了他们对将来的预测不同于前人的研究结论。包括经济分析局在内，前人的预测认为全美各地区经济发展的差别将趋于缩小，但并未明确说出什么因素导致差别缩小。杰克逊等人则预测将来各地区的经济发展速度仍将存在甚至扩大。至于他们的理由，虽然作了一些解释，但并不是逻辑上的必然结果。例如，理由之一是因为过去这种差别一直在发展，[①] 然而将来的发展未必继续过去的趋势；另一个理由是认为美

① Jackson et al, *Regional Diversity: Growth in the U. S. 1960 - 1990*, p. 9.

国经济进入了一个新时代，一个地区的增长常以另一些地区的衰退为代价，[①] 然而事实上美国并未出现没有增长的零和对局的经济形势。本文拟对于上述两种不同预测的逻辑基础加以推测和剖析。

我们首先讨论导致经济发展差别缩小的前提，我们将发现它可以用一个简洁的静态模型来表示。

美国是一个富有流动性的社会，这不仅是由于美国民族是好动的，而且由于四通八达的交通网，由于各个州政府的开放态度，以及法律上对于流动的保护。[②] 作为生产力三要素的劳动、资本、自然资源中，只有自然资源是无法流动的。它不但包括各种矿藏、土地、森林、淡水等，也包括气候、地形、江河位置，因为这些都会影响当地的经济发展。在美国私有制的体制下，很大一部分资源都资本化了，例如土地有其价格，这个价格不仅决定于面积的大小，它上面植物生长的潜力，也决定于它的位置，它周围的经济状态。在资源资本化的情况下，它虽然在表面上和厂房、设备等资本一样，都可以用钱来表示，但和这些人造的资本仍有本质的不同，例如它永远不会完全报废；它的价值变化规律和机器的折旧完全不同；而且它不能移动，因此有别于人造的资本。在给定的自然资源条件下，当存在着市场上用价格表现的需求时，资本和劳动就会集结在自然资源的周围，利用当时所达到的技术，最有效地生产产品。只要这种产品在市场上出售能够获得经济利润，资本和劳动就会继续不断地投入。同时因为收益递减规律的普遍作用，一方面产品增多，使效用评价降低，价格随之降低；另一方面因资源的有限，资本和劳动的边际产出减少。最后会达到一种均衡状态，此时资金的边际产出等于市场上的利率，劳动的边际产出等于市场上的工资。在达到均衡状态之前，可以流动的资本和劳动投入到不同的地区时始终存在着边际产出的差别，这个差别就成为推动它们流动的动力。但均衡状态一经达到，差别消失，它们就失去了流动的动力，资本和劳动在全国各个地区间就形成了稳定的分布。在逐步达到均衡的过程中，我们将看到各地区工资水平差别的缩小，以及各地区资金利润率差别的缩小。这种分析就是美国经济分析局等单位预测地区间经济发展的差别

① Jackson et al, *Regional Diversity*: *Growth in the U. S. 1960－1990*, p. 2.

② 《美国宪法》第一条第九款和第十款禁止各州对进出口货课税。

将减小的逻辑依据。

根据上面的推理，我们可以构造一个劳动和资本的高度简化了的分布模型。在图2中用（x，y）表示全美任一个地点的地理坐标，在该地点固定存在某种自然资源，其数量以 R 表示。

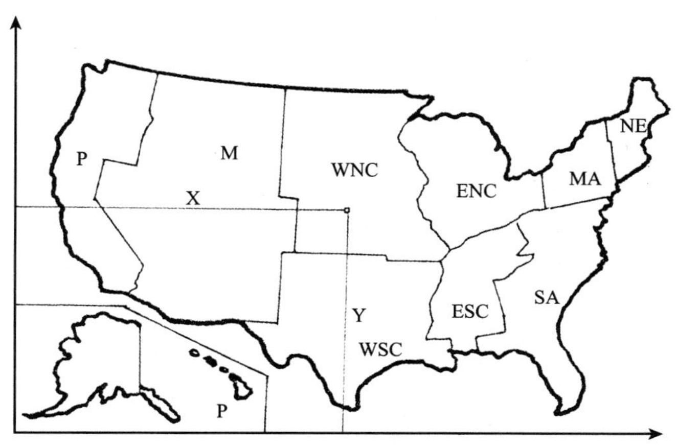

图2　当资源分布为地理坐标（x，y）的已知函数时，劳动力和资本的分布规律

由于 R 的存在，即有劳动 L 和资本 K 的投入，并经过一定时间的运作得到产出，设单位时间产出的价值以 g 表示，于是 g 是 R，L，K 的函数，即

$$g = g(L,K,R) \tag{1}$$

在达到劳动和资本分布的均衡状态时，在全美国各地的劳动和资本边际产出将达于均一化，即

$$\frac{\partial g}{\partial L} = \lambda L \tag{2}$$

$$\frac{\partial g}{\partial K} = \lambda K \tag{3}$$

此处 λL 和 λK 为均衡的工资水平和利率水平。

事实上，R，L，K 都是在（x，y）点上的资源、劳动和资本，而点是没有大小的，因此 R，L，K 都是密度函数。所以全美国的劳动总量 L、资

金总量 K 和单位时间内的总产出 G 分别为：

$$\bar{L} = \iint L(x,y)\,dxdy \tag{4}$$

$$\bar{K} = \iint K(x,y)\,dxdy \tag{5}$$

$$G = \iint g(x,y)\,dxdy \tag{6}$$

此处 L（x，y）和 K（x，y）和 g（x，y）分别是劳动、资本和产出在美国各地的分布密度。根据（1）式产出原为 L，K，R 的函数，但因 L，K，R 又都是（x，y）的函数，所以 g 最后也是（x，y）的函数。

已如前述，R（x，y）为已知的，而资本往何处投，劳动往何处流，即 K 和 L 的分布 K（x，y）和 L（x，y）为未知。但只要（1）式为已知，则满足（2）和（3）式的 K 和 L 的分布就是资金和劳动的分布规律。或者说，从（2）和（3）可以解出资本和劳动的分布情况。但此二式中有常数 λ_L 和 λ_K，给定不同的常数会解出不同的 L（x，y）和 K（x，y）。我们要选择满足（4）及（5）式的解，它们是最后的关于劳动和资本的分布情况。

特别有意义的是公式（2）和（3）关于 L 和 K 的分布的解恰好是下列数学规划问题的解：

$$\text{Max} \quad \iint g(L,K,R)\,dxdy \tag{7}$$

$$\text{s.t.} \iint L(x,y)\,dxdy = L \tag{8}$$

$$\iint K(x,y)\,dxdy = \bar{K} \tag{9}$$

$$R = R(x,y) \tag{10}$$

此处 g（L，K，R），R（x，y）为已知函数，L（x，y）和 K（x，y）为待求函数。在分配 L 和 K 时，不断减少边际产出低的分配，增大边际产出大的分配，会使总产出（7）增大。由于 g（L，K，R）对于 L 和 K 的二阶导数为负（因收益递减），故不断调整的结果会达到边际产出的均一化，即（2）和（3）式所要求的，此时已无改进的余地，故目标函数达到极大值。详细论证可参考有关数学专著。① 这一结论所揭示的经济学的意义是让劳动和资本自由流动以寻求它们和资源的最优结合，可使全国的总产出为极大。

这是一个简化了的模型。首先忽视了劳动质量的差别，认为它是均质的。其次忽视了劳动和资本流动所发生的费用。人们在搬家时不但有旅费，有安置费，还有寻求职业的代价，重签房租或买卖住房的费用。只有当未来若干时期内预期的工资收入的差别足够抵消搬迁的全部费用而有余时，才会引起劳动力的流动。类似的，资本的流动也有信息费用和风险费用。这个简化的模型还说明减少劳动和资本的流动费用，可以增加社会的总产出。

二　人口和经济分布的动态模型

根据上述的静态模型，随着时间的推移，各地的利润水平、工资水平将趋于一致，最后人均收入和人们的生活水平在各地区的差别将缩小，这正是美国经济分析局等单位所预测的。但事实上这一情况并未发生。从1970年到1985年的15年内，美国各州的人均收入水平的排列顺序虽然经常变化，但基本形势没有改变。1970年最富的州康涅狄格人均收入为11759美元（以1982年美元值折算，下同），最穷的州密西西比人均收入仅6038美元，为最富州的51%，人均收入相差5721美元。到1985年康涅狄格州的人均收入排名全美第二，为16163美元（阿拉斯加州第一，为16254美元）；密西西比仍是最穷的州，人均收入为8210美元，为最富州的51%，二者相差7953美元。② 这些事实促使杰克逊等人预测各地区的差别将继续存在。但是他们并未得出任何规律，足以解释造成发展差别的原因以及这些差别的特点。

首先我们来比较一下美国50个州人均收入的分布和当人均收入完全因随机原因造成时应该服从的正态分布。图3表示这个比较的结果，它清楚地说明各州人均收入的分布显著地不同于正态分布。χ^2 检验也支持这一印

① 斯米尔诺夫：《高等数学教程》第四卷第一分册，高等教育出版社，1958，第221、211页。

② Statistical Abstract of the u. s. 1987, p. 425.

象。1981年50个州人均收入的平均值为8379美元，方差为1129美元，χ^2的值为7.63。而概率为0.05的χ^2的值应为7.82；概率为0.10的χ^2值为6.25。现实际χ^2的值介乎二者之间，说明如果人均收入确系正态分布，χ^2值达到7.82的机会小于10%大于5%。用1984年的人均收入的数据作同样的计算，结果大同小异。人的体力智力都服从正态分布，而个人的经济收入显著地偏离正态，这是经济学中熟知的现象。① 现在我们发现，即使在具有充分流动性的美国经济内，各州的人均收入同样显著地不同于正态分布。

我们比较了康涅狄格州和密西西比州15年前后人均收入的变化，发现了它们的相对关系完全没有变化：最富的仍是最富，最穷的仍是最穷，后者一直是前者的51%。非但这两个州具有这种关系，其他各州的相对贫富大体上也如此。15年内全美国的人均收入水平增加了35%，但各州的相对贫富却很少变化，这一现象确实是值得注意的。当然，如果各个州是被隔离的，正如当今世界上许多贫富不同的国家被隔离一样，从穷国到富国的移民被严格限制，则这种差别长时期地继续保持是可以理解的。但美国国内人口的流动并无任何限制，而且事实上各州之间人口的流动非常活跃，因此贫富关系的如此稳定就不得不使人感到惊讶。

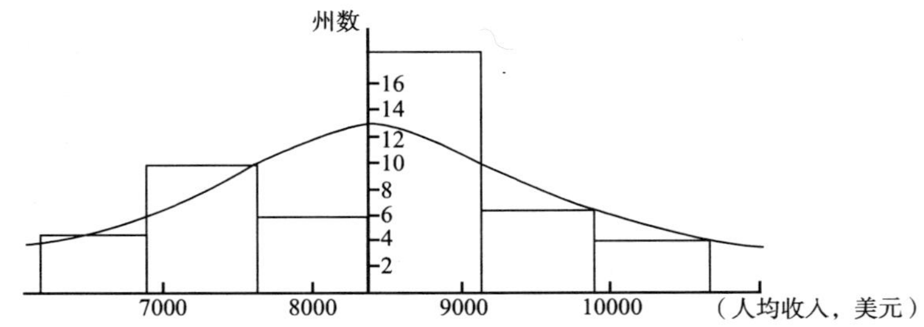

图3　1981年美国50个州人均年收入之频率分布与正态分布之比较

美国国内各州之间人口流动的活跃可以从以下几点事实得到证明：从1975年到1980年的五年内全美国有46.4%的人搬了家。20世纪70年代的10年内美国九大地区人口增长率最低的是MA区，为-1.1%，虽然10年

① Paul A. Samuelson, *Economics*, 11th Edition, p. 86.

内自然增长率为3.8%，但人口净迁出了4.9%。增长率最高的是M区，10年内净增37.2%，其中自然增长率为12.1%，迁入为25.1%。如果以州为单位，增长最低的是纽约州，为-3.7%，增长最高的为内华达州，增加了63.8%。此种巨大的差别不可能单纯由于自然增长率的不同，主要还是居民的迁移。10年内迁出人口最多的是MA和ENC区，各净迁出264万人和222万人，净迁入最多的是SA和P区，各为344万人和239万人。而全美国九大区一年内人口增加的总数才约240万人，包括了大约50万人的外国移民。图1也从宏观上说明，抵消了人口对流迁移之后，10年内人口重心往西净移动了约100公里。这一切都说明美国国内人口的流动非但没有静止，反而比20世纪40年代和50年代更活跃了。无怪乎杰克逊等人在研究影响地区经济发展的差异中，将人口的流动看做一个主要因素，而且这一看法也为美国研究经济地理的学者所普遍接受。

那么在人口大规模流动的背景下，各地区的相对贫富关系不变的现象究竟是什么规律造成的呢？这个问题的答案可以从杰克逊等人所著该书第118页图4.4——1960~1978年人均收入的变化图——中找到。该图绘出了18年中美国九大地区平均人均收入的变化曲线。令人惊奇的是这些曲线大体上保持平行。这一现象显然很难用巧合来解释，而且如果将1978年以后的数据加上，可以看到这种平行发展的趋势仍然在发生。请看图4。

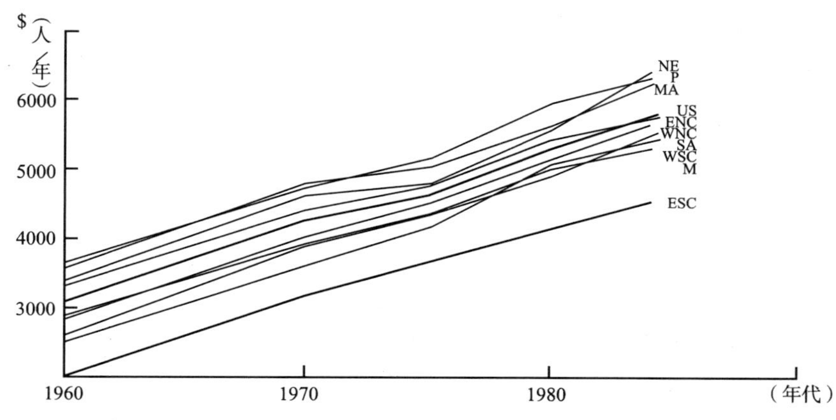

图4　24年来美国九大地区人均收入之变化
（按1972年美元计）

现在我们来分析这一现象说明了什么规律。

各地区的人均收入 PCI 是当地一年的总收入 Y 被当年的人口 P 除。对于第 i 地区，有：

$$PCI_i = \frac{Y_i}{P_i} \quad (i = 1, 2, \cdots, 9) \tag{11}$$

现 Yi 和 Pi 都随时间而变，都是时间 t 的函数。故可对时间求导，以了解人均收入的变化如何依赖于收入及人口的变化。

$$\frac{d(PCI_i)}{dt} = \frac{1}{p_i}\frac{dY_i}{dt} - \frac{Y_i}{p_i^2}\frac{dPi}{dt} \tag{12}$$

也可以写成

$$\frac{d(PCIi)}{dt} = \frac{\frac{dYi}{Pi}}{dt} - \frac{Yi}{Pi}\frac{\frac{dPi}{Pi}}{dt} \tag{13}$$

式（13）说明人均收入的变化由两部分构成：在人口不变的条件下因总收入变化引起的人均收入的变化$\frac{dYi}{Pi}$，和在总收入不变的条件下因人口变化引起的人均收入变化$\frac{Yi}{Pi}\frac{dPi}{Pi}$。（13）式对于任一地区任一时间都是适用的。现根据图 4，各地区人均收入的变化率近乎相同，即

$$\frac{d(PCIi)}{dt} = \frac{\frac{dYi}{Pi}}{dt} - \frac{Yi}{Pi}\frac{\frac{dPi}{Pi}}{dt} = const.\ (i = 1, 2, \cdots, 9) \tag{14}$$

式（14）说明，各个地区总收入的增加分摊到每个人头上，总是超过该地区因人口增加使人均收入减少的量，而且超过的量对于每个地区都是相等的，因为我们知道式（14）中的常数为正。

在式（14）牵涉到的变量 Y 和 P 中，人口的变化是一切变化的原因。一个地区收入的增减与该地区人口的流入流出有关，当然也和资本的增减有关，但资金的增减一般也伴随着人口的增减。设某一年内人口从 i 地区流向 j 地区。如果这两个地区的总收入不变，则 i 地区的人均收入将由于人口的减少而增加，而 j 地区则相反。但式（14）告诉我们，此时两地区的

总收入相应变化，且恰能抵消人口变动的影响，结果使两地人均收入的变化率相同。

对式（14）的解释揭示了一个人口流动的重要规律，即人口流动的结果倾向于消除各地区之间人均收入增长率的差别，使它们趋于一致，而不是像上节的静态模型那样，假定人口流动的结果是消除人均收入的绝对差别。或者说，事实证明了人们不是从收入低的地方迁往收入高的地方，而是从收入增加慢的地方迁往收入增加快的地方，尽管迁入地的人均收入可能还低于迁出地的人均收入。只有这样，才会使各地区人均收入的增长速度趋于一致。

经济学中的一个根本问题是人是根据什么信息来决定自己的经济行为的。地区间人均收入水平的差别表现为一些地区的人穷一些，一些地区的人富一些，它是可以被观察到的。可是它并未成为人们迁移的信息依据。我们需要解释，何以人们不是根据可以直接观察到的穷富差别决定自己的去留，而是根据人均收入增长速度的差别来行动，以及这个增长速度是如何被观察的。

人的眼前的经济行为是由价格直接决定的，例如人们对商品的选购，对于闲暇时间的利用等。但涉及有远期后果的行为，人们并不是按照眼前的价格信息，而是按照未来预期的信息行动，例如人们对储蓄、投资的选择。人们的迁移显然是有长期后果的一种行动，因此迁移并不是按人均收入这种相当于价格的信息来采取行动，而是人们比较了两地预期的收入水平变化，也就是预期的人均收入的增长速度之后作出的决定。这就说明了何以上节中的静态模型不符合历史事实。式（14）的经济学意义是从宏观上说明了人的流动是由预期的人均收入增长速度决定的。人们不断地从增长速度低的地方迁往增长速度高的地方。但由于投入劳动的边际产出递减，所以迁入地由于劳动供给增加，劳动的边际产出减少，使人均收入的增长减缓，而迁出地则相反。所以增长速度高的地方因人口流入而减速，增长速度低的地方则因人口流出而加速，不断调整的结果是全国各地区的人均收入增长率趋于一致。

人们是如何观察各地区预期的收入增长率的呢？下列现象都反映预期收入增长率：招人的广告，新的建筑施工工地，房地产价格的变化。

对于式（14）还可作进一步的研究。式中右端常数项一方面表示第 i

地区的人均收入增长率，同时它应该等于全国平均的人均收入增长率，因为既然各个地区的人均收入增长率都大体上相同，则全国增长率等于各个地区的增长率。而全国人均收入增长率是一个比较容易估计的数，根据历史记录可以设它为已知，并以 α 表示。此外，人口变化 dPi 可以分解为自然增长 dPni 及迁入增长 dPmi。于是从（14）式可得：

$$\frac{\frac{dPmi}{Pi}}{dt}=\frac{\frac{dYi}{Yi}}{dt}-\frac{\frac{dPmi}{Pi}}{dt}-\alpha\frac{Pi}{Yi} \tag{15}$$

（15）式给出了一个地区人口净迁入率与其他因素之间的关系。当其他条件不变时，当地的经济增长率越高，人口自然增长率越低，人均收入水平越高，则将导致较高的人口迁入率。一个地区的自然增长率$\frac{dPni}{Pi}$是比较稳定的，它可以从历史资料估计得出，又因 α，Pi，Yi 均为已知，故（15）式给出了$\frac{dPmi}{Pi}$与$\frac{dYi}{Yi}$两个变量之间的关系。假定了一个，就可算出另一个。这样，使预测问题减少了一个自由度。

又全美各地区人口流入的代数和等于外国移民，故：

$$\Sigma dPmi = dP_f \tag{16}$$

式中 P_f 为外国移民的净迁入数，也可以被认为是已知的，因此（16）式的约束进一步减少了预测中的不确定性。

最后，我们将论证，这种使各州人均收入增长率一致的人口流动模式，在一定条件下，能导致全美一年的经济增长为极大。当然，我们忽略了经济增长的其他因素，而仅仅从人口流动的影响来考察它对全美经济增长的作用。

为此，我们提出一个数学规划问题。目标是使全美一年内经济增长 ΔY_T 为极大，它的约束条件是全美人口总数 P_T 为一定，试问人口在各地区的分布应遵循什么规律，亦即

$$\text{Max} \quad \Delta Y_T = \Sigma \Delta Y_i(P_i) \tag{17}$$

$$\text{s. t.} \quad \Sigma P_i = P_T \tag{18}$$

式中 ΔYi 为 i 地区的经济增长，是该地区人口 Pi 的函数。求解时先作一 Lagrange 函数 L，

$$L = \Sigma \Delta Y_i(P_i) + \lambda(P +_T - \Sigma P_i) \quad (19)$$

式中 λ 为拉氏乘数。当人口分布为最佳时，应有

$$\frac{\partial \Delta Y_i}{\partial P_i} = \lambda(i = 1, 2, \cdots, 9) \quad (20)$$

此式说明，欲使全美的总增长为极大，应使每个州再增加一些人口时它们的边际产出趋于一致，都等于 λ。但如果迁入的人口与当地人口处于同样平等的竞争地位，最后迁入的人的边际产出应该等于该地区人的平均产出增量，即

$$\frac{\partial \Delta Y_i}{\partial P_i} = \frac{\Delta Y_i}{P_i} \quad (21)$$

式中的 ΔYi/Pi 就是 i 地区人均年收入的增加，即

$$\frac{\Delta Y_i}{P_i} = \frac{d(PCIi)}{dt} \quad (22)$$

此处我们假设了一年内的增长速度等于瞬间的人均收入增长率。将（22）、（21）代入（20），并比较（14）式可知（20）式中的 λ 就是（14）式中的 const，而且证明了符合（14）式的人口流动模式同时也符合使全美总增长达到极大的必要条件。此处引入的一个前提是迁入的人们应有和原来居民相同的竞争地位。它的更一般的含义是自由流动和平等竞争可导致最大的经济增长。

（原载《美国研究》1987 年第 3 期）

从金融业的困境看美国的市场经济

陈宝森*

一 一个无休止的争论

资本主义市场经济是不是发展经济的永恒最佳模式，这个问题即使在西方也已经争论了几十年。

20世纪以前资本主义还处于自由竞争阶段，人们相信市场经济为一只看不见的手所调节，即通过价格对供求的影响和相互制约使资本主义经济本身具有自我调节功能。萨伊的名言“供给创造自己的需求”被人们奉为信条。19世纪末20世纪初西方踏入垄断资本主义阶段，接着在20世纪30年代发生了世界性的大萧条。这就促使资本主义经济从理论到实践发生了重大变革。

在此过程中，实践走到了理论的前面。由国家出面大规模干预经济挽救危机首先发生在美国。这就是罗斯福倡导的“新政”。罗斯福激烈地抨击垄断资本，他说：“垄断限制了各种机会。个人的主动精神被一部庞大机器的轮牙所压碎。自由经营的领域日益受到限制，私有企业确实变得过分私有，它们已经变成了特权企业，不再是什么自由企业。”他认为“面

* 陈宝森，时任中国社会科学院美国研究所研究员。

对着这样一个经济专制，美国的公民只能求助于有组织的政府权力”。[①]

在经济理论方面则由英国经济学家凯恩斯用有效需求不足的理论向古典经济学家发难。他指责：“这个学说可以把社会上许多不公道处与残酷处，解释为进步过程中无可避免的意外事件，这使它受统治者欢迎；这个学说可以为资本家自由企业辩护，因此又得统治者背后社会有力分子之垂青。”他认为“如果采取19世纪下半期之正统办法，对内自由放任，对外实行金本位，则除了互相争夺市场以外，政府实在别无良策可以减轻国内之经济痛苦”，而他为解救市场经济沉疴大病所开的药方则是扩大政府机能，“使消费倾向与投资引诱二者互相适应”。他认为“这是唯一切实的办法，可以避免现行经济形态之全部毁灭”。[②]

从20世纪60年代初肯尼迪上台，凯恩斯主义的经济政策断断续续地实行了十多年。事实证明，在资本主义经济基础上国家干预并不能解决资本主义根本矛盾。而且“按下葫芦，起了瓢”。失业问题虽然一度得到缓解，通货膨胀却被放虎出山。70年代发生的“停滞膨胀”宣告了凯恩斯主义极盛时代的终结。

于是，在理论上出现了新保守主义发动的古典经济学的复辟，在实践上发生了20世纪80年代初的“里根革命”。

在新保守主义的各个分支中影响最大的是供应学派和货币学派。他们的共同点是在经济哲学上都提倡自由放任，发挥市场机制，反对国家干预，相信私营经济的内在活力，相信政府能做到的最大好事是彻底让路，相信“经济秩序能够作为追求个人利益的许多人的无意行动的结果而出现”。[③] 迄今为止，这股经济思潮在西方仍然居于优势地位，并且在世界范围产生了很大影响。

这股思潮在西方出现是完全可以理解的。它是对国家干预不能解决资本主义经济根本矛盾的一种反动。但这种思潮经不起历史的检验也是明显的。它首先对资本主义已由自由竞争阶段演变到垄断阶段视而不见，对20世纪30年代大危机视而不见，因而对垄断资本需要与国家融合的必要性也视而不见。其次，这种思潮的奉行者在言行上并不是一致的。

① 富兰克林·德·罗斯福：《罗斯福选集》，商务印书馆，1982，第126~127页。

② 凯恩斯：《就业利息与货币通论》，商务印书馆，1983，第32、328页。

③ 密尔顿·弗里德曼：《自由选择》（英文版）第5页。

里根尽管高唱“政府不解决问题，问题就在政府自己”。[①] 可是在双赤字的难题面前，他在其执政的后期却不得不借助政府的力量甚至依靠各国政府的协调一致对美国经济进行调整。同时里根时代的“放任自由”给美国经济带来的若干不利影响也已开始露头。本文要介绍的美国金融业的困境正是这种“放任自由”所必然要引出的后果之一。对这一问题进行剖析有助于我们对资本主义的自由市场经济进行正确评价，为市场经济万能论者提供一副清凉剂。

二　储蓄与放款协会及其危机

美国金融业困境的焦点在储蓄与放款协会（以下简称储蓄协会），但又不仅在此范围，商业银行也存在隐蔽的危险，但尚未引起人们的足够注意。

要弄清储蓄协会所发生的危机，首先要讲一讲储蓄协会的来龙去脉。

储蓄协会的先行者应当追溯到1837年在费城成立的牛津节俭建房协会，它的37位会员把储蓄金存在一起以便互相帮助购买自己的住房。每个会员付出一笔创办费，然后每月存一点钱。当钱凑到足够数额时，举行一次投标会，谁出的使用费最高就把这笔存款贷放给谁。借款人每月支付一笔不大的利息，再加上他的经常性存款。协会的业务费在投标人所出的使用费中支付。在以后的20年中，永久性的协会成立了，借款人也不再限于最初存款人的封闭团体。协会独立营业，只要有了资金就发放贷款。储蓄者的动机已不是为了得到买房的贷款，而是为了获得利息。由于这个行业所具有的特殊专业知识，它的大多数客户都是借钱购买房屋的人，其中多数购买独户住宅。到1983年12月31日为止全美国共有3500家储蓄协会。它们当中，大的有几十亿美元的资产和许多分支机构。小的只有几百万美元资产和一处办公机构。它们的共同目的除了追求利润以外，就是促进资金持有者的储蓄和帮助债务人拥有住房。为实现这一目标，储蓄协会向大众提供各种储蓄账户并把这些储蓄的最大部分投入抵押放款，主要是住宅抵押放款。

① 见玛利·麦克尼尔《里根的第一年》，国会季刊出版公司，1982，第109页。

储蓄协会业务最辉煌的发展是在第二次世界大战以后。它与美国历史上买房和建房的高潮并驾齐驱。现在它在美国金融业中很有分量。1985 年美国金融业的全部金融资产为 7702 亿美元，储蓄协会占 1071 亿美元，比重为 13.9%，仅次于美国商业银行（资产 2202 亿美元，占 28.6%），却大大领先于其他金融机构，如排在第三位的人寿保险业资产为 773 亿美元；排在第四位的私人养老金基金的资产为 738 亿美元。

接受 20 世纪 30 年代大危机时期许多房主由于付不起利息和本金被提前取消抵押房产赎回权，储蓄协会大批倒闭，建筑业大萧条的教训，美国政府建立了联邦住房管理局和退伍军人管理局为抵押贷款保险；开设联邦全国抵押贷款协会以及政府全国抵押贷款协会开展二级市场活动以拓宽抵押贷款资金来源；成立“联邦储蓄与放款保险公司”为储蓄协会存款的安全保险；特别是通过设置联邦住房放款银行系统以加强对储蓄协会的监督管理。因此储蓄协会是在州和联邦法律规章的框架内营运的。这些法律给新成立的协会规定发放执照的一般标准，并管辖其营业活动。控制协会能放款和做其他投资的种类，并对一个机构能向其存款人提供的储蓄和投资服务确定广泛的准则。

联邦住房放款银行系统由国会在 1932 年建立，为的是给全国住房金融机构提供一个中央信用体系。它由三部分组成：联邦住房放款银行局（管理机构）；12 个地区联邦住房放款银行和会员机构。这个系统制定详细的规章以管辖储蓄协会的营运。它要求储蓄协会每年提交一个年度金融状况的报告，并派检察人员验证下属协会的业务活动是否与法律规章相符。

法律要求所有由联邦保险的储蓄协会都属于联邦住房放款银行体系。由州发放执照的储蓄协会，互助储蓄银行和人寿保险公司如果合格也可以成为会员。

联邦住房放款银行局管辖联邦储蓄与放款保险公司。后者是 1934 年建立的政府机构，目的是保障资金所有者在储蓄协会存款的安全以便吸引更多的存款。保险公司保证所有会员谨慎地营运以保持金融稳定。为存款人设置的最高保险金额为 10 万美元。到 1983 年 11 月，由联邦储蓄与放款保险公司保险的储蓄协会有 3057 家。这家保险公司的会员所持有的资产超过该行业资产总额的 98%。

购买住房放款（抵押放款）是储蓄协会的主要金融活动。到 1981 年底它们占储蓄协会资产的80%。协会到1981年底持有独家到四家住房抵押贷款的53%，以及所有住房抵押放款的40%以上。它说明储蓄协会在解决美国人的住房问题和发展美国支柱产业——建筑业中都占有举足轻重的地位。

进入20世纪80年代，美国政府实行了几项新政策，它们对储蓄协会的营业发生了重要影响。一个是《1980年存款机构放松管制和金融控制法》，它规定到1986年分阶段取消规定存款利率上限的Q条例，以解决存款利率过低存款流失的“脱媒”现象。另一个是政府允许储蓄协会开展多种经营，在房屋抵押贷款之外还可以从事商业放款，投资修建办公楼，在某些州甚至可以经营快餐业，以解决抵押贷款收益不多的问题。这种放宽管制的做法无疑是为了帮助储蓄协会摆脱困境，然而它却给贪图高利润的冒险家敞开了放手投机的大门，加上1985年以后南方几个石油州受石油价格暴跌的影响陷入萧条，这样就导致了储蓄协会的危机。

三 混乱的十年

储蓄协会一团糟的现象已经持续了将近10年。利率的急剧波动，贪欲和政治交易使这个行业一蹶不振。尽管1980年取消了存款利率上限，1981年获准开展多种经营，使储蓄协会的困难有所缓解，但仍有75%的协会无利可图。

于是许多储蓄协会开始利用取消利率上限和多种经营的条件铤而走险。他们拼命吸收存款，然后投资于高风险高收益的资产之中。对于那些不顾一切的冒险家说这是不难做到的，他们只消做一个诱人的高利率广告，设置一个免费的电话号码就可以坐等存款送上门来。同时经纪人商号也从全国各地源源不断地把资金送给那些敢于孤注一掷的冒险家。用高利率吸收存款之所以如此容易，是因为人们相信，只要把存款限制在99999.99美元，那么即使把钱存到最漫不经心的储蓄协会，即使联邦储蓄与放款保险公司准备金不足，在发生危机时财政部也不会不伸出援救之手。

有些储蓄协会在取得大量现款之后就投入不熟悉的投资和放款领域。坐落在加州桑塔安那的巴塔飞储蓄协会在1985年把资产增加了5倍，达到

4.92 亿美元。它买了两家快餐店的专利权，可是都赔了本。佛罗里达州波恩通海滨储蓄协会从 1980 年到 1985 年使其资产从 500 万美元膨胀到 15 亿美元，并经常涉足投机性的房地产贷款。这个行业的许多老手和较保守的经理人员被野心勃勃的冒险家所取代。根据众议院政府活动委员会的报告，在 20 世纪 80 年代中期几乎 80% 无支付能力的储蓄协会都与行为不端或粗心大意有关。

储蓄协会在已深陷泥泞之后，还想拼命挣扎，它们利用自己的政治影响保持一种仍然有支付能力的假象。他们说服国会和管理官员让他们玩一些会计花招以掩饰他们金融状况的惊人恶化。在放宽簿记标准之后，储蓄协会就能使亏损推迟出现并隐蔽其资本的不足。许多储蓄协会仅仅因为管理官员发给他们被视为资本的特别凭证，才勉强算作有支付能力。

联邦住房放款银行局在 20 世纪 80 年代中期已经对隐约可见的灾难有所警觉，并设法纠正各种弊病。但它为里根政府、国会和储蓄协会所挫败。政府热衷于放松管制，不批准银行局要求增加检察人员所需费用的请求。国会里与这个行业交往密切的议员埋怨银行局对储蓄协会的经理们施加压力。前众议院议长吉姆·赖特自己就曾代表得克萨斯州储蓄协会的老板托马斯·古阿伯特进行干预（后来古阿伯特被起诉并因艾奥瓦储蓄协会已证实的欺诈行为而受审）。同时，这个行业的院外集团又破坏了银行局限制某些最有投机性行为的努力。联邦住房放款银行局前主席艾德曼·J·格雷认为这种混乱局面是“该行业与国会”之间纽带关系的产物。

终于，在 1986 年，联邦储蓄与放款保险公司的保险基金告罄。财政部和某些国会立法者主张大量注入资本，但是该行业担心这笔现金会使许多储蓄协会被清理，压国会批准远比需要为少的资金。1987 年 8 月国会授权银行局发行 108 亿美元债券用于关闭无支付能力的储蓄协会。

但是这点钱太少了，也来得太晚了。在保险基金有 137 亿美元赤字的情况下，银行局很难对付这一灾难。于是它试图进行若干改革，诸如提高对注入资本的要求等。但是在几百家无支付能力的储蓄协会仍然继续营业的情况下，新规则不过是一纸空文，毫无作用。

在此以后银行局力求加强监督，但人力不足，作用有限。联邦储蓄与放款保险公司用 210 亿美元担保不可靠的借据以挽救 136 家协会。但是保险公司自己的钱柜已经空空如也，它的救援并没有坚强的后盾。同时这些暂时得救的储蓄协会是否会旧病复发也没有人敢打保票。保险公司另一个解决资本不足的办法是把一些陷入麻烦的储蓄协会移交给开发公司或其他非银行机构。

储蓄协会的困难还有一种连锁反应，即为病魔缠身的储蓄协会又会拖垮仍然健康的储蓄协会。联邦储蓄与放款保险公司正在用很高的“特别估价法”打击赚钱的储蓄协会。1988 年全年，所有储蓄协会将支付 12 亿美元的额外保险费，等于预期赢利的一半。此外，由于病入膏肓的储蓄协会必须用高收益来吸引存款，它们把赢利的储蓄协会所必须付给客户的利率也大大提高了。众议院银行委员会的委员斯坦派利斯说：“我们正在看着那些健康的储蓄协会为挽救病人而流血。”①

四　危机有多严重

美国布鲁金斯学会最近发表了小布隆保夫、卡隆和里坦发表的一篇文章，题目是《清理一团糟的储蓄机构》。根据该文提供的资料，在 1980 年和 1986 年间美国 4000 家储蓄协会中差不多有 600 家倒闭。在 1986 年底拥有 1260 亿美元资产的 468 家储蓄协会按照“普遍接受的会计准则”（GAA0）应当算作无支付能力的。但是由于联邦储蓄和放款保险公司没有足够的资金去关闭它们，只好继续营业。另外 515 家持有 2550 亿美元资产的储蓄协会资本不足，其资本对资产的比例不足 3%。

总之，美国储蓄协会中有 1/3 周转不灵或者处于极端软弱状态，但仍在继续营业。由于存款有联邦保险作后盾，这些极其软弱的储蓄机构天天在做不蚀本的赌博，因为损失绝对由存款保险机构承担。但是如果投机成功，一笔异乎寻常的收益却可以使濒临崩溃的企业起死回生。

解决的办法是简单明了的。周转不灵的机构必须火速清理或者与殷实的伙伴合并。按照 1986 年通行的进行清理的费用与资产比率，把没有支付能力但仍在营业的储蓄协会加以处理可能只需花费 220 亿美元。对该行业的其他机构则必须比照商业银行必须拥有相当于资产 6% 的资本的要求实

① 凯塞林·扬等：《储蓄与放款协会的困境》，《商业周刊》，1988 年 10 月 31 日国际版，第 50 页。

行严格的资本管理。有支付能力但力量很弱，达不到标准的机构不应任其发展，以牺牲保险公司为代价进行赌博。可是这些听起来十分合理的事情却一件也没有做。储蓄协会的境况无疑是在更加恶化，而为恢复其健康所必须支付的费用则急剧上升。

表 1 提供了 1988 年 12 月储蓄业金融状况的某些重要尺度。全美国 2949 家正在营业的储蓄协会有 364 家无支付能力，按“普遍接受的会计准则”，资本与资产的平均比率是 -11.6%。单是 1988 年这部分储蓄机构的亏损即为 148 亿美元，而其资产则为 1135 亿美元。这个亏损额低估了 1988 年所有无支付能力储蓄机构的亏损，因为在表 1 中显示的无支付能力一类并不包括已由联邦住宅放款银行局在 1988 年已从该系统清除的 205 家储蓄机构。根据银行局的说法，联邦储蓄与放款保险公司按现值给以支援的 386 亿美元是提供给这些储蓄机构，以及已经倒闭但联邦储蓄与放款保险公司仍然允许其继续营业的 17 家储蓄机构。

表 1　1988 年 12 月储蓄机构按“普遍接受的会议准则”的资本率分类所反映的金融状况

单位：10 亿美元，有脚注者除外

项　　目	按“普遍接受的会议准则”资本占资产的百分比				
	少于零	0～3	3～6	超过 6	总计
机构的数目	364	390	969	1226	2949
净收入 1988 日历年度	-14.8	-1.0	1.7	2.0	-12.1
赢利机构的百分比（%）	12	56	74	87	70
总资产	113.5	314.8	639.4	283.8	1351.5
按普遍接受的会计准则之资本额	-13.2	5.3	28.9	25.2	46.2
信誉（资本）	2.7	4.8	11.1	4.7	23.2
有形资本	-15.9	0.5	17.8	20.5	23.0
按普遍接受的会计准则资本对资产之比率（%）	-11.6	1.7	4.5	8.9	314
有形资本对资产之比率（%）	-14.0	0.2	2.8	7.2	1.7

资料来源：联邦住房放款银行局。

表 1 也表明 1200 家以上按照“普遍接受的会计准则”视为有支付能力的储蓄机构，它们的金融状况是十分软弱的。其资本对资产的比率在

0%～6%之间。事实上这些机构中的许多单位的资本是由信誉构成的，主要是由那些买进资产的机构或其他机构支付的超过账面价值的贴水。原则上说信誉可以代表以其收益能力和前景为基础的价值而不是清算时的资产价值，或者代表“特许权价值”。然而从保险公司的角度看，一家把信誉作资本的储蓄机构是危险的。因为信誉是无形的，如果有一天这家储蓄机构被清算，信誉是卖不出钱的。此外在取消对设置分支机构和跨州银行的限制之后，再加上进入储蓄行业已比较自由，一家银行或储蓄机构本身只有很小的“特许权价值”。由于承认这些道理，修改后的银行资本标准并不把信誉算作资本。

对储蓄机构应用这一标准意味着按普遍接受的会计准则资本对资产的比率在0%～3%之间的390家储蓄机构在1988年末实际拥有的“有形”资本，平均不过占他们3148亿美元资产的0.2%。另外969家具有“普遍接受的会计准则”资本对资产比率在3%～6%的储蓄机构，其有形资本平均只占他们拥有的6394亿美元资产的2.8%。这就是说美国储蓄机构1988年拥有资产中的80%（即13500亿美元中的10700亿美元）是由有形资本不足3%，或者说其资本水平比银行6%的标准少一半的储蓄机构经营的。

在美国，人们对储蓄机构处境的日益恶化是没有争议的。但是，对清理有问题机构所需的费用，专家们是有不同看法的。原则上，从金融系统中清除所有无支付能力的储蓄机构所需的费用可以用资产与负债市场价值的差额来衡量。然而实际上在无法得到每个储蓄机构详细的金融信息之前，它们的市场价值是难以准确估计的。即使如此，分析家们仍然必须对那些不存在发达的二级市场的许多个别贷款和财产（通常是通过提前取消抵押房产赎回权而获得的财产）的市场价值做出以事实的某些认识为依据的猜想。

布鲁金斯的分析家们指出，用“亏损率”乘由已倒闭或正在倒闭的储蓄机构所持有的资产是一种简单的费用估计法。然而按“普遍接受的会计准则”衡量的“负资本率”（即亏损率）本身并不能提供这些机构“负市场价值”的可靠指标，因为无支付能力的储蓄机构还没有冲销许多烂账以反映真实的市场情况。从表2可以看出这种市场价值的调整可能有多大。在1986～1988年，清理倒闭储蓄机构所需费用的估计值从占资产的25%到占35%不等，大大高于按“普遍接受的会计准则”衡量的资本对资产比率－6%到－19%的数额。

表 2　1986～1988 年为倒闭储蓄机构支付的清理费用

项　　目	1986 年清理的机构	1987 年清理的机构	1988 年清理的机构	到 1988 年 12 月 31 日为止尚未清理的按“普遍接受的会计准则”属于无支付能力的机构
储蓄机构数	47	47	205	351
全部资产（亿美元）	125	105	1006	1070
按普遍接受的会计准则资本对资产的比率（%）	-6.4	-19.0	-9.4	-10.8
有形资本对资产之比率（%）	-8.8	-21.9	-12.6	-13.6
清理费用现价（亿美元）	31	37	312	无资料
占资产（%）	24.8	35.2	31.0	无资料

资料来源：美国国会预算局。

解决无支付能力储蓄机构的问题通常可以采取清算和兼并两种办法。联邦储蓄与放款保险公司的经验是：用清算的办法比用兼并的办法要花更多的钱。因此近年来保险公司情愿用兼并而不愿用清算的办法以保存日趋枯竭的储蓄保险基金。这是因为清算要花一笔钱作为给存款者的预付款，而在储蓄协会的资产售出以前却没有现金收入；兼并则可以安排各种长期担保和税收优惠，保险公司不需要或很少需要立即付出现金。然而无论在清算或兼并两种中的哪一种场合有一点十分重要，即在 1986～1988 年亏损率以极高的速度在上升。保险公司能降低其总的亏损率的唯一办法是增加用兼并的办法清理储蓄机构，表 3 清楚地说明了这一点。

表 3　1988 年通过兼并和清算清理倒闭储蓄协会的费用

项　　目	兼　　并			清　　算		
	1986 年	1987 年	1988 年	1986 年	1987 年	1988 年
储蓄协会数	26	30	179	21	17	26
总资产（亿美元）	64	76	977	59	29	30
总清理费现值（亿美元）	5	14	283	25	23	28
占资产（%）	7.8	18.4	29.0	42.4	79.3	93.3

资料来源：美国国会预算局。

布鲁金斯的分析家们认为市场价值有很大的不确定性，对清理有问题的储蓄机构所需费用必须做低、中、高三种估计。低数为856亿美元，中数为1076亿美元，高数为1364亿美元（见表4）。

表4　清理储蓄协会所需费用的现值估计

单位：亿美元

项　　目	低数	中数	高数
联邦储蓄与放款保险公司在1988年采取行动的222家储蓄协会①	386	386	463
到1988年12月31日其他按“普遍接受的会计准则”属于无支付能力的351家储蓄协会②	321	375	428
资本对资产比率低于3%按“普遍接受的会计准则”属于无支付能力的390家储蓄协会③	158	315	473
总　　计	865	1076	1364

注：①应用于222家储蓄协会。低数和中数是保险公司的估计，高数则在此基础上加20%。

②应用于有1070亿美元资产的351家储蓄协会。低数的亏损率估计为30%，中数为35%，高数为40%。

③应用于有3150亿美元资产的390家储蓄协会。低数的亏损率估计为5%，中数为10%，高数为15%。

资料来源：根据小布隆保夫等计划。

以上对清理费用的估计还没有计算1988年以前已清理的部分。如果加上这一部分则所需费用要增加140亿美元。因此政府需要拿出的钱总计将在1000亿～1500亿美元。美国商业周刊评论说，第二次世界大战后美国为重建西欧花了大约500亿美元（按现价计算），它是历史上最大的一笔援救支出。现在美国纳税人所要花的钱将使马歇尔计划相形见绌。

美国金融业的困难在商业银行中也有所表现。

从表面上看人们很容易认为美国的银行业是很巩固的。1988年银行申报的利润为253亿美元，是创纪录的，股本利润率达13.6%，是1979年创14.1%纪录以来最高的一年。同时，联邦存款保险公司报告说，在1988年银行倒闭数达到大萧条后最高的201家之后，保险业最糟的时刻已经过去。

但是这些报告的导向是极其错误的。它模糊了存款保险系统继续面临亏损威胁以及随之而来的纳税人将要承担的义务。考虑到实力薄弱的银行的数量和规模之巨大，“普遍接受的会计准则”在掩盖市场价值损失方面技术之高明以及银行资产被迅速侵蚀的可能，商业银行的亏损很可能超过储蓄协会，特别是如果经济衰退在资本不足的银行情况改善以前即已来临的话。

尽管过去10年，股东的股金在银行业资产中的比重有所改善，从1980年的5.9%上升到1988年的6.3%，但它仍然大大低于联邦存款保险公司刚建立时通行的10%的幅度。更重要的是，全行业水平这个指标把无支付能力和实力虚弱的银行正在日益增长这个现象掩盖了起来。

表5说明，按照风险调整后资本对资产比率分类，1986年到1988年第三季度，资产在5000万美元以上的银行数量以及他们持有的累积资产。

风险调整通常是按美国、欧洲和日本银行条例和监察惯例——巴塞尔委员会协议所规定的新银行资本标准程序进行。新标准依风险调整后的资产水平计算法定银行资本比率，给不同类型风险的资产规定不同的权数。到1992年银行必须拥有相等于风险调整后资产4%的一级资本或股金资本；二级资本包括一级资本加下属单位债务和贷款准备金以及其他次要项目，它必须相当于风险调整后资本的8%。

表5　风险调整后资产[①]在5000万美元以上商业银行的资本比率（1986～1988）

单位：亿美元，有脚注者除外

风险调整后资本对资产的比率（%）	1988年9月		1988年6月		1988年3月		1987年12月		1986年12月	
	银行数	资产数	银行数	资产数	银行数	资产数	银行数	资产数	银行数	资产数
小于零	28	225	18	267	24	331	15	51	2	2
在0与3之间	48	434	47	225	44	314	42	894	20	88
在3与6之间	150	9260	168	9592	154	9594	166	9140	116	8969
大于6	5094	18945	5139	18390	5144	17840	5229	17718	5239	17623
总　　计	5320	28864	5372	28474	5376	28078	5452	27803	5377	26682

注：①风险调整后的资本＝股金资本＋永久性优先股票＋下属单位债务与有限制的优先股票－松散的下属单位的投资。

资料来源：小布隆保夫等根据德雷克塞尔·兰伯特公司以及MBS社会事业数据银行的数据并在其协助下计算出来。

尽管在1987～1988年有将近400家银行倒闭，但拥有225亿美元资产的28家大银行在1988年9月仍在营业却无支付能力。另外48家机构拥有430亿美元资产，其资本率低于3%。鉴于储蓄业危机的教训，许多美国经济学家认为资本率在市场价值6%以下的银行是资本不足的。照此标准，表5反映出美国银行系统的很大部分是根基软弱的。因为还有另外150家银行在1988年9月持有资产总额达9260亿美元，其风险调整后的资本率也不过在3%～6%。这就是说将近1/3的银行资产在1988年第三季度末是由资本率在6%以下的商业银行经营的。

表6说明，将近7000亿美元的这类资产被集中于美国15家最大银行中的13家。

表6　15家最大的美国商业银行风险调整后一级资本对风险调整后资产的比率[①]

银　　行	总资产（亿美元）	资本对资产比率（%）	在欠发达国家债务准备金相当于欠发达国家有问题债务的50%的情况下资本对资产的比率（%）	假定冲销50%的欠发达国家债务后资本对资产的比率[②]（%）
花旗银行	1538	3.98	2.82	3.21
美洲银行	825	3.71	1.48	2.16
大通银行	773	5.41	3.08	3.61
摩根保证信托公司	714	6.89	无资料	无资料
制造商汉诺威信托公司	618	5.31	1.44	2.34
银行家信托公司	567	4.64	2.63	3.23
化学银行	543	4.06	1.90	2.45
太平洋安全银行	510	3.85	3.85	3.85
威尔士·法戈银行	421	6.10	6.10	6.10
纽约银行[③]	417	4.13	3.57	无资料
芝加哥第一国民银行	350	3.46	3.46	3.46
大陆伊利诺伊银行	320	4.75	4.06	4.11
波士顿第一国民银行	253	3.89	3.89	3.89
得克萨斯NCNB银行	256	1.49	无资料	无资料
梅隆银行	222	3.40	3.01	3.10
总资产	8327	—	—	—
平均资本率	—	4.34	3.17	3.46

注：①所提供资料是最新的。1987年底和1988年底在银行之间的情况是不同的。

②假定35%公司税率。

③反映1988年兼并厄尔文信托银行。

资料来源：小布隆保夫等根据德雷克塞尔·兰伯特公司以及MBS社会事业数据银行的数据并在其协助下计算出来。

联邦存款保险公司公报中公布的“有问题银行一览表”把注意力集中于银行业中的多事区或银行监督者给予低标准评价的银行。正如表7所示，在1987～1988年有问题银行的数字从1575家下降到1394家。然而在美国经过6年和平时期最长的经济扩张之后，1988年有问题银行的数量仍然是战后1976年385家最高纪录的3倍以上，并且是1981年数量的6倍以上。估计要关闭或兼并表5中所示的无支付能力的银行需要花35亿～70亿美元。而这个数目可能还不够，因为资产在5000万美元以下的9000家银行中有问题的部分还没有被包括在内。

美国商业银行空前软弱的处境也是同放松管制以后在吸收存款与放款业务方面的激烈竞争和追求最大利润动机的驱使相关的。

表7　由联邦存款保险公司保过险的银行因金融困境而倒闭的，以及有问题的银行

年度	倒闭银行数	比上年增长的百分数（%）	有问题的银行数①	比上年增长的百分数（%）	倒闭的和有问题的银行数
1980	10	0	无资料	无资料	无资料
1981	10	0	223②	无资料	233
1982	42	320	369	65	411
1983	48	14	642	74	690
1984	80	67	848	32	928
1985	120	50	1140	34	1260
1986	145	21	1484	30	1629
1987	203	40	1575	6	1778
1988	221	89	1394	－11	1615

注：①在统一金融机构评估制度下，一个被评为“4”或“5”的银行即被认为有问题。

②1981年以前，有问题的银行在1976年为385家，达到顶峰，后来直到1980年是逐年下降的。见联邦存款保险公司（1982年，第12页）。小布隆保夫等：《清理一团糟的储蓄机构》，布鲁金斯关于经济活动的论文，1989年第1期，第243～283页。

资料来源：1980～1981年，联邦存款保险公司（1982，70页）；1982～1987年，联邦存款保险公司（1988a，3页，61页）；1988年联邦存款保险公司（1988b，5页）。

储蓄协会危机是布什总统入主白宫以后首先碰到的难题。在财政赤字空前沉重的情况下，又要给储蓄业输血，真是屋漏又逢连夜雨，日子更加难过。布什最终与国会达成的协议是在财政部下增设清理财务公司

（Resolution Finance Corp），在1989～1991年将发行500亿美元30年债券。发行债券的收入拨给一个新建的清理信托公司（Resolution Trust Corp），它在今后3年将清算或出售近500家无支付能力的储蓄机构。国会还决定允许银行收购储蓄机构以解决资金来源问题。清理信托公司将监督救援计划。它的一项重要任务是结束过去无支付能力的储蓄机构向存款人提供的过高利率。政府还建议实行一系列管理方面的改革。最重要的是要求所有储蓄协会到1991年6月都能达到新的与商业银行一样的资本标准。在计算资本时要求储蓄机构把信誉（资本）在10年中摊提完毕而不是按“普遍接受的会计准则”所规定的40年。政府还要求为管理官员提供斟酌情况的处置权以便他们能把那些资本不足但仍有支付能力的储蓄机构置于受监护的地位，等待他们现在的老板重新注入资本，或卖给新主人直到进行清算。此外对违犯储蓄协会规章的单位要加重处罚，为此政府将增加给司法部的拨款用于对违犯刑法的储蓄协会老板或行政人员进行诉讼。

五　80年代美国金融的困境说明了什么？

它说明在现代资本主义社会中已不存在市场经济可以自我调节避免危机的神话。当然危机也是一种自我调节，但是这种自我调节所付代价太大。它会激化人民大众同垄断资本的矛盾，威胁资本主义制度的生存。所以现代垄断资本需要与国家融合，借助政府干预来缓和阶级冲突，减弱危机的振幅。但是在这里资本主义经济却陷入了两难处境。

一方面政府干预并不能解决根本矛盾，还会带来副作用。以金融业为例，在总结金融业在20世纪30年代大危机中所起作用后，导致了政府对金融业包括商业银行和储蓄协会的管理和监督。可是这种管制到70年代就把金融业窒息到奄奄一息了。这是之所以又要对金融业放松管制的原因。

然而资本的本性总是要追求最大利润，为达到这一目的它是不择手段的。储蓄与放款协会危机说明，一旦金融资本家有了充分自由，他们就会以牺牲纳税人的上千亿美元为代价来谋取自己的发财致富的机会。他们的行为给金融业造成混乱。如果政府不干预，在生产和流通高度社会化的现代资本主义条件下，这一个行业的危机就有可能引发连锁反应，给整个美国经济带来灾难。所以政府不得不用纳税人的钱来挽救储蓄业并重新对它加强管制。管制—放松管制—再管制这种循环变成了现代资本主义运行机制存在下去，它是难以摆脱这个魔圈的。

（原载《美国研究》1989 年第 4 期）

论美国对外双边经济关系深层化剖析

王孜弘*

美国对外双边经济关系错综复杂，但对双边经济关系的发展进程与方向有决定性影响的经济行为主要集于三个领域：一是双边贸易的开拓，二是以生产性资本为主的美国对外直接投资，三是美国金融资本对他国的介入。美国与他国在三个领域内的关系，在一定程度上反映着与该国双边经济关系的密切程度的三个层次。

开拓双边贸易是美国对他国市场的介入。直接投资是对他国生产过程与经济结构的介入。金融资本的介入则意味着对他国经济的全面介入，在促使对方与美国形成相互依存的经济关系的同时，对他国经济的充分开放有决定性影响。

在上述三领域中，美国的直接目标不同，受此影响的双边经济关系的特点也有所不同。

一　开拓贸易与美国对外双边经济关系

从美国对外经济发展史及战后状况看，贸易关系是较为初级的经济关系。在开拓贸易阶段，美国的受益者虽然涉及多个方面，但直接面对东道

* 王孜弘，时任中国社会科学院美国研究所助理研究员。

国的受益者，主要是从事对外进出口业务的贸易商。而美国的直接目标则主要是使对方的市场充分对美国开放。

充分开放的内容至少有两个方面，一是对方所有的商品市场对美国开放，使美国商品能够与对方国的商品在相同的环境下平等地竞争；二是使美国商品在进入对方国内市场时能够享受到对方向第三方提供的所有优惠条件。从某种意义上讲，从早期倡导的门户开放政策，到战后初期的马歇尔计划中的有关内容，以及后来的美国与欧洲及日本的贸易摩擦、中美贸易争端等，在很大程度上所体现的正是美国在开拓贸易过程中的对外双边经济关系中的主要目标与冲突。

在以进入对方市场为主要目标的开拓贸易过程中，美国对外双边经济关系主要有以下特点。

第一，与直接投资相比，由于双边贸易中资金的运作周期相对较短，因此其承担的风险也相对较小，贸易商所面临的主要是市场性风险，制度性风险的影响相对而言要小得多。

第二，尽管受益者与风险的承担者涉及美国国内生产企业、银行、保险与就业等各个方面，但由于大规模长周期的直接投资与金融领域的介入相对较少，甚至尚未开始，直接面临对方国市场的主要是贸易商，因此经济关系的放大作用和连锁反应相对较小。

第三，由于经济关系主要集中于商品进出口，缺乏大规模长周期的生产性资本与金融资本的渗入，因此，虽然通过双边贸易体现的供求关系可通过价格因素对他国的资本流向、生产力布局等产生影响，但这种贸易关系对于他国经济的结构性影响相对较小。一般而言，很难直接导致对方生产力布局与经济结构产生较大的变化。这一特征主要存在于美国同处于开放初期的国家的经济关系之中。中美建交前后的中美经济关系就有此特点。

第四，尽管产品本身的科技含量会流向对方，但先进的科学技术与管理及金融领域的创新很难大规模流入对方。对于他国而言，如果仅停留在贸易阶段，从美国所能够获得的科学技术与制度创新成果也极为有限。

二　直接投资的介入导致的美国对外双边经济关系变化

与以打入对方市场为主要目的的开拓贸易相比，以生产性资本为主的直接投资的介入是经济关系向更深层次发展的表现。在以生产性资本为主的直接投资介入他国经济的过程中，一方面，原有从事贸易的美国资本的利益仍然存在，并会呈扩大之势；另一方面，在直接面对受资国的美国受益者中，影响更大的主要是投资者。所以，对外直接投资的美国跨国公司往往成为影响美国与他国经济关系的主要力量。

当双边经济关系中有了以生产性资本为主的直接投资之后，美国的直接目标主要是使本国进入对方的直接投资能够享受所在国国民待遇，与所在国及第三国资本在相同的条件下运作与竞争，同时要求资本与利润的自由流入与汇出等。

在这种情况下，美国与他国的双边经济关系的特点与开拓贸易时有明显不同。

首先，美国资本对受资国制度性保障要求更高。由于固定资产的投入，特别是大规模固定资产的投入，使投资运作的周期大大延长，因此投资人的风险大为增加。与开拓贸易过程中的贸易商相比，这一时期的投资人不仅需要实现每一批产品的价值，同时还需要通过相对较长时期的生产与销售完成固定资产的折旧。长时期内完成折旧则意味着生产性资本的投资人不仅面临贸易商同样面临的市场风险，而且还在更大程度上面临制度性风险，以及所在国的政治风险与自然风险等不测因素。正因如此，追求所在国的制度性保障才成为美国利益目标的主要内容之一。

其次，直接投资在介入前的决策与准备工作更为复杂。与急于全面打开对方国内市场的贸易商不同，生产性资本涉及运作周期较长的固定资本的投入，而固定资本缺乏流动性的特点又使资本的避险能力大大降低，这使美国投资人在大规模介入之前的准备工作更为详细、复杂。一般而言，除对他国的经济、政治、法律、自然条件、市场潜力甚至宗教与文化等方面进行更为详细的研究外，往往还经过动态观察、试探性投入，及大规模投入三个阶段。其中试探性投入较为关键。当美资认为所在国的条件不宜于进行较大规模的投入时，便会将投资保持在一个规模相对较小的水平，一方面可减少风险，另一方面又为今后在可能的情况下迅速占领所在国投资市场做准备。

由于各个不同的国家在经济发展水平、国内需求状况、自然条件、文化与习俗及政治、法律等方面的状况不同，而不同领域、不同规模与实力的美国资本的运作特征也不尽相同，因此，美国生产性资本对不同的国家进行大规模投入的条件也不尽相同。但其共同点主要表现为三个方面。

一是对所在国社会秩序有更高的要求，其内容包括多个方面，除政治形势稳定与社会安全保障等基本因素外，最重要的是要求整个社会的正常运转能够保障最初原材料的获取、资本的获得、生产过程的运行、产品价值的实现、折旧的实现、资本的流动等能够在相对可预见的社会环境中进行，保障美国企业的利益不受侵害，尤其是在知识产权等方面不受侵害。

二是所在国的经济运行规则，在更大程度上与国际通行惯例接轨，从投入到产出以至销售和资金的流动等方面的监管在更大程度上接近或接受以发达国家为主导的世界经济通行法则与惯例。

三是所在国能够提供素质较高的劳动力。与投入贸易领域的资本不同，生产性投资为了降低成本，提高效率，从而在竞争中取胜，在投资过程中，必须注入相对较多的先进技术与设备，这意味着生产性资本为主的直接投资中的科技含量较高。要使所投入的科技含量转化为产品中的价值，就必须有素质较高的劳动力注入生产与管理过程，并在这一过程中有所创新。因此，劳动力素质状况成了影响美国直接投资对他国进行大规模介入的重要因素。在实际中，有些美国公司还对所在国的人员进行培训，其中既包括对高级管理人员与技术人员的培训，也包括对普通工人的培训。

三个共同点决定美国对外直接投资主要集中于劳动力素质较高的发达国家，而不是劳动力成本相对较低的发展中国家及新兴国家或地区。美国投向加拿大、欧洲、日本、澳大利亚、新西兰的资本在其对外直接投资中的比重，1980 年为 72.4%，1985 年为 74.1%，1990 年为 74.8%。美国制造业对外直接投资中，投入上述发达国家和地区的资本所占比例 1991 年为 79%，[①]

① 根据 1993 年《美国统计摘要》（*Statistical Abstract of the United States*，1993，p. 801）数字计算得出。

1992 年为 78%，[①] 1995 年为 76.2%，1996 年为 75.3%[②]。欧盟成立后，美国 1995 年和 1996 年投入欧盟国家的资本在制造业对外直接投资中的比重均占 46% 以上。[③] 直接投资的分布在很大程度上决定了与美国在经济上保持最密切关系的仍然是发达国家。

再次，与通过供求关系影响他国经济的双边贸易不同，直接投资不断扩张，不仅对受资国生产力布局会产生更直接的影响，甚至能够对一国的经济结构与发展产生导向性影响。

美国对外直接投资主要以三种方式进行：一是货币资金的投入，投入后转化为有一定科技含量的固定资产、流动资产及劳动力支出等；二是无形资产的投入，例如商标品牌等；三是技术投入。如果不进行有偿转让，商标品牌等无形资产及技术最终仍由美国资本控制，而源于货币资金转化的固定资产中技术含量较高的部分往往来自美国，所含技术也在较大程度上受美资的控制或影响。此外，如果投资设立的企业是独资企业或是美资控股企业，其投向与管理等多个方面也会受美国资本的影响，并且在最大的范围内与美国资本或是美资控股企业产生关联交易。

由此可见，与双边贸易相比，直接投资的作用不仅在于打开对方的市场，而且还介入生产领域，从而对所在国的生产、就业、消费、税收、财政，以及管理与创新等均产生不同程度的影响。当美国的直接投资以较大规模介入时，所在国的生产力布局乃至整个经济结构都会受到影响。此外，美国直接投资在直接影响所在国各个领域的生产力状况的同时，还会改变所在国的经营管理与政府监管，甚至促使所在国监管当局及企业本身的运行方式向美国所能接受的国际通行法则与惯例靠拢。

三　金融资本的介入与相互依存的双边经济关系

美资对他国金融领域的介入有助于最终促使相互依存关系的形成。由

---

① 根据 1994 年《美国统计摘要》（*Statistical Abstract of the United States*，1994，p. 811）数字计算得出。

② 根据《商情概览》（*Survey of Current Business*，July，1997，p. 36）数字计算得出。

③ 根据《商情概览》（*Survey of Current Business*，July，1997，p. 36）数字计算得出。

于金融领域往往是一国经济中放大作用最大、连锁反应最强最快、最为敏感的领域，同时也往往成为一国经济充分对外开放的最后一个领域。因此，金融领域的开放，常常被视为一国经济最终实现充分对外开放和与国际接轨的标志之一。

在金融资本介入及发展金融关系过程中，美国的直接利益目标是促使所在国在银行、保险、证券、企业收购与兼并等金融领域按照国际通行法规与惯例全面对美国开放，为此，要求对方实行货币自由兑换、利率市场化等。

在金融资本介入他国的过程中，美国的直接利益集团主要是以银行、保险、证券界为主的金融中介。与直接投资相比，金融资本不仅要求所在国向美国资本提供与当地及第三国资本相同的竞争环境，而且更强调所在国的监管体制与国际运行规则接轨。

美国金融资本对他国经济的介入，使美国对外双边经济关系有了新的特点。

第一，金融资本在数量上比直接投资庞大，在流动方面比其他资本灵活。数额巨大与快速流动相结合，能够使市场在短时期内产生较大的突发性波动。这种波动造成的风险与机会是其他投资领域难以相比的。但另一方面，金融资本又能够通过快速流动的方式减少甚至避免风险。因此，无论是美国金融资本，还是所在国当地金融资本，或是运作于所在国的第三国金融资本，在面临着更多机会的同时，也面临着更大的风险，而避险的手段也同样有所增加。

这一点在1997年8月东南亚金融危机中表现十分突出。在这次危机中，一方面，未及出手的证券持有人账面损失惨重；另一方面，不少投资人利用有价证券变现灵活的特征将资金转向美国市场，从而减免了风险。当东南亚金融市场开始企稳，股市有所反弹时，部分资金可返回获利，但若出手不及，或在美国市场被套，则有可能面临新的风险。

第二，由于金融资本运作过程中产生的放大作用与连锁反应远非贸易与生产领域可比，因此，庞大的美国金融资本能够产生不可估量的影响。马来西亚总理马哈蒂尔指责外资诱发金融危机时称："东盟的经济基础基本良好，但只要有人用10亿美元在汇市炒卖，就可以破坏我们的成果。"①

① 深圳证券交易所主办1997年8月《证券市场导报》，第30页。

他认为，外资诱发的危机使马来西亚的人均收入从10年前的5000美元降为4000美元，并指责外国投资人使马来西亚经济“倒退了10年”。而马哈蒂尔所指的外资主要就是美国资本家绍罗什和他的量子基金。此外，美洲豹基金（Jaguar Fund）等也参与了炒作。但到目前为止，从市场行为上看，参与狙击炒作的外国资本的行为并无明显违规之处。这部分外资影响较大甚至能够“制造危机”的原因仅在于投资量较大而已。事实已经表明，金融领域的巨额资金快速流动所产生的影响，有时不仅超过贸易摩擦及直接投资领域中的矛盾所能产生的影响，且还可能超过制裁所产生的影响。

第三，由于美国金融资本在全球范围内快速流动，而所在国的金融领域也更为开放，因此，所在国金融领域的波动与两国间的巨额金融业务及由此产生的资金的流动和风险不仅对两国经济影响更大，且可能影响第三国、相关地区，甚至整个世界的经济运行。历次美元危机都曾惊动西方主要工业国。20世纪90年代初期日元对美元汇价走强不仅影响美日两国经济，而且还使日元外债较多的亚洲国家的偿债负担大大加重。此后的日元汇价下跌使美日两国进出口条件发生互转式变化，亚洲日元重债国的偿债负担有所减轻，但美元债务的偿债负担加重。东南亚金融危机中，当地国家经济首先受到打击，各国随后采取货币贬值措施，[①] 又使中国出口竞争压力加大，同时使在这一地区开展业务的日本银行损失惨重。而近年来美国国债之销售量所以能实现40%的年增长率，主要是日本、中国内地、中国香港、新加坡的投资人投资踊跃。受金融危机的影响，这些国家和地区可能减少对美国国债的投资。如果日本人没有能力购买美国国债，又会影响美国的境外筹资与金融市场。

第四，所在国对市场的监管与风险防范体系成为影响美国资本介入的重要因素。金融市场的风险不仅较大，而且扩张性强，这对于美国资本、所在国资本及其他国家都会产生难以估量的影响，而且这种影响还会波及生产、流通、就业等许多非金融领域，甚至会对整个国民经济与社会安定产生影响。因此，金融监管与风险防范体系的建设与完善，便成为影响美国金融资本与其他国家发展金融关系的重要因素。在泰国金融危机之初，

① 深圳证券交易所主办1997年8月《证券市场导报》，参见趋势图部分。

一些美国专家及官员就曾将危机的原因归为“监督不充分”。

第五，信息披露在两国经济关系中的作用进一步加强。金融资本不仅数额较大，而且流通性强，机会与风险也往往远大于其他领域，而其影响又远远超出金融市场本身。为了减少和避免风险，无论是美国资本还是所在国资本都需要一个更为完善的信息披露体制，保证筹资人、投资人，以及中介机构的操作能够及时、公开、公正地向公众披露。因此，监管层运行的规范性，筹资者、中介机构及投资人操作的公开性等，将成为影响两国经济关系发展的又一重大因素。信息披露及相关监管体制的不完善，往往是影响美国资本进一步与当地发生关系的重要因素。难以及时获得信息，是美国资本冷遇中国境内上市外资股的原因之一。

上述因素的共同作用，使得美国金融资本对他国或地区的介入，对促使所在国或地区与美国间最终形成互为一体的双边经济关系有决定性的作用。在实际过程中，美国金融资本对他国的介入往往是在对方商品市场与直接投资市场的开放取得长足进展的背景下进行的。金融资本介入之后，美国不仅要在对方国保持商品市场与直接投资市场的利益目标与要求，而且还要求对方在金融领域开放，并进行相关制度的建设。金融领域的开放必然涉及多个领域的开放，实际上意味着整个国民经济领域基本实现充分对外开放。其结果往往是美国与对方国在一系列领域中相互开放，在庞大的金融资本及其特有的杠杆作用推动下，通过一系列的连锁反应，最终促使两国间形成相互依存的双边经济关系。

这一过程对于一国最终实现全面开放影响重大。金融领域对外开放的内容包罗万象，且各国有所不同，但货币自由兑换与流动、利率与汇率的市场化、商业银行与投资银行业务的开放、发行市场与二级市场对境外资本提供准入，及实行与国际通行规则相一致的监管制度等则是最基本的内容。

美元仍是流通性最强，兑换最为灵活、影响力最大的货币；美国金融资本是世界上最强大的金融资本，美国金融市场又是世界上最开放的投资人市场，同时也是最开放的筹资人市场。此外，美国还拥有世界一流的筹资中介。而美国的金融市场监管体系也较为完善，其许多内容被许多新兴市场所仿照。这一切使美国金融资本有实力加速他国的金融开放，同时又有足够吸引力促使他国在金融开放中介入美国金融市场。这种介入又必然导致他国金融领域的进一步开放。因此，美国金融资本对一国金融领域的介入，往往会成为促使该国经济最终对世界充分开放的难以替代的因素。在现有世界经济秩序下，对于相对发达地区及具有市场潜力的大国而言，美国金融资本的介入程度，往往被视为经济是否充分开放的重要参照。

四　双边经济关系中的三个层次

通过对双边贸易、直接投资、金融资本的运作特征及对所在国经济的影响进行分析，我们可从三个层次考察美国对外双边经济关系。第一层次为双边贸易关系。美国的直接目标为开拓对方市场，直接面对东道国的利益集团为贸易商，其结果是美国对他国市场的进入。第二层次为直接投资关系。美国的直接目标为获得所在国国民待遇，直接面对东道国的利益集团为以跨国公司为主的直接投资者，其结果是对他国生产过程、生产力布局甚至经济结构产生影响。更深层次是金融资本的介入。美国的直接目标是打开对方金融市场，直接利益集团为美国金融资本，其结果则是在介入对方金融市场的过程中，促使双方形成相互依存的经济关系。

目前美国与欧洲及日本的双边经济关系在三个层次上均较为密切。美国同欧洲及日本在市场准入、直接投资及金融业务方面均取得远超过与其他国家或地区在同类领域中的进展。一方面，三个领域中的相互开放使一个领域内的矛盾与纠纷可能涉及其他领域，比如，贸易纠纷出现后，一国可能通过直接投资甚至货币倾销的方式打入对方市场，从而将贸易纠纷引入其他领域，使纠纷扩大化；但另一方面，这也意味着贸易领域的纠纷难以解决时，可能通过在投资或金融领域内的操作来缓解甚至解决。如果仅有双边贸易关系，美国与欧洲、日本间的许多贸易纠纷将更难解决。

美国与加拿大及墨西哥的经济关系正朝在三个领域中共同开放的方向迈进。三国达成的《北美自由贸易协定》（NAFTA）的实际内容远远超出了贸易范围。除要求三国降低与取消关税外，对相互间直接投资与金融开放作了较详细的规定。

在投资方面，NAFTA 主要针对 NAFTA 投资人及建立在三国中任意一国的法人实体公司作出规定。[①] NAFTA 投资人可在另一个 NAFTA 国家投资，而投资的内容包括在各 NAFTA 国中建立、收购、经营及出售企业；“每一个 NAFTA 国家必须尽可能对其他 NAFTA 国家的企业投资提供最优惠的待遇”，“而这一最优惠的待遇是通过接受向所有 NAFTA 投资人提供国民待遇的原则得以确定的。这意味着每个 NAFTA 国家必须向来自其他 NAFTA 国家的投资人提供不低于本国投资人的优惠待遇”。[②]

与投资相关的内容还规定，NAFTA 投资人能够将当地货币按市场汇率兑换外币，还能将利润、红利、利息、资本利得、专利使用费、管理费、出售资产所得等收入进行自由兑换。[③] 非 NAFTA 投资人得不到 NAFTA 待遇，但可获得其他好处，不过要受 NAFTA 条件限制。[④]

在金融开放方面，协议要求墨西哥在 7 年内取消对美国、加拿大银行及保险公司的限制，10 年内取消对证券公司及投资银行业务的限制；成员国向北美金融公司提供国民待遇等。有关规定还将使整个北美大陆的兼并与收购更为方便。[⑤]

从协定中我们可以看出，尽管受现实条件的限制，但协定要求的方向仍是在三个领域内相互充分开放。NAFTA 虽是三国协定，但由于实力对比等原因，上述内容在反映共同利益与目标的同时，也在很大程度上体现了美国的意图及其对外双边经济关系的特征。

美国与中国的双边经济关系虽有长足进展，但尚未充分展开。近几年双方争论点主要集中于贸易领域，只有在知识产权保护，及美国认为中国扶持国有企业有悖于世界贸易组织的有关规定等问题上涉及了直接投资问题。

在金融领域，美国的金融资本已经开展了对华业务，主要集中于境外直接筹资、保险业等领域。除低风险债券外，中国的风险筹资工具已通过

① 参见 Milton L. Rock, Robert H. Rock and Martin Sikora eds., *The Mergers & Acquisitions Handbook*, 2nd ed. (McGraw-Hill, Inc., 1994), p. 502。

② 参见 Milton L. Rock, Robert H. Rock and Martin Sikora eds., *The Mergers & Acquisitions Handbook*, 2nd ed. (McGraw-Hill, Inc., 1994), p. 503。

③ 参见 Milton L. Rock, Robert H. Rock and Martin Sikora eds., *The Mergers & Acquisitions Handbook*, 2nd ed. (McGraw-Hill, Inc., 1994), p. 504。

④ 参见 Milton L. Rock, Robert H. Rock and Martin Sikora eds., *The Mergers & Acquisitions Handbook*, 2nd ed. (McGraw-Hill, Inc., 1994), p. 502。

⑤ 参见 Milton L. Rock, Robert H. Rock and Martin Sikora eds., *The Mergers & Acquisitions Handbook*, 2nd ed. (McGraw-Hill, Inc., 1994), p. 501。

美国存股证（American Depositary Shares，ADS）等方式在美交易。到1997年6月30日止，已有近10只中国股通过美国一级市场发行后在交易市场挂牌。[①] 在中国境外直接筹资过程中，美国资本主要承担主承销商或国际协调人的业务。

由于多方面的条件尚未成熟，美国对华金融业务受到较大的限制。此外，金融资本运作灵活的特征也使美国金融资本更多地倾向于通过资本的快速流动来避免风险或捕捉机会，而不是像直接投资者或贸易商那样热衷于向美国政府及国会游说。这使双方金融领域的矛盾不如贸易领域明显。但东南亚金融危机表明，金融领域的矛盾一旦通过市场引发，甚至仅出于“正常运作”，其短期内突发式的影响绝非一般贸易与直接投资甚至制裁所能产生的影响可比。

五　双边关系无定式

三个领域体现的不同的经济关系及三个层次的分析，在一定程度上概述了美国与他国经济关系的密切程度，但这并不意味着这一划分能够概述一切。在对外双边经济关系中，各个领域相互影响，但三方面关系的发展未必按时间顺序进行。这在美国与中国大陆、美国与中国台湾及美国与墨西哥的经济关系中均有所体现。

每个领域都在不断发展，都会有新的内容，而各个国家和地区的发展速度与状况不同，对三个领域的开放程度的要求也有所不同。这使新的争端成为必然。因此，在美国对外双边经济关系中，即便是同其最开放的伙伴之间，尤其同欧洲与日本之间，也不断出现新的矛盾与问题，相互间的争端甚至报复与制裁仍有可能出现。相互依存的经济关系的形成，并不意味着矛盾的消除与对外开拓经济关系的终止。

实力永远是决定双边经济关系中各自地位的主要因素。联合的欧洲与强大的日本在实现较充分开放，并同美国形成相互依存的双边经济关系后，可以相对平等的地位同美国交往，而弱小的国家在三个领域开放以

① 主要有华晨金杯、中国轮胎、上海石化、山东华能、华能国际、中国玉柴、吉林化工、广深铁路、东方航空等。

后，尽管能够在同美国的双边经济关系中得到好处，但难以平等地对话，并可能受到强大的美国资本运作的影响。马哈蒂尔1997年7月24日在东盟外长会议上指责制造危机的绍罗什时称，“如果联合国不将这种投机或炒作马元及其他东南亚国家货币的行为看作犯罪，并采取行动对付他，那么所有发展中国家必定深受其害”。“我们不能对这个人采取什么行动，因为我们只是一个小国，如果我们是个强权国家，我们将可以利用实施在别人国度里的法律，把他引渡回来，送上法庭。”①

资源与市场潜力既是制约经济发展的因素，也影响着一国对外经济关系。资源与市场潜力不大的小国如果不具备如新加坡及我国香港、中国台湾那样的特殊条件，它在美国对外经济关系中的地位将永远受到制约。具体而言，美国资本并非对所有国家都在贸易、生产性投入及金融领域大规模开展业务。生产力与市场落后的小国即便在三个领域中对美国充分开放，也难以在各个层次上形成同美国资本相互依存的紧密关系，而那些尽管市场潜力较大，但仅在局部领域内与美国资本发生关系的国家，无论其大小，在美国对外经济关系中的地位，也远不如那些在三方面均能与美国在较大范围内开展业务关系的国家和地区。这也是一些中小国家，甚至像印度这样的大国在美国对外经济关系中的地位有时甚至不如中国台湾的原因之一。

（原载《美国研究》1998年第1期）

① 深圳证券交易所主办《证券市场导报》1997年8月．参见趋势图部分。

微软垄断案解析

胡国成*

【内容提要】软件巨头微软公司因违反美国联邦反托拉斯法，于2000年6月在初审判决中被判分拆为两家公司。人们对美国联邦政府一方面鼓励巨型公司并购，一方面又对微软公司穷追猛打的做法感到困惑。本文通过对微软垄断案本身及美国联邦反托拉斯法的分析，对此现象作出了解释。文章认为，微软公司被判垄断并非由于它在个人计算机操作系统市场上所享有的垄断地位，而是因为它对这种垄断权力的滥用，即采取了不公平竞争手段对付竞争对手。

【关键词】反托拉斯法　垄断　不公平竞争

2000年6月7日，负责审理微软公司垄断案的美国哥伦比亚特区联邦地区法院法官托马斯·杰克逊（Thomas P. Jackson）正式对此案被告微软公司作出惩罚裁决：命令微软公司一分为二。裁决一经公布，联邦司法部欢欣鼓舞，反托拉斯的斗士们弹冠相庆，司法部长珍妮特·雷诺（Janet Reno）立即举行记者招待会，称：今天的裁决"不仅会对软件行业的竞争而且还将对重申反托拉斯法在软件时代的重要性"产生深远影响。微软公司董事长比尔·盖茨则发誓要对此项裁决提出上诉，在一盘事先录像的谈

* 胡国成，时任中国社会科学院美国研究所研究员。

话中，他坚信微软公司“有非常充足的理由进行上诉”。[①]

令国内不少人感到不解的是：在20世纪90年代美国企业并购高潮中，一直在鼓励甚至支持并购的联邦反托拉斯检察机构为什么要对微软穷追猛打？持续了近10年的微软涉嫌垄断案件怎么会从开始阶段的“软打”真的变成了“打软”？美国的反托拉斯法是否存在矛盾？本文试图通过对微软案和美国联邦反托拉斯政策的分析，对这些问题作出回答。

一　微软垄断案的来龙去脉

微软公司1975年创办时，不过是一家为个人电脑编写基础软件的小公司。1980年，该公司被美国电脑业巨头国际商用机器公司（IBM）选中为其生产的个人电脑编写操作系统，为公司带来了高速发展的机遇。从1981年IBM公司批准采用微软的MS－DOS磁盘操作系统起，[②] 微软便开始飞黄腾达。到1992年两家公司断绝合作关系时，微软已在磁盘操作系统之外，推出了以图形作为用户界面的视窗操作系统（Windows），[③] 并不断地使这两种操作系统轮番升级。

随着两种操作系统的不断升级，微软的财源滚滚而来，股票市值急速攀升。到1997年11月时（即联邦司法部正式起诉微软公司违反联邦反托拉斯法后的一个月），微软公司的股票市值已达1630亿美元，比美国三大汽车公司（通用、克莱斯勒、福特）的资本总和还要多。其视窗系列操作系统在世界个人电脑市场上的占有率达到90%，而它的办公软件则覆盖了世界各地的几乎所有办公楼中的计算机。[④]

随着微软实力的增长，它的竞争者的抱怨也在增长，它们指责微软公

① 引自“Microsoft Vows to Fight Breakup”（http：//www. msnbc. com/news/417461. asp）。

② 据说，当年微软公司自己并没有操作系统产品，但比尔·盖茨知道西雅图一家小公司有这种产品，于是他用7.5万美元买断了这种操作系统的专利权，并将其卖给IBM公司。

③ 视窗操作系统于1985年首次推出，据说是对苹果电脑公司（Apple Computer）首先开发成功的“麦金托什图形用户界面”的修改版本，并因此而引起苹果公司关于微软公司侵犯其版权的诉讼。由于早些年版权法在美国执行的不甚严格，苹果公司未能获得上诉法庭的支持，遂于1995年2月撤回了这项持续了7年的诉讼。参见 Peter McGrath，“How Bill Gets Out of Tight Spots?” *Newsweek*，April 3，2000，p. 31。

④ Steve Hamm & Susan Garland，“Justice vs. Microsoft：What's the Big Deal?” *Business Week*，Dce. 1，1997，p. 159.

司采取不公平的手段进行竞争，认为它利用了自己在操作系统中的垄断优势试图夺取部分应用软件市场的统治地位。1991 年，联邦贸易委员会（FTC）开始对微软公司是否有将磁盘操作系统与应用软件捆绑销售的不公平竞争行为进行调查。经过大量调查取证，1993 年 7 月该委员会就是否正式对微软提出起诉进行表决时，5 名委员会中有一人因与此案有潜在利益关系而申请回避，致使表决结果陷入 2 比 2 的僵局。[①]

后来，联邦司法部接过了这个案子。1994 年 7 月，微软与联邦司法部达成调解协议，[②] 该协议对微软公司的视窗操作系统许可证的发放作出了一些限制，如在向个人电脑制造商发放即将上市的“视窗 95”（Windows 95）操作系统软件使用许可证时，微软不得附加其他条件；禁止微软公司将一种产品的生产许可证与另一种产品的许可证搭销。但同时，这个调解裁决又声称：“这个条款本身不应被解释为，也不应自然而然地被理解为禁止微软公司发展集成产品。”[③]

微软公司充分利用了条款中的这一解释。当时，微软虽然在个人计算机操作系统软件方面占有绝对优势，但对于刚刚兴起不久的计算机网络特别是因特网（Internet）的发展未加重视。结果，一批从事网络浏览器软件生产的公司如网景公司（Netscape Communications Corp.）和太阳微系统公司（Sun Microsystems）等纷纷崛起。意识到网络的发展前景和自己的失误后，微软公司投入巨资奋起直追，很快就在 1995 年 11 月开发出了自己的网络“探索者”浏览器（Internet Explorer），并在产品销售活动中实际上把它作为个人计算机制造商申请视窗 95 使用许可证的条件，配备在操作系统软件中推出。微软的这一行动很快使因特网浏览器市场的主要竞争对手网景公司开发的“导航者”（Navigator）浏览器的市场份额从 1996 年的 80% 下降为 62%，而微软的“探索者”浏览器市场份额则从 0% 上升到 36%。[④]

联邦司法部以此为证据，认定微软公司不仅从事了“捆绑销售”[⑤] 的

---

① Peter McGrath, p. 30.

② 此调解协议于 1995 年 8 月得到法庭批准，成为调解裁决。

③ Steve Hamm & Sucan Garland, p. 162.

④ 肖琪：《微软风波来龙去脉》，1998 年 9 月 21 日《参考消息》，第 7 版。

⑤ 所谓“捆绑销售”，也称“搭销”或“结卖”，是指厂家或商家在出售一种产品时将其他产品搭配在其中强行销售的行为，这种不正当的竞争行为已在《克莱顿反托拉斯法》第三款中被禁止。参阅 Merle Fainsod, *Lincoln Gordon and Joseph C. Palamountain, Jr., Government and the American Economy*, New York: W. W. Morton & Company, Inc., 1959, pp. 499－500。

不正当商业行为，而且违反了法庭1995年的调解裁决。司法部反托拉斯局局长乔尔·克莱因（Joel I. Klein）称："这是对垄断权力的一种滥用。"①1997年10月20日，联邦司法部向哥伦比亚特区联邦地区法院提起民事诉讼，指控微软公司违反1995年的调解裁决，利用其视窗操作系统的垄断地位保护并扩展这种垄断，不正当地要求个人电脑制造商安装微软公司的探索者浏览器，同时剥夺用户的选择权。司法部长雷诺要求法庭宣布微软公司犯有藐视法庭罪，并判处该公司在违法期间每天100万美元罚款。②

在法庭审理期间，微软辩称："探索者"浏览器与视窗操作系统是技术上不能分离的集成产品，是视窗操作系统的一种升级，而不是"捆绑销售"。到底二者是集成还是捆绑，这个问题涉及复杂的技术层面，法庭一时无法裁定。鉴于联邦司法部尚未掌握足够的有关微软滥用垄断权力的直接证据，法庭于当年12月17日以"证据不足"的理由驳回了对微软处以罚款的请求，但在一项临时裁决中宣布：禁止微软把安装"探索者"浏览器作为个人计算机制造商申请视窗操作系统（包括视窗95及其升级版本）使用许可证的条件。同时，法庭还宣布成立一个专家小组来对集成与捆绑的问题进行研究和取证。

1998年初，联邦地区法院法官托马斯·杰克逊作出正式裁决：微软公司强迫个人计算机制造商使用"探索者"浏览器，违反了与联邦政府达成的调解协议，因此命令该公司从视窗95操作系统中拆除"探索者"浏览器。③

微软公司一方面向哥伦比亚特区巡回法院提出上诉，另一方面为了表示"服从"法官命令，将"探索者"浏览器（IE3.0）软件免费提供给使用Windows 95操作系统软件的电脑制造商；同时加紧开发新版"探索者"浏览器（4.0），并将其做进当时即将推出的视窗98操作系统，以形成"一体化"的新版视窗操作系统。

1998年5月12日，鉴于视窗98发售在即，哥伦比亚特区巡回法院作出部分裁定：由于司法部提不出任何证据证明视窗98不是集成产品，视窗

① Steve Hamm, Susan Garland and Owen Ullmann, "Going after Gates," *Business Week*, Nov. 3, 1997, p. 34.

② Hamm, *Garland and Ullmann*, p. 34.

③ Jared Sandberg, "Microsoft's Six Fatal Errors," *Newsweek*, June 19, 2000, p. 23.

98 可以免受 1995 年调解协议的影响。6 月 23 日，该巡回法院又对此案作出终审裁决：哥伦比亚特区联邦地区法院对微软公司的禁令不仅在程序上是错误的，而且禁令本身也是错误的；法院不是软件设计师，不应卷入高技术产品的设计。[①] 这样，微软终于赢得了这场官司。

后来的事态发展表明，微软的这场胜利是短命的，而且也是代价高昂的。

哥伦比亚特区巡回法院 5 月 12 日作出部分裁定后，输了官司但却决心要让微软伏法的联邦司法部立即作出反应，转而以违反联邦"反托拉斯法"的罪名重新起诉微软。5 月 18 日，联邦司法部与 20 个州（南卡罗莱纳州后来退出）联合向哥伦比亚特区联邦地区法院提起诉讼，指控微软公司违反联邦反托拉斯法，要求微软公司终止在视窗 98 中强行搭配"探索者"浏览器的做法、允许个人计算机制造商在其产品中安装其他的浏览器和开机后的首屏、允许微软产品支持的因特网连接服务商和在线服务商销售其他公司的竞争性产品。

从 1998 年 10 月 15 日起，哥伦比亚特区联邦地区法院经过多轮的听证、辩论和审理，负责此案的托马斯·杰克逊法官于 1999 年 11 月 5 日公布了事实认定书。这份长达 207 页的法律文件认定微软公司是一家垄断公司，其行为损害了消费者，压制了竞争，并使计算机价格上升、创新减少、麻烦增加、更难使用。事实认定书指出："微软公司在全球与英特尔处理器兼容的计算机操作系统市场上占有支配的、持久的和不断增长的份额"，"微软已经表明，它将利用自己巨大的市场权力和巨额利润去伤害所有坚持追求能强化竞争的创造性的公司"。[②]

法庭事实认定书虽然不是正式判决，但却是正式判决的依据。因此，从杰克逊法官公布关于微软垄断的事实认定书那一刻起，微软在此案中的命运已基本决定：或者是以此案原告即联邦司法部的建议为基础，原告、被告双方达成调解协议；或者是被判违反联邦反托拉斯法而受到惩罚。近 30 年来联邦法院处理垄断案的习惯程序是：先对当事双方进行调解，以期达成调解

① Jared Sandberg, "Microsoft's Six Fatal Errors," p. 24; "Bill's Many Trials," *Newsweek*, April 17, 2000, p. 48.

② Steven Levy and Jared Sandberg, "Bill Takes It on the Chin," *Newsweek*, Nov. 15, 1999, pp. 52 –54; "The Heart of the Case Against Microsoft," op. cit., p. 54.

协议。因此，杰克逊法官于1999年11月19日指定美国颇受尊敬的一位法官、联邦第七巡回法院（该法院驻地为芝加哥）首席法官理查德·波斯纳（Richard Posner）为此案当事双方的调解人，试图使双方达成一项调解协议。

经过四个多月的调解，由于双方分歧过大，波斯纳法官于2000年4月1日宣布调解失败。此案重新转回杰克逊法官审理，微软已在劫难逃。4月3日，杰克逊法官公布了对此案的法庭结论：微软公司从事了“排他性的、反竞争的和掠夺性的行动以保持它的垄断权力”，企图垄断网络浏览器市场，确实违反了《谢尔曼反托拉斯法》。[①] 此后，又经过两个月对有关如何惩罚微软的建议的听证，杰克逊法官于6月7日作出了对微软垄断案的正式判决：命令微软公司一分为二，其中一个负责生产和销售视窗操作系统软件，另一个生产和销售应用软件等其他产品；90天后，对微软的行为实行某些限制，包括严禁微软公司因个人电脑制造商采用其他竞争公司的产品或与其他竞争公司交易而对其进行报复，对视窗操作系统实行统一定价，给电脑制造商以自由采用视窗操作系统的权利，禁止微软公司以销售视窗产品为条件来销售网络浏览器等其他产品，禁止微软与其潜在的竞争对手达成瓜分市场的协议等。[②]

至此，微软垄断案的初审已告结束。微软公司要想逃脱惩罚，只有把希望寄托于向联邦巡回法院的上诉了。如果这一次微软像1998年在巡回法院中获胜那样再次赢得官司，联邦司法部已表示将向联邦最高法院提出上诉。看来，微软的前途不容乐观。

二　微软错在何处?

微软公司历经25年的发展，主要依靠自己的科技开发和成功的经营，从一家不知名的小软件公司变成为世界软件业巨头，如今为什么会被判定违反联邦反托拉斯法？微软究竟在哪些方面违反了反托拉斯法？联邦反托拉斯检察机构提出微软违反反托拉斯法的诉讼之前，微软早已是在个人计算机操作系统软件市场上占有80%～90%份额的大公司，已经在这个领域

① Steven Levy, “Microsoft's Crapshoot,” *Newsweek*, April 17, 2000, p. 42.

② 参见《美法院裁决微软一分为二》，2000年6月9日《参考消息》，第4版。

的市场上形成了事实上的垄断，而个人计算机行业中的“温特尔”标准（Wintel，指个人计算机多使用英特尔公司设计制造的芯片和微软开发的视窗操作系统软件的这种模式）也非始自1998年，为什么联邦司法部不在更早的时候提出反托拉斯诉讼呢？究竟什么是垄断？什么样的商业行为会违反反托拉斯法？

其实，在美国反托拉斯法存在的100多年时间里，随着政治形势、工商业和经济形势以及人们观念的不断发展，对于什么是违反反托拉斯法的“垄断”和“垄断行为”的判断也在不断变化。反托拉斯法制定之初，垄断与否是根据企业规模和产品在相关市场上的份额来判断的：一个企业如果规模很大，产品在全国市场上占有大部分份额（如80%），那么它就很可能被判定为妨碍竞争和贸易的垄断企业。在早期的几次著名的反托拉斯诉讼中，北方证券公司解散案（1904年）、标准石油公司分解案和美国烟草公司分解案（1911年）中的被告均是由于企业规模过大、妨碍或限制了竞争和贸易而被判违反联邦反托拉斯法的。[①]

进入20世纪20年代，企业规模大似乎可以不再成为被判垄断的一个因素，只要不“滥用”这种优势和权力。在1920年的“合众国诉美国钢铁公司”一案中，联邦最高法院拒绝以企业规模过大为由解散美国钢铁公司，认为“这项法律（指《谢尔曼反托拉斯法》——作者注）并不认为仅仅由于规模大或具有未实际使用的权力就是违法。它……需要有明显的行动和受托责任才能禁止它们，需要有实际的权力运用才能压制和惩罚它们”。[②]

20世纪80年代以来，联邦反托拉斯检察机构承认了企业的“兼并效益”和“兼并特有效益”[③]，实际上也就间接承认了企业的“合法垄断”及“自然垄断”[④] 地位的合法性。

① 参阅拙著《塑造美国现代经济制度之路》，中国经济出版社，1995，第58～60页。

② Merle Fainsod, *Lincoln Gordon and Joseph C. Palamountain, Jr.*, *Government and the American Economy*, New York: W. W. Norton & Company, 1959, p. 463.

③ U. S. Department of Justice & the Federal Trade Commission, “Revision to the Horizontal Merger Guidelines,” April 8, 1997；参阅拙文《论当前美国企业兼并潮》，《美国研究》1998年第1期，第93～96页。

④ 在1934年的《联邦通讯法》中，承认了地方电信业的自然垄断地位，但在长途电信业和其他工业行业中是否有“自然垄断”，却一直争论不休。参见 Stephen Breyer, *Regulation and Its Reform* (Massachusetts: Harvard Univ. Press, 1982), pp. 291－292。

所谓企业的"自然垄断"地位，是指企业因地域、行业特征等客观因素或通过自身的合法经营和技术改进所取得的市场垄断地位。微软在个人计算机操作系统软件上的垄断，基本上是属于这样一种"自然垄断"。如果没有对这种垄断权力的"滥用"，这种"自然垄断"地位现今一般不会受到联邦反托拉斯检察机构和司法部门的挑战。

因此，微软如今被控并被判违反联邦反托拉斯法，不会是由于它在市场上拥有的自然垄断地位，而极可能是因为它对这种垄断权力的"滥用"。从联邦司法部的指控和联邦地区法院的审判中，我们可以清楚地看到，运用垄断优势和权力从事不公平竞争才是微软被控被判违反反托拉斯法的真正原因。

联邦司法部正式以"违反反托拉斯法"的罪名起诉微软是在 1998 年 5 月。在司法部和美国 20 个州向法院递交的两份内容相同的诉状中，指控微软的罪状主要包括：将"探索者"网络浏览器与视窗 98 操作系统捆绑销售；以终止视窗操作系统的使用许可证为威胁，强迫个人计算机制造商安装"探索者"浏览器；胁迫网络服务商放弃使用"导航者"而改用"探索者"。所有这些罪状都涉及微软公司不公平的商业竞争行为。

在案件审理过程中，也是围绕微软的不公平竞争行为来展开调查、盘问和取证的。其中最主要的一个问题是：微软公司是否利用了自己的垄断权力，采用不正当的商业竞争手法来排挤并夺取网景公司的"导航者"浏览器市场，以建立自己在网络浏览器市场上的垄断地位？

出席听证和到庭为原告政府方面作证的有网景公司、太阳微系统公司、英特尔公司（Intel）、康柏公司（Compaq Computer Corp.）、苹果公司、美国在线公司（American Online）、因图伊特公司（Intuit）、神谕公司（Oracle，又译甲骨文公司）等美国电脑业著名公司的主管人员。电脑业巨头 IBM 公司则号召科技界上下同心，一致对付"共同的敌人"微软公司。一时间，美国电脑业似乎形成了一个共同对付微软公司的"打软联盟"。为政府作证的多数证词及原告所出示的证据表明：微软公司的确滥用了自己享有的垄断权力，来为其垄断网络浏览器市场的计划服务。

网景公司首席执行官詹姆斯·巴克斯代尔（James Barksdale）告诉法庭：1995 年 6 月，微软曾约见他，提议两家公司建立瓜分网络浏览器市场的"特殊关系"；他拒绝了这一建议后，微软公司便采取行动"断绝对网景公司的氧气供应”（巴克斯代尔语），对网景公司封锁了视窗操作系统的技术细节，导致在视窗平台上运行的第二代“导航者”浏览器被迫推迟上市；与此同时，微软将自己开发的“探索者”浏览器与视窗操作系统捆绑在一起，其目的正如微软一位经理人员私下所透露的，是要让“网景公司永远得不到机会”，而不是如微软公开所说的技术上的原因。①

苹果公司作证说，微软公司强迫它放弃网景的“导航者”浏览器而采用微软自己的“探索者”浏览器。当苹果公司准备把“导航者”作为苹果机操作系统的默认浏览器时，比尔·盖茨告诉该公司首席执行官，他将取消对苹果公司的配套软件供应。结果，苹果公司被迫采用“探索者”作为系统的默认浏览器。与微软有着长期合作关系的康柏公司也遇到了同样的问题，当它准备将“探索者”浏览器图标从它所销售的某些型号微机中的视窗 95 操作系统桌面上去掉，而代之以“导航者”时，微软以终止视窗操作系统的使用许可证为威胁，逼迫康柏公司放弃了原来的打算。甚至连与微软公司共同创立了个人计算机“温特尔”（Wintel）标准的芯片巨人英特尔公司也未能逃脱受微软威胁的命运：1995 年，当该公司开发出自己的原始数据处理程序软件时，害怕视窗系统受到损害的比尔·盖茨以取消对使用英特尔处理器的个人计算机的支持作威胁，迫使英特尔公司停止了对该程序软件的继续开发。②

正是这些不公平的商业竞争行为，使得法庭作出了微软违反了联邦反托拉斯法的裁决。此外，在这场“合众国诉微软公司”垄断案的诉讼中，导致最终由法庭作出分拆微软的判决，而不是以调解裁定的方式来了结此案的另外一个重要因素就是微软公司特别是比尔·盖茨本人对待这场官司的态度。它自始至终不承认自己有错，也“不愿意以任何方式约束自己的行为”,③ 但又拿不出什么有力的证据来反驳政府的指控。这种态度不仅使微软的信用受到损害，也使“打软联盟”结合得更加紧密，更让联邦政府和法庭坚定了惩罚微软的决心。

早在 1998 年初，杰克逊法官下令微软将“探索者”浏览器从视窗 95 中拆除时，微软在向巡回法院提出上诉的同时，推出了向视窗操作系统的

① Joseph Nocera, “Nuddied, But Unbowed,” *Fortune*, Feb. 1, 1999, p. 47.

② Joseph Nocera, p. 47.

③ Jared Sandberg, “Microsoft's Six Fatal Errors,” p. 28.

消费者免费提供的独立于视窗 95 的“探索者”版本以及不带“探索者”的视窗 95 版本，以表示“服从”这位法官的命令。然而，免费的“探索者”的版本相当陈旧，很快就被众多的消费者所放弃；而不带“探索者”的视窗 95 版本的表现又极其糟糕，不仅经常死机，还总是出错。消费者怨声载道，杰克逊法官则像吃了死苍蝇一样如鲠在喉。他被微软的这种明为“服从”、实为对抗，以提供劣质产品来“执行”他的命令的做法所激怒，却又无从发作。因为他确实不懂软件设计上的技术问题。结果，巡回法院不仅推翻了杰克逊法官的判决，而且还警告说：法庭不应是软件设计商。① 人们很难揣测微软上述做法的真实动机，但其羞辱杰克逊法官的实际效果却是明显的。

最让法庭、政府和舆论界感到不能容忍的是盖茨本人的一次录像作证。1998 年 8 月间，在微软公司位于华盛顿州雷德蒙德市（Redmond, Washington）的总部会议室中，盖茨本人作为被告方的主要证人，在公司 3 名律师的陪同下，出席了长达 30 小时的庭外听证。整个作证过程都由原告政府方面进行了公开录像。在作证过程中，盖茨不仅在座位上摇来晃去、态度傲慢、脾气暴躁、显得很不耐烦，而且对原告方所提的问题或是拒绝回答，或是寻找最简单的遁词来躲闪和逃避。特别是对那些涉及他作为命令或指令发给公司其他主管人员或下属的有关阻止或压制竞争对手的电子邮件问题，他更是一概否认自己知情或知晓其内容。当这些录像在此案开庭审理的第一天作为证据在法庭上播放后，引来了舆论对微软可信度的一片抨击声，也使得此后微软方面所提供的其他证词的可信性受到质疑。哈佛法学院的一位教授评论说：“微软采取了一种焦土政策，结果自己也被烧焦了。”后来的一些评论甚至称盖茨的此次表演是“臭名昭著的作证”，并且认为微软公司在此案的审判中从此“再也没有恢复过来”。②

微软的这种态度使得杰克逊法官在此案的正式判决书中将它称作是“不值得信任的”一家公司。应该说，此案的判决结果并未出乎人们的意料。

---

① Jared Sandcerg, “Microsoft's Six Fatal Errors,” pp. 23 - 24.

② Jared Sandberg, “Microsoft's Six Fatal Errors,” pp. 24, 26; Joseph Nocera, “Microsoft Tries to Crack AOL's Case,” *Fortune*, June 21, 1999, p. 93.

三　美国反托拉斯法是否矛盾?

尽管联邦政府坚持“打软”的做法自有其道理，但批准了波音兼并麦道这类巨型并购案的联邦反托拉斯检察机构却对微软穷追猛打，终究显得有些动作不协调。这难免使人产生“美国反托拉斯法是否有矛盾”的疑问。

美国反托拉斯法体系的建立是从1890年制定《谢尔曼反托拉斯法》开始的。该法的内容非常简单，全文仅8项条款，其中最重要的是前两款即罪行认定条款。第一款规定：“以限制州际或对外贸易、商业为目的的一切合同、托拉斯及其他形式的企业联合及阴谋，均属非法……”第二款规定：“凡垄断，或企图垄断，或与他人联合或共谋垄断州际或对外贸易、商业中任何部分的任何人，将被认定犯有轻罪……”[①] 如此简单而原则性的罪行认定条款显然使法庭在判决中有些无所适从。于是，国会于1914年相继通过了《联邦贸易委员会法》和《克莱顿反托拉斯法》。《联邦贸易委员会法》第五款规定：“商业中的不公平竞争方法均为非法。”[②]《克莱顿法》则对“不公平竞争的方法”作了具体规定：该法第二款禁止经销商“对商品的不同购买者实行价格上的差别对待”；第三款禁止经销商“以承租人或购买者不使用或购买竞争者的商品为条件，出租、销售商品或订立商品销售合同”；第七款禁止任何公司从事获得竞争者股份的交易或购买两家以上的竞争者公司的股票；第八款禁止大公司和大银行与其他公司或银行建立连锁董事会。[③]

从《克莱顿法》的这些具体规定来看，即便是一家不具备市场垄断地位的公司，如果它从事了“不公平竞争”，也可以被判违反联邦反托拉斯法。与具备垄断地位的公司的区别在于：这家公司将被判违反《克莱顿法》；而具有垄断地位的公司如从事不公平竞争，则可能以“企图垄断”

① 转引自 Henry C. Dethloff and C. Joseph Pusateri eds., *American Business History: Case Studies*, Illinois, 1987, p. 227。

② 转引自 Clair Wilcox and William G. Shepherd, *Public Policy toward Business*, Illinois, 1975, p. 114。

③ Wilcox and Shepherd, p. 113; Fainsod and the others, p. 495.

的定罪被判违反《谢尔曼反托拉斯法》。不论违反这两项法律中的哪一项，均属违反联邦反托拉斯法罪。

上述这三项法律构成了美国反托拉斯法体系的主体。此后，美国国会还曾制定过一些属于反托拉斯法体系的涉及商业竞争和诉讼程序方面的法律，多是对上述三个法律的补充和修正。例如，1936 年制定的《鲁宾逊－帕特曼法》对连锁店等大经销商的商品和广告服务的折扣和回扣等价格差别对待作出了限制。1938 年的《惠勒－利法》将《联邦贸易委员会法》第五款修改为："禁止商业中的不公平竞争方法以及不公平或欺骗的行为或活动"，将该委员会管制的范围扩大到了食品、药品、化妆品及医疗用品的虚假广告方面。1950 年的《塞勒－凯弗维尔法》扩大了《克莱顿法》第七款对公司并购活动的管制，将从事可能减缓竞争的购买竞争者资产的活动以及垂直兼并和混合兼并均列入了被禁范围。1976 年的《反托拉斯改进法》规定，企业并购必须经联邦贸易委员会或联邦司法部的审批。①

由此看来，美国的联邦反托拉斯法的条款内容确实是在随着经济形势和经济活动的变化而变化的，但很难说其中存在矛盾。事实上，真正有矛盾的不是法律本身，而是因法律条文内容的宽泛而产生的具体定罪准绳的飘移。

在美国反托拉斯法体系存在的 100 多年中，执法和司法重点有过两次重大转变。一次是从注重反垄断（实际上是反巨型企业）转向注重反不正当竞争。这次转变从 1911 年联邦最高法院在标准石油公司和美国烟草公司两案的判决中，接受"合理原则"（即定罪时，区分"合理的"与"不合理的"贸易限制）开始，至《克莱顿法》制定时完成。这次转变使反托拉斯的执法和司法不再仅仅关注企业的规模，而是更多地关注企业的经营和竞争行为，从而使反托拉斯法可以更好地体现其制定的初衷：保护竞争、防止垄断。

另一次重大转变是从注重政治考量转向注重经济考量，这是在 20 世纪 80 年代期间，国际竞争激烈、经济全球化趋势日益明显的大气候下完成

① 参见 Wilcox and Shepherd, pp. 179 – 184; Fainsod and the Others, pp. 550 – 558; Marin C. Schnitzer, *Contemporary Government and Business Relations*, Chicago, 1978, pp. 371 – 372; Patrick A. Gaughan, *Mergers, Acquisitions, and Corporate Restructurings*, New York: John Wiley & Sons, Inc., 1996, p. 83。

的。这次转变摒弃了对大企业在政治诉求上的担心，承认了企业并购中的“兼并特有效益”，为美国企业雄霸世界解除了法律上的羁绊，因而推动了美国第四次和第五次企业并购高潮。从反托拉斯执法和司法的角度看，这次转变在反垄断方面完全抛弃了“企业规模”这个旧的考量因素，在考察企业并购时加入了“市场垄断度”、“经济效益”和“国际竞争力”等新的考量因素。于是，为了保持美国企业的国际竞争力，一些本来不会获得批准的企业并购如今却获得了批准。[①] 但第二次转变依然保留了将反不正当竞争作为反托拉斯法重点的做法，以此来保护竞争。

因为，自由竞争是市场经济的基石，而市场经济制度则是美国经济保持活力和强盛的体制保障，也是美国现行政治制度的基础。在联邦执法者的心目中，自由竞争的法则是绝不允许破坏的，即使是在承认了“自然垄断”合法地位的前提下亦是如此，特别是在竞争者不是来自国外而是来自美国国内的情况下，更是如此。

正是在这样一种转变了的反垄断环境下，才出现了今天联邦反托拉斯检察机构一手批准波音兼并麦道，一手狠打微软垄断的看似矛盾，但二者却并行不悖的局面。

四　微软垄断案的影响

如今，微软已在初审判决中被判分拆。微软把命运的转机寄托在向巡回法院的上诉上面。但能否像上次上诉那样获胜，还是未知数。一些评论认为：“要使保守的联邦上诉法院法官批准分拆，机会并不太。”[②] 但也有人怀疑微软的这种希望可能是“想要保有所有那些鸡蛋的一只篮子”。[③] 不论最终判决结果如何，此案所涉及的问题及当事者今后的发展趋势都将富有启示性。

首先，几乎可以肯定的是，微软公司甚至未来分拆后的小微软（如果最终判决结果是分拆）虽然不可避免地会遭受损失，却不会由于此案的判

① 有关反托拉斯法执法重点的这次转变，请参阅拙文《论当前美国企业兼并潮》第三部分。

② Mike France, *Peter L. Burrows and Jay Greene*, “A Day Late and A Dollar Short,” *Business Week*, April 10, 2000, p. 42.

③ Jared Sandberg, “Bill's Many Trials,” p. 48.

决而被压垮。回顾战后在美国反托拉斯诉讼中被判分拆的那些公司的命运，似乎很少见从此便一蹶不振的：美国铝公司、杜邦和通用汽车公司、美国电话电报公司，均在被判分拆或资产剥离后继续经营得很成功。比较起来，微软公司甚至还具有上述这些公司所没有的优势：到 1999 年 11 月初杰克逊法官发表事实认定书时，微软在个人计算机操作系统市场上占有 85% 的份额，而在网络浏览器市场上则占有 64% 的份额。[①] 即使二者分离，每一个小微软的势力都不弱。此外，微软公司在消费者心目中的名声远没有在计算机业界那么差。据 2000 年 4 月中旬的一项民意调查显示，认为微软对消费者“好”的人数比例为 67%，而认为它对消费者“差”的人仅有 8%。[②] 正因如此，有人指责此案的初审判决是保护了竞争者，而不是消费者。

真正值得微软担心的倒是“打软”联盟中的一些公司正在酝酿合作开发新的个人计算机操作系统软件。如果微软失去了在这个市场上的优势，那么它也会失去在应用软件市场上的优势。果真如此，微软的衰落也就到来了。不过，从微软最近致力于被称作“点网络”的“下一代视窗服务”[③] 开发战略的计划来看，它依然是并将可能继续是一家生机勃勃的企业。

其次，经历了近 10 年的反托拉斯调查特别是这次反托拉斯诉讼后，微软公司似乎学到了一些东西。在反托拉斯诉讼中自始至终坚持自己没有错误的微软公司，其首席执行官史蒂夫·鲍尔默（Steve Ballmer）在杰克逊法官正式判决后的一次记者访谈中，婉转地承认了公司的某些错误如“刻板”、“过分”、“有点儿傲慢”。[④] 如果这种态度也代表了盖茨本人，那么，微软与政府达成调解协议的可能性就依然存在。因为，在此案终审判决之前，调解的大门始终是打开的。但无论达成协议与否，微软在今后的经营中，都必须约束自己的商业行为。否则，反托拉斯诉讼将会经常缠身。

---

① “The Heart of the Case Against Microsoft,” p. 54.

② Robert J. Samuelson, “Puzzles of the ‘New Economy’,” *Newsweek*, April 17, 2000, p. 49.

③ 这是一种将构成应用软件的基本字节植入视窗操作系统，使个人计算机用户、在线服务商和网络站点与整个网络紧密结合，达到最佳兼容状况的设计构想和网络战略。为了实现这个构想，比尔·盖茨辞去了公司首席执行官的职务，以便专注于此项开发。参见 Jay Greene and the others, “Why Gates is Rolling the Dice,” *Business Week*, April 17, 2000, pp. 51 – 52。

④ “I'm Stunned That This Judgment Was Entered,” *Newsweek*, June 19, 2000, p. 32.

最后，此案审判中的一些难点已经在呼唤对反托拉斯法进行补充和修改，报刊的一些评论明确提出了“反托拉斯法能否应付技术竞争”的疑问。[①] 尽管美国司法部长雷诺女士认为此案重申了在21世纪执行反托拉斯法的重要性，但究竟应该如何对待利用技术竞争而不是价格竞争来夺取市场优势及支配权的商业行为，却是反托拉斯法必须回应的一个新的挑战。

如今在美国的高新技术领域，有线电视正在与卫星电视竞争，无线通信正在与有线通信竞争。即使是在计算机软件业中，莱纳克斯（Linux）操作系统也与视窗操作系统开始了竞争。众所周知，在新技术领域中，技术的标准化是至关重要的；没有它，就不可能有新技术的大规模市场。以个人计算机行业为例，在DOS操作系统推出之前，个人计算机市场是“群雄割据”的局面。各家公司的软盘均使用不同的格式，相互之间都不兼容，在一台计算机上存储的文件无法在另一台计算机上打开使用，这给用户带来了极大的不便。微软公司在个人计算机发展史上的功不可没之处在于，它推出了与英特尔处理芯片配合使用的操作系统，解决了兼容的问题，并由此形成了个人计算机行业中的“温特尔”标准。“温特尔”标准化的计算机不仅开发出了大规模市场，也为消费者提供了最大的便利，还使个人计算机行业有了突飞猛进的发展。

然而，新技术领域的标准化往往是通过公司或厂商间的协议而形成的。通常，这种标准化很可能会导致一家或几家公司取得市场优势或支配权。但是，如果通过反托拉斯法对公司或厂商间的这类协议加以限制或者对这种市场优势和支配权进行限制，又可能威胁到技术创新和21世纪美国新经济的发展，甚至可能影响美国企业的国际竞争能力。在这种新形势下，如何找到政府干预的新的平衡点或者说干预的“度”，已成为美国联邦政府特别是反托拉斯当局面临的一大难题。

微软案最终如何了断？它对美国反托拉斯法会产生什么样的影响？对美国的新经济又会产生什么影响？人们将拭目以待。仅从这些方面来看，微软垄断案就具有世纪末审判的意义。

（原载《美国研究》2000年第3期）

① Robert Samuelson, p. 49.

电子商务在美国经济中的作用

韦　伟*

【内容提要】电子商务是伴随着因特网的发展而发展起来的新的交易方式。它首先出现在美国。如今，它已不仅仅是通过因特网交易商品这种简单的意义了，而是一个正在向传统经济中的许多行业渗透的新兴产业，并且正在影响和改变这些行业的经营与管理的方式、思维和手段。这对未来经济发展和经济模式会产生重要影响。与此同时，美国高度发达的经济制度和科学技术为电子商务的兴起提供了重要的物质基础。

【关键词】美国经济　电子商务　数字经济

20 世纪 90 年代信息技术革命中最有影响的就是网络。因特网在经济的所有方面正在迅速改变着人们的生活、工作、购物、获取信息、交流和娱乐的方式。它使得任何一个人，无论是学生、研究人员还是其他相关人员都有可能获得有用的信息。而这些信息以前只有那些可以进入复杂的研究型图书馆的人才能得到。人们可以在一天中的任何时间从更大的范围内购买商品和服务。供应商、雇员和消费者的网上交易使消费者可以更低的价格得到更好的商品和服务。

尽管数字经济的直接收入占美国 GDP 的比例还不算大，但它正在对美

* 韦伟，时任中国社会科学院美国研究所助理研究员。

国经济产生全面影响。电子商务是数字经济的先锋，它使企业节约了生产成本，提高了劳动生产率。尽管美国目前只有不到1/3的企业采用电子商务，但它正在影响美国企业的管理、经营方式和思想，并且已经影响了美国政府经济政策的制定。可以预见，在不长的时间内，电子商务对美国经济的影响会更广泛，更深远。本文拟对美国数字经济①概况、电子商务对美国多种行业的影响，以及美国政府的数字经济政策等问题作一初步探讨。

一　美国数字经济概况

20世纪90年代美国经济经历了两大变化。一项是作为重要经济指标之一的劳动生产率，从1973年到1995年平均每年仅增长1.4%，而1995年到1999年，则翻了一番，达到每年2.8%。② 另一项则是因特网的蓬勃发展。因特网的发展开始改变美国的商业战略和投资。

在美国1999年数字经济支持了65万个新的工作机会，比1998年增长了36%。截至目前，其所直接支持的工作机会增至247.6万个，超过了联邦政府雇员（不包括邮政系统员工182.7万、保险业240.5万、通信业和公共事业的就业人数239.0万）的人数，并且是航空、化工和相关产业、法律和不动产业就业人数的两倍。其中部分工作是由于因特网的迅速扩大创造的，另一部分是公司为利用网络经济而将其部分员工转移到这一领域的。

另外，从事网络经济的公司的收入1999年比1998年增长了11%，是

① 数字经济（the digital economy）是指那些以IT推动的产业和形式为基础的经济活动。这些经济活动很可能是未来十年经济增长的重要源泉。其经济活动包括IT产业本身、电子商务、数字化传输的商品和服务，以及由IT支持的有形产品的零售。它强调利用因特网的系统和服务。参见Rob Kling and Robert Lamb，“IT and Organizational Change in Digital Economies: A Sociotechnical Approach,” *Understanding the Digital Economy*（MIT Press，June，2000），p.296，此外另一个描述此类经济现象的词是网络经济（the internet economy）。网络经济是指由那些其公收入中全部或部分来自网络或与网络相关的产品的服务的公司所构成的经济。这些公司是网络基础设施和网络应用的参与者，如思科公司、戴尔公司、IBM、惠普、神谕公司、微软和太阳微系统公司等。它们的产品和服务使利用因特网从事电子商务成为可能。参见University of Texas，*Measureing the Internet Economy*，October 1999，p.77. 可以认为这两个词的基本含义是一致的。

② U.S. Department of Commerce，*Digital Economy 2000*，June 2000，p.1.

同一时期整个美国经济增长率的近三倍。网络经济收入现在超过5000亿美元。1999年，网络经济的收入增长了62%，达到5239亿美元。如果按目前状态发展的话，2000年的收入估计会达到8500亿美元。按这一水平估计，2000年这一行业的收入将超过汽车工业（7280亿美元）和人寿保险业（7240亿美元）的收入。网络相关产业的收入的增长率是美国经济增长率的15倍。[①] 2000年8月，美国的上网人数已达到1.165亿，占美国3岁以上人口的44.4%。[②]

信息技术产业是美国网络经济的重要部分。尽管信息技术产业的产出值占美国全部产出的比例仍然很小，到2000年时估计为8.3%。但在1995～1999年，美国经济增长中平均30%的部分是由信息技术产业贡献的。[③] 另外，1995～1997年，信息技术产业价格的下降使美国的通货膨胀率每年平均下降了0.5个百分点。[④] 同样，信息技术产业和服务的出口也是拉动美国出口增长的重要力量。1993～1998年，美国信息产品出口每年平均增长11.7%（而其他产品的出口增长为8.1%）。[⑤] 这是美国在保持低通胀、低利率和低失业率的同时经济得以稳定增长的重要原因。

劳动生产率是一个重要的经济指标。从1973～1995年，美国的劳动生产率平均每年仅增长1.4%。而1995～1999年，年平均劳动生产率增加了一倍，达到每年2.8%。[⑥] 其中信息技术产业的贡献最大。

因特网是网络经济产生的基本条件之一。因特网的出现，使我们的生活中出现了一种新的买卖方式，这就是被称作电子商务的网上购物和网上销售方式。电子商务被认为是网络经济的先锋，它通过因特网进行交易的能力，使人们的生活发生着巨大的变化。人们正在节约时间、金钱，自己变成企业家。在美国，电子商务的出现及其大幅度的增长正在影响着美国经济的许多方面。有人已经认为，电子商务是21世纪推动经济增长的发动机。表1显示了近年来电子商务产值所占美国GDP的比例，从中可看出电

---

① University of Texas, *Measuring the Internet Economy*, June 6, 2000, p. 3.

② U. S. Department of Commerce, *Falling Through The Net: Toward Digital Inclusion*, October 2000, p. 33.

③ U. S. Department of Commerce, *Digital Economy 2000*, June 2000, p. 27.

④ U. S. Department of Commerce, *Digital Economy 2000*, June 2000, p. 26.

⑤ U. S. Department of Commerce, *The Emerging Digital Economy II*, June 1999, p. 21.

⑥ U. S. Department of Commerce, *Digital Economy 2000*, June 2000, p. 1.

子商务的发展速度。

利用因特网开展电子商务，主要是在两个领域，即企业对消费者的电子商务（B2C）和企业间的电子商务（B2B）。目前，企业间电子商务的发展势头已快于企业对消费者的电子商务。在未来几年内，两者的差距还会进一步扩大。据一项研究显示，1999 年，企业间电子商务的销售总额为 1090 亿美元；据预测，这一销售额到 2003 年将达到 13000 亿美元。那时企业间的交易将超过企业与消费者间交易的 10 倍。[①]

表 1　电子商务占美国国内生产总值（GDP）的比例

项目＼年份	1996	1997	1998	1999	2000	2001	2002
美国 GDP（单位：10 亿美元）	7636	8053	8415	8802	9223	9672	10160
年/年 变化率（%）	6.20	5.50	4.50	4.60	4.80	4.90	5.00
电子商务产值（单位：10 亿美元）	2	13	40	95	187	299	446
占 GDP 的百分比（%）	0.00	0.20	0.50	1.10	2.00	3.10	4.40

资料来源：University of Texas，*Measuring the Internet Economy*，June 6，2000，p. 57，Table2。

因特网使新兴公司有可能与那些老公司竞争并迅速成长。小公司利用因特网获利的能力已被那些目前是最大的电子商务公司的经历所证明，如亚马逊公司（Amazon. com）和电子港湾公司（Ebay. com），几年前它们还是小公司或根本还不存在。另一项调查显示，到 2000 年，利用网络销售其产品的美国公司的比例将从 1998 年的 24% 跃升到 56%。[②] 我们可以看到有一些借助因特网而迅速发展起来的公司。

著名的网络公司如“雅虎”，1994 年创立时仅是一家不为人知的小公司，但今天，它已是世界知名的网络公司。它在全世界的用户达到 1.05 亿人。[③]

“亚马逊”公司成立于 1995 年 7 月，那时它只是家不为人知的小公

① University of Texas，op. cit.，June 2000，p. 64.

② U. S. Government Working Group on Electronic Commerce，*Towards Digital Equality*，Second Annual Report，1999，p. 6.

③ 参见 http：//www. yahoo. com。

司。但现在，提起网上购书，人们首先想起的就会是“亚马逊”。现在它销售的产品不仅是书籍，同时也销售音像制品、家用电器等。到1999年底，它的净销售额达16.4亿美元，总资产达247亿美元。[①]

美国在线（AOL）是美国最著名的网络公司之一。该公司建立于1985年。到1999年底，它的总资产达到53.48亿美元，总收入为47.77亿美元。一年前其总资产则为28.74亿美元，一年中增长了近一倍。从其股票价格的飙升更能看出其发展势头之猛。1997年12月31日时，其股票价格为11.41美元，到1998年12月31日时，其股价已涨为80美元，而到1999年6月30日时，则涨到175美元。[②] 而美国在线与时代华纳公司的合并也在美国经济界引起震动，此举可能影响未来美国传播业发展方式。

二　电子商务正在影响美国多种行业

电子商务的出现使传统企业和新兴企业增添了新的交易与管理手段，节约了成本，提高了劳动生产率，而且正在改变传统的经营管理方式、思维和手段，也将改变公司的结构。因此，现在许多行业中的不同企业在尝试采用电子商务。其影响主要表现在以下几个方面。

首先，电子商务影响了传统的零售企业的销售方式。美国著名的大连锁店沃尔·马特（Wal-Mart）和西尔斯（Sears）都在进行自己的网上销售计划。2000年，沃尔·马特也成立了自己的网上公司沃尔·马特网（Wal-Mart. com）。沃尔·马特网的总裁珍妮·杰克逊（Jeanne Jackson）说她首先要做的事情是进行基础建设。她计划在未来六个月的时间内建成功能良好的网站，保证在无论有多少消费者使用的情况下沃尔·马特网（Wal-Mart. com）都不会发生堵塞。同时，她希望该网站将给予消费者在沃尔·马特连锁店能得到的同样水平的服务。她认为：“在零售业，那些能倾听消费者意见的人才会是赢家。”而对于网上销售，她认为“这样的规则同样有效”。[③]

西尔斯也在建立自己的网上销售系统西尔斯网（sears. com）。公司成

---

① 参见 http：//www. amazon. com。

② 参见 http：//www. aol. com。

③ Elizabeth Corcoran，“The E-Gang，” *Forbes*，July 24，2000，pp. 172 – 173.

立了一个 50 人的互联网工作小组。其负责人艾丽斯·彼得森（Alice Peterson）说，该小组致力于使西尔斯公司成为“供应家庭用品的最可靠的网上来源”。公司计划先利用公司的网站销售家用器具、零配件及工具等。事实上，网站上的家用器具区已经建设完毕，并且从 1999 年 5 月份起就开始营业。①

此外，西尔斯还与一家以巴黎为基地的零售商家乐福（Carrefour SA）合作创建了“全球网上交易”（GlobalNetXchange），这是一家用于零售业的在线商场。这两家公司每年要从 5 万个供应商那里购买 800 亿美元的货品和服务，并且正在寻找新的加盟者。西尔斯目前正在使用的电子数据交换系统（EDI）每小时的成本是大约 150 美元，而新的以因特网为基础的交换系统可将成本减少到每小时 1 美元。②

其次，电子商务也在影响金融证券业的经营方式。现在的电子商务，不论是 B2C 还是 B2B，都已不再是简单地通过因特网购买商品了。它已被用于更多的行业中，也具有更深刻的经济意义。如在金融业，戈德曼·萨克斯贸易人公司（Goldman Sachs Traders）通过计算机每天指导 20000 项贸易，贸易价格每秒钟被更新 200 次。其中，有 1 亿次交易在无人干预的情况下完成。③

因特网也渗透到股票交易中。在线股票经纪公司的增长已经加速降低了交易成本。现在有些新出现的电子经纪人甚至自称可以进行免费的股票交易。

银行业也在利用因特网。根据梅里尔—林奇公司的调查，银行业每一笔交易的平均成本，通过支行是 1.07 美元，通过电话是 54 美分，通过自动提款机（ATM，Automated Teller Machine）是 27 美分，而通过因特网是 1 美分。④

1999 年 10 月，有 1800 万名美国成年人通过网络进行银行结算。这比一年半以前增长了 200%。到 2004 年，估计通过网上进行银行结算的人会达到 3800 万。到 2003 年，预计有超过 3200 万的美国家庭通过网络进行银行结算。⑤

---

① Eryn Brown，《大企业迎接电子商务》，《财富》（中文版），2000 年 4 月。

② U. S. Department of Commerce, *Digital Economy 2000*, June 2000, p. 17.

③ University of Texas, op. cit., June 2000, p. 67.

④ University of Texas, op. cit., June 2000, p. 67.

⑤ University of Texas, op. cit., June 2000, p. 67.

最后，电子商务同样正在影响着制造业。这种影响不仅是对新兴的制造业企业，如戴尔公司或思科公司，它同样影响传统的制造业企业，如福特汽车公司或通用电气公司。对制造业而言，使用因特网进行销售仅仅是电子商务的一个方面。电子商务对其有着更深刻的意义。对于制造业企业而言，电子商务意味着降低存货，减少周期，更有效地为消费者服务，更低的促销成本，以及新的销售机会。因特网的发展使美国公司的传统经营方式发生了根本性的变化，库存大为减少，产品的设计、营销、生产、运输等各个环节的效率大大提高。因此各个公司正在越来越多地采用电子商务来改善经营方法。例如，使用与电子购物系统相连接的购物卡可以简化购物程序，并且每年可以节约 95% 的购物订单。一项新的研究表明，到 2002 年，美国公司利用因特网技术改善核心经营方法每年可节约 6000 亿美元。①

节约 6000 亿美元是什么概念呢？1999 年美国的国内生产总值是 92561 亿美元，6000 亿美元就是 1999 年美国 GDP 的 6.5%。考虑到经济增长的因素，6000 亿美元也将占到届时美国 GDP 的 5.5% 以上。由此可见技术进步对美国经济的作用之大。

与此同时，其中一些公司充分利用因特网所带来的生产率的改进，已经完全重新设计了它们的经营策略。戴尔计算机公司（Dell Computer）是成功的范例之一。该公司成立于 1984 年，创始人迈克尔·戴尔首创了直接面对顾客的直销模式，也就是不通过经销商直接向消费者销售其产品。通过这样的销售方式，戴尔公司大大减少了存货和中间成本。因特网的出现极大地促进了这一模式的发展。戴尔公司的股价自 1990 年以来增长了 870 倍。现在，戴尔公司每天的直销收入超过 4000 万美元。公司近 50% 的销售在网上进行，而约 40% 的技术支持活动及 70% 的订货交易也通过网络进行。目前，戴尔公司在美国最受欢迎的公司中排名第四。②

思科公司（Cisco Systems）是另一个成功的范例。该公司不仅生产因特网所用的产品，还利用因特网进行商业服务。公司大约 87% 的销售是通过因

① U. S. Government Working Group on Electronic Commerce, op. cit., p. 6.

② 参见 http://www.dell.com。

特网进行的，并且还通过因特网处理每月400万消费者咨询中80%的业务。仅通过因特网处理消费者咨询一项每年可为该公司节约2.5亿美元。自从现任首席执行官约翰·钱伯斯（John Chambers）执掌思科公司以来，其年销售额从12亿美元上升到200亿美元。①

思科公司取得如此大的成功的关键因素在于它采取了一条与众不同的电子商务战略。在思科公司销售的产品中，大部分并不是由该公司自己生产的。当一位客户从思科公司订购一件产品时，订单很可能直接送到思科供应链中的一家公司去。不是由思科本身，而是由一家供应商发货。思科做的事很简单，就是从客户手里拿钱再向供应商付钱。思科从中赚取差价。也就是说，思科成功的基础是它决定采取非资本化的拥有品牌的模式，并且摆脱了作为设备制造者的传统角色。今天，外部供应商占据了思科所有订单中的55%。② 因此，思科公司能够通过结合外部公司进入它的供应链而调节其物质和人力资本。

思科不仅能做到不建立很多的新工厂而能迅速扩张，而且还在设计如何最充分地利用因特网的优势。因此，思科公司的供应链已经消除了传统对外承包中的无效率现象，如各种文件的复制工作。思科的供应商们也已经从高水平的存货和长期订购、支付的循环中解脱出来。从思科的例子中我们也能看出，电子商务并不是简单的通过网络买货卖货而已，它正在经济领域内孕育着深刻的革命。

像戴尔和思科这样的公司所采取的是拥有品牌的战略。他们不需要投入大量的实物资本去建立新工厂生产产品，而是利用公司以外的供应商为其生产用户所需的产品。正因为他们产品品牌的知名度，使他们能通过掌握这种无形资本，减少生产成本的投入，获取更高额的利润。

由于电子商务的高效率，许多美国传统公司也在考虑利用因特网的问题。福特和通用这样的大型汽车制造公司曾被认为是距离电子商务最为遥远的领域，但它们现在也在开展自己的电子商务计划。福特汽车公司于1999年11月宣布与神谕公司（Oracle）合资创建一家联合企业。该企业计划发展一条汽车电子商务整体供应链“汽车交易行”（AutoXchange），使

① Elizabeth Corcoran, “The E Gang,” *Forbes*, July 24, 2000, pp. 146, 156.

② James W. Michaels, “Meta Capitalism: An Economy on Steroids,” *Forbes*, July 17, 2000, p. 24.

福特每年与它 3 万多个供应商之间 800 亿美元的购买交易更方便。它同时还处理福特包括供应商、经销商和消费者在内的 3000 多亿美元的延伸供应链。思科公司也于 2000 年加盟了这家联合企业。①

与此同时，福特还实施了其他的电子商务计划。该公司新的电子商务计划将改变公司的经营战略和企业结构。到 2010 年，福特公司看上去将更像思科公司。它将从制造型企业变成拥有品牌的企业。到那时，福特公司汽车中的大部分零配件将由其供应商生产，而且它同其供应商之间的关系将完全电子化。目前，福特联合其他汽车公司在其总部所在地成立了一家名为“考维森特”（Covisint）的机构，其含义为“合作、远见和一体”（collaboration，vision and integrity）。该机构目前的合作伙伴有通用汽车公司和戴姆勒·克莱斯勒汽车公司，不久后尼桑汽车公司也要加盟其中。这家由这些老牌的大汽车公司共有的机构有望成为世界上最大的企业间电子商务交换中心（B2B exchange），它将连接超过 5 万家预期与该机构会员公司有关的供应商。福特帮助成立“考维森特”而不是自己经营，是因为它可以从中获得更大的利益。

借助于因特网，可以减少交易成本。目前福特平均每笔交易的费用约为 150 美元，而通过网上的“实时”（real-time）交易，平均费用则为 15 美元。②

而更大的成本节约则来自新的采购方式带来的存货减少。福特正在设计它的网上采购战略。目前，福特已同它第一层次的供应商完成了电子化，下一步是它第二层和第三层的供应商完成电子化。福特和其他三家汽车制造公司每年要花费 7000 亿美元用于外购生产汽车的零部件，而第二层和第三层的供应商占其中的 43%。③ 福特将要在汽车产业中采用“串联车辆顺序”（inline vehicle sequencing）的采购方式。当福特向其第一层次的供应商发出订单时，借助于像考维森特这样的交易中心，其他层次的供应

① U. S. Government Working Group on Electronic Commerce, op. cit., p. 7; "Ford and Oracle to Create Multi-Billion-Dollar Business-to-Business Internet Venture," *Ford Motor Company Press Release*, Nov. 2, 1999; "Cisco Signs Pact with AutoXchange, A Ford/Oracle Joint Venture: Becomes Equity Parter," *Ford Motor Company Press Release*, Feb. 9, 2000 (http://www.ford.com).

② Jay Akasie, "Ford's Model E," *Forbes*, July 17, 2000, p. 31.

③ Jay A Kasie, op. cit., p. 31.

商也看到了福特订单发生的变化，可以使每一层次的供应商都可以及时知道他们将向福特供应何种产品及福特对产品的要求，以便及时调整他们的供货品种和数量。这样，可以使每一层次的供应商大量减少其存货。使之尽最大可能节约成本。福特经营 B2B（Business-to-Business）的总裁艾丽斯·迈尔斯（Alice Miles）指出："考维森特的真正价值在于通过加强透明度而减少存货。"[①]

增强透明度而减少存货，就有可能减少经济再度发生衰退的可能性。我们知道，存货在市场经济中具有重要作用。在旧经济中，企业必须保存一定数量的存货，但如果存货过多，就会占有很多的流动资金，不利于流动资金的周转。而存货不足，又可能影响企业的生产。所以，如何在不至于影响企业生产的情况下尽可能减少存货，是企业管理中的一个重要问题。即使在那些新经济公司中，存货同样是影响企业发展的重要因素。戴尔公司成功发展的原因之一就是尽最大可能减少存货。[②] 福特公司的新做法则更进一步。他们不仅可以自己尽量减少存货，而且增强透明度，即向供应链上的每个供应商提供充分的信息，使这些供应商都尽可能减少存货。宏观经济学中的不完全信息模型指出，信息不完全是导致经济周期产生的原因。[③] 根据这一理论，我们可以清楚地理解电子商务所带来的信息充分化对未来经济可能产生的重大影响。我们不能完全排除经济周期依然存在的可能性，但未来引起经济周期的原因很可能会有变化。

同时，另一家老牌的汽车制造公司通用汽车公司也在发展一个类似的计划。它不仅与福特合作考维森特，还宣布其电子商务计划将发展出一个世界最大的、有各种不同产品、原材料和服务的市场。福特的计划主要集中在它的销售网上，而通用公司的计划则更为广泛，不只局限在汽车供应上。通用公司不仅要显著降低它的销售成本，而且还要通过这一计划增加收益。

① Jay Akasie, op. cit., p. 32.

② 戴尔公司在 1989 年时因存储器库存过多而陷入困境，不得不低价摆脱存货。见迈克尔·戴尔《戴尔战略》，远东出版社，1999，第 47～49 页。

③ 关于这一理论可参阅 N. Gregory Mankiw, *Macroeconomics* (New York: Worth Publishers Inc, 1992), pp. 295－296，而更详细的理论说明可参阅 Robert E. Lucas, Jr., "Understanding Business Cycles," in Robert E. Lucas, Jr., *Studies in Business Cycles Theory* (Cambridge, Mass.: MIT Press, 1981)。

通用的电子商务计划包括三个方面，分别与汽车驾驶、汽车购买和汽车制造相关。与汽车驾驶有关的电子商务计划是通用的“在星表盘通信系统”（OnStar dashboard communications system）。该系统可以向驾驶通用汽车的人提供各种信息，每年收取的费用不到600美元。

“购买动力”（BuyPower，通用公司的在线购物服务和主要用户网站）是通用与汽车购买有关的电子商务计划，这是通用的第二个电子商务战略。它向购买通用汽车的用户提供有关的汽车信息和服务，通报用户离他最近的销售商的位置。

通用的第三个电子商务战略是关于汽车制造方面的。通过它的“贸易交换”（TradeXchange）网站，通用购买了1.65亿美元的供应品。通用还加入了与福特和戴姆勒·克莱斯勒公司合作的利用因特网购买零配件和通信的电子商务企业。通过这一举措，通用可以节约购置零配件的费用，而更大的节约是通信工具的改善。这样通用就可以不仅和自己的供应商，而且和供应商的供应商交流。如果通过计算机完成这些工作，通用可以节省40%的存货，并且还节省了发展新车型所需的时间。①

美国制造业中的另一家巨无霸通用电气公司是一家老牌的大企业，成立于1892年。该公司1999年的收入是1116亿美元，资本市值为4910亿美元。目前，该公司也在开展网上战略，发展自己的网络技术。据估计，2000年通用电气在全球范围的网上销售将超过50亿美元。而通过网上销售，他们还可以节省一大笔销售成本。通用电气的管理层相信，借助来自因特网的生产率，通用电气可以节约20%～50%的销售、管理和综合成本。

负责该公司网络事务的高级副总裁兼首席信息官格雷·赖纳（Gray Reiner）指出，通用的网络方式有三个特点，即买方，指通用与其供应商之间的关系；卖方，指通用与消费者之间的关系；制造方，通用的内部经营关系。赖纳认为，在这三个方面，对通用自己和对消费者，通用都有巨大的提高生产率的机会。通用每年要购入150亿美元用于维护、修理和经营的产品，有超过400万次的交易。如果这些交易都通过网上进行，则每笔交易的成本可从50美元至100美元下降到5美元。

① Robyn Meredith, “Driving to the Internet,” *Forbes*, May 29, 2000, pp. 131－133.

通过网络也可降低对消费者服务方面的成本。通用每年要接大量的来自消费者的电话。仅家用电器方面每年就要接到来自消费者的2000万个电话，这其中包括订货和消费者服务。平均每一次电话的费用是5美元，而通过网络则是20美分。现在，通用电气的首席执行官杰克·韦尔奇（Jack Welch）对网络有了新的认识，他说："电子商务（E-business）是为通用而产生的，通用（GE）中的'E'现在有了全新的意义。"他宣称："通过加强公司每一个角落的活力并使之焕发新的生气，（电子商务）将永远改变通用的DNA。"①

从美国各公司正在开展的电子商务计划来看，其意义主要可归纳为两个方面。(1）在B2C方面的意义。面向公司的消费者，通过因特网向消费者提供公司产品的情况及向消费者提供售前及售后服务，同时通过与消费者的不断交流更准确地了解消费者对公司产品的需求情况。这样就大大加强了企业与消费者之间的双向互动，使双方都能更准确地了解对方的情况，特别是使企业更准确地掌握市场动向。因特网作为一种方便、快捷和便宜的交流工具可以极大地节省这些活动的成本。正如福特公司的马克·罗曼（Mark Roman）所指出的："过去我们总是在追踪存货，现在我们可以追踪消费者的偏好了。"② 并且，这些活动还可以加强公司的品牌价值。(2）在B2B方面的意义。面向公司的供应商，向供应商提供充分、及时和全面的信息以确保供应商可及时准确地了解其用户（即公司）的需求。这样，这些供应商就可以及时保障所需产品的供应。同时，由于供应商准确了解了用户的需求情况，供应商可减少自己的存货，甚至可以做到零存货。这促进了用外部供应链替代本公司制造产品，减少了公司本身制造产品的成本。

可以说，电子商务所带来的新的作用就是使信息更加透明。如前所述，不完全信息模型指出，信息的不完全是产生经济周期的原因。因此，一个信息完全透明的经济体会导致市场良性运行。

在公司经营中引入电子商务，其意义不仅仅体现为引入一种经营方式。它将导致公司经营战略甚至是公司结构发生变化。从思科公司的变化

① Howard Rudnitsky, "Changing the Corporate DNA," *Forbes*, July 17, 2000, pp. 39－40.

② Jay Akasie, op. cit., p. 34.

上我们已经看到这一点，像福特等大型制造业公司也已呈现变化的趋势。

新经济的关键因素是信息、知识、速度和服务。在传统经济中，公司依赖实物资产创造价值，并且通常拥有对他人的依赖性风险程度最小的价值链。在因特网经济中，聪明的企业正在放弃大多数价值链活动的所有权。替代它们的是正在依赖于实时信息和消费者服务，并调节与供应商和合同制造商之间以因特网为基础的伙伴关系。成功的秘密包括与贸易伙伴间的先进关系，了解和完成消费者需要，预测未来需求，利用在线消费者知识创造新的产品和服务，设计适合消费者意愿的定价和促销计划，以及建立以网络为基础的联盟和伙伴关系。

三　美国政府有关电子商务的政策分析

数字经济及其先锋电子商务的出现是20世纪末经济领域中的重大变化，对未来21世纪的经济发展趋势有决定性影响。因此，数字经济如何发展不仅是企业界的事情，也是美国政府所面临的重要问题。美国政府对此相当重视，成立了以副总统戈尔为首的电子商务工作组，该工作组由政府及白宫各部门的代表组成。

电子商务是一种全新的营销方式，一系列相关的经济法律和法规方面的问题由此而产生，主要涉及财务、法律，以及市场准入等方面的问题。面对这些新情况，美国政府态度积极，考虑制定了相应的政策及法规。1996年12月，第一个电子商务战略草案被放置到因特网上交由公众讨论，因特网首次被用来帮助形成白宫的政策。1997年7月，克林顿总统发表“全球电子商务的框架”和“关于电子商务的总统动议”的演讲。1998年美国电子商务工作组发表了第一份年度报告。1999年，该工作组发表了第二份年度报告。该系列报告向公众报告当年美国电子商务的情况以及美国政府有关电子商务工作的进展。

1997年7月1日，克林顿总统在他首次发表的关于促进电子商务的政府战略中，提出了五项关于电子商务的基本原则：（1）私营经济在电子商务中应具有领导地位；（2）政府应避免对电子商务不必要的限制；（3）当政府必须采取某些行动时，其目的应当是支持和促进一种可以预见的、最低的、一贯的和简单的为电子商务服务的法律环境；（4）政府应当认识到因特网的特殊特点；（5）因特网上的电子商务应当在全球范围内得到推动。克林顿还呼吁各国政府采取有利于电子商务发展的政策，以推动一种全球化的、透明的，以及可以预见的合法环境的出现。

克林顿的讲话在全球范围引发了一场关于政策制定者们应如何对待电子商务和迅速增长的因特网的讨论。而克林顿所提出的上述五项原则，如今已成为全球很多私人领域及政府政策领域内所接受的概念。

与美国的电子商务的基本原则相呼应，克林顿总统在其 1997 年 7 月 1 日的总统指令中提出了 13 项任务，分别涉及关税、畅通的全球市场、版权保护、可给予专利权的技术发明、域名系统化、税收、统一的法律框架、私人密码、过滤/评级系统、技术标准、电子支付系统、保障电子商务的因特网的安全，以及政府采购等问题。[①]

在这些任务中，有几项特别值得注意：首先是关税问题。克林顿要求美国贸易谈判代表与外国政府合作解决的问题是，通过因特网运送的产品和服务，以及那些用于因特网建设的设备不必支付关税。这就是说在全球范围内通过因特网而进行的电子商务活动不需支付关税。这可以被认为是电子商务最为发达的美国在积极开拓全球市场，是美国全球经济战略的重要步骤。此举可能对未来的全球贸易产生重大影响，因为随着电子商务的不断发展，未来全球范围内通过电子商务进行的贸易额会占全球贸易的主导地位。因此，很有可能在全球范围实现零关税。这有利于美国这个世界最强大的经济强国在世界范围内实现其资源的最有效配置。

其次，建立畅通的全球市场。克林顿要求美国贸易谈判代表与外国政府合作实施现有的条约，并确保建立畅通的全球电子商务市场。这将包括实施现在包括在 WTO 通信服务协议中的条款；推行产品检验、检查和认证过程不限制贸易的政策；推行服务供应商在世界范围内不受歧视地进入海关的政策；以及其他确保商务自由流动的手段。

建立畅通的全球市场的必要条件首先是要有畅通的通信手段。因此建立更快捷、更便宜、更方便的全球通信网络是当务之急。这是美国在努力促进其他世界贸易组织成员国发展更有竞争力的通信市场，改善通信技术与通信环境的目的。可以看出，这也是美国为开拓全球市场的另一项努

① U. S. Government Working Group on Electronic Commerce, op. cit., pp. 28 – 47.

力。这两项手段是相辅相成的。实现了全球电子商务的零关税，又建立了全球范围的电子商务市场，其优点是便于美国在全球范围内更有效地利用资源，实现资源在全球范围内的最有效的组合。这样，美国这样一个世界上经济力量最强大、市场经济最发达的国家可以更进一步扩大其经济上的优势，保持其领先地位。

值得注意的是，美国政府非常重视中国的作用。美国电子商务工作组1999年的报告中指出，中国加入世界贸易组织将有助于加强美国的通信及因特网公司进入日益增长的中国市场。中美两国在1999年11月达成的有关中国加入世界贸易组织协议的条款中，中国同意在价值附加服务方面开放本国市场。这些价值附加服务包括因特网、可移动语音与数据服务以及国内与国际的有线电信服务。①

克林顿7月1日指令中的其他项目也是为加强和扩大电子商务市场的目的服务的，如有关电子签名的问题。克林顿总统于2000年6月30日签署了有关电子签名的法令。这为完善电子商务又向前迈进了一步。

四　关于电子商务现象的思考

因特网正在以前所未有的速度迅速发展。据统计，寻呼机花了41年的时间才拥有1000万消费者。赢得同样数量的消费者电话花了36年时间，录像机花了9年的时间。而因特网的商业化仅仅用了2年时间。仅仅三年时间，因特网就从为少数人所使用发展成为在全球范围内9000万人交换信息和进行交易的工具。而收音机用了30年的时间才赢得6000万听众，电视赢得6000万人也用了15年。还从来没有任何技术发展得如此迅速。②

美国联邦储备委员会主席格林斯潘1999年5月说："最新的，我们称之为信息技术的技术革新已经在改变我们做生意和创造价值的方式。这其中的很多方式在五年前还是无法预见的。"③

电子商务发展到今天，已不再仅仅是借助因特网进行商品买卖这种简单的商品销售方式。它体现的是更新、更快、更方便和更便宜。最为重要

① U. S. Government Working Group on Electronic Commerce, op. cit., p. 29.

② University Of Texas, op. cit., June 2000, p. 59.

③ U. S. Government Working Group on Electronic Commerce, op. cit., p. iii.

的是，它使人们更加理解信息的重要性。人们获取信息的方式会因因特网的出现而发生重大变化。信息可以充斥世界的每一个角落。不同于通过电视、广播和报纸杂志，人们不再只是被动地接受信息。信息的发布者和接收者之间有了互动的渠道。每个人不仅是信息的接收者，也可以是信息的发布者。可以看出，网络将涉及人们生活的各个方面。正因为如此，未来电子商务的发展是与更快、更方便地获取信息联系在一起的。随着网络经济的不断发展，现行的许多观念会发生变化。由因特网所引起的变化已经深深地影响了美国，甚至连谨慎的经济学家们也接受了由新闻媒介所创造出的一个词——“新经济”。那么，为什么这种新经济会在美国发展得如此迅速呢？

第一，这是技术进步①的体现。美国信息技术发达，通信系统完善，计算机普及，并最早提出建立信息高速公路。美国的因特网用户已达到1.165亿人，同时大量的资本投入到IT业中促进了IT产业的迅速更新换代和产品价格的不断下降。计算机及其外围设备和通信设备价格的下降在IT产业内的投资和计算机、通信设备和半导体产量的增长。这些产业产出的增长率从20世纪90年代初期的每年12%跃升到最近六年的每年约40%的增长率。② 1995～1999年，美国对信息技术设备和软件的实际商业投资增长了一倍以上，从2430亿美元增长到5100亿美元。③ 这一切都为电子商务的出现奠定了良好的物质条件。

第二，是有支持电子商务发展的良好经济环境，如良好的信用制度。使用信用卡购物早已成为美国人主要的购物方式。美国也是最早开始研究如何保障网上购物安全和便利网上购物的国家。克林顿总统于2000年6月30日签署了有关电子签名的法令。

第三，这是市场经济发展到一定阶段的产物。随着经济的发展，全球性的竞争日趋激烈。在这样的环境中，谁能比对手更迅速地掌握信息，谁

---

① 从经济学的角度来理解“技术进步”同一般的理解不同，是指投入产出关系的任何一种变动。而一般意义上的理解则是将“技术进步”看成“应用科学”上的发展。关于这一解释，参见保罗·克鲁格曼《流行的国际主义》，中国人民大学出版社、北京大学出版社联合出版，2000，第215页。本文此处指一般意义上的概念。

② Commerce Department, op. cit., June 2000, p. 3.

③ Commerce Department, op. cit., p. v.

就能在竞争中获胜。而因特网提供了这一手段。通过因特网，企业不仅能迅速地掌握所需的信息，还可以向消费者传达自己的信息，并且可以和消费者之间建立起双向间的信息反馈。这是以前其他手段所达不到的。因此，企业可以比自己的竞争者更迅速地占领市场，树立自己的形象。而且，由于在因特网上交易可以大大降低销售成本，企业得以以更低廉的价格向消费者销售产品，从而赢得更大的市场空间。电子商务的出现有助于打破国际贸易间的壁垒，为经济全球化、一体化提供了新的有效手段。

第四，自20世纪90年代以来，美国政府实施了正确的财政和货币政策。正确的经济政策是美国经济九年来持续稳定增长的保障。自克林顿入主白宫以来，美国经济不仅创造了战后持续时间最长的增长，而且保持了最低的通货膨胀率和失业率。这为美国产业界扩大投资，特别是加强对IT产业的投资创造了良好的环境。

第五，美国政府对电子商务的重视程度及其电子商务政策的协调性，保证了电子商务的快速成长。美国政府组成以副总统戈尔为首的、由政府及白宫各部门代表组成的电子工作小组，可见美国政府对这一新的事物的重视程度。它一方面加强了政策的权威性，同时也避免了政府各部门之间可能因为不沟通造成的政策偏差的问题，此外，还可避免个别部门为了本行业的利益而制定出优惠自己而损害他人的政策。

在制定电子商务的政策时，美国政府强调了私营部门、企业在发展电子商务中的主导作用，并明确政府的作用是帮助这一行业的发展，避免制定限制和损害其发展的政策。此种做法明确了政府与私营企业间的关系，有助于预防政府部门的过度干预。为了鼓励电子商务的发展，美国政府取消了网上购物的销售税。这一政策虽然实际影响了地方的财政收入，但对电子商务的发展起了积极的推动作用。

（原载《美国研究》2000年第4期）

试论美国公司法向民主化和自由化方向的历史性演变

韩 铁[*]

【内容提要】美国公司法在建国后约100年的时间里从特许制走向了一般公司法，从视公司为人造之物转而承认它为自然实体，并在19世纪和20世纪之交经历了各州“竞相降低门槛”所做的修改，终于完成了向民主化和自由化方向的历史性演变。这一演变是美国公司历史作用发生变化的产物。它不仅奠定了现代美国公司法的基础，而且适应了现代大企业崛起和管理资本主义发展的需要，在政府干预日益加强的今天仍然为美国公司的活动留下了十分广阔的法律空间。

【关键词】美国经济　公司发展　特许制　一般公司法

自由企业制度的倡导者亚当·斯密在美国独立的1776年曾经警告，“以促进某些特定制造业发展的公共精神为宗旨的合股公司……常常成事不足，败事有余”。[①] 然而，到20世纪初，哥伦比亚大学教授尼古拉斯·默里·巴特勒字斟句酌地写道：“有限责任公司是近代最伟大的单项发明……甚至于蒸汽和电力相比之下都微不足道，如果没有有限责任公司，它们都会沦

---

* 韩铁，时任南开大学历史学院美国历史与文化研究中心教授。

① Adam Smith, *An Inquiry into the Nature and Causes of the Wealth of Nations* (New York: Modern Library, 1965), bk. 5, pp. 715 -716, cited from Carl Kaysen, ed., *The American Corporation Today* (New York: Oxford University Press, 1996), p. 28.

落到相当无用的地步。”[①] 众所周知，公司在 20 世纪已成为美国资本主义经济的基本企业组织形式。1990 年，美国公司的销售和收入占全国所有厂家销售和收入的 90%。[②] 从亚当·斯密的担心到公司在美国的成功，美国公司的发展不仅走过了漫长的道路，也经历了巨大的变化。法律在这方面起了何种作用？对公司法深有研究的美国法律史泰斗詹姆斯·威拉德·赫斯特认为，“公司法从来就是源于法律之外的需要和能量的工具，它不是第一推动者……与创办者、金融家、经理、推销员、工会领袖及很多其他人的发明和能量相比，我们绝不能夸大法律界人士的影响……但是法律在关键点上为其他的发展提供了杠杆，它的边缘作用可以决定在那些确定我们方向和速度的其他复杂因素之间最终形成的平衡”。[③] 事实上，美国公司法走向民主化和自由化的历史进程不仅使亚当·斯密的担心成为多余，而且为美国经济的现代化、大企业的崛起和管理资本主义的发展提供了法律空间，因此它在使美国资本主义经济长期领先于世界方面应该说功不可没。本文所要探讨的就是美国公司法的这种历史性演变。其中的民主化主要是指从特许公司制向一般公司法的转变，而自由化则是指公司从最初被视为人造之物到后来被承认是自然实体所带来的法律观念及实践的变化，还有 19 世纪末和 20 世纪初各州“竞相降低门槛”，放松对公司限制所造成的划时代影响。[④] 这两方面的历史性演变历时约一个世纪才大体完成，构成了直至今日美国现代公司法的基础。当然，它们既带来了成功，也引发了争议。

一 美国公司法的起源和立足于州的特点

亚当·斯密在《原富》一书中担心的是“公司的排他性特权”会侵犯

① Nicholas Murray Butler, *Why Should We Change Our Form of Government*? (New York: Charles Scribner's Sons, 1912) p. 82.

② Kaysen, *The American Corporation Today*, p. 5.

③ James Willard Hurst, *The Legitimacy of the Business Corporation in the Law of the United States, 1780 - 1970* (Charlottesville, Virginia: The University Press of Virginia, 1970), pp. 10 - 12.

④ Susan Pace Hamill, "From Special Privilege to General Utility: A Continuation of Willard Hurst's Study of Corporations," *American University Law Review*, Vol. 49, 1999, pp. 81 - 176; Gregory A. Mark, "The Personification of the Business Corporation in American Law," *The University Chicago Law Review*, Vol. 54, 1987, pp. 1441 - 1483; William L. Cary, "Federalism and Corporate Law: Reflections Upon Delaware," *The Yale Law Journal*, Vol. 83, 1974, pp. 663 - 705.

“自然权利”,[①] 因为“到18世纪初，私人公司活动要服务于公共目的及其拥有垄断权利的原则在英国法律体系中已根深蒂固”。[②] 源于古罗马的公司组织形式早在中世纪的英国就被用于建立大学、行会和村镇。当时国王以特许状授权为某些公共利益建立这类公司组织，并因此授予相关特权。1720年，英国国会通过《气泡法》（*The Bubble Act of 1719*），正式宣布未获王室特许状的合股公司非法。1741年，《气泡法》扩及英属北美殖民地。[③] 这样，到18世纪，英国公司便是由作为主权者的国王以特许状方式人为创造的法律实体，并享有特许状授予的特权。亚当·斯密担心这样的公司特权会妨碍以自由竞争为基础的市场经济的发展也就不足为怪了。

不过，美国公司的发展和英国的不大一样，因为美国公司法所受英国的影响不像它的财产法、合同法、侵权法那样大。[④] 赫斯特甚至认为，无论是在殖民地时期还是美国独立以后，这块北美土地上的公司法基本上都是“本土的产物”。阿道夫·伯利和加德纳·米恩斯在1931年也曾指出，“公司在美国是沿着独特的路线发展的”。[⑤] 当然，美国公司法有一点倒是与英国法一脉相承，那就是创造一个公司必须由主权者以成文法令正式授权。然而，赫斯特明确指出，即便是在这个沿袭英国公司法的核心问题上，美国人也加上了他们“自己的内容”：[⑥] 公司的建立基本上不是由中央政府授权。虽然殖民地时期获权开发新大陆的公司一般都是由英国国

---

① Adam Smith, *An Inquiry into the Nature and Causes of the Wealth of Nations*, R. H. Campbell and A. S. Skinner (ed.) (Indianapolis, Indiana, 1981), cited from Pauline Maier, "The Revolutionary Origins of the American Corporation," *The William and Mary Quarterly*, 3d Series, Vol. 50, No. 1, January 1993, pp. 58－59.

② Thomas K. McCraw, "The Evolution of the Corporation in the United States," in John R. Meyer and James M. Gustafson (eds.), *The U. S. Business Corporation: An Institution in Transition* (Cambridge, Massachusetts: Ballinger Publishing Company, 1988), p. 3.

③ James Willard Hurst, *The Legitimacy of the Business Corporation in the Law of the United States, 1780－1970* (Charlottesville, Virginia: The University Press of Virginia, 1970), pp. 2－8.

④ Edwin Merrick Dodd, *American Business Corporation until 1860 with Special Reference to Massachusetts* (Cambridge, Massachusetts: Harvard University Press, 1954), p. 1.

⑤ Adolf Berle and Gardiner Means, "Corporation," *Encyclopedia of the Social Sciences* (New York: Macmillan, 1931), Vol. 4, p. 416.

⑥ Hurst, *The Legitimacy of the Business Corporation in the Law of the United States, 1780－1970*, pp. 1, 8－9.

王授予特许状，可是英属北美殖民地的大多数公司却是由殖民地业主、总督或议会授权建立的。尽管在英国也有将公司授予权下放给牛津大学校长的先例，但那只是偶尔为之。北美殖民地却将这种做法变成了通例。英国王室对此没有明确认可，但也没有反对。因此，英属北美殖民地的公司并非仅仅承袭英国法的传统，而是很快就加上了殖民地在新世界的地方自治的特点。[①] 美国革命以后，由于有殖民地议会颁发特许状的先例，各州议会自然而然便获得了授予公司特许状的权力，并在其后形成的所谓分权化联邦主义体制下将这种权力巩固下来。这样，美国有权通过法律程序授权建立公司的主要是州议会，而不是美国国会。直到今天，美国的公司法仍然是以各州公司法为主体，并无统一的联邦一般公司法。[②]

美国从建国之初就确定由各州议会授予公司特许状，是和当时美国人有关政府的政治理念密切相关的。美国著名历史学家戈登·伍德曾经指出，那时的美国人像孟德斯鸠一样认为只有成员的彼此利益相类似的同质性小社会才能维持共和政府，“一个人的‘国家’仍然是他的州”。[③] 这样，与英国和欧洲大陆国家的单一主权制形成对照，美国的邦联条例承认各州保有部分主权，从而使作为主权实体之一的州议会在授予公司特许状上的权力变得顺理成章。相比之下，邦联时期的国会是否拥有这样的权力则因条例没有明确授权而受到怀疑。1780 年，国会曾成立一个委员会研究这一问题。1781 年，国会在亚历山大·汉密尔顿的精心策划下终于通过决议，以特许状授权建立北美银行。可是，就连赞成建立北美银行的詹姆斯·麦迪逊都不认为国会拥有这种权力。结果，国会在授予这个特许状时建议各州在辖区内使之具有必要的有效性。[④] 1782 年，北美银行的董事们从宾夕法尼亚、罗德艾兰、马萨诸塞和纽约弄到了这几个州的公司特许

---

① Joseph S. Davis, *Essays in the Earlier History of American Corporations* (Cambridge, Massachusetts: Harvard University Press, 1917), Vol. 1, pp. 7 – 8.

② Hurst, *The Legitimacy of the Business corporation in the Law of the United States, 1780 – 1970*, pp. 8 – 9; Alfred F. Conard, *Corporations in Perspective* (Meneola, New York: The Foundation Press, Inc., 1976), pp. 1 – 93.

③ Gordon Wood, *The Creation of the American Republic, 1776 – 1787* (New York: W. W. Norton & Company, 1969), p. 356.

④ Davis, *Essays in the Earlier History of American Corporations*, Vol. 2, p. 10.

状。北卡罗来纳和新泽西虽未颁发特许状，但也认可了北美银行的有效性。[①] 由此可见，国会颁发的公司特许状的有效性在当时很多人看来是需要州的特许状来支持的。

1787 年宪法虽然加强了联邦政府的权力，但对国会是否有权授予公司特许状在制宪会议中存在争议，[②] 结果美国宪法既未明确授权也未明确反对国会有权授予公司特许状。州议会在这方面的权力则因后来通过的宪法第十条修正案的保留条款而变得名正言顺，因为宪法既未将此权授予联邦政府，又未对州政府明令禁止，于是便成为保留给州的权力。这样一来，汉密尔顿在宪法通过后不久要求国会授权建立美国银行时，便被托马斯·杰斐逊等人指责为“违宪”。他只好依靠宪法第一条第八款的所谓默示权力进行反驳，声称国会授权建立美国银行是制定“必要和适当”的法律来行使宪法明确列举的国会的权力。1791 年，国会接受了汉密尔顿的建议，通过法案为组建合众国银行颁发特许状，并由乔治·华盛顿总统签署生效。美国国会根据宪法默示权力有权授予公司特许状乃成为既成事实，并在 1819 年“麦卡洛克诉马里兰案”的判决中得到了以约翰·马歇尔法官为首的最高法院的认可。[③] 不过，这一权力在内战前的运用仅仅限于建立合众国银行和其后的第二合众国银行。此时大量出现的美国公司几乎全部是由各州议会通过特许状或一般公司法授权建立的。

这种公司由州议会执立法授权之牛耳的分权化联邦主义倾向由于一些著名判决而有了更为牢固的法律基础。最高法院首席大法官约翰·马歇尔在 1824 年“吉本诉奥格登案”的判决中一方面确认联邦政府对州际商业的管辖权，另一方面又否认只有联邦政府才有这种管辖权，因而使州际商

---

① Hamill, “From Special Privilege to General Utility: A Continuation of Willard Hurst's Study of Corporations,” p. 90, Note 32.

② Davis, *Essays in the Earlier History of American Corporations*, Vol. 2, pp. 12 – 14.

③ Davis, *Essays in the Earlier History of American Corporations*, Vol. 2, pp. 14 – 15.; Alfred H. Kelly, Winfred A. Harbison, and Herman Belz, *The American Constitution: Its Origins and Development* (New York: W. W. Norton & Company, 1983), pp. 130 – 131; McCulloch v. Maryland, 4 Wheaton 316 (1819).

业管辖权被定位为联邦政府和州政府都可以行使的权力（*concurrent power*）。① 五年以后，马歇尔又在“威尔森诉黑鸟溪沼泽公司案”中提出“休眠商业权”（dormant commerce power）原则，即在国会无所行动时州议会通过的对州际商业产生影响的立法有效。② 这些判决扫除了州议会在授权建立公司时有可能遭遇的唯一宪法障碍，即因涉及州际商业而越权。因此，阿拉巴马大学法学院教授苏珊·佩斯·哈米尔在分析“吉本诉奥格登案”判决时指出：“马歇尔法院使州在授权建立公司程序中永远握有主要管辖权上有了一个良好的开端。”③ 到杰克逊时代，由于州权论的影响和以罗杰·托尼为首的最高法院的态度，将公司问题的权力中心从州转移到联邦的“任何可能性”几乎都不复存在了。④

二　美国公司法的民主化：从特许公司制到一般公司法

美国公司法基本上属于州议会的立法范围。这一特点对其后公司法的发展产生了重大影响，尤其是在 19 世纪末和 20 世纪初成为各州公司法竞相自由化的一个重要原因，并从那时起引发了很大的争议。不过，就 19 世纪的大部分时间而言，州议会授权建立公司的权力基本上没有受到挑战。当时真正受到挑战的是公司的身份和特权所产生的社会影响，另外还有公司作为人造之物的法律地位。对前者的挑战将推动美国公司法的民主化，对后者的挑战则将促进美国公司法的自由化。美国公司法的历史表明：民主化在前，自由化在后，民主化的进展并不等于自由化的扩大，但是二者之间有着相当密切的联系。

殖民地时代除市镇、教育、慈善和教会等方面建立的公司以外，商业公司很少。⑤ 美国建国后，商业公司猛增，其速度之快使当时的英国和欧

① Gibbons v. Ogden, *9 Wheaton 1* (1824); Kelly, Harbison, and Belz, *The American Constitution: Its Origins and Development*, pp. 202 – 204.

② Willson v. Black Bird Creek Marsh Co., 2 Peters 245; Schiber, “Federalism and the American Economic Order,” p. 79.

③ Hamill, “From Special Privilege to General Utility,” p. 94.

④ Ibid., pp. 103 – 104.

⑤ Davis, *Essays in the Earlier History of American Corporations*, Vol. 2, pp. 4, 24.

洲大陆国家相形见绌。[1] 由于公司在当时被视为是可以发挥社会功能的拥有特权的“政府代理”，[2] 所以很自然地便成了集资营建交通和金融等公共服务事业的理想企业形式。据统计，1780～1801年各州以特许状授权建立的317个商业公司中有2/3是与交通有关的内陆航运、收费道路和桥梁公司，20%是银行和保险公司，10%是供水一类提供地方公共服务的公司，与公共服务无关的一般商业公司所占比例不到4%。新泽西州在1791～1875年授予特许状建立的2318个公司中有1/3是交通公司，16%是金融公司，6%是地方公用事业公司，制造业和其他一般商业公司占42%。宾夕法尼亚州在1790～1860年以特许状授权建立的2333个公司中有64%是交通公司，18%是金融公司，6%是地方公用事业公司，制造业和其他一般商业公司只占8%。[3]

美国内战前建立的公司通过特许状获得的不仅是公司身份（可以作为一个法律实体起诉和被诉，拥有和转让产权，在股东变更的情况下继续其运作，使股东免于第三方对公司的债权要求等），还有一定的特权（修建收费马路、运河及铁路的路权，确定这些交通设施收费标准的权利，发行期票用于支付流通的权利，源于州政府的征用权，在某个地区经营交通或银行的垄断权，修坝、疏通航道或从事其他工程而免于造成公害或私人损害法律责任的权利）。[4] 正是这种由政府授予的公司身份和特权从建国之初就引起了人们的担心，并受到挑战，因为它们似乎有违美国革命的共和主义理念，特别是权利平等和权力分散的信条。18世纪80年代初，宾夕法尼亚州反对北美银行的人们就指责它不符合该州共和主义的宪法，因为这部宪法“不容许授予任何人以特权”。新泽西州实用制造商社的反对者在1792年发表的一篇评论中写道：“主张平权的人们”在“特权独占的公司”里看到的是所有他们“钟爱的共和主义原则遭到了践踏”。不过，后来公司在美国的迅速增加并不代表这些反公司者的失败。事实上，他们的批评对未来公司特

① Oscar Handlin and Mary F. Handlin, "Origins of the American Business Corporation," *The Journal of Economic History*, Vol. 5, 1945, pp. 2－5.

② Oscar Handlin and Mary F. Handlin, "Origins of the American Business Corporation," p. 22.

③ Hurst, *The Legitimacy of the Business Corporation in the Law of the United States, 1780－1970*, pp. 17－18.

④ Ibid., pp. 19－20.

许状特点的形成产生了很大的影响。例如，宾夕法尼亚州议会1787年为北美银行再次颁发特许状时所加的很多限制就是反对者在七年前首次提出的。[①]可以说，这是在美国革命共和主义理念影响下公司法民主化的先声。

反对公司特权的声势在杰克逊时代因为"银行之战"而达到高潮，成了1830～1860年"杰克逊政治的主要支柱"。[②]当时几乎所有的公司特权都遭到了攻击。从经济学家威廉·古奇在1833年对杰克逊时代反公司原因所作的概括来看，主要是因为公司有违三条原则，即权利平等、权力均衡、功能效率。不过，就整个19世纪而言，各州政府在公司问题上关注的首先是涉及权利平等和权力均衡的公司外在影响，即民主化的问题，至于涉及功能效率的公司内部关系当时还没有引起多少注意。[③]因此，我们在杰克逊时代首先看到的是公司法朝民主化方向迈出了重要步伐，开始了从特许公司制向一般公司法的历史性转变，结果使组建公司的平等权利问题在19世纪70年代以后基本得到解决。根据赫斯特的研究，"杰克逊式的反公司的呼声……到头来只是要求所有的人都有合理的平等机会去获得建立公司的好处"。[④]换言之，这些人大多不反对公司本身，而是反对公司要由州议会一个一个以特许状单独授予特权。在他们看来，这种特许公司制不仅使一般人与公司无缘，而且会造成腐败，所以解决办法就是用一般公司法来取而代之，即由州议会通过对一般人和同类公司都适用的公司法，使任何人在符合公司法的统一要求后均可申请许可证组建公司。这样一来，也就无所谓特权了。

在杰克逊时代反对公司特权的强大政治压力之下，宾夕法尼亚州和康涅狄格州分别在1836年和1837年通过了一般公司法，其他各州也开始仿效。诚然，美国第一部适用于商业公司的一般公司法早在1811年就在纽约州问世，不过当时的目标不是民主化，而是减少对英国进口的依赖以刺激本土制造业的发展，结果在其后20多年里几乎没有引起其他州的注意。19

---

① Pauline Maier, "The Revolutionary Origins of the American Revolution," *The William and Mary Quarterly*, 3d Series, Vol. 50, no. 1, January 1993, pp. 67, 73, 76－77.

② Joel Seligman, "A Brief History of Delaware's General Corporation Law of 1899," *Delaware Journal of Corporate Law*, no. 1, 1976, pp. 256－258; Hurst, *The Legitimacy of the Business Corporation in the United States*, p. 30.

③ Hurst, *The Legitimacy of the Business Corporation in the United States*, pp. 30－31, 47－49.

④ Ibid., pp. 119－120.

世纪30年代的这两个一般公司法则不同，权利平等的民主化目标使它们开全国风气之先河。19世纪40年代又有六个州在杰克逊时代民主精神影响下通过了一般公司法。到1859年，美国38个州和领地中有24个通过了一般公司法。这一趋势在内战和战后以更快的速度发展。1875年，一般公司法在美国基本上普及，47个州和领地中有44个通过了一般公司法，达到90%以上。[①] 因此，赫斯特得出结论："一般公司法——起初是作为可以代替特许状的一种选择，到（19世纪）70年代和80年代作为获得公司身份的唯一渠道——使个人的权利平等问题不再成为问题了。"[②] 当然，哈米尔教授的最新研究发现，特许公司直到20世纪初才不再是建立公司的重要方式，而且至今还没有在美国完全销声匿迹。[③] 不过，就每个人都有组建公司的平等权利而言，它在19世纪70年代确已得到一般公司法的保证。

在特许公司制转向一般公司法的过程中，主张权利平等的人还希望维持权力均衡，因为他们害怕公司会造成私人经济权力的集中，使权力分散的民主理念化为泡影。正是在这种担心所产生的政治压力下，一些州议会把对公司加以更多限制的条款写入了一般公司法。有历史学家认为，当时的一般公司法都是"由那些想限制公司权力和成长的人写出来的严格和不受欢迎的规则"。[④] 这些规则使公司在经营目的和领域、资本及资产数量、公司寿命等方面都受到了限制。因此，有些企业在一般公司法通过后仍然寻求特许状组建公司，就是希望逃避一般公司法比特许状更为严格的要求，或者在筹资、借贷、免税、垄断、征用上获得更多的灵活性。[⑤] 无怪乎赫斯特在谈到19世纪后期的美国公司法时写道："一方面是公司法现在为使公司作为工具能为人所用而正式采取了宽松的态度……另一方面是那些特定的限制性条款被写进了一般公司法，在除此以外当时只有为数有限的人主张对商业管制予以关注的时代，这些条款颇为突出地成为公开宣布的管制政策的重要组成部分。"[⑥] 显然，公司法的民主化还不等于自由化，

---

① Hamill, "From Special Privilege to General Utility," pp. 101 - 105.

② Hurst, *The Legitimacy of the Business Corporation in the Law of the United States*, p. 33.

③ Hamill, "From Special Privilege to General Utility," pp. 88, 122 - 168.

④ Robert A. Lively, "The American System," *Business History Review*, March 1955, pp. 91.

⑤ Hamill, "From Special Privilege to General Utility," p. 125.

⑥ Hurst, *The Legitimacy of the Business Corporation in the Law of the United States*, pp. 56 - 57.

不过这是美国公司法取得的第一个历史性进步。

三　美国公司法的自由化：从人造之物到具有法律人格的自然实体

美国公司法的民主化虽不等于自由化，但它促进了公司法向自由化方向转变所不可或缺的法律观念的变化。具体说来，当一般公司法使得申请组建公司不再需要议会专门立法，而把它变成了一个行政手续和程序问题时，公司是议会人为创造的法律实体的观念自然而然就削弱了。人们开始觉得公司就跟一般个体业主或合伙人差不多，是一个具有公民法律人格的独立的自然实体。这种观念上的转变实际上就是美国公司法自由化的关键所在。用美国历史学家莫顿·凯勒的话来说，“最深刻的法律变化就是从视公司为国家的人造之物的观点，转变为把它看做具有宪法第十四条修正案定义的公民的诸多属性，也就是说认为它真正具有了法律的‘人格’”。① 这一变化之所以深刻或者说之所以成为公司法自由化的关键，就是因为公司作为法律的人造之物只能做特许状或一般公司法允许它做的事，而一旦变成具有公民法律人格的自然实体就可以做法律没有禁止它做的任何事情。②

在具有自由主义传统的美国，公司的人格化或者说公司法的自由化其实经历了一个长期的发展过程。1804 年，最高法院在“黑德和艾默里诉普罗维登斯保险公司案”中第一次面对公司的法律属性源于何处的问题，即它究竟是源于入股企业的个人还是来自授予其特许状的议会。马歇尔大法官当时在判决中明确指出，公司“是因法令才有其存在的那些法令的创造物；它的权力只限于那些由议会授予的权力”。③ 这样，最高法院便正式肯

① Morton Keller, “Law and the Corporation,” in Austin Sarat, Bryant Garth, and Robert A. Kagan (eds.), *Looking Back at the Law's Century* (Ithaca, New York: Cornell University Press, 2002), p. 233.

② Gregory A. Mark, “The Personification of the Business Corporation in American Law,” *The University of Chicago Law Review*, Vol. 54, 1987, p. 1455.

③ Melvin I. Urofsky and Paul Finkelman, *A March of Liberty: A constitutional History of the United States* (New York: Oxford University Press, 2002), Vol. 1, p. 239; Head and Amory v. Providence Insurance Company, 2 Cranch (U. S.) 127 (1804).

定了公司是议会的人造法律实体，而议会则因此对公司活动保留有管控权。马歇尔的判决是在当时普遍承认公司具有公共属性的基础上作出的。后来，为私人谋利的公司越来越多，公司是议会立法的人造之物的观点在法院乃遭到了一次又一次的挑战。1815 年，最高法院大法官约瑟夫·斯托里在“特雷特诉泰勒案”的判决中区别了公共公司和私人公司。他裁定县、镇、市等公共公司的特许状可以由州议会取消或修改，但私人公司应享有自然法和宪法的保护，即特许状一经颁发，其财产和权利就不再受议会随意干预。这是最高法院第一次把私人公司不完全看做受议会左右的人造之物。不过，斯托里的判决在当时几乎没有引起任何注意。①

四年以后，和 1815 年斯托里判决颇有类似之处的“达特矛斯学院案”判决在美国宪法史上可谓轰动一时。马歇尔大法官以公司特许状是合同为由裁定州议会无权对特许状作出更动。这项判决在当时激起了一片抗议之声，说它从“人民和他们选出的代表”手中取走了“对社会和经济事务的大部分控制”。② 毋庸置疑，最高法院确实是想对州议会有所限制，以保护公司的产权利益。不过，这项判决在当时产生的实际影响远不如人们想象的那么大，因为后来各州议会大都在公司特许状中加上了保留修改权的条款。更为重要的是，马歇尔大法官在此案判决中重申了有关公司的传统定义。他又一次明确指出：“公司是人造之物（the artificial being），看不见，摸不着，只存在于法律思维中。由于仅仅是法律的创造物，它只有创造它的特许状给它的性能，或者是明确给予的，或者是因为它的存在而附带给予的。”③

显然，最高法院 1815 年和 1819 年的这两项判决虽有保护公司不受议会干预的自由化意图，但并没有否定公司是人造之物的传统法律观。无怪乎赫伯特·霍温坎普教授把 19 世纪 30 年代以前称为前古典时期，因为他认为当时美国的商业公司及法律的发展还不符合亚当·斯密古典经济学的自由竞争原则，仍然是重商主义模式。在他看来，符合古典经济学自由主

① Urofsky and Finkelman, *A March of Liberty*, pp. 240－241; Terrett v. Taylor, 9 Cranch (U. S.) 43 (1815).

② Lawrence M. Friedman, *A History of American Law* (New York: Simon and Schuster, 1973), p. 174.

③ Hurst, *The Legitimacy of the Business Corporation in the Law of the United States*, p. 9; Dartmouth College v. Woodward, 4 Wheaton (U. S.) 518 (1819).

义模式的公司论，是在以罗杰·托尼为首的最高法院1837年就“查尔斯河桥案”作出的著名判决中第一次出现的。[①] 众所周知，托尼大法官在这项判决中否定老的桥公司有在查尔斯河上修桥收费的垄断特权，裁定州议会有权授予新的桥公司特许状，[②] 从而为新的产权利益提供了自由竞争的机会，可以说具有相当强的自由主义倾向。不过，从限制政府干预这个古典自由主义的核心信条来看，托尼的立场比起“达特矛斯学院案”判决反而后退了一步。他虽未直接否认特许状是合同的裁决，但在判决中把特许状比之为王室授权书。这样，托尼在议会与公司的关系上就“以君民关系取代了私法合同论所包含的地位平等者之间的关系”。[③] 事实上，托尼在裁定州议会保有授予新特许状的权力时，强调的是政府为社区利益进行干预的权力，即美国法律中含义广泛的所谓治安权或警察权（the police power）。他在判决中写道：“所有政府的目的和目标就是促进使它得以建立的社区的福祉和繁荣；政府打算缩小用以实现其为之建立的目标的权力，是永远不可设想的。”[④]

不仅如此，托尼法院还在1839年的“奥古斯塔银行诉厄尔案”中否认公司具有公民权，从而把外州公司在一个州有无经营权也留给了州政府来决定。此案是在市场扩大和州际商业活动增多的背景下发生的。当时一个阿拉巴马州公民以外州公司无权在一个主权州建立合同关系为由，拒付佐治亚州一个银行的汇票。银行则认为公司是受到宪法保护的公民，可以在其他州从事经营活动，于是将纠纷诉诸公堂。托尼代表最高法院对此案作出判决。他拒绝承认公司享有自然人或者说公民受宪法保护的所有权利，断言公司只是在创造它的州里才有法律存在，因此它不能根据宪法中适用于公民的特权和特免条款移入他州。不过，托尼同时指出，公司可在州际礼让原则下到外州从事经营活动，即只要外州没有以成文法加以禁止

---

① Herbert Hovenkamp, *Enterprise and American Law, 1836 - 1937* (Cambridge, Massachusetts: Harvard University Press, 1991), pp. 11 - 12.

② Stanley I. Kutler, *Privilege and Creative Destruction: The Charles River Bridge Case* (New York: W. W. Norton & Company, 1978); Charles RiverBridge v. Warren Bridge, 11 Peters 420 (1837).

③ Kelly, Harbison, and Belz, *The American Constitution*, pp. 233 - 234.

④ Kutler, *Privilege and Creative Destruction*, p. 90.

就可进入。[①] 有学者据此认为托尼法院的判决扩大了对公司权利的保护，[②] 但问题是此后很多州都通过了对外州公司加以限制、管制甚至禁止的立法。尽管这些立法在执行上不很严格，但是由于公司被拒绝承认是公民，它在外州从事商业活动的权利在法律上仍然处于未定地位。这一点在1868年最高法院就“保罗诉弗吉尼亚案”作出的判决和19世纪70年代及19世纪80年代一些州法院的判决中都没有改变。[③]

除了公司在外州的商业活动受到限制以外，它在州内的活动也因其被视为州议会的人造之物而只能行使特许状所授予的权力。正如法律史学家查尔斯·W. 麦柯迪所言，19世纪“每个州的……议会实际上都用它们对公司授权的控制来限制公司的活动范围”。[④] 公司如果超出议会授予的权力范围就在法律上构成“越权”（ultra vires），结果会遭到起诉。这成了当时政府对公司活动加以控制的重要手段。内战以前，美国法院严守“越权”原则，宣判大部分超出授权的公司活动无效。后来法院在这方面虽有所放松，但“越权”原则作为政府对公司权力加以限制的重要法律手段，其影响仍然很大。最明显的例子就是19世纪80年代六个州政府发起的轰动一时的反托拉斯诉讼。起诉的主要理由就是越权。由于没有哪一个州的公司法授权一个公司可以放弃自己的控制权，以托拉斯方式把公司控制权交出去的企业联合便构成了越权，结果这些州政府在反托拉斯案件中全部胜诉，托拉斯纷纷被迫解散。[⑤]

---

① Kelly, Harbison, and Belz, *The American Constitution*, pp. 236 - 237.

② Ibid., p. 236.

③ Paul v. Virginia, 75 U. S. 168, 178 - 182 (1868); Gregory A. Mark, "The Personification of the Business Corporation in American Law," p. 1456; Charles W. McCurdy, "The Knight Sugar Decision of 1895 and the Modernization of American Corporation Law, 1869 ~ 1903," *Business History Review*, Vol. 53, 1979, pp. 317 - 318. 也有学者认为，最高法院在“保罗诉弗吉尼亚案”判决中虽然拒绝承认公司是享有特权和特免的公民，但是也引出了州不得将从事州际业务的外州公司拒之于州界以外的推论，即只有从事州内业务的外州公司才可以被禁止进入。参见 Henry N. Butler, "Nineteenth-Century Jurisdictional Competition in the Granting of Corporate Privileges," *Journal of Legal Studies*, Vol. 14, 1985, p. 155。

④ McCurdy, "The Knight Sugar Decision of 1895 and the Modernization of American Corporation Law, 1869 - 1903," p. 316.

⑤ McCurdy, "The Knight Sugar Decision of 1895 and the Modernization of American Corporation Law, 1869 - 1903," pp. 321 - 322; Morton J. Horwitz, *The Transformation of American Law, 1870 - 1960: The Crisis of Legal Orthodoxy* (New York: Oxford University Press, 1992), pp. 77 - 78.

从马歇尔、托尼到内战以后的美国最高法院和州法院，从外州公司经营权到公司越权问题，公司是州议会通过法律创造的人造之物的所谓“授予论”（grant theory）在法理上一直居于统治地位。因此，公司法在减少政府干预上长期未能取得重大进展。这种局面直到19世纪末和20世纪初才因宪法第十四条修正案被用于公司而得以改变，“授予论”终于为“自然实体论”（natural entity theory）所取代，公司法乃得以在抑制州政府干预和保护公司权利的自由化方向上迈出了历史性的一步。众所周知，宪法第十四条修正案的通过原本是为了保护被解放黑奴的基本权利，可是最高法院在其后的判决中却逐步使之成了“一部名副其实的为商业服务的大宪章”。[①] 1886年，最高法院在“圣克拉拉县诉南太平洋铁路公司案”中裁定，公司是受宪法第十四条修正案保护的“人”，因此可以享有和自然人一样的权利、特权和法律保护。[②] 尽管对于自然实体论究竟是在1886年的这项判决还是在1905年的“黑尔诉亨克尔案”中才为最高法院所接受，法律史学家存在不同看法，[③] 但他们都承认，美国法院和各州的公司法在世纪之交的法律实践中一步步地走向了自然实体论，从而使公司作为独立自然实体的法律人格得到了肯定。这一重要进展不仅使各州失去了过去对公司干预限制的法理基础，而且使现代大企业崛起过程中的结构调整得以合法化，结果促进了产权和管理权的分离，有利于管理资本主义在美国的迅速发展。

首先，前述“越权”和外州公司问题在法院判决中逐渐失去了影响，它们不再成为州政府对公司活动进行干预的主要理由。早在19世纪80年代有关越权的判决中，法院就已开始放宽对公司权力的解释，甚至接受所谓“附属交易”原则，即公司可以从事那些虽未经法律授权但能提高已授权活动效率的附属商业活动。[④] 各州在19世纪80年代以越权为由展开反

---

① 伯纳德·施瓦茨：《美国法律史》，中国政法大学出版社，1990，第114页。

② Urofsky and Finkelman, *A March of Liberty*, pp. 504 - 507; Slaughter Houses Cases, 16 Wall. 36 (1873); Santa Clara v. South Pacific Railroad Company, 118 U. S. 394 (1886).

③ Alfred H. Kelly and Winfred A. Harbison, *The American Constitution: Its Origins and Development* (W. W. Norton & Company, 1976), pp. 326 - 327; Hurst, *The Legitimacy of the Business Corporation in the Law of the United States*, p. 65; Horwitz, *The Transformation of American Law*, p. 73; Hale v. Henkel, 201 U. S. 43 (1905).

④ Hovenkamp, *Enterprise and American Law*, pp. 59 - 60.

托拉斯诉讼的高潮过后，因害怕大企业逃离本州已很少在公司合并上追究所谓越权问题。当时著名的公司法学者威廉·W. 库克认为越权问题到1898年至少在州法院已寿终正寝。[①] 在外州公司问题上，最高法院在19世纪末“逐渐允许美国公司在多州市场上活动。这一发展在20世纪头20年的一系列判决中达到顶点，判决认为外州公司是它从事经营活动的州‘管辖范围内的人’，有权不被任意排斥在外”。显然，公司已被法院视为具有法律人格的自然实体。这就为公司的合并和全国市场的扩展在法律上铺垫了道路。

其次，自然实体论克服了个人产权观的局限，使各州立法在公司重大决策上以“多数原则”取代“一致同意”的要求。结果不仅扫除了公司合并的普通法障碍，而且有助于产权和管理权的分离。当时鉴于以托拉斯和控股公司方式进行的合并在州和最高法院先后遭到指控，一些大企业乃转而以买下对方资产的方式进行直接兼并（direct merger）。这种以资产买卖进行的直接兼并碰到了一个普通法原则带来的障碍，即公司资产出售等重大决定需要全体股东一致同意。美国各州政府在第一次大合并运动开始以前就已纷纷通过有关铁路公司兼并的立法，允许在缺少股东一致同意的情况下凭简单多数进行兼并。到1901年，14个州宣布“从事同样或同类生意”的公司可以在没有股东一致同意的情况下实行兼并。至于纵向直接兼并，它虽然还受到“一致同意”原则的限制，但在公司无力偿还债务时也可以未经股东一致同意就出售其资产。这个无力偿付债务的条件后来越放越宽。到1926年，几乎所有的州都以立法或判决废除了“一致同意”的普通法要求。应该说，多数原则（the majority rule）的逐渐确立不仅使大合并运动在法律上成为可能，而且使产权和管理权的分离得到了实际承认。世纪之交的著名法学家厄恩斯特·弗罗因德在《公司的法律属性》一书中指出，公司内部的多数原则只有靠超出契约论和个人产权概念的某种实体论才能在法理上得以成立。[②]

最后，自然实体论使公司的有限债务责任得以真正实现。这固然是对股东利益的保护，但更重要的是它促进了现代股票市场和管理资本主义的

① Hovenkamp, *Enterprise and American Law*, p. 60.

② Horwitz, *The Transformation of American Law*, pp. 88 - 89.

发展。据霍维茨教授研究，内战时的普通法虽已承认股东有限债务责任的原则，但大部分州的宪法或法规事实上都要股东对多于他们股票价值的公司债务负责，因为把股东看做同个人业主一样的财产所有者的传统观点仍然挥之不去。例如，纽约州的一般公司法就规定股东要对两倍于股票价值的债务负责。有的州要求其负责的债务则更多。即便是要求最低的州一般也要按照所谓信托基金原则（the trust fund doctrine）办事。根据这一原则，公司按股票票面价值吸纳的投资是公司债权人所依靠的收回债务本息的“信托基金”，所以股东如果以不足票面价值的折扣价买下股票，他还是要对以票面价值计算的债务负责，也就是在还债时必须支付他的股票票面价值和他实付价格之间的差价。[①] 从1887年纽约上诉法院的一项判决开始，各法院在19世纪90年代的一系列判决中逐渐放弃了信托基金原则。[②] 进入20世纪不久，各州纷纷通过有关立法，允许公司发行无票面价值的股票。这等于是对信托基金原则釜底抽薪。所有这些判决和立法在法理上只能是以公司作为一个独立于股东的实体才能成立。如果把二者混为一谈，那股东就得不到我们今天所说的有限债务责任的保护了，现代证券市场的发展也不会如此迅速，管理资本主义在20世纪的如日中天就更难以想象。

四　各州公司法“竞相降低门槛”的自由化和联邦政府的反应

在从人造之物到自然实体的公司人格化过程中，美国各州公司法的自由化在19世纪末和20世纪初出现了高潮，当时各州议会争先恐后地对公司法进行重大修改，竞相降低对公司的限制性要求，在自由化的程度上达到了美国历史上前所未有的地步，可以说使现代美国公司法从此基本定型。诚然，各州公司法“竞相降低门槛”（race for the bottom）的迅速自由化是前述公司人格化历史进程的一个重要组成部分，但它的直接导因则是

① Hovenkamp, *Enterprise and American Law*, pp. 52 – 53; Horwitz, *The Transformation of American Law*, p. 94.

② Christensen v. Eno, 106 N. Y. 97, 102, 12 N. E. 648 (1887); Handley v. Stutz, 139 U. S. 417 (1891); Clark v. Bever, 139 U. S. 96 (1891); Fogg v. Blair, 139 U. S. 118 (1891); Horwitz, The Transformation of American Law, pp. 93 – 97.

各州之间出于各自利益需要而展开的竞争。这也是美国公司法立足于州的必然结果。新泽西州是“竞相降低门槛”的始作俑者。究其原因，它是因财政危机而走上这条道路的。新泽西州原本是以对铁路公司的税收作为财政收入的主要来源，可自内战以来碰到了入不敷出的麻烦。[①] 为了摆脱财政困境，该州于19世纪80年代通过法案将政府的征税范围扩大到铁路以外的公司。然而，光靠税法并不能增加岁入，公司法也要作重大修正才能吸引外州企业尤其是大企业到新泽西来申请公司许可证，从而成为被征收公司税和手续费的对象。于是，新泽西州在1888～1896年对公司法作了一系列修改，开各州公司法“竞相降低门槛”之先河。到1896年，集八年自由化立法创新之大成的公司法总体修正法问世。它被美国学者乔尔·塞利格曼称为一部“完全改变了的公司法”。[②]

与19世纪80年代大部分州的一般公司法相比，修改后的新泽西州一般公司法对公司资产、寿命、经营目标和地点等不再有任何限制。它不仅允许公司合并，包括以控股公司方式拥有其他公司股权，而且允许在购买其他公司股票时以自己公司的股票作为支付手段。[③] 更有甚者，法律还允许合并协定纳入“董事们认为对于完善兼并或合并来说有必要的……所有那些条款和细节”。[④] 这类规定到20世纪30年代成为各州公司法的标准内容，被法律史学家称为“使其能为之”条款，因为它使公司董事和管理层几乎可以为所欲为。这样，当初那种“设定规矩”型（the set-pattern incorporation acts）的立法现在被“使其能为之”型（the enabling-act type of statute）的立法所取代。[⑤] 结果从1896年开始，到新泽西申请公司许可证的大企业可以说趋之若鹜。1880～1896的16年里，资本在2000万美元或以上的大公司在新泽西州只有15家，而1897～1904的七年里则猛增了104家。这正好是美国历史上第一次大合并运动的年代。有学者统计，到1900年全国大公司中的95%是在新泽西获许可证组建的。修改公司法的财

① Christopher Grandy, *New Jersey and the Fiscal Origins of Modern American Corporation Law* (New York: Garland Publishing, Inc., 1993), p. 34.

② Seligman, "A Brief History of Delaware's General Corporation Law of 1899," p. 265.

③ Seligman, "A Brief History of Delaware's General Corporation Law of 1899," p. 265.

④ Grandy, *New Jersey and the Fiscal Origins of Modern American Corporation Law*, pp. 43 - 44.

⑤ Hurst, *The Legitimacy of the Business Corporation in the Law of the United Sates*, pp. 70, 76.

政效益更是有目共睹：1902 年，新泽西从公司税和手续费中获得的收入是如此之多，以至于州政府不仅取消了财产税，并且还清了所有的债务。到 1905 年，新泽西财政盈余达 294.0918 万美元。该州州长得意地说："政府的所有收入中没有一分钱是直接取之于民。"①

尽管新泽西州被黑幕揭发者斥为"托拉斯之母"和"叛徒州"，② 但它丰厚的收入却使不少州纷纷仿效修改公司法，竞相放松对公司的限制。据统计，到 1912 年有 42 个州允许以任何"合法目的"组建公司，43 个州取消了公司资本上限，24 个州授予无限期公司许可证，18 个州允许公司的兼并和合并，19 个州允许控股，40 个州取消了现金购股要求，9 个州宣布公司借以发行股票的财产值以董事会的估算为准，33 个州不再要求董事必须是公司许可证颁发州的居民。③ 可是，就在其他州竞相效法新泽西州时，新泽西州自己却迫于外州竞争的压力、本州经济发展的需要和反托拉斯的声浪而改弦易辙了。1913 年，该州州长伍德罗·威尔逊在离职就任美国总统之前促使州议会通过了所谓"七姊妹法"，即七项反托拉斯法令，结果使新泽西州很快就在公司法上失去了它过去对企业界的那种吸引力。特拉华州乃迅速取而代之，成为企业界申请公司许可证的最佳选择地点。④

早在 1899 年，特拉华州通过的一般公司法就开始模仿新泽西州。⑤ 到 1915 年，该州公司法"被公认为是一部现代的和'自由化'的法律"，⑥ 成为各州公司法"竞相降低门槛"自由化的最典型代表。其中的"使其能为之"条款实际上等于授权公司可以做法律没有禁止的任何事情，和过去 100 多年美国公司只能做州议会授权其做的事形成鲜明的对照。这样，特

① Seligman, "A Brief History of Delaware's General Corporation Law," pp. 266 - 268.

② Grandy, *New Jersey and the Fiscal Origins of Modern American Corporation Law*, p. 14.

③ Seligman, "A Brief History of Delaware's General Corporation Law," pp. 269 - 270.

④ Grandy, *New Jersey and the Fiscal Origins of Modern American Corporation Law*, pp. 75 - 93; Butler, "Nineteenth-Century Jurisdictional Competition in the Granting of Corporate Privileges," p. 163.

⑤ Butler, "Nineteenth-Century Jurisdictional Competition in the Granting of Corporate Privileges," p. 162; William E. Kirk, "A Case Study in Legislative Opportunism: How Delaware Used the Federal-State system to Attain Corporate Pre-eminence," *The Journal of Corporation Law*, Vol. 10, 1984 - 1985, pp. 233 - 260; S. Samuel Arsht, "A History of Delaware Corporation Law," *Delaware Journal of Corporate Law*, No. 1, 1976, pp. 1 - 22.

⑥ Cary, "Federalism and Corporate Law: Reflections Upon Delaware," pp. 664 - 665.

拉华州的公司创办者和经理们乃得以在20世纪20年代对股东控制权的最后残余展开了攻击。他们通过大量发行无投票权的优先股和普通股等类股票，使不少投资者失去了对公司事务的发言权。股东的股票先买权也在1919年以后由于公司许可证的修改而不复存在。甚至股东的红利权亦不像过去那样保险，因为董事会现在有权就不同种类的股票红利作出宣布或者不宣布的决定。正如曾担任特拉华州律师协会公司法委员会委员达25年之久的S. 塞缪尔·阿西特所言，特拉华州公司法“在公司权力分配上的这种新的灵活性……毫无疑问帮助了那些决心保证管理层在公司居于统治地位的创办者”。[①] 至此，美国公司法自由化的历史性转变可以说已基本完成。19世纪末和20世纪初各州公司法“竞相降低门槛”的划时代转变，和此前的民主化与自由化一起，奠定了美国现代公司法的基础。

美国公司法的自由化固然促进了管理资本主义的迅速发展，但现代大企业的崛起和各州政府“竞相降低门槛”对公司的纵容也引起了很多社会不满。人们自然寄希望于联邦政府来解决州政府因彼此竞争而不能解决的问题。以全国统一的联邦一般公司法取代相互较劲的各州一般公司法，便成为联邦政府作出反应的一种选择。然而，美国国会为此所作的努力在西奥多·罗斯福、威廉·塔夫脱和伍德罗·威尔逊三届总统任内都胎死腹中。[②] 即便是在新政改革如火如荼之时，联邦一般公司法也不过是辩论中的一个“有趣的议题”而已。[③] 由于联邦一般公司法在美国至今未能问世，所以联邦政府对公司法的影响实际上来自它从19世纪末以来日益加强的对经济活动的管制，主要是在反托拉斯和证券交易两个方面。另外，第二次世界大战以后联邦管制在其他领域的迅速扩展，对公司法也有一定的影响。

从反托拉斯政策来看，它原来的目标至少是包括了理查德·霍夫施塔特所说的“阻止权力在私人手中的集聚”，[④] 但1890年以来谢尔曼反托拉斯法的应用主要是对大公司的外在行为而不是对它的内部结构进行管制。

---

① Cary, “Federalism and Corporate Law: Reflections Upon Delaware,” p. 10.

② Melvin I. Urofsky, “Proposed Federal Incorporation in the Progressive Era,” *The American Journal of Legal History*, Vol. 26, 1982, pp. 160－183.

③ Hurst, *The Legitimacy of the Business Corporation in the Law of the United States*, p. 141.

④ Richard Hofstadter, “What Happened to the Antitrust Movement?” in E. Thomas Sullivan (ed.), *The Political Economy of the Sherman Act: The First Hundred Years* (New York: Oxford University Press, 1991), p. 23.

尽管后来的克莱顿反托拉斯法和联邦贸易委员会法在一定程度上加强了对大公司的管制，但它们并没有改变联邦政府反托拉斯政策的基本倾向。[①]甚至于一个世纪以后，当法院在司法思维中越来越重视经济分析时，“反托拉斯行动背后的基本概念——对大企业作出裁决的基础是它的实际行为和经济后果，而不是像公司本质一类的抽象或者‘对大的诅咒’——却依然如故”。[②] 至于第二次世界大战以后联邦政府在环境保护、消费者利益、工人安全、医疗和年金计划，以及工作场所的种族与性别歧视等方面越来越多的管制举措和行动，则与反托拉斯政策在基本倾向上没有太大的区别。借用赫斯特的话来说，在定义公司的责任和使其得以履行上，这些方面的法律“愈来愈倾向于在公司结构之外的专业管制”。[③]

与这些仅仅涉及公司外在行为的联邦管制政策不同的是 20 世纪 30 年代的证券交易立法。它们是大萧条和新政改革的产物。可以说，新政以来的证券交易立法和管制不仅是针对证券市场，而且影响涉及股东、董事和管理层权益的公司内部关系和结构，即我们现在所说的公司治理问题。在此后半个多世纪的时间里，证券交易委员会被视为所有联邦管制机构中最成功的一个。不过，它依靠的实际上是受其监督的行业自我管制，并在尼克松和福特总统任内未能避免管制上的几次危机。

总之，无论是反托拉斯政策和第二次世界大战以后在很多领域日益加强的联邦管制，还是证券交易方面的立法和证券交易委员会权力的行使，对美国公司法的总体影响都比较有限。各州公司法依然一言九鼎，特拉华州独领风骚的地位也没有太大改变。州际竞争所造成的各州法律对公司纵容有余而管制不足的局面，由于 20 世纪 60 年代以来联邦证券管制不大得力而更趋严重。于是，前证券交易委员会主席威廉·L. 卡里在 1974 年的《耶鲁法律杂志》上撰文猛烈抨击以特拉华州为代表的各州公司法“竞相

① Martin J. Sklar, *The Corporate Reconstruction of American Capitalism, 1890 - 1916* (New York: Cambridge University Press, 1988), pp. 86 - 154; Naomi R. Lamoreaux, *The Great Merger Movement in American Business, 1895 - 1904* (New York: Cambridge University Press, 1985), pp. 159 - 186.

② Keller, "Law and Corporation," pp. 240 - 241.

③ Hurst, *The Legitimacy of the Business Corporation in the Law of the United States*, p. vii.

降低门槛”，降低了公司标准，损害了股东权益。他知道要国会通过联邦一般公司法在“政治上不现实”，乃建议就公司责任问题通过联邦标准法。① 除了卡里和他的支持者以外，主张以联邦公司立法来解决各州公司法“竞相降低门槛”问题的，还有在汽车安全问题上曾与通用汽车公司对簿公堂的拉尔夫·纳德等人。② 不过，诸如联邦公司标准法一类的联邦公司立法建议至今在美国都是曲高和寡。

不仅如此，自20世纪70年代中期新保守主义在美国逐渐得势以来，有学者甚至认为各州的竞争为公司提供了更有效率的法律环境，不仅没有损害反而维护了股东的利益。③ 持这种观点的人往往还主张视公司为一种合同关系，并认为合同条件中最主要的就是管理人员有责任最大限度地增加股东的财富。20世纪80年代的敌意兼并和杠杆兼并的浪潮曾一度被他们欢呼为形成了健康的“公司控制权的市场”，④ 因为它使经理层为了控制公司资源而展开竞争，让不能最大限度增加股东财产的公司管理层在兼并中被淘汰出局。敌意兼并和杠杆兼并在20世纪90年代虽然失去了势头，但这并不等于股东至上论不再有影响。事实上，很多公司在20世纪90年代用其他方式来促使管理层密切关注公司股票在证券市场上的表现，以维护股东利益。例如，1980～1994年美国公司主管年薪中的股票部分增加了将近7倍，不少公司还把管理层的报酬和资本回报率挂钩。美国国会的立法和证券交易委员会的规定也有类似的向股东方面倾斜的迹象。1997年，代表美国大企业的企业圆桌会议公开宣称：“管理层和董事会首先要对股东负有责任，而不是……对其他的利害相关者。”⑤ 这些变化和20世纪80年代的兼并潮一起，使得一些研究公司治理的学者开始大谈管理资本主义正在为投资者资本主义所取代的问题。

---

① Cary, “Federalism and Corporate Law: Reflection Upon Delaware,” pp. 663－670, 700－701.

② Ralph Nader, Mark J. Green, and Joel Seligman, *Constitutionalizing the Corporation: The Case for the Federal Chartering of Giant Corporations* (Washington: Corporate Accountability Group, 1976).

③ Robert Romano, *The Genius of American Corporate Law* (Washington: The AEI Press, 1993); Ralph K. Winter, *Government and the Corporation* (Washington: The AEI Press, 1978).

④ Grandy, *New Jersey and the Fiscal Origins of Modern American Corporation Law*, p. 3.

⑤ Bengt Holmstrom and Steven N. Kaplan, “Corporate Governance and Merger Activity in the United States: Making Sense of the 1980s and 1990s,” *Journal of Economic Perspectives*, Vol. 15, 2001, pp. 132－137.

与此同时，非股东的债权人、雇员、消费者和公众等所谓利害相关者也没有沉默。20 世纪 80 年代敌意兼并和杠杆兼并对他们造成的损害，使这些人对只顾股东利益的公司行为日益不满，结果导致很多州通过反接管立法，有 30 个州还以立法规定管理层在决策时应对非股东者利益予以考虑。1989 年，特拉华州最高法院就“卓绝通讯公司诉时代公司案”作出判决：时代公司管理层可以拒绝卓绝公司的兼并要求，尽管后者的开价有利于时代公司的股东。[①] 这就是说管理层可以为了非股东方面的利益而不顾股东的选择。有法律学者认为，这些立法和判决为以后逐步在公司法问题上以社区论来取代合同论带来了希望，也就是说一个社会的个人在合同关系之外相互之间还有其他的义务，从个人到公司都“要承认对社区所有成员的生活质量负有责任”。他们为此而呼吁以社区利益为导向的法律改革。[②]

不过，从美国公司发展已经走过的道路来看，管理资本主义恐怕还没有为投资资本主义所取代，公司管理层和股东的利益也不可能完全以社区利益为转移。至少从规范公司的结构、关系和行为的美国公司法来看，它在过去几十年里并没有发生根本性的变化。凯勒教授在 20 世纪结束后对美国的法律和公司进行回顾时写道：“国家对公司的管制和法律关系自 20 世纪 30 年代以来就其本质而言没有大变。专门针对公司而来的新的重要管制机构未曾建立，公司方面的立法只是修订而不是改造了现行法律。”[③] 这个结论应该说是相当中肯的。

因此，当进步主义改革和新政以来美国国家干预的加强把我们很多人的注意力转向所谓国家垄断资本主义的发展时，不要忘了美国公司法的民主化和自由化为这个国家的企业留下了一个至今都还是十分广阔的自由发展的法律空间。

（原载《美国研究》2003 年第 4 期）

---

① Paramount Communications v. Time, 571 A. 2d 1140 (Del. 1989); David Millon, "New Direction in Corporate Law: Communitarians, Contractarians, and the Crisis in Corporation Law," *Washington and Lee Law Review*, Vol. 50, 1993, p. 1376.

② Millon, "New Direction in Corporate Law: Communitarians, Contractarians, and the Crisis in Corporation Law," pp. 1382 – 1383; Lawrence E. Mitchell (ed.), *Progressive Corporate Law* (Boulder, Colorado: Westview Press, 1995).

③ Keller, "Law and the Corporation," p. 239.

温特制：美国新经济与全球产业重组的微观基础

黄卫平　朱文晖*

【内容提要】 20世纪七八十年代至90年代初，学界普遍关注美国经济实力的相对下降。但是进入90年代中后期，美国经济持续高增长，而日本经济却在90年代停滞不前。作者认为，是温特制使美国公司扭转了对日本的竞争劣势，并最终创造出了20世纪90年代美国经济近130个月繁荣的奇迹。温特制与美国创新能力突出、人才储备强大、金融市场灵活、消费者偏好新产品等优势结合起来，以高新科技为基础，塑造了一大批新兴企业，使得美国公司在20世纪90年代国际竞争力位于世界前茅。温特制是经济全球化的必然结果，它使美国成为经济全球化的主导。

【关键词】 美国经济　20世纪90年代　新经济　温特制　企业重组　经济全球化

20世纪70~80年代，国际经济学界普遍关心美国的经济实力地位相对下降、日本经济实力相对上升，甚至提出21世纪为“日本世纪”的问题。然而，美国经济在20世纪90年代中后期出现了高增长率、低通货膨

* 黄卫平，时任中国人民大学国际经济系教授；朱文晖，时任经济学博士、香港理工大学中国商业中心研究员。

胀率，即所谓新经济的良好表现，相反日本经济在整个20世纪90年代的停滞不前，打破了经济学家的预测。进入21世纪后，美国经济又进入了一个调整期。这是一个周期性的现象还是一个结构性的转折点？国际经济学界对此有诸多争议。本文主要探讨20世纪90年代美国经济中的一个突出现象——温特制，从微观基础解释美国企业和经济恢复活力的原因，以及在这种微观基础之上引起的全球产业转移和产业结构重组。

一　从福特制到丰田制

第二次产业革命建立了现代大工业，此后以美国为代表的西方企业实行了福特制生产模式（方式），将世界经济推向了新的增长阶段。福特模式的运行主要建立在三个原则的基础上：首先，脑力劳动和体力劳动分工绝对明确：设计人员负责设计，管理人员负责监督，工人只需要完成简单动作；其次，利用泰罗制，将流水线上的分工专业化到最细微的地步，保证每个工人都可以最简单的方法完成；最后，寻找最佳的生产模式，无论在设计、生产、管理上都需要寻找最佳的模式，达到提高效率和节省成本的目的。福特制的生产方式，大大促进了生产工艺过程和产品的标准化，通过规模经济和范围经济极大提高了劳动生产率，为工业制成品的大规模生产和群众式消费提供了基础。

福特制在第二次世界大战后从美国扩散到欧洲和日本。20世纪60年代，以丰田公司为首的日本制造业根据日本的文化传统和日本企业的特点，将福特模式与弹性生产方式有机结合，改组为丰田生产方式（模式）。丰田生产方式在保留福特方式大规模生产优点的同时，又有效地克服了其缺点。首先，它的工作组织打破了层层管理的模式，发挥人的积极性，所有职工都要关心生产方法、产品和服务质量的改进。在大型企业中，职员组成灵活的、自主管理的小组，集体决定如何管理生产或他们负责的工作，设计与生产融合，设计师与生产者面对面的交流。这种组织形式要求工人有多种技能，并把工人当成企业的长期资产，不断投资进行培训。其次，及时适应市场变化，把生产与不断变化的市场需求结合起来，形成最有效的产出规模。对整个生产过程实行全面质量管理，每个部分都实行零差错，要求企业、供货商和顾客之间信息畅通、关系融洽，彼此之间可以做到“零库存”。最后，在上下游企业之间形成良好的合作关系，企业与供货厂家建立长期信任关系，互相反馈信息。在上下游企业之间形成网络，从中享受到范围经济和规模经济的好处。这种生产方式，吸收了美国的管理概念，将美国的企业策略、产品生命周期、市场分析、经济计量、信息处理、现代广告等，巧妙地与日本的群体意识、忠臣观念、终身雇佣制、重视长远利益等特点融合，逐渐形成了一种新的独具日本特色的生产方式，推动了日本大企业在海外的扩张和日本工业的现代化。

但是，从更为广阔的角度来看，丰田制只是福特制模式的改良，两者都属于追求规模（scale）经济效应和范围（scope）经济效应的垂直型结构，产品的设计、制造、销售，以及售后服务，都是在同一个企业内部完成。这个过程中，虽然许多产品具有多节点的价值链，但企业都是以全部价值链的整体来竞争，单一价值节点对竞争结果影响不甚明显，因为各价值节点还没有发展成为独立的产业部门。因此，福特制典型的代表是汽车工业，而丰田制的典型代表还是汽车工业。事实上在20世纪90年代以前，传统的计算机代表企业IBM，奉行的也是福特制（部分包含丰田制）的生产方式，其生产系统包括硬件、软件、售后服务以及融资租赁等垂直体系。而20世纪80年代日本和西欧各国的计算机企业，都以对该模式的模仿来与IBM竞争。

就在各国企业全力模仿IBM（20世纪80年代日本举国曾以“超越IBM”为目标）的时候，美国的个人电脑突然普及，并改变了整个计算机产业市场竞争的游戏规则。个人电脑诞生于20世纪70年代末期，1981年IBM推出兼容机后迅速发展，1985年个人电脑的销售量超过了以工业和科研用途为主的大型机。随着微软和英特尔的结合，整个计算机产业迅速从垂直型结构走向水平型结构，市场的领导权从以IBM为代表的垂直一体化型企业转向水平分工，[①] 每个水平分工的参与者都专业经营产业总体链条中的一个价值节点（如硬盘、芯片以及鼠标器等，也可以是软件操作系

① 王雪佳：《美国新经济与东亚信息产业发展研究》，中国人民大学博士学位论文，2001。王雪佳对本文研究的课题进行了大量的基础研究，本文的许多观点借鉴了她博士论文的成果，在此表示感谢。

统、数据库等）。[①] 因此，从个人电脑诞生开始，计算机产业具备了不同于福特制的水平分工基础。

二 温特制与集聚效应

新兴的个人电脑企业的经营模式与福特制有极大的差别。20 世纪 80 年代后期，在个人电脑行业的水平分工中，涌现出微软、英特尔、网威（Novell）、莲花、康柏、戴尔、希捷（Seagate）、甲骨文（Oracle）、网康（3C）、EDS（Electronic Data Systems）等全新的企业，它们在电脑产业总价值链节点中专攻某个领域，经过激烈竞争脱颖而出。如 1995 年个人电脑销售量超过 IBM 成为全球电脑业新霸主的康柏，[②]其主要业务就是制造、组装和销售个人电脑，并借此推广自己的品牌。而人们熟悉的微软和英特尔虽然在 20 世纪 90 年代后期股票市值高居全球前列，但它们的业务范围极为单一，与多元化经营的垂直一体化的传统跨国公司完全不同。由此可见，整个个人电脑行业的价值链已被分拆成一个个独立的节点，从上游的半导体生产开始（中国台湾的代工企业又将半导体进一步细分为设计、芯片制造、测试、封装等），到个人电脑的组装、软件开发、硬件生产，以及打印机、扫描仪、鼠标器等配套产品和售后服务，都成为独立完整的产业部门，有许多专业化的企业在其中参与竞争。这种模式的竞争与福特制时代的大企业之间的综合型竞争完全不同，它在每个节点都会出现激烈竞争，导致整个产业快速升级。相反，奉行福特制垂直一体化生产模式的 IBM、苹果电脑，在整个 20 世纪 80 年代的发展中对此趋势把握不足，出现了巨额亏损的情况，苹果电脑甚至一蹶不振。

福特制企业追求规模效应和范围效应，个人电脑行业水平结构中强调的是集聚效应（Economy of Cluster）。这种新的生产模式不同于传统的劳动密集产业，它十分强调各个部件生产商之间的协作与配合，在这种新产业群聚效

① 1981 年 IBM 推出的个人电脑，采用微软的操作系统和英特尔公司的芯片作为配置，奠定了整个产业水平化分工的基础。参见王雪佳《美国新经济与东亚信息产业发展研究》，第 98 页。

② 这家诞生于 1982 年的公司的英文名称 COMPAQ 由“兼容”（Compatible）和“质量”（Quality）两个词组成，是当时最快成为全球 500 强的企业。

应模式中，通过细化的产业分工，每个企业可以专注某一个部件或产品的一个部分，获得规模经济效应；同时，不同企业之间互相配合，又可以获得范围经济效应。同时，与追求规模经济效应和范围经济效应的传统大企业不同，整个个人电脑产业链条上各个组成部分有强烈的灵活性，从而避免了传统大企业容易僵化的弊端。于是，个人电脑时代所重视的新消费群体、新科技、新营销渠道和技巧，以及对上市时机和定价的把握等，彻底改变了原来一家供应商主导的局面，一个全新的、水平式的生产结构，成为个人电脑行业最有效经营模式。

在集聚效应发生作用的同时，推动个人电脑生产的整个产业链升级的线索，是市场标准的不断提升。微软和英特尔共同构筑的温特制（wintelism）平台，即以微软公司的视窗系统和英特尔公司的微处理器互相咬合搭配，凭借实力和快速的创新不断抛开对手，在自己成长的同时也赚取了大量利润，并引导整个产业不断升级，而掌握标准和引导升级的企业则成为行业的金字塔顶端企业。在个人电脑、硬盘与监视器等有明确标准的硬件方面，通过日益消费品化的竞争，大大降低成本和价格，形成了大规模的产业化生产。实际上，20 世纪 90 年代初期温特平台出现（代表性产品是 1991 年微软的视窗 3. X 与英特尔的 486 结合，导致个人电脑的性能大幅度提高和销量暴涨），使得温特制盛行，并逐渐取代了福特制，使美国公司扭转了对日本的竞争劣势。① 温特制给美国企业带来的主要好处可以由“路径依赖”和网络效应的“正反馈”原理来解释。一方面，温特制在成为标准之后可以锁定消费群，形成强烈的报酬递增特征；另一方面，温特制使事实上的标准制定者成为市场垄断者，其网络效应的“正反馈”原理使任何企业参与竞争，都要付出比以往大得多的代价。在温特制下，竞争的重点不是投资，也不是降低成本，而是标准的提升和客户群体的锁定。

从全球角度来看，温特制与美国创新能力（无论是理论、技术、产品还是金融工具的）突出、人才储备强大、金融市场灵活、消费者偏好新产品等优势结合起来，塑造了一大批新兴企业，使得美国公司在 20 世

① Akira Takeishi, Takahiro Fujimoto, “Modularization in the Auto Industry: Interlinked Multiple Hierarchies of Product, Production, and Supplier Systems,” 2001, http: //web. mit. edu/afs/athena/org/.

纪 90 年代国际竞争力列世界前茅。水平生产结构和温特平台的动态性升级，造成产业生命周期明显缩短，个人电脑进而使整个全球计算机产业的链条不断加快循环，新兴的美国公司不断获得“先行优势”，从而控制了全球市场。在这个过程中，传统的垂直一体化的美国公司（如 IBM）丧失了垄断地位，欧洲和日本的计算机企业也因无法适应新局面而被大量淘汰，或者竞争能力大幅度衰退。

三　温特制与生产模块化

在温特制出现之际，以电脑行业为代表，美国企业制造流程出现了模块化生产的特点。所谓模块化就是将产业链中的每个工序分别按一定的“块”进行调整和分割。模块化现象包含三个层次的内涵：（1）产品体系或者产品设计的模块化；（2）生产的模块化；（3）组织形式的模块化或者说企业内部系统的模块化（大量面向外部供应商的外包子系统）。因此，模块化是一种基于某个产品体系的流程再造。在这种产品体系中，一种产品的功能通过不同的和相对独立的零部件来加以实现。这些部件之间的嵌合是根据一套接口标准进行设计的，从而确保零部件的可替代性。①

美国的个人电脑行业是新型模块化生产的先行者。个人电脑分别按照鼠标、硬盘、显示器等价值节点的“块”进行模块化生产，成型的模块经过组合以后，个人电脑的生产便告完成。模块化思路最早的出发点就是通过简便的设计、生产和维修一个具有独立完整功能的模块，降低各个环节的成本，从而降低产品的价格。一般而言，每个模块事先已经确定了设计规则和机能，并在此范围内做到优化。同时，它具有一定的自由度，只要符合标准和规则，可采用任何方法或零部件组合模块。此外，各个模块的工序既不受其他模块工序的影响，也不会影响其他模块工序。因此，实现模块化以后，无论是分割生产流程，向不同的企业采购相同部件，还是专业化生产特定模块，或进入水平结构中的某一环节，都变得比传统行业要容易得多。

① Kirsten Foss & Link, “The Modularization of Products and Organizations: Improving Lead-Time in Product Development,” April 2001, http: //www. cbs. dk/link/papers.

个人电脑行业的高速发展与模块化的生产方式相辅相成，模块化生产在20世纪80年代后期进入福特制的典型产业——汽车工业。1988～1998年，专职汽车设计事务所诞生，从事汽车零部件生产的专业跨国公司，从零猛增到240家；另外，零部件工业中的劳动密集型产业向低工资成本国家和地区大量转移，并与大型的零部件跨国公司（主要在欧、美）形成层级供应关系。这就打破了传统的福特制生产方式下垂直一体化的结构，整车企业能够在全球范围内实现专业化设计、零部件的竞争性采购，低成本组装。零部件企业和设计事务所接替了整车巨头转移出来的生产和研发任务，使得分工关系更加紧密。设计事务所根据理念设计新车型，零部件厂商在整车的开发和生产中越来越深地介入全过程，同整车企业一道进行同步开发甚至超前开发关键零部件。越来越多的车型共用一个平台，其核心是提高零部件的通用性，尽最大可能实现零部件共享。这项变革被称为平台共享战略。[①] 德国大众汽车公司是最早实行平台共享战略的公司之一。该公司将原有14种平台压缩到4个，即A级、A0级、B级、D/C级，如A级平台可用于奥迪A3、高尔夫、帕萨特等车型。美国推行这一做法的先驱是克莱斯勒。20世纪80年代，克莱斯勒公司资金短缺，与供应商的关系紧张。在垂直结构的时代，美国汽车制造商都倾向于关起门来进行零部件和系统产品的开发工作，而仅仅把个别零部件外包给供应商，让其按照具体规格进行低级生产加工，并不断压低价格。与传统做法不同的是，克莱斯勒对供应商体系进行彻底改革，建立长期的关系，开发整套的合作分系统，并分享节约成本带来的益处，从而极大减少了新车开发和推向市场的总体时间和成本，使得克莱斯勒从破产的边缘，到20世纪90年代中期一举成为美国汽车三巨头中成本最低的公司。[②] 这一做法，也迅速推广到福特和通用公司，并带来了20世纪90年代汽车零部件公司的大发展。这些公司发展的基础，便是模块化生产。大型汽车零部件企业推行模块化技术，简化汽车零部件的构成，推行国际化采购，从发展趋势来看，模块化技术的发展，将进一步推进汽车工业的改组。

① 冯飞：《现代汽车工业技术与管理的真谛是什么?》，2001年5月21日《中国经济时报》。

② 托马斯·斯图尔特（Thomas A. Stewart）：《基本的核心优势》，http://www.longjk.com/wh-jibenhexin.htm。

四　模块化、外包与大规模定制

随着模块化的进展，企业生产某一产品时，无须再把所有的工序集中在一间工厂。相反，把每个工序加以分割，组成企业间的生产网络，取得高效率配合。目前，各企业无须完成大而全的“垂直一体化内部生产”，而是在优势领域集中资源，不断深化行业重组。企业间的关系也不再局限于交易双方保持一定距离的贸易关系或者以出资方式在资产基础上联系起来，而是形成了包含技术合作、OEM、ODM等中间形态在内的多样化的分工合作关系。企业从专业化的角度出发，将一些原来的企业职能部门转移出去成为独立经营单位，或者转向使用企业外部更加专业化的资源或服务，这就出现了“外包”（outsourcing）现象。外包被定义为“把一项现有的企业活动转移到企业外部的过程，该过程通常伴随着将相应的资产转移到第三方（企业外部）”。①

外包作为一种降低企业成本的方式，使得企业的各项活动在空间上是分离的，但在时间上却可以并行。比如企业在研究和开发产品总和的同时，合作伙伴可能正积极地完成零部件的规模生产。这种并行的作业模式提高了企业的反应速度，有利于企业形成先行效应。实行“外包”的企业以信息网络为依托，选用不同公司的资源，与这些具有不同优势的企业组成靠电子手段联系的经营实体。企业成员之间的信息传递、业务往来和并行分布作业模式都主要由信息网络提供技术支持，利用网络的无形资源整合有形资源。外包可以减少成本。由于将一些自身本不擅长的事务交给专业机构完成，而专业机构因为经验丰富和存在外在竞争，收费较低，企业节省了费用，自身的核心竞争能力越来越强，营利性和发展潜力越来越好。因此，外包的目的在于巩固和扩张企业自身的核心竞争力。

温特制下战略外包成为普遍现象。最初，外包集中在战术性、非关键业务上，如审计处理或安全警卫，随后外包的重点逐渐转移。战略业务外包，意味着企业核心活动的外包——如制造过程或后勤补给。企业通过重

① Staffan Gullander and Anders Larsson, “Outsourcing and Location,” *Working Paper*, May 23 - 26, 2000, http://www.snee.org/mzpap.htm.

新评估各个环节在产业价值链中的位置进行外包，改进核心业务的财务状况。当一个产业内多家公司得出同样的战略结论时，这种战略外包就会给产业带来根本的变化。根据科比特集团（Corbett Group）对200余家全球大型企业决策人物关于外包市场的调查结果显示，外包已经成为一项企业用以提高核心竞争力、降低运营成本、巩固自己市场份额的战略性手段。97%的被调查者表示，近两年在外包服务上的投入有较大幅度的增长，并且表示这一势头将继续保持下去；78%的被调查者认为外包已经成为企业管理的一项重要手段，并且有92%的被调查者反映他们的相关业务正在向外包化发展；60%的被调查者对实施外包所带来的成果表示满意，其中最主要的是在运营成本上的降低。①

外包曾经是电脑行业普遍采用的方式，后来逐渐成为汽车行业全球性重组的重要环节。20世纪90年代中期后，零部件外包日益成为汽车业革新经营的重要战略步骤。美国加利福尼亚州国际汽车经济研究所的调查报告显示，1991～2000年的10年间，工业化国家汽车零部件外包合同金额年均增长17.25%，其中1996～2000年的5年间年均增幅达22.9%。美国三大汽车制造企业1996～2000年的零部件外包金额年均增长19.6%，2000年达到1350亿美元，而且还未计入技术开发等软性承包业务。令人关注的是，近几年国际汽车业界接二连三的兼并行动，不仅未影响外包业务的发展，而且其规模更大。例如美国克莱斯勒与德国奔驰合并后，两家公司1999年外包业务规模扩大了10%，2000年外包业务再次提高16.5%。②

外包业务的发展，与大规模定制（Mass Customization）③ 有密切的关系。大规模定制是指对定制的产品进行个性化的大规模生产和服务。通过

---

① 《你的IT外包吗》，*Eweek*，Monday，January 21，2002，http：//www.zdnet.com.cn。

② 刘林森：《国际汽车市场面临变革》，《经济世界》2002年第3期。

③ 大规模定制的概念最早出现在1970年，预言家阿尔文·托夫勒就在其《未来的冲击》一书中曾经提到；斯坦·戴维斯（Stan Davis）在其1987年所著《完美的未来》一书中也曾对大规模定制生产进行过简要的说明；约瑟夫·派因（Joseph Pine Ⅱ）1992年出版《大规模定制：商业竞争的新前沿》（*Mass Customization：The New Frontier in Business Competition*）一书中（中译本由中国人民大学出版社2000年出版）系统提出，1993年他与人合作在《哈佛商业评论》发表《使大规模定制发挥作用》（Making Mass Customization Work），将这一思想进一步总结。

大规模定制，企业既可以降低成本，又可以满足用户个性化的需求，为企业提供了战略优势和经济价值。这一生产方式把大规模生产和定制生产这两种生产模式的优势有机地结合起来。其目的是，在保证企业经济效益的前提下，了解并满足单个客户的需求从而追求利润最大化。从企业战略的角度看，大规模定制就是“通过定制体现差别化，通过大规模制约成本”，产品的生产是以满足每一个相关的消费者的需求为基础的大规模过程。在传统产业，产品是针对特定市场事先生产出来，然后销售（强加）给消费者；而大规模定制的产品则是专门为每一个特定的客户制造的，它往往是在接到客户订单后进行生产。此外，大规模定制除了通过定制这种方式进行产品差别化，还通过提供与客户有关的服务（比如某种特定的形象或者高质量的交货服务）进行产品的差别化。

模块化和外包被视为大规模定制的关键要素。事实上，模块化的产品和服务体系往往可以确保大规模定制的实现。用标准化零部件实现定制化不仅能使产品多样化，同时也能靠规模降低制造成本，使得进行全新设计的产品开发和增加品种的变型设计速度更快。贯穿产品或服务的模块化，可互换零件使整个生产都以满足客户个性化需求为目的。大规模定制的特点有三个：（1）大规模定制以产品为基础（Mass customization is product based），即大规模定制是一种以产品为载体/基础的策略；（2）没有品牌的概念（No more brands），有强烈的外部因素。即品牌是客户自己的，完全实现了个性化；（3）客户要求定制（Consumers want customization），即客户希望得到个性化产品、希望厂商满足其需求。由于各类工业要对日益增长的个性化需求作出反应，竞争压力又要求企业实现成本的持续下降，因此企业必须采取能同时提高效率和满足个性化需求的战略。大规模定制正好适应了这种战略，它通过大规模生产个性化的产品和服务，满足每位客户的需求，且价格几乎与大规模生产的产品不相上下。[①]

汽车市场的多元化和细分化，是促使形成大规模定制的社会动力，但却又大大增加了市场需求的不确定性和不稳定性。温特制时代的汽车产品被分解为水平的生产环节：专业化汽车设计师事务所根据汽车新理念进行

---

① Frank Piller and Ralf Reichwald, “Strategic Production Networks,” Tsinghua University Press, Beijing, 2000.

设计，整车被分解为能在不同场所进行局部装配的结构模块，然后将模块汇集起来进行最终装配，即按一定标准形成主模块，允许对其插入按定制要求和不同时间形成的分模块，构成总线模块，最终装配可以根据客户要求，在各地的装配点、经销点甚至是客户家中完成。

五　电子商务、供应链管理与现代物流业

模块化生产、外包、大规模定制现象直到温特制诞生，才从个人电脑产业扩展到汽车等传统产业，关键的催化剂是互联网技术的进步，以及经济全球化对物流业的改造。

福特制生产方式产生的一个重要原因，是将相关联的企业内部化，降低它们之间进行交易的成本，从而达到范围经济效应。互联网的出现和电子商务的应用为不同企业的外包和大规模定制提供了技术上的支持。[①] 因此，在互联网出现之后，另一种管理方式——供应链管理及由此衍生的第三方物流得到了全面发展。

按照全球供应链管理最先进的企业利丰集团的解释，供应链管理的定义如下：在激烈的市场环境下，企业千方百计增加收入和减少成本。许多产品的制造成本已经到了无法再减的地步，只有从其他的环节成本着手。有一个比喻十分贴切：一件商品在美国的零售价是 4 元，其生产成本仅为 1 元，要再压缩成本实在困难。但供应链另外的 3 元就是各个环节的价值，包括产品设计、原材料采购、物流运输、批发零售、信息和管理工作。供应链管理就是解决其中“软 3 元”的利润问题。[②]

互联网和电子商务主要在技术上解决了供应链管理的信息处理问题。

---

① 互联网出现后，电子商务业务得以广泛展开。以最成功的戴尔公司的直销经验看，正如戴尔自己指出的：“互联网促使传统市场整合的模式发生根本改变，以信息资产为核心的虚拟整合正在逐步取代实体资产的垂直整合，戴尔正在试图建立一种可以整合所有功能的组织，从而建立信息战略伙伴关系，将顾客、员工和供应商的利益融合到一起，发挥虚拟整合的巨大威力，实现电子商务的终极力量。如今，有形资产正在被智力资产所取代，封闭的商业系统将让位于合作。在这个过程中，是网络发挥着核心的作用。……我们必须利用网络的优点，与供应商和顾客建立信息伙伴关系。如果做得好的话，我们便有潜力在全球竞争中成为骨干力量，其结果无疑是革命性的。”参见朱文晖《改变世界：解读美国新经济》，江苏人民出版社，2000。

② 利丰集团：《供应链管理的理论与实践》，中国人民大学出版社，2003。

供应链的业务过程和操作，可以从工作流程（亦有研究称为商流，work flow）、实物流程（physical flow）、信息流程（information flow）和资金流程（cash flow）四个方面进行分析。供应链的信息流程带动工作流程，工作流程决定实物流程，实物流程反馈为资金流程。（见图1）

事实上，互联网利用无形资源整合有形资源的功能，造成了供应链管理与电子商务的紧密相关。例如，思科的经营活动大部分依靠互联网进行供应链管理和产品销售。思科在全球有35～40个虚拟工厂，而思科和这些工厂之间的信息传递，包含生产的产品、规格、生产排程和交货日期等，都是透过互联网进行的。网络的"一网打尽"性，以及利用网络中的无形资源整合有形资源的性质在这里得到最充分的体现。

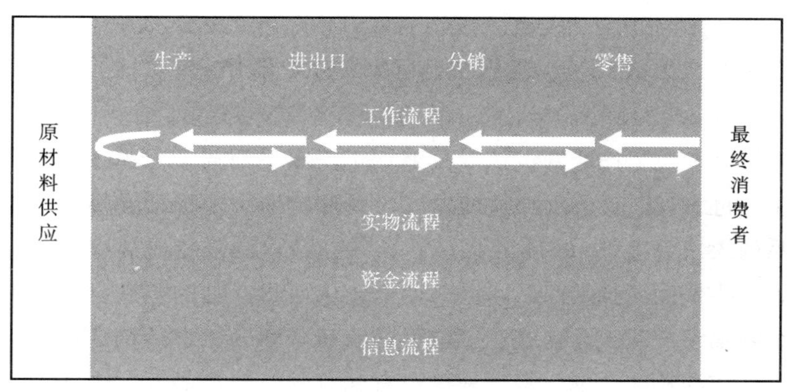

图1　供应链：四种流程、经过不同阶段

资料来源：利丰集团：《供应链管理的理论与实践》，中国人民大学出版社，2003。

全球供应链管理的出现，又极大地改变了物流业务，使现代物流业务成为新的经济增长点。20世纪90年代后半期，随着以互联网为核心的电子商务的扩散及全球供应链管理的出现，传统的物流业逐步向现代的物流业转化。现代物流业发展的背景是，在经济全球化的环境下，美国公司将成本高、产品生命周期不断缩短的制造业日益外包到其他国家生产，而美国企业则将精力集中到R&D、产品开发、市场营销、融资运资等方面。通过全球配置资源，美国企业的效率在20世纪90年代末期大为提高，美国企业的整体赢利达到石油危机以后的最高水平。20世纪90年代后期，由于中间产品、原材料、零部件的库存及它们的及时供应成为美国企业最大的风险来源，于是它们又在供应链管理的基础上，将产品和原材料、零部件的及时供应外包给独立的物流公司，以进一步减少风险和降低成本。于是，第三方物流以至第四方物流的概念越来越流行，现代物流业的概念也随之出现，它将分散的、单一经营的传统物流业整合成为一个系统化、集成化的一体化服务，应用最新信息技术特别是互联网技术来处理订单管理、订货处理、仓储管理、货物的组装和包装、货运、送货及客户服务等，并利用专业知识、技能和人才，帮助客户对物流的功能进行整合、扩张及提升，以达到双赢的结果。美国新经济以金融为核心，技术为平台，物流为中枢，盘活世界经济的特点在这一过程中逐渐形成。

六　水平型跨国生产体系的建立

温特制加快了产业升级速度，缩短了产品生命周期。模块化生产、外包、供应链管理、现代物流业的发展，令温特制企业可以在短时间内实现新产品的大规模生产。在温特制下，市场竞争的焦点是既要保持产品的差异性，又要保证高技术产品问世的速度，从而将产品的不断创新和大规模生产完满地结合起来。这改变了国际贸易和国际分工中传统的产品生命周期理论。在温特平台中，每隔一年左右就有一轮新产品潮，企业的利润往往来自产品问世的头三个月，此后企业不得不将生产转移到海外。这方面的典型例子是微软和英特尔开发的新产品。这些新产品往往都是在全球同步发售，在新产品刚发布的时候，下一代产品的研发也已开始大规模进行。事实上，从温特制标准确立和1991年电脑大量销售以来，几乎所有的价值节点都在进行激烈的价格竞争，即使是新产品也无法例外。这种竞争的结局是，电脑行业产业链条中的所有企业，从产品的设计和规划开始就承受了巨大的压力，必须通过大规模销售以降低单位成本，也意味着它们的产品一旦投入市场，就必须在短时间内完成在全球市场的扩张。如果不在产品生命周期的前期就扩张到其他市场，企业就难以实现规模经济，甚至无法收回研发成本。同时，从市场需求方面看，由于信息技术对国民经济的改造超过了以往任何一种技术创新，美国以外的其他地区对上述产品的需求基本可以达到与美国本土同步的水平，这也使得全球市场成为一个统一体。

在这种情况下，温特制企业必须通过跨国生产体系来应对上述挑战。商品大规模生产的要求，意味着企业必须大量投资以跨越规模经济效益的门槛；作为产品生命周期缩短的高技术产品，意味着厂房、设备甚至研发的投入会迅速折旧（包括有形折旧和无形折旧）。这也意味着只有那些在正确的时机、选择正确的产品、以最大的产量、在最短的时间、占据最大的市场份额的企业，才能取得成功。[①] 因此，温特制标准在 1991 年一成型，1992 年便马上扩散到全球的生产体系中，形成了以美国企业为核心的新型跨国生产体系。跨国的专业化设计、分包、代工、大规模定制、供应链管理等模式迅速展开，美国的核心企业逐渐将自己的资源集中在最具备比较优势的价值节点或最能够创造利润的分工领域。显而易见，筹资运资、开发新产品、控制销售渠道、维护品牌、维持市场标准、加强服务市场便成为美国公司的主要任务，而需要大量投入、折旧加快、风险增大的生产领域被逐渐分离到其他地区。从美国的经验看，康柏、戴尔以及 IBM 都开始在全球大规模采购零部件，组装后再贴上自己的标签，甚至直接采购已经组装好的电脑产品配送到全球各地市场。由于控制了销售渠道和市场标准，美国个人电脑品牌为全世界所认同，美国企业的地位得以确立，美国公司掌握的实质标准也得以维持和发展下去。到 20 世纪 90 年代后期，这种跨国水平分工体系已经有效进入了汽车等传统生产的一些领域。

根据美国学者的定义，[②] 这种新型跨国生产体系是一个企业赖以进行的研发活动、产品设计、采购、加工、分销，以及各种支援性活动的关系网络，这个网络曾经由跨国公司的直接投资和由此发生的内部贸易带动，但现在越来越依靠企业之间的协调。对于一个企业而言，跨国生产体系包括其子公司、分公司、分包商、供应商、分销渠道、合资公司、策略联

---

① 大卫·莫契拉：《权力狂潮：全球资讯科技势力大预言》，麦格·希尔台湾公司，1999。

② Michael Borrus, "Left for Dead: Asian Production Networks and the Revival of US Electronics," BRIE Working Paper 100, April 1997; Michael Borrus and John Zysman, "Wintelism and the Changing Terms of Global Competition: Prototype of the future?", Berkeley Roundtalbe on International Economy, Working Paper 96, February 1997.

盟，以及其他种类的合作安排。以前所有这些组织活动或经营活动都在垂直一体化的跨国公司内部完成，现在的跨国生产体系令资源相对匮乏的中小型企业也可以像大型企业那样进入全球化进程。与传统的福特制跨国公司相比，新型跨国生产体系的突出特征是跨国界企业之间的非股权合作关系，使价值创造过程的很大一部分都在主导企业之外完成，甚至整个企业的经营功能都可以通过外包的方式获得，主导企业出现“虚拟化”和一定程度的产权控制弱化。但由于温特制的作用，主导企业控制着销售渠道、市场规则和产品标准，价值的实现依然控制在主导企业手中。

这种新型的跨国生产体系，给东亚地区的制造业带来了新的机遇和挑战。传统的制造业强国日本和韩国，在短期内未能，也不愿意适应这种模式，因而没有能够进入这种新型的跨国生产体系。但在这种新型跨国生产体系发展的过程中，特别是20世纪90年代中期以来，中国迅速成为该体系的委托加工（OEM）基地。近年来，中国的进出口中出现加工贸易的比重、外资企业的比重越来越大的趋势，而外资企业的进出口中80%以上都与加工贸易有关。OEM的英文全称是Original Equipment Manufacturing，意为“原始设备制造商”，中国将其形象地翻译为“贴牌生产”方式，即品牌拥有者并不直接生产产品，只是设计和研发新产品，拓展与控制销售渠道，开展品牌推广工作，而实际的生产任务交由其他企业完成，贴上自己的品牌即可。中国以庞大的市场、低廉的成本、数量众多的优秀人才等有利条件成为全球新一轮产业转移的首选之地。有专家预言，在未来几年内中国内地将成为全球OEM生产基地。到2005年，中国将可以从全球的OEM市场上获得相当大的业务，中国很有可能成为委托加工型的“世界工厂”。[①]

委托加工型的“世界工厂”，又可以称作“非科技创新型全球制造中心”。在相当长的一段时期内，这在中国具有其存在的合理性。[②] 作为非科

① 郭万达、朱文晖：《中国制造：转向世界工厂的中国》，江苏人民出版社，2003。

② 唐杰的研究表明，制造中心与科技创新中心相对分离，出现了以全球科技中心地位控制制造中心的新趋势。在实际运行中，全球科技中心对制造中心的控制主要通过跨国公司内部分工、扶持委托加工制造中心、强化低端产品对高端产品的依赖，核心技术对生产性技术的控制，以及市场需求等方式来实现。不管我们是否愿意，都要接受这样一个事实，即在相当长的时间内，通过进入跨国公司的全球分工体系，成为委托加工的一环，并沿着其纵向分工体系向上攀登，是我国制造业发展的有效途径。参阅唐杰、蔡增正《中国作为“全球制造业中心”的性质及经济发展特征》，2002年内部研究报告。

技创新型的制造中心，对科技创新中心的依赖性和依附性可能会进一步加深，对新兴工业化国家地区的竞争优势可能会增强。中国制造业在物质生产规模明显扩张的同时，仍将保持利润水平较低的特点，并因此限制了创新能力的提高。作为成长中的全球制造业中心，中国制造业的竞争优势会更加集中于部分传统的劳动密集型产品及高技术部门的组装业务方面；在低工资水平的支持下，中国制造业有能力在跨国公司的分工体系中获得更多的外包生产的委托加工订单。在未来若干年极有可能形成一个涵盖美国、中国台湾及中国大陆沿海地区（以及日本和韩国的部分产业、欧洲的一些跨国公司），按照核心技术、高端产品研发、新产品辅助设计与加工、成熟产品大规模生产的跨国型水平分工体系。①

委托加工型“世界工厂”虽然是发展中国家经济发展过程中的一个必然的阶段，但并不意味着没有升级的机会。相反，随着制造的规模越来越大，对研发和设计本地化的要求就会越来越高，也就是说，非科技创新中心型制造中心有可能转化为科技创新型制造中心。笔者对深圳的富士康公司（来自台湾鸿海的投资）印象极其深刻。富士康是从做 OEM 起家的，其产品系列包括计算机用精密连接器、精密线缆及组配、准系统、板卡组装、整机系统、网络构件之高阶路由器、光通信组件、无源器件、有源器件及互联网应用技术解决方案等。该集团在全球主要客户的附近设立研发中心，为客户提供产品开发及快速工程样品的服务。2001 年该集团在中国大陆、中国台湾、日本、美国、西欧等国家或地区申请专利注册数高达 2300 件，2001 年度跃居台湾民营制造商第一，被美国《商业周刊》选为全球高科技百强第 16 名。其总裁郭台铭称富士康要从制造的鸿海向科技的鸿海转变。郭台铭被美国《商业周刊》称为“代工之王”。他在深圳的企业也是中国大陆最大的制造业出口企业。②

七　结论：温特制的内涵与形式

综上所述，温特制与新型跨国生产体系的形成是 20 世纪后半叶在世界

① 唐杰、蔡增正：《中国作为“全球制造业中心”的性质及经济发展特征》。

② 郭台铭：《从制造的鸿海迈向科技的鸿海》，http：//www. foxconn. com. cn/news/。

经济尤其是国际生产领域中具有划时代意义的事物。温特制是在与传统的福特制、丰田模式的扬弃、交叉、磨合中诞生的，是一种全新的生产方式。传统生产方式是以最终产品生产者在市场中垂直控制为主要特征的。温特制则与之截然相反。它的特征是：围绕着产品标准在全球有效配置资源，形成标准控制下的产品模块生产与组合，标准制定者在完成产品价值链的全过程中，在与模块生产者的分工中，最终完成以双赢为基础地控制。这一双赢地控制在生产的总架构和全过程中，在产品的零部件模块生产及控制产品的“软件”的制定过程中贯彻始终。因此，温特制不仅仅是高新科技条件下的产物，它更是一种适应经济全球化竞争的生产模式（方式），对21世纪初期的世界经济有着深刻的影响。

温特制企业以高新科技为基础，利用自己掌握的强大信息网络，以产品标准和全新的商业游戏规则为核心，控制、整合了全球的资源，使得产品在其最能被有效生产出来的地方，以模块方式进行组合，最终创造出20世纪90年代美国经济近130个月的繁荣奇迹。在这一生产架构中，标准和游戏规则的制定掌握在极少数国家手中，而大多数生产者则以模块生产的形式，实现和落实着这些标准。在这个架构中，标准和游戏规则的重要性是不言而喻的，它能够确保制定者的根本利益，但与此同时，标准的使用和落实者，也可以通过产品模块的生产与组合获益，形成双赢，这在过去是没有的。在实践中，温特制的创始国利用自己的金融实力和物流能力，在全球范围内将标准使用者生产的模块式的产品，以最短的时间实现，终结价值链，并从中获利。

从理论上讲，传统的福特制以分工和效率为基础，强调生产的内部化过程，形成了大而全、强而有力的单一生产体系。日本的丰田模式重视生产的社会化，在社会中形成自己的零部件生产体系，以高效廉价创建了丰田王国。与福特制内部化生产体系不同，丰田模式注重的是在社会化、产业化过程中获取自己的最大利益。丰田公司与其合作者的关系是单赢式的垂直控制，温特制强调以建立和发展产品的标准为主线，在经济全球化中将产品分解为不同的模块，在资源能够最佳组合的地方从事生产和组合，这一过程体现了标准和模块生产者之间的双赢关系，同时也体现了标准对于模块生产者的全方位控制。从生产的角度讲，福特制是自己开发形成产品的模块，丰田模式是使模块围绕着产品诞生，而温特制则是用标准控制模块的区位生产与组合。因此，可以说福特制是内部化的产物，丰田模式是产业化的产物，温特制则是经济全球化的必然结果。

在经济结构转换的分析中，经济结构的差异决定着不同国家和地区在世界经济中的位置，高一个层次的产业结构几乎可以完全控制低一个层次的产业结构——这就如同19世纪资本主义的大英帝国可以打败封建主义的大清帝国，20世纪帝国主义的英国可以打败民族主义的阿根廷（两次都是为数有限的远征军打败坐守本土的国家）一样。在现实的经济运行中，低一个层次结构中的设备机械，在高一个层次的产业结构的眼中，大抵只能属于废铁和原料。人们一直都在讲，美国发明了半导体的生产，但却在规模生产上败给了日本人甚至韩国人，市场也让给了日本人或者韩国人，并认定这是美国在产业上的失败与悲剧。但却很少有人从逆向角度来分析：在高技术时代，在温特制的模式中，半导体仅仅是一种原料和中间产品，完全受到高技术发展趋势的左右，美国人有什么理由不让日本人、韩国人生产这种投资大、产品率低的“原料”，而自己集中全力去发展IT产业，以向芯片中凝结智力产品为武器，同时可以居高临下地控制后者的产成品在市场中的实现呢？

在温特制时代，产品标准不断提升和推陈出新，产品生命周期过程在加速，产品的无形损耗日益加大，加工出来的产品很可能在短时间内就已经成为过时的压库负担了。计算机从386、486、586到奔3、奔4、迅驰的发展非常有力地说明了这一进程：由模块生产者生产这些硬件产品，无形损耗由他们承担，美国则脱身去做其他的更有“意义”的生产。人们知道，头脑的思维远快于生产过程的改进，模块生产者必然面临承担已有产品被迅速淘汰的风险（当中国取代东亚其他国家和地区成为世界产品模块的主要生产中心时，上述风险便会实际地呈现在中国的面前），这样的过程加大了后来者学习的成本。温特制的生产模式给了我们以很好的启示，是否可以认为有这种趋势的存在：高技术的无形产业最终将控制有形的标准化的制造业产业，标准和游戏规则的制定、贯彻将左右全世界产业的运行，在经济全球化参与者的双赢的过程中实现自己对于世界经济的控制。

从另外的角度讲，温特制给了标准制定者以左右他国的力量。当新标准提升后，标准的制定者在选择模块生产区位上具有绝对的主动权，他的喜好则会造成某些按照传统标准建立的产业的衰退（如20世纪90年代的日本、当今的中国台湾），和另一些按照新标准建立的产业的兴起，从而在全球范围按照自己的利益形成新的国际生产格局，完成控制，而某些国家将成为这种控制的牺牲品。至少在目前，在温特制时代和经济全球化的条件下，全世界只有美国和中国是最大的获益者，因为前者具有制定标准和商业游戏规则的力量，后者则具有生产、组合各类模块产品的比较优势。

温特制使得美国成为经济全球化的主导，它以高新技术创新为基础，以控制世界资源（人才、资金、稀缺的自然资源）的流向和经济产出（进口、出口）的流向为手段，以产品标准和商业游戏规则的制定来保证自己在世界经济中的根本利益，因而在经济全球化中获得了最大的利益。在这个基础上，全球的产业结构进行了重组。中国加入经济全球化的过程，正好是在这个背景下发生的。当产品标准与商业游戏规则得到确定后，规模与成本便成为重要的因素，这恰恰是中国在今天的重要的动态比较优势。

（原载《美国研究》2004年第2期）

美国房地产业的繁荣、风险及其对美国经济的影响

宋玉华　高　莉*

【内容提要】 本文试图研究美国房地产业的繁荣及存在的风险，及其对美国经济的影响。作者认为，受美联储连续13次升息的影响，2006年美国房价将无法维持2005年两位数的增长率，销售量也无法再创新高。同时，当前美国房地产业隐含的风险将给美国经济带来不可小觑的负面影响，消费减少、失业率提高和贷款违约率的上升是其中三个主要影响。一旦这些风险没有得到有效控制，美国经济形势将陷入困境。

【关键词】 美国经济　房地产业　抵押贷款

近年来，美国人最关注的国内问题之一是房地产"泡沫"，许多报刊都撰文参与讨论。美国房地产是否存在泡沫？泡沫何时破灭？泡沫破裂对美国经济有什么影响？同时，由于美国房地产业与美国经济及世界经济密切相关，美国房地产业也成为国际社会关注的经济焦点。然而，关于美国房地产业的发展、繁荣及是否存在泡沫或破灭前景的判断莫衷一是。毋庸置疑的是，繁荣的美国房地产业已亮起红灯，正如格林斯潘所说，"总体

* 宋玉华，时任浙江大学经济学院国际商务研究所教授；高莉，时任浙江大学经济学院在读博士研究生。

上是否高估很难确定，但至少在某些地区，市场价格已上升到难以持续的水平”。[①] 本文试图对美国房地产业的繁荣及存在的风险，及其对美国经济的影响进行探讨。

一 美国房地产业的繁荣

美国房地产业自20世纪80年代末90年代初的衰退和复苏之后，经历了长达十几年的繁荣。特别是进入21世纪以来，在美国整体经济出现衰退和调整后，房地产业仍能保持强劲的增长，继“互联网”之后成为拉动经济增长的主要动力。

（一）美国房地产业的繁荣

1. 全美房地产业的繁荣

2000年以来，美国房价一直处于高速增长之中。根据全美国房地产同业公会（National Association of Realtors，NAR）的统计，[②] 现房中位价格（Median Prices of Existing Homes，MPEH）从2000年的139000美元上升到2004年的185200美元，5年内提高了33%，年均增长率达到6.7%，2004年更是达到9.3%的高点。2005年以来房价的上升势头有增无减，据2005年11月的统计显示，当年第三季度现房的中位房价为215000美元，比2004年同期增长14%。据此全美国房地产同业公会预测2005年房价增长率将超过12%，这意味着一套标准住宅的拥有者在2005年年获利2万多美元。联邦房地产业监测办公室（Office of Federal Housing Enterprise Oversight，OFHEO）发布的房价指数（House Price Index，HPI）[③] 也显示出房地产业的繁荣景象：全美平均房价在过去的5年中增长了55.32个百分点，在过去1年中增长了12.02个百分点，并且增长趋势仍在增强。

---

① Alan Greenspan，“Testimony of Chairman Alan Greenspan：Federal Reserve Board's Semiannual Monetary Policy Report to the Congress，” Federal Reserve Board，July 20，2005，http：//www.federalreserve.gov/.

② Available at www.realtor.org.

③ 以1980年为基准点100。本文采用的数据截至2005年12月30日，例如，过去5年指2000Q3～2005Q3，过去1年指2004Q3～2005Q3。

图 1 的房价季度同比增长率和实际国内生产总值季度同比增长率两条曲线显示：虽然实际国内生产总值增长率在 2000 年第四季度开始明显下降，2001 年第三季度在除去通货膨胀因素后出现 1.4% 的负增长，直到 2003 年第三季度才得以回升，但房价的季度同比增长率在 2000 年之后存在明显的加速增长趋势，没有出现类似实际国内生产总值增长率的明显下降过程，这使得原本在 20 世纪 90 年代十分接近的两条曲线在 2000 年之后开始分道扬镳，房价增长率与实际国内生产总值增长率之间的差距越拉越大。

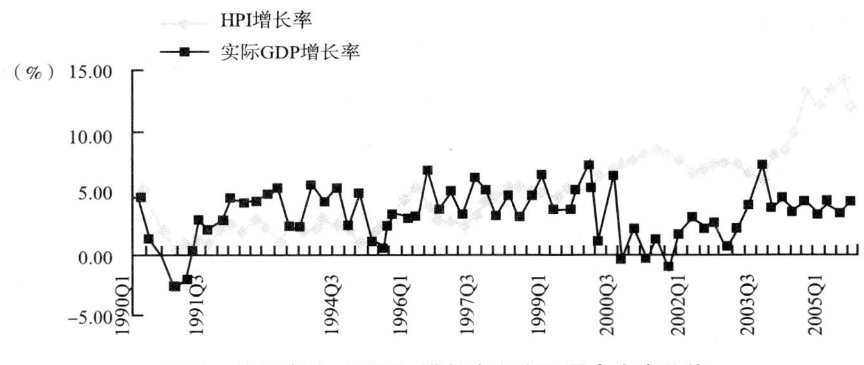

图 1　美国房价（HPI）增长率和实际国内生产总值增长率比较（1990Q1～2005Q3）

数据来源：房价指数增长率数据来自联邦房地产业监测办公室（Office of Federal Housing Enterprise Oversight，OFHEO，www. ofheo. gov），实际国内生产总值国内生产总值增长率来源于（美国）经济分析局（Bureau of Economic Analysis，www. bea. gov）。

在房价走高的同时，全美的房屋销售量出现了稳定持续的大幅增长。据统计，新房销售量（New Homes Sales）从 2000 年的 87 万套上升到 2005 年第三季度的 130 万套，几近翻了一番；现房销售量（Exiting Home Sales）从 500 多万套上升到 700 多万套，增长了 40%。

2. 房地产价格的地区差异

受地理因素和经济发展水平等因素的影响，美国地区①之间的房价增

① 从统计上，联邦房地产业监测办公室将美国 50 个州及华盛顿哥伦比亚特区划分成 9 个地区，分别为新英格兰、中大西洋、南大西洋、东北中部、西北中部、东南中部、西南中部、高山、太平洋。

长有十分巨大的差别，甚至同一地区内不同州之间也有明显的差距。

首先，从地区板块看，两个沿海板块（太平洋、南大西洋）是增长最快的地区，在2000年第二季度到2005年第二季度5年间共增长了88.25个百分点和59.75个百分点，在2004年第二季度到2005年第二季度1年间共增长了21.51个百分点和16.68个百分点。而增长最慢的地区——东南中部和西南中部——5年的增长幅度（分别为25.00个百分点和25.80个百分点）只略大于太平洋板块1年的增长幅度。

其次，太平洋地区和南大西洋地区虽然同是增长最快的两大地区，但两地区内的各州增长速度却十分不同。在过去一年中，8个州出现了大于20个百分点的增长，其中有6个位于太平洋地区和南大西洋地区：太平洋地区的夏威夷州（25.92个百分点）、加利福尼亚州（25.16个百分点），南大西洋地区的佛罗里达州（24.45个百分点）、华盛顿哥伦比亚特区（23.53个百分点）、马里兰州（22.98个百分点）以及弗吉尼亚州（20.93个百分点）。此外，太平洋地区内其他各州的增长均在全国平均水平（13.43个百分点）之上；但南大西洋地区内的4个州却出现了小于10个百分点的增长：北卡罗来纳州（5.88个百分点）、佐治亚州（6.05个百分点）、南卡罗来纳州（8.11个百分点）、西弗吉尼亚州（9.04个百分点），地区内差距十分巨大。值得关注的是，太平洋地区的辐射效应十分明显，临近该地区的内华达州和亚利桑那州成为过去一年增长最多的地区，分别增长了28.13个百分点和27.82个百分点；而南大西洋地区附近却没有类似的增长亮点。

（二）美国房地产业繁荣的原因

2000年后和2000年前的美国房地产业发展的原因是完全不同的。2000年前美国房地产业的发展，主要得益于新经济形成后美国整体经济的扩张；而从2000年以来美国房地产业的发展来看，支持繁荣的最主要因素是利率的持续下降。

2001年1月3日，在美国经济初显衰退现象时，美联储立刻改变其宏观调控方向，宣布将联邦基金利率下调50个基本点，利率从6.5%下降为6%，由此拉开了美国降息的序幕。此后，美联储连续13次降息，最终在2003年6月将联邦基金利率降低到1%的低点，并维持了一年有余。在美联储的引导下，美国金融系统处于十分宽松的环境之下，各种利率纷纷下跌，高风险的金融工具也开始得到广泛的利用。

在住房贷款市场上，放松的银根导致抵押贷款利率的持续下降。30 年固定抵押贷款（Fixed Rate Mortgage，FRM）利率从 2000 年底的 8.1% 下降为 2003 年的 5.8%；1 年可调息抵押贷款利率（Adjustable Rate Mortgage，ARM）也从 2001 年底的 7.0% 下降到 2003 年的 3.8%。值得注意的是，2004 年 6 月美联储再一次调整其宏观调控方向，至 2005 年 8 月的 14 个月期间又连续 13 次升息，将联邦基金利率从 1% 拉到 4.25%。抵押贷款利率虽然有所升高，但仍然保持在比较低的位置，据预测，30 年固定利率抵押贷款利率和 1 年可调息抵押贷款利率在 2005 年不会突破 5.8% 和 4.5%。

得益于利率的降低，房价上升并没有大幅度增加购房者的偿付压力。2000～2004 年，中位房价上升了 33%，但是购房者每月所需偿付的贷款额却只是从 846 美元上升到 876 美元，① 上升幅度不过 3.5%，低利率成为支撑高房价高销售量的主要因素。

此外，宽松的金融环境也为可调息抵押贷款、只付利息（Interestonly）贷款等多种高风险金融工具的快速发展提供了条件。可调息抵押贷款和只付利息贷款都属于短期支付比较少的贷款类型：可调息抵押贷款的初期利率一般比固定利率抵押贷款低，在一段时间后（一般是 1 年）才开始根据市场利率决定贷款利率；只付利息贷款甚至在短期内只付息而不还本。在利率持续下降的时候，与传统的固定利率抵押贷款相比，这些贷款类型给贷款者的压力更小，因此也更容易受到贷款者的青睐。根据 MBA（2005）的报告，2004 年固定利率抵押贷款、可调息抵押贷款和只付利息贷款三种贷款形式在金额上所占的比重分别为 37%、46% 和 17%，可调息抵押贷款和只付利息贷款之和已占了近 2/3 的贷款总量，颠覆了以往固定利率抵押贷款的主体地位。

二　美国房地产业繁荣面临的风险

对于美国房地产业的持续繁荣，官方和民间的研究部门都给予了高度

① JCHS，"The State of the Nation's Housing 2005，" Joint Center for Housing Studies of Harvard University，2005，http：//www.jchs.harvard.edu，TableA－2。采用 30 年固定利率抵押贷款计算。

的关注，对其存在的风险一再表示担忧，主要是基于以下考虑。

（一）贷款市场

如前所述，低利率是支持美国高房价高销售量的主要因素，因此，一旦利率开始上升，高房价高销售量也就难以维持。事实上，美联储至今已持续13次频繁地调高联邦基金利率，虽然目前住房贷款市场上的抵押贷款利率没有随之而动，但升高的压力已然显现。据全国房地产同业公会的乐观估计，30年的固定利率抵押贷款利率在2006年年中将达到6.5%，1年的可调息抵押贷款利率将达5.5%。可预见的利率升高将首先减少美国房地产业的销售量。

此外，当前美国的抵押贷款结构说明贷款者为了减少短期支付承受了大量额外的长期风险，即相当部分的购房者并不关心10年甚至5年后的支付情况，这正是投机行为的一个特征。利率的升高将大大增加投机者的滞压资金并降低回报率，因此，他们会加快房屋转让的步伐，这将导致房屋供给短期内大幅度上升，破坏市场的供需力量对比，直至房价崩溃。

（二）购买力

消费者的购买力是衡量市场需求是否能够实现以及市场价格能否维持的一个指标，衡量房地产市场购买力的指标主要是全国房地产同业公会发布的“房屋购买力指数”（Housing Affordability Index，HAI）。该指数综合了各种影响购房者购买能力的因素，如贷款利率、家庭收入、税收等，房屋购买力指数等于100即指一个中等收入家庭正好能够购买一套中位房屋。房屋购买力指数走高说明购买力在持续上升，市场价格仍有升值空间；房屋购买力指数走低则是购买力持续下降，繁荣不能持续的预兆。

虽然利率的持续下降使得购买者所需偿付的贷款额度只有小幅度的升高，但美国房地产业的购买力仍大幅度走低，美国房地产业的繁荣已很难持续。根据全国房地产同业公会的统计，房屋购买力指数在2002年开始下降，采用固定利率贷款抵押的房屋购买力指数从131.6下降到2004年的121.4、采用可调息抵押贷款的房屋购买力指数从147.1下降到135.4；而且2005年以来，下降幅度有了明显的增加，固定利率贷款抵押—房屋购买力指数和可调息抵押贷款—房屋购买力指数又下降到114.6和120.0，分别下降了6.8个百分点和15.4个百分点。

（三）收益率

收益率的高低对于市场的投资活动有着举足轻重的影响。在房地产业，房价租金比值（Price/Rent Earnings，P/E）是衡量房屋租赁市场收益率高低的一个有效指标。房地产业的房价租金比值计算的是，为获得1单位的房租租金收入，需要支付多少单位的房款。房价租金比值低说明租赁市场活跃，且支付能力强，买房用以出租收益率高；房价租金比值高则是房价过高，投资无法在租赁市场上回收的象征。

根据哈佛大学联合住房研究中心（JCHS）计算，租赁市场上的收益率有所下跌，但还未到达历史低点。2000～2004年的平均房价租金比值为1.35，比20世纪90年代的平均值高出0.07个单位，但与1989年的1.52的历史高点，仍有0.13个单位的差距。不过值得注意的是，在2000年达到1.40的高点之后，房价租金比值连续3年走低，但2004年又反弹到1.39，这说明相对于房租而言，房价已相对走高。[①]

（四）供需平衡

供需力量对比是决定市场走向的关键因素。需求大于供给，则价格走高，市场繁荣；供给大于需求，则价格下降，市场从繁荣转向萧条，这个规律在房地产市场上的表现尤其突出。在房地产市场上，衡量市场供需平衡的指标主要是空置率（Vacancy Rate），空置率上升即意味着市场需求已趋向饱和，房价将开始下降。

图2显示，2000年至2005年第二季度，美国住房空置率一直维持在1.6%至1.8%之间，上下波动幅度不超过0.3%，与1990～2000年平均1.59%的空置率相比没有异常之处；但租房空置率则有相当幅度的上升，从2000年的8.0%上升到2004年的10.2%，2005年又稍有下降，第三季度空置率为9.9%，比1990～2000年7.58%的平均值高出了2.23个百分点。而且，1975～1998年，租房空置率从未突破8%的界限，当前10%的

① 数据来源：JCHS，TableA－2。

空置率说明租房市场上的供给过多已达到一个非常危险的水平。

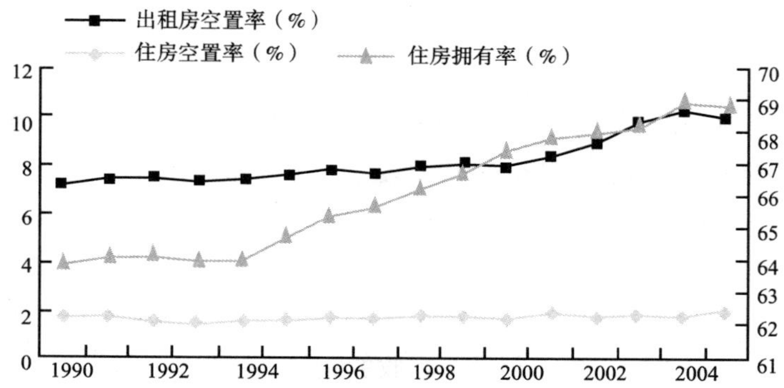

图 2　美国租房空置率、住房空置率及住房拥有率（1990～2005Q3）

资料来源：根据美国统计局（Bureau of the Census，http：//www. census. gov/hhes/www/housing/hvs/hvs. html）数据绘制，出租房空置率和住房空置率坐标为左轴，住房拥有率坐标为右轴。

租房空置率的上升可以从供需两方面进行解释。一方面，可能是受房地产市场高回报率①的影响，过多的投资者进入市场，增加了租赁市场的短期供给②。根据全国房地产同业公会的调查，2003～2004 年，投资购房数增加了 14.4%，而且其中 79% 的投资购房者打算将房屋用于出租。突然增加的供给是空置率升高的主要原因。另外，需求减少也是导致租房空置率上升的一个原因。需求减少的原因可能是由于租金的提高导致租房者无法支付，但联合住房研究中心的数据显示，2004 年的平均月租金为 630 美元，较之 2000 年的 602 美元并没有显著的提高。如此微小的租金变化显然不是造成空置率上升 2 个百分点的原因。需求减少也可能是由于部分租房者退出租房市场所致。联合住房研究中心指出，2000 年以来，在美国平均收入明显提高的情况下，住房拥有者和租房者的月平均收入却都有了明显的下降，分别从 4682 美元、2556 美元下降到 4399 美元、2348 美元。由此

① 该回报率不是指上文所说的房价租金比值，而是指买卖之间的回报率。由于美国购房多用抵押贷款，自付本金一般在 20% 左右，即一套 20 万美元的房屋只需支付 4 万美元，如房价增长 10%，扣除贷款额，一年后卖方所得 6 万美元，其实际回报率为 50%。

② 美国房地产业市场机制十分灵活，投资者在房屋转手之前，一般都会将房屋放到租赁市场上，谋取利益。

可以判断部分租赁市场中的高收入者退出了租赁市场进入购房市场，使得美国住房拥有率得到了提高。2000～2005 年平均住房拥有率为 68.17%，比 1990～2000 年的 64.9% 高 3.27 个百分点。

租房空置率的变化直接显示了美国房地产业的巨大风险。租赁市场过多的供给将给租金带来下降的压力，导致房价租金比值的进一步升高；这又将迫使投资者从租赁市场进入销售市场，增加房屋供给，破坏房屋销售市场的供需比例，最终会导致房价下跌。

综上所述，尽管目前美国房地产市场运行态势良好，但各种指标都已经显示该轮房地产周期已到峰顶。在 2006 年，无论是销售量增长率还是房价增长率都很难再创新高。面对“疯狂”上涨的房价和升息带来的高购房成本，购房者已开始理性地考虑高房价的持续性和自身实际购买力。综合影响下，2005 年两位数的增长率不可能在 2006 年重现。

三　美国房地产业对美国经济的影响

2000 年以来美国房地产业的繁荣拉动美国经济快速走出了 2000 年底开始的经济低迷。在 2001 年第三季度美国内生产总值出现 1.4% 的负增长时，房地产业对美国内生产总值的直接贡献率为 0.44%；2004 年房地产业对美国国内生产总值的直接贡献率达到 1.19%。[①] 此外，在银根放松的环境下，房地产业的繁荣还有着不可低估的财富效应：各种金融工具能让住房拥有者在不卖掉房产的前提下兑现房产增值部分，从而大幅度地增加消费。据美国经济分析局的统计，2001 年第三季度私人投资出现 -1.76% 的贡献率的同时，私人消费的贡献率达到了 1.20%；第四季度私人投资继续下滑，贡献率达到 -3.95%，而私人消费却以 4.71% 的贡献率阻止了国内生产总值出现第二季度的负增长。

但是，这种增长模式下隐含的风险也将给美国经济带来不可小觑的影响。对此，格林斯潘和克鲁格曼分别代表了两派极端的观点。格林斯潘认

① 该处的贡献率为国民账户中的三个与房地产业直接相关的项目相加：耐用消费品项目中的家电家具（furniture and house hold equipment）、服务项目中的住房（housing）及私人投资项目中的住房投资（residential）。数据来源：美国经济分析局（Bureau of Economic Analysis，BEA，http：//www.bea.gov）。

为，房地产业的风险不会将美国推入低谷，相反，“房地产繁荣的终结可能会引起个人储蓄率大幅度上升、进口减少和经常账户逆差的相应改善”。[①] 在详细分析了1991～2005年美国金融系统中家庭抵押贷款结构后[②]，格林斯潘进一步指出：在过去的10年中，住房资产的变现而不是收入的增长导致消费支出的膨胀——在2004～2005财年，美国消费者支出上升了4.2%，而经过通胀调整的工资水平仅上涨3.7%，支出与收入之间的缺口就是依靠房地产这样的资产收益来弥补——正是这一现象造成了1995年以来个人储蓄率的持续下降。因此，一旦房价下跌，拥有物业的美国人将不再能够靠房屋价值攀升的收益来负担其庞大的支出，整体的消费支出水平必然要下降，长期低迷的储蓄率将随之上升，这将意味着美国经济的更大调整。“在缺乏弹性的国家，冲击会导致产出和就业的减少，但在美国这样具有高弹性的经济体内，冲击会被价格、利率和汇率的变动所抵消。”[③]

克鲁格曼则连续撰文尖锐地指出美国人是在“靠互相卖房生活”，[④] 并严厉批评格林斯潘对房地产市场的乐观态度。他认为房价下跌不会对贸易逆差产生很大的直接影响，但会导致建筑业和服务业许多工作岗位的损失，而且这些工作岗位很难被其他领域的新工作所替代，除非出现美元大幅度贬值等能提高美国制造业竞争力的情况。[⑤] “美国经济‘像房子一样安全’，但不幸的是，在现行价格和对外债的依赖程度下，房子已不再安全。”[⑥]

笔者认为问题的关键在于房地产的正负财富效应是否对称。2000年以

---

① Alan Greenspan, “Remarks by Chairman Alan Greenspan: At a Symposium Sponsored by the Federal Reserve Bank of Kansas City, Jackson Hole, Wyoming,” Federal Reserve Board, August 27, 2005, http://www.federalreserve.gov/.

② Alan Greenspan and James Kennedy, “Estimates of Home Mortgage Originations, Repayments, and Debt on One-to-Four-Family Residences,” Federal Reserve Board, Divisions of Research & Statistics and Monetary Affairs, Finance and Economics Discussion Series 2005－41, September 26, 2005.

③ Alan Greenspan, “Remarks by Chairman Alan Greenspan: to the American Bankers Association Annual Convention, Palm Desert, California,” Federal Reserve Board, September 26, 2005, http://www.federalreserve.gov/.

④ Paul Krugman, “Safe as Houses,” *The New York Times*, August 12, 2005.

⑤ Paul Krugman, “Greenspan and the Bubble,” *The New York Times*, August 29, 2005.

⑥ Paul Krugman, “Safe as Houses.”

来的美国经济已经用事实证明了房价上涨和经济增长的正相关关系。然而一旦房地产业的风险没有得到有效控制，房价的大幅度下跌是否会给经济带来相同幅度的反向冲击？由于房地产业涉及多个主体，不同主体在房地产市场上的介入方式不同，对于利率上升和随之而来的房价下跌，也将会有不同的反应，房地产业的财富效应将由各主体的力量对比所决定。美国的房地产业主要由三类主体构成：购房者（家庭）；建筑商和各种售房代理；金融机构：包括向购房者直接提供抵押贷款和保险的银行、保险公司、基金和提供抵押贷款二级市场的机构。

首先，就家庭而言，在住房抵押贷款和消费贷款的双重作用下，美国家庭债务已达到一个危险的界限。美国家庭债务总额已从 2000 年初（即 1999 年第四季度）的 6 万亿美元上升到 2005 年第三季度的 11 万亿美元，增长了 80% 强：其中，美国家庭抵押贷款总额从 4 万亿美元上升到 8.2 万亿美元，增长了近 105%。虽然与 2000 年初相比，当前美国的家庭负债比率（Debt Services Ratio，DSR）和财务负债比率（Financial Obligations Ratio，FOR）都只有不到 2 个百分点的增长，但一旦抵押贷款利率上升，负债比率和财务负债比率都将有大幅度的上升，美国家庭的财务状况将受到严峻的考验。[①]

此外，如果利率上升之后房价随之下跌，美国家庭财产将严重缩水。根据格林斯潘的分析，美国家庭有 1/4 至 1/3 的住房资产被套现用于消费支出，另有 1/4 用于支付非抵押贷款债务。如消费贷款，[②] 面对增加的债务负担和减少的资产，美国家庭将再也负担不起目前的高消费水平，不得不减少消费，尤其是奢侈品的消费。在丧失其重要的“消费”引擎后，美国经济将很难保持当前良好的经济形势，衰退将不可避免。

其次，就建筑商和各种售房代理而言，房地产业繁荣的终结必将导致

① 数据来源：Federal Reserve Board，“Flow of Funds Accounts of the United States：Flows and Outstandings，”http：//www.federalreserve.gov/releases/Z1，December 8，2005. p. 8；Federal Reserve Board，“Household Debt Service and Financial Obligations Ratios，”http：//www.federalreserve.gov/releases/housedebt/default.htm，December 9，2005。

② Alan Greenspan，“Remarks by Chairman Alan Greenspan：to the American Bankers Association Annual Convention，Palm Desert，California.”

其收入和工作岗位的减少。得益于房地产业的繁荣，从2000年至今，在美国制造业就业岗位减少了17%的背景下，全国房地产同业公会的会员却增加了58%。据全国房地产同业公会的统计，在2005年，美国建筑业每月平均增加2.1万个工作机会。一旦房市的繁荣不再，这些工作机会有可能将随之消逝，美国将面临失业率突增的经济形势。此外，房价的下跌还会带来新房开工项目的减少。据美林公司的经济学家估计，仅房屋建筑方面的下降就可能使美国国内生产总值减少1个百分点，而更值得注意的是，在美国历史上，10次新房开工项目高峰期过后，有7次随即出现经济衰退。

最后，就各种金融机构而言，利率上升和房价下跌的直接影响是抵押贷款违约率的提高。贷款房价比（Loan-To-Value ratio，LTV）和贷款利率采取固定或浮动形式是决定抵押贷款违约率的关键因素：贷款房价比值越高，违约率越高；采用可调息抵押贷款的抵押贷款违约率是固定利率贷款抵押的2～4倍。虽然当前美国市场上的贷款房价比值处于一个比较合理的范围内，86%的抵押贷款的贷款房价比值处于80%以下，[①] 但由于可调息抵押贷款和只付利息贷款比以往任何时候都活跃，在利率上升和房价下跌的双重作用下，“理性违约”成为可能的选择，违约率将达到一个高点。而且，值得注意的是，这一情况首先波及的是信用贷款市场。因为住房抵押贷款的违约会导致房子的查封，而违约信用贷款则没有很严重的后果。因此，当美国民众发现他们无力支付个人贷款时，首先考虑的是违约信用贷款。如果状况持续恶化，信用市场的危机将向房贷市场转移，美国金融市场的混乱将在意料之中。

美国经济与美国房地产业休戚相关。当前美国房地产业隐含的风险将给美国经济带来不小的负面影响，消费减少、失业率提高和贷款违约率上升是其中的三个主要方面。一旦这些风险没有得到有效控制，美国经济形势将陷入困境。

值得一提的是，美国房地产业隐含的风险还会给全球经济、中国经济带来很大的冲击。当前，全球经济缺少强劲增长引擎，一旦美国经济由于

① MBA, “Housing and Mortgage Markets: an Analysis,” Mortgage Bankers Association Research Monograph Series No. 1, August 23, 2005. Chart 40.

房地产业的衰退陷入低谷，则全球经济及中国经济都会受到直接影响。此外，经济走低将使各种贸易壁垒更受美国政府青睐。作为美国最大贸易顺差国之一的中国会面临更多的贸易保护主义措施，这有可能加剧业已存在的中美贸易摩擦。

（原载《美国研究》2006 年第 3 期）

关于美国次贷危机严重性的实证判断

李云林*

【内容提要】本文从六重视角对2007～2009年的美国次贷危机严重性作了实证判断。主要结论是：本轮次贷违约的恶化程度及速度在美国房贷史上是空前的；危机的爆发和加重与2004～2006年高风险、低质量次贷（the subprime loans with high-risk and low-quality）的过度发放关系密切；目前非机构抵押债券（Non-agency MBS）已停发，抵押债券发行市场（market of MBS issuance）全部依赖政府和政府资助企业的支撑；决定投行命运的关键因素不是高倍杠杆率（high leverage rate），而是引发资产质量下降的违约问题；五大投行的倒闭、兼并和转型，标志着次贷危机最严重的阶段已经过去。作者预计2009年因次贷发放风险导致的违约压力将逐渐减轻，但因经济衰退带来的违约压力会继续加重；次贷违约率将进一步上升，但上升幅度呈收缩趋势；金融市场的动荡局面将归于平静；未来美国经济可能不会陷入深度衰退，但经济的低迷可能会持续较长时间。

【关键词】美国经济　次贷危机　金融市场　证券

美国次贷危机自2007年8月爆发以来时起时伏，但总的来看2008

* 李云林，时任国家发展和改革委员会政策研究室经济体制处调研员。

年的危机表现比2007年要严重得多。2009年是否会更严重？需要通过实证来加以判断。导致危机加重的主要原因是美国房贷过度证券化，其中次贷的过度证券化问题最严重，成为引发全球性金融危机的诱因。当然，危机加重还包括近优质房贷（Alt-A）[①] 和优质房贷过度证券化的影响，本文主要从次贷的违约、发放、证券化、余额、利率和企业等六重视角进行实证分析，在此基础上对2009年危机的严重程度作综合判断，供有关方面参考。

一 次贷危机蔓延中的金融市场动荡

次贷危机始于何时？国内目前仍有不同看法。有的研究将2007年4月美国新世纪金融公司的倒闭作为危机爆发的标志。当然，大型次贷相关企业的倒闭是危机的重要表现，但单纯从企业角度进行危机始末的标定并不全面。鉴于次贷危机的金融本质，从金融市场的动荡表现来标定危机始末更为合理。

图1反映了全球金融市场状况的伦敦银行间美元短期拆放利率（LIBOR，London Interbank Offered Rate）2007~2008年的表现。如图1所示，无论是隔夜美元短期拆放利率，还是1个月期美元短期拆放利率，在2007年7月以前的表现都基本平稳，而在8月份开始突然上升，表明美元短期信贷市场因次贷状况恶化开始紧张，流动性出现不足。不难看出，尽管8月以前也出现过各类与次贷相关的企业和基金垮台，但并未波及金融市场的稳定；而8月以后的情况则完全不同，次贷问题开始引发金融市场动荡。所以，从金融市场表现看，次贷危机的爆发似应标定在8月。

从实证看，次贷危机表现为由金融冲击力较大的系列次贷突发事件（如北岩银行危机、瑞银等大型投行账面的大幅减值、贝尔斯登垮台、雷曼兄弟破产等）引起的金融动荡。美元短期拆放利率的振荡幅度表明，较之2008年7月以前北岩银行、贝尔斯登等突发事件引发的若干次动荡，9~10月雷曼兄弟垮台引发的短期拆放利率上升幅度要大得多，表明金融

① 关于Alt-A的分析，请参阅李云林《美国近优质房贷：规模、特性和风险》，载《中国债券》2008年第5期。

动荡要严重得多，这也是西方称为“金融风暴”或“金融海啸”的缘由。到10～11月，隔夜美元短期拆放利率已降至联邦基金目标利率以下，这既表明大规模注资措施对短期信贷市场流动性的缓解效果，也表明有关国家对金融风暴有否反应过度之嫌。

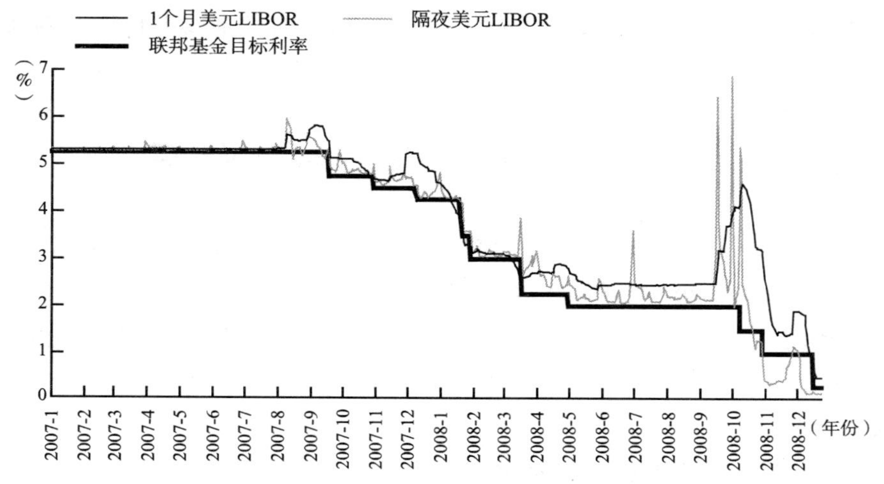

图1　2007～2008年伦敦银行间短期拆放利率（LIBOR）的变动

资料来源：英国银行家协会，美联储。

图1只是从金融市场角度直观描述次贷危机爆发和加重的过程，而从专业角度看还存在两种更规范的观测或度量方法。美联储主要采用3个月短期拆放利率与隔夜指数互换（OIS）①的利差（LIBOR-OIS）来观测金融市场的流动性风险和动荡情况，而有些金融机构则采用3个月LIBOR与同期美国国债收益率的利差（TED）②来度量。通常利差越大，表明金融市场风险越高，动荡也越严重。由于近年来美国短期国债收益率过低，故以TED度量的风险和动荡结果较之伦敦银行间短期拆放利率与隔夜指数互换

① 隔夜指数互换（Overnight Indexed Swap）是利率互换的一种，即将一个周期的互换浮动利率与该付款周期每日隔夜指数（即公开利率）的几何平均数挂钩，从而得到一个相对固定的利率。

② TED在字面上由T-Bill和ED两部分构成，表示美国短期政府债券（T-Bill）和欧洲美元期货合约（the Eurodollar futures contract，ED）的利差。

的利差（LIBOR-OIS）更严重一些。

图2显示了次贷危机蔓延过程中若干次危机对伦敦银行间短期拆放利率与隔夜指数互换的利差的影响。如图2所示，2007年8月前，伦敦银行间短期拆放利率与隔夜指数互换的利差约为0.1个百分点；次贷危机爆发后，利差开始大幅爬升，9月北岩银行危机使之扩大到0.85个百分点；12月瑞银、雷曼兄弟等大型投行账面大幅减值导致利差扩至1.08个百分点；2008年3月贝尔斯登垮台造成利差又扩大到0.83个百分点，而雷曼兄弟破产对金融市场的冲击最大，10月份的伦敦银行间短期拆放利率与隔夜指数互换的利差冲高到3.65个百分点。

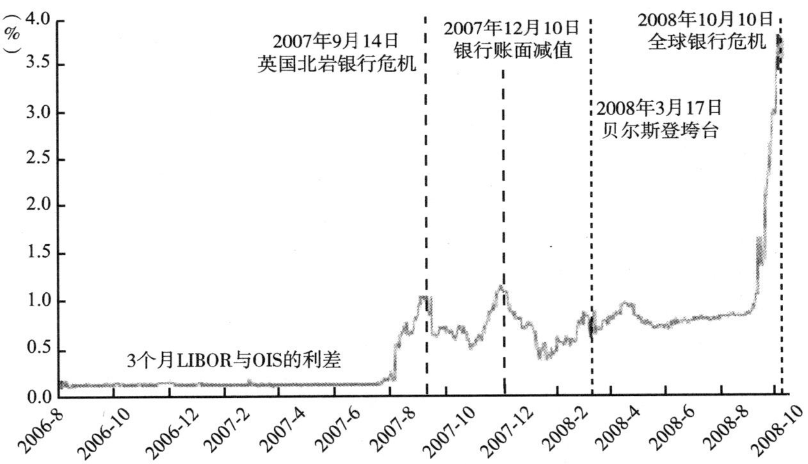

图2 2006～2008年3个月LIBOR与隔夜指数互换（OIS）的利差（百分点）

资料来源：圣路易斯联储银行。

二 从次贷违约看危机严重性

次贷的集中大量违约是次贷危机爆发的直接导因，也是危机蔓延和加重的源头，因此，判断危机的严重程度首先需要对次贷违约状况进行实证分析。以下我们从次贷、调息次贷（即浮动利率次贷）和 2/28 调息次贷[①]（以下简称 2/28）的违约状况来判断次贷危机的严重性。

（一）次贷违约状况对危机的影响

如图 3 所示，2006 年第三季度以来，次贷的严重拖欠率（拖欠 90 天以上）和丧失抵押权赎回率（以下简称失赎率）都呈逐季上升势头。2006 年第三季度的次贷违约率[②]为 10.7%，其中严重拖欠率和失赎率分别为 6.8% 和 3.9%，到 2008 年第三季度违约率已升至 32.2%，严重拖欠率和失赎率分别为 19.6% 和 12.6%，三项指标分别比危机爆发前的 2007 年第二季度提高了 17.4 个百分点、10.3 个百分点和 7.1 个百分点。次贷违约率如此之高，在美国房贷史上是空前的。

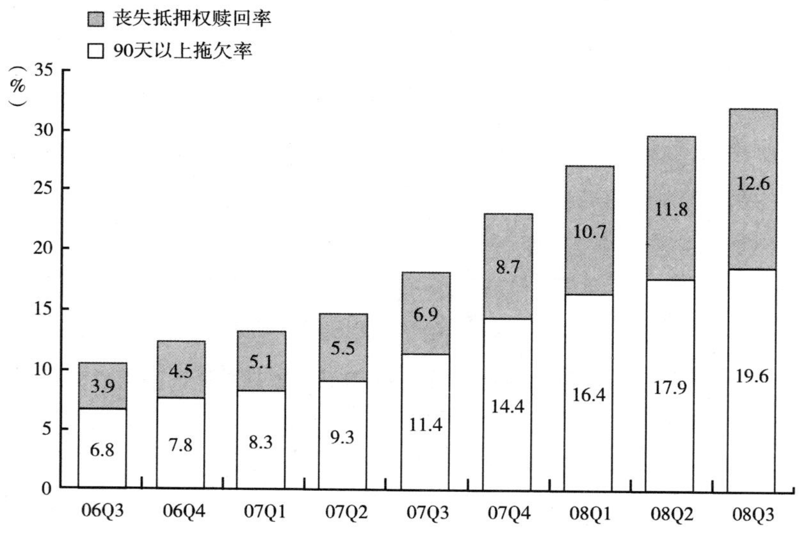

图 3 2006 年第三季度至 2008 年第三季度美国次贷的违约状况

资料来源：美国抵押银行家协会。

① 2/28 混合调息次贷是指还贷期由前 2 年定息期和后 28 年调息期构成的次贷。

② 实际中的违约标准一般以进入失赎程序前发出违约通知书为准，而本文中次贷违约概念为包括进入失赎程序和拖欠 90 天以上的次贷。

图 4 表示到 2008 年 3 月各年度发放次贷的累计拖欠率。发放年度曲线自下而上依次为 2003 年、2004 年、2002 年、2001 年、2005 年、2006 年、2007 年。如图 4 所示，从 24 个月贷龄看，除 2007 年外的上述 6 个年度所发次贷的累计拖欠率依次为 6.8%、8.5%、10%、12.5%、14.2%、26.2%。不同年度发放次贷的累计拖欠率高低，可以反映出该年度次贷的发放质量。不难看出，2004～2006 年各年发放的次贷质量在逐年下降，其中 2006 年的累计拖欠率分别是 2005 年和 2004 年的 1.8 倍和 3.1 倍。当然，拖欠率的上升与房价下降存在一定的相关关系，但 2006 年过高的累计拖欠率仍足以表明该年发放次贷的质量在 2004～2006 年中应是最低的。从拖欠率的实证也可证实 2004～2006 年次贷发放风险逐年增大的一般性判断，[①] 即随着 2004～2006 年次贷的逐年发放，符合放贷条件的借款人在逐年减少，发放风险自然会逐年增大。由此推知，2007 年发放的次贷风险可能比 2006 年的还大，总的来看，2005～2007 年发放的次贷可能是影响危机今后演进的重要风险因素。

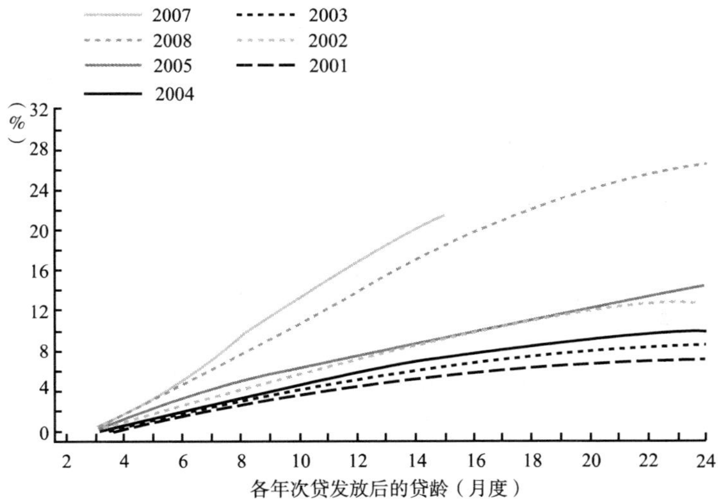

图 4　2001～2007 年各年次贷发放后不同贷龄的累计拖欠率

资料来源：圣路易斯联储银行。

① 详见《美国次级债危机可能还会加重》，《中国投资》2008 年第 3 期。

（二）调息次贷违约状况对危机的影响

“贷款绩效”和纽约联储的联合抽样调查结果表明，调息次贷的违约状况比次贷违约更严重，而且在逐月恶化。如图5所示，2007年8月至2008年11月，证券化调息次贷的违约率[①]从20%升至46.2%，增加了1.3倍；其中拖欠率从12%升至20.1%，提高了8.1个百分点；失赎率从7%升至16.1%，提高了9.1个百分点；而房主更名率则从1%升至10%，提高了9个百分点。如此高的证券化调息次贷违约率和违约恶化速度在美国房贷史上更是空前的。违约的三个部分相比较，证券化调息次贷拖欠率的提高幅度相对较低，而失赎率和房主更名率快速升高。这一违约的结构性变动趋势表明，在次贷危机的蔓延过程中，越来越多的调息次贷借款人在失去或即将失去自有住房，同时也造成银行因收回抵押房产所占用的资金规模不断扩大，导致其流动性不足的压力逐步增大。

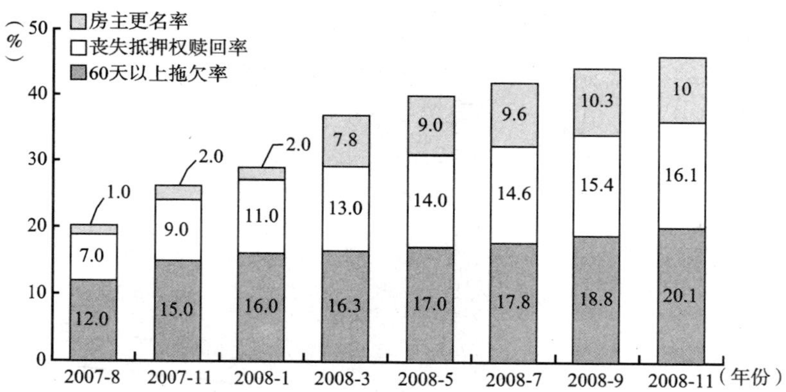

图5　2007年8月至2008年11月美国证券化调息次贷的违约状况

资料来源：贷款绩效，纽约联储银行。

上述两家联合抽样调查的结果还表明，大量违约导致次贷特别是调息

① 本文中调息次贷违约概念为包括进入失赎程序和房主更名的60天以上拖欠，与前述的次贷违约不同。

次贷的存活率[①]日趋下降。如图 6 所示，2007 年 8 月至 2008 年 11 月，固定利率次贷（以下简称定息次贷）的存活率从 83% 降至 73%，只下降了 10 个百分点；但调息次贷存活率的下降幅度相当大，从 67% 降至 42.9%，大幅下降了 24.1 个百分点。到 2008 年 5 月，处于正常还本付息状态的调息次贷就已不足一半。由此可见，调息次贷不仅存活率比定息次贷要低，而且存活率下降的速度也比定息次贷要快。存活率的动态对次贷余额具有直接影响。一般来说，在发放规模一定的条件下，次贷的存活率越低，降速越快，可能导致相应的次贷余额收缩幅度越大。预计至少到 2009 年上半年，调息次贷的存活率仍呈缓降趋势。

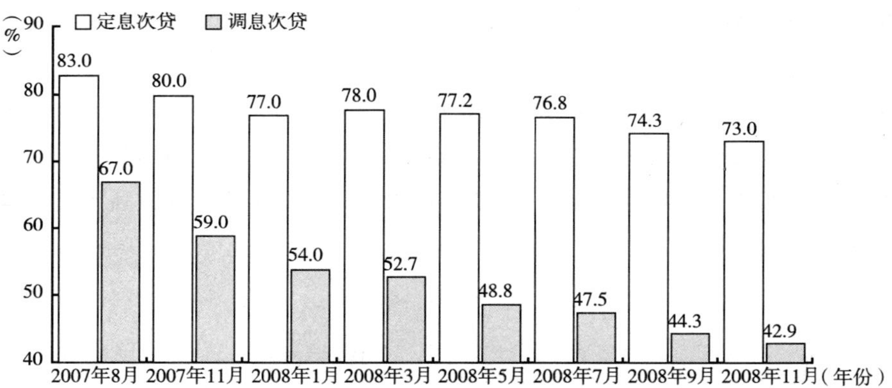

图 6　2007 年 8 月 ~ 2008 年 11 月美国次贷存活比率的变化

资料来源：贷款绩效，纽约联储银行。

（三）2/28 混合调息次贷违约状况对危机的影响

2/28 具有提前还贷和违约比率很高、存活率很低的特点。提前还贷或违约表现与房价涨落相关，通常在房价上涨时多表现为提前还贷，而在房价下跌时表现为违约。据联储专家估算，截至 2008 年 3 月，2001 ~ 2004 年发放的 2/28 存活率分别只有 1.2%、1.6%、3.4% 和 7.6%，而 2005 ~ 2006 年发放 2/28 存活率分别为 22.2% 和 48.1%。可见目前仍处于正常还

① 存活率是指处于正常还本付息的房贷与包括违约和提前还贷的全部房贷之比。

本付息的2/28是以2005～2006年发放的为主。

三 从次贷发放看危机严重性

次贷违约率高低只是判断危机严重程度的因素之一。在违约率一定的前提下，次贷发放规模越大，则实际违约规模越大，对危机严重性的影响也越深。此外，所发放次贷的质量越差，风险越高，违约状况也越严重。因此，次贷发放的规模和特性也是影响危机严重程度的重要因素。

如图7所示，2001年美国次贷的发放规模仅为1900亿美元，占抵押房贷发放总额的8.6%；但2004～2006年的发放规模大幅增加，尤其是2005～2006年两年的发放规模都超过6000亿美元。所以这两年次贷发放的风险特别值得关注。2007年受次贷危机的影响，次贷发放规模降至1920亿美元，基本回落到2001年的发放水平。因此，2007年以来发放的次贷对危机严重程度的影响较之2005～2006年相对小得多。次贷危机之所以在2007年爆发而在2008年加重，与2004～2006年次贷过度发放所形成的累积风险有着密切联系。

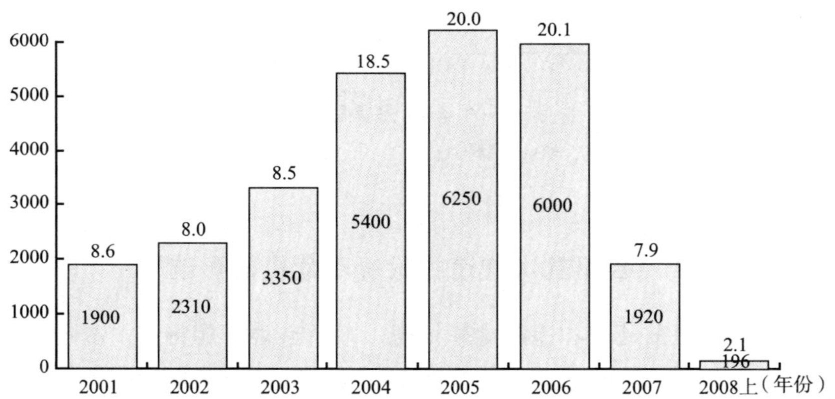

图7 2000～2008年美国次贷发放额及占抵押房贷发放额的比重（亿美元，%）

资料来源：抵押金融内情，抵押银行家协会。

根据美国抵押银行家协会估算，2008年上半年的次贷发放额只有196

亿美元，仅占同期房贷发放的2.1%。又据“抵押金融内情”估算，2008年第二季度非优质房贷（包括近优质房贷和次贷）的发放额只占全部房贷发放比重的3.8%，其中次贷仅占0.5%；而第三季度非优质房贷发放的比重仅为1.7%，次贷基本处于停发状态。因此，2008年发放的次贷对危机轻重的影响微乎其微。

表1列出了2001～2007年次贷发放的构成和特性。表中混合式是指定息和调息混合的调息次贷，主要包括2/28和3/27两种形式。在2005～2006年发放的调息次贷中，2/28占75%以上，3/27约占15%。表中气球式支付是指分期付款只覆盖部分房贷的还本付息，贷款期末一次付清其余部分的贷款形式，其中部分房贷也采用混合式的利率期限安排。

表1　2001～2007年美国次贷发放的构成和特性

单位：%

年份	构成				特性	
	调息次贷			再融资 Refinancing	贷款与房产比率 Loan-To-Value	债务与收入比率 Debt-To-Income
		混合式	气球式支付			
2001	66.8	59.9	6.5	70.3	79.4	38.0
2002	71.0	68.2	2.5	70.7	80.1	38.5
2003	66.4	65.3	0.8	69.9	82.0	38.9
2004	76.2	75.8	0.2	64.2	83.6	39.4
2005	81.4	76.8	4.2	58.7	84.9	40.2
2006	80.1	54.5	25.2	57.6	85.9	41.1
2007	72.5	43.8	28.5	70.4	82.8	41.4

资料来源：贷款绩效，圣路易斯联储银行。

如表1所示，从构成看，2001～2007年发放的调息次贷占66%以上，其中2005～2006年发放的调息次贷比重最高，达80%以上；而再融资①部分占57%以上。其中2005～2006年的比重最低，在60%以下，说明这两

① 美国房贷发放额分为两部分，一部分是新购房贷款（Purchasing）；另一部分为再融资（Refinancing），即提前还贷后再借入新房贷。

年超常发放的1.2万多亿美元次贷中调息次贷和新购房次贷居多。气球式支付具有减轻购房借款人还贷的前期压力而加重后期负担的作用。2006年气球式支付比重从4.2%升至25.2%，在一定程度上能反映出该年度次贷借款人有可能还贷能力不足。从特性看，2001～2006年发放的次贷，贷款与房产比率、债务与收入比率都是逐年上升的，说明次贷发放的风险在逐年加大。由此推知，2004～2006年的发放风险逐年加大，是导致2008年的累计还贷风险比2007年更大的重要原因之一。

四　从次贷证券化看危机严重性

2004～2006年次贷过度发放与次贷过度证券化紧密相关。次贷证券化，简言之，就是大型金融机构和投资银行将收购的次贷集中打捆包装，再以抵押支持证券（简称抵押债券，MBS）等形式发行到债市的过程。据专家估算，这三年发放的次贷约有75%被证券化，可见次贷过度发放在相当程度上以其过度证券化为支撑。

美国抵押债券分为机构和非机构两类。机构抵押债券是房利美、房地美两家政府资助企业发行的抵押债券，非机构抵押债券则由民间发行，包括大额（Jumbo）、次贷和近优质房贷（Alt-A）抵押债券三部分。[①]

如图8所示，2007年7月，非机构抵押债券的月度发行额为579亿美元，占全部抵押债券月度发行额的31.3%。由于房利美、房地美收购房贷的法定上限从2007年的41.3万美元大幅提高至2008年的73万美元，导致非机构抵押债券的月度发行规模从2007年12月的160亿美元迅速收缩

① 美国抵押房贷分为普通（Conventional）和非普通（Non-Conventional）两类。有政府机构担保的称为非普通房贷或政府支持房贷，无政府机构担保的房贷称为普通房贷。普通房贷又分为达标（Conforming）和非达标（Non-Conforming）两类。联邦国民抵押协会（FNMA，简称房利美，Fannie Mae）和联邦住房贷款抵押公司（FHLMC，简称房地美，Freddie Mac）是两家联邦政府支持企业（GSEs），负责收购民间抵押房贷并将其证券化。凡达到两家企业收购标准的房贷称达标房贷，而未达标准的房贷称为非达标房贷。超过两家企业的法定收购限额的普通房贷称为大额房贷（Jumbo Loans），而限下普通房贷则称为非大额房贷（Non-Jumbo Loans）。大额房贷归入优质房贷（Prime Loans），除大额房贷以外的非达标房贷分为Alt-A（美官方称为近优质房贷）和次级房贷（Subprime Loans，简称次贷）。关于美国房贷分类问题，请参阅李云林《美国抵押房贷及证券化的六大分类》，2008年6月20《学习时报》第438期第2版。

至2008年1月的36亿美元，占全部抵押债券发行额的比重也从12.3%降至3.5%。到2008年8月，非机构抵押债券的月度发行规模已收缩至12亿美元，仅占全部抵押债券发行额的1.2%。9月出现金融风暴后，包括次贷抵押债券在内的非机构抵押债券已全部停发。因此，目前美国抵押债券发行市场已全部依赖政府和政府资助企业的支撑。而房利美、房地美也转而开始收购次贷，2009年房贷收购的法定上限又被调回到2007年的水平。

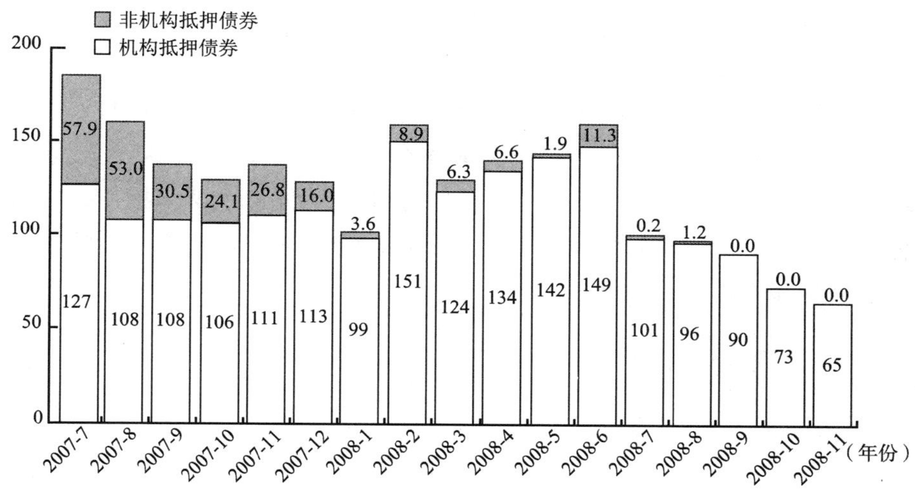

图8　2007年6月至2008年11月美国抵押债券的月度发行额（10亿美元）

资料来源：美国证券业及金融市场协会。

次贷危机不仅造成非机构抵押债券发行市场实质上的关闭，还影响到整个抵押债券市场以及证券保险业。次贷危机爆发前，美国抵押债券的月度发行规模高达1849亿美元，但金融风暴后已缩至650亿美元。次贷的大量违约和次贷企业的大量破产兼并，导致6.5万亿美元的抵押债券失去了定价基础。据布伦勃格的估算，2007年年初至2008年7月中旬，美国保险业因担保违约互换（CDS，Credit Default Swap）而减值776亿美元，其中美国国际集团公司（AIG，American International Group，Inc）一家减值390亿美元，占减值总额的50.3%。

五　从次贷余额看危机严重性

次贷余额也是决定违约对次贷危机严重性影响的基本指标。较之次贷发放额，余额对危机严重性的影响更直接。总的来看，次贷危机爆发以来，由于还贷和违约规模高于发放规模，所以次贷余额呈收缩趋势。同时，次贷质量日见下降。

如图9所示，2000～2007年，美国次贷余额逐年扩大，从3700亿美元增至1.2万亿美元，占抵押房贷的比重从7.2%升至11%，其中因2005年发放过度，导致当年的次贷余额比重升至12.1%的历史高点。

据美联储专家估算，2007年底的房贷为5470万笔，其中次贷670万笔，占12.2%；定息次贷和调息次贷各320万笔，各占次贷总数的47.8%，其他形式的次贷占4.5%。在1.2万亿美元的次贷余额中，定息和调息次贷各占33.3%和58.3%，其他占8.3%；质量与优质房贷相当的次贷约占20%。

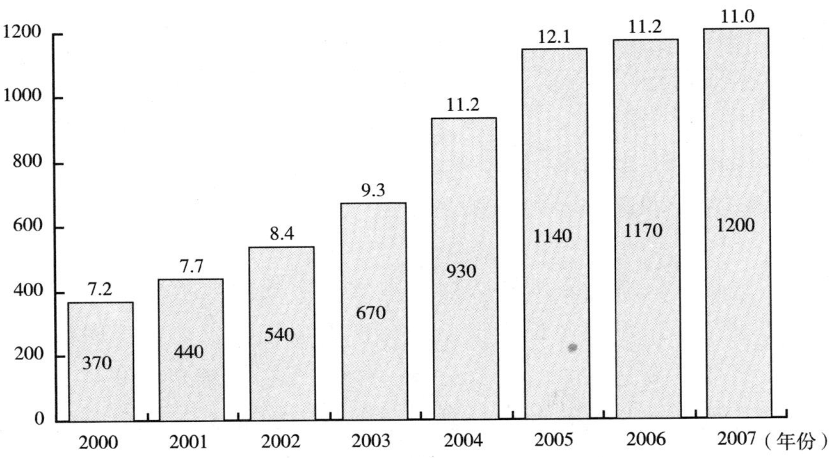

图9　2000～2007年美国次贷余额及占抵押房贷余额的比重（10亿美元，%）

资料来源：抵押金融内情、《今日美国》、美联储。

根据“贷款绩效”的不完全数据推算，到2008年11月底，次贷余额已不足1万亿美元，其中调息次贷所占比重也降至56%左右。又据"贷款绩效"估算，11月底的次贷余额中，2007年发放的占15%，2006年发放的占36.7%，2005年发放的占25.4%，2004年及以前发放的占22.9%。可见，2005~2006年发放的次贷仍占62.2%，是影响2009年次贷状况好坏的主体。

据美国证券业及金融市场协会统计，在标准普尔（Standard & Poor's）和惠誉（Fitch Ratings）两家信用评级机构所做的次贷抵押债券评级中，2007年上半年升级的有311支，降级的是935支；2007年下半年升级的有11支，降级的大幅提高到7462支；到2008年上半年升级的只有9支，而降级的则达1.44万支。由此可以看出，在次贷危机蔓延过程中，信用评级机构对次贷质量评价越来越差。这其中，当然也有评级机构在危机爆发前的次贷抵押债券发行过程中放松标准的原因。危机的爆发和加重在相当程度上与此有关。

六　从次贷利率重置看危机严重性

鉴于混合式调息次贷在次贷中所占比重高，要正确判断危机的轻重，还需要对次贷的初次利率重置[①]进行实证分析。初次利率重置对危机的影响一般取决于重置时的利率上升幅度和进入重置的调息次贷规模两方面。

（一）重置利率升幅对危机的影响

美国混合调息次贷在初次利率重置后，利率定息转为调息。调息利率由调息指数和固定差额（Margin）两部分构成，而调息指数大多选择美元LIBOR。据前述联合抽样调查，混合调息次贷中99%的调息指数是参照6个月的美元LIBOR，只有1%是参照12个月的美元LIBOR。近年来混合调息次贷的定息期利率水平在8%左右，固定差额大致为6个百分点。如果初次利率重置恰逢较高的LIBOR，就可能加重次贷借款人的还贷负担，导

① 初次利率重置是指混合型调息房贷从定息期转入调息期时的利率变动，重置时一般会造成利率水平一定幅度的上升。

致拖欠率或失赎率的大幅升高，以及违约状况的恶化。

如图 10 所示，2007 年 7 月，6 个月期的美元短期拆放利率在 5.4% 左右。以 8% 的定息水平计算，初次利率重置后的调息水平为 11.4%，高出定息水平 3.4 个百分点。美联储 9 月开始降息的目的之一就是压低美元短期拆放利率，以减轻因初次利率重置增加的还本付息负担。2008 年 3 月前，美元短期拆放利率基本随联邦基金利率下降；但在 3 月联邦基金利率降至 2.25% 之后，短期拆放利率却不降反升，6～10 月一直处于 3%～4.4%。9 月金融风暴前，初次利率重置只造成次贷利率上升 1 个多百分点，因而对金融风暴的影响较之 2007 年要低得多。金融风暴出现后，6 个月期短期拆放利率一度升至 4.4%，造成重置后利率上升 2.4 个百分点；而到 11 月间短期拆放利率已降至 2.6% 左右，重置利率只上升了不到 1 个百分点。所以，因初次利率重置对危机造成的负面影响已大大下降。

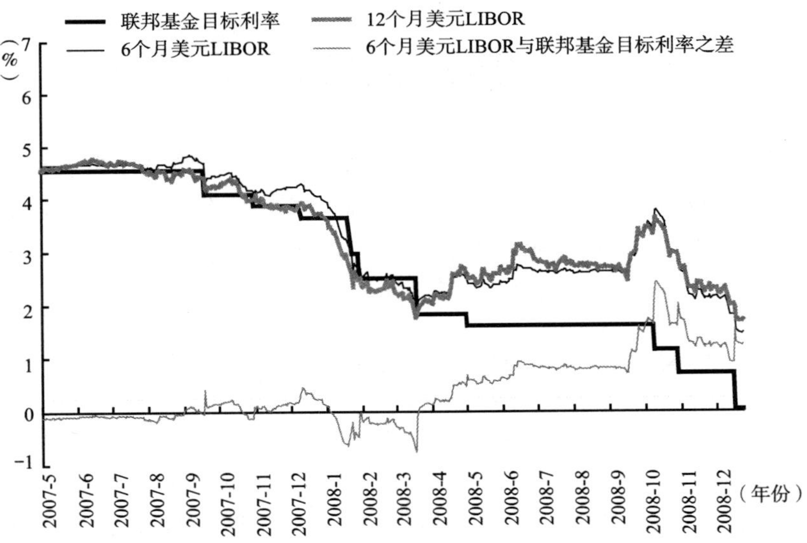

图 10　2007～2008 年美元 6 个月、1 年期伦敦银行间拆放利率变化

资料来源：英国银行家协会，美联储。

（二）利率重置规模对危机的影响

如图 11 所示，2007 年进入利率重置的调息次贷规模约为 4000 多亿美元，而 2008 年的规模约为 5000 多亿美元。从进入利率重置的规模看，2008 年因利率重置引起的违约恶化应比 2007 年更严重些，但美联储的大幅降息，又使 2008 年的严重性有所减轻。2009 年的初次利率重置规模大幅降至约 600 多亿美元，所以利率重置恶化危机的压力将大为缓解。根据“贷款绩效”2008 年 10 月份的估算，未来进入利率重置的调息次贷分布是：1 年以内初次利率重置的占 24.6%，1 ~ 2 年内的占 5.2%，2 年以上的只占 3.2%。

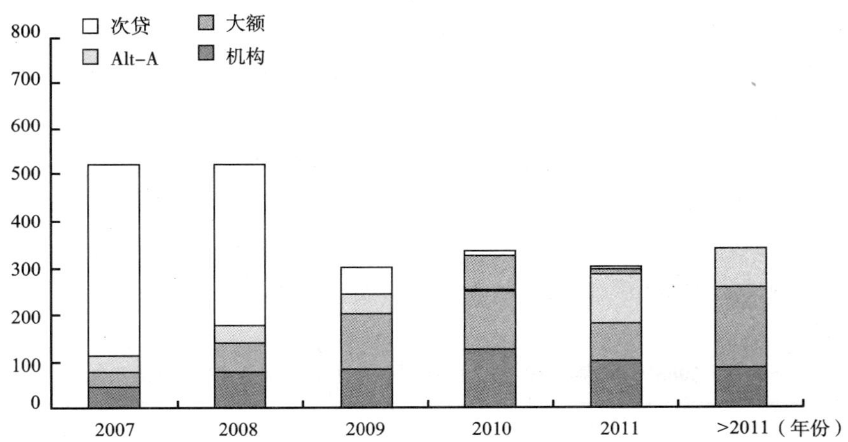

图 11　2007 ~ 2011 年进入初次利率重置的抵押债券构成及分布（10 亿美元）

资料来源：美国银行，布伦勃格，FactSet。

七　从次贷相关企业看危机严重性

在次贷危机蔓延过程中，大型次贷相关企业的垮台对金融市场动荡的直接冲击是巨大的，对当前和未来危机的严重程度也具有重大影响。

根据美国重工公司（Implode-Explode Heavy Industries, Inc., IEHI）的最新跟踪，2006 年下半年以来，破产、兼并、改组或停业的抵押房贷企业已达 331 个，包括 2008 年 11 月下旬刚关闭的汇丰房贷。汇丰排在 2006 年次贷发放企业之首，发放规模达 528 亿美元，占当年次贷发放的 8.8%。目前存活的抵押房贷企业中尚有 16 个处于“病态”经营，其中包括花旗抵押批发（CitiMortgage Wholesale Lending）。

表2列出了处于2006年次贷抵押债券发行前10位的企业，其中包括雷曼兄弟、华盛顿互惠、美林、通用汽车（GMAC）和通用电气，这些企业对危机的严重程度具有重要影响。10个企业2006年的次贷抵押债券发行规模达2800多亿美元，占比63.3%；2005年的发行规模近3000亿美元，占比57.6%。2007年次贷危机爆发前后，新世纪金融、美利凯斯特抵押和全国金融等企业就已陆续垮台。9月金融风暴后，雷曼兄弟、华盛顿互惠、美林等大型企业也相继倒塌。目前10家次贷抵押债券发行企业已全部关闭、兼并或破产。由此推断，2009年基本不会再出现类似因雷曼兄弟、华盛顿互惠等大型次贷抵押债券企业垮台而冲击金融市场的现象。

在2007～2008年的次贷危机蔓延和恶化过程中，美国五大投资银行的表现一直令人关注。国内有些研究将危机原因归咎于投资银行运作的高杠杆率。当然，高倍杠杆对次贷风险的扩张作用毋庸置疑，但其对危机严重性的影响力度大小还需作进一步的实证分析。

表2　2006年美国前10位次贷抵押债券发行企业的发行额及比重

排序	发行企业	2006年		2005年	
		发行额（亿美元）	比重（%）	发行额（亿美元）	比重（%）
1	全国金融 Countrywide Financial	385	8.6	381	7.5
2	新世纪金融 New Century Financial	339	7.6	324	6.4
3	择一抵押公司 Option One（H&R Block）	313	7	272	5.4
4	弗里蒙特投资 Fremont Investment	298	6.6	194	3.8
5	华盛顿互惠 Washington Mutual	288	6.4	185	3.6
6	第一富兰克林 First Franklin（美林）	283	6.3	194	3.8
7	居住资本集团 Residential Capital（GMAC）	259	5.8	287	5.6
8	雷曼兄弟 Lehman Brothers	244	5.4	353	6.9
9	WMC抵押（通用电气）	216	4.8	196	3.9
10	美利凯斯特抵押 Ameriquest Mortgage	214	4.8	542	10.7
	前10位发行企业	2839	63.3	2928	57.6
	全部发行企业	4486	100	5080	100

注：括号中企业为发行企业的母公司。

资料来源：抵押金融内情。

如图 12 所示，美国五大投资银行 2003～2007 年的杠杆率差异相当大，美林 2003 年的杠杆率最低，只有 15.6 倍；2007 年贝尔斯登的杠杆率最高，达 32.6 倍。2007 年与 2003 年相比，各家杠杆率都出现上升，美林从 15.6 倍升至 30.9 倍，高盛从 17.7 倍升至 25.2 倍，摩根斯坦利从 23.2 倍升至 32.4 倍，雷曼兄弟从 22.7 倍升至 29.7 倍，贝尔斯登从 27.4 倍升至 32.5 倍。投资银行杠杆率的上升可能出于银行家的贪婪，但也不应忽视 2007 年有关投行股价的大跌对其年度高倍杠杆的重要影响。股价大跌与投行抵押债券及衍生品引发的资产质量问题可能关系更大，而资产质量问题又与不断上升的次贷违约率和日益恶化的违约状况直接相关。

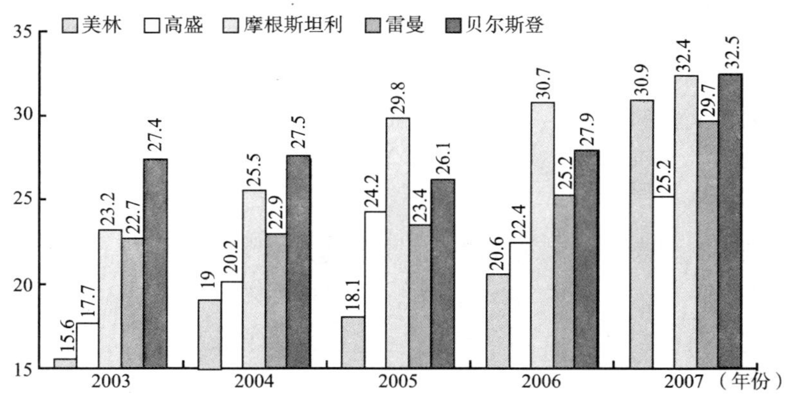

图 12　2003～2007 年美国五大投资银行的杠杆率（=负债/股权）（倍）

资料来源：美国各投资银行财务报表，维基百科。

从 2003～2007 年的杠杆率平均数看，摩根斯坦利和贝尔斯登的平均杠杆率均为 28.3 倍，雷曼兄弟的是 24.8 倍，高盛的是 21.9 倍，美林的是 20.8 倍。不难看出，投行的高倍杠杆并不一定是导致其垮台的必然原因。摩根斯坦利和贝尔斯登的平均杠杆率虽然相同，但两者的最终命运并不一样；美林的平均杠杆率虽比高盛还低，但并未摆脱被兼并的下场。所以，决定投行命运的关键因素并不是杠杆率，而是自身的资产质量及引发资产质量下降的次贷、次贷抵押债券及相关金融衍生品的违约问题。美国投资银行业务在次贷证券化中扮演着核心角色。五大投行的倒闭、兼并和转型，标志着次贷危机最严重的阶段已经过去。

八 关于2009年次贷危机严重性的综合判断

根据上述实证分析，可得到有关2009年次贷危机严重性的以下三方面基本判断。

（一）关于次贷对危机严重性影响的基本判断

从未来违约状况看，预计2009年因2005～2007年次贷发放风险导致的违约压力将逐渐减轻，但因经济衰退带来的违约压力则有可能继续加重，因而总的来看，次贷违约率可能会进一步提高，但提高的幅度可能呈收缩趋势。

从次贷规模的变动趋势看，2009年次贷的发放和次贷抵押债券的发行将可能因房利美和房地美的次贷收购而较2008年有所好转；次贷余额继续呈收缩态势，其中定息次贷的份额进一步上升，而调息次贷的份额呈下降态势。

从利率重置看，根据混合调息次贷的初次利率重置分布推断，2009年进入利率初次重置的规模将大幅收缩，由于联邦基金目标利率已调降至0.25%，如果按定息水平8%计算，可能使重置利率的上升幅度进一步收缩至0.5个百分点以下，利率初次重置对次贷危机带来的负面影响将大大缓解。

从次贷相关企业看，鉴于大部分大型次贷相关企业在2008年已垮台，次贷危机蔓延中最坏的时期已过。预计2009年不会出现因大型次贷相关企业破产而大规模冲击金融市场的现象。所以，预计金融市场的动荡局面将归于平静。尽管如此，2009年仍可能出现中小型次贷相关企业的破产兼并，而已收购次贷相关企业的大型商业银行或保险公司的资产质量也不会马上好转，减值和报损预计至少要持续到上半年。

（二）关于美国房贷和房市复苏的基本判断

在2009年的美国房贷市场中，近优质房贷和次贷份额可能继续下降，而优质房贷和政府担保房贷（即联邦住房局和退伍军人局担保的房贷）的份额可能继续提高；房贷发放规模可能出现较大幅度的扩张，其中定息房贷和再融资房贷的份额可能大幅上升，而调息房贷和新购房贷款的份额可能下降。由于房贷收购的法定上限大幅回调，预计2009年非机构债券的发行规模可能转而扩大，发行规模有可能超过2008年。美联储此次75个基点以上的强力降息可能会在2009年上半年刺激出美国房贷较强的再融资高潮。美国房市的复苏在相当程度上依赖于此轮高潮的带动。如果带动效果不明显，那么美国房市有可能陷入较长的低迷期。

（三）关于美国经济走势的基本判断

预计2009年次贷危机对美国经济的负面影响逐渐减轻。然而，由于持续性的增长动力不足，[①] 经济很难因次贷危机的结束而马上走出衰退。2009年的失业率有可能继续上升，并突破8%的水平。考虑到美国政府可能会陆续推出一些刺激经济的措施，未来经济可能不会陷入深度衰退，但经济的低迷可能会覆盖2009年以至更长一段时间。

（原载《美国研究》2009年第1期）

① 有关美国经济长期趋势和增长动力的分析判断，请参见李云林《关于美国经济与政策走向的分析和预测》，国家发改委政研室《研究与建议》2006年8月第16期。

第三篇

政　　治

试论美国宪法的限权政府原则

李道揆*

1787 年制定的美国宪法是美国资产阶级革命的产物。它是世界上第一部成文宪法，也是最长寿的成文宪法，至今依然是美国的根本法。这部宪法虽有其时代和阶级的局限性，存在着缺点和使其蒙垢的反民主内容（认可奴隶制），然而在社会发展史上，在反封建主义斗争史上，在宪政史上，它的产生却是具有划时代的意义的。这部宪法史无前例地建立了一个民主共和国（而非君主立宪国或贵族共和国），开创了成文宪法订入《权利法案》的先河，建立了限权政府，保障了司法独立和法治。它因此给予当时在整个旧世界占统治地位但已经走向没落的封建君主专制制度以巨大的冲击，推动了新旧大陆的资产阶级革命。它也对民主宪政的发展作出了重要贡献。

本文拟对美国宪法的限权政府原则进行粗浅的探讨。将讨论三个问题：美国宪法何以采用限权政府原则，如何实现这一原则，限权政府的实践和问题。

一

美国革命的直接目的是反对英王乔治三世的暴政和压迫，保卫人民的

* 李道揆，时任中国社会科学院美国研究所研究员。

自由和权利。在制定宪法时，制宪者和美国人民对于英王及其在殖民地代理人历任总督的暴政记忆犹新，深恶痛绝。同时，《独立宣言》宣布的“人人生而平等，他们被造物主赋予某些不可转让的权利，其中包括生命、自由和追求幸福的权利……政府的正当权力来自被统治者的同意”的革命原理则深入人心。制宪者深受西欧资产阶级启蒙思想家洛克、孟德斯鸠和卢梭等人的影响，接受了他们的政府权力来自人民，政府权力必须受到限制的学说。制宪者认为，为了防止新成立的政府滥用权力、独断专行和施行暴政（个人的或集体的），为了保障个人自由和个人权利，宪法在授予政府权力的同时，又必须对政府的权力进行限制。简言之，宪法建立的中央政府必须是权力受到限制的政府，即限权政府。因此宪法规定：中央政府只能行使人民通过宪法授予它的权力，不得行使宪法禁止它行使的权力，不得侵犯宪法（包括随后增加的权利法案）所保障的公民自由和公民权利。这些都是限权政府原则的体现。

关于政府权力必须受限制的原则，被称为“宪法建筑师”的詹姆斯·麦迪逊在《联邦党人文集》第51篇作了颇富哲理的阐述。他写道：

> 防止把几种权力逐渐集中于同一部门的最可靠的办法，就是给予各部门的主管人抵制其他部门侵犯的必要宪法手段和个人的主动。在这方面，如同在所有其他各种方面一样，提供的防御必须同进攻的危险相称。野心必须用野心来对抗……如果人人都是天使，就不需要任何政府了。如果是天使统治人，就不需要对政府有任何外来的或内在的控制了。在组织一个人统治人的政府时，最大的困难在于必须首先使政府能够控制被统治者，然后再使政府控制自己。毫无疑问，依靠人民是对政府的主要控制；但是经验教导人们，必须有辅助性预防措施。①

麦迪逊从人性恶（人不是天使）的政治哲学的角度阐述对政府进行控制的必要性，这无疑是十分深刻的。也正如孟德斯鸠所指出的：“一切有

① Alexander Hamilton, James Madison and John Jay, *The Federalist Papers* (New York: The New American Library, Inc., 1961), pp. 321 - 322. 译文曾参考《联邦党人文集》程逢如等译，商务印书馆，1980，第264页。

权力的人们都容易滥用权力，这是万古不易的一条经验。”①

归结到一句话，建立一个不是由天使统治人的政府，而是由有七情六欲的人统治人的政府，为了防止政府滥用权力，为了保障个人的自由和权利，必须对政府的权力进行限制。

二

然则如何才能对政府进行控制呢？麦迪逊认为，依靠人民对政府进行控制虽然是主要的，却是远远不够的，还必须有“辅助性的预防措施”。他进一步阐述说：“在美国的复合共和国里，人民交出的权力首先分给两种不同的政府，然后把政府分得的那部分权力再分给几个分立的部门。因此，人民的权利就有了双重保障，而两种政府将互相控制，同时各政府又自己控制自己。”② 他所说的“两种不同政府”的分权，是指联邦和州两级政府的纵向分权，即联邦制；一级政府内部的分权，是指政府内立法、行政和司法三个部门的横向分权。麦迪逊特别强调一级政府内部的分权。他写道：“立法、行政和司法权置于同一手中，不论是一个人、少数人或许多人，不论是世袭的、自己任命的或选举的，均可公正地断定是虐政。”③两级政府分权相互制衡，在中央政府内部三个部门分权相互制衡，这就是他所说的“辅助性预防措施”。

麦迪逊关于限权政府及分权的论述，为制宪者们所接受，并据此制定了宪法。

分权说渊源于洛克和孟德斯鸠，但是由美国人首先据以建立政府，而且结合美国的具体实际情况有所创造。洛克和孟德斯鸠的分权说没有两级政府纵向分权的内容。美国的制宪者则根据当时不可能建立单一制国家，只能建立联邦制国家的实际给分权制增添了联邦和州两级政府纵向分权的内容。而在设计中央政府内部分权的机制时，则摒弃了洛克和孟德斯鸠的

① 孟德斯鸠：《论法的精神》上册，商务印书馆，1982，第154页。

② Alexander Hamilton, James Madison and John Jay, *The Federalist Papers* (New York: The New American Library, Inc., 1961), p. 323；中译本第265、266页。

③ Alexander Hamilton, James Madison and John Jay, *The Federalist Papers* (New York: The New American Library, Inc., 1961), p. 301；中译本第246页。

行政权属于国王的概念，而根据美国不可能实行君主制的实际，把行政权授予间接选举产生的总统。他们在宪法中精心设计了一整套纵向和横向分权的措施。可以说，美国人是创造性地发展了分权的学说。

美国宪法规定：联邦政府拥有宪法明白授予的权力以及由这些权力引申出来的“默示权力”。凡宪法未明白授予联邦政府的权力而又未禁止各州行使的权力，一律由各州各自保留。联邦和州相互制约平衡。

关于联邦政府内部的分权和相互制衡，宪法作了更为细致周全的规定。为了保障立法、行政和司法三个部门的分立和独立，宪法对国会议员、总统和联邦法官的产生办法、任期作了不同规定。联邦法官由总统任命，但“行为端正”可任职终身（实际上是终身制），除受国会弹劾并判定有罪外不得被免职。国会议员由选举产生，众议员任期二年，参议员任期六年，总统无权解散国会。总统由间接选举产生，任期四年，对宪法负责，除受到国会弹劾和被判定有罪外不得被免职。宪法还规定，国会议员不得兼任行政部门职务和法官，行政官员和法官亦不得兼任国会议员。这样，在政体上，美国宪法就首创了不同于英国的议行合一的议会制的议行分立的总统制。这也是美国宪法的一大贡献。

然而，三权分立如果是绝对的，三权各自都是不受制约的，则仍旧不能防止权力的滥用，就可能出现国会专制、总统专制或法院专制的情况。因此有必要既使三权分立，彼此独立，又要使三权相互联系，相互制约，以保持三个部门之间的权力平衡。宪法因此规定了一整套三权相互制衡的具体条款。立法权属于国会，但总统有立法否决权，国会又可以推翻总统的否决；法院有权宣布国会制定的法律违宪从而无效（此权系由司法权引申出来的权力）。行政权属于总统，但政府预算、行政机构设置、高级行政官员的任命、政府签订的条约，均须由国会参议院批准；法院有权宣布总统行政命令、行政机构制定的规章条例和作出的裁定违宪而失效。司法权属于法院，有权解释宪法，宣布法律、行政命令、行政规章条例、行政裁定违宪，但法官的任命由总统提名参议院批准。国会有权规定各级联邦法院法官人数和管辖权（最高法院第一审管辖权除外），弹劾法官，重新通过被最高法院宣布违宪的法律或提出宪法修正案从而推翻最高法院的判决。

美国宪法为了保障人民的自由和权利，建立了限权政府，并规定了整套的制约和平衡政府权力的分权措施。这是美国宪法对于民主宪政的重要贡献。

这里需要强调提出的是，宪法规定的用以实施限权政府的分权制衡措施，是美国具体实践的产物，或者说是适合美国具体实际情况的产物，在其运用上是有局限性的。换言之，它适用于美国，可能不适用于别的国家，或者在别的国家行不通。不少国家以美国宪法为蓝本制定本国的宪法，却未能推进本国的民主宪政。各国具体情况不同，采用的具体措施可以不同。例如，英国政府是议行合一，就不采用分权措施来限制政府的权力，而是以议会中的强大的反对党来制约政府的。但美国宪法体现的限权政府原则，则是具有普遍意义的。历史一再证明，政府的权力若不受到制约，就会出现滥用权力、暴政和侵犯人民的自由和权利的问题。上面引用过的孟德斯鸠的话，很中肯地说明了这个道理。从美国宪法制定以后，几乎所有的国家，不论其民主程度如何，都要制定一部宪法，至少是表明了其承认政府权力必须有所限制的观念。

三

美国宪法采用了限权政府的原则，并以分权制衡的措施来控制政府，至今已 200 年。其效果如何？有什么变化？有什么问题？今后会改变吗？

首先从变化说。至今限权政府的原则未变，联邦政府三个部门的分权也没变。但是，在今天州已不再是制约联邦政府的力量了。宪法规定了联邦地位高于各州。然而由于历史、经济和政治的原因，州同联邦争权的斗争持续了一个半世纪之久，直到 20 世纪 30 年代后期，联邦高于州的地位才终于最后确立起来。在这 150 年中，虽然南北战争的结局维护和提高了联邦的地位，然而总的说来，19 世纪还是所谓“二元联邦制”的时代，联邦和州各有其职权和权限范围，二者分离，相互独立。各州是制约联邦政府权力的重要力量。但南北战争以后，伴随着资本主义的发展而来的周期性经济危机和其他复杂的社会问题，已不是一个州能够解决的。人们期望联邦政府采取行动，联邦政府的权力逐渐扩大。但是直到罗斯福政府为应付空前的经济危机推行“新政”，加强国家对经济的干预，最高法院对宪法作从宽解释使联邦权力的扩大合法化以后，联邦高于州的地位才最后确立。此后，原来属于州政府管辖的事务，如工业、教育、卫生、社会福利等，联邦政府都有权干预。州和地方政府在财政上日益依赖联邦政府的财政补助。各州虽然仍旧保持和行使重要权力，然而已不再是对抗和制约联邦政府的力量了。现在联邦和州的关系已发展为合作的关系。

就联邦政府内部三个部门的关系来说，也发生了重要变化。按照制宪者的意图和当时流行的政治学说，联邦政府的三个部门，虽然彼此独立，国会却是居于首要地位的。宪法实施后的头150年中，除个别短暂的时期，实际情况也确是如此。因此，伍德罗·威尔逊在19世纪末期任普林斯顿大学教授时写的论美国政府的专著，就定名为《国会政府》。然而从20世纪初开始，特别是30年代的经济大危机以后，总统的权力急剧膨胀，逐渐取代国会在国内政治生活中居于主导地位，国会转而向总统寻求领导。在60年代后期和70年代初期，甚至出现了“帝王总统”和总统滥用权力的现象（主要表现是总统不经国会同意把对越南的战争逐渐升级，武装入侵柬埔寨）。这种情况引起了对总统失去控制的议论，引起了人们的警觉。国会很快作出反应，在1973年推翻了尼克松总统的否决，通过了战争权力决议，限制总统的战争权力。水门事件揭露后，国会对事件进行调查，并开始对尼克松总统动用弹劾程序。最高法院也对总统的“行政特权”进行限制，命令尼克松交出录音磁带。尼克松被迫辞职，成为美国历史上第一个辞职的总统。所谓“帝王总统”亦随之消逝。尼克松辞职充分说明，即使在总统已居于国内政治的主导地位的当代，国会和法院依旧是制衡总统的极其重要的力量。似乎可以这样说，自宪法实施以来，美国政府是在分权制衡的限权政府的总框架中运转的，分权制衡是行之有效的。

自从宪法实施以来，美国虽然多次经历了重大危机，如南北战争、两次世界大战、20世纪30年代经济大危机、朝鲜战争和越南战争，但并没有出现个人或集体的独裁和暴政，而是保持了民主共和国制。所以如此，除其他因素（政治文化和法治传统的影响，舆论、大众传播媒介的制约等），以分权制衡为措施的限权政府原则无疑起了主要作用。

对于分权制衡使国会和法院（主要是国会）能够制约行政长官（主

要是总统）独断专行和滥用权力这一优点，人们似乎持肯定态度，有的英国人甚至羡慕，认为优胜于议行合一的议会制。著名历史学家小阿瑟·施莱辛格曾举水门事件为例，他认为在英国的议会制下，这种行政渎职的事根本不可能被揭发出来。他援引一些英国人的话，即使揭露，也会被法律和法院压下去。英国的制度几乎把保护当局视为宪法的一个部分。① 号称“议会民主之母”的英国尚且如此，其他所谓“民主国家”就更不用说了。

至于分权对政府效能和政府责任所产生的影响的功过，以及应否以议行合一的议会制取代分权制，美国学界和政界的看法分歧很大，实际上存在着截然相反的意见。

一种意见认为应该修改宪法，采用某种形式的议会制。早在一个世纪前，伍德罗·威尔逊教授就提出过这种主张。《美国共和国》（*The American Commonwealth*）一书的作者，英国政治学家詹姆斯·布赖斯勋爵也有类似观点。以后，美国学术界和政界不断有人提出这类主张。这几年，由于宪法诞生200周年的临近，又兴起了关于修改宪法的讨论。讨论涉及加强政党的作用、改革选举制度及分权制等问题，而分权制则是一个中心问题。一些人士认为，宪法规定的政府基本结构三权分立在头150年是行之有效的，分权制并未妨碍政府的效能和政府对人民负责，但是近半个世纪以来国内国际情况已经发生巨大变化，分权的政府已经不能适应新形势和美国面临的种种严峻问题的需要。立法和行政的分立，导致国会和总统的对立而形成政治僵局，总统因国会的阻挠而不能够制定前后一致的、有效的全国政策；由于权力分立，国会和总统互相推诿责任，使任何政党和个人都不能对政策的成败得失负责，增加了选民的沮丧和对政治的冷漠，等等。他们认为治理美国的困难不是人的问题，而是政府根本结构的问题。因此，必须修改宪法，采用某种形式的议行合一的议会制，以增强政府的效能和使政府能够对人民负责。

值得注意的是：从提出的修改宪法的意见看，他们并不要求从根本上废除三权分立，而是要求在保持分权的前提下，对宪法进行某些修改，以

① Arthur M. Schlesinger, Jr., "Leave the Constitution Alone (1982)", in Donald L. Robinson, ed., *Reforming American Government: The Bicentennial Papers of the Committee on the Constitutional System* (Boulder, Colorado: Westiview Press, Inc., 1985), pp. 30 - 50.

鼓励同属一个政党的总统和议员们在“组织政府”（To form a government，借用议会制的术语）方面进行合作。他们提出的具体建议有：允许国会领袖担任总统内阁阁员；把总统和国会议员的任期都改为四年或六年；要求选民对一个政党的总统、副总统和参议员候选人都投一致的票；政府给候选人的竞选费补助交给政党，而不是直接给予候选人；授权总统或国会在出现不可容忍的政治僵局时宣布举行新的选举。①

另一种意见则认为：美国政府目前应付各种问题时遇到的困难，并非真正是由政府结构的缺点造成的。从建国起，美国就实行三权分立，但这并未妨碍一个有能力的总统决心采取行动并迅速行动。权力分立并未使杰斐逊、杰克逊、林肯、罗斯福甚至里根无所作为。这些总统之所以成功，是因为他们知道应该做什么，能够说服国会和全国人民给他们匡正弊病的方案以试验的机会。“我们的问题根本不是我们知道该做什么，但被制度的某种结构性僵局所阻碍而不能去做。我们的问题是我们不知道该做什么。”英国议会胜于国会的优点，其实也正是它的弱点，而不是它的强点。英国的议会实际上并不能控制行政。在美国政党日益衰落的情况下，不可能把政党变得强大有力。②

美国各界对于宪法的这场讨论会产生什么结果，现在还不知道，需要由时间来说明。

但是，我们知道，英国式的议会制是议行合一，是以组织良好的、权力集中的强大的反对党（在野党）来制约政府的，但效力远不如美国的分权制。可以说，如果没有强有力的反对党，也就不可能有议会制。美国的总统制是议行分立，主要是以国会来制约政府的（主要是制约总统）。美国的历史、社会和政治文化，使美国未能产生英国式的组织比较严密、力量比较集中的政党。因此，不可能像英国那样以议会中的强有力的反对党来制约政府。从这方面说，分权制是适应美国不存在强大反对党的情况的。即使分权制有这样或那样的问题，美国仍然需要依靠国会（当然也还有别的力量，如法院、舆论、大众传播媒介等，但主要还是国会）来制约政府。就美国而言，分权制不仅起到了防止和制止政府独断专行、滥用权

① Lloyd N. Cutler, “To Form a Government”, C. Douglas Dillon, “The Challenge of Modern Governance”, in Donald L. Robinson, ed. op. cit., pp. 11 –23, 24 –29.

② Arthur Schlesinger, Jr., op. cit.

力的功能，而且并不妨碍有才能的总统有所作为。在没有强有力的反对党的情况下（在可预见的将来，这种政党不可能出现），它是制约政府的必要手段，是现实政治的需要。从现实看，如果美国仍旧实行限权政府的原则，就仍旧需要保持分权制。而美国人民显然是不会抛弃限权政府原则的。

（原载《美国研究》1987 年第 4 期）

美国民主政体的起源

——从美国何以会有国会谈起

张　毅[*]

人们在研究美国国会的时候，大都侧重论述它在政府决策中的职能及其发挥这些职能的方式，而鲜有人谈及美国为什么要有这么一个国会，所谓只讲其然，不讲其所以然。在世界上几乎所有国家都有某种形式的议会的今天，这种对其所以然的忽视并不难理解——任何国家似乎原本就该有一个议会。尽管如此，如果要从根本上理解国会对美国政治生活的非同寻常的重大影响，就非搞清国会为何会产生的来龙去脉不可。鉴于200年前美国建立国会是一种开历史之先河性质的革命性创举和有很大风险的"试验"，[①] 则更有必要探求个中之因由了。

国会由民选产生，[②] 被赋予国家立法全权，说明美国在君主、贵族、民主诸政体中选择了民主政体。因此，何以会有国会的问题从根本上讲是美国为何要选择民主政体的问题。本文拟从欧洲民主思想对美国的影响、

* 张毅，时任中国社会科学院美国研究所助理研究员。

① 见 Neal Riemer, *The Democrtic Experiment: American Political Theory* (Princeton, N. J.: D. Van Nostrand, 1967)。

② 据研究，美国独立战争前，大部分殖民地中有选举权的人数占男性成年白人的50%～75%，在马萨诸塞，其比例高达95%。相比之下，当时英国的比例不超过5%。见 Chilton Williamson, *American Suffrage from Property to Democracy, 1760－1869* (Princeton: Princeton University Press, 1960), ch. 2 和 Robert E. Brown, *Midde－Class Democracy and the Revolution in Massachusetts, 1691－1780* (Ithaca: Cornell University Press, 1955), pp. 49－50。

北美殖民地的政治实践以及美国特殊的自然和社会条件三个方面来探讨国会民主政体产生的原因。

一

1789 年正式诞生的美国国会民主政体首先是欧洲启蒙运动以后民主思想发展传播的产物。

民主作为一种思想，早在古希腊时期就萌芽了。雅典政治家伯里克利于公元前 5 世纪对民主下了这样的界说：民主的实质就是“政权在全体公民手中，而不是在少数人手中”。[①] 他还指出，自由、法治和平等是民主制度的三条基本原则。民主思想产生的历史不可谓短。今天，当人类即将跨入 21 世纪时，民主已成为世界上最时髦的政治词汇之一。无论是哪个国家的领导人，不管他们真心信仰维护何种政治制度，大概没有人愿意公开声明反对民主。但是，自有记载的文明社会以来，即使在民主最先发祥和兴旺的西方，民主在绝大部分时间内也是一个不受欢迎的异端邪说。

哲学家柏拉图认为，人生来就是不平等和有差异的。有些人适合干某一件事，有些人则适合干另外一件事。为了最好地发挥每一个人的才能，“使所有的琴弦都和谐一致”、“合奏一支交响曲”，就必须遵循“各人应做适合于自己天性的工作”的原理进行分工。因此统治国家的人就不能是全体公民，而只能是那些生来即有统治国家天性的人。柏拉图把这些人称作“哲学王”。在他看来哲学王人数不多，但具有知识、理智和美德，是“真正完善的人”，任何一个理想的国家都必不可少。“国家与个人，不经哲学家治理，决无希望可言。”[②] “除非哲学家们当上了王……否则国家是永无宁日的，人类是永无宁日的。”[③]

柏拉图之后到启蒙运动之前，虽然也出现了一些对民主不那么反感甚至比较支持的思想家（比如柏拉图的学生亚里士多德就提出过正宗的共和政体对某些国家可能是适用的主张，古罗马政治家西塞罗也认为国家是“人民的事业”），但这段时间内西方政治思想的主流是反民主的。奥古斯

① 修昔底斯：《伯罗奔尼撒战争史》，第 130 页。

② 《理想国》，吴献书译，商务印书馆，1957，第 99 页。

③ 《西方哲学原著选读》，第 118 页。

丁的“双国理论”和阿奎那的“教会至上”的学说与民主精神自然格格不入，就连猛烈抨击神权政治的但丁、马基雅维利等人也崇尚君主政体，认为应当由君主制来取代中世纪腐败的神权统治。

以17、18世纪启蒙运动为转机，大批政治思想家开始推崇民主，民主的思想继而得到了较为广泛的传播和接受。在宣传民主思想方面起过特别重要作用的思想家包括英国的洛克和法国的卢梭。洛克从“自然权利”和“社会契约”的角度阐述了民主制度的合理性。洛克认为，国家是从“自然状态”转变而来的。在自然状态中，人人都是平等的，享受着不可转让和不可剥夺的自然权利，即生命、自由和财产。由于在这种状态中人人都是各自为政，必须自己来解释和保护自己的自然权利，因而难免会产生纠纷和冲突，生活至少是“不方便”的。人类幸而是有道德和有理智的，于是便相互订立契约，把保护自己人身和财产安全的权利转交给社会中的某些被指定的人（即政府）来行使。“这就是立法和行政权力的原始权利和这两者之所以产生的缘由，政府和社会本身的起源也在于此。”① 洛克指出，既然政府成立的目的是保护人们的自然权利，如果它做不到这一点，就说明它是违反了社会契约，那么作为被统治者的人民也就没有义务继续履行该契约，而可以运用暴力手段推翻旧政府，建立新政府。对于何种政体最为理想的问题，洛克的回答不是纯粹的民主政体，而是包括民主政体、寡头政体和君主政体三种成分的复合政体。但是，洛克极力反对君主专制制度，并认为由君主掌握的执行权和外交权必须从属于由人民掌握的立法权，所以他的理想政体仍带有很大程度的民主的性质。

卢梭的民主思想更进了一步。他除了发展洛克的社会契约说和人民革命说以外，还从人人生而平等的理论出发，第一次明确提出“人民和主权者同一”的命题，从而彻底摈弃了君主制。他认为，人民主权是至高无上的，受人民委托而成立的政府是主权者意志的执行人，是人民的仆从。人民可以限制、改变或收回委托给政府的权力，人民与政府的关系完全是主仆的关系。

欧洲民主思想的传播不仅影响了当地各国政治的发展，而且在大西洋彼岸掀起巨大的波澜。正是在民主思想的指导和鼓舞下，北美殖民地人民

① 《政府论》下篇，商务印书馆，1981，第20页。

奋起反抗，毅然举起了反对英王暴政的大旗，并最终割断了和英国的隶属关系，建立了代议民主制的共和国。

民主思想同美国革命之间的关系可以从对美国独立和建国产生了重大影响的潘恩和杰斐逊的著述中得到充分的印证。潘恩是《常识》一书的作者。在这本被公认为“北美历史上影响最大的小册子”中，潘恩猛烈抨击了当时被“大肆吹嘘”的英国政体。[①] 他指出，“在宇宙万物的体系中，人类本来是平等的”[②]，因此，实行君主制，“把一个人的地位捧得高出其余人很多，这种做法从自然的平等权利的原则来说是毫无根据的”。[③] 此外，“一项无法推翻的自然原理”是，“任何事物愈是简单，它愈不容易发生紊乱，即使发生紊乱也比较容易纠正”。根据这项原理，所谓英国的复合式政体实质上是“羼杂着一些新的共和政体因素的两种古代暴政的肮脏残余”。[④] 因此，潘恩竭力主张断绝同英国的宗主国关系，把“一个与众不同的独立的政体留给后代”。潘恩还赞成取消选民财产资格限制，实行普选，使独立后的美国政府真正体现民主的原则。

比其他任何人更能“代表（美国）这个新生国家对自由和启蒙的向往”[⑤] 的杰斐逊也是一位相当彻底的民主派。他起草的《独立宣言》明确指出：

> 我们认为这些权利是不言而喻的：人人生而平等，他们都从他们的“造物主”那边被赋予了某些不可转让的权利，其中包括生命权、自由权和追求幸福的权利。为了保障这些权利，所以才在人民中间成立政府。而政府的正当权力，则系得自被统治者的同意。如果遇有任何一种形式的政府变成损害这些目的的，那么，人民就有权利来改变它或废除它，以建立新的政府。

---

① 在18世纪，英国的复合政体（由国王、贵族和平民这三个相互牵制平衡的部分组成）被普遍认为是最理想的政体。后来成为美国第二任总统的亚当斯曾指出，英国的复合政体是“迄今为止人类有限的智慧为保护自由和增进幸福而设计并实行的社会权力的最完美的结合。”见 John Adams，*Works*，vol. Ⅲ. p. 477。

② 《潘恩选集》，马清槐等译，商务印书馆，1981，第9页。

③ 《潘恩选集》，马清槐等译，商务印书馆，1981，第10页。

④ 《潘恩选集》，马清槐等译，商务印书馆，1981，第6页。

⑤ Merrill D. Peterson，ed.，*The Portable Thomas Jefferson*（Penguin Books，1975），P. Ⅺ.

美国独立以前，世界上曾经实行过民主政体的国家仅包括古希腊的城邦制、罗马共和国、中世纪的佛罗伦萨共和国以及后来的荷兰邦联和瑞士联邦等。数目之少，屈指可数。对于这些历史上存在过的民主政体，当时有两种非常普遍的看法。第一是“小国论”，即民主政体只适合人少地少的小国。① 正是由于这一点，当其他州的代表聚集在费城讨论以更紧密的联邦制取代松散的邦联制时，罗得岛州拒绝派代表出席。第二，民主是一种“脆弱”的政体，寿命有限。克伦威尔断言民主“势必导致无政府主义”。② 美国革命领袖之一布雷克斯顿也认为历史上没有任何一国“在较长的时间里支持过这种形式的政府”。③ 很显然，北美13个殖民地加在一起不是一个小国，其人口是雅典城邦的20倍，而且仅纽约一州的版图就超过了整个希腊大陆。此外，美国的开国元勋自然也不想使独立后的美国成为一个“短命鬼”；恰恰相反，他们希求建立一个经久不衰的“人类智慧所能设计的最明智和最幸福的政府”。④ 既然如此，他们却不鉴历史前车，一反历史惯例，满怀信心地建立了人类历史上第一个幅员辽阔的民主共和国。如果没有欧洲近代民主主义的蓬勃发展及其对北美殖民地的深刻影响，很难想象后者会做出这样的“历史先例表明更有可能失败”的壮举。⑤

二

国会民主政体的建立其次要归因于英国统治时期北美殖民地本身的宪政和自治实践。

美国独立以前，北美殖民地主要是由来自英国的移民开拓发展起来的，加之英国一直是殖民地的宗主国，殖民地的政治制度不可避免地被打上了非常鲜明的英国烙印。正如英国政治思想家埃德蒙·柏克所指出的，

① 著名民主主义思想家卢梭就是一位“小国论”者，详见其《社会契约论》。

② Quoted in Riemer, op. cit. p. 45.

③ Quoted in Bernard Bailyn, *The Ideological Origins of the American Revolution* (Cambridge, Ma: Harvard University Press, 1967), p. 142.

④ John Adams, quoted in Bailyn, op. cit. p. 273.

⑤ Robert A. Dahl, *Democracy in the United States*, 4th ed. (Boston: Houghton Mifflin, 1981), p. 8.

“殖民地的人民是英国人的后裔”，他们“不仅献身于自由的，而且是根据英国的观念和原则献身于自由的”。[①] 从时间上讲，北美殖民地大都是在17世纪建立的，而17世纪对于英国来讲是不平常的世纪。其间英国发生了内战和革命，推翻了都铎和斯图亚特王朝的君主专制，经历了克伦威尔的军事独裁统治和詹姆士二世的王朝复辟，最终通过1688年的光荣革命确立了君主立宪制。因此，英国政治对北美殖民地的影响主要是指17世纪以后的英国政治，这种影响着重体现在宪政和自治两个方面。

所谓宪政制度，是指用成文或不成文的法律（近代以来通常指成文的宪法）明确授予统治者某些权力并限制其行使其他权力的制度。用一句比较通俗的说法，就是法治。

英国的宪政史可谓源远流长。早在1215年，英王就迫于压力签署了著名的《大宪章》，其中不仅确认了贵族应当享有一些国王不得侵犯的权利（法律面前人人平等，陪审团审判制度，自由迁移以及不付报酬不得征收财产等），而且还明文规定英王必须遵守宪章的各项条款，否则贵族会议有权对他进行战争。17世纪初，詹姆士一世与他的首席法官柯克之间的一场冲突证明法治传统即使在1642年革命以前就已经相当根深蒂固了。冲突的焦点是国王本人是否有权从法庭调出案件，自己审判。柯克认为国王没有这种权力，因为国家的司法权专属法官。国王却认为“法律是基于理性之上的”，而他同法官一样，也具有理性，因此可以判案。柯克则反驳说，尽管造物主赋予了国王以极高的智慧，但国王“对英国的法律并不精通”。詹姆士一世对此非常恼火，认为柯克的观点意味着国王“必须在法律之下，而这种说法等于叛国”。柯克则毫不含糊地表示，国王不应服从“任何人，但要服从上帝和法律”。[②] 不用说，1688年光荣革命导致君主立宪制最终确立之后，法治的基础就更加牢固了。

如果说，英国的法治是在漫长的历史中逐渐由人治转变发展起来的，那么，北美殖民地从一开始施行的就是法治。各殖民地建立时一般都制定了基本法规，其中比较著名的是《五月花号公约》和《康涅狄格根本法规》。

① Edmund Burke, “Resolutions for Conciliation with the American Colonies”, *Orations and Essays* (N. Y. D. Appleton, 1900), p. 86.

② 本对话内容见 Riemer, op. cit. p. 42。

1620 年，一批受到宗教迫害的英国清教徒乘“五月花”号船离开普利茅斯港开往北美。他们得到伦敦弗吉尼亚殖民公司的许可，准备到弗吉尼亚殖民地去定居。然而，由于船员的错误，航向出现偏差，他们来到了远离弗吉尼亚的科德角。为了在这块新的殖民地上建立一个和睦的、有秩序的社会，他们在船上起草并签署了《五月花号公约》，作为这个没有得到特许而成立的殖民地的根本法规。公约规定，所有签署人将结成一个政治实体，并保证遵守它所通过的一切法律和规章条例。直到 70 多年以后这块殖民地并入马萨诸塞之前，公约一直是该殖民地的宪法性文件。受《五月花号公约》的影响，康涅狄格殖民地于 1639 年制定了《根本法规》。它一共分 11 条，内容相当全面，包括政府的权限、政府官员（包括总督）的产生、选民的资格以及选举程序等方面的明确而详细的规定，可以说（实际上也常被誉为）是世界上的第一部成文宪法。

英国对北美殖民地在政治上的第二个重要影响是自治。所谓自治，不言而喻，是人民自我统治。其形式有二：一是直接民主，由公民自己直接参政议事；二是间接民主，即所谓代议制度，由公民选出自己的代表（主要是议会议员）来行使政府权力。英国议会作为英国的代议制机构诞生于 13 世纪。起初它的权力很小，根本无力与国王抗衡。后来它的影响和地位逐渐上升，到都铎王朝时期（1485～1603）已成为国家政策的重要参与者。国王当时在理论上虽然仍可以把议会撇在一边，独自以皇家宣言的形式制定法律，但在实际上已很少这样做，国家的法律基本上都是议会通过的。1688 年，英国议会废除了詹姆士二世，邀请威廉和玛丽回国登基，更确立了议会权力至上的原则。

享有“惊人的自治程度”① 的北美殖民地从建立伊始便沿袭和发展了英国的议会制度。1619 年，当新生的弗吉尼亚殖民地在恶劣的自然环境中还未完全站住脚的时候，当地的人民便得到伦敦弗吉尼亚殖民公司的许可选出了自己的议会。这是在北美土地上诞生的第一个代议制机构，其后开拓的各殖民地也都纷纷效法。同其宗主国的情况一样，殖民地议会权力和地位的发展也是从小到大，由弱到强。至独立战争前夕，业主殖民地和英王直辖殖民地的议会对各自的行政部门都有较大的牵制力量。它们握有掌

① Dahl, op. cit. p. 9.

管钱袋的权力，能决定总督薪金的多少，因此常常能使总督就范。至于在康涅狄格和罗德岛这两个自治殖民地，总督本人都是议会选举的。议会权力之大，“俨然成了本殖民地最高权力机关”。[①]

正是由于有这种议会统治的传统，当英国和北美的矛盾激化时，各殖民地便推选出各自的代表，召开大陆会议（它实际上是北美 13 个殖民地联盟的议会），共同商讨对策。具有历史意义的《独立宣言》就是由大陆会议通过的。也正是由于有议会统治的传统，从 1776 年美国独立到 1789 年美国宪法正式生效，美国政府实际上只有议会这一个部门。根据《邦联条例》，美国联邦政府既没有司法部门，也没有独立行使权力的行政部门。行政职能全部由立法部门——国会来执行。有了这种议会统治的传统，在 1787 年的制宪会议上，制宪人在宪法第一条里就规定了国会的权限，把它当做政府的第一部门，这几乎成了一件完全顺理成章的事情。

三

国会民主政体的建立和巩固，还有赖于美国特殊的有利于民主制度生根发芽的自然和社会条件。

1782 年，从法国移民到美国，后来又担任法国驻纽约领事的作家热维古的《一位美国农民的信》一书出版，其中对什么是美国人这个在当时非常热门的问题作了回答：“美国人是一种新人，遵循新的原则……（有着）新的法律，一种新的生活方式，一种新的社会制度。”[②] 不容否认，长期以来，美国特殊的观点被不少人夸大了，有些人甚至别有用心，企图以美国的特殊来证明美国人（当然是纯种的白人）是上帝的“选民”，奉天承命，肩负着开化全人类的重任。[③] 但是，另一方面，美国作为一个欧洲移民于 17 世纪才开拓殖民的“新大陆”，确有一些“旧大陆”所没有的特点，这也是事实。

美国第一个有利于民主的特殊条件是，按当时的标准，它是一个相当

---

① 李昌道：《美国宪法史稿》，法律出版社，1986，第 11 页。

② J. Hector St. John de Gevecoeur, *Letters from an American Farmer* (N. Y.: Doubleday, 1960), Letter No. Ⅲ, pp. 48 - 50.

③ 美国人在这方面的自我吹嘘举不胜举，比如 Josiah Strong, *Our Country* (1885)。

平等的社会。在1787年的制宪会议上，来自南卡罗来纳州的代表查尔斯·平克尼说道，在美国人当中，“财富和等级的区别比其他任何国家的人都小。……平等是……合众国的最重要的特征”。[①] 从一些外国人到美国考察之后作出的结论看，平克尼的讲话并不完全是自我吹嘘。19世纪30年代，法国著名历史学家托克维尔受法国政府委托来到美国，考察这个新生的共和国的状况。回去之后他写了一部美国研究的经典著作《美国的民主》，其中写道：

> 在我访美期间，在吸引我注意力的诸多新事物当中，给我印象最深的莫过于美国人民条件的总的平等。……我对美国社会的研究越深入，我越感到这种条件的平等是一个最基本的事实，其他事实都是由它派生出来的。

托克维尔的结论是，世界任何其他地方从来也没有像美国这样平等。[②]

美国不仅存在着很大程度的平等，而且美国人也相信平等是一件好事。19世纪末，前英国驻美大使詹姆斯·布赖斯在另一本外国人评介美国的经典著作中对此作了一个生动的比喻：

> 在美国，人们认为其他人在本质上与自己完全相同。如果一个人极其富有……或者如果他是一位出众的演说家……或是一位了不起的战士……或是一位伟大的作家……抑或是一位总统，这当然是他的福气。他会惹人注目，或许受到崇拜甚至敬仰，但他仍然被看做是一个与其他人有着相同血肉的人。对他的崇拜可能是去见他和渴望与他握手的理由，但不是对他奴颜婢膝，或者用恭敬的语气同他说话，或者把他当成细瓷器而把自己当成土坷垃来对待的理由。[③]

由于缺乏足够的统计数字，难以对上述几人的观点作充分论证，但下

---

① Charles C. Tansill, ed., *Documents Illustrative of the Formation of the Union of American States* (Washington, D. C.: Government Printing Office, 1927), pp. 267, 270.

② Alexis de Tocqueville, *Democracy in America* (N. Y.: Vintage Books, 1955), vol. Ⅰ, p. 3.

③ James Bryce, *The American Commonwealth* (London: Macmillan, 1889), vol. Ⅱ, p. 606.

列几点可以说明他们的话基本属实。首先，除了土著印地安人和被强迫贩卖来的黑人奴隶以外，美国是一个由移民组成的国家。它没有自己的皇室和欧洲意义上的贵族，也没有欧洲国家那样的根深蒂固的封建等级传统和势力。用托克维尔的话说，美国人“生来就是平等的”。其次，18 世纪的美国是一个农业国，绝大多数人务农（1790 年，只有 5% 的人住在居民人数超过 2500 人的地方）。[①] 由于自然条件得天独厚，地广人稀，土地拥有者非常普及，传统意义上的“农民”（peasant）基本不存在。正如《美国的社会》一书的作者哈丽特·马丁诺所指出的：“美国人喜欢作土地的拥有者而不是佃农。”[②]

关于土地分配和平等的关系，英国政治思想家詹姆士·哈林顿在其名著《大洋国》中作了阐述。他认为，政治权力是由经济权力决定的，而经济权力主要表现为对土地的占有。如果土地只为少数人所有，政权肯定是贵族政体。如果人民都是地主，其结果就是一个共和国。美国的开国元勋也持相同的观点。皮克尼指出，美国的平等“有可能会继续存在，因为在一个新的拥有着巨大的未开垦土地的国家……将不会有许多穷人和依靠别人的人。”[③] 为了“保持很大程度的经济、社会和政治平等”，强烈主张民主的杰斐逊甚至希望美国永远保持为一个由小农组成的社会。[④]

有利于民主政体生存发展的第二个条件是美国人所享有的自由。1886 年，为了祝贺美国成立 100 周年，法国政府送给美国一座由一位妇女高擎自由火炬的青铜塑像，取名为“自由塑像”（中国通译为“自由女神”），形象地说明在当时的世界上美国是自由的象征。在 17 和 18 世纪，包括洛克、伏尔泰等著名启蒙思想家在内的许多欧洲人都认为北美殖民地是“美德和自由的特殊保留地”。[⑤] 当大批移民从“旧大陆”纷纷涌入“新大陆”时，他们当中有许多人就是为了逃避种种迫害，到北美寻求自由的。移民到新英格兰的清教徒是如此，在威廉·宾的率领下定居于宾夕法尼亚的教

---

① U. S. Burean of the Census, *Historical Statistics of the United Sttes, Colonial Times to 1957* (Washington, D. C.: Government Printing Office, 1960), Series A34 – 50, p. 9.

② Harriet Martinean, *Soicty in America*, ed. S. M. Lipset (Garden City, N. Y. Anchor Books, 1962), p. 57.

③ Tansill, op. cit., p. 267.

④ 刘祚昌：《杰斐逊改造美国土地制度的宏图》，《美国研究》1987 年第 4 期。

⑤ 见 Bailyn, op. cit., p. 84。

友派教徒也是如此。18世纪末英国和北美矛盾激化，根本原因之一就是殖民地人民认为英王要系统地剥夺他们的自由，“奴役殖民地”。所以潘恩呼吁人们奋起反抗，接待已被亚洲和非洲“逐出”和被英国下了“逐客令”的自由，“及时地为人类准备一个避难所”。[①] 帕特里克·亨利更是慷慨激昂：“给我自由，或者给我死亡。”[②] 时至今日，如果要评论美国的自由的话，那么也只能说它自由太多了（这未必是件好事），而不是太少。

最后，美国大多数人思想一致，认为民主是一个好的政体，而且愿意为它的不断发展而努力（包括相互妥协）。这种思想上的共识对于民主制度是绝对必要的。缺少这种共识，一个民主自治的制度只会陷入瘫痪，导致无政府主义——这也正是18世纪末许多美国人反对民主政体的原因所在。

关于美国人大都赞成民主的情况，托克维尔在《美国的民主》中也有记载。他指出，虽然美国当时分成24个州，但它是一个整体。美国人“在什么是最有利于一个好的政府的措施方面并不是总持相同的意见，而且他们在某些适于实行的政府形式方面有分歧，但是，他们在应该治理人类社会的总的原则上是一致的。从缅因州到佛罗里达，从密苏里到大西洋，人民被认为是所有合法权力的源泉。在自由和平等、新闻自由、结社权利、陪审团以及政府人员的责任方面，他们也都持相同的看法”。[③]

当然，并不是所有的美国人都崇尚民主。独立以前，著名清教徒领袖温斯罗普就称民主为世界上“所有政体中最低劣、最坏、最少连续性和最多麻烦的一种”。[④] 在制宪会议上，开国元勋汉密尔顿也表示理想的政体是君主立宪制，如果美国实在不能实行，也应建立一个尽可能与之相近的政体。19世纪30年代，托克维尔和马丁诺在美国考察时发现，在上层富有者当中仍有不少人反对民主。但是，这些人在整个社会中为数不多，而且常常因为自己的观点不受欢迎而不敢在公开场合发表。

美国人的意识形态比较一致与美国的具体国情有关。早期的美国移民

---

① 《潘恩选集》，第37页。

② Stuart Gerry Brown, ed., *We Hold These Truths* (N. Y. Harper and Brothers, 1948), p. 25.

③ Tocqueville, op. cit., p. 409.

④ Quoted in Riemer, op. cit., p. 71.

大都来自英国，有着相同的语言文化、风俗习惯和价值取向。托克维尔甚至认为，比起单一的英国社会来讲，美国社会在价值观上更像一个整体。[①] 此外，不管美国人现在是多么强调个性和与他人的不同，200 年以前的美国人有着非常明显的“趋同”（Conformist）特征。也就是说，人们总不愿意持与其他多数人不同的观点。马丁诺在《美国的社会》中指出：“他们（美国人）可以到全世界走走。他们会发现：除了他们自己的社会以外，没有任何其他社会服从处处小心谨慎和考虑别人观点的限制。”[②]

平等、自由和对民主向往是建立和巩固民主政体所必不可少的。美国在这些方面有幸享有得天独厚的优越条件。从这个角度说，近代世界第一个民主政体诞生于美国是毫不奇怪的。

正如潘恩在《常识》中所指出的，对于美国来讲，18 世纪末是一个国家只能一度遇到的特殊时期，即把自身组成一个政府的时期。“潘恩因此呼吁人们不要错过这个机会，从开头便正确地处理政权问题。”[③] 由于深受欧洲民主主义思想的熏陶，加之美国独立前的政治实践以及美国特殊的自然社会环境，美利坚合众国的缔造者们抓住了这个极为难得的机会，建立了代议民主政体——这就是美国何以会有国会的根本原因所在。

（原载《美国研究》1989 年第 3 期）

① Tocqueville, op. cit., p. 409.

② Martineau, op. cit., pp. 249 - 251.

③ 《潘恩选集》，马清槐等译，商务印书馆，1981，第 45 页。

论反共主义在美国产生与发展的根源

刘建飞*

【内容提要】反共主义在美国的产生与发展有着深刻而复杂的根源。除了资本主义和社会主义两种社会制度和意识形态的对立外，美国所特有的政治文化背景也是重要根源之一。在美国主流社会看来，共产主义是最大的“非美因素”；美国有反对激进革命的传统，而共产主义革命则是人类历史上最激进的革命；美国人有“天定命运”思想，而共产主义则被认为是美国实现天定命运的最大障碍。此外，宗教的影响和社会主义国家对外政策的失误也构成了反共主义在美国产生和发展的重要促动因素。

【关键词】反共主义　美国外交政策

自从社会主义国家出现后，在美国就产生了反共主义①这种意识形态，并被运用到美国外交中去。反共主义势力及其影响在冷战时期达到顶点。如果追溯历史，可以发现，早在19世纪70年代，反共主义在美国就已经

* 刘建飞，时任中共中央党校国际战略研究中心教授、博士。

① “反共主义”是“反共产主义”（Anticommunism）的缩写，这样用虽不很科学（严格地说“反共主义”的对应词语应是“反对共产主义的主义”，即以反对共产主义为宗旨的主义。）但是，一是国内学者已习惯于这样用，约定俗成；二是这样用更符合汉语的表达习惯。

萌芽。南北战争前，马克思主义就已传播到了美国。南北战争期间，许多共产主义者和组织都参加了北方军队或帮助北方军队。马克思主义者在响应林肯征募志愿军的号召方面，对全国起了示范作用；他们在许多战场上都英勇作战；马克思的战友约瑟夫·魏德迈曾投笔从戎，招募了一个整团参加北方军队，并因此而被晋升为上校，他还接受林肯交给的任务，担任险要的圣路易地区的指挥官；纽约共产主义俱乐部的一些会员都成了北方军队的军官。[①] 马克思主义者的行为受到了北方资产阶级的欢迎。可以说这时共产主义者与北方资产阶级是某种同盟关系。然而，不久，特别是巴黎公社革命失败后，美国资产阶级对共产主义者的态度就发生了180度的大转变。尽管这时共产党在美国还没有出现，但美国资产阶级却打出了反共的旗号。当1877年美国发生全国性的铁路职工罢工时，虽然罢工是自发的，而且目的仅仅是为了抗议资方削减工资，但是一些美国报纸却一口咬定罢工是“共产党为暴力推翻政府而策划的阴谋”，其用意是为利用国家机器镇压罢工制造借口。[②] 可见，反共主义在社会主义国家出现之前就已露出了苗头，并被运用于内政中。这表明，反共主义不仅是美国进行对外扩张的工具，是推行其外交政策的一张牌，而且它的产生和发展有着极为深刻的根源，既有经济政治方面的，又有社会文化方面的，不仅有对整个资本主义世界来说属于共性的因素，也有美国所特有的因素。

一　两种思想体系和社会制度的对抗

反共主义并非美国所独有的意识形态。所有资本主义国家都不同程度地存在过或存在着反共主义，而且在马克思主义诞生初期，反共主义在西欧更为盛行。在《共产党宣言》中，马克思和恩格斯就已揭示了这种状况：“一个幽灵，共产主义的幽灵，在欧洲徘徊。旧欧洲的一切势力，教皇和沙皇、梅特涅和基佐、法国的激进党人和德国的警察，都为驱除这个幽灵而结成了神圣同盟。”[③] “共产党”和“共产主义”已被政敌们用来作为互相攻击、咒骂的词语。1848年革命失败后，西欧的共产主义者受到了

① 威廉·福斯特：《美国共产党史》，世界知识出版社，1961，第39～40页。

② 张海涛：《再说美国——关于民主、自由、人权的书信》，北京出版社，1991，第122页。

③ 《马克思恩格斯选集》第1卷，人民出版社，1972，第250页。

无情的迫害，马克思在多次被逐、被捕、受审后，被迫带着家人流亡伦敦；“科伦共产党人审判案”使许多共产主义者同盟的领导人和盟员遭受监禁。巴黎公社革命失败后，欧洲又一次掀起了反对共产主义的狂潮。十月革命爆发后，包括美国在内的整个资本主义世界都一致对这场革命持反对态度，以英法为首的协约国还走上了对苏外交抵制、积极支持俄国反革命武装叛乱以及直接出兵干涉的道路。对这种行径，列宁痛斥道：“现在英、法、美集团把消灭世界布尔什维主义、摧毁它的主要根据地俄罗斯苏维埃共和国当成他们的主要任务。为此，他们准备筑起一道万里长城，像防止瘟疫一样来防止布尔什维主义。”[①] 冷战期间，美国虽然是反苏反共的主帅，但西欧国家也是从自身的需要积极配合美国推行遏制政策的，特别是在冷战爆发时，以英国为首的西欧国家在反苏上更加积极主动。[②]

在反对共产主义上，美国后来居上。如果说在巴黎公社革命后，反共主义在美国还只是某些资产阶级分子和集团的主张，并不像欧洲那样成为政府的行为，那么到了十月革命后，反共主义则成了官方的意识形态。从政府要员的言论到政府的行为都可以反映出这一点。当苏俄颁布《和平法令》后，美国国务卿罗伯特·兰辛称之为“对各国现存社会制度的直接威胁”。他向伍德罗·威尔逊总统报告说：“如果布尔什维克继续掌握政权，我们就毫无指望。”[③]在资本主义国家中，美国首先宣布对苏俄实行经济封锁；接着参加了国际资本主义对苏俄的武装干涉，于 1918 年 6 月派兵 7000 人到俄国北部和西伯利亚。[④] 与此同时，国内出现了“恐赤症”。1919 年 8、9 月间，美国两个共产主义政党——美国共产党和共产主义工党刚刚成立，美国统治集团就迫不及待地对之进行镇压。1920 年 1 月 2 日，美国司法部在全国 70 个城市进行了大规模的突袭，逮捕了约 1 万名共产党员和进步人士，企图把共产党人一网打尽，美国出现“红色大恐怖”

---

① 《列宁全集》，第 35 卷，人民出版社，1985，第 159～160 页。

② 详见刘建飞《从战后初期英国工党对苏政策看冷战起源》，载《当代世界社会主义问题》1998 年第 1 期。

③ 转引自张宏毅《现代美国对外政策中的意识形态因素》，载《世界历史》1988 年第 6 期。

④ 杨生茂主编、王玮、张宏毅副主编《美国外交政策史 1775～1989》，人民出版社，1991，第 283 页。另见 Michael H. Hunt, *Ideology and U. S. Foreign Policy* (Yale University Press, 1987), pp. 113－114。亨特认为美国共派出了 15000 人，其中 1 万人在俄东部近海省份，5000 人在摩尔曼斯克。

(“Great Red Scare”)。[1] 以后，反共主义一直贯彻在美国的内政与外交中。

反共主义之所以能在美国产生并得到发展，首先在于共产主义与美国的资本主义存在着意识形态和制度上的对立。这种对立主要表现在如下三个方面。

(一) 社会主义、共产主义与自由主义在价值体系上相对立

美国统治集团认为，社会主义、共产主义与在美国占统治地位的意识形态——自由主义是相对立的价值体系，并对之构成严重威胁，进而会威胁资本主义制度的存在。1950 年公布的“美国国家安全的目标和计划”指出：“法治政府所具有的自由思想与克里姆林宫实行严厉寡头统治的奴役思想之间存在根本的冲突”，而“消灭来自自由的挑战是奴役成性的国家不可改变的目标”。[2] 美国前总统理查德·尼克松认为，意识形态是冷战时期美国与苏联进行争夺的根源。“苏联企图扩张共产主义，消灭自由；而美国则要阻止共产主义，扩大自由。如果我们在意识形态斗争中打了败仗，我们所有的武器、条约、贸易、外援和文化关系都将毫无意义。”[3] 美国学者托马斯·威斯科波夫认为，资本主义和社会主义是两种对立的社会经济组织形式，分别有 4 个主要特征：资本主义要求生产资料私人占有，而社会主义则要求生产资料公共占有；资本主义要求劳动力无产阶级化，而社会主义则追求无产者的解放；资本主义要求少数企业统治者控制生产过程，而社会主义则要求由企业全体成员民主参与来控制生产过程；在资本主义社会，劳动者的生产积极性主要是靠对个人的物质刺激来获得，而在社会主义社会，劳动者的生产积极性则主要是靠非物质的手段，而且刺激对象是集体而不是个人。威斯科波夫进一步认为，资本主义和社会主义之所以存在上述几方面的对立，是因为这两种社会经济组织形式分别建立在不同的价值体系基础之上。资本主义价值体系强调个人而不是社团的重要意义，鼓励竞争而不是合作，并且将物质产品和服务放在首位，以满足人们的需求，促进人们的幸福；社会主义价值体系则强调社团而不是个人

---

① Robert Paul Browder, *The Origins of Soviet-American Diplomacy* (Princeton University Press, 1953), pp. 115 – 116. 另见 Michael H. Hunt, *Ideology and U. S. Foreign Policy*, pp. 115 – 116。

② 梅孜编译《美国国家安全战略报告汇编》，时事出版社，1996，第 312 页。

③ 理查德·尼克松：《1999 年：不战而胜》，世界知识出版社，1989，第 96 页。

的重要意义，鼓励合作而不是竞争，并且贬低货币收入和物质消费的重要性，强调对劳动者进行精神奖励。①

很显然，社会主义的价值观念如果在美国和世界其他地方传播开来，确实会使美国的资本主义制度受到威胁。所以美国统治集团对社会主义、共产主义意识形态感到极为恐惧和仇视。

十月革命爆发后，美国统治集团认为"布尔什维克革命对美国价值观形成直接的挑战"，"布尔什维主义是一颗能炸毁"资本主义制度的"炸弹"。威尔逊总统于1918年秋发出警告，"布尔什维主义的精神正潜伏在各处"。一年后，他又宣称："一些革命的'毒素'实际上已渗透进这个自由国家人民的血管里。"② 被称为"冷战之父"的乔治·凯南在分析冷战根源时指出，美苏"冲突根源中首要的而且也是最根本的一个，当然就是布尔什维克共产党的领导集团在意识形态上所承担的义务。这在美国的政治经验中，还是一个崭新的东西。这也是美国人以前从未遇到过的一种敌对方式的表现"。"俄国保证要实现的纲领旨在使美国社会遭到损害，这种损害，在绝大多数美国人看来，甚至比单纯军事上惨败于传统的对手可能带来的种种苦难还要可怕。"正因为共产主义意识形态被认为有如此严重的威胁，所以被美国统治集团"看做一种应当加以隔离的瘟疫"。③ 并且在社会主义国家出现之前，美国资产阶级就打出了反共的旗号。

（二）社会主义制度妨碍垄断资本主义的扩张

垄断资本的本性决定它是要不断向外扩张的，而以生产资料公有制为基础的社会主义制度则成了其扩张的一大障碍。正如列宁所分析的："垄断占统治地位的最新资本主义的特征是资本输出。"其输出的一个主要方向就是那些落后国家，"因为那里资本少，地价比较贱，工资低，原料也便宜"。但是这种输出并不是无条件的，"其所以有输出资本的可能，是因为许多落后的国家已经卷入世界资本主义的流通范围……。"④ 可见，如果落

① 见 G. John Ikenberry, "*American Foreign Policy*," *Theoretical Essays* (Scott, Foresman and Company, 1989), pp. 171 - 173。

② Michael H. Hunt, *Ideology and U. S. Foreign Policy*, p. 115.

③ 参见张宏毅《现代美国对外政策中的意识形态因素》。

④ 《列宁选集》第二卷，人民出版社，1960，第782～783页。

后国家没有卷入资本主义的流通范围，则资本输出是难以实现的。而在美国垄断资产阶级看来，社会主义国家是不会卷入资本主义的流通范围的。威尔逊认为：“美国贸易在世界的扩展是与美国自由主义的输出分不开的。”① 正因为这样，十月革命后，美国把新生的苏俄社会主义制度看成是极大的威胁。国务卿兰辛说：“归根结底，布尔什维主义对于美国安全的威胁比德国更大，因为它既否定民族性又否定财产权，并以革命威胁美国。”② 正是基于这种认识，在20年代相当长的一段时间里，美国官方多次拒绝苏俄关于两国开展平等贸易的呼吁，甚至提出如果苏俄保障私人所有制，对目前的社会制度作根本改变，才有可能重新考虑。

美国学者诺姆·乔姆斯基在解释冷战初期美国实施马歇尔计划的真实意图时说：“美国采取马遏尔计划等措施并不是为了对付苏联侵略的威胁，而是要对付经济崩溃和民主政治崩溃的威胁，这种威胁可能导致美国占统治地位的世界秩序框架外的社会经济的发展。”③ 这里所说的“美国占统治地位的世界秩序框架外的社会经济”实际上就是苏联模式的社会主义经济，很显然这种经济的发展对美国垄断资本的利益是个严重损害。

1955年，在美国颇有声望的研究机构——伍德罗·威尔逊基金会和全国计划协会曾这样解释“共产主义”的含义：“共产主义”的主要威胁是共产主义力量在经济上的变化，其变化方式减小了他们补充“西方”工业经济的意愿和能力。“西方”包括日本资本主义，它理解这些工业资本主义经济将坚定地保持在美国控制下的“整体秩序框架”之内……简单地说，“共产主义者”就是那些企图将他们的资源用于其自己的目的的人，这是和美国外交政策核心原则——偷盗和剥削的权利——相抵触的。自然地，美国是一贯的“反共产主义者”，但却只是有选择的“反法西斯主义者”。④

约翰逊总统最亲密的国家安全事务顾问W·W. 罗斯托曾对工业化国家和不发达国家之间的关系作了如下阐述：“不发达国家的地理位置、天然资源和人口是如此重要：要是它们果真依附于共产主义集团的话，那么

① N. Gordon Levin, J. R., *Woodrow Wilson and World Politics* (Oxford University Press, 1968), p. 18.

② N. Gordon Levin, J. R., *Woodrow Wilson and World Politics*, p. 72.

③ Noam Chomsky, *On Power and Ideology* (South End Press, Boston 1987), p. 28.

④ Noam Chomsky, *On Power and Ideology*, p. 10.

美国在这个世界上就会变成一个二等国家……如果不发达国家地区落入共产主义的统治下，或者如果它们发展到对西方采取固执的敌视态度，那么，西欧和日本在经济上和军事上的实力就会削弱……总之，不发达国家的这种演变，不但严重影响西欧和日本的命运，而且还严重影响我们的军事安全和生活方式。"① 罗斯托的话一方面表明了不发达国家的政治取向对美国等西方发达国家是至关重要的，另一方面也体现了社会主义国家的存在是与美国的经济利益相抵触的。

（三）社会主义制度对美国"立宪民主"构成威胁

十月革命后，美国统治集团认为，新生的苏维埃制度是与美国的政治制度根本对立的。继兰辛之后任国务卿的贝恩布里奇·考尔比说，苏维埃政权不是基于公众的支持，而是通过"暴力与狡诈"上台的，是靠着"残酷镇压所有反对派以继续保持其地位的"。而这种政治制度无疑构成了对美国"立宪民主"制度的威胁。正如美国总统伍德罗·威尔逊所说，"莫斯科政体在一切方面都是对美国的否定"。② 到了冷战时期，美国统治阶级更强烈地感受到了这种威胁。尼克松认为："苏联人矢志不移地要实现建立共产主义世界的目标。我们则矢志不移地要实现建立自由世界的目标，使各国人民有权选择谁来统治他们以及如何进行治理。苏联人认为历史在他们一边。我们应确保在书写下一世纪的历史时，它是在我们这一边。"③

从上述分析可以看出，两种意识形态和社会制度的对抗构成了美国反共主义产生和发展的基本动因。

二　美国特有的民族文化背景

社会意识是社会存在的反映，任何意识形态的形成与发展都与其赖以存在的社会的历史有着密切关系。反共主义能在美国产生并存在、发展下去，特别是美国在反共上能后来居上，是与其独特的历史和文化特别是政

① 转引自哈里·马格多夫《帝国主义时代——美国对外政策的经济学》，商务印书馆，1975，第53页。

② Robert Paul Browder, *The Origins of Soviet-American Diplomacy*, p. 13.

③ 尼克松：《1999年：不战而胜》，第13页。

治文化分不开的。美国独特的历史产生了独特的政治文化，这种独特的政治文化构成了反共主义形成和发展的重要内在动力。从一定意义上说，这种美国特有的政治文化，是美国民族主义的核心内容。美国民族主义实际上是自由主义与美国政治文化相结合的产物。

（一）共产主义是最大的“非美因素”

所谓“非美因素”，就是可以导致美国社会解体的因素。

美国政治文化的一大特点是，在意识形态上既多元，又高度一致。美国是个移民国家，原有的印第安人在美利坚民族中只是微不足道的部分，在欧洲人来到新大陆建立殖民地之前，这里被看成是无主的土地。虽然美国最早是由13个英属殖民地独立后形成的，并且英裔人成了美国最大的单一种族，英语是单一的国语，但英国人并未构成美利坚民族的主体，或“多数民族”。据统计，目前可以辨别的英裔人只占美国人口的15%，比德裔人（占13%）或黑人（占11%）实在多不了多少。[①] 就是英裔人占美国人口最多的时候，即1890年第一次人口调查时，也未超过50%。[②] 美国是个公认的移民国家，美国社会是由许多种族、民族组成的，各种族、民族的人在移入美国时都将其母族文化带到美国，使其在新大陆生根、发芽。从这一点来说，美国的文化是多元的，并不像有些多民族国家那样有一个主体民族或人口占绝对多数的民族。美国历史短暂，没有充分时间让各种文化融合，以消化各种外来因素。而美国社会又非常需要一种能将各种族、民族维系在一起，使社会保持“一体化”的纽带，[③] 这个纽带就是政治上的共识，也就是意识形态或主要价值观念上的基本一致性。美国政治学家罗伯特·达尔说：“美利坚是一个高度注重意识形态的民族，只是作为个人，他们通常不注意他们的意识形态，因为他们都赞同同样的意识形态，其一致程度令人吃惊。”[④] 在美国，不同种族之间虽然存在矛盾，但是

---

① 托马斯·索威尔：《美国种族简史》，南京大学出版社，1993，第3页。

② 参见纳尔逊·布莱克《美国社会生活与思想史》上册，商务印书馆，1994，第36页。

③ 美国社会学家塔尔科特·帕森斯认为，每个国家、社会和复合组织总是面临着一项长期的基本任务，即“一体化”任务；一体化包括使那些不同的活动变得和谐，以及使人们的期望和动机与他们所要扮演的角色相一致等内容。见〔美〕卡尔·多伊奇《国际关系分析》，世界知识出版社，1992，第19页。

④ 转引自杰里尔·A·罗赛蒂《美国对外政策的政治学》，世界知识出版社，1997，第354页。

无论是有种族优越感的白人，还是曾受过种族歧视的黑人，或是固守传统民族文化的唐人街的华人，都坚定地崇尚自由、民主、个人主义等价值观，在这方面，他们有着惊人的一致性。这种一致性对美国社会来说是至关重要的。正因为这样，美国主流社会一方面容忍各种差异存在，另一方面却极端坚持为维护社会统一所必需的起码的一致性。任何对基本一致性的威胁，都将受到美国主流社会和主流文化的反击。社会主义、共产主义正是属于那种可以破坏美国意识形态基本一致性的“非美因素”，因此很自然地遭到美国主流社会的敌视和反对。这也正是在美国这样一个共产主义运动几乎无成功希望的国家，反共主义却如此根深蒂固并时常表现得极其猖狂的原因所在。①

美国主流社会的反共倾向在19世纪就有所表现。1888年，著名作家爱德华·贝拉米的畅销小说《回顾2000～1887年》出版，作者描绘了一个通过和平演变并运用社会智慧实现的社会主义化的国家。然而，贝拉米深知美国人对社会主义的偏见，所以小心地避免使用这个字眼。②

到了十月革命后，这种反共倾向更加强烈。“新政”时期美国流行的一首被称作本土主义的小调，十分形象地反映了这种倾向以及美国多元文化与共产主义之间的关系：

> 上帝保佑美国，
> 犹太人拥有它，
> 天主教徒管理它，
> 黑人喜爱它，
> 清教徒建立它，
> 但是，
> 共产党人将摧毁它。③

---

① 参见金灿荣《政治—文化分裂与美国政局演变》，载《美国研究》1995年第1期。

② 详见纳尔逊·布莱克《美国社会生活与思想史》下册，商务印书馆，1997，第187页。

③ 转引自费雷德里克·西格尔《多难的旅程——40年代至80年代初美国政治生活史》，商务印书馆，1990，第7－8页。

（二）社会主义革命是最激进的革命

美国是经过革命而诞生的国家，独立战争实际上是一场资产阶级民主革命。然而，在美国却形成了敌视激进革命的传统，尽管美国人不像英国保守党人那样反对革命。美国学者麦克尔·亨特考察了美国立国后对世界上发生的若干次较有影响的革命的态度，得出了美国主流社会是敌视激进革命的结论。[①] 对1789年法国大革命后的君主立宪派和吉伦特派、1830年法国七月革命、1848年法国二月革命、1911年中国辛亥革命、1917年俄国二月革命，美国都表示同情和支持；而对1793年后的雅各宾专政、1848年法国六月起义、1871年巴黎公社革命、1917年俄国十革命则持敌视态度。美国主流社会之所以会形成这样的传统，主要由如下三个因素决定。

第一，美国人喜欢用自己熟悉的标准来判断是非。亨特认为："美国人用约翰·亚当斯和托马斯·杰斐逊曾用过的标准来判断外国的革命。革命是一个神圣的事情，在进行过程中必须保持最低限度的混乱，要由可尊敬的公民来领导，致力于一个适当的政治目标，并幸运地只是在制定了一部平衡的宪法后而结束。最基本的，革命要保障人权和财产权利。换句话说，一个成功的革命在美国人的头脑中，无法摆脱地同他们所熟悉的他们自己的革命的方法、目标以及政治文化联系在一起。"[②] 美国主流社会所敌视的革命，基本上都是不符合上述标准的，它们都引起了"严重混乱"，领导者不是"可尊敬的公民"，政治目标不适当，等等，尤其是布尔什维克所领导的十月革命，与这些标准更是相去甚远。

第二，价值观的影响。美国革命的第一价值目标是自由而不是民主，民主体制之所以被采用是因为它相对于其他政治形式最能保障自由。美国立国时最重要的两份文件——《独立宣言》和《美利坚合众国宪法》都更强调自由。《独立宣言》中有一段最能表达美国价值观的话："我们认为以下真理是不言而喻的：人人生而平等，造物主赋予他们某些不可转让的权利，其中包括生命权、自由权以及追求幸福的权利。"这里，核心内容是

① Michael H. Hunt, *Ideology and U. S. Foreign Policy*, 1987, pp. 98 – 108.

② Michael H. Hunt, *Ideology and U. S. Foreign Policy*, p. 116.

自由。为了保障自由，即各种权利，“人们建立起政府，而政府的权力必须来自被统治者的同意；任何形式的政府，一旦破坏这些目标，人民就有权利去改变它或废除它，建立一个新的政府”。可见，采用民主政体的目的是为了保障自由。美国制宪者们在根本大法的序言中开宗明义地阐明了制定宪法的目的，其中一个重要方面就是“保证我们自身和子孙后代永享神赐的自由权力”。① 这种自由至上的观念严重影响着美国人的思维方式。在美国人看来，激进的革命虽然可能符合民主的要求，但它损害了自由原则，因此是不可取的。

第三，美国人有政治温和的倾向。美利坚民族中最大的种族是英国人，英国文化对美国主流文化有着深刻的影响。在英国，托利—保守党长期主政，其意识形态——保守主义对英国社会和文化产生了潜移默化的影响。19 世纪初，埃德蒙·伯克的保守主义产生于英国不是偶然的。保守主义的基本精神是：尽可能保持社会现状，如果需要变革，要尽量使变革对社会带来的震动限制在最小的限度内。② 由于历史、地理、语言及宗教方面的原因，美国很容易接受英国的文化。在英国保守主义的影响下，美国的主流意识形态——自由主义逐渐打上了保守主义的烙印，从而形成“保守—自由主义”意识形态，并造就出一大批“政治温和的美国人”。③ 他们对激进的革命普遍抱有怀疑和敌视的态度，推崇互相妥协，主张有控制的变革。因此有人把主流美国人称作“反革命的革命派”。④

英国的保守主义还对美国一些政要的思想产生了直接影响。1894 年，威尔逊就是在伯克的著作影响下，谴责法国大革命为“激进的罪恶和腐败思想的根源”。⑤

第四，美国的内政需要反对激进的革命。每当激进革命发生时，美国统治集团都加以敌视和反对，在相当程度上还与美国的国内政治密切相关。麦克尔·亨特认为，巴黎公社革命时，美国人之所以反应异常激烈，

① Jay M. Shafritz, Concise Edition, *The Harper Collins Dictionary of Amereican Government and Politics* (Harper Collins Publishers, 1993), pp. 523, 527.

② 详见刘建飞《英国保守主义的主要特征》，《国外社会科学》1997 年第 6 期。

③ Michael H. Hunt, *Ideology and U. S. Foreign Policy*, p. 105.

④ 金灿荣：《政治—文化分裂与美国政局演变》。

⑤ Michael H. Hunt, *Ideology and U. S. Foreign Policy*, p. 105.

还因为“巴黎事件触及了国内敏感的政治神经。《纽约时报》的编辑们在公社失败后马上坦率地承认，公社是‘埋在现代社会下面的深刻的爆炸性的力量’。美国城市都充满它们自己的‘反叛的暴民’，他们中的很多人都是最近的欧洲移民，他们带着同样的曾将公社社员带动起来的无政府主义和社会主义的烙印。这些移民使劳动队伍膨胀，劳工们已开始向财产所有权挑战并助长了阶级冲突。警觉起来了的保守主义者和排外主义者声称：这些就是在美国土壤里的革命的种子”。[①] 为了确保革命的种子不发芽，美国主流社会和统治集团必须对巴黎公社革命采取旗帜鲜明的敌视态度。

十月革命发生时，美国国内政治也存在着相似的情况。当时美国正处于“更糟的时候”，“美国正经受着全国性的自信心危机”。美国人“惊恐地注视着布尔什维克‘疾病’蔓延到德国和匈牙利，还有，苏维埃领导组织起了第三国际。这可能只是一个长期颠覆运动的开始，甚至美国也不能逃脱”。于是，保守主义和排外主义联合起来，向布尔什维主义宣战，“以将国家从革命的病毒蔓延中拯救出来”。[②]

在美国主流社会看来，以十月革命为代表的社会主义革命是有史以来最激进的革命，最不合美国人的评判标准，最易引起社会动荡，对美国社会稳定的威胁最大，因此最应受到敌视。正如美国学者理查德·鲍厄斯所说：“1917 年后的共产主义不同于所有先前的激进主义，因为它是以莫斯科为牢固根基的世界网络的一部分；与之相应，美国的反共主义也不同于所有先前的反激进运动，因为它的首要敌人是国际性的并且是针对国外的。”[③]

（三）社会主义国家是美国实现领导世界的最大障碍

19 世纪中叶，美国出现了“天定命运”这一思潮，对美国的外交政策产生了很大影响。“天定命运”是在美国大陆扩张进入高潮时期应运而生的扩张主义的意识形态。1845 年 7 月，美国正式兼并得克萨斯数月后，

① Michael H. Hunt, *Ideology and U. S. Foreign Policy*, p. 105.

② Michael H. Hunt, *Ideology and U. S. Foreign Policy*, p. 115.

③ Richard Gid Powers, *Not Without Honor: The History of American Anticommunism* (Simon and Schuster Inc., New York, 1995), p. 426.

《联邦杂志和民主评论》发表了一篇题为《兼并》的文章，呼吁“现在是反对兼并得克萨斯的人们罢手的时候了”，并宣称，“现在应该是爱国主义和对国家的共同责任感代之而起的时候”。这种“责任感”在文章中被命名为“天定命运”，意即美国负有天定的使命拓展到上帝为美国的自由发展而指定的整个大陆。① 从此，“天定命运”被美国扩张主义者作为鼓吹扩张包括后来的海外扩张的口号，构成美国外交的一个重要指导思想。

“天定命运”具有深厚的思想基础。首先是种族优越感。虽然美国是个移民国家，是民族的大熔炉，但却存在着根深蒂固的“白人至上”的观念。② 美国的种族优越感虽不像希特勒的种族理论那样被公开宣扬，但却存在于主流美国人的观念中，体现在美国社会生活的各个方面。本杰明·富兰克林在1751年时就讲过这样的话：“世界上纯正白人的数量所占的比例是很小的。非洲人全都是黑色或黄褐色的；亚洲人主要是黄褐色的；美洲人（包括新来者）各种肤色都有；在欧洲，西班牙人、意大利人、法兰西人、俄罗斯人以及瑞典人总体来看属于那种我们称之为肤色黝黑的人；德意志人也是如此；只有撒克逊人是个例外，他们使用英语，构成了地球表面上白种人的主体。我期望他们的数量不断增加……或许我对我的国家的人的肤色存有偏爱，因为这种偏爱对人类来说是自然天生的。”③ 这种自然天生的对本种族的偏爱逐渐演化成种族优越观念。麦克尔·亨特认为，美国人的种族优越观念反映在19世纪的大量绘画作品中。比如，在一幅被用在学生课本中的名为《人的种族》的人物画中，白人的头像摆在中间，正脸全貌，是个仪表端庄、面容秀丽、神态安详的贵妇人形象；而周围的其他有色种族的人则被描绘得或侧脸半面、或胡须遮面，而且目光呆滞，面无表情。④ 在有种族偏见的白人看来：“白色象征善良、纯洁、美丽，而黑色却象征着罪恶、腐朽、丑陋。”⑤ 美国扩张主义者认为，以白人为主体

---

① Avery Craven, Walter Johnson, Roger Dunn, ed., A *Documentary History of the American People* (Ginn and Company, 1951), pp. 282 – 285.

② 托马斯·索威尔：《美国种族简史》，南京大学出版社，1992，第368页。

③ 转引自 Michael H. Hunt, *Ideology and U. S. Foreign Policy*, p. 46。

④ Michael H. Hunt, *Ideology and U. S. Foreign Policy*, p. 49.

⑤ 纳尔逊·布莱克：《美国社会生活与思想史》上册，第19页。

的美利坚人是最优秀的民族，他们有征服劣等民族的权利。这是“天定命运”。他们还“希望这种天定命运的向外扩张权利不被赋予除美国外的任何其他民族”。[①]

其次是“美国伟大”的思想。“种族优越”感，再加上美国特殊的历史，使美国主流社会产生了“美国伟大”的思想。早在美国立国前，托马斯·潘恩就在著名的《常识》中宣称：“我们拥有使世界重新开始的力量。”[②] 以后，先是以亚历山大·汉密尔顿为代表的联邦党人提出了“美国伟大”的概念，然后又为以托马斯·杰斐逊为代表的反联邦党人所接受。汉密尔顿从独立战争的经验教训中领悟到：人是有野心、有报复心和贪婪的，这是人类的本性，因此人与人之间的冲突是生活的法则；国家和人一样，必定会为财富和荣誉这些古老的野心目标而发生冲突，斯巴达、雅典、罗马、迦太基的经历都证明了这一点；美国人必须认识到，他们也生活在一个与完全理智和完全道德的幸福帝国相距甚远的世界里；因此，美国必须成为一个像欧洲那样在世界起支配作用的国家，积极参与国际事务，成为一个伟大国家。[③]“美国伟大”思想成了美国扩张主义的另一个重要意识形态。“美国伟大”就意味着美国人“天定命运”具有拯救落后民族并使之获得新生的能力和“使命”,[④] 就意味着美国应该成为世界的领导者。

最后是“民主制度优越论”。美国人认为，美国所创立的立宪民主制度是世界上最好的政治制度，最能保障人们的自由权利，因此应当被世界各国效法，而“伟大的美国”则负有“使命”和“责任”向整个美洲大陆乃至全世界传播、推广这种制度。美国兼并俄勒冈时，参议员丹尼尔·迪金森（Daniel S. Dickinson）在国会辩论中说，俄勒冈问题是“两大体系之间的问题，即君主制和共和制之间的问题”；众议员威廉·索耶（William Sawyer）认为，合并俄勒冈可以“把我们从革命先辈那里接受过

① Albert K. Weinberg, *Manifest Destiny*: *A Study of Nationalist Expansionism in American History* (The Johns Hopkins Press, Baltinore, 1935), p. 143.

② 转引自 Michael H. Hunt, *Ideology and U. S. Foreign Policy*, p. 19。

③ Michael H. Hunt, *Ideology and U. S. Foreign Policy*, pp. 23 - 24.

④ Albert K. Weinberg, *Manifest Destiny*: *A Study of Nationalist Expansionism in American History*, p. 171.

来的自由制度纯纯正正地传给后代”。1845 年，国务卿詹姆斯·布坎南（Jumes Buchanan）表示，为了捍卫共和制，合并加利福尼亚是可行的。《纽约先驱报》的文章甚至称，为了保卫自由制度，不仅要合并加利福尼亚，而且要占领整个墨西哥。众议员查尔斯·卡思卡特（Charles Cathcart）在第 29 届国会上宣称，美国将“使整个大陆的居民组成一个共和主义大家庭”。① 美国完成大陆扩张开始向海外扩张后，推进民主成了其外交政策的一个重要内容。第一次世界大战时，美国加入协约国一方参战，一个重要考虑就是德国、奥地利等国是专制国家，而英、法以及二月革命后的俄国是民主国家。威尔逊要“站在欧洲民主力量一边而战斗，反对野蛮的威廉统治的德国”。“而且对威尔逊来说，只是击败德国是不够的，他还要打败那些人类的祸根，即德国所追求的帝国主义、军国主义和专制制度。”“一场胜利的战争只能是全球性变革的前奏。”② 美国参加第二次世界大战也存在相似的因素。美国学者西格尔认为：“美国人随着他们传统观念的发展，一直确信未来是他们的，民主政治将传遍全球。”③

上述“天定命运”的思想基础同时也构成了其重要内涵。作为“优越种族”的国家、民主制度的发源地、“伟大的美国”，应该领导整个世界，而社会主义国家的存在构成了美国实现这一目标的巨大障碍，特别是当共产主义具有向全球蔓延之势的时候。

三　反共主义形成与发展的若干促动因素

反共主义能够在美国形成并得到发展，而且一度势力相当强大，除了上述思想体系和社会制度对抗以及美国特有文化背景方面的根源外，还有一些因素也发挥了相当重要的促动作用。其中比较突出的有宗教影响和社会主义国家苏联外交政策失误两个方面。当然，这些因素不仅在美国存在，在其他西方国家也存在。

① Albert K. Weinberg, *Manifest Destiny: A Study of Nationalist Expansionism in American History*, pp. 110, 111, 147.

② Michael H. Hunt, *Ideology and U. S. Foreign Policy*, p. 134.

③ 费雷德里克·西格尔：《多难的旅程》，第 9 页。

（一）宗教影响

美国虽然没有国教，但它是个宗教势力很大的国家。宗教对政治的影响虽不很直接，但却是不可忽视的。实际上，宗教也是美国政治文化的一个重要方面，只是由于它并非美国所特有的，而且在形成反共主义上所起的作用没有上述因素更直接，因此将之列为促动因素。

学者们普遍认为，美国“是世界上最笃信宗教的国家”，① 是“宗教色彩最浓的发达国家”②。据 1979～1980 年《政治家年鉴》统计，美国有各种宗教活动场所 33.3 万多处，神职人员 216550 人；信徒 13100 多万人，占当时美国人口（22000 万）的近 60%。③ 这是能够统计出来的数字。美国记者艾伦·埃尔斯纳认为：基督教是美国一支强大的社会力量，美国有近 50 万个教堂和宗教活动场所，每 10 个美国人中有 7 个说他们是教会会员，宗教似乎无所不在。④ 还有一种说法，在每 100 个美国人中，大约有 64 个是基督教会或其他宗教团体的教友，其他不属于任何教会的人，也大都有着某种宗教信仰。在信教者中，基督教徒占有绝对优势，其中新教徒和天主教徒又居领先地位，分别有 7200 万人和 4983 万人。⑤ 与其他发达国家相比，美国不仅信教的人数多，而且教徒的文化程度也较高，宗教活动较为活跃。

美国从立国之时起就实行了“政教分离”原则。1791 年颁布的宪法修正案第一条对这一原则加以确认，规定国会不得制定“确立国教或禁止宗教活动自由”的法律。⑥ 尽管如此，在美国，政与教之间仍然存在着密切关系。政府干预宗教、宗教介入政治的事例在美国历史上不胜枚举。有时，两者不是互相“分离”，而是彼此“合作”。

就宗教对政治的影响来讲，可以说是重要而深刻的，因为“宗教自由从一开始即是”美国的“经济自由和政治自由的基石”。⑦ 具体表现在以下

---

① 理查德·尼克松：《超越和平》，世界知识出版社，1995，第 203 页。

② 裴孝贤：《宗教在美国社会中的地位》，载《美国研究》1998 年第 4 期。

③ 世界宗教研究所编《各国宗教概况》，中国社会科学出版社，1984，第 431 页。

④ 路透社弗吉尼亚州林奇堡 1997 年 5 月 6 日英文电。

⑤ 阮宗泽、宋军：《为什么偏偏是美国》，世界知识出版社，1995，第 162 页。

⑥ 加里·沃塞曼：《美国政治基础》，中国社会科学出版社，1994，第 236 页。

⑦ 尼克松：《超越和平》，第 203 页。

四个方面。首先，美国政府的决策层及对政府决策有重要影响力的政界、商界要人很多都是教徒，他们的信仰对他们的思维方式和政治立场有重要影响，从而使政府的决策时常打上宗教的烙印。其次，经选举而产生的国会两院的议员和各级行政长官，为了争取选票，必定要迎合占选民多数的信教者的利益和要求。比如，罗纳德·里根总统在竞选时就提出，要在公立学校恢复祈祷。在美国外交史上，特别是对非基督教国家的外交，传教士在影响政府决策特别是美国公众对某国的评价上所起的作用往往比媒体还大，有时甚至大于外交官。再次，教会本身就是个势力相当强大的利益集团，可直接对政府决策施加影响甚至压力。比如，教会人士时常违法收容非法移民，对抗政府的法令，挑战政府的权威。宗教领袖一般都要在诸如外交、国防这样事关国计民生的国家大事上表明自己和宗教界的态度，以影响政府决策。1988 年，两位牧师——杰西·杰克逊和帕特·罗伯逊还竞选美国总统。美国学者艾尔弗雷德·希罗认为："宗教机构在思想和行为上对美国外交事务，最终对美国外交政策的潜在影响是实实在在的。""由宗教机构资助或与宗教机构有关的书籍、刊物、报纸以及其他著述可以抵达绝大多数美国人的家里。"① 最后，美国政治生活处处都带着宗教的印记。"我们信奉上帝"就是美国人的一条格言，并刻印在了硬币、纸币上；国会的参、众两院都设有牧师的办公室；陆、海、空军里有常驻牧师，他们拿军队的工资，佩带军衔。许多官方仪式都带有宗教色彩。比如，每届国会开会之时首先必须祷告；领导人去世以后要按照宗教仪式进行安葬；举行向国旗宣誓仪式时要高颂"上帝麾下的一个国家"；圣诞节是全国性假日，界时白宫里要安放圣诞树，总统要参加固定的仪式。②

就反共主义的形成和发展来看，宗教主要从四个角度发挥作用。

第一，宗教与马克思主义天然对立。马克思主义属于无神论，而且是最彻底的无神论，对宗教持完全否定的态度，甚至斥之为麻醉人民的精神鸦片。这种态度必然会招致宗教信徒的对抗情绪。当 1824～1827 年罗伯特·欧文在美国进行空想社会主义的合作社会的试验时，"美国大多数公众对欧文持敌视态度，他们与其说厌恶他的社会主义，不如说厌恶他对宗

① Alfred O. Hero, Jr., *American Religious Groups View Foreign Policy, Trends in Rank-and-File Opinion, 1937－1969* (Duke University Press, 1973), preface, p. 1.

② 严维明主编《比较美国学》，西安交通大学出版社，1999，第 191 页。

教的无情攻击”。[①] 马克思主义也不可避免地遭受这样的敌视。许多在推行反共主义政策上起了重要作用的人物都是宗教信徒，比如约翰·杜勒斯。杜勒斯的反共反苏倾向与他的宗教信仰有很大关系，他认为美苏对抗主要是一场西方基督教文明与共产主义之间的思想斗争，前者由美国领导，后者由苏联领导。[②] 曾在美国中央情报局任高级官员的哈里·罗西兹克认为：“冷战变成了一场反对异教徒的圣战，一场信奉上帝的自由世界人民反对无神论的‘共产主义’的自卫战。”[③]

第二，基督教有排斥其他信仰的传统和倾向。虽然在美国，拥有优势地位的基督教一直能与其他宗教和平共处，而且宪法还规定，国会不得制定“确立国教或禁止宗教活动自由”的法律，从而为宗教信仰自由与平等提供了法律保障，但是从宗教教义和历史传统看，基督教及其各派系存在着排斥其他信仰的倾向。在历时几十年的北爱尔兰问题上，造成冲突的重要原因就是新教徒与天主教徒的对立，冲突双方截然以宗教信仰不同为标志而分野。而在中世纪，因基督教各派系间对立而引起的冲突和战争更是十分常见，规模较大的如16世纪的欧洲宗教改革运动和1618～1648年欧洲“三十年战争”。同一宗教内的不同派系尚且如此对立，对待“异教徒”就更具有排斥倾向了。中世纪的十字军东征就是典型事例。虽然当时发动远征的主要动机是天主教会、封建主和大商人企图乘机扩张势力、掠夺财富、缓和西欧社会危机，但也不排除宗教因素的作用。从“异教徒”手中夺回圣地耶路撒冷、维护基督教，也构成了前后8次、历时近200年的十字军东征得以发动起来的重要因素。基督教徒们在从欧洲大陆移居美洲时，也将基督教的这种排他倾向带进了新大陆。比如在1650年康涅狄格州颁布的法典中竟有这样的条文：“凡信仰上帝以外的神的，处以死刑。”[④] 再比如，在对待奴隶问题上，就对非基督徒具有严重的歧视。1670年，弗吉尼亚的一项法令规定，由海路来的“所有非基督徒奴仆”必

① 纳尔逊·布莱克：《美国社会生活与思想史》上册，第402页。

② 资中筠主编《战后美国外交史——从杜鲁门到里根》上册，世界知识出版社，1994，第241～242页。

③ 哈里·罗西兹克：《中央情报局的秘密活动》，群众出版社，1984，第12页。

④ 夏尔·托克维尔：《美国的民主》上卷，商务印书馆，1988，第42页。

须终身服役。[①] 在基督教徒看来，马克思主义、共产主义是更加“怪异”的异端邪说。虽然排他倾向并非基督教所特有，但这种倾向的作用是不可低估的。

第三，基督教与自由主义意识形态关系密切。自由主义意识形态能发端于西欧并在北美扎下根，并不是偶然的，它与基督教的影响不可分割。实际上，自由主义的一些基本价值观与基督教原则是一脉相承的。发表于1963年的天主教会的社会教义《人世和平》，在绪论中阐述了基本的“基督教的原则”：“任何秩序良好和健康的社会的基础”是对个人的尊重，个人应当享有一系列“普遍的、不受侵犯的和不容剥夺的权利”。[②] 恩格斯在评价新教主要教派之一加尔文教的创始人约翰·加尔文时指出：“他以真正法国式的尖锐性突出了宗教改革的资产阶级性质，使教会共和化和民主化。当路德宗教改革在德国已经蜕化并把德国引向灭亡的时候，加尔文的宗教改革却成了日内瓦、荷兰和苏格兰共和党人的旗帜，使荷兰摆脱了西班牙和德意志帝国的统治，并为英国发生的资产阶级革命的第二幕提供了意识形态的外衣。”[③] 托克维尔在评价清教教义时指出“清教的教义不仅是一种宗教学说，而且还在许多方面掺有极为绝对的民主和共和理论”。[④] 清教于16世纪中叶起源于英国，属新教的分支，17世纪英国资产阶级革命时期，清教徒广泛参加社会政治活动，主张民主共和，反对君主专制和封建等级制度。在开拓北美殖民地时，英国的清教徒起了重要作用，他们的信仰对美国的政治文化也产生了深刻的影响。托克维尔还进一步评论了宗教与自由的关系：“宗教认为公民自由是人的权利的高尚行使”，而“自由认为宗教是自己的战友和胜利伙伴，是自己婴儿时期的摇篮和后来的各项权利的神赐依据。自由视宗教为民情的保卫者，而民情则是法律的保障和使自由持久的保证”。[⑤]

第四，基督教与“天定命运”说有密切关系。首先清教的“宿命论”

① 纳尔逊·布莱克：《美国社会生活与思想史》上册，第19页。

② 转引自罗纳德·欧文《西欧基督教民主党》，译文出版社，1987，第75页。

③ 恩格斯：《路德维希·费尔巴哈和德国古典哲学的终结》，见《马克思恩格斯选集》第4卷，人民出版社，1972，第252页。

④ 托克维尔：《美国的民主》上卷，第36页。

⑤ 托克维尔：《美国的民主》上卷，第49页。

是“天定命运”说的重要思想渊源。更为重要的，“天定命运”的一个重要内涵就是身为基督教徒的美国人要遵照上帝的旨意来拯救世界。在19世纪末美国走向帝国主义时，很多基督教徒都鼓吹美国应当成为伟大国家，负起“白人的责任”。1885年，一位名叫乔赛亚·斯特朗的基督徒撰写了《我们的国家：它可能的未来及其当前的危机》一书，鼓动基督徒们去改革美国，以准备将基督教的文明扩大到全世界。斯特朗宣称，美国基督教新教是强有力的力量，上帝赋予了盎格鲁—撒克逊人一种使命，要在“上天选择的时间”让人类接受美国的基督教文明。斯特朗所预见的美国的命运，曾使热心宗教的人士深为激动。1900年，斯特朗又写了《扩张》一书，极力主张美国继续统治菲律宾。他说：“要成为伟大就应当消除胆小的畏惧，就应认清上帝赋予我们在世界上的地位，并应当接受它为了基督教文明的利益而授予我们的责任。”[①] 这种担负起上帝赋予的责任的论调很容易为扩张主义者所接受，并能激发宗教信徒对美国海外扩张的支持。

（二）社会主义国家内外政策失误

社会主义国家内外政策的失误主要从两个方面影响美国反共主义的发展：其一是影响美国决策层对社会主义国家的外交政策和未来发展方向的判断；其二是影响社会主义在美国公众心目中的形象，进而影响政府决策。

对反共主义发展起了促进作用的社会主义国家内外政策的失误主要有三点。

第一，在外交上过于强调与资本主义国家在意识形态上的对抗，从而引起资本主义国家特别是美国的相应的回应。苏联外交家马克西姆·李维诺夫认为，“冷战的原因，是莫斯科教条主义地坚持认为共产主义世界与资本主义世界之间的冲突是不可避免的”。[②] 1946年2月9日，斯大林发表演说，指出，马列主义的原理没有过时，因为资本主义各国发展不平衡会造成极大的混乱。这将使资本主义世界分裂成两大敌对阵营，进而打起仗来。他说，只要资本主义制度还存在，战争就不可避免。苏联

① 纳尔逊·布莱克：《美国社会生活与思想史》下册，第222页。

② 弗雷德里克·西格尔：《多难的旅程——40～80年代初美国政治生活史》，第55页。

人民必须对30年代的往事重演有所准备，即必须发展基础工业，削减消费品的生产……和平是不会有的，国内的和平国外的和平都不会有了。这番话讲的虽然是众所周知的马列主义原理，无可非议，但是在刚结束了战争浩劫的世界，很容易引起人们的反感，好像苏联好战。美国自由派领导人物之一、威廉·道格拉斯大法官说，斯大林的话就是“第三次世界大战的宣言书”。[①] 这虽然有点耸人听闻，但却有很大煽动性。不到一个月，3月5日，丘吉尔就发表了富尔顿冷战演说，这被看做对斯大林讲话的回敬。

第二，苏联的扩张主义使美国公众对社会主义的外交政策产生扭曲的认识。从第二次世界大战开始一直到战后相当长的一段时间，苏联存在着严重的领土扩张活动。在大战初期，苏联先是根据苏德秘密条约占领了波兰东部，这被西方看成是近代史上三次瓜分波兰的继续；以后又向芬兰提出领土要求，继而进行了对芬兰的战争，夺取了大片领土；继而又吞并了立陶宛、拉脱维亚和爱沙尼亚三国；在大战中、后期，苏联又利用各种机会在东欧和东亚获得大片领土和利益，比如在中国，苏联就重新取得沙皇俄国从中国夺取的，并于1905年日俄战争中丧失的基地和租界，而这时西方大国正在一个接一个地放弃以前在中国的租界；战后，苏联一度对土耳其提出领土要求，企图控制达达尼尔海峡和博斯普鲁斯海峡等战略要地；干涉伊朗内政，对中东有领土野心；斯大林还曾有过控制利比亚的想法。[②] 虽然苏联的这些行为是和社会主义的宗旨不相符的，但在美国公众看来，这就是社会主义的外交政策，因此当美国统治者宣扬反共主义时，就很容易得到公众的响应。

第三，苏联在内政中的许多失误损害了社会主义的形象。全盘集体化运动，肃反扩大化，党内的残酷斗争，斯大林的个人崇拜等给美国公众留下了很坏的印象。这些事情是与美国人的价值观严重相悖的，促使他们更容易接受官方和媒体对苏联进行的攻击性宣传。第二次世界大战后，许多东欧国家都按苏联模式建立了政权，美国公众认为这是苏联在强制推行它的制度，是在践踏民主和其他民族的自由。因此，当美国政府高举起维护

---

① 沃尔特·拉弗贝：《美苏冷战史话》，商务印书馆，1980，第44页。

② 参见费·丘耶夫《同莫洛托夫的140次谈话》，新华出版社，1992，第123～125页。

世界民主和自由的旗帜，对苏联等社会主义国家实行遏制政策时，在国内并没有遇到多大阻力。与之形成鲜明对照的是，冷战后，美国一些政要所鼓吹的对华遏制政策，就没有在美国成为主流，其中的重要原因就是中国坚持奉行独立自主的和平外交政策，坚持改革开放，在国际上有着良好的形象。

（原载《美国研究》2000 年第 2 期）

美国市民社会与政治民主的关系初探

金灿荣*

【内容提要】本文首先介绍了有关市民社会与政治民主关系的一般理论，特别是市民社会与国家权力型态的关系的理论。接着，集中分析了美国市民社会与其政治民主的两个方面的关系：一是市民社会与美国政治文化的关系，主要揭示了美国市民社会的道德体系对其政治文化的核心价值所起的支撑作用；二是市民社会与美国政治参与的关系，尤其是社区层面的参与。最后，探讨了美国市民社会的变化及其政治影响。

【关键词】美国　政治　市民社会

许多西方学者认为，市民社会（civil society）的存在是实现政治民主的一个必要条件（*a sine qua non* for democracy）。[①] 就美国而言，美国的民主与其市民社会之间客观上确实存在着某些必然的联系。强大的市民社会是现代民主在美国得以出现和发展的重要保障。

一般认为，最早注意美国民主与其市民社会之间关系的是法国思想家

---

* 金灿荣，时任中国社会科学院美国研究所研究员。

① Michael A. Mosher, "Civilities in Search of Society," the paper prepared for the Yale Political Theory Seminar, August of 1999, p. 1.

托克维尔，他在《论美国的民主》（1835～1840）一书中认为，大量的公民结社是美国人能够进行史无前例的民主实践的关键原因。他写道："不同年龄、不同身份、不同倾向的美国人总是在不断地进行结社，那里不仅有与每个人的生活都息息相关的商业和工业组织，而且有成千种其他不同类型的社会组织——宗教的、道德的、严肃的、无聊的、宗旨极为宽泛的和极为狭隘的、成员极为众多的和极为有限的……"，"在我看来，美国最值得重视的就是其基于个人自愿的、有道德基础的社会组合。"[①]

自托克维尔时代以来，不少美国和其他西方国家的学者都对这一问题进行了持续的研究。其中，相当一部分学者的研究目的不仅是要搞清楚美国的民主实践与其社团组织（social association）、公民道德（civic virtue）和公民参与（civic engagement）等的关系，而且是要用美国的经验来论证或否定某种宏大的理论。[②] 笔者初涉这一课题，因此，只能对有关市民社会与民主关系的理论作出初步的介绍，同时对美国市民社会与其民主的最直接的关联进行一般性的描述和分析。

一　关于市民社会与民主关系的一般理论解释

就像"资本主义"、"民族国家"、"个人自由"等概念一样，"市民社会"在本质上是一个近代西方概念。它所指称的社会现象（即市民社会本身）的最初形态和标准形态都出现在西方，另外，现在人们定义"市民社会"一词所依据的主要理论标准都是从西方的经验中抽象出来的。

法国思想家孟德斯鸠曾用"中间组织"（intermediary bodies）一词来形容现代西方学者所谓的"市民社会"，指的是在概念上坐落于国家和家庭之间，但是又不依赖于任何一方的社会组织和社会生活。[③] 对"市民社会"的现代定义则是由德国哲学家哈贝马斯和一些西方历史学家在20世

① Alexis de Tocqueville, *Democracy in American*, ed. J. P. Maier, *trans.* George Lawrence (Garden City, N. Y.: Anchor Books, 1969), pp. 513, 517.

② Robert D. Putnam, "Bowling Alone: America's Declining Social Capital," *Journal of Democracy*, Vol. 6, No. 1, Jan. 1995, p. 65.

③ M. A. Mosher, op. cit.

纪下半叶完成的。[①] 哈贝马斯把市民社会与“公域”或“公共领域”（public sphere）联系起来，并定义说：“资产阶级公域可以首先被看做是私人身份的人们作为公众聚集一起的领域。”[②]

从20世纪80年代末至今，市民社会理论在西方受到特别的重视。这首先与1989年开始的横扫苏联东欧的政治变革有关。西方政界和学术界的某些人士认为，苏联解体和东欧剧变的一个重要原因就是在原斯大林体制内部出现了某种形态的市民社会，或者至少是出现了某些市民社会的因素。这种认识激发出了不少西方人对市民社会及其理论的热情。其次，西方学界历来重视地方社区和组织在维持民主生活方式方面的作用，近年出现的一些优秀作品则进一步推动了人们对这类问题的关注和讨论。其中，哈佛大学教授普特南的《让民主有效工作》一书和《独自玩保龄》一文是新出现的经典文献中影响最大的。[③] 普特南的《让民主有效工作》重点研究了意大利不同地区的市民社会传统和结构，他得出的结论是：意大利北部相对于南部在经济发展和政府管理效能方面的突出领先地位，不是源于经济资源和人力资源方面的差距，两个地区在这些方面的条件是差不多的，主要原因是两者的市民社会性质和结构的不同。北部地区具有公民积极参与社区生活的传统，而在南部的社区中却弥漫着孤独、敌意、互不信任等气氛，结果同样的资源在这两个地区所发挥的作用差别极大。该书出版后，不断获奖，影响日增。1995年普特南发表《独自玩保龄》一文，指出美国的市民社会正在衰落。此文一出，普特南的影响更上一层楼，被克林顿总统请到戴维营当面赐教。由此引发美国学界关于市民社会的新一轮争论。

现代西方市民社会是与民族国家和“契约式”市场经济制度同步发展起来的，迄今已有数百年历史，是一个“古老的”近代现象。在西方，市民社会与政治的关系首先是指它与国家的关系，这一直是西方学术界所关

① 邓正来等编《国家与市民社会：一种社会理论的研究路径》，中央编译出版社，1999，“导论”，第2页，注（1）。

② 邓正来等编《国家与市民社会：一种社会理论的研究路径》，第151页。

③ Robert D. Putnam, *Making Democracy Work: Civic Traditions in Modern Italy* (Princeton, N. J.: Princeton University Press, 1993); "Bowling Alone: America's Declining Social Capital," pp. 65 - 78.

注的问题，相关的论述繁多，学派纵横。下面介绍几种关于市民社会与国家权力型态关系的最有代表性的理论。

（1）安全国家（The Security State）。霍布斯（Thomas Hobbes）的《利维坦》（1651）强调，“除非那些并不会自然尊敬他人的个人受制于一个非常明晰可见且武力强大的主权国家……否则地球上就不可能有和平和物质上的安逸。这种由此类安全国家所强制维系的和平秩序被称为市民社会。它被视为对纷争不已、贪得无厌的个人之间的那种暴力争斗的自然状态的彻底否定”。[①]在这里，自然状态是一种恐怖状态，国家权力的界限没有被考虑，市民社会必须以服从来换取安宁。

（2）立宪国家（The Constitutional State）。这里以洛克（John Locke）的《论市民政府的真正起源，限度和目的》为代表。这一学派认为，不受限制的国家主权相当危险，与法治所保障的个人自由不相符合。立宪国家论同意安全国家论的这些论点：国家的宗旨是遏制个人之间的冲突，由政治强力获得的安宁状态即为市民社会或政治社会。但是，两者的不同更为明显。首先，立宪国家论弱化了自然状态的战争与市民社会的和平之间的强烈反差，国家不是对自然状态的彻底否定，而是对其不完善之处的一种补充。其次，主权者的权力不是绝对的，而是像其臣民一样受到法律的制约。因为，主权者的权力是受托的，这一点应由周期性选举来体现。人的生命权、自由权和财产权不经法律程序不得剥夺。[②] 在此，市民社会已经获得了某种独立性。

（3）最小限度国家（The Minimum State）。这种认为“社会有时应为保护自己而对抗国家的观点，可以被视为早期现代在限制国家权力以有利于市民社会的关注方面迈出的最初的但却具有决定性的一步”。[③] 这一派的代表是潘恩（Thomas Paine），他在《人的权利》（1791～1792）一书中提出一种无政府主义式的自由主义。国家被视为一种必要的邪恶，而自然社会则被视为一种绝对的合理状态。国家的合法性源于社会为了公共利益而进行的权力委托。潘恩对国家权力的限度给予最大的关注，同时给予市民

---

① 约翰·基恩：《市民社会与国家权力型态》，邓正来等译，邓正来等编，前引书，第101页。

② 约翰·基恩：《市民社会与国家权力型态》，邓正来等译，邓正来等编，前引书，第105～108页。

③ 约翰·基恩：《市民社会与国家权力型态》，邓正来等译，邓正来等编，前引书，第109页。

社会以最大限度的合法性（尽管潘恩认识到社会生活本身也有可能腐化和变形，并导致政治腐败）。这种思想产生于美国并对美国历史产生了持续的影响，“管得越少的政府是越好的政府”成为美国人的一种信仰或一种政治哲学的核心观念。

（4）普遍国家（The Universal State）。这里以黑格尔（G. W. F. Hegel）的《法哲学原理》（1821）为代表。黑格尔对市民社会和国家的现代理论作出了两个方面的贡献。首先，他指出市民社会不是一种自由的自然状态，而是居于父系家庭和国家之间的一种历史形成的伦理生活方式。其次，他认为市民社会的各个组成部分不存在必要的和谐或一致，某一部分的超常发展会阻止或压制其他部分的发展。市民社会这种自我削弱的趋势导致黑格尔相信，必须通过政治对市民社会进行安排，否则就不可能维持它的“市民的”或者说“文明的”（civil）状态，进而导致了普遍国家的特权思想。[①]

（5）民主国家（The Democracy State）。这里以托克维尔的《论美国的民主》为代表，这本书对普遍国家类型中潜在的政治危险发出了最早的警告。在托克维尔看来，那种以普遍利益为借口而统治市民社会的国家有一种潜在危险，即转变为由大众选举产生的新型的国家专制主义。他认为，对现代社会和国家来说，主要的危险不是因个体利益差异而导致的冲突和无序，而是经选举产生的国家专制主义的新形式。社会容易受到声称代表和保护社会整体利益的政治机构的强大的压制。为了防止国家专制主义成为现实，无论在国家领域还是在市民社会的领域都必须加强预防形成权力垄断的机制。在政治机构的范围内，主要就是把权力分配给不同的部门。而托克维尔特别强调以下两点：一是“公民行动在国家机构内会产生极富民主意义的结果”；二是“对专制的政治制约的方式必须通过处于国家机构控制以外的市民社团的成长和发展才能得到加强”。[②] 总的看来，托克维尔低估了市民团体之间冲突的可能性，但是，他正确地看到了多种形式的市民团体在抵御国家专制方面的作用，并分析了市民团体在维持民主方面所能发挥的作用。

① 约翰·基恩：《市民社会与国家权力型态》，第114～116页。

② 约翰·基恩：《市民社会与国家权力型态》，第118～119页。

直接关于市民社会与民主的关系的讨论出现得要晚一些。主要原因是现代民主（即相对古希腊城邦国家的直接民主而言的现代“代议制政府制度”）比民族国家、资本主义等近代事物问世得晚。在笔者看来，完整的代议制民主的出现是以美国政治制度的确立为起点的，而且代议制民主成为西方社会占绝对优势的制度选择还是20世纪后半期的事情。在众多的近现代制度发明中，代议制民主的资格相对而言是比较年轻的，所以，对市民社会与民主的关系的讨论发生得较晚也是正常的。

早期关于市民社会与民主关系的讨论比较强调前者是后者的必要条件，现在则比较强调两者关系的复杂性。[①] 首先受到注意的是区分“好的”和“坏的”市民社会。批判理论的女旗手钱伯斯（Simone Chambers）认为，好的市民社会导致好的民主固然有史可证，但是，更要注意的是坏的市民社会所导致的后果。例如，德国和意大利的市民社会导致了纳粹和法西斯运动（意大利北部教堂唱诗班的成员曾是法西斯组织的骨干）；民主德国变革后的历史则说明，后共产主义社会很容易走向民族主义、纳粹主义，以及流氓资本主义（民主德国新纳粹组织的骨干多为原共青团干部）。“好的”市民社会中的某些“坏的”因素也会导致糟糕的结果，例如，美国右翼民兵组织和基督教反堕胎组织的猖獗就来源于美国社会中的某些消极因素。当然，也有“坏的”市民社会因素起好作用的例证，如保守的天主教会与共产党一道成为德国社会中抵制纳粹的主要力量。其他一些学者指出，区分好坏有如下关键标准：好的市民社会中的社团往往是平面结构的，并且是开放的，容易退出；而坏的社团多为垂直等级结构，没有自由退出机制，并且不鼓励社团之间的交流。

另一个争论焦点是关于是否把商业组织排除在市民社会的范畴之外的问题。市民社会的实质在于个人对公共事务的参与，这与公共机构（政府）出于法定责任管理公共事务是不同的，与商业组织以赢利为目的的活动更是相去甚远。严格定义派认为，市民社会组织在道德上高于商业组织，因此后者不属于市民社会。反对意见是，市民社会强调的是社会与国家的分野，企业当然属于社会。笔者认为，这里可能需要某种观点的妥协，企业对社区公益事业的参与尽管有追求广告效应等商业目的，但是这

① M. A. Mosher, op. cit. , pp. 1 - 2.

些公益活动本身应属市民社会范畴。市民社会组织的多元化是防止权力过于集中的一个重要条件。然而，企业的社会达尔文主义性质与市民社会的本性则是不相容的，它会把“最强者得最多”的规则引进来，导致过于不平等，而严重的不平等是不利于民主的。①

二　市民社会与美国的政治文化

对于市民社会在政治观念形成过程中的作用，有两种解释比较有代表性：一是“传送带”理论（the “transmission belt” theory），二是“深化价值”理论（the “entrenched values” theory）。前者是指组成市民社会中的那些开放的组织，它们一方面根据社会的要求不断完善自己的规范，另一方面则力图将自己信奉的价值体系扩展为政府官员的信仰和政府的主导规范。后者是指市民社会中的那些代表多元主义的组织，它们各自拥有比较狭隘的、比较没有竞争力的价值体系，它们对政治机构的要求实际上是维持一种开放的框架，使多元得以并存，它们自身的作用则是深化某种特定价值，并使这种价值在一个多元体系中保持尊严。②

本文无意也无力对美国市民社会的不同部分在其政治文化形成过程中的不同作用进行分析，只对一个问题加以说明：美国市民社会为其政治文化提供了哪种道德基础。为此，本文采取了如下逻辑，即政治文化是指对如何分配利益和如何行动以争取利益提供说明和指导的规范体系；政治文化的核心是关于权利与义务关系的观念体系，这一体系是以一定的道德观为基础的；而道德基础的形成与市民社会有关。

美国的社会精英可能比其他西方国家的精英更相信个人自主性的价值。1986 年的一项调查显示，90% 的美国杰出人士认为财富是冒险的结果，60% 的受调查者不同意贫穷是由于就业机会不足造成的，75% 的人不同意财富源于剥削的说法，绝大多数人认为结果平等既无益于社会又不公平。③ 对个人和社会组织自主性的推崇是美国在文化上的一个鲜明特征。

① R. D. Putnam, *Making Democracy Work*, p. 132.

② M. A. Mosher, op. cit., p. 27.

③ Richard W. Wilson, “American Political Culture in Comparative Perspective,” *Political Psychology*, Vol. 18, No. 2, 1997, p. 483.

但是，平等也是美国人持续追求的一个价值目标，两者之间显然存在某种紧张状态。实际上，如何看待个人自由（有时等于效率）与平等的关系是所有价值体系的核心问题。美国是如何处理这一对矛盾的呢？对这个问题的回答是了解美国主流价值观的关键所在。

统治是通过制度和组织来进行的，制度的本质是规范，组织的本质则是社会结构，统治的效率具体表现为规范和结构的效率。决定效率的因素很多，其中一个是要看规范和结构在被统治者那里的接受程度，二是要看规范和结构是否有利于合作。①政治文化的首要功能是帮助确立规范，并且对组织结构的选择有影响。因此，政治文化的性质和影响力在很大程度上决定了规范和结构的有效性，也就是统治的效率。

政治文化的核心问题是如何处理权利与义务的关系，涉及权利本位还是义务本位，在社会精英（即成功者）和其他人之间如何进行权利和义务的分配，等等。这些答案本身就是有道德意义的衡量社会现实的一般标准，是社会团结的基础，是解释社会不平等现象的道德依据，而且是讨论制度合法性的指南。人们在看待个人、团体或政府机构的行为时，总是不自觉地运用着这些标准。因此，对所有这些问题的回答都必须与一个社会的道德体系相适应，才能得到社会心理的认同和支持。

美国的一位女学者基里甘（C. Gilligan）按照性别倾向把人类的道德体系分为两大类：一是关怀式道德（the ethic of care），二是自主式道德（the ethic of autonomy）。她对二者的定义是，关怀式道德指的是一种责任，就是要发现和解决这个世界上的“真实的并且是可见的麻烦”；自主式道德则是指一种自律倾向，就是要尊重他人的权利，保护生命权和自我实现的权利不受侵犯。②前者充满同情式的关怀，强调公正地对待他人的义务；相反，后者强调个人责任，表现为自我限制，不干预他人独立行使其权利的义务。美国比较政治学家威尔逊（Richard W. Wilson）借用上述分类法来

① J. Y. Lin, “An Economic Theory of Institutional Change: Induced and Imposed Change,” Center Discussion Paper No. 537, Econopmic Growth Center, Yale University, New Haven, CT, 1987, pp. 32, 35, 44.

② C. Gilligan, *In a Different Voice: Psychological Theory and Woman's Development* (Cambridge, MA: Harvard University Press, 1982), p. 100.

确定美国社会的道德特征，并分析其政治意义。[①] 威尔逊认为，关怀式道德可以与柏林（I. Berlin）所谓的“积极的权利”相对应，强调公正分享社会回报的权利，包括公正参与社会生活的权利；而自主式道德则对应于“消极的权利”，强调保护个人在设计和实现人生计划时不受外界的过分干预。

一旦一种特定的道德体系成为某种文明或文化的内核，它就会在相当长的时期里成为该社会每个成员的“社会化”过程中的“路标”，起到加强社会凝聚力、巩固社会秩序、促进组织稳定等作用。[②] 政治文化的变化往往起因于对某种道德问题的争论。[③]

在威尔逊看来，美国属于典型的自主式道德体系。对于权利和义务问题，美国社会重视“消极权利”，具体包括：尊重个人隐私和自主权，重视程序法和自愿订立的契约的道德价值，每人享有平等的权利并且不可分割，人格由其拥有的权利来体现，等等。[④]

美国人重视平等，但在平等观上也采取了“消极权利”的模式，就是强调机会平等而不是结果平等。事实上，在西方工业化国家中，美国的收入和财富的差距是比较大的，美国政治文化对此差距的容忍度也是比较大的。[⑤]

威尔逊对上述现象的解释是：首先，在相对封闭的社会里，人们比较注意先天继承的不平等（财产、地位等），所以倾向于改变社会秩序以达到各个集团之间的平等，而美国社会的开放性和流动性促使美国人相信人人生而平等，只要排除一定的障碍，每个人都可以通过竞争发挥最大的潜力。美国人认为，关键是确保个人自主性，减少社会和国家对个人活动的限制，并最大限度地提供充分竞争的机会。其次，美国在创造平等的政治权利方面是领先的。除了开放式的选举，美国活跃的社区生活为人们提供了比其他国家更多的参与政治的机会，从而使人们更容易理解和接受政策

---

① R. W. Wilson, op. cit. , p. 488.

② R. D. Putnam, *Making Democracy Work*, p. 171.

③ R. W. Wilson, op. cit. , p. 489.

④ R. W. Wilson, op. cit. , pp. 492 – 493.

⑤ S. Verba and G. R. Orren, *Equality in American: The View from the Top* (Cambridge, MA: Harvard University Press, 1985), p. 9.

的结果。[①]

1959 年一项针对蓝领工人的调查显示，他们中的绝大多数人要求机会平等而不是结果平等，反对政府进行激烈的收入重新分配，反对政府对人们的收入加以限制的任何做法。[②] 1984 年的一项跨阶层调查表明，80% 的美国人认为私营企业的存在是自由政府生存的必要条件，90% 的人表示为保护私营企业制度愿意牺牲自己的利益，无论哪个阶层都有绝对多数的人相信在美国有足够的机会去改进自己的生活。[③]

当然，美国也有关怀式道德，对平等的追求是美国历史中最强劲的潜流之一，其中也有对结果平等的要求。在 19 世纪，美国出现过不少从事平均主义实验的"公社"，不过基本上没有生存下来。20 世纪 60 年代美国兴起了另一波农村公社运动，到 1975 年农村公社达到 3000 多家，遍及 40 多个州（其中有一些属于邪教组织，如 1993 年被联邦政府镇压的大卫教派）。[④]更能反映平等观在美国政治中的重要性的则是新政民主党人。但是，从美国历史的总体来看，平等观与自由观相比是第二位的。

在自主式道德体系之上建立的政治文化中，美国的精英层是非常幸运的，避免了要求在全社会成员中平均分配财富的重大政治诉求或压力。在机会平等的要求高于结果平等的情况下，人们主要是要求国家或社会向每个人提供同等的参与机会。相对而言，机会平等比结果平等更容易实现。

三　市民社会与美国的政治参与

市民社会与政治的关联是全方位的，除了前述市民社会的性质和道德倾向影响政治文化之外，市民社会的结构和活动方式还会影响政治结构和政治参与的方式。下面重点分析美国市民社会与其政治参与的关系。

美国政治学家巴伯（Benjamin R. Barber）认为，美国实际存在两种民

① R. W. Wilson, op. cit., pp. 494 – 495.

② Robert E. Lane, "The Fear of Equality," *American Political Science Review*, No. 1, 1959, pp. 35 – 51.

③ H. McClosky and J. Zaller, *The American ethos: Public Attitudes toward Capitalism and Democracy* (Cambridge, MA: Harvard University Press, 1984), pp. 18, 134.

④ R. W. Wilson, op. cit., p. 497.

主：一种是国家民主，体现为两党冲突、总统大选、联邦机构的政策等。对于一般公民来说，这些主要发生在华盛顿环城公路范围内的事情是一个遥远世界中的故事。另一种是地方民主，体现为邻里街坊组织、家长—教师协会（Parent-Teacher Associations，简称 PTAs，这是美国最重要的社会组织之一）、社区行动团体等，其范围一般限于一个市镇或乡村的一个县，这里的男男女女很容易组成一个个小团体来协调分歧和确定对付共同问题的办法。巴伯指出，美国人对第一种民主的怀疑感和冷漠感越来越深，但是对第二种民主的热情始终不渝。①

美国的政治学教科书通常更关注国家层面的政治参与（如投票、游说、竞选等），而本文更关注的是地方层面的政治参与。就美国的一般公民（市民社会的一般成员）而言，参与国家政治的主要形式就是投票，其他形式的参与（如游说政府和国会）主要是为数不多的政治精英的事情。在大部分国家事务中，这些一般公民只是看客而不是行动者。相反，在地区或社区事务中，他们成了积极的思考者、行动者，这里的“政治”不再是“他们的”而是“我们的”了。事实上，美国公民最常见的政治参与就是组织社团，参加其活动，利用社团解决社区成员面临的共同问题。最能把美国的政治参与同其他国家区分开来的也是社区层面的政治参与，其特点一是参与的人多，所谓“积极性高”，二是这种参与有效。其他多数国家在这个层面，要么无人参与，要么参与也没有用。美国政治参与之所以有这个特点，从根本上讲就是由于其市民社会的强大。强大的市民社会意味着强大的社区，同时也意味着高度参与感的公民，以及良好的参与渠道。

市民社会的外在表现是有大量不受政府控制的社团组织存在，同时这些组织的成员应是具有公民意识的个人。公民身份不仅仅由投票和纳税这两种行为来体现，公民是治理者：自我治理者、社区的治理者、个人命运的主人。他们不会用全部时间参与所有公共事务，但是，他们会在某些时候参与某些公共事物。有效的专制统治需要伟大的领导人，有效的民主需要伟大的公民。巴伯认为，美国市民社会的强大有两个表现，一是存在大量社团，其数量堪称世界之冠；二是公民教育有效。②

---

① Benjamin R. Barber, *Strong Democracy*: *Participatory Politics for a New Age* (Berkeley, Cali.: University of California Press, 1984), "Preface to the Forth Printing," p. xi.

② Benjamin R. Barber, *Strong Democracy*: *Participatory Politics for a New Age*, p. 178.

反过来，社区层面的政治参与也加强了现存的市民社会，因为，社区层面的政治参与具有如下的功能：（1）通过讨价还价和相互交换来协调利益；（2）说服；（3）确定议事日程；（4）揭示相互利益；（5）建立归属感和积累对社区的感情；（6）确保自主性或自主权；（7）表达自我；（8）行为方式的改变与概念的重组；（9）创造出积极的公民和一种符合公共利益、能提供公共产品的社区结构。[①]

美国已故著名女政治哲学家汉娜·阿伦特（Hannah Arendt）在研究革命起源问题时提醒人们，把重大的公共事务决定权交给人民大众，但是，除了投票日又不让他们有发言和受教育的机会，这是非常危险的。[②] 德国魏玛共和国的历史，冷战后许多“不自由的民主”（illiberal democracy）国家的出现都证实了阿伦特的判断。美国的经验则从另一个侧面印证了阿伦特的论点：由于社区层面的政治参与在美国非常充分，这就为其他形式的政治参与打下了坚实的基础，使得整个美国政治运行平稳。尽管美国经历过杰克逊民主运动、人民党运动、进步运动和20世纪60年代的反文化运动，但是，美国与法国、苏联和中国所经历的那种革命是无缘的。

美国社区层面的政治参与最独特的形式当属新英格兰镇民会议。美国是首先全面推行现代代议制民主的国家，但是其制度中同时包含一定的直接民主成分：一是各州（特别是西部各州）的选民复决权和创制权，二是东部和东北部13州的镇民会议。其中，前者某些欧洲国家也有，而镇民会议则纯属美国自己的土特产。英格兰镇民会议在殖民地时期已出现了，在19世纪一直很重要，20世纪则处于衰落中。尽管如此，现在仍有1000来个镇定期举行镇民会议，集中在麻省、弗蒙特、康涅狄格、新罕布什尔、纽约、罗得岛、新泽西和缅因等州。[③] 由于社会生活日益复杂，从技术上讲镇民会议是应该减少其管理范围的。

一个典型的镇民会议所处理的问题包括如下内容：制定地方规章、决定罚款事宜、禁酒法、摩托艇管理、人行道管理、电影院管理、交通规则、地方学校事务、选举问题、卫生与健康、高速公路与社区公路、图书

① Benjamin R. Barber, *Strong Democracy: Participatory Politics for a New Age*, pp. 178 – 198.

② Hannah Arendt, *On Revolution* (New York: Viking Books, 1965), p. 256.

③ *Municipal Yearbook for 1991* (Washington, D. C.: International City Management Association), 1991.

馆管理、社区发展规划、公园建设和管理、树木种植、水资源管理、地方福利、休闲、地方警察事务与司法问题，等等。①

从20世纪70年代开始，美国出现了持续的分权倾向，使得地方和社区层面的政治参与的重要性在一度中落之后又出现了复兴。比较引人注目的是如下事件：1971年，麻省的牛顿市开始把大量事务交给居民社区管理；接着是1972年夏威夷的檀香山市仿效，然后是匹茨堡、华盛顿特区、阿拉斯加的安克雷奇等一系列城市。其中，最受新闻界重视的是1975年纽约市修改了城市宪章，把相当的权力交给该市的59个社区，特别是各社区的规划委员会。②

四　美国市民社会的变化及其政治影响

巴伯认为，托克维尔时代是美国市民社会最强大的时代。因为，那时的政府很小且作用有限，同时经济领域的大企业不多。自那时以来，随着工业化之后出现垄断企业，经济领域开始侵蚀市民社会的范围；作为对垄断的反应，政府急剧扩权，使市民社会的作用范围进一步缩小。这也就是他提出重建“强势民主”（strong democracy，也就是强大社区基础上的民主）的原因。③

普特南的实证研究证明了巴伯的判断。在《独自玩保龄》一文中，普特南列举了美国市民社会衰落的具体表现，并分析了其危害和原因。普特南认为，市民社会衰落最大的危害是削弱了社会资本（social capital，这是从社会学引入政治学的一个重要概念，其主要内涵是指公民参与和社会信任的程度。普特南认为，对任何一个社会而言，社会资本与经济资本或人力资本一样重要），至于其政治后果还是其次的。

普特南的主要依据是从70年代初到90年代中期的14次全国性的“综合社会调查”（The General Social Survey）所提供的数据。这些数据显示，与教会有关的团体是美国数量最多的社会团体；妇女参加较多的是与学校

---

① Max R. White, *The Connecticut Town Meeting* (Storrs, Conn.: University of Connecticut Press, 1951).

② Benjamin R. Barber, op. cit., pp. 268－269.

③ Ibid., pp. 307－311.

有关的团体（特别是家长—教师协会）、运动团体、职业协会和读书会等；男性中的团体主要是运动俱乐部、工会、职业协会、男性社团、退伍军人团体，以及享受服务的俱乐部等。

这些组织的变化主要表现在如下方面：美国人的宗教信仰可能是世界上最强的，美国人均拥有的教堂或庙宇是世界上最多的，与宗教有关的组织也是美国各类社团中最多的。但是，与以前相比，美国人的宗教信仰越来越与教堂或宗教团体无关，而成为纯粹个人的事情。60 年代，美国每周都前往教堂的人数急剧下降，从 50 年代的 48% 降到 70 年代初的 41%。此后，这一数字进一步下降。与宗教有关的团体的成员在 60 年代大致下降了 1/6。

对美国工人来说最重要的组织是工会，而在过去 40 年中工会成员的数量持续下降。其中，下降最严重的时期是 1975 ~ 1985 年。非农业工人加入工会的比例在 1953 年是 32.5%，到 1992 年则只有 15.8%。总之，新政时期有利于工会发展的因素大部分已经消失，工会一呼百应的日子已经是记忆中的事情了。

家长—教师协会在 20 世纪的美国公民参与事业中是特别重要的，因为家长对教育的介入是一种特别有效益的社会资本形式。所以，这方面的事态令美国人非常担心。1964 年该协会有 1200 万成员，1982 年降到 500 万，现在则为 700 万。

自 60 年代中期以来，妇女组织的成员持续下降。例如，1964 年后全国妇女俱乐部联盟失去了 59% 的成员；1969 年后妇女投票联盟失去了 42% 的成员。

由自愿者组成的公民组织也在萎缩。例如，从 1970 年迄今，童子军成员减少 26%，美国红十字会的自愿支持者减少 61%。根据美国劳工部在 1974 年和 1989 年的两次统计，各类自愿者组织在这 15 年中平均下降 1/6，从占成年人的 24%（1974 年）降到 20%（1989 年）。

男性组织（专收男性成员的社交团体）命运相同，在整个 80 年代和 90 年代，其成员不断下降。例如，狮子会成员减少 12%（1983 年以来），猎狗会减少 18%（1979 年以来），朝圣者俱乐部减少 27%（1979 年以来），杰西俱乐部减少 44%（1979 年以来），梅森俱乐部减少 39%（1959 年以来）。

普特南特别注意到，保龄球是美国人最喜欢的运动之一，1993 年至少有8000万美国人在这一年里打过保龄球，比1994年参加国会选举的投票人数多1/3。从1980年到1993年，美国打保龄球的人群增长了10%，但是，保龄球协会的成员却下降了40%，美国人倾向于“独自玩保龄”。保龄球俱乐部的老板们抱怨不已，因为，保龄球协会成员的啤酒和比萨饼的消费量是那些“独自玩保龄”的人们的三倍，而这些消费是利润的主要来源。在这里，普特南更关心的是“独自玩保龄”这种行为模式的社会效应。显然，娱乐过程中的社会交往功能和思想、观点的交流作用被弱化了，团队精神没有了，一种社会资本在流失。①

在传统的市民社会组织衰落的同时，新的社会组织不断出现。这些新组织能否取代原有组织的社会功能呢？这是正在美国学术界进行的关于其市民社会是否衰落之争的焦点所在。②

在过去20年中，环境保护组织迅速崛起，女权组织方兴未艾（最有代表性的是全国妇女组织，the National Organization for Women）。特别引人注目的是美国退休人员协会（AARP，American Association of Retired Persons）的超常发展，从1960年的40万成员增长到1993年的3300万，成为美国仅次于天主教会的第二大私人组织。

普特南等人同意这些新兴组织在政治上具有的重要性，但是，又认为从加强社会联系的角度看，它们对市民社会帮助不大。因为，新组织的基层单位很弱或者没有，其成员绝大部分不会参加组织的聚会，成员与成员之间一辈子不会见面，其成员身份主要表现为隔一段时期寄一张支票，顶多是读一下不定期出版的组织通讯。把大家联系在一起的是共同的符号、共同的领袖，或许还有共同的理想，但是，缺乏老式社会组织那种基于社区的共同感情的、自然生成的人与人之间的联系（所谓兄弟情谊）。

非营利组织（NPO，non-profit organizations）的大量涌现也是近年来美国国内的一种重要发展趋势。美国一直都有私人投资建立基金会、博物馆等公益组织的传统，但是，近年来这类组织发展特别快。不过，从市民社会的角度看，这类组织的问题是非营利组织，没有成员，无助于加强社会联系。

---

① 以上材料均引自“Bowling Alone：America's Declining Social Capital”一文，pp. 67 – 70。

② Nicholas Lemann，“Kicking in Groups，” *The Atlantic Monthly*，Vol. 277，No. 4，April 1996，pp. 22 – 26.

还有一类新兴组织可能对市民社会有意义，即社区“互助组织”和“自助组织”，如禁酒俱乐部、读书会等。一项调查显示，目前约有40%的美国人加入这类组织。其中的问题主要是，这类组织的规模非常小，并且结构极为松散。该调查报告指出，“这些小团体与以前的组织相比大概不会更有效地促进社区发展。他们的聚会只是给每个人一个共同关注自己小事的机会，其规则非常宽松。有时间就来，想说就说，尊重每个人的意见，从不批评别人，觉得不愉快就悄然离开。……它们是从属于现有机构（家庭、邻里、社区）的组织，而不是支撑这些机构的组织”。[①]

哈佛大学女社会学家斯考科波（Theda Skocpol）总结说：“仅仅过了1/3世纪，美国人就急剧地改变了他们进行公民参与和政治结社的风格。拥有大量地方成员而积极干预全国事务的市民组织已经成为历史遗物。今天的美国人也会参与某种事业或事件，但是其组织形态极少有固定成员。电视的黄金时间充斥着他们的代言人之间的论争：全国堕胎权行动联盟与全国生命权委员会的争论；康科德协会与美国退休人员协会的争论；以及环境保护基金与企业组织的争论；等等。不管高兴与否，实际的情况是一大群看客在漠不关心地注视着极端的政策倡导者们的辩论。”[②] 在此，斯考科波指出了新的组织的两个基本特点：一是成员感差，组织无法提供归属感和兄弟情谊；二是目标单一，主要指向某种具体政策，而传统组织的功能是多元的。事实上，斯考科波干脆就把新组织称为“倡议组织”（advocacy groups）。[③]

美国市民社会的上述变化对其政治过程具有多重影响，这里只分析其对政治参与和政治主张的影响。首先，上述变化导致或加剧了政治冷漠化的发展。从60年代初期以来，美国选民投票率下降是有目共睹的，30年内大致下降25%。而且，美国人政治参与的下降并不限于远离投票箱，更严重的是远离讨论社区公共事务的过程。调查显示，尽管受教育水平普遍提高，但是，声称自己过去一年参加过社区公共事务讨论的人从1973年的

① Robert Wuthnow, *Sharing the Journey: Support Groups and America's New Quest for Commnity* (New York: The Free Press, 1994), pp. 3 – 6.

② Theda Skocpol, “Associations Without Members,” *The American Prospect*, July-August 1999, p. 66.

③ Ibid., p. 71.

22%下降到1993年的13%。而参加政治集会和讲演、为某个政党服务或为某个团体服务的人，下降比例就更大了。另外，美国人在心理上与政府的距离拉大了。从1966年到1992年，对于“你是否信任在华盛顿的政府”这个问题，回答说“不很信任”和“完全不信任”的人的比例由30%上升到75%。[①] 其次，由于新组织越来越成为以积极分子而不是一般公众为核心的团体，因此，其政治倾向趋于极端。团体与团体之间的协调越来越困难。市民社会确立规则的作用（norm setting）下降，社会信任感也在下降。另外，由于主导团体不如以前突出，异类团体的生存条件比以前好。这是多元文化主义近年来兴起的一个重要原因。[②]

普特南将美国市民社会衰落的原因归纳为如下四点。(1) 妇女参加工作，结果所有家庭成员参加社区活动的时间不如以前充裕。(2) 从50年代开始的流向“阳光地带”的人口流动，极大地改变了美国的人口分布。而人口流动性加大使人们对社区的归属感减弱。(3) 家庭结构变化。自60年代以来，美国的结婚率下降、离婚率上升、孩子减少、单亲家庭增加，等等，这些趋势都不利于人们积极参与社区事务。(4) 休闲技术的出现。最重要的是电视的出现，使得人们的休闲活动更加“个人化”了。[③]

五　几点结论

1991年的一项“世界价值观调查”得出了与美国相关的如下结论。

(1) 在所有受到调查的35个国家中社会信任度与公民参与的积极性是密切相关的。一个社会中成员感强烈的社团越多，则这个社会的相互信任就越强。信任与参与是社会资本的两面。

(2) 就社会资本的这两个方面而言，美国在世界各国中是名列前茅的。即使经过几十年的退化，在1990年美国人的信任感和参与积极性仍然高于其他大部分国家。

(3) 但是，过去1/4世纪的发展使美国在社会资本方面的国际排位大大下降。如果这种趋势保持不变，那么，再经过一代人美国将处于各国的

---

① “Bowling Alone,” p. 66.

② Theda Skocpol, op. cit., p. 69.

③ “Bowling Alone”, pp. 74－75.

中游，相当于今天的韩国或比利时；再经过两代人，美国将降到今天智利、葡萄牙和斯洛文尼亚的水平。①

总体上说，以大量的社团和积极的社区活动为外在表现的美国市民社会，对其政治实践有着广泛而深刻的影响。美国的市民社会是美国的一项重要的财富或者说是“社会资本”。强大的市民社会为美国的政治文化提供了有力的道德支持，并反过来使其主导政治文化深入人心，实现了大部分社会整合的功能，进而使利用政治力量维系社会统一的必要性降到合理的程度。另外，美国市民社会通过向个人提供多种组织形式和通过一种自然发生的公民教育过程，使一个个人转变为公民。地方和社区层面的政治参与，为其他形式的政治参与提供了稳定的基础。

美国市民社会的存在和发展很大程度上又与其政治体系的性质和特点有关，权力分立、联邦制、法治、容忍多元并存的自由主义传统等，都是有利于其市民社会保持独立性的。此外，美国的自然资源条件和经济发展水平也对其市民社会的独立性提供了物质保障。从文化上看，美国社会的移民特征与其市民社会的自主性息息相关。可以说，在过去两百多年时间里，美国获得了这样一个良性循环圈：市民社会—政治民主—市场经济，三者既相互制约又相互促进。这是美国成功的关键之一。

战后美国市民社会的衰落是一个客观事实，其政治意义目前尚未充分反映出来，如何应对这个问题是未来美国面临的真正的挑战之一。相对于政府和企业，市民社团组织从根本上将处于弱势地位。政府有组织资源和合法性资源，企业有经济资源，而市民社会社团的主要资源是社会的参与意识、自愿者精神等可变性较突出的因素。从长期竞争的角度看，市民社会天然处于不利地位。外来挑战对美国来说不是严重的问题，经济问题也总是能应付过去的，而唯有社会问题对美国是致命的。现在看来，未来美国最重要的社会问题一个是在人口趋势不利于白人主流人口的情况下，种族问题的动向；另一个就应该是美国市民社会的衰弱。

（原载《美国研究》2001 年第 1 期）

① “Bowling Alone”, pp. 73 – 74.

美国的政教关系

刘 澎*

【内容提要】政教关系是美国政治文化中的一个重要内容，涉及宗教、政治、法律等领域内一系列重大原则问题。美国宪法第一修正案确立的政教分离与宗教自由原则是处理政教关系问题的基本原则。近年来，美国政教关系的热点主要体现在公共场所的宗教表达、公立学校中的宗教活动、宗教信仰与法律规定和社会公德相冲突等问题上。政教关系所面临的新难题之一是如何对待新兴宗教运动的兴起和发展。政教关系问题的解决方式主要是法律手段，如何运用已有的法律或设立新的相关法律，成为在政教关系问题上各方争夺的焦点。对政教关系问题的处理，体现了美国社会的价值标准，反映了美国的法制与道德、世俗与宗教既统一又矛盾，既相互协调又相互制衡的特性。

【关键词】美国　宗教　政教关系

政教关系（Church - State Relations），即政府与教会（宗教组织）的关系。作为美国政治文化中的一个重要内容，广义的政教关系不仅指政府与教会的关系，而且也包括政治与宗教的关系。美国的政教关系问题由来已久，自美国建国以来，就存在如何看待和处理政教关系的问题。由于政

* 刘澎，时任中国社会科学院美国研究所副研究员。

教关系涉及美国宪法的基本原则、民权的基本概念，涉及政府与社团组织、利益集团、公民个人之间的关系准则，其对司法、教育、新闻、出版及社会公共生活等各方面的影响非常深远。长期以来，政教关系一直是美国社会备受关注、争论不休的重要话题。

了解美国的政教关系，对于全面理解美国的政治、宗教、法制，特别是美国社会的传统价值，具有重要的意义。反之，就不可能真正理解民权思想与宗教自由观念何以是美国社会所推崇的基本原则。

另外，美国政教关系的理论与实践清楚地表明，政教关系问题的复杂性不仅在于其涉及宗教、政治、法律等领域内的一系列重大原则问题，而且往往表现为政府、教会与个人无法回避的社会现实问题。对政教关系问题的处理，从整体上说体现了美国社会的价值标准，反映了美国的法制与道德、世俗与宗教既统一又矛盾，既相互协调又相互制衡的特性。因此，美国的政教关系问题也可以说是从一个特殊的角度对美国社会内部结构的一种综合反映。

一　政教关系的基本原则

（一）宪法第一条修正案

要了解美国的政教关系，首先要看美国法律中有关宗教问题的规定。美国没有专门的宗教立法，其宪法中也只有一条涉及宗教问题。美国宪法第六条第三段规定，“上述参议员和众议员、各州议会议员以及合众国政府和各州一切行政、司法官员均应宣誓或郑重声明拥护本宪法；但不得以宗教信仰作为担任合众国任何官职或公职的必要资格”。

除此之外，美国宪法第一条修正案中有关宗教问题的表述，可以说是美国政教关系最主要、最根本的法律基石。自从宪法第一修正案问世以来，直到今天为止，所有美国政教关系的案例与争论，无不以该修正案为最终的法律依据。宪法第一修正案之所以如此重要，就在于它确立了处理政教关系问题的基本原则，即政教分离原则与宗教自由原则。

美国宪法前十个修正案被统称为“权利法案”，其中第一修正案涉及宗教问题，即 1791 年通过的宪法第一条修正案中的一句话（两个分句）。

这句话是："国会不得制定设立宗教或者限制其自由实践的法律。"这就是著名的"设立分句"和"自由实践分句"。但由于美国的政治体制，直到1868年宪法第十四条修正案正式通过后，这两个分句才对各州产生约束力。涉及宗教问题的所有立法和所有案件的根本指导就在于这两个分句，而这两个分句的解释权在于联邦最高法院，只有联邦最高法院才对这两个分句有最终的和最具权威性的发言权。简单地说，这两个分句所体现的两个根本原则可以用联邦最高法院前任首席大法官伯格在"沃尔兹诉纽约税收委员会案"（Walz v. Tax Commission，1970）裁决中的总结来表述：既不能容忍政府设立宗教的行为，也不能容忍政府干预宗教的行为。这两个原则说起来容易，但执行起来并不那么简单。"仁者见仁，智者见智"，200多年来围绕应该如何理解对这两个分句的争论从未止息。

1. 设立分句

设立分句是指宪法第一条修正案中关于国会不得通过立法设立宗教的规定，所以简称设立分句（国内也有人将"设立宗教"译作"确立国教"，将设立分句称作"确立国教"条款①）。

对于设立分句的含义，教会人士从基督教的立场出发，认为政府应承认教会的存在，但对所有教派与宗派应一视同仁，平等对待。各教派中不应有官方钦定的教会。但绝大多数人是从国家与教会的政治关系上来理解这一规定的。1802年，托马斯·杰斐逊在给浸礼会信徒的一封信中对此作了详细的解释，指出此规定的实质是实行政教分离，即在教会与国家之间建立"一道隔离的墙"。1947年，美国最高法院在"艾沃森诉教育委员会案"（Everson V. Board of Education，1947）的裁决书中对设立分句的含义作了明确解释：

> 第一条修正案设立宗教条款的意思至少是这样的：不论州政府还是联邦政府，都不得将一个教会确立为州教或国教；不得通过援助一种宗教或所有宗教，或偏护某一宗教而歧视另一宗教的法律；不得强迫或影响某人违背本人意志加入或不加入一个教会，或强迫他宣布信奉或不信奉任何一种宗教。任何人不得因持有或宣布宗教信仰或不信

① 李道揆：《美国政府与政治》，中国社会科学出版社，1990，第666页。

> 教，去或不去教堂做礼拜而受到惩罚；不得课征任何数量的税收以支持任何宗教活动或机构，不论他们以任何名目出现，也不论他们采用任何形式传教布道。不论是州政府还是联邦政府，都不得以公开或隐蔽的方式参与任何宗教组织或集团的事务；反之亦然。用杰斐逊的话说，这一反对用立法确立国教条款，意在树立起一道“教会与国家分离的墙”。

但政教分离并不是绝对的。1971 年，最高法院首席大法官伯格在“雷蒙诉库尔兹曼案”的裁决书中指出，“我们以前的裁决未要求完全的政教分离；从绝对意义上说，完全的分离是不可能的。政府同宗教组织之间的某种关系是不可避免的……分离的线远非一堵墙，而是一个模糊的、不清晰的、因某种特殊关系的所有情况而变化的障碍物”。（Lemon V. Kurtzman，1971）

2. 自由实践分句

自由实践分句与设立分句相辅相成，是宪法第一条修正案的另一项重要规定。该分句规定国会不得立法禁止宗教自由实践。作为与“确立国教”条款的对应提法，也有人将其称为“信教自由”条款。设立分句的核心是政教分离，是讲政府与教会的关系；自由实践分句的核心则是宗教自由，是讲政府在处理宗教问题时的权力限制。

具体地说，政府对教徒根据其宗教教义和信条进行的宗教实践原则上是不应干预的，但这个“宗教实践”并不意味着宗教徒具有随心所欲行事的无限权力。1878 年，美国最高法院在“雷诺兹诉美国案”的裁决书中指出，法律“不能干涉宗教信仰和见解，但是可以干涉宗教实践”。（Reynolds V. United States，1878）1890 年，最高法院在“戴维斯诉比森案”的裁决中强调，宗教实践必须符合“旨在保障社会安定繁荣的法律和全体人民的道德观”（Davis V. Beason，1890），这实际上表明了宗教“自由实践”是一个相对的概念。

1940 年，美国最高法院在对“凯特韦尔诉康涅狄格州”案（Cantwell V. Connecticut，1940）的裁决书中，重申了雷诺兹案的原则。该裁决书明确指出：自由实践分句“包括两个概念——信仰自由和行动自由，第一个是绝对的。但第二个，按事物的性质则不是绝对的，为了保护社会，行为仍然要受到约束”。

以上几个案例表明，美国最高法院在贯彻自由实践分句即“宗教自由”的规定时所遵循的标准是：宗教信仰的自由是绝对的，政府不得用法律加以限制；基于宗教信仰的宗教活动和行为的自由是相对的，有条件的，宗教“自由实践”的条件不能违犯社会道德准则，为了“保护社会”，政府可以采取行动。

最高法院对“宗教自由”的理解，使其牢牢地掌握了处理政教关系的主动权，它在司法实践中、在各界人士对宪法第一修正案自由实践分句即“宗教自由”的不同理解上巧妙地保持了平衡。

（二）关于政教关系问题的理论观点

由于对宪法、宪法第一条修正案的不同理解和对某些具体政治及宗教问题的不同看法，美国人对政教关系问题的态度基本可分为三种主要的不同观点：分离派、协调派和中立派。这三种观点的区分不是绝对的，有些学者把中立派归入协调派；此外，一些组织和个人在具体问题上的看法也并非始终如一。在美国政教关系中，联邦最高法院的态度是非常重要的一个方面。从最高法院在涉及宗教案例的司法实践中可以看出，最高法院本身在政教关系问题上也存在着这三种不同观点的明显倾向。

在对宪法的看法上，分离派认为无论是支持宗教还是限制宗教，宪法都没有赋予联邦政府对于宗教问题的任何管辖权。而协调派认为，宪法的确赋予了联邦政府一定的权力，或者至少宪法不可以解释为是对联邦政府在宗教问题上的权力的否认或禁止。

按照分离派的理解，“设立分句”的内容主要包括以下几个方面：国会不能制定旨在确立某种宗教、教派或教会相对于其他宗教、教派或教会的特殊地位的立法，也不得制定旨在确立宗教信仰相对于非宗教信仰的优越地位的立法；任何机构或个人不得强迫他人信仰宗教或表白其宗教信仰、信仰和实践某种宗教或加入某一教派或教会；政府在涉及宗教信仰的问题上应保持绝对的中立，不得与任何宗教发生任何关系。“自由实践分句”的内容主要包括以下几个方面：国会既不得制定旨在普遍限制宗教的自由实践的立法，也不得制定旨在限制某个特定宗教、教派或教会的自由实践的立法；宗教实践在法律范围内是自由的，不受政府及个人干预。分离派认为，“设立分句”事实上确立了国家与教会之间的“分离之墙”，这正是美国国父们的意愿；而“自由实践分句”则把宗教和教会从其从属于国家政府控制的欧洲传统中解脱了出来。

在对宪法第一条修正案的看法上，分离派认为它具体确认了宪法并没有赋予联邦政府在宗教问题上的任何权力。他们对宪法第一条修正案的解释被称为“广义”解释。简单地说，他们认为，宪法第一条修正案的意图在于禁止政府支持或者限制宗教实践，即使这种支持或限制并不针对某一特定宗教、教派或教会团体。对分离派来说，政府认定宗教信仰优于非宗教信仰、用政府税款资助宗教学校、对日常社会生活或公众生活进行强制性的宗教规范，都将是对宪法和第一条修正案原则的歪曲。分离派主张国家与教会之间的完全分离。

而协调派认为，第一条修正案只是旨在反对设立官方宗教或国家教会，并没有明确而完全地禁止政府在宗教问题上的权力。他们的解释被称为“狭义”解释。在地方层面，协调派主张多数派权威，即在基督徒占绝对优势的地方应体现基督教价值观在这些地区的公共事务中的作用和影响，对于这种地方性多数派权威，联邦政府也无权干预。这些势力主要分布在宗教右派占优势的南方各州，这也体现了美国南方各州主张建立松散邦联的传统，同时也反映出在这些地区宗教势力积极参与地方公共事务的强烈倾向。

在一些特定的公共事务问题上，这两派的观点也存在着明显的差别。分离派坚决反对政府组织或鼓励在公立学校中的宗教性祈祷；坚决反对用政府税收资助宗教学校；坚决反对在公共场所设置宗教标志。而协调派在这些问题上的看法正好相反。

中立派在一定程度也可归入协调派，因为从总体上来说，中立派反对国家与教会之间的完全分离。中立派其实并不中立，它也赞成政府参与支持和鼓励宗教信仰及其实践，支持宗教信仰对非宗教信仰的优势地位，甚至认为在政府行为中可以有一定色彩的宗教性，但它反对政府支持或鼓励有教派特色的宗教信仰和实践。它同协调派的差别在于它并不赞成政府参与在公共事务中推行教派特色较强的强制性宗教信仰和实践活动。对中立派来说，政府支持的是作为美国传统遗产重要部分的国民宗教（以基督教为核心），并没有支持或鼓励某一特定的宗教、教派或教会，因而并不违反宪法第一条修正案“设立分句”的原则。因此，中立派支持公立学校中的强制性祈祷活动，但认为这种祈祷不得带有教派特色；它支持政府对宗教信仰及其实践进行“不偏不倚”的资助；同样，它也支持公共场所设置宗教标志物，只要这些宗教标志物没有教派特色。

分离派和协调派之间存在的最大分歧是“政教分离”原则是否成立。多年来的统计表明，大多数美国人相信“政教分离”是宪法第一条修正案确定的原则。事实上，在宪法第一条修正案中并没有“政教分离”这个术语。“国家与教会之间的分离之墙”这个表述最早是由美国总统杰斐逊使用的，这是他在1802年在答复浸礼会教徒有关宪法第一条修正案的提问时采用的说法。他写道：“我以至高的敬意注意到全体美国人民宣布他们的立法机构不得‘制定确立宗教或禁止宗教活动自由的法律’，因之在政教之间竖起了一道分离之墙。”① 美国联邦最高法院在1947年的“艾沃森诉教育委员会案”中首次明确肯定了“国家与教会之间的分离之墙”的存在。布莱克法官称：“第一条修正案在国家与教会之间竖起了一堵分离之墙。这堵墙必须巩固得高而坚不可摧。我们不会容许任何一个细小的缺口。”

协调派认为，无论是宪法还是第一条修正案，都没有提及国家与教会之间的“分离之墙”。按照协调派的理解，宪法第一条修正案涉及宗教问题的“两个分句”的意图在于防止设立官方宗教或国家教会，或者给予某个特定的宗教教派或教会以特权地位；阻止政府干预宗教自由实践；允许各州按照各自的理解对宗教团体进行资助。协调派对宪法第一条修正案特别是第三个意图（“允许各州按照各自的理解对宗教团体进行资助”）的理解反映了美国联邦主义和邦联主义在宗教问题上的根本区别，也是宗教右派目前的主要主张之一。这种理解不代表目前美国官方的立场，因为最高法院在一系列案例的裁决中已明确了政教分离与宗教自由的原则，这是协调派、也是目前势力日盛的宗教右派所不愿看到的。

在实际生活中，美国人对宪法第一条修正案和“政教分离”原则的理

① John Eidsmoe, *Christianity and the Constitution* (Grand Rapids, Michigan: Barker Books, 1987), p. 242.

解要比分离派与协调派这种简单的两种分类复杂得多，但这两种分类概括了从世俗角度看待宪法第一条修正案的基本观点，有助于迅速了解美国人在政教关系法律依据上的主要分歧。

二　政教关系的历史演变

谈到美国的政教关系，人们的第一印象是它与欧洲传统有着很大的差别，表面看来似乎很清楚，细究起来却往往导致争议，远非一句话可以说清楚的。之所以如此，是因为美国的政教关系长期以来存在着明显的理论和实践的差异。美国联邦宪法有关宗教的规定特别简单，宪法第六条禁止对出任公职的人员进行宗教测试。宪法第一条修正案虽也有规定，但也特别简单，即“设立分句”和“自由实践分句”。条文简单造成不同的解释，这种不同解释在美国联邦最高法院不同时期的裁决中表现得较为突出。但在实践中，尽管强调政教分离的人可以从宪法第一条修正案中寻求法律依据，但这丝毫不影响美国宗教的广泛存在和持续发展。事实上，正是由于美国的宗教传统悠久，教派林立，人数众多，影响无处不在，以至于大多数美国人相信美国是“上帝治理下的国度”（One Nation Under God）。在美国人拥有的所有“财富”中，最令他们感到骄傲和自豪的东西之一就是宗教。与此同时，一些组织和个人为了维护他们所理解的宪法第一条修正案所确立的政教分离原则，从来没有放弃过运用包括法律手段在内的各种方式，与宗教介入公共事务的行为进行斗争。他们之所以这样做，据说正是为了维护宗教信仰自由的权利，这种权利又是与政教分离原则相一致的。这种认识不是偶然的，作为指导处理政教关系问题的原则，宗教自由与政教分离在美国有一个提出、发展和被社会普遍接受的历史演变过程。

（一）殖民地时期到美国建国初期

相继来到新大陆的欧洲移民先后建立了最初的13个殖民地。尽管许多人来到新大陆是为了逃避宗教迫害，追求宗教自由，但在各殖民地里，欧洲大陆的政教合一、宗教迫害不仅没有消除，反而被各殖民地当局移植到了新大陆。继承了来自欧洲母国宗教文化传统的移民者实行了传统的政教体制，各殖民地政权和教会密切合作，共同维护当地的宗教与政治的正统性。除了威廉·潘恩的宾夕法尼亚和罗杰·威廉斯的罗得岛外，各殖民地都实行了强制性的政教合一体制，建立了当地的官方教会，对本殖民地居民的宗教信仰强行进行统一，强制性地要求居民进行宗教实践（如每个主日都要进教堂听道）。在马萨诸塞湾、普利茅斯、康涅狄克和新罕布什尔，基督教新教公理会是官方教会；在北卡罗来纳、南卡罗来纳和弗吉尼亚，基督教圣公会是正统教会；而纽约、马里兰和佐治亚也经历了从设立官方宗教到废除官方宗教的变化。最具讽刺意味的是，英王查理二世于1662年写信给马萨诸塞湾殖民地的清教徒立法机构，抨击那里的官员极端迫害宗教异己，要求允许英国国教圣公会的信徒享有信仰自由。

这种情况与当初为了躲避本国的宗教迫害而来到这片新大陆的移民的初衷很不一致。特别是清教徒，他们在欧洲深受英国国教的宗教压迫，但在新大陆却对其他教派（天主教徒、贵格会、浸礼会）进行迫害。

北美殖民地中出现的这种宗教不宽容与新移民本身对宗教自由的理解有直接的关系。因躲避宗教迫害而来到新大陆的移民往往怀有强烈的传教热情和卫道精神，他们是虔诚的宗教信仰者，但并非一定是宗教信仰自由的支持者。恰恰相反，这些人出于保持自己信仰纯正的考虑往往对宗教迫害更情有独钟。北美殖民地的早期历史证明，这些人追求的宗教自由只限于本教本派的宗教自由，对其他宗教和教派根本谈不上自由。为了“拯救他人灵魂”，他们甚至不惜用消灭肉体的办法，使“受害人”摆脱魔鬼的诱惑和控制，强迫他人接受自己认为纯正的宗教。

另外，宗教宽容也在一些殖民地开始萌芽。1633年，罗杰·威廉斯建立的罗得岛殖民地实行了宗教宽容原则。1649年，马里兰殖民地通过了保护处于少数地位的罗马天主教徒的宗教宽容法。到18世纪，新大陆的社会政治经济都发生了很大变化。随着各殖民地的不断开发，各殖民地之间的交流加强了，人口的流动产生了跨殖民地的教派与社会，不同教派信仰者源源不断地来到新大陆，又使各殖民地的宗教出现多样化。所有这些变化，对政教合一与宗教不宽容造成了巨大的冲击，宗教自由、政教分离逐渐成为时代的必然。轰轰烈烈的大觉醒运动也极大动摇了各殖民地实行宗教专制、政教合一的基础，美国独立战争和统一联邦的成立更加速了这一转变过程。

但宗教自由、宗教宽容思想的流行并不意味着各殖民地实行多年的官方教会自动消失。独立战争爆发时，北美13个殖民地中的8个殖民地有官方教会。官方教会在各殖民地享有宗教上、政治上的特殊优越地位，实际上相当于当地的“国教”。要废除各地的“国教”，实现真正的宗教自由与政教分离，必然会遭到在某一殖民地或地区已经取得官方教会地位的教派及其在世俗政权中的支持者的强烈反对，因此双方斗争十分激烈。在这场斗争中，托马斯·杰斐逊与詹姆斯·麦迪逊经过长期艰苦的努力，终于在1786年弗吉尼亚州议会通过了《弗吉尼亚州宗教自由法》，这是北美人民争取宗教自由的重大胜利，也是托马斯·杰斐逊对美国的重大贡献。该法案明确表示反对宗教压迫，反对政府确立国教，反对任何形式的官方教会，强调人民有宗教信仰自由的权利。作为明确要求“废除国教”的法案，该法案是美国历史上的重要历史文献之一，它对后来美国宪法第一条修正案中关于宗教条款的内容有着极为重要的影响。

统一后的美国必须实行宗教自由和政教分离，否则真正的统一就无从说起；如果不实行宗教自由，各地宗教迫害将不断出现，社会将会因此而导致分裂与冲突。从政治上说，如果不实行政教分离，政府根本无法确立何种宗教具有正统地位。因此，从多方面看，美国实行宗教自由和政教分离都是必然的，它反映了社会需要，代表了历史发展的方向。

詹姆斯·麦迪逊为实现宗教自由与政教分离也作出了巨大贡献。他提出十点理由反对国家直接扶植宗教或设立国教：宗教只能靠理性和信仰来指导，而不是靠暴力或强制；宗教不附属于任何立法机构的权威；国教玷污了法律面前人人平等的原则；国民政府不能利用宗教作为推行公共政策的手段；历史已经证明了国教的邪恶；国教不应得到国民政府的支持；国教不利于受宗教迫害者的政治避难；国教损害各教派之间日益发展的协调关系；国教影响基督教的传播；把遭到众多国民反对的法案强加给民众，会导致法律信誉的沦丧。

实现宗教自由与政教分离的道路并不是一帆风顺的。从1776年到1780年，除罗得岛和康涅狄克外，其余所有殖民地都先后通过了新宪法，都规定保障个人的自由权利，都表达了对宗教自由原则的认同，约半数的州规定了政教分离。然而这些州所规定的自由并非真正的宗教自由，各种宗教信仰和教派也并非完全平等。一个突出的问题是，所有这些州的立法都在一定程度上体现了基督教新教教派信仰的优先权。废除官方宗教的进程十分缓慢，直到1833年马萨诸塞州最后通过联邦宪法第一条修正案，确立了政教分离和宗教自由两项根本原则，官方宗教在美国的历史才正式寿终正寝。

美国独立后的制宪会议于1787年8月30日通过的美国宪法第六条第三段规定，不得对出任公职者进行宗教方面的测试，也不能以宗教信仰作为衡量出庭作证者的信誉的凭证和依据。除此之外，宪法中对于宗教问题并没有更多的涉及。1789年，麦迪逊根据各州在讨论通过联邦宪法时所提出的修改补充意见，向国会提交了一系列修正案，参议院通过后交由各州讨论通过。在两年时间内陆续获得各州通过的十项宪法修正案于1791年12月成为宪法的正式修正案，其中第一条修正案涉及公民的一些基本权利，第一款谈到了宗教问题，它规定，“国会不得制定设立宗教或者限制其自由实践的法律”。这就是著名的“两个分句”（设立分句和自由实践分句），它们分别体现了美国宪法针对宗教问题的两个根本原则：政教分离和宗教自由。

美国著名学者桑福德·科勃名为《宗教自由在美国的兴起》的巨著于20世纪初出版后，受到了社会各界的重视，至今仍是从殖民地早期到第一部宪法产生期间美国宗教自由发展历史方面的研究者引用最广的著作。科勃在本书中对美国宪法第一条修正案中确立的宗教自由原则和政教分离原则进行了高度评价，认为这是美国的“首创”，与过去的欧洲传统有着截然不同的差别，是美国献给“文明世界最伟大的一份礼物”。宗教自由和政教分离是近代资产阶级革命的产物，虽然在欧洲思想发展史上可以找到先于美国的亮光，但毕竟是美国人首先把这两项基本原则付诸实践。

另外，这两项根本原则虽然具有划时代的意义，但限于当时的历史条件，也不可避免地有其历史局限性。两项原则适用的范围，在绝对意义上主要限于基督教或者说基督教新教，对于其他宗教与教派特别是土著印第安人的宗教，两项原则的运用并不充分，其他宗教的信仰者并未享有真正的宗教自由，绝大多数印第安人甚至连最基本的生存自由也没有。至于政教分离，美国历史已充分证明，彻底的政教分离是不存在的，作为美国宗教传统的基督教新教一直影响着美国的政治和社会，而且还将继续对其产生影响。人们围绕着究竟什么是政教分离的争论从来没有停止。两项原则的历史局限性使其本身成为美国社会政教矛盾长期存在的原因之一。

（二）美国建国初期到 20 世纪中期

美国建国后实行的联邦制赋予了各州较大的权力。尽管在联邦一级的法律上官方教会不具有合法性，但各州在此问题上的规定并不相同。在相当长一段时间内，某些州仍然承认某种教会的优越地位。例如，1822 年以前，马萨诸塞州的宪法规定，只有清教徒才享有选举权；新泽西州的宪法规定，只有新教徒才能担任公职。1790 年以前，宾夕法尼亚州也规定，担任公职者必须是信仰新约和旧约《圣经》的人。

美国国会禁止制定法律来设立官方宗教或者限制宗教实践的自由，但各州国会是否有这样的权力，美国宪法第一条修正案并没有说明。1833 年，最初组成美国联邦的 13 个州中的马萨诸塞州最后一个废除了官方宗教，随后陆续加入美国的各州也都被要求确保宗教自由和政教分离，但直到 1868 年宪法第十四条修正案正式通过前，各州是否必须遵从联邦国会制定的法律，必须实行宗教自由和政教分离，一直是个悬而未决的问题。包括联邦最高法院法官在内的一些人认为，第十四条修正案的意图旨在使联邦宪法中的《权利法案》成为各州的法律，从而确立联邦法律在各州的权威。但多年来，联邦最高法院的法律裁决一直没有体现出这一点，多数法官们的意见一直坚持个案处理的原则，一直否认联邦宪法第一条修正案涉及宗教的两个分句可以普遍适用于各州。直到 20 世纪 40 年代，联邦最高法院分别在著名的耶和华见证人教会案（“坎特威尔诉康涅狄克案”，1940）和著名的教会学校资助案（“艾沃森诉教育委员会”，1947）中，才明确提出联邦宪法第一条修正案涉及宗教问题的两个根本原则（宗教自由和政教分离）普遍适用于各州。

到此为止，联邦宪法修正案有关个人权利、宗教自由等方面的法律被推广到了各州，这在很大程度上使各州在司法方面保障宗教自由和政教分离成为可能，也在法律制度上使美国联邦对各州在宗教问题上的立法和行政行为可以进行监督。但在各州的司法实践中对宗教自由与政教分离两项原则的理解还存在很大差别，更严重的是，联邦最高法院对于宪法第一条修正案中的这两项原则的理解也存在着不同时代和不同党派法官之间的区别，这一切都使两项根本原则的运用充满了曲折。但总的来说，美国多数宪法史学家都承认，联邦最高法院在对涉及宗教问题的案例的裁决中，对宪法第一条修正案两个根本原则的理解和运用以及尺度的把握上还是比较“不偏不倚”、令人信服的。

三　政教关系的主要问题

美国政教关系存在着两个方面的主要问题：一是涉及政教分离原则的问题；二是与宗教自由相关的法律问题，如公共场所的宗教表达问题、公立学校中的宗教活动问题、宗教信仰与法律规定和社会公德相冲突问题等。

政教关系问题的解决方式主要是法律手段，因此如何运用已有的法律或设立新的相关法律，就成为在政教关系问题上各方争夺的焦点，而美国社会中的众多背景因素，又直接、间接地影响着国会的立法进程。众所周知，美国有着浓厚的基督教传统，尤其是基督教新教道德文化传统更是被称为“美国的遗产”。任何一位美国总统竞选者都不能无视这个传统，表明个人宗教信仰虔诚已成为总统竞选的重要内容之一。20 世纪 80 年代以来的美国大选中，宗教问题一直占有重要的位置。进入国会的选举也包含着宗教因素，亲宗教立法成为近几届国会议员的共同兴趣。美国各大宗教团体都在华盛顿特区设立办事处，以期影响国会的立法；为社会道德立法也已成为势力日盛的宗教右派运动的主要目标之一。这一切都使政教关系问题的解决变得十分复杂。

近年来，美国政教关系的热点主要体现在公共场所的宗教表达、公立学校中的宗教活动、宗教信仰与法律规定和社会公德相冲突等问题上。此外，关于教会财产免税问题、政府资助教会学校问题、星期日停业法问题、向国旗致敬问题、拒服兵役问题等，也是存在多年的老问题。解决这些问题有时需要使用政教分离与宗教自由两项原则，如果将这两个原则同时运用并推向极致，就可能产生矛盾，成为最高法院的难题。

另外，法律不承认宗教的特殊性，而不同宗教的教义又是五花八门的，不承认其特殊性肯定就要侵犯其自由权利，而完全保护所有宗教信仰的自由权利又必然影响到法律的普遍性。最高法院在这方面作出的裁决也表明了这个矛盾。例如，摩门教的一夫多妻制因同联邦法律冲突而被取缔；而门诺派基督徒拒绝让其子女接受法律规定的义务教育与义务教育法相冲突却得到最高法院的认可；印第安人在宗教仪式中使用具有致幻作用的草药因与联邦的禁毒法律相冲突而被禁止；而基督教安息日会教徒拒绝在周六工作却受到法律保护；基督教科学派因信仰问题拒绝让子女接受诸如输血之类的治疗并因此致死也不会受到法律的惩罚。

如果宗教实践同国家法律和政府行为发生冲突，最高法院认为“国家的迫切利益”测试才是宗教信仰及其实践受到限制的唯一借口，而这一点已足以确保国家的安全和公共利益不受危害。但正像有些宗教人士认为的那样，这个测试原则一方面保护了宗教信仰的独特权利，另一方面也给政府干预宗教自由权利提供了极其高明的依据。① 如果由于“国家的迫切利益”需要，政府完全有权干预宗教自由权利的实践，而且这个尺度在实践中的具体把握也很难解决。联邦最高法院在宗教信仰和实践同国家法律和政府行为发生冲突的不同案例中的不同裁决结果，在某种程度上说明了这个问题。

美国政教关系所面临的新难题之一是如何对待新兴宗教运动的兴起和发展。美国是世界上新兴宗教运动最发达的国家之一。美国的膜拜团体约有 1600 个到 1800 个，其中难免有对社会造成极大危害的少数团体（有人称其为“邪教”，但这不是美国政府的官方用语）。见诸媒体比较著名的事件有“大卫教派”和“天堂之门”等。近些年来，美国社会的一些保守派势力特别是宗教右派已经意识到这个问题的消极影响，开始游说国会制定法律来限制新兴宗教与膜拜团体的发展，同时积极促进在美国社会恢复基督教主流教派的传统道德价值观，反映宗教右派意愿的一些宗教人权立法提案也不断出现，这些因素给美国法律处理政教关系带来了新的挑战。

四 国会宗教立法尝试

长期以来，某些国会议员、民间团体、宗教组织和个人，以宗教保守派（在政教关系问题上属协调派或中立派）为旗帜，一直在尝试修改宪法第一条修正案，或者再给其加上一个分句。他们的理由是，由于第一条修

① Linda Feldmann, “‘Religious Equity’ Goes Far Beyond Classroom Prayer,” *Christian Science Monitor*, June 12, 1995, p. 12.

正案的规定不明确，加上美国政府及一些机构长期以来一直利用该修正案限制宗教进入美国民众生活的公共领域，因此有必要在第一条修正案的两个分句之外再加上一个分句或单独通过一个保障宗教自由的宪法修正案。与此同时，一些人一直在努力进行就某些具体宗教问题进行国会立法的尝试。随着美国社会右翼势力的重新抬头，这种尝试正在不断增加。据统计，近几届国会以来，每届国会有关宗教人权问题的国会提案、决议案及法案总数约为数十个之多。这些议案和法案涉及面很广，其中涉及美国国内宗教民权问题的议案和法案占多数。在这些众多的议案、法案中，影响较大的是“宗教自由/平等宪法修正案”与“宗教自由恢复法案”。

（一）“宗教自由/平等宪法修正案”（Religious Freedom / Equity Amendment）

从1993年起到1998年，三届国会（第103～105届）共提出了9个“宗教自由/平等宪法修正案”议案。1993年，参众两院分别提交了“宗教自由/平等宪法修正案”议案。在1995～1996年第104届国会期间，此类议案增至5个，其中最具有代表性的是由美国众议员海德和伊斯托克于1995年分别提交的一份宪法修正案，而参议员哈奇同时也在参议院提交了一份类似提案作为海德提案的参议院版本。这反映了国会右派势力开始重视从根本上解决政教关系问题。

草拟中的宪法修正案旨在保障“宗教平等”，它将对在公立学校、政府办公大楼、公园、法庭及政府资助的电台和电视台进行宗教信仰的表达和表演大开方便之门。类似的议案在不同时期也曾被提出过，但在措辞上有较大的出入。1995年11月海德的议案和12月哈奇的议案完全相同，表述如下：“无论美国还是各州都不得因宗教表达、信仰或身份而拒绝向任何个人或团体提供便利或者以其他形式歧视；不得通过立法设立宗教的禁令亦不得解释为需要这种歧视。”①

引起争论的正是这一修正案的许多版本中多次出现的关键语，即允许政府提供“便利（benefits）”，这为宗教学校和日托中心接受政府资助铺平

① Derek H. Davis, “Proposed ‘Religious Equality/Liberties’ Amendment,” *Journal of Church and State*, Winter 1996.

了道路。1995 年 11 月 28 日的伊斯托克议案是这样表述的："本宪法不得禁止对人们的宗教遗产、信仰或传统的认可，或者禁止公立学校中由学生自发组织的祈祷。无论是美国还是各州都不得规定官方的祈祷文或强制任何人参加祈祷，或者歧视宗教表达和信仰。"[①] 而 1997 年 5 月 8 日的新版本（H. J. RES. 78. RH）修改如下："无论美国还是各州都不得设立任何官方宗教，但人们在公共场所包括学校进行祈祷及表达他们对各自的宗教信仰、遗产或传统的认可的权利不得受到侵犯。无论美国还是各州都不得要求任何人参加祈祷或其他宗教活动，规定学校祈祷，歧视宗教，或因宗教原因而否认获得便利的平等机会。"该修正案散发范围最广的版本有一段是这样表述的："无论美国联邦还是任何一个州都不应该……因为某个人或者组织的言论、观念、动机或身份所包含的宗教特点而剥夺其便利或者歧视他们。"[②] 因为该宪法修正案是作为第一条修正案的补充，而且是在"宗教自由实践"和"政教分离"两个分句的基础上附加的，因此被称为"便利"分句。

该修正案的支持者包括政治势力强大的基督教联盟。他们认为应该终止在"公共场所"日益增多的歧视宗教的行为。在美国各地，大学校方及地方学校董事会通常都反对学生毕业典礼中的祈祷，即便是口中念诵"上帝"这个词，他们也采取尽量避免的立场以防可能由此引出的官司。这种状况使该修正案的支持者们认为，第一条修正案的自由实践分句越来越被忽视，而设立分句越来越多地被法院裁决、著名法官及其他政府官员作为"王牌"，使他们对公共场所的宗教问题采取越来越严厉的立场。

修正案草案受到很多团体，如美国福音派全国大会、保守派犹太教联合会、改革派犹太教宗教行动中心、门诺派中央委员会、基督教法律协会、美国人联合支持政教分离组织、跨教派联盟、美国之路基金会、美国民权自由联盟等的反对。这些持分离派观点的团体认为，第一条修正案已经明确了政教关系的大原则，特别是保护了宗教自由，任何其他的宗教修正案都是不需要的和危险的，它将把美国的宗教自由引向宗教优先主义。

---

① Derek H. Davis, op. cit.

② "Proposing An Amendment to the Constitution of the United States Restoring Religious Freedom," (H. J. RES. 78) *House Report*, No. 105 – 543, May 19, 1998.

无论在宪法中还是在第一条修正案中都没有出现“上帝”或“造物主”的字眼，而不同版本的“宗教自由/平等宪法修正案”议案都在前言中明确使用了“上帝”或“造物主”，明确指出议案的宗旨在于保护人们向上帝或造物主表明信仰的权利。这种表述本身就造成了新的问题。分离派认为美国人的宗教信仰权利并没有被第一修正案所剥夺，美国是世界上宗教信仰最自由的国度，议案只提及基督教所认可的“上帝”和“造物主”未免构成歧视非基督教宗教信仰的嫌疑。

“便利”分句也给公立教育的支持者包括教师联盟敲了一个警钟，它把争论的范围扩大到纳税人的钱是否可以用于宗教目的这个问题上。如果该修正案得以通过，它将解决包括争论达数十年的公立学校中的祈祷问题和公共场所的宗教标志物问题（例如圣诞节邮局摆设的圣诞马槽）以及学校资助问题，但该法案也会使政教分离的天平向着有利于宗教的一面倾斜。然而伊斯托克的修正案在众议院表决时，未能获得2/3的票数。

伊斯托克修正案未获通过并不意味着宗教保守派的失败。从国会运作的程序上看，任何一项议案的通过都是不容易的。美国国会每年大约收到各类提议案数千件，仅第105届国会第一次会议期间就接到4604件议案，通过者寥寥无几，仅占不到1.7%。按照规定，一项议案如要成为法律必须首先获得两院表决通过，然后由总统签署生效。如果涉及对于宪法的修正，则要求更为严格，它必须先经以上程序，然后在7年时间内获得3/4以上州（目前为37个州）的认可。因此，宗教自由修正案前面的路是漫长而艰巨的。

（二）“宗教自由恢复法案”（Religious Freedom Restoration Act，RFRA）

最高法院在1990年的“就业司诉史密斯案”（Employment Division v. Smith 1990）一案的裁决中曾确立了一个原则，即政府有权对宗教实践进行限制，只要这种限制是中立的，是对所有人都有效的，而不是专门针对宗教实践的。这似乎为政府干预宗教实践打开了方便之门，因而受到许多主张宗教实践自由的团体的反对。这些团体组成了一个名为“支持宗教自由实践联盟”。

在这些团体的压力和国会保守派议员的努力下，国会最终于1993年11月16日通过了“宗教自由恢复法案”。该法案恢复了在“谢伯特诉维尔纳案”（Sherbert v. Verner，1963）和“威斯康星诉约德案”（Wisconsin v. Yoder，1972）中确立，而被1990年的“就业司诉史密斯案”所推翻的“国家的迫切利益测试”。主要目的在于保护宗教的自由实践，明确限制立法和政府对宗教实践的限制。它明确规定，宗教信仰自由和实践自由不受政府的干预，如果政府要限制某项宗教实践的自由，必须符合两个条件：一是“国家的迫切利益”使然；二是这种限制应是权衡各种代价中最小的。这同前些年最高法院在“谢伯特诉维尔纳案”和“威斯康星诉约德案”中确立的“国家的迫切利益”测试具有同样的目的和效果。然而，各州最高法院对该法案的合宪性提出疑问，认为根据宪法第一条修正案，国会无权通过这样的法案。1997年6月，最高法院在“博恩市诉弗洛斯”（City of Boerne，Texas v. P. F. Flores，Archbishop of San Antonio，1997）一案中以6：3裁定“宗教自由恢复法案”违宪。目前，围绕这个问题的争论并未结束，提出和支持该法案的国会议员们将修改并提出新的版本。

关于宗教自由问题，国会还提出甚至通过了其他一些议案和法案，例如印第安人宗教自由问题（礼仪、墓地及文化保护等）、人权日、宗教自由周等，较为重要的有“机会均等法案”、“宗教公开表达法案”等。

除了国会的立法之外，美国政府也发布过一些有关某一特定宗教问题的总统备忘录、政策指导及总统令。这些行政命令虽然不是法律，但在某些问题没有相关法律或法律议案不易通过的情况下，对解决政教关系中的实际问题有着极为重要的意义。从政府这方面说，行政命令除了清楚地表明政府在某些宗教问题上的态度和立场外，其意义主要在于对联邦政府机构和官员具有行政约束力。1995年7月12日，克林顿总统签署了“公立学校中的宗教表达”备忘录，对公立学校中的宗教表达予以充分肯定，认为“第一条修正案丝毫没有把公立学校变成无宗教区域”，相反，学生有权自由组织课余宗教祈祷和查经活动，有权在毕业仪式上祈祷，有权身着有自由的宗教信仰特色的服饰；基于宗教信仰的学生团体在享受校方提供的资金和设施方面同其他学生团体“机会均等”。1996年5月24日，克林顿总统签署了“关于印第安人圣地”的行政令，旨在保护美国印第安人的圣地不受侵犯。1997 年 8 月 14 日，克林顿总统签署了“联邦工作场所宗教实践与宗教表达”指导，规定联邦各机构的工作人员有权在联邦工作场所自由地表达宗教信仰：同事之间可以私下进行传教；各机构应最大限度地提供宽松的环境以满足员工宗教表达的需要；在工作场所，各机构不得组织宗教活动，也不得强制或禁止员工参加宗教活动；对员工宗教表达进行限制的唯一条件是员工的宗教表达妨碍了该机构的工作秩序和工作的正常开展。显然，从“公立学校中的宗教表达”备忘录和“联邦工作场所宗教实践与宗教表达”指导这两份文件可以看出，美国对政教分离与宗教自由的原则是有所考虑的。这是政府对国会于 1993 年通过的“宗教自由恢复法案”的回应。然而，由于最高法院于1997 年6 月裁定该法案违宪，这就使白宫的这两份文件的合法性发生了问题。这是近年来美国立法、司法与行政三权之间在政教关系问题上发生矛盾的一次典型的表现。

（原载《美国研究》2001 年第 3 期）

试论美国最高法院与司法审查

任东来*

【内容提要】 美国联邦最高法院是世界上最有权威的法院之一，这一权威很大程度上来源于它对美国宪法的最终解释权。以司法审查这一制度形式体现出来的宪法解释，一方面使得美国古老的宪法得以与时俱进，适应美国不断变化的现实，另一方面也引发了一场关于最高法院是否越权的永无休止的争议。最高法院的历史表明，貌似中立的法院及其大法官依然无法完全摆脱时代潮流的影响和政治势力的干预。无论是对司法自由主义还是司法保守主义、司法能动还是司法克制，人们只有在特定的历史背景中才能理解。同样，司法审查所具有的反民主、反多数的难题，也只有在美国独特的联邦制和选举政治的制度框架内才能得以解释。

【关键词】 美国法律　联邦最高法院　司法审查　司法能动　司法节制　反多数难题

美国最高法院从1789年建立至今，已有216年的历史。在其基本上还算是谨小慎微的宪政实践中，它最终确立了三项基本原则，并为政府的政治分支（立法和执法）和民众所认可。其一，司法独立（judicial independence）。至少在理论上，联邦法院独立于其他政府部门的直接政治

* 任东来，时任南京大学—霍普金斯大学中美文化研究中心教授。

干预。其二，司法审查（judicial review）。联邦法院，特别是最高法院，能够以自己对宪法的理解，确认或推翻各级政府部门的法律和规章。其三，司法主权（judicial sovereignty）。在解释作为根本大法的宪法时，最高法院对宪法含义的阐释具有最终权威。这一终极权威让它有了政府"平等三权中数第一"[①] 的称号。

三项基本原则的确立，经历了一个逐步发展的过程。在此过程中，面对美国各个历史时期棘手的司法难题，最高法院既有成功的经验，也有失败的教训。据此，它不断寻找着自己在美国政治体制中的适当位置。

一　最高法院的历史分期

在最高法院的历史上，第四任首席大法官约翰·马歇尔1801年执掌法院之前的十余年，可以被看做美国宪政史诗的一个序幕，最高法院只是其中的一个龙套角色。随着戏剧的展开，最高法院最终成长为其中的主导角色。此后的历史演变，大体上可以视为每70年一出戏。

虽然每出戏的主题有所变化，但美国联邦制却一直是一个基本的背景。内战前的70年（1790～1861），美国宪政舞台上主要的问题是联邦制的性质以及与此相关的奴隶制问题。马歇尔任首席大法官期间的最高法院（1801～1835）高瞻远瞩，为巩固新生的联邦政府不遗余力。通过"马伯里案"[②]，最高法院确立了司法审查权。在此基础上，通过激活宪法中的"必要和适当条款"、"契约条款"、"州际商事条款"和"最高条款"[③]，最高法院的司法裁决限制了各州的权力，强化了联邦的权威。但是，它依据宪法确立的司法权威却无法解决1787年宪法本身没有明确回答的难题：美国究竟是一个统一不可分割的联邦，还是各州保留了基本主权（甚至是分离权）的联合体。奴隶制，究竟是地方性的特殊制度，还是因为奴隶属于不可剥夺的"财

① 这个表述来自美国著名法律人、老布什政府司法部首席检察官、调查克林顿绯闻案的独立检察官斯塔尔（Kenneth W. Starr）的新著：《平起平坐之首：美国生活中的最高法院》（*First Among Equals: the Supreme Court in American Life*, N. Y.: Warner Book, 2002）。

② Marbury v. Madison, 5 US 137 (1803).

③ 这些成就主要表现在"合众国银行案"〔McCulloch v. Maryland, 17 US 316 (1819)〕、"达特茅斯学院案"〔Dartmouth College v. Woodward, 17 US 518 (1819)〕和"汽船垄断案"〔Gibbons v. Ogden, 22 US 1 (1824)〕。

产”而可以推广到全国？

在“斯科特案”[①]中，通过对美国制宪者意图和宪法第五条修正案的解释，马歇尔的继任者罗杰·坦尼首席大法官不仅否定了黑人的公民身份，而且还认定，如果奴隶因为进入自由领地而成了自由人，无异于违反了宪法第五条修正案，因为它未经正当法律程序，便剥夺了奴隶主的“财产”。此案的判决否决了国会南北划界维持奴隶州和自由州政治平衡的《1820年密苏里妥协案》，为奴隶制推广到新近获得的领地铺平了道路。结果，最高法院一劳永逸地解决奴隶制的司法努力，不仅无助于问题的解决，反而激化了南北矛盾，加快了冲突的到来。最终，是血腥的南北战争，而非最高法院的判决解决了联邦制性质和奴隶制问题。在这场战争中，南北双方的阵亡人数超过了60万，比美国历史上所有其他内外战争中死亡人数的总和还要多。以如此沉重的生命代价来废除奴隶制、维护联邦的统一，在一定程度上说明宪政，至少是1787年宪法的部分失败。这同时也说明，被不少人视为神明的最高法院，在涉及国家存亡的关键问题上，力量极为有限。只是在枪炮解决了基本问题之后，1869年最高法院才在“得克萨斯诉怀特”案中，高调地宣布宪法建立的是“一个由牢不可破的诸州组成的一个牢不可破的联盟”，南方州“退出”联盟“非法”，它在法律上从来就没有离开过联盟。[②]

在最高法院的第二个70年（1865～1937）中，联邦与州的关系问题依然存在，但已经不是州是否拥有完整主权的问题，而是如何界定宪法明确保留给它的那些权力。虽然内战后通过的3个重建修正案（第十三、十四和十五条修正案）似乎极大地扩展了联邦权力，但要真正做到这一点还有待时日。一个主要的司法原因是，在“屠宰场组案”[③]中，最高法院5比4的法院意见，狭隘地解释了第十三、十四条修正案的内涵，通过区分美国人的两种公民身份（州公民和联邦公民身份），将作为联邦公民身份的权利限制在极其有限的范围内。这样一来，联邦政府依旧只是拥有宪法中原有的有限授权，而绝大多数民生问题依然是各州的独占领域。

在19世纪后期和20世纪最早的30年中，各州乃至联邦政府主要面对

① Scott v. Sandford, 60 US 393 (1857).

② Texas v. White, 74 US 700, 725 (1869).

③ Slaughterhouse Cases, 83 US 36 (1873).

的民生问题就是，如何规制蓬勃发展的资本主义。在创造惊人的财富、推动经济发展的同时，资本主义也带来市场的失衡、贫富的鸿沟、阶级的冲突。通过民主的办法，市场竞争的失败者开始推动“规制运动”（regulatory movement），促使各州政府关注民生，规制资本，减少自由放任所带来的弊端和危害。民主原则为市场竞争的失败者提供了立法的保护，而宪政主义却为民主竞争的失败者提供了司法的救济。自由放任的维护者和规则运动的支持者在政治上的较量，最终化为联邦法院里的司法诉讼。美国宪法权威考克斯颇为传神地写道：“由于可以利用司法来审查立法的合宪性，那些在政治论坛上抵制变革失败的一方得以在最高法院将争斗继续下去。”①

自由放任与规制运动相互对垒和交互作用，代替了内战之前联邦主权与州权的冲突，成为这一时期宪政的新主题。资本的势力依仗既有的宪法原则，强调财产权利和契约自由；对立的势力则发掘出新的宪法原则，突出宪法序言中的“公共福利。”一时间，最高法院成为新旧宪法原则辩论交锋的战场。交锋的结果，是旧传统战胜了新原则。最高法院主导的司法理念和实践是保护企业，抵制政府。正像美国最高法院研究权威麦克洛斯基所剖析的：“一个有着致力于产权事业传统的法院，其法官构成不可避免地来自‘有产者’阶层；他们当然都是些法律人，深受保守偏见的熏陶，这样的偏见一直是美国法律人共同体的一个特征。几乎可以肯定，这样的一个最高法院在断案裁决时总会站在工商业一边，反对规制运动。”②

在联邦主权已经确立的时代，各州倡导的规制运动自然无法抵御最高法院的司法利剑。但是，联邦政治分支却可以用民意及对宪法权力的灵活运用来构建抵制司法利剑的政治之盾，特别是在危机的年代。20 世纪 30 年代初，为了摆脱美国有史以来最严重的经济萧条，富兰克林·罗斯福政府无视宪法传统，推行“新政”，开始对市场进行广泛而深入的干预。基于旧有的宪法原则和传统，最高法院否决了一些重要的新政立法；深孚众望的罗斯福则向国会提出了“最高法院填塞计划”（court-packing plan），作

① Archibald Cox, *The Court and the Constitution*, Boston: Houghton Mifflin Company, 1987, p. 119.

② 罗伯特·麦克洛斯基著《美国最高法院》，任东来等译，中国政法大学出版社，2005，第 82 页。

为反击。这次“府院之争”酿成了继内战之后美国的第二次宪政危机。最后，危机以最高法院个别法官改变立场，认可其他新政立法，以及罗斯福填塞计划中途夭折而结束。

在这场被后人称为“1937宪法革命”① 中，最高法院最终认可政府对市场的规制，将企业与政府的关系留给政府的政治部门处理，基本上放弃了对于政府规制市场的立法和规章的司法审查。值得注意的是，又一次是政治而不是法律最终解决了那个时代的宪政难题：“正如内战解决了造成联邦与州冲突的基本问题，大萧条和新政解决了经济控制的基本问题。”②

当最高法院进入其第三个70年时（1937~2005③），一些观察家认为它已经无戏可唱。“司法审查已经步入了它的黄昏时期；作为美国政治进程的一个重要角色，最高法院的事业已经日薄西山。”④ 不过，出乎他们的预料，最高法院很快找到了自己新的角色定位，开始演出第三出大戏：政府公权与个人自由的对垒。第二次世界大战前后，极权主义的肆虐，反法西斯同盟中“四大自由”（言论自由、信仰自由、免于恐惧的自由和免于匮乏的自由）口号的提出，1948年《世界人权宣言》所昭示的个人自由与权利的普适性与永恒性，在全球范围内引发一场权利觉醒和权利革命的大潮。与此相呼应，从20世纪50年代开始，美国黑人等少数族裔群体展开了美国历史上最伟大的民权运动，加上冷战期间在国家安全名义下政府对个人自由的侵害，激发了美国新一代最高法院大法官对个人自由、尊严和权利前所未有的重视。

就在宣布遵从政府规制市场的立法、放弃这一领域审查的同时，哈兰·斯通大法官写下那个著名的《脚注四》，指明了未来70年最高法院司法审查的新方向。这个注释试图说明，遵从立法的司法节制并非是一成不变的僵硬原则，它有三个例外情况。其一，违反《权利法案》和第十四条修正案的立法；其二，限制人们平等地参与政治进程的立法；其三，歧视弱势群

---

① 麦克洛斯基：《美国最高法院》，第139页；Cox，p. 162；伯纳德·施瓦茨著《美国最高法院史》，毕洪海等译，中国政法大学出版社，2005，第256页。

② 同上，第141页。

③ 2005年9月初，首席大法官威廉·伦奎斯特法去世，51岁的联邦上诉法院法官约翰·罗伯茨经布什总统提名、参议院确认而成为美国第17位最高法院首席大法官。作为美国历史仅次于马歇尔的第二位最年轻的首席大法官，最高法院将开始一个罗伯茨法院的时代。

④ 麦克洛斯基：《美国最高法院》，第143页。

体、妨碍他们参与政治进程的立法。对这三类立法，最高法院要进行严格的司法审查。由此，美国现代司法审查的双重标准确立起来。对经济立法采取宽松的标准——只要这些立法是“基于立法者经验和知识范围内的理性基础”①；对涉及个人基本自由和权利的立法采取“严格审查”（strict scrutiny）标准——这些立法必须“紧密地（closely）与紧迫的（compelling）政府利益”相联系。②

最高法院的司法干预又一次遇到了联邦制的限制。因为通常受保护的那些个人基本权利逐一列举在《权利法案》中，而《权利法案》在传统上已经明确无误地被确定只适用于限制联邦政府的行为，不能推及到各州政府。③ 在20世纪中，恰恰是各州而非联邦政府，经常损害个人言论、信仰自由这些基本权利，限制刑事被告的程序性权利，歧视黑人等少数弱势群体。在宪法之盾中，能够保护公众权利、抵制州政府侵害的是第十四条修正案，特别是其中的“平等法律保护”条款。这一修正案没有像《权利法案》那样列举具体的权利，而是用了极为概括的术语：“特权和豁免权”、“正当法律程序”、“平等法律保护”。④ 因此，如何将《权利法案》中的言论自由等基本自由、公平审讯等刑事司法程序权利以及种族平等等社会正义充实到第十四条修正案的抽象规定中，就成为最高法院这一时期促进和保护个人权利的主要司法工作。

这一充实的过程，在最高法院的司法史上被称为“吸纳”（incorporation），也就是通过司法审查这一独特而又权威的宪法解释，利用第十四条修正案来“吸纳”《权利法案》，将后者的适用领域从约束联邦政府扩大到约束各州，使其中列举的各项权利对各州具有同样的制约作用，从而实现《权利法案》保护的联邦化。正是利用这样的方法，肇始于查尔斯·休斯

① United States v. Carolene Products Co., 304 U. S. 144, 152－153（1938）.

② Kermit L. Hall & Others, eds., The Oxford Companion to the Supreme Court of the United States（New York: Oxford University Press, 1992）, p. 845.

③ Barron v. Baltimore, 32 US 243（1833）.

④ “任何一州，都不得制定或实施限制合众国公民的特权－豁免权的任何法律；未经正当法律程序，不得剥夺任何人的生命、自由或财产；在州管辖范围内，也不得拒绝给予任何人以平等的法律保护。”在这一修正案中，修宪者为什么没有详细列举具体的权利？有一种解释认为，国会共和党人在讨论这一条时，有一个基本共识：管理公民基本活动和权利的权力仍留在州政府手中，也就是说，州仍是公民自由和民权的首要管理者。参见王希《原则与妥协：美国宪法的精神与实践》，北京大学出版社，2000，第290页。

法院（1930～1941）的权利保护进程，最终在厄尔·沃伦法院（1953～1969）期间，引发了美国一场社会影响深远的“权利革命”。到1969年时，《权利法案》中第一、四、五、六和第八条修正案中的主要权利最终都被纳入到联邦的保护之下。

二　司法自由主义与司法保守主义的分野

进入20世纪以后，特别是罗斯福“新政”和1937年宪法革命以后，观察美国政治的尺度不再是19世纪国家主义与州权的两分法，而是自由与保守的两分法。自由主义更多的是继承罗斯福新政的传统，强调政府，特别是联邦政府在规制市场、促进人类平等和推动社会保障方面的积极作用；保守主义更多的是抵制甚至是改变新政传统，在一定程度上回归到新政以前的状态，减少政府对市场和私人活动的规制，让政府，特别是州和地方政府扮演维护公共秩序、维持安全和健康环境的“守夜人”的传统角色。

以此来衡量，新政以前，最高法院对立法机构规制经济权力的种种限制，被看做宪法上的放任自流，被认为是一种抵制时代潮流的保守，因此，那一时代的最高法院被认为是保守的法院；而那些认可立法规则、主张司法尊重原则（judicial deference）的少数派大法官，诸如奥立佛·温德尔·小霍姆斯、路易斯·布兰代斯、斯通等人，则被认为是自由派的代表。1937年宪法革命后，最高法院立场大变，不再去审查规制经济的政府立法，开始把审查目标对准了有可能损害个人权利的立法。这样一来，原有自由派和保守派的分类便反过来了。在个人自由和民权问题上主张司法尊重立法决定的大法官，诸如费利克斯·法兰克福特（他可谓是霍姆斯和布兰代斯的传人）、罗伯特·杰克逊等大法官成了保守派，而那些主张司法干预、否决某些损害个人自由（civil liberty）与民权（civil right）[①] 立法

① civil liberty 和 civil right 通常被翻译为“公民自由”和“公民权利”。但在美国法律的实际运用中，这些自由和权利并非“美国公民”所专有，这样的翻译有时会产生误导。在美国的宪法语境中，前者是一种“消极自由”，指那些保护个人免受政府行为侵害的权利，主要是宪法及其前十项修正案中所明示的权利；后者是一种“积极自由”，是用来保护民众免受政府和私人方面侵害的政府的积极行为，它的宪法依据来自三项重建修正案。参见彼得·伦斯特洛姆《美国法律辞典》，贺卫方等译，中国政法大学出版社，1998，第320～322页。不过，该辞典仍然采用了“公民自由”和“公民权利”的译法。

的大法官如威廉·道格拉斯、雨果·布莱克等人则成了自由派代表。需要指出的是，自由派和保守派都信仰法律至上，他们的分歧不是法治的目标，而是实现这一目标的途径、手段和工具。正如1964年12月布莱克在给最终成为其好友的法兰克福特的信中所说，“我们的分歧很多，但几乎都不是涉及我们渴望达到的最终目的，仅仅涉及我们各自认为的最有可能达到这一目的的手段”。[①] 不过，一个突出的现象是，不论是自由派，还是保守派，在第二次世界大战和冷战初期以国家安全为重的时代，在事关少数人权利和言论自由的保护问题上，他们的表现都不能令人满意。他们认可了将11万日裔美国人和日本侨民关进集中营的行政命令，也赞成了国会剥夺共产党人和其他激进人士言论自由的立法。[②]

此外，20世纪以来，自由派和保守派另一个重要的分野是对联邦制的态度，自由派颇有马歇尔时代加强联邦权力的遗风，而保守派则表现出坦尼时代那种对州权的认同。

综观内战以后美国最高法院的司法历史，绝大多数时间是保守派占上风。这主要是美国主流政治思潮和司法制度特性造成的。除了1861～1865年的内战外，美国独立后的发展基本上一帆风顺，没有什么社会动荡。考虑到保守主义不是一种严格的意识形态，而更多的是一种心态和生活态度的话，那么，美国建国以来形成的抵制激烈变化和更新，推崇平衡和秩序，避免极端和激进的传统，无疑都说明美国是个典型的保守社会。美国各种政治思潮基本上没有出现过欧洲那样激烈的冲突和对立，也不存在欧洲历史上那种界限分明的自由主义与保守主义。但是，20世纪30年代罗斯福“新政”结束了美国保守理念一统天下的局面，导致了新政自由主义的兴起，但这一“反传统”的实践和思潮在第二次世界大战后立即遇到了传统的挑战，出现来势汹汹的新保守主义。

如果说与欧洲的政治相比，美国政治是处在西方政治光谱中保守的一极；那么在美国保守的政治中，相对于民选的立法部门和执政首脑，最高法院则可谓是最保守的。这里有着制度和结构性因素。

首先，最高法院的权力来源及其断案的基本根据——美国1787年宪

① 转引自 James F. Simon, *The Antagonists: Hugo Black, Felix Frankfurter and Civil Liberties in Modern America*（N. Y.: Simon & Schuster, 1989）, p. 258。

② 王希教授对此有很好的论述，参见《原则与妥协》，第475～485页。

法，就其本质而言，就是一部非常保守的宪法。这部宪法看重的是共和而非民主、秩序而非变革、财产而非权利。其次，最高法院断案的方式来源于英国普通法传统，即遵循先例的原则，而遵循先例在一定意义上讲就是因循守旧。最后，法官的产生方式和任期。法官不是民选产生，他由总统提名、参议院确认。大法官虽然没有年龄的限制，但绝大多数人出任大法官时都已年过半百。更为重要的是，他们一旦入选，便终生为官。除非有大错大过受到国会弹劾，否则，任何人包括总统都休想动他们一根毫毛。那些民选官员（总统和议员）个个惧怕的民意舆情，对大法官来说，则犹如过眼的烟云，毫无约束力。保守的宪法、保守的断案方式、保守的法官构成了一个保守的最高法院。

三　司法能动战胜司法约束

判断一个法院是自由还是保守，主要从总体的政治思潮和司法哲学着手。保守主义或自由主义构成的只是最高法院司法活动的思想框架，直接影响其司法实践的则是它的司法哲学。与政治哲学一样，它同样存在着两极。一端是司法能动（judicial activism）。它主要表现在利用司法审查权，来否定政府分支的做法，并从宪法的抽象条款中阐述出更多的权利和价值，进而影响公共政策，引导国家的发展方向。20 世纪初保守派主导的最高法院和 20 世纪 70 年代自由派主导的最高法院，先后从宪法第十四条修正案的“正当程序”条款中，诠释出“契约自由”和“隐私权”就是两个突出的例证。[①] 另一端是司法节制（judicial self-restraint）。它反对从宪法的抽象条款中寻找新的权利和价值，强调遵从立法机构的判断，尊重地方自治的价值。如果法院必须在两种价值之间进行取舍时，切忌用法官的偏好代替立法部门的判断。用自由派大法官布莱克的话说就是，“我们已经回到了原初的宪法立场，也就是法院不应该用它们的社会和经济信仰来代替民选立法机构的判断”。[②]

判断一项司法裁决是能动还是节制，一种比较简单的办法就是，如果

① 具体地表现在“面包房案”，Lochner v. New York，198 US 45（1905）和“堕胎案”Roe v. Wade，410 US 113（1973）。

② Ferguson v. Skrupa，372 US 726，730（1963）.

法院认可了一项先例，严格地解释了一项立法或宪法条款，宣布有争议的国会立法合宪，就可以被视为是“司法节制”；如果它推翻了一个先例，扩展或减少了立法的含义，“重写”了宪法的一个条款，或者宣布某项国会立法违宪，就可以被视为“司法能动”。同样是司法能动，自由派和保守派却有着不同的表现。对保守派法官来说，他们的能动往往是朝后看，遵从宪法制定的原始意图，严格解释宪法的具体文本；对自由派而言，他们的能动往往是向前看，根据他们所体验和理解的社会潮流，宽泛地解释宪法文本，引申出其中制宪者本身没有想到的微言大义。

美国最高法院的司法能动基本是20世纪才出现的现象。以现在的眼光来看，19世纪的最高法院，即便是确立了司法审查权，奠定了美国现代法治基础的马歇尔法院也称不上是一个能动的法院。19世纪的大法官，不论是早期的马歇尔和坦尼，还是后期的著名的大法官塞缪尔·米勒、斯蒂芬·菲尔德，他们或者与1787年宪法的制定，或者与有第二次制宪之谓的“重建修正案”有着某种直接或间接的联系，对制宪的背景和制宪者的意图有着同时代人的理解和把握，因此，在行使司法审查权时，他们基本采取一种比较温和的形式，不大会偏离制宪者的意图。在解释宪法时，有一个“大家所认可的一个基本的假设，宪法具有其起草者给定的，可以确定的含义”。“司法审查并不是要赋予一个意义不清楚的条文一个意思，而是要执行宪法中已经清楚载明的意思。”① 也就是说，要通过分析宪法文件的术语和结构，来抓住制宪者的原意；而立法时的历史环境，制宪会议上和各州批准宪法时的众多辩论等“外部”途径，可以成为解释宪法的辅助手段。因此，不论在确立司法审查权的“马伯里案”中马歇尔有多少党派的偏见，不论在否认黑人公民身份的“斯科特案”中坦尼有多少种族的偏见，也不论在激活宪法第十四条修正案的“屠宰场组案”中米勒与菲尔德有多少分歧，他们对宪法本意的理解却无出格之处，基本尊重了制宪者的意图。

19世纪末，随着美国本土扩张基本完毕、工业化时代到来，当年为大西洋沿岸13个小邦国制定的、服务于农商社会的宪法，如何来适应“换

① 克里斯托弗·沃尔夫著《司法能动主义：自由的保障还是安全的威胁?》，黄金荣译，中国政法大学出版社，2004，第18、23页。

了人间"的工业化新国家，无疑是对美国政治治理的一大挑战。当然，最合适的办法就是利用民主的手段来修订宪法。认可征收联邦所得税的宪法第十六条修正案（1913 年生效）、赋予妇女选举权的宪法第十九条修正案（1920 年生效），就是这样一种以民主的方式获得的宪政进步。但是，由于联邦制的特点，美国的修宪程序极其复杂烦琐（需国会参众两院 2/3 投票通过并由 3/4 的州议会或州制宪会议在给定的时间内批准），加上美国人对老宪法的顶礼膜拜（或曰宪法信仰），非到万不得已并且穷尽了所有立法手段之后，一般都不会去走修宪这条路，即使去尝试，也不大可能成功。在美国历史上，国会议员们提出的宪法修正案提议成百上千，最终被采纳批准的只有区区的 27 条，这其中还包括批准宪法时批量生产的前十条修正案（《权利法案》）。

好在除了修正案这一法定的正常修宪程序之外，美国最初 100 年的宪政实践还留下了一个宝贵的司法遗产：在行使司法审查权时，最高法院对宪法作出自己的诠释。经过宪法案例多年的积累，到 19 世纪和 20 世纪之交，美国司法实践中的"宪法法"（constitutional law）已初具规模，足以让那些具有司法治国理想的大法官以解释宪法为名，行立宪修宪之实。这样的实践与其说是司法审查，毋宁说是一种非正式的修宪，或曰隐性修宪。

因此，司法审查的性质第一次发生了根本性转变。在自由放任主义经济哲学的影响下，当时的最高法院认为，它必须有所作为，保护工商业不会受到"民粹派"政府的规制，确保经济自由（契约自由）和财产权不受立法行为的侵害。其宪法依据便是第十四条修正案的"正当程序"条款。[①]在大法官的诠释下，这里的"正当程序"不再是狭义上"程序性正当程序"（procedural due process），而是更进一步的"实体性正当程序"（substantive due process）。法院不仅要审查政府政治分支的治理方式在程序上是否合法，而且还要考察其治理的内容是否合宪，因为源自英国古老的宪政传统一向认为，一些个人自由和财产权利超越了政府权力的管辖范围。如果从 1873 年"屠宰场组案"算起，为了将这个原本用来保护黑人民权的第十四条修正案转变成保护工商界法人的契约自由和经济权利的宪

① "任何一州……未经正当法律程序，不得剥夺任何人的生命、自由或财产。"

法守护神，最高法院整整用了30年的时间来发现和试验“实体性正当程序”！为此，麦克洛斯基把这一进程称为“司法制宪的凯歌”。[①]

此时司法审查的“正当程序”标准可以简单地理解为，政府规制经济的法规，不仅必须有合法目标，而且其手段和目的之间还要有合理的相关性。至于合法合理的判定，全凭法官对宪法和法律的理解。这也就是美国宪政史上著名的“经济上实体性正当程序”（Economic Substantive Due Process）。从1890年至1937年，最高法院经常用“实体性正当程序”这一利器，自如地推翻联邦和州监管经济的法规。毫无疑问，以“实体性正当程序”为代表的司法审查可以被视为一种全新的司法审查形式。[②]

不过，在一位美国学者看来，即使是这一判决所保护的契约自由，其司法能动或隐性制宪，也是非常有限的。“那个时候并没有任何这种观点，认为最高法院所做的是在根据环境的变化而改变或者修改宪法，也没有人认为法官的任务从根本上说是立法性的。”[③] 此外，从1787年制宪的背景来看，这个以保障自由市场经济为己任的法院，其行为或多或少地也符合缔造者当初的意愿和期望。

1937年的司法革命，标志着“经济实体性正当程序”的衰落。斯通大法官在《脚注四》中提出的“严格审查”标准，注定要开始一场新的司法制宪过程，虽然还是第十四条修正案，但最高法院手中的法宝则从“正当法律程序”条款转到了“平等法律保护”条款[④]；虽然还是保护个体自由，但却是从“契约自由”为代表的经济自由转到了《权利法案》下的个人基本自由；虽然还是保护个人权利，但却从财产权利转到了公民的平等权利；虽然还是那个最高法院，但是唱主角的从保守派大法官转到了自由派大法官。又经过一个30年，最高法院经历了另一个“司法制宪的凯旋”。

以公民是否获得“平等法律保护”来对政府法规进行“严格审查”，与“实体性正当程序”标准相比，同样充满了不确定性，赋予大法官释法的广泛自由裁量权。这一标准简单说来，首先就是要考察政府法规中的各种区别对待，或曰归类（classification）是否涉嫌“歧视”，是否危及《权

① 麦克洛斯基：《美国最高法院》，第101页。

② 其中最著名的案件就是前面提到过的1905年的“面包房案”（“洛克纳案”）。

③ 沃尔夫：《司法能动主义》，第31页。

④ “任何一州……在州管辖范围内，也不得拒绝给予任何人以平等的法律保护。”

利法案》所保障的那些基本权利[1]；其次，是否有至关重要的公共利益需要采取这样的区别对待。歧视与否，重要与否，自然是法官的判断。其审查的具体方法就是，不仅要看相关法规的目的，而且还要看其实现的手段，甚至是结果。区别对待的法规不仅要符合宽泛的政府目标，而且还要符合紧迫（compelling）的政府利益；为实现目标所采取的措施，不仅需要证明“紧密相关”，而且还必须是“必不可少”的。

于是，在1953年沃伦执掌最高法院以后，美国历史上司法能动主义最活跃的时期开始了，产生出“发现隐私权”[2]、进入“政治棘丛”[3]、保护黑人民权[4]、保护刑事被告权利[5]等一系列司法能动主义的判决。此后，沃伦·伯格（1969～1986）和伦奎斯特法院（1986～2005）两届法院也步沃伦法院后尘，不甘示弱。结果，从1953年到2003年的半个世纪里，美国联邦最高法院共判决89个国会立法全部或部分无效，其中为期16年的沃伦法院23个，为期17年的伯格法院32个，伦奎斯特法院40个。这比以前同样的时段都多。据宪法最高法院否定联邦（州和地方）立法的判决，按历史时期制表表1。

与传统的或者“温和”的司法审查性质相比，现代司法审查更强调具有

① 法律上的平等概念可以简化为“相同情况相同对待”，这实际上隐含着另一层含义，即“不同情况可以不同对待”。为了管理日益复杂的人类社会，并追求社会正义，立法机构的许多立法同样是建立在这种归类之上。比如，在现代社会中，残疾人保护法就给予残疾人以某些特殊的优待。问题是，对某一特殊群体的优待，就可能意味着对其他群体的“不公平”。如何权衡两者的利益，成为各国立法者头痛不已的难题。

② 在1965年“禁止人工避孕案”〔Griswold v. Connecticut，381 US 479（1965）〕中，最高法院7∶2的多数意见从《权利法案》的有关条款中演绎出“隐私权”，并据此宣布康涅狄格州禁止人工避孕的州法违宪。

③ 在“议席分配不公案”〔Baker v. Carr，369 US 186（1962）〕中，最高法院6∶2的多数意见认为，在田纳西州的立法机构中，议员议席的分配严重地偏向人数少的乡村地区，造成人口众多的城市选民无法获得与其人口基数相匹配的议员代表名额，这一做法违反了宪法“平等法律保护”条款。因为“议席分配不公”这一难题一向被认为是不适合司法解决的“政治问题”，法院如果贸然介入，犹如进入“棘丛”。

④ 最突出的案例就是1954年的“布朗案”〔Brown v. Board of Education of Topeka，347 US 483（1954）〕。最高法院全体一致宣布，公立学校中黑人与白人分校的种族隔离制度违反了宪法的“平等法律保护”条款。

⑤ 最著名的案件就是“刑事被告律师权案”〔Gideon v. Wainwright，372 US 335（1963）〕。最高法院全体一致裁决，刑事被告拥有律师的权利是《权利法案》所要求的公平审判的基本内容，不容剥夺。

立法性质的司法审查形式。“现代最高法院减少了传统上对接近司法权的条件限制，从而使寻求司法保护变得越来越容易”；[①] 顺从立法的原则受到了实质性的修改；原来一直用来阻止司法介入的挡箭牌——“政治问题原则”也日益衰落。司法审查全面触及立法的具体内容，而不仅仅是立法的程序。由此，美国的一些人开始担心联邦最高法院正在成为一个衡量立法者智慧的“超级立法者。”司法审查已渐渐变成“司法至上”（judicial supremacy）。这显然不是美国制宪先贤的本意，也绝非一个民主社会的真谛。

表 1　各历史时期最高法院否定联邦立法的判决

（括号内系州法和地方立法）

时　期	年　代	数　量	年平均量
早期法院	1789～1863	2（39）	0.03（0.51）
蔡斯法院	1864～1873	8（33）	0.80（3.67）
韦特法院	1874～1888	7（65）	0.47（4.64）
富勒法院	1888～1910	14（89）	0.64（4.05）
怀特法院	1910～1921	12（124）	1.09（11.27）
塔夫脱法院	1921～1930	11（129）	1.38（14.33）
休斯法院（改变之前）	1930～1936	14（65）	2.00（9.29）
罗斯福法院	1937～1945	3（108）	0.18（6.35）
早期沃伦法院	1954～1962	7（73）	0.78（8.11）
后期沃伦法院	1963～1969	16（113）	2.29（16.14）
伯格法院	1969～1986	32（309）	1.88（18.18）
早期伦奎斯特法院	1986～1994	7（85）	0.78（10.63）
后期伦奎斯特法院	1995～2003	33（43）	3.67（4.78）

资料来源：根据 Thomas M. Keck, *The Most Activist Supreme Court in History: the Road to Modern Judicial Conservatism*,（Chicago: University of Chicago Press, 2004），书表 2.1 和 2.2 合并而成，pp. 40－41。

四　人民主权与法治的张力

随着司法能动的加强，美国朝野对最高法院的批评越来越多，调门也

① 沃尔夫：《司法能动主义》，第 46 页。

越来越高。20 世纪 70 年代以后，通常是最高法院支持者的美国知识精英，开始分化，对最高法院作用的社会共识不复存在。在经历了 20 世纪 60 年代的“权利革命”和 80 年代的“里根革命”之后，美国的法律界和知识界从来没有像今天这样，对最高法院司法作用的认识有如此尖锐的对立和分歧。

针对一些自由派大法官继续沃伦法院的事业，右翼批评家大声疾呼“帝王司法”的到来。哈佛大学著名教授格拉泽指出：“法院现在真正改变了自己在美国生活中的作用。……（它们）比以往更为强大……（它们）违背人民的意志，进入到人民生活中，其深入程度超过了美国历史上的其他时候。”[①] 如果说，20 世纪 60 年代至 20 世纪 70 年代是政治保守派诅咒沃伦法院是“超级立法者”和“帝王司法”，那么，到了 20 世纪 90 年代，则该轮到政治自由派诅咒和担忧了。

当保守派大法官开始得势，将司法能动“挪用”于保守的目的时，自由派法律精英则公开表示，“我鄙视现在的最高法院，对其好斗、任性、集权的行为感到厌恶”。[②] 一时间，某些激进的左翼和右翼学者，都以民主为由，开始质疑司法审查的必要性。有趣的是，虽然出于不同的目标，两派学者在批评最高法院司法能动问题上却形成了罕见的共识。对左派学者图施奈特（Mark Tushnet）来说，就是要让公众“更直接和更公开地参与宪法法的塑造”，最终用这一“民粹宪法法”（populist constitutional law）来替代不民主的司法审查。奇怪的是，右翼学者格拉利亚（Lino Graglia）曾经把图施奈特描述为“自诩的马克思主义者”，这次他却赞扬图施奈特限制司法审查的观点，并从州权的角度加以阐述。“废除司法审查，将基本社会政策问题的决定权交回给各州的民众，是我们能够让国家回到政治和社会健康轨道的不二法门。”[③]

---

① Nathan Glazer, “Towards an Imperial Judiciary”, *Public Interest*, Fall 1975, 106. 有趣的是，这实际上是借用自由派历史学家亚瑟·施莱辛格（Arthur Schlesinger, Jr.）的概念。针对共和党总统尼克松政府的大权独揽、“无法无天”，他有感而发，撰写了《帝王总统》（*The Imperial Presidency*）一书，指出了美国三权分立政府中执法权独大的发展趋势，并对美国民主制的未来表示忧虑。但在保守派看来，真正的“帝王”在最高法院而非白宫，自由派大法官掌控的最高法院才是美国民主制的最大威胁。

② 麦克洛斯基：前引书，第 282 页。

③ 参见 Mark Kozlowski, *The Myth of the Imperial Judiciary: Why the Right is Wrong about the Courts*, N. Y.: New York University Press, 2003, pp. 12 – 13。

在批评最高法院的合唱声中，虽然不时地回荡着这类废除司法审查的声音，但是，这种声音唯一的作用是唤起人们对最高法院作用的注意，根本不可能动摇已经制度化，并且根植于美国民间法律信仰之中的司法审查制度。与历史上批评最高法院的言行相比，这些批评简直就是小巫见大巫。因为在过去的200多年里，美国最高法院虽然有着显赫的历史，但对它的批评甚至攻击，特别是在一些历史的紧要关头，从来没有一刻停止过。在最高法院的历史中，荣耀和指责甚至可以说是形影相伴。因为最高法院的判决往往是在两种重大利益或基本价值之间进行取舍，失败的一方不是哭诉不公，就是充满怨恨。针对马歇尔扩大联邦权力的判决，托马斯·杰斐逊总统曾经指责马歇尔法院的法官是在偷偷地瓦解美国宪政大厦的"工兵和坑道工"；针对坦尼内战期间维护个人自由的做法，美国北方舆论大骂他是"南方奴隶制老不死的代言人"；针对休斯法院阻碍"新政"立法的企图，罗斯福的支持者以"九老院"相讥；针对沃伦法院消除学校种族隔离的判决，美国南方各州发起弹劾沃伦的群众运动。

今天，不论是自由派，还是保守派，他们都是打着民意和民主的招牌进行批评。总结起来，他们所有的反对都建立在一个共同的前提下，即最高法院通过司法审查，把手伸得太长了，侵入了政府政治的权力领域，损害了民主的原则。当年杰斐逊担心"把法官看做所有宪法问题的最终仲裁者，将会把我们置于寡头政治的专制之下"，可以说是他们内心的真实写照。[①] 当然，历史证明，杰斐逊所担心的这一最坏的结果并没有出现，但是，司法审查的反民主性质（假定民选的立法机构和执法首脑代表了多数民意），却是一个需要说明的问题。

首先需要指出的是，最高法院否决国会立法的司法审查在数量上非常有限。虽然最高法院审理了数千个案件，其中很大一部分属于是否合乎宪法的大案要案，但是，到2003年为止，被最高法院全部或部分否决的国会立法共计178个，其中19世纪只有23个，20世纪则达到了135个。[②]

其次，最高法院也很少推翻自己从前的裁决。在行使司法审查权的过程中，最高法院的历史实践逐渐确立了一门独立的部门法——宪法法。它

① Archibald Cox, p. 56.

② Thomas M. Keck, p. 40.

不仅有自己的司法原则，而且积累了众多的先例。普通法遵从先例的传统，保证了宪法法的连续性和完整性。在1810～1995年的185年时间里，最高法院一共只推翻了168个司法先例，比被它们否决的国会立法略多一些。[①] 从表面看，遵从先例限制了最高法院司法权的使用范围和对象，但却大大有助于最高法院威望的获得与巩固。在民众眼里，最高法院不同于其他政府部门的伟大之处在于，大法官们不像政客那样随波逐流，除了法律之外，他们不对任何人负责。这一超然地位使他们有可能超越眼前的权宜之争而关注于基本的价值和长远的目标。为了超然物外，维护自己的权威，最高法院在宪法实践中积累了一系列回避棘手问题的招数。

当执法或立法部门的宪法判断受到极其有限的挑战时，最高法院自有一套应对办法，比如设法回避。如果回避不了的话，也设法让自己的判决留有余地。美国行政法专家安德森（William Andersen）教授指出："由司法部门创造出来的一系列原则减少了原告的数量以及可诉讼问题的范围。而且，最高法院的司法管辖权限几乎完全是自由裁量的，因此，如果它愿意，它能够回避问题。甚至在它受理了某个案件时，可能的话，其基本的行事方式几乎总是把案件置于非宪法基础上加以考虑。最后，即使最高法院直面问题，拒绝执法或立法部门的解释，法院的判决也可能是以这样的方式做出的——它允许其他政府部门以其他替代的途径来实现其目标。"[②]

如果考虑到这些因素，让很多人困惑不已的那个"反多数难题"（countermajoritarian difficulty or countermajoritarianism），并不像它表面所反映的那样可怕。[③] 在历史上，对最高法院某些裁决的声嘶力竭的批评，固然是因为这些极为有限的宪法诉讼均为大案要案，同时也是特定利益集团为了政治需要和争取舆论发出的不无夸张的哭诉。

实际上，"反多数难题"本身就值得质疑。因为，美国独特的联邦制结构，使"多数"的含义只有相对的意义，而无绝对的价值。先看执法部

① Lee Epstein & others, eds., *The Supreme Court Compendium: Data, Decisions, and Development*, 2nd, Washington, D. C.: C. Q, 1996, pp. 175－189.

② 威廉·安德森：《美国政府监管的宪法基础》，任东来译，《南京大学学报》2005年第4期。

③ 这一命题是 Alexander Bickel 在其美国宪法学名著 *The Least Dangerous Branch: The Supreme Court at the Bar of Politics*, 2nd edition with a new foreword by Harry H. Wellington (New Haven: Yale University Press, 1986) 中提出并加以阐述的。

门的“多数”支持。美国总统大选的投票率一般在50%左右，只要获得了其中一半的选票，也就是赢得全国1/4合格选民的支持，就可以当选。此外，由于美国总统选举采取选举人团的设计，因此，还会出现2000年总统大选那样的“少数票”总统。如果最高法院否决了布什第一届政府的某项政策规章，这究竟算不算反多数？

再看立法部门的“多数”支持。美国国会议员选举的投票率比总统大选更低，基本在30%上下。因此，他们完全靠相对多数当选。更重要的是，美国国会参议院议员不是按人口比例公平产生，而是以州为单位产生。结果，每个参议员所代议的人数极为不均。康涅狄格州的两个联邦参议员代表了340万人口，而它的邻州纽约的两位联邦参议员则代表了1900万人口，两者所代表的人口比例差距是5.6∶1。这还不是最糟糕的，最大的差距出现在人口最少的怀俄明和人口最多的加利福尼亚之间，这个比例是70∶1。①换句话说，就参议员代表性而言，70个加州人才抵得上1个怀俄明人。美国所有的立法都需要国会两院通过，人口小州的参议员团结起来既可以阻挠代表“多数人”利益的立法通过，也可以促成代表“少数人”利益的立法通过。由这样的立法部门通过的法律，未必全部能够反映多数人的利益。

而且，由于美国选民通常不是严格地按党派界限来投票，因此，白宫和国会往往会被不同党派所控制。这一现象在第二次世界大战后司空见惯，成为美国联邦政治的常态。在1946～2000年间，一半以上的时间（每10年中有6年）白宫、国会众议院和国会参议院是被不同党派所控制，这样一种分裂的政府使得“多数意志”含混不清，很难确定。即使立法和执法部门同时由一个党派控制，而且假定它们代表了多数利益，最高法院的司法审查是否是反多数也需要进一步细致的分析。

20世纪40年代以后的司法审查对象，基本限制在前面所述的《脚注四》中的三类领域。在第一个基本权利领域中，《权利法案》的内容实际是把《独立宣言》中三项天赋人权（生命、自由和追求幸福）具体化和宪法化，这些权利超越了多数人用选票决定的范围，也就是后来的杰克逊大

① 美国著名政治学家罗伯特·达尔（Robert A. Dahl）在其新著《美国宪法有多民主?》（*How Democratic is the American Constitution*? Yale University Press，2001）一书中对美国政府的非民主性有着简洁有力的论述。

法官在“国旗致敬案”中所表达的思想——“个人对生命、自由、财产的权利，言论自由、信仰自由和结社自由的权利以及其他基本权利是不可以诉诸投票的，它们不取决于任何选举的结果”。① 所以，这一领域的司法审查，基本上不存在所谓的“反多数难题”。当然，也有个别的例外，主要是涉及什么样的权利算是“基本权利”。撕裂美国政治和社会的妇女堕胎权问题，就是因为妇女堕胎权是否属于基本权利而争论不休。

第二个领域是限制某些人平等地参与政治进程的立法；第三个领域是歧视某些弱势社会群体的立法。这一部分的司法审查，争议最大。赞成者认为，当一些人的政治权利无法通过民主程序得到有效保障时，司法的救济是必要的。反对者却认为，既然法院已经放弃了对少数人经济权利的保障，那么对少数人政治权利的保障就显得不合逻辑，因为很难证明政治权利就一定比经济权利更重要。此外，这两类立法基本上是各州和地方立法机构，而非联邦国会制定的。其多数的含义，也依然只有相对的意义。

再退一步讲，假定最高法院极其有限的司法审查，严重地违背民意多数，美国也还是存在着校正这一反民主的司法能动的机制，也就是启动宪法修正案来推翻最高法院的判决。第十一、第十四、第十六和第二十六条修正案就是如此。除了这些直接推翻最高法院的修正案外，其他一些修正案也都有保障民主的目的。据学者研究，27 个修正案中，“21 个可以说是对民主权利原则，或是对民主程序原则的认可”。②

具有讽刺意味的是，美国司法权的突出，实际上与其上面的民主政治和下面的选举制度的缺陷有关，是对它们的一种矫正。美国立法机构的选举，基本是在特定选区内进行，由两党候选人争夺一个席位。这样一种“只有一个胜利者”（the first-past-the-post）的制度决定了代表少数人的政治集团，不能够像欧洲大陆流行的比例代表制——多党制（proportional representation）那样参与和影响政治进程。这意味着他们的利益将得不到充分的代表或表达，有时不得不求助于法院的特别保护。因为在后一种制度中，代表少数人利益的政党，只要在一定范围内获得一定比例的选票，就可以在地方或中央的立法机构中获得相应比例的议席。美国参议院的设

① West Virginia State Board of Education v. Barnette，319 US 624，638（1943）.

② Alan Crimes，*Democracy and the Amendments to the Constitution*，Mass：Lexington Book，1978，p. 166.

立似乎是为了保护少数，但这里更多是地理单位的少数而非阶级单位的少数。①

五　司法审查的历史逻辑

在实践中，虽然最高法院以司法审查的形式来反对多数、抵制民主的机会极为有限，但它毕竟存在。如果冲破对民主神话的迷信，我们就会发现，法律至上的宪政主义价值，既可以也应该超越多数统治的民主价值。美国200多年的宪政实践历史，已经证明了司法审查的合理性和必要性。

从根本上说，司法审查是一种独特的宪法解释，也就是让法官来解释宪法，并以此来衡量政府政治分支的所作所为是否合乎宪法。因此，这里的一个逻辑前提首先是宪法，而非政府拥有的绝对权威。

成文宪法的出现无疑是现代政治最伟大的制度创新。它将大多数人的意志以法律的形式固定下来，其理论基础实际上是一种契约论和有限政府观，这在《独立宣言》中得到了最通俗的表达："下面这些真理是不言而喻的：造物者创造了平等的个人，并赋予他们若干不可剥夺的权利，其中包括生命权、自由权和追求幸福的权利。为了保障这些权利，人们才在他们之间建立政府，而政府之正当权力，则来自被统治者的同意。任何形式的政府，只要破坏上述目的，人民就有权利改变或废除它，并建立新政府；新政府赖以奠基的原则，得以组织权力的方式，都要最大可能地增进民众的安全和幸福。"② 据此起草的美国宪法有两个基本功能：确定政府的权力结构和来源，确定某些不受侵害、需要保护的个人基本权利和自由。

任何一个以宪法为基础的政府，本质上都是一个有限政府，这与"朕即国家"的专制政体根本不同。后者因为政府的权力没有任何限制，可以为所欲为，根本不需要宪法，即使有宪法，通常也无须解释。但作为有限政府，其实践和操作宪法时，各级政府之间以及同级政府的各部门之间，政府权力（公权）的行使和个人权利（私权）的保护之间，必然存在着某种张力。首先是宪法规范和现实世界之间的张力。不管宪法内容制定得多

① Robert A. Dahl, p. 61.

② 《独立宣言》，任东来译，载任东来等《美国宪政历程：影响美国的25个司法大案》，中国法制出版社，2004，第507页。

么详尽，也不可能将权力之间、公权与私权之间的边界划分得泾渭分明，特别是当社会发展带来新的权力和利益分配的时候。其次是文字本身的张力。不管宪法文本修饰得多么精确，也不可能不产生理解上的差异，特别是随着世代的交替和文化的更新，人们对同样的文字常常会有不同的理解。

这两个问题在美国尤为突出。因为美国的宪法既简洁又古老，简洁带来了理解的歧异以及进行相应解释的必要，古老又意味着与时代发展有一定的差距。因此，在维持现有宪法的条件下，要解决现实发展和文字理解所带来的张力，有两种解决途径：一是通过宪法的修正案；二是通过对宪法原有条款的新解释，或曰“旧瓶装新酒”。由于美国系联邦制政体，修宪的难度极大，不能像很多单一制国家那样，可以完全依照民主的原则公投公决。因此，比较可行的办法是第二种——“旧瓶装新酒”的途径，也就是赋予宪法原有条款以新解释。

接下来的问题便是，谁来解释宪法。就一般的理解而言，法律中“谁制定、谁解释”的原则似乎很科学，因为没有人比制定者本人对法律有更好的理解。但这一原则有一个重大的弊端，即当某项法律受到外来质疑时，法律的制定者无疑会朝最有利于自己的方面来解释，这难免有集运动员与裁判员于一身之嫌。通常情形下，它意味着质疑和挑战法律的一方，无论是团体还是个人，将永无成功之时。久而久之，也就不会有“傻帽”费时费力，徒劳地挑战法律的正当性。当立法者永远正确的时候，可能就意味着离“多数人暴政”不远了。

另外，“谁制定、谁解释”的原则涉及宪法时，往往很难操作。通常，当宪法有关条款需要新的解释以适应新的现实时，距离制宪立宪可能已有一代人或几代人的时间了，最初的制宪者活着的已经不多，即使有足够多的立宪者还活着，他们也未必能形成一致的解释，因为作为众多利益集团谈判妥协的产物，一些宪法条款，在美国往往是那些最有生命力的条款，体现出复杂的模糊性和开放性。1873 年的“屠宰场组案”就是最好的例证。该案裁决时，距离宪法第十四条修正案批准才几年，就已经出现了莫衷一是的解释。

不能由制宪者自己来解释，退而求次之，可以由民选的政治机构，也就是体现人民主权的立法机构以及受人民委托的执法机构来解释宪法。与很多人的理解相反，实际上，美国政府几乎无时无刻不在如此行事。在讨论美国现代生活中无所不在的政府监管时，安德森教授道出了其中的奥秘。美国政府从宪法中发现许多默许权力（implied powers），“用来支持今天联邦政府范围广泛的活动领域——从公民权利到环境控制。……从一开始，立法和执法部门同样有权力和义务来决定各自宪法权限的边界。几乎日复一日，执法和立法部门对其自身宪法权限范围的认定都是最终的决定，因为这些认定没有受到挑战。可以肯定，在内部对有关问题的辩论中，总是存在着一些针对可疑的权力行使的挑战。不过，最后总可以达成一些共识，通常争论也就此结束”。①

也就是说，立法和执法部门都在以自己的方式理解和执行宪法。立法者是根据他所理解的宪法来制定法律，比如美国建国初期国会立法建立合众国银行；执法者也是根据他所理解的宪法来采取行动，比如内战期间林肯总统停止人身保护权；各州也是根据它所理解的宪法来制定州法，比如19世纪初纽约州的汽船垄断法。如果这些部门的理解与其他部门或个体对宪法的理解相互一致，也就平安无事，皆大欢喜。通常情况下，执法和立法部门不会“执（立）法犯（宪）法”。如果没有宪法诉讼，它们对宪法的理解被认为是最终的和正确的。

但在极少数的情况下，由于各方的利益考虑不同，执法和立法部门对宪法的这些解释并非相互一致，而是相互冲突。那么，在此情形下，谁作为最后的仲裁者来解决这些冲突？如果按照议会至上的原则，应该是行政首脑服从国会，地方服从中央，但是，美国宪法所确定的并不是一个议会制政府，更不是一个单一制国家，而是一个权力极其分散的联邦政体。联邦和州各自保有自己的权力，而且联邦的权力是逐一列举明示的，相当有限。另外，联邦权力本身又分散在立法、执法和司法之间。

在立宪建国之初，究竟哪个部门对宪法拥有最终的解释权并不明确。在“马伯里案”之前，为了反对约翰·亚当斯政府压制言论自由的立法，杰斐逊和詹姆斯·麦迪逊通过《弗吉尼亚决议案》和《肯塔基决议案》，提出了州可以根据自己的宪法理解，来否定国会立法的“联邦立法令废止权”（nullification）理论，并且为后来南部州权政治家约翰·卡尔霍恩所

① 安德森：《美国政府监管的宪法基础》，《南京大学学报》2005年第4期。

继承。在1832年否决国会延长合众国银行法时，安德鲁·杰克逊总统公开挑战了司法审查原则："国会、执法部门和最高法院都必须按自己对宪法的理解来行使各自的职责。在宣誓效忠宪法时，所有联邦官员效忠的是他所理解的宪法，而不是其他人所理解的宪法。……对于国会来说，最高法院（对宪法）的意见并不比国会自己的意见具有更高的权威，反过来也是如此。"[①]

既然总统有自己的"宪法"，那么也就很难否认各州也可以有自己的"联邦宪法。"在1832年11月下旬，南卡罗来纳州议会召开全州代表大会，通过了一项《联邦法令废止权公告》，宣布国会通过的新关税法"未经合众国宪法授权……因而无效，对本州及本州官员和公民均不构成法律，亦不具有约束力"。[②] 对此，杰克逊却不敢苟同，他明确指出："对于国会立法是否违宪，有两种判定途径：其一是诉诸司法机关；二是诉诸人民与诸州。"[③]显然，他反对的是单个州的审查权，而不反对"诸州"。

然而，后来美国宪政史的发展，却没有按照杰斐逊、杰克逊这样的民主派希望的方向发展，而是朝着确认和巩固最高法院司法审查权的方向发展。究其原因，司法审查制度得以确立和巩固，首先是与美国联邦宪法本身有联系。在1787年费城制宪会议上，以法律人为主体的会议代表更多的是把宪法当做一个法律文件而不仅仅是新国家的政治宣言来制定，这就为法官释法留下了必要的空间。宪法第三条赋予了最高法院在事关宪法及联邦法律问题上的管辖权，同时，宪法的第六条又规定，宪法及联邦法律为"国内最高法律"。这两点结合起来，似乎可以被看做最高法院司法审查权的宪法根据。因为宪法至高无上，又因为最高法院的管辖权必然涉及法律及宪法的解释，那么宪法的至高无上性也就赋予了管辖法律及宪法争议的最高法院一种释法权威，其对宪法的解释虽然不能被看做最终的，但至少是有权威性的。

虽然有个别制宪者如亚历山大·汉密尔顿，论述了最高法院的司法审

---

① 王希：《原则与妥协》，第193页。

② Henry S. Commager, ed., *The Documents of American History* (N. J.: Prentice-Hall, Inc., 1973), Vol. 1, pp. 261–262.

③ "Jackson's Proclamation on the People of the South Carolina, Dec. 10, 1832," Commager's book, p. 263.

查权[1]，但是，这显然不是多数制宪者的看法。因此，要把自己解释宪法的权威性进一步提升到有终极拍板的权限，最高法院还必须审时度势，通过一个渐进的过程，不仅让政府其他部门，而且还要能够让多数民众接受和信服自己的所作所为利国利民，最终确定自己的终极宪法权威。

应该说，在这一过程中，马歇尔等大法官展示了高超的司法智慧和技巧，他们像对待普通法律那样来解释宪法，进而发展出法官有最终权威的宪法法。同样不容忽视的是，美国民众的法律素养，特别是相信法官具有某种超然地位的英国普通法传统，也有助于最高法院作为宪法最终解释者的地位的确立。当然，这一地位的确立并非一帆风顺，其间经历了“斯科特案”这样的司法滑铁卢和罗斯福“法院填塞计划”这样的危机。显然，这样一种制度能够顽强且长久地生存下来，在相当程度上是社会的自发选择，有其历史的合理性。不过，一个基本的经验就是最高法院超越政治浑水，尽可能地保持超然中立的态度，拒绝无所不在的权力诱惑，忠实于法律特别是宪法。毫无疑问，法官作为社会中的人，法院作为人类理性的一种制度选择，不可能不受到时代潮流和民情舆论的影响和制约，但是，正如考克斯在评论国家安全与言论自由之间的张力时所云：“司法钟摆也在来回摆动，但其摆动的幅度和弧度则要远远小于公众和立法部门的意见。”[2]

（原载《美国研究》2007年第2期）

---

① 在《联邦党人文集》第78篇中，制宪先贤汉密尔顿精辟地指出，“解释法律乃是法院的正当与特有的职责。而宪法事实上是，亦应被法官看做根本大法，所以对于宪法以及立法机关制定的任何法律的解释权应属于法院，如果二者之间出现不可调和的分歧，自以效力及作用较大之法为准，亦即宪法与法律相较，以宪法为准”。在汉密尔顿看来，立法机关必须受到一定的限制和约束，“此类限制须通过法院执行，因而法院必须有宣布违反宪法明文规定的立法为无效之权”。汉密尔顿等：《联邦党人文集》，程逢如等译，商务印书馆，1980，第391～393页。

② Cox，p. 226.

“布什主义”与美国新保守主义

周　琪*

【内容提要】“布什主义”以先发制人、政权变更、单边主义和追求仁慈的霸权的外交政策为标志，其思想基础是美国新保守主义。“9·11”恐怖主义袭击使布什接受了新保守主义，把它当做对付恐怖主义这一新威胁的新方法，而新保守主义者则通过他们在布什政府中同“美国民族主义者”和基督教右翼组成的鹰派联盟来影响布什政府的外交政策。新保守主义者同传统保守主义者一样，信奉美国的两个基本意识形态：美国例外论和古典自由主义。他们提倡美国使用武力来追求其理想和利益。然而，“布什主义”及其新保守主义理念所存在的问题使“布什主义”的最终破产不可避免。随着美国伊拉克战争的困境加剧，新保守主义同“布什主义”一起经历了由盛到衰的过程。

【关键词】美国外交　新保守主义　布什主义

随着美国在伊拉克遇到的麻烦日益增大和美国国内对布什政府伊拉克政策的怀疑日益加深，广受争议的“布什主义”似乎走到了尽头。本文旨在判定“布什主义”在美国意识形态中的位置，揭示它与新保守主义的关联，说明它与“美国例外论”、自由主义、里根主义和威尔逊主义之间的关系，进而探讨“布什主义”与新保守主义两者共同兴衰的历程及原因。

---

* 周琪，时任中国社会科学院美国研究所研究员。

一　“布什主义”与新保守主义的契合

如果给“布什主义”下一个简要定义的话，就是布什所主张的先发制人、单边主义，追求美国仁慈的霸权，运用美国的军事力量在世界上推进民主的外交政策。2002 年 6 月布什在西点军校的讲话和 2002 年 9 月发表的《美国国家安全战略》报告，大多被认为是“布什主义”形成的标志。

2002 年《美国国家安全战略》报告除了重复美国外交政策的一些传统目标，如在全世界促进自由民主政府和自由贸易制度，还提出了一个标志着美国外交政策转向的引人注目的观点：不能通过使用遏制和威慑工具对付以大规模杀伤性武器武装起来的非国家恐怖主义者。报告说，“鉴于流氓国家和恐怖主义者的目标，美国不能仅仅依靠我们以前依赖的反应姿态”。“美国长期以来保留了先发制人行动的选择，以对抗对我们国家安全的充分威胁。威胁越大，不行动的威胁性就越大——采取预期的行动来保护我们自己的案例就越令人信服，即使关于敌人进攻的时间和地点的不确定性仍然存在。为了抢先和防止我们敌人的敌对行动，美国应当，如果必要的话，先发制人。”在必要的情况下，美国将需要诉诸“志愿者的联合”（the Coalition of the Willing）。① 由此，这个文件提出了美国将采用先发制人、预防性战争和单边主义的方法，对付威胁其安全的国家和非国家因素。

美国外交史学家约翰·刘易斯·加迪斯（John Lewis Gaddis）认为，先发制人和单边主义都不是美国外交政策的新特征。第一个根据先发制人的主张而采取的行动发生在 1818 年，当时美国人认为，西班牙对佛罗里达的不稳定统治使这片领土成为抢掠者和敌视美国的印第安人袭击美国的基地。为此，美国军队对佛罗里达采取了先发制人的入侵。同时，美国大战略家约翰·昆西·亚当斯（John Quincy Adams），说服了门罗总统写信给西班牙政府，要求其或者在佛罗里达部署足够的军队来有效地维持治安，或者把这片土地割让给美国。亚当斯的战略最后确保了美国对佛罗里达的

① *National Security Strategy of the United States*（Washington，D. C.：U. S. Government Printing Office，2002），pp. 4，5，19.

控制。在亚当斯1820年当选为总统之后，他开始把这一战略应用到整个美国西部边界。先发制人的主张以后被美国应用于为兼并可能会受到敌对国家控制的领土辩护，例如波尔克总统以此来为他1845年兼并得克萨斯辩护，并为后来美国兼并加利福尼亚、亚利桑那、科罗拉多和内华达进行辩护。[①] 此外，艾森豪威尔政府在20世纪50年代曾围绕着先发制人的战略进行过讨论，肯尼迪政府在古巴导弹危机期间也曾考虑过对苏联在古巴部署导弹采取先发制人的行动。不过他们最终都没有采纳这一方法。[②] 在美国外交传统中同样有影响的是亚当斯的第二个主张——单边主义。单边主义的观点认为，美国不能依赖于其他国家保护美国安全的良好意愿，因此美国必须准备自行其是。华盛顿在其著名的告别演说中谈到1778年的美法联盟时表达了这一观点。[③]

“布什主义”的基础是新保守主义的观念，关于这一点几乎没有人怀疑，无论布什本人是不是一个地地道道的新保守主义者。虽然自称为新保守主义的人持有各种不同的看法，新保守主义思想可以成为范围广泛的国内外政策选择的基础，但是无论新保守主义有多么复杂的根源，它现在已经不可避免地同“布什主义”中的下述主张联系在一起：先发制人、政权变更、单边主义和仁慈的霸权。[④]

与布什主义相关的新保守主义外交政策思想的成型可以追溯到冷战结束之后。那时，新保守主义者开始提出各种旨在保持美国在世界上的军事干预和对自由世界的领导的思想。威廉·克里斯托尔（William Kristol）和罗伯特·卡根（Robert Kargan）1996年在《外交事务》杂志上发表了一篇引人注目的文章《走向新里根主义外交政策》（Toward a Neo-Reaganite Foreign Policy）。他们拒绝接受美国权力的衰弱是不可避免的假设，也不愿意接受美国国内的一些政治和思想派别提出的美国应在冷战后收缩其外交的要求。他们鼓吹，美国的道德和美国的国家利益几乎总是和谐一致的，

① John Lewis Gaddis, *Surprise, Security, and the American Experience* (Cambridge: Harvard University Press, 2004), pp. 17 - 18.

② Ibid., pp. 62 - 63.

③ Ibid., p. 22.

④ Francis Fukuyama, *America at the Crossroads, Democracy, Power, and the Neoconservative Legacy* (Yale University Press, New Haven and London, 2006), pp. 4, 7.

“适当的美国外交政策是在未来尽可能长久地维持美国的霸权”，“为了实现这一目标，美国需要一个新里根主义的外交政策，即军事上的优势和道德上的自信”，并追求里根在80年代勇敢追求的“仁慈的全球霸权”和行使这一霸权。他们认为美国在打败了苏联这个“邪恶帝国”后，就享有了战略和意识形态上的支配地位。在“9·11事件”之前，他们把中国看做是冷战后美国在国际体系中的主要对手。为此，他们主张，美国对中国的政策应是遏制、影响和最终寻求改变北京的政权。①

1997年，这两位作者着手成立了一个设在华盛顿的新保守主义思想库“美国新世纪计划”（The Project for the New American Century），旨在推广他们在文章中赞同的观点。“美国新世纪计划”提出了一个“原则声明”（The Statement of Principles），声称其任务是“提出美国应当充当全球领导者的理由和征集对美国全球领导的支持”，强调所谓的“里根政府成功的基本因素”是建立“一支强大的军队”，时刻准备应付“当前和未来的威胁”。声明说，里根强大的军事力量和道德清白对于确保下个世纪美国的安全和伟大是必需的。在“美国新世纪计划”的章程上签字的有25人，其中有7人后来成为小布什政府的重要成员，他们是迪克·切尼（Dick Cheney）、唐纳德·拉姆斯菲尔德（Donald Rumsfeld）、保罗·沃尔福威茨（Paul Wolfowitz）、I. 刘易斯·利比（I. Lewis Libby）、扎尔迈·哈利勒扎德（Zalmay Khalilzad）、彼得·罗德曼（Peter Rodman）和埃利奥特·艾布拉姆斯（Elliott Abrams）。从1997年起的五年之后，他们将在实现“美国新世纪计划”中起关键作用。②

“美国新世纪计划”第一次肯定了《1992年国防计划指南》（The Defense Planning Guidance）草案中包含的思想。这是一个定期更新的五角大楼秘密政策文件，它概括美国军事战略，提供制定国防预算的框架。在第一次海湾战争之后，草拟新的《国防安全指南》的任务被交给了当时负责拟订政策的国防部副部长沃尔福威茨及其主要助手刘易斯·利比，他们是在老布什政府中担任重要职务的少数新保守派中的两人。他们在指南中

① William Kristol and Robert Kargan, “Toward a Neo-Reaganite Foreign Policy,” *Foreign Affairs*, July/August, 1996, Vol. 75, pp. 20, 23.

② James Lobe and Michael Flynn, “The Rise and Decline of the Neoconservatives”, November 17, 2006, Paper to a Conference on Midterm Election in Beijing on November 19, 2006, p. 8.

主张用先发制人的手段阻止潜在的对手挑战美国的霸权，防止"流氓国家"获得大规模杀伤性武器。但这个文件在草拟阶段就被透露给媒体，随即引起了轩然大波，迫使当时的国防部长切尼同意在定稿时降低原有观点的调门。该文件最后于1993年以《1993年地区防卫战略》（The Regional Defense Strategy of 1993）为题发表。[①]

另一个表达同样观点的报告是1996年的《彻底突破：保卫国土的新战略》（A Clean Break：A New Strategy for Securing the Realm），它是一份为即将上任的以色列总理本雅明·内塔尼亚胡（Benjamin Netanyahu）准备的一份备忘录。它制定了一个可以迅速改变地区平衡使之有利于以色列的以色列中东战略，旨在使以色列摆脱"土地换和平"计划。它所建议的战略的第一个步骤是推翻伊拉克总统萨达姆，并用一个亲西方的政府来取代他。该文件是戴维·沃尔姆瑟（David Wurmser）起草的。他在2003年后期成为副总统切尼的中东顾问。这两个文件后来都受到20世纪90年代后期围绕"美国新世纪计划"而出现的鹰派联盟的拥护。

1998年，"美国新世纪计划"[②]发表了两封关于伊拉克问题的公开信，一封是在1月给克林顿总统的公开信，另一封是在几个月后给国会领袖的公开信。两封信都论证说，对伊拉克的遏制政策既无效也不可能持久，"唯一的保护美国及其盟国不受大规模杀伤性武器威胁的方法是采取将导致推翻萨达姆及其政权"的政策。这两封关于伊拉克的公开信成为一个新保守派领导要求改变美国外交政策的强大游说攻势的一部分，两名有权势的新保守派人物理查德·珀尔（Richard Perle）和保罗·沃尔福威茨（Paul Wolfowitz）在其中起了主要作用。这一攻势的结果是国会在当年10月通过了《伊拉克解放法》（The Iraq Liberation Act），它使伊拉克的"政权变更"成为美国的官方政策。[③]

2001年9月，在基地组织袭击美国仅9天之后，"美国新世纪计划"

---

① Stefan Halper and Jonathan Clarke, *America Alone*, *The Neo-Conservatives and the Global Order* (New York: Cambridge University, 2004), p. 33; James Lobe and Michael Flynn, "The Rise and Decline of the Neoconservatives," pp. 6 – 7.

② "美国新世纪"概念针对的是亨利·卢斯所提出的"20世纪是美国的世纪"的观念。（见正文下文）"美国新世纪计划"意指要使21世纪成为一个新的美国的世纪。

③ James Lobe and Michael Flynn, "The Rise and Decline of the Neoconservatives," p. 9.

发表了一封给布什总统的公开信，倡议在他的“反恐战争”中采取一些步骤，敦促推翻阿富汗的塔利班政权，“捕获或杀死”本·拉登。这封信被发表在《华盛顿时报》和《旗帜周刊》上。其建议也受到美国政治领袖的广泛支持。实际上，“美国新世纪计划”成员的头脑中还有一个更加雄心勃勃的、与实际的恐怖主义袭击没有关系的目标，就是要在伊拉克进行政权变更，“即使没有证据把伊拉克和（‘9·11’）袭击直接联系在一起”。他们在给布什总统的信中还建议对伊朗和叙利亚采取“适当报复措施”，如果它们拒绝遵从美国切断对黎巴嫩真主党援助的要求，并建议华盛顿停止对巴勒斯坦临时机构的援助，除非它立即停止反以色列占领的持续行动；他们还呼吁大量增加国防开支来进行反恐战争。在这封信的签名者中，引人注目的是前中央情报局局长詹姆斯·伍尔西（James Woolsey）。支持这一计划的是40名有影响的政策精英和公众人物。他们大多属于新保守派，但也包括一名基督教右翼领袖、右翼民族主义者，以及一些民主党人士，后者支持以色列，并主张自由主义的国际主义和对外干预。①

2002年4月3日，“美国新世纪计划”又发表了一封在很大程度上关于巴以冲突的信。该组织的负责人威廉·克里斯托尔征集了34名权势人物的签名，包括五角大楼“国防政策委员会”的成员。这封信敦促布什断绝同巴勒斯坦领导人阿拉法特的联系，再次号召“推翻萨达姆的政权”，对以色列着手进行的清除威胁以色列市民生命的恐怖主义网络的行动给予全力支持。

值得注意的是，布什总统与新保守主义观点的一致并不是随着布什的上台而开始的。事实上，在2000年大选前，新保守主义者们并没有看好布什。那时，“美国新世纪计划”发表了《重建美国的防卫》（Rebuilding America's Defenses）的文章，编辑了题为《当前的危险》（*Present Danger*）的著作，旨在为共和党总统候选人拟订一个外交政策纲领。然而，布什当时并没有接受新保守主义对美国全球作用的看法，他在1999年的一次演讲中提出“一种独特的美国国际主义”代表了处理国际事务的平衡方法，强调政治、经济、军事和文化诸种手段的结合。② 布什还提到：“军事力量不

① James Lobe and Michael Flynn, "The Rise and Decline of the Neoconservatives,", pp. 1－2.

② Stefan Halper and Jonathan Clarke, *American Alone*, *The Neo-Conservatives and the Global Order*, pp. 112－113.

是实力的最终措施。”他也很少谈到威尔逊主义的外交政策目标，而且他针对克林顿总统的人道主义干预说过一句著名的话：“我认为我们的军队不应当被用于国家建设，而应当被用于战斗和赢得战争。”① 而且，他还强调，美国应当是“谦卑的”全球力量。这些都与新保守主义的核心信条“仁慈的霸权”、“政权变更”和单纯依赖军事力量不一致。为此，当布什赢得初选后，新保守主义者非常失望。威廉·克里斯托尔甚至表示，“我们对布什是一个注重外交政策的总统不抱大的希望”。② 同样，新保守主义的外交政策主张在布什竞选期间和当选后的最初几个月中没有在其政策上留下任何印记。但是，这些新保守主义者并没有放弃寻找接近布什政府通道的机会，仍然期待着他们的观点最终能够被白宫采纳。

“9·11 事件”为新保守派把其思想变为实际政策提供了一个契机。他们比政府中的任何其他人都为“9·11”后的美国对外战略做了充分的准备，正如一个同情新保守主义者的观察家所说，“9·11”“使这个国家围绕着他们（新保守主义者）关于世界的看法团结起来”。连新保守主义者都认为，“9·11”后布什总统及其顾问主动地接受了新保守主义观点。虽然鲍威尔和其他现实主义者在危机处理中占了上风，但是“9·11”改变了权力平衡，使鹰派取得了明显优势。

随着反恐战争在阿富汗展开，布什把其世界战略的目标扩大到超出了摧毁塔利班的任务。在 2002 年 6 月 1 日西点军校的毕业典礼上，他提到后冷战世界的新特征是恐怖主义的存在。此时，“对自由的最严重的威胁在于激进主义和技术处在危险的十字路口”。在这个世界上，“甚至连最弱小的国家和小集团也可以获得灾难性的权力来打击大国”。虽然冷战时期的威慑和遏制战略在某些情况下仍然适用，但“新的威胁要求新的思想”。他迂回地提到了先发制人的政策，强调“反恐战争将不会在防卫的基础上获胜”，并重申“这个国家将行动起来”。③

2002 年出台的美国《国家安全战略》中的主张恰恰是布什在其竞选演

① 转引自 Fukuyama, *America at the Crossroads, Democracy, Power and the Neoconservative Legacy*, p. 46。

② Stefan Halper and Jonathan Clarke, *America Alone, The Neo-Conservatives and the Global Order*, p. 112.

③ Ibid., p. 140.

说和辩论中所反对的，但与新保守主义者在之前的10年中所倡导的观点完全一致。先发制人的政策在这个报告中被正式确定为布什政府的政策。一位新保守主义者把《国家安全战略》报告描述为包含了“新保守主义精髓的文件”。新保守主义者马克斯·布特（Max Boot）认为，“9·11事件”使布什意识到美国不再承受得起“谦卑”的外交政策，意识到美国需要追求在世界上的主导地位，采取促进民主的积极行动，并采用先发制人的方法来打击恐怖主义。因此，《国家安全战略》报告是一个典型的新保守主义文件。[①]

美国《国家安全战略》报告具有的革命性是它把先发制人的传统观念扩大到等同于预防性战争。根据约翰·刘易斯·加迪斯的解释，先发制人是指粉碎迫在眉睫的进攻而采取的军事行动；预防性战争则是指对一个可能在未来的某一时刻制造战争危险的国家发动战争。而布什政府却把这两个概念混为一谈，它实际上是用先发制人这个概念来为在伊拉克的预防性战争辩护。这意味着在一个恐怖主义被核武器武装起来的时代，先发制人和预防性战争之间的区别已经不复存在。[②]

“9·11事件”发生一年后，随着2002年9月布什的第一个《国家安全战略》报告的问世，《国防计划指南》的关键概念成为美国的官方政策，包括政府应当把注意力放在努力获得大规模杀伤性武器的“流氓国家”上。这一点在布什2002年1月的国情咨文中也曾被重复过，当时他宣布伊拉克、伊朗和朝鲜是“邪恶轴心国”。这样，当小布什总统寻找一个应对新威胁的新方法时，新保守主义思想为他提供了一个现成的选择。

二　“新保守主义”成为布什外交政策的途径

布什总统本人并不是一名新保守主义者，那么新保守主义的主张是通过什么途径而成为政府政策的。

一个答案可以是，布什班子中的重要成员是新保守主义者。但这并不是事实。虽然布什政府中的一些主要人物积极支持发动伊拉克战争，例如

① Max Boot, “Myths About Neoconservatism,” in Irwin Stelzer, ed., *Neoconservatism* (London: Atlantic Books, 2004), p. 45.

② John Lewis Gaddis, “Grand Strategy in the Second Term,” *Foreign Affairs*, Jan/Feb. 2005, Vol. 84, p. 4.

国防部长拉姆斯菲尔德和副总统迪克·切尼，但是他们也都不是新保守主义者，[①] 或许可以把他们称为“侵略性的民族主义者”，或按照斯蒂芬·哈尔珀（Stefan Halper）和乔纳森·克拉克（Jonathan Clarke）两位作者的看法，是“美国民族主义者”。这些美国民族主义者与新保守主义者之间有着长期的密切联系，他们的关系可以追溯到福特政府时期。他们由衷地接受与新保守主义者相一致的思想——美国例外论和单边主义。[②] 根据对布什政府内部情况消息灵通人士詹姆斯·洛伯（James Lobe）和迈克尔·弗林（Michael Flynn）的看法，在布什政府内部和外部存在着一个鹰派的联盟，它由三部分人组成：新保守主义者、侵略性的民族主义者和基督教右翼。这个鹰派联盟在“9·11”之后立即帮助建立了美国外交政策路线，而这个路线是以新保守主义在20世纪90年代中期以后倡议的外交政策为蓝本的。作为“美国民族主义者”的切尼和拉姆斯菲尔德的支持对于新保守主义意识形态在外交政策领域里的推进起了关键作用。他们两人都在1996年“美国新世纪计划”的“原则声明”上签了字，拉姆斯菲尔德还在1998年1月“美国新世纪计划”给克林顿的公开信上签字，要求推翻萨达姆；而切尼则像新保守主义者一样厌恶国际组织，认为它们侵犯了美国的主权。正是在他们的支持下，新保守主义的计划才得以实施。

在切尼的建议下，拉姆斯菲尔德被任命为国防部长。同样，是切尼敦促提名新保守主义者沃尔福威茨而不是国务卿鲍威尔推荐的候选人理查德·阿米蒂奇（Richard Armitage）担任国防部副部长。虽然新保守主义者提供了实质性的政策计划，但他们极大地依赖于切尼和拉姆斯菲尔德来操纵决策过程。作为国家安全顾问的康多莉扎·赖斯未能确保传统的跨机构决策过程，国家安全委员会的会议上作出的决定常常被五角大楼所绕过或忽略。结果，国务院常常发现它自己被切尼和拉姆斯菲尔德领导的“阴谋小集团”（cabal）边缘化了，后者得到了一些主要的新保守主义者如负责政策的助理国防部长道格拉斯·菲斯（Douglas Feith）、国防部副部长沃尔

① 弗朗西斯·福山也持此看法，他认为国防部长拉姆斯菲尔德和副总统切尼在进入布什政府之前都不是新保守主义者，而且他们的观点来源也不明了。见 America at the Crossroads, *Democracy*, *Power*, *and the Neoconservative Legacy*, p. 4。

② Stefan Halper and Jonathan Clarke, *American Alone*, *The Neo-Conservatives and the Global Order*, p. 14.

福威茨和副总统的办公室主任刘易斯·利比的支持和咨询。[①]

小布什就职后的第一个月，作为外交政策的新手，他最终将听取谁的意见？是其父亲老布什所欣赏的鲍威尔和赖斯所领导的现实主义者，还是鹰派拉姆斯菲尔德、切尼及其主要的新保守主义顾问？政府内部的深刻分裂很快变得十分明显。2001 年 3 月当韩国总统金大中访问美国时，布什公开表示不赞同鲍威尔支持金大中的朝鲜半岛“阳光政策”，也不赞同克林顿 1994 年提出的处理朝核问题的政策框架。不过，此时小布什总统的对华政策也被新保守主义者批评为绥靖政策。克里斯托尔和卡根在《旗帜周刊》发表文章，谴责撞机事件是一个“民族耻辱”，认为鲍威尔领导下的缓和危机的外交努力是投降之举，将带来严重后果。

“9·11 事件”还被政府内的鹰派建议用来作为改变中东政策的跳板。在恐怖袭击发生后的几个小时内，根据一个解密的笔记，拉姆斯菲尔德对其一名助手建议，“9·11 事件”应当被用来为推翻萨达姆辩护。然而，在入侵伊拉克问题上呼声最高的人是沃尔福威茨。当美国发动伊拉克战争并占领了伊拉克之后，威廉·克里斯托尔在 2003 年 5 月的《旗帜周刊》中写道：“解放伊拉克对于中东的未来是第一个伟大的战斗。”新保守主义者们欢欣鼓舞，他们感到自己的计划不仅成为官方政策，而且“美国新世纪”正在成为现实，他们看到，“现在美国是强大的，它像强大的国家一样行动”。[②] 到 2003 年 5 月，当伊拉克的叛乱开始加剧时，新保守主义达到了其权力的顶峰，而鲍威尔和布什政府内的现实主义者则被边缘化了，赖斯采取了默认的态度。

三　新保守主义的起源和基本观念

新保守主义很大程度上源自犹太知识分子组成的群体。这些人在 20 世

---

① 新保守主义者对“阴谋小集团”的称呼非常敏感，他们竭力否认这一点，参见 Joshua Muravchik, “The Neo-Conservative Cabal,” *Commentary*, September 2003, pp. 26 - 33；关于这个小集团，还可见 Jeffrey Steinberg, “Neo-Conservative Cabal Under Mounting Attack,” *Executive Intelligence Review*, June 6, 2003, http://www.larouchepub.com/other/2003/3022countercoup.html。

② Stefan Halper and Johathan Clarke, *American Alone*, *The Neo-Conservatives and the Global Order*, p. 31.

纪30年代中后期和40年代进入了纽约城市学院。他们之中的最重要的人物包括：欧文·克里斯托尔（Irving Kristol）、丹尼尔·贝尔（Daniel Bell）、西蒙·马丁·李普塞特（Seymour Martin Lipset）、菲利普·塞尔兹尼克（Phillip Selznick）、内森·盖尔泽（Nathan Galzer）、丹尼尔·布罗德卡斯汀（Daniel Broadcasting）等。所有这些人都出生于工人阶级，是外来移民，而且他们之所以进入纽约城市大学，是因为像哥伦比亚和哈佛大学这样的精英学府在很大程度上对他们关闭了大门。他们在校学习期间，都追随左派政治，崇拜托洛茨基。但是，这个群体中几乎所有的人到第二次世界大战时都不再是马克思主义者，而成为了反共主义者，但他们完全不同于美国传统右派的反共主义者。传统右派反对共产主义是因为共产主义是无神论的，与一个敌对国家——苏联联系在一起，而且反对自由市场制度。反共产主义的左派同情共产主义的社会目标和经济目标，不过到20世纪30年代和40年代，他们开始认识到现实的共产主义（即现存的社会主义国家）与他们理想中的完全不同，已经变成了一个从良好意愿出发的可怕怪物。福山把这种反共主义称为"自由主义的反共主义"。理解这一自由主义的反共主义的起源是理解新保守主义的关键。例如第一代著名的新保守主义者欧文·克里斯托尔最初就是马克思主义的信徒和托洛茨基主义者。在60年代新左派运动之后进行的反思中，他完成了转变并开始与企业界和保守主义阵营建立了联系。克里斯托尔在许多这类新保守主义者中很有代表性。因此，人们一般认为，美国新保守主义形成于20世纪60年代后期。

这些纽约知识分子的政治活动在20世纪40年代和50年代初是围绕着《党派政治评论》（*Partisan Review*）和《评论》（*Commentary*）展开的。诺曼·波德霍雷茨（Norman Podhoretz）担任后者的主编。冷战日益加剧和麦卡锡主义盛行背景下的辩论，导致更多左派的背叛和新保守主义阵营的壮大。《评论》杂志也在向右转，成为新保守主义的主要思想阵地。

新保守主义思想的第二个潮流是围绕着《公共利益》（*The Public Interest*）杂志成长起来的，这是由欧文·克里斯托尔和丹尼尔·贝尔于1965年创办的杂志，目的是同新左派进行论战。20世纪60年代美国政治发生了急剧的变化，新左派在民权运动中和越南战争期间兴起。这些新左派人士同情社会主义国家的政权，也想要仿效欧洲的福利国家，消除社会不平等，此时也是美国政府开展“向贫困开战”和追求“伟大社会”的时期。但《公共利益》的作者不断抨击“伟大社会”，认为追求社会公正的努力可能导致比原先更糟糕的结果，因为它扰乱了有机的社会关系，产生了意想不到的后果。《公共利益》的抨击为以后80年代和90年代美国社会政策右转奠定了基础。以后，欧文·克里斯托尔又建立了一个关注外交政策的杂志《国家利益》（*The National Interest*），于是从《公共利益》开始的对国内政策的批评，扩大到了外交政策方面。①

新保守主义者马克斯·布特认为上述描述对解释欧文·克里斯托尔等人的思想形成是适用的，后者曾把新保守主义者定义为“受到现实打击”的自由主义者，他们曾赞成福利政策、种族平等及许多其他自由主义的信条，但是他们在60年代后期和70年代初向右转，因为当时美国的犯罪率在增加，苏联在冷战中不断扩张，而民主党的左翼在这两个方面都不愿采取强硬立场。② 但布特认为，大多数新保守主义者，如前驻联合国大使珍妮·柯克帕特里特（Keane Kirkpatrick），是鹰派的民主党人，他们在民主党20世纪70年代继续左转时发生了思想转变。

布特还指出，另一些新保守主义者，如理查德·珀尔，起初是围绕着民主党参议员亨利·杰克逊（Henry“Scoop” Jackson）聚集在一起的，后者领导了反尼克松—福特的对苏缓和政策的运动。70年代美国的外交政策是导致新保守主义迅速发展的一个重要因素。当以尼克松－基辛格为代表的现实主义者主导美国的外交政策，推动同苏联的缓和时，围绕着杰克逊参议员形成了一个民主多数联盟（Coalition for Democratic Majority），这个联盟直接挑战已经影响了大部分民主党人的孤立主义。其成员认为，美国的自身利益与人类的利益并非是不和谐一致的。他们声称，如果积极利用美国的权力，世界可以变得更美好。为此，他们主张理想主义的和国际主义的外交政策。

---

① 关于新保守主义的起源可参见 Murray Friedman, *The Neoconservative Revolution, Jewish Intellectuals and the Shaping of Public Policy* (New York: Cambridge University Press, 2005), pp. 117－136; Francis Fukuyama, *America at Crossroads, The Neo-Conservatives and the Global Order*, pp. 15－20; Stefan Halper and Johathan Clarke, *American Alone, The Neo-Conservatives and the Global Order*, pp. 40－73。

② Max Boot, "Myths About Neoconservatism," Irwin Stelazer, *Neoconservatism* (London, Atlantic Books, 2004), p. 46.

这些新保守主义者被劳伦斯·F. 卡普兰（Lawrence F. Kaplan）和威廉·克里斯托尔称为独特的"美国国际主义者"。他们拒绝接受越南战争的教训，拒绝承认美国权力和责任的有限性，要求坚持第二次世界大战结束后杜鲁门总统开创的独特的美国国际主义的外交政策传统，或称之为自由主义的反共主义，把美国看做是"世界上争取善的最强大的力量之一"。他们认为苏联是美国面临的真正危险，而美国有能力应付它。在他们的眼中，从尼克松政府到卡特政府美国所坚持的国际战略是：由于美国人没有能力坚持对苏联的制度进行严重挑战，美国应尽力与苏联和平共处；参加与苏联的军备竞赛将导致破产或与苏联的大决战；挑战共产主义意识形态的核心观念，声明它是恶魔和非法的，是堂吉诃德式的愚蠢行为。"当美国国际主义者挑战这一共识时，当他们批评缓和核武器控制并号召发展军备和对苏联共产主义进行广泛的核战略进攻时，他们的建议大体上受到了忽略，被看做是天真的或鲁莽的"，只有柏林墙的倒塌和苏联的解体可以证明他们的建议是正确的。①

这一"独特的美国国际主义"传统也是新保守主义的组成部分，其观点在以后的15年间在政府中一直得不到回响，直到1980年上台的里根总统接受了它的观点。里根坚信冷战中的决定因素将"不是炸弹和火箭，而是对意志和思想的检验。"美国将帮助其他国家"培育民主的基础"。里根大力发展军备，并提出通过在全世界支持反共产主义的反叛来"击退"苏联。为了在民主国家中帮助实现"政治自由"，他批准建立了像全国民主基金会这样的半政府组织。他把苏联说成一个"邪恶帝国"，认为只有通过改变美国对手的政治制度，而不是"平衡"或与之"交往"，才能确保美国和世界更为安全。更重要的是，他开始公开和频繁地谈论美国的世界使命。② 这样，从里根起，新保守主义者可能依靠总统作为其事业的载体。

鉴于左翼反共主义运动的根源，新保守主义者大都反对20世纪70年代基辛格所代表的现实主义的外交政策。正如国际关系理论所定义的，现实主义是从下述前提出发的：所有国家，无论其政治制度如何，都为权力而斗争。现实主义者总的来说不相信民主制是未来政府的普遍形式，也不

① Lawrence F. Kaplan and William Kristol, *The War Over Iraq, Saddam's Tyranny and America's Mission* (San Francisco, California, Encounter Books, 2003), p. 67.

② Ibid., p. 68.

相信构成自由民主制基础的人类价值一定优于那些构成非民主社会基础的人类价值，他们不断警告那些进行圣战的理想主义者：他们的行动可能由于导致不稳定而造成严重危险。基辛格试图寻求同苏联的缓和，实际上这反映了他认为苏联是世界事务的一个永久组织部分的看法。①

此外，大多数较年轻的新保守主义运动的成员，包括一些新保守主义者的后代，如《旗帜周刊》的编辑威廉·克里斯托尔（他是新保守主义的奠基人欧文·克里斯托尔的儿子）和卡内基国际和平基金会（Karnegie Endowment for International Peace）的资深研究员罗伯特·卡根从来没有经历过从左派右转的过程。

一般来说，大多数新保守主义者选择了共和党阵营，虽然有些持新保守主义观点的人仍然把自己看做是民主党人，一些民主党中的“新自由主义者”在外交政策方面也带有相当多的新保守主义观点。②

一些媒体记者简单地把新保守主义者等同于追求以色列利益的犹太人，他们不仅指向克里斯托尔、卡根，而且特别集中在帕尔、沃尔福威茨、埃利奥特·科恩（Elliot Cohen）和其他明显带有犹太姓氏的人。他们把一些新保守主义者同以色列利库德集团之间的联系作为证据，指出新保守主义者对中东的强硬政策出自他们想要创造一个对以色列安全的中东的动机。这种看法遭到了一些反驳，包括来自新保守主义者本身的反驳。反驳者的理由是，新保守主义者不仅同利库德集团，而且同英国的托利党和世界上的其他保守党都有联系，正如民主党类型的英国工党和以色列工党有联系一样。这一联系反映了意识形态，而不是种族上的相同。虽然许多新保守主义者是犹太人，但也有许多不是，如前里根和布什政府的教育部部长比尔·贝内特（Bill Bennett），前中央情报局主任詹姆斯·伍尔西、社会科学家詹姆斯·Q. 威森（James Q. Wison）、神学家迈克尔·诺瓦克（Michael Novak）和珍妮·柯克帕特里克都不是犹太教的信仰者。虽然他们都像犹太新保守主义者一样承担对以色列防卫的责任，但这不是建立在共同的宗教和种族上，而是建立在自由民主的价值上。反驳的意见还认为，无论美国人的信仰如何，以色列已经赢得了他们之中大多数人的支

① Francis Fukuyama, *America at Crossroads*, *The Neo-Conservatives and the Global Order*, p. 37.

② Max Boot, “Myths About Neconservatism,” in Irwin Stelazer, *Neoconservatism*, pp. 46 - 47.

持，因为它是中东唯一的民主国家，而且它的敌人也声明自己是美国的敌人，包括（黎巴嫩真主党和哈马斯、伊朗和叙利亚）。①

的确，如果新保守主义者的视角确实像一些人所说的，仅局限于中东地区，他们仅盯住伊拉克、伊朗和叙利亚，特别是如果他们还带有犹太人的姓氏，那么还可以说他们只是追求以色列利益的犹太人。但是，新保守主义者在20世纪80年代是在尼加拉瓜、波兰和韩国实现民主化方面的主要支持者，90年代是干涉波斯尼亚和科索沃的最热情的斗士，其使命是解救当地的穆斯林而不是犹太人，如今新保守主义者想要在中国促进民主化，而且反对苏丹对基督徒的虐待。此外，新保守主义者最大的关注是如何追求美国的"仁慈的帝国霸权"。这些都表明新保守主义者的目光并非只是集中在中东和以色列，而是出自更广泛的对世界和美国作用的看法。

四 新保守主义包含的美国基本意识形态

虽然新保守主义并不是铁板一块，但这并不意味着它不是建立在一个一贯的思想核心的基础之上。福山指出，正是知识潮流的汇合导致了新保守主义的思想界限不分明。自20世纪70年代后期以来，越来越难以区分新保守主义和其他更为传统的美国保守主义，包括主张减少政府干预的自由意志论、宗教保守主义、社会保守主义和美国民族主义者。甚至分辨谁有资格做新保守主义者都变得十分困难了。福山认为，造成这种状况的原因有两个，一是新保守主义的许多思想被主流保守主义者接受了，而且甚至被更广泛的美国公众接受了。另一个原因是，许多新保守主义者开始接受传统保守主义者在国内政策上的立场，例如市场资本主义。到20世纪90年代，他们与传统保守主义的趋同扩大到文化和宗教领域。②

新保守主义者之间在外交政策上也缺乏一致性，这在冷战结束以后变得更为明显。此时外交政策上的共同基础消失了，他们之间开始辩论什么是真正的美国国家利益。在20世纪90年代，新保守主义者对促进

① Max Boot, "Myths About Neoconservatism," in Irwin Stelazer, *Neoconservatism*, pp. 47－48.

② Francis Fukuyama, America at Crossroads, The Neo-Conservatives and the Global Order, p. 39.

民主和人权在多大程度上应当成为美国外交政策的基础、美国应在多大程度上参与世界事务方面并没有共识。在一些重大外交政策问题上，例如中美关系、北约东扩和是否对巴尔干地区进行干预等，他们之间也存在着激烈的争论。

尽管如此，福山认为还是可以提炼出新保守主义所信奉的四个基本原则，这些原则能够解释新保守主义者所采取的政策立场，并把新保守主义者与其他关于外交政策的思想流派区分开来。这些原则也可以说是对新保守主义的界定。

（1）新保守主义者一贯持有的观点是：政权的性质对于对外行为是至关重要的，外交政策必然反映自由民主社会最基本的价值。

（2）相信美国的权力曾经而且能够被运用于道德目的，美国需要继续参与国际事务。作为世界上的主导国家，美国在安全领域里负有特殊的责任。

（3）反对政府对经济和社会的大规模干预，认为它会带来不良后果。

（4）怀疑国际法和国际体制的合法性及其实现安全和公正的效率。新保守主义者是国际体制的强烈批评者，认为联合国不能有效地充当仲裁人或国际公正的强制执行者。①

现在世界上大多数人所理解的新保守主义实际上是新一代的新保守主义者威廉·克里斯托尔和罗伯特·卡根等人重新定义过的，他们所主张的外交政策也因此成为新保守主义外交政策的标志。克里斯托尔和卡根首先在《旗帜周刊》上为这种政策辩护，并在他们 1996 年为《外交事务》杂志撰写的文章《走向里根主义外交政策》和《当前的危险》（后来在 2000 年被扩大为一本书出版）中，首次系统地定义了新保守主义的外交政策。他们在这些文章中同另一名著名的新保守主义者、里根政府的驻联合国大使珍妮·柯克帕特里克进行辩论，后者提出美国在冷战结束后应回到“正常状态”，而他们则号召建立美国领导下的“仁慈的霸权”。他们主张的政策是，美国应抵制正在兴起的专制者和敌视的意识形态，并在可能的情况下削弱它们的基础；追求美国的利益和自由民主的原则；并对那些正在同

① Francis Fukuyama, America at Crossroads, The Neo-Conservatives and the Global Order, pp. 6, 48 - 49.

反人类的恶魔进行斗争的人提供援助。他们明确地为政权变更辩护，并把它当做其新里根政策的核心组成部分。他们断言，在长时期内只有通过民主化才能确保那些国家与美国利益的趋同。① 此外，克里斯托尔和卡根等人所代表的20世纪90年代新保守主义的另一个特点是，他们一般对经济学和国家发展缺乏兴趣，他们总的来说关心政治、安全和意识形态；他们提出了相对较少的关于全球化、竞争、发展和其他问题的有特色的观点。② 这种新保守主义被布特称之为"强硬的威尔逊主义"。

如果威尔逊主义意味着相信美国外交政策应当促进美国的理想和价值观念，而不是像权力政治的信奉者所认为的那样，仅促进狭窄定义的国家利益，那么在这个意义上他们是"威尔逊主义"。但是，新保守主义者在另一方面又对威尔逊本人缺乏认同，认为他过于天真。新保守主义者之所以被看做"强硬的"威尔逊主义者，是因为他们把自己的信念建立在权力上，他们心目中的英雄是西奥多·罗斯福、富兰克林·罗斯福、哈里·杜鲁门和罗纳德·里根这样一些运用权力来追求更高目标的美国总统。他们认为，美国应当使用武力来为理想和利益而战，不仅出于人道主义，而且也是为了通过促进自由民主而促进美国的安全。③ 与自由主义的威尔逊主义者不同，他们不是为了民主和人权本身的缘故来促进民主。确切地说，促进民主对于新保守主义者来说意味着支持美国的安全和进一步提高美国的世界地位，促进民主与美国国家利益联系在一起。④

像大多数保守主义者一样，新保守主义者对联合国抱有很大的怀疑。克里斯托尔和卡根所提出的新里根主义外交政策虽然也被描述为是威尔逊主义的，但它是"威尔逊主义减去国际体制"。⑤ 威尔逊本人寻求通过在国际联盟基础之上创立自由的国际法律秩序来建立民主与和平。罗斯福和杜

---

① Robert Kagan and William Kristol, eds. , *Present Danger*, *Crisis and Opportunity in American Foreign and Defense Policy* (San Francisco, California: Encounter Books, 2000), pp. 9 – 24.

② Francis Fukuyama, *America at Crossroads*, *The Neo-Conservatives and the Global Order*, p. 43.

③ Max Boot, "Myths About Neoconservatism," Irwin Stelazer, *Neoconservatism*, p. 49.

④ Robert Kagan, "A Matter of Record," *Foreign Affairs*, Jan/Feb. 2005, Vol. 84, pp. 170 – 173.

⑤ Williams Kristol and Robert Kagan, *Present Dangers*: *Crisis and Opportunity in American Foreign and Defense Policy*, p. 29; Francis Fukuyama, *America at Crossroads*, p. 41. Williams Kristol and Robber Kagan, "Toward a Neo-Reaganite Foreign Policy," *Foreign Affairs*, July/August, 1996, Vol. 75, pp. 18 – 32.

鲁门建立联合国的努力使这一自由主义的国际主义传统继续成为美国外交政策的重要组成部分，不过这一传统无论在老的还是新的保守主义的日程上都缺失了。他们强调用三个工具来代替国际体制以发挥美国的影响：压倒性的军事优势；重新对美国的同盟作出贡献；把导弹防御当做一个保护美国本土不受反击打击的手段。[①]

新保守主义者追求美国仁慈的霸权。根据这一政策，美国将运用其权力来创建一个仁慈、和平和民主的世界秩序。关于美国需要在冷战后建立霸权来保障全球秩序和安全的最早看法之一来自查尔斯·克劳塞默（Charles Krauthammer）。他在冷战结束后即提出，美国面临着一个“单极时刻”，而且“单极时刻”延长成为了一个时代。此时，没有任何国家能够挑战美国的霸权，因为美国与其他所有国家之间存在着前所未有的巨大的权力差别。这造成了一个现代历史上独一无二的国际结构。克劳塞默还辩驳说，美国不像其他大国那样寻求帝国，它的主要目的是通过强制、维持和扩大和平来维持当前国际制度的稳定。[②]

关于新保守主义的核心思想，需要强调的是，它“深深地真正根植于美国的各种传统之中”。[③] 新保守主义同保守主义一样，信奉美国的两个基本意识形态：美国例外论和古典自由主义。

新保守主义关于美国“仁慈的霸权”的概念来自“美国例外论”。美国例外论是指：上帝选择了美利坚民族把它安置在北美这片新大陆上，并赋予了它特殊的使命：在这里建立一个自由和民主的样板；美国因此成为一座“山巅之城”，是世界各国的榜样。美利坚民族还由此肩负着上帝所委托的把自由民主的价值观念和民主制度推广到全世界的使命。美国政治学教授戴维·福赛斯（David Forthes）指出，美国例外论包含了下述观念：“美国人组成了一个异常优秀和伟大的民族；他们首先代表了对个人主义和自由的信奉：他们建立在个人自由主义的理念基础上的社会和国家，树

① Robert Kagan, “America's Crisis of Legitimacy,” *Foreign Affairs*, March/April, 2004, Vol. 83, pp. 65～87; Robert W. Tucker and David C. Hendrickson, “The Sources of American Legitimacy,” *Foreign Affairs*, Nov/Dec, 2004, Vol. 83, pp. 21－23; and Robert Kagan, “A Matter of Record,” *Foreign Affairs*, Jan/Feb. 2005, Vol. 84, pp. 170－173.

② Charles Krauthammer, “The Unipolar Moment Revisited,” *The National Interest*, Winter 2002, pp. 5－20.

③ Francis Fukuyama, *America at Crossroads*, *The Neo-Conservatives and the Global Order*, p. 13.

立了值得向世界其他地方输出的榜样。"① 因为美国在道德和精神上是例外和特殊的，所以美国的霸权可以与众不同，可以是仁慈的。

"仁慈的霸权"的说法最初来源于创建和拥有《时代》、《财富》和《生活》三大杂志、从而对美国舆论产生过极大影响力的亨利·卢斯(Henry Luce)。卢斯在第二次世界大战爆发后曾在《时代》杂志上发表了一篇文章，把20世纪称为"美国世纪"。他通过美国例外论的视角来观察美国外交政策，相信上帝选择了美国来担负特殊的使命。在他看来，在20世纪，美国是范围不断扩大的事业领域的中心，是上帝的人类熟练仆人的训练场所，是虔信上帝的乐善好施者；美国所给予的多于所接受的，美国是自由和正义理想的源泉，"在只有美国知道什么对于其他民族是最好的前提下，美国将作为仁慈的霸权，或父亲般的权威来发挥作用"。② 他敦促美国出于责任和利用美国安排国际事务的自然权利来介入第二次世界大战。

历史上，"美国例外论"指导了美国的大陆扩张和海外扩张。美国从一个大陆国家转变为一个全球国家的同时也带来了例外论思想的变化。当美国成为一个世界强国时，美国的使命感同其取得世界霸权的驱动力开始结合到一起，导致它的外交更加频繁地显示出圣战精神。这反映出美国人的一种信念：不仅美国的自由价值和民主制度具有普遍的意义，而且美国在20世纪的世界头号地位也使它具有了在世界各地保护自由和推行民主制度的责任和实力。

新保守主义者所赞赏的代表了自由主义的国际主义的威尔逊主义正体现了美国例外论。第一次世界大战期间担任美国总统的威尔逊像他的前辈一样，怀有坚定的美国例外论信念。在他之前的美国政治家们，如美国历史上最重要的外交家之一、美国的第六位总统约翰·昆西·亚当斯出于对美国安全的顾虑曾告诫美国人说："不要到海外去寻找恶魔来消灭"，③ 如果美国这样做，就将失去自己的灵魂。但威尔逊把这种说法颠倒了过来，

---

① 戴维·福赛斯：《美国外交政策与人权：理论的分析》，载周琪主编《人权与外交》，时事出版社，2002，第108～109页。

② Siobban McEvoy-Levy, *American Exceptionalism and US Foreign Policy, Public Diplomacy at the End of the Cold War* (London: Palgrave, 2001), p. 28.

③ Walter A McDougall, *Promised Land, Crusader State* (Boston: Houghton Mifflin Company, 1997), p. 15. 亚当斯的外交政策路线体现了美国的现实主义外交传统。

他的观点是：如果美国不走出海外去消灭恶魔，就将失去自己的灵魂。威尔逊的自由主义的国际主义为美国介入世界事务建立了一个道德依据。他要求国会对德国宣战，从而使美国卷入了发生在欧洲的战争，这在以前对于美国是不可思议的。他在这样做时并没有论证说，由于德国危及了美国的国家利益，因此战争是必要的，而是说，美国必须参战，因为“必须建造一个对于民主社会来说安全的世界”。[①] 威尔逊把“拯救者民族”的使命理解为促进建立在民族自决、正义和和平之上的世界秩序。

新保守主义者对亚当斯告诫的回答是，为什么要让恶魔逍遥法外，为什么美国不应走出国门寻找恶魔来消灭。对于1823年来说是明智的选择，在今天已不再适用。那时美国是羸弱的、孤立于欧洲巨人世界的国家，而现在美国已成长为巨人。美国已经有能力摧毁世界上的许多恶魔，而且美国负有维持国际秩序、和平和安全的责任，在山巅之城中通过树立榜样来领导世界的政策，是怯懦的和令人丢脸的政策。[②]

至于新保守主义同古典自由主义之间的关系，首先必须说明保守主义与古典自由主义的嫡亲关系。在美国，“自由主义”这个词直到进步主义时代才被普遍用于政治领域，它在20世纪初代表的是进步主义。[③] 这是因为作为与自由主义相对立的欧洲意义上的保守主义传统在美国是不存在的。变化发生在罗斯福新政时期，新政的实质就是要使政府在经济方面的作用从“一只看不见的手”转变为对经济的直接干预，以刺激总需求，扩大就业，防止经济危机。新政因此是一次对古典自由主义的改革，它把美国人心目中的自由概念从摆脱政府干预的消极自由，扩大到包括依赖政府来获得某些社会和经济权利的积极自由。罗斯福总统1941年在国情咨文中提出的“四大自由”，既是对自由概念本身的扩大，也是扩大政府职能的要求。也正是在新政时期，古典自由主义开始被贴上保守主义的标签，虽然古典自由主义者最初并不接受这样的称呼。无论是新政的支持者还是新政的反对者都自称为自由主义者，但以新政为转折点，美国政治中开始形

① Lloyd E. Ambrosius, *Wilsonianism: Woodrow Wilson and His Legacy in American Foreign Relations* (New York: Palgravfe MacMillan, 2002), pp. 8–9.

② William Kristol and Rober Kagan, "Toward a Neo-Reaganite Foreign Policy," *Foreign Affairs*, July/August, 1996, Vol. 75, p. 31.

③ 钱满素：《美国自由主义的历史变迁》，生活·读书·新知三联书店，2006，第64页。

成自由主义和保守主义的分野，他们分别为民主党和共和党所信奉。然而事实上，美国的保守主义维护的是古典自由主义的传统，而不是欧洲意义上的与自由主义意识形态相对立的保守主义。[①] 新保守主义者也像传统保守主义者一样，反感政府大规模干预经济和社会，不过他们是从不同的途径接近古典自由主义的。正如上文所讨论的，他们并不反对追求社会公正与平等的动机，而是认为这种努力可能导致更为不幸的后果。不仅如此，许多新保守主义者已经开始接受传统保守主义者的市场资本主义的观念。

美国例外论和古典自由主义是美国的两个最基本的意识形态。它们同美国外交政策的关系是，美国例外论要求美国人把自己的价值观念和政治制度推广到全世界，而它所要推广的就是以古典自由主义为标志的价值观念和建立在此基础上的民主政治制度。古典自由主义是美国立国的基础，它不仅体现在美国的外交政策中，也指导着美国的国内政策；而美国例外论则是美国外交政策特征的重要决定因素，它用美国独特的方式使古典自由主义与美国的外交政策衔接在一起。

一般来说，自第二次世界大战以来，美国民主党的国内政策倾向于自由主义，共和党倾向于保守主义；而自威尔逊总统在第一次世界大战期间和之后把理想主义运用于美国的外交政策起，民主党的外交政策一般倾向于理想主义，共和党倾向于现实主义。但这并不是绝对的。实际上，自里根政府以来，越来越难以仅用理想主义和现实主义来划分美国的外交政策。

威尔逊主义的理想主义外交政策最重要的特点是，运用美国的力量来建造一个能够保障民主国家安全的世界。众所周知，里根在内外政策上是一名保守主义者，确切地说，是新保守主义者，但是正如托尼·史密斯在其著作《美国的使命：美国与20世纪世界范围内争取民主的斗争》(*America's Mission*：*The United States and the Worldwide Struggle for Democracy in the Twentieth Century*）中所说，里根在其抵制苏联共产主义的圣战中是推行威尔逊主义的最好典范。连基辛格也赞同里根外交政策中体现的威尔

① 钱满素：《美国自由主义的历史变迁》，生活·读书·新知三联书店，2006，第64、195页。

逊使命。他承认，在外交中，“像伍德罗·威尔逊一样，里根懂得，美国人民在其整个历史上循着美国例外论的鼓声前进，他们将在历史理想，而不是地缘政治的分析中，找到最终的激励。……像威尔逊一样，里根更切实把握住了美国灵魂的作用，威尔逊的遗产为里根的为民主而战的全球圣战提供了意识形态方向”。①

由此可见，采纳了新保守主义的“布什主义”深深扎根于美国基本的意识形态之中。认为小布什总统外交政策的理论根基回复到了当代威尔逊主义，这种看法在美国不乏其人。“9·11”恐怖主义袭击之后，布什总统及其主要政府官员的政策声明都包含一个核心理念：总统及其政府是上帝指派来用他们的意识形态重新塑造世界的，这意味着布什将选择运用军事和经济力量来使世界摆脱“邪恶轴心”。布什赞同威尔逊的看法：只有一个民主的世界才是安全的世界，并想要运用美国的武力来建造这样一个世界。正是在这个意义上，布什的外交理念也被看做与威尔逊主义息息相通。

于是在这里看到了理想主义和现实主义的部分重合，这种情况的发生恰恰是因为新保守主义者对国家利益的定义发生了变化。当把国家利益定义为，为了保护美国的安全，必须在全世界推行美国的价值观和民主制度时，理想主义的（追求道德、理想的）外交政策同现实主义（追求国家利益的）外交政策在重要的方面就重合起来，所剩下的差别更多的是追求目标手段上的差别，例如通过多边主义、集体安全，还是通过单边主义，自行其是。

五　结论：“布什主义”与新保守主义共兴衰

当新保守主义对布什外交政策的影响在伊拉克战争前后达到顶峰时，其影响实际上就离衰落不远了。衰落的直接原因是在伊拉克的叛乱日益加剧。到2004年后期，已经变得很清楚的是，布什政府发动战争的理由是没有根据的，美国不仅没有发现萨达姆和基地组织（更不用说“9·11”）之

① Lloyd E. Ambrosius, *Wilsonianism: Woodrow Wilson and His Legacy in American Foreign Relations* (New York: Palgrave MacMillan, 2002), p. 180.

间的任何联系，也没有发现萨达姆已经掌握了大规模杀伤性武器的可靠证据。到美国中期选举前夕，伊拉克战争以来已经有2800名美国士兵、120名英国士兵和数以万计的伊拉克人丧生，但美国仍然控制不了伊拉克的局势。此外，美国所期望的稳定的民主制并没有出现，相反，每天都有许多什叶派和逊尼派穆斯林、库尔德人和基督徒死于宗教仇杀或暴乱。许多人认为，目前伊拉克已经陷入“内战”状态。伊拉克的未来成为国际社会的普遍担忧。

随着伊拉克的局势迟迟不见好转，布什政府内部的鹰派受到了重创，甚至连新保守主义的刊物《旗帜周刊》也转而批评拉姆斯菲尔德未能提供足够的军队来确保伊拉克当地的秩序，并要求他辞职。在布什政府2004年连任获胜后不久，沃尔福威茨、菲斯和利比相继离任。

在布什的第二任期，更多的现实主义者进入了政府，包括负责政策的副国务卿尼古拉斯·伯恩斯（Nicholas Burns）、国务卿赖斯的顾问菲利普·泽利科（Philip Zelikow），以及担任国家情报部门主任这一新位置、取代中央情报局局长为总统作日常情况简介的约翰·内格罗蓬特（John Negroponte）。新任国务卿赖斯强调她的主要关注是修补破损的联盟，尤其是同欧洲的联盟，即使这意味着在从伊朗到朝鲜问题上需要进行妥协。在布什的第二任期，由于人事变动，政府中鹰派和新保守主义者的网络已经被极大削弱，他们控制外交决策过程的能力也大大被削弱了。事实上，布什第二个任期的外交政策已经开始避免通过预防性战争来进行政权变更。由于美国军队被在伊拉克的持续战争搞得筋疲力尽，布什政府对它心目中的其他两个“邪恶轴心国”伊朗和朝鲜发出了信号：它不打算使用军队来实现政权变更。布什政府已经近乎承认，它为伊拉克战争付出了巨大的政治代价；预防性战争不能成为美国战略的核心。[①] 美国在伊拉克的困境使新保守主义名誉扫地，并使外交政策的现实主义者逐渐恢复了他们的权威。

尽管新保守主义者遭到这些打击，但由于切尼仍然是新保守主义纲领的保护人，无论是在政府内部还是在政府之外，新保守主义者在过去的两

① Francis Fukuyama, *America at Crossroads*, *The Neo-Conservatives and the Global Order*, pp. 182 - 183.

年中仍然是一个权力因素。[①] 虽然他们在五角大楼中的资深官员的数量减少了，而且现实主义者已在推动政府与美国视为敌人的国家采取交往政策，鹰派仍然可以保持着限制现实主义者活动余地的能力，并能有效地阻止政策方面的实质变化。

2006 年 11 月的中期选举中民主党出人意料的胜利再次引起关键的人事变动。国防部长拉姆斯菲尔德被迫辞职，其职位被现实主义者罗伯特·盖茨（Robert Gates）接任，这是新保守主义集团的重大损失，也使政府内部的力量平衡最终倒向了现实主义一边。此外，老布什政府的国务卿詹姆斯·贝克（James Baker）被国会任命为跨党派“伊拉克研究小组”（Iraq Study Group）组长，这个小组在 2006 年 12 月初发表了《伊拉克问题研究小组报告》，该报告等于公开承认了美国伊拉克战争的失败，它建议美国于 2008 年初从伊拉克撤军；在中东问题上与伊朗和叙利亚和解。而对于布什政府内尚存的鹰派来说，在失去了拉姆斯菲尔德和利比这样的左右手之后，副总统切尼现在比以往任何时候都更加孤立。

2005 年 9 月，当新保守主义者聚集在一起欢庆《旗帜周刊》创刊 10 周年时，他们为 10 年前备受冷落的新保守主义如今成为主流意识形态，指导着政府的政策而喜形于色。但是，他们未曾料到，不久他们便会遭遇政治上的“滑铁卢”。“布什主义”的命运显然不如 20 多年前同样以新保守主义为基础的里根主义。关于后者，许多美国人至今仍然津津乐道于它以不战而胜摧垮了苏联共产主义这个冷战对手，而如今“布什主义”却似乎已经穷途末路。

“布什主义”及其新保守主义的理念所存在的问题使得它的破产不可避免。“布什主义”本身的问题首先涉及伊拉克战争后国际上不断提出的关于美国发动战争的合法性问题。提出的问题包括：即使伊拉克拥有大规模杀伤性武器，美国是否有权发动预防性战争？美国是否有权通过武力来推翻一个政权，“给那里的人民带来自由”？未经联合国安理会的授权入侵

① 约翰·汉纳（John Hannah）曾经是副总统办公室与亲美逊尼派人士、现任伊拉克副总理艾哈默德·查拉比（Ahmad Chalabi）之间的联络人，利比离任之后被提升为切尼的国家安全顾问，而戴维·沃姆瑟（David Wurmser）仍然是切尼的中东政策顾问。同时在国家安全委员会里，埃利奥特·阿布拉姆（Elliott Abrams）主持中东处，他在这个职位上处理了 2006 年的以色列和黎巴嫩真主党之间的冲突。

另一个国家是否合法？这些问题在国际上得到的回答大都是否定的。美国认为自己有权侵入其他国家，创造防止恐怖主义的政治条件，这就违反了现存的以尊重各国主权为前提的国际法体系。国际社会担心，美国的做法可能会造成一个蔑视国际法和联合国宪章的先例，削弱国际社会在冷战后所期待的国际法和联合国的权威性，给未来的国际关系带来后患无穷的新问题。此外，如果美国有权采取预防性的军事行动，那么是否其他国家也有权这样做？对此美国是讳言的。

其次，布什政府把拥有大规模杀伤性武器的"流氓国家"和恐怖主义者看做冷战后最危险的敌人，而且认为"9·11"恐怖袭击已经使预防性战争成为对敌人作战的一种必要手段，但是，布什政府至今并没有发现伊拉克发展和拥有这类武器的证据，这就很难为它在伊拉克进行的预防性战争辩护。

再次，布什政府把美国看做"仁慈的霸权"，对美国是出于良好的动机在国际上采取行动深信不疑，认为自己入侵伊拉克是为了全球的公共利益，而不是狭隘的美国自身的利益。但是它没有料到世界上大多数国家对美国的"仁慈霸权"深恶痛绝，布什政府对国际组织和国际合作的轻蔑更加剧了国际上的反美情绪，甚至连其欧洲盟国都对其单边主义的做法深感不安。

最后一个重要问题是，美国认为自己应当而且有能力通过军事手段来实现一个国家的政权变更，并可以在此之后轻易地完成国家重建的复杂工作。但事实已经证明，由于复杂的宗教矛盾，民族特质及特殊的文化、传统和习俗，重建国家的工作的艰巨性要远远超出布什政府的想象。况且许多比较政治学的研究已经证明，民主化的程度与经济发展水平有密切的相关性，而且一个成功的民主化的动力必须来自一个国家的内部，来自在经济发展中逐步成长起来的中产阶级的要求，而不能从外部强加。因此促进民主必然是一个长期的过程，必须等待经济和政治条件的逐步成熟。

（原载《美国研究》2007 年第 2 期）

第四篇

社会、文化与历史

美国社会的暴力传统

董乐山[*]

美国是个以高度法治自诩的国家，但是它又是个暴力充斥的国家。在它立国之前的100年殖民时期，暴力固然连绵不绝，到了它立国制宪之后，暴力仍有增无减。不论是个人犯罪性暴力[①]，还是社会抗议性暴力都是如此，尤以20世纪60年代由于反战运动和民权运动造成社会动荡这一时期为盛，以至于当时一位黑人青年激进分子拉普·布朗曾说："暴力像樱桃酱馅饼一样，是美国的特产。"这话出自激进分子之口，可能是偏激之言，不值得重视。但是甚至连《纽约时报》的编辑约翰·赫伯斯也说："（20世纪）60年代美国国内发生的暴力行为并不是美国历史上的一种畸形现象，也不是美国各项制度已趋于崩溃的迹象，而是美国在目标发生巨大差

* 董乐山，时任中国社会科学院美国研究所研究员。

① 根据联邦调查局1979年的统计，美国每27秒钟就发生一起暴力案件，其中包括每24分钟一起杀人案，每7分钟一起强奸案，每68秒钟一起抢劫案，每51秒钟一起人身伤害案。另外每3秒钟发生一起财产案，其中包括每10秒钟一起溜门撬锁案，每5秒钟一起偷窃案，每29秒钟一起偷车案。资料引自卡尔·西法基斯（Carl Sifakis）编《美国犯罪百科全书》（*The Encyclopedia of American Crime*），事实档案丛书，1982，第186页。但1981年10月12日的《美国新闻与世界报道》所刊图表又把上述间隔时间缩短了：平均每2秒钟就有一起严重犯罪案件，其中谋杀每23分钟一起，强奸每6分钟一起，抢劫每58秒钟一起，人身伤害每48秒钟一起，偷车每28秒钟一起，溜门撬锁每8秒钟一起，偷窃每4秒钟一起。因此《纽约时报》1981年9月11日报道，联邦调查局1980年年度报告说该年犯罪率增长9%。

异或者某一群体要消除某种极大不公时一种常见的行为方式。”[①] 换句话说，暴力在美国乃是一种正常现象，并不表明美国制度的崩溃，因此不必大惊小怪。当然，如果把战争、起义等所有用武力造成人身伤害和财产破坏的后果的行为都算在内，整个人类的历史就是一部暴力的历史。但是使美国有别于其他国家的是，暴力不仅是美国社会生活的传统，而且也融合进了美国的民族性格，成为一种崇拜。有不少美国历史上的无法无天、作恶多端的歹徒或凶犯，在美国人的心目中成了英雄人物与崇拜的对象；他们的暴行和劣迹在各种文艺形式中得到了绘声绘色的描述，甚至被树碑立传。如果说暴力是美国社会中的一个正常现象的话，这应该说是一种反常的民族心理。

这种反常的民族心理的形成，是有其历史和社会原因的。

一　暴力的定义和有关的一些概念

按照通常的定义，暴力是一种用武力伤害人身和（或）破坏财产的行为。从这个意义上来说，不论是个人犯罪（如凶杀、斗殴、抢劫、纵火、强奸等），还是战争、暴动、起义，都是暴力行为。所不同的是前者是个别行为，而后者则是有组织的或自发的集体行为。

既然把这些行为都归为暴力，根据一定社会历史时期的阶级立场或民族立场，从采取暴力的原因和动机来看，暴力就有正当的和不正当的之分，或者说正义的和非正义的之分，积极的和消极的之分。以美国历史上的集体暴力而论，反抗英国殖民统治的独立战争和解放黑人奴隶的南北战争，就是正义的战争，它们所使用的暴力就是正当的或积极的暴力。同样，在罢工运动中的工人群众，或者反战或民权运动中的示威群众，对警察的镇压进行武力反抗，这种暴力也是正义的。

但是，在美国历史上也有另外一些集体暴力，在正义的或非正义的，积极的或消极的区分限界上，存在着不同的看法，这多少影响了美国社会对暴力的宽容。最明显的例子便是，历次征服和灭绝印第安人的战争，明

① 格拉汉姆和古尔（Hugh Davis Graham and Ted Robert Gurr）合编《美国的暴力》（*Violence in American*），矮脚鸡丛书，1969，第 xiii 页。

明是外来移民对土著民族的侵略和杀戮，但是美国有些历史学家却把这种种族灭绝的暴力归为积极的暴力，[①] 这和美国日后进行帝国主义扩张时所标榜的“天赋使命”说是一脉相承的。

对于罢工运动中的工人群众所采取的暴力或者民权运动中黑人群众所采取的暴力的看法也是如此。在统治阶级维持法律与秩序的立场来看，这种暴力影响了社会秩序和和平生活，当然是“消极的”；但是从被压迫群众的立场来看，这种暴力却是正当的自卫或反抗。因此，在阶级社会中，“正当的”（legitimate）暴力不一定是“合法的”（legal），而“合法的”暴力（如警察镇压），则不一定是“正当的”。当然也有既“正当的”而又“合法的”暴力，但是在美国社会中往往有很多既“不正当的”而又“不合法的”暴力得到了社会的宽容，这毋宁说是一种极不正常的现象。

本文的目的不是就美国社会中或历史上的种种个人暴力或集体暴力作正义的或非正义的判断，这是稍具阶级分析能力和社会正义感的人一般都能做到的。这里只想通过美国社会中和历史上所出现过的个人暴力和集体暴力的分析，探讨一下它们对上述美国民族心理反常现象所造成的影响。

二　美国社会暴力传统的历史成因一：边疆开拓

美国社会的暴力，不论是个人暴力还是集体暴力，都是从白人杀戮印第安人开始的。远在哥伦布或亚美利加发现新大陆之前，即公元1000年左右，就有北欧海盗从格陵兰来到美洲大陆。根据北欧海盗的传说，他们第一天登陆就发生了遇见九个印第安人而杀掉其中八个的事件。[②] 在这以后，白人杀掉个把印第安人几乎成了习以为常的事，算不得什么罪行，就像在森林中猎杀飞禽走兽一样。至于白人为了掠夺土地而杀戮印第安人的大大

① 威廉和玛丽学院历史系教授理查德·M. 布朗（Richard M. Brown）就是其中一位，他的观点见1968年他在该学院马歇尔—怀特研究所的一次讨论会上的发言。

② 根据联邦调查局1979年的统计，每27秒钟就发生一起暴力案件，其中包括每24分钟一起杀人案，每7分钟一起强奸案，每68秒钟一起抢劫案，每51秒钟一起人身伤害案。另外每3秒钟发生一起财产案，其中包括每10秒钟一起溜门撬锁案，每5秒钟一起偷窃案，每29秒钟一起偷车案。资料引自卡尔·西法基斯（Carl Sifakis）编《美国犯罪百科全书》（*The Encyclopedia of American Crime*），事实档案丛书，1982，第739页。

小小战争——从1607年弗吉尼亚的潮汐地区那一仗开始，一直到1890年在南达科他的伤膝地方的最后一场大屠杀——前后断断续续进行了300年之久，次数已不可胜计，可以说是美国历史上持续最久、最惨绝人寰的一场大杀戮。不错，处在石器时代的印第安人有着许多野蛮的杀人方式，但是他们与白人交战是出于自卫的动机，而白人以传播文明为名对印第安人进行的掠夺和杀戮，不仅照搬了印第安人的一些落后习惯（如剥取头皮[①]），而且在其他方面的野蛮程度较之印第安人有过之而无不及，尤其是为了灭绝印第安人人种而不分青红皂白地杀害妇女和儿童。难怪威廉和玛丽学院历史系教授理查德·马克斯威尔·布朗尽管把对印第安人的杀戮列为积极的暴力（!），也不得不承认："可能没有别的因素比对印第安人的战争在美国人的性格形成上产生更加残暴化的影响了"。[②]

在边疆开拓时期滥施暴力的对象不仅是印第安人，就是在开拓者之间，由于在边远环境中不具备维持法律和秩序的条件，偷盗（尤其是偷马）、抢劫和械斗、仇杀事件层出不穷。而且从根本意义上来说，西部的开发本来是任意的占有和（从印第安人手中的）公开的抢夺，谁先到谁就是这片土地的主人。因此以武力逞强是在边疆生存的根本依靠，胆怯和温和同发财起家是格格不入的。遇到财产受到暴力的侵犯，唯一保卫的办法是以其人之道还治其人之身。这不仅是因为在荒僻的山野之中，法律和治安的足迹还未来到，而且即使有维持治安的官员，他们经常使用的教训手段也是即决处理——当场枪杀或吊死；对于"罪行"较轻的人则绑在一棵大树上或包在一块生牛皮里，任其饿死或被太阳炙烤而闷死。因为他们知道，即使送到法官那里，由于没有足够的监狱收容，判决多半也是死刑。否则轻易放过，无疑是放纵杀人凶犯，任其逍遥法外，继续为非作歹。[③]因此有时候很难分清，究竟是违法的歹徒杀人多，还是执法的官员杀人多。

---

① 道格拉斯·里奇（Douglas E. Leach）著《北方殖民地边疆》（*The Northern Colonial Frontier*），霍尔特—莱因哈特—温斯顿书局，1966，第112页。

② 理查德·M·布朗著《美国暴力的历史形态》（*Historical Patterns of Violence in America*），载前引《美国的暴力》，第67页。

③ 格仑·薛利（Glenn Shirley）著《史密斯堡以西的法律》（*Law West of Fort Smith*）一书中举出阿肯色州的艾萨克·派克（Issac Parker）曾把他经手的344名被告判决160人枪毙，79人绞死（亨利·霍尔特书局，1957，第ix页）。

在这种法与不法没有什么区别的无法无天的环境里，为了保护本地居民的安全和利益，出现了一种只有美国土壤上才有的自卫组织——自警团（vigilante）。自警团本来是地方上在没有充分法律保护下为了自卫而组织起来的民间机构，用意无可非议，但是这种组织的出现与存在本身在法律上是个极大的矛盾：它一方面出于正当的自卫和保护的动机，但另一方面又“把法律拿到自己的手中”而埋下了不顾法律、滥用暴力、滋长私刑的种子。最初的自警团是为了对付盗马贼（当然还有其他的偷盗、贩酒、赌博等非法活动）的一种准保安组织，但是由于自警团控制在地方头面人物的手里，逐渐成了一种地方恶势力，他们毫无顾忌地滥用暴力，结果不仅有违维持治安的初衷，而且导致了更为严重的无秩序和无政府的状态。自警团和它们的对立面之间的争斗有时还掺杂着个人、家庭、政治的怨仇因素，发展到了睚眦必报，不可控制的程度。由此而形成的“把法律拿到自己手里”的暴力传统，从此在美国社会中扎下了根。在南北战争以后南方各州出现的三 K 党活动就是这种自警团的变种，只是施加暴力的对象有了改变而已。不仅是黑人，而且还有天主教徒和犹太人，墨西哥裔和亚洲裔的移民，工人和工会领袖，政治激进分子和民权卫士，甚至一般的有独立见解的人，都有可能成为这种自警团暴力的受害者。①

三　美国社会暴力传统的历史成因二：战争

战争是伤害人身和破坏财产的最大暴力。为了战胜对方而不择手段，按照文明社会的国际法的观点来看，是要受到谴责和制裁的，即使战争的一方是出于正义的动机。但是在美国本土所进行的三场战争——独立战争、南北战争和墨西哥战争中，即使美国站在正义的一方（如前两场战争），竟都采取了极其残暴的手段，这对美国人的性格所产生的残暴化影响并不亚于对印第安人的杀戮。

在独立战争中，除了大陆军和英军的正规交战以外，从赫德逊河到萨凡纳河之间还到处存在着游击战。这种游击战不仅发生在军队与军队之

① 1982 年 6 月 19 日华裔陈果仁在底特律被汽车工人无端用棒球捧打死，被告竟被联邦法院宣布无罪释放，这与自警团和私刑传统不无关系。

间，也发生在独立派与亲英派的平民之间。双方所使用的暴力极其残酷无情，独立派抓到亲英派后给他涂上柏油粘上羽毛加以当众羞辱，这还算是小事，虐待和绞死俘虏更是家常便饭。正是独立战争中的这种做法——为了达到革命的理想和目标而可以不择手段——使美国人形成了这样的传统：为了他们自己认为是“高尚的”事业而不惜采取最残酷的暴力。独立战争在美国立国的历史上固然是可歌可泣的事业，但是它在美国人性格的形成上未必没有留下污点。

南北战争所遗留下来的暴力遗产，比独立战争还要深远。不仅这场内战本身是美国军事史上伤亡最为惨重的战争之一，而且它所引起的怨恨和仇杀也是任何内战所比不上的。在内战爆发之前，南北双方的内部都已频频发生暴力行为，其残暴程度和冤仇之深远远超过了独立战争，以致南北交界的堪萨斯州因为蓄奴派与反蓄奴派你杀过来我杀过去，最后有了“血流成河的堪萨斯”的外号。在内战进行期间的暴力，史书已有详载，这里不再赘述。但是与独立战争不同的是，在独立战争结束后，与独立战争有关的暴力随即结束，而在内战结束后，与内战有关的暴力却并未有所减退。甚至可以说，从内战结束后到19世纪末，甚至到20世纪60年代，美国社会上的集体暴力，多半与内战有关，如三K党的活动、暴民的私刑、冤冤相报的械斗仇杀，还有如白帽运动等其他有组织的暴力。因为内战虽然结束了蓄奴制度，但是并没有解决美国的种族歧视和种族压迫问题。

四　美国社会暴力传统的社会成因

阶级矛盾、种族压迫、黑社会势力的存在是构成美国社会暴力传统的社会成因。

美国工人运动的历史也是一部暴力的历史。从18世纪60年代的自由男儿运动起，尤其是在19世纪工业革命传播到了美国以后，工人运动为了提高工资、改善工作条件和组织工会，经常采取罢工作为斗争手段。由于资方不愿让步，往往采取暴力手段来镇压工会和破坏罢工，这就引起了工人方面的暴力反抗。这里仅举一些几乎酿成社会动乱的大罢工为例：1877年铁路大罢工在匹兹堡引起群众性的骚乱；同时期宾夕法尼亚州爱尔兰裔煤矿工人的秘密组织用暗杀和破坏来同雇主进行斗争达10年之久；1886年芝加哥工人要求实行八小时工作制而在草市广场示威时与前来驱散的警察发生冲突，以致11人死亡，百余人受伤；1884～1914年科罗拉多州矿业工人进行了长达30年的斗争，到1913～1914年煤矿工人举行罢工而达到高潮，仅这一次罢工中就发生了38次武装冲突，死亡达18人。最惨绝人寰的事件发生在1914年4月20日，民兵在与罢工工人进行了15小时的交战以后，竟纵火焚毁矿工营地，熏死了两个母亲和11个孩子。这一惨剧发生后，罢工工人在方圆250英里内大肆破坏以进行报复。[①] 杰克·伦敦在《铁蹄》中所忧心忡忡预言的大动乱不是没有实际根据的。虽然进入20世纪60年代以后，由于美国产业结构和阶级结构发生了变化，导致工人运动的衰落[②]，但是只要阶级存在一天，由于阶级矛盾的激化而引起暴力的可能性仍旧是存在的。

尽管美国黑人在蓄奴制时期所采取的反抗形式多半是消极的、个别的（如逃跑），但是在美国历史上还是发生了好几起黑人奴隶起义。第一次起义发生于1712年的纽约市，遭到了极其无情的镇压。1739年南卡罗来纳州发生了斯托诺起义，平息不久，接着1741年纽约市又谣言四起，说是有奴隶起事的“阴谋”，结果白人歇斯底里地采取了不问情由一看到黑人就把他们活活烧死或杀害的暴力行为。19世纪几起规模较大的起义有1800年里士满的加伯利埃尔·普罗塞起义和1822年查理斯敦的丹麦·维赛起义，但都迅即失败。1831年发生了美国历史上最大的一次奴隶起义，那就是纳特·透纳在弗吉尼亚州南汉普顿县发动的一次，最后当然也遭到了无情的镇压。

在内战以后，黑人的反抗基本上采取了消极反抗的方式，一直到了20世纪60年代，由于反战运动的带动和黑人的觉醒，黑人运动才出现了城市骚乱和破坏的方式，从1965年到1968年，发生黑人骚乱的城市有洛杉矶、芝加哥、纽瓦克、底特律、华盛顿等（这里要附带一提的是，作为暴力形式，城市骚乱也是美国社会的特有现象。早在殖民时期，反抗英国殖民统治的活动就是以城市骚乱的形式表现的。到了独立以后，尤其是在工业化

① 格拉汉姆和古尔（Hugh Davis Graham and Ted Robert Gurr）合编《美国的暴力》（*Violence in American*），矮脚鸡丛书，1969，第75页。

② 董乐山著《当代美国社会的几个变化》，载《群言》1985年第3期，第29～30页。

以后城市扩展的时期，由于城市移民贫民窟的出现，城市犯罪、暴力、骚乱越来越猖獗。19 世纪 30、40、50 年代是美国城市骚乱和暴力最为猖獗的时期，巴尔的摩、费拉得尔菲亚、纽约、波士顿四大城市一共发生了 35 起大骚乱。1877 年的铁路大罢工所引起的骚乱波及面最大，使巴尔的摩和匹兹堡几乎成了废墟。1900～1949 年共发生了 33 起种族骚乱，主要涉及城市有亚特兰大、东圣路易斯、芝加哥 、哈勒姆、底特律等。但除了哈勒姆一次外，其他骚乱中黑人都是受害者。[①] 因此必须指出，并非所有城市骚乱都是正当的社会抗议，有不少次是反对废奴派的骚乱和针对黑人或天主教徒的骚乱）。

黑人对种族压迫的反抗采取消极的形式，而白人种族主义者却采取了暴力。在内战结束以后，这种暴力基本上有两种形式：三 K 党的活动和私刑处死。从历史上来说，三 K 党的活动分三个时期：内战结束后重建时期的三 K 党的活动主要是用暴力和威胁来迫使获得自由的黑人重新就范，接受南方白人的统治；第二个时期（20 世纪 20 年代）的三 K 党活动的主要对象不是黑人，而是针对自己人（盎格鲁—撒克逊裔白人新教徒）中的不争气和不道德的分子；20 世纪 50 年代和 60 年代的三 K 党活动则是针对争取民权和取消隔离运动的。三 K 党的活动同私刑是结合在一起的，而私刑又与自警团活动不可分离。像自警团一样，私刑原来是用来对付一般的不法分子，刑罚也只限于鞭打 39 下。但是到了 19 世纪中叶，它的对象主要是黑人，在一群暴民的纠集之下，刑罚也升级为绞死或枪杀。据詹姆斯·E. 克特勒的统计，1882～1903 年的 20 年中，美国南方暴民用私刑处死的黑人竟有 1985 人之多！[②] 私刑也不限于对南方的黑人，在西部，在捉到小偷、强奸犯、盗马贼、杀人犯时，也有即决处死的，只是美其名曰“领带会”而已。

美国黑社会势力的形成，同工业化带来城市贫民阶层的出现是分不开的。在黑社会势力出现之前，美国社会的犯罪多半发生在西部边疆地区，主要形式是盗马、制造伪币、抢劫火车和银行等。这里面多少有些传奇和

① 格拉汉姆和古尔（Hugh Davis Graham and Ted Robert Gurr）合编《美国的暴力》（*Violence in American*），矮脚鸡丛书，1969，第 54～55 页。

② 詹姆斯·克特勒（James E. Cutler）著《私刑法：美国私刑史调查》（*Lynch Law：An Investigation into the History of Lynching in the United States*），朗曼书局，1905，第 177 页。

神秘的色彩：犯罪者在社会上一般人的心目中成了侠盗式的英雄，这倒不是因为他们劫富济贫，像英国的传说中的罗宾汉那样，而是因为他们打劫的对象是威胁个体农业经济存在的工业化的象征——铁路和银行。这种对盗匪的同情和崇拜，一直承袭到工业化以后，因为工业化滋生了一个城市贫民阶层，他们虽然没有把当时城市中出现的盗匪看做救星，但是却因为代他们出气解恨而推崇景仰（内战后在密苏里到处打铁路抢银行的詹姆斯兄弟深得当地农民的爱戴；西部英雄小子皮莱杀人如麻，却是西南部墨西哥贫困牧民的偶像；30 年代一度有第一号社会公敌之称的俊小子弗洛伊德深得俄克拉荷马州东部伙种农的钦佩；大萧条期间出现的抢劫银行的匪领约翰·狄林吉和另一个有组织的盗匪头子艾尔·卡波尼的形象以英雄姿态在银幕上频频出现，更是脍炙人口）。

正是这种对“盗匪英雄”的崇拜心理，使得美国社会对盗匪行径不仅格外的宽容，而且甚至还带有一种钦佩的心情。发生抢劫银行或者连续作案杀人事件时，人们所津津乐道的是犯罪的细节（作案的不露痕迹，脱逃的巧妙，赃款的化用等），新闻记者所绘声绘色描绘的是罪犯的心理，出版商想方设法要弄到手的是凶手的自传（一旦出版，畅销百万册不成问题）。这种宽容犯罪的民族心理外人是很难理解的，这也许是暴力得不到声讨、谴责的原因。

到了 20 世纪以后，黑手党开始从意大利的西西里随着意大利的移民迁到新大陆。他们最初是集中在东海岸的几个港口城市里，原来像爱尔兰移民的政治黑势力（这在下节再述）一样，是个同乡会式的帮会组织，到了 20 世纪二三十年代才成了有组织的犯罪集团，最后发展成为目前美国最大的一个走私贩毒和赌博集团。不过与以前美国城市中的暴力犯罪集团不同的是，它已不满足于单纯犯罪，而且也通过投资、威吓、敲诈等手段打进了正当的企业界，成为一股不可忽视的金融势力。

五　美国社会暴力传统的政治成因

从政治上的成因来说，美国社会暴力传统要推溯到美国宪法。

美国宪法第 2 条修正案规定：管理有方的民兵为自由州的安全所必需，因此人民保有和携带武器的权利不得侵犯。

这原来是为了维护各州的民兵建制，后来却被断章取义，使得私人购置和携带武器成了美国人的宪法权利。1981年春刚当选上台的共和党总统里根在华盛顿遭到欣克莱的枪击而幸免一死以后，尽管美国的一些有识之士在《纽约时报》刊登全页广告发表公开信，要求政府控制枪支，但是由于有了这一条宪法修正案而无计可施。

美国历史上不乏总统遭到暗杀的事件，1865～1965年的100年内，就有四位总统遭到不测（林肯、迦菲尔德、麦金莱和肯尼迪），遭到暗杀而免遭一死的，也不止里根一人。至于其他政治领袖（如肯尼迪的兄弟罗伯特·肯尼迪参议员，路易斯安那州长休·朗，亚拉巴马州长华莱士，还有民权运动领袖马丁·路德·金和马尔科姆·艾克斯等）遭到暗杀的也不少。虽然大部分凶手后来被证明都是"单干户"，或者精神失常，或者心怀怨愤，不一定都有政治背景（这里指的是两大党本身没有采用暗杀的暴力手段以达到其政治目的），但是在美国这样一个法治的国家，这么频繁地发生政治领袖遭暗杀事件，而在事后又不对凶手加以严厉制裁，反而以精神病等为由多方加以开脱，这不能不对国民心理产生宽容暴力的影响。

美国两大党虽然没有堕落到采用暗杀的暴力手段来消灭政敌，以达到其政治上的目的，但是这并不是说它们在政治上是很干净的，与社会暴力犯罪没有关系。不论是共和党还是民主党，党内（特别是地方上）都存在着政治黑势力，尤以民主党为盛。民主党党内政治黑势力的主要据点是波士顿、纽约、芝加哥等移民工人集中的地区。最初形成的因素是移民（尤其是信奉天主教的爱尔兰和意大利移民）。他们初来乍到，多半集中居住在先到移民集中居住的贫民窟，以便得到照顾和扶助，这样就逐渐形成了帮派势力。为了要在政治上对付在社会上居于上层的盎格鲁—撒克逊白人新教徒的共和党势力，他们就投民主党的票。这样日久之后，各选区的民主党机构就逐步控制在移民帮派的手中。他们操纵选举、代领营业执照、勒索保护费用、贩卖私酒、投机倒把，与黑社会和警察局勾结在一起，可以说无恶不作。美国政治学名词中因此出现了一个新名词"bossism"。肯尼迪总统的外祖父费兹吉拉德当初就是波士顿民主党的"老板"（boss）。纽约市前后出现过两个"老板"，即19世纪中期控制民主党机构（设在塔马尼大楼）的威廉·特惠德和20世纪初的20年内控制塔马尼大楼的查尔斯·墨菲。最近的一个“老板”是芝加哥前任市长戴利，在他的控制下，芝加哥市政府（包括下属各局、委）成了他个人的封建采邑。① 美国大城市中的许多社会犯罪都是在这种政治黑势力的包庇、纵容、勾结之下进行的。

六　美国社会暴力传统的心理后果

上文已有多处述及美国社会暴力传统在国民心理上造成的宽容暴力、崇拜暴徒的后果。最后引述美国学者得克萨斯大学历史系教授乔伊·B. 弗朗茨的一段话，作为本文的结束，因为这一段话最好不过地证明了笔者的上述结论：

> 1872 年 9 月 26 日，有三名男子策马来到堪萨斯城的庙会大门口，当时参加庙会的约有万把人。这三名匪徒向售票员开枪，误击中一名小女孩的腿部，抢了千把元钱就向树林中逸去。这样的恃强抢劫的行为，只是为了数目不大的报酬，却危及许许多多过节的人的生命。
>
> 但这次抢劫和暴力引人注目的地方，不是罪行的本身，而是堪萨斯城《时报》上一个名叫约翰·N. 爱德华兹的报道。他在头版新闻中竟称这次抢劫“胆大包天，毫无惧色，使我们不得不钦佩和敬重作案的人”。
>
> 两天以后，《时报》又把这些非法之徒比做亚瑟王的圆桌骑士：“这三个匪徒好像是从传说中的奥登森林来的一样，他们的服饰上有着中世纪侠义的光辉，给我们看到了诗人们所歌颂的事情是怎么干出来的。也许，在美国或文明世界的任何别的地方，都不会出现这种事情。”②

这段话里所述及的抢劫案和所引的《时报》评语，充分证明了美国生

① 尼尔·彼尔斯和杰里·哈格斯特罗姆（Neil Peirce &Jerry Hagstrom）著《美国志》（*The Book of America*）有关芝加哥的一章，W. W. 诺顿书局，1982 版。

② 乔伊·B·弗朗茨（Joe B. Frantz）著《边疆传统，暴力的引诱》（*The Frontier Tradition, An Invitation to Violence*），载前引《美国的暴力》，第 127～128 页。

活中暴力传统的根子扎得有多深，甚至可以说已到了热爱和崇拜的程度。当然这里所举的例子发生在100年前的西部边疆，如果说在那个时期无法无天尚情有可原的话，那么在100年后的今天，美国报纸上这种对暴力作敬仰、钦佩的报道仍是屡见不鲜就显得反常了。比如著名作家诺门·梅勒因为在一个在押的杀人凶犯写给他的信中发现此人有写作才能，不惜以自己的身价作为担保，向法院申请把他假释出狱。谁知此人出狱没有几天，就又作案，在一家咖啡馆门外无端枪杀了一个他认为碍手碍脚的行人，随即逃之夭夭。后来虽然捉拿归案，而梅勒仍表示惋惜不止。[①]

只要这种国民心理存在一天，美国社会中的暴力是没有减轻或消灭之日的。

（原载《美国研究》1987年第2期）

① 董鼎山：《在野兽的腹腔中》，载《读书》1981年第10期。

美国黑人的三次文艺复兴

施咸荣*

一

美国黑人是一个受压迫、受歧视的民族。万恶的奴隶制是美国历史上的一个污点，它也是挑起美国南北不和并导致大规模内战的主要原因之一。战后，美国的奴隶制在名义上算是被废除了，但广大的黑人，尤其是南方的黑人，处境并无多大改变。列宁曾把南北战争后的南方比做“一座对付‘解放了的’黑人的监狱”。[①] 为了改善自己的生活处境，美国黑人一直在进行斗争，从1526年第一次奴隶暴动[②]起，到20世纪60年代中期如火如荼的抗暴斗争止，经过400多年的艰苦历程，黑人民族才在美国获得一些基本权利与一定的政治社会地位，他们对美国文化所作的杰出贡献才得到初步承认。举例来说，美国的白人文学史家们一直不肯正视美国黑人在文学上的成就，始终不愿给予它应有的地位，这种情况直到今天才开始有所改变。

---

* 施咸荣，时任中国社会科学院美国研究所研究员。

① 《列宁全集》第22卷，人民出版社，1958，第13页。

② 由西班牙人卢卡斯·巴斯凯恩·德·艾尔扬首次带到美洲大陆的100多名奴隶在主人死去后即起来造反。见 Daniel P. Mannix and Malcolm Cowley, *Black Cargoes: A History of the Atlantic Slave Trade* (The Viking Press, 1962)，第54页。

美国的黑人奴隶全都来自非洲。非洲曾被达尔文称为“人类的摇篮”，原有古老的历史和悠久的文化。美国的著名黑人历史学家杜波依斯曾说：“不用怀疑，15世纪非洲黑人群众的文化水平，比同时期的北欧人的文化水平要高。”[①] 但是，非洲的黑人被贩卖到北美大陆后，却成了“会说话的工具”，被剥夺了人的一切权利，当然更谈不上学习文化受教育。[②] 他们在非洲生活时原有一边劳动一边歌唱的习惯，后来被殖民者掳去当奴隶时，也就在美国南部的种植园里，在戴着镣铐干活的田野上，在奴隶们居住的简陋小屋里，在人迹罕至的沼泽和丛林中……创造了很有价值的口头文学——包括圣歌、悲歌、民歌在内的黑人奴隶歌曲——从而对美国文化作出了杰出的贡献。

然而，像弗莱德里克·道格拉斯、威廉·威尔斯·布朗这样的奴隶通过自身的奋斗，不仅学习了文化，而且在逃亡之后还用手中的笔作武器，口诛笔伐，积极投身到当时的废奴运动中，为废除奴隶制度积极制造舆论。奴隶主一向不把奴隶当做人来看待，视黑人为劣等民族，因此黑人奴隶能进行文学创作本身就是对奴隶主谎言的有力驳斥，何况他们的文学创作中有不少既有丰富的思想内容，又有一定的艺术造诣，证明美国黑人不愧是有悠久文化传统的优秀民族。这个时期以废奴文学为主的黑人文学长期以来一直未受到应有的重视，直到20世纪80年代在威廉·安德鲁斯（William L. Andrews）等黑人学者们的倡导下，才对它作了重新评价，人们甚至认为19世纪40年代至50年代的黑人文学是第一次黑人文艺复兴。[③]

二

美国最著名的也是最重要的一次黑人文艺复兴运动是所谓“哈莱姆文

① 威廉·福斯特：《美国历史中的黑人》，生活·读书·新知三联书店，1960，第5页。

② 参阅奴隶出身的黑人领袖道格拉斯的自传第6～7章，好心的女主人教了他几个字母，即遭到丈夫训斥，说教奴隶识字不仅是非法的，而且也是危险的。道格拉斯此后只能在上街购物时偷偷地往怀里揣一只省下来的面包，送给街上的劳苦白人孩子作为教他识字的交换条件。见 *Narrative of the Life of Frederick Douglass, An American Slave*（Anchor Books edition，1973）。

③ 参阅 Emory Elliott 主编的 *Columbia Literary History of the United States*（New York：Columbia University Press，1988），第793页。

艺复兴”（Harlem Renaissance），时间是在第一次世界大战之后被称作“爵士乐时代”的20世纪20年代，地点是在美国第一大城市纽约的黑人聚居区哈 莱姆。

发生这样一次规模宏大、影响深远的文艺复兴运动自然有它的历史背景。首先，南北战争中吃了败仗正在重建中的美国南部在少数种族主义分子煽动下，对黑人民族的种族压迫与歧视变本加厉，再加上棉花连年歉收，终于迫使黑人群众纷纷迁居北方大城市。恰好北方城市也非常需要黑人劳动力，尤其是在第一次世界大战期间（因战争刺激了工业，外国移民也因战争无法来美国），于是出现了美国历史上有名的“大迁移”。在大战后的10年中，北方几个大城市的黑人人口几乎增加了一倍。黑人大规模集中于城市，生活有所改善，有了受教育的机会，也具备了广泛开展文艺活动的条件。其次，大战后黑人民族运动高涨，广大美国黑人在著名领袖杜波依斯等领导下，社会觉悟和政治觉悟都有很大提高，从而也提高了自己的民族自尊心。这期间从黑人民间音乐的基础上发展起来的爵士音乐风靡全国，黑人对自己的艺术创造才能作了重新估价，以黑人生活为题材的作品也越来越受读者欢迎。当时北方大城市纽约的哈莱姆区是全国最大的黑人聚居区，全国最优秀的黑人艺术家和文学家差不多都集中在那里，因此20世纪20年代的黑人文艺复兴运动很自然地以哈莱姆为中心开展起来，影响很快波及全国。

哈莱姆文艺复兴的主要内容是反对种族歧视，批判并否定汤姆叔叔型驯顺的旧黑人形象，鼓励黑人作家在艺术创作中歌颂新黑人的精神，树立新黑人的形象。当时鼓吹新黑人运动的主要领导人是荣获罗兹奖学金、在哈佛大学取得博士学位的著名黑人学者艾兰·洛克（Alain Locke），他在1925年编辑出版了一部综合年青一代黑人的诗歌、散文、戏剧、小说的文选，题名《新黑人：一个解释》（*The New Negro: An Interpretation*），在当时的黑人文坛曾产生过很大的影响。洛克在该书的长篇序言里指出，旧黑人不被当做人看待，不具人格，只是个影子。现在黑人圣歌随同黑人民歌已在美国普及，种族歧视的锁链已被粉碎，黑人有了新的自尊心和独立人格，因此美国黑人必将进入一个集体发展的新时期，也就是精神上的成熟时期。由于新黑人运动是哈莱姆文艺复兴的主要内容，因此有人把这次文艺复兴称作新黑人文艺复兴（New Negro Renaissance）。

在这次黑人文艺复兴中还展开了“艺术还是宣传”的讨论。以杜波依斯为代表的一派认为“一切艺术都是宣传，而且永远如此”,[①] 而以洛克为代表的一派强调“应该选择艺术，放弃宣传”，并说“美是最好的牧师，赞美诗比布道更有效果”。[②] 当时的大多数黑人作家都接受洛克的观点，虽有个别黑人作家因而走向极端，发展了“为艺术而艺术”的唯美主义倾向，但这次持续10年之久的大规模文化运动的确提高了美国黑人文学的艺术水平，涌现出一批像吉恩·图玛（Jean Toomer）、克劳德·麦凯（Claude Mckay）、康梯·卡伦（Countee Cullen）、詹姆斯·兰斯顿·休士（James Langston Hughes）那样的优秀作家，在美国黑人文学史上树立了一座不朽的里程碑。麦凯写过一首著名的十四行诗，提出“如果我们必须死，就要死得可贵，不负我们洒下的高贵热血……尽管众寡悬殊，我们也要无比英勇，用致命的一击回敬敌人的千次打击！即使我们面前敞开着坟墓，那又算得什么？既是男子汉，面对残暴而又胆小的匪帮，我们即使被逼到墙根，也要拼死抵抗”！这首诗发表近20年后，到了第二次世界大战初期，英军吃了败仗从敦刻尔克撤退，当时的英国首相丘吉尔在议会作报告时曾引用了此诗来激励士气，该诗后来也就成为反法西斯战争的战斗号召，经常被传诵。从这里也可看出哈莱姆文艺复兴有其一定的成就与影响。

当然这次黑人文艺复兴也有其局限性。它的发生与发展在很大程度上受了文艺界开明白人的资助,[③] 只有少数黑人文艺界人士参加，广大的黑人群众甚至都不知道黑人文艺复兴这回事，更不用说参加了。[④] 美国著名黑人诗人唐·李（Don L. Lee）说，由于其本身的局限，20年代的黑人文学运动从一开始就预告了自己的死亡。[⑤] 美国黑人学者詹姆斯·埃曼纽尔（James A. Emanuel）说得更为形象：“可是‘新黑人’慢慢地死了。30年

---

① 见杜波依斯的文章《黑人艺术的标准》,《危机》杂志1926年10月号。

② 见洛克的文章《艺术还是宣传》,《哈莱姆》杂志1928年11月号。

③ 资助哈莱姆文艺复兴运动的开明白人有 Carl Van Vechten, Max Eastman, DuBose Heyward 等。

④ 兰斯顿·休士在他的自传《大海》（*The Big Sea*）中说：“普通黑人群众都未听说过黑人文艺复兴。”

⑤ Addison Gayle, Jr. ed., *The Black Aesthetic* (Anchor Books, Doubleday & Company, 1972), p. 223.

代，经济萧条使他丧失了元气。40 年代，世界大战使他精疲力竭，同时也使他改变了对他康复起决定性作用的人生态度。50 年代，时起时伏的种族合一浪潮欺骗了他，使他相信自己的死亡相形之下已居次要地位。60 年代开始后，他的孙儿孙女们在南方从火红的公共汽车上和肮脏的饭柜旁挥手向他作了一次尊敬而可怕的告别。70 年代初，他们扔掉了他的衣服、头发和名字。他们作为‘青年黑人’出现，因自己的过去而变得狂热，决定对未来提出不妥协的要求。”① 换句话说，作为哈莱姆文艺复兴中心内容的新黑人运动（New Negro Movement）在 30 年代告终，其影响逐渐消失，到了 70 年代初为另一个新黑人运动（New Black Movement）所取代，这次运动里的新黑人是战斗的黑人，或称黑人斗士（Black Militants）。

三

第二次世界大战之后，国际上和美国国内的情况都有很大改变。战后约有 80 万美国黑人从世界各地回国，他们经历了战争，增长了见识，精神世界发生了显著的变化。美国政府也在改善国内种族关系上受到很大的压力，杜鲁门总统不得不在 1946 年下令成立民权委员会，该委员会在翌年的报告中提出了 34 项建议，以便把黑人民族溶入美国生活的主流中。国际上，则是战后非洲国家相继独立，它们的民族独立运动对美国黑人的影响很大，鼓励了黑人民族主义的发展。著名黑人作家理查德·赖特死前曾去非洲各新独立国家游历，后来写了一本记述他非洲之行的书，取名《黑人权力》。② 书名在当时只是一种象征，但在 60 年代中期“黑人权力”被新黑人运动用作战斗口号，有了更深的含义。

粗略地说，第二次世界大战后美国黑人文学的发展大致可以归纳为：20 世纪 40 年代理查德·赖特崛起，称霸黑人文坛十多年，产生了巨大影响，他的著名小说《土生子》的主人公别格成了城市黑人青年的样板。美国著名评论家欧文·豪（Irving Howe）说：“在《土生子》出版

① Addison Gayle, Jr. ed., *The Black Aesthetic* (Anchor Books, Doubleday & Company, 1972), p. 182.

② Richard Wright, *Black Power: A Record of Reactions in a Land of Pathos* (New York: Harper & Bros.), 1954.

的那一天，美国文化被永久地改变了。”[①] 著名黑人学者勃赖顿·杰克逊在他的《美国黑人文学大纲》中把40年代至1957年这一时期称作“赖特时代”（Age of Wright），说赖特对美国黑人文学的影响是空前绝后的。[②]

20世纪50年代美国黑人的民权运动专求种族合一，文学上则要求美国黑人文学成为美国主流文学的一部分，强调黑人作家也应该拥有并影响白人读者。当时出现一批取得博士学位的黑人青年评论家，[③] 以白人文艺评论界的标准要求黑人创作。50年代最杰出的黑人作家是艾里森（Ralph Ellison）和鲍德温（James Baldwin），他们都是在种族合一的思想基础上进行创作的。例如被白人评论界捧上天的艾里森的代表作《看不见的人》（*Invisible Man*，1952），既是社会抗议，对美国的种族歧视状况有所揭露和批判，但同时又用象征手法把美国黑人的处境扩大到全人类中的受压迫者和受歧视者。他声称他首先是人，其次才是黑人。鲍德温则在他的创作中探索黑人民族的精神危机，他的人物几乎都想通过性关系来拯救自己。

60年代是美国的多事之秋。50年代的表面平静和丹尼尔·贝尔所谓的“意识形态的真空”，[④] 孕育了60年代的政治风暴和各种思潮的总爆发。由种族歧视引起的黑人抗暴斗争连续不断，震动了美国社会，也助长了美国黑人的民族主义思想。在50年代，不少黑人文艺评论家都在批判某些黑人作家所表现出来的种族沙文主义倾向，这种批判还受到黑人们自己的赞扬，被认为是黑人文学成熟的标志。可是到了60年代，在黑人抗暴斗争的影响下，黑人民族主义情绪迅速增长，“分离主义”（separatism）成了时髦的口号，同时也成为60年代激进黑人文学的特征。[⑤] 美国左翼文艺评论

---

① Morris Dickstein 著《伊甸园之门：六十年代美国文化》，上海外语教育出版社，1985，第159页。

② Blyden Jackson, *The Waiting Years: Essays on American Negro Literature*, (Louisiana State University Press, 1977), pp. 203－204.

③ 这批黑人评论家中较著名的有 Saunders Redding, Arthur Davis, Hugh Gloster, Sterling Brown, Nelvin Tolson, ick Aeron Ford, Margaret Just Butcher, Nancy Bullock Mcghee, Nathan Scott 等。

④ Daniel Bell, *The End of Ideology: On the Enhanstion of Political Ideas in the Fifties* (New York: Collier, 1962).

⑤ 参阅 *Columbia Literary History of the United States*，第1068页，美国黑人在20世纪60年代开始怀疑，他们到底要求终止种族隔离、生活在一个种族合一的社会里呢，还是想要创立一个黑人国家，通过黑人权力和文化民族主义的原则组织起来；以及第1070～1075页，60年代黑人激进文学越来越倾向于分离主义。

家莫里斯·迪克斯坦认为，由于存在肤色不同的明显事实，同化目标对黑人来说，除非实行大规模的异族通婚，是脱离实际的或无法实现的，而大规模异族通婚既非黑人也非白人的愿望。结果，黑人发动了一场争取全面文化自主的运动，朝着分离主义和民族主义推进，这对60年代的生活和思想产生了无法估量的巨大影响。①

迪克斯坦所说的这场“争取全面文化自主的运动”，按照霍顿等人的说法，是一场“新文艺复兴”（neo-Renaissance），② 按照罗伯特·斯戴普托（Robert Stepto）的说法，是第三次黑人文艺复兴。③

四

第三次黑人文艺复兴可以从广义和狭义两个方面来研究。美国文艺评论家们对此意见分歧。这里先谈狭义的。

从狭义上说，第三次黑人文艺复兴是指60年代后期至70年代初期一场与政治、社会运动平行发展并与不断发展中的黑人社会生活紧密联系的文化运动。它不仅宣扬黑人“美丽”，而且强调黑人比白人“更优越”。它以全新的姿态强调文化自豪感和文化自主，中心内容是标榜黑人权力（Black Power）的文化民族主义和鼓吹“黑人美学”（Black Aesthetic）的分离主义。它是一场与旧民权运动决裂的“黑人革命”（Black Revolution），也是一次彻底消灭“黑鬼意识”（nigger-consciousness）的“新黑人运动”。④

“黑人权力”与“黑人民族主义”原是以伊利亚·穆罕默德与马尔科姆·爱克斯为首的“黑人穆斯林”（Black Muslin）的主张。穆罕默德宣称，人类起源于黑人，白人只是几千年前由大头科学家雅各培育出来的魔

① 《伊甸园之门》，第155页。

② Red W. Hoston & Herbert W. Edwards, *Backgrounds of American Literary Thought* (Englewood Chiffs, New Jersey: Prentice - Hall, Inc., 1974), p. 581.

③ *Columbia Literary History of the United States*, p. 793.

④ 参阅 Mari Evans 编 *Black Women Writers (1950 - 1980): A Critical Evaluation* (Garden City, New York: Anchor Books, Anchor Press / Doubleday, 1984)，第76~77、80~82、84~86、211、393~395页。

鬼所形成的种族。① 他在 1965 年一次著名的演说中强调黑人民族有悠久的历史和文化，然而在奴隶制的影响下美国黑人对此却一无所知，现在应该进行一场文化革命，对美国的黑人民族进行一次“反洗脑”（de－brainwashing），从而重新发现自己。在争取自由的斗争中，文化是不可缺少的武器。② 第三次黑人文艺复兴即是这样的文化革命，宣扬的即是突出黑人种族优越论的“黑人文化民族主义”（Black Cultural Nationalism）。

关于“黑人权力”，马尔科姆·爱克斯曾在 1965 年被暗杀前的一些讲话中多次提到过。③ 学生非暴力协调委员会主席斯托克利·卡迈克尔（Stokely Carmichael）在 1966 年一次学生游行示威中曾将“黑人权力”用作口号，集中表现美国黑人民族在政治、经济、社会、文化各方面的要求。1966 年“五一”国际劳动节那天，鉴于各个组织与个人对“黑人权力”都有不同的解释，大家认为有必要召开一次全国性会议来统一认识，会议后来于 1966 年 7 月 20～23 日在纽瓦克召开，出席会议的有来自全国各地的代表 400 余人，会议就“黑人权力”通过多项决议，包括推行黑人资本主义（如建立黑人控制的银行、保险公司等）、扩大黑人政治家人数（选出 12 个黑人竞选众议员）、成立学校培训黑人政治活动家、鼓吹黑人解放斗争并对黑人青年进行准军事训练。④

劳伦斯·尼尔在谈黑人艺术运动的著名文章里说，“黑人艺术”是“黑人权力”在美学上与精神上的孪生姐妹，二者都认为事实上与精神上存在着两个美国——白人的和黑人的；二者都反映美国黑人民族要求自主和民族独立的强烈愿望。“黑人权力”的一个主要含义是黑人民族必须用自己的见解来解释世界，黑人艺术则要求确立自己的美学。⑤ 尽管《黑人文摘》（后改名为《黑人世界》）的负责人富勒（Hoyt W. Fuller）认为应该成立一个委员会来确定“黑人美学”的定义，但多数激进黑人作家的看

---

① Alex Haley ed., *Malcom X's Antobiography* (New York: Grove Press, 1964), pp. 164－168.

② John H. Bracy, August Meier, Elliott Radwick, eds., *Black Nationalism in America* (Indianapolis: Bobbs－Merrill, 1970), pp. 421－422, 427.

③ 参阅乔安妮·格兰特著《美国黑人斗争史》，中国社会科学出版社，1987，第 497 页。

④ 见 L. H. Stanton, “The Black Power Conference”, *Liberator 7*, No. 8 (August 1967); “The Many Meanings of ‘Black Power’”, *New York Times*, July 23, 1967, section 4, 第 1 页。

⑤ Laurence P. (Larry) Neal, “Black Arts Movement”, *The Drama Review*, Vol. 12, No. 4 (Summer 1968), pp. 31－37.

法基本趋于一致。尼尔认为西方美学已经衰亡，西方历史中的传统文化价值观念甚至无法予以改造，只能彻底摧毁。黑人艺术家必须站在被压迫者的立场上，与第三世界的被压迫者一道用最强硬的字汇去摧毁白人思想体系和白人世界观，确立为黑人解放事业服务的黑人美学。盖依尔在他所编的《黑人美学》序言中说："对今天的黑人评论家来说，问题不在于一支曲子、一个剧本、一首诗或一部长篇小说有多么美，而在于这首诗、这支曲子、这个剧本或这部长篇小说是否改变了个别黑人的生活，使它变美了多少？这一作品在把一个美国黑鬼改造为真正的美国黑人中起了多少作用？因此，黑人美学是一副改造剂——帮助黑人从美国生活方式的污泥中自拔。"① 卡伦加在他著名的《黑人文化民族主义》一文中一开始就说："黑人艺术像黑人社会里的其他一切一样，必须为革命的现实服务。……评判艺术的最重要标准是社会标准，因为一切艺术必须反映并支持黑人革命。"他一再强调"黑人美学"应该成为黑人革命的工具和媒介。②

当然，美国评论界中反对"黑人美学"的人为数也不少。白人舆论（以《星期六评论》与《纽约图书评论》的评论家们为代表）一片反对声，而黑人作家中间也存在着反对派。例如著名黑人学者瑞丁（Saunders Redding）认为，"美学没有种族、民族和地理界限。美与真理作为美学的主要组成部分，是普遍性的"。著名黑人诗人海顿（Robert Hayden）甚至认为所谓"黑人美学"乃是伪装下的种族主义宣传，不切实际。③

伴随着"黑人美学"与"黑人艺术运动"而繁荣起来的主要是诗歌，其次是戏剧，再次是短篇小说。当时虽然涌现出一批优秀的、有战斗性的短篇小说家，④ 但他们的作品并不完全体现"黑人美学"的理论。

60年代黑人革命戏剧的主将是著名黑人诗人勒洛伊·琼斯（后改名阿米里·巴拉卡）和当过黑豹党文化部长的黑人戏剧家艾德·布林斯（Ed Bullins）。60年代的黑人抗暴斗争激发了琼斯的民族主义情绪，他从60年代中期开始把反对资产阶级的目标转移为反对白人种族，而且越来越把艺

① *The Black Aesthetic*, Introduction, pp. xxii.

② Ron Karenga, "Black Cultural Nationalism", *Negro Digest* (January 1968).

③ *The Black Aesthetic*, p. 380.

④ 如 Paul Marshall, Loyle Harrison, Martin Hamer, Ernest Gaines, William Melvin Kelly 等。

术看做一种“武器”。1965年春天，他与一些志同道合的黑人艺术家[①]在纽约创办了黑人艺术剧院兼学校，在哈莱姆街头向黑人群众上演了一系列革命戏剧，也演出音乐会和带表演的诗歌朗诵。这些活动很快引起当局的注意，不久警方借口剧院大楼内私藏军火，把学校封闭了，官方也撤销了经济资助。黑人艺术剧院兼学校虽然寿命不长，但影响很大。它不仅创风气之先，促使许多类似的黑人剧院相继在各大城市的黑人区建立，而且也促进了“黑人艺术运动”的发展。唐·李甚至说：“60年代全国性的黑人艺术运动是在勒洛伊·琼斯（阿米里·巴拉卡）和黑人剧院的影响下开始的。”[②]

在第三次黑人文艺复兴中成就最突出的是黑人诗歌。当时涌现出一大批杰出的黑人诗人，[③] 他们大多受“黑人美学”的影响，把诗歌创作当做政治宣言和进行战斗的武器，主要写集体，写革命，写事业，而不是写风花雪月。老一代的黑人诗人也有不少被当时的革命气氛所感染，改变了自己的政治立场和创作风格。例如1949年普利策诗歌奖获得者布鲁克斯（Gwendolyn Brooks）在1967年参加第二届黑人作家大会后，受到与会诗人革命朝气的感染，在政治上和创作上都起了极大变化。她在自传（*Report from Part One*，1972）中写道，她在会上听到了一个“新的音调，它将成为黑人文化中的一声呐喊，一股越来越强烈的怒火”。这一时期的黑人诗歌在艺术上也有所突破，它吸收了50年代诗歌中的某些特点（如垮掉派诗人遣字造句的坦率，不忌讳用脏话；又如在形式上仿效黑山派诗人的投射诗，用自由格律，并用诗人的呼吸来衡量音节和诗行，以代替传统的音

---

① 他们是 Charles Patterson，William Patterson，Clarence Reed，John Moore 和其他一些黑人艺术家。

② Don L. Lee. “Toward a Definition：Black Poetry of the Sixties（After LeDoi Jones）”，*The Black Aesthetic*，p. 225.

③ 他们是：Amiri Baraka，Don L. Lee，Etheridge Knight，Sonia Sanchez，Carolyn Rodgers，Norman Jordan，Keorapetse Kgositsile，Nikki Giovanni，Charles L. Anderson，S. E. Anderson，Jayne Cortez，June Meyer，Andre Lorde，Sterling Plumpp，Mae Jackson，Julia Fields，Marvin X，Alicia L. Johnson，Jon Eckels，Charles K. Moreland，Jr.，Rockie D. Taylor，Xavier Nicholas，Askia Muhammed Toure，Doc Long，Ted Joans，and Larry Neal. 更年轻的一代是 David Henderson，Rolland Snellings，Lucille Clifton，Barbara D，Mahone，Zack Gilbert，Arthur Pfister，Jr.，Ahmed Legraham Alhamisi，Stanley Crouch，Jay Wright，Kirk Hall，Edward S. Spriggs，Ron Wellburn，Lance Jeffers，Carol Freeman，D. L. Graham，and Bob Hamilton。

步）而有所创新，而且为适应战斗需要，一般都是朗诵诗，朗诵时往往还配合即兴表演。[①] 美国当代著名诗人唐纳德·霍尔评价20世纪六七十年代黑人诗歌运动的成就时说："黑人诗歌不是客体主义的、超现实主义的，也不是用其他任何标签可以概括的。它是写现实的诗歌……写性格的诗歌，描绘像勇气、斗争性和温柔之类的品质。我猜想，我们这一世纪最后1/3中最好的美国诗歌大部分将由美国黑人诗人来写。"[②]

70年代初随着全国性经济衰退，狭义的第三次黑人文艺复兴或新黑人运动也告结束。文化自主和民族自豪感毕竟不能当饭吃，在美国成立一个独立的黑人国家毕竟是不现实的梦想。美国黑人总是承担每次经济衰退中的大部分重压，不少过激的黑人斗士在生活艰难的现实中碰了壁，分离主义越来越失去人心。此外，黑人斗士们过激的战斗行动和口号也吓坏了黑人中产阶级及其知识分子，把其中不少人推向新保守主义。但也有像巴拉卡这样的少数黑人作家为寻求革命真理转向了马克思主义，号召黑人文艺继续为黑人民族的解放事业服务。

总之，60年代的新黑人运动的影响是巨大的。战斗的美国黑人青年几乎参加了60年代的所有激进运动——学生反战运动、新左派运动、女权主义运动，等等——并在运动中作出了卓越的贡献。他们向美国统治阶级表达了压抑已久的怒火，这股怒火从他们离开非洲到美洲大陆被迫为奴时就已存在，几百年来像钟摆似的时而爆发，时而隐藏，时而转入地下，但如果种族歧视和种族压迫的隐患不予彻底消除，那么将如鲍德温在他的一篇著名散文中所说的那样："下次将是烈火。"

五

也有些美国黑人文学研究者对第三次黑人文艺复兴的时间和内容持不同的看法。总的说来，他们都同意赖特的重要性和影响，也同意60年代新黑人运动的重要性，把它作为第三次黑人文艺复兴的重要内容之一，但他

① 60年代的黑人诗歌朗诵往往是一场"表演"（a "performance"），诗人能像一个训练有素的演员那样使用技巧加深他诗歌的感情效果。见 *Backgrounds of American Literary Thought*，第584页。

② 董衡巽等编《美国文学简史》（下册），人民文学出版社，1986，第491页。

们认为应该从更广阔的角度来研究这次文艺复兴。

美国白人评论家别格斯比在他长达300余页的专著中分析这次黑人文艺复兴，[①] 说从1964年开始到70年代初这段时间以黑人艺术运动为中心的文化运动虽有其重要性，但整个黑人文艺复兴应以赖特为先驱，包括整个40、50、60、70年代。书中还以专章分析了赖特、艾里森、鲍德温等人的创作。

著名黑人作家杰克逊声称他无法接受黑人分离主义，就像他无法接受白人种族主义一样。他也反对另一次黑人文艺复兴的提法，在他拟就的"美国黑人文学大纲"中只承认哈莱姆文艺复兴，把美国文学的发展分为六个时期，第四时期是"哈莱姆文艺复兴"，第五时期是赖特时代（1940～1957），第六时期是"黑人斗士们"（1957年至70年代初）。[②]

不论美国白人评论界和黑人学术界内部对三次美国黑人文艺复兴持有多么不同的看法，通过一系列文化运动，美国黑人民族确实从不识字、无文化的奴隶变成一个对美国文化作出卓越贡献的少数民族，美国黑人文学尽管一直受到歧视，迄今还被排除在美国主流文学之外，但黑人诗歌和黑人戏剧今天已成为美国文学中最有生命力、最富于朝气的因素，则是公认的事实。1983年黑人女作家艾丽斯·沃克的长篇小说《紫色》囊括了当年普利策奖、全国图书奖和全国书评界奖三大奖，更证明黑人作家中人才辈出，优秀的黑人文学必将在美国文学中起越来越重要的作用。

（原载《美国研究》1988年第4期）

① C. W. Bigsby, *The Second Black Renaissance* (Westport, Connecticnt: Greanwood Press, 1980).

② *The Waiting Years*, p. 199.

对美国主流文化的挑战

沈宗美[*]

当今世界正在经历着的重大变化，并不仅仅发生在某些社会主义国家。柏林墙在一夜之间坍塌，海湾战争大获全胜，苏联八月政变猝然失败，这一连串惊心动魄的戏剧性变故确曾使美国人陶醉，然而这并没有解除他们对自己国内存在的许多伤脑筋问题的忧虑。问题之一，就是其整个制度赖以确立的基本价值观念，在近年来遭到了前所未有的挑战。这场挑战目前已经引起了美国思想界的严重关切，各大报章及整个新闻媒体为此而展开了尖锐的交锋。问题究竟严重到何种程度，这里不妨摘录《哈得逊评论》（Hudson Review）1991 年春季号首篇文章作为开场白而引用保罗·奥斯卡·克里斯特勒（Paul Oskar Kristeller）先生的一段话："我们正在经历一场文化大革命。这场文化大革命足堪与中国的那场'文化大革命'相提并论，如果不是更糟糕的话。中国人已在某种程度上消除了他们的'文化大革命'，而我所见到的种种迹象却表明，美国的这场文化大革命正在日趋恶化下去，并且不会在可预见的将来被扭转。"① 迪奈希·德苏查（Dinesh D'Souza）就目前这场大辩论考察了 100 多所美国高校，并对加州大学（伯克利）、斯坦福、霍华德②、密歇根、杜克和哈佛这六所有代表性的大学进行了个案研究，结论也是："这次席卷美国各大学校园的变革，

* 沈宗美，时任南京大学中美文化研究中心教授。

① *Hudson Review*, Spring 1991, p. 9.

② Howard University，1967 年专门为黑人子弟建立的大学，地点在美国首都华盛顿。

性质是如此之深刻，以致可以毫不夸张地称之为一场革命。”① 两处引文中的“革命”，用的都是 Revolution 这个词。美国著作家对“革命”词义的理解，虽与我们不完全相同，但是这里显然是指其广义上的概念，而非政治学上严格界定的狭义的“革命”。② 克里斯特勒先生将目前美国正在发生的现象比诸中国 20 世纪六七十年代的那场“文化大革命”，当然亦不尽准确。此处姑且“拿来”，套用“文化革命”一说，以求行文方便，望读者明鉴。

一

美国的这场文化革命首先发难于高等学校，并迅速地波及整个教育界。

作为资本主义社会意识形态最敏感的神经中枢，美国的大学是西方文明的堡垒，通过教学、研究和服务三大功能，不仅为社会发展提供人才，更重要的还是将历史形成的价值体系世代相传，并化解由不断进入美国的移民所带来的异族传统，“教育是文化的生殖性腺”。③ 但美国的大学校园，历来又是酝酿各种标新立异思潮和观念的温床。这些新异的思潮和观念，往往是社会结构发生变化的外观征兆，给既存体制拉响预警信号，同时也常常与主流文化保持一定的超前距离。

1988 年春，斯坦福大学学生自发组织集会，抗议该校人文学科传统的以西方文明典籍为基轴的课程设置，高呼“嗨嚎，嗨嚎，西方文化快滚蛋”!④ 在学生的强大压力下，校方被迫让步，取消了讲授从古希腊罗马到 19 世纪欧洲主要经典著作家的“西方文化”这门必修课，代之以“文化—观念—价值”这门新的必修课，把学生的注意力集中到第三世界学者、少数种族人士及女性作者关于民族和两性差别问题的作品上，换句话

① *The Atlantic Monthly*, March 1991, p. 52.

② 西方政治学对“革命”（Revolution）一词的严格界定，可参见塞缪尔·亨廷顿《变化社会中的政治秩序》一书中译本（王冠华等译，沈宗美校，生活·读书·新知三联书店）第五章第一节《通过革命实现现代化》，1989，第 241～242 页。

③ 波士顿大学现代外国语言系教授 Roger Shattuck 语，见 *Harper's Magazine*, September 1991, pp. 49－51。

④ *The Allantic Monthly*, March 1991, p. 53；又见 *Harper's Magazine*, September 1989.

说，像柏拉图的《理想国》和马基雅维利的《君主论》这样的名著只好割爱，以便让当今危地马拉一个农妇的自述性小说《我，里葛贝塔·门基》，或罕为人知的弗兰茨·法农（Frantz Fanon）的以宣扬暴力推翻殖民统治为主题的小册子《大地的苦难》搬上课堂。[①]

可以设想，堂堂的斯坦福大学当局，自然不会在涉及教学内容这个带有根本性质的问题上，轻易地俯首听从学生的摆布。然而它终究这样做了，其中必有文章。实际上，风起青蘋之末，该校学生的举动只是普遍存在于全美青年一代人当中的反传统情绪要求表达的一例而已。斯坦福学生肇事之后，哥伦比亚大学和芝加哥大学的教材内容也受到类似的质疑；霍利奥克山女子学院决定，学生可以免修西方文化课，但必须选修一门有关第三世界文化的课程；威斯康星大学的学生亦需选修种族研究的课目，但可放弃西方文化（甚至包括美国历史）的课目。达特茅斯学院的学生不修一门非西方文化的课程根本无法毕业。克利夫兰大学则要求其学生至少要选修两门美籍非洲人文化以及一门欧洲以外地区文化的课程。[②] 这种要求彻底修订高等院校教学内容和课程设置的风潮，实际上正在席卷着美国3000多所大学，也在一定程度上波及中小学。《哈泼氏杂志》（*Harper's Magazine*）1991年9月号将20世纪30年代末罗斯福时期哥伦比亚大学一年级人文教程必读书目，与20世纪80年代布什时期的斯坦福大学“文化—观念—价值”概论教程的必读书目进行了对比，颇能说明问题。

1937～1938学年哥伦比亚大学一年级人文教程必读书目：

荷马：《伊利亚特》

埃斯库罗斯：《俄瑞斯忒斯》

索福克勒斯：《奥狄浦斯王》、《安提戈涅》

欧里庇德斯：《埃勒克特拉》、《伊菲格涅亚在陶罗人里》、《美狄亚》

阿里斯托芬：《蛙》

柏拉图：《辩诉篇》、《宴话篇》、《理想国》

亚里士多德：《伦理学》、《诗学》

卢克莱修：《物性论》

---

① *The Atlantic Monthly*, March 1991, pp. 52–53; *Time*, July 1991, p. 12; *Harper's Magazine*, September 1989, p. 43.

② *The Atlantic Monthly*, March 1991, p. 53.

马可·奥勒留：《自省录》

圣奥古斯丁：《忏悔录》

但丁：《地狱篇》

马基雅维利：《君主论》

拉伯雷：《巨人传》

蒙田：《散文集》

莎士比亚：《亨利四世》第1、2部，《哈姆雷特》、《李尔王》

塞万提斯：《堂吉诃德》

弥尔顿：《失乐园》

莫里哀：《达而杜弗》、《厌世者》、《情不自禁的医生》

斯威夫特：《格列佛游记》

菲尔丁：《汤姆·琼斯》

卢梭：《忏悔录》

伏尔泰：《老实人》

歌德：《浮士德》

1988～1989学年斯坦福大学“文化—观念—价值”概论教程（共8个部分）“欧洲和南北美洲”部分必读书目：

圣奥古斯丁：《忏悔录》

左撇子：《老人帽之子》

弗洛伊德：《日常生活中的精神病理学》

韦伯：《新教伦理与资本主义精神》

马克思：《共产党宣言》

梅尔维尔：《巴特尔比》

圣经节选：《创世记》和《启示录》

左拉·赫斯顿：《他们的眼睛注视着上帝》

阿梅里科·帕雷德斯：《枪在手》

弗朗茨·法农：《大地的苦难》

胡安·鲁尔福：《平原上的烈火》

波浦尔·乌：《玛雅创世神话》

门楚：《我，里葛贝塔·门楚》

桑德拉·西斯内罗斯：《芒果街的房子》

露丝·贝内迪克特:《文化模式》

保罗·雷丁:《骗子》

M. J. 和 F. S. 赫斯科维茨:《达荷美记》、《非洲的神话和传说》、《荷马对赫耳墨斯的赞歌》

埃斯库罗斯:《被缚的普罗米修斯》

莎士比亚:《暴风雨》

埃梅·塞泽尔:《一场暴风雨》

C. L. R. 詹姆士:《黑色雅各宾》

阿莱霍·卡彭铁尔:《这个世界上的王国》

左拉·赫斯顿:《告诉我的马》

欧里庇德斯:《酒神的伴侣》

简·里斯《辽阔的藻海》

牙买加·金凯德:《安妮·约翰》

弗朗茨·法农:《黑皮肤·白面具》

欧里庇德斯:《美狄亚》

德里克·沃尔科特:《诗集》

埃梅·塞泽汞:《回到故乡去》

约翰·曼德维尔爵士:《游记》

哥伦布:(其第一、三、四次航行中发出的)《信札》

克拉利斯·里斯佩克特:《世上最小的一位女人》

贝纳迪诺·德萨哈贡:《墨西哥征服记》

卡门·塔弗拉:《玛琳切》

贝尔纳尔·迪亚斯·德尔·卡萨蒂略:《新西班牙征服记》

巴托罗梅·德·拉斯·卡萨斯:《为印第安人辩护》

詹姆士·拉利福德:《马什皮人的身份》

加西拉索·德·拉维加:《皇家记事》

菲利普·古阿曼·波马·德艾亚拉:《新纪年与好政府》

卢梭:《论人类不平等的起源与基础》、《社会契约论》

美国《独立宣言》(1776)

南非《自由宪章》(1956)

埃斯特万·埃切维里亚:《屠场》

惠特曼：《草叶集》

恩贝托·埃科：《神游超境界》

何塞·玛利亚·阿格达斯：《喷气飞机颂》及《献给我们先人图帕克·阿马鲁的颂歌》

法国《人权宣言》（1789）

联合国《世界人权宣言》（1948）

弗雷德里克·道格拉斯：《自传》

胡安娜·曼纽埃拉·戈里蒂：《作恶者必无好报》

弗兰克·劳埃德·赖特：《有生命的城市》

马克西诺·洪·金斯顿：《女战士》

从这两张必读书单，我们不难看出，今天美国大学生们所受到的传统文化教育与半个世纪之前确实已经发生了深刻的变化。20 世纪 30 年代末（更莫说此前），古希腊罗马、文艺复兴和启蒙时期经典作家的名著，构成了美国高校文科教学的基石，亦即美国教育界所谓的“真经”（canon），[①] 甚至连美国本国的近代思想大师和文坛泰斗，其鸿篇巨制都没有资格跻身于一流学府的神圣讲台之上。称此种现象为“欧洲中心论”，实在贴切不过。人们也不难想象，自幼深受此种教育陶冶的知识精英，对亚非拉美各民族的文明传统，会抱有怎样的偏见。此种偏见又被“白色人种优越感”和基督教的福音“使命感”所强化，从而长期形成了西方人士对欧洲大陆以外各文化体系的蔑视。这也就是平常人们所谓的西方传统。实际上，这是一种封闭的文化观。

美国大学目前正在发生的变革，矛头就是针对这一点。现在斯坦福大学的必读书目，与 30 年代哥伦比亚大学的必读书目相比，只保留了古希腊罗马时期的欧里庇德斯、埃斯库罗斯，奥古斯丁和文艺复兴时期的莎士比亚，其余一律割舍，同时大量引进了拉美作家的著作，以及近代资产阶级民主革命进程中制定的重要文献，如美国的《独立宣言》，法国的《人权宣言》和联合国的《世界人权宣言》等。顺便指出，斯坦福大学的必读书目，只是“文化—观念—价值”课的八份必读书目之一，专供讲授

① *Partisan Review*, No. 2, 1991, pp. 350 – 377; *Harper's Magazine*, September 1991, pp. 43 – 52.

欧洲和拉美文明传统教学时使用，有关亚洲和非洲等其他地区的，另有书目开出，这里虽不及详谈，但读者当能管窥一斑。

对于一个国家的学校教育，第一要义就是确定教材。这一点不应成为疑问。中国自汉至清，其间两千余年，虽曾数度因异族入主而偶有暂时曲折，但儒家经典即相当于美国的所谓“真经”，向来是学校的基本教程，儒学不但深入普通民众意识，而且循儒学而进身功名的士大夫阶层，更是维系两千年来的王朝政权及其典章规范、意识形态、人伦纲纪的主要力量，故有所谓“半部《论语》治天下”的夸张说法。设使中国当初没有产生过这一套经典著作，或者自汉以来中国的教育并没有采用这一套经典作为其教材，那中国的历史就会全然是另外一回事。据我们现在所知，世界上有相当数量的民族，尤其是非洲的许多民族和拉丁美洲的许多印第安人部落，并没有自己的文字，当然也就没有用文字记录的古代经典著作（尽管有其口头传说）。他们对人类文明的贡献就缺乏确凿的证据，并且，他们在近代史上往往成为外来侵略和压迫的对象。由此不难看出，任何一个民族，继承、阐扬、改造自己的文明传统对其存在和发展，具有何等重要的意义。

美国大学校园的变革之风，还突出地表现在学生招考和教授聘任的政策上。20世纪70年代以来，美国就业制度引入了所谓的“肯定性行动”（Affirmative Action）计划，[①] 规定凡拿到联邦政府合同或受其资助的各用人单位及学校，在招工和招生时必须参照当地居民各种族人数的多寡，按比例录用或录取。显而易见，这种做法，势必与传统的量才录用的标准发生冲突。[②] 1978年最高法院就加州大学（戴维斯）校董诉贝克案作出的判决，部分地抑制了肯定性行动计划的发展趋势。直到80年代中期，在延聘大学教授方面，这种以种族人数为标准而非以学术水平为标准的用人政策，在实际上并未真正被执行，尤其是在一些有名望的学府，尽管我们会

---

① Thomas Sowell, *Ethnic America: A History* (New York, Basic Books, Inc.), pp. 99, 223.

② Stanley I. Kutler, ed., *The Suppeme Court and the Constitution: Readings in American Constitutional History*, 3rd Edition (New York, W. W. Norton Company Ltd., 1984), pp. 688-696。关于“肯定性行动”计划在美国引起的争论（至今仍在进行），可参见 Robert K. Fullinwider, *The Reverse Discrimination Controversy: A Moral and Legal Analysis* (Rowman and Littlefield, Totowa, New Jersey, 1980)。

发现，几乎任何一家大学的《学事一览》都标明，它是一个“执行肯定性行动计划的单位”。但近几年来，事情发生了变化。现在几乎所有的大学都有明确的指标，招收固定人数的黑人和西班牙裔学生。多数学校还为这些学生安排特殊的教学计划，提供额外奖学金，以使他们不被淘汰。美国大学招生不是采用全国统考的办法，而是根据学生的中学成绩报告和标准化测试成绩。大学要想招到足量的黑人和西班牙裔学生，只好对他们降低要求。值得注意的是，“肯定性行动”计划照顾的“少数种族”，实际上仅限于黑人和西班牙裔学生，有时也包括印第安人、第三世界国家移民子女、残疾人、同性恋者，但不少亚洲裔却不在此列，尤其是华人、朝鲜人和日本人，因为其成绩一般比较突出，所以也成了白人子女的陪绑。例如，在加州大学（伯克利），黑人和西班牙裔学生若和白人或亚洲裔学生具有同等成绩的话，那前者被录取的可能性就是后者的20倍。该校商学院的恩内斯特·科尼斯堡（Ernest Koenigsberg）教授是招生委员会的成员，他坦率地承认，如果一个申请进入该校的高中毕业生中学总平均成绩是3.5分（满分为4.0分），SAT（Scholastic Aptitude Test）标准考试成绩为1200分（满分为1600分），若该生是个黑人，那他就有100%的把握被录取。但如果他是个白人学生或者是个亚洲裔学生，那他被录取的可能性则只有5%。美国东北部地区那些素负盛名的一流大学，如哈佛、耶鲁、MIT、哥伦比亚大学等，因其历史悠久，钟楼宇舍长满四季常青的攀缘藤，世谓常青藤大学，是地道的“象牙之塔”。但这些被认为是学术和知识象征的学府，雄心勃勃的青年学生无不趋之若鹜，视之为理想的深造之地和进身台阶，所以竞争向来十分激烈，新生一般都有接近4分的中学成绩和1300分以上的SAT成绩。但近来为了求得改变学生种族结构，也只得大幅度放宽黑人、西班牙裔子女的入学标准，甚至中学成绩不满3分，SAT成绩在1000分以下的也招收进来。南部的大学也不例外。① 对此种现象，科尼斯堡先生说道：“我想，这样做是不公正，但有什么办法呢，规矩不管怎么定，总是有利于某一部分人，伤害另外一部分人。”威斯里大学的历史系教授迈克尔·哈利斯（Michael Harris）说：“当你看到有人使用‘资

① *The Atlantic Monthly*, March 1991, p. 54.

格'一词时，请记住，这是白人提出的新式口号。"[1]

随着高校学生成分的变化，学校的规章制度、管理措施及条例也进行了重大的调整，人际关系更是今非昔比。最为人所争论的，是学校为执行种族、两性及性爱方向[2]平等所制定的那些严厉的惩罚措施。密歇根大学的一个研究生发现并确认他的同屋是一位同性恋者，于是向校方负责分配宿舍的官员提出调换房间的要求。不料这位官员大为恼火，反倒认为这位研究生有毛病。最后虽然同意给他调换房间，但警告他说，此事千万不可张扬出去，否则就将受到学校的纪律惩罚，理由是他在性爱方向上有歧视他人的嫌疑。纽约州立大学（布法罗）法学院教授委员会在1988年通过一项规定，警告学生不得在种族、性别、出身、年龄或性爱方向诸问题上出言不逊，包括使用过去那些习以为常的带有偏见性的词语。违反者将不能指望得到美国宪法第一修正案的保护。因为"我国知识界共享的价值，远超出对公开自由辩论的一般性承诺"。[3] 根据《华尔街日报》的报道，1989年宾夕法尼亚州大学新生入学教育的主要内容，是"提高学生对种族、性别和性爱方向等问题的认识"。有一位女学生对此持有异议，于是给校领导写信，表达她内心深处"对个人的尊重，以及对保护社会所有成员自由的愿望"。校方却把她的信打回，在"个人"二字下划了底线，并指出"'个人'在今天已是个危险字眼，它被许多人认为带有种族歧视之意，主张个人重于团体的观点，说到底是维护白人的个人特权"。[4]

所谓"肯定性行动"计划确立的用人指标，不仅体现在大学招生上，也反映在教授的延聘方面。以杜克大学为例，该校在20世纪80年代末作出了两项颇有争议的决策。一是开创"新学术"，即大力加强对解构主义、后现代主义、结构主义、后结构主义、读者反映论等一系列时髦学术思潮的研究。本文虽不打算在这里详细介绍这些主义或理论的微言大义或利弊

---

① *The Atlantic Monthly*, March 1991, p. 54.

② 性爱方向（Sexual Orientation）一词，对一般中国读者大概还比较生疏，此种译法是否妥当，亦可进一步推敲。该词指人类性爱的选择对象，即同性恋（Homosexual）和异性恋（Heterosexual）。在有些场合（主要在欧洲和拉美、东南亚）也包括异装恋（从着异性服饰的同性对象获得性满足，又称妖人恋）。美国的同性恋基本上被认为是生理问题而非道德问题，故是合法的。男女同性恋者是争取民权的强大势力。歧视同性恋者被认为是偏见。

③ *The Atlantic Monthly*, March 1991, p. 55; p. 58; pp. 62 - 64; p. 55; p. 55.

④ *The Atlantic Monthly*, March 1991, p. 55; p. 58; pp. 62 - 64; p. 55; p. 55.

得失，但要指出，它们都认定西方传统的文学、哲学、历史及法学的所谓学术客观性是虚伪的，并认为，过去任何被奉为金科玉律的经典之作，本身并无实质上的固定内容，因此可对其作任何解释。后结构主义的重要代表人物之一、美国现代语言协会前主席、现执教于杜克大学英文系的芭芭拉·赫恩斯坦·史密斯（Barbara Herrnstein Smith）曾宣称："世上并无什么知识标准或选择是客观的。甚至荷马也是某种特定文化的产儿。其实人们不难设想存在着别的一些文化，在那里，荷马根本就是毫无意思的。"①关于这种"新学术"的本质，也许哈佛大学教授萨克万·贝克维奇（Sacvan Berkovitch）说得最透彻："正如（启蒙运动之前）一度被视为永恒的天佑、等阶制度和君权神授等后来都被证明并非是绝对的真理一样，现在的个人主义、自立精神和民主理念也已被证明并不一定就符合自然和思维的规律。"美国学会理事会（American Council of Learned Societies）在其最近散发的一份题为《为学术辩护》的文件中说，要在本质上证明民主制政府比独裁专制政府优越是办不到的，民主制不过是西方选择的一种"思想承诺"而已。在1989年的美国现代语言协会年会上竟然可以堂而皇之地讨论"女同性恋者的文艺批评理论"及"手淫灵感"这样一些课题。②

杜克大学1988年的第二个重大决策，就是硬性规定各系在1993年之前必须再加聘一位黑人教授。凡办不到的，届时将受到行政处罚，除非能拿出过硬的证据，表明已尽最大努力而物色不到合适人选。杜克大学这两项政策实际上是有内在联系的。"新学术"既以批判或变革传统学术为己任，全面否定民主、市场经济及法定程序等西方社会的基石，所以也就为那些不具备传统学术水平的人，特别是少数种族及妇女学者开辟了就业机会。杜克大学的这种政策在美国高校绝不是孤立的。威斯康星大学也在1989年宣布，它在1991年底之前将再聘70位少数种族出身的教授，威廉斯学院则打算在20世纪90年代初使少数种族教员占其师资队伍的20%。在这方面普渡大学的招数就更绝了：校方答应凡在近期能招聘到一位少数种族教授的前五个系，均可获得学校额外的资助，以便再增加一个教授职

① *The Atlantic Monthly*, March 1991, p. 55; p. 58; pp. 62－64; p. 55; p. 55.

② *The Atlantic Monthly*, March 1991, p. 55; p. 58; pp. 62－64; p. 55; p. 55.

位，就是说，买到一斤青菜，学校就出钱帮你再买一斤牛肉。麻省的罕布什尔学院最近几年来聘请的教员，一半是少数种族的知识分子。卡内基—梅隆大学执意要开风气之先河，在全国首次为本科生开出“后结构主义”课程，约翰斯·霍普金斯大学、布朗大学、印第安纳大学、加州大学（欧文）、纽约州立大学（布法罗）亦唯恐落伍，纷纷起而效之。①

既然大学都在竞相延揽黑人及其他少数种族的人才，黑人博士生就成了智力市场上的抢手货，同时各大学也在相互挖墙脚，以图把他校的黑人教员吸引到本校来。美国今天有3500余所四年制正规高校，教员70多万，1987年有全日制学生720万多人，半日制学生550万多人，获得学士学位的当年为近100万人，获硕士学位的近30万人，获博士学位的34839人（其中约有26%即7000人为外国留学生）。在这34839名博士生当中，黑人只有765人。更加成问题的是，黑人博士基本上都是学教育学的，从事基础学科研究的几乎没有几个，这就使得延聘黑人教员的难度极大，形成僧少粥多的局面。而且，争先恐后聘用黑人的不仅是学校，企业单位也在力求达到它们贯彻“肯定性行动”计划的“用人指标”，而且有人统计，黑人博士生毕业后五年之内若在高校从教，其平均工资为每年3万美元，而若在其他部门找到就职机会，同期平均工资却有37000美元。在这种情况下，各大学要招聘到黑人教员实在如大海捞针，有的出高薪到霍华德、费斯克（Fisk）及图加卢（Tougaloo）这些黑人院校去釜底抽薪，有的到第三世界国家去输入，有的甚至根本不管求职者能否胜任，只要不是白皮肤就行。②

二

教学内容的更新和师生成分的改变，从表面上来看，反映了美国的教育制度、学术标准和知识结构的转化，从深层上来看，则预示着美国社会性质正发生着一场激烈的变革。集中体现出这一点的就是整个价值体系的倒置。

---

① *The Atlantic Monthly*, March 1991, p. 55; p. 58; pp. 62 – 64; p. 55; p. 55.

② *Partisan Review*, No. 2, A Special Issue, 1991, pp. 336 – 337. 另见 *The Atlantic Monthly*, March 1991, p. 67.

不错，哥伦布于1492年到达美洲之前，北美就已长期居住着各印第安人部落，它们亦曾创造出高度发达的文化。但今天的美国社会，原则上是按照欧洲人的信念建立并演化而来的，开拓了美国本初13州的英国人的影响尤为显著，英国的传统构成了美国的主流文化。英文是美国的统一语言。从文艺复兴到启蒙运动期间，英国人所形成的代议制政府、法律结构以及重视个人自由的观念，被移植到了北美，成了美国的基石。美国宪法确立的三权分立的原则无疑源自法国伟大的哲学家孟德斯鸠。

新学术，即由后现代主义、解构主义和后解构主义批评家们发展出的所谓文化多元主义（Multiculturalism），对奉欧洲文明为圭臬的美国主流文化提出的最严峻的挑战，就是它否认任何一种价值体系在本质上会比其他价值体系更优越，所有的文化生而平等。[①] 这句话正好戳到了美国历史的疮疤。我们都知道，作为美国建国理想的《独立宣言》，开宗明义就宣称"人人生而平等，造物者赋予他们若干不可剥夺的权利，其中包括生命权，自由权和追求幸福的权利"。但这"人人"（英文原文是"all men"，即所有的人）却并不包括黑人、印第安人及其他有色人种。应当指出，《独立宣言》的起草人托马斯·杰斐逊本意是"人人"也应包括黑人的，所以在他提交给大陆会议的原稿中专列了一段谴责奴隶制度和贩卖黑人奴隶的条款，但在1776年7月4日的讨论过程中被删去了。[②] 美国宪法据此更是公然割裂人性，在规定进行人口普查以确定国会代表名额时，将五个黑人作为三个计算。通过19世纪中叶的内战和20世纪60年代的民权运动，黑人摆脱了奴隶身份和肤色歧视，和其他有色人种一道获得了政治和法律上与白人平等的地位。但在社会和经济方面，客观地说，黑人仍戴着无形的"二等公民"的帽子，尽管在理论上，"机会均等"这一口号已被美国思想界（包括白人）所承认。但是各种文化是否都在本质上具有同等的价值，争论就大了。

我们先来看看文化多元主义者的观点。

---

① *Time*, July 8, 1991, p.12.

② 见 John A. Scott, *Living Documents in American History* (Washington Square Press, Inc., New York, 1963), pp.167－168。Scott 在此处详细地说明了大陆会议删除杰斐逊文本中关于贩卖奴隶和奴隶制度违反人权的条款的历史原因，并将杰斐逊当初提交大陆会议的原稿刊出，以供读者对照阅读。

1492年哥伦布发现新大陆，其在世界历史上的意义500年来虽不能说已有定论，但公认是一次伟大的事件，尽管不少史学家对西班牙王室和哥伦布本人的动机多有微词。现在，文化多元主义者对此提出了截然相反的观点，认为不是哥伦布发现了新大陆，而是印第安人“发现了”哥伦布（和欧洲人）。哥伦布是有罪的，罪过之一是引发了对北美土著人民长达几个世纪的“种族灭绝”之战，其二是毁坏了南北美大陆的“生态平衡”。1991年10月初，正当美国（及其他南北美国家）筹备于1992年庆祝哥伦布到达美洲500周年的活动拉开序幕之际，2万多名来自南北美各地，从阿拉斯加到智利的印第安人，在危地马拉集会，打响了反庆祝的开场锣鼓。1992年届时无疑会有一场热闹的对台戏。①

1691年，非洲黑人多次被荷兰人带到英国人开拓的第一个北美殖民地詹姆士敦（原址在今天的弗吉尼亚州）。② 文化多元主义者现在劝告学生不要称当时的黑人为“奴隶”（slave），因为这个词不包含“人”这个字，而应当称之为“受奴役的人”，并要求学生“想象当初这批被当做财产来买卖的受害者的亲身实感”。1621年初新英格兰的清教徒庆祝在北美第一次获得丰收，并邀请曾在前一年刚来时向他们伸出援助之手的印第安人赴宴，这本是早期北美外来拓荒者和当地人民相安共处的友好范例，一直传为历史佳话，形成了所谓的“感恩节”。文化多元主义者现在则指控感恩节是欧洲殖民者掠夺和毁坏印第安人的象征，是对欧洲白种人欺诈土著居民的美化。③

19世纪后期，美国有过一场大规模向西部推进的开发运动，促成了美国资本主义的发展，而且根据弗雷德里克·特纳（Frederick Jackson Turner）的看法，这种边疆上文明与蒙昧的进退消长，正是美国民主特点的根源和成熟的条件。但是这种观点已经被文化多元主义者推翻，他们坚持认为，西进运动应当被视为对印第安人的大屠杀，而且“大屠杀”

① 见*Time*，July 8，1991，p.9。VOA和BBC 1991年10月12日、13日分别对此进行了专题报道。

② Samuel Morison，Henry Commager and William Leuchtenburg，*A Concise History of the American Republic*（New York，Oxford University Press，1977），pp.22－23. 又见约翰·霍普·富兰克林著《美国黑人史》（*From Slavery to Freedom*：*A History of Negro Americans*），张冰姿等译，宋以敏等校，商务印书馆，1988，第54页。

③ *Time*，July 8，1991，pp.12－13.

一词坚持用习惯上专门用以指代希特勒夷戮犹太人的 Holocaust。纽约州立大学（宾厄姆顿）的阿里·A. 马兹瑞（Ali A. Marzrui）教授说："Holocaust 一词不应当只适用于纳粹统治下的犹太人的遭遇，美国印第安人和黑人也有权利用这个词来描绘自己。"①

美国是个移民国家，现有种族约 200 多个。② 各种族整合的办法，或曰机制，就是史学家们所说的"大熔炉"理论。现在大熔炉一说也遭到了非难。新理论派人士争辩说，在美国这个大熔炉里被炼焦的，甚至化为乌有的是众多的非 WASP（White Anglo－Saxon Protestant，即信奉新教的盎格鲁—撒克逊白种人）种族的历史和文化，有色人种变成了白人的添加剂。因而现在应当强调有色人种的传统和身份，特别要突出他们与白人的区别。也就是说，美国应当打破大熔炉，让各个种族分灶。③ 最突出的例子就是黑人现在又在办起分离学校。几百年来，黑人子弟一直被剥夺进入白人学校就读的权利。南北战争后，一些地方专门为黑人办了学校。直到 20 世纪中期的民权运动才最后打破这个种族樊篱，黑人子女得以和白人子女走进同一所学校。这本是消除种族歧视的一大进步，但是某些激进派黑人今天力主"非洲中心主义"（Afrocentrism），提倡"寻根"，恢复并发扬黑人文化，因而主动办起了专收黑人的学校，从而引起了新的司法诉讼，甚至在中国都引起关注，《文汇报》专门为此发了一则消息。④ 民权运动之前，黑人被称为 Negro，民权运动兴起之后，Negro 成了禁忌，改称 Blacks，现在 Blacks 又逐渐成了问题，时髦的称呼是 Afro－Americans。大学里的系主任原来都用 Chairman，后来女权主义者提出反对意见，开始称 Chairperson，时下又流行 Chair。并且激进派人士对传统的地理学观念提出新义，理由是原来的东西方定位是以欧洲为中心确定的，故而远东（Far East）和中东（Middle East）应改为东亚（East Asia）和西南亚及北非（Southwest Asia and North Africa）。1991 年发表的纽约州教育委员会的官方报告（又称 Sohol 报告，因为 Thomas Sohol 是该委员会主任），甚至尽量避

① *Time*, July 8, 1991, pp. 12－13.

② James Paul Allen and James Turner, *We the People, An Atias of American Ethnic Diversity* (New York, McMillan Company, 1988), p. 312.

③ *Time*, July 8, 1991, pp. 11－12.

④ *Time*, July 8, 1991，又见 1991 年 9 月 2 日《文汇报》第四版。

免使用“美国人”字样，以便突出“相互依存的世界公民”的内涵。[①]

被文化多元主义者颠倒的绝不止历史。两性也成了不可调和的社会和政治问题。美国宪法没有提到男女平等，其第19条修正案仅保障妇女在政治上有选举权而已。为争取男女平等而修宪的运动已开展了几十年，男女权利平等的法案——Equal Rights Amendment（ERA）早就拟好，并且已获得国会通过，但作为宪法的一条修正案，必须有2/3的州的批准方可算数，几经交付表决，皆未打通34个州，现在仍搁在那里。笔者仅在此强调，美国的妇女问题，并不等同于中国人概念中的男女平等问题。美国妇女问题现在的焦点集中在女权主义运动、性爱自由和堕胎这三个方面的争论上。争论的实质是，要否彻底否定几千（万?）年来以男性为主导的社会形态，不管它是奴隶社会，还是封建社会，资本主义社会抑或后工业社会。女权主义者的理由很简单，也很过硬：此前一切文明社会都是妇女亦即半数人类的地狱。美国的女权主义者十分厉害，著名的人类学家玛格丽特·米德（Margaret Mead）曾告诫女权主义者不要搞得太过分，否则就会“引起男人杀女人的危险。你们已实际上把他们逼得发疯了”。[②] 有人开过这样一个玩笑说，一对夫妇住在纽约治安不良的曼哈顿西端，曾两次被劫。这对夫妇决心起来自卫，男的坚持要买一把左轮手枪，女的坚持要养一头凶狠的猎狗，二人争执不下，最后妥协，决定请一位女权主义者当保镖。[③] 女权主义的健将、罗特格斯大学研究生院院长、现代语言协会前任主席凯瑟琳·斯蒂姆森（Catharine Stimpson）女士否认一切传统的准则，认为“在捍卫客观性和严谨学风——这本身就是一笔糊涂账——的伪装下，他们（指正统派人士——笔者注）正在竭力维护主张异性爱白人男子的文化和政治统治”。[④] 女权主义的组织，相当有影响的全国妇女协会（National Organization of Women，或NOW），最近选举Patricia Ireland为主席。这位女士虽已结婚20几年，丈夫还在，但众所周知（她本人也直言不讳地宣称），她近年来一直公开和另外一位女士保持着同性恋关系。但这并不妨

① *Hudson Review*, Spring 1991, p. 13. 另见 *Time*, July 8, 1991, pp. 10－12。

② 威廉·曼彻斯特：《1932～1972年美国实录》，朱协译，塑望、董乐山、关在汉校，商务印书馆，1988，第1677页。

③ *Hudson Review*, Spring 1991, p. 28.

④ *Hudson Review*, Spring 1991, p. 28.

碍她当选为 NOW 的主席！① 这一事实当然足以加深我们对美国的女权主义的理解和认识。要说美国女权运动意在争得男女平等，似乎尚未充分估计到她们的要求；要说她们的目标是在把妇女地位提到男人之上，当然也无明显的证据；把她们的纲领概括为达到男女对立（至少是平行）也许不失客观。但不管怎么界定女权运动的方向，它都是对美国传统文化和价值观念的严峻挑战，是促进美国社会发生急剧变革的一股强大政治力量。最近，就任命克拉伦斯·托马斯先生为最高法院大法官而引发的“性骚扰”风波，就清楚地表明了女权运动的政治能量。经过里根和布什两届共和党政府的努力，在这次任命前，最高法院的九名大法官已形成了保守派占多数的阵势，其中唯一的黑人瑟古德·马歇尔属于自由派。马歇尔因年事已高提出退休后，布什总统提名托马斯继任。托马斯虽是黑人，但却持保守观点，这就激起了文化多元主义者，包括女权主义者的不满。于是他们就抓住托马斯十年前与一个女人的交往大做文章，采取无限上纲的手法，对之进行“人格刺杀”，硬把那些根本不足以构成暧昧关系的个人隐私，说成“性骚扰”，差一点把这位算得上正直的黑人学者拉下马。顺便说一下，美国工作场所里男子对女性的非礼或骚扰确实是存在的，作为一种社会病态，情况也确实较为严重。但就托马斯这一个例而言，事实被夸大了，甚至被人为地搞成了政治问题和党派之争。②

人性的分裂和对立，还突出地体现在同性恋问题上。同性恋不但是困扰美国当代社会的一大道德问题，也构成美国人权概念中的一个难点。美国同性恋者究竟占整个人口多大的比例，笔者手头没有准确的数据［据1991年12月16日出版的《幸福》杂志（*Fortune*）估计，美国同性恋者约占其成年人总数的10%左右］。但旧金山有20多万人，休斯敦有10几万人，这是有统计的。20世纪80年代，这两个城市的两位女市长 D. 范因斯坦（D. Feinstein）和 C. 魏特迈（C. Whitmire）之所以能当选，同性恋者的选票曾起到关键的作用，她们当选后，都曾亲临同性恋者社区的俱乐部和夜总会当面致谢。同性恋者，都归属在文化多元主义的旗下，已经成为美国地方政治的一种不可小视的力量。在美国各级政府里，现有

① *Time*，1991，又见1992年2月10日《美国新闻与世界报道》，第19页。

② 围绕克拉伦斯·托马斯任命一事，1991年10月份美国新闻媒介有大量报道。1991年10月17日《人民日报》、1991年10月30日《文汇报》亦有评论。

同性恋者公开选出的官员53人。有四个州已通过法律禁止歧视同性恋者。[①] 21世纪，如果有位同性恋者出来竞选美国总统，当不会太令人吃惊。旧金山已有法律规定，同性恋伴侣一方去世，另一方有继承其财产的权利。当今著名的世界网球女星纳夫罗蒂诺娃，最近与其同性伴侣分手，只得拿出巨款才得以私了。

同性恋者（Homosexual）在性爱方向及性爱方向所引起的其他法律、社会、就业等问题上，是否具有和异性恋者（Heterosexual）同等的权利，美国法律，尤其是宪法第14条修正案所保障的所谓人权条款，是否应当一视同仁地适应于同性恋者，美国各界人士长期为此争辩不休，莫衷一是。最高法院对此至今尚无判例。只有宗教界和军方的反对声音最响，立场最不妥协。最近在同性恋问题上就“隐私权”引发的一场风波，乃是由一部分持激进观点的同性恋者发起的一场所谓的“曝光”（Outing）运动。纽约曼哈顿闹市区经常突然有人张贴告示，指出文化娱乐界的一些大名人是“不折不扣的同性恋者”。同性恋激进分子们的这种做法一方面表示他们对长期受到歧视感到难以容忍，意在宣泄其不满，同时也想借助把身为同性恋的名人公之于众，来向社会表明，搞同性恋的绝非全是不齿于高等社会的奸小之辈，以求提高世人对同性恋的接受程度。最近他们特意公布了美国国防部一位高级官员是个同性恋者，且看军方如何动作，因为美国军队对同性恋者向来是毫不宽容的，已经证实而被勒令退役的同性恋者已达1400多人，包括那些1991年初在海湾战争中为保卫“美国及盟邦利益”而出生入死战斗过的军人。支持“曝光”行动的美国小说家阿米斯泰得·茅平（Armistead Maupin）说：“军方根据个人的性爱方向而使同性恋者吃尽了苦头，这位高级军官被曝了光，且看他们怎么办吧。”[②]

三

对传统西方价值观念的反叛，对公认社会行为准则的抗拒，对少数种

① *Newsweek*, August 12, 1991, p. 31.

② *Newsweek*, August 12, 1991, p. 31.

族（即非白人种族）失落文化的寻索，对怪癖和荒诞行径的迷恋，现在被美国思想界视为一场历史“受害者”的革命。① 如上文所述，所谓历史受害者可以被分为三大类。第一类是种族主义（Racism）的受害者。这一类人泛指美国近2.5亿人口中除去“信仰新教的盎格鲁—撒克逊白色人种”（WASP）以外的一切少数种族。这里又有层次讲究。至少在19世纪末之前，来自南欧地区的操拉丁语言、奉天主教的诺曼民族和来自东欧的信奉东正教的斯拉夫民族，及犹太人和爱尔兰人都是受种族主义之害的少数种族。但20世纪以来，由于这些少数种族属白色人种，共享欧洲历史文化传统，加之他们在美国的经济和社会地位的提高，已不再被认为是受害者了，甚至被非白色人种的少数种族视为种族主义者。② 现在的少数种族，主要是指美国土著人种印第安人，非裔美国黑人，来自中南美的混血拉丁人，尤其是来自墨西哥的齐卡诺（Chicano）人，以及来自亚洲的美籍人。他们在人数上大致占美国总人口的25%。所谓多元文化主义，就是指这些人所代表的母国历史文化。第二类是性别主义（Sexism）的受害者，主要指妇女、同性恋者以及其他性变态者。这些人的受害历史就深长久远了，大致从母系社会解体起就一直如此。第三类是阶级（Class）压迫的受害者。这是美国马克思主义者提出的论点，其最著名的代表人物就是杜克大学的弗雷德里克·詹姆逊（Frederick Jameson）教授。受阶级压迫之害的人当然也包括少数种族，包括白人贫困阶层，失业者，无家可归者，等等。

受种族歧视之害的人（主要是黑人），现在已发展起一门崭新的学问，即“非裔美国学”或“非裔美国人研究”（African - American Studies），并提出“非洲中心论”作为自己的战斗旗帜。其代表人物有坦普大学非裔美国学系主任莫勒菲·凯特·阿桑特（Molefi Kete Asante），康奈尔大学政府学教授马丁·伯纳尔（Martin Bernal）和纽约市立大学黑人研究系主任利奥纳德·杰弗里斯（Leonard Jeffries）。阿桑特1988年出版了一部专著，书名就叫《非洲中心论》（*Afrocentricity*），伯纳尔从1987年到1991年推出了他的多卷本长篇巨著《黑人雅典娜》（*Black Athena*）的前两卷。这几位学

① *The Atlantic Monthly*, March 1991, p. 52. 另见英国 *Economist*, Oct. 26, 1991, Michael Elliot, “American Survey”, p. 16，及《时代》周刊1992年2月3日一期，第34～39页。

② 可参见沈宗美《美国种族问题的若干历史思考》，《南京大学学报》1991年第2期。

者确实提出了不少令人大吃一惊或耳目一新的观点。诸如，他们断言欧洲文明源出于非洲，根据就是埃及在非洲。只因19世纪的欧洲学者出于偏见，故意割断了爱琴海文明对埃及传统的继承关系，创造出“雅利安模式”的近代神话，从而在近200年来，维持了“欧洲中心论”的虚假历史观。他们说，实际上，所谓欧洲文明，只是非洲黑人古代伟大创造部分地向北方殖民和迁徙的结果，雅典和希腊充当了非洲文化向欧洲及中东扩张的桥头堡。因而，不但古埃及法老们和妖后克利奥佩特拉（Queen Cleopatra）是黑人，而且连欧几里得、荷马、苏格拉底甚至耶稣基督都是黑人。不仅大仲马和普希金具有黑人血统（这方面的证据颇为确凿），而现在又有不少人“考证”出贝多芬的祖先也是黑人。不仅作为现代欧美文明基石的西方哲学、政治学、法学和伦理学，其起源都可以追溯到非洲，而且像造纸术、指南针、圆周率、杠杆原理这些科学技术上的发明创造，也是古代非洲黑人的功劳（中国人当然就更没有份了）。利奥纳德·杰弗里斯还有一个关于人种学的高见，即整个人类可以分为冰人（Ice People）和“太阳人”（Sun People）两大类，地球北部的“冰人”生性贪婪好战，“太阳人”则天然乐施好善。杰弗里斯所说的冰人就是白人，太阳人就是黑人，而且他认为，从生物学的观点来看，白人要比黑人低劣，白人价值体系发展的顶峰就是德国的纳粹主义；白人的基因在冰川时代遭到毁坏，而同期的黑人的基因却被“太阳价值系”所强化。不知是历史的巧合，还是我们对远古的知识太过贫乏，现在人类学家几乎已有定论，整个人类的起源确实可以追溯到东非（这离埃及就更近了）。①

在美国，任何问题，一涉及肤色，那就永远不会找到科学的根据，也永远没有解决办法。最近却有例外发生。美国首都华盛顿的国家自然博物馆二楼大厅，从1966年以来就一直展出一个根据考古学所构塑出的非洲猿人头部。这种非洲猿人（Austra - Lopithecus）被人类学家公认是迄今最可能的人类直系祖先。现在这个展厅却被迫关闭了。因为哥伦比亚特区的一个名为图瓦莫佳（斯瓦希里语，意思是“我们是一家”）的非洲研究团体向该馆提出抗议，说这个猿人头部酷似乘五月花号来美的那些DEWM（Dead European White Male），即死去的欧洲白人男性，而不

---

① *Hudson Review*, Spring 1991, pp. 15 - 17.

像黑人，强烈要求对这个猿人头部进行整修。相应的，该馆一楼大厅关于人类起源和进化的大型壁画也需重绘。史密森博物院（国家自然博物馆是其一部分）现已和该团体进行了五轮会谈，以便“确定”白色人种究竟是在过去20万年以来的哪一个阶段上才出现在原本是黑皮肤的人类大家庭的。

持“非洲中心论”观点的学者并非都是黑人，贝纳尔就是一例。此公有犹太血统，原是英国人，本是东亚问题专家，对中国、越南和日本颇有研究，其父曾是蒙巴顿勋爵的秘书。在来康奈尔大学执教前，突然产生发古思幽之情，赴希腊和埃及考证古籍，遂成其说。黑人学者当然也不都是“非洲中心论”者。哈佛大学非裔美国人研究系主任亨利·路易斯·盖茨（Henry Louis Gates）一针见血地指出，非洲中心论者在逻辑上自相矛盾，因为他们一方面竭力贬低欧洲文化，另一方面却又千方百计证明欧洲文化源于非洲。“更何况”，盖茨问道，“假设柏拉图就是个黑人，那又能证明什么呢?”难道非要把人类最伟大的历史成就归功于白人或黑人不可吗?难道黑人和白人不都是人吗？为什么一定要把人类按肤色分等次呢？盖茨提醒说，切不可让非裔美国人研究给种族激愤情绪所吞噬，应当以批判的眼光，客观而公正地研究各种文化，要提防文化观被埃及法老的幽灵所纠缠。人性是共通的，要鉴赏米尔顿，不一定非是个白人、非是个盎格鲁—撒克逊人、非是个新教徒，而且非是个瞎子不可。类推到中国，就是说，要借鉴《史记》的教益，不一定非是一个黄种人、一个汉人、一个儒家知识分子，而且非得被阉过不可。①

文艺批评方面的各种新理论（即结构主义、现代主义、后现代主义和解构主义等），美国历史肤色论或曰种族论，两性对立的女权论，同性恋的平等论，世界文化的非洲中心论，皆从不同的角度对美国的基本价值观念发起了挑战，这是显而易见的。应当看到，这种挑战的性质不能完全用

① 此节内容主要参考发表在*Newsweek*，Sept. 23，1991年一期刊出的四篇专题报道，即Jerry Adler与Howard Manly，Vern E. Smith及Farai Chideya等人撰写的“African Dreams”，Sharon Begley及Farai Chidleya，Larry Wilson和Debra Rosenberg撰写的“Did the West Begin on the Niles Bank”，Molef Kete Asante写的“Putting Africa at the Center”，Henry Louis Gates，Jr. 写的“Beware of the New Pharaohs”。见该刊此期第46～52页。关于Bernal的*Black Athena*，可参见1991年10月18日《泰晤士时报》的文学副刊（4L3）第4620期。

学术观点的争鸣和探讨来概括，它带有政治性。波士顿大学社会学教授布里姬特·贝格（Brigitte Berger）的一席话，可能说到了点子上。她说："总之，美国学术界现在已成为争夺如何界定社会现实的战场。大学以其自身特有的性质而为交战各方提供了某种象征性领地，处在危急之中的远超出纯学术的圈子。虽然辩论各方都选用哲学理念的术语来参战，但他们所体现的，都是带有根本性质的问题，不管其用词是何等的含混不清。正因为如此，所以参辩者无不在感情上十分冲动。也正因为如此，所以美国高校知识分子之间的战斗决不局限于争夺美国下一代的思想。今天问题的关键在于大学对自身的理解，更在于整个西方学术传统和这种传统赖以立足的文化价值体系是否还有合法性。"① 贝格女士并且指出，这场深刻的文化危机并不是美国独有的，几乎在同一个时间框架内，其他西方社会也不约而同地在文化观念方面发生了类似的新旧对立，且攻守双方的格局也大体相仿，"令人不可思议的是，出现在地球那一面的巴黎、法兰克福、伦敦和阿姆斯特丹的论战，与地球这一面的伯克利、哥伦比亚、哈佛和密歇根所进行的交锋，简直如出一辙"。② 根据加州大学（伯克利）比较文学和希伯来文学系教授罗伯特·阿尔特（Robert Alter）的看法，文化多元论者、非洲中心论者及女权主义者（虽然也包括美国的马克思主义者）等左派人士，或激进派人士，其所以要对传统欧洲文明发起挑战，目的乃在夺取政治权力。在 1991 年由美国人文科学基金会及乔安娜·S. 罗斯基金会资助的"变化中的美国大学文化"专题讨论会上，阿尔特先生指出，各种激进派人士正在使学术高度政治化，并确立文艺批评对文学著作本身的优先地位，来夺取教育和意识形态的领导权，进而实现新的社会"解放"，这场文化"革命将不是来自枪杆子，而是来自对经典著作含义的颠倒，来自一语双关的连珠炮，来自对普通英文词语的篡改"。③ 不少黑人学者更是直言不讳地宣称，要改变美国的社会制度。盖茨公开地主张建立起"黑人、左派分子、女权主义者、解构主义者和马克思主义者的彩虹联盟"，"当老一代人退休之后，我们就将执掌大权"。

---

① *Partisan Review*, No. 2, A Special Issue, 1991, pp. 317 – 318.

② *Partisan Review*, No. 2, A Special Issue, 1991, pp. 317 – 318.

③ *Partisan Review*, No. 2, A Special Issue, 1991, pp. 284 – 286.

四

无疑，文化多元主义和形形色色的激进派人物在意识形态领域所掀起的这场彻底否定西方传统文化的运动，或者说革命，不会不遭到右翼分子、保守主义者以及大多数开明派人士的反对和批判。据 1992 年 3 月 16 日的《新闻周刊》报道，共和党总统候选人派特里克·布坎南（Patrick Buchanan）称文化多元主义为“美国的垃圾堆”。来自纽约州的参议员丹尼尔·巴特里克·莫尼汉（Daniel Patrick Moynihan）在 1991 年 8 月份，点名抨击纽约市立大学那位把人类分为“冰人”和“太阳人”的杰弗里斯教授，并要求纽约市政府把他开除出大学。[①] 纽约州州长马里奥·科莫（Mario Cuomo）在 1991 年纽约市庆祝哥伦布节大游行之际，针对近年来种族团体对这位伟大航海家的非难，公开表态说，哥伦布沟通了新大陆与全人类的联系，并迎来了“500 年的开发和民主政府的缔造”。[②] 美国文坛近年来对解构主义（Deconstructionism）和后现代主义（Postmodernism）的批判是众所周知的，尤其是在 1989 年维克多·法利阿斯（Victor Farias）出版《海得哥尔与纳粹主义》，以无可辩驳的证据，表明这位被解构主义大师雅克·德里达（Jacques Derrida）奉为其思想之父的德国哲学家，原来是希特勒的忠实信徒和崇拜者；紧接着，与德里达并驾齐驱的另一解构主义健将保罗·德·曼（Paul de Man）也被揭露出是个狂热的亲纳粹分子，曾主张将犹太人全部关到一个封闭的飞地上，并为法国的维希政府大唱颂歌。德·曼本人则犯有重婚罪，抛弃过自己的家庭，是个十足的伪君子。[③] 他在 1979 年出版的《阅读的讽喻》一书中曾说过这样一句话：“任何罪责都是可以原谅的，（因为）经验总是同时作为虚构推理和实际事件的双重可能而存在的，人们从来就不可能断定这两种可能性究竟孰是孰非。”[④] 这话是他自己去世之前说的，他的历史真面目当时尚不为世人所知。他可能

---

① *Newsweek*, September 23, 1991, p. 46.

② *Time*, Oct. 19, 1991.

③ *Hudson Review*, Spring 1991, pp. 26 - 27. 又见 *The Atlantic Monthly*, March 1991, p. 78.

④ 转引自 Denish D' Souza 写的《不自由的教育》（Illiberal Education），载 *The Atlantic Monthly*, March 1991, p. 78。

早就有什么预感吧。对种种激进分子的攻伐集中体现在最近出版的三部作品中，一本是美国当代颇有名气的历史学家小亚瑟·施莱辛格（Arthur Schlesinger Jr.）写的《正在分裂的美国》（*The Disuniting America*），一本是罗杰·金鲍尔（Roger Kimball）写的《在大学获得终身教职的激进分子们》（*Tenured Radicals*），以及迪奈希·德苏查写的《不自由的教育》（*Illiberal Education*）。假如说“欧洲中心论”导致了“种族隔离”，那么，施莱辛格就认为，非洲中心论的历史观开出的只不过是个“思想隔离”的处方罢了。[①] 施莱辛格对文化多元主义可能给美国造成的危害深表担忧，他发问道：“美国原本是一个由能够作出自己选择的个人所组成的国家，但现在却反其道而行之，日益变成一个由种族特征无法消除的团体所凑合起来的大杂烩。凝聚力中心还将能维系下去吗?”针对那种认为古往今来所有作家不能区分良莠，每个动过笔的人都有同等价值的所谓多元概念，著名作家索·贝娄（Saul Bellow）说，“当祖鲁人产生出他们的托尔斯泰时，我们会认真拜读的”。[②] 约瑟夫·艾普斯坦（Joseph Epstein）在《哈得逊评论》1991 年春季号上发表了一篇题为《学术动物园：实践中的理论》的文章，以辛辣的笔触历数了文化多元论者、女权论者和解构主义者的极端荒唐之处。他从政治角度来看待这场文化论战，指出人文科学的政治化，乃是问题的要害。他说：“此种政治化的人文科学所提出的问题，其影响远远超出常青藤校园四壁内的学术。近年来美国高等学府对西方文化和自由制度的谴责之声一直不绝于耳，这绝不是一般的清谈，它体现出对社会基础的有组织进攻，而这种社会基础恰恰保障了文化和艺术生活的独立，包括高等教育的独立。在女权主义者和解构主义者以及类似主义的鼓吹者们所设想的那种变革的背后，确有一张激进变革蓝图，意在使得社会和政治生活的每一个方面，从我们赋予上流文化的独立地位到人们相互交往的方式，都发生革命性变化。正因为如此，人文科学的传统概念和公认的文化经典才受到学术界新潮人士的恶毒攻击，被诬蔑为西方民主社会苦心孤诣加以确立并维持的那些理想和价值的文化卫道士。”[③]

---

① *Newsweek*, September 23, 1991, p. 48.

② 转引自 *Harper's Magazine*, September 1989, p. 43。

③ 该处转引自约瑟夫·艾普斯坦《学术动物园：实践中的理论》，*Hudson Review*, Spring 1991, pp. 23-24。

保守派为了更有效地对抗文化多元主义者和其他新潮人物，建立起了自己的组织“全国学者协会”（National Association of Scholars）。该协会总部设在普林斯顿大学，主席是斯蒂文·巴尔奇（Stephen Balch）。分会遍布全国 20 几个州，成员有几千人，像哈佛大学的爱德华·O. 威尔逊（Edward O. Wilson），杜克大学的詹姆士·大卫·巴贝（James David Barber）和前驻联合国大使珍·柯克帕特里克这样一些蜚声美国学界的头面人物都是该会的成员。他们还出版了刊物《学术问题》（*Academic Questions*）。他们最近在新奥尔良的图兰大学、得克萨斯州州立大学（奥斯汀）、威斯康星大学（麦迪逊）、克拉克大学、纽约市约翰·杰伊学院，已与反对派展开正面交锋，在课程设置、教材编写、招生及招聘、评估教授方面寸步不让，并取得了某些胜利（或妥协）。并且，保守派开始诉诸法律手段来遏制新潮派对主流文化的进攻。1991 年 4 月，来自伊利诺伊州的众议员、共和党人亨利·海德（Henry Hyde）向国会提交了一份法案，竭力要求阻止文化多元的主张渗透到私立学校，这个动议得到了美国公民自由联盟（American Civil Liberties Union）的支持。

五

美国目前这场由文化价值而引发的关于西方民主社会性质的大辩论，对于我们观察和理解美国未来的发展，是很有启发意义的。资本主义并非一成不变的万年江山，美国社会正在循着它固有的规律演变。关于这场大辩论的起因，美国学者提出了多种解释。本文因篇幅有限，不能在这里逐一介绍和剖析，仅将多数观察家共同认定的几点概述如下。（1）20 世纪 60 年代美国青年造反运动在新的历史条件下的发展。60 年代那场反叛，矛头指向有二，一是争取“民权”，二是“反文化”。肯尼迪时代的民权运动在马丁·路德·金的领导下，应当说很有成就，至少在法律上有个了结，但文化问题仍然是笔糊涂账。永远使人类迷惘的是，文化在历史上究竟扮演了什么角色；结合美国的具体国情，美国文化对生活在这个文化之中的各个民族，究竟产生了什么样的影响；对这种文化，是认同，还是拒斥，后果又都是什么。诸如此类的问题，不但一般民众，就是知识界，也是难以判定的。60 年代以青年人为主体的那场对抗，简单地对现存文化一概加以否定，所以被称为“反文化”（anti - culture）。实践证明，这种不分青红皂白的笼统做法，是无济于事的。现在这场运动，不是60年代的机械重复，可以说是进了一步，提倡“多元文化”（multi - culture）。这里当然包含了更多的理性思考。所以能发生这种嬗变，因为60年代那批青年学生，有一部分人已成了现在美国的雅皮士，但也有相当数量的人由当年的大学生，变成了现在的大学教授。由 anti - culture 到 multi - culture 的理论演进，代表了美国当今激进知识界在过去20年里对社会哲学思考的进步。[①]（2）美国大学教育的内容和性质产生了具有划时代意义的变化。正如布里姬特·贝格教授所指出的；“从结构上来看，美国高等教育在20世纪五六十年代的迅速膨胀，把学院从国家少数精英分子的独占领地变成了‘开放性大学’，承担起给大部分国民提供教育的职责。同时高等教育又由一度的自我封闭状态扩展为令人望而生畏的巨大研究机器……实质上，这种结构膨胀和内容扩展，已将学术事业转化成了公司实体，惊人地要求按金融市场、资本冒险精神和掠夺规律等项原则行事。”[②] 换句话说，美国大学学术走向政治化和反现实的根本原因，在于美国高等教育的普及。以前为少数有产者独享的大学，教育出来的是维护现存体制得以立足的传统文化和价值的精英，而现在逐渐走向民众化的大学所培养出来的人，由于其本身社会地位的不同，必然要对迄今的历史本身产生怀疑。这种看法，不能说没有见地。（3）美国人口的种族成分发生了巨大的变化。根据《时代》杂志1991年7月8日一期的报道，自从1965年的美国移民法改变过去有利于欧洲移民但却限制其他大陆移民的歧视条例之后，第三世界国家入美的移民急剧增加。1980～1990年的十年间，白人在洛杉矶县就由多数变成了少数。在这十年间，西班牙裔美国人增长了53%，达到2240万，占美国总人口几近10%。佛罗里达州迈阿密市所在的达德县，学校的学生来自全世界123个国家。（4）在笔者看来，此外还有一个更为重要的原因，那就是20世纪人类的自我意识由于科学技术，尤其是信息的扩张，而获得了前所未有的加强。文艺复兴和宗教改革，曾经使欧洲人发现了自我，工业革命和启蒙运动使他们认识了自我。笔者虽然不敢肯定现在的美

---

① *Hudson Review*, Spring 1991, p. 17. 另见 *The Atlantic Monthly*, March 1991, pp. 70 - 71, 及 *Time*, April 1, 1991, pp. 47 - 48。

② *Partisan Review*, No. 2, A Special Issue, 1991, pp. 315 - 316.

国是否是个所谓的后工业社会或后资本主义社会，但有一点是确定无疑的，即今天界定这个国家里人际关系（男女之间、种族之间、贫富之间、异性恋与同性恋之间等）的基本因素（财富、权力、等级、身份、肤色等）已经今非昔比了。世界范围内民族解放运动的持续高涨和独立国家的增多，本身固然体现出以肤色和文化传统为标志的群体，日趋强烈地寻求自我表达的形式，但也证明，组成这些独特群体的个人已经首先感到了自身存在的价值。更由于美国是个由移民组成的国家，世界各民族在20世纪的复兴，进一步反馈到美国种族关系的摩擦和溶混之中。西方资本主义当代流行文化的绝大多数表现方式，都以群众性参与为特征，有别于二战前文艺为少数人占有，多数人被动地欣赏或接受教育的模式。也就是说，资本主义本身的发展，在某种意义上造就了它所不能容纳的“大众社会”。这个矛盾将在宏观上决定着所谓西方民主制国家未来的发展趋势，美国也不例外。

（原载《美国研究》1992年第3期）

美国土著部落地位的演变与印第安人的公民权问题

李剑鸣*

历史循环论早已为多数史家弃而不取，然则综观历史，有些事件的演化却偶或有着惊人的相似之处，人们一心朝某个方向奋力前行，若干年后却发现似乎又回到了原来的出发点上。美国印第安人及其部落地位的变迁，所经历的正是这样的过程：在白人初到美洲之际，土著部落被视为主权实体；美国政府出于实际的需求，对土著社会以各种方式加以改造，剥夺部落的主权，使之沦为被监护者，进而完全打碎部落制，把印第安人全部变成美国公民；到第二次世界大战后，经过印第安人的全力争取，部落逐步获得自决权利，再度行使某些主权，其在保留地的地位，近乎国中之国。美国建国后的一百余年间，印第安人未被赋予美国公民权，因此有论者以此作为美国社会漠视人权的例证。征之于史，即可知这种观点与实际情形有所出入而略显隔膜。还有意见认为美国不存在民族自治，而印第安人部落的政治地位，或许算是一种例外。下文便就这些问题略加讨论。

一　土著部落与美国的早期关系

欧洲白人到达北美以前，印第安人的政治状况如同其整个文化的情形

* 李剑鸣，时任南开大学历史研究所教授。

一样，因部落不同而存在很大的差异。东部的易洛魁人政治组织相当发达，组成了五个部落参加的较稳定的部落联盟，制定了一部影响深远的不成文宪法。西南部地区的许多部落，特别是普埃布洛各部落和纳切兹人，亦具备颇为完善的社会政治系统，部落政府乃是权力的核心。而大平原及西部其他地区的许多部落，则内部极不统一，众多的氏族和胞族分散行动，部落之名仅以语言和文化特征来加以确认。后来列入五大文明部落的克里克族和奇卡索族，在1500年前后，也未形成严格意义上的部落。在与白人移民发生接触后，由于面对巨大的生存压力，许多土著人群内部的凝聚力急速增强，作为政治实体的部落相继形成。

就一般情形而言，一个土著部落即是一个独立的主权实体。它拥有相对固定的狩猎地和活动地域，以部落大会（欧洲人称之为council）为领导机构，有的部落还推选出专司战争的军事首领，处理部落成员之间的关系可依习惯法或习俗行事，宗教事务则由祭司或巫医掌管。部落政府的决策权，在对外和、战问题和对内迁移祭典等方面，发挥着巨大的作用。土著部落在行使主权上的独立性和完整性，可见之于早期欧洲人的有关记载之中。

有的论著在涉及英国向北美的殖民扩张时，通常指责英国人对印第安人的主权加以漠视和践踏。这种观点与史实并不完全吻合。事实上，英国殖民者一开始对土著部落的性质缺乏了解，习惯于以欧洲的政治概念来对待，把部落当成王国，称有实力的部落首领为国王。起初的移民活动，多经与当地部落交涉；所占之地，名义上亦以购买或割让形式取得。英国政府在处理与土著部落的关系时，完全采用外交方式，通过订立条约来取得土地和贸易特权。英国当局经常派出使节巡访各部落，赠送礼物以示友好，并就保护白人贸易商人和处理土地纠纷进行谈判。1608年克里斯托夫·纽波特代表英王出使弗吉尼亚，向当地部落首领波哈坦赠送礼物，其中包括一顶铜制王冠。英国人对波哈坦以国王相称，而波哈坦也自认与英王地位平等，不肯屈驾前去接受礼品，要求纽波特到其住所晋见。英国人只得照办。① 后来移民领袖约翰·罗尔夫与波哈坦的女儿结婚，英王以为这是与一位公主联姻，须由英国王室过问，因此而颇感不快。这些事迹表

① Wilcomb Washburn, *The Indian in America*, Harper & Row, Publishers, 1975, p. 80.

明，英国殖民当局并没有完全无视土著部落的主权。

美国建国后，在处理与土著部落的关系时，大体上援引殖民地时代的成例。美国政府把部落当成主权实体对待，称较大的部族为“nation”。《联邦宪法》在提及与印第安人的贸易时，和其他外国相提并论。联邦政府禁止各州插手印第安事务，将管理职权赋予负责对外战争事务的陆军部。美国向有关部落派驻代表，其职能与驻外使节相近似。有关土地、贸易和司法问题等具体交涉，美国仍采用英国人留下的办法，与土著部落谈判签订条约。条约方式乃是“文明”国家之间处理相互关系的手段，其基本形态是见诸文字的条约文本；而印第安人当时既无文字，更无与条约相关的任何国际法观念，美国便得以上下其手，把条约作为欺诈掠取的工具，使印第安人蒙受沉重的损失。条约的签订多有美国的军事和政治压力作背景，其过程充满欺骗蒙哄和威逼利诱，条约规定只对部落一方具有约束，而美国则可任意随时践踏、违背和修改。美国与各部落之间的条约共374 项,[①] 正是通过这些条约，印第安人逐渐丧失大部分土地和独立自由的权利，部落地位也因之一落千丈。

但无论怎样，在与美国的关系中，土著部落处于近乎“外国”的地位；印第安人并未受到美国的政治控制，而是美国政治体系以外的居民；因而在制定《联邦宪法》之时，绝对不可能考虑到印第安人的公民权问题。倘若“开国之父”们竟慷慨赋予土著居民以美国公民权，则反而是对部落主权的根本蔑视和践踏。

大约从 19 世纪 20 年代开始，土著部落的地位陷入难于摆脱的困境，无论对印第安人抑或是美国政府，都成了一个十分棘手的难题。白人社会的发展扩张，移民源源不断地西去，美国的地域趋于不断增大，原来存在于白人社区之外的部落，有一些已陆续陷入白人的包围之中，其活动范围与美国疆土交错混合，由此便引出主权上的纠纷。如继续把部落视为主权实体，在美国则等于承认部落为国中之国；如否认部落的主权地位，即意味着印第安人须服从美国的法律，这对印第安人而言自然是不能接受的。这一令人困扰的问题，由于佐治亚州与切罗基族的冲突而变得日益尖锐，

① Peter Nabokov, ed., *Native American Testimony: An Anthology of Indian and White Relations*, Harper & Row, Publishers, 1978, pp. 149 - 150.

迫使美国政府寻求合适的解决途径。

切罗基族长期生活于美国南部地区。为了在白人文化的侵逼之下求得生存，该族主动吸收白人文化，采纳白人的生活方式，走上定居生产的道路，并发明本族文字，出版报刊，社会和经济生活均呈一派繁盛景象。根据与美国所签订的条约，切罗基族在佐治亚一带享有独立和主权。1829年其领地发现金矿，佐治亚州当局宣布金矿为州所有，切罗基人不得开采。而同时约有3000名白人擅入采矿，捣毁切罗基人的栅栏和住房，偷盗其牲口财物。佐治亚州当局刻意逼迫切罗基人迁出州境，因之百般蹂躏其主权。切罗基部落政府在白人同情者的引导下，向美国最高法院上诉。首席大法官约翰·马歇尔代表法院多数意见作出判决，形成部落与美国关系史上两个原则性的判例，即“切罗基族诉佐治亚州”和“伍斯特诉佐治亚”两案。这被认为是美国政府对部落地位所作出的新的解释。

马歇尔在判词中指出，印第安人与美国的关系，属于世界上任何地方都不曾有过的一种特殊类型：一个部落对美国来说，既不是“外国”，又是拥有特定地域和独立主权的“nation”;[①] 某一州的法律不能在部落领地内生效，处理与印第安人的关系的职权乃系联邦专有；说到底，部落乃是既非独立又非从属的“nation”，它们在与美国的关系中，属于“国内依附族群”（domestic dependent nations），类似“被监护者与监护人”的关系。[②]

马歇尔对部落地位的解释陷入文字游戏的迷网，其矛盾性是一望便知的。这种解释一方面极力否定部落属于“国中之国”的状况，同时又不能不承认部落拥有独立主权的现实。马歇尔想用“国内依附族群”这个新创的概念来限定部落与美国的关系，这反映出美国政府在这一难题上的理论困惑与混乱。

但是，马歇尔的判决有美国政府的强大实力作为后盾，其所确立的是一种“被监护者与监护人”的关系模式，并使殖民地时期便一直存在的“父权主义”（paternalism）获得法理上的意义。自英国人入主北美始，即

① 马歇尔在判词中将“nation”界定为“与其他人相区别的人民”，也即说“nation”用于印第安人时，仅是一个人群单位，而非“国家”的意思。

② Francis P. Prucha, ed., *Documents of United States Indian Policy*, University of Nebraska Press, 1990, pp. 58－62.

有土著部落称白人为“父亲”，而白人使节则称印第安人为“我的孩子”。[1] 美国承袭这种“父子”称谓，逐渐把它发展成一种相互关系的缩影。印第安人称美国总统为“伟大的父亲”，于是，他们便成了美国的“依附子女”，需要加以监护和引导。马歇尔在提出“国内依附族群”的概念时，这种“父—子”称谓模式就是他的基本依据之一。按照美国政府的理解，印第安人在获得“文明开化”从而与美国白人达成平等之前，是不能很好地处理自己的事务的，美国可依其意志来确定何者对他们有益，以及他们应当采取什么样的发展道路。所以，“被监护者与监护人”的关系模式的提出，为美国政府和白人社会夺占部落土地和对印第安人推行“文明开化”，作了理论上和法律上的铺垫，也给后来部落主权的沦落，埋下了伏笔。

二　美国政府对部落主权的剥夺

美国政府和白人社会以单方面的意志对印第安人实行“开化”和同化，依照白人模式来重新设计印第安人的形象，其最终目标是将他们改造成美国公民。部落制被视为野蛮落后的象征而遭到美国的强烈攻击。在白人心目中，部落主权乃是“文明开化”的障碍，因为印第安人的传统生活方式即以部落为依托而存在，美国如能完全控制印第安人，其由狩猎状态向文明生活的转变，便会更为容易而顺利。詹姆斯·门罗总统在第二次年度咨文中即表露过这层意思。[2] 但要完全控制印第安人，首先必须超越部落主权。再则，将印第安人改造成美国公民的目标，也是与部落主权不能两立的。从这种种情势看来，打破部落制，使印第安人个体化，乃是美国必然采取的步骤。

对部落主权的剥夺，是以武力的征服为先导的。密西西比河以东地区的部落，由于与白人接触较早，继而相互往来杂处，感染白人的疾疫，人口急剧减少；加以白人社会的蚕食鲸吞，其活动地域逐渐缩小；在易洛魁

---

① Thomas D. Clark, ed., *The Great American Frontier: A Story of Western Pioneering*, Indianapolis, 1975, pp. 134 - 135.

② James Richardson, ed., *A Compilation of the Messages and Papers of the Presidents*, New York, 1896, Vol. II, p. 615.

联盟被打败和五大文明部落被迫西迁之后，整个东部能以武力与白人社会抗衡的部落，便不复存在。从 19 世纪初开始，这个地区的部落或接受保留地制度，或散居于白人社区中而丧失部落地位。与此同时，随着移民的西去和美国疆域的拓展，西部印第安人成为美国社会关注的对象。在大平原地区，美国印第安人中最为骁勇善战的部落，如苏族、科曼奇族、夏延族、阿帕奇族诸部落，持枪策马，出没无常，不断袭击边疆定居点和移民队伍。于是，西部印第安人便被美国视为向西扩张的严重障碍，而不得不诉诸武力。战争始于内战期间，一直延续到 19 世纪 70 年代。分散游击的各个部落，自然不能与有强大物质力量作为支撑的美国军队相对抗；加上大平原印第安人赖以为生的野牛，遭到白人职业猎手毁灭性的捕杀，西部的“印第安人战争”便以美国胜利而终局。各部落被相继打败，被迫迁入美国划定的保留地。这些保留地多位于西部贫瘠荒凉的地区，边界确定，周围建有军事要塞，印第安人不得随意出入；美国在保留地设立管理处，对保留地事务进行严格控制。保留地一方面把印第安人与白人社区隔离开来，同时又担负“文明开化”的功能，迫使保留地印第安人采纳白人的生活方式。这时印第安人传统的经济活动已难以为继，生活物质须依赖美国政府的配给供应，部落政府在传统上所拥有的两项主权，即率众狩猎和决定战、和，均不能行使，印第安人已失去了自由、独立和尊严，处于美国的完全控制之下了。部落政府仍然存在，其主权的象征，仅剩司法权一项：凡在保留地范围内所发生的刑事或民事案件，不受所在州法律管辖，而仍由部落处理。

到 1871 年，土著部落在名义上享有的主权实体的地位，亦因美国政府终止与之签订条约的做法而被废除。对于与部落缔约的办法，美国社会一直存在非议。安德鲁·杰克逊在出任总统之前曾发表议论说，印第安人乃是“美国的臣民，他们并没有独立的主权”，因而不能与美国签订条约。[①] 内战期间有人尖锐地指出，美国既不允许印第安人行使作为一个“nation”的任何主权，同时又拿他们当“nation”对待，实在不合政治规则。[②] 另一种意见则认为，缔约本是“文明国家”之间的事情，美国虽与印第安人缔

① Arrell M. Gibson, *The American Indian: Prehistory to the Present*, Lexington, 1980, p. 305.

② Francis P. Prucha, *The Great Fater: United States Government and the American Indian*, University of Nebraska Press, 1984, p. 528; p. 529.

约，但却不能遵守条约规定，导致毁约和战争，然后再订约、再毁约、再战争，如此恶性循环，“每一次都给这个国家增添耻辱”。[①] 因此，要求废止与部落缔约的做法和呼声，一直不绝于耳。时至19世纪70年代，绝大多数部落都被美国征服，印第安人实际上已经处于美国的控制下，条约作为美国剥夺印第安人的工具，其职已尽，可以废弃不用了。1871年3月国会在给负责印第安人事务的内政部的拨款法案中加入一条修正案，申明：“所有美国境内的印第安人族群或部落，不应被承认或被认为是独立的族群（nation）、部落或国家（power），不能与美国政府用条约方式建立关系；但此前已签订的所有条约中的规定，不得废除或损害。”[②] 此后，美国政府与部落的交涉，均以协议和法令方式进行，至1940年，这类文件共约500余项。[③]

条约方式的废除，对美国来说，意味着处理与印第安人关系的一次重大转折；在印第安人方面，部落主权因美国的否认而受到致命的一击。此后，以“监护论”为基础，以“父权主义”为特征的“委托管理论”（trust theory），演变成美国政府处理与部落关系的主导原则。

“委托管理论”指的是美国政府受部落的委托，代部落管理印第安人的财产及其他事务。“委托管理论”虽起源于马歇尔的“监护论”，但马歇尔所谓的“监护”，不同于对孩子和对精神不健全者的监护，而属于国际法中保护国和同盟关系的性质。[④] 1871年以后美国政府对部落行使委托管理权，其前提是把印第安人当成不能自治的孩子。事实上，部落从未明确赋予美国政府这种权利，在众多的部落与美国之间的条约中，至多只提及“保护”问题，所以，委托管理权之于美国，乃是自我授予的。虽然从法理上说，各部落是美国的永久监护对象，但最终确立委托管理原则的，是1877年联邦最高法院的一项判决。这项判决宣布印第安人对其土地没有所有权，美国政府有权任意处置印第安人的土地，因为“在这一问题上，美

① Francis P. Prucha, *The Great Fater: United States Government and the American Indian*, University of Nebraska Press, 1984, p. 528; p. 529.

② Prucha, *Documents of United State Indian Policy*, p. 136.

③ Nabokov, *Native American Testimony*, p. 150.

④ Sandra Cadwalader, et al., eds., *The Aggressions of Civilization: Federal Indian Policy Since the 1880's*, Temple University Press, 1984, p. 199.

国是出于正义的考虑而行事的，而这种正义，则支配着一个基督教民族对待一个愚昧和依附的种族的态度”。[①] 委托管理原则一经确立，就深远地影响着美国的印第安人政策，特别是在《道斯法案》生效后，印第安人所获得的份地，均按这一原则由美国政府托管25年，而被解散的部落政府原来拥有的财产，亦以托管的名义落入美国政府的掌握之中。“委托管理论”最大的危害于此已暴露无遗：它剥夺了部落对其土地和财产的控制权，实际等于斩断了部落政府的一条臂膀。

部落政府的另一条臂膀，也随美国政府强化对保留地印第安人的司法控制而流于无形，作为部落主权象征的司法权，因而不复存在。大约从19世纪70年代中期开始，美国社会对于美国法律是否对保留地有效的问题，发生日益浓厚的兴趣。仇恨印第安人的人，早已对保留地的特殊地位和印第安人占有的最后一点土地颇为觊觎，急切地要求开放保留地，使印第安人服从于美国的法律；主张迅速同化印第安人的改革派，也赞成对印第安人施以美国法律，他们的理由是，印第安人只有受到美国法律的保护，才会感到劳动的意义，才会有兴趣像白人那样生活。[②] 在这种有利的舆论背景下，国会于1885年制定《七种重罪法》，剥夺了除五大文明部落外的所有部落针对重大犯罪的司法权，凡保留地发生的重大犯罪，无论是否涉及印第安人，均须由联邦地区法院审理。[③] 稍后，联邦最高法院在一项判决中，对国会从司法上干预部落事务的做法表示支持，认为国会拥有任意干预部落事务的权力。这就是所谓“任意权力原则”（plenary power doctrine），后来成为美国政府处理印第安人事务的又一重要工具。1898年，国会制定《同化犯罪法》，规定印第安人不仅要服从美国法律，而且须受所在州的法律的支配。同年的《柯蒂斯法》对向来享有自治权的五大文明部落开刀，取消其部落法庭，宣布部落法在联邦法庭不能生效。至此，美国最终完成对部落司法权的剥夺。

土著部落所受到的另一次更沉重的打击，来自1887年的《道斯法案》。这个以部落土地私有化和打破部落制为核心内容的法令，经过改革派多年的争取，乃是作为最后解决所谓“印第安人问题”的重大举措而出

① Cadwalader, *The Aggressions of Civilization*, p. 200.

② Prucha, *The Great Father*, p. 677.

③ Prucha, *Documents of United States Indian Policy*, p. 168.

台的。法令规定，在所有适合农耕和放牧的保留地实行份地分配制，把原来由部落共有的土地分配给印第安人个人，经25年的托管期后，印第安人可获得份地的绝对私有权，同时得登记为美国公民。[①] 这项法令对部落的冲击体现在三个方面：一，它否认部落对其土地的支配权，使部落土地大量流失；二，它忽视部落的合法地位，把部落排除在对印第安人个人财产的管理之外；三，它以授予部落成员公民权的方式，预告部落退出历史舞台的不幸结局。因此，这个法令遭到许多部落的抵制。但是，不论印第安人采取何种态度，份地分配活动很快在各个保留地开展起来。

可见，经过武力征服、保留地制度、废止条约方式和份地分配运动，土著部落遭受一次又一次重创，由原来的主权实体演变成被监护对象，进而丧失司法权、财产管理权和土地权利，失去对其成员的政治控制，沦入名存实亡的状态。美国政府虽然没有在任何一项法令中明文宣布废除部落，但其实际对待部落的措施，却一步一步导向对部落制的毁灭性打击。1906 年的国会两院联合决议中，尽管仍然承认部落政府，但同时将部落官员的任免权正式授予美国总统。此时，部落政府的存在，完全只具有象征性了。

三　印第安人的公民权问题

美国政府和白人社会既以将印第安人改造成美国公民为目标，因而在剥夺部落主权的同时，便着手授予印第安人公民权。待部落制被基本打碎之后，全面授予公民权的时机亦告成熟，印第安人在一夜间俱悉成为美国公民。

早在 1855 年，美国国会即授予怀恩多特人公民权，1861 年和 1887 年又分别使波塔沃托米人和基卡普人成为美国公民。1869 年的美国宪法第 15 条修正案宣布，不得以种族、肤色或以往被奴役的情况而否定任何美国公民的投票权。该法暗含的指向，众所周知仅是被解放的黑人。但是，谁也未曾料到，1880 年居然有个印第安人对这一修正案发出挑战。长期居住在内布拉斯加的苏族人约翰·伊尔克，早已与原来的部落脱离关系，且在白

① Prucha, *Documents of United States Indian Policy*, pp. 171 - 174.

人社区找到了工作。他自认有资格享受投票权，但在登记时却遭到拒绝，当局不承认他是美国公民。伊尔克遂上诉最高法院，理由是根据宪法第15条修正案，他理当享有公民权。最高法院在判决中对此作出如下解释：印第安人出生于美国主权所辖范围之外，首先是属于部落的；而部落则是非美国的实体，美国政府没有为他们制定归化程序，故一个印第安人不能自动成为美国公民；而且，确定印第安人是否获得“文明开化”，从而有资格享有美国公民的特权和责任，不能根据印第安人自己的判断和选择，而只能由美国来作出决定。[①] 这个判决把印第安人与其他移民或民族区别开来，强调必须经美国的特别程序，印第安人才能获得公民权。1887年的《道斯法案》，把公民权与经济状况联系起来，对25年托管期作出规定，目的在于确定印第安人是否能够在经济上自立，有能力承担公民的义务和行使公民的权利。但是，这种在土地权利和公民资格方面的有限的慎重，为1905年最高法院的一次判例所抛弃。判词宣称，印第安人在获得份地之日即是美国公民，而不必等待25年的托管期满。国会于次年通过《伯克法》，重申以25年为授予公民权的期限。1916年，最高法院也推翻从前的判决，延缓授予公民权的进度。[②]

美国政府对授予印第安人公民权表现出犹疑反复和举棋不定，主要是由于公民权问题并不简单地等同于打破部落制，而涉及多种至为重要的环节。首先，作为公民对权利的享受和对责任的承担，必须具备相应的社会和文化背景，拥有与之相称的政治素质和经济能力；如果不给予充足的时间来加以准备，印第安人必定不仅不能承担公民责任，也不会享有公民权利。亨利·潘科斯特在《道斯法案》通过之前就提醒人们：“未经提醒和准备就立即宣布全体印第安人为公民，这种想法乃是鲁莽和不切实际的”，因此，在他们成为公民之前，至少应当具备适合公民责任的起码条件。[③] 1906年，印第安人事务局局长弗朗西斯·勒普针对个别授予公民权中出现的问题说：“经验证明，公民身份对许多印第安人来说都是不利的。他们

① Roger L. Nichola, ed., *The American Indian Past and Present*, New York, 1981, p. 195; Frederick E. Hoxie, *A Final Promise: the Campaign to Assimilate the Indians, 1880 ~ 1920*, Cambridge University Press, 1989, p. 75.

② Nichols, *The American Indian Past and Present*, pp. 199 – 200.

③ Prucha, *The Great Father*, p. 682.

既不适合承担公民身份的义务，也不能享有其优越性的好处。”[①] 由此可见，人们已经看出匆促解决公民权问题所造成的不良后果。第二个问题则是公民权与监护权的关系，美国政府对此亦颇感棘手。从理论上说，印第安人既已成为公民，便与其他美国人在法律上处于平等地位，美国政府以往所行使的监护权，则自动撤销。但实际的情形却不是如此简单。授予公民权，不过是一个法律上的程序；而印第安人无论以何种身份存在于美国社会，他在文化上、血缘上和经济上，总是与一定的部落相关联。根据这一情况，最高法院在1895年的一次判决中申明，获得公民权的印第安人，仍旧享有美国与其部落所订条约中规定的权利，美国按照条约，仍须对所有印第安人，不论是公民还是被监护者，承担保护的义务。[②] 1911年最高法院在另一案件的判词中对上述原则作了引申：“没有能力的人，尽管是公民，或许也不会有控制其人身与财产的完整权利”，而且，“公民身份中并未包含与对印第安人土地的监护相冲突的东西”。[③] 这些自我解围的说辞，暴露出美国政府在印第安人公民权问题上的矛盾之处：既明知印第安人不具有公民权所要求的素质和能力，却又从急功近利地解决“印第安人问题”着眼，仓促轻率地授予其公民权。这种政策上的矛盾和草率，给印第安人造成许多难以弥补的损失和苦难。另外，与公民权相联系的还有一个政治参与问题。印第安人受其文化传统和社会经验的制约，大多不熟悉美国政治的原则和程序，即使拥有选举权，也不可能顺利地参与政治活动，更何况白人社会还人为地设置多种障碍。科罗拉多、蒙大拿、内布拉斯加、俄勒冈、南达科他、怀俄明等州仅允许获得公民权的印第安人参加投票；明尼苏达、北达科他、加利福尼亚、俄克拉荷马、威斯康星等州则要求印第安人必须先采纳“文明生活”后，才能获得投票权；爱达荷、新墨西哥、华盛顿等州在宪法中写明，只有纳税者方得享投票权，而印第安人多不纳税，故被排斥在外；亚利桑那、内华达、犹他等州的规定更严格，参加选举者必须同时是纳税者、本州居民和公民，三者缺一不可。[④] 上述各州均为印第安人人口最多的州，它们有关选举权的规定，把绝大多

① Prucha, *The Great Father*, p. 875.

② Hoxie, *A Final Promise*, p. 214; p. 216.

③ Hoxie, *A Final Promise*, p. 214; p. 216.

④ Hoxie, *A Final Promise*, pp. 232 - 234.

数印第安人拒于美国政治的大门之外。

在没有为上述问题找到切实的解决办法之前，美国政府并未停止授予印第安人公民权的工作。获得公民权的人数，1890 年为 5307 人，1900 年为 53168 人，1901 年为 101506 人；迄于 1905 年，约有半数以上的印第安人成为美国公民。① 1916 年大选前夕，内政部长富兰克林· 莱恩为给威尔逊总统争取选票，在南达科他、北达科他、怀俄明、俄克拉荷马、亚利桑那、新墨西哥诸州突击授予土著居民公民权。这年夏天，美国报纸上有关授予公民权仪式的报道，随处可见。第一次世界大战中，不少印第安人离开保留地，或参加美军赴欧作战，或在军工企业中工作。1919 年 11 月，国会立法规定，凡在一战中服役的印第安退伍军人可申请获得公民权，同时不影响他们对部落财产的占有权。② 1924 年国会通过的《印第安人公民权法》宣布："在美国境内出生的非公民印第安人，就此宣布为美国公民：兹规定，授予这种公民权不得以任何形式损害或影响任何印第安人对部落或其他财产的权利。"③ 美国政府就这样匆忙地把全体印第安人都变成了美国公民，不问印第安人对此作何反应，也不管此举会对他们产生什么后果。《纽约时报》当时作过一番意味深长的评论："如果印第安人中间存在嘲讽意识的话，他们或许会带着苦笑接受有关他们新的公民身份的消息。白人在夺走他们的整个大陆之后，在设法剥夺他们的行动自由、社会习俗自由和信仰自由之后，现在终于赋予他们与其征服者同样的法律地位。"④

但是，《印第安人公民权法案》并没有给印第安人的公民权问题画上句号，也没有给土著部落地位作出最后的结论。事情的进展不仅出人意料，而且使上述两个问题变得更为复杂。

四　部落的兴衰与印第安人的命运

在对待公民权与政治参与的态度上，印第安人与黑人之间形成有趣的

① James S. Olson, et al. , *Native Americans in the Twentith Century*, University of Illinois Press, 1984, p. 73.

② Prucha, *Documents of United States Indian Policy*, p. 215.

③ Prucha, *Documents of United States Indian Policy*, p. 218.

④ Gibson, *The American Indian*, p. 534.

对照。后者自19世纪末以来，一直奋力争取选举权和社会平等，要求与主流社会在政治权利和社会地位上消除差别。而印第安人则不然。当得知美国政府正式授予全体印第安人公民权时，除混血种人表示欢迎外，纯血统的印第安人心怀疑惧，担心这又是美国政府摧毁其传统价值的新措施。有的部落组织比较完整的族群，如易洛魁人，一直不承认美国为监护者，自认是与美国地位平等的主权实体，因而拒不接受美国公民权，对美国政府的做法提出强烈的抗议。导致两个种族在政治与社会取向上的这种差异，固然有文化传统与社会经历背景方面的原因，但其中最具特点的是，印第安人属于部落，而黑人则早已卷入主流社会。部落的存在，对于印第安人则意味着有政治上的依托和文化上的归宿；部落实际已成为印第安人社会演进连续性的载体，成为印第安人传统的象征。对以群体为本位、以财产共有为基础的土著社会结构来说，部落是一个核心；而对具体每一个印第安人而言，部落则是一种保护、一个避风港和一个文化认同的标志。美国政府未能理解部落在印第安人历史和文化中的这些重要性，以种族利己主义为指针，以文化偏见为出发点，欲毁灭部落制而后快。这一政策给印第安人造成的苦难和不幸，乃是众所周知的。

打破部落制所产生的一个长远的后果，便是土著社会演进的阻断和社会结构的瓦解。在1500年左右，美国境内的土著部落仍处于石器时代，其经济生活的基础是渔猎采集等直接占用资源的活动，农业只在少数部落占有一席地位；以血缘为纽带的民族，乃是土著社会结构的核心，由氏族结成的部落，则是基本的政治和社会组织。印第安人的经济和战争活动，一般都在部落的主持下进行。对土著社会来说，除战乱和饥馑的侵袭外，其日常生活可谓平静有序。白人的来临，使土著社会自身的演化逻辑遭到严峻的挑战。白人在社会与文化上，与印第安人迥然有异，而且据有绝大的技术和组织上的优势。这种优势在生存竞争中陷印第安人于不利境地，而且促成白人社会滋生强烈的文化偏见和种族优越感，一心要按照自身的模式来改造土著社会与文化，否则即使印第安人横遭灭绝。作为土著社会与文化核心的部落制，便首当其冲。美国政府和白人社会剥夺部落主权，限制部落政府的活动，迫使印第安人脱离部落而实行个体化，其结果是：土著经济生活发生崩溃，印第安人陷入极度的贫困化；部落政治功能丧失殆尽，部落成员处于失控散漫状态，或遭美国政治系统的排挤揉捏，在政治上居于极为尴尬的地位；传统的生活习俗被禁止，许多部落的语言竟至失传；所有这一切，使土著社会和文化不能整合，流于破碎混杂，其自身变迁的进程失去了连续性。

土地的流失则是打破部落制给印第安人带来的最直接的损失。1500年时，各部落的狩猎和居住地域都甚为广阔，欧洲人到来后逐渐压缩，经过美国对西部的移民和开拓以后，其土地面积已不足以维持传统的狩猎采集的生活方式。1881年，也即美国政府打破部落制，实行土地私有化的前夕，印第安人共有的土地仍有155632312英亩，但由于推行份地制和分割部落土地，到1900年，属于印第安人的土地仅为77865373英亩，约有一半的土地已易主他人；到1930年，更减至4800万英亩，仅为《道斯法案》生效前的1/3。[①] 按照传统，印第安人的土地是以部落共有方式占有的，部落的存在，便是对土地权利的一种保护。美国政府执行土地私有化政策，在分配份地时，低价购得剩余土地，然后开放给白人；印第安人在获得份地后，多不善经营耕作，也未形成私有制的观念，故其土地或出租或出售；部落共有制被打破后，印第安人的土地因此而大量损失。

而且，摧毁部落和授予公民权，不仅未能改善印第安人的处境，反而导致他们生存条件的急剧恶化，给他们造成深刻的文化危机。印第安人多年来以部落为单位而生存，他们的力量和精神寄托都有赖于群体，美国政府的政策强行剥夺部落对他们的保护，而他们被抛入的却又是与其传统截然不同的美国主流社会，他们因之而无所适从，本来就很恶劣的生存状况，进一步急剧恶化。究其原因，主要在于印第安人以其独特的文化传统和处于劣势的工艺技能，根本不能适应美国社会，也无法与白人平等竞争。没有了部落的保护，他们的财产被白人巧取豪夺，他们无力在白人社会寻找工作和安身立命，在政治和社会上饱受歧视，在经济上则一贫如洗。切罗基人的遭遇便可作典型例证。切罗基人从18世纪末开始主动吸收白人文化，虽然经受19世纪30年代迁移的打击和19世纪60年代内战的冲击，其社会仍然日趋繁荣，人口有所增加。他们做到这一点的关键，即在于有部落作为依托和享有一定的自治权利。可是，从19世纪90年代开始，美国政府逐步取消其自治权，并于1907年俄克拉荷马建州之际，废除

① Olson, *Native Americans in the Twentieth Century*, pp. 73, 83.

部落制，此后，切罗基社会迅速衰落，原来在部落时代所取得的各项成就付诸东流，一度在文化上和物质生活上与边疆白人不相上下的切罗基人，竟沦为所有土著居民中最贫困的人群。[①] 切罗基人的由盛而衰，与部落地位的变动息息相关。对于那些早已在保留地制度下备受折磨的部落，公民权利带来的大多是新的灾难。还在美国政府决定授予印第安人公民权时，人类学家赫伯特·斯平登就曾满怀忧虑地预言，赋予印第安人公民权，很可能只会使他们获得一些"含糊的权利"，而给其他一些人带来"更大的利益"。[②] 他的话不幸而言中。

所以，对印第安人来说，利害攸关的不是美国公民权，而是部落存在的权利；不是政治上的平等，而是政策上的特惠。如果忽略印第安人特殊的社会文化状况和历史遭遇，从纯粹的理论演绎出发，将公民权的获得与否作为印第安人人权状况的主要指标，则不免无的放矢和于史无征。实际上，20 世纪美国流行一种歧视印第安人的种族主义情绪，即以平等为口号，要求印第安人与其他美国人享有同样的权利，承担同样的责任，遵守同样的法律。[③] 这种主张因其置印第安人的特殊情况于不顾，故不为明智之士所取。

历史事实业已证明，部落的兴衰与印第安人的命运之间，存在一种休戚与共、唇齿相依的关系。打破部落制，不顾历史和文化的制约而强迫实行个体化和私有化，带给印第安人的只有灾难。这一现实激发印第安人的抗议，也促使美国政府决策层重新考虑对印第安人的政策。部落地位遂得以复兴。1934 年，国会制定《印第安人改组法》，宣布停止实行份地分配，承认土著文化的价值，恢复部落制，帮助印第安人重建部落政府。[④] 不过，这次所恢复的部落制，其中融入了许多现代因素，重建的部落政府亦与传统模式相去甚远。现代部落制具有较高的组织性，其功能则不再以主持狩猎和战争为主，而涵盖印第安人所面临的各种社会问题的处理。部落政府

---

① Sam Stanley, ed., *American Indian Economic Development*, Mouton Publishers, 1978, pp. 413 - 415.

② Olson, *Native Americans in the Twentieth Century*, p. 85.

③ Indian Tribes: A Continuing Quest for Survival; A Report of the United States Commission on Civil Rights (1981. 6.), p. 1.

④ Prucha, *Documents of United States Indian Policy*, pp. 222 - 225.

按照美国的政治模式进行建构，拥有成文宪法，官员以选举方式产生。

但是，《印第安人改组法》并不能一劳永逸地维持部落制的合法性。第二次世界大战后，同化思潮再度主导美国政府对印第安人的政策，终结联邦对部落的特惠政策，解散部落以使印第安人成为完全的美国公民，这样的措施一度付诸实施，再次对部落的地位造成威胁。另外，从20世纪50年代开始的把印第安人安置在城市的运动，也使部落控制的人口有所减少。值得庆幸的是，这种政策上的反复到20世纪60年代末便获扭转。印第安人争取自决的活动，亦渐有声势。1975年，国会通过《印第安人自决和教育援助法》，宣布在保持联邦与部落特殊关系的前提下，赋予部落政府参与联邦涉及印第安人的政策的制定和执行，鼓励部落自己管理有关保留地经济发展和资源开发的项目。[①] 至此，文化多元主义最终取代种族同化而成为美国政府印第安人政策的精神原则，部落的合法地位方获得可靠的保障。

然而，部落制的恢复和自决运动的进展，却同时给印第安人的政治地位带来困扰。据美国民权委员会1961年的一份报告说，“印第安人拥有三重法律人格：（1）他是一个部落成员，与部落生活保持文化上、社会上、经济上、宗教上和政治上的联系；（2）他是联邦政府的‘被监护人’；（3）他是拥有其他公民所享有的大部分权利和特权的公民”。[②] 这种多重身份，带给印第安人的并非益处。作为部落成员，他们被主流社会视为特殊群体；作为美国政府的“被监护人”，他们难以享受真正的自决和自治；而作为美国公民，他们不能在美国社会立足。对美国政府而言，印第安人的复杂身份，时常意味着政策上的繁难。因为印第安人以部落而存在，故必须许以自治；因为他们是“被监护者”，又必须进行特殊的照顾和援助；而同时他们也是美国公民，还须使之服从于美国宪法的原则。如何在这三者之间保持平衡，一直是令美国政府感到困扰的问题。1968年，在民权运动的推动之下，美国国会制定《印第安民权法》，本意是将美国宪法前10条修正案的原则平等施于印第安人，但一些部落则以其干涉部落主权为由而加以抵制，使得联邦最高法院不得不在1978年的一项判决中，提出用部

① Prucha, *Documents of United States Indian Policy*, pp. 274 - 276.

② Gibson, *The American Indian*, p. 565.

落习俗和传统来解释民权法，使该法与自决趋势调和起来。这个插曲反映了美国政府在部落地位和印第安人政治身份这一问题上的困境。

据有关资料，1980 年获官方正式承认的美国印第安人部落有 504 个，另有 100 余个人群的部落地位尚待联邦认可。[①] 每个部落均据有土地，设立政府，制定宪法，对保留地内的各项事务拥有决断之权，并通过各种途径参与联邦有关印第安人的决策。一块保留地算得上是一个小小民族自治区。不过，这种自治区在程度上是有限制的。联邦印第安人事务局仍然是保留地的最高管理机关，而且，印第安人既然在经济、教育、医疗、福利、就业等各方面依赖联邦援助和关照，也就绝无可能享有完全的自治。

回顾历史，可以体会出美国土著部落兴衰中所包含的种种深沉意味。美国政府和白人社会囿于种族主义和文化偏见的樊篱，服从短期的和利己的实际需要，一意孤行地消除其以为落后和野蛮的部落制，把部落成员改造成美国公民，却从未意识到，他们所反对的事物，正是印第安人生存发展的保障。经过几番周折，一切都不得不从头起步。在这一场由美国政府和白人社会导演的悲剧中，印第安人所受损失之巨，所遭创痛之深，已非一般言辞所能表述。

（原载《美国研究》1994 年第 2 期）

① Kenneth Lincoln, *The Good Red Road: Passages into Native America*, Harper & Row, Publishers, 1987, p. XVii.

“选择权”与“生命权”*

——美国有关堕胎问题的论争

赵　梅**

堕胎是个全球性的议题。中国大陆自20世纪70年代末期开始实行“一胎化”的计划生育政策，中国台湾在1984年通过了“优生保健法”，使堕胎合法化。与此同时，在亚洲、非洲及其他一些发展中国家，堕胎常因人口政策而得以合法化；但在西方国家，由于宗教及深远的自由主义传统，堕胎有着完全不同的含义。在美国，它被认为是“争议最大、最情绪化的议题”。① 在很多美国人看来，堕胎已不仅仅是一种医疗行为，而是一个关系国家兴衰的深刻的政治、经济及伦理道德的问题。虽然1973年最高法院对“罗诉韦德案”（Roe v. Wade）的裁决宣告堕胎支持者的胜利，但以此为起点，美国朝野反堕胎合法化的力量日趋强大。这场旷日持久的争论，如今愈演愈烈，进入并影响着美国人的政治生活。不少美国人认为，1973年的判决分裂了美国，而这场堕胎与反堕胎间的斗争，将同当年奴隶

* 本文在撰写过程中，得到美国驻华使馆新闻文化处裴孝贤（Donald M. Bishop）副参赞的热情支持和帮助，特此致谢！

** 赵梅，时任中国社会科学院美国研究所助理研究员。

① Lori Forlizzi, *The Battle over Abortion: Seeking Common Ground in a Divided Nation* (Dayton: National Issue Forums Institute, 1990), p. 4.

制问题一样，引发美国的又一场内战。[①]

本文将探讨堕胎——这个在美国极为敏感的问题，将涉及堕胎问题在美国的由来，不同的观点间的论争及思想渊源，以及堕胎如何影响美国的政治生活等问题。

一　问题的由来

就西方社会而言，自古希腊至中世纪，堕胎虽是个有争议的行为，但社会基本能够接受妇女的堕胎。乔治·德弗罗（George Devereux）在对 203 个近代社会的典型以及 400 个原始部族进行考察后指出，堕胎至少存在了五千年。而这种行为，普遍存在于各个社会和部落中。[②] 在英美两国，有关堕胎法令的出现则是 19 世纪以后的事情。一直到 1973 年以前，美国各州的堕胎法不一，有的严格限制，有的完全禁止，有的则规定较宽。其发展历程大致可分以下几个阶段。

（一）沿用习惯法时期（19 世纪以前）

19 世纪以前，美国的堕胎法基本沿用英国的习惯法（common law），但各州法令不一，这有赖于它们对习惯法的接受程度。英国“习惯法之父”亨利·布拉克顿（Henry Brackton，1216～1272）认为，所有的堕胎行为都是残害家庭的行为。因此，早期英国习惯法将堕胎视为重罪。后来科克（Coke）、巴克斯通（Backstone）又将习惯法中有关堕胎的规定解释为胎动期（怀孕 18 周）以后的堕胎行为是犯罪，但他们没有明确说明在此以前的堕胎是否有罪。1803 年，英国通过的《妇女流产法》（Misscarriage of Woman Act）规定，胎动前堕胎为重罪，胎动后堕胎为死罪。[③]

---

① Rush Limbaugh, “Abortion: Our Next Civil War,” in Rush Limbaugh, *The Way Things Ought to Be* (New York: Pocket Books, 1993), pp. 51－67. Rush Limbaugh 是美国极端右翼分子，常有危言耸听之词。

② Martian Faux, *Roe v. Wade: the Untold Story of the Landmark Supreme Court Decision that Made Abortion Legal* (New York: MacMillan Press, 1988), p. 55. 转引自陈美华《从露对韦德（Roe V. Wade）案论堕胎权：自由女性主义及其超越》，台湾东吴大学政治学系硕士论文，第 32 页。

③ “State Abortion Law Survey,” Internet, Ohio: A Statutory Case Study.

美国一些州的堕胎法律条文与英国1803年的堕胎法极为类似。尽管如此，在19世纪中叶以前，虽然堕胎被认为是不当行为，但美国大多数州允许胎动以前堕胎。这主要是由于当时技术高超的医生稀少，很难使难产的母亲安全生产，只得实行堕胎。

（二）限制堕胎时期（19世纪中叶至20世纪初）

19世纪中叶以后，一批由专业外科医生组成的团体开始推动限制性的堕胎立法，目的在于限制非专业人士实施堕胎。1845年，马萨诸塞州是第一个将堕胎视为犯罪的州。南北战争以后，反堕胎者推动各州制定法律，对堕胎行为采取更严厉的制裁。到1910年，除肯塔基州外，各州均将堕胎定为重罪。绝大多数州规定，只有在为挽救孕妇生命的情况下才允许堕胎。这一时期堕胎法的特点是保护母亲，因而寻求堕胎的妇女不会有任何违法行为。但介绍堕胎、提供堕胎或无外科医生执照而为他人施行堕胎者则触犯刑法。怀孕妇女是否可以合法堕胎，决定权和解释权在专业外科医生。此处以1859年通过的得克萨斯州堕胎法为例。

得克萨斯州的堕胎法共有六条。州法第1191条规定，在得到孕妇允许的情况下，提供药物、暴力及其他任何手段使其堕胎者，处以五年以下两年以上有期徒刑。若未经许可而使其堕胎者，刑罚加倍，因为“堕胎”使生命在孕妇子宫内被扼杀。第1192条规定，任何试图改进堕胎的方法者，罪为帮凶；第1193条规定，提供堕胎而未获成功者，同样有罪，处以100美元以上1000美元以下的罚款。第1194条规定，因堕胎致孕妇死者，罪同杀人。第1195条规定，接生时导致婴儿死亡者，处以无期或至少五年以上徒刑；第1196条规定，以上各条例不适用于为挽救孕妇生命而使用医学手段的堕胎。①

20世纪40年代，开始有一些赞同计划生育的医生希望改变源于19世纪的禁止宣传避孕知识的法律。但在大多数州，他们的努力未获成功。1943年至1965年间，最高法院驳回了一些挑战康涅狄格州关于禁止医生向任何已婚或未婚者宣传避孕常识或提出有关避孕建议的法律规定。在

① Barbara Hinkson Craig & David M. O'Brien, *Abortion and American Politics* (New Jersey: Chatham House Publishers, Inc., 1993), p. 11.

1943 年“泰尔斯顿诉厄尔曼案”（Tileston v. Ullman）中，一位因向病人提供避孕咨询而被州法庭定罪的医生上诉最高法院。最高法院裁决认为他没有资格提出上诉，因为他没有被逮捕，并判病人与他同样有罪。[①]

虽然 19 世纪中叶以后，自由主义思想已经深入人心，但在那时堕胎还只是一个医疗方面的问题，并不涉及宗教、人权及伦理道德。而关注堕胎问题的人士也只限于少数医学界的精英，因为他们是堕胎法下最容易被起诉的一群。

（三）堕胎法改革时期（20 世纪 60 ~ 70 年代）

20 世纪 60 年代末 70 年代初，为堕胎法的改革时期。一方面是由于 60 年代争取堕胎合法化的斗争伴随着性解放和妇女权利的运动而发展起来的；另一方面，随着医疗技术水平的提高，妇女怀孕、生产及堕胎的危险性已大幅度降低，以往那种为挽救孕妇生命而堕胎的情形已不多见。外科医生对堕胎也不再具有高度的共识。堕胎已不仅是一个医疗问题，而且成为一个涉及胎儿和孕妇生命的道德问题。另外，非法堕胎的高死亡率，使得人们开始考虑堕胎法的改革。据统计，在 60 年代，美国每年约有 5 万名育龄妇女死亡，其中因非法堕胎或自行堕胎致死者为 1 万，占育龄妇女死亡人数的 20%。[②]

此外，20 世纪 60 年代发生的两件事，引发了更多的美国人对堕胎问题的关注，也使得更多的社会大众及精英阶层投入堕胎法改革中去。

首先是发生在 1962 年的谢丽·芬克夏因案（the Sherri Finkshine case）。谢丽在怀第五胎时已有了 4 个孩子，因怀孕期间曾服用了镇静剂，担心造成日后胎儿畸形，于是寻求堕胎。她的私人医生出于经济及人道主义考虑，愿意为她堕胎；而一般民众也同情她的处境，赞成她堕胎；但亚

---

① Barbara Hinkson Craig & David M. O'Brien, *Abortion and American Politics* (New Jersey: Chatham House Publishers, Inc., 1993), p. 6.

② 这是当时的 The National Association to Reform Abortion Laws（现在 the National Abortion and Reproductive Rights Action League）的统计数字。见“Abortion – Related Death,” see Safe and Legal, Ohio Right to Life Home, Comments to Life@ ubfubet. com。也有学者认为这一数字比率过高，与实际情况不符。实际上的数字应为 14%。见 Kristin Luker, *Abortion and the Politics of Motherhood* (Berkeley, Los Angeles, London: Harbard University Press, 1984), p. 74。

利桑那州法令禁止堕胎。出于无奈，谢丽只得到瑞典堕胎。

1966年旧金山流行麻疹，使得堕胎问题再度成为人们关注的焦点。众所周知，孕妇若感染麻疹，将生下严重残疾的婴儿。当时的一些医生不顾堕胎禁令，为已感染麻疹的孕妇堕胎。同年5月，旧金山司法人员逮捕了21名为患有麻疹的孕妇堕胎的医生。此举引起医学界人士及社会大众的普遍不满。在他们的支持下，被逮捕的医生胜诉。①

同一个世纪前相比，堕胎合法化运动在法律上的某些方面取得了一些进展。在此期间，共有14个州在法律上做了一些改变。堕胎在以下情况下被认为是合法的：当孕妇有生命危险时，孕期不正常，以及被强暴而受孕时。阿拉斯加、夏威夷、纽约和华盛顿四个州则走得更远，它们废止了将早期堕胎定罪的法律。1965年，最高法院在康涅狄格州计划生育执行主席格里斯沃尔德诉康涅狄格州案（Griswold vs. Connecticut）中，推翻了1943年对"泰尔斯顿诉厄尔曼案"的判决，裁定康涅狄格州的法令是"非同寻常的愚蠢法律"，对已婚者宣传避孕常识无罪。② 1967年，加利福尼亚州通过了改革性的堕胎法案，允许为保护母亲身心健康所必需的堕胎，以及因强暴、乱伦及胎儿畸形所做的堕胎。

1973年，最高法院在审理挑战得克萨斯州堕胎法的"罗诉韦德案"时，作出了如下裁决：

（1）得克萨斯州法律不考虑怀孕的阶段和其他利益，把保护母亲以外的堕胎均规定为犯罪，从而违反了宪法第十四条修正案的正当法律程序条款；③

（2）在第一个孕期，④ 母亲的身体是她自己的，她和医生有权决定她是否堕胎；在第二个孕期，州政府有权利和义务保护母亲的身体（允许为保护母亲的身体而堕胎）；最后一个孕期则属于胎儿，不允许此时中止胎儿的生命。只有在挽救母亲生命的情况下方可堕胎。

不难看出，最高法院的此项判决基于以下几点认识。

---

① 陈美华前引文，第34页。

② 陈美华前引文，第34页。

③ 李道揆：《美国政府与政治》，中国社会科学出版社，1990，第692页。

④ 美国将整个怀孕过程的九个月分为三个孕期（trimester），怀孕的前三个月为第一孕期，中间三个月为第二孕期，最后三个月为第三孕期。

（1）在孕期的前六个月，能否堕胎是妇女个人的隐私权。它与避孕、性、婚姻、生殖、分娩等一样，是受宪法所保障的个人基本权利，任何州不得予以剥夺。判决书写道：“个人自由和限制州的行动的概念”所包含的“隐私权……足以宽到包含一个妇女作出是否终止妊娠的决定”。[①]

（2）否认“人的生命起自于受孕”这一学说，认为胚胎（embryo）和胎儿（fetus）尚未成为完整的人，不受宪法第十四条修正案保护。在孕期的前六个月，母亲的选择权高于胎儿的权利。

（3）在怀孕的第24～28周时，胎儿可以离开子宫而独自存活[②]，妇女的堕胎权应当受到限制。在这一时期，胎儿的生命权高于怀孕妇女的隐私权和选择权。

最高法院的此项裁决是个里程碑，它不仅宣布同此案有关的得州堕胎法违宪，也推翻了其他各州关于堕胎的法律限制，从而使妊娠早期的堕胎合法化。对于支持堕胎的人士来说，此项裁决虽有未竟之处，但毕竟这是一个重大的胜利，因为它赋予了怀孕妇女在一定时期内的堕胎自由。然而对于主张保护未出生婴儿的权利、反对堕胎的人士而言，这是反堕胎运动的开始。自此，合法及非法的反堕胎事件频繁发生，目的就在于推翻此项判决。

二　“重生命”与“重选择”间的论战

1973年最高法院对“罗诉韦德案”的裁决，在美国立即引起轩然大波。很多人认为，它分裂了美国。“计划生育会”、“全国妇女组织”、“全国堕胎权利行动同盟”和“计划生育之友社”等团体，纷纷表态支持此项判决。反堕胎者则发起成立了“美国生命权利委员会”、“美国生命同盟”，抨击最高法院的判决。两派间的论战，由此展开。由于涉及宗教、伦理以及人的生存权、价值观等深层问题，这场持续了20多年的论战变得越来越激烈，越来越动感情。

就在该案宣判后的第二天，女权主义者贝拉·阿布朱格（Bella

① 李道揆：《美过政府与政治》，第692页。

② 这是当时的医学标准。

Abzug）在国会大厦的台阶上发表演说称“昨天判决的结果是使无数的美国妇女感到更安全和自由”。与此同时，参议员詹姆斯·艾伦（James B. Allen）则对同事说：“我认为这是一项错误的法律、错误的逻辑以及错误的道德标准。最高法院正在重蹈覆辙，它首先恢复了死刑制度，随后又将其强迫运用到未出生的婴儿身上。”①

大体说来，论战是以强调胎儿生命权的“重生命”（pro-life）者为一方，以强调妇女选择权的“重选择”（pro-choice）者为另一方。

在反对堕胎、强调生命价值的一方中，以天主教徒、新教右翼人士及主张维护传统价值观及社会秩序的保守主义者为主。他们试图使国会通过宪法修正案，推翻最高法院对“罗诉韦德案”的判决。他们认为：

（1）生命开始于受孕那一刻。生命是神圣的，来自于上帝的赐予，只有上帝才能结束人的生命。未出生的婴儿是同母亲一样的人，其生命权不得予以剥夺。当然，其他的权利也很重要，诸如选择权、个人隐私权，但没有任何一项权利比人的生命更重要。

（2）最高法院对“罗诉韦德案”的判决是一项错误的决定，它给予母亲太多的堕胎自由，却没有珍视未出生婴儿的生命权。其结果是将会引发对生命伦理的普遍不尊重，使“杀人合法化”。因此，应当禁止或严格限制堕胎，并应将此写进美国宪法的人权修正案当中。

（3）要求堕胎的妇女，只有很少一部分人是真正出于健康、被强暴等原因而不得不进行堕胎，大多数人则是因为根本不想要孩子，这是一种不负责任的行为。在一项对1900名要求堕胎妇女的调查中发现，她们当中只有7%的妇女是由于维护健康、被强暴等原因而不得不寻求堕胎，93%的人则是因为未婚、“不想让别人知道自己有性生活或是怀孕”、“生孩子会改变生活”、尚在就学、无力抚养等原因。②

（4）最高法院对“罗诉韦德案”的判决在性、责任及计划生育等问题上传达了一种错误的信息。由于能够轻易堕胎，人们可以不负责任地进行性行为。堕胎合法化及政府给予堕胎的医疗补助，意味着对那些不正当性行为的支持，这必然导致道德的沦丧。而最大的受害者则是青少年。

① Craig & O'Brien, op. cit., p. 103.

② Rush Limbaugh, op. cit., p. 52.

在支持堕胎、强调"选择权"及"隐私权"的阵营中，则以女权主义者及自由派人士为主，他们的目标在于废除一切有关堕胎的法律，而不是将其合法化。他们认为：

（1）胎儿虽然具有潜在的生命，但不是完整的人，不受宪法保护。怀孕妇女的权利重于胎儿的任何一种权利。

（2）堕胎纯属个人的隐私，他人不得干涉。孩子比其他任何一种事情更能影响妇女的生活，甚至改变她们的一生。很多妇女因为避孕失败而怀孕，她们不应因此而被迫改变教育、工作、婚姻及生育规划。"身体自决"及"生殖自由"是女性的基本权利，如果没有这些权利，妇女也就不可能得到真正的平等与自由。

（3）禁止堕胎并不能使妇女停止堕胎。不想要孩子的怀孕妇女将转而寻求非法的、危及生命的、不安全的堕胎，这必然导致堕胎死亡率的上升。统计数据表明，堕胎合法化以来，妇女死于堕胎的人数大幅度降低。1981 年，妇女堕胎死亡率已由 1973 年以前的 20% 降至万分之五。① 因此，堕胎只有合法才能安全。

（4）对"罗诉韦德案"的判决体现了两个重要的思想，一是生命开始于诞生，而不是受孕那一刻，二是妇女的隐私权和选择权。基于此，妇女得以控制自己的生活，享有与男人同等的权利。

在上述两个针锋相对的阵营中间，还存在着温和的大多数，他们强调"尊重差异"（Respecting Differences）。这些人认为：无论是"重生命"派还是"重选择"派，对堕胎问题的答案都过于简单和片面，不是问题的最佳解决方案。美国是一个移民国家，移民来自不同的国度，有着不同的宗教和历史背景。有些人认为堕胎是杀人，但也有人不认同这一观点。在美国应当允许各种观点并存。而支持堕胎或反对堕胎的人士，他们所强调的只是母亲或是孩子其中一方的权利，没有考虑堕胎对于整个社会的长期影响。事实上，怀孕妇女、未出生的婴儿及社会三者的权利都应当受到

① 根据 Abortion Related to Death 和 Hearings on Constitutional Amendments Related to Abortion 的数据计算得出。见 Abotion – Related to Deaths，Comments to Life@ infinet. com；Committee on the Judiciary，Subcommittee on the Constitution，Hearing on Constitutional Amendments Related to Abortion（97th Cong. 1st sess.，1981），Appendix，p. 105。转引自 Craig & O'Brien，op. cit.，p. 111。

尊重。

还有人认为，法国沿用至今的1975年堕胎法较为可取，它认为生命开始于受孕，在孕期的前十周中妇女有选择堕胎的权利。但在决定作出之前，怀孕妇女必须向政府服务机构提出咨询。医生、顾问应向其说明生命的价值，以及作为一个母亲对社会的贡献，极力劝阻其堕胎。一周后，若她仍执意堕胎，方可施行手术。由于健康等特殊原因而进行的堕胎，政府负担全部费用，其他原因的堕胎，政府负担费用的70%。与此同时，该堕胎法还认为应当向妇女宣传避孕知识，使她们掌握避孕的方法。与“罗诉韦德案”相比，法国堕胎法的优点在于，一是强迫妇女在决定堕胎以前进行慎重的考虑，二是政府向妇女提供帮助。①

有趣的是，上述三种观点虽然内容各异，有的甚至针锋相对，但他们的理论依据却是相同的，即《独立宣言》中的“天赋人权”思想和《圣经》。

美国是一个有着深厚自由主义传统的国家，自由、平等和民主的观念渗透到美国人生活的每一个角落。而这些观念最早可追溯到英国思想家洛克的“自然权利”和“社会契约”说。洛克认为，国家是从“自然状态”转变而来的。在自然状态中，人人都是平等的，享受着不可转让和不可剥夺的自然权利，即生命、自由和财产。“而理性，也就是自然法，教导着有意遵从理性的全人类：人们既然都是平等的，任何人就不得侵害他人的生命、健康、自由或财产。”② 政府的目的在于最大限度地保障人民的自然权利，为人民谋福利。“当立法机关力图侵犯人民的财产，使他们自己或社会的任何部分成为人民的生命、权利或财富的主人或任意处分者时，他们背弃了他们所受的委托。”③

杰斐逊起草的《独立宣言》对洛克的民主思想说作了更明确地表述，它指出：“我们认为这些真理是不言而喻的：人人生而平等，造物者赋予他们若干不可剥夺的权利，其中包括生命权、自由权和追求幸福的权利。为了保障这些权利，人类才在他们之间建立政府……当任何形式的政府对

① Forlizzi, op. cit., pp. 19－22.

② 洛克：《政府论》下篇，商务印书馆，1993，第6页。

③ 洛克：《政府论》下篇，商务印书馆，1993，第133页。

这些目标具有破坏作用时，人民便有权利改变或废除它。"[①]

不论是"重选择"派、"重生命"派还是"尊重差异"派，它们所依据的都是洛克和《独立宣言》所说的天赋人权思想。但由于各自的出发点不同，对"自然权利"中的诸权利各有所侧重。"重选择"派强调的是怀孕妇女的自由权和选择权、隐私权，"重生命"派强调的是未出生婴儿的生命权。"尊重差异"的中间派虽然试图寻找到一个能够兼顾社会、怀孕妇女及未出生婴儿三者权利的解决方案，但最终他们的落脚点还是放在自由权和选择权上，即尊重怀孕妇女在慎重考虑后所作出的选择。

虽然美国在立国之初就严格实行政教分离，但基督教的力量无所不在。19 世纪 30 年代托克维尔在对美国的民主进行实地考察后认为，美国是"基督教到处都对人们灵魂发生强大的实在影响的国度"。[②] 据盖洛普 1975 年的民意调查显示，美国有 96% 的成年人相信上帝，84% 的人认为自己是基督教徒，90% 的成年人祈祷，75% 的人至少每天祈祷一次。[③] 相对而言，"尊重差异"的温和派较少涉及宗教问题，他们认为不同的宗教信仰应当受到尊重。"重生命"和"重选择"两派观点虽然针锋相对，但双方都从《圣经》中寻找依据，并通过对《圣经》条文的不同解读，佐证自己的观点。

"重选择"派认为，《圣经》没有提"堕胎"这个词，但实际上是赞成堕胎的，因为它认为婴儿只有在出生以后才成其为人。例如《创世纪》中记载，寡妇他玛在怀了公公犹大的孩子三个月后被发现了。"有人告诉犹大说：'你的儿妇他玛做了妓女，且因行淫有了身孕。'犹大说：'拉她出来，把她烧了！'"[④] 这里暗含的假定就是胎儿只有在出生之后才可以成为人。因为，如果他玛腹中的双胞胎被认为是人的话，对她的处罚则应当改在孩子出生之后执行。又如《出埃及记》所载："人若彼此争斗，伤害有孕的妇人，甚至堕胎，随后却无别害，那伤害她的总要按妇人丈夫所要

① 《美国历史文献选集》，美国驻华使馆新闻文化处，1985，第 12 ~ 13 页。

② 托克维尔：《论美国的民主》下卷，商务印书馆，1993，第 337 页。

③ 爱伦·埃尔斯纳：《基督教是美国一支强大的社会力量》，载 1997 年 5 月 29 日《参考消息》，第 47 页。

④ 《旧约全书·创世纪》，38：24。

的，照审判官所断的受罚。若有别害，就要以命偿命。”① 支持堕胎者认为此处应当理解为，如果两个男人争斗伤及怀孕妇女，使其流产，而伤害她的人只需付其丈夫所要罚款即可。但如果她死了，伤人者则须偿命。这里实际上讨论了怀孕妇女和胎儿生命的不同价值，答案是怀孕妇女的生命重于未出生的婴儿。凡此种种，还可见《圣经》中的《民数记》（3：15）、《利未记》（27：6）、《诗篇》（51：5）、《以赛亚书》（49：1）、《耶利米书》（1：5）以及《传道书》（6：3～5）等。

反堕胎者认为《圣经》中无一处提到堕胎在精神和道德上合法，恰恰相反，《圣经》教导人们尊重所有的生命。这是因为人类是全能的上帝的创造物，只有上帝能够决定一个人的受孕、出生、流产或是死亡。人在还未出生时就已具备了上帝所造之形象：

> 你的手创造我，造就我的四肢百体；②
>
> 我的肺腑是你所造的；我在母腹中你已庇覆我。
>
> 我要称谢你，因我受造奇妙可畏。你的作为奇妙，这是我心深知道的。
>
> 我在暗中受造，在地的深处被联络，那时，我的形体并不向你隐藏。
>
> 我未成形的体质，你的眼早已看见了。你所定的日子，我尚未度一日，你都写在你的册上了。③

他们还认为，生命开始于受孕，是《圣经》的另一重要思想。关于此，可见《路加福音》（1：15，1：41，1：42）和《加拉太书》（1：15－16）。

其实，从宗教意义上支持或反对堕胎的人，根本区别在于他们的哲学理念不同。反对堕胎者，大多是基督教徒中的天主教徒及虔诚的新教徒，他们信奉“创世纪”说或是“三位一体”的学说，即上帝造人，而上帝（圣父）、耶稣（圣子）和圣灵（道）同为一体。他同人的灵魂相联系，并以此来拯救人类。一切反自然的行为，如堕胎、避孕、离婚和同性恋，

① 《旧约全书·出埃及记》，21：22～23。

② 《旧约全书·约伯记》，10：8。

③ 《旧约全书·诗篇》，139：13～16。

他们都反对。他们从上帝造物的角度出发，认为堕胎无异于谋杀。支持堕胎的人，大多是新教徒中的开明人士和自由主义者。在某种程度上，他们接受了达尔文的进化论，并把宗教和科学巧妙地调和起来。

从社会意义上支持或反对堕胎的人，则与他们一贯的社会政治理念分不开。保守主义者强调以秩序为中心的公正、自由和秩序。在伦理道德方面，他们主张维护家庭、社区及传统价值观念。他们认为，自 60、70 年代以来，美国已经变成了一个道德沦丧的社会，而现代自由主义则是造成伦理衰败的根源。在堕胎问题上，他们使用天主教式的宗教语言，反对任何形式的堕胎和避孕，声称要为婴儿打一场圣战。支持堕胎的自由主义者承袭了自霍布斯、洛克以来的自由主义思想，坚持个人的自由、权利和幸福。他们从个人权利的角度出发，认为女人有生殖的自由、控制自己身体的权利以及是否终止怀孕的选择自由。

随着胎儿学的研究进展和医学技术的不断创新，人们对于生命有了进一步的认识。关于堕胎的争论也越来越激烈。一些医生举出若干的医学例子证明，胎儿在很小的时候就有感觉，有自己的喜怒哀乐。胎儿的疾病可以使用外科手术通过母体得到治疗。还有的医生，如里根时期公共卫生局长、著名儿科医生库普（C. Everett Koop）以他 30 年的临床工作经验，生动地讲述了残疾以及贫困儿童对生命的渴望。① 支持堕胎和反对堕胎的人士经常在堕胎诊所前进行对抗性的游行示威，反对派人士举着出自《圣经》的"不可杀人"（Thou shalt not kill）的标语牌，并以血淋淋的图片劝退那些想要堕胎的妇女。而自由派人士则在纠察线旁散发有关避孕知识的材料，帮助那些想要或是刚刚做完堕胎手术的妇女。

堕胎与反堕胎之争持续至今已有 20 年了，虽然反堕胎的声浪与日俱增，但实际上，这是一场零和游戏，没有胜负。据盖洛普民意调查显示，1982 年，有 56% 的美国人赞成妇女有权自行决定堕胎，44% 的人反对。② 到 1994 年，有 41% 的人赞成妇女有权堕胎，53% 的人反对。③ 从数字上

① C. Everett Koop, "The Slide to Auschwitz," in Ronald Reagan, *Abortion and the Conscience of the Nation* (New York: Thomas Nelson Publishers, 1984), pp. 41 – 73.

② 李道揆：《美国政府与政治》，第 694 页。

③ National Right to Life, "National Poll Shows Abortion Issue Favored Pro-life Candidates," Internet, NRLC.

看，近年来反对堕胎的人数确有增加，但幅度并不大。虽然反堕胎声浪很高，但支持堕胎与反对堕胎的力量实际处于对等状态。原因在于，一些人虽然支持堕胎，但却不在公开场合表态。因为在他们看来，堕胎是件可做而不可说的事情。

三 堕胎与美国妇女运动

发生在20世纪60年代中期的当代美国妇女运动，其目标涉及妇女权益的方方面面，争取堕胎合法化，是其重要内容之一。

美国当代妇女运动所针对的是沿袭了几千年的父权制社会。女权主义者认为，西方社会中的女性从属地位来源于其文明的塑造者基督教和洛克的自由主义学说。《圣经》告诉人们，上帝给予亚当控制夏娃的权力。亚当听从了夏娃的话，偷吃了禁果。上帝得知此事后震怒，决意惩罚夏娃。他对夏娃说："我必多多增加你怀胎的苦楚，你生产儿女必多受苦楚。你必恋慕你丈夫，你丈夫必管辖你。"① 这就定下了女性依附于男性的基调。在这里，怀孕、生产是作为一种惩罚强加于女性身上的。

洛克虽然倡言天赋人权，但是他的哲学重心在于人们通过订立契约，建立政府以保护人们的自然权利。而家庭则是通过夫妻之间的婚姻契约而成立的。婚姻所要达到的目的是生儿育女和共同生活时的相互支持和帮助。在家庭中，夫妻意见不同的时候，"有必要使最后的决定即统治有所归属，这就自然而然地落在较为能干和强健的男子分内了。但是这只限于有关他们共同利益和财产的事情，妻子仍然充分和自由地保有契约规定为她的特有权利的事项，至少她所给予丈夫的支配她生命的权力并不大于她所享有的支配丈夫的生命的权力"。"所以我们对一个家庭的主人，连同在一个家庭的对内统治下结合在一起的妻子、儿女、仆人和奴隶的一切从属关系来考究，尽管这种家庭在其秩序、职务和人数方面类似一个小的国家，但是在它的组织、权力和目的方面是很不相同的。"② 女权主义者认为，在洛克的理论中，他所说的"人"实际上是指男性，而女性由于在家

① 《旧约全书·创世纪》，3：16。

② 洛克：前引书，第50～52页。

庭中所负有的生育和抚育后代的专门角色，被排斥在社会政治之外。

女权主义者还认为，从实际情况看，女性长期受压迫的根本原因在于她们特有的生殖能力。父权制社会是以生理特征来界定人的社会地位。妇女由于具有繁衍后代的能力，因此她们一生最大的价值在于为家庭、社会繁衍后代。她的生活也因此被限制在家庭领域中，母亲是妇女所扮演的最重要的角色。然而这并不是无法改变的。妇女只有享有控制自己身体以及决定是否终止怀孕的权利，才可以进入公共生活，享有她应当享有的其他的自然权利。

美国全国妇女联合会的首任主席、"现代美国妇女运动之母"贝蒂·弗里丹1963年出版的畅销书《女性奥秘》揭开了当代美国妇女运动的序幕。弗里丹在书中驳斥了那种认为妇女只能做贤妻良母和花钱购物的论调，强调妇女的人格以及妇女享有平等机会、参加主流社会、自主控制自己生育的权利。她认为贤妻良母观点的现实基础在于妇女的寿命比她们的生育期长不了多少，她们无法控制自己的生育。而在现代社会中，有效的避孕手段可以在很大程度上控制生育，使妇女除了做贤妻良母之外，还可以发挥更多的社会作用。因此，当代美国妇女运动第一阶段的一个重要目标是，"争取权利控制我们自己的生育过程，即由妇女自己决定何时生育，是否生育，以及生多少个孩子"。①

美国妇女运动有系统、有组织地投入堕胎运动是在1967年。是年，美国全国妇女组织（National Organization for Women，NOW）在经过激烈的大会辩论后，将堕胎纳入妇女权利法案中。

争取堕胎合法化是20世纪60～70年代拥护堕胎的美国妇女运动参与者们所追求的共同目标，但由于各自的出发点不同，她们的立场和角度也有所不同，大致可分成自由派和激进派。自由派人士沿用了自由主义者一贯的思考模式，从妇女权利的角度出发，强调堕胎是妇女的自由选择权，受宪法保护。女人有生殖自由的权利。男女生来是平等的，但由于妇女所具有的生殖能力，她们不得不日复一日地重复无薪的家庭劳动，因而造成了现实生活地位的不平等。控制生育，是妇女走向社会的先决条件。在性

① 简·A. 莫尔斯：《美国妇女运动的杰出战士：贝蒂·弗里丹访谈录》，《交流》1995年第3期，第29、32页。

问题上，她们认为，性活动是美好的，其目的不在于繁衍后代，而在于追求人与人之间的亲密接触。因此，避孕是性生活中的重要一环。激进派则认为，那种基于“自由选择”的观点，是在男性所提出的理论体系下看待女性的生殖自由。应当建立一种以“女人为中心”的思维模式，以女性生活的实际体验为出发点。她们认为，女人所特有的生殖能力是其集体受压迫的根源，女人因此而被当做男人的私有财产，男人在她身上所施行的任何一种暴力，都被视为理所当然。男人控制着女人的堕胎、怀孕、生产等一切生殖过程。因此，“性即暴力”，“性即强暴”。NOW 所追求的改革目标是错误的，因为堕胎本身就是对怀孕妇女身心的暴力。从这个角度出发，她们强烈抨击传统的家庭功能，反对有孩子的婚姻，鼓励单身生活，敌视男性。

最高法院对“罗诉韦德案”的裁决，虽是妇女运动史上的一个重大胜利，但激进派和自由派对此都不满意。自由派的目标在于废除所有的堕胎限制，而不在于将其合法化。她们认为，1973 年后的一些州通过种种法案对堕胎加以限制，使妇女的选择自由变得相当有限，使堕胎合法化流于形式。激进派则认为，堕胎合法化会使男人对女人的暴力更加肆无忌惮，女人的生活境遇将更悲惨；唤醒妇女的自觉意识，根本杜绝性行为，才是解决问题的根本办法。

在反堕胎者当中，也不乏女性。她们大多接受了天主教关于性的观念，认为性是神圣的、崇高的，是为生殖以及家庭而存在的。因而，避孕、堕胎、婚外性行为、婚前性行为都是反家庭和不道德的。

在保守主义回潮的 20 世纪 80 年代，女权主义者有关家庭、性及生殖自由的论述，成为保守派人士攻击的首要目标，因为在他们看来，这些论述是 70 年代以来美国社会出现的传统道德沦丧、家庭解体危机的罪魁祸首。就妇女运动本身而言，它在 80 年代也开始渐趋温和，激进派力量式微，一些女权主义者回归传统。弗里丹曾倡言家庭是有系统地压迫女人的机构，因此女人必须从家庭中解放出来。但到了 80 年代，在其《第二阶段》一书中，她却十分担忧现代美国妇女否定家庭重要性的趋向，号召必须让美国家庭重获新生。她提出男女间的关系应建立在互爱互助而不是敌视的基础上。曾经认为性是一种残疾、怀孕是一种疾病的杰梅因·格里尔（Germaine Greer）在她 80 年代出版的《性别与命运》一书中，坦承从前的错误，并极力攻击性自由。被誉为“堕胎先锋”的伯纳得·内桑森（Bernard Nathanson）曾经是鼓吹堕胎的积极分子，最高法院1973年的判决中还特别引述他的言论来佐证。到了80年代，他已成为一名全面反对堕胎的主要人物。他指出，随着医学研究的不断进展，胎儿已被证明是一个独立的生命个体。也由于这些研究的发展，美国许多医院中的护士拒绝进入手术病房从事堕胎手术，因为她们不愿看到生命被扼杀的悲剧。①

进入90年代，在反堕胎势力咄咄逼人的压力下，即使最激进的女权主义者在谈论堕胎时也避免直接使用“堕胎”这个词，但她们的立场并未改变，只是形式上更加温和。

已经持续了20多年的美国当代妇女运动，在堕胎合法化方面作出了相当大的贡献。但是，作为美国自由主义一支重要力量的美国妇女运动如今也同样面临困境。一方面，堕胎合法化以来所出现的高堕胎率，特别是无限制堕胎在青少年中泛滥的现实，也同样引起了女权主义者的担忧。从数字统计上看，美国堕胎率在1980年达到最高峰，为2.5%。此后该数字有所下降，1994年降至2.1%。总体上看，美国的堕胎率在下降，但下降主要表现在30岁以上的育龄妇女当中，18~24岁的青少年的堕胎率虽然也在同步下降，但在堕胎总人数中所占比例却依然很高，约为40%。而在对150万进行过堕胎手术的美国妇女的调查中，调查者发现她们的内心都受到了不同程度的伤害。② 另一方面，女权运动者从权利角度出发，强调“人人平等”，但是，她们却忽略了男女在生理上的不平等。这就使得妇女在争取平等权利的同时，丧失了因先天原因而应当享受的照顾，如产假、堕胎后的休息以及孕期的工作等。这样，受伤害的依然是妇女。

四 反堕胎运动与美国政治

虽然以天主教徒为主要力量的反堕胎运动早在五六十年代就已经开始，但真正大规模、有组织地展开，则是在“罗诉韦德案”裁决之后。

① 陈毓钧：《保守主义与美国政治》，台北，中国文化大学出版部，1989，第154、114页。

② “Abortion Less on Demand,” *The Economist*, April 12, 1997.

“罗诉韦德案”宣判以后，堕胎人数在美国急剧增加。据统计，1973年以来，美国每年有近1500万人堕胎，占每年怀孕妇女总数的1/5。① 在每年的怀孕妇女当中，约有100万人年龄在15~19岁，3万人年龄未满15岁，其中半数以上怀孕少女以堕胎方式终止怀孕。② 仅1975年一年，就有4500万美元的联邦基金用于补助至少30万名妇女堕胎。③ 这一数字，引起了美国社会各界的震惊，堕胎也因此而成为美国政治生活中的一个重要议题。历届的州长、总统选举，历任大法官就职，都要对这一问题进行表态。民主、共和两党分别把他们在堕胎问题上的主张写进总统的竞选纲领中。④ 堕胎问题还进入国会，成为预算辩论时的焦点。

“罗诉韦德案”的裁决宣布之后，反堕胎组织发起了“保护生命运动”，通过合法及非法手段来表达他们的意见。合法手段包括各种形式的辩论、集会、游行示威，促请国会和州议会制定法律，以种种方式限制堕胎，限制用公款补助穷人堕胎，最终目的在于推翻最高法院对“罗诉韦德案”的判决。非法手段包括对做堕胎手术医生护士的恐吓、绑架、射杀及焚毁、袭击、爆炸做堕胎手术的医疗诊所等。1977~1983年的7年间，共发生149件堕胎诊所暴力事件（包括电话恐吓、袭击、死亡威胁、纵火、绑架、谋杀及试图谋杀、爆炸及入侵等）；1984年，该数字增至131件；1993年为最高，达434件，其中极端暴力事件为43件（指谋杀、纵火、爆炸）。1994年虽然暴力事件案发总数有所下降，但被射杀的医生却增至4人。1994年，共发生极端暴力事件25件，1995年为17件，1996年则为3件。⑤

在反堕胎势力的压力下，国会以及各州相继制定出一些法律，对堕胎加以某些限制。最高法院也在维护“罗诉韦德案”判决的前提下，作出一些让步。但反堕胎人士试图推翻1973年判决的努力一直未获成功。堕胎问题在不同的历史时期呈现出不同的发展特点。大体上可分为70、80和90

① “Abortion Related to Deaths,” Internet, Comments to Life@ infinet. com.

② Forlizzi, op. cit. , p. 15.

③ Planned Parenthood of Central Missouri v. Dnforth, 428 U. S. 552 (1976). 转引自 Craig & O'Brien, op. cit. , p. 159。

④ 两党对于堕胎问题的具体主张，参见“Abortion and Party Platforms, 1980, 1984, 1988, 1992,” Craig & O'Brien, op. cit. , pp. 166 - 168。

⑤ Clinic Violence Sruvey Report, 1994, 1995, 1996, Internet, National Abortion Federation.

年代三个阶段。

(一) 70年代，尼克松、福特和卡特执政时期

这三位总统虽然都反对堕胎，但却很少付诸行动。在此时期，国会通过一些法案，对堕胎加以限制，但总体说来，支持堕胎的自由派处于攻势，反堕胎者处于守势。

尼克松有关堕胎的主要言论见诸"罗诉韦德案"之前的1971年，是年，他修正了美国军事基地的医院中允许堕胎的惯例，为的是"与美国的法律保持一致"。尽管尼克松试图避免卷入堕胎与反堕胎之争，但他还是表达了对这一问题的个人立场。他说："从我个人及宗教信仰的立场看，堕胎作为人口控制的手段是不可取的。"① 福特在1976年会见天主教联合会成员时明确表示："依我个人看来，最高法院的判决是不明智的。在堕胎问题上我个人的立场是：反对无限制堕胎；各州的人民应当享有合乎宪法的权利控制堕胎。"② 然而两个星期以后，他却否决了国会通过的一项拨款，其中包括禁止用联邦保健经费支付堕胎费的"海德修正案"。

卡特就任后，试图找到一条中间道路，使支持和反对堕胎的人士都满意。他一方面提名"重选择"派的激进人士科斯坦萨（Midge Costanza）为白宫特别助理；另一方面提名反对堕胎的天主教徒卡利法诺（Joseph Califano）为健康、教育和社会福利部长。1977年，最高法院作出了对"马尔诉罗案"（Maher v. Roe）的判决，宣布各州支付医疗性堕胎而非自愿性堕胎费用并不违宪。1980年，曾遭福特否决的"海德修正案"获得通过。在离任的几个月前，他说："我不支持堕胎。作为一个总统，我已做了我所能做的一切，把堕胎控制在最小范围内。我坚决反对将联邦基金用于补助堕胎。然而关于此，我看不到任何通过宪法修正案的需要，因为最高法院的判决适合我们的国家。"③

① Richard Nixon, "Statement about Policy on Abortions at Military Base Hospitals in the United States," (April 3, 1971) Public Papers of the Presidents of the United States, 1971 (Washington, D. C.: Goverment Printing Office, 1972), p. 127.

② Craig & O'Brien, op. cit., p. 161.

③ Ibid., p. 165.

福特、卡特上述这种言行不一的做法，与自由主义在美国的发展不无关联。自20世纪30年代罗斯福新政以来，自由主义一直是主宰美国政治的主流力量。进入70年代，自由主义虽然出现许多弊端，保守主义有了长足的进展，但自由主义仍然位居主流地位。直到70年代末，美国政治思潮才向右转。

（二）80年代，里根、布什执政时期

随着20世纪80年代保守主义势力的抬头以及里根坚定的反堕胎立场，反堕胎力量得以加强，支持堕胎的自由派力量由攻势转为守势。

20世纪80年代以前，没有任何一位总统像里根那样旗帜鲜明地反对堕胎。与尼克松、卡特、福特不同，里根的反堕胎立场不仅在言论上，而且表现在行动上。从1980年和1984年共和党竞选纲领中，我们可以清楚地看到里根政府对这一问题的立场：

> 尽管争议性极高的堕胎问题本身具有复杂的性质，但是毫无疑问，堕胎问题始终是关系到法律下权利平等的问题。我们知道美国社会大众——或者在共和党内，对此有不同的意见，但是我们支持通过一项宪法修正案来保护未出生婴儿生命的权利。同时我们也希望国会在努力限制堕胎时，得到纳税人的资助。(1980年)
>
> 未出生婴儿基本的个人生存权利，不容侵犯。我们再度支持保障人类生存的宪法修正案，我们赞成立法，让宪法第14条修正案的保护条款用于未出生的婴儿身上。我们反对使用公共资源补助堕胎，对于支持堕胎的机构，取消资金补助。(1984年)①

1983年，在“罗诉韦德案”十周年之际，里根发表了一篇题为《堕胎与美国的良心》的演说。他说：“现在是终止和思考这项法律的时候了。……自1973年罗案判决以来，已有1500万未出生的婴儿在合法堕胎中死亡。这个数字是我们国家在以往所有战争中死亡人数的十倍”，“我们

① “Abortion and Party Platforms, 1980, 1984, 1988, 1992,” Ibid., pp. 166 - 167.

的国家已不是第一次被最高法院分裂成两半。德雷德·斯科特诉桑德福特案[①]不是在一天、一年或是甚至十年间被推翻的"，"我们无法做到在消除一个生命——未出生的婴儿——的同时，而能做到不消灭我们人类所有的生命之价值"。[②] 次年，托马斯·纳尔逊出版公司将该演说与库普等人的文章合编，一起结集出版。里根是美国历史上第一位就堕胎问题出版专书的总统。

里根政府在堕胎问题上的做法主要是：将个人道德与公共道德糅在一起，赋予堕胎问题浓厚的道德色彩；推动国会以宪法修正案或其他立法，限制任意堕胎；任命反对堕胎的保守派人士任首席大法官；限制对堕胎的公共补助。在里根的第二任期，卫生及人类服务部（Health and Human Service）部长鲍恩（Otis R. Bowen）以行政命令方式，于1988年发布了一个条例，其中规定，在推行家庭计划时，不能提供有关堕胎的医疗咨询；卫生及人类服务部不得授权公立或私立机构，从事鼓励、助长或增进堕胎行为的活动。[③]

里根在堕胎方面的言辞虽然激烈，但政绩却有限。尽管如此，他在这一问题上坚定的立场，自上而下地加强了反堕胎力量，为堕胎问题舆论的转变奠定了基础。

布什从言论到行动完全继承了里根政府的衣钵。1989年，最高法院宣布了对韦伯斯特案（Webster v. Reproductive Health Services）的判决，把密苏里州于1986年制定的禁止用州政府资金补助堕胎、州政府雇员不得施行堕胎以及不得在州政府机构中实行堕胎三项反堕胎条款判定为合法，并裁定生命始于受孕之时。这虽然并没有推翻"罗诉韦德案"判决，却显然是对1973年"罗诉韦德案"判决的极大修正。因为最高法院还裁定密苏里州以外的各州有关堕胎自由的条例同样合法。[④]

里根、布什政府在堕胎问题上的强硬态度是与20世纪80年代保守主

---

① Dred Scott v. Sandford，19 howard 393. 1857年，最高法院在对该案的裁决中，称黑人不是美国公民，国会不得禁止蓄奴。该法案直到1868年宪法第十四条修正案获得各州批准后才被推翻。很多美国人认为，该案把美国分裂成黑白两个世界。

② Ronald Reagan，op. cit.，p. 15，19，18.

③ 陈援斗：《雷根革命及其社会理念与政策》，台北，中国文化大学硕士论文，1994，第95页。

④ Forlizzi，op. cit.，pp. 5 – 6.

义回潮、自由主义面临困境相一致的。里根对生命伦理的大声疾呼得到了越来越多的人支持。据当时的民意测验显示，反对堕胎与赞成堕胎的比率已相当接近。而里根作为总统的支持率一直保持在70%左右，可以与富兰克林·罗斯福相媲美。①

（三）90年代，克林顿执政时期

克林顿秉持民主党在堕胎问题上的一贯立场，支持妇女堕胎的权利。然而他的言辞远比行动温和，试图找到一条介于堕胎与反堕胎之间的中间道路。

1992年的民主党竞选纲领，明白地表示了民主党对“选择权”的支持。其中指出：“民主党人坚定地支持每一位妇女所拥有的选择权，它与‘罗诉韦德案’相一致，受法律保护。”② 然而在竞选中，克林顿却不断强调堕胎应尽量的“少”、“安全”和“合法”。克林顿夫人走得更远，在1994年国会中期选举时，她说：“我认为堕胎是一个错误的选择。”③

从实际做法上，人们不难看出克林顿政府对堕胎所持的支持立场。1993年，入主白宫仅3个月的克林顿，要求国会废止所有关于联邦堕胎基金方面的限制，包括卡特任内通过的“海德修正案”。同时，他所提出的医疗保健方案（Healthcare Bill），将堕胎基金国家化，在公民所购买的“统一医疗保险”中包含堕胎费用。同年11月，克林顿向国会提交的被称为医疗保障法（Health Security Act）的医疗改革方案，扩大了联邦政府在堕胎问题上的权力。在提交给国会的1994年预算案中，克林顿提出恢复对美国堕胎咨询的联邦基金拨款，并由政府支持推行“选择自由法令”。此外，克林顿还任命“重选择”派人士为最高法院法官，接替那些行将退休的“重生命”派法官。④ 近期有关堕胎的争论集中在“晚期堕胎”（partial-birth abortion）问题上。1997年5月20日，经过激烈的辩论，参议

① 陈毓钧：前引书，第207页。

② “Abortion and Party Platforms, 1980, 1984, 1988, 1992,” Craig & O'Brien, op. cit., p. 168.

③ George Mckenna, “On Abortion: Lincolnian Position,” *Atlantic Monthly*, Sept. 1995, pp. 52, 53.

④ “Clinton's Record on Abortion,” Internet, National Right to Life News.

院以64票对36票的表决结果，通过了禁止晚期堕胎的法案。[①] 而在此前不久，众议院也通过了类似的法案。克林顿于1997年10月10日行使否决权，否决了该议案。反堕胎人士并未就此罢休，他们积蓄力量，准备在1998年推翻此项否决。他们认为，1998年的中期选举将会改变参议院的投票情况。看来，关键是在1998年。很显然，如果克林顿的此项否决被推翻，将是对"罗诉韦德案"最大的修正。

同里根、布什和卡特政府一样，克林顿有关堕胎的政策同样受到国内政治思潮所左右。20世纪90年代，美国的政治潮流既不同于70年代的自由主义，也不同于80年代的保守主义，而是介于两者之间，其主调是温和而保守。不管是自由派还是保守派，都吸取了各自以往的历史教训，在一贯的目标与理想不变的情况下，更加务实而中庸。克林顿力图在堕胎问题上把自己塑造成一种中间派的形象，以迎合90年代美国主流的社会思潮。但在实质上，他所秉持的依然是民主党人的一贯理念。

堕胎问题对美国对外政策的影响，最明显地体现在对外经济援助和向联合国人口基金会捐款的两个问题上。对外援助的基本法案502B条款和116条款规定，美国的对外经济、安全援助要依据受援国的人权记录，不得给予公然否认人的生命、自由和安全的权利的国家任何经济或安全援助。据此，里根政府于1984年在墨西哥城召开的联合国人口大会上提出了"墨西哥城政策"，宣布美国将暂停向任何以堕胎为目的计划生育机构或游说集团捐款。克林顿上台后在堕胎问题上所做的第一件事就是，废止"墨西哥城政策"，恢复对联合国人口基金会的捐款。[②] 但在国会反堕胎势力的压力下，此项拨款的数额在逐年下降。据统计，1969~1985年，美国的捐款占联合国人口基金会总收入的30%。1993年克林顿恢复此项捐款后，1995年联合国人口基金会的基金总额为3130万美元，美国捐款350万美元。1996年联合国人口基金会的基金总额为3050万美元，美国捐款50万

---

① 参阅 David B. Rivkin Jr. & Lee A. Casey, "Let the States Regulate Partial - Birth Abortion," *The Wall Street Journal*, April 9, 1997; Chris Mondics, "Senate Compromise Fails on Restricting Late - term Abortions," *The Philadelphia Mquirer*, May 16, 1997; Matthew Cooper, "Lining Up on 'Partial Birth'Ban," *Newsweek*, May 26, 1997。

② "Abortion Trouble," *The Economist*, Februray 22, 1997, p. 39.

美元。[①] 在1997年的预算案中，克林顿虽然要求得到4亿美元的计划生育费（其中包括对联合国人口基金会的捐款），但对联合国人口基金会的捐款总额不会超过1996年。[②]

四 结束语

如前所述，深厚的自由主义传统和源自清教徒的基督教传统和文化价值观，是使美国的堕胎问题不同于中国大陆、中国台湾和新加坡等国家或地区的特点的重要原因。然而，这并不能解释美国与英法等欧洲国家在堕胎问题上的不同，后者是自由主义和基督教新教的发祥地。答案似乎应当从美国的文化特质及其特殊的历史发展进程中寻找。

（一）70年代末以来强大的保守主义潮流

在20世纪60年代及70年代初期，保守主义常被视为守旧、落伍和退步，自由主义则是改革和进步的象征。然而，到了70年代末，美国社会中出现的信仰危机、种族矛盾、教育水平下降、道德沦丧及长期性的通货膨胀等问题，使许多美国人开始抛弃对自由主义的认同，回归传统的伦理道德观。保守主义在80年代已逐渐成为美国政治的主流。虽然克林顿当选，使保守主义一度受挫，但其势头依然未减。其中有两股势力的发展引人注目，即宗教右翼势力的发展壮大和“新右派”的出现。

基督教右翼主要是指天主教和新教保守派，其所信奉的是基督教传统教义，反对达尔文进化论。它们在美国宗教界一直占有重要地位。20世纪70年代以前，虽然基督教各派保守势力分布在美国城市和乡村的各个角落，但其信徒大多不问政治，只关注自己与上帝的沟通，因此他们的影响主要是在宗教界。然而，自70年代末以来，随着美国人对传统价值观的回归，基督教保守派发生了巨大变化：一是教会中自由主义影响下降，保守主义逐渐成为主导力量。这表现在自由派的教会人数大减，保守派的教派及人数不断增加；二是他们一改往日对政治的冷漠态度，积极过问政治。

① http：//www. unfpa. org.

② 《全世界节育人数增加》，载1997年5月4日《参考消息》。

他们所发起的重振道德运动，目的在于维护美国传统的价值观。他们通过报刊、广播、电视等大众传媒，以及集会、游说等活动形式，宣传上述理念，进而影响美国政治。

“新右派”（the new right）是70年代末出现在美国的一股新兴的保守力量。他们赞成传统保守主义者的政治经济理念，但他们更加注重社会和道德问题。他们中有相当多的人士是基督教原教旨主义者。他们认为，自60年代以来美国已经成了一个道德沦丧的社会，现代自由主义是祸源。他们发起了各种自下而上的、群众性的“草根运动”（grass root movement），反对堕胎、反对同性恋、反对色情商品；主张允许在公立学校进行宗教祈祷，主张打击贩毒、恢复死刑制度；主张独尊英语，加强限制移民等。在堕胎问题上，他们与传统保守主义者的不同之处在于，前者坚决反对任何形式的堕胎，后者虽然反对最高法院将堕胎权解释为妇女自然权利的观点，但认为应当通过法律来加以限制，不是将任何形式的堕胎都一概加以反对。因此，从观点上看，“新右派”虽然带有保守主义的成分，但更准确地说，它是民粹主义的一种表现。

基督教右翼和“新右派”在堕胎问题上的一致，以及他们与政治上的保守势力在此问题上的合作，使反堕胎声浪自80年代至今高过以往任何时候。与此同时，美国大多数民众对传统价值观念的回归，又为反堕胎运动进入政治生活提供了土壤。例如，里根曾和道德多数派（Moral Majority）的创建人法维尔结成公开联盟，该教派是70年代末新教内出现的基督教右翼团体。1979年法维尔发起了“净化美国运动”。在他所提出的运动的六大原则中，第一条就是“人类生命尊严原则”。该原则反对堕胎和安乐死。他在演说中把里根誉为重建美国的工具，里根则表示支持该派大多数选民禁止堕胎、在公立学校恢复祈祷的立场。[①]

（二）个人主义

个人主义是美国文化的一个重要方面，也是美国人性格的一大特征。这种个人权利至上的自由平等观念，是自清教徒移民新大陆的200多年来，美国人民所生生不息追求的目标，也是吸引四面八方的移民源源不断进入

① 于可：《女性的崛起：当代美国的女权运动》，当代中国出版社，1995，第193～194页。

美国的重要原因。1775 年爆发的美国独立战争，为的是摆脱英殖民统治，建立主权在民的社会。20 世纪 60 年代风起云涌的美国民权运动，目的在于维护上帝所赋予的自由平等权。在美国人看来，既然《独立宣言》告诉人们“天赋人权”，那么政府就无权剥夺这些权利，因为上帝高于政府。

美国文化中的这种个人主义传统，一方面源于殖民地开拓时期清教徒的个人奋斗、基督教新教和 17 世纪欧洲启蒙运动，另一方面则与美国的缔造者们的建国理想有关。托克维尔认为，个人主义是平等的必然产物，它所产生的弊端是利己主义。而避免这种弊端，使人们生活在利他的社会中的方法是共和制和宗教。詹姆斯·杰斐逊在《联邦党人文集》中认为，美国的开国元勋从一开始就拒绝了卢梭建立古典共和国的理想，即要求每个公民自制、守纪律，能为某种社会公益而牺牲个人的权利。因为他们认为，从美国的民主现实来看，这种有公民道德的共和国在美国是行不通的。凝聚美国人的力量应当是政治自由和基督教，而后者是美国社会的道德基础。基督教各派虽然教义不同，但在人与人之间的义务上却是一致的，即施惠于他人而不求任何回报。

从一定意义上讲，美国开国元勋们的理想实现了。如今，美国的确是一个个人权利至上的社会，但这个社会并不是一盘散沙，凝聚力来自制度认同和《圣经》。在美国，人们习惯于从个人的视角看问题，在堕胎问题上亦是如此。无论是“重选择”派还是“重生命”派，他们的出发点都是个人的权利，而不是集体的或社会的。当然，能够使他们在堕胎问题上将个人权利置于社会之上的最重要的原因还在于，美国没有中国那样大的人口压力。

（三）平等观念和权利意识

与英法等国相比，美国人的平等观念和权利意识尤为强烈。“政治正确”（PC，Political Correctness）一词在美国的出现，就是最好的例证。造成这种现象的原因，除了“人人生而平等”和“天赋人权”思想深入人心，移民国家以及种族、文化上的多元性之外，更重要的在于美国没有经历英法等国所经历过的、漫长的奴隶制社会阶段和封建社会阶段。权利观念产生于权利的拥有，它是与自由平等相伴随的。英法两国在经历了大约 600 年和 1200 多年的封建制后，人们才开始有了平等意识和权利观念。美国从来没有过等级社会，清教徒一踏上北美这块土地，就拥有了上帝所给予他们每个人的基本权利。

一般而言，美国人所说的公民权利，是指公民不分种族、性别和宗教所拥有的、不可剥夺的财产权、生命权和自由权，以及在选举、就业、受教育、使用公共设施等方面的平等权。这些权利最早被写进新英格兰时期的《自由权法》中，而《独立宣言》、《美国宪法》及其修正案和美国国会于1964年通过的《公民权利法案》又将其明确并以法律形式加以保护。然而，由于性别和种族歧视的存在，在现实生活中一些公民不能平等地享有这些权利。

19世纪的废奴运动、20世纪的黑人争取公民权利运动，以及20世纪五六十年代的民权运动，是平等观念和权利意识的产物，其目标是反对歧视，争取平等权利。这些运动的结果反过来又使这一观念在人们头脑中得到加强。争取堕胎权是60年代妇女争取平等权利运动的一部分，该运动因此而带有60年代民权运动的烙印。它与女权主义者争取政治、经济及受教育上的平等权利一道，是各派女权主义者所奋斗的共同目标。其所要求的一是男女的平等，即在妇女享有与男子平等权利的大框架下，争取生育自由和控制自己身体的权利；二是贫富的平等，因为不论堕胎合法与否，富人照样可以得到优质的服务，而下层妇女则备受非法堕胎之害。最高法院对"罗诉韦德案"的裁决，是以法律形式固定下来的60年代妇女运动的重要成果。也正因此，此后的反堕胎运动常常被视为对60年代民权运动的反动。其实，从权利意义上讲，"生命派"和"选择派"所强调的都是权利，一个是未出生婴儿的，另一个是怀孕妇女的。

虽然1973年堕胎权作为个人的基本权利，被最高法院确定下来。如今它已同言论、宗教自由一样，受宪法保护。但是，随着美国人对传统价值观的回归，堕胎成了越来越敏感的话题。也许是由于太敏感了，"堕胎"一词似乎变得难以启齿。人们在讨论这一问题时开始避免直呼其名，就连堕胎最热情的支持者也是如此。堕胎被称作"生殖健康程序"（reproductive health procedure）、"妊娠终止"（termination of pregnance）。堕胎诊所被称为"生殖健康诊所"（reproductive health clinics）或"妇女诊所"（women's clinics）。堕胎权被称为"生育自由"（reproductive freedom）。在克林顿1993年提出的长达1342页的医疗保健预算案中无一处使用"堕胎"这个词。克林顿夫妇在接受的各种采访中都把堕胎归于"孕期妇女服务"一类

（services for pregnant women）。在1994年美国参与制定的联合国人口与发展会议的报告草案中，堕胎被称为“妊娠终止”（pregnance termination）。

尽管如此，这并不意味着反堕胎力量的胜利。虽然在反堕胎势力的压力下，20世纪70年代末至今，最高法院通过一系列判决，赋予各州对妇女堕胎实行种种限制的权力，但“罗诉韦德案”却始终未被推翻，反堕胎运动的终极目标并未实现。从现实情况看，推翻此项裁决尚待时日，因为这项判决还不乏支持者。同六七十年代相比，虽然“重选择”派或女权主义者在用词上较为婉转，但立场从未改变。此外，还有不少人内心支持堕胎，只是不表露在言辞上罢了。“选择派”与“生命派”各执其词，他们的争论就好像是两条永远不能相遇的平行线，没有焦点，没有对错，也没有胜负。在现实生活中很难找到使论战双方都满意的解决办法，因此这场论战可能会是一场没有结果的拉锯战。

（原载《美国研究》1997年第4期）

宗教在美国社会中的地位

裴孝贤*

美国没有国教，它有着政教分离的传统。很多人，包括某些美国人，把美国视为世俗的物质主义国家，就像把它看做现代化国家那样。但是宗教在美国社会、文化中是一支强大力量，而且它还影响着外交政策的辩论。

本文试图解释这些明显的矛盾现象，描述宗教在美国文化中的位置。它首先检验美国人笃信宗教的一些统计数字，以及一些矛盾的证据（“防止误解的解释”）。它将探讨两个当代的主题——另一次“大觉醒”运动的情景及美国政治生活中“宗教右翼”势力。本文结尾部分，将探讨为什么美国人的宗教虔诚在国外未获得广泛理解。

一　宗教色彩最浓的发达国家

在旅居海外的多年中，笔者时常为美国是发达国家中宗教色彩最为浓厚的国家这种说法感到惊讶。然而，却有大量的证据显示，事实正是如此。

1988 年小乔治·盖洛普发现，“在 10 个美国人中，有 9 人说他们从不怀疑上帝的存在，8 人说他们相信自己将会在末日审判时被召唤到上帝面

---

* 裴孝贤，时任美国驻华大使馆新闻文化处副参赞、前美国空军学院（U. S. Air Force Academy）历史学教授。

前述罪，8 人相信上帝依然在创造奇迹，7 人相信来世。此外，有 90% 的美国人祈祷；88% 的人相信上帝对他们的爱；78% 的人说在过去两年中他们用了‘很多’或‘相当多’的时间来思考与上帝的关系；86% 的人说他们希望子女接受宗教培训”。[①]

1990~1993 年间进行的一项国际性调查显示，“在受访者中，认为自己是‘信仰宗教的人’，美国为 82%，英国为 55%，联邦德国为 54%，法国为 48%。在同一项调查中，44% 的美国人说他们至少每周参加一次宗教活动，而联邦德国为 18%，英国 14%，法国为 10%，在没有礼拜活动的瑞典，这一人数仅为 4%”。[②]

国民舆论研究中心 1996 年所做的一项调查显示，有 30% 的美国人赞同“《圣经》是上帝的箴言，必须逐字逐句地去理解”的观点；另有 50% 的人认为“《圣经》是上帝的授意，不必字斟句酌地对待”；只有 17% 的人从更为世俗的角度解释《圣经》，即“一部由人写作而成，记载寓言、传说、历史及道德箴言的古代著作。”[③]

盖洛普指出，始终有值得注意的 1/3 的美国人称他们有一种深切的精神上的体验，不论这种体验是短暂的还是持久的，都一直在改变着他们的生活。[④]

美国有 30 多万个基督教教堂、犹太教会堂、清真寺及其他一些宗教活动场所。[⑤]《经济学家》杂志指出，“美国人均拥有的宗教活动场所比世界

① Thomas C. Reeves, “Not So Christian American,” *First Things*, October 1996, p. 16. 有些数字引自 George Gallup, Jr., “Religion in America: Will the Vitality of Churches Be the Surprise of the Next Century,” *The Public Perspective*, October-November 1995, p. 1 ff。最近关于美国宗教情况的调查数字多引自 “Faith in America,” *The American Enterprise*, September-October 1994, pp. 90 – 99; “Indicators,” *The American Enterprise*, November-December 1995, pp. 18 – 20。其他一些相关资料见 Barry A. Kosmin & Seymour P. Lachman, *One Nation Under God: Religion in Contemporary American Society* (New York: Harmony Books, 1993)。

② “The Counter-attack of God,” *The Economist*, July 8, 1995, p. 19.

③ “Religion: American's Religiosity is Strong and Unchanging,” *The Public Perspective*, October-November 1997, p. 18.

④ Gallup, op. cit.

⑤ “Religious Bodies: Selected Data,” *Statistical Abstract of the United States* (Washington: U. S. Department of Commerce, 1995), 115th edn., p. 68. 另见 “Census of Religious Groups in the U. S.,” *The World Almanac and Book of Facts 1996* (Mahwah, NJ: World Almanac Books, 1995), pp. 644 – 645。

上任何国家都多，并且新的宗教场所仍在不断地建造”。[①]

周末去教堂的美国人比看体育比赛的人多。据美联社宗教问题撰稿人乔治·科内尔报道，美国人花在宗教上的时间和金钱远比花在体育方面的多。例如，1990年，美国人观看职业或大学橄榄球、棒球、篮球、冰球、拳击、赛跑（赛马、赛狗、汽车赛）、网球、足球，以及摔跤等项目的比赛为3.88亿人次，而出席宗教活动的人次则为52亿，13倍于观看体育比赛的总人次。1992年，美国人贡献给宗教事业的资金总额为56.7亿美元，14倍于花费在棒球、橄榄球和篮球这三个联赛上的资金（40亿美元）。[②]

美国大学校园中存在着大量的各类宗教协会，即使对很多学生来说，大学时代是个产生疑问和怀疑的年代。例如，在普林斯顿大学，1/3的学生“与校园里的某个宗教组织有着某种联系”。[③] 一项由西北共同人寿保险公司对2001届新生所做的调查发现，在接受调查的学生中，89%的人信仰上帝，45%的人认为在将来宗教对于他们会越来越重要。[④]

在大学及其他公、私机构，如医院、监狱、警察局、消防队、夏令营、机场，以及爱国者和退伍军人协会中，都雇有专职或兼职的牧师从事宗教服务。他们为学生和教师、医生和病人（特别是那些将要死去的人）、警察及消防队员、夏令营营员及工作人员，以及旅游者提供宗教服务。有的牧师在礼拜堂（校园中的大教堂、医院和机场的真信默祷室、建在兵营的常青树丛中的小教堂）中举行宗教仪式，另外一些牧师则是在校园、走廊或操场进行宗教服务。例如，位于首都华盛顿的乔治敦大学是一所天主教大学，教职员中有很多人是天主教徒。但是，学校除了有天主教牧师外，还有新教、东正教、犹太教、伊斯兰教和佛教的神职人员，来为有不同宗教信仰的学生服务。

国会参众两院的每一届会议都是以来自华盛顿的牧师轮流主持的祷告开始，两院都设有专职牧师为议员们服务。每届会议期间，国会议员还组

① “The Counter-attack of God,” op. cit.

② George Cornell, “Measures of Interest Don't Equate with Coverage of Religion and Sports,” *The Associated Press*, April 22, 1994.

③ Kathryn F. Greenwood, “Searching for God,” *Princeton Alumni Weekly*, June 5, 1996, p. 15.

④ “Class of 2001 is strong on religion, study finds,” Catholic News Service Article, The Witness (Dubuque, Iowa), March 8, 1988, p. 1.

织祷文与《圣经》研读小组进行活动。许多州议会也有类似的安排。

军队支持陆军、海军、空军、海军陆战队、海岸警卫队中的服役人员及其家庭的宗教信仰，他们按服役人员不同信仰的大致比例，指派随军牧师到现役和预备役部队。这些随军牧师从新教牧师、天主教及东正教神父、犹太教拉比及伊斯兰教阿訇中招募。他们首先由所在的教派提名，然后被任命为军官。他们随军部署在美国本土及海外从事服务。

美国的许多电台都有宗教节目。1997 年，1240 个这样的电台在全部广播业中占了 10%，1971 年这一数字为 6%。如果在美国的任何地方、任何时间，收听者听不到宗教台的话，是很值得怀疑的。1997 年，1/12 的电视台为“全时宗教台”。一个专业性组织——全国宗教广播网报告说，“在过去十年中，宗教电视台增长了 75%”。①

每家销售音像制品和 CD 的商店里都有一块地方，在播放福音音乐和赞美诗的录音盘片。在美国，还有一个完整的“基督教摇滚乐队”交互广播网。② 斯科特·沃尔特报道说，“基督教音乐行业自 80 年代引起注意以来，有了突飞猛进的增长。福音音乐录音盘带——指任何一种含有基督教信仰的抒情音乐盘带，其销售量超过了爵士、古典及新时代音乐制品，并且在其他流派的音像制品销售乏力的时候，基督教音像行业却迎来了它爆炸性的增长”。③

美国的中、小学生中，大约有 11% 的人在私立学校而不是在公立学校就读。在这近 500 万就读于私立学校的中小学生中，85% 的人是在教会学校。仅在天主教学校中，就有半数以上的私立学校学生。④《新闻周刊》专栏作家乔·克莱因最近写道，天主教学校“在教育那些来自状况最糟的民

① “Religious Broadcasting Quick Facts,” January 1998 fact sheet, National Religious Broadcasters (Manassas, VA). 另见 Gustav Neibuhr, “Number of Religious Broadcasters Continues to Grow,” *The New York Times*, February 12, 1996。

② 杜格·班道指出：“现代基督教音乐，一个涉及 7.5 亿美元的行业，包含了流行音乐、摇滚乐、打击乐及电子摇滚乐，甚至包括基督教版的 MTV。一些基督教艺术家，像艾米·格兰特（Amy Grant），已转向了流行音乐。这一行业的增长，导致了每一种标明为基督教音乐的主要制品都被世俗者所购买。”见 Goug Bandow, “Christianity's Parallel Universe,” *The American Enterprise*, November-December 1995, pp. 58 - 61。

③ Scott Walter, “The Other Nashville Music,” *The American Enterprise*, March-April 1998, p. 58.

④ Private School Universe Survey, 1993 - 1994, US Department of Education, National Center for Education Statistics, Statistical Analysis Report, May 1996.

族居住区的最贫穷的黑人及拉美裔学生方面，正在取得令人瞩目的成功”。① 在教会学校就读的学生人数之多，令人惊讶，因为把孩子送进这类学校，家长必须付两倍的钱：一倍是缴纳同其他家庭一样的税款以支持公立学校；另一倍则是缴纳学费。这笔费用在不断增加，天主教、基督教（新教）以及犹太教走读学校的学费一直在涨。

（一）防止误解的一些解释

然而，这幅关于美国人宗教虔诚的美好图画需要一些解释，以免误解。②

社会学研究以及其他一些类似的调查，提及了上述画卷中一些不协调的色彩。一些研究对有关去教堂人数的民意调查结果提出质疑，他们争辩说，受访者在回答民意调查员的问题时总想表现得比平时更信仰宗教。他们估计去教堂的人数应降低为20%。③ 即便如此，美国做礼拜的人数与其他发达国家相比，仍然处在一个很高的水平。④

与传统宗教准则相违背的行为广泛存在的事实（自杀、未婚同居、离婚、堕胎、暴力、犯罪及滥用毒品的比率在美国居高不下），似乎也与美国人的宗教虔诚相矛盾。⑤

---

① Joe Klein, "Parochial Concerns," *Newsweek*, September 2, 1996, p. 29. See also Michael S. Joyce, "Parochial School Miracles," *The American Enterprise*, November-December 1995, pp. 14 – 15.

② 历史学家亨利·康马杰1970年的那篇有关美国宗教的文章，发表了很中肯的见解，尽管28年时光的流逝使美国人的生活发生了一些变化。见 Henry Steele Commager, *Meet the U. S. A.* (New York: Institute for International Education, 1970), 5th revised edition, pp. 69 – 82。

③ Reeves, op. cit., p. 20.

④ 《华盛顿邮报》记者查尔斯·特鲁哈特写道：“本世纪末的欧洲简直可说是地球上最不信上帝的地方……虽然半数以上的欧洲人依然自称是罗马天主教徒，而近1/3的人认为自己是新教徒。但是几乎没有人定期去教堂，这种存在了一个世纪的趋势，其步伐在60年代的社会动荡中得到了加快。最明显的标志和影响最深远的结果是传统的教区教堂和支撑它的以地域为基础的宗教团体因急剧下降到了几近消失。”见 Charles Trueheart, "A Renewal of Faith in Europe," *International Herald Tribune*, December 26, 1997, p. 1。

⑤ 不过，那些对报道中的有关美国人性习俗的改变感到惊恐不安的人，应该重温一下约瑟夫·阿德尔森的文章（见 Joseph Adelson, "Sex Among the Americans," *Commentary*, July 1995, pp. 26 – 30）。根据对美国成年人所进行的综合调查，他指出：“事实上，美国人的性活动是以适度和忠诚为标志的。丈夫和妻子相互忠诚，未婚同居者也是如此。甚至那些未婚者，也很少行为不端，绝非乱交。”令人感到欣慰的描述，见 William R. Mattox, Jr., "The Hottest Valentines," *The Washington Post*, Outlook, February 13, 1994, p. C1。

位于帕克塞德的威斯康星大学的托马斯·里夫斯教授讨论了美国宗教的另一面。他指出："现代美国的基督教，大体说来是不惹人讨厌的。它倾向于轻松、乐观、方便和包容。它不要求自我牺牲、纪律、谦卑、对来世的看法、对灵魂的热忱，以及对上帝的恐惧和爱。几乎没有罪与罚，并且肯定能在天堂里获得报偿。"里夫斯称此为"文化基督教"或"消费基督教"。他继续写道："……看来很清楚，为了实现美国梦，我们中的大多数人耗费了大量时间和精力。我们被自己的工作所吞噬，精神病医生、离婚事务律师以及数百万挂钥匙的孩子最清楚这一点；我们陷入了对权力、金钱、社会地位和享乐的无尽追求中，以求'个人满足'和幸福。"① 专栏作家威廉·普法夫描述了一个新英格兰地区和南部美国人民族性格赖以形成的"那些严格的关于服从和牺牲的加尔文教教义的浪漫和无罪的新版本"。②

看来，似乎可以说宗教信仰的内核已被"挖空"。宗教虔诚的表面指数虽然很高，但宗教作为一支社会力量已不像过去那样被人需要或至关重要了。对保守派来说，宗教在规范道德和行为方面的支配力似乎比过去减弱了。但自由派也许会说美国人已经用一种更现代、更宽容和更进步的方式重新解释了他们的信仰。也许两派人士都同意上述变化或多或少与美国价值观的转变有关，这种转变成为60年代挑战传统权威体制的特征。③

（二）美国人的宗教虔诚

另一项文化指数有助于说明美国人的伦理道德及其"道德基线"的源泉。在赫希、凯特和特雷菲尔合著的《美国文化读本字典：美国人须知》中，④ 第一章就是论述《圣经》的。想想《圣经》典故多么频繁地出现在普通美国人的交谈中。即使不信教的美国人也使用这些短语，如"巴别通

① Reeves, op. cit., p. 21.

② William Pfaff, "City on the Hill's Has Lost Its Faith and Links to the Past," *International Herald Tribune*, December 1997, p. 6.

③ 参见 Paul Johnson, "God and the Americans," Part III ("Sodom, Gomorrah, and Middletown"), *Commentary*, January 1995, pp. 25 - 45。凯文·J. 哈森描述了两种针锋相对的、涉及宗教价值观的"人类学"观点。见 Kevin J. Hasson, "God and Man at the Supreme Court: Rethinking Religion in Public Life," *Lecture at the Heritage Foundation*, October 1997, 14, printed as The Heritage Lectures 599。

④ E. D. Hirsch, Jr., Joseph F. Kett, and James Trefil, *The Dictionary of Cultural Literacy* (Boston: Houghton Mifflin, 1988).

天塔”，“以眼还眼，以牙还牙”，“墙上的字迹”，“一仆不侍二主”，“（耶稣）在水上行走”，“卸下重负”，“怀疑一切的多马”，“百尺竿头，更进一步”。城镇把奖章授予“行善者”。所有这些都是《圣经》用语。从更深一层的意义上说，这些用语是美国人思维的文字符号。理查德·约翰·纽豪斯指出：“关于美国的一个最基本的事实是，在美国人自己的理解中，他们大多数都是基督徒。他们和那些非基督徒都认为，美国社会的道德基础是犹太—基督教道德。”①

美国的宗教自由仍在继续接受着新移民和新的宗教信仰。来自墨西哥、拉丁美洲的天主教移民正在改变着美国天主教的面貌。最活跃的新教团体通常是由韩国移民组成。清真寺数量的迅速增加与伊斯兰教在美国的发展同步进行。②

个人的宗教信仰与国家的宗教多元化并不冲突。理查德·约翰·纽豪斯在评论 20 世纪 80 年代国家科学基金会对一个中西部社区（印第安纳州的曼西，在研究中被称为“米德尔敦”）进行调查后的发现时说：“米德尔敦人认为：任何人特别是国家干预别人的心灵是错误的，是道德上的错误。换句话说，容忍那些在上帝意志问题上与我们观点不一的人，正是上帝的意志。尊重那些有不同信仰或者根本没有宗教信仰的人，不是出于对宗教的冷淡，而是出于对宗教的信奉。”他继续评论道：“如果这种解释是正确的，它对美国宗教自由的未来则是个极好的消息。”③

谈到美国的民主与公民社会，肯尼思·沃尔德教授指出：“从某种意义上说，教堂是公民美德的孵化器。”④ 全国城市复兴委员会的威廉·A. 高尔斯顿和彼得·莱文写道：“在美国，以教堂为纽带的团体是公民社会的支柱，有半数的美国人卷入其中（其他工业化民主国家，这一数字平均仅为 13%）。宗教社团给人们捐款、受援、举行会议、为其他协会招收会员、获悉公共事务的信息，提供了渠道……这些社团对于那些收入

① 转引自 Reeves, op. cit., p. 17。

② Joanne L. Nix, “American Muslim Organizations Forge Understandings,” *USIS-Dhaka News Feature*, December 2, 1996.

③ Richard John Neuhaus, “What the Fundamentalist Want,” *Commentary*, May 1985, pp. 43–44.

④ Kenneth Wald, paper, “Separation and Interaction: Religion and Politics in the United States.”

甚微、教育程度较低、也不打算加入其他团体的人特别有价值。民意调查显示，这类组织的成员往往与选举、志愿活动、慈善事业及政治活动相关联。”① 按照葆拉·比根和杰伊·特卡斯的说法，“宗教社团代表着美国相当一部分的志愿者组织。”他们援引1996年的一项调查指出：“在志愿者组织中，教徒占55%。只有34%的不是与宗教相关联的人参加这类活动。如果考虑到以下的事实，这种情况则更加明显：近60%参加志愿者工作的人在年轻时曾活跃于各类宗教组织中，仅有约37%选择提供其志愿服务的人不曾积极参与过宗教活动。”② 南希·T. 安默曼在一次就城市秩序的广泛讨论中指出，宗教集会是“社会资本的源泉”，尤其是“参与规范更大范围的社会秩序的重要途径。”③ 盖洛普也从他的调查中得出了这样的结论：“宗教自由通常给艰难但却必要的社会变革带来的是勇气。”④

二 大“觉醒”？

某些观察家认为，一场宗教大觉醒正在20世纪90年代的美国兴起。几位评论家写道，如今已为人父母的“婴儿潮”一代，正在向宗教回归。“信守诺言者”这类组织充斥了社会舞台。⑤ 在新教徒中，福音派和五旬节教会的信徒人数正在增加，他们通常将狂热的礼拜方式与严格的道德观念结合在一起。在天主教徒中，其活动势头正朝着正统与传统观念的方向发展。在过去十年中，正统犹太教徒的人数增加了100%。⑥

哲学家迈克尔·诺瓦克则更为大胆。在一次采访中被问及“美国现在

① William A. Galston and Peter Levine, "American's Civic Condition: A Glance at the Evidence," *The Brookings Review*, Fall 1997, p. 25.

② Paula Beugen and Jay Tcath, "Volunteerism and Religion: A U. S. Midwestern Perspective," *Electronic Journals of the US Information Agency*, V. 3, No. 2, September 1998, p. 32.

③ Nancy T. Ammerman, "Bowling Together: Congregations and the American Civic Order," *Seventeenth Annual University Lecture in Religion*, Arizona State University, February 26, 1996, pp. 4, 3.

④ Gallup, op. cit.

⑤ "American Survey: New Men for Jesus," *The Economist*, June 3, 1995, pp. 29 – 30.

⑥ Douglas K. Stevenson, *American Life and Institutions* (Stuttgart: Ernst Klett Verlag, 1966), revised edition, p. 25.

是否出现了宗教复兴”这一问题时，他回答道：

复兴的迹象是很明显的，例如去教堂的人数和探求宗教问题的人数都增加了。

最近，我听到芝加哥大学罗伯特·福格尔教授说，我们可能正面临美国第四次“大觉醒”运动的到来。第一次“大觉醒”运动传播了天赋人权的观念，并导致了《独立宣言》的诞生。

第二次“大觉醒”导致了美国的禁酒和废奴运动。开始于南北战争前后的主日学校，到世纪之交时获得了发展，接纳了60%以上的美国青年。所以，我们有半数以上的孩子每周末接受一至两小时的宗教教育。基督教男、女青年会也是在那个时期发展起来的。其社会效果，正如詹姆斯·Q. 威尔逊所指出的，即犯罪率空前降低，犯罪率在低水平上保持了近一个世纪。

第三次“大觉醒”开始于19世纪90年代，到20世纪20年代积聚了力量，它导致了抗议工业化和保护工人的“社会福音”运动。

如今，第四次“大觉醒”的迹象已经出现。不可知论、无神论和世俗的人文主义没有也不可能帮助我们摆脱生活中的危机和悲伤。这些理论没有也不可能提出任何适宜的人类社会的图景。一代或两代人之后，它们已经消失在相对论中。

因此，随着世俗选择的崩溃，随着“婴儿潮”一代人的子女的质疑及其对更深刻、更真实的事务的渴求的兴起，一个影响深远的再觉醒运动也许会在美国出现。①

公共广播社的电影评论家迈克尔·梅德韦德认为，“一种新观点”正

① 肯·阿德曼对迈克尔·诺瓦克的采访。见“Seeking the Good Life,” *The Washingtonian*, December 1996, p. 38。福格尔演讲节录自 *The American Enterprise*, November-December 1995, pp. 79 – 80。（他与诺瓦克的观点一直有些不同，认为第四次大觉醒“开始于60年代前后对刺激感官也摧毁灵魂的自我放纵方式的反叛中”）。拉尔夫·里德在其著作的第二章也论述了同样的历史话题，见 Ralph Reed, *Active Faith* (New York: The Free Press, 1996), pp. 27 – 69。

“出人意料地在美国娱乐业的心脏建立立足点”，那就是“对严肃、传统的基督教和犹太教文化的重新发现”。他举证的电影有《阴影地带》、《鲁迪》、《阿甘正传》、1994年重新摄制的《第34街上的奇迹》，以及《火的战车》。[①] 劳埃德·伊比也以同样的心绪提及了大众电视节目《被天使触动》和电影《死人行走》、《昆敦》（Kundun）及《使徒》。[②]

对宗教重新发生兴趣的一个方面，是重新考虑以宗教途径解决社会问题愿望的增加。一些证据虽尚无说服力，但已表明以宗教为基础的一些计划项目在改善诸如毒品、酗酒、无家可归等社会问题方面，比政府资助的（因而也是世俗的）项目效果更佳。[③] 詹姆斯·Q. 威尔逊写道：“宗教独立于社会阶级之外，可以降低离经叛道率。它处于‘嗜酒者互助协会’这类计划的核心位置，这个协会所取得的非凡成功是任何政府所无法达到的，也是任何企业所无法推销的。”他继续写道：“全国各地数百个基督教会堂和犹太教会堂已经在尝试从被遗弃者中造就新人。许多教堂给非婚母亲提供帮助、维修破损的住宅、吸收男孩子参加反犯罪活动、要求男人对其子女承担起做父亲的责任。”[④]

诺埃米·埃默里走得更远。她论述道：“如今，60年代和70年代所剩

---

① Michael Medved, “Hollywood Makes Room for Religion,” *The American Enterprise*, March-April 1998, p. 60.

② Lloyd Eby, “Is Hollywood Hostile to Religion: A Matter of Perspective,” *The World and I*, April 1998, p. 98.

③ 例如，参见 Robert L. Maginnis, “Keeping the Faith: Church Programs Relieve Government of Social Service Costs,” *The Anniston (AL) Star*, August 28, 1996; Robert L. Maginness, “Faith-Based Prison Programs Cut Costs and Recidivism,” *Family Research Council “Insight” Paper*, October 17, 1996; Paul F. Evans, “Cops, Crime and Clergy,” *Newsweek*, June 1, 1998, p. 31。此文联系到了“调解机制”和“公民社会”等公共政策问题；又如 William A. Schambra, “To be Citizen Again,” *First Things*, August-September 1996, pp. 16－17。又见 Marvin Olasky, “Beyond the Stingy Welfare State,” *Policy Review*, Fall 1990, pp. 2－4。新英格兰一所文理学院的院长对学生在校园中喝酒的普遍现象评论道：“酒精在学生中的使用具有如此强大的力量，它超过了一切东西，除了偶然地让位于宗教信仰……”；见 David Winer, “Drinking on Campus: An Old Practice That Begs for New Solutions,” *Trinity College Report*, March-April 1998, p. 12。

④ Noemie Emery, “For God and Country,” *The Weekly Standard*, December 1, 1997, p. 32. 另参见 Robert L. Woodson, Sr., “Why Welfare Reform Can't Succeed Without the Help of Religious People,” *The American Enterprise*, January-February 1998, pp. 69－71; David G. Dalin, “Judaism's War on Poverty,” *Policy Review*, September-October, 1997。

下来的能够最有效地处理‘社会垃圾’的计划，大部分都是教会所从事的和以宗教信仰为基础的，这绝非偶然。”①

三　宗教保守派中的新政治激进主义

滔滔不绝的文章已经描述过了20世纪80年代和90年代美国政治舞台上“宗教右翼”的明显出现及其影响，像本文这样一篇短文，无法充分探寻过去20年中它的崛起及其在共和党内不断增长的影响。由于这些事件既是最近发生的，又是党派性的，因此目前对此尚无一种一致接受的解释。但是，这里有一些初步的解释。

编辑兼短评作家欧文·克里斯托尔对这些现象进行了整理，把第二次世界大战以来美国保守主义的发展划分为三个阶段。第一阶段是以威廉·F. 巴克利的《国家评论》杂志为中心的传统保守主义的复兴，其结果是巴里·戈德华特于1964年获得共和党总统候选人提名。第二阶段是“新保守主义冲击的影响”，它同样是以一本新杂志《公共利益》（克里斯托尔编）的出现为标志。第三阶段是“近几十年所出现的以宗教为基础、关注道德的政治保守主义”。他对其发端进行了如下概括：

> 可以这样说，一天，千百万美国基督徒（其中大多数碰巧是民主党人）开始体会到自己在制度层面处于孤立无援和软弱无力的地位。他们很自然地希望把子女培养成行为端庄的基督徒，但却发现学校当局已经被一种如今正在主宰着我们的公共教育制度和大众文化的、好斗的、世俗的自由主义所推翻并篡取。他们观察高中，看到的是同性恋组织能够自由地把宣传品分发给学生，而宗教组织则没有这种自由。他们看到最高法院禁止在教室墙壁上张贴《十戒》，而避孕套却正在被分发给青少年。于是，他们造反了，做了他们唯一能做的一件事情——开始在政治上组织起来。这样，在美国政治和美国人的生活

① Noemie Emery, “For God and Country,” *The Weekly Standard*, December 1, 1997, p. 32. 另参见 Robert L. Woodson, Sr., “Why Welfare Reform Can't Succeed Without the Help of Religious People,” *The American Enterprise*, January-February 1998, pp. 69 – 71; David G. Dalin, “Judaism's War on Poverty,” *Policy Review*, September-October 1997。

中，已经开始了一场大变革。[①]

波士顿大学的彼得·伯杰教授说道：“大量自‘禁酒运动’失败以来在政治上大多保持缄默的福音派选民被他们觉察到的对自己最珍视的信仰和价值观的严重侵犯所唤醒。”他指出了联邦最高法院的两项裁决作为例证：禁止在公立学校举行祈祷（1962 年）和允许堕胎（1973 年）。[②]

基督教联合会前主席拉尔夫·里德这样说道：“民主党积极分子的基本观念与社会上宗教选民的保守观念之间的矛盾在 70 年代末最终爆发。”里德争辩说，最高法院 1973 年使堕胎合法化的裁决仅是“故事的一部分”。“最大的诱因”是卡特政府试图要求基督教及教区学校证明它们的建立并不是为了“保留隔离”，以维持其免税地位。“对保守的福音派教徒来说，这无异于向他们的学校、宗教及其子女宣战。比其他任何一个事件更甚，国内税收署反基督教学校的行动点燃了后来被称为宗教右翼运动的导火索。”[③]

人口统计学及阶级因素也是诱因。凯尔斯泰特、格林、古思和斯米德特在评论 1992 年大选结果时，探寻了构成这种新发展趋势的基础的美国社会中一系列世俗的“缓慢而持续的变化”。这四位学者引述“传统新教徒”成员的减少，其“文化支配权”的衰落以及福音派和虔诚的天主教徒的选

---

① Irving Kristol, “American Conservatism 1945 – 1995,” *The Public Interest*, Fall 1995, pp. 88 – 89. 另参见 Karl Zinsmeister, “They Don't Have Horns,” *The American Enterprise*, November-December 1995, pp. 4 – 6。

② Peter L. Berger, “Democracy and the Religious Right,” *Commentary*, January 1997, p. 53.

③ Ralph Reed, *Active Faith* (New York: The Free Press, 1996), pp. 104 – 105。这项暗含在卡特政府行动中的建议——由于基督教学校的建立被认为是为了促进隔离，基督徒也许会深受种族主义的影响——似乎被南希 J. 戴维斯和罗伯特 V. 罗宾逊的调查研究所驳倒，见 Nancy J. Davis and Robert V. Robinson, “Are the Rumors of War Exaggerated? Religious Orthodoxy and Moral Progressivism in America,” *American Journal of Sociology*, November 1996, pp. 756 – 787。他们两人发现，“与被广泛接受的对正统观念的理解相反，正统派在对待种族不平等问题上并不比道德进步主义者保守，在对待经济不平等问题上则更自由一些”。（第 780～781 页）他们阐述道：“宗教正统派与进步主义者一样，反对政府改善黑人境遇的努力，认为政府不应给黑人特殊的照顾以提高他们的生活水平，不愿意投票支持够资格的本党黑人候选人竞选总统，反对为平衡种族比例而用校车把外区学生接来上学……”（第 774 页）

票脱离民主党的事实作为例证。[①] 伯杰教授指出，一项精确的分析必须承认“阶级动力”，即“高度世俗化的精英文化对抗宗教定义的大众文化”。他指出，堕胎问题提供了一个判定标准。“那些属于精英文化圈的人处在‘重选择’阵营，而文化上不被认可的人则倾向于‘重生命’。”[②]

弗吉尼亚大学的“后现代”研究课题衡量了“基督教右翼”的规模，将其定义为“政治上的保守派和积极的基督教福音教徒的运动”，这一定义也许过于狭窄。福音派基督徒人数约为美国总人口的1/4或1/5。那些“政治上的保守派和政治活跃分子”（基督教右翼）的人数不超过美国总人口的5%，仅代表着全部福音派教徒的1/5。按照他们的调查，同美国总人口相比，基督教右翼有着不同的人口统计特征；他们在这个运动中所代表的人数比他们在美国社会中的实际人数要多，包括妇女、南方人、白人、婴儿潮一代人，以及乡村和小镇居民。他们受良好教育的程度高于其人口比例，有很好的收入，并来自职业阶层。他们中78%的人是共和党人。[③]

在宗教联盟的联合中，一个被广泛讨论的事件是一群基督教重要领导人的《福音派教徒与天主教徒联合起来》声明的发表。其中题为《我们一起奋斗》一节，提供了一个表达新宗教保守派思想的思维主题和政治关注的简要阐述。声明签署者呼唤“公民社会的正常秩序”，声称“政治、法律和文化必须由道德真理来保障”，并用《独立宣言》中的话语表示，“我们认为这些真理是不言而喻的”，“我们认为只有品德高尚的人才是自由和公正的，而高尚品德须由宗教来保障”。

这项声明对如下问题表达了强烈的义务：支持宗教自由；保证对未出生的婴儿免遭堕胎提供法律保护；支持“把我们的文化遗产传播给后代”

---

① Lyman Kellstedt, John C. Green, James L. Guth and Corwin, Smidt, “It's the Culture, Stupid: 1992 and Our Political Future,” *First Things*, April 1994, pp. 28 – 33.

② Berger, op. cit.

③ The State of Disunion: 1996 Survey of American Political Culture, The Post-Modernity Project, University of Virginia, Executive Summary, p. 8. 此项研究的实地调查是由盖洛普机构进行的。高尔斯顿和莱文在《美国城市状况：现象一瞥》注意到了这个运动的民主化方面，他们指出：“福音派的增长，已经把很多人，特别是那些低收入的人，引入了政治进程，并且赋予了他们相互援助的有力武器。” Galston and Levine, “America's Civic Condition: A Glance at the Evidence,” op. cit., p. 25.

的学校和对“西方文化”的重新肯定；支持父母对教育的选择；支持跨宗教、种族、种族地位、性别和阶级的相互接受和理解的复兴精神；支持生机勃勃的市场经济。它反对“那些利用弱者的安乐死、优生、人口控制的倡议”，反对在美国社会中广泛传播色情文学，以及“娱乐传媒对暴力、性邪恶及反宗教的偏执行为的歌颂”。①

根据他们对1992年选举结果报告的分析，凯尔斯泰特、格林、古思和斯米德特预言：

> 目前有关社会问题的纷争，如在堕胎问题上的争论，不是暂时的异常现象，而是“传统价值观”议题对抗“个人自由”议题的未来政治的本质……这些纷争涉及许多相关的问题，如妇女权利、计划生育、性教育、同性恋者权利，以及对色情文学的管制，并且很容易扩大到更宽泛的议题上去，如家庭政策、健康保险、公立学校的课程设置、就业实践以及艺术基金。更重要的是，这些政治议题也许最终会与税收、商业管制和自由贸易等经济问题结合在一起。最终，和其中一个联盟紧密结合的选民将会按照他们以前的文化忠诚来解释变化的经济状况。②

佛罗里达大学的肯尼思·沃尔德教授是挑战把参加者的自身利益解释为运动起源的几种说法的一位学者。

沃尔德说，20世纪美国社会中的许多变化被福音派基督徒说成“精神污染”。他们将禁止校园祈祷视为“政府对宗教的攻击”。他们认为，男女在工作及家庭中的平等是“对上帝的反叛”；堕胎合法化及同性恋者的平等权利“是对道德秩序的严重侵犯”。为“恢复传统文化或抵抗进一步的堕落”，福音派教徒采取了政治行动。

沃尔德说，福音派教徒的这种骚动发生在美国南部及其宗教正走向繁荣，并获得新的力量之时。当因1974年和1976年的政治失败而懊恼的共和党领袖寻求为该党赢得更多的选票时，他们选中了福音派的这些

① “Evangelicals and Catholics Together: The Christian Mission in the Third Millennium,” *First Things*, May 1994, pp. 15–22.

② Kellstedt, Green, Guth, and Smidt, op. cit., p. 32.

明星，鼓励他们建立新的组织，并且“把组织技能、邮寄名单、政治信息，以及其他一些有价值的资源，提供给那些认同共和党理想的福音派领袖们”。①

许多有关这种新的、在政治上过分自信的宗教保守主义的评论，已经在公开反对宗教对美国政治的新干预，但是一个公正的观察家也许不得不有选择地评价这一异议。正如迈克尔·诺瓦克在前面所说的，在整个美国历史上，宗教界人士一直在表达他们对政治和社会问题的观点。美国人对马丁·路德·金和杰西·杰克逊牧师表示敬意，是基于他们对国家道德的影响及其在民权运动中的参与。帕特·罗伯逊牧师和约翰·卡迪纳尔·奥康纳的事业与之不同，但他们渴望有同样的影响。

天主教主教会议定期在国会作证，并且支持自由主义的福利计划。如果南方浸礼会或摩门教表达比较保守的观点，这不会不合乎逻辑。弗吉尼亚政界人士莫顿·布莱克韦尔的审慎评价看来难以反驳：“政治自由并不依赖动机。当一个人严肃地对待其信仰并以此为动机积极投身政治，那就没有理由对他进行谴责。那些不赞同他的人可以自由地组织起来，反对其政治事业。”②

四　外国人的观念：世俗的、物质主义的美国人

为什么美国人的宗教虔诚及对美国社会的众多影响在海外表现得不太明显？此处可以提供一些原因。

第一，信仰是一个内在化的、个人的事务。基于政教分离原则及不希望冒犯那些有着不同信仰的人的考虑，它不会被频繁地公开申明。因此，它不像社会其他方面的事务那样显而易见。

第二，在某种程度上，宗教场所在美国社会中受到限制。学者们在讨

① Kenneth Wald, “Presentation to the Institute of World Religion,” *Chinese Academy of Social Sciences*, June 15, 1998.

② Morton Blackwell, “Religion, Law and Political Participation,” *Leadership Memo* (The Leadership Institute), Vol. 2, No. 7, June 29, 1993, pp. 2 - 4.

论将宗教从"公共广场"中排除的问题。①

学校提供了这一进程的简洁标示。50年代中期，许多美国学校把《十戒》贴在布告栏上。各地学校每天以祷告或诵读《圣经》（通常是《旧约全书》，这在基督教和犹太教学校较为普遍）开始。高中毕业典礼等公共活动，无一例外地以祷告开始。1954年，美国国会改变了每个授课日以此开始的"对国旗的忠诚宣誓"的誓词。立法者修改了"一个国家，不可分割"的誓词，使孩子们能够模仿发表《葛底斯堡演说》时的林肯，背诵"在上帝的庇护下，一个国家，不可分割"。

但是，到了90年代中期，除"忠诚宣誓"中增加的这几个字（指在"上帝的庇护下"——译者注）之外，所有这些公共的（宗教）举止都被最高法院的裁决所禁止，以确保政教分离。②

政教分离观念的逐渐扩展已触及学校以外的公共生活领域。由于各州反堕胎和同性恋行为的法律源于宗教戒律，它们已面临挑战。一个法庭在裁决科罗拉多州的一次公民投票无效时说，对同性恋者的歧视是基于"荒谬的敌意"。保守的基督徒在此项裁决中觉察到了一种带有敌意的假定，即传统宗教戒律在公共政策领域是不被承认的。

第三，在海外，展示和介绍美国文化的主要是传播业。其他国家的人从报刊、广播、电视和电影中获得他们有关美国知识的绝大部分。这些媒体则过滤了美国社会的概念。③

① Richard John Neuhaus, *The Naked Public Square: Religion and Democracy in America* (Grand Rapids: William B. Eerdmanns Publishing, 1986), 2nd edn. 纽豪斯在《裸露的广场：一个隐喻的再思考》一文中，评论了对他观点的批评。见 Richard John Neuhaus, "The Naked Public Square: A Metaphor Reconsidered," *First Things*, May 1992, pp. 78－81。对托马斯·杰斐逊关于宗教自由的观点的精彩概括，见 Merrill D. Peterson, "Jefferson and Religious Freedom," *The Atlantic Monthly*, December 1994, pp. 113－124。另参见 Pfaff, "City on the Hill Has Lost Its Faith and Links to the Past," op. cit。

② 约翰·W. 怀特黑德用了222页正文，76页注释，以及354个案例的参考资料来概括发生在1991年的事件。见 John W. Whitehead, *The Rights of Religious Persons in Public Education* (Wheaton, IL: Crossway Books, 1991)。另参见 Caryle Murphy, "Religion Still Thrives at Public Schools in the U. S.," *The Washington Post*, May 7, 1998。

③ "甚至在电视的巨大影响力出现之前，约翰·斯坦贝克就曾说：'印在外国人头脑中的美国和美国人的形象，大部分来自我们的小说、短篇小说，特别是电影。'他发现，即使是'最闭塞的美国人'也能够把现实与小说、日常生活与好莱坞的电影区分开，而外国人通常则做不到这一点。"见 Stevenson, op. cit., p. 6。

如前所述，美国人在周末上教堂的人数比观看体育比赛的人要多。但体育消息则占据了每天报纸的4～6个版面，而宗教的报道每周也许只有一页。①

一项研究发现，1993～1996年，美国广播公司（ABC）、国家广播公司（NBC）、哥伦比亚广播公司（CBS）、美国有线电视新闻网（CNN），以及公共广播公司（PBS）的“新闻时间”栏目所播出的7.2万条晚间新闻中，宗教只占1.3%。而在10.4万条的早间新闻消息中，仅有0.8%用于宗教。②

说到传媒如何报道文艺作品，苏珊·费格雷·奥斯蒙德指出：“主要文艺传媒在很大程度上忽视了大多数追求某种精神创作的艺术家，或者没有报道这些艺术家的这种富有特色的追求。”③

当然，罪恶比虔诚更能促成激动人心的新闻和戏剧性的事件。在评论新闻业在全球通信中的作用时，美国广播公司“夜线”节目的主持人特德·科佩尔说道：“（《十戒》）和我们卑污的本能之间的紧张，提供了新闻业每日的素材。如果没有对《十戒》从第五到第十条的亵渎，我们的信息交流和娱乐业将会出现一个多么巨大而广阔的真空啊！”④

因而，美国社会的宗教方面并没有被报纸、广播、电视及电影充分反映出来。

一些人则走得更远，他们断言传媒对宗教价值观持有敌意或漠不关心。⑤ 并非保守主义者的参议员约瑟夫·利伯曼在最近召开的一次会议上说：“这不仅是敌意的问题，还有漠不关心、无知和视而不见的问题……

---

① 美联社宗教问题撰稿人科内尔注意到：“同对体育的巨大关注相比，宗教在传媒关注中只占非常小的一部分。”见 Cornell, op. cit。

② Kenneth Lloyd Billingsley, “Religion News: TV's Blind Spot?” *The World and I*, December 1997, p. 88.

③ Susan Fegley Osmond, “Art and the Resurgent Spiritual,” *The World and I*, April 1998, p. 105.

④ Ted Koppel, *Address at the Commencement of Catholic University*, May 14, 1994.

⑤ 科尔曼·麦卡锡在一个专栏中直截了当地说：“新闻界，不论是出版业还是广播业，都不理解宗教。” Colman McCarthy, “The Forgotten 85 Percent Deserve a Halo in Print,” *International Herald Tribune*, April 22, 1994, p. 5. 斯图尔特·M. 胡佛主持的科罗拉多大学新闻与大众传播学院大众传媒研究中心的一项研究发现，宪法第一条修正案“一直被新闻界天真地误读为也含有宗教与传媒分离的意思”。见 Stewart M. Hoover, “Study Faults Coverage of Religion,” *The Evangelist* (Albany, NY), October 6, 1994, p. 25。

当教士及其信徒们真的出现在通俗文化中时，我们看到的往往是形象被歪曲了的神父、搞阴谋的福音派教徒、乡巴佬式的和品行不端的原教旨主义者的大杂烩。”①

另一些人指出了精英价值观和其他美国人信仰的不相吻合之处。② 一项由弗吉尼亚大学“后现代”课题组在1996年进行的研究指出：“社会精英是最反对所有那些带有‘传统的’、‘保守的’和‘基督教的’字眼的社会组织的人。”此外，他们“怀疑传统的中产阶级道德观，如果不是蔑视的话”，并且“很可能把诸如看淫秽作品、吸大麻、抽烟、喝酒、婚前性行为、同性恋关系，以及支持或参与同性恋婚姻等行为视为道德低下”。③

“社会及政治变革研究中心”所提供的统计数字，证实了美国社会中在通信传播部门工作的人相对而言对宗教不那么虔诚。在电影、电视及新闻传媒界工作的美国人分别只有4%、4%和9%的人每周去一次教堂。这与其他职业群体形成了对照。例如，有46%的军官和35%的美国商界人士每周做礼拜。④ 这说明美国传媒所反映的是在这一领域工作的那些人的价值观，而不是整个美国社会的价值观。

所有这些都是有争议的。但是，宗教在美国社会和文化中的地位并没有在海外广泛流行的文化形式中充分显示出来，这个结论是不会错的。

（赵梅译 胡国成校）

（原载《美国研究》1998年第4期）

---

① Christopher Stern, "Lieberman Calls on H'w'd to Add Glow to Religion," *Daily Variety*, November 20, 1996, p. A2. 另参见 Billingsley, op. cit., pp. 90 – 91; William A. Donohue, "The Last Respectable Bias," *Chronicles*, December 1997, pp. 16 – 18。

② 夏洛特·艾伦在她的论文中探讨了信仰分歧如何影响了保守主义运动及共和党的问题。见 Charlotte Allen, "What They Preach…and What They Practice: Lifestyles of the Right and Famous," *The Washington Post*, October 17, 1993, p. C1ff。

③ The State of Disunion, op. cit., Executive Summary, pp. 7 – 8.

④ Michael Novak, *Business as a Calling* (New York: The Free Press, 1996), p. 44.

“后殖民”文化批评与第三世界的声音

盛　宁*

“东方是东方，西方是西方，这双方永远不会交汇。”

——鲁迪亚德·吉卜林

1997年春天美国弗吉尼亚大学出版的《新文学史》（*New Literary History*, 28.1，Winter 1997），以将近整整一期的篇幅刊登了九篇关于中国文化研究的论文，着实有点出人意料。因为当时中美之间的紧张关系尚未出现任何松动的迹象。1997年4月初，笔者刚到哈佛，朱虹老师就告诉我美国舆论媒体如何大肆攻击中国，大搞“棒击中国”（China Bashing），令许多不明真相的美国人疏远了中国。其实笔者在到达美国的第一天，就有切身的感受。那天在纽约换机，搭乘美“空中通道航空公司”（U.S. Airway Shuttle）的飞机飞往波士顿，候机室里有航空公司免费赠阅的各种杂志，笔者随手抄起一份刚刚出版的《外交》（*Foreign Affairs*），那封面上十分醒目的大红标题就是《中国的威胁》（The China Threat），该期的主题文章是《即将到来的中美冲突》（The Coming Conflict with America），作者是伯恩斯坦

* 盛宁，时任中国社会科学院外国文学研究所教授、博士生导师，《外国文学评论》副主编。

（Richard Bernstein）和门罗（Ross H. Menro）。理查德·伯恩斯坦是美国《时代周刊》的文化专栏评论家，前些年笔者写《新历史主义》时还曾引用过他对格林布拉特教授的专访，而令笔者吃惊的是这位“文化”评论家现在改行了，居然对“武化”产生了兴趣，一口咬定在当今世界上会对美国的存在产生威胁，而且将与美国发生迎面冲突的国家是中国。此人曾担任《时代周刊》驻中国记者站站长，然而他常驻中国的成果，竟是一部篇幅可观的鼓吹所谓“中国威胁论”的专论，笔者在美国好几个机场的书店里都看到它被当做畅销书陈列推荐。正因为笔者头脑里充满了这样的前文本，所以当我看到这一期关于中国文化研究的《新文学史》的时候，心里真还产生了一种欣慰的感觉。

所发表的九篇文章，其实是1996年8月在大连召开的“文化研究：中国和西方”研讨会上所宣读过的论文，其中六篇为外国学者或海外华人学者所撰写，属于从西方看中国，另外三篇则为中国内地学者所撰写，说是像自己看自己，但严格地说，笔者觉得只能算是借助西方的眼睛来反观自己。这几年西方学界所谓“后殖民”的文化批评流行，一个经常使用的词儿叫“gaze”，其本义为“目不转睛地凝视”，但在后殖民的批评语境中，则为“用一种异己的文化眼光加以审视”的意思：一个民族要获得对自身的了解，就要借助某种异己文化的审视。但在笔者有限的阅读中，有一点却令笔者疑惑不解，每每谈及“审视”，似乎总是西方对东方，发达资本主义国家（尤其是美国）对其他国家的“审视”，笔者好像还没有见到美国愿意虚怀若谷地接受别人的“审视”。《新文学史》这一期发表的论文，又进一步加深了笔者的这一印象。

为使读者对这组论文有一个总体的把握，刊物的编者邀请了两位评论员撰写对九篇论文的评说，一位是匹兹堡大学的乔纳森·阿拉克（Jonathan Arac）教授，另一位是加州大学厄湾分校的周蕾（Rey Chow）教授。这位周蕾教授在当下的后殖民文化批评中是一位风头正健、名气也大得可以的斗士，所以她的评点也果然语出惊人。她熟练地运用后殖民关于文化皆后天构成的理论，劈头盖脸地指责论文的作者们开口闭口把“中国”视为一个文化统一体，是偏离了后殖民批评的正题。按她的看法，他们应该对“中国的文化霸权、沙文主义和帝国主义”的行径开刀，进行批判，因为据她看来，是“中国剥夺了香港、台湾和西藏的声音”。[1] 这一番实属无稽之谈的声讨倒也让人听着耳熟，若与伯恩斯坦的文章放在一起读，它显然可以充当伯氏所鼓吹的“中国威胁论”的一个注脚。

阿拉克教授于1996年来华出席了大连会议，他对九篇论文的评点，应该说是出于一种学术的关怀。但是，他心目中的“文化研究”也与我们的看法有相当大的差距：我们的“文化研究”往往停留在理论的层面，多把理论命题本身当做研究的对象，以为把理论讲清楚，问题也就解决了。然而，阿拉克指出，“对于大多数美国学者而言，他们对一个‘文化研究’研讨会的期待，是想看到更多的、深入细致的个案分析，要关注那些具体的经验性的东西，讨论文化的生成活动，不一定是已经上了书，而是那些正发生或发生在不远的过去的事情，那些并不一定水准很高、非常了不起的东西”。然而，他所看到的中国学者的文章大多数都只是有关理论本身的争论。[2] 阿拉克教授的这一意见无疑应引起我们的重视，不过，笔者又隐隐约约地觉得，谈及文化研究，就理所当然地把别人置于提供素材、让人“凝视”的地位，这种居高临下的态度显然也是一个问题。在九篇论文中，他似乎对赵毅衡先生《后学与中国的新保守主义》一文持比较大的保留意见，说此文充溢着一种“自由主义—现代主义的愤懑”（animated with liberal-modernist outrage），因为赵文说道，“后殖民批评希望营造一个清除了西方启蒙主义价值观念的、纯粹的非西方世界，所保留下来的是本土的话语和价值观，一种纯粹的、未被旅游者涉足污染的文化”；而使他最为不安的是，赵认为所有这一切都是一批“身处西方价值观之中、因具有某种所谓的‘他性’（Otherness）而备受西方宠信的知识分子所自封的，他们自己享受着特权，然而他们所关心的，却并不是他们所来自的非西方国家人民的福祉”。[3] 阿拉克说，赵文中虽然没有具体点名，但从他的注释里

---

① Rey Chow, “Can One Say No to China?” *New Literary History* (The University of Virginia, 1997), Vol. 28, No. 1, p. 150.

② Jonathan Arac, “Postmodernism and Postmodernity in China: An Agenda for inquiry,” *New Literary History*, Vol. 28, No. 1, pp. 135 – 136.

③ Henry Y. H. Zhao, “Post-Isms and Chinese New Conservatism,” *New Literary History*, Vol. 28, No. 1, p. 41.

可以看出，他们指的是后殖民批评的代表人物爱德华·赛义德（Edward Said）和伽雅特丽·斯皮瓦克（Gayatri Spivak）。阿拉克显然认为赵有点太过分了，于是为赛义德和斯皮瓦克作了一番辩护。他说，正是由于他们的努力才使得西方对“非西方的知识分子”更加了解，而他俩都坚持人文主义的价值观，反对当下西方和世界各地大学中种种时兴的举措；他们两人都与俗文化无涉，尤其是赛义德，他对于高雅文化更是情有独钟；而且，他们两人在任何意义上都谈不上是民族主义情绪的代表。[①] 阿拉克的一番话意思很清楚，后殖民文化批评在理论上没有什么好多讨论的，理论问题已然彻底解决了，现在剩下的问题就是付诸实践。

笔者后来才知道，赵的这篇论文是他发表在香港《二十一世纪》学刊上一篇同名论文的英译本。此文显然是针对中国知识分子状况写的。作者认为，目前的中国人文科学界出现了一股文化保守主义的思潮，怀抱自由主义人文理想的中国知识分子应该坚持一种他所谓的“精英主义”的立场，抵制商业文化和俗文化的大潮。他确实是把后殖民主义作为三大后学思潮之一提及的（其余两大思潮分别为后结构主义和后现代主义），他认为，不论这些思潮在西方起了什么作用，它们一旦被输入中国，经过一个本土化的内化过程之后，则必然地与中国的文化保守势力沆瀣一气，起一种为保守势力张目，使保守势力合法化的负面作用。应该说，赵的这篇文章对如何认识西方后殖民主义提出了一些虽有争议却颇有见地的看法。他说那些后殖民文化批评家正是借靠了非西方知识分子的垫背，才得以跻身于西方学术界，被奉为“激进的思想家”的（Establish themselves in the Western academic institutions as ‘radical thinkers’ at the expense of non-Western intellectuals）。话也许说得有点伤人，不太策略，但仔细想想，其实也没什么不对。在目前被大肆翻炒到爆热地步的后殖民文化批评这一现象背后，确实存在着不少很值得我们深思的问题。而首先就是：这些后殖民批评家能否充当当今第三世界的文化旗手？这些后殖民文化批评理论家，如赛义德、斯皮瓦克等，他们的话语实践是否应在后者的文化建设中被当做理论的依据？

---

① Jonathan Arac, op. cit., pp. 140－141.

一　仍为西方学术传统一部分的后殖民文化批评

后殖民文学和后殖民文化批评的崛起，应该说的确是20世纪后半叶西方学界中一件极其重要的事情。它在相当程度上改变了西方当代文学和文化的构成，对整个西方文学和文化传统无疑是一个极大的冲击，抑或可以说，它已经在一定意义上影响或改变了当代西方人对于世界和自己的认识。用后殖民批评家的话说，“随着帝国的书写朝中心的进发”，这种后殖民的写作在西方学术体制内部形成了新的一套迥然有别的话语。由于像赛义德、斯皮瓦克这样一批后殖民批评理论家的出现，由于他们的不懈努力，确如阿拉克教授所说，使得一批非西方国家的知识分子在西方名声大振。

但是，这样一种后殖民话语（后殖民文学和后殖民批评）却不能，也不应该与第三世界的声音混为一谈。这些后殖民理论家、批评家，不能被视为他们所来自的那些国家的文化代言人。对此我们应该有清醒的认识。

西方殖民主义的历史可以追溯到14、15世纪，到19世纪末，这一扩张达到其鼎盛阶段，形成了空前庞大的殖民帝国。而伴随着殖民主义和帝国主义的扩张，同时存在着一个将这种殖民活动上升到文本的层面，即所谓文本化的过程：来自英国、西班牙、葡萄牙等殖民输出国的殖民者、探险者，从一开始就把他们在海外的各种经历记录下来，带回国内。试想翻开一张大英帝国的地图，从宗主国的中心到帝国的最遥远的边陲海岛，那密如蛛网的经线纬线不啻是一个庞大无比的通信联络网的象征，关于殖民地的各种信息源源不断地传递到宗主国的心脏，而宗主国心脏的每一次搏动，又把它的意志和决定下达到遥远的边陲海岛。信息网的直接产物就是文本——卷帙浩繁、汗牛充栋的文本。这些文本既是这个庞然大物般的帝国在语言层面上的再现，同时又是对殖民行为之所以必要、合理的辩护和解释。

然而20世纪以来，宗主国与殖民地之间的交往，则越来越表现为殖民者和殖民地土著的后裔向宗主国中心的反向回流：一部分在经济上相对比较富裕、接受了比较好的教育的文化精英分子，反向回流到宗主国的中心，在宗主国的大学里接受教育后，他们走上了社会，并开始对自己和帝国的历史文化作某种批判性的反思，这种批判反思即产生了所谓后殖民的文学和后殖民的文化研究。

当下西方学界对于这些后殖民文学家和批评家的介绍，除了强调他们的前殖民地的出身、他们对“第三世界”的文化关注以外，往往还要说他们有一种所谓“世界主义”的关怀。由于他们是从过去的殖民地迁徙到宗主国、从文化的边缘迁徙到文化的中心，他们似乎就天然地具备了某种对殖民主义价值观的免疫力和批判力。而这些作家在描写那些具有吸引力的异域风情的同时，在民族和历史的归属感上也都着力表现出一种“无根性”（rootlessness），这种无根性一方面能使他们的作品显得与众不同，而另一方面，这无疑又是他们的一种政治态度，一种萨尔曼·拉什迪所谓的“失重感”（weightlessness）。正是由于这种特性，反而使他们获得了某种左右逢源的优势，他们可以在创作中把异域风情与超现实捏合在一起，把原始古朴与滑稽突兀并置兼顾，而同时，他们又无须作出政治上、道德上的承诺，这种别开生面的作品为本来就有避“重”就“轻”倾向的当今读者提供了莫大的消遣。

不可否认，后殖民作家和批评家对帝国主义、殖民主义的思想传统和价值观也进行了相当激烈的批判，但是，这些后殖民的作家和批评家，是不是真的就超然于西方传统价值体系之外，形成了一套新的、与过去的传统价值观根本对立的话语了呢？其实并不是。在这个问题上，我们千万不要低估了西方学术体系的惯性和影响力。这一体系实际上就像一个大熔炉一样，它会把吸纳进来的一切都毫无例外地打上自己的意识形态印记。后殖民话语形成的过程，其实也是一个被它吸纳、内化而变成西方意识形态话语一个组成部分的过程。这种情况只是一个硬币的两面：后殖民文学和后殖民的文化批评既是对西方意识形态传统的批判，而与此同时，这种后殖民文学和后殖民的文化批评又受到西方意识形态的包容和限定。与其他的知识学问一样，这种新近形成的后殖民理论也会很快地与既定的学术体系认同——与它的基本认识假设，与它的根深蒂固的文化信念和人文价值观认同。比方说，后殖民理论显然就理所当然地认为，世界各地的文化都毫无例外地应当接受，而且可能接受西方理念的审视，即认为西方的理念有一种放之四海而皆准的普遍适用性。美国著名学刊《批评探索》（*Critical Inquiry*）的主编米切尔（W. J. T. Mitchell）在论及这一现象时有一个很尖锐的评语，称这种后殖民批评是一种“后帝国主义的批评”，即

> 最重要的文学作品出自前殖民地国家——那些在经济上、军事上曾经被统治的地区和民族，而最有启发性的批评则从曾经统治它们的帝国——欧美的那些工业化国家——的中心向外辐射出来。①

米切尔的批评真是一语中的。西方学界中能够作如此反省，对自己也身在其中的学术局限作如此批评的实在不多。绝大多数人对于后殖民文化批评都是一味叫好，认为它是西方学术体系中的少数者的话语，认为它是对西方帝国主义和殖民主义的最深刻的批判，从而也就理所当然地认为，这种后殖民批评理论对异域民族尤其是第三世界的文化具有一种居高临下的解释权。阿拉克教授显然也是沿着这样一条思路运思的，所以他认为，"大多数的美国学者对这样一个'文化研究'的学术研讨会的期望"是"想看到更多的、深入细致的个案分析，要关注那些具体的、经验性的东西，讨论文化的生成活动，不一定是已经上了书的东西，而是那些正发生在现在或不远的过去的事情，那些并不一定水准很高、非常了不起的东西"。

但是，站在西方学术体制之外，尤其是当我们考虑到这其中所包含的民族的、政治的、文化的或别的各式各样的利益的时候，非西方知识分子对这种后殖民文化批评就当然会有一种截然不同的看法了。从事文化研究，不同地区的文化按说应该是平起平坐、不分高下的，但是在今天这个世界上，文化实际上都已经被搁在了高低不等的台墩上——经济的、政治的乃至军事的台墩，这些高低不等的台墩，使位于其上的文化具有了大小不等的势能，踞高台之上者就成了强势文化、优势文化，相反则成了弱势文化、劣势文化。优势文化于是就有了"凝视"他人的特权，即所谓的"研究"；而劣势文化则只能被他人"凝视"，被他人"研究"。看到这一点，我们就会明白为什么第三世界的知识分子对自己的地位感到极度的不公平，而他们的第一世界中的同行却把这一切视为理所当然。在这个貌似公平的对话过程中，其实连工作话语和游戏规则都是事先决定好了的。因此难怪第三世界的知识分子会觉得自己处于一个受人摆布的被动的地位，

① W. J. T. Mitchell, *The Chronical of Higher Education*, April 19, 1989: B1 -3. Quoted from Bill Ashcroft, Gareth Griffiths and Helen Tiffen eds., *The Postcolonial Studies Reader* (London and New York: Routledge, 1995), p. 475.

一个被曝光的地位，被人“研究”，被人无条件地“凝视”。从认识论的假设到方法论的策略，一切都由别人对你口授，而你只有俯首听命、照章执行的份儿。越来越多的第三世界的知识分子已敏感地意识到了这一点，所以，我们常常听到他们对自己被剥夺了声音、陷入某种“失语”境地的不满和抗议。笔者认为，这一切想必就是赵文中那激烈论点背后所未曾明言的潜台词。

二　后殖民的文化批评与后现代主义

纵观西方学界当下的后殖民文化批评，有一个突出的问题似乎还没有引起足够的重视，这就是后殖民批评营垒内部持续不断的激烈纷争：大至有关后殖民批评的性质、目的和策略，小到文学写作和批评应该用什么语言，究竟是使用全球通用的语言，比如英语，还是用母语写作等，什么问题都要争，而且一争起来还要上纲上线。结果怎么样呢？结果成了一个群龙无首的状况，谁也不听谁。几年前，著名的西方马克思主义文化批评家詹明信（Fredric Jameson）曾发表过一篇很有名的文章《多国资本主义时代的第三世界的文学》，[①] 其中有相当大的篇幅讨论了“五四”以来的中国文学，特别是以鲁迅为代表的中国新文学运动。文章一发表，随即就受到一位来自第三世界的批评家阿加兹·阿哈默德（Aijaz Ahmad）的严厉批评。阿哈默德称，尽管有“物以类聚，人以群分”的说法，他也认为自己是马克思主义者，然而他却从来不能把詹明信引为同类。说来也有意思，这场争论竟是由于詹明信所使用的一个概念引发的，他说，“第三世界的文学都是寓言式的……应该当做民族寓言来读”。[②] 问题恐怕就出在对“寓言”（allegory）这个概念的理解上。阿哈默德认为，在西方文学传统中，“寓言”是一个比较低等的文类，尤其是在现代主义文学被奉为经典的今天，詹明信把第三世界的文学划为“寓言”，表现了他对第三世界文学的一种藐视。而这显然是一种想当然的误解。当然话又要说回来，阿哈默德

---

① Fredric Jameson, “Third-World Literature in the Era of Multinational Capitalism,” *Social Text*, No. 15, 1986.

② Aijaz Ahmad, *In Throy*: *Classes*, *Nations*, *Literatures* (London and New York: Verso, 1992), p. 69.

对于欧美批评家的尖锐批评，也不是完全没有道理。譬如他说，欧美批评家们对亚非国家的民族语言从来没有丝毫的兴趣，美国的文学批评理论家对所谓第三世界的文学传统简直一窍不通，倘若有哪一个亚洲、非洲或阿拉伯国家的知识分子恰好能用英语写作，他/她就立即被推举为这个民族、国家或这块大陆甚至整个第三世界的代表。① 这种情况应该说也的确是存在的。但通读全篇，我们发现阿哈默德并没有跟詹明信具体地讨论第三世界的文学，而完全是一些概念之争。他首先是抓住了詹明信的一个理论概念——所谓“第三世界”的概念——究竟是否站得住而穷追猛打。他认为，随着苏联的解体和东欧社会主义国家的剧变，现在的世界格局已经大变，“第三世界”的概念已经过时。这一批判显然是致命性的一锤定音。为什么说是致命性的？因为詹明信的这篇文章从此就被逐出了后殖民文论的选目。1989 年曾经以《帝国重述》（*The Empire Writes Back: Theory and Practice in Post-Colonial Literature*）而蜚声文坛的三位作者比尔·埃仆克拉夫特（Bill Ashcroft），加雷思·格里菲思（Gaareth Griffiths）和海伦·蒂芬（Helen Tiffin）编辑出版了一部十分有影响的读本——《后殖民研究读本》（*The Postcolonial Studies Reader*, Routledge, 1995），阿哈默德的批评文章收入其中，而它的批判对象，詹明信的文章却不见踪影。

这一批判的后果，从阿拉克教授的描述中似乎也可获得一个旁证。他称詹明信那篇文章在西方年青一代的学者中已是“臭名昭著”（routinely characterized as ‘notorious’）。② 笔者起初还不敢相信，而后来，笔者在哈佛的瓦登纳图书馆借到了刊登詹明信那篇文章的那一期《社会文本》，令笔者吃惊的是，就在这篇文章的标题下，不知是哪位读者留下了一条眉批：Is this the legendary Fred “up the ass” Jameson？这是一句骂人话。笔者不知这位读者的文化背景，究竟是来自第三世界国家的学生，还是美国本国的学生；我也不明白为什么这篇文章会如此地激怒他/她。读完了詹明信的文章，笔者实在为詹明信所受到的双重冤枉感到由衷的悲哀。不仅在

① Aijaz Ahmad, *In Throy: Classes, Nations, Literatures* (London and New York: Verso, 1992), p. 98.

② Jonathan Arac, op. cit., p. 139.

这篇文章中，还在别的地方，[①] 他都是一再呼吁文化研究工作者应该重温歌德关于“世界文学”的构想，一再地强调应该关注第三世界的文学问题。他发现，当今的美国读者由于受现代主义文学的影响，他们已经无法接受，更不要说去欣赏第三世界各国家的文学了。因此，他大声疾呼，必须设法使第一世界的读者懂得：

> 研究第三世界的文化，就会从外部产生一种对我们自己的新的看法，因为我们自己是世界资本主义体制遗留下来的、正在起着很大作用的传统文化的一部分。[②]

他甚至把自己的这项任务称为“给北美，特别是美国的知识分子扎一针……使他们产生某种自我意识。”他说：

> 因此，我们需要一种新的文学和文化的国际主义，这要冒一定的风险，它将让我们对“异己”这个概念充分地加以质疑和给予承认，让这个概念成为一种更加贴切、更具有警醒作用的自我意识。[③]

笔者相信，詹明信对于第三世界文学的热情和兴趣是真诚的。他对于“第三世界”的界定也许有点问题。但他已经有言在先，他承认自己提出的一套关于所谓第三世界文学的理论也许有点“唐突”（presumptuous），但苦于找不到一个更好的大家都能接受的概念。他的目的仅仅是要“提出某种特定的研究视角，特别是向那些被第一世界文化价值观和俗套所铸就的那些人，表达一种对这些显然被忽视的文学的兴趣和重视”。[④] 笔者不清楚那些西方学者是不是对这一批评（“第一世界的文化价值观和俗套”）大为光火，如果不是，笔者倒是觉得他们不应该再对所谓第三世界和第一世界概念的划分纠缠不休了，而应该再仔细地读一读詹明信的文章。

---

① 例如 Fredric Jameson，“*Foreword*” *to Caliban and Other Essays*，by Roberto Fernandez Retamar（University of Minnesota Press，1989），pp. vii-xii。

② Fredric Jameson，op. cit.，p. 68.

③ Fredric Jameson，op. cit.，pp. xi-xii.

④ Ibid.，p. 68.

实际上，笔者对詹明信关于鲁迅的分析和介绍就非常感动。他说鲁迅是“中国最伟大的作家”，说“西方的文化研究对于鲁迅的忽略是一个耻辱”。[①] 笔者不知美国学界中是否还有人像詹明信这样赞扬鲁迅——不仅是给予笼统的赞词，而是通过对他作品的具体的分析。前些年，某些美籍华人学者曾发表过一些研究鲁迅的文章，有些评价比较公允，而有些则是诋毁性的。可是这些文章，无论是正面的还是反面的，其实都没有能够真正打入所谓的第一世界的学术圈子中，更不要说在西方中心主义所统治的学术圈子里产生影响了。詹明信所构想的如何阅读第三世界文学的公式，特别是他说第三世界文学作品中“以个人身世和命运出现的故事，总是对充满激烈的斗争的第三世界公众文化和社会的一种寓言形式”,[②] 的确会使人们产生一定的疑问，因为这句话说得太大太满，作为一个结论不免过于笼统。但是，就笔者这样一个中国人，对于鲁迅还有一定了解的中国人，我觉得詹明信对于鲁迅的读解还是相当到位、合情合理的，而且还有一定的创见，他所谓的寓言理论，就鲁迅的情况而言，还是基本贴切的。

遗憾的是，詹明信对于第三世界文学的热情和洞见，居然就不能得到自诩为后殖民文化批评家们的首肯，文中一些原本属于枝节性的问题反而成了引发后殖民文化批评营垒内部更大争论的起因。有人把后殖民批评营垒内部的这种激烈纷争归因于后现代思潮，按照后现代理论家利奥塔（Jean-Francois Lyotard）的说法，后现代文化最突出的特点，就是所谓“对于元叙述的怀疑”（incredulity toward metanarratives），而随着元叙述的瓦解，人们将各自依附于某一小片叙述话语成分的云朵，各飘东西，越离越远。人与人之间的交流将越来越困难，人们的观点将越来越“不可通约”（incommensurable）。[③] 笔者对利奥塔的这种观点向来有怀疑，觉得他把话说得太绝对了。而在笔者看来，正是在这一点上东西方哲学有很大的不同。相比之下，笔者更加相信中国古代哲学中的“中庸之道”，更相信所谓的“物极必反”和“否极泰来”，相信事情走到头就会向反面转化，我们称之为“对立统一规律”，这是笔者从小所接受的马克思主义的教育所

① Ibid.，p. 69.

② Fredric Jameson，op. cit.，p. 69.

③ Jean-Francois Lyotard，*The Postmodern Condition*：*A Report on Knowledge*（University of Minnesota Press，1984），p. xxiv.

教给笔者的。笔者相信对立统一规律是包括我们人在内的万事万物存在的普遍规律，即我们的存在是一种既对立又统一的关系，对立的矛盾包容在一个统一体之中。西方人喜欢讲“二元对立”（binary oppositions），而我们喜欢讲“对立统一”，这里的区别就是在讲对立的同时一刻也不忘记“统一”。我们也讲差异、冲突、对立、矛盾，但是我们不忘记这些差异、冲突、对立和矛盾又同时被包容在一个统一体中，它们同时又形成了一种对立统一的关系。所以，在看待和处理人与人之间的关系时，利奥塔这样的西方哲学家就比较强调绝对的差异，把人看做纯粹的个体，强调他们之间所谓的“不可通约性”。而我们则不那么绝对，即便矛盾到处存在，我们觉得人们仍然还得设法交流，总还得设法找到某种共识。

也许有人会问，为什么要大谈东西方哲学的差异。笔者觉得正是这一差异使笔者感到西方的这种哲学探索是不是有点走得太过了，在一味前行的过程中似乎忘记了我们这种探索的目的。西方哲学的确长于思辨分析，深入一切事物之中，不断地拆解分析，留下一长串差异的轨迹。可是这种分析的目的是什么？在分析的同时还要不要综合？笔者并不是反对争议，但是总觉得不能为争议而争议。

我们现在再回到后殖民与后现代的话题上来。不少人认为后殖民主义与后现代主义是相交的。从一定意义上说，的确是这样。接下来这里又冒出一个孰先孰后的争论。在笔者看来，在英美文学理论的领域里，批评的方法得到明确的界定还是比较晚近的事情。致力于非殖民化的作家的崛起，与后结构主义思潮的崛起，可以说基本上同时，甚至可以说更早一点，然而，应该说正是由于有了后结构主义的阅读方法论，才使得原本一直在争论不休而莫衷一是的后殖民写作特点有了一个相对统一的说法。所谓送到磨坊里出来的都是面粉，这些后殖民的写作于是反过来又都成了后结构主义方法论得以立足的证明。基于此，后殖民批评与后现代思潮有一些相类似的特征：大家都关注边缘性、含混性，关注二元对立的消解，二者都推崇戏谑模仿、黑白杂交，推崇双重性和借用，不是作第一手的创新，而是借助于第二手的摹本等。但是，需要强调指出的是，尽管后殖民和后现代有这么多的相似点，它们之间却有一点根本的不同：后现代视角在根本上有一种“对于元叙述的怀疑”，而第三世界的后殖民文学和文化研究却致力于确立一种新的元叙述，以取代过去那种对西方理性至上的信仰。这种文化研究和批评应该有一个非常明确的目的，那就是对西方帝国主义的文化权威、政治权威进行颠覆。这样一个奋斗目标显然不是个人的努力就能够实现的。它必须依靠怀抱这一理想的全体仁人志士，尤其是第三世界、前殖民地人民的团结奋斗，才能逐步实现。

三 爱德华·赛义德的两难窘境

这里，我们还得留一点篇幅谈谈赛义德。前面在评论赵文时已经说过，最好不要说赛义德和斯皮瓦克是踩在非西方国家知识分子的背上才确立了他们在西方学界的地位的。因为这是一个很大、很复杂的问题，不是蜻蜓点水式的一两句话就能说得明白的。究竟有多复杂，我们不妨再去读一读赛义德为他的《东方主义》（*Orientalism*）1995 年再版时所写的《后记》。[①]

笔者是从《泰晤士报文学增刊》[②] 上读到这篇《后记》的，不知道这篇《后记》大家是否都看到了，是否引起了足够的重视。因为笔者查遍了哈佛的各个图书馆，居然就未能找到一本附有这篇《后记》的新版的《东方主义》。在读这篇《后记》时，笔者第一个印象就是觉得赛义德遇到了麻烦，而且可能是不小的麻烦。他似乎是在"竭尽全力"——用他自己的话"painstakingly"——再一次对他在《东方主义》中提出的一系列概念进行界定。当时因为受条件的限制，笔者不可能对赛义德有更多的了解，而后来才知道他不仅是一个文化批评家，而且是巴勒斯坦解放运动事业的坚强战士，而最出乎笔者意料的，是他对巴勒斯坦解放运动的坚定不移的支持，他的雄辩，竟招致敌人要对他暗杀的恐吓。[③] 而这一点，也使笔者对他为什么要写这篇《后记》的缘由更加清楚了。读过了他的《后记》，笔者不禁产生了这样一个想法：人们对赛义德的要求和期待是不是有点过分了，有点超出了他的能力。特别是他的同情者，似乎对他有不少的误解。他毕竟是一个学者，他已经尽力做到了他所能做的一切。

在这篇《后记》中，赛义德首先回顾了该书 1978 年问世以来读者的总体反应，其中有一些正如所预料的那样，"非常地敌对，有一些是不够

---

① Edward Said, *Orientalism* (New York: Random House, Inc., 1995), pp. 329 - 352.

② *Times Literary Supplement*, February 3, 1995.

③ 参见 Aijaz Ahmad, *In Theory*: *Class*, *Nations*, *Literatures*, p. 160。

理解，然而大多数则是热情地肯定”。他说，他最感到遗憾、最难以理解的，则是有人说“这本书反西方”，说这种话的人，“既有敌对的评论家，也有抱同情态度的评论家”。而实际上，令他最不舒服的，显然是那些说他“反西方”的同情者。所以，他的这篇《后记》按说应该是针对那些同情者的有感而发。然而又令人感到费解的是，他所采用的辩解方法，却是诉诸纯哲学思辨，诉诸后结构主义的一套极其深奥难懂的所谓“反本质主义”的推理。他的这种做法又不能不让人觉得，他更多的是要让深谙此道的他的学术同行们明白，他在任何意义上都毫无“反西方”的意思。

《后记》最初在《泰晤士报文学增刊》上发表时，赛义德加了一个标题：“东方不是东方：东方主义时代的行将结束”。“东方不是东方”，这显然是对吉卜林所谓“东方是东方，西方是西方”的戏仿。可是，这里说“东方不是东方”，究竟是什么意思呢？赛义德经过一番相当复杂的推理，告诉我们说，他所讨论的“东方”，并不是实际地理意义上的“东方”。这一点，他在《东方主义》中其实早就反复强调过。提醒读者注意那“东方并不是那一成不变的、事实性的自然”（the Orient is not an inert fact of nature）；而且，他还借用维柯的话说，“人们创造着他们自己的历史，而他们所认识的仅是他们所创造的”（that men make their own history, that what they can know is what they have made）。正因为如此，赛义德告诉我们说，“东方”和“西方”这些概念都是“人为创造的”（man-made）。[①] 在这篇《后记》中，他又再次强调，他是“明确的反本质主义者”，“对任何类别的划分，如东方和西方之类，都持坚定的怀疑的态度，而且极其小心地注意不去‘捍卫’甚至不去讨论所谓东方和伊斯兰的问题”。

简言之，所谓“反本质主义”，就是认为世间万事万物都不具有某种固有的本质，其所谓的属性只能是一种人为的命名，一种能指符号的置换。赛义德正是这种意义上的一个反本质主义者；而《东方主义》也只有被置于这样一种反本质主义的基础之上，我们才能够理解和接受他在书中进行的一系列推理，才能理解和接受他所谓的“东方”、“西方”、“人为

---

① Edward Said, *Orientalism* (Random House, 1978), pp. 4－5.

创造的”等一系列的概念。而在这里，赛义德遇到了一个究竟先有鸡，还是先有蛋的两难窘境。他抱怨说：“大多数人都不接受这样一个认识前提，即人的属性不是一种与生俱来的、自然的、稳定的，而是一种构成，有时甚至是一举创造出来的。”然而，他显然忽略了造成这一状况的根本原因：对于不理解他的这些“大多数人”来说，让他们接受这样一个认识的条件还不存在。从来就没有人去教他们应该这样去认识，应该以一种反本质主义的态度去看待事物。我们知道，“反本质主义”的思想，基本上是后结构主义的产物，你必须首先接受“现实是一种语言的构成”这样一种认识前提才行。那是在20世纪60年代时，索绪尔的结构主义语言学被重新发现，成为西方学界中一种新的认知范式去重新审视语言与现实的关系，这种反本质主义思想才逐渐抬头的。而在大多数的东方国家中，人们根本就没有经过这样的一番启蒙开发，所以在现实和语言的关系上，就根本不可能有上述反本质主义的认识。在这种情势下，赛义德实际上是给自己布置了一项根本不能完成的使命：要人们给他他们所没有的东西。

“反本质主义”不被接受的第二个原因则是在政治和意识形态方面。而这里更需要强调的一点是，政治和意识形态又进一步使东方国家的人民用一种“本质主义”的眼光，亦即将文本的东方等同于地理的东方的认识前提来阅读和理解赛义德的《东方主义》。阿拉伯国家的读者，一些第三世界国家的读者有一个完全不同的文化背景，一个完全不同的语境。从他们自己的政治环境和意识形态氛围出发，他们毫无疑问要把书中所读到的东西为他们自己所用。同时，他们也必然会把他们头脑中既有的认识读入文本，他们与书中所谓的东方认同，把书中的西方看成现实中的西方，则是必然的，可以想见的。

如果说赛义德的同情者们的认识是没法改变的话，那么我们有理由相信，赛义德《后记》中的这一番反本质主义的说道，应该主要是说给认识前提相同的同道者们听的，而且主要是西方学界中的同道者。赛义德的这番解释不仅是要摘掉所谓“反西方”的帽子，更重要的是要展现一下他崇高的人文主义的理想，而这篇《后记》的确树立了他的一个良好的形象：不仅是西方学术界一个深受尊崇的学者——富有独创性、雄辩，表现了对现实的政治远见，同时，他又能够超越眼前的政治和意识形态的关怀，为被压迫者说话，为全世界的受苦人说话，而且，他还不忘对那些一味自夸、不作辨析的民族主义者保持一种批评的态度。

赛义德这种反本质主义应该说是相当一部分后殖民文化批评家的一个共性。这里笔者不禁想起了斯皮瓦克在一次答记者问时发表的看法，它或许会有助于我们了解这种反本质主义的实际的所指。有记者问斯皮瓦克，“印度”的背景对于她有何重要意义，斯皮瓦克是这样回答的：

> 我并不很多地写到“印度”，但我很高兴它在这里被放在括弧里。“印度”对我这样的人来说，并不是一个能够形成某种民族属性的真的地方，因为它一直是一个人为的构成物。
>
> “印度特征”不是某种存在的实物。例如阅读梵文典籍时——我就说不准那是印度的，因为说到底，印度（India）不是印度（Hindu），而“印度式”（“Indic”）的东西并不是“印度”（India）。①

显然，斯皮瓦克与赛义德有一点共同之处，应该说这也正是后殖民批评的一个特点，即这些后殖民的批评家们所考虑的，并不是他们当初生活过的殖民地，也不是所谓的第三世界。他们所来自的那个国家，早已被他们送进了括号。他们有时候也的确会写到他们的国家，但这时所提到的他们的国家，也是被打上了引号，或加了括号。它们实际上已不同于原先那个国家，它们只是一种文本构成物，已不再具有原来的本质，换句话说，它们已经被植入另一个语境，被植入了西方的语境而变成了一种文化意义上的参照和陪衬。而了解了这至关重要的一点，第三世界的人或许就会调整一下对于他们的期望值了。

（原载《美国研究》1998 年第 3 期）

① Sarah Harasym, ed., *The Post-Colonial Critic: Gayatri Chakravorty Spivak* (New York & London: Routledge, 1990), pp. 38－39.

美国研究文选

(1987~2010)

下卷

SELECTED WORKS
ON *AMERICAN STUDIES QUARTERLY*
1987~2010

主编/黄平　胡国成　赵梅

社会科学文献出版社
SOCIAL SCIENCES ACADEMIC PRESS (CHINA)

目　录

第一篇　总论

第二篇　经济与科技

第三篇　政治

第四篇　社会、文化与历史

第五篇　外交与军事

第六篇　中美关系

多元文化主义的起源、实践与局限性

王 希*

【内容提要】本文勾画了多元文化主义意识形态和实践自20世纪60年代以来的演变过程，分析了多元文化主义在教育学界、历史研究、文化批评和社会改革等不同领域内的使用和内涵。在肯定多元文化主义给当代美国社会带来了重要而正面影响的基础上，作者也分析讨论了多元文化主义的局限性。这些局限性包括：在处理群体认同与整个美利坚民族认同之间的平衡关系上，多元文化主义还没有提出一个令人信服的思路；因为利益的多元化，多元文化主义在战略上无法在所有支持多元文化主义的群体中保持一个持久的、牢固的联盟；面对"一元性"资本主义的全球化及其对现行世界权力体制的深刻影响，多元文化主义并不具备向现行世界权力体制进行挑战的理论和政治基础。

【关键词】多元文化主义　种族关系　民权运动　肯定性行动计划

* 王希，时任美国宾夕法尼亚州印第安纳大学历史系副教授。

多元文化主义（Multiculturalism）是20世纪90年代美国社会一种极为引人注目又充满争议的现象。作为一种意识形态，多元文化主义对传统的美国思想和价值体系提出了严肃的挑战，促使美国人重新思考美国的历史与未来。作为一种社会实践，多元文化主义改变了美国教育（尤其是高等教育）的内容，并通过联邦政府的相关政策在一定程度上改正了历史上对少数民族和妇女在就学就业方面的体制性歧视，使“多元化”（diversity）成为当代美国生活中的一个不可忽视的现实。由于多元文化主义触动了原来的政治和文化结构，它也引起了极大的争议。美国学术界和教育界围绕多元文化主义进行了一场迄今尚未结束的“文化冷战”，政治上也出现相应的连锁反应。关于多元文化主义的现象，国内学者已经注意到，并有专文进行介绍和评论。[①] 鉴于这个题目的重要性，笔者认为有必要做进一步深入的讨论。本文拟对多元文化主义的内涵、起源、实践和影响做一个系统和连贯的梳理，并在此基础上，分析多元文化主义作为一种理论和实践所面临的挑战。

一　多元文化主义的内涵

什么是多元文化主义？这个问题貌似简单，但却难以准确予以回答。困难在于“多元文化主义”虽被称为“主义”（-ism），且使用频率很高，但它始终没有一个清楚的、公认的定义。[②] 实践中的“多元文化主义”与其说是一种严格的理论，不如说是一种象征性的政治口号。在多元文化主义的旗帜下，往往集合了一大批不同的（有时甚至相互冲突的）诉求。有的诉求涉及理论问题（如呼吁推翻西方文明在美国教育和文化中的统治地位、建立新的知识话语体系、改革传统的人文教育、呼吁停止对发展中国家的剥削等），有的涉及具体政策（如要求政府继续坚持推行“肯

① 见沈宗美：《对美国主流文化的挑战》，《美国研究》1992年第3期，第118～149页；高鉴国：《试论美国民族多样性和文化多元主义》，《世界历史》1994年第4期，第2～10页。

② 社会学家内森·格莱日尔（Nathan Glazer）曾做过一个统计，发现美国主要报刊是在20世纪80年代末才开始使用multiculturalism一词的，该词在1989年仅出现过33次，两年后增加至600次，到1994年，达到了1500次。见Nathan Galzer, *We Are All Multiculturalists Now*（Cambridge, Mass.: Harvard University Press, 1997）, p. 7。

定性行动”措施，要求政府加大对少数民族集中居住区的教育和经济资助，要求大学和公司增加少数民族和妇女雇员等），还有的则涉及一些具体的社会行为和态度（如要求媒体对少数民族的形象进行正面刻画，提倡对包括同性恋在内的不同生活方式的包容和尊重，严禁在公共和工作场合对异性进行“性骚扰”，在言语方面避免使用伤害他人的字眼词句等）。尽管这些诉求的内容不同，但坚持者都自认为是在体现“多元文化主义”的精神，而那些持反对意见的人（即便只是反对一种诉求而同时支持其他的诉求）也有可能被当做反多元文化主义者。如此一来，界定多元文化主义的工作变得难上加难。历史学家戴维·霍林格（David Hollinger）曾说，“‘多元文化主义’几乎变成了一种‘暗语’（shibboleth），只是用来识别和联络政治上的盟友和学术上的同志，本身应该具备什么内容并不重要了。”①

尽管如此，不同类型和用途的“多元文化主义”在基本原则上还是有相通或有共同之处。一个比较可行的认知方式就是对不同用法的“多元文化主义”实行分类考察，了解它们包含的具体内容，通过比较，获取一种对普遍意义上的多元文化主义的认识。笔者认为，当代美国的多元文化主义主要有下列几种用法。

第一，“多元文化主义”是一种教育思想和方法。20 世纪 70 年代当多元文化主义的概念首次出现时，它的目标是在中小学教育中增加对不同民族和族裔的文化传统的理解。在 80 年代时，“多元文化主义”又被一些大学借用来描述对传统人文学科内容的改革。到 90 年代，多元文化主义教育思想逐步趋于成熟。② 主张多元文化主义教育的人认为，知识在人类生活和社会发展中占有极为重要的地位，但知识并不是中性的，其内容及构成方式不仅受特定的政治、经济和社会关系的制约，也受到制造和传播知识的人的兴趣和立场的影响；教育是传播知识的重要过程，

---

① David Hollinger, *Postethnic America: Beyond Multiculrualism* (New York: Basic Books, 1995), p. 82；同见 Glazer, *We Are All Multiculturalists Now*, p. 19。

② C. Newfield and A. Gordon, "Multiculturalism' Unfinished Business," in A. Gordon and C. Newfield eds., *Mapping Multiculturalism* (Minneapolis: Univeristy of Minnesota Press, 1996), pp. 76 – 78; James A. Banks, "Multicultural Education: Historical Development, Dimensions, and Practice," in James A. Banks and C. A. M. Banks, eds., *Handbook of Research on Multicultural Education* (New York: Macmillan, 1995).

又是塑造公民群体的关键过程，为了适应变化了的美国社会，教育中的“文化压迫”现象——对非主流文化的排斥和曲解——必须改变；多元文化主义教育为美国学生提供新的知识结构和内容，帮助学生了解和尊重其他文化传统，减少乃至消除种族主义的偏见。[①] 无疑，这种教育思想与随民权运动而兴起的“种族意识”（racial consciousness）有密切联系。

第二，多元文化主义也是一种历史观。多元文化主义教育者尤其强调对传统的美国历史知识的内容的改革。这种要求与“新美国史学”的目标正好吻合。新美国史学自20世纪60年代开始兴起，它以社会史学为基础，意图纠正旧的美国史观史论，注重对少数民族和弱势群体历史的研究，强调美国人历史经验的“多元性”。[②] 现在是否已经出现了一种多元文化主义史学，是一个值得争论的问题，但多元文化主义思想对历史研究的影响是非常明显的。持多元文化主义历史观的学者认为，美国历史和传统是多种民族或族裔共同经历相互作用的结果，为了“懂得美国文化的本质和复杂性”，学生必须了解所有美国人（尤其那些被传统史学排除在外的群体）的历史经历。[③] 与多元文化主义的教育思想一样，多元文化主义的史学希望帮助学生了解美国社会目前存在的种族歧视、性别歧视和贫穷等问题的历史根源，克服和消除对其他民族和族裔文化的误解，解除他们对日趋激烈的文化冲突的恐惧，培养他们对群体差别的欣赏，鼓励他们采用一种民主的而非等级式的观点来看待美国社会的群体差别，最终培养他们在“由

---

① James Banks, "Multicultural Education as an Adacemic Discipline," in *Multicultural Education 95/96*, 2d edtion (Guiford, Conn.: Dushkin, 1995), pp. 61 – 62; Lawrence Blum, "Multiculturalism, Racial Justice, and Community: Reflections on Charles Taylor's 'Politics of Recognition'", in Lawrence Foster and Patricia Herzog, eds., *Defending Diversity: Contemporary Philosophical Perspectives on Pluralism and Multiculturalism* (Amherst: University of Massachusetts Press, 1994), pp. 175 – 206. 关于比较保守性的对多元文化主义教育的讨论，见 Diane Ravitch, "Multiculturalism: E Pluribus Plures," *American Scholar*, Vol. 59, Issue 3 (1990), pp. 337 – 354。

② 关于“新美国史学”的介绍，参见 Eric Foner, ed., *The New American History* (Philadelphia, Temple University Press, 1997), Lawrence Levine, *The Opening of American Mind: Canons, Culture, and History* (Boston: Beacon Press, 1996), esp. Chapters 1, 5, 10; 李剑鸣：《关于20世纪美国史学的思考》,《美国研究》1999年第1期，第17～37页。

③ Lawrence Levine, *Opening of American Mind: Canons, Culture, and History* (Boston: Beacon Press, 1996), p. 160.

多元民族组成的国家以及相互依存的世界”中进退自如的能力。①

第三，多元文化主义也被作为一种文化批评的理论。在这方面，多元文化主义常与后现代主义、结构主义和女权主义归为一类，被看成是向传统西方文明知识霸权进行挑战的一种话语。多元文化主义者认为，任何文明都是历史的产物，有其内在和特定的价值体系，没有一种文明可以宣称比其他文明更为优越，也没有理由以主流文明自居，并歧视、否定甚至取代其他文明；西方文明之所以能够在目前人类的知识结构中取得支配性的地位，关键是西方资本主义的发展领先于世界其他各地，西方向世界扩张的同时，也将带有严重偏见的西方思想和知识，以及表达思想的媒介（包括语言、艺术、文学等）扩展到世界范围，以至于非西方社会的知识分子在向西方文明挑战时，仍然继续下意识地使用西方文明中的思维模式。在哈佛大学非洲裔美国人研究系主任亨利·路易斯·盖茨（Henry Louis Gates Jr.）看来，多元文化主义理论的核心是承认文化的多元性，承认文化之间的平等和相互影响，打破西方文明在思维方式和话语方面的垄断地位。②

第四，多元文化主义也被看做一种冷战后的新世界秩序的理论。一些学者认为当代美国多元文化主义思潮与历史上的被压迫民族反对主流民族的压迫在本质上是一致的，都一种在多元社会中寻求对人类的文化能力的保护的努力，而对于不同民族文化的保护和尊重应该被看成是一种普遍人权得到政治社会的合法保护。③ 芝加哥文化研究小组（Chicago Cultural Studies Group）在其论述多元文化主义的报告中提出，多元文化主义力图寻

① Donna M. Golnick and Philip C. Chinn, *Multicultural Education in a Pluralistic Society*,（New York: Merrill, 1990）, 2d ed. pp. 255 – 256。应该说明的是，我在这里提出美国史学领域是因为围绕美国史的研究和教学的争论最为激烈，实际上，多元文化主义对其他相关领域（如文学和美国研究）的冲击也很大，相关介绍见 Mario T. Garcia, “Multiculturalism and American Studies,” *Radical History Review*, Vol. 54（1992）, pp. 49 – 56。

② Henry Louis Gates Jr., “Goodbye, Columbus? Notes on the Culture of Criticism,” *American Literary History*, No. 3 1991, pp. 711 – 727；同见 Gates, “The Waning of America,” *New Yorker*, 19 April 1993, pp. 113 – 117。有的学者在这个问题上表现了更为激进的态度，认为仅仅打破西方文明的话语垄断还不够，还必须建立新的以非西方文明为背景的新的话语。天普大学非裔美国人研究系的 Molefi Asante 力主的“非洲中心论”便是基于这一思考提出来的。见 Asante, *The Afrocentric Idea*（Philadelphia: Temple University Press, 1987）。

③ T. Turner, “Anthropology and Multiculturalism: What Is Anthropology that Multiculturalists Shoud Be Mindful of It?” in D. T. Goldberg（ed.）, *Multiculturalism*: A Critical Reader（Oxford: Blackwell, 1994）, p. 424.

求的是一种更适合于冷战后的社会和政治模式；冷战的结束、欧洲的统一、亚洲和太平洋区域的崛起和经济全球化等使各国和民族之间的交往更为频繁和密切，无论是在美国内部，还是在世界范围内，都需要建立一种更为现实的相互认可和尊重的文化和政治关系，所以，除了向主流文化挑战以外，多元文化主义也在描述各种文化（和社会）在冷战后时代的一种相互流动的关系。①

对于利用多元文化主义作为改革旗号的人来说，上述这些多元文化主义未免过于学究气。在他们看来，“文化”是政治社会中权力关系的一种表现方式，文化的不平等主要是因为政治的不平等；要建立真正的文化平等，必须改变现有的不合理的政治和经济权力结构，所以，多元文化主义的最终目的不是追求“文化平等”（cultural equity），而是“社会平等”（social equity），是争取不同群体（尤其是那些在历史上长期受到歧视和压迫的群体）在分享美国社会的政治、经济和文化资源方面的平等。“多元文化主义”因此也变成一种意识形态，其功能在于动员和集合广泛的力量，推动现实的社会改革。换言之，多元文化主义是一种具有转换和改造社会功能的思想。② 这种“转换性的多元文化主义”（transformative multiculturalism）包含至少两个方面的内容：支持“不同群体在文化和物质方面的繁荣”和“在自由和人类尊严原则范围之内的群体认同”，要求政府采取激进措施来保证受压迫群体的进步。其核心内容是将多元文化主义的政治转换为政策。③ 虽然不乏激进色彩，但这种多元文化主义的前提仍是追求一种体制内的改革，在本质上是一种弱势群体与主流群体进行讨价还价，据理抗争的“强势”（empowerment）

① Chicago Cultural Studies Group, “Critical Multiculturalism,” *Critical Inquiry*, 18 (Spring 1993), pp. 531 – 532.

② Joseph Raz, “Muticulturalism: A Liberal Perspective.” *Dissent* (Winter 1994), pp. 67 – 79, esp. p. 78; H. A. Giroux, Living Dangerously (New York: P. Lang, 1993) and D. T. Goldberg, *Multiculturalism: A Critical Reader* (Cambridge: Blackwell, 1994); Molefi K. Asante, “Torward” to M. Vega and C. Greene, *Voices from the Battlefront: Achieving Cultural Equity* (Trenton, NJ: Africa World Press); Dennis J. Downey, “From Americanization to Multiculturalism: Political Symbols and Struggles for Cultural Diversity in Twentieth-Century American Race Relations,” *Sociological Persepctives*, Vol. 42, Issue 2 (Summer 1999), pp. 249 – 278.

③ Joseph Raz, “Muticulturalism: A Liberal Perspective,” p. 78.

运动。

由此可见，多元文化主义具有多种功用，既是一种教育思想、一种历史观、一种文艺批评理论，也是一种政治态度、一种意识形态。它们之间的共识可概括为：（1）美国是一个多元民族和族裔构成的国家，美国文化是一种多元的文化；（2）不同民族、族裔、性别和文化传统的美国人的美国经历是不同的，美国的传统不能以某一个民族或群体的历史经验为准绳；（3）群体认同和群体权利是多元文化主义的重要内容，也是美国社会必须面临的现实。从广义上看，这些不同用法的多元文化主义都表现出一种强烈的对未来的期许，如同社会学家内森·格莱日尔（Nathan Glazer）所指出的，多元文化主义者们力图从各自的角度描述一个“不带偏见和歧视的更为美好的美国”的图画，希望将美国文化看成所有种族和族裔文化交融的结果。[①]

二　多元文化主义兴起的历史背景

多元文化主义内涵的广泛性与它起源的复杂性是分不开的。多元文化主义是20世纪50～60年代民权运动的结果之一，但其思想根源则应追溯到更早时候的美国历史。20世纪初出现的“文化多元主义”（Cultural Pluralism）思想和黑人民族主义（Black Nationalism）思潮更是与多元文化主义的兴起有重要联系。

关于美国社会中“一元”与“多元”关系的讨论早在美国建国时期就开始了，并与美国人民族性的定义问题联系在一起。北美人口的“多元化”一开始就存在，独立和立宪使美国人有了一个历史机会来建立一种与欧洲传统不同的政治社会，这个过程被认为是美国民族性的重要基础，而在其间建立的政治原则和价值也被奉为美国政治传统的精髓，成为不同背景的美国人相互认同的基础。1782年，德克雷弗柯（Hector St. John de Crevecoeur）曾在他那本非常有名的《一个美国农人的信札》中对美国民族性的“一元”化与人口的“多元化”的相互关系作了生动的描述。何谓美国人呢？德克雷弗柯回答说：美国人不是欧洲某一个国家或

① Glazer, *We Are All Multiculturalists Now*, p. 11.

文明的后裔，而是一个“奇怪的血缘混合体”，是一个人类的新种族。在这里，德克雷弗柯首次提出了“熔炉论”的思想：人的生长与植物一样受制于周围环境的影响，美利坚特殊的“气候、政治制度、宗教和工作”环境会将来自世界不同国家的移民熔制成具有同样品质和理想的人。① 德克雷弗柯的说法不过是早年清教徒所信奉的上帝选民之说的世俗版，而且在他写作之时，近 1/5 的美国人连起码的人身自由都没有，但这种思想却因为独立和立宪的成功而成为一种坚信不疑的文化神话。19 世纪末，历史学家特纳（Frederick Jackson Turner）在他著名的“边疆学说”中肯定了德克雷弗柯的思想，但特纳强调将无数欧洲移民“熔成一个混合的种族”的是美国对西部边疆的扩张和开发，西进运动创建了美国式民主，建立了美国人对美国体制和思想的认可。② 特纳学说为 20 世纪初“美国化”（Americanization）运动——要求和强制新移民从语言、文化、政治行为到精神完全接受美国传统的运动——的兴起提供了有力的支持。1909 年，犹太移民作家伊斯雷尔·赞格威尔（Israel Zangwill）在以《熔炉》（The Melting Pot）为名的剧本中，将美国喻为能使“所有的欧洲民族……融化和再生（re-forming）的伟大熔炉”。“熔炉论”之说更为普及。③

“熔炉论”的核心是追求美国民族在传统方面的一致性，而一致性的基础是盎格鲁—撒克逊美国人的传统和历史经历。在“熔炉论”的口号指导下，美国化运动要求来自东南欧国家移民“完全、彻底地忘却……与出生国之间的一切义务和联系”，无条件地接受主流文化。④ 这种变相的“文化帝国主义”做法受到犹太籍哲学教授霍勒斯·卡伦（Horace Kallen）的强烈批判。1915 年，卡伦在《民族》杂志上发表长文指出，人们可以选择或改变自己的服饰、政治信仰、伴侣、宗教

---

① J. Hector St. John de Crevecoeur, *Letters from an American Farmer and Sketches of Eighteenth-Century America* (1782, New York: Penguin Books, 1983), pp. 70 – 71.

② Frederick Jackson Turner, "The Significance of the Frontier in American History" (1903) in Turner, *The Frontier in American History* (1920, New York: Henry Holt and Co., 1928), p. 23.

③ Israel Zangwill, *The Melting Pot* (1909; New York: Macmillan, 1920).

④ Isaac Berkson, *Theories of Americanization: A Critical Study* (New York: Columbia University Press, 1920), p. 59.

和哲学等，但无法选择和改变自己的祖父母（即自己出生的文化背景），强制一个犹太人放弃犹太文化，等于要求他停止生存。卡伦提出，强制性的一元文化（即让所有美国人都统一在盎格鲁—撒克逊的传统之下），只能离间非盎格鲁—撒克逊传统移民对美国的感情。卡伦提出，“美国化”运动等于将非盎格鲁—撒克逊的欧洲移民看成低等民族，不配享有同等的权利，这种做法是违背《独立宣言》所宣示的平等精神的。他认为，真正的美国精神应该是“所有民族间的民主”(democracy of nationalities)，而不是某一民族对其他民族的绝对统治。[①] 1924 年，卡伦在将该文收入论文集时，首次使用了“文化多元主义”(Cultural Pluralism)一词。[②]

卡伦的“文化多元主义”思想包含了后来出现的“多元文化主义”中的一些观点。虽然都是对主流文化传统的挑战，并在思想上有相同之处，但两者之间仍然有重要区别，不能简单等同。关于这点，将在本节后面专门讨论。[③] 卡伦提出的“文化多元主义”有两个严重的缺陷：首先，他忽略了经济、政治和教育体制对文化一元化的巨大作用，因而也低估了东南欧洲移民后代“融入”主流文化的能力和速度；[④] 更重要的是，他的“文化多元主义”思想并没有包括有色人种的文明。卡伦写作的时期正是南部的黑人丧失了选举权、印第安人的土地被出卖、亚州移民被全面禁止享有公民权的时候，但他忽略了这种深深嵌入在美国政治和法律体制中的对有色人种的歧视和排斥。

早在卡伦提出“文化多元主义”之前，著名黑人学者杜波依斯(W. E. B. DuBois）就对为美国法律认可的种族歧视进行过深刻的批判。在他那本 1903 年出版的《黑人的灵魂》中，杜波依斯描述了被排斥在主流文化

① Horace M. Kallen, “Democracy versus the Melting Pot,” *Nation*, February 18, 1915, pp. 190 - 94; February 25, 1915, pp. 217 - 220.

② Horace M. Kallen, *Culture and Democracy in the United States* (1924. Reprint. New York: Arno Press and The New York Times, 1970), p. 11.

③ 沈宗美先生在他论文中将 Multicultualism 译作“文化多元主义”（见原文 130 页），高鉴国先生同时讨论了早期和当代的文化多元主义（包括卡伦的观点），但两者均未对这两个词的历史含义进行区别。

④ 卡伦在晚年放弃了他的“族裔预先决定论”（ethnic predestination）的观点，承认白人民族内部的同化速度超出了他早先的估计。Stephen J. Whitfield, “America's Melting Pot Ideal and Horace Kallen,” *Society* (September/October 1999), pp. 53 - 55.

之外的黑人民族的精神创伤。他写道：每个美国黑人始终生活在两种同时存在的意识（double consciousness）之中，始终意识到他既是一个美国人，又是一个黑人，“两个灵魂，两种思想，两种不可调和妥协的抗争，两种始终处在交战状态的理想，并存于一个漆黑的躯体之中”。[①] 杜波依斯提出了卡伦在12年后提出的同样问题：“我到底是谁？我是美国人，还是黑人？我可不可以同时成为两者？我是不是有责任要尽快地停止成为一个黑人而变成一个美国人？”[②]

杜波依斯的问题既是对种族歧视的抗议，也是一种对美国社会中“一元”与“多元”问题的深刻思考。这种思考导致了黑人知识分子开创了早期的黑人研究（Black Studies）。杜波依斯率先开始了学术上的对美国黑人的历史和文化的研究。[③] 另一位黑人学者卡特·G. 伍德森（Carter G. Woodson）更是将白人的主流文化斥为奴役黑人心灵的“邪教育”（mis-education），认为这种充满偏见的教育只会将黑人学生引入歧途，让他们看不起自己的种族和文化，产生极度自卑的心理。[④] 伍德森在1916年创办了《黑人史研究期刊》（*The Journal of Negro History*）和黑人生活和历史研究协会（Association for the Study of Negro Life and History）。[⑤] 同一时期兴起的由马库斯·加维（Marcus Garvey）发动的“加维运动”则从政治上进行了呼应。加维提出，黑人不应向白人社会和文化投降，不应致力于“融入”白人社会，而要坚持自己独特的民族性和传统，他主张通过建

① W. E. B. DuBois, *The Souls of Black Folk* (1903; Boston: Bedford Books, 1997), p. 38.

② W. E. B. DuBois, “The Conservation of the Races,” in *The American Negro Academy Occasional Papers* No. 2 (1897), pp. 5 – 15; quoted in *Levine*, *Opening of the American Mind*, pp. 116 – 117.

③ 杜波依斯在哈佛大学的博士论文于1896年出版，对美国终止奴隶贸易进行了深入的讨论。随后，杜波依斯又开始了对费城黑人的社会历史研究。1910年，他在亚特兰大大学主持了黑人研究的项目，计划以每年10本的速度出版一批研究黑人文化、历史和现状的著作。这个项目最终因财政原因未能进行下去，但杜波依斯的努力开创了严格学术意义上的黑人研究。

④ Cater G. Woodson, *Mis-Education of the Negro* (1933. Reprint. New York: AMS Press, 1977).

⑤ 伍德森认为黑人历史只能由黑人来教，“其他种族的人不可能像黑人一样地胜任（这项工作），因为他们不会像黑人一样来思考问题”。引自 Peter Novick, *That Noble Dream: The “Objectivity Question” and the American Historical Profession* (Cambridge: Cambridge University Press, 1988), p. 475。

立泛非运动（Pan-Africanism）来争取美国黑人和所有非洲民族的彻底解放。[①] 随后出现并延续至 40 年代的“哈莱姆文艺复兴”（Harlem Renaissance）则是早期黑人文化运动的一个鼎盛时期，黑人作家创作了大量文学作品，对黑人的生活经历和独特的文化性格作了深刻的描述，丰富了黑人民族主义思想的内容，许多作品成为90 年代多元文化主义教育的重要内容。这也是“文化多元主义”和“多元文化主义”之间的一种非常特殊的联结。

当代多元文化主义产生的直接历史背景是 20 世纪 50 ~ 60 年代的民权运动。民权运动在几个关键方面为多元文化主义的兴起准备了条件。首先，民权运动采用的是以种族为基础的“群体斗争”的方式来争取“群体权利”，这种斗争方式是对强调个人权利的美国传统的一种极具创意性的反叛，但它却成为一种有效的意识形态和组织方式，“群体诉求”、“群体权利”也因此成为多元文化主义运动的核心思想和策略。

其次，民权运动的结果为多元文化主义的兴起奠定了政治基础。1964 ~ 1968年通过的一系列联邦法律为黑人和其他少数民族享受平等的政治和公民权利扫清了法律上的障碍，迫使联邦政府承担起保障公民权利的责任，街头抗争得以转化为法律结果。这一点对日后多元文化主义运动有重要的启发。[②] 1965 年《选举权法》实施后，南部黑人重新获得选举权，他们对政治的参与在一定程度上改变了区域和地方政治的结构。到 1974 年为止，南部已有 1500 多名黑人担任了不同层次的公职，相当一部分是担任了州立法机构的成员。[③] 1970 年，国会内的 8 名黑人议员组成了“国会黑

---

① 关于加维运动的思想研究，见 Marcus Garvey, *Philosophy and Opinions of Marcus Garvey* (New York: Atheneum, 1969); Robert A. Hill, ed., *The Marcus Garvey and Universal Negro Improvement Association Papers*, (Berkeley: University of California Press, 1984 ~ 1991) 7 volumes; Judith Stein, *The World of Marcus Garvey: Race and Class in Modern Society* (Baton Rouge: Louisiana State University Press, 1991)。

② 这一时期通过的主要法律包括 1964 年的《民权法》（全面禁止了法律上的种族歧视行为和种族隔离政策）；同年批准的第 24 条宪法修正案（取消了在南部盛行的“人头税”规定，保障贫困黑人的选举权）；1965 年的《选举权法》（废除了南部各州为剥夺黑人选举权而设置“文化知识测试”的规定）；1968 年的《民权法》（禁止在住房方面实行种族歧视）。

③ Steven F. Lawson, *Running for Freedom: Civil Rights and Black Politics in America in 1941* (New York: McGraw-Hill, 1997), 2d editon, p. 143.

人党团组织”（Congressional Black Caucus，简称 CBC），专门就有关黑人权利的立法进行磋商和协调，成为一种利益集团。随着当选的黑人议员增多，CBC 的成员已达到 41 人。一些当年民权运动的领袖（如约翰·路易斯等）已成为国会议员。人数较多的拉美裔议员也有类似的党团组织。

“肯定性行动计划”（Affirmative Action）（又译“平权措施”）的实施对多元文化主义的兴起也有重要的影响。“肯定性行动计划”是一项由 1964 年《民权法》衍生而来的经济民权政策，目的是帮助那些在美国历史上长期受到集体性和体制性歧视的群体更快地改变在教育和经济地位方面的劣势地位。具体讲，就是在就业、就学、接受政府贷款、分发奖学金或助学金，以及分配政府商业合同时，在竞争者能力和资格同等的情况下，少数民族（如黑人、拉丁语裔、印第安人、亚裔等）和妇女有被优先录用或得到政府合同的权利。[①] 第二次世界大战后，美国联邦政府对全国经济的控制能力增强，尤其是在发放合同和基金方面，许多重要的私营大企业

① “肯定性行动计划”的最初起源可追溯到 1866 年的《民权法》，这部美国历史上的第一部民权法是为保护刚刚获得解放的黑人的公民权而制定的，其中规定了联邦公民享有的具体权利，包括“签订合同的权利”（即谋生的权利）。1868 年批准的第十四条宪法修正案虽肯定了联邦政府对公民权利的保护，但对公民应享有那些具体的权利没有作明确的表述。1941 年 6 月，罗斯福曾签署了第 8802 号总统行政命令，禁止那些接受联邦政府国防合同的私营企业实施歧视性的雇工政策。这一命令开创了联邦政府利用经济武器抑制种族歧视的先例。1953 年，杜鲁门政府也要求联邦就业安全局要“正面而肯定地行动起来贯彻非歧视性的（就业）政策”（to act positively and affirmatively to implement the policy of nondiscrimination）。1965 年，约翰逊为执行和实施 1964 年的《民权法》颁布了第 11246 号行政命令，要求所有接受联邦政府商业合同的公司或机构必须“采取肯定性行动来保证所有的申请人以及就职者在应聘期间不因他们的种族、宗教信仰、肤色或民族血统而受到歧视”（“take affirmative action to ensure that applicants are employed, and that employees are treated during employment, without regard to their race, creed, color, or national origin.”），“肯定性行动”（Affirmative Action）一词因而得名。1967 年，约翰逊又将妇女纳入“肯定性行动计划”的保护范围之内。根据约翰逊的行政命令，接受联邦资助或合同的企业和机构制定切实的计划和措施，来保证该企业或机构在特定的时间内保证将少数民族或妇女的雇员人数增加到可以接受的比例，如果不能兑现，联邦政府可取消其商业合同或经济资助。但真正将这一政策赋予实施的是尼克松政府。1969 年，尼克松政府的劳工部制定了一项名为“费城计划”（Philadelphia Plan）的政策，要求接受联邦合同的建筑业拿出可行的雇佣黑人的计划，如果不能兑现，将受到惩罚。在这项政策的基础上，联邦政府后来实施了对合同的“预留”模式，即将政府合同的一部分预先留置（set-aside），专门赋予少数民族和妇女拥有的商业机构或愿意雇佣有色人种和妇女的商业机构。约翰逊行政命令原文见 Executive Order 11246（September 24, 1965）30 Federal Register 12319, 12935, 3 CFR, 1964－1965. Comp., p. 339。

和大学都需要从联邦政府那里接受合同或研究资金，各州对联邦政府的财政依赖性增大，这使得联邦政府有体制上的优势来强制性地推动“肯定性行动计划”。自 20 世纪 70 年代以来，美国大企业和大学出现了明显的多元化。政府部门、文艺界和大众传媒界等也开始改变过去那种白人男性一统天下的状况，连一些经济上独立于政府的机构出于商业利益和公共形象的需要，也实施了变相的“肯定性行动计划”。尽管不是政府的初衷，促进“多元化”被当成“肯定性行动计划”的目标之一。

民权运动的另一项成果——《1965 年移民法》——更为现实和直接地推动了多元文化主义的兴起。这项新移民法改正了实行近半个世纪之久的对有色人种的歧视性移民政策，使大量来自亚洲和拉丁美洲的移民得以进入美国。新移民的到来对美国整体人口的结构开始产生影响。到 1990 年为止，共有 1600 万新移民进入美国，其中 1200 万（88%）来自欧洲以外的地区。① 1990 年的人口统计显示的美国人口种族比例见表 1。

表 1　1990 年美国人口组成

单位：百万人，%

	总人口	白人	黑人	拉美裔	亚裔	印第安人
数目	248.8	188.4	29.3	22.4	6.9	1.8
比例	100	80.3	12.1	9	2.9	0.8

资料来源：U. S. Bureau of Census，*Statistical Abstract of the United States*，1999（119th editon），Washington，D. C.，1999），p. 194。

在这个统计的基础上，同时考虑到未来几十年内各种族的人口自然出生率和移民的来源，美国人口统计局对未来 60 年美国人口的增长和种族的结构趋势作了预测，其结果见表 2。

① 这些新移民的主要群体为：墨西哥人（400 万）、中南美及加勒比海人（400 万）和亚洲人（600 万）。Rudolph Vecoli，“Introduction，” *Gale Encyclopedia of Multicultural America*（New York：Gale Research Inc.，1995），Volume I，pp. xxii. 关于《1965 年移民法》对亚洲移民的影响的详细讨论，见戴超伍《美国移民政策与亚洲移民》，中国社会科学出版社，1999，尤其是第 7 章第 3 节。

表2　2050年美国人口组成（中等增长水平）

单位：百万人，%

	总人口	白人	黑人	拉美裔	亚裔	印第安人
数目	393.9	207.9	53.6	96.5	32.4	3.5
比例	100	53	16	23	10	1

资料来源：U. S. Bureau of Census, *Statistical Abstract of the United States*, 1999（119th editon）, Washington, D. C., 1999）, p. 206。

如果这个预测实现的话，到21世纪中叶后，现在被称为“少数民族”（minorities）的美国人将成为美国人口的多数，而现在属于“白人”（whites）范畴的美国人将成为美国人口的少数！① 这种人口发展的趋势对传统的价值体系无疑有重要的冲击作用的，不同的种族和族裔利益集团也都意识到这种发展的潜在含义。多元文化主义可以说是对这种现实的紧迫感的一种回应。主张多元文化主义的人更是认为，如果美国想要在21世纪继续保持领先的位置，必须要在民族和国家认同上建立共识，而原来的白人社会主流价值观已经不能成为这种新的民族认同的基础了，唯有接受多元文化主义，并从现在就培养具有多元文化主义精神和心灵的新一代，美国的未来才有希望。

在这里还应该提及的是，多元文化主义的思想也受到来自美国以外的政治和哲学思潮的影响。如前所述，作为批评理论的多元文化主义就受到法国哲学家福柯的影响。而民权运动后期崛起的“黑权运动”（Black Power）除了继承了早期的黑人民族主义传统之外，也受到包括中国在内的亚非拉国家反对殖民主义和帝国主义思想的影响。②

① 当然，这里必须有一个前提条件，即目前使用的这些种族概念将继续使用，这实际上是不可能的。一些学者认为种族概念都是一种历史概念（historical construct），在人种结构发生了重大变化之前，这些概念必然改变。事实上，“白人”也不仅是一个种族概念，而且是一种政治概念。参见后面的讨论。

② “黑权运动”虽然在目标上并不是追求“多元文化主义”，但它的许多思想都成为后来多元文化主义（尤其是黑人研究）的重要内容。“黑权”运动本身深受非洲思想家弗兰茨·范农（Frantz Fanon）的影响，而最为集中表现“黑权”哲学的“黑豹党”（Black Panther Party）则直接采用毛泽东思想作为自己行动的指南。关于范农的思想，见 Frantz Fanon, *The Wretched of the Earth*（1963. Reprint. New York: Grove Press, Inc., 1991）。

由此可见，“多元文化主义”与“文化多元主义”有历史和思想上的联系，但两者之间也在背景、范围、内涵和目标方面有很大的不同。两者都强调美国社会的多元性，强调对不同文化和传统的尊重和包容，强调多元性是美国精神的基础等，但它们所产生的历史背景不同，所包含的历史内容不同，所具备的政治功能也不同。“文化多元主义”是对“美国化”运动的一种抵制，要求的是白人社会（或欧洲文明）内部各种文化之间的平等；“多元文化主义”争取的不仅仅是对美国社会不同种族和族裔的文化和传统的尊重，而是要对传统的美国主流文化提出全面检讨和重新界定，它要求的不只是在文化和民族传统上对有色种族的尊重，而是改变美国政治的基础，要求将种族平等落实到具体的政治和经济生活中去，“多元文化主义”所包含的“文化”的内容超越了传统意义上的“文化”范围，实际上成为一种明显而直接的政治诉求。同时，多元文化主义也不再是一种局限在美国国内的运动，它的形成也受到世界形势发展的影响，它本身也是对全球化时代世界秩序的一种探索。比起“文化多元主义”来，多元文化主义代表了一种更为深刻和广泛的诉求，对美国社会的震撼更为剧烈，所引起的反弹必然更为强烈。

三　多元文化主义的实践及引起的争论

实践中的多元文化主义主要表现在政治参与、政府对教育和经济资源的分配和对各级学校中人文教育课程的改革等方面。政治参与“多元化”是民权运动的直接结果。1965 年的《选举权法》以及后来的几个修正补充法不仅取消了南部各州阻止黑人投票的限制性规定，而且在选区划分上作了重大修正，使黑人居民占多数的选区能选出黑人官员。1964 年，美国全国一共只有 103 名黑人担任民选官员；30 年后，黑人民选官员的数字增加到近 8500 人，其中包括了相当一部分女性。到 90 年代中，美国有 400 个城（镇）的首席行政长官为黑人。[①] 1996 年，联邦国会议员的黑人达 41 人，虽然不到国会两院议员总数（535 人）的 10%，但在有关种族问题的

① 1993 年，黑人女性担任民选公职的人数达到 2332 人，几乎占同年黑人民选官员的一半。Joint Center for Political and Economic Studies, National Roster of Black Elected Officials (Washingtong, D. C., 1993), p. xxv.

立法方面成为一股不可忽视的力量。拉美裔的议员也在国会组成了类似的利益集团。两大政党（尤其是民主党）为了争取少数民族和妇女的选票，在全国代表大会的代表名额分配上实施一种变相的"肯定性行动"规定：保证一定比例的少数民族和妇女代表。这些"有色"政治势力集团利用在政治决策过程中的地位，推动了一系列重要法案的制定和实施，巩固和扩大了民权运动的成果，打破了白人政治势力一统天下的局面。① 可以说，政治参与"多元化"是一种促发多元文化主义思想和运动兴起的政治机制。

政治参与的"多元化"必然要求联邦和州政府在政策上作出相应的改变。自20世纪70年代开始，"多元化"在政府政策和美国社会生活的许多层面上反映出来，就连一向被视为最保守的联邦最高法院也出现了多元化。1981年和1993年，里根和克林顿总统分别任命了桑德拉·戴·奥康纳（Sandra Day O'Connor）和鲁斯·巴德·金斯伯格（Ruth Bader Ginsberg）两名女大法官，结束了联邦最高法院无女性大法官的历史。② 全国性电视网的主播也都增加了少数民族和女性的面孔。③ 应该指出，多元文化主义在美国社会的传播和深入也得益于美国的商业文化。为了适应变化了的观众口味和避免受到少数民族的抵制，大众媒体和娱乐制造业（包括好莱坞在内）在70年代后开始改变传统的文化观，推出了一些数量有

① 即便在共和党人执政时期，一些重要的民权法案也得以通过。其中最为重要的包括：The Voting Rights Act of 1982（延长1965年选举权的效力，为黑人选举权提供长期保护），The Civil Rights Restoration Act of 1988（强制性要求接受联邦政府基金的机构不得对少数民族、妇女、老年人和残疾人进行歧视，否则联邦政府将取消授予其的基金或合同），The Fair Housing Act of 1988（严惩在房屋出租和销售方面的种族歧视行为）。除此之外，黑人议员还推动了将民权运动领袖马丁·路德·金的生日定为全国假日的议案，这项法案在1983年由里根总统批准生效，使金成为与华盛顿和林肯齐名的民族英雄。拉美裔议员在国会组成了自己的利益集团，为维护族裔的利益而联合投票。他们不仅将"双语教育"列为联邦政府的政策，而且还坚持将"Hispanic"作为一个新的种族从白人中分离出来，单列为一个种族。

② 1992年，当首位黑人大法官瑟古德·马歇尔（Thurgood Marshall）退休后，他的位置由另一位黑人克莱伦斯·托马斯（Clarence Thomas）接替，在某种意义上，这也是一种"肯定性行动计划"的表现。

③ 1978～1993年，美国报纸行业中的非白人雇员从4%上升至近10%。非白人编辑在白人拥有的报纸、商业性无线电广播和电视网中比例分别达到了9.4%、11.3%和18.5%。Clint C. Wilson and Felix Gutierrez, *Race, Multiculturalism, and the Media: From Mass to Class Communicaiton* (Thousand Oaks, California: Sage Publications, 1995), 2d Edition, pp. 204, 206.

限但影响深远的正面描写少数民族（尤其是黑人）形象的作品。[①] 一些商业产品（从玩具到广告）都加入了少数民族的成分。这种“跨国公司式多元文化主义”（Corporate Multiculturalism）非常有效地（尽管有时不免流于形式）传播和普及了多元文化主义的意识，潜移默化地改变着公众的态度。[②]

多元文化主义进行得最深入，影响最大的是在美国的教育和学术界。自 70 年代以来，美国大学的学生和教师队伍的组成有了很大的改变，在“肯定性行动计划”的推动下，校园肤色的层次不断增加和丰富。根据美国教育部的统计，1960 年美国大学毕业生中的少数民族成员仅占总数的 6%，到 1988 年，少数民族的比例上升至 20%。同期的女性大学毕业生在总人数中的比例由 35% 上升到 54%。同期女性博士学位获得者的人数由 1112（10%）上升至 14538（37%）。[③] 为了实施“肯定性行动计划”，许多大学建立专门项目，刻意招收少数民族学生，学生队伍的多元化（包括拥有较高的少数民族学生和国际学生比例）逐渐成为衡量一个学校总体质量的标准之一。[④] 一个最为突出的例子是加州大学伯克利分校的学生队伍的变化。1974 年，伯克利的白人学生占学生总数的 68.6%，但在 1994 年仅为 32.4%，伯克利因此成为美国第一所少数民族学生为多数的主要州立大学，而这种情形更加增加了伯克利原本就很高的声誉。[⑤]

---

① 这种情形与一批少数民族的导演和演员在文化制造业中已经站住脚也有关。比较著名的电影有 Glory（1989 年摄制，正面反映内战时期黑人士兵保卫联邦的历史），Color Purple（1985 摄制，根据著名黑人作家 Alice Walker 的同名小说改编，描写一个南部黑人家庭的变迁），Malcolm X（1992 摄制，由著名黑人导演 Spike Lee 编导，正面反映黑人民族主义运动领袖 Malcolm X 的生平）。

② 关于 Corporate Multiculturalism 的论述，见 Chicago Cultural Studies Group，“Critical Multiculturalism”。

③ U. S. Department of Education, National Center for Education Statistics, Earned Degrees Conferred: Projections of Education Statistics to 2008, Table 244.

④ 根据 1998 年的《美国新闻与世界报道》对美国大学的排名，前 25 名大学的学生多元化程度与其学术质量成对应关系。关于这个问题的详细研究，见 Bonnie Urciuoli，“Producing Multiculturalism in Higher Education: Who's Producing What for Whom?” QSE: *International Journal of Qualitative Studies in Education*, Vol. 12, Isse 3 (May/June 1999), pp. 287 - 298。

⑤ 应该指出，伯克利这种少数民族学生占多数的情形与加州人口的结构有关。在 1974 ~ 1994 年，伯克利的亚洲裔学生人数增长最快，由 15.8% 上升至 39.4%，西语裔学生由原来的 3.2% 上升至 13.8%。黑人和印第安人学生上升的幅度有限，前者从 4.4% 升至 5.5%，后者从 0.5% 升至 1.1%。Lawrence Levin, *Opening of the American Mind*, p. xviii。

“肯定性行动计划”的实施也带来了教师队伍的变化。据美国教育部的统计，20世纪60年代，在美国高等院校担任教职的少数民族和妇女人数寥若晨星，但到1985年时，美国高校教员总数的27%是妇女，10%是有色人种。① 1995年美国高校教师的总人数为555822人，其中少数民族为69505人，占总数的12.9%，与全国人口中少数民族的比例相比，这个比例仍然偏低。② 就美国历史学界来看，女性历史学家的人数在过去30年间有显著的变化。1950年，女性历史学博士仅占总数的13%，在90年代初达到了34.6%，但同期少数民族历史学博士的比例却没有什么太大的变化。③ 这种情形反映了少数民族在接受研究生以上的高等教育方面仍然处于十分落后的地位。

多元文化主义带来了美国大学人文和社会学科教学内容的改革。自60年代末期起，一些以强调少数民族和妇女研究的学科开始兴起，并随着少数民族研究人员的增加而渐成声势。非洲裔美国人研究（African American Studies）、印第安人研究（Native American Studies）、拉丁语裔美国人研究（Latino American Studies）、社会性别研究（gender studies），以及最近方兴未艾的亚裔美国人研究（Asian American Studies）等，此起彼伏。黑人研究（现通常被称为“非裔美国人研究”）在民权运动后正式进入主流大学，当时曾有近500所大学

① U. S. Department of Commerce, *Statistical Abastract of the United States, 1992* (Washington, D. C.: U. S. Government Printing Office, 1992), Tables 258, 278; U. S. Department of Education, *Digest of Education Statistics, 1991* (Washington, D. C.: U. S. Government Printing Office, 1991), U. S. Department of Commerce, *Historical Statistics of the United States: Colonial Times to 1970* (Washington, D. C.: U. S. Government Printing Office, 1975), Table series H 751 – 65; U. S. Department of Education, *Digest of Education Statistics, 1992* (Washington D. C.: U. S. Government Printing Office, 1992), Tables 212, 214; Lawrence Levin, *The Opening of the American Mind: Canons, Culture, and History* (Boston: Beacon Press, 1996), pp. xvii – xviii.

② U. S. Department of Education, National Center for Education Statistics, Integrated Postsecondary Education Data System (IPEDS), “Fall Staff” survey, Table 226.

③ “Women as Percentabe of Ph. D. Cohorts in History, 1930 – 1992,” NRC Humanities Doctorates in the United States, 1991 Profile (Washington D. C.: National Academy Press, 1994), 引自 *American Historical Association, Perspectives* (March 1996), p. 36。1975年，白人占历史学博士学位获得者的90%，1991年仍然占88.9%。1991年获得历史学位的552人中仅有44人为少数民族。“Report on the Status and Hiring of Women and Minority Historians in Academia,” ibid., p. 35. 同时参见 Novic, *That Noble Dream*, pp. 492 – 93。

建立了黑人学研究中心，近一半在80年代时因资源和人事方面的原因停止运作，但在最重要的大学中得以保留和发展。到目前为止，已有五所大学（天普、麻省大学阿默斯特分校、加州大学伯克利分校、耶鲁、哈佛）可以授予黑人研究的博士学位，足见该领域发展的成熟和制度化。[①] 有关非西方文化（包括历史、文学、哲学、宗教等）的课程被列为大学生的必修课。加州大学伯克利分校要求学生必须选修本身文化以外的其他两个文化的知识课方能毕业。[②] 除了多元文化主义思想的影响外，美国在全球影响和利益不断扩大也要求学生具有一种国际多元文化主义（international multiculturalism）的知识或背景。

多元文化主义对人文和社会科学的研究有普遍的影响，但对美国历史的研究和教学的影响最为强烈。民权运动揭露了美国社会存在的各种种族歧视现象，暴露了长期以来为传统历史学研究掩盖或忽视的深层矛盾，促发了历史学界对美国历史本质的重新思考。与此同时，新崛起的群体要求得到历史的承认，而传统的史学研究却不能回应这种要求。史学改革与社会改革相互呼应，新美国史学应运而生。[③] 新美国史学抛弃了以精英人物和传统政治为核心的研究，将在传统史学中不曾有过地位的少数民族群体和妇女作为研究的重点。一些亲身经历了民权运动和具有少数民族或妇女背景的历史学者是新美国史学的主力军。他们把建立一种多元文化主义的历史观看成一种顺应历史潮流的使命。用加州大学伯克利分校的日裔美国史教授唐纳德·高木（Ronald Takaki）的话来说，美国的未来取决于现在的美国人用什么样的“镜子”来看这个国家的历史，美国社会只有在理解和懂得了少数民族和族裔的美国经历之后，才可能真正建立起共同的“民

① “Programs, Accreditations, & Initiatives,” *Black Issues in Higher Education*, Vol. 17, Issue 2 (March 16, 2000), p. 11.

② 这种规定已经成为美国各高校的普遍实践。我现在任教的 Indianan University of Pennsylvania 要求所有本科生至少选一门非西方文化或历史课才能毕业，历史系学生的必修课中必须包括至少一门非美国和欧洲史的国别史。除此之外，所有本科生必须选一门世界史（类似国内大学的公共课），该课的宗旨是讲述“在世界背景下的（近现代）西方文明的演进”（the evolution of western civilization in the world context）。

③ Gary Nash, “The Great Multicultural Debate,” 5; Eric Foner, “An Interview with Eric Foner, January 7, 2000” (manuscript in the author's possession).

族认同”。[①] 新史学的研究成果在90年代被普遍纳入大学的历史教育中，当代大学美国通史课本中，有关少数民族和妇女的篇幅大为增加，平均占到通史教材总页数的近1/5。同时，历史学家还力图将新史学成果介绍到中小学历史教学中去。多元文化主义历史也通过各种历史展览表现出来，这些做法都引起了极大的争议。[②]

多元文化主义对传统美国价值观的批判和对现实美国政治和教育体制的影响，引起了传统势力的恐慌，而多元文化主义本身在理论上的模糊性、诉求上的广泛性，以及在实践中的一些硬性做法也引起了许多争议。保守势力对教育和学术界的多元文化主义实践尤其反感，自80年代后期起，便开始对多元文化主义进行一场批判，导致了一场文化冷战。

1987年芝加哥大学教授艾伦·布卢姆（Allan Bloom）的著作《封闭美国心灵》的出版是这场冷战的一个重要标志。布卢姆在历数了多元文化主义和“政治上的正确性”行为在美国大学的种种表现后宣称，美国大学的传统精神和功能已经被肢解，经典的西方人文思想“已经死亡”。他认为，多元文化主义者力图追求种族和不同文化的平等的做法，是一种反历史的一相情愿，注定要失败，因为“历史与社会本身就是同时拥有高低贵贱等不同内容的”。[③] 该书在《纽约时报》畅销书栏上停留了长达30周，卖出

---

① 多元文化主义对史学研究的冲击仍然是一个值得进一步讨论的问题，“新美国史学”也不能简单地等同于“多元文化主义史学”，而且是不是应该有一种“多元文化主义史学”也在史学界内没有达成共识。高木本人身体力行，在1993年出版了一部用多元文化主义观点来解释美国历史的著作。该书虽然沿用传统的美国历史分期法，但叙述的重点却是各个时期中不同的移民群体和印第安人的经历。他尤其描述了哥伦布以前印第安人的历史、北美奴隶制起源的过程、早期的种族关系、爱尔兰移民的经历、强行迁移印第安人的始末、亚洲裔在美国的痛苦经验、墨西哥人在美国向西扩张中的命运等题目。整部书中没有表现对所谓“开国元勋”（Founding Fathers）的赞许和仰慕。在谈到杰斐逊时，他没有历数这位传统圣贤的丰功伟绩，而是详细讨论了他对印第安人生存权的无视和在现实生活也曾“极为残酷地惩罚（他的）奴隶”。Ronald Takaki, *A Different Mirror: A History of Multicultural America* (Boston: Little, Brown & Company, 1993), pp. 6–17, 69.

② 关于这个问题的详细讨论，见 Gary Nash, et al., *History on Trial*; Glazer, *We Are All Multiculturalists Now*; 王希：《何谓美国历史？围绕〈全国历史教学标准〉引起的辩论》，《美国研究》1998年第4期，第7~40页。

③ Allan Bloom, *The Closing of the American Mind* (New York: Simon & Schuster, 1987), pp. 60, 347, 372.

80 万册，并带动了一批类似著作的出版。[①] 布卢姆的观点得到了曾以提出“历史的终结”而一鸣惊人的弗朗西斯·福山（Francis Fukuyama）的呼应。福山认为，20 世纪 60 年代以前的美国从来不是一个多元文化的国家，WASP（White Anglo-Saxon Protestant）文化一直是主导美国的文化，而正是因为有了 WASP 的文化霸权，美国才可能充满自信地称霸世界。《纽约时报》记者理查德·伯恩斯坦（Richard Bernstein）对与多元文化主义有密切联系的新美国史学批判甚为激烈，声称当前的美国历史讲的都是压迫与痛苦，让人认为美国历史就是一部“除白人之外的所有其他人都始终在受苦受难的历史”，这种治史的方法无异于“刻意的宣传鼓动”（advocacy）。宾夕法尼亚大学教授沃尔德·麦克杜格尔（Walter A. McDougall）则把多元文化主义斥为冷战后西方马克思主义的一种变异，在多元文化主义的影响下，历史研究被降格为“脚注掩饰的诡辩”（polemics tricked out with footnotes），历史学家则沦为“欺世盗名的海盗”（pirates flying under false colors）。[②] 还有的学者走得更远。如查尔斯·默里（Charles Murray）和理查德·赫恩斯坦（Richard Hewnstein）就力图用遗传学和 IQ 研究来证明黑人智力普遍低于白人和其他人种的观点。

除了学术界和思想界的反对和批判外，一些民间的极端保守派和右翼组织也利用媒体经常性地诋毁多元文化主义及其相关政策。极右势力的所谓“仇恨演说”（Hate Speeches）是热门广播节目，听众多为白人中的保守分子。一些更为极端的右翼也诉诸非法行动和类如“自卫民兵”（militia）的准军事组织，对少数民族进行人身打击。

相当一些对多元文化主义的反对实际上是针对体现多元文化主义精神

---

① 比较显著的有 Dinesh D'Souza，Roger Kimball，Richard Bernstein，and Lynne Cheney。还有 W. B. Carnochan，*The Battleground of the Curriculum：Liberal Education and American Experience*（Stanford：Stanford University Press，1993）；John K. Wilson，*The Myth of Political Correctness*（Durham：Duke University Press，1995）；Nicolaus Mills ed.，*Debating Affirmative Action：Race，Gender，Ethnicity and the Politics of Inclusion*（New York：Delta Trade Paperbacs，1994）。

② Francis Fukuyama，“Immigration，” in Lamar Alexander and Chester E. Finn Jr. eds.，*The New Promise of American Life*（Indianapolis：The Hudson Institute，1995），pp. 104 – 118；Richard Bernstein，*Dictatorship of Virtue：Multiculturalism and the Battle for America' Future*（New York：Alfred A. Knopf，1994），pp. 49 – 50；Walter A. McDougall，“An Ideological Agenda for History，” *Academic Questions*，Vol. 12，Issue 1（Winter 1998/1999），pp. 29 – 36.

的政策的，因为这些政策（在一定程度上）改变了传统的政治和经济资源的分配模式或程序。如“肯定性行动计划”的原意是纠正历史上对少数民族和妇女的歧视，但在实施中，往往被一些机构或大学简单化（如实施学生教员的“定额制”等）和公式化，其结果并不能帮助真正处于贫困状态的黑人，而且对那些本身非常优秀的少数民族或女性的自尊心也颇有伤害。但对“肯定性行动计划”的主要反对集中在它所产生的“反向歧视”（reverse discriminations）的后果上。反对“肯定性行动计划”的人启用宪法第14条修正案中的“平等的法律保护”条款，声称以肤色和性别为入学、就职和接受政府合同的前提条件是违反宪法的，而民权运动最初的要求就是争取宪法面前人人权利的平等。

在“肯定性行动计划”实行初期，联邦最高法院曾表示了坚决的支持，认为这项改变体制性歧视的措施与第14条宪法修正案并不矛盾。① 但到了70年代后期，当一些州采取了生硬的“定额制”做法时，最高法院便表示了反对。1978年的加州大学校务委员会诉巴基案便是最高法院态度的一个转折点。在对这个案子作出的裁决中，最高法院以5∶4的微弱多数否定了加州大学戴维斯分校医学院在录取学生时的“定额制”（即为少数民族学生预留一定的入学名额），认为这种做法剥夺了合格的白人学生的就学权利。但在同一判决中，最高法院同时又认为大学有权采用一些具有种族意识的措施（racial conscious remedies）来创建一个与教学质量有关的、丰富的教育环境，帮助学生做好面临社会挑战的准备，这是宪法第一条修正案所允许的。② 1980年，最高法院在富里洛夫诉克卢茨尼克案中继续支持了联邦政府将政府公用设施合同的10%专门保留给合格的少数民族合同者的做法，但在1989年后，最高法院开始限制“肯定性行动计划”的实施。③ 与此同时，反对“肯定性行动计划”的行动在州一级的政治活

① Griggs v. Duke Power Co. 401 U. S. 424（1971）；Washington v. Davis 426 U. S. 229（1976）.

② Regents of the University of California v. Bakke，438 U. S. 265（1978）.

③ 在1995年的几个决定中，最高法院开始注意“反向歧视”的诉求，严禁在拿不出原有种族歧视的证据的情形下为少数民族合同者保留专门政府合同的做法，并严格限制州政府实施“肯定性行动计划”的空间。在1995年的阿代兰德建筑公司诉佩纳案的决定中，最高法院对联邦政府的“肯定性行动计划”也作了限制，明确了除非是为了保证“极为必要的政府利益”，联邦政府的“肯定性行动计划”是违宪的做法。Fullilove v. Klutznick，100 Supreme Court Reporter 2758（1980）；Adarand Constructors v. Pena（1995）.

动上产生了结果。1996年，加利福尼亚州选民举行公决投票，以54%的多数通过了名为“209提案”（Proposition 209）的“加州民权动议”(California Civil Rights Initiative)，全面禁止州属机构（包括州立大学）实施“肯定性行动计划”。具有讽刺意味的是，推动这项公决议案的人是加州议会的黑人议员沃德·康纳利（Ward Connerly）。康纳利反对“肯定性行动计划”的主要理由是这项政策并没有解决真正处于社会底层的美国人的贫困、失业和教育不足的问题，反而帮助那些已经占有一定地位的人(尤其是白人妇女）进入更有利的位置。最近，得克萨斯和佛罗里达两州也相继取消了在州立大学实行“肯定性行动计划”的做法。这些行动的后果和影响还有待观察。

四　多元文化主义的意义与局限性

综上所述，我们可以看到，多元文化主义是一个非常复杂的概念，它既是对传统美国主流文化的一种挑战，也是捍卫和扩大民权运动成果的一种政治手段和工具，同时也是对已经出现的经济和资本全球化所带来的后果的一种在理论上的严肃探索。多元文化主义改变了美国人文和社会科学的部分内容，在美国历史领域内建立了新的知识结构和内容，改变了美国人对美国历史和传统的认识。与此同时，多元文化主义也帮助培养了美国社会对不同民族、族裔、性别、性别取向等群体的权益的敏感性。这一切对美国社会的发展无疑具有正面的作用。

但多元文化主义也引发一些更为深层的理论和实践难题，而目前的多元文化主义思想或理论本身并不具备面对或解释这些问题的能力。笔者认为，多元文化主义至少在三个问题上面临挑战。

多元文化主义面临的第一个挑战是主张多元文化主义的人在理论上没有完全解决“一元”与“多元”的关系问题。多元文化主义提出了解释美国传统和民族性内容的新思路，但在强调不同群体的美国经历的同时，在如何将不同群体的传统与美国的民族传统统一起来的问题上，多元文化主义没有提供有力的答案。多元文化主义者在强调“多元”的同时，往往忽视或无法“一元”，或很难予以其准确的定义，而且由于需要强调“多元”，多元文化主义者往往要求摆脱“一元”的影响，这种做法给多元文化主义的推行和贯彻带来许多困难。美国社会和美国的传统有没有一种共同认可的传统？如果有的话，它的内容和来源是什么？如果没有的话，美国人如何认同自己的国家和历史？美国的民族性如何定义？多元文化主义者必须回答这些问题，否则，多元文化主义不但会持续地遭到保守派的反对，也会使一些在原则上支持多元文化主义的人感到政治认同上的一种无所适从。如果美国历史的内容只有群体压迫和斗争，那么为什么美国历史还能进步与发展？如果美国的传统充满了邪恶与不正义，一个美国人对国家和民族还有什么可值得认同的呢？老牌自由派历史学家小阿瑟·施莱辛格（Arthur Schlesinger Jr.）就坚决反对多元文化主义推行的“族裔崇拜”（the cult of ethnicity）的做法，认为这种做法只会夸大种族差别，激化种族间的敌对情绪，使少数民族陷入“自我怜悯和自我孤立”的境地，导致种族分离历史的重演。他反对将美国史解释为分离的种族史的集合体，坚持认为英国和欧洲文明是美国发展的基础，美国的历史虽然曲折，但美国人对一些政治观念（如自由、平等、民主，优裕的生活条件）的追求是共同的，不同种族和族裔之间在这方面并没有完全对立的意识形态和文化冲突。①

对于美国民族来说，所谓“民族性”或“民族传统”的形成经历了一个从分散到集中、多元到一元的过程，在这个过程中，政治体制、经济体制和文化体制同时发挥了铸造民族性的作用。② 从历史的角度来看，这些铸成美国民族性的“集中性机制”对不同群体的美国人影响非常不同，不同群体的美国人对这些体制及其所产生的民族传统的认同程度也就很不一样。当少数民族和妇女被排除在这些体制之外时，传统的民族性不会受到严重的挑战，弱势团体对美国认同是一种分裂的认同，即在名义上的认同与在实际上的反抗同时存在。但是，当这些原先被排斥在集中性体制之外的群体有效地进入体制内后，它们便提出对传统民族性的重新定义。而它们的定义显然又是传统势力所不能全盘接受的。如何确定新的、共同认可的美国民族传统，如何准确地描述这个传统的历史演变，如何认识和欣赏

① Arthur Schlesinger Jr., *The Disuniting of America: Reflections on a Multicultural Society* (New York: Norton, 1994), pp. 102－103.

② 历史学家约翰·海曼（John Higham）将这三个机制称为“集中化机制”（centralizing systems）。见 John Highman, “The Future of American History,” *The Journal of American History* (March 1994), p. 1305。

促使这个传统发生变化的机制与思想，这也是多元文化主义必须回答的问题。另一些相关的问题是：什么是文化？政治、经济和文化三种机制如何相互作用？不弄清楚这些问题，多元文化主义便无法准确地界定自己的目标。即便是一些支持多元文化主义思想的人也认为，主张多元文化主义并不意味着必须否认美国人有一个共同的传统。多元文化主义史学的领衔人物之一盖瑞·纳什（Gary Nash）也强调，多元文化主义必须“就什么是美国文化的核心达成一致意见”，否则不可能摆脱那种将所有事物视为同等重要的“简单多元论”。①

多元文化主义面临的第二个挑战是它是否能够成为一种持久的意识形态和政治胶合剂的问题。在面对体制性歧视的情况下，“群体斗争”、“群体诉求”是团结和整合政治力量的有效方式。但法律上的平等和类如“肯定性行动计划”的实施后，除非多元文化主义提出新的、更高的政治理想，它原来所具备的政治效力将不可避免地减弱，甚至转换成为阻力。原先具有一致目标的各群体可能因为多元文化主义政策的实施而造成利益上的冲突。譬如，对于“肯定性行动计划”，亚洲裔与黑人、拉美裔之间就存在着一种非常尴尬的局面。亚洲裔占加州人口的10%，但加州大学系统中亚裔学生的比例相当高。在实施“种族优先”（racial preference）政策的1996~1997学年里，加州大学伯克利分校法学院的新生中，少数民族占了35%（其中黑人为7.6%，拉美裔人为10.6%，印第安人为1.5%，亚洲裔为14.4%）；这项政策取消后，少数民族学生的比例下降至25.7%（黑人为1.8%，拉美裔为4.9%，印第安人为0.2%，亚洲裔为18.8%），但亚洲裔的实际比例却提高了。这种改变对非洲裔、拉美裔和印第安人群体来说，当然是一种倒退，但对于许多亚洲裔来说，可能是一件值得欢迎的事。②

① Gary Nash, “The Great Multicultural Debate,” *Contention 1* (1992), pp. 11, 23-25.

② 亚洲裔人口占美国总人口数的比例为3.7%左右，但亚裔学生在美国一些最有名望的大学所占的比例迅速增高（在哥伦比亚大学达到了25%，在斯坦福大学为24%，在哈佛大学为18%，在耶鲁大学为17%，在康奈尔大学为16%），而如果这些学校以学习成绩作为录取学生的唯一标准，亚裔学生的比例将更高。克林顿总统曾反对加州大学取消照顾少数民族入学的政策，他曾对加州一家报纸说，如果取消这样的政策，“加州大学所有的新生班可能都将为亚裔所填满”。Stephan Thernstrom, “Asian Americans versus Multiculturalism,” *Academic Questions*, Vol. 12, Issue 2 (Spring 99), pp. 34-39.

与此相关的是“种族”、“族裔”这些概念的定义的变化。多元文化主义运动的群众基础主要是有色人种组成的少数民族，但随着多元文化主义影响的深入和旧的文化传统的改观，种族通婚将比从前更容易为社会所接受，尤其是在白人与亚洲裔、白人与拉美裔之间，尽管黑白通婚仍将面临很大的社会压力（黑白种族通婚在所有种族间通婚的比例为20%）。① 人种和肤色的“多元化”（或非“二元化”）势必迫使修改旧的“种族”、“族裔”概念。虽然，在21世纪中叶，“白人”在数量上有可能变成美国人口的少数，但所谓“有色人种”中有相当一部分人将成为跨种族、跨族裔的人，这些人将从什么角度来界定自己的种族背景呢？他们是否一定会认可目前多元文化主义所宣扬的主张呢？而所谓“白人与全部有色人种之间的对抗”模式真的有可能发生吗？这些问题的存在本身就要求多元文化主义对自己的目标进行明确而现实的界定。

多元文化主义面临的第三个重要挑战是如何解决“文化”与“权利结构”之间的矛盾问题。尽管现行多元文化主义中的激进力量提出了在政治权力、经济资源和教育资源分配、文化意识重建等方面一系列要求平等的主张，但多元文化主义并没有对美国制度本身提出挑战，没有对造成种族、族裔、阶级和性别间在政治和经济资源的占有和分配方面绝对不平等的资本主义经济制度提出直接严肃的挑战。多元文化主义者希望建立新的、富有民主、平等和多元的精神的民族传统，但并不刻意向主导“多元文化”发展的“权力体制”挑战，政治和经济行为的“一元”与文化上的“多元”间“共处”的结果仍然是文化上的“一元”；强大的市场经济机制不仅推动商业行为、商业心理、商业需求的“一元”化，也对政治和文化行为有集中化的影响。换句话说，“多元文化主义”运作的环境将是“一元”的，这个“一元”机制所包含的影响力对于“多元文化”是决定性的，而后者对前者的影响则是非常表面和微弱的。

在国际范围内，多元文化主义也将面临一个尴尬的境地。一方面，多元文化主义的口号和思想被跨国资本集团借来为自己的扩张鸣锣开道，谋取更大的利润，将市场扩展到世界的每一个角落。美国经济的全球化扩展

① Ellis Cose, “Our New Look: The Colors of Race,” *Newsweek*, Vol. 134, Issue 26, Dec. 27, 1999 - Jan. 3, 2000, pp. 28 - 30.

不断增大美国总体的经济实力，同时增加政府对过去受压迫、受歧视的群体在经济利益上（通过资助和社会福利政策）予以更多的分配，但资本跨国扩张对美国国内的少数民族群体未必是一种福音。那些少数民族劳力比重很高的初级制造业被转移至国外本身就是对他们经济利益的一种损害。与此同时，资本全球化也将世界上更多的发展中国家（绝大多数为非西方国家，其人民也多为有色人种）纳入世界资本主义的体系。所以，当资本主义（或后资本主义）的经济体制随经济全球化而成为一种世界性体制时，美国的少数民族中绝大部分人与第三世界国家的绝大部分人在某种意义上处在这个体制中的同一历史位置上，受到同一种“权力集团”对他们的经济（乃至政治和文化）命运的控制。用社会学家理查德·洛伊（Richard F. Lowy）的话说，经济全球化带来了一种“在体制、地域和意识形态方面同时发生的（权力）精英与大众间的冲突”。[①] 但因为现行的国家制度和国际秩序仍然是资本和经济全球化的主要支撑力量和机制，这些已经建立而且不断巩固的现行“权力体系”是不会容忍多元文化主义对其取而代之的。[②] 同时，经济全球化带来技术、资本、人口和劳力的频繁流动，不同层次的对经济机会的争夺更加激烈，一些原本局限于美国国内的经济利益冲突会被转移到国际上，转移到美国与其他国家和地区的劳工阶层之间，统一的阶级利益为民族国家或地区以至于更小的利益所割裂。在这样的情形下，多元文化主义者（至少那些把争取近期经济利益作为目标的多元文化主义者）不能够也不愿意把他们的诉求上升为一种“全球主义”（globalism）的思想，在国际大环境下考虑多元文化主义的用途。在现实的仍然以国家为基本政治单位的世界上，多元文化主义作为一种全球性的意识形态的机会和空间十分有限。[③]

多元文化主义是否能够超越目前的思想，以及如何超越，已经成为美国学术界讨论的问题。历史学者霍林格提出多元文化主义应着眼于未来，

① Richard F. Lowy, “Development Theory, Globalism, and the New World Order: The Need for a Postmodern, Antiracist, and Multicultural Critique,” *Journal of Black Studies*, Vol. 28, Issue 5 (May 1998), pp. 594 – 611.

② 同时应该指出的是，发展中国家在对应经济全球化时，也出现了相当不平衡的发展格局，现行国家和国际秩序中的“权势集团”实际上也包含了发展中国家那些控制了本国经济命脉的集团。从这个意义上讲，“精英与大众之间的冲突”也是全球性的。

③ Chicago Cultural Study Group, “Critical Multiculturalism,” pp. 550 – 551.

要建立一种“世界主义”（cosmopolitanism）的眼光，将每一种文化置于其他文化的检视之中，并主张建立一种自愿基础上的文化。[①] 而具有马克思主义倾向的学者彼得·麦克拉伦（Peter McLaren）则指出，当代美国的多元文化主义在本质上仍然没有超过“自由主义式的多元主义”（liberal pluralism），多元文化主义要想获得新的生命力，必须关注那些全球各地被排除在后资本主义经济队伍中的劳动力队伍，必须承担更为广泛的社会正义的诉求，冲破后资本主义思想的樊篱，超越事实上以“一元”的经济和政治文化主义定位的“多元文化主义”，关心全球背景下的认同问题。他把这种意义上的多元文化主义称为“革命多元文化主义”（Revolutionary Multiculturalism）。[②]

根据上面的分析和叙述，指望多元文化主义近期内演变成“全球主义”或“革命多元文化主义”显然都是极不现实的。如同美国历史中其他政治价值观念一样，多元文化主义是美国历史的产物，是对美国社会发展的一种反映，并反过来作用于美国社会，促进其发展和进步。同样不可否认的是，多元文化主义的思想和实践对一些美国人的国际政治（尤其是冷战后世界新秩序的模式）有重要的启发作用，尽管有的受启发者对多元文化主义并无好感。正是在这种意义上，塞缪尔·亨廷顿（Samuel Huntington）的“文明冲突论”可被看成是一种放大了的对美国国内“多元文化主义”政治及其后果的忧虑和恐惧。

（原载《美国研究》2000 年第 2 期）

---

① David A. Hollinger, *Postethnic America*, pp. 85 – 86.

② Peter McLaren, *Revolutionary Multiculturalism: Pedagogies of Dissent for the New Millennium* (Boulder, CO: Westview, 1997).

论美国枪支管制运动的发展及前景

袁　征*

【内容提要】本文对枪支管制这一在美国社会中极具争议的问题的由来、发展及前景等进行了探讨。文章认为，枪支问题的出现，是美国早期特殊的历史积淀造就的。当代枪支管制运动从20世纪60年代兴起，曲折发展，经历了不同的历史阶段。目前美国社会关于枪支管制的争论，涉及公民权利、政府权力与公共秩序维护之间的关系问题，而文化传统、价值观念、法定权利、利益集团政治和党派之争等多种因素也交织其中，显得异常复杂。因此，美国的枪支管制运动将是一个曲折、渐进而漫长的过程。

【关键词】美国社会　枪支管制

美国是世界上民间拥有枪支最多的国家。据联邦调查局估计，目前私人的手里大约有2.5亿支枪，另外每年还有500万支新枪被私人购买。①私人拥有大量枪支，随之带来了一系列社会问题。在20世纪90年代的美

* 袁征，时任中国社会科学院美国研究所副研究员。

① Michel A. Bellesiles, *Arming America, the Origins of National Gun Culture* (New York: Alfred A. Knopf, 2000), p. 4.

国，平均每年发生200万件暴力犯罪和2.4万件谋杀。这些谋杀中，70%与枪支有关。通常在一周时间内，美国人由于枪支所造成的死亡人数要超过整个西欧一年的数字。[①]

从20世纪60年代开始，枪支管制运动开始在全美大规模兴起。时至今日，枪支管制问题已经成为美国政治生活中一个极富争议的话题，其重要性甚至已经超过了堕胎。很少有公共政策的讨论会像枪支问题一样激烈，分歧巨大，并触及人们内心的情感。支持和反对枪支管制的力量在联邦、州以及地方三级逐步展开激烈争夺。本文将聚焦联邦一级的立法角逐，理清枪支管制运动的发展脉络，进而对影响枪支管制运动的因素进行分析。

一 问题的由来

美国枪支问题的出现，与长久以来所形成的枪支文化紧密相关。而这种枪支文化的形成，则是美国早期特殊的历史积淀造就的。

16世纪，当第一批欧洲人历经艰辛来到美洲大陆后，面对着极为恶劣的外部环境。除了抵御野兽的来袭，还要和当地印第安人对抗。英、法、西班牙等欧洲列强为争夺殖民地而相互厮杀，战火不时烧到北美地区。在这种混乱纷杂的环境下，当时并没有政府或者社会组织提供有效的防卫措施，唯一可以信赖的就是自身的力量，而枪支在保障人身安全方面发挥了重要的作用。

不仅如此，在北美大陆，打猎从一开始就已经成为一种谋生手段，枪支就成为猎杀野兽、维持生计的重要工具。据统计，1770年，超过80万磅、价值57000多法郎的鹿皮被出口到其他国家，其价值仅排在烟草、小麦、靛青和鲸鱼油之后，列第五位。[②] 猎取食物的需要和市场上对于毛皮的巨大需求，使多数美国男子都比较熟悉火器的使用。

毫不夸张地说，最初的开拓者们是依靠坚定的决心、宗教信仰的支撑

① Michel A. Bellesiles, *Arming America*, *the Origins of National Gun Culture* (New York: Alfred A. Knopf, 2000), p. 4.

② Cited from Lee Kennett and James La Verne Anderson, *The Gun in America* (Westport, Connecticut and London: Greenwood Press, 1975), p. 42.

和先进的武器在北美大陆恶劣的环境中求得生存。也正因为如此，有美国学者宣称："美国诞生之时就有一支来复枪在手中。"①

由于武器成为生存必不可少的条件，所以当地政府也直接介入对武器的管理。在到达北美大陆的最初几年，弗吉尼亚当地政府就开始武装每位男子，当时几乎全民皆兵。1623 年，弗吉尼亚禁止没有携带武器的当地居民出外旅行或者到田地去劳作。1631 年，该州要求殖民地居民在星期天进行射击练习，并携带武器去教堂做礼拜。1658 年，该州要求每一家住户在家中都必须拥有一种可以使用的火器。不仅如此，1673 年，该州更是通过法律，明确规定：如果一个公民因为太穷而难以购买枪支的话，政府就会为其购买一件武器，等这个公民有能力偿付的时候再付给合理的价钱。②在马萨诸塞，立法机构下令：不仅是自由人，而且签有契约的仆人也必须拥有自己的武器。到 1644 年，对于任何没有武装起来的公民处以 6 先令的严厉罚款。③ 纽约州规定，每个城镇都需要常备武器，凡 16 ~ 60 岁的男子必须拥有武器。④ 这些武装起来的男子，平时进行劳动，遇到紧急情况时，则拿起武器进行防卫。由此，各州逐步建立起全民皆兵的服役模式，也就是组建民兵，承担正规部队的防卫功能。

不过，强化北美殖民地民众对于民兵推崇的态度，一定程度上还得益于殖民地精英们对于常备军的怀疑态度。依据一些英国哲学家的论述，他们对于常备军持有一种怀疑的态度，认为常备军常常可以用来压制人民的自由。为了防止这样的局面出现，有效地维护个人的权利，方法之一就是武装民众。

---

① Philip B. Sharpe, *The Rifle in America* (New York: William Morrow, 1938), p. 4. Cited from Lee Kennett & James La Verne Anderson, op. cit., p. 36.

② William Hening, *The Statutes at Large: Being a Collection of All the Laws of Virginia from the First Session of the Legislature in 1619* (New York, 1823), pp. 127, 173 - 174. Cited from The Right to Keep and Bear Arms, Report of the Subcommittee on the Constitution of the Committee on the Judiciary, United States Senate, Ninety-Seventh Congress (Washington, D. C.: U. S. Government Printing Office, 1982), second session, p. 3.

③ William Brigham, *The Compact with the Charter and Laws of the Colony of New Plymouth* (Boston, 1836), pp. 31, 76. Cited from The Right to Keep and Bear Arms.

④ Duke of York's Laws (1665 - 1675). Cited from John Levin, "The Right to Bear Arms: The Development of The American Experience," *Chicago-Kent Law Review*, Vol. 48, Fall-Winter, 1971, p. 149.

接下来的美国独立战争中，民兵发挥的决定性作用为拥有和使用枪支增加了神圣的意味。民兵在莱克星敦打响了第一枪，为美国独立战争正式拉开序幕。当时，除宾夕法尼亚之外，其他12个殖民地都有自己的民兵。

北美独立战争历时7年，最终取得了胜利。随着时间的推移，由民众组织起来的民兵在独立战争中所扮演的重要角色占据了所有美国人的头脑，并成为一种神圣的信条。直到今天，在许多美国人看来，最初美国之所以能够获得独立和自由，很大程度上是因为这些拥有枪支的人为信念而挺身而出，并最终获得了独立和自由。

在随后西部边疆的开拓中，枪支再次发挥了重要的作用。开拓者们既要对付凶猛的野兽，也要随时面对与印第安人部落的冲突。不过，枪支文化的牢固确立是在美国内战期间。当时，林肯政府为了确保北方的胜利，大力鼓励武器的生产和武装北方的民众。在内战中，数百万的美国人被武装起来，学会如何使用枪支，如何作战。内战进一步确立了枪支在美国人心目中的地位，人们也将拥有枪支视为一项不可剥夺的权利。

经过这种漫长的演变，拥有和使用枪支逐渐成为美国生活方式的一个组成部分。不仅如此，在整个19世纪，美国政府基本上没有采取任何行动来从法律上限制使用武器，枪支的拥有已经成为十分寻常的事情。枪支或许在其他国家被认为是危险的物品，但在美国却被认为是“秩序的象征和保守主义的图腾”。①

二　早期的枪支管制立法

枪支管制最初并没有成为一个有争议的话题。从19世纪末开始，美国国内有一些管理枪支的法律规定相继出台，不过，绝大多数都是各州和地方的法律。其中，最为有名的是纽约州在1911年出台的《苏利文法》。但是，由于各州的法律差异很大，所以往往出现许多漏洞。比如纽约州是全美枪支管制最为严格的一个州，但与其邻近的各州则相对宽松；首都华盛顿地区对于携带枪支有比较严格的规定，但在邻近的弗吉尼亚州则宽松很多。这种差异造成了枪支管理上的困难，并带来一些不良后果。因此，联

① Lee Kennett & James La Verne Anderson, op. cit., p. 252.

邦政府出台相应的政策就成为必然。

在联邦一级上，关于枪支管制的立法则比较迟缓。1919 年，国会通过《战争税收法》，规定对枪支征收 10% 的联邦税收。这是美国国会最早在有关枪支问题上采取的行动。不过，这只是一项增加税收的手段，并不是枪支管理的措施。1927 年，鉴于当时犯罪率的上升、民众对于罪犯使用手枪的担心，国会通过一项法案，禁止通过邮寄方式来出售手枪给私人。事实上，这项法案的实施更多地带有象征意义。法案没有禁止通过私人快递公司递送手枪，况且个人可以自由地跨州购买枪支，因而法案具有明显的漏洞。

20 世纪 30 年代初，由于大萧条的到来，失业人数剧增，社会动荡不安，犯罪率大幅上升。1929 年，在芝加哥发生了犯罪团伙之间的街头枪战；1933 年在迈阿密又发生了试图刺杀罗斯福总统的事件。面对这样的形势，在罗斯福政府的推动下，国会最终通过了《1934 年全国枪支法》（The National Firearms Act of 1934）。该项法案禁止运输和拥有机关枪和锯短长度的霰弹猎枪，对于制造和销售这类枪支征收税收，要求拥有这类枪支的人进行登记。不过，司法部关于实施手枪登记的提议并没有获得支持。时隔四年，美国国会又通过了《1938 年联邦火器法》（The Federal Firearms Act of 1938），授予财政部给枪支经销商、制造商和进口商颁发执照的权力，禁止销售武器给已经确认有重罪的犯人和逃犯，规定运输被盗枪支为非法。①

然而，对于那些向罪犯出售武器的商人进行惩处的规定却显得十分无力，因为必须要证明枪支提供商是在已知晓的情况下向罪犯出售武器，而这是非常困难的。事实上，从其通过之日到 20 世纪 60 年代，每年只有不到 100 人依照这项法案的规定而遭逮捕。不仅如此，由于对经销商的税费征收非常低，一些私人可以通过成为经销商而绕过各种限制。②

这一时期，枪支管制立法的主要支持者来自行政部门中的一些执法机构。面对有组织的反对力量，它们并不能有效地推动国会通过其寻求的法

① 具体条款可参见 Marjolijn Bijlefeld, ed., *The Gun Control Debate, A Documentary History* (Westport, Connecticut and London: Greenwood Press, 1997), Appendix III。

② 1938 年的税费为 1 美元，到 1968 年也只有 10 美元。Robert J. Spitzer, *The Politics of Gun Control* (Chatham, New Jersey: Chatham House Publishers, Inc., 1995), p. 142.

案。当时，全美步枪协会的立场虽然还不如现在强硬，但已经成为影响该法出台的主导力量。不仅如此，这些法案通常在国会委员会中就已经定调，既没有激起公众的注意力，也没有引发大规模的讨论。这和当代枪支管制运动形成了极为鲜明的对比。

三　当代枪支管制运动的兴起与发展

自20世纪30年代通过了枪支管制法之后，美国国内在枪支管制问题上一度保持着相对平静的状态。然而，60年代发生的一系列事件促成了当代枪支管制运动的兴起。从20世纪60年代至90年代，当代枪支管制运动经历了三个不同的发展阶段。

（一）《1968年枪支管制法》的出台

1968年，参众两院经过激烈辩论，最终通过了《1968年枪支管制法》，并由约翰逊总统签署生效。该项法案规定：禁止跨州运输火器（手枪和长枪）、弹药给私人；禁止出售枪支给未成年人、吸毒者、精神病人以及已被认定为罪犯的人员；强化对于枪支经销商和收藏者的执照和档案管理；将联邦政府管理和征税的对象扩大到“破坏性的装置”，诸如地雷、炸弹、手榴弹和同类爆炸物；加大对于那些使用枪支从事联邦政府法律所界定的犯罪的惩处；除了出于那些用于射击运动目的的枪支之外，禁止进口外国制造的多余武器。①

从整个立法的进程来看，该法案也是多年以来最具有争议、争论最为激烈的法案之一。之所以获得通过，是得益于几个方面的因素。

第一，20世纪60年代，美国社会处于多事之秋。从1964年开始，美国发生了多起城市骚乱。社会动荡不安，公众对于犯罪率上升的担忧，使得他们支持更为严格的枪支管制。

第二，一系列震惊美国社会的刺杀事件引起了人们对于枪支问题的极大关注，一定程度上抵消了反对枪支管制的力量。1963年，肯尼迪总统被刺杀。1968年又先后发生了民权领袖马丁·路德·金和参议员罗伯特·肯

---

① Robert J. Spitzer, op. cit., p. 145.

尼迪遭刺杀的恶性事件。早在1963年，就有议员提出了严格控制邮递销售枪支的议案，但都被搁置在委员会中。在马丁·路德·金和罗伯特·肯尼迪相继被刺杀之后，一些议员才改变了原先的立场，从而使得法案顺利通过。

第三，当时的约翰逊政府对于枪支法案的通过起了积极的推动作用。早在1965年，约翰逊就向国会建议，主张强化枪支管制立法。1968年，他向国会提出建议，主张实施全国性的枪支登记，要求个人持有枪支时必须拥有执照。他敦促道："出于明智的考虑……出于安全的考虑和出于一个被唤醒国家的考虑，给予美国一个所需要的枪支管制法。"①

第四，同样十分重要，就是支持枪支管制的人士在一些关键的条款诸如枪支登记和颁发执照问题上作出了实质性的让步，所以使得这项法案最终得以艰难通过。

《1968年枪支管制法》是自从20世纪30年代以来国会通过的最为实质性的枪支管制法案。与此前的联邦法律相比，该法的通过标志着在枪支管制问题上的一大进步。不过，它并没有规定对所有的火器进行登记和发给执照，也没有禁止进口枪支部件，立法出现了明显的漏洞。

（二）枪支管制运动的挫折

尽管《1968年枪支管制法》的作用有限，但维护持枪权利的力量还是不断阻挠该法的实施。仅仅在通过此项法案的第二年，在全美步枪协会的游说下，国会就废止了关于要求销售霰弹猎枪和来复枪弹药商登记购买者的规定。不过，冲击最大的则是《1986年武器拥有者保护法》（the Firearms Owners Protection Act）的通过。可以说，这一法案的通过是枪支管制运动发展的一大挫折。

事实上，反对枪支管制的力量从来没有停止过他们的活动，只是在整个20世纪70年代一直受阻于民主党人控制的司法委员会。1980年，向来反对枪支管制的里根当选美国总统，共和党还赢得了参议院的主导权，保守主义思潮日益抬头。全美步枪协会、美国枪支拥有者协会（the Gun

① "Gun Control Extended to Long Guns, Ammunition," CQ Annual Almanac 1968 (Washington, D. C.: Congressional Quarterly, 1969), p. 552.

Owners of American）等维护枪支权利的组织抓住这一有利的机遇，加大了游说的力度，对国会施加压力。尽管在众议院一度遭遇来自民主党人的阻击，但最终《1986 年武器拥有者保护法》还是在参众两院获得了通过，并于 1986 年 5 月由里根总统签署生效。

在很大程度上，《武器拥有者保护法》是对《1968 年枪支管制法》的一次否定。它允许合法的来复枪和霰弹猎枪跨州销售，只要在出售者和销售者所在的州合法即可；废除弹药销售商须留有记录的要求，使出售枪支而没有执照的个人更方便地出售枪支；允许枪支经销商在枪支展览会上出售枪支；将酒精、烟草和火器管理局（the Bureau of Alcohol，Tobacco，and Firearms）对于枪支经销商未经宣布的检查限定在每年一次，并禁止建立任何全面武器登记的体系。唯一使支持枪支管制人士感到安慰的是该法禁止私人拥有和转让机关枪，保持了原有的对于手枪的限制（除了运输之外）。[①]

这一法案在国会两院的通过，标志着全美步枪协会的影响力达到了顶峰。不过，主张枪支管制的组织也并非一无所获。在这场争夺战中，全美步枪协会和警察机构的分歧开始表面化，这使得全美步枪协会关于枪支可以用来自卫、对付犯罪等论调的可信性大打折扣。与此同时，手枪管制有限公司（Handgun Control Inc.）[②] 也开始崭露头角。可以说，枪支管制运动在挫折中孕育着新的发展动力。

（三）峰回路转：枪支管制运动的高涨

20 世纪 90 年代前半期，以手枪管制有限公司为首，主张枪支管制的力量抓住民主党人一度同时控制白宫和国会两院的大好契机，推动国会通过了《布雷迪法》，从而使枪支管制运动达到了一个新的高潮。

1974 年，手枪管制有限公司成立。随着时间的推移，它逐渐成为推进枪支管制的核心力量。在整个 70 年代，以手枪管制有限公司为首的枪支管制组织规模还很小，并缺乏经验，影响力十分有限。但经过 80 年代的发

① Robert J. Spitzer，op. cit.，pp. 149－150.

② 2001 年 6 月 14 日，为感谢布雷迪夫妇（Jim and Sarah Brady）在枪支管制方面的贡献，手枪管制有限公司更名为布雷迪防止枪支暴力运动（The Brady Campaign to Prevent Gun Violence），下属的防止手枪暴力中心也相应更名为布雷迪防止枪支暴力中心（the Center to Prevent Handgun Violence），其网址也更改为 http：// www. bradycampaign. org。

展，手枪管制公司努力完善自身的机构设置，扩大组织成员数量，活动经费大幅上升。不仅如此，该组织还同执法和教育等其他机构结成同盟，协调行动，以壮大自己的声势。在1986年国会关于枪支问题的讨论中，手枪管制有限公司赢得了警察执法机构的支持。在策略上，手枪管制有限公司采取了温和而务实的立场，并不要求禁止私人持枪，从而赢得了更多的支持。在此基础上，该组织通过多种途径向社会展示枪支管制的必要性，加强了对于政府的游说，影响力有了大幅上升。从1968年到1988年，任何形式加强枪支管制的议案都没有能够在国会两院的大会上得到讨论，全美步枪协会总是能够动员各种力量将这些议案封杀在委员会讨论阶段。然而，从1988年至1994年，国会两院大会就枪支问题进行了27次大会讨论。这从一个侧面反映出以手枪管制有限公司为首的枪支管制力量的影响力上升。应当说，手枪管制有限公司力量的变化成为枪支管制运动发展中最大的也是最活跃的变量之一。

从1987年起，手枪管制有限公司就全力推动国会通过《布雷迪法》。[①] 该法要求购买手枪者需要有一个星期的等候期。其目的主要有两个：其一是使得警察有时间来对这些购枪者的背景进行核查；其二是让购枪者可能的愤怒情绪有时间得到缓冲，使其能够理性地使用枪支。实际上，当时已经有24个州实施购枪者等候期的规定，并要求经销商向相关机构报告，以便执法机构对于购枪者的身份进行核查。[②] 为了使其得到通过，手枪管制有限公司将该议案实施的范围限于由联邦颁发执照的经销商出售的手枪，并没有包括各类长枪和霰弹猎枪，也不包括私自出售的各种武器。不仅如此，该议案还要求经销商将销售情况向当地警察机构报告，而不是向联邦机构报告，这样就可以避免一些人担心联邦政府权力的扩大。此外，该议案还禁止保留经销商报告中提供的信息，以避免反对枪支管制组织认定这实际上要建议一个全国枪支登记体系的指控。由于这些限定，议案的条款非常温和。即使如此，这项法案还是在1988年和1991年两次都没有在国

① 该法以曾经担任里根总统新闻秘书的杰姆斯·布雷迪命名，他在1981年里根总统遭遇刺杀的事件中受伤致残。这一事件推动其妻子萨拉·布雷迪致力于枪支管制运动，并成为手枪管制有限公司的总裁。

② William J. Vizzard, *Shots in the Dark, The Policy, Politics, and Symbolism of Gun Control* (Lanham, Maryland: Rowman & Littlefield Publishers, Inc., 2000), p. 133.

会中获得通过。[①] 正在此时，突发事件的出现为枪支管制运动带来了转机，使《布雷迪法》在1992年获得了通过。

20世纪80年代末到90年代初，美国国内的犯罪率大幅上升，这引起了美国公众的不安。其中两起严重的枪击事件更是使全美上下震惊。1989年1月，加利福尼亚州斯托克顿（Stockton）发生了恶性校园枪击事件。肇事者用攻击式步枪四处扫射，造成5死、29伤的悲剧。[②] 两年后，在得克萨斯州，一位男子持枪在自助餐厅枪杀了22人，打伤23人，然后开枪自杀，造成了美国历史上最为严重的枪击案。

1992年的总统大选中，民主党竞选纲领中强化了在枪支问题上的立场，要求关闭枪支黑市，禁止"最致命的攻击性武器"，对购枪者进行身份核查；呼吁严惩使用枪支犯罪的罪犯，严惩那些出售武器给儿童的违法者。[③] 克林顿当选总统后，扩大了禁止枪支进口的范围，并将攻击型的手枪列入禁止进口之列。此时，民主党人在国会两院也占据了主导地位。

国内政治环境变得对于枪支管制运动相对有利，手枪管制有限公司也加紧了游说活动。为了保证该项法案的通过，支持枪支管制的人士进一步做出了两项妥协：首先是一周的等候期缩短为5个交易日；其次，警察进行购枪者背景核查的时间仅仅为5年，然后使用电脑系统进行即时核查购枪者背景。为此，该议案规定每年将提供2亿美元帮助各州升级电脑系统。

在推动国会通过《布雷迪法》的过程中，克林顿总统发挥了不容忽视的作用。后来，曾经担任全美步枪协会的主要游说者韦恩·拉·皮埃尔（Wayne La Pierre）将克林顿的努力描述为"一位有史以来在枪支管制议案上展开最有力的游说和作出短兵相接努力的美国总统"。[④]

---

① 1988年9月，《布雷迪法》被提交众议院全院大会讨论，但被共和党人比尔·麦卡勒姆（Bill McCullum）提交的修正案所取代，该修正案主张对于等候期内即时核查系统和核查记录进行研究。1991年，尽管参众两院通过了该项议案，但议案的版本却有所不同：参议院通过的议案要求仅仅5天的等候期，而不是一个星期，并且这些条款被纳入了一个一揽子犯罪议案之中。尽管两院联席会议达成了一致，推出了5天等候期的单独法案，众议院也通过了该项法案，但由于共和党参议员的阻挠而没有能够通过。

② Robert Reinhold, "After Shooting, Horror but Few Answers," *New York Times*, January 19, 1989, pp. B－6.

③ "A New Covenant with the American People," The Democratic Party Platform, 1992.

④ Wayne La Pierre, *Guns, Crime, and Freedom* (Washington D. C.: Regnery Publishing, 1994), pp. 83－84.

这一时期，枪支管制组织取得的另外一项重大成果是国会最终通过了禁止攻击型武器的议案。在斯托克顿枪击案发生之后，大约有30个州的枪支管制组织抓住机会，要求加大对于枪支的管制力度。经过酝酿，在克林顿政府、支持枪支管制组织及其国会盟友的大力游说下，终于在1994年8月通过了包含有禁止攻击型武器条款的有关犯罪一揽子议案——《暴力犯罪和执法保护法》（the Violent Crime and Law Enforcement Protection Act）。在前后长达5年的时间里，关于禁止攻击型武器的问题在两院大会分别进行了6次投票，才获得通过。它规定，在未来10年里19种指定武器的销售和拥有为非法，同时禁止销售和拥有与这19种攻击型武器类似的复制品。它还规定，未来国会可以根据该法的规定增加禁枪的种类。[①]

通过法律确立购枪等候期，并禁止攻击型武器的销售和拥有，枪支管制组织取得了一个显著胜利。经过多年不懈的努力，枪支管制运动终于有了进展，达到了新的高潮。

在《布雷迪法》通过后，手枪管制有限公司和其在国会中的盟友乘胜追击，又提出了《1994年手枪管制和暴力保护法》，寻求进一步强化对于手枪使用的管制。[②] 然而，1994年的国会中期选举，共和党人一举控制了国会参众两院。许多反对枪支管制的议员进入了国会，保守派力量大增。1996年，众院以239票对173票通过了废除禁止攻击型武器的规定。此后，枪支管制运动又陷入了停滞不前的局面。

四　妨碍枪支管制运动发展的主要因素

20世纪30年代，罗斯福政府提出建立全国枪支登记的政策建议时，在当时还有一定的可行性。然而到了20世纪90年代，枪支管制组织对于国会

---

① 关于国会讨论禁止攻击型武器问题的曲折历程，参见 Robert J. Spitzer, *The Politics of Gun Control*, pp. 152 - 157。

② 该法案的主要内容：寻求建立一个全国性的手枪持有执照体系；禁止重复购买或者转让手枪，所有手枪经营者都必须严格地颁发执照，要求登记所有的枪支；采取措施，确保所有的枪支经销商合法出售枪支；提高执照费（从200美元提高到1000美元），禁止出售或者转让武器给罪犯；加大对于枪支犯罪的惩罚，等等。See Brady II, The Gun Violence Prevention Act of 1994 (Washington D. C.: Handgun Control Inc., 1994). Cited from Gregg Lee Carter, *The Gun Control Movement* (New York: Twayne Publishers, 1997), p. 85.

通过购买手枪5日等候期的温和法案感到欢欣鼓舞，认为这是一个历史性的胜利。为什么会出现这样的局面？阻碍枪支管制运动发展的主要因素有哪些？

首先是利益集团围绕枪支管制问题的争夺日趋激烈。

美国政治在很大程度上是一种利益集团政治，公共政策的制定通常是各种力量相互碰撞后出台的，枪支管制问题也不例外。以布雷迪运动为首的枪支管制组织和以全美步枪协会为首的反对力量之间展开了激烈的交锋，竞相对国会施加压力。可以说，围绕枪支问题的争夺已经变成了一种利益集团政治。

全美步枪协会被公认为是美国社会中最为强大的单一问题利益集团。它拥有数量庞大的会员，组织严密，凝聚力强，具有枪支管制组织所难以企及的游说资源，对于国会具有巨大的影响力。[①] 在历次国会枪支立法的过程中，全美步枪协会都扮演了核心的角色。近年来，尽管支持枪支管制阵营的力量在不断壮大，但还远没有强大到足以抗衡以全美步枪协会为首的反对力量。

事实上，关于枪支管制的讨论，在很大程度上是由要求和反对枪支管制的两大阵营所界定的。在管枪还是管人的问题上，双方展开了激烈的辩论。在全美步枪协会看来，民众持有武器的权利不得随意剥夺，他们反对任何形式的枪支管制，而主张严惩使用枪支犯罪的罪犯。他们认为拥有枪支是用以自卫，枪支和犯罪并没有直接的关联，应当加强对于人们的教育，而不是通过管制枪支来解决问题。

其次，枪支管制的问题，涉及对美国宪法第二条修正案的解释问题。

由于特殊的历史环境，美国建国前后，拥有和携带枪支的权利，和言论自由一样，已被视为最被珍视的个人权利之一。当时，共有7个州采用了《权利法案》，都含有保护民兵或者明确支持持有和携带枪支的条文规定。[②] 为弗吉尼亚州起草“权利革命宣言”的乔治·梅森（George Mason）

① 关于全美步枪协会的游说分析，不少美国学者都有阐述，这里不再详细论述。可参见 Kelly Patterson, “The Political Firepower of the National Rifle Association,” from Allan J. Cigler & Burdett A. Loomis, ed., *Interests Groups Politics* (Washington, D.C.: A Division of Congressional Quarterly Inc., 1998), fifth edition, chapter 6。

② The Right to Keep and Bear Arms, Report of the Subcommittee on the Constitution of the Committee on the Judiciary, United States Senate, Ninety-Seventh Congress, second session, p. 4.

就明确地写道："一支管理良好的民兵，由民众组成并接受武装训练，是一个自由州适当的、天然的和安全的防卫力量；和平时期的常备军必须避免对自由构成威胁；并且无论如何，军队必须严格地服从平民力量，并接受其治理。"① 宾夕法尼亚州宪法则明确规定："民众有权携带枪支来保护自己和州。"②

在制定和批准宪法的过程中，宾夕法尼亚、马萨诸塞、新罕布什尔、弗吉尼亚和北卡罗来纳州，都曾要求将有关人民有权拥有和携带枪支的条款或写入宪法，或写入《权利法案》。鉴于当时各州的具体情况和人们对于常备军的怀疑态度，所以建国之初就出台了宪法第二条修正案，规定："管理良好的民兵是保障自由州的安全所必需的，因此人民持有和携带武器的权利不得侵犯。"③不少美国人认为，这条修正案保护的是个人的持枪权利，枪支管制是非法的。

近年来，在枪支问题变得突出之后，支持和反对枪支管制的两派人士开始就此修正案的诠释问题展开激烈的争论。支持枪支管制的人士主要依据法院的历次裁决，认为政府有权对枪支加以管制，并指出第二条修正案确保的是"挑选出来的民兵"持有枪支的权利，也就是一种集体拥有的权利，而非私人持有和携带枪支的权利。这些人还认为，美国目前所面对的形势和200多年前制定第二条修正案时相比已经有了很大的变化，言外之意是第二条修正案已经"过时了"。但是，维护持枪权利的组织和人士则始终依托宪法第二条修正案，反对任何枪支管制措施。毋庸置疑的是，第二条修正案从法理上为枪支管制运动的发展增加了不小的阻力。经常出现的局面是，不少关于枪支立法的讨论最终在第二条宪法修正案的争论声中举步维艰，陷入僵局。而要想对这条修正案进行改动，就必须获得大多数州的同意，这十分困难。目前，美国的50个州中，44个州的宪法都有明确保护公民持枪权利的条款。

再次，美国民众的态度出现分化，带有明显的情绪化色彩。

美国公众在关于枪支管制问题的讨论中，出现了明显的分化。通常来

① Cited from Lee Kennett and James La Verne Anderson, op. cit., p. 68.

② Ibid.

③ 《美利坚合众国宪法》，李道揆著《美国政府和美国政治》下册，商务印书馆，1999，第788页。

说，妇女、城市居民、非美国本土出生者、政治上倾向自由主义者、不拥有枪支者相对更倾向于支持枪支管制，而男性、乡村居民、美国本土出生者、政治立场保守者、枪支拥有者则相对消极，不少人还持激烈的反对态度。[①] 具体到地域上，出现了城市和乡村之间的对立分化。在城市比较集中的地区，比如美国东北部的新英格兰地区，人口密集，出于对犯罪率上升的担忧，所以主张枪支管制的呼声就比较高涨；而在美国南部和中西部的山区，人们钟爱打猎，也依赖枪支来防身，而且当地人思想比较保守，所以反对枪支管制的呼声很高。这种分化从国会议员的投票行为上也有所反映，往往来自美国南部、中西部各州广大乡村选区的议员反对枪支管制，而来自北方地区城市地带的国会议员则大多支持枪支管制。

尽管不少民众支持枪支管制，但他们并不像维护枪支权利人士那样立场坚定。在被问到将如何采取切实的行动来支持他们的信念时，不少反对枪支管制的被调查者表示将会写信给有关官员，或者向代表他们利益的组织捐款，所占比例是支持枪支管制的被调查者的3倍。民意调查同样显示，对于许多维护持枪权利的人士来说，枪支管制问题是一个最为重要的问题，而对于枪支管制的支持者来说，枪支问题只是一个极为重要的问题之一。[②]

在枪支问题上，更为深远地影响公众态度的一个重要因素涉及美国民众对于政府角色和个人权利的看法。许多美国人的祖先是为了逃避欧洲的宗教迫害而逃到北美大陆的新教徒，他们力图建立一个没有政治迫害的国度，确保公民享受最大的个人自由，而欧洲的经验使得他们对于中央政府有一种不信任感。因而，《独立宣言》的字里行间都流露出人民主权论，即权力属于人民，而政府的权力则来自人民，政府的正当权力来自被统治者的同意，必须对人民负责。[③] 为了确保人民主权原则，就必须限制政府的权力，防止其推行暴政。正是基于这样的考虑，美国建立起一个三权分立的制衡机制，并使得联邦和州分权，防止独断大权局面的出现。直至今日，在美国的政治文化中，依然具有反政府的典型特征。人们对于政府的

---

① 这里参考了 Gregg Lee Carter 对于民意调查结果的详细分析后得出的结论。参见 Gregg Lee Carter, *The Gun Control Movement*, Chapter Four。

② Gregg Lee Carter, op. cit., pp. 59 - 61.

③ 《独立宣言》，李道揆著《美国政府与美国政治》，第770页。

疑惧依旧存在，担心政府权力过大，会危及个人的权利。许多支持枪支权利的民众担心，持有和携带枪支是《权利法案》的一个不可分割的组成部分，一旦在枪支管制问题上有所突破，下一道防线同样可能被突破，从而出现“多米诺效应”，侵蚀《权利法案》的神圣性，对宪法中所规定的公民权利构成威胁。意识形态层面的分歧则往往难以迅速解决，美国人必须在权利和安全之间选择寻找某种均衡点。

正是因为如此，尽管大多数民众支持对枪支进行适当管制，但也不愿严格到欧洲国家那样的程度，更不愿放弃个人拥有枪支的权利。许多人处在一种模棱两可、犹豫不定的状态，并带有明显的情绪化色彩。当犯罪率上升，出现严重的枪杀案件时，在震惊之余，他们的反应会相当强烈，要求政府采取措施；可一旦时过境迁，对于枪支问题的关注度就会下降。也就是说，他们不会持之以恒地采取具体行动，要求政府采取更加严格的枪支管制措施。因而出现的一个规律就是，通常是令人震惊的枪击案成为推动枪支管制立法的一个催化剂。每当严重的暴力犯罪被广泛宣传后，民众对枪支使用的担心就会上升，于是支持枪支管制的组织就可以利用这一机会来推动在联邦和各州的立法。然而当这些暴力事件暂时平息，特别是当共和党执政时期，反对枪支管制的组织就会卷土重来，或者推翻早先的法律，或者制定法律来维护持枪者的权利。

可以说，枪支问题，涉及人们对于政府、社会和个人的一系列看法，而这又和美国的历史经验有着千丝万缕的联系。枪支问题的出现，实际上是历史发展进入新阶段后，民众对于枪支的态度出现了明显的分化。就实质而言，枪支问题是旧的传统和新的认识之间相互牵扯的结果。

最后，民主、共和两党立场的日趋对立化使得枪支管制问题复杂化。

使得枪支问题复杂化的另一个重要因素是政党政治，即共和、民主两党在这一问题上采取了截然不同的立场，使问题的争论更趋两极化。总的说来，共和党成为维护枪支权利的党派，而民主党则要求对枪支实施更为严格的管制。两党的相互牵制也阻碍了联邦政府采取更加有力的枪支管制措施。

20 世纪前半期，枪支问题并不突出，两党的分歧也不明显。当时，大致的规律是南方各州保守的民主党人和多数共和党人站在一起，反对枪支管制，而温和的共和党人则时常会站在民主党人一边，采取支持的立场。

然而，自国会通过《1968年枪支管制法案》起，枪支问题逐渐成为极具争议的问题。两党在枪支管制问题上的分歧开始显现，并随着时间的推移，立场的差异趋于两极化。这从1968年以来两党的竞选纲领可以体现出来：共和党竞选纲领连贯地支持民众持有和拥有枪支的权利，而民主党竞选纲领则鲜明地支持枪支管制。

民主、共和两党相互对立的立场，使枪支管制问题变得更加复杂。人们难以想象，在一个共和党主掌的政府下，会推动任何枪支管制的新立法。从过去的经验来看，一般来说，枪支管制运动要取得实质性进展，通常需要国会和白宫都由民主党人所主导；如果白宫和国会由民主、共和两党分别执掌，往往就会出现僵局。如果白宫和国会均由共和党人把持，那么枪支管制运动不仅不会取得任何进展，甚至可能会出现倒退。①

五　枪支管制运动的现状及其前景

综上所述，枪支管制早已不是一个简单的社会问题。关于枪支管制的争论，实际上涉及公民权利、国家管理的权力与公共秩序维护之间的关系问题。② 文化传统、价值观念、法定权利、利益集团政治和党派之争等多种因素也交织其中，显得异常复杂。不难想象，美国的枪支管制运动将是一个曲折、渐进而漫长的过程。任何一次枪支管制法的通过，都会经过激烈的较量，而且还可能会有反复。随着枪支管制运动的推进，来自反对阵营的阻力也会更大，双方的争夺也会更加激烈。

如果历史是一面镜子，人们可以对枪支管制运动的发展前景作出相应的判断。就近期而言，至少在联邦一级，枪支管制运动可能会停滞不前，难以取得新的突破。现任的布什总统是全美步枪协会长期以来的盟友。在任得克萨斯州州长期间，布什就签署法律，使携带可隐藏武器合法化，并

① 20世纪90年代的发展似乎可以为此提供一些例证。1993年和1994年，美国国会先后通过了《布雷迪法》和包括禁止攻击型武器条款的《暴力犯罪管制法》，当时白宫和国会均由民主党人主导。而在1994年国会中期选举后，共和党人把持了国会两院，克林顿总统倡导的枪支管制立法均在国会受阻，共和党人甚至在国会中还试图推翻1994年关于禁止攻击型武器的规定。

② Robert J. Spitzer, op. cit., p. xi.

使起诉枪支制造商变得更为困难。在2000年总统大选中，布什和共和党获得了全美步枪协会的大力支持。该协会捐助的160万美元中，有92%给了共和党。[①]

在2001年3月连续出现校园枪杀案后，布什认为防范学校暴力的最好手段是教导孩子们分辨好坏，却绝口不理会枪支管制组织通过新立法来强化枪支管制的要求。事实上，布什和许多国会议员争辩说，对付枪支暴力犯罪的方法不是通过更多的法律，而是更为严格地执行已有的法律。现任司法部长阿史克罗夫特（Ashcroft）向来就是一个反对枪支管制者。回想克林顿第二任内，尽管有总统的大力推进，但面对共和党主导的国会，强化枪支管制最终还是陷入了僵局。现在，面对白宫由共和党总统执掌，而国会中民主党力量十分有限的情况，要想在联邦一级取得任何大的突破，可能性很小。也正是意识到这种现实，现阶段支持枪支管制的阵营将注意力转到了各州和地方的立法上，力求有所收获。可以预见，未来一段时间，在州和地方一级政府将会是争夺的主战场。

2002年10月，美国发生了多起枪击案，造成人员伤亡。其中，发生在首都华盛顿地区的连环枪击案更是导致了10人死亡、3人受伤的惨剧，一度造成人心惶惶的局面。枪击案的发生，使得人们将目光再次转向了枪支管理问题。然而，这次枪击事件远没有产生像1999年校园枪击案后那样强烈要求枪支管制的呼声。出于中期选举的考虑，民主、共和两党的反应还是比较温和的，都不希望在枪支问题上过于激进。鉴于这次连环枪击案中暴露出来的问题，布什政府改变了原来消极的立场，表示正在考虑建立一个全国范围的枪支弹道“指纹”的系统。而由共和党控制的众议院则顺利通过了一项议案，授权向各州拨款10亿美元，以便改进枪支购买者的身份核查体系，阻止有犯罪前科的人获取枪支。参议院也表示会对这一法案进行考虑。共和党人要显示出不会无动于衷的姿态，而民主党人也不愿在枪支管制问题上大做文章。民主党人从2000年总统大选中得出的一个教训就是，戈尔支持枪支登记的立场使得他在田纳西、阿肯色和西弗吉尼亚失利，从而失去了整个大选。由于中期选举临近，大多数关键性的选战是在

① 响应政治中心（the Center for Responsive Politics）统计数字，引自Gina Holland，“High Court to Hear Gun Privacy Case，”Associated Press，Nov. 12。

美国的乡村、中西部和南部的选区，而当地的持枪和打猎都十分盛行。出于选举的需要，一些民主党候选人甚至表示支持持枪的权利。所有这些表明目前的美国国内环境并不利于枪支管制运动的发展。

在可预见的未来，有可能会采取一些技术性的措施来加强枪支管制：建立一个全国的枪支和弹药登记体系；对于购枪者迅速进行身份核查；严格执行现有的法律，对于使用枪支的犯罪进行严厉的惩罚；加强有关枪支安全的教育；在枪支安全技术方面实现突破，大力推进“智能枪”（Smart gun）这一技术的研发，使得“枪支认人”，从而使其他人特别是儿童和罪犯难以使用窃取的枪支进行犯罪活动。①

尽管当前美国国内政治环境的现实，使近期的枪支管制运动遇到较多的困难，但从长期发展的眼光来看，随着社会的进步，城市化的不断提高，公众对于枪支危害性的认识也会增强，要求枪支管制的呼声会越来越高，枪支管制组织的力量就会日益壮大，力量的天平就会发生倾斜，这是发展的大趋势。而 20 世纪 80 年代以来的发展，特别是 90 年代在枪支管制方面取得的突破，已经说明了这一点。毕竟，目前美国的社会状态和 200 多年前建国前后的形势发生了很大的变化，全民皆兵已经越来越同时代的发展不相符。

（原载《美国研究》2002 年第 4 期）

---

① 通过指纹、磁场或者密码识别使只有枪支的真正主人才能使用枪支，防止他人盗用。前总统克林顿支持这一研究，并曾建议投入 1000 万美元进行此项研究。现任总统布什也支持这一项目。

民权运动与美国南方黑人政治力量的兴起*

姬　虹**

【内容提要】近40年来美国南方经历了前所未有的变化，其中最重要的变化之一就是黑人投票率的提高及黑人民选官员的增加。民权运动唤醒了南方黑人的政治意识，《1965年选举权法案》结束了近一个世纪束缚南方黑人投票权的历史，黑人利用手中的投票权，开始了从二等公民到走上政坛的转变。

【关键词】美国　种族关系　黑人政治力量

近40年来美国南方经历了前所未有的变化，其中最重要的变化之一就是黑人投票率的提高及黑人民选官员的增加。民权运动唤醒了南方黑人的政治意识，《1965年选举权法案》结束了近一个世纪束缚南方黑人投票权的历史。在该法案生效后的短短时间里，黑人投票率骤增。1940年，仅有2%的适龄黑人选民参加投票，20世纪50年代末，即民权运动前夕，黑人投票率为20%，到了1970年，60%的黑人适龄选民参加投票，这个数字

* 作者想借此机会感谢美国佐治亚理工学院（Georgia Institute of Technology）的Ronald H. Bayor教授，由于他的指导，此篇文章才得以完成。

** 姬虹，时任中国社会科学院美国研究所助理研究员。

已接近南方平均投票率。① 黑人投票率提高的直接结果就是黑人民选官员的增加。1965 年南方黑人民选官员不足百人，1970 年时已有 500 名之多，1975 年超过 1600 名，1980 年时为 2500 名，占全国黑人民选官员的 50%。② 1972 年来自休士顿的巴巴拉·佐丹及亚特兰大的安德鲁·杨当选为国会众议员，此后陆续有来自南方的黑人进入国会；从 20 世纪 70 年代起南方重要城市如新奥尔良、亚特兰大、伯明翰等地陆续选出了黑人市长；1990 年黑奴的后代道格·威尔德（Doug Wield）当选为弗吉尼亚州的州长。从 60 年代民权运动以来，黑人的参政热情呈不断上升的趋势。

对于南方黑人而言，从被剥夺基本公民权——选举权的二等公民到参与政治，走上政坛，经历了漫长的历史阶段，黑人是如何冲破选举的樊篱的？在民权运动中黑人领袖为提高黑人投票率采取了什么样的斗争策略？《1965 年选举权法案》的影响何在？现在黑人是仅仅涉足政坛，还是已拥有了真正的政治力量？黑人民选官员对黑人社区的贡献是什么？南方白人对黑人的态度是否真的发生了变化？这些正是本文试图回答的问题。

一　吉姆·克劳法律体系下的美国南方③

南北战争后，黑人获得了自由，但又逐渐陷入了另一种境地，即所谓“隔离但平等”（separate but equal）。1888 年密西西比州在火车上实行种族隔离，随后 1890 年路易斯安那也采取了同样的措施，而 1896 年高等法院对普利斯诉弗格森案（Plessy v. Ferguson）的判定，实际上是对这种种族隔离政策给予了肯定，南方各州陆续采取了相似的政策，其含意是：第一，所有南方的公共设施和餐馆、旅馆、医院、剧场、车站等，除商店、大街外，全部以种族划线，白人、黑人各用各的，互相不侵犯；第二，就是黑人被剥夺选举权。

尽管 1870 年通过的宪法第 15 条修正案，禁止各州以种族、肤色及以前的奴隶身份为由剥夺公民的选举权，但南方黑人最终还是被剥夺了选举

① David R. Goldfield, *Black*, *White and Southern*, *Race Relations and Southern Culture* (Baton Roage: Louisiana State University Press, 1999), pp. 45 - 46, 176.

② Ibid., p. 176.

③ Jim Crow Laws，指美国内战后重建时期南方各州相继实行的种族隔离、歧视黑人的法律。

权。南方各州采取的办法，实际上是钻了第15修正案的空子，因为该修正案措词比较含糊，并没有明确表示所有的成年男性均有选举权或不得以财产或文化知识要求选民。这不是立法者的疏忽，而是当时南北方的政治妥协。从19世纪末开始，南方各州要求黑人如果想参加选举，就必须付人头税（poll tax）及通过文化考试。南方人头税平均为1.5美元一年，对于缺乏现金的穷人是个很大的负担。有些白人候选人为确保自己当选，获得选票，出资替白人贫穷选民缴人头税。如果说缴人头税是从经济上限制黑人的选举权，阻止其投票的话，文化考试则是另一道枷锁。文化考试除要求选民正确填写选民表外，还要笔试回答一个问卷，内容包括州宪法及州政府知识等。例如60年代佐治亚州的一份考卷，有20个问题，只有正确答出15个才有资格成为选民。① 文化考试难度很大，以至一位佐治亚大学政治学教授认为，他完成这个考试都很困难。② 而黑人教育程度又是极低的，1933~1934年亚拉巴马州14~17岁高中注册率，白人为40%，黑人仅为10%，佐治亚州白人为55%，黑人为10%，密西西比州白人为66%，黑人为7%。③ 因此文化考试对于黑人来讲，几乎不可逾越。

除缴人头税及文化考试外，南方各州还存在“白人初选”（White Primary）原则，南方重建时期结束后，为阻止黑人当选为官员，民主党规定，党内初选时，只有白人才有资格参加，成为候选人，黑人无论贫富，均被拒之门外。由于南方从19世纪末以来一直是民主党一党专政，它推举的候选人在普选中均不会遇到对手挑战，所以获得党内初选成为当选的关键。因此这个原则也就把黑人从政治竞技场内清除出去了。“白人初选”原则在19世纪90年代后在南方各州制度化，一直到1944年，美国最高法院在史密斯诉奥尔布赖特（Smith v. Allwright）案中，④ 裁定这种党内初选违宪，要求初选必须向所有适龄选民开放，不得以种族等为由给予歧视，

① SCLC档案，Box 140，Folder 9，Martin Luther King，Jr. Center for Non-Violent Social Change，Atlanta. Georgia，USA。

② Davld R. Goldfield，op. cit.，p. 152.

③ James D. Anderson，*The Education of Blacks in the South*，*1860 – 1935*（Chapel Hill and London：The University of North Carolina Press，1988），p. 236.

④ 朗尼·史密斯（Lonnie Smith）是休士顿一位黑人牙医，因未获准参加民主党内初选，故起诉民主党，最高法院以8∶1判定史密斯胜诉，长达半个世纪的“白人初选”原则在南方被废除。

该原则才得以废除。

人头税、文化考试、白人初选阻碍了黑人参政的道路，使得黑人成为二等公民。以密西西比州为例，密西西比是个典型南方州，黑人人口占全部人口的40%，该州的密西西比河三角洲地区，在20世纪60年代时绝大多数县为“黑带”（Black Belt，即黑人在全部人口中占绝大多数）县。民权运动爆发时，密西西比是全国最穷的州之一，人均收入为1119美元，而全国平均数为2263美元。黑人又是穷人中之穷人，1960年黑人中等收入家庭年收入为1444美元，白人为4209美元，密西西比州83%的黑人家庭收入低于全国贫困线（年收入3000美元）；一半的黑人人口仅完成6年或6年以下的教育，绝大多数黑人从事体力或低收入工作。① 黑人不仅经济地位低下，政治上更是无权无势。密西西比州的黑人在1875年时就被剥夺选举权，白人使用的是暴力、威胁及欺骗的手段。1890年州宪法大会用立法形式将其制度化，这就是“密西西比计划”（Mississippi Plan）。该法给选民设立了诸多的限制，如选民必须能读出某一部分州宪法，并给予正确解释；必须在本州生活两年，在本选区生活一年方可成为选民；选举前4个月必须完成登记；不得有犯罪记录；每年必须缴纳人头税。②“密西西比计划”后来被南方各州纷纷效仿。当时一位白人露骨地说，这些举措的目的就是“限制黑人投票”。③

1965年前密西西比州的黑人投票十分困难，黑人必须独立完成一个冗长的选民登记表，回答出包括职业、住宅及犯罪记录等各种问题，然后由注册员选出一段州宪法，由选民作出书面解释。登记表有误或注册员认为笔答有问题，均不给予登记，而且注册员还经常故意刁难黑人，往往把宪法中最难的部分分给黑人，而选简单的给白人或给予白人帮助。因此，1965年前，密西西比州的黑人投票率仅为6.7%，为全国最低，全州民选黑人官员不足6名。④

从密西西比州的例子，我们可以看出，民权运动以前，南方黑人在政

① Frank R. Parker, *Black Votes Count, Political Empowerment in Mississippi after 1965* (Chapel Hill and London: The University of North Carolina Press, 1999), p. 18.

② Ibid., p. 27.

③ Ibid., p. 27.

④ Frank R. Parker, *Black Votes Count, Political Empowerment in Mississippi after 1965*, p. 2.

治上毫无地位，丧失了基本公民权——选举权。尽管在20世纪的头50年中，黑人也进行了不懈斗争，取得了一些成果，如1944年“白人初选”被判违宪，1945年佐治亚州取消人头税。但总的来讲，相对北方黑人而言，南方黑人政治地位要低，自由也少得多。

二　南方工业化、都市化为黑人走上政治舞台创造了条件

内战后南方传统的支柱行业是农业，种植园经济，基本上没有工业。《亚特兰大宪法报》在19世纪末曾登载了一个讽刺故事，大意是：一个佐治亚州种棉花的农民死后葬在松树林里，但他的松木棺材却不是佐治亚产的，而是来自辛辛那提；钉棺材的铁钉来自匹兹堡，尽管佐治亚产铁；死者的棉布衣裤来自纽约，尽管佐治亚产棉花。所以整个葬礼上，除死尸及地上墓穴外，全是外来产品。[①] 这个故事形象地描绘了南方的经济状况，这种状况在19世纪末开始变化，南方开始缓慢的工业化，“新南方”开始出现。[②] 不过南方工业化明显落后于北方，根据1892年的统计，不足10%的南方人口生活在城里，而同期北方大西洋沿岸各州，这个数字已达50%。[③] 到1910年，南方黑人人口的3/4仍生活在边远地区。

南方工业化的直接结果就是南方农民的大迁移。1890～1910年，20万黑人离开南方，北迁或西迁。而第一次世界大战期间，这个迁移达到高峰，1910～1920年，25万以上的黑人离开南方。[④] 30年代以后，随着农业机械化及因第二次世界大战带来的军事工业发展造成的工作机会的增加，南方农民再次离开土地，40年代100万黑人离开南方，50年代150万黑人迁移。40～50年代迁移方向不仅是北方，而且也流向南方的大城市，如亚特兰大、新奥尔良等，这使得这些城市黑人人口迅速增长。以亚特兰大为例（见表1）。

---

① James W. Davidson, *Nation of Nations, A Concise Narrative of the American Republic* (McGran-Hill Inc., 1996), Vol. 2, p. 518.

② 新南方（New South）是19世纪80年代任《亚特兰大宪法报》主编的Henry Grady鉴于南方工业、商业及城市发展状况而提出的。

③ James W. Davidson, op. cit., p. 518.

④ Harvard Sitkoff, *The Struggle for Black Equality 1954 - 1980* (New York: Hill and Wang, 1981), pp. 6 - 8.

表 1　黑人在城市人口中的比例（亚特兰大 1860～1980）

年　份	1860	1870	1880	1890	1900	1910	1920
比例（%）	20.3	45.5	43.6	42.9	39.7	33.5	31.2
年　份	1930	1940	1950	1960	1970	1980	
比例（%）	33.2	34.6	36.6	38.3	51.3	66.6	

Ronald H. Bayor, *Race and the Shaping of Twentieth Century Atlanta* (Chapel Hill and London: The University of North Carolina Press, 1996), p. 7.

黑人大迁移的结果是：（1）黑人流向南方大城市，在城市人口中的比例不断上升，对于城市发展，尤其是政治格局变化开始发生作用。这在第二次世界大战以后较为明显。尽管黑人仍是二等公民，但白人也不敢忽视其存在。1949 年威廉·哈茨菲尔德（William Hartsfield）竞选亚特兰大市市长成功，原因之一就是他获得了黑人选票，以至他获胜后不得不发表这样的演讲，“我盼望在下一个 4 年任期中为亚特兰大市民服务，我指的是所有市民，而不论其种族、信仰及肤色”。① 在别的城市也有了细微的变化，40 年代末弗吉尼亚州的里士满及田纳西的那什维尔第一次选出了黑人的市委员会委员。1953 年，亚拉巴马州蒙哥马利市也选出了白人自由主义者为市委员会委员。② 但必须指出的是，这种变化仅发生在亚特兰大这样的大城市，在南方的边远地区，如“黑带”县，变化极小，甚至没有，仍然是白人一手遮天的情况。（2）黑人社区得到发展，黑人牧师、教师、医生及商人等专业人员开始出现，这为日后的民权运动做了领导层的准备，他们之中一些人成为第一代南方黑人民选官员。在黑人社区中，宗教神职人员起了很大作用，因为内战以后，黑人教堂成为南方为数不多的不受白人控制的独立机构，黑人宗教人员在黑人民众中享有很高的声望，这就是为什么以马丁·路德·金为代表的民权领袖均为神职人员出身。另外就是经过多年的经营，一些南方城市出现黑人商业区，如亚特兰大的奥本大街，也涌现了一批黑人商人、律师、出版商等。在种族隔离政策下，他们的服务对象是黑人，所以他们与黑人社区有着密切联系。此外，随着黑人

① Ronald H. Bayor, op. cit., p. 27.

② Kenneth W. Goings and Raymond A. Mohl ed., *The New African American* (Thousand Oaks, California: SAGE Publication, Inc., 1996), p. 326.

教育机构的出现，黑人教师及学生也成为一支潜在的政治力量。1867 年亚特兰大大学成为亚特兰大第一所黑人大学，经过多年经营，逐渐发展为有 6 个学院的亚特兰大大学中心，是全美最大的黑人高等教育中心，杜波易斯（W. E. B. DuBois）、马丁·路德·金、朱利安·邦德（Julian Bond）等均在此校任过教或毕业于该校，该校成为培养日后民权运动领袖的摇篮。所以该校被誉为吉姆·克劳法律体系下的“一块绿洲”。[①]（3）黑人政治组织涌现。黑人政治组织的建立最早可追溯到内战后的重建时期，但这些组织因缺乏财力、政治力量、黑人大众的支持等，几乎没有什么影响力。1910 年成立的全国有色人种协进会（National Association for the Advancement of Colored People，简称 NAACP）是最重要的黑人政治组织，但在 20 世纪的头 30 年里，它对南方的种族主义政治也无能为力。30 年代以后，罗斯福新政、第二次世界大战及联邦政府对种族问题的松动，[②] 使南方黑人政治组织得以发展。如亚特兰大同盟（Atlanta League），经过 3 个月的努力，亚特兰大黑人选民登记数量在 1946 年增长了 3 倍。50 年代蒙哥马利市汽车罢乘后[③]，南方民权运动组织更是层出不穷，如马丁·路德·金领导的“南方基督教领导大会”（Southern Christian Leadership Conference，简称 SCLC）[④]，以及以南方黑人学生为主的“学生非暴力协调委员会”（Student Nonviolent Coordinating Committee，简称 SNCC）[⑤]，更有

① Melissa F. Greene, *The Temple Bombing* (Addison-Wesley Publishing Company, Mass, 1996), p. 96.

② 罗斯福在联邦政府内任命了百余名黑人官员，被称为“黑人内阁”，1941 年又签署了重建时期以来第一个有关种族问题的行政命令，即行政命令 8802 号，成立了总统的公平雇佣委员会（Committee on Fair Employment，FEDC），要求从事政府合同及军工的企业、单位等禁止以种族为由给予工作歧视。

③ 1955 年 12 月亚拉巴马州蒙哥马利市（Montgomery）黑人妇女罗莎·帕克斯（Rosa Parks）因拒绝在汽车上给白人让座而遭拘捕，从而引发了长达 381 天的黑人罢乘汽车运动，最后使得该市取消公共汽车上的种族隔离政策，这也成为民权运动的起点。

④ SCLC 创建于 1957 年初，总部设在亚特兰大，其主要成员来自黑人教会，马丁·路德·金为首任主席。SCLC 提倡用非暴力手段取得种族平等，是民权运动的主要领导之一。SCLC 现仍存在，主席为马丁·路德·金之子。

⑤ SNCC 成立于 1960 年 4 月，当时南方各城市为打破公共场所种族隔离而开展了“静坐”运动。SNCC 在 60 年代中领导了学生的大街示威活动以及边远地区的选举工作，该组织倾向激进，成员基本为学生，是“黑人力量”口号的首创者，后由于内部纷争，观点不一致，1970 年组织瓦解。

要与民主党分庭抗礼的“密西西比自由民主党”（Mississippi Freedom Democratic Party，简称 MFDP），① 这些黑人政治组织在 50～60 年代起了重要作用，由于他们的工作，唤醒了黑人的政治意识，这在后文将详细论述。

三　民权运动促进了黑人政治意识的觉醒

自 1955 年 12 月蒙哥马利市黑人罢乘以来，民权运动在南方展开，运动初期以直接行动为主，即上街示威、静坐、罢乘等，要求打破公共设施的种族隔离，但随着运动的深入，民权运动领袖们已不满足这些形式。1960 年 4 月 15 日，“学生非暴力协调委员会”发起人之一埃拉·巴克（Ella Barker）在该委员会成立大会上发表讲话，题目是“不仅仅为了汉堡包”，指出学生们的运动是“挑战整个社会结构，而不仅仅是为了在餐馆里实行种族平等”。② 民权运动领袖们认为，为了巩固由“自由乘车”、③静坐、罢买等运动获得的成果，就必须建立黑人政治力量基础，以保障种族平等进程不被人为放慢，而黑人消除种族隔离的最好武器就是利用手中的选举权，因为现在还有不少强硬的种族隔离分子占据民选官员的职位，他们是垂死的种族隔离制度最后的鼓手，因此，号召黑人选民注册，是民权组织的首要工作。④

对于把选举工作作为工作重点，民权人士有着不同意见，尤其是在以主张直接示威为主的“学生非暴力协调委员会”内部。一些人反对从事选举工作，认为非暴力的直接示威应该作为该委员会的首要行动方针，坚持更多、更大规模的示威，以促使公共场所取消种族隔离，而选举工作收效

① MFDP：密西西比州在民权运动中十分活跃，1964 年 4 月 MFDP 成立，目的是要挑战全部为白人的民主党，以取得席位参加当年的民主党全国大会。该党主张参与民主党事务，推举黑人候选人，认为只有通过政治参与取得种族平等，才能造福黑人社会。

② Harvard Sitkoff，op. cit.，p. 92.

③ 自由乘车（Freedom Ride），1961 年 5 月 4 日 7 位黑人及 6 位白人示威者从华盛顿乘灰狗长途车，目的地是密西西比州首府杰克逊市，以此来打破汽车及候车室的种族隔离。当行进到亚拉巴马州伯明翰市、蒙哥马利市等地时，他们与当地白人发生冲突，不少示威者遭打受伤。但 4 个月后，州际汽车及候车室取消种族隔离。

④ SCLC 档案，Box 138，Folder 21。

甚微，无法带来什么新的引人注目的成果。但同时也有一部分人赞同把工作重点转向选举，认为黑人要参加选举，行使公民的权利，促使立法机构通过有利于黑人的议案，从短期看，虽然选举不如示威活动成果那么显著，但最终更有建设意义。① 争论的结果是大家统一认识，认为选举是民权运动的一个方向，是由小规模的非暴力示威活动转化为取得种族和解而进行的大规模政治斗争的一个机会。②

对于民权组织将工作由直接上街示威转向动员黑人参加登记选民，肯尼迪政府起了推动作用，他们有自己的用意。

"自由乘车"结束不久，司法部长罗伯特·肯尼迪在1961年6月16日召集各民权组织——"南方基督教领导大会"、"学生非暴力协调委员会"、"种族平等大会"等——的代表开会，他强调选举是改变南方的关键，促使黑人注册登记选民远比上街示威意义深远得多，并且他允诺民权组织的选举工作可得到私人基金会的财政资助，而且答应由联邦政府出面保护选民及民权运动工作者的安全。肯尼迪政府之所以支持民权运动的选举工作，原因是肯尼迪上台不久，南方就出现了大规模的静坐示威运动，南方种族关系骤然紧张，出现了流血事件。肯尼迪政府认为与其在南方失控，还不如将民权运动引向选举，这总比上街示威要好得多，也不至于遭到白人的更多抵抗；另外，肯尼迪政府还有长远的考虑，就是不断增长的黑人选民有助于民主党在南方的势力，这可为下次选举做准备。

于是由"南方基督教领导大会"、"学生非暴力协调委员会"、"种族平等大会"、"全国有色人种协进会"等共同合作，在南方各州发动一场选举教育活动（Voter Education Project，简称VEP），由两个私人基金会——斯特恩家族基金（Stern Family Fund）及泰克尼克和菲尔德基金会（Taconic and Field Foundation）出资87万美元支持该项目，时间为两年半，由总部设在亚特兰大的"南方地区委员会"作为行政管理机关，1962年4月该项目正式启动。

参加VEP的各个民权组织分别挑选不同的州，在这些州的边远地区开展了选举工作。之所以把选举工作的重点放在边远地区，不仅因为这些地

① Harvard Sitkoff, op. cit., p. 115.

② Clayborne Carson, *In Struggle-SNCC and the Black Awakening of the 1960s* (Cambridge: Harvard University Press, 1995), p. 39.

区选民注册率低，而且因为民权组织认为目前黑人通过选举控制州一级政府是不可能的，因为南方适龄选民最多的密西西比州也仅占总人数的36.1%，但是在南方黑人人口占多数的县却有137个，这些县均分布在边远地区，这是黑人政治力量的潜在之处。① 尽管在将工作重点是否转到选举上，“学生非暴力协调委员会”的争论极为激烈，但也恰是这个组织最早开展选举工作，而且是在密西西比、亚拉巴马等州的边远地区。

“学生非暴力协调委员会”（下称SNCC）首先进入的是密西西比州的密西西比河三角洲地区。前文提到，密西西比州为阻止黑人参加选举，设置了种种阻碍，在三角洲地区更是严重。为白人工作的黑人可能因注册为选民而丢掉工作，黑人农民因注册，而被白人雇主逐出种植园，他们种的棉花没人收购，同时也买不到种子等必需品，不少黑人选民还会因此而失去政府的福利补助。如在三角洲地区的勒弗洛尔县（Leflore），100名黑人参加登记之后，被当地政府从救济名单中去除，而佃农只有在每年4～10月有工作，政府救济是余下几个月生活的来源。② 因此该县黑人占总人口64.6%，但选民人数却只占1.2%。③ 更有甚者，一些黑人因参加选举而遭白人的枪杀。

在这种情况下，SNCC工作人员采取的方法就是在当地黑人教会的帮助下，开始逐门挨户地访问黑人家庭，宣传公民的选举权利，告诉黑人选举可以给社区带来更好的学校，更多的工作机会。以获得公民应该有的权利，打消黑人的恐惧心理，然后就是陪伴黑人去地方法院登记。

由于VEP首先是个教育项目，旨在用最有效的办法给选民以选举知识，然后参加登记。④ 所以民权组织采取的最常见的办法是开办学校，向选民传授如何回答文化测验中的问题及如何填充登记表格，然后更进一步向黑人宣传“选举与雇佣的关系”、“选举是美国公民的基本权利”等知识。在有些边远地区，经过学习，有超过75%的学员去参加注册，而其中99%的人通过了考试。⑤

① SNCC档案，Box18，Folder 292。
② SNCC档案，Box19，Folder 314。
③ SNCC档案，Box21，Folder 355。
④ SCLC档案，Box138，Folder 9。
⑤ SCLC档案，Box140，Folder 17。

尽管如此，相对于 VEP 资助的其他地区，SNCC 工作人员的艰苦工作在密西西比成果并不显著。据统计，1962 年 4 月 1 日至 1963 年 12 月 31 日，在南方 11 个州中，在 VEP 资助下民权组织共促使 327588 位黑人登记成为选民，其中选民最多的州是得克萨斯州，有 120590 人，最少的是密西西比的 3228 人，其他州中亚拉巴马为 13487 人，北卡罗来纳为 23323 人，南卡罗来纳为 20727 人，阿肯色为 8756 人，佛罗里达为 37111 人，佐治亚为 46347 人，路易斯安那为 5899 人，田纳西为 34243 人，弗吉尼亚为 13877 人。[①] 密西西比州成果不显著的原因在于白人的抵抗，白人用暴力抵制黑人行使公民权利，截至 1964 年夏天，密西西比至少有 30 所黑人住宅被炸，35 个教堂被烧毁，80 人被打，发生 30 余次枪杀事件，6 个人被谋杀。[②]

虽然环境恶劣，但 SNCC 并没有放弃在密西西比的工作，它与密西西比联盟组织理事会（Mississippi Council of Federated Organization，简称 COFO）合作，再次在密西西比掀起一场运动。1964 年初，SNCC 与 COFO 酝酿同年夏天在密西西比开展“自由学校”运动。“自由学校”拟开办 6 周，对象是高中学生，学校向孩子们传授教育文化知识，引导他们养成自由思考的习惯，这为全州范围内的青年运动奠定基础。[③] 开办学校急需师资，SNCC 与 COFO 倾向于从北方的大学中招募白人学生，原因是他们认为密西西比州当局不敢对这些学生下手，全国舆论也不能容忍对白人学生的残害，尤其这些学生来自名校，出身中产阶级。[④]

“密西西比自由夏天”在 1964 年 6 月 13 日拉开序幕，第一批近 300 名志愿者在俄亥俄的牛津女子大学接受两周培训后，前往密西西比任教，这些学生大部分来自新英格兰地区的大学，一半以上为白人，且都是第一次去南方。SNCC 主席约翰·刘易斯（John Lewis）说：“‘密西西比自由夏天’计划成功与否依靠美国人民团结起来反对抵制密西西比及整个南方自由的势力。”[⑤]

① SCLC 档案，Box138，Folder 15。

② Harvard Sitkoff，op. cit.，p. 123.

③ SCLC 档案，Box141，Folder 11。

④ Harvard Sitkoff，op. cit.，p. 98.

⑤ SNCC：The Student Voice，Vol. 5，No. 13，1964 年 6 月 2 日。

“自由学校”运动在密西西比的城市及乡村展开，教堂、私人住宅、庭院都成了学校的校舍。对于白人志愿者的到来，密西西比的黑人有一定的戒备心理，一名白人志愿者寄住在黑人家里，但她从未与这家的男主人坐在同一张桌子边。经过多次说服，男主人才平生第一次与一位白人妇女同桌交谈，他还有些不知所措。不过白人志愿者对黑人的支持还是非常感慨的，一些黑人家庭冒着丢掉工作、房屋被毁的危险，给志愿者提供食宿，并给予保护。①

“密西西比自由夏天”是短暂的，但它唤醒了密西西比，尤其是边远地区黑人的政治意识。直到1964年，密西西比边远地区黑人说：“我从来不知道我们黑人能投票。”②

在以青年学生为首的SNCC在密西西比边远地区开展逐户宣传工作的同时，以宗教人士为主的“南方基督教领导大会”（下称SCLC）也展开了自己有特色的选举工作，SCLC把工作重点放在公民教育上，也就是成人领导培训。他们认为，尽管这种教育可能比直接游说选民，确保他们参加登记，收效要缓慢，成果也不明显，但从长期而言，意义及回报更大。③SCLC活动分为两个方面：一方面是培训黑人社区领导，内容为社区问题、公民基本知识、选举教育等；另一方面是针对南方文化水平低的现状，对文盲公民进行扫盲。

SCLC从1957年就已经开始开办公民学校，这是所成人夜校，教授内容为公民责任、读写技巧、选举知识等。经过这种为期3个月的培训，学员不仅能成功地注册选民，而且可以有效地处理社区事务。④ 1961年以后，SCLC开展了大规模的公民教育工作。

公民学校的教育分为两种：一种是建立培训基地，培养社区干部，结束学习后，回当地开展工作。如1963年6月至1964年6月，他们共培训了502名社区干部，经过这些学员的努力，使得25962名黑人登记为选民。⑤ 另一种就是由SCLC工作人员深入当地，就地办学。1963年3月

① Harvard Sifkoff, op. cit., p. 116.

② SNCC, The Student Voice, Vol. 5, No. 12, 1964年5月26日。

③ SCLC档案，Box136，Folder 28。

④ SCLC档案，Box136，Folder 27。

⑤ SCLC档案，Box137，Folder 2。

SCLC 公民学校为密西西比三角洲的格林伍德县培养师资，当地情况劣恶，公民学校无法开夜校，学员们只能在工作结束后立即来上课，最后有 8 人完成了预期的学习。①

SCLC 主持公民教育的安德鲁·J. 杨（Andrew J. Young）认为该项目为 SCLC 的其他工作奠定了基础，与其他民权组织也有很好的配合，“在密西西比，你很难区分各种项目，人们不知这是公民学校，那是 COFO 项目。”② SCLC 也为其他组织培训了工作人员。

必须提到的是，SCLC 在其他民权组织对选举丧失兴致后，仍致力于公民教育。1965 年当《选举权法》被提交国会讨论，SCLC 立刻意识到，若该法案通过，将对南方政治产生重大影响，在一些地区黑人有可能当选为州议员、县委员会委员或市委员会委员等，于是在 1965 年夏天 SCLC 在南方的 6 个州开展了社区组织和政治教育项目（Summer Community Organization and Political Education Program，简称 SCOPE），有 1200 名工作人员深入 6 个州，主要是针对“黑带”县，开设公民教育课程。SCLC 认为黑人候选人落选的原因是在许多黑人社区缺乏政治教育，导致黑人在教育、工作、住房、工资、司法等方面遭受不平等，因此急需对黑人进行公民政治教育。③ 在夏天短短的几个月中，就有 1026457 位黑人参加 SCOPE 学习，近 7 万人尝试登记，其中 49302 人成为选民。④ SCLC 的公民教育的另一个结果就是，使一些南方白人开始通过融合方式，达到种族和解。

上述的 SNCC 及 SCLC 等民权组织的实地工作，对唤醒黑人的政治意识，积极参政起了不可估量的作用。民权运动的工作成果在随后几年选举中明显得到体现，而且民权运动也为日后黑人民选官员提供了锻炼机会与场所。SNCC 主席，后来当选为国会众议员的约翰·刘易斯以自己的经历说明，许多黑人民选官员都经历过民权运动的洗礼。⑤

此外，我们还提到“黑人力量”（Black Power），这是 SNCC 主席斯托

---

① SCLC 档案，Box141，Folder 7。

② SCLC 档案，Box136，Folder 14。

③ SCLC 档案，Box166，Folder 24。

④ SCLC 档案，Box169，Folder 15。

⑤ Steven F. Lawson，Running for Freedom，Civil Rights and Black Politics in America Since 1941，p. 143.

克利·卡迈克尔（Stokely Carmichael）在1966年提出的激进口号，要求黑人起来为解放自己而奋斗，而不能等待白人的“恩赐”，这实际上是放弃“非暴力”理论，鼓励黑人使用武力。SNCC之所以提出这个口号，是因为该组织长期致力于密西西比边远地区的工作，遭到很多的白人抵抗及暴力，这使他们最终放弃“非暴力”信念，对联邦政府的信念及“美国梦”。[①] 对于“黑人力量”有两层理解，消极方面，它鼓励暴力，对20世纪60年代城市暴乱有一定的影响，它不主张种族和解，卡迈克尔任SNCC主席期间，把SNCC内部的白人工作人员都驱除了，从而失去一批自由派白人的支持。但从另一方面看，它也有一定积极意义，因为它鼓励黑人恢复非洲文化传统，提高民族自豪感，同时也使黑人政治觉醒进入了新的层次。如在密西西比，“黑人力量”促使黑人注册登记为选民及竞选公职，促进黑人团结，寻求政治力量。[②]

四 《1965年选举权法》及南方白人的抵抗

1964年国会通过《民权法案》，宣布在公共设施如餐馆、车站、旅馆等实行种族隔离是违法的，另外也不得以种族、肤色、宗教、性别、国籍为由在雇佣上给予歧视，同时也保护所有公民的选举权。尽管《民权法案》在美国历史上意义重大，但它并没有去除南方黑人参加投票的阻碍。直到1965年8月，国会通过《选举权法》，明文规定废除文化考试，并授权联邦政府官员到南方监督投票。[③] 这才以立法的形式，给予了黑人选举权。

《选举权法》之所以能通过，原因在于，其一，60年代的大环境。1963年夏天华盛顿黑人大游行后，进行的舆论抽查显示，大多数美国人希望解决种族问题。在《选举权法》提交国会前，盖洛普的调查是，全国有76%的人赞成该法案，南方有49%的人赞成，37%的人反对，来自路易斯安那州民主党众议员黑尔·博格斯（Hale Boggs）表示，他之所以支持该

① Harvard Sitkoff, op. cit., p. 120.

② Frank R. Parker, op. cit., p. 68.

③ 1964年国会通过第24修正案，宣布联邦选举中收取人头税违法，1966年最高法院判定，在所有选举中取消人头税。

法，因为他相信基本选举权是美国自由民主制度的一部分。[①] 其二，民权运动的压力。1964年林登·约翰逊以获得61%的选票取胜当选总统，他获得了94%的黑人选票，如果没有黑人的支持，民主党就不可能在阿肯色、佛罗里达、田纳西及弗吉尼亚获胜。民权运动领袖用意明显，民主党从黑人投票获得好处，现在是回报的时候了。为了能推动《选举权法》的通过，马丁·路德·金等民权运动领袖在1965年3月在亚拉巴马州的塞尔马市举行了规模空前的示威游行，队伍与警察发生了冲突。3月15日约翰逊发表讲话，承认黑人遭受了不公平待遇，大家必须改变这种不公正。两天后他将《民权法案》提交国会。民权运动的压力推动国会通过了该法案。其三，约翰逊的个人因素。约翰逊来自南方，但他对种族问题态度温和。1957年8月，当他作为国会参议院多数党领袖时，极力促成了国会自重建时期以来的第一个民权法案。其个人因素对《选举权法》的通过也起了一定作用。

《选举权法》从法律上扫清了黑人投票的阻碍，但南方的白人统治者也不会轻易将政治舞台让与黑人，他们想尽一切办法阻止黑人参加投票，过去明目张胆的手法行不通了，就采取新的办法，其中包括以下这些。

（1）重新划分国会选区。通过重新划分选区，防止在某一选区黑人成为多数，选出自己的国会议员。最有代表性的例子是密西西比河三角洲地区，前文提到三角洲地区是典型的“黑带”，黑人占人口多数。1965年选举权法出台后，一些白人害怕在此区的黑人议员有可能脱颖而出，因为从1880年起密西西比还没有选出过黑人议员。1956年以前，三角洲属于一个国会选区，即第三选区，黑人占人口的59%；1962年国会选区重新划分，第三选区与第二选区合并，成为新的第二选区，这个选区黑人人口占60%；1966年的选区划分，尽管州的众、参两院所提方案不同，但目标一致，即肢解三角洲地区，使任何一个选区不出现黑人占多数的局面，把黑人的投票影响降低到最小。[②] 最后的结果是，把三角洲地区肢解，分别并入三个国会选区，其中只有一个选区黑人有微弱多数，即51.36%，但该区白人适龄选民及注册选民均占多数，这样密西西比全州的

① Steven F. Lawson, op. cit., p. 45.

② Frank R. Parker, op. cit., p. 47.

五个国会选区内没有一个是黑人人口占多数的，使得黑人很难选出自己的国会议员。

（2）为了防止黑人进入州一级立法机构，弗吉尼亚州议会重新划分州议会选区，把黑人占多数人口地区与白人占多数人口地区合并成为一个选举单位，防止黑人人口相对集中的地区选举出自己的州议员，并将黑人占多数的5个县，分别与一个白人占多数的地区合并成为一个选区，这样也就避免了出现黑人占多数的选区。1970～1980年，新奥尔良市黑人人口从45%增到55%，但以黑人人口为多数的选区却从11个降到7个，而白人为主的选区从7个增到8个。[①] 1965年前，密西西比州众议员共有122名，从82个选区选出，经重新划分后，82个选区降为72个，原因就是选区原来多为单一县，现在进行合并，有的选区是由两个县合并而成的。

（3）改变选举方法及选举规则。最明显的例子发生在密西西比州。该州成立了密西西比自由民主党，黑人向白人发起了政治挑战。1966年密西西比州议会通过修正案，对选举门槛加以提高，如独立参选人的选民提名书人数增加了10倍，每个选民必须亲自书写提名书，不得连署，有效签名书的认证须由县法院人员（基本为白人）完成等，这无疑增加了黑人竞选的难度。

（4）城市兼并（annexation）。由于郊区的发展，白人逐渐迁往郊区，城市黑人人口数量急剧上升，这成为白人的担忧之一。于是就有了城市兼并，通过兼并附近的郊区，且绝大多数是白人居住区，由此而带来了大批白人选民，成为有效消除黑人投票影响的办法。[②] 如弗吉尼亚的里士满市，通过1969年的兼并，大批白人居民被并入，使得一夜间黑人由多数人口变为少数人口，城市扩大了23英亩，并入了43000个白人，4000个黑人，使得城市黑人人口比例从52%降到了42%。[③] 亚特兰大的例子也有一定代表性，随着亚特兰大人口中黑人比例增加，市政府一再希望能通过城市兼并，扩充白人人口。尤其60年代中期，黑人人口比例已近40%，当时市政府就准备将城北的白人郊区并入，认为这是平衡黑、白人口的唯一办

① Margaret Edds, *Free at last, what Really Happened when Civil Rights Came to Southern Polities* (Maryland : Adler & Adler, Publisher Inc., 1987), p. 22.

② Margaret Edds, op. cit., p. 21.

③ David R. Goldfield, op. cit., p. 186.

法。尽管是打着增加税收及城市发展的旗号，但实际上是种族问题，是白人统治者害怕黑人有可能在6年内成为城市的多数人口。① 甚至1973年亚特兰大有了第一位黑人市长后，兼并问题仍在讨论。当地报纸的评论是，“种族及黑人有可能控制这个佐治亚州州府的事实，是扩大亚特兰大市边界的主要、明了的原因”，“所有的各种提案都是打算立即削弱黑人的投票力量”。②

以上几种方法，都是利用立法的手段来阻止黑人投票、参政，抵消黑人的投票影响。除此之外，有些更直接的办法阻止黑人投票，如故意给黑人选民制造人为麻烦，如改变投票地点却用不显著通告通知甚至不通知，减少黑人居住区投票点。在密西西比三角洲的太阳花县，为阻止黑人投票，白人农场主在选举当日，故意延长工作时间，使得黑人赶不上选举。当然传统的暴力手段还经常在南方发生。1975年美国人权委员会在一份报告中提到：“尽管密西西比的政治气氛已有改善，但用暴力反对黑人涉足政治的事还屡屡发生”，从事登记选民工作人员也认为恐惧仍是黑人注册的最大阻碍。③

但是，不管是公开的、“合法”的，或者是暴力恐吓，都不能阻止黑人走上政治舞台的脚步，因为民权运动后，黑人参政已成为历史潮流。

五 “摘棉花的手最终选出了总统”，黑人参政的积极成果④

亚特兰大的第一位黑人市长梅那德·杰克逊（Maynard Jackson）曾经说过，现在如果谁还在大街上寻找民权运动的话，就大错特错了，70年代的民权运动就是参与政治。⑤ 自从1954年最高法院裁定布朗诉托皮卡教育

① Ronald Bayor, op. cit., p. 87.

② Ronald Bayor, op. cit., p. 91.

③ David R. Goldfield, op. cit., p. 184.

④ 1976年吉米·卡特竞选总统时，在选举日，当得知卡特失去了西部的选票后，卡特的黑人高级顾问安德鲁·杨认为卡特成功与否就靠密西西比的选票了。当他得知密西西比投了卡特的票后，感慨地说，“摘棉花的手最终选出了总统”。

⑤ Harvard Sitkoff, op. cit., p. 229.

委员会案[①]以来，黑人的生活开始发生变革，尤其是拥有了选举权，及当选一些公职后，曾任国会众议员、美国驻联合国大使、亚特兰大市长的安德鲁·杨说："尽管蒙哥马利罢乘及1964年民权法案有助于消除吉姆·克劳法律体系，但没有对南方政治体制提出挑战，相对于《1965年选举权法》作用就小多了，该法给黑人参政提供了途径。"[②] 因此《1965年选举权法》生效后，有三个方面的积极成果。

（1）南方黑人投票率骤增，黑人当选公职人数增加。

表2是1944～1964年南方黑人选民的注册率，1964年时的平均数只有43.1%。

表2　1944～1964年南方黑人选民注册率

	1940（%）	1947（%）	1952（%）	1960（%）	1962（%）	1964（%）
亚拉巴马	0.4	1.2	5.0	13.7	13.4	23.0
阿肯色	1.5	17.3	27.0	37.3	34.0	49.3
佛罗里达	5.7	15.4	33.0	38.9	36.8	63.8
佐治亚	3.0	18.8	23.0	29.3	26.7	44.0
路易斯安那	0.5	2.6	25.0	30.9	27.8	32.0
密西西比	0.4	0.9	4.0	5.2	5.3	6.7
北卡罗来纳	7.1	15.2	18.0	38.1	35.8	46.8
南卡罗来纳	0.8	13.0	20.0	15.6	22.9	38.7
田纳西	6.5	25.8	27.0	58.9	49.8	69.4
得克萨斯	5.6	18.5	31.0	34.9	37.3	57.7
弗吉尼亚	4.1	13.2	16.0	22.8	24.0	45.7
总　　计	3.0	12.0	20.0	29.1	29.4	43.1

Steven F. Lawson, *Running for Freedom, Civil Rights and Politics in America Since 1941*, p. 85.

但是从表3的数字我们可以看出，1965年以后，黑人选民注册率已大幅提高，1984年时平均为58.5%，尤其是密西西比，从1964年的6.7%上

① 堪萨斯州黑人居民奥利佛·布朗（Oliver Brown）不满种族隔离的教育制度，提出起诉，1954年最高法院对布朗诉托皮卡教育委员会（Brown V. Board of Education of Topeka）裁定，认为种族隔离教育制度违宪，予以废除。

② Steven F. Lawson, *In Pursuit of Power: Southern Blacks and Electoral Politics, 1965－1982* (New York: Columbia University Press, 1985), p. 225.

升到 68.5%。

表 3　1968 ~ 1984 年南方黑人选民注册率

	1968（%）	1976（%）	1980（%）	1982（%）	1984（%）
亚拉巴马	56.7	58.4	55.8	69.7	69.2
阿肯色	67.5	94.0	57.2	63.9	60.9
佛罗里达	62.1	61.1	58.3	59.7	55.5
佐治亚	56.1	74.8	48.6	50.4	49.8
路易斯安那	59.3	63.0	60.7	61.1	62.5
密西西比	54.4	60.7	62.3	64.2	68.5
北卡罗来纳	55.3	54.8	51.3	50.9	59.7
南卡罗来纳	50.8	56.5	53.7	53.9	49.8
田纳西	72.8	66.4	64.0	66.1	67.1
得克萨斯	83.1	65.0	56.0	49.5	59.1
弗吉尼亚	58.4	54.7	53.2	49.5	50.7
总　　计	62.0	63.1	55.8	56.5	58.5

Steven F. Lawson, *Running for Freedom*, *Civil Rights and Politics in America Since 1941*, p. 228.

表 4 通过同时期白人、黑人选民投票率比较，到 1982 年时，黑人投票率已接近白人（57.7%：69.9%）。

当然黑人投票整体是提高了，但黑人穷人投票率偏低，而中产阶级投票率高，而且高于同等生活水平的白人。

黑人投票增加，最显著的结果就是黑人的民选官员人数大大增加了。就南方而言，1965 年时不足 100 人，1970 年为 500 人，1975 年为 1600 人，1980 年为 2500 人；就全国而言，1965 年时为 300 人，1970 年为 1400 人，1975 年为 3000 人，1980 年为 4700 人。到 70 年代末，全国已有 18 位黑人国会议员，相对以前，有了很大变化，因为 1901 ~ 1928 年，28 年间无黑人议员，1928 年以后的 15 年间有过一位黑人议员，第二次世界大战结束到 1954 年，有过 2 位黑人议员，另外就是 1970 年国会成立了黑人党团（black caucus）。[①] 同时一些边远地区也发生了变化，如亚拉巴马州的朗兹（Lowndes）县，1965 年没有一个黑人选民，到 80 年代黑人选民占全部选

① Harvard Sitkoff, op. cit., p. 229.

民的80%，黑人当上了县的治安官（Sheriff）、学监，并在县委员会、学区理事会中占了多数。

（2）在南方一些地区，尤其是大都市，白人、黑人开始结成政治联盟，这有利于缓和种族矛盾。

表4　南方部分州黑人、白人投票率

	1964年（%）		1982年（%）	
	黑人	白人	黑人	白人
亚拉巴马	22.8	68.4	57.7	79.4
佐治亚	44.1	65.8	51.9	66.8
路易斯安那	31.7	79.7	68.5	71.9
密西西比	6.7	70.2	75.8	90.6
北卡罗来纳	46.8	92.5	43.6	65.5
南卡罗来纳	38.8	78.5	53.3	55.0
弗吉尼亚	29.1	50.1	53.6	58.3
总　　计	31.4	72.1	57.7	69.9

Steven F. Lawson, *In Pursuit of Power: Southern Blacks and Electoral Politics, 1965－1982*, p. 297.

就目前而言，南方对种族问题持极端立场的人已是少数，越来越多的人认同种族融合。1999年的抽样调查显示，56%的南方白人赞同种族融合，而1991年这个数字只有47%。① 这种社会环境有利于黑人、白人在竞选中结盟，而这种结盟又有利于缓和种族关系。这种趋势出现在80年代以后，新的一代黑人官员的出现，他们与以前第一批黑人官员不同，他们没有参加过民权运动，竞选口号与方针也不同，这使他们赢得了不少白人选票。如哈维·格兰特（Harvey Grantt）1983年当选为白人人口占70%的北卡罗来纳州夏洛特市市长，以及1985年道格·威尔德当选为弗吉尼亚州副州长，1990年成为州长，这是自重建时期以来第一位黑人州长，② 弗吉尼亚黑人人口1985年时仅占18%。

① The Atlanta Journal and Constitution, July 16, 1999.

② 在道格·威尔德当选副州长前，只有南卡罗来纳在1870年，路易斯安那在1871年有过黑人副州长。1874年密西西比州布兰奇·布鲁斯（Blanche Bruce）成为有史以来第一位黑人参议员。

黑人候选人之所以能获得白人选票，原因有二。其一是他们主张种族和解，致力于整个地区的发展，而不是将眼光盯在黑人社区上。如哈维·格兰特主张政策的出发点是全市：提倡市区发展，发展公共交通、增加收入税等，实际上这是有利于黑人的，因为市区发展，最大受益者是住在附近的黑人家庭，公共交通发展有利于黑人在郊区找到工作，从而通过提高收入税来增加地方财政收入，这比提高零售税更有利于黑人。格兰特并没有直接涉及种族问题，但实际使黑人受惠，而这种政策更容易为白人所接受。道格·威尔德第一次当选副州长时，赢得了44%的白人选票，他在种族问题上持温和态度，如他拒绝杰西·杰克逊等黑人领袖来弗吉尼亚助选。当地人对他的评论是："威尔德是位老练的政治家，当种族问题可以利用时，就会打'种族牌'。"① 其二得到白人支持的黑人候选人大多是出类拔萃的，如格兰特是南卡罗来纳克莱门森大学的第一位黑人学生，毕业后到夏洛特市，成为该市第一位黑人建筑师，后又去麻省理工学院深造，获得硕士学位，然后返回夏洛特市成立了一家设计行，随后又改行从政。威尔德是位律师，毕业于霍华德大学（Howard University），1969 年成为弗吉尼亚自 20 世纪 20 年代以来第一位黑人州参议员，15 年的参议员经历为他后来成为副州长、州长打下了良好基础。

由此产生这样一个问题，即黑人与白人在政治上的结盟意味着什么？从历史的作用看，这是个进步。正如一位成功的黑人官员所说，这种结盟起点是政治，但最终是为了融合，人们不再是以肤色看待对方，而是作为人了。②

（3）一批同情黑人的白人当选。吉米·卡特就是个很好的例子。卡特出生于佐治亚州南部，他对种族问题一直比较温和，50 年代中期曾因拒绝家乡的白人市民理事会（种族主义组织），而使他的花生业蒙受经济损失。③ 1971 年他当选为佐治亚州州长，在就职仪式上他说："……种族歧视的年代已经过去了，穷人、边远地区的人们、黑人不应该再承受被剥夺教育、工作、公正机会的负担了。"④ 他这种态度，使得他在 1976 年总统

① Margaret Edds, op. cit., p. 220.

② Margaret Edds, op. cit., p. 187.

③ Jimmy Carter, *Turning Point, A Candidate, A State and A Nation Come of Age* (New York: Time Books, 1992.), p. 23.

④ In Pursuit of Power, p. 255.

竞选中，获得了94%的黑人选票，使得他在南方除弗尼吉亚外各州均获胜，而当年的黑人投票率也创历史纪录，达64%。[①] 卡特在任内也做了一些有利于黑人的事，如任命了一些黑人内阁成员等。当然卡特也不是黑人参加投票的唯一受益者。黑人积极投票、积极参政，同时也带来了深远的影响。

（1）由于黑人官员的当选，他们上任后，对黑人社区发展、黑人状况的改善起了一定作用。以亚特兰大为例，亚特兰大在南方城市中比较特殊，黑人势力一直比较强大，尤其是黑人中产阶级。1986年市委员会有18名成员，黑人占了11位，亚特兰大被称为黑人的"麦加"。[②] 1973年梅那德·杰克逊成为亚特兰大第一任黑人市长，他上台后致力于黑人社区的改善。1973年市政合同仅有1%给予了少数族裔，而1984年这个数字已上升到31%，1985年《黑人企业》（*Black Enterprise*）杂志评出的黑人百强企业榜中，有7家在亚特兰大市，1980年年薪超过5万美元的黑人比例，亚特兰大超过南方其他城市。[③] 杰克逊作为市长，曾大刀阔斧改革，比较激进，如他声称若黑人公司得不到新国际机场的合同，他宁愿推迟开工，他还以撤走市政资金为挟，要求一些银行至少在其董事会任命1～2名黑人。1999年夏天亚特兰大在为是否结束"肯定性行动计划"而争吵不休时，杰克逊已离职多年，他与时任市长比尔·坎贝尔（Bill Camebell）一起，表示支持"肯定性行动"，寻求将市政合同的34%给予少数族裔。[④] 如果亚特兰大的种族关系比较温和的话，亚拉巴马州伯明翰市则是另一种情况了。马丁·路德·金曾认为50～60年代的伯明翰市是全美种族隔离最严重的城市。[⑤] 1979年理查德·阿林顿（Richard Arrington），一个佃农的儿子，动物学博士成为该市的首位黑人市长，在他当政的20年中（他于1999年夏退休），他不仅使黑人经济有所发展，而且缓和了紧张的种族关系。阿林顿上台后，大力推进黑人的雇佣率。伯明翰市警察局，1966年才有第一位黑人警官，而到1981年黑人警官已占总数的13%。另外就是将市政合同更多地

① In Pursuit of Power., p.255.

② Margaret Edds, op. cit., p.53.

③ Ibid., p.54.

④ The Atlanta Journal and Constitution, Sept.8, 1999.

⑤ David R. Goldfield, op. cit., p.126.

给予黑人公司，70 年代中期仅有 15% 公共项目给予少数族裔公司，金额不足千元。而 1999 年夏他离任时，给予黑人公司的市政项目总额已超过数百万美元，黑人在市委员会中也占了多数。[①] 他还自称在任期内，在黑人社区和白人社区之间"建立桥梁"，使得伯明翰的种族关系趋于缓和。[②]

总之，由于黑人官员的当政，他们或多或少都能造福于黑人社区，但由于其他因素的制约，这种作用也不能被夸大，这在后文中还将叙述。

（2）南方的政治气候开始发生变化。原来在种族问题上持极端立场的人也不得不改变态度，以适应新形势。亚拉巴马州长乔治·华莱士（George Wallace）在 50～60 年代，曾公开发誓，"种族隔离制度永存"，但到 1983 年他最后一个任期里，他的州政府班子里有 25.4% 的黑人，而 1970 年仅有 2%。1985 年 3 月，在塞尔马市游行 20 周年之际，他在州长官邸接待了杰西·杰克逊，杰克逊惊奇地发现，华莱士的态度、举止都发生了变化。[③] 由于华莱士在 70 年代任期内增加黑人州官员以及改善黑人工作、教育条件，使得他在 1982 年州长竞选中，获得了黑人 30% 的支持率，而这些选票来自 60 年代屡遭种族暴力的"黑带"地区。因此 60 年代以来，南方政治发生了很大变化，SNCC 前主席、国会众议员约翰·刘易斯说，"这种变化如此深远，使得你能看到及感到不同的政治气氛，人们更开放，更有希望，《选举权法》解放了黑人，也解放了白人，尤其解放了白人政客"。[④]

（3）就全国而言，南方是全国最大的区，在总统选举时，拥有占总数 1/4 的选举人票，因此成为不可忽视的力量。1964 年的林登·约翰逊和 1976 年的吉米·卡特几乎是横扫南方。由于《选举权法》生效，黑人成为一支重要的政治力量。总的来讲，黑人选民注册率是提高许多了，但相对于白人来讲，还是较低。另外，黑人也开始参与民主党内事务，以黑人参加民主党全国大会为例，1964 年，黑人代表仅占全部总数的 2%，1968 年为 6.7%，1972 年已上升为 14.6%，其中密西西比州比率最高，占 56%，路易斯安那为 28.3%，南卡罗来纳为 34.4%，田纳西为 32.7%，佐治亚

① The Atlanta Journal and Constitution, July 16, 1999.

② Ibid., July 20, 1999.

③ David R. Goldfield, op. cit., p. 232.

④ Margaret Edds, op. cit., p. 25.

为30.1%，弗吉尼亚为28.3%，北卡罗来纳为20.3%。[①] 尤其是70年代以后，共和党在南方向民主党发起挑战，民主党在南方的垄断地位开始动摇，所以黑人的力量成为民主党的一支重要力量。

总之，民权运动以后，黑人积极参政，打破了白人垄断政治的坚冰。约翰·刘易斯说，“如果马丁·路德·金活到今天，他也会感到欣慰的，静坐、罢乘、游行，等等一切，但底线是选举”。[②]

六　黑人政治力量的兴起并不意味着种族主义已在南方消失

前面叙述了自民权运动以来南方黑人政治意识觉醒，参政热情高涨，投票率及黑人担任公职数量都有了明显提高，包括一些前民权领袖安德鲁·杨及约翰·刘易斯等对这一变化持乐观态度，但就南方整体而讲，我们必须看到以下几点。

（1）黑人当选公职从绝对值上讲增加了不少，但相对黑人人口，比例还是偏低的。1982年时，南方的州议会总共有127名黑人，占总数的7%，而同年黑人人口占全部南方人口的20%。[③] 黑人在1980年时，在南方各州中比例不等，见表5。

表5　黑人在南方各州人口中占的比例

	1950年（%）	1980年（%）
密西西比	45	35
南卡罗来纳	39	30
路易斯安那	33	29
佐治亚	31	27
亚拉巴马	32	26
北卡罗来纳	27	22

① In Pursuit of Power, pp. 192 – 195.

② Running for Freedom, p. 196.

③ Earl Black and Merle Black, op. cit., p. 147.

续表

	1950（%）	1980（%）
弗吉尼亚	22	19
阿肯色	22	16
田纳西	16	16
佛罗里达	22	14
得克萨斯	13	12

资料来源：Earl Black and Merle Black，op. cit，p. 147。

与白人相比，黑人每1万人才有1个民选官员，而白人是每1万人为16个。[①]

（2）黑人民选官员地区分布不平衡，多集中在大城市或“黑带”地区。1982年时南方民选官员共有2601人，分布在南方的1147个县，平均每县仅有2.3名，不考虑黑人人口不足3%的地区，南方仍有47%的县无黑人官员，仅有1/5的南方县有5个以上黑人官员，超过8个以上官员的县不到8%。[②] 南方边远地区，变化十分缓慢。密西西比三角洲地区的太阳花县，到80年代，也就是《选举权法》生效20年后，仍是白人的天下——黑人占人口总数的60%以上，但县委员会委员中却没一个黑人。埃奇菲尔德县也有50%以上黑人人口，直到1984年，才有3名黑人进入县委员会。

（3）从黑人占据的职位看，尽管威尔德曾在1990年赢得过一任弗吉尼亚州长职位，但这是唯一一例，黑人目前得到州一级职位还是有一定难度，另外至今南方还未出过黑人国会参议员。所以现在黑人官员主要是分布在南方政府机构、学区委员会及县委员会等，这些都远离决策机构。

表6　1961～1987年白人、黑人中等收入家庭比较

年份	白人（$）	黑人（$）	黑人占白人收入比例（%）
1960	5835	3230	55.4
1965	7251	3993	55.1
1970	10236	6279	61.3
1975	14268	8779	61.5

① In Pursuit of Power，p. 264.

② In Pursuit of Power，p. 148.

续表

年份	白人（$）	黑人（$）	黑人占白人收入比例（%）
1980	21904	12674	57.9
1985	29152	16786	57.7
1987	32274	18098	56.1

而使黑人现在政治上仍处弱势的原因，主要是民权运动后，南方经历了革命性的变革，白人再不能公开抵制黑人行使公民权了，但传统势力也不是一朝一夕就能从历史舞台上消失的，克服种族主义是个漫长的历史阶段。此外还有三个因素导致黑人在政治上仍处弱势：（1）经济上的弱势。曾任SCLC主席的民权领袖约瑟夫·洛厄里（Joseph Lowery）说，黑人争取政治平等的斗争在许多方面是取得了胜利，但经济平等仍是另一回事儿。[①] 而经济上的弱势必定造成政治上的弱势。尽管南方一些主要城市有了黑人市长，但他们缺乏足够经济资源，使黑人生活环境得到显著改善。70年代黑人的贫困率已从41%降到30%，但与白人的收入差距仍很明显，见表6。[②]（2）黑人民选官员的局限性。黑人对自己选出来的官员希望很大，如佐治亚州的一名黑人州议员认为："黑人议员比白人任务艰巨多了，因为黑人要求他们比白人多多了，他们希望我们能改变世界"。[③] 但实际上这是不可能的。黑人官员在数量上是少数，他们必须与白人政客及商人合作，才能发挥作用，这样就限制了他们的作用。另外，黑人官员一般来自中产阶级家庭，有一定的阶级局限性。如亚特兰大市黑人市长杰克逊1977年就解雇了900个罢工工人。民权领袖之一朱利安·邦德在1970年中期批评黑人官员，认为他们比白人同僚也好不到哪儿去。[④] 当然邦德有些过激，毕竟黑人官员对黑人社区的改善起了一定作用。（3）黑人的黑奴历史及少数族裔地位。黑人奴隶制在美国结束已有150年，但其在南方的影响仍在作怪，如1999年夏天以来，南卡罗来纳黑人要求将南方邦联旗从州议会楼顶上取下，遭到州议会反对，黑人认为邦联旗意味着黑人奴隶制，而州议

① Margaret Edds, op. cit., p. 16.

② Running for Freedom, p. 262.

③ David R. Goldfield, op. cit., p. 191.

④ Ibid., p. 192.

会认为旧旗帜仅是为怀念为战争献身的先人。旗帜风波实际反映了种族主义在南方仍有市场。相对而言，大城市及经济发达、教育水平相对高的地区，种族关系相对缓和，白人愿意与黑人分享政权，在边远地区，如密西西比三角洲地区，种族主义根深蒂固，白人仍一统天下。另外，南方尽管是黑人集中地区，但他们仍是少数族裔，而且人口呈下降趋势，在黑人人口最多的州他们所占比例也仅为40%，这也是黑人很难成为州长的原因之一。

总之，民权运动以后，黑人的政治地位已明显改善，但要真正当家做主还相差很远。

（原载《美国研究》2000年第2期）

一种积累型文明发展模式

——试论美利坚文明的一个重要特点

何顺果*

【内容提要】 本文旨在探讨美国历史研究中的一个重大问题，认为美利坚文明发展的一大特点，就是这个文明的发展是积累式的，或者说是以积累的方式进行的。任何文明都有自己的积累，都离不开积累，美利坚文明发展的独特之处就在于，它不仅一开始就为自己的国家构建了一个完善的国家体系和结构，而且在构建自己的国家体系和结构之时，就在联邦宪法中直接或间接地预设了有利于文明积累和发展的两大机制——宪法“修正”条款和最高法院的“司法审查权”。但有一个好的机制并不等于它就可以得到好的利用，美利坚文明发展的独特之处还在于，它在获得独立之后不久就在法学领域里发生了由“自然法学”向“社会法学”的转变过程，“社会法学”就是上述两大机制获得“创造性”利用的法学根源或深层原因。据此，本文在最后做了两点大胆推论，它超越本题又不离本题，借以深化本文的主题。

【关键词】 美国历史与文化　积累型　宪法“修正”条款　高等法院“司法审查”　社会法学

* 何顺果，时任北京大学历史系教授、博士生导师。

美利坚文明，英文原称“American Civilization”，一般将之译为“美国文明”，但笔者更倾向于把它译为“美利坚文明”。不过，笔者要申明的是，采用这个译法，并不是要强调它的扩张意识，而是要强调它的“新大陆”色彩。

这个文明虽然源于资本主义初兴时的西欧，因此在很大程度上可以看成是西欧资本主义文明的“衍生和发展”，但它17世纪初落脚于当时还是一片荒原的“新大陆”，并在不断地向“大西部”拓殖的过程中获得生机和活力，早已形成一种独特的有别于西欧的文明发展模式，这种独特性的一个重要表现就是其发展是积累式的。

这并不是说别的文明没有积累，更不是说别的文明不需要积累，事实上任何文明的发展都离不开积累，都存在着积累，但世界上没有一个文明像美利坚文明那样在仅仅200～400年的时间内就积累了如此丰富、优秀而厚重的文明，包括经济、政治和文化各领域的积淀。造成这一成果的原因可能数不胜数，人们也可以对它作出各种各样的探讨和解读，但笔者以为其中最重要的原因就在于，这个文明发展所采取的方式本身就是积累式的，并且是卓有成效的。那么，这一文明发展模式是怎样造成的，为什么在美国会形成这样的文明发展模式？这种文明发展模式又有哪些表现形式，有没有更深层的原因？下面，笔者试分几点进行探讨、论证和解读，供批评。

一　美利坚文明积累和发展的重要基础：联邦宪法以及由它所决定的国家体系

反联邦党人默西·沃伦说：“人类的幸福在很大程度上取决于政府模式”。[①] 如果用“文明及其积累”取代“幸福”一词，此公式同样可以成立。在《联邦党人文集》第十号中，詹姆斯·麦迪逊老练地指出宗派势力乃是自由的产物与代价，他期盼着在“联邦的范围及其完善的结构内部”

① J. 艾捷尔编《美国赖以立国的文本》，海南出版社，2000，第78页。

寻求一剂良药，以“医治共和政体中最易产生的疾病”。[①] 麦迪逊的这一期盼，实际上道出了一个完善的联邦体制的一大功能，也说明了这种功能与文明积累的关系。

笔者以为，美利坚文明的一个突出之点就是这个“文明”的头开得好，即一开始就为这个“文明”的积累和发展奠定了良好而坚实的基础，而它的集中表现就是它创立了一个当时来说“最完善的”现代国家体系。“最完善的”一语出自一位伟人之口，见于马克思所著《德意志意识形态》（1844年），原话是：“现代国家的最完善的例子就是北美。”[②] 类似的话还见于《政治经济学的形而上学》，马克思在那里称美国为“北美（这个）进步最快的国家。”[③] 他的战友恩格斯在《共产主义原理》一文中，则称美国为“实行民主宪法的国家”[④]，这和托克维尔在《论美国的民主》一书中的说法一致，托克维尔在此书中多次称“美国是世界上最民主的国家”。[⑤] 那么，为什么说美国的国家体制是当时“最完善的”现代国家体制呢？笔者以为，可以从如下三个方面来进行观察。

（1）这个体制是自然地产生的，因而是符合或者适应美国历史发展过程和要求的。说它是“自然地”产生的，是指这个国家的形成是“自下而上”的。正如亚历山大·德·托克维尔所指出的：“在美国，可以说完全相反，那里是镇成立于县之前，县又成立于州之前，而州又成立于联邦之前。”[⑥] 可见，美国虽然是一个现代国家，在18世纪末才诞生于世，但它却像世界历史上所有古代国家一样，在其形成过程中有一个由基础到上层的构建过程，并不像17世纪和18世纪许多新兴国家那样通过直接夺取国家权力而一举完成建国任务。这是因为，构成“合众国”的成员原都是英属北美殖民地（13个），当时在各殖民地之上虽然有一个以英王为中心的

① A. Hamilton, M. Madison and J. Jay, *The Federalist Papers* (New York, 1961), p. 84. 此处最为重要的是，詹姆斯·麦迪逊认为这剂良药应在“联邦结构内部”寻求，其原文为：“In the extent and proper structure of the Union, therefore, we behold a republican remedy for the diseases most insident to republican government.”

② 《马克思恩格斯选集》第1卷，人民出版社，1966，第66页。

③ 《马克思恩格斯选集》第1卷，人民出版社，1966，第105页。

④ 《马克思恩格斯选集》第1卷，人民出版社，1966，第125页。

⑤ 亚历山大·德·托克维尔：《论美国的民主》（下卷），商务印书馆，1988，第546页。

⑥ 亚历山大·德·托克维尔：《论美国的民主》（上卷），商务印书馆，1988，第45页。

殖民体系，但各殖民地均从英王的特许状中获得“自治”的权利，而各殖民地的殖民过程又都是由小到大发展起来的。更重要的是，美国要获得独立，就不能利用现存的以英王为中心的殖民体系，而是要摆脱或抛弃现存的殖民体系而另起炉灶。诚如英王乔治三世在1774年9月第一届大陆会议召开之后所宣布的：“新英格兰的那些政府现在处于叛乱状态，必须用战斗来决定他们是隶属于这个国家还是独立。”[①] 当然，说“另起炉灶”也不是说完全从头做起，新兴的合众国的国家体系可分为四级：联邦—州—县（市）—镇，下面三级作为实体实际上早已存在，只是原属于“英属北美殖民地”之范畴，在建国时需改变其归属而已。但“联邦”完全是一个新的行政单位，需要重新创立并以它为中心来整合整个国家体系。关于这个整合过程，以往学界一般认为其分为两步：先是建立邦联，然后是建立联邦。笔者在研究中发现了“联合殖民地”在这一过程中的重要性，以及各殖民地在独立革命中本是分别宣布脱离英帝国而独立的这一事实，乃将实行联邦制的“美利坚合众国”形成的过程分为四步：第一步是建立“联合殖民地”；第二步是各殖民地建立独立政权；第三步是把各独立之邦组成一个“邦联”；第四步才是建立统一而集中的“联邦”。[②]

（2）这个最终形成的国家体系，由于妥善处理了国家的“权力分配”问题，[③] 从而保证了联邦体制的稳定。依笔者所见，正如笔者在《略论美国的“立国精神”》一文中所指出的，合众国的缔造者们在构建合众国之国家体系时，主要考虑并正确处理了如下三个问题：一是关于国家权力的来源问题；二是关于中央与地方政府的关系问题；三是各级政府特别是中央政府之立法、司法与行政之间的关系问题。它们构成了国家权力结构的三个层次：第一个层次涉及的范围最广；第二个层次小于第一个层次，但却是承上启下的关键；第三个层次虽然涉及的范围最小，但却是国家权力有效运作的核心。在解决第一个问题时，合众国的缔造者们引入了“人民

① John A. Garraty, *The American Nation: A History of the United States to 1870* (New York, 1988), p. 103.

② 何顺果：《略论美国的“立国精神”》，《历史研究》1993年第2期。

③ 《如何执掌“权力”问题是所有政府理论的主要事情》，引自 Ann. G. Serow, W. Wayne Shamon and Everett Carll Ladd, eds., *The American Polity Reader* (W. W. Norton & Company, 1993), p. 91。

主权”论[1]，决定将合众国的主要官员的选拔交由人民直接或间接选举产生。在解决第二个问题时，合众国的缔造者们考虑到各邦在组建国家之前曾宣称并拥有过“独立、自由和主权”，决定在中央收回“主权”时允许地方保留相当权力，从而确立了“地方分权”制度，同时在参议院实行“州权平等”原则，这就是“联邦制”。在解决第三个问题时，除了引入当时在欧洲已流行的“三权分立”和“有限政府”理论之外，还允许立法、行政和司法三部门在宪法范围内独立行使自己的权力，形成美国政治学者查理·O. 琼斯所说的各部门“分立但平等”（“Separate but equal”）[2] 的格局，以达到既“三权鼎立”又“相互制衡”的目标。这样，就不仅避免了中央政府因权力过于集中而腐败的问题，还在“三权分立”之外附加了两层保护以防止国家从共和制演变为专制，除宪法规定联邦和州都必须实行共和制外，还让地方分权。总之，由此而形成的国家体制集共和制、联邦制和总统制于一体，既实行联邦制又实行“三权分立”和“制衡”原则，[3] 被公认为“政治领域里的一种创造性突破”[4]，是当时资本主义国家中“最完善的”例子。关于此问题，笔者曾撰有《略论美国的“立国精神”》一文，该文有较详细的论证和讨论，此处不再赘述。

（3）这个体制的缔造者们，从一开始就考虑到了一个“完善的”体制内的“不完善”问题，并在制定宪法时就安排了宪法的“修正”机制，从而使以后发展中所产生的重大新问题得以在体制内解决。为什么会造成这种“不完善”并要对它做出“修正”的安排呢？第一，正如托马斯·杰斐逊所指出的：“每一代人都有权选择在他们看来最能促进其自己幸福的政府形式。”[5] 因此，在他看来，定期的宪法“修正”是运转良好的民主制度的必要组成部分。第二，合众国的缔造者们意识到，合众国宪法乃“是世

---

① 托克维尔说：“美国根据‘人民主权’原则建立政府的形式”，“‘人民主权’原则支配着英裔美国人的整个政治制度。”参见亚历山大·德·托克维尔《论美国的民主》（上卷），第65、71页。

② Charles O. Jones, *Separate But Equal Branches: Congress and the Presidency* (New Jersey: Chathan House Publishers, Inc., 1995).

③ 《联邦制、三权分立和制衡原则是宪法的三个基本原则》，引自 Ann. G. Serow, W. Wayne Shamon and Everett Carll Ladd, eds., *The American Polity Reader*, p. 91。

④ 肯尼迪·W. 汤姆森编《宪法的政治理论》，生活·读书·新知三联书店，1997，第3页。

⑤ 埃尔斯特、斯莱格斯塔德编《宪政与民主：理性与社会变迁研究》，生活·读书·新知三联书店，1997，第373页。

界历史上的新实验”，“时间可能导致宪法安排中的许多瑕疵以及其权力中的许多缺陷”。[①] 第三，正如汉密尔顿在制定和讨论宪法“修正”条款时就说过的：“许多人一直希望而且殷切期待寻找一种模式”，“比较容易修正新体制多半也会出现的毛病。”[②] 第四，事实上，制宪会议在“自由”和“平等”等一系列问题上本来就存在着争论，宪法草案在加强联邦的权力时却不应有地忽略了原大多数州宪法本已存在的对“个人权利”的保护。[③] 所有这些，都给参加制宪会议的代表们敲响了警钟，有必要为今后宪法的“修正”及其方式找到出路。好在尽管“反联邦派”与“联邦派”在整个制宪会议上明争暗斗，但将国家利益置于党派利益之上的各派代表并不难找到妥协的办法而并未走向破裂，并在通过宪法草案时及批准宪法的过程中，事先达成要在第一届联邦国会上补上《权利法案》的默契。为此，在制宪会议上，代表们于 1787 年 8 月 30 日和 9 月 10 日仅做了两次讨论，就在没有发生大的争论的情况下，就宪法的“修正”条款达成了一致。[④] 按制宪会议的安排，以后对宪法的修正采取两种方式：“一个是由政府通过国会这个途径，另一个是由各州通过制宪会议这个途径”[⑤]，尽管预设了很高的门槛，即采取第一种方式，要有 2/3 议员认为“必要”；采取第二种方式，要有 2/3 州议会提出“请求”，且无论采取哪种方式，都须经 3/4 州议会或制宪会议批准。宪法关于自身“修正”条款的安排的意义是如此之大，以致乔治·华盛顿总统在 1796 年《告别词》中谈到合众国体制的“效力和持久”时，特别提醒国人注意合众国体制“其本身就包含着修正自身的规定”。[⑥]

二　美利坚文明积累和发展的主要机制之一：宪法修正条款及其实施

然而，宪法关于自身“修正”条款的安排，并非只是如华盛顿所说的为

① 约瑟夫·斯托里：《美国宪法评注》，上海三联书店，2006，第 550 页。

② James Madison, *Notes of Debates in the Federal Convention of 1787* (New York, 1966), p. 562.

③ 从 1776 年至 1787 年，在加入邦联的 13 个州中，至少有八个州通过了专门的《权利法案》，其他州则在州宪法中列入了权利保护的专门条款。

④ James Madison, *Notes of Debates in the Federal Convention of 1787*, pp. 550 – 562.

⑤ 约瑟夫·斯托里：《美国宪法评注》，第 550 页。

⑥ Henry S. Commager, ed., *Documents of American History* (New York, 1963), Vol. I, p. 171.

了保证合众国体制的“效力和持久”，它实际上成了积累型美利坚文明形成和发展的主要机制和方式，尽管它不是唯一的机制和方式。

由于《权利法案》，即前十条宪法修正案，按事先的默契于1789年在第一届联邦国会上顺利通过，宪法的“修正”机制得以在不知不觉中成功启动，这就为以后在必要时随时利用这一机制提供了范例。自1787年以来的200多年间，已有27条宪法修正案按宪法规定的方式得以通过，虽然一些批评者认为宪法修正案的采纳门槛太高、数量太少，但这些修正案仍对宪法进行了多次实质性改动，而每一次实质性改动都推动了美利坚文明的发展。从这一意义上说，这些修正案的提出和批准本身就意味着文明的积累，因为这些修正案除了个别之外本是社会进步要求的反映，一旦纳入宪法就构成了国家的根本大法，而成为影响整个国家和民族的指标，从而推动了文明的进程。

（1）《权利法案》的通过，从多方面体现了美利坚文明的进展。①作为“联邦派”与“反联邦派”妥协的产物，它的通过并载入美国联邦宪法，充分体现了建立在原则与妥协基础上的政治理性的走向。“反联邦派”与“联邦派”斗争的实质是在北美建立一个什么样的国家，其核心是这个国家能否真正保护“人权”。在“反联邦派”看来，这个新兴的共和国得以长久维持的关键在于保障“人权”，而“联邦派”要建立的联邦制国家过分扩张联邦的权力而忽视了人民的权利，从而共和国将因联邦宪法的实行而处于危险。不过，“联邦派”虽然主张通过立法加强联邦政府的权力，但十分清楚他们所制定的“联邦宪法”乃是总统制、联邦制和共和制的统一，并已经把“人民主权”原则写入宪法，并不从根本上反对或否定有关“人权”的诉求，因而他们同意在第一届联邦国会上加以处理。其理性协商的结果，就是于1789年9月25日在第一届联邦国会上通过前十条宪法修正案，简称《权利法案》。值得注意的是，这个《权利法案》的起草人麦迪逊原本是“联邦派”的大将，当时又身兼众议院议长之职，充分体现了“联邦派”在此事中的诚意。因此，如果说制宪会议标志着美国政治理性的开始，那么《权利法案》的通过则标志着美国政治理性的确立。②“权利”条款原属于“自然权利”的范畴，在英国及英属北美殖民地长期以来由习惯法所承认和确认，由于将《权利法案》作为前十条宪法修正案纳入合众国宪法，从而完成了人权由习惯法到成文法、由自然法到制定法、由地方法向最高法的“三重转变”。这“三重转变”中的前两重一般比较清楚，可为什么还说它是“由地方法向最高法”的转变呢？因为在北美独立战争过程中，各殖民地最初是分别事先宣布脱离英帝国而独立的，并在组建其新政府时大多在其宪法中采纳了《权利法案》,[①] 而这些宪法在这些“独立和自由之邦”加入邦联和联邦之后，便变成了联邦宪法所管辖下的地方法。这里，公民的身份和权利都发生了变化，虽然这些权利在性质上仍被视为“自然权利”。[②] ③《权利法案》虽然仍把“生命、自由和财产权”作为基本的“人权”，但也把宗教、言论、集会和请愿，把建立民团、佩带武器、人身、住所、文件与财产不受无理搜查与扣押，甚至被告得享公正、公开、迅速审理及与对方的证人对质和获得律师协助其辩护等的权利，以及第九条宪法修正案所“暗指”的不载于宪法的权利也列入“人权”的范畴[③]，这大大扩大了“人权”的内涵，并为美国人的创造性活动留下了巨大空间。关于这一点，如果与洛克理论及“光荣革命”后英国议会通过的《权利法案》相比，就显得格外突出：洛克的“人权”概念主要讲“生命、自由与财产”权，而英国《权利法案》则主要强调国民“请愿”的权利。④这个《权利法案》不仅扩大了“人权”的内涵，还特别强调了司法公正在保护“人权”中的重要性，明确提出了“正当法律程序”（due process of law）问题。当然，“正当法律程序”并不是美国人的发明，它本是英国传统的习惯法或普通法中的一个古老概念，早在1215年《大宪章》第三十九条就有了“依法判决”（by lawful judgment）的概念，[④] 1354年在英国的一个议会立法中已正式提出了“正当法律程序”问题，[⑤] 但一旦把它纳入作为“最高法律”的合众国宪法之中，其意义就非同一般，因为它强调了司法公正之于立法公正、程序公正之于目标公正的重要

① 参阅 F. N. Thorpe, ed., *Federal and State Constitution* 一书的相关部分。

② 1896年，在布朗诉松克一案的判决中，布鲁尔法官说：“宪法前8条修正案的目的是在基本法中贯彻某些自然正义的原则。”转引自詹姆斯·安修《美国宪法判例与解释》，中国政法大学出版社，1994，第145页。

③ 这些权利，即《权利法案》前8条所列权利，在美国法学中称为“权利清单”。

④ 英国《大宪章》（1215年）第39条原文：“No freeman shall be captured or imprisoned or disseised or outlawed or exiled or in any way destroyed, nor will we go against him or send against him, except by lawful judgment of his peers or by the law of the land.”

⑤ 在此法中，已使用了“due process of law”这一概念。参阅 Kermit L. Hall and Others, *American Legal History: Cases and Materials* (Oxford University Press, 1991), p. 5。

性和一致性。这成为美国法制和法治文明的一大特征，也可以被看成是美国对人类法治和法制文明的一大贡献。

（2）“内战修正案”的通过，从法制上解决了建国时所遗留的一大社会经济问题，即废除奴隶制问题。这些修正案，包括第十三、十四、十五条修正案，从美利坚文明的积累和发展的角度来看，其意义也是多方面的：首先，由于借由法律废除了奴隶制，从而彻底解决了独立革命和建国过程中遗留下来的一大问题，就在经济和社会上消除了奴隶和自由两大制度的对立，使美国的经济和政治统一在“自由”的基础之上，成为美国社会进步的一大标志。其次，第十四和十五条宪法修正案规定：“凡出生或归化于合众国并受其管辖之人，皆为合众国及其所居住之公民”，“无论何州，不得制定或施行剥夺合众国公民之特权及特免的法律”，并授予被解放的奴隶以“投票权”，这就用“出生地原则”和“归化”原则补充了判断是否“公民”的“血统原则”。不仅扩大了合众国“公民”的社会成分（增加了“自由民”），而且赋予这部分“自由民”参政的权利，因为1787年宪法上的“公民”一词并不包括黑人，黑人不是享有主权的“合众国人民”的一部分。再次，第十四条宪法修正案，不仅重申了第五条修正案有关“正当法律程序”的原则，从而确立和强化了这一原则在美国立法和司法领域中的地位和作用，使这一地位和作用再也不能逆转和被忽视，而且增加了司法过程中对各类人等实行“平等法律保护”（equal protection of the law）[①] 的条款和原则。虽然“内战修正案”是“针对州和地方政府”的，但第十四条修正案中受“平等法律保护”的对象是合众国“管辖范围之内的任何人”，使之成为一个适应范围很广的普遍原则，“平等法律保护”便和“正当法律程序”一起成为美国建立和实施法制和法治的双保险，[②] 强有力地推动了美利坚文明的进步。此后这些条款和原则的生命力在美国法治建设和发展中，在深度和广度上一再表现出来，即使它们的实

① “平等法律保护”，也不完全是第十四条宪法修正案的发明，乔治·华盛顿在1796年《告别词》中已提出“protected by the equal laws”。参见 Henry S. Commager, ed., *Documents of American History*, Vol. I, p. 170。

② 罗伯特·H. 杰克逊法官（1941～1954年）说：“我们是一个‘法治’的政府，而不是一个‘人治’的政府。”转引自 William M. Wiecek, *Liberty and Law: The Supreme Court in American Life* (The Johns Hopkins University Press, 1988), p. 5。

施受到阻碍和曲解，也只能是暂时的。例如，南部的原奴隶主保守势力，在内战后企图利用种族歧视和“种族隔离”来保护奴隶制的残余，甚至一度被最高法院在1896年判定为“隔离但平等”，但随着上述两大条款和原则的精神日益深入人心，终于在1954年重新启动第十四条宪法修正案，并推动了20世纪五六十年代“民权运动”在美国的兴起，从而成就了美国历史上一次最大的社会改革运动。我们可以断言：关于美国“人权”及其实施的有关问题，此后也许在这样或那样、这部分人或那部分人身上一再地被提出来，如近年来有关“新移民”的权利和保护问题，[①] 但很难会再有类似的新的宪法修正案出台，因为第十四条宪法修正案所涉及的“平等法律保护”的对象和范围有极为广泛的适应性，远远超出了黑人或奴隶的范围。

（3）与“内战修正案”以解决奴隶制问题为主不同，19世纪末和20世纪初的“进步主义”修正案，包括（除第十八条以外的）第十六、第十七和第十九条修正案，涉及在社会和政治上更为广泛的领域和范围：所得税的征收并非始于第十六条宪法修正案，早在内战期间就已成为战争财政的内容，现在之所以要把它普遍化并通过修宪加以确立，是因为内战后垄断的发展造成了全国性财富分配的不公，并由此引发了社会动荡。第十六条宪法修正案：“国会有权赋课并征收所得税，而不必问其所得之来源，其收入不必在各州按比例分配，亦不必根据人口调查或统计定税率。”[②] 此修正案有两个要点：一是将所得税征收纳入基本国策，二是在全国范围内对财富分配进行调节。征收所得税之目的，是要将所得税收入用于解决公共事务和社会福利所面临的困难，这一举措成为后来所谓“福利国家”的必要准备，是资本主义生产关系调节由企业内部向全国范围转变的表现，是文明在社会经济领域的新进展。1919年的第十九条宪法修正案，在扩大公民参政方面是一个具有历史意义的巨大突破，因为它涉及了人民的“另一半”的问题。这是因为：一方面，1787年通过的《美利坚合众国宪法》破天荒地把“人民主权”原则写进了世界历史上第一部成文宪法，但宪法不仅沿用了欧洲排斥妇女的“人”的概念，而且在“公民”概念中排斥了

① 关于1964年以后的“民权”问题，参阅 Hugh Davis Graham, ed., *Civil Rights in the United States* (University Park, Pa.: Pennsylvania State University Press, 1994)。

② 参阅王希《原则与妥协：美国宪法的精神与实践》，北京大学出版社，2000，第367页。

被视为主人“财产”的“其他人”，即奴隶以及“未被课税的印第安人”，并且把“选民”的资格限制问题交由各州去自行处理。其结果，不仅“选民”在很长一个时期内仅限于男性公民，即使男性公民也因财产资格限制而被大量排斥于选举权之外。另一方面，随着“西进运动”的扩大，西部的自然和社会环境对“民主”的强烈要求，使西部某些新州和领地成为扩大参政权，特别是妇女选举权的前沿阵地。早在1861年，堪萨斯就允许妇女在学校享有选举权。1869年，怀俄明领地在法律上正式给予妇女选举权，1889年加入联邦时成为美国第一个“男女平权”州。到1920年第十九条宪法修正案被批准之时，全国已有15个州和阿拉斯加的妇女获得完全的选举权。因此，在美国扩大参政权方面具有划时代意义的第十九条宪法修正案的采纳，乃是美国日益高涨和扩大的民主运动的必然趋势。1912年提出而于1913年获得批准的第十七条宪法修正案，对合众国国会参议员的选举办法做了重大修改，由原宪法规定的由各州议会选举改为民众直接选举，从美利坚文明发展的角度看，这亦有多方面的意义：第一，它完全落实了美国国会的“民主”意识，因为原来的宪法设计者之所以对参议院和众议院采取不同的选举办法，一个重要原因是要防止所谓“多数的暴政”，现在参议员和众议员一样亦由民众直接选举，对加强参议员的民主意识是十分有好处的，此后他们必须直接面对选民；第二，它有利于加强和完善选民对代议机构的监督，在此之前由于参议员是由州议会间接选举，选民总觉得参议院不是真正的民意机构，把它当做英国的“贵族院”而采取敌视的态度，改为直接选举后，这种感觉便可立即消失；第三，它改变了垄断产生以来美国政治集中的趋势。因为垄断在经济上代表了由分散到集中的趋势，按逻辑它要求在政治上相对集中，从而对美国的民主构成新的威胁，并引发了“格兰奇运动”和“人民党”运动的抗议：在经济上它的口号叫“反垄断”，在政治上它的口号就是“参议员直接选举”。①

在1787年制宪会议上，在第二次讨论“修正”条款的措辞和含义时，“过半数”的与会者就把未来的“修宪”活动视为创造性的活动，而把将

① 参阅 Kris E. Palmer, *Constitutional Amendments: 1789 to the Present* (Detroit, 2000), pp. 381－448。

要提出和审议的修正案称为“新的制度”（New System）。① 实际上，我们上面讨论的宪法修正工作的三个时期，许多宪法修正案就具有鲜明的创新色彩，用我们今天的话来说就是“制度创新”，如果没有这些条款的提出和实施，美利坚文明显然就将黯然失色。它说明：宪法第五条关于“修宪”的立意和规定，其意义已不仅限于防止共和国内部“经常性的疾病”，它确实推动了这个国家的体制创新，是这个国家体制内在活力的重要表现。

三　美利坚文明积累和发展的主要机制之二：最高法院的司法审查权及其运用

其实，美利坚文明积累型发展模式的形成机制不仅是宪法“修正”机制，还有另外一个极为重要的机制，这就是联邦最高法院的“司法审查”（Judicial Review）。这里指的是大法官们的所谓“终极权威”（ultimate guardians）② 及其运用。

本来，在联邦宪法中，有关立法、行政和司法三权的条款，对最高法院权限的规定不仅简短而且笼统，也没有明确它对国会立法的司法审查权，其规模和权限远不及立法和行政两部门。直到《1789 年司法条例》通过，美国最早的联邦司法体系才得以建立，它们是由六个大法官组成的联邦最高法院及由大法官兼任法官的三个巡回法院和 13 个地方法院。当时的最高法院“既没有一种必不可少的活力、分量和尊严，使其能够支持联邦政府，也不拥有它应该获得的、公众把它视为国家正义最终维护者的那种信任和尊重。”③ 以致第一位首席大法官约翰·杰伊（John Jay，1789 ~ 1795 年在任）情愿回纽约去当州长，也不继续留任。但这种情形在 1803

① 见 1787 年 9 月 10 日汉密尔顿在制宪会议上的发言，“New System”一词有人译为“创新条文”，但笔者认为该词的内涵包含着“创新”，但不完全等于“创新”。参阅 James Madison, *Notes of Debates in the Federal Convention of 1787*, p. 609。

② “ultimate guardians”的原意是“最终监护人”。参阅 Kermit L. Hall, William M. Wiecek and Paul Finkelman, *American Legal History: Cases and Materials* (New York: Oxford University Press, 1996), p. 104。

③ 1801 年 1 月 2 日杰伊致亚当斯的信。转引自任东来等《美国宪政历程：影响美国的 25 个司法大案》，中国法制出版社，2004，第 4 ~ 5 页。

年发生了根本性变化，这一年约翰·马歇尔（John Marshall）的一项判决完全改变了联邦最高法院的地位和作用。

此判决涉及的案子，称为“马伯里诉麦迪逊案”。事情起因于所谓“午夜法官”事件，这个事件乃是当时党派斗争的产物。1800年的总统选举实现了美国历史上第一次政党轮替，属于“反联邦派”（当时叫“民主共和党”）的杰斐逊取代了属于“联邦派”的第二届总统约翰·亚当斯。但出于党派的考虑，亚当斯不仅于1801年1月20日任命国务卿马歇尔出任联邦最高法院首席大法官，还于3月2日即离任前一天的深夜，批准了一个人数达42人的首都特区治安法官的任命，这批法官因此被称为“午夜法官”，马伯里便是其中之一。马歇尔作为前任国务卿，亦在任内签署了这些治安法官的委任状，但一方面忙于与新任国务卿麦迪逊交接，而另一方面又要准备以首席大法官身份主持新总统就职仪式，他竟忘了在卸任前将委任状发出而遭新任国务卿麦迪逊的扣押，由此引出了“马伯里诉麦迪逊案”。控方律师援引《1789年司法条例》第13款d条为据：联邦最高法院在法律原则和惯例保证的条件下，有权向任何在合众国权威下被任命的法庭或公职官员下达执行令。麦迪逊原本是联邦党人，但在杰斐逊与汉密尔顿关于美国建国方针的辩论中站到了杰斐逊一方，他承认该委任已经完成但并不认为最高法院有权向政府官员发出执行令，宣布《1789年司法条例》第13款因违宪而被取消，从而确立了联邦最高法院的“司法审查权”，联邦最高法院从此拥有了上面所说的法律条款的“最终监护人”的角色。这一判决之意义是如此之大，以致马歇尔的传记作者J. 史密斯认为：“如果说乔治·华盛顿创建了美国，约翰·马歇尔则确定了美国的制度。”[①] 但最高法院的这种至高无上的权力，并不能说完全就是最高法院大法官们自己赋予自己的，因为美国宪法第三条第二款规定：受理涉及宪法的联邦法律的纠纷乃最高法院的权限之一，而汉密尔顿在《联邦党人文集》第78号中也说：“解释法律乃是法院的正当与特有的职责”，“法院必须有宣布违反宪法明文规定的立法为无效之权。”[②] 不过，无论如何，联邦最高法院的“司法审查权”已成为美利坚文明积累和发展的另一重要机

① Jean E. Smith, *John Marshall: Definer of A Nation* (New York, 1996), p. 1.

② 汉密尔顿、杰伊、麦迪逊：《联邦党人文集》，商务印书馆，1980，第391～393页。

制，其实践具有不可忽视的历史价值。

联邦最高法院是国家最高司法机关，并非任何司法问题都须它插手。据说，这些年每年差不多有7000个左右的案子上递，但联邦最高法院所受理的案子不过100来个，即只有1/70的受理可能性；而在过去的200年内，国会立法被联邦最高法院判定“违宪”的总共只有135项，其间国会以宪法修正案的形式再度制约和推翻最高法院的判决则更少，总共不过4次。但200多年来，联邦最高法院究竟审理和判决过多少案子，目前我们手头尚无确切和完整的统计数据。戴维·P. 柯里（David P. Currie）所编《最高法院中的宪法：第一个百年，1789～1888年》和《最高法院中的宪法：第二个百年，1888～1986年》实际上几乎已涵盖了最高法院司法审查的整个历史，被作为“经典判例”纳入该书研究的案例多达200来个，而由斯坦利·I. 库特勒（Stanley I. Kutler）于1984年编辑出版的《最高法院与宪法》一书，被作为“经典判例”选入该书的案例则只有180个，说明学者们对这些判例存在着不同的评价标准，尽管他们在基本看法上是一致的。然而，这些判例所涉及的范围，几乎涵盖了美国经济、政治和文化领域的所有重大问题。以戴维·P. 柯里所编《最高法院中的宪法》一书为例，该书29章共87节中的每一个章节所讨论的问题，可以说都是美利坚文明不可忽视的内容。这些内容纷繁庞杂、丰富多彩，是否有规律可循呢？也是有的。著名宪法学家罗伯特·麦克洛斯基认为，联邦最高法院的“司法审查权”历史上有三个重大时期，每一个时期主要关注的对象和主导司法的旨趣都不相同：第一个时期从1789年到内战结束，主要专注于联邦与州的关系；第二个时期从1865年到1937年的“最高法院革命”，主要专注于工商业与政府的关系；1937年以后是第三个时期，主要关注的是个人与政府的关系。[①] 如果我们对这三个时期主导司法的“旨趣”稍加分析，就可发现这些“旨趣”每一个都是对美利坚文明的推进和发展。

（1）首先来看第一个时期。这个时期，一个基本的事实是：联邦政府刚刚建立，威胁和影响新政权的问题或隐患随处可见。笔者曾试举或概括出三大问题或隐患：一是英、法和西班牙等旧殖民地对这个新兴国家的包

① 罗伯特·麦克洛斯基著《美国最高法院》桑福德·列文森增订，中国政法大学出版社，2005，第144页。

围；二是美洲土著印第安人在这个新国家中地位的不确定；三是由传统的“州权”引申出来的企图摆脱联邦控制的分裂倾向。其中，第三项涉及的就是上面所说的“联邦—州的关系”问题，其实质是是否承认联邦在立法、行政和司法上的“最高”地位和权力，即享有国家“主权”问题。笔者以为，在此期间，最高法院所审理的一系列案件中，对美利坚文明的积累和发展最有影响的判例，第一个就是约翰·马歇尔对“马伯里诉麦迪逊案”（1803 年）的判例，因为它第一次通过“司法审查权”确立了最高法院“至高无上”的地位，从而完善了宪法所确立的“三权分立”和“相互制衡”的原则。第二，是马歇尔对“马卡略诉马里兰州案”（1819 年）的判决，它表面上是一个州可否立法对作为中央银行的合众国银行征税的问题，实则是当州的主权与联邦的主权发生冲突时，州是否应当服从联邦的大原则问题。马歇尔在判词中不仅对此作了肯定的回答，而且提出了解释宪法的“默许权力理论”（implied power doctrine），从而赋予宪法第一条第八款所说的“必要和适当的一切法律”条款以新的创造性的活力。第三个是马歇尔关于“吉本斯诉奥格登案”（1824 年）的判词。它一方面判定纽约州建立汽船垄断的法律因与联邦宪法相抵触而无效；另一方面也确立了联邦在管理商务方面所拥有的前所未有的广泛权力。但它在美利坚文明积累和发展上最重要的贡献则在于：马歇尔指出“商务”（commerce）一词不仅是一种“物质交换”（the interchange of commodities），“更是一种流通”（intercourse），即包括了所有的经济交流和交换（all business and intercourse），这就把水域从各州的“各自为政”中解放出来。第四个重要判例，就是马歇尔关于“达特茅斯学院诉伍德沃德案”（1819 年）的判决。此判决所涉及的对象虽然只是两个小小的地方院校，但它在判词中认定该校所拥有的特许状本是一份“契约”，而该校就拥有了“法人”（corporation）的资格，从而第一次正式启动了联邦宪法第 1 条第 10 款，即所谓“契约”条款，并使之神圣化。马歇尔及斯托里关于“法人”（或“公司”，corporation）的定义是：“一个企业是一个人为的、不可分割的、无形的、只能在法律的思考中存在的实体”，“它具有组成它的自然人的某些豁免权、特权和能力。”[①] 他关于“法人”的论证成为此概念的经典

① 参阅王希《原则与妥协：美国宪法的精神与实践》，第 181 页。

解释。

（2）再来看第二个时期。如果说第一个时期最高法院处理的主要是建国时期遗留的问题，那么第二个时期面临的则主要是由发展提出的挑战，因为所谓工商业与政府的关系的核心为垄断问题。这一问题虽然集中，但是涉及的层面很广：一是企业与企业之间的关系；二是国家与企业之间的关系；三是企业内部的劳资关系；四是社会各阶层财富分配之不公。正因为如此，这个时期围绕“垄断”问题的矛盾和斗争非常尖锐，这些矛盾和问题的解决意义也更为重大，在推进经济文明方面尤为明显。仅举几例，例如，在1873年“屠宰场案”以及1887年“芒恩案”审理中，联邦最高法院大法官菲尔德建立的“实质性正当程序权利”理论，强调在每个美国公民享有的特权中包含着一项为了谋生而追求合法工作机会的权利，丰富了第五条宪法修正案所提出的“正当法律程序”的内涵和精神。又如，在对“菲尔德诉克拉克案”（1892年）的判决中，联邦最高法院大法官哈伦对总统执法“任意权”的肯定，认为国会不能将立法权交与总统，但一定要给总统“任意权”，否则总统将无法执行法律，不仅反映了大企业时代面临的管理问题日益突出的现实，也为已不断增加的政府对经济的干预准备了条件，而这种“干预”越来越为经济的发展所必需。再如，在西奥多·罗斯福解散“北方证券公司”并由此引发的“北方证券公司诉美国案”（1903年）中，最高法院在判决中不仅批驳了联邦反托拉斯法侵犯了合同自由和州权的说法，而且阐述了这样一个道理：“合同自由决不隐含一个公司或一群个人有蔑视公开宣称的国家意志（national will）的自由”，从而确保了这种自由权利“必须在法律的管理之下运用”；联邦最高法院大法官爱德华·怀特对“标准石油公司诉美国案”（1911年）的判决，不仅维护了1890年制定的《谢尔曼反托拉斯法》，而且提出了著名的“合理”垄断和判断垄断合理性的“理性标准”问题。这对大企业的健康发展产生了重要影响。这一判决以这样的认识为前提：垄断有好坏之分，最高法院要通过自己的判断保护前者，限制后者。

（3）最后来看第三个时期。如前文所述，这个时期联邦最高法院主要关注的对象是个人与政府的关系，在一系列有关公民权利的判例中成就非凡，而主要的推动者便是“沃伦法院”（The Warren Court）。它的第一个开创性的判决就是在“布朗诉托皮卡教育委员会案”（1952年）中宣布

“种族隔离”教育违宪，并进而推翻1896年“普莱斯案”所建立的“隔离但平等”的原则，而该原则旨在维护内战后原奴隶主复辟势力的利益。这个判决本身不是革命，但该判决由于突破了内战后“种族隔离”的樊篱，得以成功重新启动第十四条宪法修正案所载的“平等法律保护”条款，因而有力地推动了美国“民权运动”的兴起，并最终导致了1964年《民权法》的通过，而该法“被视为20世纪美国国会通过的最重要的法令”。[①]而我们知道，这个运动又不仅仅是黑人的民权问题，它极大地带动了美国经济、政治和文化的改革，从而引发了一场美国历史上最庞大、最深刻的社会革命。从美利坚文明积累和发展的角度看，联邦最高法院围绕“民权”问题所作出的判决涉及了诸多方面的进展：首先，在审查“布朗诉托皮卡教育委员会案”中，在重新启动第十四条宪法修正案时围绕着该修正案“原初含义”的争论，最高法院提出了“平等”乃至整个宪法的含义都要随“历史条件改变”而改变的观念，从而重新激活了约翰·马歇尔关于“活宪法”的主题；其次，公民的自由和权利原本由州和地方政府管理，在1961年至1969年，“沃伦法院”几乎将所有与《权利法案》有关的刑事犯罪程序权的审理都纳入第十四条宪法修正案的保护之下，从而实现了“《权利法案》的联邦化”（Nationalization of the Bill of Rights），同时也结束了是应“全面纳入”还是“选择纳入”的争议[②]。再次，宪法制定者把“自由”视为仅涉及对“自由”的外部限制的“消极”概念，而“沃伦法院”先是在“贝克诉卡尔案”（1962年）中通过对“州选区分配的公平性”的审理强调了民主的“实体价值”而不仅仅是它的“最低纲领”，后又在“夏皮罗诉汤姆森案”（1969年）的审理中拆除“权利”和“特权”之间的界墙而把“福利”看做一种形式的财产而不是传统意义上的“特权”，从而引入了“积极民主”的概念。最后，“沃伦法院”大大推进了第十四条宪法修正案“平等法律保护”的范围、层面和深度，在一系列判例中，“沃伦法院”扩大了1938年哈兰·斯通所提出的保护“弱势群体”

---

① Robert D. Loevy, ed., *The Civil Rights Acts of 1964* (State University of New York Press, 1997), p. vii.

② 此争议涉及第十四条宪法修正案与《权利法案》合并的问题：一派主张把《权利法案》“完全纳入”（total incorporation）第十四条宪法修正案的保护范围；而另一些法官则认为只能实行“选择性保护”（preferred freedom）。

（diserete & insular minorities）的范围，甚至包括了正在候审的犯人；受保护的权利也扩大到“权利清单”以外的“全部权利”，其中就包括了“隐私权”、“象征性言论”及对公共问题的讨论不受限制等，甚至对“淫秽”物品也在划分“性”与“淫秽”的基础上作了宽泛的界定：只要它是“基于善意的艺术或者信息作品”，都应当受到保护。①

人们往往误以为司法不过是“判案”而已，许多国家在许多情况下司法也确实仅仅是“判案”罢了，但从本文所讨论的美国联邦最高法院三个时期的“司法审查”活动看，在美国最高法院的“司法审查”却充满了创造性色彩：由于它的“司法审查”要落实宪法及其各修正案的原则和精神，要随时面对社会发展中提出的大量新问题，在处理新案例、新问题的过程中形成了许多新观念、新原则、新办法，否则就难以适应社会发展和司法实践的需要。从这一意义上说，伍德罗·威尔逊所说的美国最高法院的“司法审查”乃是一个“连续不断地开着的制宪会议”② 确实是一个非常重要的论断，因为它划清了美国司法与普通法“遵循先例”原则主导下的英国司法的界限，充分揭示了美国“司法审查”的创造性。“司法审查”最终成为美利坚文明积累和发展的一大机制。对此，有谁还会怀疑呢？

四　两大文明积累机制创造性运用的法学根源：由自然法学向社会法学的转变

如上所探讨的两大文明发展机制，其形成都直接或间接地与1787年宪法有关，只不过前者更明显而后者稍差而已。从已有的事实和本文的讨论来看，这两种机制在美利坚文明的积累和发展中都得到了创造性的运用，其成就在西方国家乃至世界各国中实属罕见。然而，只要稍加思考就可明白：一种机制的建立和对这种机制的利用本是两回事，有一个好的机制并不等于其会得到好的利用，因为机制本身乃是中性的。那么，是什么促成了美国对两种机制的创造性运用，并如此非凡地推动了美利坚文明的积累和发展呢？笔者认为，人们可以找出各种各样的理由和解释，包括经济

① 参阅莫顿·J. 霍维茨《“沃伦法院”对正义的追求》，中国政法大学出版社，2003。

② 伍德罗·威尔逊的原话是：“a constitutional convention in continuous session”。转引自任东来等《美国宪政历程：影响美国的25个司法大案》，第2页。

的、社会的和文化的理由和解释，但其中最重要的是美国法学观念的转变，即由自然法学向社会法学的转变。其秘密就在于：与自然法学不同，社会法学强调立法和司法须面向社会、面向实践、面向事实，而不能拘泥于习惯、传统和先例，可以说其本质就是创新的。

问题在于，美国立国之时，在美国占主导地位的法学思想是自然法学而非社会法学。这是因为，美国是在英属北美殖民地的基础上发展起来的，英属北美殖民地曾经是大英帝国的骄子，殖民地的各种制度和文化亦无不受其母国的影响，这其中就包括英国的“普通法”（common law）或“习惯法”，而“普通法”的主要基础是“自然法则”。[①] 正如科恩所指出的：“‘自然法’学说盛行于美国各殖民地，对《独立宣言》和《权利法案》产生了影响，并一直指导着我国的基本法理论和宪法。”[②] 这是有充分事实为根据的：杰斐逊在《独立宣言》中公开申明，美利坚人脱离英帝国而独立的行动所遵循的是“自然法和自然神法”（the Law of Nature and of Nature's God）；[③] 1896 年，布鲁尔法官说：“宪法前八条修正案的目的是在基本法中贯彻某些‘自然正义’的原则。”1909 年，迪安·庞德也指出：“我们必须记住，‘自然法’是《权利法案》的理论根据。”[④] 1787 年宪法没有一个地方使用“自然法”这一概念，但绝大多数宪法学家认为“宪法贯穿了‘自然法’的观念”。宪法在“序言”中允诺要“使我们自己和后代得享自由的幸福”，这“自由”便是一项由制宪者们列举的“自然权利”。宪法第四条所载“特权”和“特免”条款，历来被认为是“属于自由国度中公民自然的和基本的权利”，是“属于全体公民的自由的和不可让渡的权利”。至于宪法第一条第十款所载“契约”条款，更是一项十分重要的人类“不可让渡”的自然权利，它受政府的保护但不受政府的干预。应当指出，以“自然法”理论为基础的“普通法”，它虽然坚决地捍卫了人类的基本权利，并把它视为天赋的永恒的和理想的东西来保护，但“普通法”传统也存在着一些固有的缺陷：第一，“普通法”把人的基本权

① J. Otis, A Vindication of the British Colonies (1764). 转引自莫顿·J. 霍维茨《美国法的变迁：1780～1860 年》，中国政法大学出版社，2004，第 5 页。

② 科恩：《法律与理性》。转引自詹姆斯·安修《美国宪法判例与解释》，第 146 页。

③ Henry S. Commager, ed., *Documents of American History*, Vol. I, p. 100.

④ 转引自詹姆斯·安修《美国宪法判例与解释》，第 145 页。

利视为“天赋的”，但立法和司法中的大量问题和案子却产生于社会实践，这里存在着法学观念和社会实践的尖锐矛盾；第二，“普通法”把人的基本权利视为天赋的、永恒的和理想的东西，而社会实践却在不断地发生着深刻的变化，这里存在着固定的法学观念与不断变化的社会现实的矛盾；第三，“‘普通法’等于固定的、习惯性的标准”，要求立法和司法遵循习惯和先例，由此建立的法律大厦“不会有任何创新”[①]；第四，英国是一个典型的旧世界文明古国，而美国却是一个在“处女地”上成长起来的新兴国家，其财产关系和社会结构迥然不同，产生于旧世界的“普通法”很难完全适应新大陆。从这一意义上说，基于“自然法”的“普通法”不能（至少不能完全）解释美利坚文明积累和发展的机制和方式。

问题还在于，社会法学似乎也不能完全解释美利坚文明积累和发展的机制和方式，因为19世纪末和20世纪初这个学派才在美国正式形成。当然，这是就这个学派形成的时间而言的，而不是就这个学派的法学思想和性质而言的。就其法学思想和性质而言，它本是对自然法学进行反思和批判的结果，因为19世纪末和20世纪初随着大企业时代的到来和工业化的基本完成，美国的经济关系和社会结构正发生着深刻的演变，而社会问题和矛盾也日益尖锐，这对传统的法学观念和实践提出了巨大的挑战。美国社会法学派的代表人物，包括奥利弗·温德尔·霍姆斯（1841～1935年）、迪安·罗斯科·庞德（1870～1964年）和本杰明·卡多佐（1932～1938年在任），庞德是他们之中的领袖，也是整个西方社会法学界的领袖，曾任哈佛大学法学系主任。社会法学的关键词是“人”、“经验”、“社会利益”和“社会效果”：庞德主张法学应“将人的因素置于中心的地位”，应“是适应于它所要指导的人性思想，而不是适应于那些初始原则”。霍姆斯说：“法律的生命向来不在于逻辑，而在于经验。时代的种种为人们亲身感受到的必然需要——流行的道德理论和政治理论，公开承认的或不自觉的对公共政策的直觉认识，甚至法官公开与同胞共有的种种偏见——对于确定治世律人法则都要比‘三段’认识论法有关系得多。”霍姆斯还认为“社会利益”是“法律吸取全部生命之源的神秘根基”，是任何法官“无法规避”的必须着重考虑的“责任”；而卡多佐则强调司法程序的

① 莫顿·J.霍维茨：《美国法的变迁：1780～1860年》，第12页。

“社会效果”，认为宪法判决“必须在更大程度上取决于会因此损益的各种社会利益的不同意义或价值”，[①] 并在判决中随时对社会利益加以“平衡、协调和调节”。正是从这些法学认识和思想出发，美国社会法学的这些代表人物强烈批判审判中对制宪者意图的偏好，强烈反对在解释宪法时拘泥于它的文字和条文，强烈反对在一切判案中不加区别地采用遵循“先例”的原则，从而使立法和司法（特别是司法）更接近于美国的社会现实和生活，并进而在实践和经验的基础上进行立法和司法的创新。由此，可以断言：19 世纪末和 20 世纪初所形成的社会法学，在内容、观念和本质上可以而且应该为美利坚文明积累和发展的上述两大机制和方式提供形成和运用的动力，应是上述两大机制获得“创造性”运用的法学根源和深层原因。影响其发挥作用的似乎只是时间问题，因为不能把 19 世纪末和 20 世纪初才形成的社会法学用来解释它形成以前的社会历史现象。

然而，有趣的是，这并不能阻止把“社会法学”视为上述两大机制和方式获得创造性运用的法学根源，因为我们掌握了这样一个事实，即大约从 19 世纪 20 年代起，即美国建国之后不到一代人的时间，美国以“自然法学”为主体的立法和司法理论和观念就开始发生演变，而这种演变的趋势在本质上与“社会法学”是一致的。推动这一演变的动因有二：其一，1791 年联邦最高法院大法官詹姆斯·威尔逊（James Wilson，1789～1798 年）所开设的“法律讲座”。这个讲座的设置是对英国著名法学家威廉·布莱克斯通爵士不久前提出的“法律意志论”（will theory of law）的直接回应，但更主要的原因是为了回答“美国革命”期间美国法学界和司法界围绕着“普通法”的利弊得失所进行的讨论而提出的种种问题，以便让美国的法学更适应“新大陆”的社会现实和社会需求，它有着深刻的历史背景。在这个讲座中，他一方面表明英国大法官布莱克斯通所坚持的“法律是主权者意志”的主张是“不恰当的原则”，另一方面则明确提出“服从人类法律的唯一合法性原则是人们对法的合意。”而且在他及其追随者看来，无论是“制定法”还是“普通法”都是“公众的意志的表现”。这就在实质上改变了以往从法律固有的公正或正义中界定法律之合法性和义务的观念，而把法律视作意志的工具，从而宣告了“工具性法律观念的兴

① 詹姆斯·安修：《美国宪法判例与解释》，第 189～214 页。

起”。正如莫顿·J.霍维茨所说：“革命后，尽管美国人抨击布莱克斯通主义者单一的、不可分割的主权理论，但是，他们同样也开始广泛地接受该理论背后的现代法律理论。虽然他们质疑‘议会至上’原则，但是，他们同时又主张：成文宪法具有合法性，因为它体现了人民的‘意志’。而且，由于他们寻求以人民主权来重新界定法律义务的基础，他们倾向于维护立法机关和‘制定法’的根本优越地位。其结果是，‘普通法’规则最初的‘自然法’基础开始瓦解。”① 其二，工业革命初期关于“用水权”的争议所引发的“普通法”有关“财产”观念的改变。原先的绝对财产权利观念最初产生于经济活动不多的社会，且在其观念形成过程中起关键性作用的是英国的乡绅，主要奉行所谓“时间在先、权利优先”原则。工业革命以纺织和加工业起飞，最初又主要以水力为其动力，所以，作坊主常常在河上筑堤坝以提高水位和落差，这不免波及其上游或下游原土地所有权人的利益，引发大量有关“用水权”的纠纷。这种纠纷和争论的实质是：在经济活动增加、资源利用“多元化”的情况下，能否依然固守以往的带有排他性的财产所有权观念？答案是否定的。这里以两个判例为证：一个是“帕尔默诉马利根案”（1805年），另一个是“普拉特诉约翰逊案”（1818年），两者都是由于建作坊阻断水流引起的法律纠纷。布罗克霍斯特·利文斯顿法官在前一案件的判决中，首次认定上游河岸土地所有权人可以因建作坊的需要而阻断水流，由此给其他所有权人带来的“微小的不便”可以忽略不计。而法院在后一个案例也认为：“虽然在财产的使用和享用中，都会产生权利的冲突，但是，法院在作出法律判断的过程中，不能将其作为对权利的侵犯。”这两个判例都“远离自然使用规则和优先权规则这些财产理论”，而将“衡量财产使用的相对效率”作为“法律上可以允许的损害的最终标准”。尽管上述两大“动因”远没有那么简单，但由此推动的美国法学的新趋势已然形成，正如美国著名法学家莫顿·J.霍维茨在对有关史实做了权威研究后所断言的：

到1820年，与40年前相比，美国的法律版图几乎“脱胎换骨”了。尽管法律用语几乎没有改变，但是，法律思想的结构已发生了急

① 莫顿·J.霍维茨：《美国法的变迁：1780～1860年》，第25页。

剧变化，这又使法律理论发生了变化。法律不再被认为是习惯表达的、源于自然法的一套永恒原则。它也不再被当做主要是在个案中伸张正义而设定的规则体系。相反，法官逐渐认为，“普通法”与立法一样，都要承担调整社会关系的责任，都要承担管理社会并鼓励符合社会期望的行为的责任。强调法律是政策的工具，既促进了创新，也使法官可以自觉地以社会变革的目标，指导制定法律规则。[①]

笔者以为，1820 年以来所形成的这一法学的新趋势，不仅和 19 世纪末 20 世纪初形成的美国社会法学是一致的，而且简直可以视为美国“社会法学”形成的必要前提，正是它和社会法学一起，共同使美国的立法和司法进入了“能量释放”阶段，导致美国“现代法律史中的创造性爆发”(丹尼尔·布尔斯廷语)，即本文所讨论的两大文明积累和发展机制的“创造性运用”。

由此，可以进一步推论：在美利坚文明积累和发展的过程中，同时并存的“自然法”和“制定法”两大法律观念和制度，起主要作用的可能是后者而不是前者，那种夸大“自然法”在美国历史中的作用的观点是错误的。

还可以进一步推论：将英吉利文明与美利坚文明相比，后者的发展必然超越前者，因为二者的法律虽然同属一个“法系”，但后者的法律和机制更具有“创造性”。

（原载《美国研究》2006 年第 3 期）

① 莫顿·J. 霍维茨：《美国法的变迁：1780～1860 年》，第 41～42 页。

美国人口状况的发展变化及其影响*

楚树龙　方力维**

【内容提要】美国是世界发达国家中唯一人口数量仍在以较快速度增长的国家，这使美国得以在较长的时期内保持生产和消费较快增长的势头，使美国国力的数量方面呈现持续发展和上升的趋势。但在美国人口数量较快增长的同时，美国人口结构也在发生根本性的变化。作为人口增长主力的大量拉美移民及后代的受教育程度较低，英语水平较低，使美国人口的总体质量呈现下降的长期趋势。人口质量和素质的下降，势必影响到美国产品和服务在全球的竞争力，从根本上导致美国的实力、国际地位和影响力在21世纪上半期及以后呈下降的趋势。

【关键词】美国社会　美国经济　人口

20世纪七八十年代，由于中国、印度等发展中国家人口增长过快和贫穷落后，世界范围内出现否定多人口的倾向，认为人口众多是国家力量的负数。但20世纪90年代以来，中国、印度经济的持续快速发展，又使全世界看到人口众多在造成一定的负面影响的同时，仍是一个国家经济社会

---

* 本文为教育部哲学社会科学基地重大项目的一部分，笔者感谢教育部哲学社会科学重大项目及复旦大学美国研究中心对该项目研究的支持。

** 楚树龙，时任清华大学公共管理学院教授；方力维，时任清华大学公共管理学院在读博士研究生。

发展的必要条件。因为自从20世纪大危机诞生凯恩斯经济学说以来，全世界都承认相当数量的人口规模仍是生产和消费的必要条件。特别是世界经济转向"消费带动生产"、"消费决定生产"的时代以后，较大数量的人口规模就成为经济长期持续发展的基本条件。可以毫不夸张地说，较大数量的人口仍是21世纪世界发展的基本和必要条件。

在发达国家中，美国是唯一人口仍在增长，甚至是较为快速增长的世界主要经济体，这也是美国经济长期在发达国家中增长最快的主要原因之一。在西欧、俄罗斯、日本等西方和世界主要国家和地区呈人口下降、经济社会发展呈长期停滞趋势的情况下，西方世界唯有美国在21世纪呈人口持续快速增长趋势，同时人口结构和质量也在发生显著变化。这一人口数量和质量两方面的变化趋势必然对美国经济、社会和政治的发展产生重大而深远的影响。

一　人口数量呈长期较快增长趋势

根据美国人口普查局（Census Bureau）公布的人口统计资料，2004年美国人口增加了280万，即1%；到2006年10月17日，美国人口达到了3亿，成为继中国、印度之后的世界第三人口大国。

美国人口从1950年到2006年增长了1倍，即增加了1.5亿。在21世纪头6年中，美国人口增加了2000万，其中60%是国内自然增长，40%是外来移民。

"事实是，我们看见人口急剧增长。"美国环保杂志《E杂志》编辑、人口学家吉姆·摩塔瓦力（Jim Motavalli）如此评论道。而且，人口专家担心，美国如果保持此人口增长的速度，在2050年之前，总人口数就将增至4.2亿，而在21世纪结束前，人口总数更可能翻两番。①

人口普查局将人口的急剧增长归因于良好的生育率和持续增加的移民人数。统计显示，在美国每8秒钟就有一名新生儿出世，而每26秒钟就有一名新移民踏上美国领土。"以此速度，在22世纪来临前，美国人口可能高达10亿，而其中将有2/3会是移民，"人口普查局发言人罗伯特·伯恩

① Haya El Nasser, "U. S. Growth Spurt Seen by 2050," *USA Today*, February 12, 2008, p. 3A.

斯坦（Robert Bernstein）指出。[①]

美国人口普查局2008年8月预测，美国人口在2039年将超过4亿，2050年达到4.39亿。美国皮尤研究中心2008年2月发表的报告也认为，美国人口到2050年时会达到4.38亿。

二 人口结构的变化

现在美国3亿多人口中，1/3是“少数民族”，即1亿拉美、黑人、亚洲和美洲土著居民；现在美国5岁以下的儿童中，约有一半是少数族裔。移民现在占美国人口的12.4%，1860年至1920年移民最高峰时期占14%。现在移民总数为3570万人，比2000年增加了1.3%，10年后将占总人口的40%。

美国人口增长的主要原因是移民及移民的出生率，占增加人口的82%。外来移民是美国人口增长的重要因素之一。由于近10年来美国白人出生率和死亡率都降到一个较低水平，大量移民的到来对美国人口的规模、分布和构成影响巨大。1990年至2000年，进入美国的移民近1100万，占美国人口增长的1/3。从2000年至2005年，美国国内出生于外国的人口增长率是16%。

据联合国统计，美国拥有全球20%的移民。在1900年至2005年的15年中，美国吸引了全球新移民的75%，即1500万人。排在美国之后的是德国和西班牙，各自吸收了400万新移民。[②]

人口普查局2008年预测，从2008年到21世纪中叶，美国人口族裔结构将发生重大变化，白人在美国总人口中的比例将从目前的66%下降到46%，少数族裔将从目前的1/3上升到54%。其中，拉美裔增长最快，人口将增加1倍，达到人口总数的29%，从目前的4279万增加到1.328亿，几乎是目前的3倍，届时每3个美国人中就将有1个是拉美裔。非洲裔增速较慢，将从目前的4110万增加到6570万，占人口比例由现在的14%上升到15%。亚洲裔人口将从1550万增加到4060万，占总人口

① 《2004美国人口近3亿：中西部、沿海各州成长最快》，2005年1月4日《华盛顿观察》。

② Elizabeth Kelleher, “Foreign Born in the United States Becomes More Dispersed,” *Washington File*, August 16, 2006, pp. 7 – 8.

比例从5.1%上升到9.2%。此外，印第安人、阿拉斯加土著、夏威夷土著和其他太平洋岛民将从600万增加到1120万。混血人口将从520万增加到1620万。[①]

1970年，近99%的美国人被确定为白人或黑人。30年后，这一百分比降低到约87%，其中白人人口由1970年的87.4%降到2000年的75.1%，同一时期，黑人人口由11.1%增长到12.3%。白人人口的变化与“其他族裔”人口的增加相抵，后者由1970年的1.4%增加至2000年的12.5%。

美国非拉美裔白人的数目正在减少。20世纪80年代，美国黑人的人口增长了13%，美洲土著人增长了39%，拉美裔人增长了53%，亚洲裔增长了108%，而同一时期白人人口只增长了6%。[②] 白人人口2000年占人口总数的70%，2005年减少至66.8%。非拉美裔白人占总人口的比例在1990年为75.6%，而2009年人口普查时已降到69.1%。这一下降在城市中尤其明显。在全美100个最大城市中，非拉美裔白人1990年占总人口的52%，在其中30个城市中居于少数。到2000年，他们在总人口中的比例降到了44%，在其中48个城市中居于少数。1970年时，非拉美裔白人曾占美国人口的83%，为压倒性多数，而人口学家们预言他们到2040年时将降为少数。[③]

目前，在全美范围内，加利福尼亚、得克萨斯、夏威夷、新墨西哥州及首都华盛顿的少数族裔人口已经超过了白人人口。在马里兰、佐治亚和内华达，白人的比例都低于60%。在所有的州里，只有西弗吉尼亚和夏威夷的白人数量在增长。[④]

美国的宪政体制在过去200多年中基本保持了稳定，而同期美国的人口构成却发生了巨变。1790年第一次人口普查结果显示，美国当时拥有

① 马小宁：《本世纪中叶白人在美国将不再过半》，2008年8月17日《人民日报》，第3版。

② Susan Welch, *John Gruhl and John Comer*, *American Government*, 8th ed. (Wadsworth, 2001), pp. 517－518.

③ 塞缪尔·亨廷顿：《我们是谁？美国国家特性面临的挑战》，程克雄译，新华出版社，2005，第258页。

④《美国总人口本月过3亿》，2006年10月6日《新世界时报》第59版；李宏伟：《美种族多样性创新高》，2006年8月17日《环球时报》第4版。

390万人口。[1] 自20世纪60年代以来，美国的外来移民人数直线上升。从每10年的移民绝对数看，1961～1970年仅为332.1667万人，1971～1980年为449.3314万人，1981～1990年增加到7338.623万人。1990年美国将合法移民的限额从27万人提高到70万人，而1991～2000年合法移民总数（包括限额外批准入境的人数）达到了909.5417万人。从20世纪60年代至90年代，美国的外来移民增加了174%。20世纪60年代，进入美国的移民为330万人；从1990年代起，每年非法与合法移民人数高达百万。[2]

国外出生的人在美国人口中所占的比例，1960年为5.4%，而在2002年已增长到11.5%。从1990年至2000年的10年中，外国出生的美国人增长了57%，从1980万人增加到3110万人。

在20世纪最初20年获准进入美国的1450万移民中，85%来自欧洲，其中大部分来自南欧和东欧，这与20世纪最后20年的情况形成鲜明的对照：几乎同样比例的移民来自亚洲、拉丁美洲、加勒比地区和非洲国家。

移民情况年年不一样，但到21世纪之初仍毫无减退迹象。由此可见，美国正面临着一个历史上不曾有过的新情况，即移民数量持续保持高水平增长。[3]

反恐战争、美国经济走弱及减少签证申请待办数量已经产生影响，使合法移民和非法移民的总数从2000年3月至2001年3月的240万人，降到2001年3月至2002年3月的120万人。[4] 但据美国移民研究中心发表的报告，在2000年至2005年的5年内，美国经历了有史以来最大的移民潮，共接纳了790万合法与非法移民。这5年是美国移民数量增长最快的时期。移民人口最多的来源国是墨西哥，墨西哥裔移民数量已达到1080.5万。来自中国的移民人数位居第二，总数为183.3万人，其中包括来自中国大陆、中国香港和中国台湾的移民。截至2005年3月的统计数据显示，有3520万外国人居住在美国，创下了历史新高，相当于1910年移民高峰期1350

---

① 卢瑟·路德克主编：《美国的社会与文化：构建美国》，王波、王一多等译，凤凰出版传媒集团、江苏人民出版社，2006，第2页。

② 塞缪尔·亨廷顿：《我们是谁？美国国家特性面临的挑战》，程克雄译，第151页。

③ 塞缪尔·亨廷顿：《我们是谁？美国国家特性面临的挑战》，程克雄译，第164页。

④ 塞缪尔·亨廷顿：《我们是谁？美国国家特性面临的挑战》，程克雄译，第164页。

万人的2.5倍。在新近合法移民中，55%来自拉美，30%来自亚洲，15%来自欧洲。5年中来自欧洲的移民减少了29.4%。[①]

出生于国外的美国人占了25～54岁美国居民人数的大多数。在最积极的社会居民群体中，“新美国人”几乎占了59%，比土生土长的美国人多出近16%。[②]

美国人口增长一定程度上要归功于拉美裔的高出生率。在其他发达国家和地区，如欧洲和日本，都存在着人口减少和老龄化的问题，但美国在这方面却没有那么严重的问题。美国人的年纪也较轻。全美人口平均年龄为36岁，而拉美裔为27岁。由于人口年龄较轻，他们的出生率增长很快。2004至2005年度全美有80万拉美裔婴儿出生，拉美裔新移民有50万人，人口增长率达3.3%，占同期美国人口增长的一半。[③]

1970年至2000年，拉美裔移民大约占美国大陆全部外来移民的一半。而在20世纪90年代的10年间，拉美裔移民的半数以上来自墨西哥。据估计，到2040年，拉美裔将占美国总人口的25%。2002年美国非拉美裔白人的生育率为1.8%，黑人为2.1%，拉美裔人为3.5%。《经济学家》周刊评论说：“这是发展中国家的特点，随着大批拉美裔人在一二十年内进入育龄高峰，拉美裔人在美国人口中所占的比例将猛升。”[④]

近些年来，拉美裔在美国人口比重中增长最快，从1982年占美国人口的7.5%增长到2002年的13.8%；亚洲裔人口则从1.9%增长到4.2%。黑人2005年的人口增长只有1.3%，比拉美裔和亚洲裔低。

据统计，1960年，在美国以外出生的人按其原籍分类，最多的是来自以下5个国家：意大利125.7万人、德国99万人、加拿大95.3万人、英国83.3万人、波兰74.8万人。而在2000年，排名前5国则是：墨西哥784.1万人、中国139.1万人、菲律宾122.2万人、印度100.7万人、古巴95.2万人。可见，在这40年间，在美国之外出生的人口大增，居前5

① 陆乐等：《移民减少，美国吸引力下降》，2008年9月28日《环球时报》第7版。

② 粟德金：《移民问题：尖锐的对立面》，2006年3月29日《华盛顿观察》。

③ 《美国总人口本月过3亿》，2006年10月6日《新世界时报》第59版；Michael Jay Friedman, “Minority Groups Now One-Third of U. S. Population,” *Washington File*, July 12, 2006, pp. 8 – 9.

④ 塞缪尔·亨廷顿：《我们是谁？美国国家特性面临的挑战》，程克雄译，第186页。

位的由欧洲人和加拿大人变成了亚洲人和拉美人，而其中墨西哥人又占压倒多数。他们在 2000 年全部国外出生的人口中所占的比例高达 27.6%，居第二位和第三位的中国人和菲律宾人只分别占 4.9% 和 4.3%。①

这一以西班牙语为日常用语、以墨西哥人为代表的移民浪潮，正在悄悄地改变着美国各地的面貌和人口结构。根据美国最近的人口普查统计，拉美裔人口已超过 4000 万，占美国总人口的 14%，取代非洲裔美国人成为美国最大的少数族裔，其中包括数目庞大的非法移民。他们在语言、文化、宗教背景和生活习惯上与来自欧洲等地的老移民截然不同，对白人主体文化形成强大的冲击。②

三　人口年龄和地区分布变化

近年来，美国人口在年龄和地区分布方面发生了一些变化。

首先，人口老龄化。同其他现代社会一样，美国也出现了人口老龄化的趋势。但由于美国人口结构的改变、移民人口的大规模增加，加之移民人口相对年轻，使美国的人口老龄化趋势较之欧洲、日本等发达国家不明显、不严重，这在发达国家中是少见的，甚至是仅见的。

21 世纪初，美国 65 岁以上的老人占人口总数的 12%。其中 85 岁以上的有 500 万人。2004 年出生的美国婴儿预期寿命为 77.9 岁，在世界排名第 42 位，20 年前为第 11 位。

从年龄结构上看，美国的外来移民大多数较年轻，近 20 年外来移民的平均年龄一直在 30 岁左右，而 65 岁以上的移民仅占 3.96%。

其次，人口地区分布变化。根据美国人口统计局的数字，从 2000 年 4 月到 2006 年 7 月，共有 180 万人离开了美国东北部，110 万人离开了中西部。同时，有 260 万美国人从其他地区迁移到美国南部。在同一时期，有 160 万移民进入东北部，100 万移民进入中西部，240 万移民进入南部。国内人口迁入和移民人口使南部人口在 5 年中增长了近 9%。③

① 塞缪尔·亨廷顿：《我们是谁？美国国家特性面临的挑战》，程克雄译，第 185 页。

② 张焱宇：《移民版的“我有一个梦想”》，《世界知识》2006 年第 10 期。

③ N. C. Aizenman, "Area Population Losses Offset by Immigrants," *The Washington Post*, December 22, 2006, pp. A1, A12.

美国人口的增长并不集中在沿海大城市，而是在南部、西南部和中西部各州。人口增长的地区从过去的大城市转向小城市和边缘城市。小地方的人口增长占了21世纪以来美国人口增长的一半。这与20世纪90年代有很大的不同。人口普查局资料显示，人口增长最迅速的是内华达州，增长率高达4.1%。这也是有“赌博者天堂”之称的内华达州连续第18年位居人口增长之首。另有4个西南部和中西部州也在人口增长前10名之列，它们分别是第二名的亚利桑那州、第四名的爱达荷州、第七名的犹他州及第十名的新墨西哥州。

人口调查显示，幅员辽阔、生活负担轻、户外环境上佳是这些西部偏远各州吸引人移居的原因。但同时，美国民众迁居的最主原因还在于“良好的天气和工作机会”，这也是佛罗里达州成为美国人口成长第三快的州的原因。除此之外，其他人口增长快速的州也都在南部地区，包括第五名的佐治亚州、第六名的得克萨斯州和第九名的北卡罗来纳州。这些人口增长最快的前十州几乎占了美国2004年人口增长的一半。

2004年美国人口普查指出，加利福尼亚州仍然是美国人口最多的州，有近4000万人，其次是得克萨斯州，有2250万人。排名第三的纽约州有1920万人。美国人口最多的前10州人口总和超过全国人口的一半，占了54%。此外，美国南方各州的人口总和已经占了全国的1/3（36%），西部和中西部各占23%和22%，而东部仅占全美国人口的19%。

越来越多的美国人从东、西两岸沿海城市搬迁至房价和生活费用较低的内陆地区。近年来加利福尼亚每年都要流失10万人口。许多居民选择将手中快速增值的房子出售，搬到房价等价格相对较低廉的州，如亚利桑那、华盛顿和俄勒冈。美国国家住房联合会近期的资料显示，旧金山平均房价为70.5万美元。要在旧金山买这样一栋房子，一个家庭必须年收入22.3万美元，而旧金山小学教师的年薪为5.3万美元。相比之下，凤凰城一栋房屋的平均价格只有19.3万美元，只要年薪达到6.1万美元的家庭就能负担得起。一名小学教师在凤凰城的年薪虽然只有4.5万美元，稍低于旧金山，但对一个双薪家庭而言，拥有自己的房子不再遥不可及。[①]

从2000年至2005年，美国南方人口增长比其他地区更快，直到现在，

① 张帆：《美国人如何应对高房价》，《世界知识》2006年第16期，第68页。

其人口的增速也没有放缓的趋势。这是由于中西部或一些北方州的税收高，而南部各州的税收和消费水平偏低，因此促进了人口流动。一些南方州如佐治亚和佛罗里达人口增长快；而在中西部尤其是大型的老工业城，如密歇根州的底特律、纽约州的水牛城，却面临着相反的人口发展态势。

外来移民主要分布在西部和南部地区，移民人口增长最快的地区是东南部。1988 年至 2002 年，分布在美国西部、南部、东北部和中西部地区的外来移民依次为 567.5371 万人、36.338 万人、351.4071 万人和 152.5918 万人，分别占外来移民总数的 39.16%、25.05%、24.25% 和 10.53%。同期接受外来移民最多的 10 个州依次是加利福尼亚（456.1693 万人）、纽约（200.1439 万人）、得克萨斯（126.5587 万人）、佛罗里达（114.2382 万人）、伊利诺伊（70.3299 万人）、新泽西（69.7483 万人）、马萨诸塞（33.8103 万人）、弗吉尼亚（28.1252 万人）、华盛顿（27.4255 万人）和马里兰（25.8139 万人）。

亚洲裔人口主要居住在美国的西岸和东北部。其中西岸为 49%，东北部为 21%。以州计算，2007 年亚洲裔人口多数住在加利福尼亚州、纽约和夏威夷，分别是 420 万、120 万和 70 万。[①]

在 2000 年至 2005 年到达美国的 500 万移民中，58% 居住在 6 个传统移民地区：加利福尼亚、得克萨斯、佛罗里达、纽约、新泽西和伊利诺伊。加利福尼亚州吸引了 21% 的新移民。在 20 世纪 80 和 90 年代，这 6 个州吸引了 80% 新移民，加利福尼亚州一州吸引了 35%。同期移民增长幅度超过全美平均两倍的州还有南卡罗来纳、佐治亚、阿拉巴马、密西西比、阿肯色、田纳西、肯塔基、内布拉斯加和新罕布什尔州。

新移民的目的地比以前更多了。现在前往传统的落脚地纽约和加利福尼亚的移民少了，更多的人来到“新定居地州”，如佐治亚州、北卡罗来纳州、艾奥瓦州、犹他州和特拉华州。

美国大都市人口日渐流失。在 20 世纪 90 年代，持续几十年人口减少的美国大都市随着外来移民的涌入和新潮咖啡馆、餐厅和住所的兴起，曾经重现生机。但是好景不过维持了 10 年。2005 年 5 月 30 日发布的人口普查估计，超过 24 个在过去 10 年中曾迅速发展的大城市目前正处于衰退中。

① 《美国亚裔人口中华人最多》，2008 年 1 月 25 日《环球时报》，第 22 版。

快速成长的城郊地区向人们提供了越来越多的服务型职业，而适中的房价也是吸引外来移民搬到这里的原因，虽然他们一开始是在大都市的市中心发展起自己的事业。

“一个重大变化是，人们开始从城市中搬出来了。对很多人而言，大都市是他们落脚的一个中转站，没有人知道20世纪90年代大都市的辉煌期还能延续多久，”布鲁金斯学会人口学家威廉姆·弗雷（William H. Frey）说，“但我们显然是在朝着和那时不同的方向发展”。①

在半个世纪前的20个最大的城市中，有16个城市的人口在减少。底特律、克里夫兰、匹兹堡、圣路易斯、水牛城等人口50年间减少了一半，费城减少了1/3。

2004年7月至2005年7月人口增长最快的城市是埃尔克格罗夫（Eikgrove），在加利福尼亚州萨克拉门托南部，一年内人口增长12%，达11.2338万人。以下依次为内华达的北拉斯维加斯，增长11.4%，佛罗里达的圣卢西亚港（Port St. Lucie）增长11%，亚利桑那州的吉尔伯特（Gilbert）增长11%，佛罗里达的科勒尔角（Cape Coral）增长9.2%，加利福尼亚州的莫雷诺谷（Moreno Valley）和兰乔库卡芒加（Rancho Cucamonga）分别增长7.3%和6.4%，佛罗里达的米拉马（Miramar）增长5.2%，亚利桑那的钱德勒（Chandler）增长4.9%，加利福尼亚州的欧文（Irvine）增长4.9%。人口减少较多的城市是：弗吉尼亚州的诺福克减少2.3%，圣路易斯减少1.8%，俄亥俄州的辛辛那提减少1.6%，北卡罗来纳的费耶特维尔（Fayetteville）减少1.6%，波士顿和佛罗里达的海厄利亚（Hialeah）分别减少1.5%，底特律和新奥尔良都减少1.4%，匹兹堡和克利夫兰减少1.3%。在美国前10位大城市的排序中，得克萨斯州的圣安东尼奥取代圣迭戈成为第七大城市，人口达126万。凤凰城第五，费城第六。50万人口以上增长较快的7个城市中有4个在得克萨斯州，它们是沃思堡、圣安东尼奥、奥斯汀和埃尔帕索。②

中西部城市受挫最大。在人口超过100万的全美251个大都市中，有68个在2000年到2004年人口缩水。而在20世纪90年代时，只有36个城

① 李焰：《美国大都市人口日渐流失》，2005年7月20日《华盛顿观察》。

② Rick L. Lyman, “Surge of Population in the Exurbs Continues,” *New York Times*, June 21, 2006, p. A10.

市出现了这种情况。20 世纪最后 10 年里，只有 1/3 的城市人口减少，而现在加入这一行列的城市却高达 60%。南部和西部也曾出现这种情况，其中包括加利福尼亚州重镇旧金山和奥克兰。

人口学家将这一衰退归因于这些城市高企的房价和高科技经济泡沫的破灭。弗雷说，即使是发展迅速的美国新兴城市，扩张步伐也放慢了。在这 10 年中，芝加哥人口减少了 3.4 万人，但主要是因为拉美裔移民的外移。拉美裔家庭开始大批离开城市，到郊区享受更安全的居住环境，并为子女提供更好的学校。一些年轻的单身移民甚至直接到城郊落脚，那里能为他们提供越来越多的建筑、清洁和其他服务行业的工作机会。

密歇根州最大的城市底特律人口流失之严重，已经影响到它在整个美国的地位。底特律现在的人口缩减到 90.0198 万人，被硅谷中心圣何塞挤出了前 10 大城市。这种人口趋势对整个密歇根州来说都是件悲哀的事情。

东海岸呈现多样化。相对于西部而言，美国老牌工业基地东北部的大都市算是景况尚好。新泽西州的纽瓦克和纽约市都在沉寂了几十年后有所反弹。特别是纽约，自 2000 年起城市规模一直持续发展。但是像费城和克利夫兰等却更早现出“明日黄花”的惨境，人口缩水的趋势从未停止。巴尔的摩和首都华盛顿的人口调查也显示，这两个城市自从 20 世纪 50 年代起人口就一直在缩水。

在 21 世纪的第一个 10 年中，美国城市人口流失的趋势已成定局。这是第二次世界大战后美国城市发展的大趋势，所谓 20 世纪 90 年代的城市复苏，也只是这长期衰退中的昙花一现罢了。如果这一趋势延续下去，到 2010 年在美国人口超过 100 万人的大都市中，将有 3/4 不如 20 世纪 90 年代。

四　人口结构变化对美国的深远影响

美国人口结构变化主要体现为移民人口和移民出生率的增加及与之相应的美国白人人口的减少。移民对美国经济、政治、社会、文化有多方面的影响。但一个不可争议的事实是，移民是美国近几十年和未来人口增加的主要来源，而人口的快速增长是美国经济和社会发展的主要动力之一。

据美国移民局估计，现在有 900 万个没有合法身份的移民住在美国。①关于移民问题，美国国内的讨论大体有两种论点：一种是“移民有益论”，另一种是“移民有害论”。“移民有害论”的一个论点是，外来移民增加了美国本地人的经济负担。他们无论如何都是靠当地人养活的。移民夺取了当地居民的工作，强迫国家为他们的子女上学支付学费，为老人和不具备劳动能力的人支付退休金等。负责管理外来移民工作的官员的薪金也是由当地纳税者提供的。

笔者认为，移民对美国的影响是多方面的，难以一概而论。

首先，外来移民加速了美国种族的多元化。20 世纪 70 年代以来，随着来自欧洲的移民的减少和来自亚洲、拉美的移民增加，美国有色族裔的人口增长速度一直比较快，其占美国总人口的比例一直在上升，而白人所占比例持续下降。外来移民人口的持续增加，以及移民来源地的日益多元化，使美国人口的种族格局进一步呈现“多姿多彩”的特点，这的确对主要由信仰新教的盎格鲁—撒克逊白人构成的主流社会产生了一定的冲击。美国布朗大学社会学教授、人口学家约翰·洛根（John Logan）认为这种变化是积极的。他指出，“更多的拉美裔移民和更多的亚裔移民的确是在改变美国社会，这是一个积极的改变。美国曾经是个黑人和白人对立的社会，拉美裔和亚裔人口的增长在一定程度上模糊了黑白两大族裔的鲜明界限，给美国社会带来了多样性。这是一件好事。”②

其次，外来移民丰富了美国文化。来自世界各地的移民大量进入美国，也丰富了美国宗教、语言、音乐、饮食、节日等文化的内涵。在语言方面，由于拉美、亚洲移民的大量涌入，美国居民中讲西班牙语或亚太语言的人也越来越多。2000 年美国人口普查结果显示，美国居民 5 岁以上人口中多达 4695.2 万人在家讲英语以外的语言，占 5 岁以上人口的 17.9%，其中讲西班牙语言的人口给一些学校的教学体系带来了压力，但同时也丰富了学生对非西方文学和艺术的了解。在音乐方面，来自亚洲和拉美的移民也带来了一些新的音乐文化。

再次，外来移民是美国经济发展的动力。移民进入美国，势必对美国

① 《美国非法移民纳税积极》，2003 年 4 月 15 日《华盛顿观察》。

② 李焰：《突破三亿大关，美国为人口增长拍手称快》，2006 年 10 月 25 日《华盛顿观察》。

经济带来重大影响。人口的增长刺激了拉美裔企业的发展。从 1997 年至 2001 年，拉美裔企业在全美的拓展速度以 34% 领先于亚洲裔（32.1%）和其他少数族裔，并高于白人企业的 27.4%。

外来移民对美国经济的影响主要体现在劳动力供应、消费市场、教育及科研等方面。在劳动力供应方面，外来移民一直是美国劳动力大军的重要来源，而且外来移民占美国新增劳动人口的比例一直在上升。20 世纪 70 年代外来移民占美国新增劳动人口的比例为 10%，80 年代上升到 25%，而 90 年代美国新增劳动人口中有一半是外来移民。美国东北大学劳动市场研究中心于 2002 年 12 月初发表的调查报告显示，20 世纪 90 年代美国经济增长强劲，外来移民功不可没。该调查报告认为，外来移民不仅弥补了美国若干地区劳动力不足的缺口，也改变了美国劳动人口及若干产业的结构。该中心进行的调查显示，1990 年至 2001 年，迁居美国的 1300 万合法与非法移民中，有 800 万人进入劳动市场，也就是说他们不是在工作，就是在找工作。而马萨诸塞研究所与公民银行在马萨诸塞州联合进行的一项题为“劳动力的变革：移民和马萨诸塞州的新经济”的研究，也证实了外来移民对马萨诸塞州劳动力增加所起的“意义非凡的作用”。该研究报告显示，从 20 世纪 80 年代中期到 1997 年，外来移民在马萨诸塞州的民用劳动力增长额中所占比重高达 82%。该报告估计，如果不是移民涌入使得工厂保持活力，新英格兰现在的从业人数会比 1990 年少 20 万人。到 90 年代后期，移民已占据许多蓝领行业劳动大军的主导地位，尤其是对制造业的生产和输出至关重要的行业。在技术型制造行业，移民被雇佣的几率是出生于美国的人口的两倍。作为制造工、装配工、机器操作员这些维持工厂运转的工种，外来移民被雇佣的几率是土生土长美国人的 3 到 5 倍。该报告认为，“在专业领域，移民也要比土生土长的美国人出色。移民成为大学教师的几率比后者高两倍。移民中超过 2% 的人拥有这种职位，而土生土长的美国人有这些职位的人不到 1%”。①

由于近年来美国生育率下降，美国已开始向老龄化社会发展，宽松的移民政策将有利于缓解美国劳动力市场的压力，促进美国经济繁荣。

在消费市场方面，外来移民是一个大的消费群体，他们不但是一般消

① 李焰：《突破三亿大关，美国为人口增长拍手称快》，2006 年 10 月 25 日《华盛顿观察》。

费品的购买者，更是房地产的重要购买者。2000 年 1 月，美国亚历克西斯·托克维尔研究所（Alexis de Tocqueville Institution）公布的一项研究表明，移民的到来，促使首都华盛顿及周边的房地产集中地区的房地产价格上升 13.8%，远远高于全市 2.7% 的平均增幅；在弗吉尼亚州北部和马里兰州，在外来移民数量增加 113% 的同时，房地产价格上扬了 37.5%；而在外来移民数量很少或者没有外来移民的地区，房地产价格则出现了下滑。该研究报告显示，在外来移民数量下降最多的 10 个居民区，外来移民人口平均下降 39%，房地产价格则平均下降了 7.6%。①

移民还在一定程度上降低了美国一些地区的失业率，促进了美国的产业成本的降低。在美国，外来移民比率最高的那些城市显示出最低的失业率和经济的高速发展。这些城市包括纽约，其 43% 的居民出生在国外，还有 9.2% 的纽约市居民出生在移民家庭。再如洛克—安杰列克，1/10 的居民不久前才来到美国。移民潮事实上帮助美国当地居民降低了失业率，外来移民通常情况下愿意干当地人不愿做的工作，并情愿得到较少的工资。这使当地的生产者降低了生产和服务成本，有利于美国应对全球化条件下的激烈竞争。

在教育及科研方面，外来移民的贡献更加突出。一方面，外国学生到美国留学本身就是一种教育消费。1976 年在美国高校注册的外国学生仅有 17.9 万人，而到 1990 年和 2001 年却分别增加到 38.7 万人和 54.8 万人，其中读工程、科学和商学的人占了近一半。据美国国际教学研究所（The Institute of International Education）的报告，2001 年至 2002 学年度，在美国高校注册的外国学生高达 58.2996 万人，其中以来自印度和中国内地的留学生最多，分别为 6.6836 万人和 6.3211 万人，来自韩国、日本、中国台湾和加拿大的留学生人数紧随其后。这些外国留学生大多进入收费较高的私立学校。该报告说，外国留学生每年对美国经济的贡献是 120 亿美元。同时这些留学生中不少人毕业后都留在了美国，可以说是给美国提供了大量“免费人才”。另一方面，外来移民的受教育程度呈现两极分化的特点。虽然外来移民中未完成高中学业的人的比例较美国出生人口的相应比例高，但移民中受过高等教育的人的比例也明显较美国出生人口的相应比例

① 李焰：《突破三亿大关，美国为人口增长拍手称快》，2006 年 10 月 25 日《华盛顿观察》。

高。2002 年 3 月，美国人口普查局进行的调查统计显示，虽然外来移民中未完成高中学业的人的比例较美国出生人口的相应比例高出 18 个百分点，但外来移民中受过高等教育的人的比例较美国出生人口的相应比例高了 6 个百分点。[①]

外来移民的受教育程度也直接影响其所从事的职业。正如美国敦山大学区域经济研究学院经济学家巴苏所说，尽管 20 世纪 90 年代到美国的移民中有 1/3 以上的人属蓝领阶层，但是几乎每 4 人中就有 1 人从事科技、管理、制造等专业性工作。亚历克西斯・托克维尔研究所在 1996 年的研究中采用了一项著名的技术革新统计指标——新专利的公布，来衡量外来移民的发明和创新精神。该研究所从美国公布的专利中随机抽出 250 个专利进行调查。他们发现，其中有 19% 的专利权是授予外来移民或外来移民的美国出生者联手发明的项目。这一比例数是外来移民所占美国总人口比例的两倍。该研究发现，其中 4 位外来移民的发明提供了 1600 多个工作机会。

2001 年，在从美国大学毕业的硕士生中，非美国居民占了 13%，在博士生中，他们占到了 24%。这个数字在理工科更高。比如，计算机专业的硕士和博士毕业生中，有将近一半是外国人。据美国国家科学院的报告显示，在美国大学取得科学领域博士学位的毕业生中，将近 1/3 是外国学生；这个比例到了工程领域则更大，有过半的毕业生来自外国。1987 年，有 49% 的外国学生在拿到博士学位后留了下来，而到 1999 年，这个数目增加到 71%。

最后，外来移民对美国政治生活产生了一定的影响。移民问题向来是美国政坛讨论的一个重要话题。以拉美裔为例，1951 年至 1998 年进入美国的拉美移民多达 1043.99 万人，占美国外来移民总数的 42.99%，结果拉美裔适龄选民人数急剧增加，从 1972 年的 560 万人猛增到 2000 年的 2160 万人，拉美裔的政治影响力由此可见一斑。民主测验专家本迪克森（Sergio Bendixen）认为，“2000 年选举的最大新闻是新移民选民的激增——外国出生者政治影响的上升，200 万来自一个特别的选民集团（拉

① 李焰：《突破三亿大关，美国为人口增长拍手称快》，2006 年 10 月 25 日《华盛顿观察》。

美裔）的特大选票具有非同寻常的意义”。[①]

在通常情况下，外来移民有激情，具有从事经济活动的主动性。他们带来了特殊的知识和技能，这使他们能够在美国获得成功。家庭成员至少有一位在亚洲出生的美国家庭年平均收入是4.19万美元，不仅超过所有其他在外国出生的美国人，甚至超过在美国出生的美国人家庭年均收入的3万美元。如来自亚洲的移民家庭的平均收入要比土生土长的美国人的平均收入高出近10%。

移民数量的庞大及其种族背景的差异，使得美国人产生了民族认同的危机感。据统计，迈阿密市是美国50个州之中拉美裔色彩最浓的大城市。30多年间，在迈阿密市说西班牙语的人已经占绝对优势，从根本上改变了迈阿密市的人口种族构成和文化、政治及语言。[②] 到2000年，在迈阿密市生活的国外出生的人口中，96%的人来自拉美和加勒比海地区，其中除了海地人和牙买加人以外，全都说西班牙语。迈阿密市2/3的人为拉美裔，半数以上是古巴人及其后裔。2000年，迈阿密市居民中有75.2%的人在家里不说英语（这一比例在洛杉矶为55.7%，在纽约为47.6%）。迈阿密市在家里不说英语的人当中，有89.3%是说西班牙语。2000年，在国外出生的人占迈阿密市居民的59.5%（这一比例在洛杉矶为40.9%，在旧金山为36.8%，在纽约为35.9%。其余大城市中，这一比例均在20%以下）。2000年，自称英语流利的迈阿密成年人只有31.1%，而这一数字在洛杉矶为39.0%，在旧金山为42.5%，在纽约为46.5%。[③]

这种情况使美国国内持续出现关于民族认同问题的讨论。外来移民是否接受美国社会的核心价值观，以及他们对美国主流文化是否会产生影响，成为关注的焦点。悲观的一方以塞缪尔·亨廷顿的《我们是谁？美国国家特性面临的挑战》为代表。这一派观点认为，新移民拒绝接受代表美国民族认同和政治文化基石的基本信念，正在挑战美国的主流文化，只有阻止西班牙文化和移民，美国才能保持文化和政治上的完整。

---

① 陈奕平：《当代美国外来移民的特征及影响分析》，2004年第5期《世界民族》。

② 塞缪尔·亨廷顿：《我们是谁？美国国家特性面临的挑战》，程克雄译，第205页。

③ 塞缪尔·亨廷顿：《我们是谁？美国国家特性面临的挑战》，程克雄译，第206页。

五 结论

总的来说，外来移民和美国少数族裔较高的出生率使美国人口数量保持了较快的增长，使美国人力资源优势得以保持，生产、消费得以较快增长，使美国作为世界上最大、最强的发达国家在21世纪初仍呈上升趋势。同时，外来移民和国内少数族裔人口的较快增长也使美国社会、文化、政治不断地多元化，美国的面貌在发生根本性的深刻变化。美国越来越成为一个多民族、多种族的国家和社会，白人人口比重在下降，社会结构和社会矛盾变得更加复杂。

美国人口结构的变化导致美国人口质量的重大变化。一方面，持续的较大规模的移民和发达的高等教育使美国继续吸引相当数量的海外优秀人才，保持了美国在高科技等领域的竞争优势；另一方面，由于移民和国内的人口增长大多是少数族裔，他们多数受教育程度低，英语水平低，这使美国人口的质量和素质下降，使美国人口和劳动力的总体素质有所下降，并导致美国制造业和服务业的总体水平呈下降趋势。近几十年来，美国在制造业，特别是在汽车、电子、机械等行业的产品竞争力不如德国和欧洲、日本、韩国等国家和地区的趋势，很大程度上不是美国科学技术、设计水平和劳工成本的问题，而是美国产品最终制成中的质量问题。尽管其高素质人才的创新和科技水平仍在上升，但近几十年来生活在美国和熟悉美国的人都明显感到美国的各行各业，如航空、饭店、电信、银行、交通、零售、餐饮等行业的服务今不如昔，服务水平和质量的下降不是服务设施硬件水平的下降，而是服务人员素质的下降。这对美国与其他国家力量对比的长期发展趋势、对美国的国力和国际地位及影响力的长期走势将产生根本性的影响。

先进和发达的教育是美国实现崛起和成为世界一流强国的一个重要因素。但多年来美国各种调查显示，在美国的以墨西哥裔为主的拉美移民的教育水平明显偏低。2000年的调查表明，出生于美国的成年人当中，中学毕业者占86.6%；在美国之外出生的成年美国人当中，中学毕业者所占的比例高低不等，欧洲裔有81.3%，亚洲裔有83.8%，非洲裔有94.9%，而拉美裔只有49.6%，其中墨西哥裔最低，只有33.8%。在1990年，墨西哥裔当中的中学毕业比例仅为整个国外出生者的比例的一半。[①]

1998年，全国拉萨协会（美国一个著名的拉美裔人组织）发现，拉美裔中学生退学率为3/10，而黑人退学率为1/8，白人退学率为1/14。2000年18～24岁的人口中，中学毕业以上水平的白人为82.4%，黑人为77%，拉美裔人为59.6%。[②]

与墨西哥移民的教育情况相似，2000年在美国国内出生的就业者中有30.9%的人是担任专业职务和经营管理职务的。其中，担任这些职务的人在来自不同地方的移民就业者当中的比例相差悬殊，墨西哥裔人担任这类职务的比例最小。其中加拿大裔46.3%，亚洲裔38.7%，欧洲裔38.1%，非洲裔36.5%，拉美裔12.1%，墨西哥裔6.3%。[③] 在处于贫困状态而依靠救济为生的人当中，墨西哥裔移民占的比例很高。1998年，在7个最大移民群体的贫困率中，墨西哥裔为31%，古巴裔为24%。[④]

可以得出结论，虽然移民和国内少数族裔出生率较高使美国人口数量持续相对地快速增长，美国没有出现大部分发达国家都出现的人口减少趋势，美国人口老龄化的程度与其他发达国家相比而言也并不严重，美国经济和社会得以维持较快的发展速度。但是，人口结构和质量的变化也使美国的优势逐步减弱，使美国的产品和服务在全球的竞争力呈下降趋势，并从根本上导致美国的实力、国际地位和影响力在21世纪上半期及以后呈下降的趋势。

（原载《美国研究》2009年第4期）

① 塞缪尔·亨廷顿：《我们是谁？美国国家特性面临的挑战》，程克雄译，第193页。
② 塞缪尔·亨廷顿：《我们是谁？美国国家特性面临的挑战》，程克雄译，第194页。
③ 塞缪尔·亨廷顿：《我们是谁？美国国家特性面临的挑战》，程克雄译，第195页。
④ 塞缪尔·亨廷顿：《我们是谁？美国国家特性面临的挑战》，程克雄译，第196页。

美国女权运动·女性文学·女权批评

金　莉*

【内容提要】本文从宏观的角度，厘清了美国女权运动、女性文学、女权批评各自的发展轨迹，探讨了三者在发展过程中的相互作用和相互影响，并论述了它们共同关注的主题。本文认为，美国女权运动的兴起与美国女性文学的第一次繁荣同步；美国女权运动的第二次浪潮引发了美国女权批判作为学科的发展，并促成了美国女性文学在20世纪后半叶璀璨的成就；自20世纪70年代以来，女权运动、女性写作和女权批评携手共进，成为美国文化与社会领域中不可忽视的力量，也为其带来巨大的变化。

【关键词】美国文化　女权运动　女性文学　女权批评

美国建国仅有200多年的历史，自殖民地时期开始，美国女性就生活在英国法律统治之下，殖民地从欧洲国家承继的男权文化传统，导致了这一新兴国家文化和社会中也有男尊女卑的现象，造成了两性不平等的现实。尽管与欧洲大陆的女性相比，由于地理环境的原因，美国女性有着更大的自由，但在很大程度上，女性仍然被视为二等公民，被剥夺了男性所享有的许多权利，丧失了女性的自我意识。因此，从美国建国之始，女性就开始了争取与男性平等权利的斗争。她们不仅开展了轰轰烈烈的政治运

* 金莉，时任北京外国语大学教授、全国美国文学研究会副会长。

动，也在文化和文学领域中表达了自己的诉求。她们长期以来的奋斗，已经给美国社会的方方面面带来了极大的变化。本文探讨了美国女权运动、女性文学和女权主义文学批评各自的发展轨迹，以及它们之间的相互影响，试图对于美国女性争取自身地位的提高所做出的努力，作出全景式的描绘。

一　女权运动

美国妇女与世界上其他国家的女性一样，长期以来生活在一个以男性为中心的社会里。虽然美国是个移民拓荒国家，女性在美国建国初期及之后的社会经济发展中也发挥过巨大作用，但美国女性仍然无法幸免于社会上根深蒂固的性别歧视。因此，早在建国初期，美国女性就已经开始反抗这种不平等的待遇，她们把家庭暴君等同于君主暴君，要求把女性的天赋人权也一同写进新建共和国的基本文件中去。美国第二任总统亚当斯的夫人阿尔盖比·亚当斯（Abigail Adams）在1776年时就曾经致信给丈夫，提醒他在新生的国家制定法律、法规的时候，不要忽视女性的权益。她写道："希望你们会在此时记住女士们，而且要比你们的前辈对待她们更为慷慨大度、更为友善。切切不要把无限的权力置于丈夫的手中……如果不给女士们以特殊的关怀和关注的话，我们就决心起来造反，并且决不会受到任何没有我们的声音、没有我们的代表的法律的约束。"[①] 亚当斯夫人的语言铿锵有力，表现出强烈的两性平等意识。

玛格丽特·富勒（Margaret Fuller）是一位高度关注女性地位和女性发展的19世纪女知识分子。她在1845年写出了美国第一部妇女问题专著《十九世纪妇女》（*Women in the Nineteenth Century*, 1845），提倡开发女性智力，论述两性平等对于社会和谐发展的益处。作为美国超验主义运动的一员，她将其倡导的浪漫主义观点用于女性。"我们会摧毁一切专制的堡

① Abigail Adams, "Letter to John Adams," March 31, 1776, *The Oxford Book of Women's Writing in the United States*, ed., Linda Wagner-Martin and Cathy N. Davidson, (Oxford: Oxford University Press, 1995), p. 491.

垒。我们将打通所有道路，让它们像对男性那样，自由地对女性开放。”[①] 富勒的论著为女性要求两性平等的观点提供了理论依据。

令人遗憾的是，在相当长的一段时间内，社会的主流意识没有把女性视为与男性享有同等权利的人。到19世纪中叶，美国妇女仍然没有选举权，婚后无权控制自己或子女的财产、不能立遗嘱，在未经丈夫许可的情况下，也不能签署法律文件或提出诉讼，她的地位只相当于一个未成年人或是奴隶。而正是女性地位与奴隶地位的这种内在联系，使得当时参与了美国废奴运动的女性认识到，她们必须依靠自己的力量，争取两性平等权利。

美国女权运动兴起于19世纪40年代，其标志为1848年在纽约州的塞尼卡富尔斯（Seneca Falls）召开的美国第一次妇女大会。在19世纪的废奴运动中，许多白人妇女也是积极的参与者，并发挥了积极作用。但正是在参与公共活动的过程中，像柳克丽霞·莫特（Lucretia Mott）、伊丽莎白·卡迪·斯坦顿（Elizabeth Cady Stanton）、格里凯姆姐妹（Sarah M. Grimke and Angelina E. Grimke Weld）这些具有正义感的女性，因为在社会上出头露面而遭受非议和排斥。1840年，去伦敦参加国际废奴运动大会的女性因其性别而被剥夺了在大会上发言的权利，引起了这些女性的极大愤懑。在反抗种族歧视的斗争中，女性深深感受到社会上同时存在着的性别歧视。女性要获得解放，必须组织起来争取获得被剥夺了的权利。

塞尼卡富尔斯妇女大会吹响了美国妇女争取平等权利的政治斗争的号角，而由斯坦顿起草的大会《观点宣言》（*Declaration of Sentiments*）具有讽刺意味地套用了杰斐逊执笔的《独立宣言》的结构、词句和语气：“我们认为下面这些真理不言而喻，即，所有的男人和女人都是生而平等的……人类的历史就是一部男人对于女人进行不断的伤害与篡夺其权利的历史，他们把建立一种绝对的暴君统治作为直接目标……他从不允许她行使她的有效选举权……他在婚后从法律上剥夺了她的公民权利。”[②] 大会宣言毅然把人生而平等视为两性共享的天赋人权，为美国女性争取自身解放的斗争拉开了序幕。这场被称为美国女权运动第一次浪潮的主导力量是中

---

① Margaret Fuller, *Woman in the Nineteenth Century (1845)* (New York: Norton, 1971), p. 37.

② Deborah L. Madsen, *Feminist Theory and Literary Practice* (London: Pluto Press, 2000), p. 6.

产阶级白人妇女，其主要奋斗目标在于解放妇女，使其获得政治权利。之后，斯坦顿与另一位杰出女性苏珊·B. 安东尼（Susan B. Anthony）于1869年建立了全国妇女选举权协会，这个协会与露西·斯通（Lucy Stone）后来创立的美国妇女选举权协会，在1890年合并成为美国全国妇女选举权协会，后来又更名为妇女投票者联盟。南北战争后，美国黑人男子终于获得选举权，但女性选举权问题仍未得到解决。女权主义者们在一切可能的场所进行抗议，组织了不计其数的游行。她们撰写各种宣传手册和其他资料，收集向国会请愿的签名。经过长达72年的不懈斗争，关于女性选举权的第19条宪法修正案最终在1920年得到国会的批准，美国妇女从此获得了投票选举权。缘于此，女权运动第一次浪潮也通常被称为“女性争取选举权运动”。

美国女权运动的第二次浪潮出现在20世纪60年代初期，也被称为“妇女解放运动”。参与这场运动的女权主义者针对的是当时社会上流行的各种形式的性别歧视。法国女权主义者西蒙·波伏娃（Simone de Beauvoir）发表于1949年的作品《第二性》（*The Second Sex*）被奉为女权主义的宝典，尤其是她在书中所说，“女人并非生来就是女人，而是后天才成为女人”，成为妇女解放运动中的名言。值得指出的是，美国女权运动的第二次浪潮仍然伴随着黑人争取平等权利的民权运动。美国黑人在抗议其在法律上获得解放一个世纪之后仍没有获得真正平等权利时，美国女性也在反思自己在获得选举权的几十年后的社会地位。而贝蒂·弗里丹（Betty Friedan）发表于1963年的《女性的奥秘》一书，[①] 则被视为20世纪美国妇女解放运动的开山之作。弗里丹在书中描绘了女性面临的“无名的困扰”，解构了社会所倡导的贤妻良母式的“理想女性”模式，呼吁女性走出家门，改变失去自我的生活，发挥她们的才智和潜能。她于1966年领导成立了“全国妇女组织”，组织妇女上街举行抗议活动，要求结束一切歧视妇女的行为，实现男女平等。1970年，在女性获得选举权50周年纪念日，美国女性在40个城市举行了大规模游行活动。在这场运动中，提高妇女对于性别压迫的觉悟，以及把个人经历视为政治问题的观点，成为

① Betty Friedan, *The Feminine Mystique, with A New Introduction and Epilogue by the Author* (New York, N. Y.: Dell Pub. Co., 1983).

第二次浪潮中女权主义早期的奋斗目标；[①] 平等权利、生育权利和职场的平等待遇，成为女权主义活动家大声疾呼的口号；性暴力、色情表演、色情作品等遭到女权主义者强烈的谴责。虽然妇女平等权利修正案至今未能通过，但美国妇女的性别意识已经大大增强，女性的社会地位也获得了较大提高。

女权主义运动在20世纪80年代末掀起了第三次浪潮。[②] 第三次浪潮既是对第二次浪潮的挑战，也是对诋毁第二次浪潮的回应。在第二次浪潮后期，女权运动内部不断分化，各自派别林立、观点迥异。差异成为对于第二次浪潮最初的挑战。从这个意义上来说，第三次浪潮不是在第二次浪潮之后出现，而产生于其中。[③] 而这种挑战发展成女权主义中两大互相对立的阵营，一种把身份政治作为获得解放的关键，而另一种则把对于身份的抵制视为自由。第一个阵营由有色人种和其他族群女权主义者组成，她们秉持的身份政治和区际理论批判了第二次浪潮的本质主义立场、白人中心主义，以及在处理有色人种和其他族群所经历的各种压迫时的失败。第二个阵营以后现代主义和后结构主义女权主义者为代表，她们质疑具有一致身份的观点，并且把对于类型或身份的抵制视为真正的自由。[④]

作为第三次浪潮真正意义上的开拓者，有色人种女权主义首先对于主流白人女权主义进行了批评，以美国黑人女性为主体的有色人种或第三世界女性，在承认女性的性别身份的同时，还特别强调了种族关系和阶级关系。她们指出，一个女人必然隶属于某个阶级、来自某个民族，所以每个女性都有着自己独特的经历。著名黑人女权主义者贝尔·胡克斯（Bell

① Deborah L. Madsen, *Feminist Theory and Literary Practice* (London: Pluto Press, 2000), p. 9.

② 第三次浪潮一词最先出现在1992年发表的一篇文章里，作者是罗贝卡·沃克（Rebecca Walker，艾丽斯·沃克的女儿），这个称呼得到了部分学者和社会活动家的认可。采用浪潮来形容女权运动的阶段是谈论女权运动时一种常见做法。如苏珊·阿彻·曼和道格拉斯·J. 赫夫曼在其文章中所指出的，女权运动的浪潮并不等同于女权运动的历史，也不是说在浪潮之外的时间没有女权活动，浪潮主要被用来形容大规模群众性的女权运动。参见 Susan Archer Mann and Douglas J. Huffman, "The Decentering of Second Wave Feminism and the Rise of the Third Wave," *Science & Society*, Vol. 69, No. 1, Jan. 2005, pp. 56 – 91。

③ Susan Archer Mann and Douglas J. Huffman, "The Decentering of Second Wave Feminism and the Rise of the Third Wave," *Science & Society*, Vol. 69, No. 1, Jan. 2005, p. 58.

④ Susan Archer Mann and Douglas J. Huffman, "The Decentering of Second Wave Feminism and the Rise of the Third Wave," *Science & Society*, Vol. 69, No. 1, Jan. 2005, p. 58.

Hooks）坚持认为，白人女性的女权理论无法概括女性经历的多样性和复杂性，白人女性也无法代表她们的利益。① 可以说，美国非洲裔女性对于白人主流女权主义的挑战，进一步拓展了女权运动的范围和视野，也进一步推动了女权主义的纵深发展。在此之后，其他有色人种女权主义者对于种族的关注，以及各色人种的女性对于阶级的关注，都极大地丰富了女权主义的斗争内容。同时，美国主流女权主义不仅受到有色人种女权主义的批评，也因未能反对被视为父权权力结构重要组成部分的强制性异性恋，受到同性恋女权主义者的抨击。

在20世纪80年代之后，美国女权运动越来越多地融入当时流行的后现代主义思潮。后现代女权主义是基于这样的理论之上的，即所有群体类别都应被视为本质主义的而应加以解构。即使是基于差异的群体也不具有同一种声音或同一种观点。对于后现代主义女权主义者来说，身份就是一种语言、话语和文化实践的建构。在第三次浪潮中，还有一批在20世纪最后十年中成人的年轻女权主义者，她们的政治策略从很大程度上反映出后现代和后结构主义的影响。她们颂扬矛盾，把它作为对于类型身份的抵制，并以此揭露现实的社会建构。她们宣扬身为女性的自信心和自豪感，强调个人责任，而不再热衷投身于政治运动。

在过去的一二十年里，女权运动已经更加成为主流，更加职业化，也更加商业化。美国全国性的妇女组织还在继续发展，妇女研究机构不断扩展，女权主义者更加关注自我发展和变革。② 但女权运动面临的挑战也是明显的。强调女性因其独特的生理经验而具有独特的经历和感受，因而也有着统一斗争目的的观点必然会陷入本质主义的窠臼；否认了女性之间由于阶级、种族、文化和族群不同所造成的差别，也会把女性局限于一种作为女权的性别身份范围之内。但过分强调差别和多样性，也会动摇女性主义者把女性从整体上视为一个受压迫阶层的基础。女权主义因此既要认识到女性之间的差异，避免建构一种宏大叙事的企图，又要把女权主义的观点置于女性的普遍经历之中，在最大限度上消除性别歧视。

① Bell Hooks, *Feminist Theory, from Margin to Center* (Boston: South End Press, 1984).

② Susan Archer Mann and Douglas J. Huffman, "The Decentering of Second Wave Feminism and the Rise of the Third Wave," *Science & Society*, Vol. 69, No. 1, Jan. 2005, p. 86.

二　女性文学

如果说美国女权运动对于唤醒广大妇女的性别意识、反抗男权文化歧视，起到了巨大作用，那么美国女性文学则在文学领域中表达了女性的经历、感受和诉求。虽然不能说所有美国女性文学都是女权主义文学，但美国女性作家还是在作品中表现出对于妇女问题的思考和对于女性地位的深切感受，在主题建立、题材的选择和语言风格上也常常有较明显的特点。

美国女性文学诞生于美洲殖民地，学界通常认为美国女性文学始于1650年安妮·布雷兹特里特（Anne Bradstreet）的第一本诗集《新近在美洲出现的第十位缪斯》（*The Tenth Muse Lately Sprung Up In America*，1650）。[①] 布雷兹特里特是早期殖民地第一位有影响的诗人，她在操持家务的空隙里创作的诗歌被内兄带到伦敦发表后，流传甚广。布雷兹特里特在涉足写作这个传统上的男性领域的时候是十分谨慎的，但她还是从女性的视角描绘了欧洲移民在新大陆艰苦环境里所面临的严峻考验。她的诗歌宗教色彩浓郁，而其中记录了早期殖民地，尤其是殖民地女性生活的作品，笔触细腻、情感真切，堪称佳作。

18世纪末，小说开始在英国流行。这种文学形式以其通俗的语言、世俗的观点和对平民生活的描绘，赢得了广大读者，并且反映了新兴中产阶级的价值观。建国初期的美国还未拥有自己的民族文学，因此在英国小说越过大洋来到美国的时候，习惯于从英国人那里寻求文学表达方式的美国人也进行了这种文学尝试。但早期的美国女性小说在语言、风格和内容上大多是模仿之作。18世纪末苏珊娜·罗森（Susanne Rowson）创作的《夏洛特·坦普尔》（*Charlotte Temple*，1791），就是当时流行的引诱小说的代表作品。在这类小说中，女主人公为中产阶级的年轻女性，她们天真、浪漫，毫无处世经验，很容易受诱拐而沦落。这类作品往往带有强烈的说教意味，是作者对于世人，尤其是中产阶级年轻白人女性的道德训诫。除了

① Elaine Showalter, *Sister's Choice*: *Tradition and Change in American Women's Writing* (Oxford: Oxford University Press, 1994).

在作品中使用了美国地名之外，这类作品与当时英语小说的区别微乎其微。

美国的民族文学在19世纪中叶达到第一个繁荣期。在这一时期，政治上取得独立的美国人在争取文化独立的道路上迈出了关键的一大步。从此，美国人有了真正意义上的美国文学。19世纪中叶也是美国女性文学发展的昌盛时期，女性小说成为极受欢迎的文学形式。1848年的第一次美国妇女大会使得女性出现在公共视线之中，而与女性争取平等权利的斗争几乎同步的是女性文学的迅猛发展。不难看出，女权运动轰轰烈烈的开展，至少是间接地影响到女性开始从事之前一直被男性垄断的职业。如果说，女权运动的第一次浪潮涌现出一批杰出的女性社会活动家，在文化和社会领域中为女性权利而不遗余力、大声疾呼，更多的才华女性则是通过手中的笔，在文学领域描述了女性的地位和感受。由于不出家门就可以从事写作，因而写作成为许多才华横溢（经常也为生计所迫）的女性的出路。她们在无法向男性那样走出家门参与公共事务并且不得不扮演妻子和母亲的家庭角色的同时，开始了自己的写作生涯。与同时期的男性作品相比，19世纪女性文学更多地聚焦于家庭领域以及女性的生存状态，刻画了具有高度道德感和有独立意识的女性角色。这些女性以自立自强的精神，改变了自己的命运，成为对于家庭和社会有用的人。这一时期的女性创作虽然大多在文学成就上难以与男性创作比肩，但因其鲜明的特征成为“她们自己的文学”。① 在召开妇女大会两年后的1850年，一部女性小说《宽宽的大世界》（*The Wide*，*Wide World*，1850）的出现，在市场上引起轰动，成为真正意义上的第一本美国畅销小说，也使得女性作家成为当时文坛上不可忽视的力量。苏姗·沃纳（Susan Warner）的这部小说描绘了一个年轻女孩子的成长过程，生动地再现了当时女性艰难的生存环境。《宽宽的大世界》成为19世纪中叶女性家庭小说②的开山之作，也象征着“女性化的50年代”的开端。③ 在19世纪中叶，美国文坛上活跃着一大批享有盛名的女性

① 此处笔者借用美国评论家伊莱恩·肖瓦尔特的作品《她们自己的文学》的书名。普林斯顿大学出版社，1977。

② 对于19世纪中叶美国女性小说的称呼有好几种，如感伤小说、家庭小说、探索小说等。

③ Fred Lewis Pattee，*The Feminine Fifties*（New York：D. Appleton-Century，1940）.

作家。[①] 她们以自己的亲身经历实现了女性的美国梦，而她们在作品中所塑造的女性形象，也为生活在男权社会中的女性树立了榜样。

19 世纪女性作家也具有很强的社会和政治意识。虽然她们无法走上政坛和神坛，但是她们以手中之笔参与了社会运动。哈里叶特·比彻·斯托（Harriet Beecher Stowe）是 19 世纪美国文坛上最为响亮的名字。她的一部《汤姆叔叔的小屋》（*Uncle Tom's Cabin*，1852）是 19 世纪除了《圣经》之外销售量最高的作品，曾经使无数人为之感动落泪，在世界文坛上声名远扬。后来林肯总统在接见斯托时称她是“写了一本小书，酿成了一场大战的小妇人”。这部具有强烈艺术感染力的文学著作，也是美国重要的历史文献。它对于唤醒北方白人良知、宣传基督教民主博爱思想、揭露奴隶制的罪恶，起到了巨大的作用。它对于女性在社会领域中所发挥的重要作用的描绘，也令人印象深刻。

与轰动文坛和社会的斯托不同，艾米莉·狄金森（Emily Dickenson）在生前几乎默默无闻，她闭门不出，生活的足迹止于自家的院墙。说狄金森是 19 世纪最为伟大的诗人之一，并不是指她对于自己的时代有什么影响。她创作的 1700 多首诗作中，在生前只有寥寥几首得以发表。她在自己狭隘的生活范围里以各种微小意象，描绘自然界的芸芸众生，也探索人生的永恒真理。她言简意赅、技巧精湛、意境深远的小诗，深深地影响了 20 世纪诗坛，受到欧美诗人的高度推崇。

19 世纪与 20 世纪之交是女性文学在美学上高度发展的时期。[②] 这一时期的女作家已经堂而皇之地登上文坛。与之前的女性作家不同的是，她们大胆地宣布自己的作家身份，在形式上不断追求自由与创新，甚至在内容上也大胆地挑战了关于女性性关系的清教信仰，为女性的故事创造了新的

---

① Nina Baym, *Woman's Fiction: A Guide to Novels by and about Women in America, 1820 – 1870* (Ithaca: Cornell University Press, 1978)。贝姆在此书中讨论了这一时期多名女性作家及其作品。如凯瑟琳·塞奇威克（Catharine Sedgwick）、玛丽亚·麦金托什（Maria McIntosh）、E. D. E. N. 索思沃思（E. D. E. N. Southworth）、卡罗琳·李·亨茨（Caroline Lee Hentz）、安娜·沃纳（Anna Warner），玛丽亚·卡明斯（Maria Cummins）、安·斯蒂芬斯（Ann Stephens）、玛丽·简·霍尔默斯（Mary Jane Holmes）、奥古丝塔·埃文斯（Augusta Evans）等。

② Elaine Showalter et al, ed., "Introduction," *Modern American Women Writers: Profiles of Their Lives and Works: from the 1870s to the Present* (New York: Charles Scribner's Sons, 1991), p. xiii.

叙事形式和情节。

来自新英格兰地区的莎拉·奥恩·朱厄特（Sarah Orne Jewett）是美国文坛上的优秀作家。她以优美的笔触描绘了19世纪后期工业化和城市化迅猛发展时期新英格兰农村地区的萧条和衰落。另一位曾在艺术上得到认可的作家凯特·肖班（Kate Chopin）却做出了被社会视为离经叛道的事情。19世纪美国社会提倡的是一种三从四德的女性价值观，这种价值观就是要使女性，特别是中产阶级白人女性，安心扮演妻子和母亲的角色。美国评论家笆笆拉·韦尔特（Barbara Welter）将其归纳为作为“真正的女性”的四种品质：虔诚、贞洁、温顺、持家。① 虽然19世纪末的社会已经发生很大变化，女性接受高等教育和进入职场的机遇相对增多，但一部描写女性拒绝履行传统妻子和母亲职责、追求个性自由（尤其是性自由）的小说，还是引起了轩然大波。凯特·肖班发表于19世纪末的小说《觉醒》（*The Awakening*，1899），其中的女主人公在反省了自己的社会地位和生活意义之后，走上了一条反叛的道路。肖班在这部描绘了女性意识觉醒的小说出版后遭受声讨，但这部作品如今已被视为美国女权主义文学的先锋之作。

进入20世纪之后，随着美国妇女于1920年获得参政权，女性在社会各个领域有了更加广泛的参与，女性作品的主题也由此进一步扩展，不再局限于被称之为她们特有领域的家庭，而辐射到社会的各个层面。所以，20世纪美国女性文学与男性文学的差异就不像19世纪文学中表现得如此泾渭分明。20世纪初适逢美国文学作为正式的学科领域出现，在美国文学机构化的过程中，制定文学经典标准的权力主要把持在中上层阶级的白人男性手中。② 许多曾取得了辉煌文学成就的女性作家，在带有强烈男权主义色彩的文学经典建构过程中，遭到贬损、受到排斥，而她们必须在此基

① Barbara Welter, “The Cult of True Womanhood, 1820 - 1860,” *Dimity Convictions: The American Women in the Nineteenth Century* (Athens: Ohio University Press, 1976).

② Elizabeth Ammons, *Conflicting Stories: American Women Writers at the Turn into the Twentieth Century* (New York: Oxford University Press, 1991), pp. 15 - 16. 比如说，在1935年出版的《重要美国作家》（*Major American Writers*）这样一本标准大学教材的第一版中，竟然没有包括任何女作家。

础上建构自己的文学身份。[①] 在相当长的一段时间内，文学批评和文学史中对于美国文学“女性化”的恐惧和诟病，反映了充满社会偏见的意识形态：“真正的美国艺术……应当包含男性文化的价值。”[②] 即使是在第二次世界大战之后，一部在之后近半个世纪内被视为权威的《美国文学史》的作者，仍然把建构一种统一的宏大叙事视为己任，美国特征也被定义为民主、进步、移动性和独立精神。而评论界对于“迷惘的一代”作家的高度关注，导致了对于同时期女性创作的忽略。女权评论家伊莱恩·肖尔沃特（Elaine Showalter）在《姐妹的选择》一书中就曾经指出，这一时期的女性作家由此成为“另一个迷惘的一代”。[③] 但女性文学在这一时期的发展趋势显示，尽管仍然处于极其不利的政治生态环境中，但是它正在朝着视野更加开阔、范围更加广泛、风格更加多样、艺术更加完善的方向迈进。

伊迪斯·沃顿（Edith Wharton）把笔触伸向美国上层社会，对于美国上层社会的腐朽堕落、庸俗保守进行了入木三分的刻画。她对于女性人物角色在日益商品化的社会里作为牺牲品的生存境遇的描绘，更是令人印象深刻。薇拉·凯瑟（Willa Cather）以描写19世纪后半叶美国中西部的移民生活而驰名文坛。她在代表作《啊，拓荒者》（*O Pioneers!*，1913）和《我的安东妮亚》（*My Antonia*，1918）中塑造了令人难忘的西部荒原上的女性拓荒者。

旅居巴黎的格特鲁德·斯泰因（Gertrude Stein）的文艺沙龙吸引了包括海明威和舍伍德·安德森在内的众多作家和艺术家，是她称他们为“迷惘的一代”，而这一名称已经成为美国文学中的风向标。斯泰因本人对于文学语言进行了大胆的创新，追求一种独特的艺术效果，成为美国现代文学的先驱之一。南方女作家尤多拉·韦尔蒂（Eudora Welty）的作品没有大起大伏的情节，但其简约的风格和对于细节的关注，使其作品极有真实感。她的作品不像多数南方作家那样充满了负罪感，她常常以讥讽的口吻

---

① Elizabeth Ammons, *Conflicting Stories: American Women Writers at the Turn into the Twentieth Centur* (New York: Oxford UP, 1991), p. 2.

② Elaine Showalter, *Sister's Choice: Tradition and Change in American Women's Writing* (Oxford: Oxford Unversity Press, 1994), p. 13.

③ Elaine Showalter, *Sister's Choice: Tradition and Change in American Women's Writing* (Oxford: Oxford Univeristy Press, 1994), Chapter 6.

袒露人类的弱点，表现出对于人类本性的理解和同情。另一位南方作家凯瑟琳·安妮·波特（Katherine Ann Porter）也在20世纪三四十年代确立了自己的文坛地位。她擅长创作短篇小说，以其娴熟的写作技巧称雄于文坛。她从一些人生细节上探索和感悟人生的意义，留给读者颇多启迪。

美国第一位荣获诺贝尔文学奖的女作家赛珍珠（Pearl Buck）曾旅居中国多年，其独特经历使得她对于中国人怀有特殊的感情，因此以毕生精力跨越不同文化之间的鸿沟，试图把中华民族的真实面目展示给西方世界。但她的女性身份和创作主题都使她在1938年获得诺贝尔文学奖后成为极有争议的作家。

更令人遗憾的是，占统治地位的白人男性评论界从一开始就拒绝把有色人种作家写进美国文学史。[①] 佐拉·尼尔·赫斯顿（Zora Nealle Hurston）是20世纪前半叶杰出的美国黑人作家。她的代表作《他们眼望上苍》（*Their Eyes Were Watching God*，1937）如今被誉为哈莱姆文艺复兴时期最为重要的作品之一。这部小说在很长一段时期内不为人们重视，直到70年代末黑人女作家爱丽丝·沃克把它重新介绍给公众。小说描写了黑人女性珍妮为追求生命价值所走过的历程。通过塑造珍妮这样有独立个性的女性，赫斯顿超越了把对抗的种族关系作为创作的唯一内容的黑人文学模式。

第二次世界大战之后至民权运动与女权运动兴起之前的女性作家在保守压抑的社会环境中艰难地进行着探索，抒发着自我感受和对于社会的观感和批判。这一期间，美国文坛上同样也闪烁着几颗耀眼的女作家之星。卡森·麦卡勒斯（Carson McCullers）23岁时因发表了《心灵是孤独的猎手》（*The Heart Is a Lonely Hunter*，1940）而一举成名。她的小说曾被称为“最具哥特式风格的南方小说”，弥漫着浓郁的压抑感。她描绘了现代社会中人与人之间情感交流的缺失和生活的怪异，心灵的孤寂渗透于人物的日常生活。弗兰纳里·奥康纳（Flannery O'Conner）是一位充满才华但英年早逝的作家。对于她来说，生活的意义在于耶稣为人类的赎罪，但周围世界的世俗主义又与这种正统的宗教思想相冲突，因而她的作品充满了荒诞、

① Elizabeth Ammons, *Conflicting Stories: American Women Writers at the Turn into the Twentieth Century* (New York: Oxford UP, 1991), p. 16.

充满暴力倾向和毁灭性的人物与场景。玛丽·麦卡锡（Mary McCarthy）于1963年发表了带有自传色彩的畅销作品《少女群像》（*The Group*，1963）描绘了30年代大学女毕业生踏上社会后的经历。作者揭示了传统角色观念给妇女生活带来的后果，并从女性的角度公开地谈论了性关系。西尔维亚·普拉斯（Sylvia Plath）以自己的经历为基础，创作了小说《玻璃罩子》（*The Bell Jar*，1963），年轻女性在未能为女性创造性提供发挥的机遇的男权社会里的苦闷、彷徨、抑郁被她描写得惟妙惟肖。小说题目中所使用的“玻璃罩子”成为幽禁女性的牢笼的象征。麦卡锡和普拉斯的作品与弗里丹的《女性奥秘》发表于同一年，她们以小说的形式体现了弗里丹作品中所描绘的那种对于女性来说“无名的困扰”，抨击了压抑女性的社会意识形态。

20世纪50年代和60年代的许多女作家是黑人和犹太人，美国的种族问题使得她们一直处于社会的边缘，被迫承受种族身份带来的巨大压力。在这种社会态势下，她们有强烈的诉求，渴望以笔来表达她们的情感、描绘她们的体验。葆拉·马歇尔（Paula Marshall）的《褐色女孩 褐砖房》（*Brown Girl*，*Brownstone*，1959）追溯了一个从巴巴多斯移民到纽约的女孩萨丽娜的成长经历。她居住的褐色石头住房成为她一直试图逃脱的环境的象征。房子的褐色，如她皮肤的褐色一样，总是在包围着她，成为挥之不去的阴影。自我身份的建构与个人和社会之间的异化，成为小说的重要主题。

出身社会底层并有犹太血统的蒂莉·奥尔森（Tillie Olson）再一次展示了女性在短篇小说领域的成功。奥尔森是在20世纪30年代后期开始写作的，但迫于生计而辍笔，直到50年代末才有机会重圆自己的创作梦。她于1961年发表短篇小说集《告诉我一个谜》（*Tell Me a Riddle*，1961），其同名故事获得当年的欧·亨利最佳短篇小说奖。成功为她带来的既有声誉，还有随之而来的各种奖励和资助，使她得以继续创作。职业女性的家庭生活与社会环境是她写作的重要主题。

“美国女性小说，作为一类独具特色的作品，直到20世纪60年代末的妇女运动中才真正引起学界的注意。”① 60年代以来日益增强的少数种族群体文化和政治意识带来了对美国主流文化的重新定义。这种多元文

---

① Guy Reynolds, *Twentieth - Century American Women's Fiction* (New York: St. Martin's Press, 1999), p. 1.

化视角与女性视角是不可分割的，寻根成为处于双重（三重）边缘文化中的女性作家的迫切需求。进入20世纪70年代，蓬勃兴起的女权运动为女性提供了前所未有的机遇和自由。一大批女性作家驰骋文坛，她们的创作为美国文坛注入了强劲持久的活力。

20世纪后半叶美国文坛上女性文学的最响亮声音来自非洲裔女作家，她们在文坛上的崛起对于这一时期女性文学的发展，起到了推波助澜的作用。这之后，长期处于无言状态的其他族裔女性，如亚洲裔妇女、南美裔妇女、印第安裔妇女，甚至包括各族裔的女同性恋者，也开始抢占文学阵地。多样性成为80年代和90年代女性创作的主题，强烈的女性意识成为女性作品在新时代的特征。

乔伊斯·卡罗·欧茨（Joyce Carol Oates）是当代妇女文坛的一枝奇葩，她的作品表现出对当代妇女问题的深刻洞察力。她在早期的创作中常常描绘女主人公试图在重重束缚中建立独立自我的努力。而在80年代发表的众多作品中，欧茨不是仅仅把女性放在性别关系中去刻画，而是把她们置身于与自己的工作、抱负或者与历史的关系之中。南方作家安妮·泰勒（Anne Tyler）选择把美国家庭作为自己写作的对象，她对社会的评论表现在她对家庭环境的刻画之中。她发表于1982年的畅销小说《思乡餐馆的晚餐》（*Dinner at the Homesick Restaurant*，1982），生动地刻画了一位被遗弃妇女在社会和心理环境双重压力下的生活。黑人女作家格罗丽亚·内勒（Gloria Naylor）的处女作《布鲁斯特街的女人们》（*The Women of Brewster Place*，1982）由6个故事组成，每个故事各有自己的女主人公，她们都居住在一条通往大街的一头被堵死了的布鲁斯特街上。这条街象征着这些女人们生活的令人窒息的封闭环境。她们的不同故事成为黑人女性整体经历的缩影，也成为女性的整体定义。托尼·莫里森（Toni Morrison）的小说《秀拉》（*Sula*，1973）中的女主人公秀拉更是以极具反叛性的行为，挑战了内化了白人价值观的黑人社区行为模式，塑造出一个不同凡响的自我。

自20世纪70年代中期以来，美国女性文学具有令人激动的实验性特征。这些试验既包括把旧有的文体赋予新的政治内容的革新，也包括对使用后现代超现实的、玄小说文体的大胆尝试，还有转向通俗文体、哥特体和侦探文体的创作。历史与想象结合、事实与虚构交融、诗歌与小说穿插、自传与小说重叠、历史与传说携手，这种逾越规范的旺盛活力成为当代女性文学创作的突出特点。辛西娅·奥奇克（Cynthia Ozick）在创作中使用了许多后现代小说的游戏式技巧，但她一反这种形式通常所表现的虚无主义观念，深刻地再现了社会现实。玛丽琳·罗宾逊（Marilynne Robinson）充满了意象的小说《持家》（*Housekeeping*，1980）探索了家庭生活的意义，并把家庭小说延伸到史诗的范围。持家成为个人发展的局限和家庭与外部世界的界限。在托尼·莫里森的《所罗门之歌》（*Song of Solomon*，1977）中，幻想与现实交织、传说与神话相融，具有震撼人心的艺术感染力。她的另外一部力作《宠儿》（*Beloved*，1987）讲述了一个人鬼情的故事。小说以奴隶制时期为背景，记叙了这种摧残人性的制度为人们带来的刻骨铭心的记忆。小说中曾经被奴隶母亲亲手杀死的孩子的鬼魂返回人间，使得一个已成为过去的世界重现在人物角色的面前。这部小说成为女权主义观点与后现代审美情趣的出色结合。艾丽斯·沃克的《紫色》（*The Color Purple*，1982）使传统的书信文体浸透了深刻的政治内容，以此刻画了一个受尽凌辱和压迫的黑人女性的成长过程，并诠释了黑人妇女的文化传统。书信在小说的前面部分成为女主人公西莉宣泄绝望情感的途径，而上帝是她这些书信的唯一读者，但随着西莉自我意识的增强，她的书信有了真正的读者，她也通过自己的行为真正站立了起来。印第安人和白人混血女作家路易斯·艾德里奇（Louise Erdrich）的作品《爱的药品》（*Love Medicine*，1984）穿插着由处于不同历史时期的人物作为叙事人的短篇故事，这些人物属于两个有关联的家庭，心理的交织揭示了把他们联结在一起的记忆和秘密。艾德里奇大胆对叙事模式进行了试验，采用了丰富多变的叙事方式和作品结构，表现了后现代小说的美学特征。非洲裔同性恋女权作家奥德丽·洛德（Audre Lorde）拒绝对女性生命的任何方面保持沉默。她的作品《赞比：我名字的新拼法》（*Zami*：*A New Spelling of My Name*，1982）成为第一部公开的、未经删节的黑人女同性恋者的自传。莱斯莉·玛门·希尔科（Leslie Marmon Silko）继承了美国自传体创作的悠久传统，创作了具有多种声音的回忆录《说书人》（*Storyteller*，1981）。这部集诗歌、歌曲、回忆、小说、艺术创作及一群亲朋好友的形象素描为一体的作品，超越个人自传的范畴而构筑了一个独特的世界。希尔科本人有着印第安人和墨西哥人的血统，她在写作中坚持把这两种文化的创作形式与西方主流文学形式融合在一起。布拉锑·穆克吉（Bharati Mukherjee）的大多数小说和短篇故事描绘了出身南亚的美国人的生活，集中地展现了文化冲突中的暴力和荒诞。科幻小说成为当代女作家使用的最有意义的通俗文体。这种小说体的开放式结构与更新环境的能量，使它成为检验女权理论和女性角色含义的理想领域。厄休拉·K. 勒衮（Ursula K. Le Guin）在其著名作品《黑暗的左手》（The Left Hand of Darkness，1969）中设想了一个雌雄同体的世界。这个非性别化环境中的社会制度反映出一种平衡，从而避免了二元思维方式。

当代妇女作家在对美学形式的探索中也倾注了她们对政治问题的关注。特别值得一提的是已经成为美国文学生力军的亚洲裔美国女性作家。自第二代的美国华裔作家起，这些生于美国、长于美国的作家们经常描绘的是这一代的华裔与华人社会的疏离。[①] 与他们在中国传统文化中长大的前辈不同，在面临主流文化的歧视和排斥面前，这一代华裔所向往的是对于主流文化的同化和归属，期盼的是实现自己的美国梦。这些华人受美国主流文化的教育长大，接受的是美国主流社会的文化价值观，早已成为“外黄内白”的美国人。而在20世纪70年代之后发表作品的华裔作家们，受到民权运动、女权运动和多元文化的影响，更增添了少数族裔意识。她们在描绘美国华裔人现实生活的同时，力图探讨华裔的文化身份，反映华裔经历的变迁。70年代之后，美国华裔文学在主题、文体和风格方面都更多样化，其作品在文坛上大放异彩。汤婷婷（Maxine Hong Kingston）是亚裔美国女作家的杰出代表，其作品表现了种族文化差异与冲突。获得美国国家图书奖的作品《女勇士》（The Woman Warrior，1976）把神话、小说、自传结合在一起，其创新的叙事模式塑造了令人信服的华裔美国形象。

20世纪70年代以来大批妇女作品的面世，构成了美国妇女文学的又一次文艺复兴。无论是以政治标准还是以审美标准来衡量，女性文学的成就都令人瞩目。它为美国文学增添了活力，也使美国文学的范围进一步扩大。评论家肖瓦尔特在1999年出版的《她们自己的文学》（增补版）中指出，女性文学作为一种分离的“她们自己的文学”的状态即将结束。肖瓦尔特认为，随着女性作家对于妇女运动的参与和女权主义的发展，女性小

① 尹晓煌：《美国华裔文学史》，徐颖果等译，南开大学出版社，2006，第128～132页。

说已广为人知；原来由于背景的褊狭和风格的相同所表现出的亚文学的统一性已经发生变化，当代女作家的写作背景具有多样性和多种族的特征；如今女性小说已经进入主流文学。[①] 的确，当今美国文学的含义比起1970年时已经大大的"女性化"了。[②] 女性已经修订了美国文学的基本主题和传统，以及美国文学关于个人、群体、语言和身份的神话。这种变化是有着根本意义的。女性和多文化视角的存在，挑战了美国群体身份的性质，而当代妇女作品是对于这种挑战的极好答案。[③] 在新世纪美国文学创作与评论中，一种两性更加平等的政治生态环境正在形成。

三　女权批评

美国女权主义文学批评诞生于20世纪60年代末。它是伴随着女权运动第二次浪潮的蓬勃兴起而发展起来的文学批评理论。它从女权主义立场出发，关注性别在文学创作和文学批评中的意义，从女性视角重新审视了文学传统、文学史和文学作品，挑战了以男性中心文化偏见为根基的文学经典，有着鲜明的政治性和巨大的颠覆性。

女权批评与女权运动有着密切的关系。女权运动争取女性在政治、经济、文化、教育等方面与男性平等的权利，而女权批评以社会性别为出发点，揭露了传统文学作品和文学批评中对于女性的忽视和歪曲，探讨了女性在文学创作和批评中所受到的歧视。当美国女权运动深入社会各个领域，尤其是文化和文学领域时，美国女权主义文学批评应运而生，并迅速形成一场声势浩大的运动，很快在高等院校和其他教育领域中发展成为一个专门的学科。毫无疑问，是女权运动催生了女权批评作为一个学科的发展。初期的女权主义批评以改变传统教育和社会实践中的性别偏见为奋斗目标。它的三个主要目的是：揭露普遍存在的由男性主宰的文化和文学中

① 肖瓦尔特是在谈到英国女性小说时得出这一结论的，但她断言这一结论也同样适用于美国文学。

② Wendy Steiner, "Women's Fiction: The Rewriting of History," in *The Cambridge History of American Literature*. ed., Sacvan Bercovitch, Vol. 7, (Cambridge: Cambridge Unversity Press, 1999), p. 500.

③ Lois Parkinson Zamora, "Induction," *Contemporary American Women Writers: Gender, Class, Ethnicity*, ed., Lois Parkinson Zamora (London: Longman, 1998), p. 8.

所反映出来的性别歧视；呼吁重新挖掘和梳理历史上的女性的文学成就；建立理论上的女性视角。

女权主义批评是从批判充满性别偏见的男性文本开始的。它力图建立一种颠覆性的阅读方式，以此提高女性读者的政治觉悟。这一时期女权批评的开拓性作品为凯特·米利特（Kate Millett）的《性政治》（*Sexual Politics*，1971）。米利特以男性经典文本为性政治分析的依据，披露了文学中的性别偏见和性暴力，解构了经典文学作品中被贬损的女性角色的塑造过程。米利特对于女权文学批判的重要贡献在于她首先把女性视角引入文学批评。而女性形象批评成为当时女权批评的流行模式。女权评论家苏珊·考普曼·科尼隆（Susan Koppelman Cornillon）主编的论文集《小说中的女性形象：女权主义的视角》（*Images of Women in Fictions*：*Feminist Perspectives*，1972）是这一类作品的代表，在当时再版多次。论文作者批评了文学作品中对于女性形象的虚假塑造，指出只有真实再现女性形象，才能为女性读者提供角色榜样。另一位女权评论家朱蒂斯·菲特利（Judith Fetterley）在其极具影响力的作品《抗拒的读者：评美国小说的女性主义方法》中明确指出，以往的男性文本往往采用一种以男性为阅读对象的叙述策略，女性被迫去认同文本中压迫女性的性别偏见。在这类小说中，女性读者被要求认同一种与她相对立的自我，被要求反对她自己。[①]鉴于此，菲特利呼吁女性成为抗拒的读者，提倡一种变革的阅读方式，消除我们心中的男权意识，以培养真正从女性视角进行阅读、拒绝与自己的压迫者合作的女性读者。通过解构文学批评中的男性偏见，女权批评家揭露了这些批评范例的男权意识形态，揭示了女性作家由于在文学史上的“集体失忆”而无法发出自己的声音，以及被男性掌控的批评文本所边缘化，甚至被排斥在外的状况。

与此同时，女权主义批评开始转向挖掘和定义女性自己的文学传统，包括寻找和再现那些被湮没和被遗忘的女性作家及作品，以及对于女性生活、创造性、风格、体裁、主题、形象等性质的重新定义。女权主义批评认为，带有男性偏见的评论家所推崇的主题是高度性别化的，几乎完全忽

① Judith Fetterley, *The Resisting Reader*: *A Feminist Approach to American Fiction* (Bloomington: Indiana University Press, 1978).

视了美国妇女对于民族文学的贡献。女权评论家把矛头直指男权统治的“文学经典”，指出以往的文学经典总是以男性标准为唯一标准，以男性创作主题为代表美国文学的唯一主题，这种对经典的制定权和话语权的垄断，必然把女性文学排斥到边缘，甚至置于文学经典之外。对于19世纪感伤小说和家庭小说的日益重视就始于20世纪70年代。在这场运动中，除了19世纪那些曾经被遗忘被忽略的女性作家被挖掘出来之外，包括薇拉·凯瑟和伊迪丝·沃顿在内的20世纪作家，也被从不同的女性视角进行了重新解读，得到了高度评价。

美国女权主义批评家把女性写作作为一个专门的研究领域，形成了对于不同民族和历史时期的女性文学的发现与重读。伊莱恩·肖沃尔特及时对女权主义文学批评进行了总结。她提出，“女权主义批评的第二阶段就是发现女性作家有她们自己的文学，其艺术的重要性及历史和主题的连贯性，均被我们文化中占主导地位的男性价值观所湮没”。[①] 这一时期以女权主义视角来定义女性作品的重要著作有帕特丽夏·迈耶·斯帕克斯（Patricia Meyer Spacks）的《女性想象》（*The Female Imagination*, 1975）、埃伦·莫尔（Ellen Moers）的《文学女性》（*Literary Women*, 1976）、肖沃尔特的《她们自己的文学》（*A Literature of Their Own*, 1977）和桑德拉·M. 吉尔伯特（Sandra M. Gilbert）与苏珊·古芭（Susan Gubar）合著的《阁楼上的疯女人：女性作家与19世纪的文学想象》（*The Madwoman in the Attic*, 1979）。斯帕克斯指出女性作品被忽视的事实及女性作品与男性作品的差异；莫尔强调了作为文学主流之外的女性自己的文学；肖沃尔特总结了女性文学的发展过程，并且将女性文学划分成“女性特征的、女权的和女人的”三个阶段；吉尔伯特和古芭则试图创立一种关于19世纪女性作家创作处境的理论叙述。经过这些女权评论家的努力，到20世纪70年代末，一种关于女性文学传统的叙事已经形成，这个叙事描绘了女性写作在过去200多年里从模仿、抗争到自我定义的发展过程，界定和追溯了在男性统治的文化里女性所创作的意象、主题和情节。

在经历了女性形象批评、女性文学经典的挖掘和女性文学传统的建构

① Elaine Showalter, "Introduction," *The New Feminist Criticism: Essays on Women, Literature, and Theory*, ed., Elaine Showalter, (New York: Pantheon Books, 1985), p. 6.

之后，女权批评进入了女权理论建设的第三阶段。自20世纪70年代末、80年代初开始，女权主义者着眼于理论的反思和理论话语的建构，取得了积极的成效。这一时期的理论发展包括美国本土的理论建设，其中的代表作品有：安妮特·科洛德尼（Annette Kolodny）的《关于界定一种"女权主义文学批评"的几点意见》（*Some Notes on Defining a "Feminist Literary Criticism"*，1975）和《通过布雷区的舞蹈：对女权主义文学批评理论、实践和政治的几点看法》（*Dancing Through the Minefield：Some Observations on the Theory，Practice and Politics of a Feminist Literary Criticism*，1980）；肖沃尔特的《走向女权主义诗学》（*Towards a Feminist Poetics*，1979）和《荒原中的女权主义批评》（*Feminist Criticism in the Wilderness*，1981）；肖沃尔特主编的论文集《新女权主义批评》（*The New Feminist Criticism*，1985）、肯·鲁斯文（K. K. Ruthven）的《女权主义文学研究导论》（*Feminist Literary Studies：An Introduction*，1984）、约瑟芬·多诺万（Josephine Donovan）的《女权主义理论：美国女权主义思想传统》（*Feminist Theory：The Intellectual Traditions of American Feminism*，1985），以及陶丽·莫伊（Toril Moi）的《性别/文本的政治：女权主要文学理论》（*Sexual/Textual Politics：Feminist Literary Theory*，1985）等。以上这些作品都对女权文学理论进行了梳理和建构，它们或是着眼过去，把女权主义的思想和文化渊源进行了梳理；或是着眼当前，把如火如荼的女权主义文学理论进行了分类剖析。

当今的美国女权批评具有以下几大特点。首先是法国女权理论对于美国女权批评理论的影响。与法国女权主义者相比，美国女权主义者更加关注妇女在现实中的生存状况与妇女受压迫的历史、更加重视政治行为和社会实践、更加聚焦于文化与历史分析，强调文学批评的宗旨在于改善妇女的社会地位与处境。而法国女权主义者更注重文本的特点分析、专注于女性创作研究。对于法国女权主义来说，"女性"是一种话语建构和表达方式，与政治活动和压迫性的日常经历毫无关系。"女性"是他者、无意识的性质。但法国女权主义对于理论的重视和对于语言和话语的探索，无疑促进了美国女权批评理论的建构，增强了美国女权批评的理论性。这一特点在女权批评进一步学院化和体制化的过程中就更加凸显出来。

其次，20世纪最后二三十年出现的后现代主义思潮对于女性主义的发展也有至关重要的影响，这两种都具有颠覆意义的思潮在各自的轨道上行走了一段时间之后自然地进行了交融。[①]被统称为后现代主义的各种西方哲学思想，如德里达的解构主义、拉康的心理分析、福柯的后结构主义及新马克思主义等，都在女权主义的理论体系中有所反映。因此女权主义批评的范围进一步扩大到解构主义、心理分析、结构主义、马克思主义、新历史主义、后殖民主义等。而这些理论也带来了女权批评中从最初的寻求平等到后来强调差异的转变，放弃建立一种具有普适性的宏大叙事，已成为绝大多数女权批评家的共识。与重实践的第二代女权主义相比，后现代女权主义显然更加转向超出女性范围的哲学思考。

最后，当代女性批评愈来愈多地呈现出一种多元化、开放式的批评视角。从最初由白人中产阶级女性为主导的运动，到黑人女性、亚洲裔、南美裔、印第安和其他族裔女性的参与，女性批评家以多种视角和身份，根据本族裔的文化、历史、文学现实与其主流社会的关系，探索女性文学特征。[②] 纵观当今的美国女性文学批评，性别、种族和阶级都是女性批评中常见的主题，而社会与文化的批评与审美和文本的批评相辅相成，构成了女权批评的壮阔画面。

四　结语

综上所述，可以看出，美国的女权运动的兴起与美国女性文学的第一次繁荣同步，而美国女权运动的第二次浪潮催生了美国女权批判作为学科的发展，并促成了美国女性文学在20世纪后半叶形成璀璨的成就。自20世70年代以来，女权运动、女性写作和女权批评携手共进，成为美国文化与社会领域中不可忽视的力量，也给美国社会和文化带来巨大的变化。

（原载《美国研究》2009年第1期）

① 参见盛宁《人文困惑与反思：西方后现代主义思潮批判》，生活·读书·新知三联书店，1997，第132页。

② 参见刘涓《“从边缘走向中心”：美、法女性主义文学批评与理论》，载《西方女性主义研究评介》，生活·读书·新知三联书店，1995，第119页。

奥巴马政府的医疗改革及其前景

徐彤武*

【内容提要】 奥巴马总统上台后启动的医疗改革是一场规模空前、任务艰巨、争论激烈、过程曲折的重大社会改革，其主要目标是抑制急速膨胀的医疗保健费用及其导致的巨额财政赤字，扩大医疗保险覆盖面，提高医疗服务质量，让医疗保健体系适应21世纪美国加强国家竞争力的要求。迄今为止，改革取得的主要成果是美国国会参众两院通过的医疗改革议案及其修正案，距离最后的成功仅一步之遥。尽管改革过程和方案存在重大缺陷，改革的前景也充满变数和挑战，但奥巴马政府已经创造了历史，初步实现了美国医疗改革的百年梦想，奥巴马也将由此形成他最重要的政治遗产。

【关键词】 美国政治　美国社会　奥巴马　医疗改革　全民医保

2009年1月奥巴马入主白宫后，紧锣密鼓地倡议和启动了内政外交诸多议题的改革。就国内政策而言，影响最广泛、问题最复杂、过程最艰

---

* 徐彤武，时任中国社会科学院美国研究所研究员、中国社会科学院国际政治研究中心秘书长。

难、争议最激烈、后果最深远，也是奥巴马最重视的，莫过于对美国医疗保健体系（health care system）的改革。[①] 本文力求较全面地探讨这场改革的背景、目标、原则和难点，概述其中的曲折及有关利益各方在关键阶段激烈博弈的情况，分析本次医疗改革的特点、成果及前景。

一　美国医疗保健体系的现状和基本问题

美国现今的医疗保健体系主要是在第二次世界大战结束后逐渐演化成型的。它所包含的众多矛盾凸现为一个在发达国家中绝无仅有的现象：在这个全球最富有的国家，政府和个人全部支出的1/6用于医疗保健，而与此同时，有近1/6的国民没有任何医疗保险。虽然这两个1/6可以最简要地概括美国医疗保健体系的现状和问题，但鉴于本文所谈问题的复杂性，为了清晰阐明奥巴马政府医疗保健体系改革（以下简称医疗改革）的内容和主要争议，有必要对美国历史上的改革尝试、目前的现状及主要问题进行简要的回顾。

（一）奥巴马之前的美国医疗改革

美国政治家公认，美国医疗改革的首倡者是担任过两届共和党总统的西奥多·罗斯福。1912年总统大选期间共和党分裂，西奥多·罗斯福作为新生的进步党总统候选人参选，在竞选纲领中首次提出了建立全国性医疗保险制度，联邦政府设立国家卫生部等有关医疗改革的主张。虽然竞选失利，但实现全民医保从此成为美国有识之士追求的一个梦想，为此而进行的努力持续了近百年。

20世纪30年代大萧条时期，富兰克林·罗斯福总统实行新政，于1935年推出《社会保障法》（Social Security Act），并开始设计全民医疗保险制度。由于严峻的经济形势和政治条件所限，关于全民医保的条款未能

① 一些媒体和文章把这场改革称为“医疗保险改革”，这很不准确。这场改革触及美国医疗保健体系的所有主要方面，而改革医疗保险制度仅仅是其中的一项重要内容。虽然有时奥巴马总统也使用“医疗保险改革”的提法，但综观奥巴马政府有关医疗改革的一系列文件和奥巴马总统的多次重要讲话，可以清晰地看出这场改革的对象是美国的整个“医疗保健体系”（health care system）。

列入《社会保障法》的最终文本。此后，国内外环境和第二次世界大战的爆发使陆续提出的各种改革议案无果而终。

美国第一位主张医疗改革的在任总统是杜鲁门。1949 年 11 月 19 日，他向国会正式提出建立由联邦政府主管的全民医保制度的设想。① 美国医师协会（AMA）表示坚决反对，认为这种改革的目标就是要实行“公费医疗”（Socialized Medicine）。由于当时冷战气氛浓烈，反共思潮甚嚣尘上，民主党内部亦有分歧，加上朝鲜战争突然爆发，改革议案终未诞生。

1965 年约翰逊总统就职后立即开始实现其以医疗和教育改革为特色的“伟大社会”构想。当年春季，国会通过了《社会保障法》修正案，决定设立服务老年人和残疾人的医疗照顾计划（Medicare）和服务低收入人群的医疗补助计划（Medicaid），7 月 30 日修正案经总统签署成为法律。约翰逊还先后使国会通过 40 多个其他医疗法案，从而完成了自 1935 年《社会保障法》以来美国最重大的一次社会改革。②

尼克松政府后期，医疗改革再度进入国家政治议程。1974 年 2 月 6 日尼克松总统向国会提出实施“综合医疗保险计划”的建议，以便让全体美国人都能享有“广泛、平衡并负担得起的”医疗保险。③ 尼克松曾踌躇满志地宣布要让 1974 年成为美国的“全民医保元年”，但“水门事件”迫使他辞职下野，几乎胜券在握的医疗改革功亏一篑。

1977 年执政的卡特政府曾经试图进行以控制开支为重点的医疗改革，但相关的短暂努力迅速以失败告终。1993 年克林顿总统上台后，把医疗改革作为最重要的施政内容，期望通过改革让每一位美国公民都享受到负担得起

① Harry S. Truman, “Special Message to the Congress Recommending a Comprehensive Health Reform,” November 19, 1945, *The American Presidency Project*〔online〕, 2009 年 11 月 20 日。美国总统文献引用说明：本文引用的美国总统文献，除非另有说明，全部引自 *The American Presidency Project*〔online〕, Santa Barbara, CA: University of California (hosted). Gerhard Peters (database), available at: http://www.presidency.ucsb.edu/. 为节省篇幅，相同来源的引用均不详注，只列明资料来源为 *The American Presidency Project*〔online〕，并注明在线查询日期。

② 刘绪贻、杨生茂总主编，刘绪贻主编《美国通史（第 6 卷）1949~2000》，人民出版社，2008，第 247 页。

③ Richard Nixon, “Special Message to the Congress Proposing a Comprehensive Health Insurance Plan,” February 6, 1974; “Radio Address about a Proposed Comprehensive Health Insurance Plan,” May 20, 1974, *The American Presidency Project*〔online〕, 2009 年 11 月 19 日。

的、高质量的医疗保健服务。第一夫人希拉里受命领衔由多位内阁成员和600多名专家组成的“全国医疗改革特别小组”，并破天荒地到国会为改革方案作证。但由于克林顿政府“操之过急”，始终未能成功说服已有医疗保险的绝大多数美国人相信改革无损他们的利益，这次改革在20个月后夭折。[①]

上述改革经历与成果，尤其是1912年西奥多·罗斯福总统提出的实现全民医疗保险的理想和1965年约翰逊政府创建的为老年人、残疾人和穷人服务的医疗保险计划对后来产生了持久而深远的影响，奥巴马政府的医疗改革正是在这些前人的一系列信念、原则、方案、经验和教训基础上的最新尝试。

（二）美国医疗保健体系现状

美国的医疗保健体系是一个从结构到内容都非常复杂的庞大系统，它的基本特点是在联邦政府和州政府的引导、监管或直接参与下，通过高度市场化的医疗保险计划和医疗保健网络向公众提供各种档次的医疗保健产品与服务。整个体系依赖三大支柱支撑，即超群的国家经济技术实力、联邦和州政府的服务与监管、发达的医疗保健产业与市场。

第一大支柱：独步全球的综合经济实力与科学技术水平为美国的医疗保健事业奠定了雄厚的物质基础。2008年美国的国内生产总值为14.2万亿美元，相当于当年日本、德国、中国和印度4个经济大国国内生产总值之和。在17个最发达国家中，美国的人均国内生产总值为4.325万美元，名列前茅。[②] 美国的国民卫生支出（National Health Expenditure, NHE），即公共财政和居民个人的医疗保健开支总额亦为全球最高值，2008年约为2.387万亿美元，超越同期意大利的国内生产总值。[③] 美国的

---

① 希拉里·罗德姆·克林顿著《亲历历史》，潘勋等译，译林出版社，2003，第217页。

② 这17个最发达国家是挪威、美国、加拿大、澳大利亚、日本、韩国、新加坡、奥地利、比利时、丹麦、法国、德国、意大利、荷兰、西班牙、瑞典和英国。Division of International Labor Comparisons, U. S. Bureau of Labor Statistics, International Comparisons of GDP Per Capita and Per Employed Person, 17 Countries, 1960 - 2008, Table 1, July 28, 2009.

③ Center for Medicare & Medicaid Services (CMS), U. S. Department of Health & Human Services, National Health Expenditure Data, available at: http://www.cms.hhs.gov/, 2009年10月25日。据世界银行2009年10月7日公布的数据，意大利2008年的国内生产总值为2.293万亿美元。

医疗保健资源丰富，截至2008年底，全美共有各类可提供住院床位的医院6171家，专业护理机构1.5万个。① 另据2007年的不完全统计，全美有在职医生81.67万名（平均每10万居民271名），护士246.8万名（平均每10万居民819名）。② 整个医疗保健系统每年接纳住院患者3500万人次，完成6400万例手术，医师诊所接待就诊9亿人次，开具药品处方35亿张。③

美国在医学教育和科研方面的投入与成就长期处于国际公认领先地位。全球50所生命科学和生物医学领域的顶尖大学，美国占了20所。国立卫生研究院（National Institute of Health）是世界最大的生物医学研究机构，有近6000名科学家，年度预算为305亿美元。第二次世界大战结束以来，绝大多数诺贝尔生理学奖和医学奖都授予美国科学家，医学和生物制药领域的重大突破与创新也大多发生在美国。

先进的医学科研水平和各种新技术的广泛应用使美国医疗保健事业的一些重要指标领先于其他发达国家。例如，美国每百万居民中有27台核磁共振成像仪，加拿大和英国则都是6台。各类癌症患者的平均5年存活率，在美国男性为66.3%，女性为63.9%；在欧洲则分别为47.3%和55.8%。美国医疗保健系统的技术先进性不仅造福于美国公众，每年还吸引40万外国人到美国进行体检和治疗。④

第二大支柱：政府在为社会特定人群提供公共医疗服务和依法监管医疗保健市场方面发挥着关键性作用。这里所说的特定人群主要是指65岁以上的老年人、残疾人、孕妇、低收入家庭成员（特别是儿童）、现役和退伍军人，以及虽然没有医疗保险但又急需医疗救治的病人。2008年，美国联邦、州和地方三级政府机构所负担的医疗开支约为1.108万亿美元，占当年国民卫生支出的46%；若加上各级政府为鼓励企业和居民个人购买医

---

① U.S. Department of Health and Human Services, 2009 CMS Statistics (CMS Pub. No. 03497), August 2009, p. 2.

② U.S. Census Bureau, The 2010 Statistical Abstract: Health Care Resources, Table 159. Active Physicians and Nurses by State, 2007, available at: http://www.census.gov/, 2010年2月27日。

③ Atul Gawande, "Getting There from Here: How Should Obama Reform Health Care?" *The New Yorker*, January 26, 2009, p. 32.

④ Fred Barnes, "An Unnecessary Operation," *The Weekly Standard*, September 21, 2009.

疗保险而实行的各种财政优惠措施，公共财政负担的份额接近国民卫生支出的 60%。[①]

联邦卫生与公众服务部等负责医疗保健事务的部门是美国最庞大的联邦政府机构之一，2008 财政年度末约有工作人员 11.32 万。[②] 他们和各州政府配合，负责以下医疗保险计划（或医疗系统）的管理、实施、协调和监督。

（1）医疗照顾计划（Medicare）。这是一个非营利性联邦医疗保险计划，主要费用由联邦政府负担，对象是所有 65 岁以上的老年人、未满 65 岁的残疾人，以及所有罹患晚期肾脏病的居民。它由四部分保险组成：A. 住院保险；B. 常规医疗保险；C. 升级保险计划，这是服务多样但费用较高的私营医疗保险；D. 政府补贴处方药保险。够资格的居民可根据自己的实际需要选择一个或者几个部分投保，2009 年共有 4590 万人参加医疗照顾计划，联邦政府耗资 4254.23 亿美元。[③]

（2）医疗补助计划（Medicaid）。这是一个带有社会救济功能的医疗保险计划，由联邦政府和州政府共同出资，具体管理工作由州政府承担。它需要依据经济情况调查的结果而确定申请人是否具备资格，扶助对象是那些符合联邦和所在州一系列法律规定的低收入个人和家庭，各个州的具体标准和做法不尽一致。政府补助并不直接划拨给受益人，而是支付给医疗保健服务提供方（医院、诊所、养老院等）。2009 年按月享受医疗补助计划的人数约为 5110 万，联邦政府提供了全部资助总额的 57%，即 2623.89 亿美元。另外还有 700 多万人享受各州政府自行设立的额外医疗补助计划。[④]

（3）儿童医疗保险计划（Children's Health Insurance Program，CHIP）。

---

① Health Policy Brief, "Key Issues in Health Reform," August 20, 2009, available at: http://www.healthaffairs.org/, 2009 年 9 月 15 日。

② Steve Vogel, "Federal Government Needs Massive Hiring Binge, Study Finds," *The Washington Post*, Thursday, September 3, 2009, p. A4.

③ U. S. Department of Health and Human Services: 2009 CMS Statistics (CMS Pub. No. 03497), August 2009, Table I. 1; Fiscal Year 2010 Budget in Brief, May 7, 2009, p. 9.

④ U. S. Department of Health and Human Services: 2009 CMS Statistics (CMS Pub. No. 03497), August 2009, Table I. 16; Fiscal Year 2010 Budget in Brief, May 7, 2009, p. 9; The Kaiser Family Foundation, The Medicaid Program at A Glance, November 2008, (publication 7235 - 03).

这是一个由联邦政府提供主要资金，各州政府负责配套资金与具体管理的医疗保险计划，始创于1997年。它的对象是那些没有资格享受医疗补助计划但又需要医疗救助的贫困家庭儿童。2009年，有约920万儿童受益，联邦政府的相应支出为85.66亿美元。[①]

以上三大政府资助的医疗保险计划由联邦卫生与公众服务部依法领导、拨款和监督，并制定具体政策、标准和指导纲要。相关服务基本由符合政府要求的签约私营企业提供。2009财政年度这三大计划共耗费联邦政府开支6963.78亿美元，约占卫生与公众服务部当年预算的85%。[②]

（4）联邦雇员保健福利计划（Federal Employees Health Benefits Program，简称FEHBP）。这是一个由联邦人事管理局主管，几乎覆盖所有联邦全职工作人员、家属及符合条件的退休人员的优惠医疗保险计划，它于1959年创立。目前受益人总数约800万人，其中的403.4万人为包括国会议员、联邦法官在内的联邦公务员和全日制雇员。它是美国最大的由雇主（单位）投保的医疗保险计划（employer-sponsored insurance），联邦政府承担保费总额的70%，其余部分由个人缴纳。每年联邦人事管理局根据其标准选择一批私营医疗保险公司承保，并谈判确定当年“团购”优惠保费水平和可供投保人挑选的医疗保险计划“菜单”。2009年，有269个医疗保险计划入选，[③] 联邦政府为此埋单376.4亿美元。[④]

除以上医疗保险计划外，联邦政府还直接经营着三个公立医疗系统，它们是：国防部领导的军队医疗保健系统（Military Health System，MHS），它为全球920万美国现役军人及家眷提供医疗保健服务，2009年预算为416亿美元，占当年国防预算总额的8%；[⑤] 退伍军人事务部管理的退伍军人医疗

---

① U. S. Department of Health and Human Services: 2009 CMS Statistics (CMS Pub. No. 03497), August 2009, Table I. 16; Fiscal Year 2010 Budget in Brief, May 7, 2009, p. 9.

② U. S. Department of Health and Human Services, Fiscal Year 2010 Budget in Brief, May 7, 2009, p. 9.

③ Office of Personnel Management, OPM FY2010 Congressional Budget Justification Performance Budget, May 2009, p. 21.

④ Executive Office of the President of the United States, Major Savings and Reforms in the President's 2009 Budget, February 2008, p. 190.

⑤ U. S. Department of Defense, Fiscal Year 2009 Budget Request, February 4, 2008. 有关美军医疗保健系统的各方面情况可详见该系统的官方网站 http://www. health. mil。

保健系统（Veterans Affairs Health Care System），2009 年总支出为 428 亿美元；[①] 卫生与公众服务部属下的印第安人医疗保健系统（Indian Health Service），2009 年预算为 35.81 亿美元。[②]

在管理和监督上述 7 个医疗保险计划（或系统）的同时，联邦政府承担的其他职责还包括：组织协调相关科学研究和技术创新项目；开展疾病防控和公共卫生工作；进行医疗卫生事业数据统计；规范并监督食品、药品、疫苗、生物制品、血液制品、医疗器械的安全；处理涉及医药领域反垄断和维护正常市场竞争秩序的纠纷；保护消费者权益；监督实施基于雇佣关系投保医疗保险的法律、法规等。[③] 在联邦体制下，各州政府对在本州行医的医生发放执照，监管医疗卫生设施和在本州开业的私营医疗保险公司。在联邦政府层面，监管医疗保险的主要法律依据是 1974 年的《雇员退休收入保障法》（ERISA）和 1996 年的《医疗保险转移变更与责任法》（HIPAA）。[④] 前者对雇主或医疗保险主办机构投保、管理的医疗保险计划作出了一系列详细规定；后者主要规范雇员变更工作或者失业后原有医疗保险计划的管理，并限制医疗保险公司对投保人的歧视，保护小企业的投保权益。

第三大支柱：美国拥有全球最大的医疗保健产业、最大的医疗保健产品与服务市场和最大的私营医疗保险市场。2008 年美国在医疗保健服务业和社会医疗急救机构就业的人数高达 1581.9 万人。[⑤] 在医疗器械和药品这

---

① Department of Veterans Affairs, Facts about the Department of Veterans Affairs, January 2009; Department of Veterans Affairs 2010 Budget Highlights, available at: http://www.va.gov/, 2009 年 10 月 22 日。

② U.S. Department of Health and Human Services, Fiscal Year 2010 Budget in Brief, May 7, 2009, p. 9.

③ 美国联邦政府担负这些职责的主要机构是卫生与公众服务部，特别是其所属的疾病控制和预防中心（CDC），以及食品和药品管理局（FDA）、联邦贸易委员会、财政部、司法部和劳工部等。

④ 《雇员退休收入保障法》（Employee Retirement Income Security Act）1974 年 9 月 2 日由福特总统签署，《医疗保险转移变更与责任法》（Health Insurance Portability and Accountability Act）1996 年 8 月 21 日由克林顿总统签署。这两部重要法律和其他相关联邦法和各州法律共同构成了对美国私营医疗保险公司实施监管的法律体系。

⑤ U.S. Census Bureau, The 2010 Statistical Abstract: Health Care Resources, Table 156. Employment in the Health Service Industries: 1990 to 2008, available at: http://www.census.gov/, 2010 年 2 月 27 日。

两大类快速增长的医疗保健消费中，美国占据了最大的份额。2006年，世界医疗器械消费总额约2200亿美元，美国占30%；2008年世界药品销售总额约7400亿美元，美国占48%。[①]

美国的私营医疗保险业发端于20世纪20年代，今天已拥有2亿人的客户群体，发展出两大类医疗保险组织和灵活多样的医疗保险计划模式。第一大类组织是由州政府依照本州法律颁发牌照的医疗保险组织，包括商业医疗保险公司（多为股份制）、蓝十字和蓝盾牌组织[②]和健康维护组织（HMO）；[③]第二大类组织是受联邦法律管辖的“自有资金雇员医疗保健组织”，即由雇主、雇员组织（如工会）或者这两方面共同出资成立的医疗保险机构。

依靠三大支柱支撑的美国医疗保健体系使绝大多数国民享受到较高水准的医疗保健服务。最新官方统计显示，包括被不同医疗保险计划重复覆盖的人，[④] 2008年，美国3亿人口中有医疗保险的人为2.551亿，其中2.01亿人投保了私营医疗保险，8740万人享受政府资助医疗保险，无医保人口约4630万。[⑤] 在私营医疗保险覆盖人群中，约1.59亿人，即过半数的美国人口参加由雇主投保的医疗保险。据2009年数据，在这类保险计划中雇主平均承担73%～83%的费用。[⑥]

这里有必要说明，美国没有医疗保险的人并非享受不到任何医疗保健

---

① 世界卫生组织2008年度世界卫生报告《初级卫生保健：过去重要，现在更重要》（中文版），第12页。

② 蓝十字（Blue Cross）和蓝盾牌（Blue Shield）均是20世纪初起源于美国的医疗保险组织，详细情况可见蓝十字和蓝盾牌协会官方网站 http://www.bcbs.com/。

③ 健康维护组织（Health Maintenance Organization）最基本的特点是医疗保险计划的投保人只能享受与该组织签约的医生、医院和其他医疗保健服务提供方的服务，而且这些服务必须符合健康维护组织设定的要求。自从《1973年健康维护组织法》（The Health Maintenance Organization Act of 1973）生效后，健康维护组织就同时受联邦法律和所在州的法律制约。

④ 截至2007年7月1日，在美国有约800万人具备享受政府的医疗照顾计划（Medicare）和医疗补助计划（Medicaid）的双重资格（dual eligibility）。See U. S. Department of Health and Human Services: 2009 CMS Statistics (CMS Pub. No. 03497), August 2009, p. 1.

⑤ U. S. Census Bureau News, Income, Poverty and Health Insurance Coverage in the United States: 2008, September 10, 2009 (CB09 - 141), available at: http://www.census.gov/Press-Release/, 2009年9月11日。

⑥ The Kaiser Family Foundation and Health Research & Education Trust (HRET), Employer Health Benefits: 2009 Summary of Findings (Kaiser Family Foundation publication 7937, the full report 7936).

服务。大批慈善机构一直在为没有医疗保险的穷人提供基本医疗保健，更重要的是，联邦法律保障了无医保人群获得紧急医疗救治的权利。自1986年《紧急医疗救治与劳工法》（EMTALA）生效以来，[①] 除符合特别规定的医疗机构外，所有具备急诊条件的医院都必须无条件接收急诊病人，而不论其支付能力、年龄、肤色、种族、宗教信仰、国籍、常住地、移民身份，甚至不论病人是否是罪犯，否则相关医生和医疗机构都将面临民事处罚。救治无医保病人所发生的费用，一部分能得到各级政府报销，其余则由接诊医院和医生承担。[②]

美国公众对本国医疗保健体系的评价如何？根据2006年9月和2009年8月的两次权威性独立调查，大多数人对医疗保健体系的现状不满，主要是担心医疗保险费用上升。与此同时，约90%的受访者对自己参加的医疗保险计划总体评价为“优秀”和“良好”。[③] 这一幅看似矛盾的图景典型地反映了美国医疗改革面临的两难境地：大多数公众希望既能少花钱又能持续获得高质量医疗保健服务。

（三）美国医疗保健体系的主要问题

美国医疗保健体系亟待解决的难题有三个：医疗费用和政府医疗开支过高、约1/6的国民没有医疗保险、医疗保健服务质量需要改进，概括起来就是费用、覆盖面和质量三个关键词。奥巴马政府医疗改革的目标及改

---

① 《紧急医疗救治与劳工法》（Emergency Medical Treatment and Labor Act）不是一个单独的法律，它于1986年作为《1985年综合预算调节法》（Consolidated Omnibus Budget Reconciliation Act of 1985，COBRA 1985）的一部分生效，原先的英文名称为Emergency Medical Treatment and Active Labor Act，《1989年综合预算调节法》（COBRA 1989）删除了原英文名称中的“Active”一词。

② 根据美国医师协会（American Medical Association，AMA）2003年5月的调查，每名急诊医生每年平均要为相关病人（遵循《紧急医疗救治与劳工法》救治的没有医疗保险的病人）提供价值13.83万美元的免费服务，1/3的急诊医生每个星期要为这类病人工作30小时。详见美国急救医师协会（American College of Emergency Physicians，ACEP）的官方网站http：//www.acep.org/，2009年12月1日。

③ ABC News/Kaiser Family Foundation/USA Today, Health Care in America 2006 Survey, October 2006（Kaiser Family Foundation Publication 7572）；Kaiser Family Foundation，Kaiser Public Opinion：Americans' Satisfaction with Insurance Coverage，September 2009（publication 7979）. 在2009年8月4~11日的调查中，对自己的医疗保险计划评价为“优秀”（excellent）者占36%，评价为“良好”（good）者占54%。

革所引发的激烈争议，无不与这三大难题和改革所寻求的破解之道有关。

1. 费用

美国的医疗保健体系是全世界最昂贵的，高速增长的医疗支出吞噬着全社会的财富。这已经成为美国的“老大难”问题，历次改革均无良策。据官方统计，国民卫生支出1965年约为422亿美元，人均211美元；2009年预计达到2.5万亿美元，人均8046美元，约为1965年人均水平的38倍。国民卫生支出占国内生产总值的比例，1965年为5.9%，2009年上升到17.3%，平均年增速高于同期国民经济增长两个百分点以上。若不采取任何控制措施，预计到2018年国民卫生支出将超过4.3万亿美元，占国内生产总值的1/5，人均1.31万美元。① 根据2006年的比较数据，在发达国家中，美国的人均医疗费用超过位列第二名的瑞士52%，高于其他工业大国1～1.5倍。② 推动国民卫生支出猛增的首要原因是三大政府资助的医疗保险计划，尤其是医疗照顾计划开支膨胀。2009年它们的支出占联邦预算的21%，高于国防开支（20%）。③ 另一个重要原因是许多医疗保健服务和产品的价格日趋昂贵。20世纪60年代以来，美国心脏病发作病人的死亡率从30～40%下降到6%，但治疗费用从1977年的约5700美元暴涨到2007年的5.44万美元。④

1999～2009年，美国平均工资涨幅为33%，但同期医疗保险费总水平却上升了131%。⑤ 与此同时，与医疗保险计划密切关联的投保人自付费用

① Centers for Medicare & Medicaid Services, Department of Health and Human Services, National Health Expenditure Data, available at: http://www.cms.hhs.gov/, 2009年10月25日。Christopher J. Truffer, Sean Keehan, Sheila Smith, Jonathan Cylus, Andrea Sisko, John A. Poisal, Joseph Lizonitz, and M. Kent Clements, "Health Spending Projections Through 2019: The Recession's Impact Continues," *Health Affairs*, March 2010, 29: 3, pp. 1－8.

② 2006年部分经济合作与发展组织（OECD）成员国的人均国民卫生支出（NHE），折合美元后的数字分别为：美国6567，瑞士4311，挪威4233，卢森堡4223，加拿大3505，法国3353，德国3247，英国2760，日本2529，意大利2520。See Kaiser Family Foundation, Health Care Costs: A Primer, March 2009 (publication 7670－02), p. 4.

③ The Kaiser Family Foundation, Medicare and the President's Fiscal Year 2009 Budget Proposal, February 2008 (publication 7750).

④ David Brown, "A Case of Getting What You Pay For," *The Washington Post*, Sunday, July 26, 2009, front page.

⑤ Maura Reynolds, "A Matter of Mandates," *CQ Weekly*, Vol. 67, No. 41, November 2, 2009, p. 2515.

也在快速增长。高额医疗费用给美国公众和企业带来了沉重财务负担。许多家庭削减相关开支，从而使本应及时进行的治疗被替代、延误或取消。[①] 高额医疗保健支出令遭遇金融海啸和经济危机的企业陷入困境。全部美国企业有96%属于雇员少于50人的小企业，它们在办理相同的医疗保险时，每名雇员的平均费用要比大企业高出18%。许多小企业主为节省开支干脆不为雇员投保医疗保险，这对美国经济社会的可持续发展非常不利。[②]

在国民卫生支出高速增长的同时，政府的公共财政状况却捉襟见肘，难以为继。1965年至今，联邦政府仅有5个财政年度呈现盈余，其他年份均为赤字。[③] 在2009年9月30日结束的2009财政年度，赤字达到创纪录的1.417万亿美元，[④] 这个数字超过了美国建国头200年的国债总和，高于印度的经济总量，相当于每个国民负债4700美元。[⑤]

2. 覆盖面

美国是所有发达国家中唯一没有实现全民医疗保险的国家，至少4630万人没有医疗保险，这个群体的规模相当于西班牙的总人口。在无医保人口中，80%以上来自至少有一人参加全日制工作的就业家庭；2/3的人是穷人。[⑥] 在有伤病时，无医保人口的本能反应是大大降低要求，把医疗支出控制在最低水平，其后果往往是牺牲健康甚至生命。哈佛大学的一项研

① 在2009年2月开展的一项调查中，52%的受访者在过去12个月里出于费用方面的顾虑而减少了医疗保健支出，19%的受访者因医疗费用而遭遇严重的财务困难。The Kaiser Family Foundation, Health Care Costs: A Primer, March 2009 (publication 7670－02), p. 9.

② Executive Office of the President, Council of Economic Advisers, The Economic Effects of Health Care Reform on Small Businesses and Their Employees, July 25, 2009, Executive Summary and p. 1.

③ White House Office of Management and Budget (OMB), Historical Tables, Table 1.3 Summary of Receipts, Outlays, and Surpluses or Deficits in Current Dollars, Constant Dollars, and as Percentages of GDP: 1940－2014, available at: http://www.whitehouse.gov/omb/bugdet/, 2009年11月2日。

④ U.S. Department of Treasury and White House Office of Management and Budget (OMB): Joint Statement of Tim Geithner, Secretary of the Treasury and Peter Orszag, Director of the Office of Management and Budget, on Budget Results for Fiscal Year 2009, October 16, 2009.

⑤ 《美财政赤字达天文数字》，2009年10月18日《参考消息》第4版。

⑥ The Kaiser Family Foundation, The Uninsured: A Primer, October 2009 (publication 7451－05), pp. 4－5.

究发现，每年约4.5万美国人的死亡与没有医疗保险有关。① 另外一种选择就是依赖社会医疗救助服务，而这样做势必加重公共财政负担，过度挤占医疗资源。据不完全统计，2008年，全美由无医保病人发生的无偿还能力的医疗费用高达574亿美元，② 这些费用的最终承担者还是广大纳税人和医疗保险计划的投保人。

3. 质量

这方面的问题有多种表现，其中饱受诟病的是私营医疗保险公司在追求利润上远比服务做得好。③ 为降低经营风险，它们往往以既往病史（pre-existing conditions）为由把所谓“不适合投保的人”剔除，或者提高保费，为投保人的受益附加各种条件。约有1260万65岁以下的成年美国人在投保时遭受过医疗保险公司的这种歧视。④ 每年还有许多美国人在诊断出罹患某些需要高昂治疗费用的疾病（如癌症）后被解除医疗保险合同。质量问题还包括：医疗服务的可及性满足不了所有需求；医疗资源分配不平等；医疗服务机构和医生注重检查、治疗过程，忽视治疗效果和预防性措施；各地治疗同一疾病的效果和费用差异太大；浪费现象惊人；医疗事故频繁（每年发生40万起因用错药导致的人身伤害，约9.8万名住院病人因医疗事故死亡），等等。⑤ 在世界各国中，美国医疗保健体系的得分落后于主要发达国家。⑥

---

① David Cecere, “New Study Finds 45, 000 Deaths Annually Linked to Lack of Health Coverage,” September 17, 2009, Harvard Science, available at: http: //www.harvardscience.harvard.edu/medicine-health/, 2010年1月3日。

② The Kaiser Family Foundation, The Uninsured: A Primer, October 2009, (publication 7451～05), p. 11.

③ 据《华盛顿邮报》报道，从2000年到2007年，私营医疗保险计划的保险费增长了90%以上，同期美国10家最大保险公司的利润暴涨了428%。See Ezra Klein, “Prescriptions for Reform Then and Now,” *The Washington Post*, Outlook, Sunday, July 26, 2009, p. B5.

④ 白宫医疗改革网站公布的资料：Coverage Denied: How the Current Health Insurance System Leaves MILLIONS Behind, available at: http: //www.healthreform.gov/reports/, 2009年9月1日。

⑤ Bob Lyke, “Health Care Reform: An Introduction,” *Congressional Research Service*, April 14, 2009, p. 6.

⑥ Cathy Schoen and Robin Osborn, “The Commonwealth Fund 2008 International Health Policy Survey in Eight Countries,” *The Commonwealth Fund*, November 2008.

二 奥巴马的医疗改革方略及影响改革的利益因素

奥巴马政府主导的“新医改”，是自1965年以来美国医疗保健体系最雄心勃勃的变革。它的基本目的是要通过国会立法修改现有医疗保健体系中的大量“游戏规则”，对财政资源和医疗卫生资源进行重新配置。因此，厘清奥巴马政府的改革方略及改革中的重要利益因素，有助于理解这场改革的难点及复杂性。

（一）奥巴马政府的医改班子和改革方略

白宫是医疗改革的“总参谋部”所在地，奥巴马总统直接领导的医疗改革班子有6位核心成员：卫生与公众服务部部长凯瑟琳·西贝柳斯（Kathleen Sebelius）、白宫医疗改革办公室主任南希—安·明·德帕勒（NancypAnn Min DeParle）、白宫行政管理和预算办公室主任彼得·欧尔萨格（Peter Orszag）、白宫办公厅主任拉姆·伊曼纽尔（Rahm Emanuel）、白宫国内政策委员会主任巴恩斯（Melody Barnes）和国家经济委员会主任及总统首席经济顾问劳伦斯·萨默斯（Lawrence Summers）。与他们保持密切联系，在国会“冲锋陷阵”的三位民主党大将是众议院议长南希·佩洛西（Nancy Pelosi）、参议院多数党领袖哈里·里德（Harry Reid）和参议院常设财政委员会主席马克斯·鲍卡斯（Max Baucus）。

奥巴马政府的医疗改革目标是要解决长期困扰美国医疗保健体系的三大难题，即遏制医疗费用过快增长的趋势，减轻政府、企业和国民的经济负担；实现医疗保险的全民覆盖，杜绝私营医疗保险公司对投保人的各种歧视性规定；全面提高医疗保健水平，改善服务质量。这三大改革目标仍可概括为费用、覆盖面和质量这三个关键词。为实现改革目标，医疗改革班子制定了改革应遵循的八项原则：改革方案必须在开源节流的基础上具备自我支付能力，不增加政府和企业的财务负担；政府应为美国民众提供财务保障，使他们不致因发生大病重病而导致财务破产；确保民众选择医生和医疗保险的自主权；推广和资助公共卫生与疾病防控计划，推广和资助行之有效的措施，保障病人安全；利用激励手段、信息技术和有效医疗干预改善医疗保健服务质量；降低医疗保健计划的管理成本，减少浪费，提高效率；确保国民在失业或更换工作时能延续医疗保险；医疗保险公司不得再以既往病史为由拒绝投保人。①

三大目标和八项原则构成了奥巴马医疗改革的总方略。为贯彻实施这个总方略，民主党人认为改革的一项中心内容是扩大政府的作用，创建一个由政府主办的公共医疗保险计划，通过它与私营医疗保险计划的竞争降低保险费用，让更多的人获得医疗保障，从而基本实现全民医保。

（二）共和党人对医疗改革的基本主张

共和党的政治家们很清楚美国医疗保健体系的现状和亟待解决的三大难题，所以完全认可医疗改革的必要性和紧迫性。不过他们提出的方案主要针对控制费用和提高质量，在扩大医疗保险覆盖面的问题上，他们虽然同意“所有美国人都应能够获得负担得起的医疗保险”，但认为缺乏具体可行的建议。共和党人强调，医疗改革应当遵循的首要原则是以消费者（投保者和病人）为中心的“无害原则”，即不损害现有医疗保险客户的利益，不扩展政府的管理权限，不妨碍病人的自由选择权利，不为降低费用而开征新税，不危及现有医疗保健体系。② 他们坚决反对民主党让政府发挥更大作用的设想，认为这样做的结果只能产生高成本、低效率的官僚机构，导致不公平的竞争环境，损害消费者的选择权。共和党人的主张包括：用扩大市场、调节税收、实施经济激励等手段引导更多的人购买医疗保险；要求医疗保险公司停止歧视性做法；推动医疗事故诉讼和民事责任改革；增加医疗保健服务提供方的透明度；鼓励健康的生活方式和提高现有医疗保健体系的服务质量。③ 总的来说，共和党不反对启动医疗改革，也表示希望能和民主党就改革取得共识。他们与民主党的最大

---

① Office of Management and Budget, A New Era of Responsibility: Renewing America's Promise: President's Budget FY2010, February 26, 2009, p. 27; U. S. Department of Health and Human Services, Fiscal Year 2010 Budget in Brief, May 7, 2009, p. 11.

② "Health Care Reform: Putting Patients First," 2008 Republican Platform, *The American Presidency Project*〔online〕, 2009 年 11 月 6 日。

③ Bobby Jindal, "The Conservative Case for Reform," *The Washington Post*, Monday, October 5, 2009, p. A19.

区别不在于是否要进行这场医疗改革，而在于“怎样改革”和“改革要走多快、走多远”。

（三）“六大家”：医疗保健产业利益集团的代表

美国一年2.5万亿美元的国民卫生支出，除了极少部分支付给公立机构外，绝大部分都被私营保险公司和私立医疗服务机构赚取。无论民主党还是共和党，都与它们存在着千丝万缕的联系。在这个占国民经济1/6的医疗保健产业里，主要利益集团对改革进程会产生极大影响。在众多协会和工会中，有6家举足轻重的全国性组织，它们是：

（1）先进医疗技术协会（Advanced Medical Technology Association，简称AdvaMed）。它是美国主要医疗器械和诊断设备制造商的组织，其会员公司的产品占据了美国国内市场的90%和全球市场的50%。

（2）美国医师协会（American Medical Association，AMA）。始建于1847年，是美国规模最大、涉及专业最多、最具有职业权威性的医生组织。

（3）美国医院协会（American Hospital Association，AHA）。这个1898年成立的协会是美国最主要的医院组织，现有近5000家会员机构和3.7万名本行业的个人会员。

（4）美国医疗保险协会（America's Health Insurance Plans，AHIP）。它代表了向2亿美国人提供医疗保险计划的近1300家私营保险公司，是医疗保险市场上的“巨无霸”。

（5）美国药品研发和制造商协会（Pharmaceutical Research and Manufacturers of America，PhRMA）。美国所有知名药品研发和生产厂商的代表组织，从某种意义上说它也是世界顶级药业跨国公司的商会。

（6）服务业雇员国际工会（Service Employees International Union，简称SEIU）。它的210万会员中约半数在医疗保健岗位上工作，在北美有330个地方机构。

上述六个全国性组织，可谓是在美国医疗保健产业呼风唤雨的“六大家”利益集团。它们对于医疗改革的立场自然受到奥巴马政府的格外关注。这些利益集团的领导层倾向于顺应时势，在一定程度上配合改革，但同时要求与联邦政府和国会讨价还价，进行利益交换。一旦感到自己的利益不保，立场就会发生动摇和逆转，从而使改革前景增添变数。

（四）美国公众的基本态度

美国公众并不是医疗改革的消极旁观者，相反，由于这场改革涉及全体美国人的健康、生命质量和长远福祉，他们的看法、情绪和行动无时无刻不在影响着政府官员和国会议员们的立场，从而在很大程度上间接地左右着改革进程。公众对医疗改革的态度取决于许多因素，包括年龄、受教育程度、收入、党派、社会地位、是否有医疗保险、所在城市或地区的经济状况、所属民间组织的立场等。例如，65 岁以上的老年人普遍反对削减医疗照顾计划的支出。美国社会中传统的反社会主义意识形态、对政府权力的防范心理等也会影响公众意见。2008 年 11 月的总统大选结果证明，当时公众普遍拥护民主党的医疗改革设想。在奥巴马政府推进医疗改革的过程中，公众的情绪和立场也在不断调整。在活跃于美国社会各个角落的民间组织中，拥有 4000 万会员（均为 50 岁以上）的美国退休人员协会（American Association of Retired Persons，AARP）不但是人数最多的会员制组织，也是在“六大家”之外对医疗改革最有影响力的全国性机构。它的立场可以说是观察医疗改革的一个风向标。

三　奥巴马政府医疗改革的基本历程

2009 年 1 月 20 日，奥巴马宣誓成为第 44 位美国总统。从这一刻起，新一轮医疗改革正式拉开帷幕。到 2010 年 3 月下旬为止，改革经历了四个阶段。

（一）“序曲”阶段（从新总统就职到 2009 年 4 月初）

在本阶段，奥巴马政府一方面为医疗改革进行扎实的准备，如组建医疗改革班子、接触相关利益集团、与国会参众两院领导人展开前期磋商等；另一方面推出了若干涉及国民医疗保健的重要措施。这些措施是：增加对儿童医疗保险计划的联邦拨款 440 亿美元，以便到 2013 年使受益儿童达到1100万；[①] 通过经济刺激计划，为数百万失业者提供延续医疗保险特别补贴，向各州医疗补助计划提供870亿美元紧急援助，并将联邦卫生与公众服务部预算总额增加1670亿美元，以开展一系列旨在提高医疗体系质量的基础性研究项目和医疗信息化项目。[②] 奥巴马总统认为，就促进医疗改革而言，这些措施的力度“超过了以往10年中所做的一切”。[③]

（二）国会常设委员会产生方案阶段（从2009年4月至10月中旬）

在本阶段，国会参、众两院五个常设委员会关于医疗改革的方案陆续出台，各种政治势力、各方利益集团及广大公众开始全面介入改革进程，展开了一场为当代美国所罕见的激烈的医疗改革大辩论。

2009年4月8日，奥巴马总统签发第13507号总统令，在白宫设立医疗改革办公室，此举标志医疗改革“主战役”全面打响。这个办公室拥有广泛权限，除了要同医疗改革班子核心成员所在部门密切合作制定相应政策外，还要与其他联邦机构、国会以及州和地方政府协调，收集社会各界反应，提醒总统应该关注的问题，监督相关部门的工作进度，确保联邦政府各机构在医疗改革方面步调一致。[④]

美国国会参、众两院共有五个常设委员会拥有医疗保健事务的法定管辖权。它们是：众议院的能源与商务委员会、筹款委员会、教育与劳工委员会；参议院的财政委员会和卫生、教育、劳工与养老金委员会。每个委

---

① Barack Obama, “Remarks on Singing the Children's Health Insurance Program Reauthorization Act of 2009,” February 4, 2009, *The American Presidency Project*〔online〕, 2009年10月18日。

② 经济刺激计划即2009年2月17日生效的《美国经济复兴与再投资法》（American Recovery and Reinvestment Act, ARRA），其详情可从美国政府专门为此设立的网站www. recovery. gov上获得。关于联邦卫生和公众服务部从该法案中获得的拨款及其使用情况，可详见http://www. hhs. gov/recovery/公布的材料。Also see U. S. Department of Health and Human Services, Fiscal Year 2010 Budget in Brief, May 7, 2009, pp. 12 – 14.

③ Barack Obama, “Address before A Joint Session of the Congress,” February 24, 2009, *The American Presidency Project*〔online〕, 2009年11月5日。

④ Barack Obama, “Executive Order 13507: Establishment of the White House Office of Health Reform,” April 8, 2009, *The American Presidency Project*〔online〕, 2009年11月5日。

员会都需要产生各自的医疗改革方案，为此都要经历举行听证会、起草议案、国会预算局评估、[①] 委员会辩论、投票表决等一系列法定程序。这种情况先天地决定了改革进程在本阶段不会一帆风顺。各个常设委员会提出的医疗改革方案，无论是草案还是正式方案，都引发了全社会各界广泛参与的辩论。人们激辩的两个最主要的议题是：政府是否应该出资创建并管理一个公共医疗保险机构以提供公共医疗保险选择（public option）？由谁来负担医疗改革所需的巨额费用？

为消除阻力，推进改革，奥巴马总统在本阶段采取了两项具有全局意义的行动。第一是与“六大家”达成合作意向，这在美国医疗改革史上是前所未有的创举。以往历届政府医疗改革计划遭遇“滑铁卢”的根本原因就是这些利益集团反对，奥巴马要做的是至少使它们暂时保持中立。经过在白宫举行的会谈，“六大家”承诺支持医疗改革，在 2010～2019 年自愿降低服务和产品的收费，以求国民卫生支出的增速每年回落 1.5%，相当于贡献 2 万亿美元。作为回报，联邦政府答应在设计医疗改革方案时考虑“六大家”的利益。

奥巴马的第二个行动是在 2009 年 9 月 9 日向参、众两院联席会议发表关于医疗改革的专题演讲，就议员们普遍关心的几个要害问题阐明立场。除了重申改革的三大目标外，奥巴马强调改革并非要“另起炉灶”，而是要纠正现存医疗保健体系的问题。所以左派憧憬的政府统一管理支付模式（single-payer）和右翼鼓吹的纯市场模式属于“两个极端”，均不可取。他声明，医疗改革经费主要依靠优化资源和减少浪费、舞弊与滥用医疗服务的现象，绝不会给财政赤字增加“一个子儿”（a dime），改革总成本以 10 年间花费 9000 亿美元为限。[②] 这次演讲取得了良好效果，使公众对医疗改革的支持率大幅度攀升。

经过半年的努力，到 2009 年 10 月中旬，所有国会常设委员会的医疗改革方案均已正式出台。当耗时最久、被各界称为“鲍卡斯方案”

① 国会预算局（Congressional Budget Office）于 1974 年 7 月 12 日成立，系国会直属机构，现有工作人员 235 名，其中多数为经济学家和公共政策分析人员。国会预算局的基本职能是为涉及经济和预算的决策提供“客观、超党派和及时的分析”。

② Barack Obama, “Address before A Joint Session of the Congress on Health Care Reform,” September 9, 2009, *The American Presidency Project*〔online〕, 2009 年 10 月 29 日。

(Baucus Plan)的参议院财政委员会方案表决通过后，奥巴马总统宣布美国医疗改革进程“抵达了一个重要里程碑”。①

（三）参、众两院各自通过改革议案阶段（从2009年10月中旬至12月底）

本阶段的中心任务是在民主党国会领袖的主持下，参、众两院在整合常设委员会方案的基础上出台各自的医疗改革议案。在此期间，最令奥巴马和民主党国会领导人伤脑筋的不是如何对付共和党的阻挠，而是怎样弥合民主党内部激进自由派与较保守的中间派之间的分歧。

2009年10月29日，1990页的众议院议案HR 3962面世。它最突出的特点是在历史上第一次要求全体美国人都能享有医疗保险，使购买医疗保险成为所有公民和雇主的法定义务，通过一系列措施把无医保人口减少3600万，将全国医疗保险覆盖率提高到96%。在美国医师协会和美国退休人员协会表态支持后，11月7日众议院全体会议以220票对215票通过该议案。

11月18日，长达2074页的参议院议案HR 3590公布。② 它在许多方面与众议院议案相仿，最大的不同点在于对改革资金来源的规定。经测算，参议院议案可让3100万无医保人口受益，使医疗保险覆盖率上升至94%，并有望减少联邦财政赤字1300亿美元。③ 奥巴马总统认为，这个议案的诞生是医疗改革进程的“第二个重要里程碑”。④

参议院议案问世后未能迅速付诸表决，而是经历了缓慢而又曲折的修改过程。其间，民主党和共和党的各派参议员提出了450多个修正案，⑤就一系列问题展开了反复斗争、辩论、对话和磋商，议案的最后文本

① Barack Obama, “Remarks on Senate Action on Health Care Reform Legislation,” October 13, 2009, *The American Presidency Project*〔online〕, 2009年10月19日。

② 该议案全称为《病人权益保护与可负担医疗保健法》(Patient Protection and Affordable Care Act)，由于它实际上代替了众议院原来的HR 3590号议案，故仍旧沿用原编号，而没有像通常那样采用以字母S开头（代表参议院）的编号。

③ Congressional Budget Office, Patient Protection and Affordable Care Act, November 18, 2009.

④ Barack Obama, “Statement on the Patient Protection and Affordable Care Act,” November 18, 2009, *The American Presidency Project*〔online〕, 2009年11月22日。

⑤ “The Senate Postmortem,” *The Wall Street Journal* (Asia), Monday, December 28, 2009, p. 11.

到12月19日才以附加383页修正案的方式完全敲定。尽管美国医疗保险协会不满，但美国医师协会、美国医院协会和服务业雇员国际工会相继声明支持这个文本。2009年12月24日圣诞节前夕的清晨，参议院全体会议以60票对39票通过医疗改革议案，这是参议院自1895年以来首次在圣诞节前夕进行投票。奥巴马总统盛赞这是一次“历史性的表决”，企盼参众两院早日协商产生一个统一的国会议案，完成医疗改革“最后和最重要的一步”。他预言2010年将成为医疗改革的成功年。①

（四）调整和最后冲刺阶段（2010年元旦至3月下旬）

本阶段的目标是全力弥合参、众两院医疗议案之间的分歧，尽快形成国会统一版本医疗改革议案，最后经参、众两院分别表决通过，送交奥巴马总统签署成为法律。

参、众两院分别批准的改革议案约有70%的相似性。虽然具体规定有所差异，但两个议案都要求扩大医疗保险覆盖面、规定公民和企业参加医疗保险的强制性义务（mandate）、为低收入群体提供投保补贴、建立为低收入人群和小企业服务并由政府管理的医疗保险计划交易平台、削减医疗照顾计划支出、对医疗补助计划进行大规模扩张、强化对医疗保险公司的监管等。两者之间的重大区别主要集中在是否创建公共医疗保险、改革经费来源、堕胎相关规定和是否成立监督医疗照顾计划开支的委员会这几个方面。总的来说，不包含公共医疗保险条款的参议院议案相对温和，政治风险小；众议院议案比较慷慨，受益人口多500万人，改革措施更能反映民主党主流派的意愿，但改革成本过高。

在奥巴马总统的直接指导下，白宫医疗改革班子和民主党的国会领袖在2010年1月中旬已经基本扫除了参、众两院议案整合工作中的主要障碍，开始准备最后的改革议案文本。正值此时，华盛顿的政治天平突然发生了不利于民主党的倾斜。2010年1月19日，马萨诸塞州举行联邦参议员特别选举，以填补由于爱德华·肯尼迪参议员（Edward M. Kennedy）去

① Barack Obama, “Remarks on Senate Passage of Health Care Reform,” December 24, 2009, *The American Presidency Project*〔online〕, 2009年12月25日。

世而空缺的参议院席位。[①] 肯尼迪参议员是毕生为医疗改革事业奋斗的自由派旗手，连续46年保持着参议院议席。马萨诸塞州是民主党的“老根据地”，也是美国第一个基本实现全民医疗保险的州。奥巴马总统和民主党高层本以为能够稳操胜券，不料选举结果却是共和党人斯科特·布朗（Scott Brown）获胜，这使民主党丧失了在参议院的60票绝对多数，医疗改革面临前功尽弃的危险。在这种情况下，白宫和民主党国会领袖不得不在震惊和失望的气氛中紧急拟定对策，对原来的医疗改革计划和策略进行全面评估与调整。

事实上，马萨诸塞州补缺选的结果集中反映了中间选民对就业状况的不满、对旷日持久的医改辩论的困惑与愤怒，它并未改变导致改革的基本动因。[②] 放弃改革，民主党的执政基础将受到根本动摇，医疗保健体系的三大难题亦只能愈演愈烈。当时的民意调查显示，尽管公众中支持和反对医疗改革议案的人数比例旗鼓相当，但54%的受访者认为医疗改革比以往任何时候都更加重要，而且随着公众对改革议案的了解增加，支持度还会上升。[③] 就连医疗产业利益集团现在也不愿停止改革，因为成功的改革有望为医疗保险和医疗保健服务市场带来至少3000万有支付能力的新顾客，它们的获益将远远超过政治游说的开销。

2010年1月27日晚，奥巴马总统发表了他执政后的首份国情咨文。在这次全国瞩目的演讲中，奥巴马承认医疗改革是一个复杂的问题，而且“辩论持续越久，人们就越心存疑虑”，他应该为“没有能更清晰地向美国人民说明情况而承担责任”。同时，他毫不含糊地表示绝不会退

① 来自马萨诸塞州的参议员爱德华·肯尼迪（Edward M. Kennedy）于2009年8月25日去世，此后马萨诸塞州州长德瓦尔·帕特里克（Deval Patrick）经州议会授权任命长期担任肯尼迪参议员高级助手的保罗·柯克（Paul Kirk）为临时参议员，占据肯尼迪参议员的席位，直到2010年1月该州的参议员补缺选举产生新参议员为止。

② 根据由《华盛顿邮报》、凯泽家庭基金会（The Henry J Kaiser Family Foundation）和哈佛大学公共卫生学院2010年1月21~22日联合对马萨诸塞州选民所进行的民意调查，支持和反对医疗改革者的比例分别为43%和48%；希望当选参议员布朗在医改问题上与奥巴马总统和民主党人合作者的比例为70%，反对者的比例为28%。See Dan Balz and Jon Cohen, “Poll Finds Mass. Vote as Continuing A Trend,” *The Washington Post*, Saturday, January 23, 2010, pp. A1 - A5.

③ Kaiser Family Foundation, Public Opinion on Health Care Issues, January 22, 2010, available at: http: //www. kff. org/, 2010年1月24日。

缩，欢迎来自两党的任何更好的方案，呼吁大家团结一致完成医疗改革大业。[①] 此后，白宫和民主党高层决定：用独立的修正案对参议院议案进行“修补”，产生一个取得党内广泛共识的最终改革议案交国会审议，并利用“调节程序”（reconciliation）让参众两院分别以简单多数通过它，以避免共和党的阻挠。[②] 2月22日，奥巴马总统通过白宫网站公布了他的医疗改革建议。[③] 这份建议坚持了参议院改革议案的基调，弥合了两院议案的若干分歧。它最重要的地方有两点：一是只字未提公共医疗保险，等于正式宣布放弃这个民主党主流派的核心主张；二是把改革总成本增加到9500亿美元。

2010年3月18日，由白宫和国会民主党高层共同敲定的最终版本改革议案HR 4872面世。经国会预算局评估，该议案和参议院早先通过的HR 3590号议案一道有望把全国医疗保险覆盖率提高到95%，使3200万无医保人口受益，同时在10年内（2010~2019）减少联邦赤字1430亿美元，改革的总成本约为9400亿美元。[④] 为了确保在众议院获得通过议案所必需的216张赞成票，奥巴马总统推迟了出访，通过面谈和打电话亲自对约60位民主党众议员做工作。3月21日（星期日）众议院经过10个小时的激烈辩论后，以219票对212票通过了参议院HR 3590号议案，接着又在午夜前以220票对211票通过HR 4872号议案。至此，医疗改革闯过了最困难、最关键的一关，可谓胜券在握。[⑤] 在白宫罗斯福厅观看实况转播的奥巴马总统随即向全

---

① Barack Obama, “Address before A Joint Session of the Congress on the State of the Union,” January 27, 2010, *The American Presidency Project*〔online〕, 2010年1月28日。

② 调节程序（reconciliation）又称为预算调节程序（budget reconciliation），是美国国会1974年创造的一种为克服阻挠行动（filibuster）而迅速通过有争议议案的立法程序。它限制了法案的辩论时间和修正工作，有利于控制了国会简单多数的政党通过自己的议案。它的最大好处是不要求参议院必须有60票才能通过议案，而是仅仅要求51票。不过，这种程序的启动是有条件的，而且它对于议案本身有诸多限制。考虑到医疗改革的广泛性和复杂性，相关议案通过这个程序表决并非最佳立法路径，实属无奈选择。

③ 奥巴马总统建议的全文可从白宫网站获得，参见 http://www.whitehouse.gov/health-care-meeting/proposal，2010年2月23日。

④ Congressional Budget Office, H. R. 4872 Reconciliation Act of 2010, March 18, 2010; H. R. 4872 Proposed Reconciliation Legislation, March 20, 2010; H. R. 4872, Reconciliation Act of 2010, March 20, 2010.

⑤ 经过这次表决，参议院改革议案HR 3590只待总统签署；HR 4872号议案，即对参议院议案的修正案将在几天内送交参议院辩论表决。由于参议院民主党人只需有51票即可通过该议案，故胜算很大。

国发表电视讲话，感谢所有支持医疗改革的人，称赞众议院的表决“为美国梦的基础稳固地安放了一块基石”。[①]

四　医疗改革过程中的重大争论与利益博弈

在医疗改革中，民主党与共和党之间、两党内部各派别之间的分歧日益凸现，政治斗争急剧升温。公众中怀疑、反对医疗改革者大有人在，而支持改革者对许多具体问题的看法也不尽一致。各利益相关方在台前幕后展开了空前规模的游说和公关活动，借助一切机会宣传自己的主张并力求把它们塞进医改议案的修正案。[②] 在所有争议、辩论、协商和博弈中，以下几方面问题始终处于中心地位。

（一）是否应由政府创建并管理公共医疗保险机构

由政府创建一个公共医疗保险机构为无医保人员提供经济实惠的公共医疗保险选择，是民主党主流自由派一直大力推崇的设想。他们的领军人物、众议院议长佩洛西一度坚称公共医疗保险应该是改革议案中不可或缺的内容。自由派认为，政府投资经营的保险计划不会像私营保险公司那样要在市场营销、高层经理薪酬、股东利益回报等方面有较大开销，能有效降低医疗保险的成本与费用。另外，这样做还能提高行业竞争度和顾客的选择性，打破私营医疗保险公司在事实上的垄断地位，[③] 扩大医疗保险的覆盖面。奥巴马总统支持这个设想，但为了最大限度地吸引民主党中间派的支持，缓解与共和党右翼势力的对抗，消除许多公众对政府主办的“公

① 白宫官方网站 http：//whitehouse. gov/blog/2010/03/22/waht-change-looks，2010 年 3 月 22 日。

② 到 2009 年 9 月上旬，各种与医疗改革相关的游说活动、政治捐款、媒体广告的花费已高达 3.75 亿美元，其中，6 月份以后每一天的电视广告耗资 100 万美元。美国有线电视新闻网（CNN）评论说，医疗改革已经成为“国会有史以来最昂贵的议题”。See Ben Pershing，“Critical Ads to Follow Obama on Vacation，” *The Washington Post*，Sunday，August 23，2009，p. A6.

③ 在美国 34 个州中，75% 的医疗保险市场被 5 个或者更少的医疗保险公司占据。在亚拉巴马州，近 90% 的医疗保险市场被一家保险公司垄断。See Barack Obama，“Address before A Joint Session of the Congress on Health Care Reform，” September 9，2009，*The American Presidency Project*〔online〕，2009 年 10 月 29 日。

费医疗”的担忧，他采取了相当灵活的态度和表达方式。[①] 这种政治策略在一定程度上拉开了白宫与民主党激进自由派的距离。

共和党毫不妥协地反对任何公共医疗保险的建议，他们认为，政府使用纳税人的钱举办医疗保险，意味着由政府接管医疗保健事业。这必然窒息市场活力，形成不公平竞争，减少市场提供的私营医疗保险品种和选择性，降低服务质量，损害消费者的权益，导致医疗改革目标落空。除了根深蒂固的保守主义意识形态使然外，一个重要原因是与共和党关系密切的私营保险公司担心无力同政府主办的非营利性公共医疗保险机构竞争，从而导致长期形成的保险市场格局重新洗牌，自身利益永久受损。国会研究局的一份报告也不讳言，公共医疗保险机构可能造成不公平竞争，最终把私营保险公司逐出市场。[②] 另外，公共医疗保险还面临着经营风险、管理成本和与医疗保健服务提供方的关系等一系列不确定因素，谁也无法为它的成功打保票。美国医疗保险协会、美国商会（U. S. Chamber of Commerce）、企业圆桌会议（Business Roundtable）等重要商会组织都一致而且强烈地反对公共医疗保险，并为此展开了密集的政治游说，其中美国医疗保险协会2009年的相关开支就达到890万美元。[③]

（二）医疗改革中的非法移民和堕胎问题

医疗改革的目标之一是尽可能地扩大医疗保险覆盖面，而无医保人口中许多没有合法身份。美国全国约有3800万合法移民与非法移民，这两类移民往往生活在一个家庭里。参、众两院的改革议案都要为低收入家庭提供医疗保险补贴，并要求雇主为员工办理医疗保险，这就有机会让非法移民受益。实际上，要完全不让非法移民“沾光”几乎是不可能

① 奥巴马总统2009年8月在科罗拉多州的一次集会上表示，公共医疗保险（public option）只是整个医疗改革计划中“极小的一部分”（just one sliver）。以后他又重复过这个观点。See Anne E. Kornblut, “Public Option Called Essential,” *The Washington Post*, Tuesday, August 18, 2009, p. A4; Ceci Connolly, “White House Aides Reaffirm Public Option Is Not Mandatory,” *The Washington Post*, Monday, October 19, 2009, p. A4.

② Bob Lyke, “Health Care Reform: An Introduction,” *Congressional Research Service*, April 14, 2009, p. 9.

③ Kevin Bogardus, “Health Insurers Spent Big Bucks on Lobbying over the Past Year,” January 24, 2010, The Hill, available at: http://thehill.com/business-a-lobbying/77715, 2010年1月25日。

的，这就是为什么共和党众议员威尔逊（Joe Wilson）在国会联席会议上公然向奥巴马总统叫板的真正原因。[①] 民主党的自相矛盾之处在于：高层领袖信誓旦旦地要把非法移民拒于医疗改革门外，而众多代表移民利益的民主党议员要求适度灵活、网开一面，并向领导层施加政治压力。共和党人则一直反对让医疗改革方案惠及非法移民。

历来敏感的堕胎问题在医疗改革辩论中占有独特地位。主张妇女权利的民主党自由派虽然无意挑战现行的《海德修正案》（Hyde Amendment），[②] 但倾向于为堕胎妇女提供宽松的环境。然而，在参、众两院各自改革议案的关键时刻，堕胎问题都成为矛盾焦点，而且这种矛盾主要产生在民主党内部若干极端保守的中间派与自由派之间。当众议院最后辩论和表决 HR 3962 号议案时，得到美国天主教主教会议（U. S. Conference of Catholic Bishops）[③] 支持的民主党议员巴特·斯图帕克（Bart Stupak）临时提出一项修正案，禁止堕胎妇女受惠于任何涉及政府资金的医疗改革制度设计。议长佩洛西认为这项苛刻的提案已经超越了现行法律，但为了不使改革议案"触礁"，只好被迫妥协，此举招致民主党左翼的极度失望与强烈不满。[④] 参议院辩论 HR 3590 号议案期间，民主党参议员本·纳尔逊（Ben Nelson）一再提出措辞严厉的修正案，以防止在扩大医疗保险覆盖面时联邦资金被用来资助堕胎。为获得他对参议院议案的"第 60 张支持票"，多数党领袖里德不得不与他达成多项妥协。当最终改革议案在众议院面临"决战"的前夕，以巴特·斯图帕克为首的近 10 名民主党议员再度就堕胎问题

---

① 2009 年 9 月 9 日奥巴马总统对国会参众两院联席会议就医疗改革问题发表演讲，当他谈到改革不会让非法移民获益时，南卡罗来纳州共和党众议员威尔逊（Joe Wilson）大喊了一声："你撒谎！"（You lie!）

② 联邦政府资金不能用于资助堕胎的法律来源于 1976 年国会通过、1977 年生效的《海德修正案》。该修正案由共和党议员亨利·海德（Henry Hyde）提出，主要内容是禁止联邦政府出资的公共医疗保健计划（如医疗补助计划）支付堕胎费用，除非母亲的生命由于怀孕受到威胁。该修正案不干涉私人医疗保险计划下的堕胎，甚至不干预州政府对堕胎的补助。

③ 美国天主教主教会议（United States Conference of Catholic Bishops，USCCB）是美国天主教的最高权力机构，由全国各个天主教教区的主教组成，总部设在华盛顿。

④ 密歇根州众议员斯图帕克（Bart Stupak）的立场代表了大约 40 名民主党众议员，若佩洛西议长不让步，众议院 HR 3962 号议案注定受阻。See Alex Wayne and Edward Epstein, "Democrats Work to Hold Defections Down", *CQ Weekly*, Vol. 67, No. 42, November 9, 2009, pp. 2592 – 2593; "Abortion Issue Looms as Obstacle as Senate Takes up Health Bill," *The Washington Post*, Monday, November 9, 2009, p. A9.

发难，若不是奥巴马总统允诺专门发布禁止联邦资金用于堕胎的总统令，以换取他们立场的转变，他们的反对票将足以彻底葬送改革。[①] 共和党方面的立场很明确：坚信医疗改革必然导致联邦政府资助堕胎的“违法”行为，同时谴责民主党领导层为通过议案而不择手段地进行“幕后交易”。

（三）如何筹措医疗改革所需的巨额资金

奥巴马总统曾承诺改革成本不超过9000亿美元，后来又增加到9500亿美元，其实这些都是较理想的愿景。据各方估算，医疗改革至少需要1万亿美元。这样一大笔钱从何而来？在联邦政府债台高筑的情况下，只能靠开源节流。在“开源”方面，众议院 HR 3962 号议案规定对高收入群体征收附加税，这遭到共和党人的一致声讨，民主党内对此亦有不同看法。再有一种选择是对俗称“凯迪拉克”（Cadillac）的高端医疗保险计划课税。美国的经济学家和卫生专家几乎都认为，基于雇佣关系的医疗保险所享受的免税待遇极不合理，因为它鼓励过度医疗消费，促使国民卫生支出膨胀，增加了财政负担。[②] 若取消这项免税待遇，一年就能为联邦政府提供改革资金约2500亿美元。[③] 事实上，由于牵扯各方利益太深，要这样做几乎不可能，但可以变通地对超过一定金额的高端医疗保险计划课税，将收入转为改革经费。参议院 HR 3590 号议案采用了这种做法，但这个获得国会预算局肯定的做法在众议院受到了180名民主党议员的联合抵制。为争取受益于“凯迪拉克”保险计划的工会组织支持改革的最后议案，奥巴马总统亲自出面与工会领导人协商出一个大打折扣的妥协方案。[④]

---

① Jared Allen and Jeffrey Young, “Stupak, Dems Reach Abortion Deal,” March 21, 2010, The Hill, available at: http://thehill.com/homenews/house/88143，2010年3月22日。

② 从联邦财政角度看，对基于雇佣关系的医疗保险计划的免税待遇已经成为继医疗照顾计划（Medicare）后的第二大国民卫生支出项目，每年约耗资2500亿美元。See “The Third-best Reform: How Congress Ducks the Problem of Tax-free Health Insurance,” *The Washington Post*, Editorial, Sunday, October 25, 2009, p. 18A.

③ “Incredible Shrinking Cadillac,” *The Washington Post*, Editorial, Saturday, January 16, 2010, p. 16A.

④ 这个妥协方案使联邦政府从高端医疗保险计划上的税收由“鲍卡斯方案”的2150亿美元（2013～2019年度）缩减到约900亿美元，而且把课税期推迟到2018年，这使筹措医疗改革的经费遭遇巨大困难。

在“节流”方面，民主党与共和党争论的焦点是如何对待耗资巨大的医疗照顾计划。[①] 由于这涉及数千万老年人的切身利益，所以两党政治家都竭力避免“捅马蜂窝”。民主党认为完全可以在不影响医疗照顾计划服务质量的前提下做到10年内节约5000亿美元支出，因此参、众两院各自的改革议案都包含削减医疗照顾计划支出的条款。奥巴马总统多次指出，整个医疗保健体系充斥着浪费和滥用医疗资源的现象，靠节约开支，尤其是节省医疗照顾计划和医疗补助计划的费用就能为改革提供多数资金。历史上曾反对建立医疗照顾计划的共和党这次扮演了老年人医疗福利捍卫者的角色，坚决反对削减医疗照顾计划支出。这其中的缘由相当复杂，既包含了保护医疗保健服务提供方利益的考虑，也在一定程度上反映了许多老年人特别是1000多万投保医疗照顾升级计划老年人的担忧。[②] 联邦公共医疗计划中心（CMS）的独立研究报告认为，众议院HR 3962号议案中削减医疗照顾计划开支的条款可能对老年医疗服务的可及性产生不利影响，也无助于控制国民卫生支出。这份报告为共和党提供了政治杀伤力很强的弹药。[③]

（四）如何照顾医疗保健产业的重大利益

医疗改革的任何一个动作都会涉及医疗保健产业的利益问题。实际上，奥巴马政府无意，也无法照顾这个产业的所有利益。但是，有两个大方面是任

① 医疗照顾计划（Medicare）已经成为美国规模最大、开销增长最快和对医疗保健体系影响最深远的联邦医疗保险计划。全国约1/5的医疗采购和1/3以上的医院都要依赖该计划的资金。医疗照顾计划在联邦政府年度支出中的比重，1970年为4%，1980年为6%，1990年为9%，2000年为12%，2008年为15%，预计2019年为20%。See Lisa Potetz, “Health Policy Alternatives,” Inc. and Juliette Cubanski, The Henry J. Kaiser Family Foundation, *A Primer on Medicare Financing*, July 2009, Kaiser Family Foundation (publication 7731 – 02).

② 据统计，到2009年3月份，参加医疗照顾升级计划（Medicare Advantage）的老年人总数为1020万人，约占整个参加医疗照顾计划人数的22%。See The Kaiser Family Foundation, Medicare Advantage, April 2009 (publication 2052 – 12). 奥巴马总统认为，联邦政府资助医疗照顾升级计划的经费实际上是在资助私营保险公司，提出应在10年内削减该项支出1770亿美元。See Barack Obama, “640-Remarks at a Town Hall Meeting and a Question-and-Answer Session in Portsmouth,” New Hampshire, August 11, 2009, *The American Presidency Project*〔online〕, 2010年1月5日。

③ Office of the Actuary, Centers for Medicare and Medicaid Services, Department of Health and Human Services, “Estimated Financial Effects of the ‘America's Affordable Health Choices Act of 2009’ (H. R. 3962),” Passed by the House on November 7, 2009.

何医疗改革都绕不过去的，那就是怎样解决医生群体和药品企业的利益关系。

（1）以美国医师协会为首的主要医生团体坚决反对政府创建公共医疗保险计划，认为这将极大地损害医生的利益。同时，他们非常关心医疗照顾计划的服务费标准问题。1997 年国会曾为控制医疗费用支出而规定逐年降低参与医疗照顾计划服务的医生的诊疗费。由于此举遭到医生团体的一致谴责，自 2003 年起就被国会以每年通过临时决议的方式冻结。美国医师协会等医生团体一再要求国会在制定医疗改革议案时考虑永久解决这个问题，即废除旧法，把累计冻结本应该降低的收费 2470 亿美元列入改革成本核销。① 由于这样做会使改革费用突破奥巴马确定的限额，所以参、众两院的民主党人均设法在改革议案之外另辟蹊径，以换取美国医师协会等组织配合改革。从目前情况看，这个陈年难题的破解之道只能有赖于国会通过专门议案，相关的博弈未有穷期。

（2）药品企业最在意的是维护自己的技术领先地位和市场占有率。美国药品研发和制造商协会是最早就改革问题与白宫达成交易的利益集团。它提议今后 10 年让利 800 亿美元，使参加医疗照顾计划的老年人能以半价购买知名药厂的产品，并基本取消 D 部分（补贴处方药保险计划）中需要投保人自费的开支。医疗改革有望为药厂增加数千万处方药顾客，政府还明确承诺保护生物制药企业的技术优势。这笔交易不仅涉及美国的就业和医药科技发展，而且关乎许多政客的职业生涯。在医疗改革中，药业公司是医疗保健产业中最舍得花钱的机构，仅 2009 年上半年的政治游说投入就达到 1.1 亿美元；雇用专职说客 1228 人，平均每名国会议员有 2.3 位说客。政治游说的首要目的是取得尽可能长的对生物制药产品的法定保护期，保护期过后才允许廉价仿制药上市。有些国会议员主张保护期不超过 5 年，奥巴马总统建议 7 年，而国会最终改革议案按照药业公司意愿定为 12 年，难怪《时代》周刊说生物制药企业是美国医疗改革的“最大赢家”。②

① 2009 年 9 月 21 日美国医师协会常务副会长迈克尔·梅维斯医生（Michael D. Maves, MD, MBA）致参议院财政委员会主席鲍卡斯的信。此信可从美国医师协会官方网站 http://www.ama-assn.org/获得。

② Karen Tumulty and Michael Scherer, “Biologic-drug Makers Are Poised to Score Huge in American Health care Reform,” *TIME*（*Asia*）, Vol. 174, No. 17, November 2, 2009, pp. 22 - 25.

五　奥巴马政府医疗改革的特点、缺陷与前景

奥巴马是近百年来矢志医疗改革，实现全民医保梦想的第八位美国总统。按照他的说法，以前的七位总统和七届国会的医疗改革尝试均告失败。① 那么，奥巴马发动并领导的“新医改”有何不同呢？归纳起来，这次医疗改革有六个鲜明特点。

一是改革任务最艰巨。今天的美国医疗保健体系，无论自身规模、复杂程度、涉及人口还是待解决问题的难度都远超历史上的任何时期。②

二是联邦财政最拮据。从某种意义上说，奥巴马政府是美国成为世界头号工业强国以来最“穷”的政府，产生了美国建国后的最高赤字、背负着天文数字的公共债务，这不可避免地限制了实现改革目标的能力。③

三是改革时机最困难。奥巴马总统履新之际美国正在同时进行着两场战争（伊拉克和阿富汗），并恰逢国家经历“大萧条”后最严重的金融与经济危机，730 多万失业大军为改革增添了巨大压力。

四是医疗保健产业利益集团的阻力较小。在各种因素的作用下，以“六大家”为首的医疗保健产业利益集团没有像从前那样全力破坏医疗改革，而是相对合作。

五是对改革方案的评估最细致。国会预算局 1974 年才成立，此前的改革均缺乏系统性评估，克林顿政府医改方案的评估亦无法与本次改革相比。

---

① Barack Obama, “Remarks by the President during Town Hall Meeting in Elyria,” Ohio, January 22, 2010, 白宫官方网站 http: //www. whitehouse. gov/the-press-office/, 2010 年 1 月 26 日。

② 1935 年罗斯福总统推出《社会保障法》时，美国虽然已是世界第一工业强国，但普通民众基本上仍处于缺医少药的境地。当时得了普通流感就算重病号，家庭主妇的重要职责之一是照看病人。1/4 的家庭没有自来水，1/3 的家庭没有厕所。参见威廉·曼彻斯特著《光荣与梦想 1932 ~ 1972 年美国实录》（第 1 册），广州外国语学院美英问题研究室翻译组译，朔望、董乐山、关在汉校，商务印书馆，1978，第 88、339 页。

③ 2010 年美国联邦赤字预计占国内生产总值的 10.6%，是第二次世界大战结束以来的最高比例。2010 年 2 月 1 日奥巴马总统公布了联邦政府 2011 财政年度预算，这个预算方案创造了两项新纪录：一是支出总额为 3.83 万亿美元，二是联邦政府赤字高达 1.56 万亿美元。See Lori Montgomery and Michael A. Fletcher, “Obama Budget Would Spend Billions More,” *The Washington Post*, Tuesday, February 2, 2010, pp. A1, A11.

六是改革过程最透明。虽然奥巴马没有实现“电视直播政治”的诺言，但得益于互联网等新媒体的帮助，这次改革在提高决策透明度方面开启了美国政治的先河。

平心而论，奥巴马政府在相当困难的条件下使医疗改革取得了不菲的阶段性成果，即国会通过的改革议案。这两个冗长而复杂的议案远称不上完美，但是一个任何人都无法否认的事实是，坚冰已被打破，航道已经开通，方向已经明确。经历了15个月的艰苦努力后，医疗改革已经获得了历史性突破。然而，对照奥巴马政府宣布的医疗改革的三大目标和八项原则，以及美国历次重大社会改革的经验，可以看出这次改革存在众多缺陷，其中有两个蕴藏最大的风险。

（1）没有建立起跨党派的政治基础。这次改革是美国近3/4世纪中唯一没有取得跨党派共识的重大社会改革，执政的民主党始终未能有效争取共和党的支持，共和党方面也鲜有建设性举措，两党之间的对立如水火不容。在所有议案的表决中，共和党议员一共仅投出两张赞成票。① 相比之下，同样是由民主党政府主导的重大社会改革，无论是社会保障制度（1935年）、民权法案（1964年）还是医疗照顾制度（1965年）和福利改革（1996年），都得到了相当多共和党议员的支持。② 在本次改革中，共和党温和派女参议员奥林匹娅·斯诺（Olympia J. Snowe）曾对“鲍卡斯方案”投下了宝贵的赞成票，但后来她对参议院议案的“纯党派”色彩“深感失望”，连奥巴马总统做工作都不管用，最后与全体共和党参议员一道坚持反对立场。历史经验证明，一定程度的跨党派共识是美国任何成功的重大改革的必要条件。国会最终议案仍然没有取得跨党派共识，这将使医疗改革的后续阶段举步维艰。

① 一张是共和党参议员奥林匹娅·斯诺（Olympia J. Snowe）投给参议院常设财政委员会医疗改革方案的赞成票，另一张是众议院表决其医疗改革议案时路易斯安那州共和党众议员安·约瑟夫·曹（Anh “Joseph” Cao）投下的赞成票。

② 1935年《社会保障法》在民主党控制的国会通过时，共和党方面64%的参议员和79%的众议员表示赞成；20世纪60年代的《民权法》（Civil Rights Act）获得82%的共和党参议员和80%的共和党众议员支持；表决创建医疗照顾计划（Medicare）的法案时，41%的共和党参议员和51%的共和党众议员投了赞成票；1996年克林顿总统进行福利改革（welfare reform）时，得到几乎所有的共和党议员，以及98位民主党众议员和25位民主党参议员支持。See “Olympia Snowe Is Right,” *The Wall Street Journal*（Asia），Friday/Sunday，December 11－13，2009，p. 12.

（2）在降低国民卫生支出方面乏善可陈。发动医疗改革的首要动因是控制高速膨胀的医疗保健费用，抑制联邦财政赤字。不过，无论是五个国会常设委员会的方案，还是后来参、众两院各自的改革议案，都缺乏控制个人、企业和政府三方面的医疗保健支出的有力措施。2009 年 11 月 17 日美国 23 位知名经济学家（其中包括两名诺贝尔经济学奖得主）向奥巴马总统发出公开信，强调控制医疗支出、减少政府赤字是医疗改革特别重要的一个长期目标，为此任何改革方案都应包含四项互相联系的内容：实现收支平衡和逐步减少赤字；对高端医疗保险计划课税以鼓励节约医疗开支；成立对国会负责的医疗照顾计划专家委员会，遏制高速膨胀的医疗照顾计划支出；改革提供医疗保健服务的系统，改变以医疗业务量而非医疗质量为衡量尺度的医疗评价体制。① 最终版本的改革议案距上述要求仍有不小的差距。美国的专业人士和媒体普遍认为，如果不能从根本上有效抑制医疗费用的增长，即便最终议案经奥巴马总统签署成为法律，改革也难言成功。

尽管存在着缺陷和风险，奥巴马政府的医疗改革必将对美国医疗保健体系产生全方位的深远影响，其中最主要的是：

（1）通过对医疗补助计划的空前扩展、减税和发放政府补贴等一系列措施，让 3200 万无医保人口获得医疗保险，从而第一次把全美合法居民的医疗保险计划覆盖率提高到 95%，为最终实现真正的全民医保奠定了坚实的基础。

（2）第一次以国会议案的形式明确所有合法居民和企业对维护健康的法定义务，确立了政府、雇主和公民个人三方共担责任的基本原则。

（3）创建了医疗保险计划交易平台，为大批小企业和广大低收入人群提供了一种费用相对低廉的选择。私营医疗保险公司经过必要程序可参与平台的服务，并可在满足一定条件后推出跨州医疗保险计划。这意味着私营保险公司第一次被允许跨州运营，从而为投保人带来便利，并提高了市场竞争度。

（4）极大地强化了联邦政府对私营医疗保险业务的监管。医疗保险公

① Catherine Rampell, "Economists' Letter to Obama on Health Care Reform," *The New York Times*, November 17, 2009, available at: http: //economix. blogs. nytimes. com/2009/, 2009 年 11 月 18 日。

司的服务将更加规范，以既往病史为由拒绝投保申请等歧视性做法将被根本杜绝。

（5）医疗照顾计划面临自创立以来最大规模的“瘦身”，其中最引人注目的措施是大幅度削减联邦政府拨给参与医疗照顾升级计划的私营保险公司的补贴。

考虑到美国医疗改革的巨大规模、高度复杂性、相关利益集团的影响及政治因素作用，可以预计，在改革议案最后文本送交总统签署成为法律后，改革仍然任重而道远，后续阶段将充满艰难险阻。无论如何，美国医疗改革的百年梦想已经初步实现。现在也许可以这样说：奥巴马总统已经创造出了他最重要的政治遗产，他可能因此而跻身于最有成就的美国总统之列。不过，这百年一搏能否获得大多数美国公众认可的理想结果，还需拭目以待。

（原载《美国研究》2010年第1期）

第五篇

外交与军事

战后美国对朝鲜政策的起源

牛　军*

一　罗斯福政府关于托管朝鲜的设想

战后美国对朝鲜的政策同罗斯福政府在第二次世界大战期间提出的国际托管朝鲜的设想有密切的关系。1943 年初，在第二次世界大战发生战略性转折之际，罗斯福政府开始考虑战后如何处理日本在亚洲和太平洋的殖民地问题，朝鲜的前途当然也包括在内。罗斯福政府在处理这一问题时主要受到两方面的影响。在第二次世界大战中，亚太地区再次兴起民族解放的高潮。美国是《大西洋宪章》和《联合国家宣言》的发起国之一，一再声称支持民主和民族自决，并以此为武器排挤其他大国，美国不愿也不可能采取传统殖民主义的方法实行统治；另外，美国基于战略考虑，认为有必要剥夺日本在亚太地区的殖民地或委任统治地，然后加以有效的控制，以维护美国的安全和海上交通。美国领导人认为，日本被打败后，它在亚太占领的许多地区将出现“权力真空”，那里的人民按照美国的标准，还不具备独立和自治的能力，如不加以控制将会导致持续的混乱和无政府状态，甚至会引起大国的介入和大国间的冲突，结果势必要影响这一地区的稳定，危害美国的战略利益。美国既要控制被认为对它的安全来说是重要

* 牛军，时任中国社会科学院美国研究所副研究员。

的地区，又要继续标榜不谋求领土扩张，避免被指责继承了新老殖民主义者的衣钵。为了解决这种矛盾，罗斯福政府提出建立国际托管制度。

在亚太地区，被认为有必要实行托管的地方既广大又复杂，美国的手再长也不可能包揽，何况其他大国从来都不相信美国的动机真是纯洁和善良的。为了应付各方面的压力，美国将被托管地区分为两类：一类是所谓“战略防区”，由美国单独托管；一类是“非战略防区”，由几个大国共同托管。总之，美国能控制便控制，不能或没有必要单独控制的，也不能被另一个大国控制。朝鲜即属于后一类地区。罗斯福政府提出战后托管朝鲜，一方面是担心一个大国单独控制朝鲜将削弱美国在东亚和西太平洋的地位。与朝鲜邻接的中国和俄国在历史上都与朝鲜形成过某种复杂的关系，相比较而言，罗斯福政府更担心的是苏联对朝鲜的影响。另一方面，美国从来没有、战后也不想在管理朝鲜方面承担太多的责任。对美国来说，朝鲜毕竟“远在地球另一边”，美国人对那里的事情“既不理解又感觉不到”。[①] 罗斯福政府在朝鲜的目标是只要它不被另一个大国独占就可以了，所以罗斯福从一开始便建议由美、中、苏三国共同托管朝鲜，并为此展开活动，争取其他大国的支持。

1942 年 12 月，欧文·拉铁摩尔在给蒋介石的一封经过罗斯福“仔细审阅和修改”的信中谈到托管朝鲜的问题，并具体说明“朝鲜南方——中国和美国保卫西太平洋和平的实际基地的问题——是可以留待以后考虑的细节”。[②] 1943 年 3 月间，罗斯福在白宫向英国外交大臣艾登和盘托出了对日本在亚洲和太平洋的委托统治地和殖民地实行国际托管的设想，其中关于战后朝鲜的前途问题，罗斯福明确提出由美、中、苏三国实行托管。[③] 在同年 11 月召开的德黑兰会议上，罗斯福向斯大林解释了托管问题。他以印度支那为例说明，需要有三四个国家参与托管，并要用 30～40 年才能使那里的人民做好自治的准备。罗斯福指出：“这个原则同样适用于其他殖民地。”[④] 这里所谓的“适用于其他殖民地”，显然主要是指朝鲜。所以罗

① 李奇微：《朝鲜战争》（中译本），军事科学出版社，1983，第 1 页。

② *FRUS*，1942，China，pp. 185－187.

③ 《艾登回忆录（清算）》中册（中译本），商务印书馆，1976，第 658 页。

④ 《德黑兰、雅尔塔、波茨坦会议文件集》（中译本），生活·读书·新知三联书店，1978，第 37 页。

斯福在向美国太平洋战争委员会报告与斯大林会谈的情况时说，他已经向斯大林说明了“朝鲜人民还没有能力实行和维持独立政府，他们应置于四十年的监护之下”。[①] 12 月 1 日美、英、中三国发表的《开罗宣言》在有关部分中虽然没有直接使用“托管”这个词，但其含义是准确无误的。[②]《开罗宣言》公布后即获得斯大林的首肯。至此美国经努力基本协调了有关大国的朝鲜政策。

1944 年初，随着美军逐步向日本本土逼近，美国国务院进一步建议，美军应积极参与在朝鲜或在其邻接地区的作战行动，以便为美国参与解决朝鲜问题和实施托管政策创造条件。[③] 在 1945 年 2 月召开的雅尔塔会议上，罗斯福向斯大林建议说，打败日本后由美、中、苏三大国托管朝鲜，时间“也许要二十年到三十年”。斯大林认为托管期越短越好，并应该有英国参加。斯大林还问及战后是否会有外国军队进驻朝鲜，罗斯福的答复是明确否定的，斯大林表示同意。[④] 通过这次会谈，美苏领导人大致达成的谅解包括：战后由美、苏、英、中四国托管朝鲜；托管期间参与托管的国家不在朝鲜驻军；托管时间不宜过长。

二 三八线的由来

罗斯福逝世后，杜鲁门政府最初并没有试图改变罗斯福的对朝鲜政策。不过由于美苏关系在战争进程中迅速变化，杜鲁门政府很快便感到，有必要调整双方的关系，使苏联领导人确认与罗斯福达成的某些谅解，朝鲜问题也包括在内。1945 年 5 月下旬，杜鲁门派特使霍普金斯访问莫斯科。斯大林在会见霍普金斯时明确表示，苏联不打算改变由四大国托管朝鲜的政策。[⑤]

1945 年夏季，美军开始向日本本土邻接的岛屿发动进攻，结果遇到日

① 《德黑兰雅尔塔波茨坦会议记录摘编》，上海人民出版社，1974，第 97 页。

② 《开罗宣言》有关朝鲜问题部分的表述是：“我三大盟国轸念朝鲜人民所受之奴役待遇，决定在相当时间，使朝鲜自由独立。”见《中国近代对外关系史资料选辑》下卷第二分册，上海人民出版社，1977，第 202 页。

③ *FRUS*，1944，Vol. 5，pp. 1224 – 1228.

④ 《德黑兰雅尔塔波茨坦会议记录摘编》，第 163 ~ 164 页

⑤ 舍伍德：《罗斯福与霍普金斯》下册（中译本），商务印书馆，1980，第 570 页。

军极其顽强的抵抗。在接近日本本土的作战中人员伤亡越来越严重的情况使美军方在制订作战计划时顾虑重重。按照美军领导人的估计，发动对日本本土的登陆作战要到11月以后，因此一直没有制订在朝鲜半岛与日军作战的计划。实际上在美军方看来，在朝鲜半岛与日军作战毋宁说是一种过重的负担，不如让苏联去承担。在波茨坦会议期间，当苏军参谋长安东诺夫询问美军在朝鲜半岛的打算时，马歇尔直言相告，美军没有在那里实施地面作战的计划。[①] 杜鲁门在这次会议上也没有再向斯大林提及战后朝鲜的前途问题。

但是，在美国政府和军方领导人中，也有一些人出于对苏联亚洲政策的担忧，提出美国必须准备应付朝鲜半岛未来的局势发展。国务院在一份为杜鲁门参加波茨坦会议做准备的报告中指出，如果苏联借参加对日作战的机会，要求“在处理朝鲜事务中占主要地位”，美国必须予以反对，方法是建议将朝鲜作为“联合国属下的托管地”。[②] 7月16日，陆军部长史汀生向杜鲁门提交了一份备忘录，提醒他应注意朝鲜问题。史汀生在备忘录中说，罗斯福曾就四国托管朝鲜问题与斯大林达成谅解，而且斯大林认为外国军队不得进驻朝鲜。然而苏联“早已训练了一个到两个师的朝鲜人，如果不托管朝鲜或者即使建立了托管制度，苏联都可以利用这些朝鲜军队施加控制和影响，以建立一个苏联统治下的地方政府，而不是一个独立的政府。这是一个移植在远东的波兰问题”。他建议美国应加紧要求实行托管，同时向那里派驻一支“象征性的”美国部队。[③] 这些建议如被采纳，意味着美国政府将改变罗斯福执政时期对朝鲜政策的基础，即不再依靠美苏合作托管朝鲜，而是以军事占领为后盾，谋求苏联方面的妥协。在波茨坦会议前后的一段时间里，美国政府无暇顾及朝鲜问题。然而后来的事态发展表明，美国战后的朝鲜政策在逐步走上这样的轨道。

1945年8月10日，日本将宣布投降的消息传出。美国国务院、陆军部和海军部连夜召开联席会议，研究“堵住”苏军在朝鲜半岛南下的办法。美、英、苏三国军事领导人在波茨坦会议期间仅就各自的海空军在朝鲜半岛的作战范围达成了协议，没有讨论地面作战的界线。因此这次联席

① *The Origins of The Cold War in Asia*, Columbia University Press, p. 134.

② *FRUS*, 1945, Vol. 2, The Conference of Berlin (Postam), p. 313.

③ Ibid, p. 631.

会议决定，尽快划出一条“尽可能向北推进”，又不至于“被苏联拒绝”的界线，结果于匆忙之中将三八线划定为美军和苏军在朝鲜执行对日军事行动的分界线。这条分界线后来变得举世瞩目，不过在当时它只是被作为临时军事分界线提出，它的确在军事上“无法防守”，从传统上讲“无任何意义可言”。①

关于以北纬38度为界划分军事占领区的建议迅速获得军方和国务院的同意，并于14日为杜鲁门批准。第二天杜鲁门致函斯大林，并附上给麦克阿瑟的关于日军投降细节的“总命令第一号”。该项命令规定，在中国东北、朝鲜三八线以北和桦太岛的日军向苏军投降；日军总部以及在日本本土、朝鲜三八线以南和菲律宾的日军，向美军投降。② 斯大林很快复函，表示苏联方面基本上不反对“总命令第一号”的内容。斯大林之所以迅速作出肯定的答复，是因为苏军并没有打算在整个朝鲜半岛作战并实行军事占领。苏军总部制定的对日作战方针规定，苏军的主要任务是歼灭日本关东军，“把中国东北和北朝鲜从日本侵略者手中解放出来”，然后攻取南萨哈林群岛和千岛群岛。为执行这一方针而制订的作战计划是，在东、中、西三个战略方向向中国东北地区的纵深推进，分割关东军的主要战略集团。担任东线作战的苏远东第一方面军在中朝邻接地区采取的作战行动是辅助性的，目标是控制这一地区，切断日军向朝鲜撤退的通道，为尔后向朝鲜推进创造条件。苏军太平洋舰队于11日起开始攻占朝鲜北部港口和苏第25集团军迅速进入朝鲜作战，主要是由于日军的抵抗很快崩溃和在东北作战的苏军进展神速所致。即便如此，苏军总部并没有更改有关在朝鲜半岛作战的基本方针。③ 苏联接受美国以三八线划界的建议，对于美国是“颇有点惊奇”的事情，对苏联却是符合其战略方针的顺理成章的事情。

9月8日，美军开始在仁川和釜山登陆，占领三八线以南部分地区的苏军相继撤退到三八线以北。美苏以三八线为界分别占领朝鲜的局面终于形成。

---

① 李奇微前引书，第7页。

② 苏联外交部编《苏联伟大卫国战争期间苏联部长会议主席同美国总统和英国首相通信集》第二卷（中译本），世界知识出版社，1963，第263~264页。

③ 马·瓦·扎哈罗夫编《结局（1945年打败日本帝国主义历史回忆录）》（中译本），中国人民解放军战士出版社，1972，第88、90、91页。弗诺特钦科：《远东的胜利》（中译本），辽宁人民出版社，1979，第39、45页。

到日本投降前后的美国对朝鲜政策的发展表明，罗斯福和杜鲁门两届政府在处理有关朝鲜问题时，基本上都遵循着两个原则：一是防止一个大国，当时主要是防止苏联单独控制朝鲜；二是不在朝鲜承担过多的责任以至投入过多的力量。罗斯福提出几个大国共同托管朝鲜是为解决这两个问题设计的方案。随着美苏关系的演变，特别是受美苏在欧洲的分歧的影响，相比较而言，在对日战争结束前后，杜鲁门政府的对朝鲜政策已经开始出现尚不严重但很明显的变化。罗斯福政府更多地倾向于通过与苏联合作解决战后朝鲜的前途问题，而杜鲁门政府在一定程度上表现出更愿意从实力地位出发同苏联打交道。这种倾向的产生可以说是杜鲁门政府整个对苏政策变化的延伸，符合美国政策的逻辑却不符合东亚形势的现实，其结果对战后美国的朝鲜政策造成的影响是严重的。

三　占领时期的问题

对日战争结束后，美国依靠军事占领，控制了三八线以南的朝鲜地区。但是这种占领毕竟不是美国的既定政策，也不是美国追求的目标。战时规划的国际托管朝鲜的政策能否实现，主要取决于两个因素：第一，美苏双方是否遵守战时的谅解，继续协调它们的朝鲜政策；第二，朝鲜各阶层、各派政治力量是否接受大国为他们的命运作出的安排。事实表明，美国在这两方面都遇到了无法逾越的障碍。

1. 与苏联协调政策失败

美国与苏联协调对朝鲜政策的宗旨一直是防止苏联单独控制朝鲜。从美苏关系角度来说，对朝鲜南部实行军事占领，是争取促成苏联妥协的一种手段。美军占领朝鲜南部后不久，国务院和陆海军部协调委员会便指出，应使四大国尽早达成托管协议。① 当时驻朝鲜南部的美国军政官员却对托管提出疑问，他们经过实地观察后认为，国际托管根本不会得到人民的拥护，因而“是行不通的”。他们建议设立一个由朝鲜人担任首席职务，再配上以美国为主的外国顾问的行政委员会，负责管理朝鲜；苏占区的朝

① *FRUS*, 1945, Vol. 6, pp. 1067 - 1068.

鲜人代表可以参加，美占领军当局对该委员会的决定拥有否决权。[①] 国务卿贝尔纳斯实际上否定了实行这类建议的可能性，他认为是否坚持托管政策，应在取得苏联对朝鲜的独立和统一的“具体保证”后才能决定，关于组织行政委员会一类的机构，还是要“先与苏联磋商”。[②] 苏联当然不会赞成这种几乎是由美国独占朝鲜的建议。

12 月间，在莫斯科召开美、英、苏三国外长会议，朝鲜问题是会议的议题之一。美国代表在会议上说明，必须在保证使朝鲜获得独立的同时，由美、英、苏、中四国对朝鲜实行一段时期的托管，作为托管的初步和暂时的办法，设立由美苏两国占领军司令部组成的统一的军事行政机构，对朝鲜全境实行管理。[③] 苏联方面则强调，为了重建朝鲜国家，应为尽快组成朝鲜民主政府做准备，托管期应限于五年，不能再延长。双方经过妥协，使会议得以发表《关于朝鲜问题莫斯科协定》，内容包括：美苏两国占领军司令部组成联合委员会，同朝鲜各政党和社会组织协商，以协助组成临时朝鲜政府；经协商组成联合政府的建议应交美、英、苏、中等国政府共同考虑，以使“四国在朝鲜以五年为限之托管制，得以成立协定”。[④] 美苏两国在莫斯科会议上能够不太困难地一致同意大幅度缩短托管朝鲜的时间，并就组织朝鲜临时政府问题达成协议，表明它们都不愿在朝鲜长时间地承担过于繁重而又极不受朝鲜人民欢迎的管理责任，而且在自己不希望太深地纠缠于朝鲜事务时，同样不能使对方有机会单独控制朝鲜。在这一根本性问题上，双方是绝对互不相让的。莫斯科会议以后不久美苏的分歧就表面化了，它们的对立在美国方面的主要表现是力争在朝鲜组成一个非共产党掌权的亲美的政府，以使美国能够有效地影响那里的局势。

1946 年 3 月 20 日，美苏两国占领军司令部派代表在汉城召开联合委员会会议。会议进程最初尚属顺利，双方同意以拥护莫斯科外长会议协议作为参加咨商组织朝鲜临时政府的组织标准。然而一旦开始讨论具体允许哪些党派和团体可以参加咨商会议时，谈判立刻陷入僵局。苏联方面以反对莫斯科外长会议协议为理由，拒绝了美国提名的一些朝鲜南部的组织。

---

① *FRUS*, 1945, Vol. 6, pp. 1130 – 1132, pp. 1144 – 1148.

② *FRUS*, 1945, Vol. 6, pp. 1137 – 1138.

③ 《杜鲁门回忆录》第二卷（中译本），生活·读书·新知三联书店，1974，第 378 页。

④ 《国际条约集（1945 ~ 1947）》，世界知识出版社，1959，第 125 页。

美方代表则坚持说，这些组织应享有言论自由。经过24轮会谈，双方终于未能达成协议，只得宣布无限期休会。美国方面之所以坚决支持他们挑选的组织参加咨商会议，用美国驻朝鲜政治顾问兰登的话说，就是“无论如何不能允许成立一个为共产党所统治的临时政府”。苏联的意图当然是正相反，用苏联政治顾问巴拉塞诺夫的话说，苏联“决不会接受一个为李承晚、金九所把持的临时政府”。①

1947年5月21日，美苏联合委员会中断一年后，在汉城恢复工作。会议持续三个月再度陷于停顿。障碍仍然是到底哪些在朝鲜南部的组织有资格参加咨商会议。在联委会恢复工作之前，美驻朝军司令霍季向杜鲁门报告说，除非与苏联协调政策，否则朝鲜将发生内战。② 会议的结果证明，使苏联妥协的希望渺茫。为了摆脱困境，美国于8月下旬向苏联提出，美、英、苏、中四国代表在华盛顿举行会议，并附了一项包括在南、北朝鲜分别建立临时立法机构，以及由联合国监督选举等内容广泛的建议。③ 苏联立即拒绝了美国的建议，认为该建议不仅在谈判形式上置苏联于被动与孤立，而且建议的内容实际上将使苏联在解决朝鲜问题方面变得不重要了。这与其说是为了共同解决问题，不如说是为了排斥苏联。10月9日，莫洛托夫致函马歇尔，提出美苏双方同时从朝鲜撤军。苏美联委会的美方代表拒绝讨论这一问题，随后于18日提出终止该委员会的工作。至此美国力图使苏联妥协的尝试彻底失败。

2. 尴尬的占领区政策

美国政府自提出托管朝鲜之日起，就将其战后对朝鲜的政策完全置于大国合作的基础之上。在美国领导人看来，不论朝鲜人民多么向往获得民族独立，按照美国的标准他们还缺乏“自治的能力”。然而战后朝鲜的局势与美国政府的设想大相径庭，除了美苏难以协调它们的朝鲜政策之外，美国占领军在与朝鲜各派政治力量的关系方面也处于尴尬的地位。

美军在朝鲜南部登陆的前一天，麦克阿瑟即宣布，在三八线以南地区由他行使一切政府权力。美军占领朝鲜南部后做的第一件事是立即解散该地区人民自发建立起来的人民委员会。9月19日，美军在原日本总督府的

① *FRUS*, 1946, Vol. 8, p. 744.

② 《杜鲁门回忆录》第二卷，第382页。

③ 《杜鲁门回忆录》，第384页。

基础上，组织了以麦克阿瑟为首的南朝鲜军政府，军政府的各级官员由美军官担任，任用的警官大部分在日本统治时期的警察局干过事。美军本来就不是作为朝鲜人民的解放者在那里登陆的，他们在登陆后的行动使他们更像前殖民地的统治者，结果不可避免地引起朝鲜人民的极大愤慨和反抗。国务院派驻南朝鲜的政治顾问本宁霍夫在描述美军登陆后的局势时说，朝鲜人对赶走日本人后不能获得独立非常失望，那里“活像一个一点就着的火药桶”。[①] 霍季将军在上任三个月后也认为，在美军占领区，“人们将分裂的局面归罪于美国”，而且“越来越憎恨一切美国人”。[②]

为了从这种局面中摆脱出来，美国在争取与苏联达成协议的同时，试图采取措施扶植一批朝鲜人逐步参与管理南朝鲜，并希望最终形成在一个军政府指导下能发展为政府机构的“组织核心”，作为美占领军当局与朝鲜人民之间紧张关系的缓冲剂。[③]

在选择哪些朝鲜人参政的问题上，美占领军当局确定的标准与美国政府的政策目标是一致的。本宁霍夫在给国务院的报告中说，南朝鲜存在着左、右两派势力，在右翼势力中，有很多人在美国或教会学校中受过教育，他们愿意“追随西方民主”，“宁愿接受美国的指导而不愿接受苏联的指导”。[④] 扶植这样一批人的好处是显而易见的，既可以缓和由美国人直接统治带来的矛盾，又可以抵制所谓来自北朝鲜的渗透。据此方针，美占领军当局大力支持李承晚、金九等在美国受过教育又参与领导过早期朝鲜民族运动的一批人，为他们逐步成为南朝鲜政治舞台上的核心人物创造条件。

在莫斯科外长会议召开之前，美国政府出于协调美苏政策的需要，曾否定了兰登提出的在美占领军政府之下设立“行政委员会”的建议，并在以后的一段时间里没有在南朝鲜设立以朝鲜人为主的行政管理机构。美苏联合委员会第二期会议失败后，杜鲁门政府认为已经别无选择，遂单方面向第二届联合国大会提出讨论朝鲜问题的建议，并不顾苏联方面的强烈反对，利用美国在联合国的影响力，促使大会通过了关于朝鲜问题的决议。

---

① *FRUS*, 1945, Vol. 6, pp. 1049 – 1050.

② 《杜鲁门回忆录》第二卷，第 376 页。

③ *FRUS*, 1945, Vol. 6, pp. 1091 – 1092.

④ Ibid, pp. 1070 – 1071.

这项决议包括设立联合国朝鲜临时委员会，派驻朝鲜观察全朝鲜的选举，然后成立全国政府。[①] 由于苏联和北朝鲜方面坚决反对，联合国朝鲜临时委员会只能在三八线以南的朝鲜地区行使其职权。5 月 10 日，南朝鲜单方面举行选举，选出了国民议会，李承晚当选为议会主席。7 月 17 日该议会颁布了宪法，并于 8 月 15 日成立“大韩民国政府”，李承晚任总统。美国随后促使第三届联合国大会通过决议，承认该政府是朝鲜的“合法政府”。[②] 在李承晚政府宣布成立的同时，美军政府宣布结束，并于 9 月完成全部移交工作。

美国大力扶持李承晚集团争取对南朝鲜的政治领导权，并最终建立以这个集团为核心的南朝鲜政府，从美苏关系的角度来说，是为了应付苏联在北朝鲜采取的政策，阻止朝鲜出现由共产党占统治地位的统一的政府；从美国与南朝鲜地区的关系的角度来说，是为了缓和美占领军与南朝鲜地区的人民的矛盾，减轻美国在这一地区的负担，并为美军最后撤出创造条件。然而结果适得其反。美国甩开苏联，利用联合国赋予南朝鲜政府在国际上的合法地位，结果造成朝鲜分裂的局面。9 月 9 日，针对南朝鲜政府成立，北朝鲜宣布成立朝鲜民主主义人民共和国。这种分裂的局面根本不符合朝鲜人民的愿望，对南北双方来说都是不能接受的，其结果必然是加剧朝鲜半岛的紧张局势。另外，李承晚集团缺乏广泛的群众基础，美国才是这个集团可靠的柱石。在这种情况下，李承晚政府一面实行专制统治，一面煽动民族主义情绪，尽可能利用这个仅有的政治资本，压制政治反对派和利用民族主义情绪鼓吹武力统一，成了李承晚政府施政的主要特征。这些作法显然是不受美国政府欢迎的，而且完全无助于使美国从朝鲜半岛脱身，甚至会使美国越陷越深。但美国领导人认为，“除了支持李承晚，再没有选择的余地”。[③] 就像在中国对待蒋介石一样，美国领导人尽管并不欣赏李承晚这类人物的许多政策和行为，但又离不开他们，理由就是一个，他们亲美反苏。结果美国塑造了一个南朝鲜政府，却没能因此甩掉本来就是勉强背起的包袱。

---

① 《朝鲜问题文件汇编》，第 66 页。

② 《朝鲜问题文件汇编》，第 109～111 页。

③ 《杜鲁门回忆录》，第二卷，第 391 页。

四　撤军

战后初期，有两个重要的因素交替地影响着美国对朝鲜的政策：首先是当时的美国领导人相信，美国能够争取到苏联的合作与妥协；其次是美国的军事力量不论与自己的历史还是与其他国家相比，都处在顶峰时期，这使美国有能力在亚洲大陆承担一定的军事任务。这两个因素在1947年间都发生了重大的变化。随着冷战格局的形成，美苏协调对朝鲜政策的可能性实际上已不存在。另外，由于战后迅速裁军和面临进一步削减国防预算的压力，美国的军事力量相对于美国要保护的利益而言显得左支右绌，这使美国政府很难随心所欲地到处承担军事义务。这些变化对美国调整对朝鲜政策产生了复杂的影响。

在冷战大格局的影响下，美国政府逐步放弃了那种将朝鲜半岛作为与苏联协调关系的地区的初衷，转而越来越多地从遏制苏联出发来考虑朝鲜问题。1946年夏季，美国总统代表保莱在给杜鲁门的一封信中说，朝鲜“是一个进行思想斗争的战场，而我们在亚洲的整个胜利就决定了这场斗争。就在这个地方将测验出来，究竟民主竞争制度是不是适宜于用来代替失败了的封建主义，或者其他制度——共产主义，还更强一些”。按照保莱的描述，苏联在这一地区有不少有利的条件，而且正在巩固它的阵地。[①]不仅杜鲁门接受了保莱的这些看法，美国政府的一些高层会议也作出结论，认为南朝鲜“落到”苏联的手中，对于美国不仅是在东亚的损失，而且是对其全球战略的损害。[②] 在冷战意识的笼罩下，保持美国在朝鲜半岛的影响被提高到十分重要的地位。

不过保持美国在朝鲜半岛存在的政治意义被提高，并不意味着会直接导致扩大美国在那里承担的责任。把朝鲜作为反对苏联共产主义扩张的“思想战场”，其含义可以被理解为是双重的。一方面它表明美国决不会轻易丢掉这块阵地；另一方面它可以被解释为美国不必要在那里承受军事负担，关键在于美国政府如何估计朝鲜半岛的局势及这一地区在美国全球战略中的地位。

---

① 《杜鲁门回忆录》，第380～382页。

② *The Origin of Cold War in East Asia*, p. 281.

在美苏对抗的大格局中，美国面临的战略抉择是在欧、亚两大洲中将哪里作为战略重点。美国政府高层和军事领导人几乎一边倒地持欧洲第一的观点。他们认为，失去西欧美国就很难保全自己，“相反，即使失去了整个亚洲大陆，我们仍能生存，重整旗鼓，并可能把它夺回来”。① 主要是在这种战略思想的指导下，美国一直不希望被卷入亚洲大陆的全面战争，因此它重新考虑在南朝鲜的军事存在是否有必要的问题必然要被提上日程。

1947 年 4 月，美国陆军部即提出，美军应早日从朝鲜撤军。② 在美国战略资源委员会同期提供的报告中，朝鲜在对美国的安全利益具有重要意义的国家中，名列最后一位。③ 同年夏季，负责陆军计划和作战工作的魏德迈将军考察了亚洲的军事形势后，向杜鲁门提交一份报告指出：除非苏军仍然占领北朝鲜，美军在南朝鲜待下去“是没有什么价值的”；一旦东亚发生大规模战争，驻在那里的美军“很可能只会是一种负担”；对于美国最好的办法是与苏联达成协议，同时从朝鲜半岛撤军。④ 魏德迈的建议实际上是将苏联的军事存在作为美国在朝鲜驻军的唯一根据，而且主张通过协商消除这个根据。与此同时，参谋长联席会议也向总统和国务院说明，美军已有必要准备撤出朝鲜。⑤ 综观这些报告中的建议，其主要之观点是朝鲜在美国的全球战略中并不具有特别重要的意义，以至使美军有必要在那里长期驻扎下去。只要不存在苏联在那里实行扩张的直接威胁，美国派军队来防守朝鲜半岛这个对于美国来说是“远在天边的防线”，既不必要，也不可能。

美国国务院对军方的撤军建议存在某种怀疑，理由是一方面南朝鲜政局非常不稳定，另一方面北朝鲜的军事力量与南方相比太强大了。美军撤出后，李承晚政权一旦遭到进攻，很难进行有效的抵抗。美国应该采取措施，在美军撤出的同时，消除可能由此产生的不利后果。⑥ 经过探讨，美国政府大致得出结论，即美国应从南朝鲜撤军，但不能是“匆匆忙忙”

---

① 威廉·曼彻斯特：《光荣与梦想》第二册，商务印书馆，1979，第 620 页。

② Bourton I. Kaufman, *The Korean War*, N. Y. 1986, p. 17.

③ *The Origin of Cold War in Asia*, p. 281.

④ 《杜鲁门回忆录》第二卷，第 387 页。

⑤ 《杜鲁门回忆录》第二卷，第 386 页。

⑥ Burton I. Kaufman 前引书，第 22 页。

的，而应是有条件的。所谓条件包括：（1）苏军撤出北朝鲜；（2）使李承晚政权基本能够维持其统治地位，并有一定力量抵抗来自北朝鲜的进攻。为了做到后一点，美国应准备向南朝鲜提供经济和军事援助。在上述两个条件中，苏军撤出北朝鲜是绝对必要的，而且很快就具备了。1948 年底，苏联从北朝鲜撤出了全部军队。至于第二个条件，其实是一个美国可以在一定范围内根据需要随意估价的问题，而且更多地取决于美国政府对来自北朝鲜的威胁的判断。李承晚政权建立后，美国方面即认为，只要该政权能够得到大量的援助，其生存“是可以认为有希望的”。[①] 1949 年 3 月间，美国国家安全委员会作出结论，认为美军撤出朝鲜半岛的时间不应迟于 6 月 30 日，撤军之前应向南朝鲜提供充分的援助。[②] 6 月 29 日，美军按计划全部撤出南朝鲜。同时美国大力加强对南朝鲜的援助，并于 1950 年 1 月与李承晚政府签订了防务协定。

美军分别于 1949 年 5 月和 6 月从中国和南朝鲜全部撤出，标志着美国在亚洲基本上完成了以收缩力量和防线为特征的战略调整。1950 年 1 月，国务卿艾奇逊向美国新闻界发表讲话，为美国政府调整后的亚洲政策进行了辩护。他在谈到这一地区的军事安全问题时说，美国在太平洋需要守住的是一条环形防线，这条防线从“阿留申起，经日本直至琉球群岛……到菲律宾止”。至于类似南朝鲜这样被划在这条防线以外的地区，没有人能保证其不会遭受进攻。如果发生这种情况，一是要依靠那里的人们自己起来抵抗，一是依靠联合国的集体行动。为了说明美国不能也没必要单独承担某种责任和打消对所谓的联合国集体行动的有效性的怀疑，艾奇逊声称联合国是重要的，“迄今并不是一个弱不禁风的靠山”。[③] 艾奇逊的演讲阐明了经过调整后的美国对朝鲜的政策，即这一地区处于美国太平洋防线之外，一旦那里出现危机，美国不会撒手不管，但也不会单独承担义务，而是依靠所谓“文明世界”的集体行动。从某种意义上说，艾奇逊在这里阐述的政策是美国政府一直奉行的政策的转型。朝鲜对维护美国的安全并不那么重要，美国没必要承担过分的责任，这种基调是一如既往的。不同之处是在美苏冷战的新格局中，美国最初设想的由美苏合作解决朝鲜问题已

① 《杜鲁门回忆录》第二卷，第 389 页。

② Burton I. Kaufman 前引书，第 23 页。

③ 《中美关系资料汇编》第二辑（上），世界知识出版社，1960，第 28 页。

经转变为依靠所谓“文明世界”的“集体行动”来保卫南朝鲜免受苏联扩张之害。由于美国的实力远远超过其盟国，美国所追求的“集体行动”实际上不可能是名副其实的。历史已经证明，这项政策针对的目标及其为达到目的而设计的手段，在很大的程度上决定了后来美国必定要干涉朝鲜战争以及美国干涉朝鲜战争的方式和规模。

（原载《美国研究》1991 年第 2 期）

试论核裁军的几个问题

吴　展*

一　核裁军

联合国于20世纪40年代末开始推动核武器控制的谈判。从60年代中期到70年代末，谈判由美国和苏联直接进行，名称是限制战略核武器谈判（SALT）。全世界都曾对这一谈判寄予希望，不过其实际效果却不大。当时两个超级大国都力图在激烈的核武器竞赛中夺取优势。后来由于双方的核武器数量都超过了毁灭全世界所需的数量，所以不希望再增加，但又怕对方不停止，于是谈判集中于规定一个上限，以便双方能在限度内开展质量上的竞赛。

美苏双方所签订的两项SALT条约保证了它们核力量的大致均衡和相互的核威慑。这指的是：若一方首先发动核突袭，而另一方的核武器虽遭损失，但所剩的数量仍足以给对方以致命打击，于是双方都不敢动手。相互核威慑产生了数十年恐怖平衡下的和平。

从20世纪80年代初开始，双方进行了削减战略核武器谈判（START）。从限制到真正削减，过程非常艰难。双方几经谈判，一直难以

* 吴展，时任中国社会科学院美国研究所研究员。

达成协议。战略核武器一时谈不成，在中程核导弹方面却出现了突破。1988 年底，美苏终于签订了中程核导弹（INF）条约，从而开启了真正核裁军的新纪元。条约规定把双方的中程核导弹全部销毁。尽管这种武器在两个超级大国间的战略平衡中并非绝对必要，但销毁一整类核武器毕竟是前所未有的，可能是走向全面销毁核武器的第一步。根据条约，苏联应销毁的核弹头数目三倍于美国，所以美国显然占了便宜。

削减战略核武器谈判经历了十年多的过程，于 1991 年 7 月达成了第一阶段条约，即 STARTI。它规定双方各自的 11000～12000 个战略核弹头在 1998 年之前都大致削减 1/3，即苏联削减到 6500 个，而美国只削减到 8500 个。苏联的王牌，陆基重型洲际弹道导弹 SS 18，减少 50%，而美国的王牌，潜射弹道导弹三叉戟 C－5，则基本不变。美国飞机载核导弹和核炸弹的保留数也多于苏联。

第二阶段条约 STARTII 于 1993 年 1 月签字。它规定双方战略核弹头到 2003 年 1 月应各减至 3000～3500 个，即大约剩下 1/3。这又对美国有利，因为俄罗斯（前苏联）对美国威胁最大的 SS—18 等重型多弹头导弹将一个不留，而美国占优势的潜射弹道导弹仍能大部分保留。

此外，美国和苏联的领导人在 1991 年秋季各自单方面宣布，将其大部分战术核武器从作战部署状态撤回。

至此，双方的削减战略武器谈判暂告一段落。从数字上看成绩不小，削减了 2/3。不过余下的 3000 多个核弹头仍能对世界造成极大的破坏，因而仍是对人类安全的很大威胁。

为什么两个超级大国间的核裁军谈判几十年成绩不大，直到 20 世纪 80 年代末才有所突破？第二次世界大战后，美苏两国长期相互争霸，不断扩大各自的军备，特别是核军备，而且互不相让。在这种情况下当然很难进行核裁军。然而到了 80 年代中，苏联领导人发现本国经济每况愈下，实在无法继续支撑其庞大的军费开支了。于是苏联逐渐减弱其对西方的强硬立场，在核裁军谈判中的态度慢慢软化，从而使东西方关系日益缓和，危险的核战争已不大可能爆发。美国自然也希望减轻其沉重的军费开支。两国继续维持庞大的核武装也就不必要了。

在此形势下，苏联—东欧集团从 1989 年下半年开始分崩瓦解，东欧各国发生政治巨变。苏联也于 1991 年底解体，分裂为 15 个国家。其中最大的俄罗斯是苏联的主要继承国。

美国的强大敌人已经不存在了。俄罗斯困于不断恶化的经济，已无力与美国争霸，反而乞求西方国家给予经济援助，以渡过难关。

美俄两国既已不是你死我活的对手了，它们有无可能达成新的协议，再接再厉地销毁核武器呢？看来当前还做不到。原因如下。

（1）美俄两国还未相互信任。美国觉得俄罗斯虽已不是过去的苏联，其经济处于崩溃的边缘，已无力与美国为敌，但是它仍然是一个大国，有巨大的潜力，按条约保留的核武器仍足以毁灭美国。俄罗斯有着一部侵略和扩张的历史，谁能担保它在经济恢复之后，不会重新成为美国的巨大威胁？因此美国对俄罗斯一直不放心。如果俄罗斯的经济崩溃，国内发生混乱，那就不知会出现什么后果。所以美国不能不帮其一把，但也不会给太多，使俄罗斯富强起来。最好是让它吃不饱饿不死，拖得越久越好。

另外，许多俄罗斯人觉得他们的国家从一个与美国平起平坐的超级大国设落到目前的虚弱、屈辱、摇尾乞怜的地步，实在不甘心，因此俄国内民族主义高涨，1993 年俄国议会选举的结果就明显地反映出了这种广泛存在的情绪。这一变化是俄国政府领导所不能忽视的。在外交上他们虽仍要讨好美国，但又不能过多让步，有时还得表现出一定的独立性，以免引起国内的强烈反对。

（2）到 STARTII 条约完全兑现还有大约九年时间，双方还没有建立相互的信任，对下一步应如何裁减，都不感到着急。销毁那么多核武器是一件费钱、费时，在技术上也不容易的事情。如果俄罗斯的经济近期不能显著改善，那么它能否按期实现条约所规定的义务还是一个问题。此外还有一件麻烦事。苏联的核武器并非全在俄罗斯手中。其中一小部分由白俄罗斯、哈萨克斯坦、乌克兰接管，而这部分正是条约规定应加以销毁的。美国和俄罗斯要求三国批准 STARTI 条约，签署核不扩散条约，并把全部核武器移交给俄罗斯来销毁。如果它们不答应，那么 STARTI 就无从落实，STARTII 就更谈不上了。

1993 年美俄与三国在葡萄牙举行会议，商定由三国议会批准 STARTI 条约，然后将他们手中的核武器交由俄罗斯销毁。三国也同意签署核不扩散条约。会后白俄罗斯、哈萨克斯坦两国这样做了，而乌克兰议会却附加了许多美俄难以接受的条件，等于否定了原来的承诺。其原因之一是乌克兰的民族主义势力认为，要保证国家安全，不应完全放弃核武器。原因之二是它希望美国多付一点补偿金。1994年初，美国总统克林顿访问俄罗斯时与俄、乌两国总统再次商讨这个问题，发表了三边核武器声明，乌再次承诺参加核不扩散条约，并答应将核武器逐步向俄移交，美国则明确了如何给予经济补偿。由于这是一项政治声明，所以无须议会批准。至于这次协议能否落实，会不会又节外生枝，还很难说。

（3）再往下削减一些核武器，对俄罗斯来说还是可以接受的，但它的问题主要在于经费不足。它连落实已有的条约都需要美国的经济资助，再减下去，其困难可想而知。美国则有两派。一派以军方及强硬派为代表，他们希望长期保持3000～3500枚核武器的水平。另一派主张缓和，认为可减到1000枚以下。究竟需保留多少，主要看核武器如何使用。如美国继续现有的实战威慑（War－fighting deterrence）政策，即在大、小战争中都使用核武器，那么3000枚就不多。如果采用纯威慑政策，即在遭到侵犯时，能给予对方不可忍受的打击，使他不敢再犯，那么留下几百个就足够了。将来哪一派占上风，还要看局势的发展。

（4）再往下削减核武器，将使得美、俄两国的核武器数量逐渐接近中等核国家（英国、法国和中国）的水平。其结果是这三个国家核力量的相对地位将不断提高，而成为美、俄两个核大国所不能忽视的问题。目前三国在核裁军上的想法也不尽一致，要把它们拉进核裁军谈判并非易事。所以多边谈判的时机尚未成熟。

总之，在进一步削减核武器的问题上，近期内不会有大的动作，主要是落实已签订的条约。目前俄罗斯的地位比较虚弱，不可能采取重大的步骤。而美国则处于关键的地位，只有当美国认为有必要时，才会有进一步的核裁军谈判。

虽然要把美俄两国的战略核武器各减少到3000个以下，在近期内还不现实，但从较长时期看，维持这样的水平并无必要。美国和苏联之所以部署那么多核武器，纯粹是它们间你死我活的敌对争斗的结果。尽管两国间还互有疑虑，但两国关系终究会稳定下来。俄罗斯要改善其经济就必须更多地进入国际市场，从而与其他国家的相互依存会不断增强。民族主义上升当然会造成干扰，但绝不会把美俄关系扳回到你死我活的敌对中去。在这种形势下还要那么多核武器干什么呢？所以核裁军迟早还是会继续下去，使核武库降到较低水平。至于全面禁止和彻底销毁核武器，则是一个长远的目标，一时还难以实现。

二　核弹头问题

美国和苏联（俄罗斯）历次达成的削减核武器条约都只是规定运载工具应销毁，或转做他用（如发射卫星），而对核弹头则无明确规定。一般都是把它拆卸下来存入仓库，因为核材料（高浓缩铀 235 或钚 239）无法销毁，只能等它们自然衰变。钚 239 的半衰期（即衰变掉一半所需时间）长达 24000 多年，而铀 235 的半衰期还要长得多。显然靠自然衰变是不行的。

美国拆下的核弹头被送往得克萨斯州的潘特克斯（Pantex）工厂进行分解。那里每年只能处理不到 2000 个核弹头。如果送去的是钚弹，则分解开的组合件中的钚芯被放入特殊容器在该工厂单独存放。如果是铀弹，则其中的高浓缩铀再被转运到田纳西州的 Y－12 工厂储存。对这些核材料该如何处理，条约没有说明。而美国政府对此也未考虑好。尽管现在核武器已经过多，但是美国政府对究竟该保留多少武器级的核材料以备重新生产核武器，尚有待作出决定。俄罗斯也存在着类似问题，当然它还有着资金和技术问题。这些存放下来的核材料可以重新用于核武器的生产，这是核裁军所遗留下的一个大问题。仅仅销毁运载工具即导弹并不能真正销毁核武器。

那么核材料应如何处理才能不被用于核武器呢？据美国国家科学院的国际安全与军备控制委员会的建议，有以下几种处理办法。

其一是用作燃料，在核动力反应堆中消耗掉。高浓缩铀 235 比较好办。它可以同其他铀同位素混合起来成为低浓缩铀燃料。使用后剩下的核废料虽然仍具有放射性，但从中提供武器使用的核材料并不容易，而且全世界核电站每年会产生大量的核废料，增加这么一点，也显不出来。

钚的问题比较麻烦。它虽然可以与铀混合起来用作核动力反应堆的燃料，但是这种燃料的毒性大，效益不高，而且只能用于某些反应堆（如轻水型反应堆）。因此人们一般喜欢用铀燃料，而不愿用钚燃料。虽然从使用过的钚废料中还可以提出用于武器的钚来，但是全世界核电站所产生的核废料也可以提取钚，而且数量很多，所以形不成特殊问题。

其二是玻璃化，即把钚渗进核废料里，变成新的废料，然后混进熔化的玻璃中，凝结成块，埋于地下。

其三是埋入地下的深洞中。

这三种办法虽然在理论上都可行，但都还有一些实际问题需要进一步研究，加以解决。

与美国相比，俄罗斯更愿意把多余的核弹头处理掉。美国已答应在20年内用119亿美元购买500吨俄罗斯的高浓缩铀，以便稀释成核电站燃料，但美国不肯买俄罗斯的武器级钚，又不同意俄卖给别国，因为美国担心引起核扩散。

总之，要把美、俄两国削减的核弹头真正销毁，把里面装的核材料都变成核废料，不是短期内所能完成的，大约需要10～20年时间。所以仅签订START条约还不够，还需要有销毁核弹头的条约，否则核武器的削减并不能真正实现。

三　防止核扩散问题

由美、苏、英牵头签署，于1970年开始生效的核不扩散条约，已有159个缔约国。条约的目的是防止更多的国家拥有核武器。根据条约，缔约国将于1995年开会研究使条约永久化或者延长一定期限的问题。争论将非常激烈。有的国家（主要是美国）坚持条约应变成永久性的。但是有不少国家反对，它们认为永久化等于使核垄断永久化，这不合理。最终目标应是禁止和销毁核武器。

中国于1992年签署了这项条约。之前，中国没有参加。尽管中国并不造成核扩散，但那时认为条约允许有核国家继续拥有核武器，不许无核国家再搞核武器，是不公平的。后来中国觉得在全面禁止核武器一时难以实现的情况下，任凭核武器在全世界扩散，并不利于国际和平与安全，两害相权取其轻，故决定参加。

现在核武器技术已不成为秘密。发达的无核国家如日本、德国、意大利等要制造核武器，已是易如反掌，只是有无必要的问题了。一些发展中国家如印度、巴基斯坦、伊拉克、巴西、阿根廷等也具有制造核武器的潜力。虽然氢弹技术较难过关，但是粗糙的原子弹技术还是不难掌握的。

印度早已开始核武器计划，并于1974年进行了一次核装置爆炸，以后未再试验，但计划一直未停。它已生产并储存了武器级的钚。印度的公开政策是不制造核武器，但要掌握其技术，以便在必要时能迅速开始生产。巴基斯坦同其邻国印度之间矛盾很大，自独立以来已进行过三次战争。印度爆炸核装置后，巴基斯坦也开展了核武器计划。由于印度较强大，所以巴基斯坦搞核武器主要是为了对抗印度。

世界各大国中最担心核扩散的是美国。它的军事力量强大，别的武器都不在话下，唯独核武器能对它构成威胁。冷战后苏联解体，剩下的俄罗斯核威胁已不大，于是美国就把注意力放在第三世界中的核扩散上了。但是美国在这方面却执行着双重标准。尽管全世界公认以色列已在搞核武器，但美国却不认真迫使以色列停止其核计划，因为以色列不会威胁美国。而对其他有核扩散嫌疑的国家，美国则使用各种手段来迫使它们罢手。

对于印、巴两国，美国首先要它们参加核不扩散条约。巴基斯坦说只要印度参加它就参加，而印度则拒绝，理由是条约有歧视性。就是说，有核国认为核武器对保障其安全是必要的，就可以保留和发展它；而无核国若也认为有必要用核武器来保障其安全时，却不可以拥有。

美国还要求两国停止各自的核计划。巴基斯坦表示印度停止它才停止。美国甚至以恢复出售F-16战斗机为条件，也未能使巴基斯坦让步。印度则以受到中国的核武器威胁为借口，不同意停止核计划。这没有道理。中国的政策是不首先使用核武器，也不对无核国家使用。中国部署核武器也不针对印度，所以不能说对它构成威胁。鉴于印巴矛盾严重，只有通过它们之间的协商，才有可能停止它们的核计划，并建立一套核查程序和相互信任措施。

美国怀疑朝鲜研制核武器，但朝鲜加以否认。它是核不扩散条约的签字国，有责任让国际原子能机构检查其有关核设施。1992年初，朝鲜与韩国签署了朝鲜半岛无核化协议，其条款包括放弃获得核武器的权利和禁止进行再处理与浓缩设施（制造核材料）等内容。之后，朝鲜与美国进行了官方会谈，还接受了国际原子能机构的检查。在检查中，该机构认为朝鲜实际生产的钚的数量与它所公开宣布的有差距，于是要求进行更多检查，但朝鲜不同意。美国施加了压力。朝鲜于1993年3月宣布要退出核不扩散条约。经过谈判，它同意暂不退出，检查可以继续，但是在检查的条件上，双方几次发生冲突，所以检查时断时续。1994年5～6月，两边关系日益紧张。美国早就中止了谈判，并谋求联合国对朝鲜实施经济制裁。国际原子能机构理事会决定停止对朝鲜的援助。对此，朝鲜作出了强烈反应，宣布退出这个机构。在事态一触即发的情况下，美国前总统卡特访问了朝鲜。在他的斡旋下，金日成表示，如美国同意恢复双方会谈，朝鲜将冻结其核计划，国际原子能机构检查人员可留在现场，并建议韩国总统金泳三参与会谈。美国同意于7月初恢复谈判，并暂不谋求联合国的制裁。至此，局势又缓和了。

朝鲜是否在制造原子弹，笔者不得而知。但它即使想生产，也不一定很快就能成功。美国在外交问题上依仗自身的强大实力，态度往往专横、缺乏耐心。这次它多少算是比较明智。但是检查问题上不断发生冲突时，又几乎失去耐心。对朝鲜这个具体国家，只能通过长期的耐心谈判来解决问题，单凭压力是不行的。朝鲜在与西方资本主义世界隔绝或半隔绝中已生存了近50年，用经济制裁很难击垮它。采用军事手段，目前也不可能，而且只会把事情弄得更糟。它目前有与美、日等国建交并取得援助的要求。所以美国如能坐下来，耐心地进行谈判，问题还是有可能解决的。

四　导弹扩散问题

核不扩散条约并未对核武器的运载工具——导弹和飞机——作出规定。冷战后美国开始注意运载工具在第三世界的扩散问题，但它不太关心能运载核武器的飞机的问题，因为它的制空能力很强，不怕飞机，而且它自己出口大量军用飞机，不能限制飞机扩散。美国只提出导弹（主要是弹道导弹）的问题。由于弹道导弹很难防御，所以美国很怕这种武器，如果导弹上装了核弹头，那就更糟。美国研究反弹道导弹系统已有多年，尚未成功。为对付苏联大规模导弹进攻的“战略防御计划”在冷战后已下马。接替它的是一种较小规模的战区防御系统，用以对付第三世界的导弹。在1992年初的海湾战争中，美军以具有一定反导弹能力的“爱国者”防空导弹来拦截伊拉克的改进型“飞毛腿”常规近程导弹，实际效果不甚理想。

即使将来有了效果较好的反导弹武器，也无法保证完全击毁进攻导弹，而只要漏过一个安装核弹头的导弹就会成为灾难。所以美国千方百计地设法防止导弹扩散。

1985 年，由美国牵头，加上英、法、德等七个工业化国家，签订了“导弹及其技术控制制度”（简称 MTCR），限制导弹及有关技术的出口和转让。后来成员国增加到 23 个。MTCR 几经修改。到 1991 年，射程超过 300 公里，有效载荷大于 500 公斤的导弹及其技术都禁止出口和转让。同年美国借口中国向巴基斯坦出口 M－11 近程导弹违反了中国未参加的 MTCR，对中国实行三项制裁。1992 年双方达成协议，美取消制裁，中国宣布按 MTCR 办事。之后双方又为 MTCR 发生争执。1993 年 MTCR 成员国会议修改了条文，以生物及化学武器弹头较轻为由，把小于 500 公斤的弹头也列入限制。这意味着很难再出口导弹。中国迄今尚未接受。

印度正在研制一种中程导弹，射程 2000～2500 公里，名叫“烈火”（Agni）。它当然不是针对巴基斯坦的，因为近程导弹足以打击巴全境。美国曾要求印度停止研制，但印度说“烈火”不是武器，而是研究宇航用的试验器。不过印度已私下承认它可作为武器用而且试验成功后准备部署。它显然主要是针对中国，最终可能发展为洲际导弹。这与印度想成为世界强国的野心相一致。

美国科学家联合提出了冻结南亚地区导弹部署的建议，要求印、巴停止导弹生产和部署，还要求中国撤除能打到印度的导弹，以解除印度对中国的担心。

笔者认为中国不能同意被硬拉进南亚的矛盾。中国的导弹和核武器是过去为对付美、苏的核威胁而搞起来的，与印度无关。中国的政策是不首先使用核武器，也不对无核国家使用核武器。中国的核武器既然不针对印度，自然不会因印度的要求而撤除。中国的导弹和核武器将如何处理，只能根据美国和俄罗斯裁减其导弹和核武器的程度来定，不能与南亚问题混淆起来。

在科学技术高度发展的今天，导弹技术已不是少数国家的专利了。许多相关技术已经公开，材料和零件也不难在市场上买到。有的国家掌握不了技术，可以从国外雇请专家。伊拉克就是这样干的。

许多国家对美国按自己的利益来推行政策不满。美国实际上是在按双重标准办事。如前所述，美国力图限制导弹的扩散，而对同样能运载核武器的飞机却不加限制。美国阻止阿根廷、伊拉克、埃及与法、德、意的公司合作研制导弹，不许法国向巴西出售发射卫星用的火箭发动机，反对俄罗斯向印度出售发射卫星用的低温发动机。这些做法剥夺了许多国家和平利用外空的权利，影响了它们研制自卫武器的计划，而美国自己却向英国出售"三叉戟"式潜射战略导弹，同以色列合作研制"箭"式导弹。

五　停止核试验问题

全面禁止核试验问题在国际上讨论了多年一直没有结果。全面禁试不能消除核武器，而只能限制其发展。现在制造一枚对其效能要求不高的原子弹，无须经过试验。但如要求较高，特别是设计氢弹，则试验还是不可缺少。两个核超级大国，特别是美国，都已做了数百次核试验。它们的第二代核武器设计基本到达了极限，改进余地已不大。只有第三代核武器如核激光武器、钻地炸弹等还有试验的必要。此外，储存的核武器是否安全可靠，还要进行少量的低当量抽检试验（是否必要，还有争论）。目前正处于试验淡季，所以美国于 1992 年率先建议暂停核试验到 1994 年 9 月。这得到俄、英、法的赞同。只有中国没有参加。1993 年 10 月，中国做了一次地下核试验，引起了西方国家的谴责声。中国外交部宣称，中国在核试验上极为克制，在五个核国家中中国的试验次数最少（美 942 次、苏 715 次、法 210 次、英 44 次、中 39 次）。中国希望不晚于 1996 年达成全面禁止核试验条约。1994 年 6 月中国又做了一次地下核试验，中国外交部再次发表了类似声明。美国对这两次试验虽进行了谴责，但不十分强烈，也未表示将恢复它的试验。1994 年 3 月美国还宣布将暂停核试验期延长到 1995 年 9 月底，以为 1995 年核不扩散条约的讨论创造一个良好的气氛。

中国最近的少量核试验是其长期核计划的一部分，并非有意与暂停核试验作对。美国和苏联的核试验已做得很多，不太需要再试。英、法虽不能说做够了，但在美国压力下只好同意暂停。中国赞成全面禁止核试验，但只有在签订一项条约后才能停试。目前中国还需要继续其核计划，以保证核武器的现代化。

美国是否会同意全面禁止核试验呢？目前还不能肯定。美国有一派意见认为还要试验以完成第三代核武器，同时为了保证储存的核武器安全可靠，还得进行少量试验。军界有人要求允许进行当量1000吨以下的小型试验，以便研究对付第三世界的小当量核武器。另一派的意见是，既然冷战后发生大规模核战争的可能性很小，就没有必要研制第三代核武器，现有核武器用于核威慑已足够；对库存核武器进行抽检试验没有必要；制造小型核武器必将引起第三世界更多国家搞原子弹，所以效果不好。

总的说来，发生核战争的危险确已减小，美国现有的核武器确已过多，研制新型核武器已无必要。俄罗斯目前经济困难，无力研制新型核武器。它拥有的核武器也已超过需要。况且它的核试验场在独立了的哈萨克斯坦，在那里试验问题很多。英国的核试验必须使用美国的试验场，受制于美国。法国军界想恢复试验，但密特朗总统反对，不过他的任期将满，以后如何还不得而知。法国将来很可能随大流。中国则已表态支持全面核禁试。从以上情况看，经过认真的讨论之后，有关各国在适当时机达成全面禁止核试验条约还是可能的。

六　中国的核政策

在20世纪50年代的朝鲜战争和台湾海峡的两次危机中，美国政府曾多次用原子弹威胁中国。这些恫吓未能产生美国所希望的效果，虽然中国让步了，却也促成中国下决心发展自己的核武器，以对抗强加于中国的核讹诈。

中国自50年代开始的核计划最初是针对美国的。60年代初中苏关系破裂后，它又转而针对苏联。尽管苏联撤走了核专家，中国未停止研制，并于1964年10月进行了首次核试验。中国政府当时宣布决不首先使用核武器。

中国政府一贯认为核裁军的最终目标是全面禁止和彻底销毁核武器。为了防止核战争，各有核国家应承诺在任何情况下决不首先使用核武器，也不对无核国家或无核区使用或威胁使用核武器。拥有最大核武器库的美、苏（俄）两国应率先停止试验、生产、部署一切类型的核武器，大幅度地削减并就地销毁各自在其国内外任何地区的各种类型的核武器。这样就有可能为召开由所有核国家参加的、具有广泛代表性的核裁军国际会议创造积极的条件，以商议进一步核裁军和彻底销毁核武器的步骤。

不首先使用核武器是在目前尚不能全面禁止和彻底销毁核武器的情况下的最佳政策。最关键的是拥有最多核武器的美国和俄国是否同意这样做。

美国从未接受不首先使用核武器的政策。它在过去与苏联及东欧集团对抗时，曾准备首先用核武器来对付占优势的敌方常规力量的进攻。在1978年的联合国首次裁军特别会议上，美国代表声明：对于无核武器而又是核不扩散条约成员的国家或相似的地区集团，若它们未参与由核武器国家支持的对美国或其盟国的侵略，美国保证不使用核武器。这只是类似于不对无核国家或地区使用核武器，而并非不首先使用核武器。以后美国也未再提起。

苏联曾正式宣布不首先使用核武器，但1993年11月俄国防部长格拉乔夫却声明放弃这项政策。他未说明变化的原因。但据透露，这是为了对付美国占优势的非核尖端武器的进攻。若在战时抵挡不住这种武器的攻击，俄罗斯就会用核武器反击，颇似当年美国打算用核武器来反击前苏联占优势的常规武力进攻。这反映出俄罗斯可能也不愿全面禁止和彻底销毁核武器。

在全面禁止和彻底销毁核武器的目标一时无法实现的情况下，为了防止核战争，按照中国的倡议缔结一项不首先使用核武器的条约是非常必要的。其重要性远远超过核不扩散条约和尚未达成的全面禁止核试验条约。

外国朋友常问，中国在什么条件下可以参加核裁军的进程呢？中国政府提出的，美、苏（俄）率先停止试验、生产和部署一切类型核武器的要求，虽未完全实现，但正在朝这一方向前进。目前冷战已结束，美、俄两国的核武器都已过剩，其设计效能已基本达到极限，试验的必要性不大，所以这一条有可能实现。

大幅度削减是多大幅度？中国政府没有说明。按STAR TII条约把战略武器削减2/3，每方剩下3000~3500枚核弹头是不够的，数量仍然太多，仍足以打一场大规模核战争，而且与中国以至于英、法的核武器库相比仍然悬殊。此时要求中国和英、法参加核裁军谈判，时机不成熟。笔者个人的意见是，中国可以不谋求以核武器数量相等为条件，但也不能相差太远。笔者认为，可以用“可比性”来描述五个核国家的相互关系。就是说，当美、俄的核武器数量削减到可以与中、英、法的核武器数量相比时，中国可以参加核裁军谈判。比如说，美、俄各削减90%～95%，降到1000枚以下时，中国也许会加入谈判进程。

这样幅度的裁减会破坏美国和俄罗斯的核威慑能力吗？不会。1000枚核弹头仍是一支可怕的作战力量，足以对一个国家造成灾难性的损害，比中、英、法的核弹头数量还大得多。

所以，这种条件应当是美国和俄罗斯能够接受的。

（原载《美国研究》1994年第3期）

霸权体系与区域冲突

——论美国在重大区域武装冲突中的支持行为

秦亚青*

二战以后，美国凭借强大的实力，建立了全球性的军事联盟系统和经济发展秩序，从而形成了以美国为霸权国的国际霸权体系。由于美国的这种特殊地位，它在国际武装冲突中的支持行为，即对一个参战国的支持或反对，不仅反映了它对某一具体冲突和某一具体参战国的态度，而且在很大程度上反映了美国这一世界霸权国的全球战略和根本国家利益。

美国政界和政治学界对美国的支持行为历来有两种主要的理论解释。一种是理想主义的解释，认为美国对外的支持行为一贯是“上帝所命”，是以拯救他人为基本准则的。① 在二战以后的国际环境中，这种上帝所命又有了新的内容——在世界范围内推行美国的价值观。因此，美国支持的对象是和美国有着同样政治体制和信仰体系的国家。② 第二种是现实主义

---

* 秦亚青，时任外交学院副教授。

① Michael Hunter, *Ideology and U. S. Foreign Policy* (New Haven: Yale University Press, 1987); Emily Rosenberg, *Spreading the American Dream* (New York: Hill and Wang, 1982).

② Dexter Perkins, "The Moralistic Interpretation of American Foreign Policy," in *A Readerin American Foreign Policy*, ed. James M. McComick (Itasca, Ill.: Peacock, 1986), 24; Harry S. Truman, "Address of the President of the United States —— Greece, Turkey, and the Middle East," ibid. pp. 56 - 60; Ronald Reagan, "Address to Members of the British Parliament," ibid., pp. 180 - 187; Max Beloff, "Reflection on Intervention," *Journal of International Affairs* 22 (No. 2, 1968), pp. 198 - 207; Christopher Coke, *Reflection on American Foreign Policy Since 1945* (New York: St. Martins, 1989), pp. 60 - 61.

的解释，认为美国对外支持行为是为国家利益服务的。在一个处于无政府状态的国际社会里，国家首先保护自己的利益。所以，在国际冲突中支持谁、反对谁都应该以本国利益为第一考虑。①

这两种观点都不能充分解释美国的支持行为。在二战后的40多年里，美国支持过伊朗的巴列维、南朝鲜的朴正熙、菲律宾的马科斯以及许多类似的极权政府，这显然与理想主义的解释相违背。现实主义虽然指出了国家利益高于一切这一对外政策的基本原则，但却未能明确定义战后美国的根本国家利益。这样，国家利益就成为一个模糊不清的概念，因而，也很难成为研究美国对外政策和全球战略的变量。②

国家利益是由多重因素决定的，其中一个重要方面是国家所处的环境。形成国际环境的基本因素是国际体系的结构。二战以后的国际体系呈霸权结构，美国是霸权体系中的霸权国。在霸权体系中，霸权国是体系的最大受益者。美国通过完整军事结盟系统遏制最可能向霸权体系挑战的第二大国，借助布雷顿森林体系为自己的经济发展创造机会。所以，二战后美国最根本的国家利益就是维持世界霸权体系和美国的霸权国地位。美国正是基于这一根本国家利益来确定在国际冲突中的立场，而美国的支持行为也必然反映美国维持霸权体系的全球战略。

在全球范围内，美国及由美国建立起来的霸权体系的最大挑战者是世界第二大强国苏联，所以，美国冷战时期的国策是遏制苏联。但在区域范围内，美国采取什么方式维持其全球霸权地位？维持霸权与区域性冲突以及美国在区域冲突中的支持行为之间有什么内在关系？本文试图建立一个美国在区域冲突中的支持行为模式，并用这一模式解释霸权维持与美国支持行为之间的关系。研究的时间跨度为整个冷战时期

① Hans J. Morgenthau, *Scientific Man vs. Power Politics* (Chicago: University of Chicago Press, 1946), pp. 194 - 195; *In Defense of National Interest* (New York: Alfred A. Knopf, 1951), pp. 38 - 39; James R. Cobbledeck, *Choice in American Foreign Policy: Options for the Future* (New York: Thomas Y. Crowell, 1973), p. 6; Stephen D. Krasner, *Defending National Interest: Raw Materials Investment and U. S. Foreign Policy* (Princeton: Princeton University Press, 1978), pp. 40 - 45; Kenneth Waltz, *Theories of International Politics* (Reading, Mass.: Addison - Wesley, 1979), pp. 79 - 128.

② Jack E. Vicent, *International Relations*, Vol. 4 (Lanham: University Press of America, 1983), p. 24.

（1946～1988），研究对象为区域强国参与的重大区域性武装冲突，研究重点是美国在这类冲突中的支持行为。[①]

一　基本概念的定义

为了建立一个美国在重大区域武装冲突中的支持行为模式，有必要对冲突种类、区域划分、区域强国、美国支持等几个概念进行明确的定义。

1. 冲突种类

武装冲突可分为国际冲突和国内冲突两大类，本文的研究对象是国际冲突。根据国际政治学的研究惯例，国际冲突指至少有一个主权国家参与并在领土以外使用其正规武装力量从事军事活动的行为。[②] 另外，由于本文的研究重点是美国在重大区域武装冲突中的支持行为，所以只有区域强国参与的武装冲突属于本文研究的范畴。这类冲突指冲突双方中至少有一方是区域强国。

区域强国参与的国际武装冲突有以下五种形式：

（1）区域强国与超级大国之间的武装冲突；

（2）区域强国与同一区域中另一强国之间的武装冲突；

（3）区域强国与另一区域中强国之间的武装冲突；

（4）区域强国与同一区域中一般国家之间的武装冲突；

（5）区域强国与另一区域中一般国家之间的武装冲突。

凡属以上范畴的各类冲突均包括在本研究之中。在冷战时期，美国和苏联为超级大国，区域中综合国力最强的国家为区域强国，所有其他国家为一般国家。

本研究的时间范畴是广义的冷战时期，即 1946～1988 年。在此期间，研究范围内的重大区域性武装冲突共有 122 次。[③]

---

① 美苏虽为区域强国，但首先是全球性超级大国，故不包括在区域强国之列，其所在区域排除于本研究范围。

② David Singer and Melvin Small, *The Wages of War* (New York: John Willey & Son, 1972), p. 31; Herbert K. Tillema, *International Conflict Since* 1945 (Boulder: Westview, 1991), p. 11.

③ Tillema, ibid.

2. 区域划分

区域划分是本研究必不可少的一环。尽管次体系是战略家和政治学学者长期关心的问题，怎样划分世界区域却历来颇有争议。至今仍然没有一个单一的划分标准。① 我们试图使用一个比较客观的标准，以地理位置为主，基本做到相对均匀地界定世界的区域。

沙利文（Michael J. Sullivan）提出了一种划分世界区域的方法。他把162个国家分为五个大区（Zones）、15个区域（Regions）。② 具体划分如表1所示。

表1　大区和区域

大区（5）	区域（15）	大区（5）	区域（15）
欧　　洲	北大西洋 中部欧洲 南部欧洲	亚　　洲	南部亚洲 东部亚洲 近海亚洲和大洋洲
伊斯兰	西部亚洲 阿拉伯半岛 北部非洲	拉丁美洲	南部拉美 中部拉美 加勒比
非　　洲	西部非洲 中东部非洲 南部非洲		

资料来源：Michael J. Sullivan, *Measuring Global Values: The Ranking of the 162 Countries* (New York: Greenwood, 1991), p. 7。

沙利文的划区方法有三个明显的特点。首先是其全面性。这种划区方法包括了二战后国际体系中所有的国家。五个大区——欧洲、伊斯兰、非洲、亚洲、拉美——基本上是根据地域划定的，但同时也考虑到文明中心及其辐射圈的因素。每一大区又分为三个区域，区域划分也是主要考虑到

① Bruce Russett, *International Regions and International System: A Study in Political Ecology* (Chicago: Rand McNally, 1967), p. 5.

② Michael J. Sullivan III, *Measuring Global Values: The Ranking of the 162 Countries* (New York: Greenwood Press, 1991), p. 4. 应当指出的是沙利文的区域划分法也有一些欠妥之处。例如，把巴基斯坦划入西部亚洲，显然是过多考虑了文化宗教因素。习惯上则将其归为南亚次大陆。但这类问题不影响本研究的准确程度，所以，我们仍严格按照沙利文分区法进行模式的测定。

地理位置的延续和间断。沙利文划区法把 1989 年联合国的所有成员国（除去白俄罗斯和乌克兰）全部包括在内，这就为我们提供了一个全面的世界分区图。其次，沙利文的分区结构框架呈现出较为均衡的世界分区状态。五个大区中每一个都分为三个区域，每一区域的国家数目也大致相等。比起西方传统的划区方法来，沙利文的方法提出了一种较平衡的世界次系统结构。再次，沙利文的方法相对弱化了意识形态的地理表现。西方传统的概念是以西方为中心把世界分为西方、东方和其他地区。这就人为地突出了意识形态的冲突，把世界上绝大多数的国家压缩到 1/3 的狭小区域之内。① 由于沙利文的方法具有包容全面、构架均衡、淡化意识形态等特点，我们在本研究中采用沙利文分区法。

3. 区域强国

我们把区域强国定义为在某一区域内综合国力最强的国家。界定区域强国需要比较区域内所有国家的相对国力。由于在区域层次上权力关系不像在全球层次上那样明显，怎样测量国力就成为界定区域强国的第一步。

首先，我们选定一个单一指示数值做第一次筛选。这个单一数值必须既能比较准确地反映国家的综合实力，又要简单明晰、一目了然。虽然国际关系学界对国力的测量有很大的争议，比较普遍接受的单一测量指数是国家产品和服务的产出总量。尽管产出总量主要是一个经济指数，但是它最能代表一个国家的全部力量，并且与其他测量综合国力的单一或多项指数之间也存在着高度的相关关系。②

一般用来代表国家生产总出的数值是国民生产总值（GNP）或国内总产值（GDP）。由于数据的限制，在 1946～1965 年期间使用国民生产总值、

① Michael J. Sullivan III, *Measuring Global Values*: *The Ranking of the* 162 *Countries* (New York: Greenwood Press, 1991), p. 4. 应当指出的是沙利文的区域划分法也有一些欠妥之处。例如，把巴基斯坦划入西部亚洲，显然是过多考虑了文化宗教因素。习惯上则将其归为南亚次大陆。但这类问题不影响本研究的准确程度，所以，我们仍严格按照沙利文分区法进行模式的测定。

② Richard L. Merritt and Dina A. Zinnes, "Alternative Index of National Power," in *Power in World Politics*, ed. Richard J. Stoll and Michael D. Ward (Boulder and London: Lynne Rienner, 1989), pp. 13 - 14; Jacek Kugler and Marita Arbetman, "Choosing among Measures of Power," ibid., p. 57.

在 1966 ~ 1988 年使用国内总产值来测量各国综合国力。因为这两个数值之间有着很高的相关关系（R^2 = .99；显著性 = .0001），[①] 同一年度所用数值又是一致的，加之最后测量数值为百分数而不是绝对数值，所以 GNP 和 GDP 共用不会影响测量的准确程度。由于一个国家的 GNP/GDP 是相对稳定的数值，我们把整个冷战时期分为五年一段的九个时间段，然后比较九个时间点上各个区域中诸国的国力。这九个时间点是：1950 年、1955 年、1960 年、1965 年、1970 年、1975 年、1980 年、1985 年、1988 年。为了使测量更加准确，我们制定了一个相当高的测量标准：区域强国的 GNP/GDP 值不但要高于其所在区域其他任何一国的 GNP/GDP 值，而且要比区域次强国的 GNP/GDP 值至少高出一倍。根据这种标准，我们确定了九个区域的区域强国。

在某些区域，几个国家的 GNP/GDP 值之差达不到规定的两倍标准，因而仅仅使用 GNP/GDP 值无法确定区域强国。这样的区域共有四个，即西部非洲、北部非洲、中东部非洲、南部拉美。在这些区域，第一步筛选只能确定某一区域中的几个大国。然后，我们必须再用多项指数确定区域强国。依旧根据国际政治学研究惯例，选用 GNP/GDP 和军费开支这两个指数来进行第二步筛选。我们仍然把从 1946 年到 1988 年的 43 年分为每五年为一段的九个时间段，即 46 ~ 50、51 ~ 55、56 ~ 60、61 ~ 65、66 ~ 70、71 ~ 75、76 ~ 80、81 ~ 85、86 ~ 88。首先计算出每一区域每个大国在每一时间段中 GNP/GDP 和军费开支的数学平均数，并根据 Singer-Bremer-Stuckey 公式合并这两个数学平均数，得出一个合成数值。这个数值即可称为国力指数，表示这个国家的绝对国力。然后，将某一区域内的所有大国国力指数相加，总数设为 100%，并用各国绝对国力数值去除总数，所得之百分比即该国在这一区域的相对力量。百分比最高的国家为区域强国。如果两国之间百分比之差小于 3%，则两国均定为区域强国。[②]

这种方法帮助我们确定了其他四个区域的强国。连同第一步筛选结果，13 个区域的区域强国界定如表 2。

① 根据随机选出的 50 个 GDP 和 GNP 值，以 $Y = a + bX_i$ 方程式计算。原始数据取自 Arthur S. Banks ed. , *Cross-Polity Time-Series Data*（Cambridge, Mass. : The MIT Press, 1971）。

② 具体计算方法和计算细节请参看秦亚青博士论文 Staying on Top: Hegemonic Maintenance and U. S. Choice of Sides（Ph. D. diss. , University of Missouri-Columbia, 1994）。

表 2　区域强国

区域	区域强国	区域	区域强国
西部欧洲	意大利	南部亚洲	印度（1946～1988）
西部亚洲	伊朗（1946～1988） 巴基斯坦（1961～1965） 土耳其（1946～1970）	东部亚洲	中国（1946～1988）
阿拉伯半岛	沙特阿拉伯（1946～1988）	近海亚洲和大洋洲	日本（1946～1988）
北部非洲	埃及（1946～1988）	南部拉美	巴西（1946～1988）
西部非洲	尼日利亚（1960～1988）	中部拉美	墨西哥（1946～1988）
中东部非洲	喀麦隆（1986～1988） 埃塞俄比亚（1946～1965；1976～1985） 坦桑尼亚（1976～1980） 扎伊尔（1966～1975）	加勒比	古巴（1946～1988）
南部非洲	南非（1946～1988）		

资料来源：国力计算基于以下数据：Arthur S. Banks, ed., *Cross-Polity Time-Series Data* (Cambridge, Mass.: The MIT Press, 1971); J. David Singer and Melvin Small, *National Material Capabilities Data*, 1816－1985 (Ann Arbor, Michigan: Inter-University Consortium for Political and Social Research, 1993); U. S. Agency for Arms Control and Disarmament, *World Military Expenditures and Arms Transfers* (Washington, D. C.: U. S. Government Printing Office, annual)。

4. 美国支持

对于两国间的武装冲突，美国支持哪一方是本论文研究的重点。这就需要对美国支持行为做出明确的定义。美国的支持行为可以分为三类：公开支持、实际支持和零位支持。现分别定义如下：

公开支持指：（1）美国公开以武力支持交战的一方；（2）美国官方公开发表声明支持交战的一方。越南战争和朝鲜战争为第一种情况的实例。至于第二种情况，官方立场限于美国政府声明、美国助理国务卿以上官员（包括美国驻联合国大使和白宫发言人）的正式讲话。美国在 1970 年中东冲突中对叙利亚袭击约旦的谴责是第二种情况的实例。美国官方声明以美国国务院的正式文告为准。[①] 在许多冲突环境中，第一、二种情况往往同时存在。

① U. S. Department of State, *Bulletin: The Official Monthly Record of United States Foreign Policy* (Washington D. C.: U. S. Government Printing Office, monthly).

实际支持指虽然没有公开的官方声明，但却以其他方式表示支持的行为。实际支持的衡量标准是美国的军事援助。在武装冲突爆发的一年内，如果美国向交战的一方提供军事援助，而没有向另一方提供同样的援助，那么，美国实际支持的对象为前者。例如在1980年的欧加登冲突中，美国向索马里提供了价值2000万美元的军事援助，但没有向埃塞俄比亚提供相应的军援，因此，美国支持的对象为索马里。如果美国向交战双方均提供军事援助，则受援较多的一方为美国支持的对象。在埃尔都加（El Douga）冲突中，美国当年向交战双方——以色列和叙利亚——都提供军事援助，但对以色列的援助为3940万美元，而对叙利亚的援助仅为5万美元，因此，美国支持的对象为以色列。美国军援数字以美国国际开发署正式公布数字为准。[①] 为了保证数据的准确，我们使用军备依赖程度进行核实。军备依赖程度指一个国家从美国进口武器数量占其武器进口总量的百分比。[②] 仍以索马里与埃塞俄比亚的冲突为例，在1972～1982年的十年里，索马里对美国的军备依赖程度为1%，但在1983～1987的几年里，这一数值增长到22%。[③] 这一增长正是索、埃两国冲突不断增加之时。所以，军备依赖程度也证实了美国的支持对象。

零位支持即中立行为。如果美国政府没有官方声明，同时美国对双方均不提供军事援助或对双方提供相等的军事援助，美国的支持行为则为零位。1979年的坦桑尼亚—乌干达冲突是零位支持的实例。[④]

二　美国在重大区域冲突中的支持行为模式

美国的基本国家利益是保持霸权地位，维护二战后建立起来的国际霸权体系。在全球范围内，美国的首要战略目标是遏制世界第二号强国，防止苏联取其位而代之，成为世界的霸主。在区域层次上，美国则要防止任何单一国家在该地区称霸，因为过于强大的区域大国很可能成为世界霸权

① U. S. Agency for International Development, *U. S. Overseas Loans and Grants and Assistance for International Organizations* (Washington D. C.: U. S. Government Printing Office, annual).

② Sullivan, *Measuring Global Values*, p. 72.

③ U. S. Arms Control and Disarmament Agency, *World Military Expenditures and Arms Trade* (Washington D. C.: U. S. Government Printing Office, annual).

④ U. S. Agency for International Development, *U. S. Overseas Loans and Grants.*

国的潜在竞争对手。即便区域强国不具备成为世界性大国的条件，由区域强国独霸一个区域的局面很容易对世界霸权国在该地区的利益形成威胁。当美国不可能完全以其自身力量遏制区域强国的膨胀性发展时，比较合理的战略就是通过自己的影响，利用区域其他力量遏制区域强国、维持区域势力均衡。

区域强国参与的区域性武装冲突为世界霸权国维持区域势力均衡提供了可以利用的条件。基于遏制区域强国这一逻辑推理，我们提出以下假设：

假设1：如果冲突的一方是世界第二强国苏联、另一方是区域强国，美国比较可能支持区域强国。

假设2：如果冲突的双方均为区域强国，美国比较可能支持较弱的区域强国。

假设3：如果冲突的一方为区域强国、另一方为非区域强国，美国比较可能支持非区域强国。

这三种假设构成了美国在区域武装冲突中的基本支持模式。

三　美国支持行为模式的测定

1. 模式总体可信度

为了检验美国支持模式的总体可信度，我们将模式预测的美国支持行为和美国实际的支持行为加以对照，研究对象包括1946～1988年所有区域强国参与的122次武装冲突。[①] 对照结果列入表3。

表3　模式总体可信度（1946～1988）

模式正确预测		模式错误预测		无法预测实例		冲突总数
n	%	n	%	n	%	n
86	70	34	28	2	2	122

如表所示，美国支持行为模式的预测可信度为70%，即在所有122次武装冲突中，有86次模式预测的美国支持对象与美国实际支持对象相吻

① 概率计算公式为：$Z = (X - Np) / (Npq)^{1/2}$。

合。在错误预测的 34 例中，有 17 次美国采取了中立立场，而不是支持了模式预测的反方。两例为无法预测的冲突个例。总的来说，70% 的正确率是具有显著意义的（Z = 4.53；p < .0002）。[①] 因此，验证结果支持模式的基本假设。

2. 模式分区可信度

尽管模式的总体可信度较高，但是，美国在各个区域的支持行为还是有很大差别的。现在来看一看模式的分区可信度以及区域间的差别。我们以区域为单位，对照模式预测行为和实际行为。表 4 总结这一对照的结果。

表 4　模式分区可信度（1946 ~ 1988）

区　域	N	模式正确预测		模式错误预测		无法预测实例	
		n	%	n	%	n	%
西部亚洲	11	6	55	5	45	0	0
阿拉伯半岛	5	3	60	2	40	0	0
北部非洲	23	17	74	6	26	0	0
西部非洲	1	0	0	1	100	0	0
中东部非洲	11	4	36	6	65	1	9
南部非洲	17	13	76	4	24	0	0
南部亚洲	20	16	80	4	20	0	0
东部亚洲	28	23	82	4	14	1	4
中部拉美	2	1	50	1	50	0	0
加勒比	4	3	75	1	25	0	0
总　计	122	86	70	34	28	2	2

表 4 显示了美国在各个区域的支持行为。最高正确预测率为 82%，最低正确预测率为 00%。绝大部分区域超过了 50% 的标准线。西部非洲可以作为一个特例，因为该区域强国参与的冲突总共只有一次。所以，测试的

① 计算均用计算机 SAS 程序完成。

结果基本上支持了模式假设。

3. 模式的跨区域意义

从表4的统计结果来看，美国的支持行为并非呈均匀分布状态。模式正确预测率从00%到82%。即使除去西部非洲，全距仍相当大（36%～82%）。因此，美国对某些区域的重视程度显然大于其他地区。为什么会出现这种现象呢？美国在不同区域的支持行为有某种规律可循么？

我们把美国的根本国家利益定义为维护霸权体系及其霸主国的地位。对于区域强国来说，国力越是强大，对美国国家利益形成的潜在威胁也就越大。因此，美国在区域层次上的战略重点是遏制较有可能成为向世界霸权体系挑战的国家，也就是说，区域强国的国力越强，就越可能引起美国的重视。根据这一推理，我们设定以下假设：

假设4：区域强国的国力越强，美国就越可能支持这一区域强国的冲突对手。

这个假设实际上是在正确预测率和区域强国国力之间建立了一种正相关关系。据此，设立了以下零假设（Ho）和替代假设（Ha）：

Ho：美国支持行为与区域强国国力之间没有相关关系。

Ha：美国支持行为与区域强国国力之间有相关关系。

我们用斯皮尔曼等级相关方式来测定这组假设。测试包括四个变量：一个为美国支持行为变量（SPRT），其他三个为区域强国的相对国力——相对军事力量（MCAP）、相对经济力量（ECAP）、相对综合力量（TCAP）。四种变量的确定方法如下：

美国支持行为（SPRT）：即美国在各区域支持行为的正确预测率。例如，在北非，区域强国埃及参与的冲突共23次，美国在17次冲突中支持了埃及的对手，这样，SPRT则为17/23＝.74。

相对军事力量（MCAP）：指某一区域强国军事力量与所有其他区域强国军事力量总和之比。军事力量以军费开支计算，计算方法同前。

相对经济力量（ECAP）：指某一区域强国经济力量与所有其他区域强国经济力量总和之比。经济力量以GNP/GDP数值计算，计算方法同前。

相对综合力量（TCAP）：指某一区域强国综合力量与所有其他区域强国综合力量总和之比。综合力量包括军事力量和经济力量，计算方法同前。

SPRT、MCAP、ECAP、TCAP数值列入表5。

表 5　美国支持行为与区域强国的相对力量（1946～1988）

区　域	SPRT	MCAP	ECAP	TCAP
西部亚洲	55	8.04	8.32	8.18
阿拉伯半岛	60	9.57	4.54	7.06
北部非洲	74	5.23	3.29	4.26
西部非洲	0	0.73	4.46	2.57
中东部非洲	36	0.31	0.64	0.48
南部非洲	76	2.51	6.46	4.49
南部亚洲	80	9.62	22.59	16.11
东部亚洲	82	62.98	39.74	51.37
中部拉美	50	1.23	10.58	5.91
加勒比	75	1.5	1.86	1.68

如果美国支持模式的假设成立，美国则会更可能支持较强区域强国的冲突对手。这样，在美国支持变量（SPRT）和三个区域强国相对力量变量（MCAP、ECAP、TCAP）之间就会存在正相关关系，斯皮尔曼相关系数（Spearman's Rho）则应为正数。表 6 是统计计算结果。

表 6　美国支持行为与区域强国国力

	斯皮尔曼相关系数/当 Ho：Rho = 0 时，P > R/N = 10			
	SPRT	MCAP	ECAP	TCAP
SPRT	1.0000 0.0	0.7697 0.0092	0.50303 0.1383	0.56364 0.0897
MCAP	0.7697 0.0092	1.0000 0.0	0.68485 0.0289	0.87879 0.0008
ECAP	0.50303 0.0897	0.68485 0.0289	1.0000 0.0	0.92727 0.0001
TCAP	0.56364 0.0897	0.87879 0.0008	0.92727 0.0001	1.0000 0.0

计算结果显示了两个值得注意的现象：第一，所有斯皮尔曼相关系数均为正数。虽然由于与经济力量（ECAP）和综合力量（TCAP）有关的 P 值较大（分别为 0.1383、0.0897），因而使这两个变量与美国支持行为之

间的关系呈不显著状态，但是，斯皮尔曼系数无一负值这一结果表明，在美国支持和区域强国国力之间至少不可能存在负相关关系。第二，与军事力量有关的斯皮尔曼系数为 0.7697，P 值为 0.0092。这表明美国支持行为与区域强国的相对军事力量之间存在显著的相关关系。据此，我们可以在 0.05 的给定显著水平上拒绝零假设，接受美国支持行为与区域强国的相对军事力量之间存在正相关关系这一假设。

四 结论

美国战后的重要利益是维持世界霸权结构和自己的霸权国地位。在区域层次上，美国的主要战略是遏制区域强国，防止区域强国独霸区域并进而发展成足以向霸权国和霸权体系挑战的强大力量。实现这一战略目标的重要手段之一就是利用区域冲突提供的机会，支持区域强国的对手，保持区域势力均衡。根据这一推理，我们提出了美国在重大区域冲突中的支持模式，用以解释美国在区域层次上的支持行为。

我们利用整个冷战时期的所有重大区域武装冲突，对这一模式的理论假设做了测试。测试结果表明，在 70% 的情况下，模式预测的支持行为与美国实际支持行为相吻合。同时，在测试过程中还发现了一个值得注意的现象：美国支持行为在区域层次上呈不均匀分布状态。对于有些区域，美国支持行为和模式预测的行为吻合程度很高；对于另外一些区域，美国支持行为和模式预测的行为相去较远。我们对这种现象作了进一步的分析。分析结果表明，这种不均匀分布与区域强国的相对军事力量有着正相关关系，也就是说，一个区域强国的军事力量越强，美国越可能在武装冲突中支持这个区域强国的对手。

美国支持行为模式是以冷战为时间背景的。在后冷战时期，这一模式的基本理论假设依然成立。国家的对外行为是在国际体系的结构框架中界定的。冷战结束之后，许多政治家和国际关系学者都谈到国际体系从两极转化为多极，国际日程的重点从政治军事领域的较量转化到经济领域的竞争。就现象本身而言，这些观点没有错。但是，我们应该看到，冷战时的两极世界是霸权体系框架中的两极争斗，或曰两极霸权体系。整个世界的宏大结构是金字塔形的霸权结构。在后冷战时期，两极不复存在，几个世界强国的经济竞争也日趋表面化。但是，变化只是体系内部的部分变化，以美国为霸权国的霸权体系本身依然存在，所以，我们可以把当今的国际体系结构称为多极霸权。只要霸权体系的大结构没有变化，美国的根本国家利益就不会变，维持霸权体系和美国的霸权国地位就依然是美国国际战略的核心，遏制区域强国也就依然是这种战略的一个重要组成部分。

（原载《美国研究》1995 年第 4 期）

霸权均势：冷战后美国的战略选择

倪世雄　王义桅*

【内容提要】冷战结束后，学术界开始了对美国大战略的考察，以及对冷战后美国的战略目标、国家利益的内涵、美国所面临的威胁等问题进行重新定位。本文认为，研究这一问题必须从理想性和现实性两个层面入手。据此，冷战结束后，美国大战略总体上表现为霸权均势战略，即在新现实主义指导下的新均势战略和在新自由主义指导下的制度霸权战略。这一战略在实际中必然会遇到政治经济平衡、国内国际平衡及理想与现实平衡这三大平衡的挑战。

【关键词】霸权　均势　美国　战略选择

冷战结束以后，有关美国大战略（Grand Strategy）的争论在美国学术界勃然兴起①。争论的焦点集中在冷战后美国战略目标的重新定位、国家利益内涵的变迁、对美国国家利益的威胁和对付这种威胁时美国应采取的手段以及追求其战略目标时美国所能动用的资源等方面②，而首先遇到的问题是战后美国有没有一以贯之的大战略。有的学者根据二战后美国的表

* 倪世雄，时任复旦大学美国研究中心副主任、教授、博士生导师；王义桅，时任复旦大学国际政治系博士生。

① 见 Michael E. Brown，Owen R. Cote，Jr.，Sean M. Lynn-Jones and Steven E. Miller eds.，*America's Strategic Choices*（Cambridge：MIT Press，1997）。

② Robert J. Art，"A Defensible Defense：American's Grand Strategy After the Cold War，" *International Security*，Vol. 15，No. 4（Spring 1991），p. 7.

现作出了肯定的回答，这就是霸权主义（Hegemonism）或优势战略（the Strategy of Preponderance），并认为尽管冷战期间受到苏联的挑战，但是美国最终战胜了这一挑战，并将继续推行这一战略。[①] 讨论还集中在冷战结束前后美国大战略的变化上，其实质是要给美国和世界的关系作出重新定位。学者们进而总结出了四种代表性的战略倾向，[②] 即新孤立主义（Neo-Isolationism）、选择性接触（Selective Engagement）、合作安全（Cooperative Security）或曰多边主义（Mutualism）、[③] 支配性（Primacy）战略。有人还主张加上遏制（Containment）战略。[④] 其研究方式重在分述式的，总体上是长于分而疏于合，即便分也是粗线条的。学者们也意识到美国政府不可能只推行其中的一种，但简单地认为现实操作中是采取一种混合式的战略，而对如何混合则语焉不详，且对各战略的本质、战略之间的关系缺乏体系化的论述，因而是对各战略倾向的一种概述及其相互关系的争论。[⑤]

我们的研究相对于过去而言在避免情绪化和简单化上有了很大的改观，但仍倾向把美国对外战略简单地一概归结为霸权主义战略了事，至于为什么美国采取霸权战略则缺乏分析。[⑥] 笼统地认为美国采取的是霸权战

---

① Charles Krauthammer, "The Unipolar Moment," *Foreign Affairs: America and the World*, Vol. 70, No. 1（1990/1991）.

② 这些学者也多是安全战略专家，经济等领域考虑较少。所谓“大战略”也主要指国家安全战略。代表性论述可参见 Barry R. Posen and Andrew L. Ross, "Competing Visions for U. S. Grand Strategy," *International Security*, Vol. 21, No. 3（Winter 1996/1997）, pp. 5 – 53。

③ Hugh De Santis, "Mutualism: An American's strategy for the Next Century," *World Policy Journal*（Winter 1998/1999）, pp. 41 – 52.

④ Posen and Rose, "Competing Grand Strategy," in Robert J. Lieber, ed., *Eagle Adrift: American Foreign Policy at the End of the Century*（New York: Longman, 1997）, pp. 100 – 134.

⑤ 布鲁金斯学会对外政策研究中心主任理查德·哈斯（Richard N. Haass）则从美国全球战略出发，提出现在是一个“失规制”时代的新概念，并指出，美国唯有确立对外政策的新指南——“规制主义”——才能建立起符合美国安全观的全球新秩序。他说“六种主义——霸权主义、孤立主义、民主主义、经济主义、人道主义、现实主义——在失规制世界中采取哪一种最有益呢？简单说，不是任何一种，而是几种的组合”。参见里查德·N·哈斯著《“规制主义”——冷战后美国全球新战略》陈遥遥、荣凌译，新华出版社，1999，第65～66页。

⑥ 这一点中国学者、官方与民间都不例外，而且考察、理解美国对外战略多从美国对外政策行为出发，怀着绕不开的中美关系情结。代表性的观点有：赵鲁直、何仁学、沈方吾《美国全球霸权与中国命运》，北京出版社，1999。书中列出现今五种美国霸权：全球霸权、复合式（结构、体系）霸权、联盟霸权、文化霸权与高技术霸权；《论美国霸权主义的新发展》，1999年5月26日《人民日报》第1版。

略这种认识至少遇到四方面的困境：第一，美国是三权分立的国家，总统是制定对外战略的主体，但国会、利益集团和舆论的作用不可忽视，种种力量的交织不可能总是统一表现为霸权，且很难解释冷战后美国一再出现的新孤立主义情绪；第二，美国是一个奉行实用主义的国家，制定对外战略的基本依据是国家利益，霸权战略并非总是有利于维护美国的国家利益，在不同的领域、对不同的国家、在不同的时期，美国的对外战略各有侧重，不断在调整；第三，美国是世界上最反对霸权的国家，因为它本身就是霸权。当然它反对的是别国搞霸权或挑战其霸权地位，而不是自己的霸权。其他国家的反霸其实质往往是反美或反对美国霸权行为；第四，我们所处的是全球化时代，全球化时代的霸权往往是制度霸权而非国家霸权（国家关系某种程度上处于全球严重相互依赖状态），而美国是世界上最强大的国家，在各个领域都首屈一指，全球化程度也最高，因而其行为在挑战国或弱国看来就成为制度霸权的替身。再有，我们把美国的霸权主义往往理解为霸道，而忽视其王道的层面，对其作为所谓“善意的霸主”（Benign hegemony）的一面缺乏研究。

上述两方面的认识，分别从国内和国外两个视角来考察美国大战略，这就造成了一种将内外互动的战略制定背景割裂开来的局面。有鉴于此，本文倡导一种内外互视的碎片分析（因素分析）法来考察冷战后美国的大战略，即从理想性（内视）和现实性（外视）两个层面入手，并在前者中分离出国民性、国家性、国际性、世界性四因素，在后者中分离出国家（盟国、可能的挑战国、无赖国、“中间地带”国）与事务（经济、军事、外交、文化等领域）两个层面。认为冷战结束后美国大战略在总体上表现为霸权均势战略，即主要是针对可能的挑战国（与美国盟国一起属于“极化世界”）而采取的新均势战略和主要针对“未极化世界”并往往运用于各领域如文化、金融等而采取的新霸权战略（制度霸权战略）。[①] 均势战略侧重于现实状态，作为一种手段更多使用硬权力且更关注于国家安全，总体上着眼于维护自己的行动自由，是从横向上把握的结果。霸权则侧重于理想层面，作为目标追求而软硬权力并举，更关注于其国家利益及支配地

① “极化世界”（polarized world）指构成世界多极化状态的世界大国或地区一体化组织（如欧盟）以及将来可能兴起并构成一极或影响一极的地区性大国；反之，则属于“未极化世界”（unpolarized world）。

位，是从纵向上作结构化分析的对策。

文章分三个部分，第一部分主要分析美国大战略与均势的关系，旨在说明各种战略选择都与均势战略有着千丝万缕的联系，冷战结束后唯一有能力采用均势战略的国家只能是美国；第二部分回顾20世纪美国的均势战略演变，从而说明冷战结束后美国采取新均势战略的含义与由来；第三部分分析美国在冷战后推行霸权均势战略的实践及其制约。

一　美国大战略与均势：分析的方法论

均势（balance of power）是主客观相结合的产物。作为客观描述（自在的均势），它是国际关系特定状态与运行规律的描述，即认为均势是“历史的一种普遍规律”，[①] 是国际关系从无序走向有序的特定归宿，这就是均势论；作为主观表达（人为的均势），它指一国对外战略的选择，即均势术。介于这两者之间的是均势理念与均势思想。“光荣孤立”时期英国所处的西欧是（经典均势），而俾斯麦采取的是均势术。

均势的概念长期被片面化理解。长期以来有一种倾向把均势视为霸权主义与强权政治的手段而加以反对，认为它是大国关系不稳乃至走向恶性循环（均势—均势的破坏—新均势—新破坏……）的根源。实际上，这种倾向反对的乃均势术而已。作为一种国际关系的特殊演绎状态，均势是对优势（霸权）的否定：“均势是作为一种安排而兴起的，它服务于使国际系统中的成员免于霸权的威胁，并从17世纪到20世纪初成为欧洲国家政治中的一种规则。”[②] 作为一种战略，均势又是对“搭便车”（bandwagon）方式的否定。从本质上说，均势是指这样一种特定状态：处于均势状态的

---

① “均势”虽然是传统国际关系中最基本的语汇之一，但人们对其含义的理解并不相同。美国学者厄恩斯特·哈斯（Ernst Hass）曾批评均势概念过于含混，无法为政治学家所应用。他指出人们至少是在八种相互排斥的看法上盲目地使用这一概念：1）任何权力的分配；2）一种平衡状态和均衡过程；3）霸权或霸权追求；4）权力协调中的稳定与和平；5）不稳定与战争；6）一般的权力政治；7）普遍的历史法则；8）一种体系和对外政策制定者的指导原则。参见西奥多·A. 哥伦比斯、杰姆斯·H. 沃尔夫著《权力与正义》白希译，华夏出版社，1990，第286页。

② James Chace，“Toward A Concert of Nations：An American Perspective.”（1999年7月23日于复旦大学美国研究中心演讲稿）

任何一方无法承担试图改变已形成的均势状况的代价，或没有能力、没有决心来改变这一状况。前者明显的例证如冷战期间美苏之间的核均势，某种程度上中美之间在核方面也处于一定的均势状态；后者如英国“光荣孤立”时期的欧洲。从军事角度讲均势是一种进攻与防御的战略平衡状态。而以经济学的术语来说更为确切，即均势是一种“帕累托最优”（Pareto optimum）状态。

如前言所述，根据美国大战略中的四种战略选择，以碎片分析法来加以研究是比较适宜的。

美国制定其世界性战略（大战略），是从美国所面临的国际环境与时代背景出发，针对其国民性、国家性、国际性与世界性特点，体现于政治、经济等各个领域的。制定对外战略中的国民性因素指美国对其公民的政治（如人权），经济（就业、收入），文化（价值观念）权益维护的考虑，并往往成为新孤立主义的着眼点。国家性体现在国家安全、经济发展、政治制度稳定与文化意识形态利益等方面，成为接触性战略的支点。国际性表现在对外关系与国际环境状况等方面，成为综合安全战略的根基。[①] 全球性尤其针对世界化程度最高的美国而言，即美国为维护其全球领导地位、推广美国式的政治经济制度、传播其文化价值观念等，体现出典型的优势战略选择（见表1）。

表1　考察美国大战略的两个视角

视　角	着眼点	分析单位	分析体	战略对应
内视（理想层面）——世界的美国	目标、利益（美国的目标与利益何在）	政治单元	1. 国民性	孤立主义
			2. 国家性	接触战略
			3. 国际性	合作安全
			4. 世界性	优势战略

① 国际性往往占据美对外战略的主体：“我们设想的‘主义’与现实主义最相似。美国对外政策的中心应该是国家间关系和国家的外部行为——抑制传统的侵略、无赖国家获得大规模杀伤性武器、国家对恐怖主义的支持、非法入境。这些对美国最重要的利益可能有巨大而深刻的影响。……对外政策以国家间关系为重心应该是主要的，但不是唯一的。”哈斯：《“规制主义”——冷战后美国全球新战略》，第66页。

续表

视　角	着眼点	分析单位		分析体	战略对应
外视（现实层面）——美国的世界	威胁、手段（对美利益的威胁和对付威胁可采用的手段）	政治领域	1. 国家	① 盟国	合作安全
				② 中间地带	孤立主义
				③ 无赖国	优势战略
				④ 挑战国	接触战略
			2. 事务	① 经济	多边主义
				② 军事	均势战略
				③ 外交	接触战略
				④ 文化	优势战略

从现实层面讲，美国通常按其标准将世界上的国家区分为四大类：盟国世界不仅指与美国结盟的国家，也包括在政治经济制度和文化意识形态上与美国相同、相近或相容的国家与地区。对此，美国选择的是强化传统同盟关系，保持海外军事力量存在的合作安全战略。可能的挑战国尤指俄罗斯和中国，美国对其采取接触加遏制的两手，试图引导其变化。而所谓“无赖国家”（rogue state），是美国对世界上那些不遵守国际规则、对内集权、对外威胁性大的国家，如伊拉克、伊朗、朝鲜、利比亚、苏丹等，这是美国霸权（优势）战略所典型作用的对象。“中间地带”国是套用毛泽东的提法，指尚未被但有望被市场化、民主化的国家，如新型市场国。此外还有所谓“民主主义和市场经济难以扎根”的国家，包括撒哈拉以南非洲国家，往往成为美国孤立主义的牺牲品。①

就事务而言，经济主要对应了国民性（对国民福祉的威胁）和国家性（国家经济竞争力、经济安全的考虑与经济制裁手段的运用），对此美国往往采用国际合作的方式。军事针对的是国际性（从威胁上说有地区冲突、

① 不同时期、不同情形下美国的提法不一。1997 年 2 月，国务卿奥尔布赖特为强调促进民主而将世界上的国家按美国的标准分为四类，分别是守法国家、正在演变中的国家、无赖国家和失败的国家。总体上，美国特别关注“中心”国家与“边缘”国家关系格局的变化，尤其是具有重要地缘战略利益的“轴心国家”（pivotal states）。参见 Robert S. Chase, Emily B. Hill, and Paul Kennedy, “Pivotal States and U. S. Strategy,” *Foreign Affairs*, January/February 1996。

国际恐怖主义，从手段而言有国际维和、军备控制、多边安全机制及前沿军事部署等）和全球性（地区性霸权国家的挑战与威胁、同时打赢两场局部性大战的考虑）。总体上，美国试图维持或创造地区均势，尤其是欧亚大陆均势状况，以使美国处于最有利于行使霸权的优势地位。外交涉及国家性（内政背景）与国际性（国际环境），强调与国际接触，全面卷入世界事务。文化则不仅包括国民性（价值观的维护与传播）的考虑，体现出文化霸权主义因素，且越来越指全球性问题的威胁，如大规模杀伤性武器（WMD）扩散、环境问题等，试图确立美国的制度霸权。

根据美国学者的论述，四种大战略选择具体内涵如表2。

表2　大战略图景之比较

	新孤立主义	选择性接触	合作安全	支配性战略
分析之锚	最低限度的防御性现实主义	传统的均势现实主义	自由主义	最大化的现实主义/单边主义
国际政治的主要问题	避免为外部事务所缠绕	大国间的和平	不可分割的和平	同辈竞争者的崛起
优先选取的世界秩序	远距离均势	均势	相互依存	霸权
核武器动态	维护现状	维护现状	对付攻击	对付攻击
国家利益的概念	窄	限制	跨国	宽泛
地区首选	北美	欧亚大陆工业化国家	全球	欧亚大陆工业化国家或任何潜在的同辈竞争国
核扩散	非我所虑	区别性阻止	非区别性阻止	非区别性阻止
北约	收缩	保持	改革和扩大	扩大
地区冲突	回避	遏制：区别性干预	干预	遏制：区别性干预
种族冲突	回避	遏制	仔细区别性干预	遏制
人道主义干预	回避	区别性干预	仔细区别性干预	区别性干预
使用武力	自卫	区别对待	经常	随意
力量结构	最低限度的自卫力量	两倍的MRC（应付主要地区偶发事件）力量结构	开展多边行动具备的侦察打击性复合力量结构	两个大国标准的力量

Barry R. Posen and Andrew L. Ross, “Competing Visions for U. S. Grand Strategy,” op. cit. , p. 6.

当然，尽管指导理念有所差别，不同时期、不同情形下战略选择各不相同，但作为战略实施只能表现为统一的国家行为。故而，针对各个分析体的战略对应也只能是以某种战略为主，并非只采用一种战略，而是多战略的交互运用。

综合以上分析，美国大战略中的均势因素可归纳如表3。

表3　美国大战略中的均势因素分析

战略选择 / 均势因素	新孤立主义	接触政策	合作安全	优势战略
均势战略	维持均势	塑造均势	依靠均势	反均势
均势特征	作为目的的均势（地区均势）	作为手段的均势（大国均势）	软均势（全球均势）	霸权均势
美国之作为①	旁观者的美国	作为砝码（平衡者）的美国	作为杠杆（仲裁者）的美国	作为支点的美国
视角与理念	国民性（美国例外论 exceptionalism）	国家性（美国式的扩张主义）	国际性（世界秩序论）	世界性（美国领导）
例证	文明冲突论	新干涉主义	民主和平论	中国威胁论

①见 Stanley Hoffman, "Bush Abroad," New York Review of Book, June 24, 1992, in Charles W. Kegley, Jr., and Cregory A. Raymond, *A Multipolar Peace? Great Power Politics in the Twenty-first Century* (NY: St. Martin's Press, 1994), p. 181。

二　20世纪美国均势战略的演变

根据法国学者雷蒙·阿隆的论述，维持均势体系必须实现四个条件，[①]即国际社会主要行为者必须是多于两个——通常是五六个即使不是势均力敌也是相差无几的对手；要有一个关键的制衡系统，即几个主要国家联合起来以威慑、削弱一个或几个强国的扩张能力；在主要行为者之间必须有共同的语言和行为的规则；国际权力等级的存在。从全球角度讲，鉴于美

① 参见倪世雄、金应忠主编《当代美国国际关系理论流派文选》，学林出版社，1987，第156～161页。

国在地缘优势、综合国力与意识形态方面的特殊地位。20 世纪最有资格采用均势战略的便是美国，其霸权战略是以均势（大国均势、地区均势）为基础的。

不同时期的美国均势战略类型和特征可归纳如下：

表 4　不同时期美国所采取的均势战略类型

	Ⅰ. 对称性均势		Ⅱ. 非对称性均势	
时　　期	冷战Ⅰ （47 年～70′s）	冷战Ⅱ （70′s～80′s）	两次世界 大战期间	后冷战时代
均势结构	A——B	C A　U	A B　J F　R（U） G	A R J　O C
均势形态	线形均势	平面均势	平面均势	立体均势
均势特质	①对抗的均势（稳定） ②核均势（49 年以后）	①选择的均势 ②不稳定的均势	①游离的均势（经典均势） ②重心偏离的均势	①霸权均势 ②倚重的均势

注：1. A—美国；B—英国；C—中国；F—法国；G—德国；J—日本；O—欧盟；R—俄国（俄罗斯）；U—苏联。

2. 80～90 年代是均势的解体时期。

3. 两次世界大战期间之所以是如此平面均势，是因为大国关系有一定的变动性，其中还应包括奥地利（一战）、意大利（二战）。

4. 第二次世界大战前美国的对外战略由三部分组成：对美洲的门罗主义——优势战略；对远东的门户开放政策——接触性战略；对欧洲大陆的孤立主义——平衡战略。而大战期间美国采取的是结盟均势战略，战后又包括合作安全战略。

5. 美国的地位：第二次世界大战前为平衡国（balance power），冷战期间为超级大国（superpower），冷战后为支配国（dominant power）。

6. “霸权均势”暗指美国的双重角色地位，其一是作为地区均势力量的美国（极化的美国），其二是作为全球均势体系中霸权力量的美国（领导者的美国），反映出冷战结束后单极化与多极化的矛盾。参见 Richard K. Betts，“Wealth，Power，and Instability，” *International Security*，Vol. 18，No. 3，Winter 1993/1994，pp. 34－77；关于冷战后世界的单极——多极格局问题参见 Joseph S. Nye Jr.，“What New World Order?”，*Foreign Affairs*，Spring 1992；Samuel P. Huntington，“The Lonely Superpower，” *Foreign Affairs*，Vol. 78，No. 2，March/April 1999。前者提出“单极—多极”复合世界理论，后者认为现今国际格局是一种全新的单极—多极（uni-multipolar）体系。

在美国历史上，自西奥多·罗斯福总统明确将美国的国家利益与均势相挂钩以来，总体上，20 世纪美国外交策略是 19 世纪英国外交策略和马汉海权学说及麦金德的地缘政治学说的继承和发展。[①] 其要点是：用不断制造小国特别是海上岛屿小国的方法，确保海上运输线和地缘及资源关键地区控制在美国及其盟国手里。就市场经济国家而言，对世界的控制首先表现为对世界资源的控制。1949 年成立北约，拿当时美国一高官的说法就在于“留住美国、赶走俄国、制约德国”。冷战结束后，从控制欧洲的经验中，美国清楚地知道，在亚洲实现均势战略，即让日本、中国、俄国及印度等国在均势中相互制衡的战略，最有利于美国对这一地区的控制。这种思想已在尼克松时期被美国政府提出并付诸实施。尼克松曾断言：“人类历史上唯一我们能够拥有的和平的延伸时期是我们建立起了均势。”[②] 有理由相信，在 21 世纪美国还将继续坚持均势战略思想。美国学者就此指出：“在全球性框架内，地区性均势不仅是可能的而且也是我们所要求的。”[③]

三　冷战后美国的均势选择：霸权均势论

战后只有美国才有可能一以贯之地推行均势战略，因为均势战略的本质是创造或维持在获得霸权地位前或不可能获得霸权地位时最有利于自己的国际环境和国际秩序，防止占优势或支配性地位国家的出现，而只有美国才有可能做到这一点。在它获得霸权地位之后仍然推行在其霸权制衡下的均势战略，这就是美国式的霸权与均势。冷战期间，它是“置身的均势”（自身成为被均势化的对象，为两极对抗格局所束缚，目的在于遏制苏联）。冷战结束后它是“游离的均势”（这种均势在外国看来就是一种霸权），制造均势的目的在于维护自身优势（领导地位）。人们通常把霸权和均势看做两种对立的现实主义国际政治理论和外交策略。实际上，作为战略，全球性的均势与霸权只是由于视角的不同：从超级大国自身往外看其推行的是均势战略；从其他国家的角度来看超级大国的行为，则是霸权战略。

① 参见张文木《台湾问题与中国前途——兼评李登辉〈台湾的主张〉》，《战略与管理》1999 年第 5 期。

② *Time*, January 3, 1972, p. 9.

③ James Chace, “Toward A Concert of Nations.”

冷战结束后，全球性的进攻——防御平衡被严重打破，面对这一失衡的世界，美国作为唯一的未受约束的超级大国（unchecked superpower），其制定对外战略的国内、国际环境空前自由，因而既是由里向外看（世界的美国）的结果，又是从外向里看（美国的世界）的产物，前者是均势战略，后者表现为霸权战略，因而总体上冷战结束后美国推行的是一种霸权均势（Hegemonic Balance-of-Power）战略。这种战略既不同于传统的霸权战略，又有别于传统的均势战略，其目的在于遏制地区强国，防止地区威胁性挑战国的出现。从美国看推行的是“威胁均势”（Balance of Threat）；从世界看则是“力量均势”（Balance of Power）。[①] 具体分述如表5。

表5　霸权均势论的表现或例证

作用均势 / 霸权类型	维持均势（孤立主义）	塑造均势（接触政策）	软均势（合作安全）	反均势（优势战略）
1. 作为理念的霸权	美国优先（美国第一）	人道主义干预	国际合作与美国主导下的世界秩序	美国领导与美国价值
2. 作为战略的霸权	拖欠联合国会费 赫尔姆斯—伯顿法	北约东扩（联盟霸权）	防止大规模杀伤性武器扩散	制造地区（如台海）均势
（1）实力霸权	单边主义行动	军事战略（如对朝鲜）	军备控制	轰炸伊拉克（美英联盟）
（2）制度霸权	国会否决《全面禁止核试验条约》	新日美安保体制	金融霸权	信息霸权
（3）文化霸权	保守主义	新现实主义	新自由主义	建构主义

资料来源：Christopher Layne：“Rethinking American Grand Strategy：Hegemony or Balance of Power in the Twenty-First Century?”，*World Policy Journal*，Summer 1998，pp. 8－28。

冷战结束后，美国的全球战略目标从与苏联争霸世界到称霸世界，这就导致美国对外战略中意识形态色彩的日益浓厚，因而“人权”代替了

① 有学者对 Balance of Power 和 Balance of Threat 战略作了区分，认为前者适用于经济领域（较悲观），后者适用于安全领域（较乐观）。见 Michael Mastanduno，“Preserving the Unipolar Moment：Realist Theories and U. S. Grand strategy after the Cold War，” *International Security*，Vol. 21，No. 4（Spring 1997），pp. 49－88。

“反共”，“人道主义干预”代替了“遏制共产主义扩张”。同时美国也必然会更加自如地交替运用多种手段来推行其称霸世界的战略，以维护其世界领导地位。然而，这只是问题的一个方面。从世界发展趋势来讲，多极化与全球化是对美国全球战略的两大挑战。1999 年 9 月 15 日发表的《新世纪美国安全报告》提出：“新型强国——一个国家或几个国家联盟——将越来越约束美国的地区性选择并限制其战略影响。”美国学者也纷纷献策，建议美国为 21 世纪制定应付多极状态的总体战略。[①] 而由全球化发展所导致的威胁的非对称性也日益困扰着美国政府。此外，国内因素也不可忽视，美国社会保守派势力、党派斗争（国会与总统的矛盾）等都是对美推行对外战略的制约。面对种种挑战，克林顿政府在 1997 年《国际安全战略报告》中指出：“美国不能卷入所有的问题”，“必须把广泛的促进民主制和市场的目标同较为传统的地缘战略利益结合起来”。这说明，为维护美国的霸权地位，均势战略将越来越受重视；随着多极化趋势的不断发展，塑造大国间、地区间均势的战略将越来越成为美国维护、保住自身霸权地位的重要支点。而其霸权的实施方式将会从直接控制方式转向施加影响，对付南方国家即是一例。[②]

四　结论

考察冷战后美国的大战略，必须从理想性和现实性两个层面入手。理想性是从美国自身看世界，即美国的世界（观），体现了美国对外战略所

① 参见查尔斯·库普钱（Charles Kupchan）《在靠美国强权维持的世界和平之后生活》，《世界政策杂志》1999 年秋季号及“After Pax America: Benign Power, Regional Integration, and The Sources of Stable Multipolarity”, *International Security*, Fall 1998；克里斯托弗·莱恩（Christopher Layne）也载文指出：“一个更为小心谨慎的美国将来将会比一个过于自信地谋求保持它的老大地位的美国更有安全保障。”并警告说，“霸权主义是不能持久的”，“试图保持霸权主义的尝试最终将证明对美国是有害而不是有益”。历史上争夺霸权的国家“最终覆灭的原因很简单，那就是，当一个国家变得十分强大时，其他国家就会感到害怕，就会团结起来与之抗衡”。*Washington Post*, November 14, 1999.

② “美国正通过四种方式来实现这种战略：（1）控制关键的经济领域；（2）把贸易逆差作为世界经济的储蓄库；（3）使国际组织（如 IMF、OECD、WB、WTO、UN）成为美国的工具；（4）在信息领域保持霸权。”参见菲利普·科恩《美国将并购整个世界吗?》，法国《玛丽安娜》周刊 1999 年 11 月 22 日。

追求的目标与利益之所在，是指导美国战略制定的思想基础和出发点，对应了国民性（孤立主义的根源）、国家性（接触政策的根源）、国际性（多边主义的根源）、世界性（优势战略的根源）。现实性是从外在视角观察美国，即世界中的美国，体现了美国所认为的外部世界的威胁和对付此威胁美国所应采取的手段，它又包括国家与事务两个层面。

据此，冷战结束后，美国大战略在总体上表现为霸权均势战略，即在新现实主义指导下的新均势战略和在新自由主义指导下的制度霸权战略。这种均势战略主要是针对挑战国（“极化世界”，重点是欧亚大陆）而采取的，并以结盟政策作为基础，体现了政治多极化对美国的挑战。而霸权战略则主要针对“未极化世界”，往往运用于各领域，如文化霸权、金融霸权等，反映了美国对经济全球化的把握。美国的霸权均势战略在实际中必然会遇到政治经济平衡、国内国际平衡及理想与现实平衡这三大平衡的挑战。针对这种状况，更多的研究应集中在美国具体运用此战略的范例与条件及其对世界的影响上。

反思中国的对外战略，必须确立这种认识，即在美国处于绝对优势地位这一状况未得到根本改变之前，在今后二三十年内，针对美国将长时期实行的霸权均势战略，中国应避免成为其霸权作用的对象，充分利用均势的正面效应，争取从全球均势体系中获得更多的自由空间和发挥更大的作为，应全面估价美国的霸权战略，要从大国的角度出发制定自己应对“单极—多极”世界的对外战略，尽可能参与带根本性影响的世界事务，积极参与国际规则的制定，有所为而有所不为。

（原载《美国研究》2000 年第 1 期）

试论美国外交史上的对外干预

——兼论自由主义意识形态对美国对外干预的影响

王立新*

【内容提要】 本文从政治文化和国家安全两个视角分析了美国对海外干预态度的历史演变。作者认为，在对外干预问题上，美国经历了从19世纪的反对对外干预，20世纪前半期的有限干预到冷战时代全面的经济、政治和军事干预的演变。美国历史上的对外干预既出于权力与利益的需要，又根植于美国独特的以自由为核心的政治文化之中。在后冷战时代，国家安全需要、输出民主的理想和可承受的低代价预期构成当前和今后决定美国对外干预行为的三大要素，拟议中的干预行动越能满足这三大要素，就越可能被付诸实施。

【关键词】 美国外交军事战略　外交史　对外干预　自由主义　国家安全

国际政治中的对外干预是指一个国家对另外一个国家事务的主动干涉，这种干涉可能是针对某一个国家的内部事务，也可能是针对该国的对外政策。① 根据干预的强弱程度不同，干预可能包括从强度最低的旨在影

---

* 王立新，时任北京大学历史系教授。

① Doris A. Graber, "Intervention and Nonintervention," Alexander DeConde, ed., *Encyclopedia of American Foreign Policy* (Charles Scribner's Sons, 1978), Vol. 2, p. 482.

响其内政的讲话到强度最高的直接军事入侵。大体说来，施行对外干预的手段包括六大类，即心理压力、经济手段、政治手段、秘密行动（covert action）、准军事干预（paramilitary intervention），以及直接的军事威胁或入侵等。

对外干预由于违背了关于国家主权和不干涉内政的国际法准则，并经常成为极少数大国（特别是冷战时期的苏联和美国）实现国家利益的工具，常常遭到舆论的谴责。但是，冷战后的国际政治现实表明，尽管国家主权和不干涉内政原则仍为大多数国家所珍视，但是对外干预却有增无减，有的甚至得到联合国授权，而且当代国际法和人权观念的发展似乎正在赋予对外干预远比以前更多的合法性。对外干预性质的复杂性及其在当代国际政治中日益突出的地位，使对这一现象的研究变得越来越重要。

近年来，学术界对国际政治中的对外干预问题给予了较多的关注，重点多在对外干预，特别是人道主义干预的国际法问题及冷战后美国实施的干预行动。[①] 本文试图从历史的视角考察美国外交上的对外干预，特别是美国人对海外干预态度的历史演变及美国占主导地位的意识形态——自由主义对美国干预行为的影响。

一　修道士：19世纪末以前美国对国际事务的态度

从建国伊始，美国的政治文化中就存在着一种与生俱来的干预其他国家事务的冲动。首先，作为一个在革命中诞生的新国家，美国具有很多“革命国家”（revolutionary state）所普遍具有的那种输出革命的激情，投身于独立战争的人普遍把自己的事业看成是为全人类的自由而战，相信美国革命所捍卫的原则具有普世性。其次，在建国之初，美国是世界上唯一的共和国，处于欧洲专制制度的包围之中。对专制制度的疑惧和担心使美国人相信在一个专制的世界里，作为唯一的共和国的美国是无法生存下去

① 国内学术界关于对外干预的研究主要是由研究国际政治的学者进行的，主要有：魏宗雷等：《西方人道主义的干预与实践》，时事出版社，2003；时殷弘：《国际政治中的对外干预》，《美国研究》1996年第6期。西方学术界从国际法和国际政治理论的角度讨论对外干预的论著较多。

的，美国自由的命运在相当程度上取决于世界其他地区自由的生长与发展，美国必须在全世界范围内捍卫和推广自由。[①] 再次，美国文化的清教起源和美国例外论的自我形象赋予美国一种强烈的使命意识，传播民主与捍卫自由不仅是出于自身安全的需要，也成为美国国家使命的一部分。同时，美国作为一个依靠普世自由主义意识形态构建国家身份和建立国家认同的国家，极易在对外关系中表现出意识形态狂热，传播民主往往成为国家自豪感和国家凝聚力的来源。

因此，作为革命者，美国的开国元勋们（Founding Fathers）大多抱有以美国的意识形态改造世界的理想。潘恩在《常识》一书中充满自信地说，“我们有能力重新建设世界”，[②] 典型地反映了美国革命一代的抱负。建国初期美国人民对法国大革命的狂热激情和一批革命者奔赴法国支持革命的举动都表明这个新国家政治文化中所具有的乐于干预世界事务的特点。

与政治文化中强烈的干涉主义相对照，建国初期美国的国家安全形势则要求美国回避国际事务，特别是欧洲国家间的纠纷。乔治·华盛顿和大多数开国元勋们视卷入外国的纷争，特别是欧洲的战争为危险的事情。欧洲是由“没完没了相互争斗的国家”（nations of eternal war）[③] 组成的，是很多赴美移民极力逃离的地方。在殖民地时代，正是欧洲国家间的战争把北美拖入战祸之中，欧洲是危险的来源。而欧洲之所以危险则根本上在于欧洲各国的专制制度，正是君主之间为一己之私利而挑起战争，因此尽管美国不得不与欧洲各国进行贸易，但美国必须与欧洲没完没了的纷争保持距离。而卷入欧洲的事务则会把美国的“命运与欧洲任何地区的命运交织在一起”，从而把美国的“和平与繁荣陷入欧洲的野心、竞争、利益、好恶和反复无常的罗网里去”。[④] 因此，与欧洲分离和不卷入就意味着安全，因为地理上的隔绝提供了天然的屏障，美国可以享受“免费的安全”（free

① 艾森豪威尔总统的一句话很典型地反映了美国人的这一思想：“自由恰好是这样一种东西：如果它只在地球上某一地方实行，则在那里恰恰得不到实行。”斯蒂芬·安布罗斯：《艾森豪威尔传》，徐问铨等译，中国社会科学出版社，1989，下册，第 393 页。

② 托马斯·潘恩：《潘恩选集》，马清槐等译，商务印书馆，1982，第 57 页。

③ 杰斐逊语，转引自 Elliott Abrams, *Security and Sacrifice: Isolation, Intervention, and American Foreign Policy* (Hudson Institute, 1995), p. 2。

④ 《华盛顿选集》，商务印书馆，1983，第 325 页。

security）。美国不卷入欧洲事务不仅意味着国土安全，还意味着美国共和制度的安全，因为不卷入欧洲事务就可以避免欧洲君主制度和贵族制度的熏染，美国可以集中开发美洲大陆，把美国建设为“一个自由、伟大的国家”，“为人类树立一个始终由正义和仁慈所指引的民族的高尚而新颖的榜样”。[①]

因此，从建国伊始，美国政治文化中通过输出民主干预国际事务的冲动与通过避开欧洲的纷争以确保美国安全的需要就出现一种张力。这种张力集中体现在联邦政府面对的第一个外交难题，即如何应对由法国大革命引起的欧洲的战争。围绕美国对法国革命的态度、美国对法国承担的义务、美国对欧洲战争的政策等问题，以杰斐逊为一方，以汉密尔顿为另一方的两派政治势力展开激烈的辩论，辩论的结果是一种折中的选择：一方面避开欧洲的纷争以保证美国的安全，另一方面竭力在美洲树立一个共和典范来影响和改造世界。美国好比一个“修道士”，不问世间（欧洲）的事务，而专注于树立一个榜样。美国对外的干预至多体现在对外国政策的谴责上。华盛顿和汉密尔顿等人成功地消解了美国民众要求政府支持法国革命的激情，华盛顿在其告别词中更是把“在扩大我们的贸易关系时应尽可能避免政治上的联系”作为美国“对待外国应循的最高行动准则”而确定下来。[②]

从联邦政府成立一直到19世纪末，与欧洲分离，不干预国际事务，同时致力于在北美大陆的扩张成为美国政治精英的共识。“民主和安全意味着让欧洲远离我们的事务和远离我们的邻居，同时我们也远离他们的事务。”[③] 1823年11月，约翰·昆西·亚当斯在致俄国的照会中宣称：美国“不怀有以武力传播美国政府赖以建立的原则的企图，也决不干涉欧洲的政治事务，同时期待和希望欧洲国家同样不要把它们的原则扩散到美洲”。[④] 同年底的门罗宣言使这一共识成为政策，宣言中阐述的三大原则，即“美洲体系原则”、“互不干涉原则”和“不准殖民原则”，实际上是对

① 《华盛顿选集》，第322页。

② 《华盛顿选集》，第324页。

③ Abrams, *Security and Sacrifice: Isolation, Intervention, and American Foreign Policy*, p. 3.

④ Charles F. Adams, ed., *Memoirs of John Quincy Adams, Comprising Portions of His Diary from 1795～1948* (New York, 1970), Vol. 6, p. 194.

于任何欧洲列强干涉新大陆的警告和美国不打算参与欧洲政治的声明。宣言把欧洲国家“扩展其制度到西半球的企图”视为“对美国和平与安全”的“威胁”，突出了美国不干预政策所含有的维护共和制度安全的目的。[①]

大体说来，在建国后一个多世纪的时间里美国并没有进行政治的和军事的对外干预，而且还在国际事务中积极倡导国家主权和不干涉内政的原则。乔治·华盛顿曾言：“我的政治学是简单而明白的。我认为：每个国家都有权利建立它认为能使自己生活得最幸福的政府形式；只要它不侵犯别国的任何权利，对别国没有危险，任何政府都不应干涉另一国的内政，除非是为了它们自己应该享有的安全。”[②] 尤利希斯·格兰特总统在1869年12月致国会的年度咨文中说：尽管美国人同情“所有为自由而斗争的人们……但为了我们的荣誉，我们应当避免把我们的观点强加给那些不情愿的国家，避免在没有受到邀请的情况下……介入各国政府与其臣民之间的争吵”。[③] 美国在对其他国家的内政不满时至多给予道义上的关注，如国会曾通过决议对俄国和奥匈帝国迫害犹太人，土耳其屠杀亚美尼亚人和英国压迫爱尔兰人进行谴责。

二　修道士还是传教士：20世纪上半期美国对国际事务的矛盾心态

美国的对外军事干预始于1898年的美西战争。从整个美国对外干预的历史来看，美西战争并没有背离美国传统的对国际事务的态度，因为美西战争并没有改变乔治·华盛顿确立的不干预欧洲事务的原则，而是为了驱逐欧洲在拉美的影响，并确立美国在美洲的主宰地位。美西战争开始了美国干预拉美，主要是与美国邻近的中美洲和加勒比地区的历史。美国最初论证其干预行为合法性的工具是1904年美国总统西奥多·罗斯福对门罗主义的延伸，即所谓的“罗斯福推论”（Roosevelt Corollary）中提出的所谓

① Henry Steele Commager, ed., *Documents of American History* (New York, 1958), Vol. 1, p. 236.

② 《资产阶级政治家关于人权、自由、平等、博爱言论选录》，世界知识出版社，1963，第29页。

③ Arthur M. Schlesinger, Jr., *The Cycle of American History* (Boston, 1986), p. 93.

“国际警察”权。罗斯福称美国在西半球有权“行使国际警察的权利”，以制止“西半球国家的恶行”。[①] 美国以自封的“国际警察”身份先后干涉古巴、巴拿马、海地、尼加拉瓜和圣多明各的事务。

除干涉拉美事务外，西奥多·罗斯福时期的美国还卷入了其他地区的国际政治。1905 年，罗斯福通过倡议召开阿尔赫西拉斯会议，成功地调解了德国与法国围绕摩洛哥问题的纠纷，避免了一场军事对抗。同年，罗斯福主持召开普利茅斯会议，调解日俄战争。罗斯福并因此获诺贝尔和平奖。在美国历史上，西奥多·罗斯福是第一位具有世界眼光，并深刻意识到美国的利益、安全和荣誉与世界政治息息相关的总统。

伍德罗·威尔逊时期，美国在干预中美洲和加勒比地区事务时提出了新的理由：教会他们如何“选举好人”，即建立民选的值得信赖的政府。威尔逊不顾美国国务院官员和经济利益集团的反对，改变了美国长期坚持的承认事实上政府的政策，坚持拒绝承认通过军事政变上台的墨西哥韦尔塔政权，声称美国只承认具有立宪合法性的政府而不承认一个“屠夫政府”。如果说信奉权力政治的罗斯福对拉美的干预主要是基于现实政治的话，威尔逊的干预则主要是基于理想政治。威尔逊对墨西哥和其他加勒比地区国家的干预，实际上重新唤起了美国政治文化中输出民主的冲动。

20 世纪初期，美国对拉美和远东国际事务的广泛卷入逐渐侵蚀了美国传统的不卷入国外的纷争及与大国冲突保持距离的政策，但这并不表明美国要放弃传统的不卷入欧洲政治的原则。当第一次世界大战爆发时，多数美国人表现出的态度是厌恶和不屑，并竭力避免卷入战争。但德国的无限制潜艇战和德国外交大臣齐默尔曼的电报终于未能使美国远离“与美国没有任何关系，其原因也不能触动美国”（威尔逊语）[②] 的战争。威尔逊对美国参战的解释除基于传统的安全理由，包括捍卫中立权利和维护领土安全外，还提出了新的理由：使民主在世界上享有安全。他在致国会的宣战咨文中说：“当涉及世界和平和世界人民的自由的时候，中立不再是可行的和可取的，对和平与自由的威胁在于存在受有组织的势力支持的专制政

① James. D. Richardson, compiled, *A Compilation of the Messages and Papers of the Presidents* (Bureau of National Literature, 1911), Vol. 16, p. 7053.

② Abrams, *Security and Sacrifice: Isolation, Intervention, and American Foreign Policy*, p. 63.

府”，而德国就是这样的政府，“这一政府完全受这些势力的支配而不是其人民的控制。在这种情况下我们发现中立走到了尽头”。威尔逊认为，德国这样的专制政府是“自由的天然敌人”，“除非通过民主国家的合作，否则稳固的、一致的和平永远不会到来”。①

威尔逊这番话实际上为美国的对外干涉提出了意识形态标准，美国的目标不仅仅是欧洲的和平，还包括欧洲的民主。其他国家的政治制度，即内部治理结构与美国的安全相关，因为国内制度决定了一个国家的对外政策。威尔逊声称：“世界必须使民主享有安全，世界的和平必须建立在可信赖的政治自由的基础之上。”② 他试图告诉美国人，美国的安全不再通过中立和与欧洲分离就能够得到保证，而要依赖于欧洲的稳定，而欧洲的稳定需要美国的卷入与干涉，卷入的目的不是加入欧洲的权力角逐，而是通过输出民主，让专制君主丧失权力和远离新的先进武器，只有这样美国才能获得持久的安全。

从美国与世界政治关系的角度来看，威尔逊提出了一个全新的国家安全理论，其核心在于：美国的安全只有通过卷入世界政治才能得到保护，而美国的卷入不应是为了恢复欧洲的均势，而是为了促进民主和建立一个基于自由国际主义原则的世界秩序。这是威尔逊留给20世纪美国外交的最重要遗产。基辛格曾评论说，罗斯福与威尔逊是带领美国走出孤立主义，走向国际事务的关键人物，但两人是“以相反的理念来解释美国走出孤立的原因”。西奥多·罗斯福是均势政治的老手，“坚持美国参与国际事务是基于国家利益的需要”；而“在威尔逊看来，美国是基于弥赛亚式的理由扮演国际角色：美国的义务不是维持均势，而是向全世界传播美国的原则”。③ 可以说西奥多·罗斯福和伍德罗·威尔逊奠定了20世纪美国外交的两大基础。

尽管罗斯福和威尔逊看到了美国卷入世界政治的必要性和必然性，但大部分美国国民却从第一次世界大战中看到了美国卷入国际政治的危险和代价：战时对国内经济的管制和公民权利的限制；大约13万美国人的生命

① Arthur Roy Leonard, ed., *War Addresses of Woodrow Wilson* (Boston: Ginn and Company, 1918), pp. 32 –45.

② Leonard, ed., *War Addresses of Woodrow Wilson*, p. 42.

③ 亨利·基辛格：《大外交》，海南出版社，1997，第14页。

代价和300多亿美元的经济代价。① 1930年代成立的参议院调查军火商人是否进行院外活动以促使美国参战的奈委员会的报告，又使美国民众相信美国卷入第一次世界大战是军火商即所谓的“死亡商人”操纵政府的结果，是一个悲剧性的大错误。就如支持孤立主义的历史学家卡尔·贝克尔所言，美国既没有能保护其财产，也没有让民主在世界上享有安全，因为美国白白扔掉了数以百万计美元的贷款，而这只会使独裁者在世界上享有安全。② 因此，无论从保卫美国安全还是从促进美国理想的角度，美国卷入第一次世界大战都是个错误。美国民众在战后强烈反对美国参与国际事务，因此第一次世界大战的结果不是刺激了美国对外干预的愿望，而是大大减弱了美国对外干预的热情。如果说，威尔逊要美国扮演“传教士”的角色的话，美国民众更愿意美国继续扮演“修道士”。对外干预，特别是军事干预遭到了民众强有力的抵制，甚至对美国传统势力范围——中美洲和加勒比地区的干预也遭到舆论的谴责。在20世纪20～30年代，美国先后撤出了驻扎在多米尼加、尼加拉瓜和海地的海军陆战队。1927年墨西哥对美国和外国石油公司国有化，美国出人意料地没有进行军事干涉。1929年美国总统胡佛在访问拉美诸国时一再声明，美国不会用军事干涉手段保护美国在海外的财产，没有其他西半球国家的同意，美国不会对拉美国家进行干涉。③

第一次世界大战之后，美国实际上面临一种两难困境：很多美国人认识到，美国不可能再像以前那样把自己孤立于国际体系和世界事务之外而享有安全，因为美国自身的安全已经不可避免地与世界其他地区，特别是欧洲的稳定联系在一起；而民众舆论又强烈反对卷入国际体系和干预国际事务，因为正如第一次世界大战所表明的那样，这一体系极易把美国拖入战争。20年代美国的外交决策者如查尔斯·休斯、依莱休·鲁特、弗兰克·凯洛格和史汀生虽然信奉国际主义思想，但行动上则异常谨慎，奉行一种极为有限的国际主义政策，简言之就是试图通过缔结多边国际条约，利用国际法和世界舆论的力量来维护世界和平，而规避美国的大国责任，

① Thomas G. Paterson and J. G. Hagan, *American Foreign Policy: A History* (Lexington, Mass., 1983), Vol. 2, p. 293.

② Paterson, et al, *American Foreign Policy: A History*, Vol. 2, p. 326.

③ 杨生茂主编《美国外交政策史》，人民出版社，1991，第340页。

拒绝采取政治和军事手段干预国际事务，因为这种有限的国际主义在他们看来至少在国内政治中是安全的。20 世纪 20 年代的美国外交深刻地反映了美国对卷入国际事务的矛盾心情：在害怕卷入国际事务同时又担忧如果美国完全对欧洲事务不闻不问，欧洲会爆发另一场由分裂和混乱而导致的大战，最终美国可能也无法幸免。大萧条之后，美国传统的以孤立求安全的国家安全观念全面复活，反对卷入欧洲事务的孤立主义思想主导了美国的外交。绝大多数美国人相信美国可以像 19 世纪那样，通过与世界政治保持距离就能获得安全。这一幻想最终在珍珠港的轰炸声中破灭了。

三　擎天的阿特拉斯：反共与冷战时期的对外干预

美国再次被迫卷入世界大战决定性地瓦解了美国人长期深信不疑的美国可以远离世界政治的幻想，而且显示了沉醉于这种不切实际的幻想是多么的危险。威尔逊提出的美国的安全和利益与世界秩序密不可分的观念被普遍接受。“自从美国成为一个世界大国以来，大多数美国人第一次开始明白他们的日常生活会受到海外发生的事情的深刻影响，他们国家至关重要的利益会受到其他地区国际权力格局变化的破坏。”① 这一点提供了战后美国走上全球干涉之路的最基本的思想背景。其次，苏联巨大实力和共产主义意识形态在当时的广泛影响力，使美国人认为自己不仅面临传统的安全威胁，而且美国的生活方式和理想也遭到了挑战，而且两种危险比以前任何时候都相互交织在一起，美国建国之初所面临的输出民主与国家安全需要之间存在的那种张力第一次不存在了。换言之，无论是美国输出民主的理想需要，还是维护美国国家安全的现实需要，美国都需要干预国际政治。因此，苏联作为美国地缘政治和意识形态双重对手的出现极大地推动了美国对国际事务的参与，使美国获得前所未有的干涉动力。再次，美国在战后频繁地对外干涉不仅与美苏冷战的性质有关，还与战后国际体系的性质有关，两极国际体系上演的是一种零和游戏，在这种零和游戏中，敌

① Robert E. Osgood, *Ideals and Self-Interest in America's Foreign Relations* (The University of Chicago Press), 1953, p. 429.

对双方必然是寸土必争，锱铢必较。正如美国国家安全委员会第68号文件（NSC68）所说明的那样，“在目前两极权力格局的背景下，无论在任何地方自由制度的一次失败都是整个自由制度的失败”。[①] 在美国人看来，美国的安全与全球的安全已经无法区分，美国的安全似乎依赖于美国干预世界上每一场冲突。最后，所谓“慕尼黑教训”极大地阻遏了美国国内反对对外干预的力量，反对美国对外干预被视为对共产主义的“绥靖”而受到指责。因此，第二次世界大战后美国对外干预的范围急剧扩大了。如果说，在此前美国主要是依据门罗主义对西半球进行干预，而冷战时代美国对外干预的地理界限至少在理论上已不复存在（尽管在实践中会有选择）。从杜鲁门主义到里根主义的一系列美国总统的主义（doctrine），宣布的都是美国拥有自封的全球干涉的权利。因此在冷战时代，美国内部的分歧不再是美国是否应该卷入国际政治和实施对外干预，而在于美国准备付出多大的代价来进行干预和承担所谓的国际义务，即捍卫所谓的“自由世界”。

第二次世界大战前美国主要利用门罗主义来论证美国对外干预的合法性和动员民众支持，在冷战时代反共主义代替了门罗主义。在美国官方蓄意的渲染和吓唬下，美国民众第一次普遍感到无论是美国的国土安全还是其生活方式都受到了威胁。没有民众对共产主义意识形态的恐惧和敌视，决策者无法说服民众付出巨大代价支持对外干预特别是对外军事干预。杜鲁门主义声称，“无论通过直接侵略还是间接侵略将集权主义政权强加给自由国家人民”都是对“美国安全”的“威胁”，因此美国的政策是“必须支持”自由的人民“抵抗武装起来的少数人或外来压力把奴役强加给他们的企图”。[②] 杜鲁门主义把反共主义提高到冷战时代新的国家安全理论的高度，宣布了以反共为目标的干涉主义的出台。

与反共主义相伴随的是外交思维方式上的全球主义视野（globalist vision）。冷战时代的美国主要从全球对抗的角度来看待局部冲突，把局部事件全局化，赋予局部冲突以全球性的意义；同时强调美苏在国际体系的各个层面对抗的重要性，特别是第三世界国家被视为更大范围的东西方对抗的一部分。这种思维方式相信第三世界的革命和其他形式的社会冲突

① *FRUS*, 1950, Vol. 1, p. 240.

② Commager, ed., *Documents of American History*, Vol. 2, p. 705.

不是源于当地社会内部的矛盾，而是源于苏联领导的共产主义“侵略”和“颠覆”，是苏联共产主义全球性扩张“阴谋”的一部分，如果这种共产主义的“颠覆”不被阻止，就会带来多米诺效应，导致美国的一个个盟国甚至美国本身的陷落。美国正是在这种思维逻辑之下一步一步卷入越南战争的。美国对朝鲜战争的干涉也与这种思维方式有关。直到里根时代，美国对此仍深信不疑。里根在执政初期曾言：“让我们不要欺骗自己。正是苏联鼓动了正在发生的动乱。如果苏联人没有卷入这种多米诺游戏，世界就不会有热点。”① 这种外交思维方式使美国对外干预的范围急剧扩大。

如果说杜鲁门时代美国承担义务的范围主要限于欧洲（朝鲜战争除外）的话，肯尼迪时代美国干涉的范围则大为扩大。肯尼迪及其后的约翰逊政府把美国干预的地理范围迅速扩展到拉美以外的第三世界，第三世界成为干预的重点。美国对外干预的手段也从杜鲁门最初提出的“主要通过经济和财政援助”② 发展到直接的军事行动，并实施了战后美国最大的军事干预行动——对越南的干涉。

在冷战时代，美国的对外干预已经高度意识形态化了，其干预的范围和强度甚至超出了一个民族国家理性应该限定的合理范围。正如乔治·凯南所批评的，美国所要遏制的本该是苏联的权力，因此任何平衡苏联的权力而又不需要动用美国军队进行干涉的措施都是好的。但那些更多地从意识形态角度看问题的人则认为，美国应该直接遏制苏联的共产主义。最终，平衡苏联权力的主张让位于使世界远离共产主义，这使美国领导人无视共产主义国家之间可能的分歧，并不加区别地遏制任何地区出现的真实和可能的共产主义传播。③ 从这个意义上说，冷战时期的美国已不再是一个追求有限目标并理性地审慎估量代价和收益的民族国家，而成为意识形态的角斗士。越战即是一个典型。正如汉斯·摩根索所言，越南在美国全球战略中处于边缘的位置，即使整个越南“陷落”，也并不能改变美苏之间的全球战略平衡。换言之，从现实主义的角度来看，美国原本不需要军

① Schlesinger, Jr., *The Cycle of American History*, p. 55.

② Commager, ed., *Documents of American History*, Vol. 2, p. 705.

③ 小约瑟夫·奈：《理解国际冲突：理论与历史》，张小明译，上海人民出版社，2002，第236页。

事干预越南。但是美国却在越南这个很多美国人无法在地图上找到其位置、对美国国家安全根本无足轻重的国家付出了前所未有的高昂代价。美国这种做法的根源在于冷战时期高度意识形态化的国家目标——让世界远离共产主义。遏制共产主义传播这一意识形态目标成为冷战时期美国广泛的对外干预的发动机。美国学者迈克尔·林德把冷战时期的美国比喻成希腊神话中的以双肩擎天的巨神阿特拉斯（Atlas），拼命承担起捍卫“自由世界”和全球秩序的责任。①

从第二次世界大战结束到20世纪80年代末，美国采取道义谴责、军事援助、外交手段、秘密行动、准军事手段，以及大规模军事入侵等一切干涉手段，主要对第三世界进行干涉，试图以此遏制苏联共产主义的扩张。据统计，截止到1990年的整个冷战时代，美国对外经济和军事援助达8250亿美元，② 对第三世界国家实施了58次经济制裁，遭受美国制裁的第三世界国家达41个之多。③ 冷战期间，美国对危地马拉、古巴、印度尼西亚、中国、阿富汗、安哥拉和尼加拉瓜等国家实施了以支持反政府武装为内容的准军事干预。对朝鲜、黎巴嫩、多米尼加、越南、格林纳达和巴拿马实施了直接的军事干涉。同时，中央情报局还对第三世界国家实施多起秘密行动。简言之，第三世界成为美国避免与苏联进行直接军事对抗的替代性的冷战战场。而干涉的结果，正如富布莱特所言，不仅不符合美国“自己的最大利益”，而且“在许多情况下对被干涉的国家也没有达到有益的目的，反而事与愿违”。④

美国的妄自尊大使其深陷越南。从60年代中期开始，干涉越南的巨大代价导致美国社会在干涉问题上产生严重的分裂，美国围绕对外干涉的道德合法性、干涉是否明智及干涉的有效性出现了激烈的争论。如果说“慕尼黑教训”强化了美国干涉决心的话，越战综合征则大大抑制了美国的军事干涉欲望。越战结束后，美国政府为以后的美国对外军事干预制定了严

① Michael Lind, "America as an Odinary Country," *The American Enterprise*, Vol. 1, No. 5, Sept. 1990.

② Peter J. Schraeder, ed., *Intervention into the 1990s: US Foreign Policy in the Third World* (Boulder & London, Lynne Rienner Publishers, 1992), p. 385.

③ Schraeder, *Intervention into the 1990s: US Foreign Policy in the Third World*, pp. 11－12, 97－112.

④ J. 威廉·富布莱特：《帝国的代价》，吴永和等译，译林出版社，1992，第145页。

格的标准,[①] 同时总统动用武装部队的权力也受到国会的限制。尼克松之后的福特和卡特总统都放弃使用军事手段直接介入地区冲突。里根上台后打出重振国威的口号，实行“低烈度战争”战略，但在干涉的对象和时机的选择以及干涉的规模上都极为慎重，而更多采取准军事手段，如以金钱和武器支持尼加拉瓜反政府武装、安哥拉反政府游击队和阿富汗抵抗力量。

从 20 世纪 80 年代下半期开始，随着国际形势的变化，反共主义作为论证美国对外干涉行为合法化的理论越来越失去说服力。1983 年美国入侵格林纳达是最后一个以冷战反共主义国家安全理论论证合法性的对外军事干预行动。

四　消防队：冷战后初期美国的对外干预

冷战的结束使基于反共主义国家安全理论的对外干预失去了基础，但这并不意味着美国的对外干预会消失，冷战甫一结束就爆发第一次海湾战争就证明了这一点。在冷战后时代，有四大因素助长了美国在国际关系中使用干预，特别是军事干预手段：

其一，苏联的解体使最能制约美国对外干涉意志的超级大国消失。冷战时代，美国为了避免与苏联爆发直接的军事冲突引发核大战，更多地使用非军事手段实施干涉，直接的军事干预一般会选择不至于导致美苏之间直接军事冲突的边缘地区和国家。但是，冷战后苏联的解体使冷战时期美国干涉行动的最大制约因素不复存在，实施干涉而导致大国对抗的危险性大为降低。

其二，美国重新强调民主和人权在美国外交政策目标中的重要性，更加愿意通过干涉来促进美国的价值观和输出民主。这不仅因为冷战后美国

① 1984 年 11 月 28 日，美国国防部长卡斯帕·温伯格（Caspar Weinberg）在美国全国新闻俱乐部的演讲中提出了美国实施军事干预的若干前提条件：（1）美国重要的国家利益受到威胁；（2）如果美国实施了军事干涉，就必须是全力以赴；（3）军事力量应被用来为清晰界定的政治目标服务；（4）灵活性和适应性是重要的；（5）在军事干预之前必须“合理地确保”公众的支持；（6）武力应该是最后的手段。Arnold Kanter and Linton F. Brooks, ed. , *US Intervention Policy for the Post-Cold War*（New York and London, 1994）, p. 185.

具有空前的实力推广和实现美国革命时期的国家理想，还因为在冷战意识形态斗争中美国价值观的“胜利”极大地加强了美国人对美国自由民主制度普世性的信心。正如有学者注意到的，经过美国国内数十年的外交政策的辩论之后，“到 90 年代初，美国应该而且能够输出民主的思想实际上在华盛顿的决策圈中已经没有异议。”① 最明显的标志就是传播民主与自由一贯是民主党的外交口号，而自里根时代，共和党新保守主义也打出输出民主的旗帜，标志在这一问题上两党共识的形成。

其三，后冷战时代的世界更加无序和充满危险，这些危险包括在冷战时期被压制的种族、宗教冲突的爆发；大规模杀伤性武器，特别是核武器和生化武器的扩散；国际恐怖主义的猖獗；内战和自然灾害导致的严重的人道主义灾难和难民潮等。如果说，冷战时期美国对外干涉主要受两大“推力”（push），即遏制苏联威胁的地缘政治原因和反共的意识形态原因推动的话，冷战后则增添了各种“拉力”（pull），包括世界各地的内战、饥荒和暴行。② 后来曾担任美国国务卿的奥尔布赖特在 1993 年提出了可能需要美国使用武力的四大问题：大规模杀伤性武器扩散、恐怖主义、种族主义暴行和民主制度被推翻。③ “9·11 事件”后国际恐怖主义势力构成对美国国家安全的最大威胁，成为冷战后时代促使美国广泛的对外干预的最大推力。

其四，冷战后国家主权观念的削弱和人权观念的深入人心。冷战后国家主权观念遭到挑战和国际干预的增多是基于冷战后这样一大国际政治现实：主权国家内部冲突的增多和国家对权力的滥用使国家在保护基本人权方面越来越软弱无力。在 1990 年～1996 年，世界共爆发 98 次大规模的武装冲突，其中只有 7 次发生在国家之间，其余都属于主权国家内的内战。④ 国内冲突直接导致暴行和人道主义灾难及难民潮，在国际媒体的报道下引起各国民众的关注，产生所谓的美国有线新闻网（CNN）效应，而舆论的

① Abraham F. Lowenthal, ed., *Exporting Democracy: The United States and Latin America* (The Johns Hopkins University Press, 1991), p. viii.

② Kanter and Brooks, ed., *US Intervention Policy for the Post-Cold War*, p. 183.

③ Charles William Maynes, "Relearning Interventio," *Foreign Policy*, Spring 95, No. 98.

④ Karin von Hippel, *Democracy by Force: US Military Intervention in Post-Cold War World* (Cambridge University Press, 2000), p. 3.

关注迫使国际社会，特别是美国作出反应。当外交干预和经济制裁不能制止这些冲突时，最后的选择就是军事干预。冷战后对索马里、波斯尼亚和科索沃的干预，大都是这样发生的。

因此，冷战后对外干预在美国外交政策中继续起着非常重要的作用，在美国决策者看来甚至比过去更加必要和可行。但是，对外军事干预仍然受到诸多因素的制约。首先，由于对外干涉不再像冷战时代那样是关乎美国国家生存的全球斗争的一部分，干涉的收益不那么显而易见，因此美国民众更加关心干涉的代价。1994 年美国在索马里维和行动的失败就是美国民众不愿意承担军事干涉的巨大代价的证明。在“9·11 事件”之前美国的军事干预行动中，对海地、波斯尼亚、科索沃的干预都是在美国并不十分情愿的情况下进行的。其次，是美国国内政治文化分裂和多元文化主义的兴起，使美国越来越难以界定其国家利益，其结果是一些次国家（subnational）的商业利益和非国家的族群利益正逐渐主宰美国的对外政策。在美国的安全未受到严重威胁的情况下，大规模的军事干预难以获得分裂的国内民众的支持。再次，是国际体系的多极化趋势。在主权和不干涉内政原则仍为大多数国家所珍视的情况下，多极化趋势使美国获得国际社会对军事干涉的支持非常困难。因此在冷战后初期，我们看到的是美国比较频繁的使用非军事的干预手段（如经济制裁），特别是在实现促进民主与人权目标方面。

冷战后初期，在反共主义无法继续充当美国对外干预依据的情况下，美国的对外干预是笼统地建立在“国际新秩序”基础之上的。由于冷战后美国外交政策方向的“迷失”，美国对究竟要建立什么样的国际新秩序并没有一个清晰的蓝图。除在推广民主价值观和打击冷战后出现的各种安全威胁（包括大规模杀伤性武器扩散、恐怖主义、地区冲突和毒品泛滥等）上具有共识外，美国国内理想主义和现实主义、自由主义与保守主义、国际主义与孤立主义之间在美国对外政策的一些基本问题上出现尖锐的分歧。这一时期美国对外干预，特别是对外军事干预主要不是出于某种大战略，而更多地受到外部“拉力”的作用，特别是地区冲突和内战导致的大规模人道主义灾难，因此更多的具有应急的消防队“灭火”的性质。美国对索马里和南联盟科索沃问题的干预都具有这一特点，对海地的干预则与克林顿政府的民主“扩展”战略有关。

五　西部牛仔："9·11事件"后美国的对外干预

"9·11"恐怖袭击在美国国家安全与对外关系史上无疑具有划时代的意义，也在相当程度上改变了美国的对外干预思想。在美国政府看来，美国所面临的战略与安全环境与冷战时期和冷战后初期大不一样。布什总统2002年6月1日在西点军校发表演说，提出被称为"布什主义"（Bush Doctrine）的三原则，认为"9·11"后对美国"最严重的威胁在于极端主义与高技术的结合"，在这种"新威胁"下，美国"需要新思想"，必须"准备在需要保卫我们的自由和生命的时候采取先发制人的行动"。[①] 在这一思想指导下，布什政府于2002年9月17日提出新时期美国国家安全战略，指出美国面临的最严重的威胁不再来自"征服性"的传统民族国家，因为"美国在世界上拥有前所未有的和无与匹敌的力量和影响"，而是"失败国家"和"获得毁灭性技术"的"充满仇恨的一小撮"（the embittered few），即所谓的"流氓国家"（rogue states）和国际恐怖分子。[②] 新的威胁与传统威胁的不同在于：第一，恐怖分子和流氓国家会使用大规模杀伤性武器攻击美国及其盟友；第二，敌人目标不是为了征服而是旨在制造恐惧和展示毁灭；第三，敌人在进攻前不会发出警告，而是秘密地策划和突然发动袭击；第四，实施恐怖袭击的敌人甘心牺牲自己生命，而不是理性地估算代价与收益，因而是非理性的；第五，敌人是隐身的，难以辨别的，并以无辜平民为主要攻击目标。面对这种全新的威胁，"传统的威慑观念已经行不通了"，美国必须采取"积极主动"（proactive）的行动。新国家安全战略称："鉴于流氓国家和恐怖分子的目标，美国不能继续单纯依赖过去的那种被动反应的方式。无法对潜在的进攻者进行威慑、

---

① 另外两项原则是：美国要在全世界推广美国的普世价值观，"促进宽容与人权"；美国要"继续保持不可挑战的军事力量，从而使以往时代危险的军备竞赛失去意义，使竞争局限于贸易和其他和平的事业"。参见 George W. Bush，"Commencement Address at the United States Military Academy in West Point，" New York，June 1，2002，*Weekly Compilation of Presidential Documents*，Vol. 38，No. 23，June 10，2002。

② Bush's National Security Strategy，Part 2，FT. com，London：Sept. 20，2002，http：//proquesr. umi. com/pqdwed.

当前威胁的紧迫性和我们的敌人利用选择的武器可能给我们带来潜在伤害的巨大性不允许我们采取那样的选择。我们不能让我们的敌人首先实施攻击。”简言之，美国必须“在必要时采取先发制人的行动”（preemptive action）“以保卫自己和阻止敌人采取敌对的行动”。①

从对外干预的角度来看，这一战略实际上为美国是否应该动用武力设定的标准只有两个：一是流氓国家和恐怖组织的存在；二是他们拥有的伤害美国的能力。也就是说，美国应该对拥有伤害美国能力的流氓国家和恐怖分子采取行动，而不再考虑他们是否有攻击美国的意图及威胁是否迫在眉睫，或者仅仅根据他们是否拥有进攻美国的能力，特别是拥有大规模杀伤性武器来判断其意图。根据这一战略，冷战时代温伯格提出的实施军事干预的一些重要前提条件都不必需要了，如新战略没有把确保美国公众的支持作为使用武力的前提，也没有提及动用武力是最后的手段。同时该战略虽然提出美国在使用武力时会优先考虑采取多边的方式，但美国保留在必要时实施单边自卫的权利，从而为单边主义开了绿灯。显然，新的国家安全战略为美国对外军事干预设置的门槛是非常低的，甚至比传统的先发制人和预防性战争（preventive war）的观念更倾向于使用武力。② 正是在这一战略指导下，美国发动了对伊拉克的战争。

简言之，“9·11”之后，美国对外军事干预的主要目标既不是冷战时期的遏制共产主义扩张，也不是后冷战后初期的制止地区冲突、拯救人道主义灾难和阻止民主制度被推翻，而是打击国际恐怖主义及相关联的制止大规模杀伤性武器，特别是核武器扩散到所谓的“流氓国家”。新的国家安全战略虽然也谈及地区冲突，但显然并不是关注的重点，而对拯救人道

① Bush's National Security Strategy, Part 6, FT. com, London: Sept. 20, 2002, http://proquesr. umi. com/pqdwed.

② 按照传统的国际关系理论，采取先发制人行动的前提必须是存在明显的、迫在眉睫的战争威胁，不采取行动以后就没有机会了，因此先发制人是一种变相自卫。1967 年，以色列攻击埃及被认为是先发制人行动的经典例子；而发动预防性战争的前提是战争虽然并非迫在眉睫，但是从长远来看是不可避免，而推迟战争的到来会带来更大的危险，因此晚打不如早打。但布什政府的新国家安全战略既没有把敌人的攻击迫在眉睫作为采取先发制人行动的条件，也没有提及敌人攻击的不可避免性是采取预防性军事行动的前提，相反却提出“即使在敌人发动进攻的时间和地点尚不明确的情况下”，美国也必须采取预防性行动“阻止他们”。Bush's National Security Strategy, Part 6, FT. com, London: Sept. 20, 2002, http://proquesr. umi. com/pqdwed.

主义灾难则基本没有提及。经过冷战结束后长达10年的争论和摇摆之后，反恐代替反共成为新时期美国主导性的国家安全理论，布什主义成为继冷战时期遏制战略之后新时期的美国大战略。“9·11”后的美国更像一个到处孤身寻找恐怖主义“坏蛋”的西部牛仔，试图伸张正义，却带来巨大的杀戮，并破坏了（国际）法律和秩序。“先发制人”战略比冷战时代的威慑与遏制战略使美国更加愿意使用军事干涉手段，这似乎预示着一个新的对外干预时代的到来。

但是，布什政府新的国家安全战略远没有像冷战时期的遏制战略那样得到公众舆论的普遍支持和成为两党共识，“先发制人”战略对国际法、集体安全原则和当代国际秩序的冲击不仅引起国际社会的广泛担忧和反对，在美国国内也引起激烈的争议，这一战略打击恐怖主义势力的有效性也受到质疑。对所谓的“流氓国家”实施军事干预固然可以摧毁恐怖组织的基地，驱散恐怖分子，使其失去国家庇护的种种好处，但另一方面恐怖组织被驱散后所导致的恐怖分子化整为零也使美国寻找、追踪和打击他们更加困难，并可能迫使其秘密地渗入公民社会，从而更加危险。阿富汗战争和伊拉克战争的结果都证明了军事手段在打击国际恐怖主义方面的这一两难困境。同时，冷战后初期制约美国对外军事干预的结构性诸因素依然存在。这些都构成制约美国实施军事干预的重要障碍。伊拉克战争是布什政府实施“先发制人”战略的首例。但布什政府在伊拉克战争中付出的巨大的软权力（国际道义）代价和国内政治代价及该战争在打击国际恐怖主义方面的无效和战后伊拉克“国家建设”（nation-building）的艰难足以警醒以后的美国政府：军事干涉并非是一个可以轻易诉诸的手段。

六　自由与权力：自由主义意识形态对美国干预行为的影响

美国外交史学家沃尔特·拉费伯（Walter LaFeber）在谈及第二次世界大战后美国对外干预时曾说过一段意味深长的话：“到第二次世界大战结束时，美国已上升为一个完全的帝国，成为全球政治、经济和文化的超级强国。1945年后，当一个美国总统秘密地决定要去更换意大利、伊朗、越南、黎巴嫩或比属刚果的政府时，他能利用手中的强权使之就范，并改变那些与美国相距甚远，甚至连大多数美国人都不知道的国家的人民的生活。由这种强权引出来的中心问题是：塑造并指导它的价值观与传统是什么？”①

那么，塑造和指导美国对外干预行为的价值观和传统是什么呢？除了人类自私的本性和一般民族国家都会有的对安全、利益、权势和荣誉的热爱与追求外，引导美国对外干预的核心价值观是美国革命和建国时期确立的、作为美国立国意识形态的自由主义基本信条。②

自由主义意识形态与美国对外干预的关系首先体现在美国对外干预的动机和目标上。美国历史上的对外干预大体上受两大动机的支配：要么是为了扩张美国的国家利益及谋求霸权；要么是为了推广和促进美国人珍视的价值观。前者可称之为现实政治（realpolitik）的干预，后者可称之为理想政治（idealpolitik）的干预。在美国对外关系史上，现实政治的干预追求的是现实的和具体的安全和经济利益，如推翻被认为威胁美国安全的外国政府、保卫美国在海外的经济与文化利益，也可能是维护美国的霸权地位和提高美国的荣耀。美国在威尔逊以前对中美洲和加勒比地区的干预大多属于比较纯粹的现实政治的干预。而理想政治的干预是基于美国例外的思想，其指导原则是美国建国初期形成的，作为美国立国意识形态的古典自由主义的基本信条，其目标是推广美国的自由民主制度或者是笼统地在国外捍卫自由民主的原则，也可能是谋求以美国的自由主义原则改造国际秩序，在冷战时期则更多表现在遏制共产主义意识形态。因此，美国实施的理想政治的干预可以称之为自由主义干预，它集中反映了自由主义意识形态对美国对外干预动机的塑造。美国历史上典型的理想政治的干预包括

---

① Eric Foner, ed., *New American History* (Temple University Press, 1990), p. 271.

② 本文所讨论的自由主义并非是自新政以来民主党所信奉的意识形态，也并非国际政治理论研究中的自由主义学派，而是指美国建国时期提出的，作为美国立国基础的古典自由主义的一些基本信条，其核心包括：被统治者的同意是合法的政治权力的唯一来源，政府的合法性在于保护个人的公民与政治权利，有限政府，自然权利，适当的法律程序，公民在法律和参与公共事务方面的平等权利，通过联邦制实施中央与地方政府的分权，政府内部的权力制衡，法治等。在美国历史中，无论是新老自由主义还是新老保守主义，都相信古典自由主义的这些基本原则，这些原则超越党派意识形态，成为“美国社会中每一个人都自觉信奉”，“被所有的思想家、政治人物和国家领袖所津津乐道”的“美国信条”（American Creed）。“美国信条”在某种意义上已经成为美国的公民宗教。参见 Gunnar Myrdal, *An American Dilemma* (New York, 1962), pp. 3 – 5。

威尔逊政府1913年拒不承认在墨西哥实施独裁统治的韦尔塔政权、1994年美国在联合国的授权下对海地实施军事干涉以恢复被推翻的海地民选总统阿里斯蒂德的权力。纯粹基于理想政治的干预较少，在大多数情况下，美国干涉的动机是理想政治和现实政治兼而有之。

在美国外交史上，根据某种道德标准和理想政治原则来处理国家间关系的思想最先萌芽于托马斯·杰斐逊，并为伍德罗·威尔逊所继承和发扬。杰斐逊的思想接近于“人类伟大共同体”（Great Community of Mankind）的观念，即世界并非仅仅是由主权国家组成的国际社会，还是一个人类的共同体。既然是人民和国家共同组成这个世界，那么一个国家的对外政策不仅要关注主权国家之间的关系，还要关注人与人之间的联系，建立“人民间的正义”。杰斐逊认为，美国理想的交往对象应是共和国，而在一个民主共同体里面，美国最安全。[①] 杰斐逊的思想中蕴含着强烈的根据美国的道德原则对其他国家事务进行评判，甚至干预的思想。从杰斐逊时代一直到20世纪初，国家安全的现实需要压倒了杰斐逊式的理想政治，如前文所述，美国至多对违反美国道德标准和理想原则的外国政府表示道义的谴责。

第一次世界大战的爆发似乎证明了杰斐逊的正确，美国不可能在一个专制的世界里享有安全。有“20世纪最伟大的杰斐逊主义者”之称的威尔逊复兴了杰斐逊的思想，并根据20世纪的国际政治现实加以发展。同杰斐逊一样，威尔逊主张“以文明国家中公民个人之间遵守的行为标准和为错误承担责任的标准作为国家间和政府间的行为标准”。[②] 世界和平只能“建立在可靠的政治自由基础之上”。威尔逊称美国卷入第一次世界大战“不是为了寻求物质的好处或者任何形式的自身力量的膨胀”，美国“没有自私的目的去追求，我们不想征服，不谋求主宰，我们不索取战争赔款……不要任何物质上的赔偿”，美国乃是“为我们一直在内心最深处珍爱的东西而战”，简言之，是为“使民主在世界上享有安全”而战。[③] 威尔逊在致国会的宣战咨文中的这些话成为美国理想政治的经典表达。威尔逊还提

---

① 关于杰斐逊这一思想，参见 David Armstrong, *Revolution and World Order* (Oxford: Clarendon Press, 1993), pp. 63 - 70。

② Leonard, ed., *War Addresses of Woodrow Wilson*, p. 39.

③ Leonard, ed., *War Addresses of Woodrow Wilson*, pp. 42 - 48.

出，国际秩序可以在人的理性力量下，按照自由主义的原则加以改造，这样就能实现人类的永久和平。自威尔逊之后，历届民主党政府都把捍卫自由和民主原则作为美国外交政策口号，从富兰克林·罗斯福的“四大自由”，到约翰·肯尼迪“为了保证自由的生存与胜利”而“不惜付出任何代价”的演说[①]似乎都在宣示着美国的“理想主义”。里根之后的共和党政府也把输出民主纳入共和党的意识形态。至少从言辞上没有任何一个国家像美国这样如此频繁和坚定地把捍卫自由理想作为实施对外干预，甚至整个对外政策的重要目标。

美国在国外促进民主的努力是真诚的还是虚伪的？它是美国独特政治文化的表达抑或仅仅是一种工具和口号，而其背后真正的动机是否在于对权力和利益的追求？笔者不赞同把美国输出民主的努力完全视为一种虚伪的外交工具的看法，而更倾向于认为美国外交中关于自由与民主的辞令既是论证其政策合法性、掩饰其真实动机和动员民众支持的工具，同时也在一定程度上部分反映了决策者和民众的真实信仰。自由主义作为一种意识形态不仅仅是一种政治工具，同时还是一种认知透镜（perceptual prism），美国人通过自由主义提供的认知框架来认知外部世界。美国对自由与民主的关注实际上是美国独特的政治文化——自由主义在外交政策上的表达，反映了美国人对什么是合理的国际秩序和政治权力的来源及如何保证美国的国家安全和世界和平等问题的独特看法。这些看法的核心在于，自由民主（liberal democracy）不仅是唯一合理的政治组织形式，而且美国的国家安全可以通过在全世界范围内扩展民主而得到最好的保护。美国既把在国外推动民主视为输出美国的理想，同时在一定程度上又将其作为加强美国国家安全的手段。

以冷战时代为例，在美国人看来，在国外促进民主至少可以以三种不同的方式来服务于美国的国家安全利益：

其一，在国外推广民主可以促使第三世界兴起的民族主义运动选择西方自由主义的国家发展道路而非苏联的社会主义模式，使其沿着有利于美国的方向发展，同时激励苏联势力范围内的国家反抗苏联的控制。

① 李剑鸣、章彤编《美利坚合众国总统就职演说全集》，天津人民出版社，1996，第402页。

其二，在国外促进民主可以为其他国家带来现代的立宪政府，实现国家的稳定，以免由于这些国家的国内冲突导致外部势力，特别是敌对大国进入这些地区。这一点特别适用于西半球。威尔逊总统最早提出民主制度可以带来政治稳定和结束中美洲和加勒比地区的长期的国内冲突，只有民主的政府才能提供美国所需要的对美国具有重大利益的地区的稳定。1994年9月15日，美国总统克林顿在表示其将努力恢复海地民选总统阿里斯蒂德的权力时阐释了美国的这一思想："历史已经教育我们，在我们自己的半球维护民主可以促进美国的安全与繁荣。这里的民主国家更可能保持和平和促进我们地区的稳定，更可能建立自由市场和经济机会并成为强有力的和可信赖的贸易伙伴，而且他们更可能为他们自己的人民提供鼓励他们留在自己的国家和建设自己的未来的机会。"①

其三，民主的扩展可以使美国与这些国家建立友好的关系，民主共同体的扩大有利于世界和平。美国对德国和日本进行的成功的民主改造更使战后美国人对民主和平论深信不疑。

自里根之后，共和党保守主义也坚信在国外促进民主有助于美国的安全。新保守主义更具有强烈的意识形态色彩，甚至主张以武力输出民主。2002年美国国家安全战略除提出"先发制人"的战略外，也把输出民主和促进自由作为解决恐怖主义和促进美国安全的手段。该战略提出，贫穷并非必然导致恐怖主义，但是贫穷和腐败会使一些国家成为恐怖主义滋生的温床和庇护恐怖组织的基地，而民主和自由市场经济可以使"一个社会摆脱贫穷"，因此"美国将利用这一机遇把自由的好处扩展到全球"，"把民主、发展、自由市场和自由贸易的希望带到世界的每一个角落"。② 布什政府提出的"大中东民主计划"就是在贯彻这一战略，试图通过对中东进行民主改造来消除恐怖主义滋生的土壤和解决巴以冲突。

但在美国对外关系中，促进民主的目标又不可避免地与安全、繁荣等目标纠结在一起，决策者必须同时在这三大外交目标中寻找平衡。因此在美国对外干预的历史上，纯粹基于理想政治进行的干预的案例少之又少，

① Tony Smith, "In Defense of Intervention," *Foreign Affairs*, Vol. 13, No. 6, Nov. /Dec. 1994, p. 42.

② Bush's National Security Strategy, Part 1, FT. com, London: Sept. 20, 2002, http: //proquesr. umi. com/pqdwed.

而大多数情况下则是现实政治的目标与促进民主的目标交织在一起，其结果往往是促进民主的目标被更加急迫的其他目标（特别是国家安全目标）所削弱。输出民主往往沦为一种口号和借口。据学者波普·阿特金斯（G. Pope Atkins）观察，“美国扩大代议制民主和人权保护实践的努力一直是摇摆不定和犹豫不决的。当把资源用于民主发展的目标时，这通常被视为是为取得一个个更长远的战略目标而采取的工具性目标”。[①] 亚伯拉汉·洛温塔尔（Abraham F. Lowenthal）指出，就拉美政策而言，美国更长远的目标是保持拉美国家的政治稳定和防止其遭受外部控制，因此美国在拉美的政策是：在促进民主可以加强政治稳定、制造有利的商业机会、阻止和削弱敌对国家影响的地方，华盛顿就乐于给予强有力的和持续的支持；但是如果促进民主会导致关键的盟国不稳定（如 1988 年的墨西哥），或如果当地选民支持的政党或政策敌视美国的商业利益（如 1950 年的危地马拉和 1970 年的智利），或者如果公开的民主竞争会导致美国邻国未来的对外政策，特别是对美态度极不确定（如 1980 年的牙买加），美国促进民主的政策就会摇摆不定，至少一些外交决策者会倾向于放弃民主的目标而追求更加紧迫的目标，如稳定、良好的经济环境及保持美国在这一地区的优势地位等。[②]

亚伯拉汉·洛温塔尔的这一分析虽然是针对美国拉美政策，但也适用于美国在其他地区促进民主的努力。特别是在冷战时代，美国促进民主的努力常常因为更急迫的国家安全目标而变形。如在第二次世界大战后初期，在冷战形势还不是很严峻的情况下，美国在德国贯彻了其推广民主的计划，这时候的输出民主意味着非军事化、解除纳粹军国主义基础、对德国进行民主改造。而到了 20 世纪六七十年代的越南和中美洲，输出民主则被等同于向共产主义宣战，反共就是捍卫民主，美国主要关注的是如何应对共产主义的挑战而不是实施民主改革。这就是冷战时代美国支持多个亲美独裁国家的原因，因为美国担心在这些国家推动民主化会为共产党上台提供机会，输出民主让位于更重要的遏制苏联共产主义扩张的国家安全目标。因此，输出民主很容易地被解读为美国干涉其他国家内政和谋求霸权

① G. Pope Atkins, *Latin America in the International Political System* (Boulder, Colo.: Westview, 1989), pp. 111 - 112.

② Lowenthal, ed., *Exporting Democracy: The United States and Latin America*, p. 236.

的工具。

冷战结束后，因国家安全需要而被耽搁和牺牲的输出民主的目标一度被置于优先地位。克林顿政府提出以“民主的扩展”取代遏制共产主义作为美国外交政策最重要的目标。但是，在后冷战时代的美国外交政策议程中，促进民主的目标与其他目标仍然时有冲突，美国在促进民主方面仍然有重大保留，美国从未对与美国友好的波斯湾产油国施加实质性的压力，改变其国内制度和实施民主，因为在西方世界有一个普遍的担心，即伊斯兰世界的民主化会导致极端反西方的伊斯兰原教旨主义者上台。伊朗巴列维王朝统治的倒台和霍梅尼的上台就被视为是卡特人权外交的结果，它成为美国外交史中的一大历史教训。

自由主义意识形态对美国对外干预的影响不仅体现在干预的动机，还体现在干预的战略与策略上。自由主义实际上为美国决策者提供了关于干预的目标和手段之间关系的路线图（road map）。自由主义意识形态提供的干预路线图大体是这样的：在美国的干预下（无论是对外援助还是军事占领），通过在被干预国家进行“国家建设”，实现经济的发展和政治民主化，并最终促进美国的安全与利益。这里所谓的“国家建设”是指在非殖民化过程中新兴国家在心理和政治层面建立国家认同、确立公民身份和实现国家整合，从而完成从原殖民地和传统国家向现代民族国家转变的过程。“国家建设”是第二次世界大战后新独立的国家面临的最迫切的任务，这些国家在美国指导下的“国家建设”的成功不仅将从根本上消除共产主义滋生的土壤，证明和提高美国意识形态和生活方式的感召力，从而在与苏联和其他激进主义国家的意识形态竞争中占据上风，而且这些国家选择美国式的自由主义发展道路，也会从根本上保证美国的国家安全。

美国学者雷迅马曾研究美国社会科学界的现代化理论如何深刻地影响肯尼迪时代美国的第三世界政策，特别是美国决策者如何用现代化理论来推动第三世界国家的“国家建设”。[①] 而现代化理论为第三世界国家所设计的走向现代国家之路不过是美国自由主义模式的翻版。作为现代化理论的分支，美国学术界政治发展理论（political-development doctrine）对第三世

① 雷迅马：《作为意识形态的现代化：社会科学与美国对第三世界的政策》，牛可译，中央编译出版社，2003。

界政治发展的设计就是基于美国的自由主义传统，罗伯特·帕克海姆曾对此做过卓越的研究。他提出，美国的自由传统和独特的历史与社会经验导致美国人对经济与政治发展问题的基本信仰是："变化和发展是容易的；好事情一起来；激进主义与革命是坏的；权力的分散比集中更重要。"① 前两个假设导致了美国战后对第三世界的经济援助计划，美国相信经济援助可以为受援国带来经济发展，而经济发展会启动政治民主化进程，并进而促进社会进步，即所谓的"好事情"会"一起"到来。冷战时期的反共主义则来源于第三和第四个假设。通过援助，美国可以把第三世界纳入美国式的自由主义发展模式，从而减弱苏联意识形态的感召力，并最终战胜苏联。

美国在冷战时期的对外援助政策集中体现了自由主义对美国干预路线图的设计。美国的对外援助虽然具有一定的人道主义性质和扩展美国海外经济利益的考虑，但最重要的出发点是遏制苏联共产主义扩张的意识形态和国家安全需要。美国援助政策，特别是肯尼迪之后对第三世界援助政策背后的援助哲学是查尔斯河学派（又称剑桥学派）经济发展援助理论。而这种经济发展援助理论的思想基础就是美国的自由主义意识形态。查尔斯河学派对美国外援政策的设计大体上是这样的：通过提供外援，可以使欠发达国家经济发展和人均收入提高；而人均收入的提高将导致自由和民主思想的传播；而自由民主的传播将促进世界的和平，并间接地保证了美国的安全，因为民主社会不会制造冲突。这种设计把外援与美国的国家安全联系起来，美国学者爱德华·班菲尔德称之为"间接影响理论"（Doctrine of Indirect Influence）。他在《美国对外援助理论》中对此评论说："一个广泛接受的理论宣称对外援助可以服务于美国至关重要的利益，通过启动或带来受援国观念与制度的根本改变——而这种改变将带动其他方面，特别是自由和民主的传播——将促进和平，因此也就可以间接地服务于我们的最终目的，即提高我们国家的安全。"②

自由主义意识形态提供了美国历史上，特别是冷战时代指导美国干预

① Robert A. Packenham, *Liberal America and the Third World: Political Development Ideas in Foreign Aid and Social Science* (Princeton University Press, 1973), p. 20.

② Edward C. Banfield, *American Foreign Aid Doctrines* (Washington, D. C.: American Enterprise Institute, 1963), pp. 4 – 5.

第三世界国家的基本价值观。美国据此在第三世界国家推动雄心勃勃的“国家建设”运动，实施了对这些国家内政的广泛干预，试图以此来实现既能维护美国安全与利益，又能推广美国自由理想的双重目标。

七　结语

综上所述，美国历史上的对外干预既出于权力与利益的需要，又根植于美国独特的以自由为核心的政治文化之中。美国对外干预的两大动力——维护安全与推广民主之间既可以和谐一致、相互促进，又可能存在矛盾、相互冲突。自由主义者和理想主义者认为，推广民主代表着美国的国家理想，不仅使美国的对外干预获得道德上的合法性并因此获得民众的支持，而且在国外促进民主的努力有助于美国的国家安全与利益，因此这不仅是正确的行为而且是聪明的行为。现实主义者则指责美国人对自己价值观的偏爱和在海外促进民主的努力是一种乌托邦式的空想和十字军式的冲动，使美国不能审慎地估价其国家利益和恰当地使用自己的力量，建立有利于美国的权力均势和遏制苏联的权力，从而会损害美国的安全利益。自由主义者和现实主义者的两种论说都有一定道理。在建国初期，在国外促进民主会使弱小的美国卷入欧洲的纷争之中，威胁美国的国家安全，推广民主和维护国家安全之间的张力导致美国极力避开对外国事务的干涉。而在冷战时代，维护国家安全的需要与推广民主的需要“幸运地”、和谐地结合在一起，催生美国前所未有的干涉动力。“9·11事件”后，在美国人的思想中，恐怖主义被视为是对美国自由生活方式的攻击，同时又碰巧得到“流氓”国家和“失败”国家的庇护，而大规模杀伤性武器扩散也往往与“专制”国家有关，因此输出民主与保卫国家安全的目标又“恰好”可以和谐地共存于美国的干预行为中。此时，美国考虑最多的是干预的代价。这里所谓的代价不仅是指美国人的生命损失和经济付出，还包括国内政治代价和国际政治代价。大体说来，国家安全需要、输出民主的理想和可承受的低代价预期将构成今后决定美国对外干预行为的三大要素，拟议中的干预行动越能满足这三大要素，就越可能被付诸实施。

美国对国际事务的干预虽然在一些情况下有助于维护国际正义和秩序及缓解人道主义危机，但也给世界带来了灾难，特别是在冷战时代。同时美国广泛的干预也导致保罗·肯尼迪所说的“帝国的过度伸张”，损害了美国自身的利益与荣誉，美国对越南的干涉即是一个典型。当代世界面临的问题是如何制约美国的权力，使美国能够善用其巨大的实力为整个世界造福，在国际政治中与国内政治一样，不受制约的权力必然会被滥用。美国也应该更加谨慎地使用自己的实力，像其先贤约翰·昆西·亚当斯所告诫的那样，更多地通过“典范”，而不是武力“干预”来推广美国的“民主理想”，更多地通过对话而不是高压来追求自身的利益。果能如此，则世界幸甚。

（原载《美国研究》2005 年第 2 期）

美国军控政策的调整与变革：从制度建设到志愿者同盟

樊吉社*

【内容提要】 本文试图考察美国军控政策在冷战结束后的调整与变革，探究调整的根源，及其与美国整个安全政策变化的关联。文章依据美国对待全球、多边和双边军控机制的态度、政策和行动，分析美国军控的调整与变革过程；根据军控机制产生和存续的战略安全环境状态、军控本身在消解大规模杀伤性武器所构成的安全威胁方面存在的价值，以及推行军控机制建设所产生的效用等三个方面探究美国政策调整的原因。冷战期间及冷战结束初期，美国大致支持并推动了三类军控机制的建设。布什就任总统后，美国对战略安全环境认识的转变、军控机制内在的缺陷及推动军控机制建设的困境推动美国进行政策调整，突发事件、决策者的政策倾向和国内政治环境则加速了这个调整过程，美国军控政策逐步完成了从制度建设到志愿者同盟的转变。

【关键词】 美国外交与军事　布什政府　军控　防扩散

---

* 樊吉社，时任中国社会科学院美国研究所副研究员。

布什就任总统以来，美国军控政策[①]发生了重大变化，并引发了国内外学界的一些思考。美国学术界及政界人士通过发表文章或者讲话阐释这些调整和变化的原因、内容及方向，或者对调整变化本身做出评判。[②] 国内一些学术期刊也刊载了一些相关文章，探讨了国际不扩散机制的一些变化、国际军控的发展趋向、布什政府军控与不扩散政策的调整、美国核战略的演变与调整、推动美国军控政策调整的一些因素等。[③]

本文试图考察美国军控政策在冷战结束后的重大调整，探究调整的根源及此种调整与美国整个安全政策变化的关联。本文将探讨如下几个问题：冷战结束前后美国在军控政策上的制度建设，美国推动军控制度建设的原因及其贡献，布什政府军控政策重大调整的内容、调整的原因，以及新安全环境下的美国军控政策。

一　冷战结束前后美国推动军控制度建设

国际军控机制的建设始于20世纪50年代末和60年代初期，到20世纪90年代末逐渐趋于完善。最初主要关注核扩散，旨在防止有核国家的横向扩散，后来逐渐将生、化武器和常规武器以及大规模杀伤性武器运载工具也纳入军备控制的范畴，同时重视有核国家的纵向扩散，防止有核国家武器系统质量和数量的提高。整个国际军控机制的建设主要是在冷战背景下由美苏两大集团主导的，这些军控制度具体表现为一些重要的条约、协定、议定书，特别是美苏（后来美俄）之间的双边协议，[④] 以此来限制武器系统研发、试验、生产、部署、使用或者转让。就参与程度和有效期限而言，国际军控机制大致分为三种类型：全球性机制、多边机制和双边机制。

① 本文提到的军控包含不扩散及裁军，个别地方为了突出不扩散问题也将军控与不扩散并用。

② 这些学术文章或者官员讲话散见于《外交》、《国家利益》、国会听证的证词、《今日军控》、《美国外交政策议程》等，不一一列举。

③ 这些文章散见于《现代国际关系》、《国际问题研究》、《战略与管理》、《世界经济与政治》、《世界经济与政治论坛》等刊物。

④ John Tirman, "Accounting for the Past in the Future of Multilateral Arms Control," http://www.ssrc.org/programs/gsc/publications.

所谓的全球性机制实质上也是一种限制或者消除某种武器系统的多边安排，之所以将其定义为“全球性”是因为这类机制对武器系统的限制基本获得了国际共识，所有国家有义务加入并遵守这些多边安排。全球性机制主要针对核、生、化武器，它通常设有一些实体性机构用于保障该机制的执行。[①] 1925 年在日内瓦召开的禁止化学武器的国际会议谈判达成了《日内瓦议定书》，将细菌武器列为禁止对象。1971 年 12 月 16 日，第 26 届联合国大会正式通过《禁止生物武器公约》（简称 BWC），《禁止生物武器公约》弥补了《日内瓦议定书》的缺陷，但仍然没有解决有效核查问题，目前各国正在谈判核查议定书，以期进一步有效禁止生物武器的研发、生产、储存及使用。《日内瓦议定书》是禁止化学武器的单项法律机制，但存在不少缺陷。1969 年，设在日内瓦的裁军谈判委员会开始全面禁止化学武器公约的谈判。1990 年美苏签署《美苏关于销毁和不生产化学武器及促进多边禁止化学武器公约的措施的协定》有力推动了禁止化学武器公约的谈判，1992 年 3 月《禁止化学武器公约》谈判终告结束，公约于 1993 年 1 月开放签署，1997 年 4 月 29 日生效，无限期有效。为化学武器公约的实施，设立了“禁止化学武器组织”。虽然不能说美国在禁止生物和化学武器公约的谈判中发挥了主导作用，但美国对生、化武器的政策立场对类似国际机制的成败至关重要。例如，布什政府对《禁止生物武器公约》核查议定书谈判的政策立场极大程度上延迟了议定书的达成。

美国在确立禁止核武器扩散的国际机制中所发挥的作用至关重要，甚至无可替代。美国最早于 1946 年 6 月提出了保持美国核垄断和防止核扩散的“巴鲁克计划”，但遭到苏联的强烈反对而未获成功。随后有关防核扩散的倡议不断提出。1953 年 12 月，美国总统艾森豪威尔在第八届联合国大会上提议成立一个“致力于和平利用原子能”的国际机构，这就是后来的国际原子能机构（简称 IAEA）。它主要以从事和平利用核能的国际合作及防核扩散为目的，对成员国的和平核活动实施保障监督。1958 年 8 月，艾森豪威尔总统提出谈判一项禁止核试验的协定并建立国际管制体系。同

① “Strengthening International Regimes for Arms Control and Disarmament,” Background note prepared by the United Nations Department for Disarmament Affairs, 2004 Parliamentary Hearing at the United Nations “From Disarmament to Lasting Peace: Defining the Parliamentary Role,” New York, October 19 – 20, 2004.

年10月，美、苏、英三国在日内瓦正式启动谈判并暂时中止核试验。谈判历经波折，终于在古巴导弹危机之后达成了《部分禁止核试验条约》。1963年10月生效的这份条约迄今已有176个国家签署。《全面禁止核试验条约》（简称CTBT）的谈判最初也是由美国倡议的，该条约的谈判长达近20年，于1996年9月在联大通过，迄今有172个国家签署。条约还设立了全面禁止核试验条约组织，负责监督条约的执行并审议遵守情况。不仅如此，美国还曾于1959年10月倡导了《南极条约》的谈判。《不扩散核武器条约》（简称NPT）是国际社会防核扩散的重要里程碑，也是国际防核扩散机制的基石。这个条约最初由美苏推动谈判达成，并于1968年签署，1970年生效，迄今有188个成员国。《不扩散核武器条约》在很大程度上限制了核俱乐部的扩大。条约签署后，国际原子能机构成为条约的保障监督和核查机构，曾经应联合国安理会委托对伊拉克核武器生产能力进行调查，并承担拉美无核区的特别视察职能。

目前存在的若干多边军控和防扩散机制几乎涵盖了大规模杀伤性武器的各个方面，美国在确立这些多边军控安排中所发挥的作用同样不容低估。下文所提到的多边机制不一定是由美国推动创设，但这些机制建立之后，美国是强有力的支持者，并且推动成员国的扩展，促使多边机制成为国际军控中最为活跃的成分，从这个意义上看，美国的重要性非同一般。

最早的多边机制是桑格委员会，该委员会成立于1971年到1975年，又称“核出口国委员会”，其宗旨是加强国际间关于核出口管制的协调与合作，防止出口用于核能和平利用的相关物项被转用于发展核武器或者其他核爆炸装置。[①] 随后成立的核供应国集团则是为达到同样目的而建立的另一个多边机制。1974年印度进行了所谓“和平”核试爆，美国随后提出建立核供应国集团，其初衷是确保供应国共同采用一套标准，防止核能合作导致核扩散。1975年，7个主要核出口国在伦敦多次召开会议，通过了《核转让准则》和《触发清单》，加强出口管制。1992年，集团通过了一项与核有关的两用设备、材料和相关技术的转让准则和清单，并提出核供应国以进口国接受全面保障监督为核出口条件。[②] “导弹及其技术控制制

① 相关信息参见桑格委员会网页 http：//www. zangercommittee. org。

② 相关信息参见核供应国集团网页 http：// www. nuclearsuppliersgroup. org。

度”是由美国和七国集团的其他成员国于1987年建立的出口控制制度，旨在防止可运载大规模杀伤性武器的导弹和无人驾驶航空飞行器及相关技术的扩散。[①] 该机制建立后，美国频繁援引这个控制机制对其他国家实施制裁。两伊战争期间，伊拉克对伊朗使用化学武器催生了澳大利亚集团的成立。1985年成立的澳大利亚集团的主要目标是通过采取出口许可措施，确保某些化学品、生物用品及用于制造化学和生物两用品的设施和设备的出口不会导致生化武器的扩散。[②] 对常规和两用品出口进行管制的机制是瓦森纳安排，它是在巴黎统筹委员会解体后于1996年成立的。瓦森纳安排是一个自愿的武器出口控制机制，旨在通过信息通报机制，提高常规武器、敏感两用物项及技术转让方面的透明度，从而协助成员国规范出口控制法规，防止有关敏感物项和技术扩散。[③]

迄今为止，涉及双边军控、裁军和不扩散的机制主要是美苏以及后来美俄两国达成的，它客观上也是最有实质内容的军控措施。美苏之间最早于1972年达成了限制战略防御能力的《反导条约》（简称ABM条约），从而有助于在战略武器限制及后来的战略武器削减中保持美苏/美俄的战略稳定。同一时期达成的另一个比较重要的条约是《第一阶段限制战略武器条约》（简称SALT I）。1972年11月到1979年6月，美苏马拉松谈判的重要成果是《第二阶段限制战略武器条约》（简称SALT II）。这个条约虽然没有正式生效，但美苏都遵守了这个条约的限定。美苏之间将“限制”转为“削减”战略武器的谈判进行了九年，于1991年7月达成了《第一阶段削减战略武器条约》（简称START I）。苏联解体后，美苏经过短暂的谈判于1993年1月达成了《第二阶段削减战略武器条约》（简称START II）。20世纪70年代中期达成的另外两个条约虽然不如限制或者削减战略武器条约那样重要，但同样具有象征意义。第一个是1974年达成的《限当量条约》，条约禁止、防止并承诺不进行超过15万吨以上的地下核试验。第二个是《和平核爆炸条约》，该条约于1976年5月签署，主

---

① “The Missile Technology Control Regime,” Fact sheet released by the Arms Control and Disarmament Agency, http：//www. fas. org/nuke/control/mtcr/docs/941118 – 368095. htm. 相关信息参见“导弹及其技术控制制度”网页 http：//www. mtcr. info。

② 相关信息参见澳大利亚集团网页 http：//www. australiagroup. net。

③ 相关信息参见瓦森纳安排网页 http：//www. wassenaar. org。

要是弥补《限当量条约》不适用于为和平目的进行的地下核试验的缺陷。真正属于裁军，或者说具有革命意义的美苏双边机制是《中导条约》，这个条约签署于1987年，它从各自的武库中消除了一整类武器系统。冷战结束后，美俄之间最为重要也是迄今最为成功的双边机制是《纳恩—卢加法案》（即《合作削减威胁法案》）。这个法案是美国单边的倡议，得到了俄罗斯的配合，它对美苏/美俄销毁战略武器、防止大规模杀伤性武器及其运载工具的扩散具有重要意义。

对于国际军控和不扩散而言，无论是全球机制、多边机制，还是双边机制，它们是相辅相成的，分别在不同时期就不同的大规模杀伤性武器及其运载工具进行了限制、削减或者防止其进一步扩散。

二　美国推动军控制度建设的原因及其贡献

探讨美国推动军控制度建设的原因，首先需要回答如下几个问题：这种制度建设所发生和存续的安全环境是什么？在具有加强军备建设的条件时，美国保持一定的克制是否会损害美国的安全利益？美国为什么热衷于军控制度建设？简言之，需要考察战略安全环境、军控本身的价值、军控制度建设的效用。

无论是涉及军控和不扩散的全球机制、多边机制，还是双边机制，美国热衷推动军控制度建设都是在冷战期间及冷战结束后的20世纪90年代初期和中期完成的。冷战期间，美国所面临的战略安全环境是比较清晰的，它表现为美苏之间的持久军事对立，明确的意识形态对垒，苏联是唯一核威胁来源，只有苏联具备同美国全面对抗的能力，而且美苏之间存在爆发一场全面战争的可能；战争的模式和对抗烈度也是清楚的，美苏之间将可能由发生在欧洲的一场局部冲突升级为核战争。同时，由于两大阵营的存在，美苏分别对盟国提供明确或者模糊的延伸威慑（extended deterrence），或者说核保护伞，这相对降低了美苏阵营之内的其他国家获取核武器的意愿。而在两大阵营之外的其他国家要么缺乏获取核武器的意愿，要么欠缺相应的技术能力，它们获取核武器的可能性也是比较低的。①

① 参见拙文《影响冷战后美国军控政策的若干因素》，《世界经济与政治》2001年第9期。

虽然20世纪90年代初苏联的解体以及柏林墙的倒塌大致被看做冷战的结束，但美国在其安全政策上经历了短暂的乐观之后基本上维持了冷战时期的政策架构。在冷战开始到克林顿政府结束之前的这个漫长时段大致仍可被看做是冷战背景。威胁的单一性、行为的可预测性和危机可以控制的特点构成了美国推动双边、多边军控，乃至全球军控制度建设的前提。

战略安全环境的需要是美国推动制度建设的充分条件，而在冷战时期及冷战结束初期，军控和防扩散本身所蕴涵的价值则构成了美国推动制度建设的必要条件。核武器的出现及其在日本的使用昭示了其巨大的杀伤力，以及由此造成的重大政治、经济乃至社会心理冲击，核武器从某种程度上简化了美苏关系，两国之间进行主动或者被动的军备竞赛或者保持相对克制成为冷战的主要内容之一。冷战时期美苏均曾经做过打一场核战争的力量规划和作战准备，但形成对抗态势的时候，两国仍然保持了相当的谨慎和克制。例如在古巴导弹危机期间，美国拥有绝对的战略核优势，[①]但美国既没有对古巴的导弹进行打击，更没有针对苏联本土发动袭击。古巴导弹危机之后，美国意识到美苏爆发一次核战争的危险是如此的严重和真切，因此“阻止核战争，并因此阻止美苏介入的任何战争就是至关重要的”。[②] 这是美苏在古巴导弹危机中获得的最重要的教训之一。在这种背景下，军控本身所具有的第一个价值就体现出来了，即美苏事实上都无法接受一场彼此毁灭的核战争，防止两国爆发核冲突是两国共享的安全利益。核背景下美苏之间并非零和博弈，美苏存在合作的可能，对核战争的担忧和恐惧成了双方竭力阻止核战争的动力。美苏为此签署了《热线协定》，以便增进沟通，防止误判，同时限制或者削减战略武库，限制或者禁止核试验的方式，限制核武器向中小国家的扩散。推进军控制度建设的第二个价值是降低军费开支。缩减军备的规模可以减少相应的军费支出，对部署规模设定上限或者对某些类型的武器进行限制可能节约一些如果没有这些限制时原本消耗的开支，虽然“军控一般都是削减未来的开支，而不是当

① 一位空军三星将军曾说过，美国当时有很大信心在苏联战略核力量抵达美国之前摧毁其中至少90%，甚至100%。Raymond L. Garthoff, *Reflections on the Cuban Missile Crisis* (Washington, D. C.: The Brookings Institution, 1987), p. 113.

② Raymond L. Garthoff, p. 107.

前的开支”。[①] 例如，《反导条约》限制了战略导弹防御能力的研发部署，这在冷战时期有效防止了美苏在防御性领域进行另一场军备竞赛。而有关限制或者削减乃至完全销毁中程和中短程导弹的条约和协定则防止了军费开支升高到开放式军备竞赛所需的数目。又如，据卡特政府的国防部长布朗估算，如果没有《第二阶段限制战略武器条约》，1985 年苏联可能会有 3000 件运载工具，而不仅是 2250 件；1800 枚多弹头导弹，而不是 1200 枚。美国将被迫对苏联核军备的进一步膨胀做出相应反应，从而加重美国的经济负担。[②] 军控所包含的第三个价值在于，由于军控制度的建设，即使出现最糟糕的情况——爆发运用大规模杀伤性武器的冲突，因为对武器种类、规模、部署方式的限制，可以达到降低战争发生后彼此造成的危害程度和对抗的烈度。因此，避免一场双方都不希望的战争、减少军备竞争的费用和风险以及缩小一旦爆发后的战争范围并降低对抗的烈度成为从事军控各方的共同利益，[③] 亦即军控制度建设的三个价值。

战略安全环境决定了美国推进制度建设的充分条件，军控制度建设本身蕴涵的价值决定了此种制度建设的必要条件，美国能否持续推动制度建设则取决于这种制度建设是否有效。客观上看，这种制度建设限制了美苏军备竞赛的螺旋升级。对限制还是削减战略武器条约而言，且不论其初衷如何，这种限制或者削减的确使得两大核国之间爆发一场毁灭性核战争的可能逐步降低。《反导条约》限制美苏任何一方在防御性武器方面获得优势，有助于战略稳定，也使得战略武器限制或者削减的谈判能够进行并付诸实施。《不扩散核武器条约》的签署及后来的无限期延长则有效限制了“核俱乐部”成员的数量。《全面禁止核试验》使得那些企图获得核武器的国家比以前更难以得逞。所有多边机制的建设都对供应国形成了约束，客观上起到了防止大规模杀伤性武器及其运载工具扩散的效用，虽然不是绝对意义的有效，但至少阻滞了这种扩散势头。因此，这种军控制度建设对

① 巴里·布赞、埃里克·海凌著《世界政治中的军备动力》，薛利涛、孙晓春等译，吉林人民出版社，2001，第 284 页。

② 曹冶、陈英选：《美苏核军控谈判的目的及其制约因素》，《美国研究》1989 年第 2 期，第 42 页。

③ Thomas C. Schelling, Morton H. Halperin, *Strategy and Arms Control* (New York: The Twentieth Century Fund, 1961), p. 1.

战略稳定和防扩散的效用是比较积极的。

当然，美国推进军控制度建设并非是“大公无私”的，它是为了促进美国自身的安全利益。军控是否真正降低了核战争的风险也无法验证，并且限制或者削减某种武器系统所节省下来的开支有可能转用于其他军事项目，多边机制的建设也没能阻止印巴最终发展核武器，其他大规模杀伤性武器也曾扩散到伊拉克和利比亚，但是美国的努力的确客观上为国际军控和防扩散机制的创设、巩固作出了贡献。首先，美国主导或者推动了全球和多边机制的建立，这成为后来国际军控的基本架构。例如，《全面禁止核试验条约》最初是由美、英、苏三国签署的《部分禁止核试验条约》演变而来，《不扩散核武器条约》由美苏推动谈判并开放签署成为迄今为止最为重要的军控条约之一。其次，不管冷战时期美国是“真扩军，假裁军”，还是出自自身安全利益的考虑，美苏以及后来美俄之间的战略武器限制和削减客观上降低了两国拥有的庞大核武库，对战略武器进行了有意义的限制和削减，美苏/美俄对峙的烈度降低了，由两国对峙对其他国家产生的压力相应也减少了。再次，正是美国以及其他国家的军控度建设努力，现在已经形成了有关防扩散的国际共识。防扩散目前已经成为国际社会的主流话语，大规模杀伤性武器及其运载工具的扩散被普遍认为是有损于地区稳定与和平的，并且促使一些曾经试图获得此种能力的国家在压力或者诱惑之下放弃了核武选择。这种国际共识也成了当前处理比较棘手的防扩散问题的重要道义支撑。

三　美国军控政策的重大调整：布什政府的政策

美国军控政策取向的变化始于布什就任总统，这并非一个严格的时间点，实际上20世纪90年代后半期美国国内对导弹防御问题的争论已经表明美国军控政策正在发生实质性的变化，只不过布什总统代表了根本上怀疑军控机制效用的那些共和党右翼悲观主义者，美国的军控政策由此进入“后后冷战时代”。这个时代的特点是美国绝对安全利益为主导、单方面政策宣示为行为方式，建立攻防兼备的“能力导向型”而不是“威胁导向型”战略力量，对美国有利是考虑问题的出发点，必要时可以撕毁任何有碍美国行动的军控和裁军条约，以保卫美国绝对安全为终极目标，美国将据此倡导建立一个新的安全框架。美国军控政策取向的变化表现在三个方面：全球军控机制建设的停滞与倒退、双边机制的弱化和后退、部分多边机制的强化和新的多边机制创设。

全球军控机制建设的停滞与倒退在布什就任总统之前就开始了。美国参议院在 1999 年 10 月否决了美国推动谈判达成的《全面禁止核试验条约》，当时的国家安全事务顾问伯杰批评共和党控制的国会存在“新孤立主义”倾向，“他们认为提高国际行为的标准毫无意义”。[①] 虽然条约被否决了，但克林顿仍表示继续争取参议院批准该条约。而布什在竞选总统期间就表示，美国不能依赖“不明智的条约”。[②] 2001 年 7 月，布什政府要求参议院“无限期推迟”审批《全面禁止核试验条约》；8 月，布什政府宣布不再为国际现场视察能力的发展提供资金，而这是条约核查机制的重要组成部分；11 月，美国在联合国大会上否决了一项将条约置于会议议程的决议案，并随后拒绝向联合国第二次促进《全面禁止核试验条约》生效大会派出美国代表，重申不支持该条约。[③] 2005 年 5 月 2 日至 27 日，《不扩散核武器条约》第七届审议大会在联合国召开，美国在审议会上强调无核国家履行防扩散义务，却回避多个无核国家提出的核裁军问题，这次审议大会因为美国因素没有达成共识。[④]《禁止生物武器公约》核查议定书的谈判历经 7 年，在 2001 年上半年基本拟就。在谈判的最后关头，美国对议定书由支持转向反对。7 月 25 日，美国宣布拒绝签署该议定书草案后，在 11 月份的第五次审议大会上再次重申反对立场，从而使国际社会近期达成议定书的希望彻底落空。美国在 2001 年 7 月初联合国关于小型与轻型武器违禁贸易以及所有相关问题的会议上也横生枝节。美国反对安理会在此问

---

① Press Conference by the President, October 14, in *Washington File*, *Public Affairs Section Embassy of the United States of America*, October 15, 1999, pp. 7, 9. “NSC’s Berger on U. S. Power at Council on Foreign Relations——Internationalist Consensus Challenged by New Isolationism,” October 21, in *Washington File*, *Public Affairs Section Embassy of the United States of America*, October 22, 1999, pp. 15 - 17.

② “Presidential Election Forum: The Candidates on Arms Control,” *Arms Control Today*, September 2000, http://www.armscontrol.org/act/2000_09/presssept00.asp.

③ Daryl Kimball, “The International Security Value of the Nuclear Test Ban Treaty,” *Arms Control Association Fact Sheet*, November 2002, http://www.armscontrol.org.

④ “2005 Non-Proliferation Treaty (NPT) Review Conference: U. S. Objectives,” April 21, 2005, http://www.state.gov/t/ac/rls/or/44994.htm.

题上发挥更具体作用，不接受在《行动纲领》中加入有关处理民间拥有枪支和禁止向非国家群体出售武器的条文。美国似乎有意推动谈判《禁止生产武器级裂变材料公约》（简称 FMCT），但其内容不能包括核查项目。

与全球机制建设停滞、倒退同步的是双边机制的弱化。美苏/美俄双边军控的重要基础是《反导条约》，但美国在 20 世纪 90 年代有关导弹防御研发甚至部署的争论使得条约遭遇挑战。布什竞选期间就明确表示要研发并部署导弹防御系统，如果俄罗斯拒绝修改《反导条约》，美国将退出条约。就任总统后，布什更是大力推进准备工作。2001 年 5 月 1 日，布什总统在美国国防大学发表演讲，称必须摆脱已经签署了 30 年的《反导条约》的限制，因为该条约既不能反映现实，也不能指明未来，为突破《反导条约》进行舆论准备。[①] 随后，布什总统向各主要国家派出游说代表团，兜售导弹防御计划。由于美俄有关修改《反导条约》的磋商迟迟不能取得任何进展，2001 年 12 月 13 日，布什总统宣布退出条约。美苏/美俄之间对战略武器的限制和削减本来是国际军控领域的一点亮色，但美国退出《反导条约》让美俄之间的战略武器削减谈判形势黯淡。第三个美俄削减战略武器条约在美国退出《反导条约》后仍然于2002 年5 月24 日达成了，但条约的削减意义大打折扣。这项被布什称为“划时代条约”的《进攻性战略武器削减条约》又叫《莫斯科条约》，它仅仅对美俄的战略核弹头总数做了一个简单限定，并允许各方在行使国家主权时可以退约。这个仓促达成的条约没有核查条款，不要求销毁战略武器或者运载工具，因而不是真正意义上的削减。《反导条约》废止、《莫斯科条约》达成的同时，另一个重要的战略武器条约宣告不再有效。2002 年 6 月 14 日，俄罗斯宣布不再遵守 START II。

美国贬抑全球和双边军控机制的同时，原有多边机制不断得到加强，并且美国主导创设了新的多边机制。简单地说，原有多边机制得到加强的两个重要表现是中国加入了主要的多边机制或者加强了同多边机制的对话和磋商，同时多边机制的成员国不断扩大。

在布什任内，美国积极主导创设新的多边防扩散机制。2002 年 1 月发

① Remarks by the President to Students and Faculty at National Defense University, Fort Lesley J. Mcnair, Washington, D. C., May 1, 2001, http://www.whitehouse.gov/news.

起的集装箱安全倡议（Container Security Initiative，简称 CSI）目的是防止恐怖组织或恐怖分子利用海运集装箱袭击美国。集装箱安全倡议的主导原则是，把甄别货物安全风险和查验的环节前置在海运集装箱的出口港和装运港，使美国的边境或港口由第一道防线变为最后一道防线。截止到 2006 年 3 月底，有 26 个国家的海关承诺参与这个倡议，总计 44 个港口现在运作这个倡议，这些港口分布于北美、欧洲、亚洲以及拉丁美洲和中美洲，美国拟在 2006 财年结束之前发展 50 个港口，届时将有 90% 跨洋进入美国的货运接受检查。[①] 另一个多边机制就是受到争议的“扩散安全倡议”（Proliferation Security Initiative，简称 PSI）。2003 年 5 月 31 日，美国总统布什在波兰访问时提出了这个倡议，该倡议旨在要求参加国“利用各自的能力发展广泛的法律、外交、经济、军事等其他手段，禁止大规模杀伤性武器和导弹的相关设备和技术通过海、陆、空渠道出入‘有扩散嫌疑’的国家”。[②] 随后美国大力宣传“扩散安全倡议”，扩大参与国。2004 年 5 月 31 日，俄罗斯宣布加入该倡议，成为第 15 个成员国，至此八国集团的所有国家均已加入这个倡议。到目前为止，美国一直宣称有 60 多个国家对“扩散安全倡议”表示了支持。此外，美国还协同其他成员国举行了多次拦截演习，截止到 2005 年 6 月，美国已经进行了 11 次与大规模杀伤性武器转运相关的拦截。由于该倡议存在不少争议，美国随后推动在联合国通过一项防扩散决议，为其提供法理支持。[③] 2004 年 4 月 28 日，联合国安理会第 4956 次会议通过了第 1540 号决议，呼吁所有国家根据《联合国宪章》，采取一切手段，在全球范围对不扩散领域威胁做出有效应对。[④] 第三个比较重要的多边行动是 2002 年 6 月在加拿大卡纳斯基斯召开的八国首脑会议上

① CSI Fact Sheet, Press Office of US Custom and Border Protection, March 29, 2006. http://www.cbp.gov/xp/cgov.

② Wade Boese, “U. S. Pushes Initiative to Block Shipments of WMD, Missiles,” *Arms Control Today*, July/August 2003, p. 13.

③ 有关扩散安全倡议的详细分析，请参见顾国良《美国“防扩散安全倡议”评析》，《美国研究》2004 年第 3 期，第 30 ~ 44 页。防扩散安全倡议的基本信息，参见 The Proliferation Security Initiative (PSI), Bureau of Nonproliferation, State Department, May 26, 2005. http://www.state.gov/t/np/rls/other/46858.htm. Sharon Squassoni, Proliferation Security Initiative (PSI), CRS Report, RS21881, June 7, 2005。

④ 联合国 1540 号决议的内容，参见 Resolution 1540 (2004), Adopted by the Security Council at its 4956th meeting, on April 28, 2004. http://daccess-ods.un.org/TMP/7864322.html。

发起的“八国防止大规模杀伤性武器和材料扩散全球伙伴关系”（The G8 Global Partnership Against the Spread of Weapons and Materials of Mass Destruction）。这个计划旨在防止恐怖分子以及庇护恐怖分子的国家获取或者发展核、生、化、放射性武器和导弹，以及相关材料、设备和技术，拟在未来十年筹集200亿美元资金用于销毁化学武器、拆解核潜艇、处理裂变材料、雇佣以前的核武器科学家等。① 2004年6月，在美国佐治亚州举行的八国集团首脑会议通过了“确保放射源安全，不扩散核武器：一项八国集团行动计划”，旨在加强全球防扩散机制。八国同意在下次首脑会议前的一年中，不再增加进口铀浓缩及再处理设备和技术的国家的数量，并表示大力支持美国倡导的“扩散安全倡议”和联合国1540号决议。②

上述美国军控政策在全球机制、多边机制和双边机制方面的政策调整，与美国自身的军控政策调整是同步的。总的来看，美国的单边行动在布什任期内逐渐增多和加强。除了前文提到的美国大力推进导弹防御系统研发部署外，美国的核战略和核政策也在经历重大调整。首先是核战略调整。2002年1月9日，助理国防部长克劳奇在新闻发布会上公布了《核政策审议报告》的非机密内容。根据这个报告，美国计划大幅度改变核安全态势，不再高度依赖进攻性核武器，建立“能力导向型”而不是“威胁导向型”战略核力量，更重视常规和精确制导武器及导弹防御系统的部署。③这种调整被认为是降低了使用核武器的门槛，将核武器的作用由威慑转为实战。其次是有关核试验的政策调整以及新型核武研制的尝试。2002年布什政府在编制2003财年国防预算时要求国会在三年内拨款4550万美元用于钻地核弹（打击加固和深埋地下的目标）的可行性研究。钻地核弹的问题引起了国内激烈的争论，在2004财年国防预算中，布什政府继续要求国会拨付1500万美元用于研究，并提出另加600万美元用于“先进概念倡议”的探索，并废止1993年的斯普莱特—弗斯修正案，为低当量核武的

① “The G8 Global Partnership Against the Spread of Weapons and Materials of Mass Destruction,” Statement by the Group of Eight Leaders, Kananaskis, Canada, June 27, 2002. http://www.state.gov/e/eb/rls/othr/11514.htm.

② “Non-Proliferation of Weapons of Mass Destruction Securing Radioactive Sources – A G8 Action Plan,” http://www.g8.fr/evian/english/navigation/2003_g8_summit.

③ “Nuclear Posture Review (Excerpts),” submitted to Congress on December 31, 2001, http://www.globalsecurity.org/wmd/library/policy/dod/npr.htm.

研制放行。[①] 由于研制新型核武争议较大，布什政府 2005 和 2006 财年的经费申请没有得到国会支持。[②] 虽然低当量核弹的研究受挫，但布什政府并没有完全放弃。据《洛杉矶时报》2006 年 6 月报道，美国国会在 2005 年通过的国防预算中同意研制“可靠替代弹头”，以便保证美国现有核武库弹头的可靠性和安全性。[③] 不仅如此，国防部最近又打算迫使国会同意发展新的非核弹头，将其装备在潜射三叉戟二型导弹上，以打击所谓的“恐怖分子营地、敌人导弹基地、可疑的核生化武器贮藏地等”。[④]

另外，美国对其他国家的军控政策也在经历重要变化。两个比较突出的例证是伊拉克和印度。2003 年美国攻打伊拉克的理由是伊拉克发展大规模杀伤性武器以及伊拉克同恐怖分子的关系，美国为了证实这一点在战前曾派国务卿鲍威尔在联合国发表“有理有据”的演讲。战争结束后，事实上美国发动伊拉克战争的理由一个都不存在。在是否攻打伊拉克的问题上，美国先有立场，然后寻找制造情报，编造证据。如果当时依托国际原子能机构的核查，或许伊战是可以避免的。伊拉克战争表明，防扩散有时候只是美国大战略中的手段之一，是从属于“先发制人”和“政权更迭”的。这向其他国家释放了比较复杂的信号，伊战可能推动了扩散而不是慑止了扩散，有的国家也可能因此担忧美国的军事打击而放弃寻求大规模杀伤性武器能力。美印之间的核技术合作同样引起美国国内和国际社会的争议。1998 年印巴核试验后，美国对印度进行制裁，并同中国共同推动联合国通过 1172 号决议，不承认印巴的核国家地位，并呼吁两国加入国际不扩散机制。七年后，美印于 2005 年 7 月 18 日发表联合声明，表示双方将进行民用核能的合作。[⑤] 按照美国前副国务卿塔尔博特的说法，美印发表联

① “National Defense Authorization Act for Fiscal Year 2004,” Public Law 108 - 136 — November 24, 2003, 117 STAT. 1746.

② 有关此问题的研究，详见王连成《美国强力钻地型核弹的发展》，载于中国军控与裁军协会主编《2006 年度国际军备控制与裁军报告》，世界知识出版社，2006，第 92 ~ 110 页。

③ Ralph Vartabedian, “Rival U. S. Labs in Arms Race to Build Safer Nuclear Bomb,” *Los Angeles Times*, June 13, 2006.

④ Michael R. Gordon, “Pentagon Seeks Nonnuclear Tip for Sub Missiles,” *New York Times*, May 29, 2006.

⑤ Joint Statement by President George W. Bush and Prime Minister Manmohan Singh, White House Press Release, July 18, 2005. http: //www. state. gov/p/sa/rls/pr/2005/49763. htm.

合声明的“这一天对印度是美好的，对不扩散是糟糕的”。[①] 美印核协议充分表明美国对不扩散问题立场的变化，它至少说明三个问题。第一，美国承认核扩散是不可避免的，实在无法防止扩散，就应该设法进行管理；第二，美国开始区分将扩散区分为“好的扩散”和“坏的扩散”，典型的多重标准；第三，美国有关地区安全战略的考虑超越防扩散的关切，防扩散开始成为一个可以妥协的目标。[②]

四 美国军控政策调整与变革的动因

如前文所述，冷战期间及结束之初实行军控符合美苏/美俄的利益，军控的确起到了防止大规模杀伤性武器扩散的目的。然而，布什就任总统后，这些激励美国进行军控制度建设的因素似乎都在发生改变，或者被认为发生了改变，美国由此实质性调整其军控政策。

推动美国调整军控政策的第一个也是最大的一个原因是战略安全环境的变化，或者是威胁认知的变化。在克林顿政府的八年中，美国的军控政策依然是冷战时期的思路，虽然也有一些调整，比如导弹防御政策，但基本上依然着力推动军控制度建设。布什总统明确意识到这种安全环境的实质性变化，并采取了所谓对应安全环境“新现实”的政策。布什在竞选期间接受《今日军控》（*Arms Control Today*）访谈时就曾经表述过他对美国战略安全环境的认识，他认为：（1）新世纪最为重要的是保卫美国本土，美国面临多样化的安全威胁；（2）美国需要重新思考新的安全环境下核威慑的需求；（3）美俄均面临来自流氓国家、恐怖分子及其他试图获取大规模杀伤性武器及其运载工具的敌对国家的威胁，威胁还来自不安全的核库存以及技术的扩散，俄罗斯不再是美国的敌人，冷战逻辑不再适用，美俄需要新的战略关系，而不是依靠核“恐怖平衡”促进彼此的安全需求；（4）冷战结束将近十年，但美国的核政策仍然停留在遥远的过去，克林顿政府已经用了七年多的时间将美国的军事力量态势调适到后冷战世界，但现在依然锁定在冷战思维当中，现在是时候将冷战抛在身后，捍卫21世纪

① Strobe Talbott, “Good Day for India, Bad for Nonproliferation,” *Yale Global*, July 21, 2005.

② 徐琳：《美印协议重写全球防核扩散规则》，《华盛顿观察》周刊第45期，2005年12月12日。

新威胁的时候了。[①] 2001 年 5 月 1 日，布什总统在国防大学的讲话更进一步阐释了他对战略安全环境的判断，并提出了美国应该采取的军控政策。他说："今天的世界仍然是一个危险的世界，一个更不确定、更难预测的世界。拥有核武器的国家增加了，有更多的国家希望发展核武器。……最令人担忧的是，这类国家中包含世界上一些最不负责任的国家。……我们必须谋求把安全建立在更充分的基础上，而不仅仅借助于可怕的同归于尽的威慑。……今天的世界要求有一项新的政策，一项积极的不扩散、反扩散和防御的广泛战略。"[②] 美国对战略安全环境或者说威胁来源的这种判断表明，冷战结束前后的军控政策将不再适用于冷战结束后的新安全环境，因此美国准备变革。如果俄罗斯不再是美国敌人，那么美国就没有必要继续尊奉"相互确保摧毁"的威慑战略，也不必坚守冷战背景下美苏之间签署的军控条约。同样，美国也不必担心因为发展新型武器系统而招致俄罗斯的对抗性反应，不论是武器系统的质量提高还是数量增加，只要能够增进美国安全，美国将毫不犹豫利用冷战结束后的战略机遇，这自然不难理解。由于美国将扩散威胁列为头等大事，使用各种手段加强出口管制当然也符合美国逻辑，特别是在多边军控领域。由于新兴多样化威胁具有不可预测、难以掌控的特点，美国也考虑为扩散一旦无法得到遏制而做好准备。

推动美国调整军控政策的第二个重要原因是突发事件及其教训。2001 年 9 月 11 日，恐怖分子对美国的袭击所造成的心理冲击可能不亚于第二次世界大战后的任何事态，它由此改变了美国看待世界安全环境的观念，并因此根本上改变了美国的威慑战略和安全政策。在"9·11 事件"之后的美国威胁评估中，恐怖主义与大规模杀伤性武器相结合成为无法想象的噩梦。为了防止这种最糟糕的情况出现，美国将动用一切手段防止大规模杀伤性武器及其运载工具的扩散，为此可以不惜采取单边行动。卡迪尔·汗的地下扩散网络被曝光从更大程度上昭示大规模杀伤性武器及其运载工具扩散的严重性。卡迪尔·汗建立了庞大的地下扩

① "Presidential Election Forum: The Candidates on Arms Control," *Arms Control Today*.

② Remarks by the President to Students and Faculty at National Defense University, Fort Lesley J. Mcnair, Washington, D. C., May 1, 2001, http://www.whitehouse.gov/news/releases/2001/05/20010501-10.html.

散网络，这些扩散与当下的扩散危机密切相关。这个网络为可能的买主提供离心机零部件及设计方案、武器的蓝图和技术方面的专业知识。在美国看来，卡迪尔·汗核走私网络说明，“现有的防扩散机制可能不足以应付新出现的非国家扩散的威胁。基于这些机制制定的国际准则假设只有国家才有发展核武器的必要资源。根据‘9·11事件’后拟定的一整套新的假设来看，卡迪尔·汗的经验表明上述基本假设是有缺陷的”。① 正是这个教训让布什政府意识到，鼓励国际社会缔结合作协议不如转向推动国家间的合作行动。美国既准备通过武力手段遏制大规模杀伤性武器及其运载工具的需求，也准备在供应方面加强管制，既包括了防扩散也包括反扩散手段。“9·11事件”和卡迪尔·汗地下核网络的曝光证实并进一步强化了美国对新安全环境的判断，并成为美国推动加强原有多边军控机制和创设新的多边机制的主要动因。

第三个原因是军控机制内在的缺陷及推进军控制度建设面临的困难。美国国内对军控机制的质疑并非始于布什政府，克林顿政府时期有关军控机制是否能够有效满足美国安全利益需求的争议就开始了。质疑的声音主要来自国会中的共和党，他们主要质疑不扩散机制的有效性，认为大规模杀伤性武器的扩散是不可避免的，是无法控制的，传统的防扩散机制并不能有效慑止那些决意获得核武能力的国家，美国需要用反扩散政策取代不扩散政策。他们还质疑作为军控基石的《反导条约》和赖以实施双边军控的威慑战略——“确保相互摧毁”战略。他们认为，“确保相互摧毁”理论是冷战时代的产物，它增加了美国遭受意外和未经授权的导弹打击的危险，它不能有效地对付导弹向流氓国家或者恐怖分子扩散后对美国安全利益构成的威胁，美国现在要解决的不仅是防止扩散，还应该考虑如何解决大规模杀伤性武器扩散后美国所面临的威胁。国际军控条约或者协定签署之后，签约国能否信守条约成为问题，伊拉克、伊朗以及朝鲜所涉及的扩散问题加强了这些质疑的声音。同样，军控机制的确存在内在的缺陷，这些缺陷正被一些试图获取大规模杀伤性武器的国家所利用。根据《不扩散核武器条约》，无核国家放弃了发展核武能力的权利，但同时有权发展民用

① 查尔斯·卢茨（Charles D. Lutes）：《新出现的核扩散者：卡迪尔·汗与地下核市场》，《美国外交政策日程：今日核等式》，美国国务院电子期刊，2005 年 3 月，第 10 卷第 1 期，第 16 页。http：//usinfo. state. gov/journals/journals. htm.

核能。但在实际的操作中，很难平衡防扩散与和平利用核能的关系。因为某些国家可能以和平利用核能为幌子，借机发展核武能力。另外，冷战结束的新形势让美国感到继续推进军控制度建设存在一定困难。例如，参与军控的国家增多之后，谈判一项国际协议的时间加长，达成协议的难度加大，美国要实现其军控目的难度增加。冷战结束后，军控机制效用不彰的状况让美国丧失了推动军控制度建设的动力。

第四个推动美国调整军控政策的因素是决策者的政策倾向和国内政治环境。[①] 虽然战略安全环境的改变为美国军控政策调整提供了条件，但这种调整能否实现仍然受到总统政策偏好的影响。按照杰里尔·A. 罗赛蒂的分析，决策分为三个阶段，“第一阶段是确定议程，因为如果最终要制定一项政策，必须有问题要引起政府官员和政府机构的关注。作为制定政策的第二阶段是大多数人想象中的决策过程本身，也就是决策者相互作用从而达成某种决定的阶段。最后是执行政策，即由政府官员实施决定的阶段”。[②] 布什是第二次世界大战后与里根一样将军控议题看作外交政策中至关重要的组成部分的总统，因此他能够在政策形成的三个阶段都施加了非常重要的影响。他个人的信念、气质和风格都加速了美国军控政策的调整。他将军控议题列为需要优先处理的问题，投入了较多的时间和人力资源。布什总统变革美国军控政策的这种偏好同时受到了国内政治环境和突发事件的推动。一般而言，总统是各项政策的“加速器”，总统可以倡导、实施或者促成某项政策，也可以否决、反对一项政策；国会则对各项政策起到“刹车”的作用，既制约总统提出的立法，也可以推翻总统对国会立法的否决。但事实上，国会中共和党在过去 6 年中始终是控制众议院甚至是参众两院的多数党，这种权力分布显然有利于布什总统调整美国的军控政策，[③] 布什总统也的确获得了来自国会的舆论、立法和经费方面的支持。“9·11 事件”这个突发事件构成了布什政府调整美国军控政策的另一个推

① 有关这个问题的详细分析，详见作者论文：《美国军控政策中的政党政治》，第三章《影响政党介入军控政策的若干因素》，第 38 ~ 64 页。

② 杰里尔·A. 罗赛蒂：《美国对外政策的政治学》，周启朋、傅耀祖等译，世界知识出版社，1997，第 243 页。

③ 共和党在具体的军控问题上持有下列观点：反对全面禁止核试验、重视新型武器的研发试验以及部署、支持发展导弹防御能力、不相信军控协议、怀疑其他国家是否会遵守签署的协议、为最坏的情况做好准备。详见笔者博士论文第 38 ~ 64 页。

力。“9·11事件”让共和党总统和共和党议员吸取的教训是：不愿意接受军控所包含的相互克制的内容，怀疑双边或者多边军控机制的效用，强化美国军事力量，为最坏情况做出准备。“9·11事件”发生之后，保守力量和自由派力量所处的平台已经不平等，自由派倡导谈判、军控的声音受到了压抑，保守派声音能够获得更大的市场。

五　新安全环境下的美国军控政策

布什政府六年来的军控政策调整已经基本上展现了新安全环境下美国的军控政策的“新面貌”。美国为了发展导弹防御系统已经放弃了《反导条约》，这也意味着冷战时期美苏之间“确保相互摧毁”的战略将丧失意义。布什总统在2001年5月1日的国防大学讲话中表示：“威慑力再也不能仅仅建立在实行核报复威胁的基础上。……我希望完成改变我们关系基础的工作，即把以核恐怖平衡为基础的关系转变成以共同责任和共同利益为基础的关系。”① 在宣布美国退出《反导条约》的讲话中，布什总统也提到：“美国和俄罗斯正努力建立正式的新型战略性关系。”② 虽然短期内，美国并不可能完全消除“确保相互摧毁”的状态，③ 但美国已经不再接受“确保相互摧毁”的战略。随着美国导弹防御系统的能力的不断提高，美国最终实现第一次打击能力并非不可能。④ 美国的核战略已在经历重大调整，美国核武器威慑的对象重点发生转移，从主要针对苏联，转为同时应对潜在核大国和无赖国家，战略威慑的结构也发生了变化。调整后的核战略加强甚至超越了传统的威慑，裁军可以迅速逆转、攻防能力实现结合、

---

① Remarks by the President to Students and Faculty at National Defense University, Fort Lesley J. Mcnair, Washington, D. C., May 1, 2001, http://www.whitehouse.gov/news/releases/2001/05/20010501-10.html.

② President Discusses National Missile Defense, Office of the Press Secretary, December 13, 2001, http://www.whitehouse.gov/news/releases/2001/12/20011213-4.html.

③ 据分析，在未来十年美俄仍处于“确保相互摧毁”的状态。参见《“后冷战时代军控形势的回顾与展望”研讨会综述》，《美国研究》2003年第3期，第152页。

④ 2006年3～4月号的Foreign Affairs上刊登了两位学者的文章，文章称随着美国武库的迅速增加，俄罗斯武库的衰减，以及中国依然维持较小武库，确保相互摧毁的时代即将结束，美国核优势的时代即将来临。参见Keir A. Lieber and Daryl G. Press, “The Rise of U. S. Nuclear Primacy,” *Foreign Affairs*, March/April 2006。

常规和战略威慑实现相结合。① 美国秉持此种威慑战略将对其他国家构成相对较大的安全压力，其他国家很难在普适的全球或者多边及双边领域达成具有法律意义的军控条约或者协定，从而对自身的军备能力形成实质性的约束。因此，美国调整核政策后，军控领域的制度建设将很难取得进展。事实上，现在美国也不愿意受到条约的约束，美俄基本上进入了无条约军控时代。制度建设不再是美国军控政策的主导方向，但这不意味着美国不重视非正式的军控机制。从布什政府迄今为止的军控政策调整所能够看到的美国军控政策“新面貌”，新安全环境下的所谓适应新现实的美国军控政策主要包括如下几个方面的内容。

调整后的美国军控政策的第一个支柱仍然是防扩散。此时的防扩散有别于以前的防扩散，它涵盖的内容不仅包括原有的防扩散手段，同时也增加了新的防扩散方式。美国完善第一个支柱的方式包括有选择修补、巩固现有不扩散机制、加强原有的非条约的防扩散合作、增加新的防扩散手段。当前《不扩散核武器条约》在和平利用核能与防扩散平衡方面出现的麻烦极大程度上挑战条约的未来。美国不可能剥夺无核国家和平利用核能的权利，同时又要解决扩散关切。废止这个条约显然是不符合美国利益的，修改这个条约也是不现实的。目前比较可行的办法是就核能和平利用凝聚新的共识，解决和平利用核能可能造成的扩散问题。国际原子能机构和美国的确也在朝着这个方向努力。2005 年 9 月，国际原子能机构总干事巴拉迪提出建立国际燃料银行的设想后，美国能源部长塞缪尔·博德曼旋即于 9 月 26 日发表声明，称美国愿意为那些放弃铀浓缩计划的国家提供核反应堆燃料，从而控制核武器的扩散，为此能源部将为国际原子能机构可核查的、有保证的燃料供应安排储存 17 吨高浓缩铀。② 2006 年 1 月底，布什总统提出了“先进能源倡议”（Advanced Energy Initiative），其中涉及核能的内容就是“全球核能伙伴计划”（Global Nuclear Energy Partnership）。③ 这个计划如果得以贯彻，将极大降低民用核能所造成的扩散隐忧。此外，

① 孙向丽：《小布什政府期间美国核政策的调整》，提交中国社科院美国研究所主办会议“后冷战时代军控形势的回顾与展望”的论文。

② Francois Murphy，“U. S. Offers Reactor Fuel as Nonproliferation Measure，” *Global Security Newswire*，http：//www. nti. org/d_newswire/issues/2005/9/27.

③ 该计划详见 http：//www. gnep. energy. gov/。

美国还将继续加强出口管制机制，它既包括国内完善出口管制立法，也包括多边出口管制机制。美国原来的出口管制立法现已丧失效力，目前正在酝酿新的立法。由于在平衡经济利益与安全利益问题上的分歧，新的立法已经延宕多时，美国可能会加速国内出口管制的新立法。美国还将继续努力巩固原有的多边出口管制机制，这不仅包括推动成员国的扩大，还包括更新出口管制的“触发清单”。

加强原有非条约的防扩散合作则包括继续推动“合作削减威胁”项目，并将这个项目扩大到相关国家。合作削减威胁项目最初是针对前苏联国家，解决前苏联遗留在乌、白、哈的武器系统，协助解决反应堆的转换，核武器和材料的保护、控制、衡算和集中，甚至设立赠款项目解决核科学家的就业问题，防扩散效果比较显著。现在这个项目的目标国家已经得到拓展，已扩大到伊拉克和利比亚，以后如果朝核和伊核问题获得解决，它的范围有望继续扩大。项目力度的扩大则表现在“八国防止大规模杀伤性武器和材料扩散全球伙伴关系”，以及后续的计划和倡议。新的防扩散手段则包括现在美国提出的集装箱安全倡议及“百万港口”（Megaports）计划。美国将继续推动其他国家同美国合作，加入这些双边的倡议，从而编织复杂的防扩散网络。美国以后也可能提出新的防扩散手段，并寻求国际社会的支持。条约机制面临的麻烦就是守约（compliance）问题，美国将在国际社会推动加强守约的各种倡议和手段，不断强化国际原子能机构的核查能力。此外，美国还可能推动《禁止生产武器级裂变材料公约》的谈判，敦促《不扩散核武器条约》的缔约国正式批准国际原子能机构附加议定书，确定所有国家完成全面的国际原子能机构安全保障协议等。

调整后的美国军控政策第二个支柱是反扩散，它主要是针对扩散的接受方实施的战略或者政策。根据2002年12月公布的《抗击大规模杀伤性武器国家战略》，反扩散包括禁阻、威慑、防御与缓解几项内容。① 所谓禁阻是指防止大规模杀伤性武器的材料、技术和知识向敌对国家或者恐怖组织转移。这种手段是在不扩散无法奏效的情况下采取主动措施进行拦截，

① “National Strategy to Combat Weapons of Mass Destruction,” December 2002, http://www.whitehouse.gov/news/releases/2002/12/WMDStrategy.pdf. 这份国家战略详细勾画了美国在军控问题上的思路。

具体表现为美国的“扩散安全倡议”。现在美国号称已经有60个国家同意支持和合作，美国将继续推动成员国的增加，并落实合作的具体内容。威慑主要是政策宣示的威慑和军事力量的威慑，既有劝阻的内容，也有进行军事打击的可能。威慑中的实力部分既包括了常规的反应能力，也包括核反应能力。美国在2001年底的《核态势评估报告》中已经表明了可能进行核打击的七个国家和三种情况，这就是发出的威慑信号。此处的威慑内涵似乎还有进行制裁的含义，既有美国单边的制裁，也可能是美国推动国际社会的共同制裁。美国已经在加强军事威慑的各种手段，包括曾经提出的核钻地弹计划，以及最近的为战略导弹安装常规弹头的设想。防御和缓解是在上述不扩散、禁阻、威慑手段失效的情况下所采取的政策。它包括实施先发制人的军事打击，即在发现大规模杀伤性武器但尚未被敌对国家或者恐怖组织使用的时候进行先发制人的打击。这是美国防扩散政策中最有争议的内容之一。防御还包括积极防御和消极防御两个方面。所谓积极防御就是导弹防御的主动拦截，主要是在大规模杀伤性武器在发射的助推段实施拦截，这种方式比较有效，入侵性也比较强。消极防御因大规模杀伤性武器的种类不同而有区别。例如对于导弹的拦截，如果不进行积极防御或者积极防御失效，则在导弹飞行中段或者末段进行拦截摧毁。

调整后的美国军控政策第三个支柱是后果处理。所谓后果处理是指所有防扩散、反扩散手段均告无效，美国境内受到大规模杀伤性武器打击之后应该采取的措施。这些措施包括目前加强训练、制订规划、加强部分之间的协调、制订应急预案等。

（原载《美国研究》2006年第4期）

布什政府的中东政策研究*

陶文钊**

【内容提要】布什政府的中东战略服务于反恐与民主改造中东这两大互相联系的目标，而其核心的环节是伊拉克，也就是武力改造伊拉克，民主改造整个中东。到2007年这种政策走入了困境。布什政府遂调整政策：重启巴以和平进程，推动以色列改善与穆斯林世界的关系；在推广民主方面放松对阿拉伯国家的压力，在整个大中东地区建立孤立和遏制伊朗的联盟。而这种转变的突出事例是2007年11月安纳波利斯会议。但巴以和平进程由于诸多原因鲜有进展。

【关键词】美国外交　布什政府　中东政策

布什总统两届任期即将结束。人们开始盘点他的政治遗产。正如他的许多前任在任期间提出了“尼克松主义”、“里根主义”一样，布什也提出了自己的主张，被称为“布什主义”。虽然对如何定义布什主义仍有分歧，但学界普遍认为，先发制人、单边主义、政权更迭、保持美国在世界上绝对的军事优势、以美国的军事力量推广民主这样一整套主张是布什主义的主要特征。从2002年1月《国情咨文》提出“邪恶轴心说”确立打击目标，到2002年6月1日布什在西点军校的讲话和9月《美国

---

* 本文定稿时得到中国社会科学院西亚非洲所殷罡教授的指正，谨此致谢。

** 陶文钊，时任中国社会科学院美国研究所研究员、武汉大学珞珈讲座教授。

国家安全战略》提出实现目标的手段，直至2003年3月发动伊拉克战争，布什主义从理论走到了实践。[①] 布什主义的最集中表现是对中东的政策，或者说，中东是布什主义的主要试验场，用有的美国学者的话说，"中东处在布什主义的心脏"。[②] 研究布什政府的中东政策有助于深化对布什主义的认识。

冷战后美国对中东的政策可以概括为"东遏两伊，西促和谈"。克林顿政府认为，阿以/巴以问题是中东问题的核心，是中东局势长期动荡的根源，并为推动中东和平进程作出了一系列努力。及至布什当政，实行"去克林顿化"的政策，对中东政策进行了大幅度的调整。布什政府的中东战略服务于反恐与民主改造中东这两大互相联系的目标，而其核心的环节是伊拉克，也就是武力改造伊拉克，民主改造整个中东。巴以和平进程问题被置于反恐与民主改造这两个范畴之中，布什政府认为，一旦伊拉克实现了民主化，巴勒斯坦问题也会迎刃而解。一直到2007年下半年，布什政府实行的都是这样的政策。

一　伊拉克：先发制人、单边主义和政权更迭战略的试验场

布什任内所做的最主要的事情是打了两场战争：阿富汗战争和伊拉克战争。这两场战争性质不同，阿富汗战争是反恐战争，有联合国安理会的授权，有国际社会的支持。伊拉克战争则既无联合国的授权，也没有得到国际社会的支持。它是反恐战争的异化。伊拉克是布什主义的主要试验场。先发制人、单边主义、以美国的军事力量在国外推广民主这些办法都在这里得到充分的运用，亦在这里碰壁。

布什政府中最热衷于打伊拉克战争的是新保守派代表人物沃尔福威茨。他对在海湾战争中没有除掉萨达姆一直耿耿于怀。他和切尼在整个20

① 郝雨凡、赵全胜编《布什的困境》，时事出版社，2006，第99～102、299～302页。前总统卡特把布什主义概括为"政府的原教旨主义趋势"。参见吉米·卡特《我们濒危的价值观：美国道德危机》，汤玉明译、刘亚伟校，西北大学出版社，2007，第82～88页。

② Mary Buckley and Robert Singh, eds., *The Bush Doctrine and the War on Terrorism* (New York: Routledge, 2006), p. 104.

世纪90年代不断提出倒萨政策。[①] 其他新保守派支持他的看法。1998年，美国新保守派组织“新美国世纪”（New American Century）发表了两封关于伊拉克问题的公开信：1月致克林顿总统，几个月后致国会领袖。这两封内容大致相同的信论证说，对伊拉克的遏制政策既无效，也不可能持久，保护美国及其盟国不受大规模杀伤性武器威胁的唯一方法是推翻萨达姆政权。沃尔福威茨在发表这两封信及游说国会中起了关键作用。虽然在1998年10月通过了《伊拉克解放法》，但在克林顿政府任内这个政策的实施也仅限于向伊拉克流亡分子提供资助，鼓励他们去推翻萨达姆。这种做法连同在伊拉克设立禁飞区、对敢于挑战禁飞区的伊拉克空军设施实施被称为“沙漠之狐”行动的小规模空中打击一样，收效甚微。[②]

“9·11”恐怖袭击对于新保守派来说是千载难逢的机会，使他们可以根据他们的理念来重塑美国外交政策，把他们的理念正式变成美国的国家战略。“9·11”恐怖袭击使原先存在的对外交政策的许多束缚——比如来自民主党领导人的反对——消失了，于是，他们的理念可以畅通无阻，大行其道。[③] 布什本人、拉姆斯菲尔德、沃尔福威茨，以及布什的整个战争内阁都坚信，“对恐怖主义的全面战争最终必须把伊拉克作为目标”。[④] 他们不失时机地操纵了话语权，“营造了一个充满不安全因素的国内和国际环境”，在美国公众面前一浪高过一浪地制造“萨达姆威胁论”，把伊拉克列入“邪恶轴心”国家，指控“伊拉克长期以来与恐怖组织有联系，这些恐怖组织有能力也有意愿使用大规模杀伤性武器”，伊拉克“储存生化武器，重建制造生化武器的设施”，用五种不同的方式制造浓缩铀，如此等等。[⑤]

① 斯蒂芬·哈尔珀、乔纳森·克拉克：《美国为什么单干?》，邵崇忠等译，辽宁教育出版社，2007，第171页。Ivo H. Daalder and James M. Lindsay, *America Unbound. The Bush Revolution in Foreign Policy* (Brookings Institution Press, 2006), pp. 104, 129－130.

② *American Unbound*, p. 40.

③ Mel Gurtov, *Superpower on Crusade*: *The Bush Doctrine in US Foreign Policy* (Boulder an London: Lynne Rienner Publisher, 2006), pp. 37－38.

④ The Bush Doctrine in *US Foreign Policy*, p. 62.

⑤ *We Will Prevail President George W. Bush on War*, *Terrorism*, *and Freedom*, Foreword by Peggy Noonan, Introduction by Jay Nordlinger (New York and London: Continuum, 2003), pp. 191, 218, 223;《美国为什么单干?》，第173～174页。前总统卡特对布什的“邪恶轴心”说评论道：“当一个国家被贴上‘邪恶轴心国’的标签时，其人民就是贱民，不再是谈判的对象了，他们的生命也就不那么重要了。”参见《我们濒危的价值观：美国道德危机》，第4页。

由于这些新老保守派的误导，美国一时竟有70%以上的民众支持这场战争。沃尔福威茨后来承认："为了政治上的需要，我们就认定一条，即伊拉克拥有大规模杀伤性武器，因为这是每一个人都能认同的理由。"[①] 这样，依仗"9·11"恐怖袭击所动员起来的美国人民高涨的爱国热情，以及对萨达姆拥有大规模杀伤性武器、支持恐怖主义的指控，布什政府完成了伊拉克战争的国内准备。

对伊拉克战争的国际准备则要困难得多。如果能像海湾战争一样得到安理会的授权，美国就师出有名了。为此，2002年9月布什总统亲自在联合国大会上讲话进行伊拉克战争的动员；2003年1月鲍威尔国务卿在安理会两次做长篇发言提供伊拉克有大规模杀伤性武器的"证据"。然而，国际社会没有那么轻信，美国仍然不能组织起一个广泛的国际联合，尤其是美国的一些长期的欧洲盟国如法国和德国对战争都表示了坚决的反对。这与阿富汗战争时美国振臂一呼，世界响应的情况有天壤之别。最后美国只好不顾安理会的反对，单边主义地发动了军事进攻。萨达姆被推翻后，美国专门组织了包括军人、科学家和情报人员组成的1400人的伊拉克调查小组，对"大规模杀伤性武器"进行了12个月的调查，花费了10亿美元，结果一无所获。[②] 这使许多美国人感到受了误导和欺骗，包括一些资深的政界人士。

发动伊拉克战争本身是一个错误，在伊拉克的战后重建中，被迅速的军事胜利冲昏头脑的美军占领当局又犯下了一系列致命的错误。美军彻底粉碎了萨达姆的国家机器，却没有以可以运转的新机器来加以替代。美军占领当局遵循国防部的命令全面推行非阿拉伯复兴社会党化的政策，解散该党，宣布其为非法，逮捕其核心成员，禁止该党成员担任公职，甚至在政府下属企业和机构（包括大学、研究机构、医院）工作的复兴社会党员都不能继续留任。[③] 阿拉伯复兴社会党共有200万党员，其中高层干部约2万人，大多是逊尼派。在萨达姆时代，该党控制着国家社会生活的各个方面，撤销了这2万人的职务后，伊拉克的社会生活立即陷

① 《美国为什么单干?》，第169页。

② *American Unbound*, pp. 150 – 151.

③ L. Paul Bremer, *My Year in Iraq: The Struggle to Build a Future of Hope* (Simon and Schuster, 2006), pp. 39, 41.

入瘫痪，许多涉及民生的行业，如供水、供电、消防、粮食供应、学校、医院甚至垃圾处理等，都深受影响，严重阻碍了伊拉克的社会稳定和经济恢复。美军占领当局还解散了伊拉克军警，使71万多军官和士兵完全失业。许多前伊拉克士兵走上街头进行抗议，并威胁以暴力对抗临时管理委员会。由于这一政策遭遇强烈反对，后来对25万职业军人按月给予了50～150美元津贴，对其他前正规军士兵给予了一次性补偿。但800名高级军官则被打入另册，不予任何补偿。他们中的许多人掌握着萨达姆时代伊拉克的军事机密，熟悉伊拉克的军事设施，了解伊拉克武器弹药的储藏地点，他们的不满导致大量枪支弹药流失民间，加剧了伊拉克战后的社会动荡。①总之，这种“打击一大片”的政策的后果是极其严重的、深远的。首先，它使伊拉克的失业状况更加恶化，加剧了社会的不安定；其次，它使伊拉克社会战后长期处于无政府状态；再次，由于解散了伊拉克军警，削弱了边境的管理，伊斯兰极端分子因此得以轻而易举地越境进入伊拉克，使伊拉克的安全受到灾难性影响。在战后这几年中，伊拉克成了恐怖主义的乐园；最后，更为严重的是，它“为丛驱雀，为渊驱鱼”，疏离了逊尼派，给美军树立了许多本来或许可以避免的敌人。

伊拉克战争以来，伊拉克死亡的人数以数十万计，200多万难民背井离乡逃亡邻国，这对邻国的社会安定是一个冲击。而在这200万人中，有相当一部分是受过良好教育的中产阶级，这些医生、律师、工程师等社会精英本来应该是伊拉克重建的骨干，现在他们流失了。曾担任伊拉克临时政府总理的阿拉维大部分时间也在安曼。他痛心地说：“伊拉克社会的核心已不存在，因为中产阶级都离开了那里。”②

美国为这次战争付出的代价同样是重大的。到2008财年终了，美国在伊拉克的花费将达到5320亿美元，美军死亡4100多人，至今尚有14万美军驻扎在那里。更主要的是，美国还付出了精神方面的代价，伊拉克战争

① *My Year in Iraq：The Struggle to Build a Future of Hope*，pp.26，55，58. 拉姆斯菲尔德居然为伊拉克战后的混乱状态辩护说，这是“自由的混乱”，“自由的人们有自由去犯错误，去犯罪，去做各种错事情”。*American Unbound*，p.162。

② 2007年8月24日《环球时报》。

销蚀了美国的软国力，使美国的国际形象变得越来越负面。[①]

伊战以后，学术界对于美国到底为什么要打伊拉克战争已经有许多分析，见仁见智，各抒己见。笔者以为美国发动伊战主要有以下四个原因。

第一，为了确保美国在全球和中东地区的霸权，美国不能容忍萨达姆继续挑战美国。美国打了海湾战争，但萨达姆没有像中央情报局所预见的那样被推翻或暗杀，他活了下来。[②] 他对美国不但不服软，而且还对中东地区的亲美国家挥舞大棒，威胁它们不要盲目追随美国，声称“该地区的任何一个国家如果向侵略军提供设施的话，那么它们将独自担负起对他们的人民和真主所负有的责任，并将承担这一不可饶恕的行动所带来的后果”。[③] 这样，萨达姆政权的存在也就威胁到了美国在中东地区的霸权。而如果美国不能有效控制中东，简直难以想象美国的领导地位还会存在。[④] 著名的新保守派作家卡普兰和克里斯托夫写道：伊拉克战争“显然远非仅指伊拉克……甚至远非只涉及中东的未来”，它将代表“美国在21世纪的世界扮演何种角色”。在新保守派看来，萨达姆政权是冷战结束后所有与美国外交政策相左的国家的一个象征，而推翻这个政权恰恰“为美国阐明其全球目标和道德标准提供了机会”。[⑤] 一位前美国驻伊拉克外交官写道：“这场战争的深层次原因是要把美国治下的和平强加给这个地区，在这里培植附庸政权，由它们来控制这里的不安分的人民。”[⑥]

第二，进一步确保美国在中东的战略控制。中东的地缘战略地位十分重要。第二次世界大战以后，中东一直是美国的重点战略地区，在冷战中也是美苏争夺的主要地区之一。冷战结束后，美国通过建立海湾安全体系开始在中东确立不受挑战的军事和政治优势地位。即美国为该地区一系列小而弱的盟国的安全承担责任，而这些盟国则为美国提供有效的政治、财

① 根据皮尤中心的调查，在英国，伊拉克战争使美国的支持率从1999～2000年的83%下降到2003年3月的48%；在法国，从62%下降到31%；在德国，喜欢美国的人的比例从78%下滑到25%。见《美国为什么单干?》，第214页。更不要说别的国家和地区，尤其是穆斯林国家了。

② 《布什的战争》，第352页。

③ 安维华、钱雪梅：《美国与“大中东”》，世界知识出版社，2006，第337页。

④ Simon W. Murden, *Islam, the Middle East and the New Global Hegemony* (Lynne Rienner Publisher, Inc. 2002), p. 44.

⑤ 《美国为什么单干?》，第172页。

⑥ The Bush Doctrine in *US Foreign Policy*, p. 100.

政和基础设施方面的支持。美国与沙特等海湾合作组织国家都签订有这样的条约。这种安全体系对美国来说好处甚多。首先，美国在它所要保护的国家中事先准备了足够的基础设施和军事准备，以便对付它认定的威胁；其次，美国只承担很小一部分费用，大部分费用都由这些拥有大量石油美元的国家承担；再次，它还有助于美国阻止盟国从其他国家获得武器，而武器销售的利润十分丰厚。[①]

第三，伊拉克战争也是一场为石油和石油秩序而进行的战争。中东地区在全球石油储存和产量中都占有很大的份额。石油在中东的政治中历来占有重要位置。一些美国学者辩解说，美国打伊拉克战争不是为了石油，因为美国对中东石油的依赖低于欧洲和别的国家。这是一个事实。但问题不那么简单。伊拉克战争与美国控制中东石油之间有四层关系。一则，便于直接控制伊拉克的石油。伊拉克的石油储藏占世界的10.9%，在沙特阿拉伯之后居第二位。萨达姆实行石油资源国有化政策，阻断了美国企业控制该国石油资源的前程。推翻萨达姆，取消石油国有化政策，便会有利于美国直接控制伊拉克的石油。二则，美国认为只要萨达姆政权存在，海湾地区就没有石油安全。从20年代70年代末起，时任助理国防部长帮办的沃尔福威茨就警告说，伊拉克可能威胁沙特阿拉伯和科威特的油田。[②]1991年伊拉克对科威特的入侵似乎证实了他的想法，这对冷战后美国的世界霸权确实是一个挑战，美国必须把伊拉克赶出科威特。不仅如此，只要萨达姆政权存在，海湾就没有石油安全。三则，美国更看重对石油供应的政治控制。正如前面所说，其他一些石油消费大国都严重地依赖这一地区的石油，为此各国都希望在中东的石油中占有更多的份额。美国在伊拉克实行政权更迭，扶植一个亲美的政权，就更接近于控制中东的石油，就能掌握世界各国所需要的石油的开关阀门。这样，其他石油消费大国实际上也都必须在某种程度上依赖于华盛顿。[③] 四则，继续保持石油美元的统治

① 赵伟明：《中东问题与美国中东政策》，总序第5页。

② Rise of the Vulcans, p. 186.

③ 唐宝才主编《伊拉克战争后动荡的中东》，当代世界出版社，2007，第36～37页；福斯卡斯、格卡伊：《新美帝国主义：布什的反恐政治和以血换石油》，薛颖译，世界知识出版社，2006，第8页。《新美帝国主义：布什的反恐政治和以血换石油》一书对石油与伊拉克战争之间的关系进行了深入的分析，令人耳目一新。

地位。经过70年代一系列复杂的交涉，1975年美国与沙特达成一项协定，欧佩克承诺只用美元为石油定价。这样所有石油进口国都必须使用美元，也就对美元产生了依赖性需求。石油美元已经成为美国维持其在世界经济体系中的霸权地位的一个重要支柱。2001年11月，伊拉克宣布将使用欧元替代美元对其石油储备进行重新定价，这是第一次有欧佩克成员国敢于违反美元定价规则，在美国看来是大逆不道的事情。如果一大部分石油交易改用欧元或别的货币，更多的国家将不得不增加这些货币的储备，美国将不得不同这些货币直接争夺全球资本，甚至美国自己也不得不持有大量外币储备，那至少将意味着美国金融霸权的削弱，如果不是结束的话。这是美国绝不愿意看到的一种前景。①

第四，拓展美式民主，改造整个中东。这一点将在本文第二部分中详细分析。

伊拉克将作为布什政府的遗产留给他的后任。虽然在2007年初增兵以后，伊拉克的安全形势有所改善，但这种改善“是脆弱的、可能还会倒退”，“伊拉克的形势是困难的，而且仍将困难”。② 现在美伊《美军地位协定》尚未定议。待任总统奥巴马在竞选中表示，要在当政后16个月内撤除美军战斗部队。但伊拉克逊尼派内部的分歧、什叶派内部的分歧、两派的矛盾这些基本问题都没有解决，伊拉克国内形势重新向着低烈度的内战发展这种危险仍然存在，如何在撤军的同时留下一个安全的伊拉克对于奥巴马来说依然是一个严峻的挑战。

二　美式民主遭遇“水土不服”

美国政府历来重视外交中的意识形态，“把美国的外交政策建筑在美国的价值观之上”是美国决策者的口头禅。克林顿政府把国家安全、经济繁荣和扩展民主作为美国外交的三大支柱。③ 但布什主义却把美国外交中

① 《新美帝国主义：布什的反恐政治和以血换石油》，第9、16页。

② 即将担任美军中央司令部司令的彼得雷乌斯在2008年4月在国会作证时做了这样的表示，近日在接受采访时也做了这样的表示。德国《明镜》周刊2008年10月6日。参见《参考消息》2008年10月11日。

③ 参见牛军编《克林顿治下的美国》，第30～31页。

的意识形态因素强调到了极致。首先，它用非黑即白的二元化世界观看待问题，把复杂的国际关系简单化为善恶之争，世界上只有“对我们好的”和“反对我们的”，只有“爱好自由的”与“仇恨我们所热爱的自由”的。美国是善的代表，与美国对立的则是恶的代表，没有灰色地带。[①] 其次，它认为反恐是一场价值观的斗争。“9·11”以后，布什政府把恐怖袭击明确定义为是对民主和自由的攻击，是对“自由堡垒的进攻”，恐怖主义“攻击美国，就因为我们是自由之乡，是自由的卫士”，反恐是“热爱自由的人们”“铲除世上的邪恶者”的斗争，是“自由和恐惧的交战”，是“十字军东征”，还把对基地组织和塔利班的军事行动命名为“持久自由”。[②] 再次，它强调民主对美国国家利益的重要性，世界越民主，就越和平，对美国就越友好。在 2002 年 9 月出台的《国家安全战略报告》中开宗明义地说：“20 世纪自由与专制之间的伟大斗争以自由力量的决定性胜利而告结束。”[③] “9·11”以后不久，布什就宣布，对于中东和平和安全的最大希望在于拓展民主和自由。最后，它强调拓展民主是美国的责任，是美国发挥全球领导责任的一部分。2006 年 3 月出台的《国家安全战略报告》同样承袭了这一基调，报告的第一句话就是：“美国的政策是寻求和支持每一种民族和文化中的民主运动和机制，以达到在我们的世界上结束专制的终极目的。”[④] 它认为由于单极世界的出现，美国不仅应该捍卫自己的民主，更应该向没有实现民主的地区和国家输出民主，这是美国的历史使命。[⑤]

在美国决策者看来，伊拉克战争与拓展自由和民主之间有以下几层关系。

首先，萨达姆是“一个残忍的独裁者”，“一个嗜杀成性的独裁者”，[⑥]

---

① *American Unbound*, p. 186. “邪恶轴心”说的提出就是这种把世界区分为黑白两色的观念的表示。

② *We Will Prevail*, pp. 7, 34.

③ The National Security Strategy of the United States of America, September 2002, p. 1.

④ The National Security Strategy of the United States of America, March 2006, p. 1.

⑤ *We Will Prevail*, pp. 11 - 17; *Superpower on Crusade*. p. 38. 布什在 2001 年 9 月 16 日讲话中用了“Crusade”这个词，数日后，白宫新闻发言人表示，布什因为用了这个词而感到遗憾。但问题是，这不是口误，而恰恰是新保守派们的真实想法。

⑥ *We Will Prevail*, p. 184.

他的政权是一个扼杀自由和民主的暴政，美国推翻萨达姆是“解放”伊拉克人民，把民主和自由带给伊拉克人民，而“自由是人的不可谈判的诉求”，等等。① 布什政府认为，在萨达姆统治下，占伊拉克人口近80%的什叶派和库尔德人备受压迫，他们一定会欢迎美军去解放他们，就像1944年美军在诺曼底登陆后受到法国人欢迎一样。切尼在2003年3月16日，也就是美军对伊拉克开战前四天接受全国广播公司采访时就曾说，“事实上，我们将受到解放者那样的欢迎”。于是，布什政府把伊拉克战争取名为“伊拉克自由行动”。②

其次，要铲除恐怖主义，必须在中东推广民主，拓展自由。布什政府认为，专制和暴政是滋生恐怖主义的土壤，所以是对美国的制度和生活方式的直接威胁。“从长期来看，我们寻求的和平将只可以通过消灭滋长极端主义和谋杀的意识形态的条件才能实现。假如世界上各个地区依然处于绝望和增长的仇恨之中，这将为恐怖主义征募力量创造基础，恐怖主义将继续在今后几十年中在美国和其他自由国家作祟。”而消除暴政的根本方法是推广美国的价值观。③ 在美国决策者看来，全球民主化的浪潮几乎没有触及阿拉伯世界，大中东地区在20世纪没有发生什么重大变化，19世纪的政治体制和经济结构仍然保留了下来，包括美国在这一地区的许多盟国都还是专制国家。正因为中东离西方的民主自由太远，伊斯兰极端主义在这里大有市场，这里也成了恐怖主义的温床，对美国构成了威胁。布什政府是怀着“十字军东征”那样的激情和使命感在伊拉克，在整个中东地区推广民主的。

再次，伊拉克的民主化将在中东地区产生示范效应。美国要在中东地区拓展美式民主，在中东各国都受到一定的抵制。对于美国的盟国，美国不能施加太大的压力，而在伊拉克搞政权更迭，把这个“专制国家”变成民主国家，在中东的心脏地区树立一个民主的样板，则可能产生多米诺骨牌效应，“一个新的伊拉克政权将为那一地区的其他国家树立一个激动人心、令人鼓舞的自由的榜样”，“伊拉克可以成为整个中东地区和平、繁荣

① *American Unbound*, p. 129; *We Will Prevail*, pp. 192, 226, 229, 241, 245.

② *American Unbound*, p. 170.

③ “President Sworn in to Second Term,” available at: http://www.wihtehouse.gov/news/releases/2005120 - 1.html.

和自由的榜样”，“民主在伊拉克的成功将成为自由在整个地区的成功的发射台”，成为中东地区传统政治结构坍塌的第一张多米诺骨牌。①

最后，推而广之，中东民主化改造战略是美国在全球推广民主的重要组成部分。“民主”和“自由”是布什政府特别喜欢的两个词。可以不夸张地说，布什的两个《就职演说》和2002年9月、2006年3月的两个《国家安全战略报告》都是拓展民主和自由的宣言书和计划书。在他的第二个就职演说中，他使用了27次“freedom”，15次“liberty”。赖斯国务卿也声称，拓展民主是美国外交的终极目的，美国的外交“不仅应该反映世界，而且应该寻求改造世界”，因此她把这种外交称作“转型外交”。② 美国决策者认为，在20世纪70年代，全世界还只有40个民主国家，冷战结束后，民主化进程大大加速，到20世纪末已经有了120个民主国家。如果民主改造战略在中东成功，就又能增加20几个民主国家，并能对全世界产生极好的示范效应。正如美国副国务卿多布里杨斯基所说的，布什政府决心传播民主价值观始于“我们在阿富汗和伊拉克的努力”，美国还将“坚定地支持各大洲所有国家实现民主”。③

布什政府拟订了宏伟的计划：在整个大中东地区，包括22个阿拉伯/伊斯兰国家，以及土耳其、伊朗、巴基斯坦和阿富汗，推行西方式的民主，实行一系列政治、经济、外交、文化的全面变革，即所谓“大中东计划”。实际上在美国发动伊拉克战争以前，它就已经向中东国家提出了一个计划。2003年11月6日，布什在美国商会全国民主捐赠基金会成立20周年纪念大会上提出了“中东自由前瞻战略”。④ 在随后几个月中，美国外交官穿梭于阿拉伯国家和美国的盟国之间，咨询意见，试探反应。2004年6月，美国把经过修改后的计划在八国首脑会议上正式推出，冠名为“大中东

---

① *We Will Prevail*, pp. 227, 258; *The National Security Strategy of the United States of America*, March 2006, pp. 13, 36.

② “Transformational Diplomacy: Remarks at Georgetown School of Foreign Service,” p. 1.

③ 多布里杨斯基2003年2月9日在巴尔的摩外交事务理事会的讲话。转引自阎文虎《美国对中东民主化改造战略》，《西亚非洲》2005年第1期。

④ “President Bush Discusses Freedom in Iraq and Middle East,” Remarks by the President at the 20th Anniversary of the National Endowment for Democracy, United States Chamber of Commerce,” available at: http://www.whitehouse.gov/news/releases/2003/11/20031106-2.html.

北非伙伴关系计划”。计划重申了西方国家支持中东国家自由、民主、繁荣的承诺；表示要继续巴以、阿以和平进程，但强调冲突不应该成为改革的障碍，反之改革可以为冲突提供解决办法。计划宣称要恢复伊拉克的和平与稳定；要与有关各国政府、企业界和公民社会建立伙伴关系，并建立部长级的未来论坛。计划列出了政治、社会文化和经济三个方面的具体措施，包括尊重人权和基本自由，尊重多样性；发展教育，降低文盲率，尤其是妇女的文盲率，提倡男女平等；创造就业机会，扩大贸易和投资，尤其是区域内贸易，支持金融改革，保障产权，提高透明度，反对腐败，等等。①

但事与愿违，美国在中东拓展民主的努力没有得到任何中东国家真心实意的响应。这个计划的矛头主要是指向中东的温和国家、美国的长期盟友，如埃及、沙特阿拉伯等。由于这个计划旨在培育这些国家的亲美的民主派势力，逐步取代美国认为不民主的现政权，因此引起各国政府的警觉、防范和抵制。刚一得知这个计划，穆巴拉克就“强烈抨击这个由国外提出的准备使用的称做改革的药方”，他对埃及记者说：“我们听到这个计划，似乎这个地区和这些国家都不存在，似乎它们对自己的国土都没有主权。”阿拉伯国家的媒体也纷纷批评这一计划。《开罗时报》发表署名文章说：“美国政府决心要把变化或改革强加（给中东国家），而这里的民众却怀疑，外国人要求（中东国家）实行民主仅仅是干涉这一地区，并按照西方自己的利益来重新规划这一地区的借口。对伊拉克的占领和对巴勒斯坦人痛苦的漠不关心加深了这种担心。”②

美国计划受到抵制不是偶然的。首先，中东人民与美国在一些根本问题上看法大相径庭。在中东的穆斯林看来，伊斯兰不是恐怖主义的根源，中东也不是恐怖主义的大本营，甚至不是中东对美国构成了威胁。相反，美国对中东地区构成了威胁，美国对以色列的偏袒、对伊拉克的制裁、对中东石油资源的夺取才是中东地区反美情绪的真实原因。③ 其次，中东地

① Department of State, Office of the Spokesman: “A Performance-Based Roadmap to A Permanent Two-State Solution to the Israeli-Palestinian Conflict,” April 30, 2003. available at: http://www.whitehouse.gov/news/releases/2004/06/20040609-30.html.

② *The Bush Doctrine and the War on Terrorism*, pp. 109, 114-115.

③ 潘忠歧：《民主改造中东？解读小布什政府的中东战略构想》，《阿拉伯世界》2005 年第 1 期，第 14 页。

区的宗教精英力图保持他们在文化领域的地位，以免全球化的冲击，而政治精英则担心这个计划会使他们对权力的控制变得不再牢靠。尽管有的伊斯兰国家表现出与美国合作的积极姿态，但是他们这样做，与其说是顺从美国意愿进行民主化改革，不如说是做做样子，以逃避美国压力拖延民主化改革。①

大中东计划也遭到美国国内有识之士的批评。布热津斯基指出："美国在欧洲的支持和以色列的认同下去教导阿拉伯世界如何变成现代的民主社会至少引起了自相矛盾的反应。尤其是这一地区对于受到法国人和英国人控制仍然记忆犹新。"②

"民主化"实践的结果也走向美国决策者愿望的反面。在2005～2006年中东的一系列选举中，伊斯兰的强硬派别和极端主义势力发展壮大。在伊朗大选中，美国无可奈何地目睹强硬派领导人内贾德赢得选举，取代了比他温和得多的哈塔米。在埃及选举中，美国敦促穆巴拉克放松执政党对政权的控制，使得穆斯林兄弟会的伊斯兰原教旨主义分子成了议会选举中最大的赢家，他们的议席从15席猛增到88席。更为轰动的是，在2006年1月巴勒斯坦立法委员的选举中，激进势力哈马斯获得新政府的组阁权。在摩洛哥、巴林、科威特、约旦、黎巴嫩等国，伊斯兰的强硬势力都成了选举的大赢家。总之，人们没有看到布什政府所说的民主的"溢出效应"，恰恰相反，美国力图推行的"中东民主化"成了一个"世俗力量衰落、宗教力量兴起"的过程，美式民主在这里遭遇水土不服。

事实表明，民主没有整齐划一的模式，它是从一个国家的历史、文化和社会中自然生发出来的，而不是从外部移栽进去的；它也必须适应一个国家的特定发展阶段，因而是一个不断发展和完善的过程。民主不是可口可乐。可口可乐的原汁都是在亚特兰大总部生产的，公司把它运到世界各地，在那里兑上水，罐装起来，就成了人们日常喝的可口可乐。民主却不是这样，它必须在各个特定的国家的具体情况下生根发芽，与当地的文化、传统、风俗、习惯相结合、相协调，美式民主在中东遭遇水土不服并不意外。诚如法国前外长韦德里纳所说，"美国确定的对阿拉伯—穆斯林

① 潘忠岐：《民主改造中东？解读小布什政府的中东战略构想》，第15页。

② *The Bush Doctrine and the War on Terrorism*, pp. 109, 115.

世界的政策产生的是与所追求的目的相反的结果：它远没有削弱伊斯兰圣战主义，却促使温和的穆斯林走向极端，削弱了我们本应该支持的那些主张改革、开放与和平的穆斯林的力量。”①

三　对中东和平进程的忽视

在过去几十年中，巴勒斯坦问题一直是中东问题的核心。乔治·沃克·布什当政后把伊拉克问题作为中东政策的核心，而把巴以和平搁置一边，在阿拉伯世界的眼中，这无异于对以色列强硬势力的放纵。“9·11 事件”后，美国为了争取阿拉伯国家对美国反恐的支持，提出了支持巴勒斯坦建国的思想。2001 年 10 月 2 日，布什在白宫会见国会两党领袖时表示，只要以色列的生存权利得到尊重，美国的中东和平计划中始终包含建立“巴勒斯坦国”的设想。11 月 10 日他在联大的讲话中说：“美国政府也坚持自己在推动中东和平问题上的承诺，我们正努力朝着实现以色列和巴勒斯坦两国和平共处的那一天迈进。”② 2002 年 6 月，布什政府在与以色列和欧盟国家协商之后提出了中东和平新计划，这是后来的“路线图”的雏形，其中包括 2005 年巴勒斯坦建国的目标。③ 12 月，四方机制（美国、俄罗斯、欧盟、联合国）在华盛顿最后敲定路线图。但当时美国正忙于准备伊拉克战争，路线图没有提上日程。及至伊拉克大规模军事行动结束，2003 年 4 月 30 日，美国驻以色列大使和四方机制特使分别向巴以双方递交了路线图计划。

该计划确定了三个阶段。第一阶段，2002 年下半年至 2003 年 5 月，巴以实现停火，结束暴力冲突，巴方须有效打击恐怖主义，进行全面政治改革；以方须撤离 2000 年 9 月 28 日后占领的巴勒斯坦领土，拆除 2001 年 3 月以后建立的定居点；第二阶段，2003 年 6 月至 2003 年 12 月，巴方完成大选，四方机制组织召开中东问题国际会议，建立拥有临时边界和主要

① 安惠侯：《紧张战乱又一年》，《阿拉伯世界研究》2007 年第 1 期，第 10 页。

② “President Bush Speaks to the UN,” United Nations General Assembly, New York, November 10, 2001. In John W. Dietrich, ed., *Presidential Speeches with Commentary*, p. 58.

③ 殷罡：《以巴和平进程十年回顾与展望》，参阅杨光主编《中东非洲发展报告（2003～2004）》，社会科学文献出版社，2004，第 98～99 页。

象征的临时巴勒斯坦国；第三阶段，2004至2005年，四方机制将推动巴以就边界、耶路撒冷地位、赔偿、难民回归、巴约边界、巴埃边界安全等棘手问题进行谈判，同时，有关各方将推动叙以、黎以谈判，实现阿以关系全面正常化。[①]“路线图”计划首次比较全面地提出了解决巴以问题的计划，肯定了“以土地换和平”的原则，为和平进程确定了新的谈判依据和时间表，尤其是明确提出了2005年实现巴勒斯坦建国和实现“巴以和平共处”这两个并重的目标，以及双方应当承担的义务，是对巴以和平进程的一个推动。

“路线图”得到了巴以双方和阿拉伯国家的积极响应。沙龙针对利库德集团内部和国内的强烈批评意见说：“我想明确地说，我想尽一切所能（与巴勒斯坦方面）达成一项政治协议，因为这对以色列很重要。”阿巴斯宣布停止阿克萨起义，呼吁巴勒斯坦人采用和平手段结束以色列的占领。[②]2003年6月初在埃及沙姆沙伊赫举行的美阿峰会上，“路线图”计划得到阿拉伯国家的认可和支持。会后，穆巴拉克代表阿拉伯国家发表声明，强调阿拉伯国家将同美国一道，抓住机遇，推动中东和平进程，履行所有有关“路线图”计划的承诺。

布什政府也表现了一定的热情。6月4日，布什在出席了沙姆沙伊赫美阿峰会后宣布，美国愿意帮助巴以尽快实现真正和平，他表示，美国将为一个新的、重组的巴安全机构提供支持和培训，把巴以和平事业作为最优先的事项，并指定赖斯作为他的个人代表，帮助巴以尽快实现真正的和平。[③]5日，布什又出席了亚哈巴美巴以峰会，为执行“路线图”计划确定实际步骤。此后，美国中东问题特使沃尔夫、国务卿鲍威尔、国家安全事务助理赖斯相继访问以巴，6月28日赖斯的访问还促成双方签订了停火

---

① “A Performance-Based Roadmap to A Permanent Two-State Solution to the Israeli-Palestinian Conflict,” April 30, 2004. available at: http://www.state.gov maintained by the Bureau of Public Affairs.

② 孙德刚：《中东和平“路线图”浅析》，《西亚非洲》2004年第1期，第20页；殷罡：《以巴和平进程十年回顾与展望》，第98～99页。

③ “President Meets with Leaders of Jordan, Israel and Palestinian Authority Remarks by President Bush, His Majesty King Abdullah of Jordan, Prime Minister Sharon of Israel, and Prime Minister Abbas of the Palestinian Authority,” June 4, 2004. available at: http://www.whitehouse.gov/news/releases/2003/06/20030604-1.html.

协定：哈马斯、杰哈德、法塔赫三个组织加入了停火协议，宣布在3个月内停止对约旦河西岸、加沙地带，以及以境内的以色列人实施武装袭击；以色列则从加沙地带北部和约旦河西岸城市伯利恒撤军，将上述地带的安全事务移交给巴民族权力机构，并停止对巴勒斯坦武装分子的搜捕、打击和定点清除行动。①

但“路线图”本身不是巴以谈判的结果，而是美国和外部世界加给双方的，它有先天不足。巴以内部的强硬派都反对该计划。阿拉法特和总理阿巴斯又政见不同，阿拉法特坚持“和谈”和“起义”并用，阿巴斯是温和派的代表，信奉非暴力主义，选择阿巴斯当总理是阿拉法特在美以强大压力下作出的决定，两人之间又有权力之争。由于这些及其他原因，“路线图”计划实施起来困难重重。8月底，耶路撒冷再次发生汽车炸弹袭击，造成21人死亡，以色列旋即对袭击进行报复。9月6日，阿巴斯辞去总理职务。阿巴斯辞职是对“路线图”计划的沉重打击。国际上普遍认为，巴勒斯坦内部强硬派又占据了上风。以色列总理府声明，绝不接受阿拉法特或他的亲信领导的巴勒斯坦政府。以外长沙洛姆称，以色列绝不会与阿拉法特进行谈判，因为现在的阿拉法特是“问题制造者，而不是问题解决者”。多名以内阁官员甚至威胁要驱逐阿拉法特。美国认定阿拉法特支持恐怖主义，认定他本人就是巴以和平进程的最大障碍，决意要把他排挤出局。11月6日，布什在一次讲话中公然宣称，“对于巴勒斯坦人民来说，民主之路是通往独立、尊严和进步的唯一途径。那些阻碍和破坏民主改革、放纵仇恨、鼓励暴力的巴勒斯坦领导人，他们根本就不是什么领导人，他们是通向和平和民主的主要障碍，是通向巴勒斯坦人民成功的主要障碍”。② 显然，美国决意在巴勒斯坦内部寻找新的和谈掌门人，构建一个没有阿拉法特的巴以和平进程。为了实现这一目标，美国把巴以和平进程搁置起来，转而要求巴勒斯坦建立民主政治体制。在一年中，巴以和平进程不进则退，形势更加恶化。

阿拉法特被困在拉姆安拉，甚至失去了人身自由，2004年11月在内

① 《巴以达成撤军协议，巴武装组织将宣布停火三个月》，参阅网页 http://news.tom.com，2003年6月28日。

② “President Bush Discusses Freedom in Iraq and Middle East: Remarks by the President at the 20th Anniversary of the National Endowment for Democracy, United States Chamber of Commerce.”

外交困中病故，美以把他排挤出局的目的达到了。阿巴斯接任巴民族权力机构主席，美国才又重拾“路线图”计划。2005 年 2 月国务卿赖斯访问中东，分别会见了沙龙、阿巴斯，敦促双方恢复会谈。5 月下旬，阿巴斯访美，受到美方罕见的高规格接待。布什政府不仅再次承诺坚持“路线图”计划，帮助巴勒斯坦实现建国梦想，而且向巴勒斯坦提供了 5000 万美元的直接经济援助，这笔款项可以由巴勒斯坦自治政府直接支配，用于以色列从巴勒斯坦撤离后帮助巴勒斯坦人在那里修建住房和基础设施。这 5000 万美元是美国国会此前已经批准的 2005 年对巴援助 2 亿美元的一部分。布什还要求在下一个财政年度向巴提供 1.5 亿美元。而在过去十年间，美国向巴勒斯坦提供的援助总共不过 2000 万美元。① 从 8 月起，沙龙不顾国内反对派的阻挠，坚持实行“单边行动计划”，结束了以色列长达 38 年的对加沙地带的占领，并加紧在以色列与约旦河西岸之间修建隔离墙。一些阿拉伯国家也主动调整与以色列的关系。整个 2005 年，阿以关系出现了少有的较长时间的平静。

但又是好景不长。以色列方面，沙龙在 2006 年 1 月 4 日中风，主张对巴实行强硬政策的奥尔默特上台。巴勒斯坦方面，激进派别哈马斯在 1 月举行的巴立法委员会选举中胜出，在巴历史上首次当政组阁。哈马斯是美国认定的恐怖主义组织，在“路线图”计划中是被取缔的对象，美国于是提出了承认哈马斯政府的三个条件：拒绝恐怖主义，承认以色列生存的权利，接受迄今在巴以间达成的作为和平基础的国际协定。② 哈马斯拒不接受这些条件，美国拒绝以它为对手。美国与以色列联手，企图孤立并推翻民选的哈马斯政府，激化了巴勒斯坦内部两派的争斗，巴以和平进程再次遭遇挫折。

2006 年夏天，又发生了以色列与黎巴嫩真主党的军事冲突，美国支持以色列进攻真主党，更加激起阿拉伯世界的不满。美国在黎以交战期间，加紧向黎巴嫩运送精确制导炸弹，由于美国的支持，以色列战机、导弹、燃油、技术样样不缺。对于国际社会的停火呼吁，布什政府一拖再拖。布什和赖斯都说，不能简单地恢复原状，那是“虚假的和平”，必须有“一

① 李伟建：《美国对中东战略与政策：悖论及影响》，《西亚非洲》2005 年第 6 期，第 44 页。

② “Press Briefing by National Security Advisor Stephen Hadley on President's Trip to the Middle East,” May 7, 2008, *Washington File*, May 9, 2008, p. 5.

个持久的解决办法”。美国国会众参两院也通过了支持以色列的决议。由于美国的这种纵容态度，使以色列和真主党的停火拖延了时间。

在沙特等阿拉伯国家的调停下，法塔赫与哈马斯于2007年2月达成“麦加协议”，并于3月组成民族联合政府。巴两大派既有政见分歧，又有权力之争，加上美国和伊朗的挑动，两派矛盾日益尖锐，多次爆发流血冲突。自6月起，两派在加沙地带暴力冲突升级，哈马斯武装全面控制了加沙地区。巴民族权力机构主席阿巴斯解除联合政府总理职务，宣布哈马斯武装为“非法”，并另组紧急政府，巴境内形成实际分裂割据局面。

到了2007年，布什政府的中东政策已经走进了死胡同：在对伊拉克增兵3万以后，伊拉克局部安全形势有所好转，但动荡的根源依然存在，战后重建步履艰难；在中东拓展民主的努力效果适得其反；巴以和平进程没有进展，穆斯林世界越来越不满，反美主义越来越强烈；最为严重的问题是，伊朗坐大，伊朗核问题突出，成为对美国在中东地区霸权地位的最主要挑战。

对于如何走出这盘死棋，美国国内的有识之士一直认为，中东问题的核心是阿以和平问题，尤其是巴以和平。2006年下半年，布什任命了由前国务卿詹姆斯·贝克和前国会众议院国际关系委员会主席李·汉密尔顿为两主席的跨党派小组，专门研究伊拉克问题。11月底，该研究小组的报告出台，其中强调，除非美国直接应对阿以冲突和地区不稳定问题，美国是不能达到其在中东的目标的。报告敦促布什政府重申它在各个方面对中东和平的承诺，包括“两国方案”的承诺，根据“以土地换和平”的原则立即重开巴以谈判。[①] 中东地区的领导人也一再重申巴以和平进程的极端重要性。约旦国王阿卜杜拉2006年11月27日指出：“当地人仍然认为，除非以色列和巴勒斯坦找到共存途径，否则中东任何地区都没有和平可言。巴以之间存在的问题，会引发整个中东和阿拉伯世界的不安全、怨恨和不满。”[②]

中东政策的困境使布什政府领悟到必须调整政策。从2007年年中起，布什政府就在酝酿调整对中东的政策。这种调整的取向是：在拓展民主方

① James Baker and Lee Hamilton, *The Iraq Study Group Report*, pp. 37 – 39.

② 安惠侯：《紧张战乱又一年》，第9页。

面减轻对阿拉伯国家的压力，改善与温和的阿拉伯国家的关系；努力推动巴以和平进程，改善与穆斯林世界的关系；把伊朗作为主要的打击对象，在整个大中东地区建立广泛的孤立和遏制伊朗的联盟。而这种转变的分水岭是安纳波利斯会议的举行。

布什第一次提到要举行这次会议是在7月16日。他在一次讲话中表示要增强巴勒斯坦人民中的温和和和平的力量来建立巴勒斯坦国，实现两国方案，要求巴以双方恢复谈判，“这种谈判必须解决困难问题，支持明确的原则。谈判应该保证，以色列是安全的，相邻的巴勒斯坦国是有生命力的”。[①]他希望在他的任期结束之前实现这个目标。为此，布什还表示要加大对巴勒斯坦的援助力度。用助理国务卿韦尔奇的话说，“总统在7月份勾画了一幅蓝图，他讲到要做一件事情，能把多个目标结合到一起”。布什政府把它看作中东政策的“一个转折点”，他还希望通过这次会议动员起国际社会对巴以和平进程的支持。[②] 而且既然阿巴斯已经宣布哈马斯为“非法”，成立了紧急政府，美国也可以理所当然地把哈马斯排除在和平进程之外了。

11月27日，布什倡议的“中东问题国际会议”在马里兰州的安纳波利斯举行。布什、阿巴斯、奥尔默特和49个国家、地区及主要国际组织，包括16个阿拉伯国家的代表出席了会议。这就是安纳波利斯会议。奥尔默特和阿巴斯都表示坚决支持这次会议。阿巴斯在会前表示：“美国、以色列和巴勒斯坦方面都坚持，我们必须在布什总统任期结束之前达成协议。”[③] 在27日会议上布什首先致辞，并宣读了巴以达成的《共同谅解文件》。文件除了表示在2008年底前达成协定的决心外，还提出了一些具体措施，如建立谈判的常设委员会，两位总统举行双周会，建立美—巴—以三方机制等。布什在讲话中对巴、以、阿三方都提出了要求，对巴方的要求主要是打击恐怖主义，拆除恐怖主义的基础设施；对以色列的要求主要是结束1967年以来的对巴勒斯坦领土的占领，拆除非法检查哨，结束定居点的扩张；对阿拉伯国家

---

① Merle D. Kellerhanls, Jr., "Middle East Peace Conference Sets Stage for Formal Talks," *Washington File*, November 23, 2007, p. 3.

② "Assistant Secretary Welch on Middle East Peace Process (September 18, 2007)," *Washington File*, September 19, 2007, pp. 5, 8.

③ Merle D. Kellerhanls, Jr., "Middle East Peace Conference Sets Stage for Formal Talks," *Washington File*, November 23, 2007, p. 4.

的要求是强烈支持巴勒斯坦权力机构，实现与以色列关系正常化。[①]

安纳波利斯会议使巴以和平进程在停顿7年之后得以重启，并提出了在2008年底达成协议、实现巴勒斯坦建国的目标，并且得到了国际社会的支持；但《共同谅解文件》没有法律约束力，阿拉伯方面要求会议就巴以间核心问题达成可操作的框架协议，包括解决问题的具体步骤、行动方案和时间表，但均未能实现。会议没有也不可能在巴以关系上取得突破。[②]

以安纳波利斯会议为标志，布什政府对巴以问题的政策由过去的片面支持以色列的"一边倒"政策调整为在巴以之间采取较为平衡的政策。一方面，美国要求以色列克制有害和平的行动，反对奥尔默特提出的采取单边行动划定永久性边界的主张，批评以色列在耶路撒冷的建房计划"将为巴以和谈蒙上阴影"，对以色列部分解禁对巴的代征税款表示欢迎，呼吁以色列对巴激进组织发动的火箭袭击保持克制；另一方面又加大了对巴的援助力度，试图在巴以之间扮演一个不偏不倚的"和平使者"的角色。[③]

10个月来，布什本人两次访问了巴以，切尼也进行了一次访问，赖斯则走访了八次，阿巴斯和奥尔默特也多次到华盛顿会晤布什。但巴以和谈进程却没有取得实质性进展。归结起来有如下原因。

第一，这是巴以问题本身的复杂性所致。巴以冲突延续了几十年，在涉及巴国领土范围、耶路撒冷归属、难民回归、水资源分配、犹太人定居点等核心问题上，双方分歧严重，积重难返。

第二，负责进行和谈的巴以双方都是弱势政府，内部都有势力强大的反对派。"以色列是我们的家园"领导人利伯曼1月16日宣布该党退出执政联盟，以色列境内掀起了由右翼党派、犹太人定居者等组织的大规模抗议示威活动，指责奥尔默特是出卖上帝应许给以色列之地的"叛徒"。[④] 巴

① "Remarks by President Bush at Annapolis Conference (November 27, 2007)," *Washington File*, November 28, 2007, pp. 7-9.

② 安惠侯：《新形势下中东问题与大国中东政策》，《阿拉伯世界研究》2008年第2期，第5~6页。

③ 王勇辉、陈慧：《美国在巴以和平进程中的角色调整》，《阿拉伯世界研究》2008年第2期，第60页。在2007年12月17日援助巴勒斯坦国际会议上，美国承诺向巴提供5.55亿美元，用于发展项目、平衡预算、安全改革及救济巴勒斯坦难民，并在以后三年中向巴勒斯坦提供74亿美元的援助。在此之前，布什政府于7月16日宣布向巴提供1.9亿美元援助，包括加沙地带开展人道救援的资金，并另外通过海外私人投资公司向巴勒斯坦公司企业提供2.2亿美元。

④《以军打死哈马斯创始人之子，巴以谈判前景未可乐观》，新华网，2008年1月17日。

勒斯坦依然处于分裂状态。

第三，美国和以色列都决定只与巴勒斯坦的温和派进行谈判，而把实际占领加沙地带的哈马斯排除在外。哈马斯则认为阿巴斯和法塔赫是要借助以色列来搞垮哈马斯，不仅反对阿巴斯要求巴武装力量停止向以色列发射火箭弹的呼吁，还指责阿巴斯企图“搭乘以军的坦克重返加沙”。[①] 而奥尔默特则认为，巴勒斯坦关于打击恐怖主义的承诺是和平进程的“中心关键，是使谈判进程能顺利终结的主轴”。[②] 哈马斯与以色列之间的武装冲突一再使和平进程处于崩溃边缘，谈判要取得进展确乎是太难了。

第四，双方一个具体的分歧是约旦河西岸犹太人定居点问题。路线图的第一阶段要求以色列冻结定居点建设，并拆除2001年3月以后建立的定居点。但安纳波利斯会议后，以色列继续在西岸地区和东耶路撒冷扩建定居点和住宅，引起巴方强烈不满。阿巴斯几次提出，定居点问题是“和平进程的最大障碍”。布什政府也对以色列进行了一些批评，如赖斯在6月中旬访问中东时就说，“当我们需要在各方之间建立互信时，继续建设定居点的活动具有威胁谈判继续前进的危险”。[③] 但美国的批评过于温和，以色列我行我素，不予理睬。

2007年9月，美国由次贷危机引发的金融危机愈演愈烈，布什政府忙于应付金融危机，已经无暇顾及巴以和谈。以色列总理奥尔默特陷入丑闻，利夫尼接任后又遭遇组阁危机，以色列将在2009年2月举行大选。在布什任内实现巴勒斯坦建国这个目标是不能实现了。

四　孤立和遏制伊朗

从1979年伊朗伊斯兰革命以来，美国与伊朗一直处于敌对状态。克林顿政府对伊朗和伊拉克实行“双重遏制”政策，维持了中东地区脆弱的力量均势。布什当政后更强化了对伊朗的遏制。2001年3月，布什签署命令，延

① 《“血腥星期六”恶化巴以局势》，新华网，2008年3月4日。

② “Remarks by President Bush and Prime Minister Olmert in Join Press Availability（January 9, 2008），” *Washington File*, January 10, 2008, p. 8.

③ David McKeeby, “Rice Warns Israel on Settlement Expansion,” *Washington File*, June 17, 2008, p. 3.

长了对伊朗的贸易和投资禁令。尽管伊朗在“9·11”恐怖袭击后即向美国表示支持国际反恐，并采取了诸如关闭与阿富汗的边界、支援北方联盟、允许国际救援物资从伊朗境内运进阿富汗等措施支持美国对塔利班的战争，但美国一直怀疑伊朗参与了恐怖袭击。2002 年初，布什在《国情咨文》中把伊朗打入“邪恶轴心”国家之列。在布什政府和新保守派战略家们看来，伊朗从诸多方面威胁了美国在中东的利益和美国盟国的安全。

第一，伊朗支持恐怖主义。作为成功进行过伊斯兰革命的什叶派穆斯林大国，伊朗一直与埃及、约旦、叙利亚、黎巴嫩和巴勒斯坦等国家和地区的伊斯兰运动组织穆斯林兄弟会、真主党、哈马斯和杰哈德等有比较密切的关系，也对周边国家和地区的伊斯兰复兴运动的发展有一定的影响力。而美国的恐怖主义组织名单就包括了上述组织。美国认为伊朗是“全世界对国家恐怖主义最积极的支持者”，把它列为“十大恐怖主义的国家”之首。① 直到 2008 年 9 月，布什在联合国大会发表演讲时提到了两个支持恐怖主义的国家，伊朗是其中之一。②第二，伊朗企图开发大规模杀伤性武器，尤其是发展核武器。不论民主党还是共和党政府都认定，伊朗进行核开发的目的是要获得核武器。③ 而在“9·11”后，美国认为面临的“最严重威胁在于极端主义与技术的结合”，④ 如果伊朗真的拥有了核武器和运载工具，那恰恰就是对美国最严重的威胁。第三，伊朗威胁以色列的生存，并通过支持中东的激进势力破坏中东和平进程，破坏中东和平路线图。第四，在伊拉克战争以后，美国又指责伊朗支持伊拉克的什叶派武装，包括萨德尔的迈赫迪军，破坏伊拉克的稳定。⑤ 第五，在推翻了萨达姆政权后，伊朗成为美国控制海湾地区的最大障碍。如果伊朗成为地区大国，那就将

---

① 高祖贵：《布什政府对伊朗政策的分析》，《西亚非洲》2004 年第 3 期，第 46～47 页。

② “Remarks by the President to the United Nations General Assembly (September 23, 2008),” *Washington File*, September 24, 2008, p. 10.

③ Robert Kagan and William Kristol, eds., *Present Dangers: Crisis and Opportunity in American Foreign and Defence Policy* (San Francisco: Encounter Books, 2000), pp. 131 - 144.

④ The White House, *The National Security Strategy of the United States of America*, September 2002, p. 2.

⑤ “Iran Training Iraqi Insurgent Groups, General Says (July 3, 2007),” *Washington File*, July 5, 2007. 2008 年 10 月，位于西点的美国反恐中心发表了一个 80 多页的研究报告，详细列举了 2007 和 2008 年伊朗支持伊拉克武装分子的情况。参阅网页 ctc. usma. edu/Iran. Iraq. asp。

威胁美国在这一盛产石油的具有重要战略意义的地区的主导地位，因为伊朗扼守霍尔木兹海峡，中东的石油通道的安全也将受到威胁。第六，如前所述，布什政府是特别看重外交中的意识形态的，伊朗所倡导和坚持的伊斯兰运动的宗旨就是美国的意识形态的敌人。

尽管美国把三个国家确定为“邪恶轴心”，但对它们的政策还是有所区别。美国不可能对这些国家同时搞政权更迭。对朝鲜，美国在施压的同时准备与现政权打交道；对伊朗，美国对现政权施加压力，寄希望于改革派来改变政局；对伊拉克则是赤裸裸的政权更迭。①

哈塔米执政后，伊朗国内改革派和保守派展开了激烈争夺，国内政治斗争呈现犬牙交错之势，这给美国带来了希望。2002 年 7 月，伊朗各地出现学生示威游行，布什发表声明支持伊朗的学生运动。12 月 20 日，布什在“明日广播”（美国对伊朗开设的波斯语广播节目）的开播式上发表讲话，赞扬抗议活动“代表伊朗民众争取实现自由伊朗的开始，具有积极意义”，并重申对伊朗民主运动和改革运动的支持。美国参众两院则分别在 7 月通过决议，呼吁“美国政府对伊朗而不是伊朗政治人物采取更积极的姿态”。② 2003 年 12 月 25 日，伊朗古老的旅游城市巴姆地区发生强烈地震，导致 4 万多人死亡。副国务卿阿米蒂杰破天荒地深夜打电话给伊朗驻联合国大使穆罕默德·贾瓦德·扎里夫表示慰问并协调救援工作。半小时后，扎里夫回电转发了哈梅内伊的感谢。29 日，一架满载救援物资的美国军用飞机降落在巴姆，这是 1979 年伊斯兰革命以来的第一次。布什政府还支持流亡的伊朗人，支持他们在美国成立组织；还加大了对伊朗的宣传力度，2002 年 12 月开通了一天 24 小时广播的波斯语节目“明日广播”，从 2003 年 10 月前后开通了对伊朗的波斯语网络，每天浏览网站的人数达到 3000 人。“美国之音”从 2003 年 7 月起还开通了对伊朗的电视节目。

但伊朗的形势却没有如美国决策者所希望的那样发展。在 2005 年 6 月举行的大选中，持强硬的保守派立场的德黑兰市市长艾哈迈迪·内贾德以绝对优势胜出。这既是伊朗内部复杂政治斗争的结果，也是对美国长期打压伊朗的反应。布什政府的“邪恶轴心”论一出，伊朗就立即爆发了声势

① 笔者对美国副总统国家安全事务副助理叶望辉（Steve Yets）的采访，2002 年 7 月。

② Kenneth Katzman, “Iran: Current Development and U. S. Policy,” July 25, 2003, *CRS Report*, p. 3.

浩大的持续的抗议活动，此后伊朗公众中的反美主义上升，2003 年 2 月伊朗举行地方选举，保守派在德黑兰获得了比改革派更多的选票，伊朗各地爆发了学生示威，要求哈塔米辞职。美国寄希望于伊朗改革派的政策落空。

内贾德当政后，美伊关系更加紧张。内贾德屡屡语出惊人。2005 年 10 月 26 日，他就在一次会上说，“以色列应当从地图上被抹掉”，“任何承认以色列的人都将陷入伊斯兰国家的怒火之中”；12 月 14 日，他又称纳粹大屠杀为“神话”；2006 年 1 月 5 日，他又说希望沙龙在中风后死去。① 内贾德执政后，布什政府把伊朗当作是对美国最大的威胁。2006 年白宫的《国家安全战略报告》写道：“美国所面临的伊朗的威胁比从别的任何一个国家的威胁都大。”②

美伊对抗集中表现在核问题上。伊朗伊斯兰革命以来，美国一改以往帮助伊朗和平利用核能的政策，实行对伊朗的武器禁运，尤其是严格的核出口管制政策，包括一切双重用途的核项目。2003 年 2 月美国通过卫星侦察到伊朗纳坦兹的核设施，国际原子能机构随后进行的核查发现，纳坦兹的核设施已经具有相当规模，核查人员还发现了一些使用过的离心机。又有消息说，巴基斯坦的卡迪尔·汗曾经向伊朗出售核设施和核技术。国际原子能机构从 2002 年以来的历次报告也都说，它不能证实伊朗现在的核项目是用于和平目的的。③ 6 月，国际原子能机构对伊朗的核活动进行了激烈批评，6 月 18 日，布什在一次讲话中称，美国绝对“不允许伊朗发展核武器”。④ 美国一方面通过欧盟与伊朗进行谈判，对伊朗施加压力；一方面敦促国际原子能机构对伊朗采取强硬立场，对伊朗核设施进行严格核查。2003 年 10 月，伊朗在美国和国际原子能机构的强大压力下签署了《不扩散核武器条约》附加议定书，接受议定书规定的所谓入侵性检查，并同意

---

① Kenneth Katzman, “Iran: Current Development and U. S. Policy,” September 24, 2008, *CRS Report*, p. 5.

② The White House: *The National Security Strategy Report of the United States of America*, March 2006. p. 20.

③ Kenneth Katzman, “Iran: Current Development and U. S. Policy,” September 24, 2008, *CRS Report*, p. 18.

④ 谭卫兵：《布什会见美国会议员，称不允许伊朗发展核武器》，新华网，2003 年 6 月 19 日。

关闭过去的核设施。2004 年 11 月，伊朗与欧盟三国在巴黎达成协议，伊朗重申中止一切与浓缩铀有关的活动，以换取欧盟的援助和对发展民用核能的支持。此后，布什政府于 2005 年 3 月表示，美国支持但不参加欧盟三国就伊朗核问题与伊朗进行谈判，美国承诺在伊朗准备彻底和永久地放弃浓缩铀计划后，向伊朗提供民用飞机部件，以帮助伊朗改善民用航空业，同时，美国愿意支持伊朗加入世界贸易组织。[①] 但美国在伊朗最关心的安全和取消美国封锁和孤立政策方面，没有作出任何承诺。实际上，美欧在解决伊核问题的方法上一直存在分歧。布什政府力主采取强硬的大棒政策，布什在与欧盟领导人的会谈中多次敦促将伊朗核问题提交给联合国安理会，并对伊朗实施制裁。欧盟则主张通过与伊朗接触、对话，向伊朗伸出橄榄枝，以换取伊朗在核问题上让步。[②] 2005 年 5 月底，欧盟三国与伊朗达成新协议：伊朗表示暂停核研发活动，但伊朗没有放弃浓缩铀的权利，欧盟表示将在两个月内提出一项综合计划，以推进与伊朗在技术和核能领域的合作。

从 2005 年年中起，伊朗在核问题上表现了更加强硬的立场。2005 年 7 月 31 日，伊朗宣布，由于欧盟没有在限定的日期内提交关于伊朗核问题的一揽子协议，伊朗准备在 8 月 1 日重启浓缩铀活动。8 月 5 日，欧盟在向伊朗提交的提议中承认伊朗有和平利用核能的权利，但敦促伊朗放弃与铀浓缩有关的一切活动，改由他国提供核燃料。次日，内贾德刚宣誓就职就宣布拒绝欧盟三国提出的上述一揽子提议。8 日，伊朗重新启动了伊斯法罕的铀转化活动，伊朗与欧盟的谈判再次陷入僵局。10 月，俄罗斯建议允许伊朗从事铀转化活动，并将铀浓缩活动转移到俄罗斯境内完成，以确保其核技术不会用于军事目的。12 月 24 日，俄罗斯正式向伊朗提出在俄境内与伊建立铀浓缩联合企业的建议，但遭到拒绝。伊朗政府发言人 2006 年 1 月 2 日表示，在伊朗境内进行铀浓缩活动是伊朗在核问题上的原则立场。1 月 10 日，伊朗国家原子能组织副主席塞义迪宣布，伊朗已于当天正式拆除了核燃料研究设施上的封条，伊朗中止了两年多的核燃料研究工作正式恢复。此后，伊朗核问题被提交给联合国安理会。

---

① Kenneth Katzman, "Iran: Current Development and U. S. Policy," pp. 19 - 20.

② 顾国良：《美国对伊政策：伊朗核和导弹问题》，《美国研究》2006 年第 1 期，第 19 页。

2006 年 3 月 29 日，联合国安理会通过一项主席声明；7 月 31 日安理会通过了关于伊朗核问题的第 1696 号决议；12 月 23 日通过了第 1737 号决议；2007 年 3 月 24 日通过了第 1747 号决议，2008 年 3 月 3 日通过了第 1803 号决议。这些决议都要求伊朗立即中止浓缩铀活动，并对伊朗实施了一系列制裁，如全面禁止伊朗出口武器；严格限制向伊朗出口武器；继续对涉及核和导弹项目的个人及实体实施金融制裁和资产冻结，限制对伊朗的金融援助和贷款，禁止涉及核和导弹项目的个人出国旅行等。但伊朗坚持核开发是伊朗的权利，是伊朗的国家利益所在。2007 年 8 月 29 日，内贾德公开宣称，“伊朗核问题已经结束，伊朗现在是一个核国家”，“占领者的政治力量正在迅速地瓦解，很快我们将看到该地区力量的巨大空缺，我们准备帮助该地区朋友和伊拉克人民填补这个空缺”，等等。[①] 内贾德俨然以地区领导人自居，虽然他说的是大话，美国对此也不能容忍。

2007 年 12 月 3 日，美国 16 个情报机构根据截止到 2007 年 10 月 31 日以前所获得的情报发表了一份评估报告，其中说，情报机构有“高度的信心”认为，伊朗将核原料最终制造成核武器的研发工作已经于 2003 年停止。报告还说，这“主要归因于国际社会的核查与施压”。报告估计，伊朗要到 2010 ~ 2015 年才能提炼出武器级浓缩铀。[②] 但这个报告并没有改变美国在伊朗核问题上的立场和做法。布什对这个报告的解释是：报告说明他们过去确实曾经有过这样的项目；对于像伊朗这样一个不透明的国家，核武器项目是很容易重启的；他们由于国际压力放弃了，这一点令人鼓舞，说明国际压力是能奏效的，现在国际社会应当对伊朗施加更大的压力。[③]

美国除了努力敦促欧盟三国、俄罗斯和中国对伊朗施加压力外，还特别重视动员中东国家加入到制裁伊朗的阵营中来。阿拉伯国家，尤其是海湾国家对伊朗的立场是复杂的。一方面，它们对伊朗疑虑很深，尤其对伊

① 高祖贵：《美国对伊朗的战略抉择正在来临》，《和平与发展》2008 年第 1 期，第 26 页。

② National Intelligence Estimate: Iran: Nuclear Intentions and Capabilities, November 2007, available at: http: //www. dni. gov/press_ releases/20071203_ release. pdf.

③ “Remarks by President Bush and Prime Minister Olmert in Joint Press Availability (January 9, 2008),” *Washington File*, January 10, 2008.

朗拥核忧心忡忡。他们主张在中东地区建立无核区，批评美国搞双重标准，纵容以色列发展核武器，同时也不愿意看到以什叶派穆斯林为主体的伊朗这个中东非阿拉伯国家拥有核武器。阿盟秘书长穆萨指出，“任何拥有核武器的中东国家，对这一地区的安全和稳定都是威胁”。[①] 海湾国家国小民弱，没有能力对抗伊朗，不得不依靠美国提供安全保护，接受美国在海湾的军事存在。因此美国动员它们孤立伊朗有一定基础。另一方面，它们毕竟与伊朗毗邻而居，真与伊朗闹翻，成为伊朗的报复对象，对它们的国家安全和经济发展都是危险的。在2007年春，布什政府派遣两个航母编队去海湾，一时美伊剑拔弩张，海湾国家纷纷发表声明，它们的国家不是进攻伊朗的平台。但布什政府还是不断劝说这些国家领导人在伊核问题上与美国采取一致立场。2005年2月，负责军控和国际安全的美国副国务卿约翰·博尔顿访问了科威特、巴林、阿拉伯联合酋长国等海湾国家，试图游说这些国家领导人对伊朗施压。博尔顿在接受采访时说，伊朗是一个支持恐怖主义的国家，如果它获得核武器，无论是直接使用还是将核武器转让给恐怖主义组织，都是非常危险的。[②] 布什2008年1月访问以巴时还向中东国家呼吁：“伊朗过去是威胁，现在是威胁，如果国际社会不能团结起来阻止伊朗发展制造核武器的技术，它将来仍将是威胁。”[③]

伊朗坚持要掌握核技术，具有自保和自强的双重目的。一方面，伊拉克战争后，伊朗的周边都是美国驻扎了重兵的国家；美国又仍然把伊朗当作“邪恶轴心”，美国还时不时在海湾地区炫耀武力；伊朗与以色列的关系简直是不共戴天，以色列不但拥有强大的常规武装力量，而且很可能是拥有核武器的国家，以色列还一直在怂恿美国对伊朗进行军事打击。另一方面，拥核也是伊朗谋求海湾乃至中东地区大国地位的需要。伊朗总统哈塔米曾说：“我们想变得强大，强大就意味着拥有先进技术，而核技术是所有技术中最先进的。”[④] 既然如此，要解决伊朗的核问题就牵涉到美伊关系、中东地缘政治等一系列复杂的问题。

对于以色列要求对伊朗实施军事打击，美国一直予以压制。其中一个重

① 安惠侯：《紧张战乱又一年》，第7页。

② 顾国良：《美国对伊政策：伊朗核和导弹问题》，第22页。

③ “Remarks by President Bush and Prime Minister Olmert in Joint Press Availability.”

④ 曾军：《伊朗核问题及其对美伊关系的影响》，《西亚非洲》2005年第2期，第23页。

要原因是，只要美军仍然驻扎在伊拉克，这些美军就很容易成为伊朗报复的对象。布什政府一直强烈否认要对伊朗进行军事打击，但也不排除这种可能，如果所有别的遏制伊朗浓缩铀活动的努力都没有效果的话。[①]

2008年6月，六国向伊朗提交了一个新方案，为伊朗中止浓缩铀活动提出了一些新的刺激性措施，包括政治合作、能源合作等。伊朗起先拒绝了该方案，但随后又表示，或许可以在这个方案基础上谈判六个星期的"冻结对冻结"方案。布什政府遂决定派副国务卿伯恩斯参加7月19日在日内瓦举行的谈判。这是布什政府任内美国高官第一次参与有关伊朗核问题的谈判，曾经引起国际社会关于美伊关系可能改善的广泛猜测。但此次会议同样无果而终。9月27日，安理会通过新决议（1835号决议），重申安理会此前就伊朗核问题通过的决议，敦促伊朗停止浓缩铀活动。10月3日，伊朗驻国际原子能机构特使苏丹尼耶在布鲁塞尔的一次会议上表示，如果伊朗能够得到保证，它的发电站能获得足够的核燃料供应，它愿意考虑中止铀浓缩。[②] 对这一表态可以有多种分析。这可能是伊朗在国际压力下做出的缓兵之计，也可能是它释放的试探气球，也可能是对美国新政府的橄榄枝。民主党候选人奥巴马大选胜出后，内贾德去电祝贺，这是1979年以来的第一次。奥巴马在大选中曾经表示，如果他当选总统，只要美国国家利益需要，他可以没有先决条件地会晤伊朗、朝鲜和委内瑞拉的领导人。[③] 奥巴马的当选有可能为美伊关系打开了一扇"希望之窗"。

五　结语

在对布什政府的中东政策进行了上述分析后，可以得出以下几点结论：

第一，布什政府的中东政策是布什主义的主要表现。经过七八年的实践，布什主义在中东的失败已经非常明显。布什把伊拉克战争作为中东政策的核心，在伊拉克进行了政权更迭的试验，但实践证明这种试验是失败

① Kenneth Katzman, "Iran: U. S. Concerns and Policy Responses," p. 1.

② 《参考消息》，2008年10月4日。

③ 在共和党候选人麦凯恩与奥巴马2008年9月26日的公开辩论中，麦凯恩嘲笑奥巴马的这种说法"天真幼稚"，两人就此进行了反复辩驳。

的，单边主义、政权更迭这一整套做法也没有可行性。在布什第二任期，美国外交政策已经部分回归多边主义（如欧盟与伊朗的谈判）。在国际形势发生深刻变化的情况下，下一任总统是更不能采取这种单边主义做法了。[①] 美国的外交政策必须回归多边主义。

使用武力是处理外交关系的极端手段，是一件十分严重的事情，任何国家都要极其谨慎。冷战结束后，美国对海外使用武力屡屡得手，起先还比较谨慎，后来就变得肆无忌惮。伊拉克战争应该为新保守派这种以武力作为解决外交问题的手段的理念作一个终结。

第二，布什政府中东政策的最根本错误在于发动了伊拉克战争。这场战争对美国的中东政策产生了多方面的深远影响。首先，它削弱了美国的反恐战争。美国在取得对塔利班战争的胜利后，本该乘胜追击，消灭塔利班的残余力量。但美国却把主要的精力和资源转移到了伊拉克，而把阿富汗交给了北约。美国在伊拉克耗费的资源数倍于在阿富汗的花费。结果本·拉登迄今在逃，还时不时在电视和网络上亮相，继续号召对美国进行"圣战"。美国对巴基斯坦的政策也没有取得预想成功，随着穆沙拉夫去职，巴基斯坦可能进入一个新的动荡期，巴阿边境的基地组织可能更加活跃。其次，由于把伊拉克作为中东政策的关键，布什政府在过去的六七年中忽视了巴以和平进程，出现了巴以和平进程长期"休眠"的状况。再次，上述两个因素加在一起，反美主义在中东不是减弱了，而是增强了。虽然美国也曾着力进行公众外交，但美国的形象在中东是变得更差了。正如有的美国学者所说，伊拉克战争损耗了美国的软实力。[②]

第三，布什政府中东政策的另一重要后果是使伊朗坐大。在大中东地区，逊尼派和什叶派是几百年来不和的一对兄弟。塔利班是逊尼派的极端组织，美国发动阿富汗战争，削弱了逊尼派。在伊拉克历史上，什叶派的政治地位一直被边缘化。这不仅因为他们被那些坚持强硬路线的逊尼派教士看做异教徒，而且人民还担心他们和伊朗占据统治地位的什叶派之间存

① 在美国提出先发制人的战略时，美国决策者设想，这种战略可能用一次或两次，最多用三次，因为用过一两次后，敌人就不敢再轻举妄动了。2003 年 11 月 18 日，笔者在华盛顿参加中、美、日三国学者关于东北亚安全的讨论会。会后，国家安全事务副助理哈德利、副国务卿阿米蒂杰以及沃尔福威茨接见三国学者，沃尔福威茨当时就是这么说的。

② 约瑟夫·奈：《美国霸权的困惑》，郑志国等译，世界知识出版社，2002，第 10～11 页。

在的那种无法割断的自然联系。美国颠覆了萨达姆，把一个逊尼派掌权的国家变成了什叶派主导的国家。本来阿富汗和伊拉克就像伊朗的两个天敌，一左一右地制约着伊朗。现在美国的两场战争打掉了这两个天敌，伊朗在中东地区有了更大的回旋空间，这是美国始料未及的。①

伊朗核问题是现在两国斗争的焦点，但实际上它只是两国长期对抗的一个恶果。由于两国严重缺乏互信，除非美伊关系有一个根本改善，否则核问题将长期拖下去，再多几个安理会决议恐怕也无济于事。实际上伊朗并非没有与美国改善关系的愿望。伊朗多年来就有这个想法，在克林顿执政的最后一年，这个趋势发展良好。如果不是布什执政后全面改变了克林顿的政策，美伊关系可能是另一个样子。②

第四，正在艰难进行中的巴以和谈是布什留给下一任总统的正面遗产。在过去几十年中，巴勒斯坦问题一直是中东问题的核心，美国对以色列的偏袒已经在阿拉伯人心中种下了不满，甚至是仇恨的种子。美国要挽回在阿拉伯世界的信誉，必须在巴以问题上采取相对平衡的立场。这对下一任美国总统是个挑战，因为支持以色列已经成为美国的战略文化。但如果美国要改变自己在中东的形象，如果美国要减轻穆斯林世界的反美主义，就非得采取比较平衡的立场不可。

要促进巴以和平进程，下一任美国总统还要与阿拉伯国家一起，把哈马斯也纳入到和平进程之中，排除它对进程的干扰，一个分裂的巴勒斯坦是不可能与以色列达成任何认真的协议的，即使达成了也难以实行。

2009 年 1 月美国新总统上任后，他所面临的地缘政治图谱与 8 年前小布什上任时是大不一样了，美国已经不再坐享冷战的红利。如果美国决策者改弦更张，回归多边主义，继续与大国合作，与中东国家合作，那么美国的中东政策还是可以有所为的。

（原载《美国研究》2008 年第 4 期）

① The Bush Doctrine and the War on Terrorism, p. 105.

② 杨洪玺:《布什政府中东战略的得失》,《和平与发展》2008 年第 3 期，第 21 页。

第六篇

中美关系

略论中国在美国的形象

——兼议“精英舆论”

袁　明*

19 世纪末至 20 世纪初，美国凭借亚洲这一舞台成为世界强国之一。近一个世纪以来，美国与东亚各国的关系无论从深度还是从广度上都远远超过了其他西方大国。以中美关系为例，自从美国提出在华的“门户开放”政策以后，一部中美关系史便是“以在文化、历史、政治深渊两边出现的动乱、扰攘和意外事件为标志的”。在这一过程中，中国在美国人心目中的形象如同万花筒一样多变。应当指出，形象问题并不对两国关系产生最决定性的影响。因为影响两国关系最根本的因素还是整个世界格局的演变，以及各自在变幻的国际情势下从本国利益出发而作出的战略调整。然而，在“形象”这一表面上呈万花筒一般的现象背后，还是有它形成与发展的一些特殊轨迹的。就美国方面塑造中国的形象这一点而言，它往往较为生动地反映出美国的政治传统、价值观念、法律观念、道德观念乃至政治制度上的一些特点，而这些特点又往往是在历史进程中长久起作用的因素。因此，在回首中美关系史时，对美国怎样塑造中国形象这一问题作一个初步的透视，还是颇有意义的。

* 袁明，时任北京大学国际关系学院教授。

一　美国人心目中的中国形象面面观

在一般的人民与人民之间的交往与了解这一层次上，用寓意深刻的“瞎子摸象”这一古印度寓言来形容美国人如何看中国，也许是一个最浅近、最生动并且又最符合实际状况的譬喻。在不同的时期，美国人远渡太平洋来到中国，他们根据各自的经历体会，对中国的形象作了五花八门的描绘。这些文字反映的往往是关于中国社会、历史、政治、经济、文化乃至风土人情的许多不同的侧面。当这些见闻又回到太平洋彼岸时，生活在美国本土上的人们便面对着一幅幅眼花缭乱有时甚至是扑朔迷离的图景。因此，费正清最近在对美国公众强调要认真思考中国形象这一问题时指出：“形象问题是一个十分变幻不定的主题。”①

然而，学者们还是努力将中国在美国人心目中形象的演变作了一些分类与归纳。1958 年，曾在 20 世纪 40 年代担任美国《新闻周刊》驻华记者后任教于美国麻省理工学院的哈罗德·艾萨克斯（伊罗生）的《浮光掠影——美国关于中国与印度的形象》一书出版。该书后来被广征博引，遂成传世之作。他将美国对中国的总体看法分为下列六个阶段：（1）尊敬时期（18 世纪），（2）轻视时期（1840～1905），（3）乐善好施时期（1905～1937），（4）赞赏时期（1937～1944），（5）清醒时期（1944～1949），（6）敌对时期（1949～）。② 20 年以后，在中美两国正式建交前夕，美国学者就形象变化问题提出了略为不同的分期意见。（1）尊重时期（1784～1841），（2）轻视时期（1841～1900），（3）家长式统治时期（1900～1950），（4）恐怖时期（1950～1971），（5）尊敬时期（1971～）。③ 如将两者作一比较，可以看到，他们对 20 世纪以前的中美关系看法是一致的，分歧在于 20 世纪以后。当然，他们都指出，这种分期只是粗线条的归纳。历史的发展错综复杂，在划阶段时亦绝不可能泾渭分明，在各个时期中所形成的对中国的看法也经常互相影响渗透。

① J. K. Fairbank, *China Watch*, Harvard University Press, 1987, p. 2.

② Harold Isaacs, *Scratches on Our Minds*, Greenwood Press, 1958, p. 71.

③ Warren Cohen, " American Perceptions of China," 引自 *Dragon and Eagle*, edited by Michel Oksenberg and Robert Oxnam, Basic books, 1978, p. 55。

这些情绪上大起大落的阶段必然产生五花八门的对中国以及中国人的看法。艾萨克斯曾对 181 位美国大学教授、新闻记者、政府官员、商人、传教士进行调查专访，他所得到的答案可用一大串形容词来概括：在褒义词汇中，中国是“务实的”、“具有高度文明的”，中国人是“善良的”、“充满活力的”、“勇敢的”、“忠诚的”、“富有幽默感的”，中华民族是一个“天才的民族”，“世界上最成熟的民族”，“亚洲的最杰出的人民”……在贬义词汇中，中国人是“靠不住的”、“狡猾的”、“残忍的”、“无效率的”、“无社会责任感的”、“排外的”、“没有高度知识化的”、“莫测高深的”，等等。①

这一毁誉参半的词汇表只能在最表面的层次上表明美国人对中国的印象。这些在一般的民族与民族之间的交往上都可以通用，并不仅仅在中美关系上具有典型意义。在这里作一罗列，也只是用较为具体的例子来证明“瞎子摸象”的深刻寓意而已。然而，有一些美国人对中国的观察已高出这一层次。他们之中有不少人有较为长期的在华经历，对中国政治历史文化作过较为深入的体察，其中多数为驻华外交官、学者以及新闻记者。他们的言论往往被称为“精英舆论”。关于这一点，将在后文中详细论述。

二　形象与决策

就国际关系的一般情况而言，在最高决策层用以表示形象的语言是很简洁的，即非敌即友或盟国。但是，在中美这一特殊关系中，情况并非如此简单。

在决定对华政策时，美国决策人首先考虑的是战略利益，或综合的美国国家利益。地理情况、经济利益、政治及军事部署等诸方面因素起着主导作用，“形象”问题不能与以上因素并列。在美国立国之初，富兰克林、麦迪逊等人受 18 世纪法国启蒙思想家的影响而将中国看成是人杰地灵的“文明礼仪之邦”。杰弗逊对中国本身在政治经济上采取孤立超然态度称羡备至，他认为美国如以中国为楷模而超然孤立于欧洲之外，就可以避免战

① Harold Isaacs: *Warren Cohen*, “*American Perceptions of China*,” 引自 *Dragon and Eagle*, edited by Michel Oksenberg and Robert Oxnam, Basic books, 1978, pp. 72 - 73。

乱纷争。乔治·华盛顿在1785年之前甚至将中国人说成“不管外表如何滑稽可笑，他们终究是白种人”。无论以上的形象估计与现实的距离多么大，但对决策却无直接影响。因为中国在美国立国之初的国策考虑中只占极其边缘的地位。

但是，随着美国在亚洲势力的增长，中美两国的政治、经济、军事交往的增长，“形象”问题在决策中便变得越来越重要。“在大众新闻媒介、官方声明和决策者的回忆录中，仍有证据表明，感情用事的见解仍然对美国的想法产生微妙而重大的影响。”[①] 典型的例子之一是西奥多·罗斯福在总统任期内的对华政策。作为一个“实力政治”的信奉者，西奥多·罗斯福认为“落后、无能”的中国在世界权力结构中无足轻重。他个人对中国的轻蔑已达到无以复加的程度。“中国”在他的语言中只是一个形容词。举凡他所看不起的事情，一概在前面加以“中国”两字来形容。一位著名的美国历史学者在仔细研究了罗斯福的远东政策后，得出了这样的看法，即当中国内部产生了新的改革的希望时，西奥多·罗斯福仍认定中国是一个“军事软弱、工业不发达的落后民族”。因此，他放弃了与中国联合起来对付日本的机会，造成了美国远东政策的失误，最后终于导致了几十年后的灾难。[②] 可见，“形象”因素的作用与后果有时不可低估。

就美国的决策程序而言，“形象”问题在对华政策中起作用的层面与层次也是一个相当重要的问题。美国驻华使领馆、国务院、国会、军方、总统在对同一问题上往往有各自带感情色彩的“中国形象观”。在决策中，这些五花八门的形象观便互相撞击。它们有时相互融合，但更多的是争执与分歧。因此，在战略方针既定的情况下，具体政策如何实施便成为一个十分复杂的问题了。各个职能部门往往根据自己的情报来源及“中国形象观”而作出各种具体的政策设计。在第二次世界大战前后的美国对华政策中，这种情况表现得相当明显。它主要体现在美国对日本以及对中国国共两党的政策上。在罗斯福的任期之内，在“将中国置于与日本的战事之内”的大战略下，就有美国驻重庆大使馆的部分外交官与赫尔利之争，有

① 韩德（迈克尔·亨特）：《一种特殊关系的形成》中文版序，《美国研究》1987年第3期，第160页。

② Howard Beale, *Theodore Roosevelt and the Rise of America to World Power*, Baltimore, 1956, p. 251.

罗斯福召回史迪威之令；在杜鲁门的任期之内，在“战后一个统一、民主、强大的中国符合美国国家利益”的总前提下，就有“援蒋”还是“弃蒋”的分歧，有国务院与国会的激烈辩论。在这些表象的背后，皆有“中国形象观”这一因素在起作用，它既作用于不同方面，又作用于不同层次。在美国对华政策中，这一微妙而又事关重大、影响深远的因素无处不在、无时不在，它作用于一切参与决策人物的全部思维与行为之中。关于这一点，很有必要列出专题进行进一步具体的、个案的、比较的深入研究。

三　形象的塑造

在美国，是什么因素影响着对中国的形象塑造呢？

首先是国际环境。20 世纪 30 年代，美国女作家赛珍珠的描写中国农民生活的小说《大地》轰动一时，该书发行了 200 多万册；被摄成电影后，观众达 2300 万人。与《大地》几乎同时问世并在美国公众中引起巨大震动的是埃德加·斯诺的《西行漫记》，它向人们展示了另一个中国形象，第一次向世界客观地介绍了中国共产党人。《大地》和《西行漫记》之所以在美国得到成功，除了本身在写作上别开生面之外，客观上是适逢其时。面对日本的侵略势头，美国公众的同情倾向于中国一方。当时无论是作者还是读者，对在亚洲大地上发生的这场对抗都显示出很大的关注。《大地》与《西行漫记》使中国更具体化和形象化了。1949 年，中华人民共和国成立。不久，朝鲜战争爆发，中国在美国公众心目中的形象发生突变。在美国人看来，中国共产党人不仅是“莫斯科的工具”，而且“侵略”、“好战”，“赤色恐怖”与“黄祸”加在一起，中国在美国的形象真可谓是面目狰狞。30 年代时《西行漫记》中所塑造的中国共产党人形象从一般美国人心目中消失了，连它的作者也不得不迁居国外。

其次，美国国内政治也影响着对中国形象的塑造。20 世纪 50 年代初，美国国内“麦卡锡主义”盛行一时。“谁丢掉了中国?”成了攻击上至总统、国务卿下至一般外交官、记者、学者的咒语。共和党人批评民主党政府将中国推入苏联的怀抱，一时人人自危，凡提“中国”就谈虎色变。60 年代后期，美国国内反对越战情绪高涨，一部分人出于反对本国政府的印支政策，重新注意中国，并写书著文（不少到70年代才发表），其中不乏对60年代中国的肯定之词。但有讽刺意味的是，当时的中国正值“文革”动乱。以上例子说明，那些虚构的“中国”的形象是美国国内政治斗争的一个折射，其图像自然是被扭曲的。

再次，中国本身内部的变化也对它在美国的形象有着不可低估的影响。但是，这是一个更大的课题，以后将在另文中讨论。

国际环境、美国国内政治、中国本身的变化是影响中国在美国的形象塑造的几个重要因素。但是，真正的塑造工作是由人来完成的。这样就必须要着重讨论一下中美关系中美国方面的所谓“精英舆论”。

任何一个社会，在任何时期，必然存在一批“精英”。他们是社会的头脑与眼睛。他们往往集历史感、现实感与超前意识于一身。任何社会，如要真正进步与发展，是离不开“精英”们的眼光与思考的。

美国自立国以来，对“精英舆论”一直给予重视。现在遍布美国各地的研究机构、“思想库”、大学等就是给“精英”们提供的一个思考辩论、献计献策的场所。在美国对外关系中，“精英舆论”的作用尤为显著。当然，它们多是从美国国家利益出发，很难以中国的标准去衡量美国“精英舆论”孰优孰劣。本文中所说的“精英舆论”，一般是指那些能从历史发展角度来观察问题并尊重客观事实的分析与见解。

20世纪40年代，有一批驻华的美国外交官、学者、新闻记者在从事“精英舆论”的工作。1947年，美国新闻记者白修德发表《中国的惊雷》一书，向美国公众生动地介绍了中国革命。不久，美国历史学家费正清发表《美国与中国》这一专著。它从东西方不同的政治历史文化背景出发，系统地论述了中国这一人类历史上独一无二的政治文化实体的特点，告诉西方人应当如何去理解中国。值得在今天重新翻阅回味的是40年代一批驻华外交官发给本国政府的现已解密的报告，其中有些对中国政治经济社会状况作了精辟透彻的分析，有的甚至可以与一篇严谨的学术论文媲美。它们虽然在当时并没有被完全被采纳，但对后来美国对中国的了解起了积累材料和奠定基础的作用。

“精英舆论”在塑造中国形象、影响美国对华政策方面另一个较为典型的例子是在50年代末至70年代初。关于这一点，资中筠在《缓慢的解冻——中美关系打开之前十几年间美国对华舆论的转变过程》一文中已作了系统和全面的介绍[①]。本文只想从“精英舆论”对形象的转变的影响这一角度做一点补充。

在整个艾森豪威尔政府、肯尼迪政府、约翰逊政府时期，美国朝野对中国的称呼通常是“赤色中国”和“共产党中国”。在美国公众心目中，中国是一个“巨大的、敌对的国家，谁也不知道那里发生了什么事，一想起来就害怕”，“中国是世界上最大的危险”。[②] 到了60年代，虽然麦卡锡时期的恐怖已经过去，虽然中美大使级会谈已经开始，但彼此的敌对与戒备心理仍十分严重。一个在对日作战时曾在陈纳德的“飞虎队”中服务过的退役军人甚至预言：“我已经42岁了。我绝对相信，在我的有生之年，我们会与中国再打一次仗。”[③] 对一般美国人来说，朝鲜战争以及1954、1958年两次“台海危机”仍记忆犹新，中国的形象仍是“侵略”与“好战”。然而，“精英舆论”却已在这种情势下从美国的长远国家利益出发，重新考虑与审视美国对华政策。在这项工作中，美国的一些“思想库”、基金会和学者们起着重要的作用。1960年，鲍大可发表《共产党中国与亚洲》一书，指出“在过去10年里，中国已成为世界上最富活力、最摧枯拉朽、最有扰乱人心的影响的国家之一”，他告诫美国决策人不能无视它的存在，必须调整政策。[④] 同一年，艾伦·惠廷在美国著名思想库兰德公司支持下写成《中国跨过鸭绿江》一书。他运用大量材料分析中国为什么入朝参战，“中国共产党的参战行动是由理性驱使的。中国既没有参与策划战争，也不是因为俄国人的压力。”“美中关系白皮书”的主要起草者菲利浦·杰赛普认为：“这本书符合美国在未来远东的新危机中与北平政府打交道时应采取的客观态度与政策的需要。”[⑤]

这些“精英舆论”对美国决策人与公众产生了直接和间接的影响。1961～1962年，印度支那局势紧张，美国人称之为“老挝危机”。在危机处理过程中，肯尼迪总统认识到，中国考虑的首先是本身安全问题，“即便共产党人在追逐他们的目标时仍是残忍的，他们所表现出来的行为却是

① 见《美国研究》1987年第2期。

② A. T. Steele, *The American People and China*, 1966, McGraw – Hill Book, p. 61

③ A. T. Steele, *The American People and China*, 1966, McGraw-Hill Book, 1996, p. 61.

④ Doak Barnett, *Communist China and Asia*: *Challenge to American Policy*, Vintage Book, 1960.

⑤ Allen Whiting, *China Crosses the Yalu*, The Macmillan Company, 1960.

谨慎的、现实的，他们对自身的军事力量有着清醒的估计，而且只在他们认为是与中国直接相连的至关重要的利益问题上才去冒险。”① 因此，当负责政策设计的助理国务卿罗斯托提出由美国派遣三个师去老挝的建议时，肯尼迪拒绝了。他此举意在向中国方面表明，“我们理解你们”。与他的前两任总统相比，在与中国打交道时，尤其在危机处理时，肯尼迪要“相对成熟得多”，“他向中国表明，如果中国不伤害美国的最低限度的利益，则中国的利益也不会受到影响”。②

当时的“精英舆论”不但为决策层勾画出现实中的中国的形象，而且从历史文化的深度告诉美国公众应当如何理解中国。埃德加·斯诺于1965年指出：“要从长远的观点来看中国，要从两重性的角度来看那里的人们。他们不仅仅是共产党人，而且是一种在基因与文化上都将长存不变的文化的代表。”③ 在《美国与中国》一书中，旅美华裔学者张歆海向美国公众提出：“那些古老的帝国现在都在哪里呢？古波斯、亚历山大帝国、罗马帝国、成吉思汗帝国、古巴比伦和埃及，它们现在都在何处呢？它们走进了历史，又一个个消失了。中国是唯一的例外。因为中国懂得，仅仅靠武力是不能保证一个国家的永存的。”④

虽然当时中美关系的坚冰未开，但这些“精英舆论”已在逐步改变中国在美国的形象。它们的影响面与作用程度各不相同，但就它们的出现与参与而言，其影响是深远的。这些舆论为后来历届美国政府的对华政策奠定了理论基础，即（1）中华人民共和国是一个客观存在的并正在发展的政治文化实体，不容忽视；（2）中国在对外关系上是以防卫为主，而不是像50年代中被描绘的那样“侵略好战”。当我们今天在谈论70年代以来以及在可望的未来美国对华政策的连续性时，60年代“精英舆论”在对中国的形象塑造上力排众议并定下的这两点基调是应当给予肯定的。

---

① Roger Hilsman, *To Move a Nation*, Delta Book, 1964, p. 291.

② David Lampton, “The U. S. Image of Peking in three International Crisis,” *The Western Political Quarterly*, Vol. XXVI, No. 1, 1973, p. 28.

③ Edgar Snow, Introduction for *America and China*, written by Chang Hsinhai, Royalton College Press, 1965.

④ Ibid, p. 92.

四 美国的政治传统与对中国的形象塑造

作为第一任美国驻华外交使节，顾盛在赴任前夕说："往日，是东方给这一片文明世界带来了文明与知识的曙光，如今，这一潮流反过来从西方回到东方。我们已经成了我们的老师的老师，我要到中国去了——我是作为文明的代表而去的。"① 立国虽短但笃信"命运天定"的美国人，相信自己的民主政治制度、宗教文化是世界上最好的。一旦机会来临，他们便希望别人也接受这种美国式的制度与观念。一个多世纪以后，一位美国学者指出："我们总是很容易从自己出发去判断要求别人，从杰克逊时代的变革以来，我们对此已习以为常了。"② 看来，这种"习以为常"还将持续一段相当长的时间，因为它已经成为一种思维传统了。1983 年，美国的大西洋理事会生动地指出："从美国的观点看，我们的 19 世纪'多情的帝国主义分子'（教士、商人和冒险家，他们是开路先锋，是他们在我们的心目中形成了中国人民的形象）形成了一个传统。看来，美国人将奉天承运横渡太平洋西去，把'进步'和'文化'带给地球上最大的国家，而施主也将因此而得意洋洋。"③

但是，美国人所面对的是一种完全不同的、有着本身悠久历史的政治文化。无论在哪一个时期，中国都不可能完完全全地按照美国的模式行事。美国人对此是大惑不解的。在中美的交往中，美国在对中国的形象塑造上形成了一个特殊的"爱—恨情意结"。"在我们看来，中国人既聪慧睿智又迷信无知，既富有活力又软弱无能，既是难以推动的保守又是难以预料地好走极端，既有逆来顺受的冷静又有突如其来的暴力。我们对中国人的感情总是在同情与反感、家长式的爱护与恼怒、倾心与敌对、爱与恨之间徘徊。"④ 这种"爱—恨情意结"是贯穿于美国对中国的形象塑造中的另一个传统。

就主观原因来说，这种"爱—恨情意结"的产生是因为美国人太固守

---

① James Thomson, *Sentimental Imperialists*, Harper and Row, 1981, p. 17.

② Lovis Harts, *The Liberal Traditions in America*, New York, 1955, p. 302.

③ 《美中关系未来十年》，中国社会科学出版社，1983，第 3 页。

④ Harold Isaacs, op. cit. , p. 64.

自己的政治观与价值观。旅美华裔学者邹谠在经过对美国社会多年的深入观察与思考后指出：“美国的政治形态过去和现在都受到一种高度的精神一致性的保护。美国是这样一个社会，在那里，所有的基本观念都被认为是理所当然的。”① 这种美国对中国的“爱—恨情意结”一方面反映了美国民族政治文化上的特点，另一方面也说明了中美关系发展中的一些特殊之处。政治家们“爱”这个太平洋彼岸的有广袤疆土的国家，却又“恨”它成为敌人的朋友；商人们“爱”那广阔的市场，却又“恨”它不易开发和利用；传教士们“爱”那可以传播福音的活动天地，却又“恨”它不轻易接受基督教义；兴办文化教育的美国人往往觉得自己对中国倾注了满腔热忱，却又常常被中国师生们表现出来的强烈民族主义感情弄得黯然神伤。对美国人来说，以他们本身得天独厚的条件，“命运天定”的观念，充满自信心的美国精神来看，大洋彼岸的这个富于吸引力的国家实在是太难以捉摸了。

值得注意的是，近年来，美国的“精英舆论”已经开始对这种“习以为常”的传统进行认真的反思，“在美国，没有人认识到，真正的问题在于美国看中国是以美国式的眼光来看的，它又立足于一种对我们本身影响中国事务能力的过高估计，而且基于对中国的政治与社会缺乏准确性的概念”。② 当然，现在没有任何迹象表明美国要改变自己的政治观念。但是，部分“精英舆论”认为，美国必须重新认识中国，而且重要的是改变认识中国时的立足点。“研究中国历史的美国学者，特别是研究与西方冲突后中国历史的美国学者，最严重的问题一直是由于种族中心观所造成的歪曲。”③ “精英舆论”的这一思考，值得引起重视。当然，它们远未形成主流，在美国的中国研究领域内还是曲高和寡。但是，它们反映了一种反传统的新思维方式，而在整个国际社会处于大变动的时期，反传统的新思维方式，尤其是将别的文化作为自身思考时主要参照系的思维方式，往往是富有生命力的。

---

① Tang, Tson, "The American Political Tradition and the American Image of Chinese Communism," *Political Science Quarterly*, Vol. 77, p. 570.

② Robert Oxnam, "Sino-American Relations in Historical Perspective," p. 37.

③ Paul Cohen, *Discovering History in China*, Columbia University Press, 1984.

五　20 世纪 70 年代以来中国在美国的形象

经过比较深刻的思考以后，美国的一部分“精英舆论”认识到，“中国既不是一个失散多年的朋友，也不是一个永久的敌人。它是一个很大的、很明确的政治和文化实体，（它）不是作为美国或者苏联的仆从，而是作为一个凭本身的力量就足以自存和独立的大国”。[①] 应该说，从国际格局与中美政治关系大局来看，与20世纪前半期相比，美国对中国的看法趋于稳定与成熟了。

但是，近20年来，由于国际环境，美国国内政治、中国本身内部情况的发展，美国公众舆论中的“中国”形象有时仍然是“变幻不定”的。粗略归纳，有以下几点值得注意。

（1）中国的“开放”政策吸引了大批的美国商人、投资者、学者、新闻记者、技术人员及游客。他们与中国的交往无论从广度还是深度来说都超过了以往任何时期。因此，就具体的形象塑造来说已更加多样化、复杂化了。它们不但反映出传统的美国对中国的看法，还有新的发展与变化。

（2）20 世纪 70 年代初，由于“乒乓外交”、基辛格秘密访华这一系列富有戏剧性事件的影响，“美国全国都压抑不住对中国人的感情冲动”，于是，对中国的赞美之词接踵而至。但是，10 年以后，《中国“发臭”了》、《中国——苦海余生》等文章书刊相继问世。中国这一形象前后反差极大。70 年代初，中国被描绘成是一个乌托邦式的平等的社会、“几乎全体人民参政”、“和谐团结”；而 80 年代初，关于中国社会“实际上的不平等”、“少数人参政”、“一盘散沙”的议论便取而代之。[②] 一些曾在中国“文革”期间着力歌颂过中国的美国人反过来激烈地批评中国。这种情绪上大起大落、看法上大幅度跳跃的现象是值得研究的。当中国与外部世界几乎没有接触时（如在美国立国初期或中国的“文化大革命”时），美国对中国往往赞扬备至，而一旦当中国先被动后主动地打开大门，美国人实地接触了中国以后，各种抱怨、批评、疑惑又纷纷而来。80 年代出现的这

① 《美中关系未来十年》，中国社会科学出版社，1983，第 5 页。

② Harry Harding, “From China, with Disdain, New Trends in the Study of China,” *Asian Survey*, Vol. XXII. No. 10, p. 934.

一现象，是否是美国历史上对中国的看法由“空想”到“现实”的又一次循环呢？如果是的话，那么它在中美这一特殊关系中又说明了什么问题呢？

（3）在众议纷纭中，美国的一部分“精英舆论”仍然力图起主导作用。他们认为，从“单方面、易走极端地、扭曲地看中国，不会导致一种健康的现实主义感而只会是一种轻蔑感。”① 年逾八旬的费正清于1986年、1987年连续出版了《伟大的中国革命：1800～1985》及《瞭望中国》两部著作，强调要从历史发展的纵深处来理解中国与中国革命。当然，这些“精英舆论”本身的走向以及作用，还要由今后的国际环境变化、美国的国内政治以及中国本身的发展这几个因素来决定。需要指出的是，在国际局势趋于缓和、无全球性的激烈冲突，美国国内在对华政策上保持20世纪70年代以来的连续性、没有重大变化的情况下，中国本身的发展与变化这一因素将在形象塑造的过程中起比较重要的作用。

回顾历史，中国的形象在美国几经变幻。这些变化构成了中美这一特殊关系中的一个生动的侧面。它们既反映了国际因素与两国国内因素的作用，也反映了美国民族的观念与性格上的一些特点。然而，只要中美两国关系继续发展，“形象”问题便是一个永恒的主题。美国如何看中国？中国又如何看美国？如果将这些问题深入地探讨下去，是可以加深相互的理解并发现中美关系中的某些内在价值的。当然，这个任务不可能在本文中完成。本文只是一个初步的尝试与开端。

（原载《美国研究》2005年第2期）

① Harry Harding, "From China, with Disdain, New Trends in the Study of China," *Asian Survey*, Vol. XXII. No. 10, p. 934.

美国的西藏政策与“西藏问题”的由来

李　晔　王仲春*

一个时期以来，达赖喇嘛在国外四处游说时，曾经多次前往美国，或应邀在美国国会发表演讲，或举行记者招待会，或赴白宫与美国总统、副总统会晤，公开煽动“西藏独立”，请求美国在西藏问题上对中国施加压力；而美国方面也报以所谓“低调”的礼遇接待。人们不禁要问：为什么叛逃国外的达赖集团能够在美国大搞分裂祖国的活动？美国政府与所谓西藏问题究竟有哪些“情结”？现实是历史的继续，当今的问题必有历史的根由。本文试图依据历史资料，尤其是美国政府近年解密的文件对这一问题加以探讨，以期从历史的启示中认识现实。

一

美国人最早涉足中国西藏地区是在19世纪末叶。他们多是以“传教”、“探险”和“经商”等非官方身份，踏上西藏这块美丽而神奇的土地的。尽管他们人数不多，但是却对美国早期西藏政策的形成产生了重要的影响。威廉·伍德维尔·洛克希尔（William Woodville Rockhill）是第一个进藏的美国官方人士。此人曾于1884年被派往北京，任美国驻华使馆的

* 李晔，时任东北师范大学历史系副教授；王仲春，时任国防大学科研部战略研究所教授。

二秘。[①] 3年后，他辞去了外交官职务，化装成喇嘛，对西藏进行了4年的秘密“调查”。当时，由于地形的险恶和交通的不便，他无法进入拉萨，而只能在西藏的东部和西南部地区收集一些有关西藏的政治、文化、宗教、历史、语言以及人物等方面的资料，所得十分有限，远未掌握有关研究西藏历史与现实问题的充足资料。然而，洛克希尔却仅就自己收集的有限资料写了很多游记和论文，如《达赖喇嘛与清帝的关系》、《达赖喇嘛之国》、《西藏》、《1891～1892年蒙藏旅行记》等。他在上述著作中，提出了“西藏是宗主国中国的属地”[②] 的说法。由于他是第一个写出有关中国政府和西藏地方关系的美国人，加之他在1908年又出任美国驻华大使，因此他的著作在很大程度上影响了美国早期的西藏政策，即在事实上只承认中国对西藏的宗主权（Suzerainty），排除了中国对西藏的主权。

美国政府与西藏地方政府之间的第一次官方接触是在20世纪初期。1908年，就任美国驻华大使的洛克希尔在山西五台山见到了因英军入侵而被迫逃至此地的第十三世达赖喇嘛。当时，十三世达赖喇嘛请求美国帮助他设法返回西藏掌权。对于十三世达赖喇嘛的处境洛克希尔仅表示同情，并未给予任何实质性的帮助。因为这时的美国还是一个羽翼未丰的帝国主义国家，它对远东和中国奉行的是门户开放政策，而对荒贫遥远交通极其不便的中国西藏地区兴趣并不浓厚。

1942年是第二次世界大战的“决战年”。当时由于缅甸的失陷，中国的一条“给养线”滇缅公路被日寇切断，中国政府决定修筑一条从印度通过西藏到云南的公路，以便开辟一条新的补给线。这一计划得到美国的支持，并指令战略情报局（OSS）[③] 负责考察地形的任务。8月，OSS的两名军官伊利亚·托尔索伊（Ilia Tolsoy）上尉和布鲁克·杜兰（Brook Dolan）

---

① 张植荣：《国际关系与西藏问题》，旅游出版社，1994，第79页。

② N. C. 霍尔：《美国、西藏与中国》，成军译自《西藏评论》1978年1月号；另载《20世纪的西藏—国外藏学研究评文集》（第十辑），西藏人民出版社，1993，第288页。

③ 战略情报局（The Office of Strategic Services）是美国中央情报局（Central Intelligence Agency）的前身。1942年6月13日，美国情报协调局与军方情报力量合并，成立美国战略情报局（OSS），1947年更名为中央情报局。

中尉带着罗斯福总统致达赖喇嘛的信和礼物抵达拉萨。[①] 他们是美国首次遣使入藏的使者，既负责勘察公路地形任务，又从事了一次转达美国总统向达赖喇嘛致意、与达赖喇嘛以及西藏地方官员建立联系的秘密访问。当时，美国视中国为二战中并肩战斗的盟友，罗斯福总统主张战后“中国成为世界组织中的四大警察之一”，并期望“中国能协助美国在战后维护太平洋的和平”，“利用中国作为对苏联平衡的力量”。[②] 在抗日战争的关键时刻，美国自然把与中国盟友的关系看得高于与西藏地方的关系。因此，罗斯福把达赖喇嘛视为中国西藏地区的宗教领袖，在信中称达赖喇嘛为“喇嘛教”的“最高教长”。[③] 两位美国人在拉萨受到良好的接待，他们答应帮助西藏人解决无线电设备，发表同情“西藏地位”的言论，建议让西藏以“独立国家的身份”出席战后“和平会议”，以便借机让西藏正式宣布独立。在两位美国人离开拉萨时，达赖喇嘛托他们转交他写给罗斯福总统的一封信和礼物。那时达赖喇嘛年仅 8 岁，这封信是由噶厦[④]非法的外交局[⑤]代办的。信中提到“我高兴地知道，美国人民对我们的国家表示极大兴趣”。“西藏珍视她自古以来就享受的自由和独立”。[⑥] 这是在明显地歪曲中国中央政府与西藏地方政府的关系。两位美国军官回国后曾建议 OSS 向西藏提供三部全套轻便易运的无线电台，以便西藏建立连接昌都、甘托克、那曲、错那和日玛等沿边地区的通讯网。OSS 局长多诺万（W. Donovan）

---

① 梅·戈尔斯坦：《喇嘛王国的覆灭》，时事出版社，1994，第 401 页。此时的达赖喇嘛为丹增嘉措·达赖喇嘛（1935. 7. 6），他是藏传佛教格鲁派十四世达赖喇嘛。幼名拉木登，青海湟中人。1933 年 10 月 30 日，十三世达赖喇嘛土登嘉措圆寂后，他入选为转世灵童，1939 年被迎至拉萨布达拉宫供养，开始接受系统的经学教育。1940 年 2 月 5 日，经中华民国政府特准，继任十四世达赖喇嘛。

② 罗伯特·达莱克：《罗斯福与美国对外政策（1932～1945）》下册，商务印书馆 1984，第 557、555 页。

③ *Foreign Relations of the United States*（*FRUS*），*President Roosevelt to the Dalai Lama* 1942，China，pp. 624－625.

④ 噶厦（Kashag）：旧西藏最高行政机关，由噶伦四人主持。四人为一僧三俗，噶厦的首脑是达赖喇嘛，在十四世达赖喇嘛年幼未亲政前由摄政达扎代替。1959 年 3 月西藏平叛后噶厦解散。

⑤ 外交局：1942 年 7 月 7 日噶厦非法成立的表示“西藏独立”对外联系的机构。当时的中央政府识破其阴谋，宣布“外交局”只能作为地方对外联系的机构存在。但是“外交局”并未从此停止制造“西藏独立”的阴谋活动。直到 1951 年 3 月西藏和平解放，中央统一处理外事事宜后，“外交局”才撤销。

⑥ 夏格巴：《西藏政治史》中译本，第 240～242 页。转引张植荣前引书，第 85 页。

赞成托尔索伊的建议，并向美国国务院远东司献策：这将会成为美国的影响渗入西藏的一个开端。最终，美国政府对此项建议采取了双重政策：一方面，为了不由此“得罪中国人”，美国政府再次向中国政府保证承认中国对西藏的宗主权，并重申：“美国铭记不忘中国政府早就公言对西藏拥有宗主权，并早就声明中国宪法把西藏列为中华民国领土的组成部分。对这两种声言美国政府从未提出过异议。”① 另一方面，在1943年下半年，美国OSS向噶厦赠送三部无线电台和五部无线电接收台，同年11月30日，一架运送援助物资的美国军用飞机在拉萨附近坠毁，机组人员全部遇难。②这些事件不仅促进了美国与西藏噶厦的友好关系，而且使西藏噶厦相信美国是在对西藏“独立事业”给予支持。美国政府西藏政策的两面表现，表明了美国制定和实施西藏政策的实用主义原则：主要服务于美国的亚洲总体战略利益和对华政策的需要，但是又考虑可能的局部利益需要。如果说这一政策与从前有什么不同，那就是明目张胆地把西藏作为一个独立的政治实体来对待，并直接与西藏噶厦建立了官方联系。

二

1945年第二次世界大战结束后，西藏噶厦政府乘国民政府忙于内战之机，加紧了谋求“西藏独立”的活动。此间，奉行冷战政策的美国政府，一面需要中国成为亚洲冷战中的战略伙伴而支持中国政府控制西藏；另一方面，又在考虑西藏战略地位在未来冷战中的重要性，特别是在“国民党可能失去了中国”以后的可利用性，这使美国的西藏政策处于十分复杂的双向选择之中。

1946年底，美国驻印使馆代办梅里尔（Merrell）提醒国务院“在目前印度、缅甸、印度支那和中国战局不稳定的情况下”，美国要“防止在这些国家的反美势力控制政权”，为此他建议“美国可以考虑在西藏建立空军基地和火炮发射基地”。他强调达赖喇嘛的佛教主义是一种在亚洲中部及南亚佛教国家影响较大的反对共产主义的意识形态，美国可以用它“作

---

① N. C. 霍尔：《美国、西藏与中国》，第294～295页。

② 霍尔：《美国、西藏与中国》，第296页。

为亚洲遏制共产主义的屏障”。[①] 当时，梅里尔的建议没有被国务院采纳，因为美国不愿意因西藏问题引起中国国民政府的不满，以至影响两国关系，更不愿由此而削弱国民党反对共产党的斗争。因此，代理国务卿艾奇逊（Acheson）电告梅里尔“目前不宜介入西藏地位的争论”。但是鉴于西藏战略地位的重要性，“美国仍十分重视与西藏的关系”，只是这种关系的发展与巩固要“十分谨慎地通过非官方的渠道进行”。[②]

1948 年初，西藏噶厦派遣西藏分裂势力代表、时任“财政部长”的孜本·夏格巴（Tsepon Shakapa）率领一支所谓的“商务代表团”访问美国。这实际是一次寻求美国支持“西藏独立”的阴谋活动。尽管中国政府再三阻挠，西藏“商务代表团”还是得到了美国商人的引路，由美国驻香港办事处签发了赴美许可证，[③] 并于 1948 年 7 月 7 日飞抵美国。夏格巴等人此行目的有三：其一，以转交达赖喇嘛的信和礼物为由，提出谒见杜鲁门总统的请求，[④] 试图与美国高层领导人建立直接联系，以求在美国政府的帮助下实现“西藏独立”；其二，从美国获得金融通货，以支持西藏的货币，稳定西藏独立的货币制度和经济体系；[⑤] 其三，在美国秘密采购武器，以准备独立时使用。[⑥] 中国政府识破其阴谋后，立即于 7 月 12 日向美国驻华使馆提出书面声明和质询。[⑦] 在中国外交的压力下，美国国务院远东司中国科电告中国大使馆：“美国坚持承认中国在西藏的宗主权的一贯立场，美国政府无意变更其对西藏立场之意。”美国国务院远东司司长沃尔顿·巴特沃斯（W. Walton Butterworth）向中国驻美大使顾维钧解释有关签发“商务代表团”赴美签证时说到：“美国驻香港总领事馆并未在西藏旅行文

---

① *FRUS*, 1947, VII, *Tibet*, *The Charge in India (Merrell) to the Secretary of State. The acting Secretary of State to the Charge in India (Merrell)*, pp. 589 - 592.

② *FRUS*, 1947, VII, *Tibet*, *The Charge in India (Merrell) to the Secretary of State. The acting Secretary of State to the Charge in India (Merrell)*, p. 594.

③ 祝启源、喜饶尼玛：《中华民国时期中央政府与西藏地方的关系》，中国藏学出版社，1991，第 143 页。

④ *FRUS*, 1948, VII, *Tibet*, *The Secretary to the Ambassador in China (Stuart)*, pp. 772 - 773.

⑤ *FRUS*, 1948, VII, *Tibet*, *The Secretary of State to the Leader of the Tibetan Trade Mission (Shakabpa)*, pp. 779 - 780.

⑥ “国民党拉萨情报”（1947 年 10 月 24 日），《西藏地方历史资料选辑》，生活·读书·新知三联书店，1963，第 359 页。

⑦ *FRUS*, 1948, VII, *Tibet*, *Memorandum of Telephonbe Conversation*, *by the Chief of Chinese Affairs (Sporuse)*, pp. 759 - 762.

件上签字，而只是发给了一张入境许可证，这种许可证通常发给未能提出有效护照或护照未经美国政府承认之国家的申请人，它并无特殊意义。”[①]为了解除中国政府的疑虑，美国把西藏代表团作为美国商业部的“客人”来接待，而不是作为国务院的客人来接待。[②] 然而事实上，美国却安排西藏代表团先后与国务卿马歇尔（Marshall）、远东司司长进行秘密会见。当夏格巴向美国提出购金5万盎司时，马歇尔竟然不顾美国只向主权国家售金的规定，批准了此项交易。远东司官员本宁霍夫（Benninghoff）还建议西藏取消对外国人入藏的限制以便美国人进藏访问。[③]

1948年底，美国国务院派一位资深的外交家、老谋深算的苏联东欧问题专家洛伊·亨德森（Loy Herderson）就任美国驻印度大使，并通过驻印使馆加强了同西藏噶厦的联系。这反映了在冷战形势下美国对南亚以及中国西藏地区战略地位的重视。

1949年1月5日，亨德森向噶厦转告美国的态度：“美国仍然重视与西藏的关系，因为美国至今的政策仍然是承认中国对西藏的宗主权，因此目前西藏与美国的关系发展必须通过间接的手段。”[④] 与此同时，亨德森向国务院建议：鉴于国民党“有可能失去中国”，美国应该重新修订美国西藏政策，承认“西藏独立”。他的建议得到了美国驻华、驻苏使馆的呼应，[⑤] 并由此在国务院引起了对“西藏地位”（Status of Tibet）问题的大讨论。远东司官员路丝·培根（Ruth Bacon）的观点与亨德森等人有所不同。培根认为：其一，美国对西藏的政策不仅涉及美藏关系，而且还涉及美国与中国国民党政府的关系问题。过去美国奉行尊重中国领土完整的政策，并帮助中国在二战后成为一个大国，如果现在承认西藏独立，很可能破坏美国在中国的形象，进而影响美国今后利用中国东北和新疆问题鼓动中国

① 祝启源、喜饶尼玛：《中华民国时期中央政府与西藏地方的关系》，第143页。

② *FRUS*, 1948, VII, *Tibet*, *Memorandum of Telephone Conversation*, *by the Chief of the Division of Chinese Affairs* (*Sporuse*), pp. 759－762.

③ *FRUS*, 1948, VII, *Tibet*, *Memorandum of Conversation*, *by the Secretary of State*; *Memorandum of Conversation*, *by the Assistant Chief of the Division of Chinese Affaers* (*Freeman*), PP. 775－776, pp. 782－783.

④ *FRUS*, 1949, IX, *Status of Tibet*, *Memorandum by Miss Ruth E. Bacon of the Office of Far Eastern Affaers to the Chief of the Division of Chinese Affairs* (*Sporuse*), p. 1065.

⑤ *FRUS*, 1949, IX, *Status of Tibet*, *Memorandum of the Ambassador in India* (*Henderson*) *to the Secretary of State*, pp. 1065, 1075, 1078.

反对苏联的斗争；其二，由于西藏地理位置偏僻，政府和社会极端落后，使西藏发挥作用十分困难；其三，只有在美国采取大量的经济和军事援助的情况下，西藏才能发挥作用，而美国采取这些援助只能取道西藏的邻国印度，如果印度不与美国合作，那么美国对西藏援助物资的运送和与西藏关系的发展会十分艰难。由此，她认为，美国对西藏政策的最佳选择是：①目前美国仅可以把西藏作为朋友相待，发展与西藏友好关系的程度暂时定位为努力使西藏靠近西方；②要避免卷入中国对西藏问题复杂的“宗主权”的争论之中，继续承认中国对西藏的宗主权，同时等待中国形势的发展明了再做选择；③一定要避免共产党接管西藏，为此美国要向西藏提供充分援助；④要考虑西藏独立、从中国分离是否有一个可行的、合法的、永久的根据。[①] 国务院最终采纳了培根的建议。但值得注意的是，美国国务院虽然未采纳亨德森的立即承认“西藏独立”的建议，但却接受了培根关于“避免共产党接管西藏”、“向西藏提供充分援助”，并开始考虑“西藏独立”的可行、合法、永久的根据，这表明美国的西藏政策正在发生明显的变化。

三

1949 年 10 ~ 12 月，中国国内形势的变化打破了美国的“等待”与“观望”。国民党蒋介石政府败退台湾，共产党建立了新中国。人民解放军挺进甘肃和青海，兵临西藏地区边界。11 月 4 日，西藏噶厦向美国、英国和印度政府发出求援呼吁，请求三国援助以抵抗人民解放军入藏，又特别请求美国向联合国转达并帮助西藏实现加入联合国的申请，同时准备派出使团赴美洽谈。[②] 当时，美国驻印使馆的外交官们对西藏的形势曾十分悲观，认为“现在什么武器对西藏来说都无济于事了”。而对于承认西藏独立问题，他们考虑到败退台湾的国民党政权虽然支持西藏的反共抵抗力量，但是并未改变以往的西藏政策，此刻美国承认“西藏独立”，对“国

① *FRUS*, 1949, IX, *Status of Tibet*, *Memorandum of the Ambassador in India (Henderson) to the Secretary of State*, pp. 1066 – 1067.

② *FRUS*, 1949, IX, *Status of Tibet*, *Memorandum of the Ambassador in India (Henderson) to the Secretary of State*, pp. 1087 – 1088.

民政府”来说是“不适当的”，对于共产党来说，是带有“刺激性”的，因为这可能会使解放军立刻占领西藏。至于西藏参加联合国问题，他们认为，“在当时来看是不会成功的”。因为“苏联和中国都是联合国安理会的常任理事国，两国在安理会都有投票权”。[①] 对噶厦欲派代表赴美洽谈问题，艾奇逊于1950年1月12日电告亨德森劝阻西藏代表团“不要来美国”，因为这一行动“可能会激怒中国共产党采取反对西藏的行动”。当时，美国国务院决定推动英国和印度去援助西藏，通过美国驻印大使馆保持与噶厦的联系。[②] 但是此后的两个事件推动了美国立即采取支持西藏的行动。一个事件是2月14日中苏签订《中苏友好同盟互助条约》；一个是6月25日朝鲜内战的爆发，随后，美国与中国交恶朝鲜半岛。这使美国决定立即援助噶厦以防止西藏落入中国共产党手中。3月，美国驻印度加尔各答领事馆与西藏上层人物夏格巴首度接触，密商美国提供武器事宜，决定将武器储存在锡金、尼泊尔、不丹靠近西藏边境地区，以便藏方随时取用。5月，美国与印度达成协议：美国将大批援藏步枪、机关枪、手榴弹及弹药等在印度加尔各答卸下，免受检查，经由大吉岭由美士兵武装护送运往西藏。[③] 11月1日，美国国务卿艾奇逊在一次新闻发布会上污蔑人民解放军进驻西藏的行动是“侵略”，宣称美国将会认真看待共产党向西藏发动进攻的任何一种新证据。[④]

此间，噶厦一面派出以夏格巴为团长的“亲善使团”与新中国中央政府谈判，以作缓兵之计，一面于11月8日向联合国秘书长特里格夫·赖伊（Trygre Lie）发出所谓“呼吁书”，企图把西藏问题国际化，依靠联合国名义阻止新中国对西藏的解放。美国则在幕后紧密配合。11月15日，在美国的指使下，拉美小国萨尔瓦多代表团团长赫克托·戴维·卡斯特罗（Hector David Castro）在联合国大会上提出讨论中国“入侵西藏问题”，请求秘书长以《联合国宪章》第一节第一款所规定的首要职责和义务——“维护国际和平和安宁”为依据，将“西藏遭受外国武装入侵”加进现阶

① 英国外交部档案，371/76314，《英国驻印高级专员致英联邦关系部的电报》（1949年11月8日）。

② *FRUS*, 1950, VI, *China Area*, *The Secretary of State to the Embassy in India*, pp. 275 – 276.

③ “新华社引印通社新德里5月11日电”，《西藏地方历史资料选辑》，第378~379页。

④ *FRUS*, 1950, VI, *China Area*, p. 555.

段的议事日程当中，并成立一个特别委员会研究“可以采取的适当步骤”。[①] 为使这一建议得到采纳，美国推动印度和英国支持萨尔瓦多的提议，但是未果。因为印度和英国都另有所虑，印度不愿意因西藏问题惹怒中国，导致印度卷入“保卫西藏”的战争，而使印中边境成为第二个“朝鲜半岛”；英国更关心其在香港的利益，也不愿意因西藏问题惹怒中国而失掉香港。最后，印度强调西藏问题仍“存在和平解放的机会，联合国还可以对此做工作”。由于印度是卷入西藏问题最多的国家，它的立场很有影响，在印度表态后，有很多国家响应，这使美国代表团团长欧内斯特·A. 克劳斯（Ernest A. Cross）被迫接受印度代表的提议。[②] 11 月 24 日，联大总务委员会决定无限期延缓讨论这一问题。[③]

在西藏的“呼吁书”被搁置以后，以达扎为首的噶厦分裂势力见大势已去，分裂图谋已成泡影，便于 12 月 19 日挟持达赖喇嘛逃往亚东，企图把达赖喇嘛带到外国，另立西藏“流亡政府”。1951 年 1 月 2 日，在亚东达赖喇嘛召开有在印度的西藏代表团和商务代办机构官员参加的联席会议，听取汇报，[④] 商讨对策。夏格巴汇报了美、英、印、尼四国的建议：美国建议西藏政府只能采取缓兵之计，通过和平途径与中央政府谈判，因为采取战争的办法，西藏现有的内部权力必将丧失；英国转告西藏，英国在西藏的权力已转交印度，此刻西藏政府还想得到英国的援助是不实际的；印度外长梅农建议西藏地方政府至少要在表面上承认（西藏）是中国的领土，以便在与中共谈判时争取更多的权力，也可使印度政府从各方面提供适当的援助；尼泊尔提醒噶厦：中国国民党得到美国援助对共产党尚且无能为力，西藏和尼泊尔要抵抗共产党中国就更困难了，只有进行和谈，尼泊尔政府才可以给予帮助。[⑤] 上述情况使达赖分裂势力看到，西藏

---

① 梅·戈尔斯坦：《喇嘛王国的覆灭》，时事出版社，1994，第 741 页。

② 英国外交部档案，371/84455，《英国驻印度高级专员致英联邦关系部的电报》（1950 年 11 月 30 日）；Qiang Zhai, *The Dragon, the Lion and the Eagle: Chinese, British, American Relations*, 1949 - 1958 (Dent, Ohio, 1994), pp. 60 - 61.

③ 郭兹文：《西藏大事记》（1949 ~ 1959），民族出版社，1959，第 5 页。

④ 1950 年 11 月 17 日，达赖喇嘛在布达拉宫举行亲政典礼，从此开始亲自主持西藏地方事务。

⑤ 美国国家档案，793B00/3 - 850，《美国驻印度大使致美国国务卿的电报》（1950 年 3 月 8 日）；另见廖祖桂《西藏的和平解放》，中国藏学出版社，1991，第 48 ~ 49 页。

噶厦寻求外国支持搞所谓“西藏独立”的种种企图都化为泡影，唯一的出路只能是接受中国政府和平解放西藏的方针，派出代表赴北京谈判，至于“西藏独立”的图谋只能再寻时机。2月，达赖喇嘛派出阿沛·阿旺晋美为首席代表的5人谈判代表团。4月，抵达北京，同中央人民政府指派的以李维汉为首的代表团进行关于和平解放西藏问题的谈判。5月23日，西藏地方政府和中央人民政府签订了《关于和平解放西藏办法的协议》，即《17条协议》。①

四

就在签署《17条协议》的第二天（5月24日），美国驻印使馆代办斯蒂尔（Steere）在新德里秘密接见了急于寻求美国帮助的夏格巴等人。夏格巴首先转告斯蒂尔，达赖喇嘛和一些藏人对《17条协议》中“收回西藏外交权”和“干涉西藏内政”条款极为不满，“如果中央政府在西藏边境驻军，并对西藏采取强硬措施，达赖喇嘛就会立即离开西藏”。② 为了探明美国的态度并取得美国的帮助，以确定下一步实施“西藏独立”的行动计划，夏格巴向斯蒂尔提出6个问题：1. 如果西藏想加入联合国，目前应该做些什么？美国能够帮助西藏做哪些工作？2. 美国能否做锡兰的工作，使其允许达赖喇嘛和其他随员在锡兰得到庇护？3. 美国能否准许达赖喇嘛和大约100名随员在美国取得庇护权？如果达赖喇嘛来美国是否会作为国家元首来接待？美国是否愿意为他们提供经费？4. 如果达赖喇嘛等建立一个反对共产党中国的抵抗组织，美国能否为其提供军事和财政援助？5. 美国能否在噶伦堡建立一个联络站，以便于西藏当局同美国进行官方联系？6. 能否准许达赖喇嘛的长兄土登诺布（即当采活佛）和他的仆人以非官方的资格前往美国避难？6月2日，美国国务院通过亨德森逐一回答了夏格巴的问题：第一，美国相信西藏的呼吁会得到美国和联合国的关注，但是呼吁书要增加“西藏与北京谈判”详情以及有关“共产党对西藏地位构成威胁”的新内容。西藏不要等待联合国的邀请再提出呼吁，而应该不断向

① 该协议内容请参见《西藏地方历史资料选辑》，第401～406页。

② *FRUS*, 1951, VI, *China Area*, *The Charge in India* (*Steere*) *to the Secretary of State*, pp. 1687－1690.

联合国提出要求。美国仍会发给西藏代表团赴美许可证。第二，因为西藏和印度、锡兰是近邻，又都是佛教国家，美国建议达赖喇嘛去印度或锡兰避难，因为这可能会对西藏的“自主事业发挥更大的作用”。第三，美国准许达赖喇嘛和包括其家属在内的100人来美国避难。达赖喇嘛可以在美国享有永久的“宗教领袖”地位和“西藏国家领袖”的高位。美国会尽力帮助西藏人解决财政问题。第四，美国仍然会根据西藏形势的发展派出官员去印度的噶伦堡和大吉岭，但是不能与西藏建立外交关系。第五，支持西藏向联合国提出新呼吁，并推动联合国关注这一呼吁，特别是影响英国、印度、巴基斯坦、法国等国家关注这一呼吁，以创造一种政治气氛推动联合国对西藏提案作出新的决议。第六，土登诺布可以同他的仆人来美国避难。[①] 为了操纵西藏抵制中国对西藏的接管，美国国务院制定了周密的行动计划，并向驻印使馆作了明确的部署。艾奇逊指示亨德森做好下列工作：使达赖喇嘛重申其被迫接受有损自治的条件“是对方强加的”；对达赖喇嘛许诺“美国在政治和经济诸方面将予以充分的关注”；向达赖喇嘛声明：“只有西藏人自己真正作出努力并进行坚决的抵抗，援助才能奏效。”[②] 心领神会的夏格巴曾这样对达赖喇嘛转达了美国的授意：“这意味着西藏政府不仅不能接受《17条协议》，并且还将予以反对行动。”为了得到美国的援助，达赖喇嘛立即向美国表明：“他和西藏政府并没有承认《17条协议》，西藏代表是在受到压力和威胁的情况下被迫签字的。”[③]

从1951年夏季开始，夏格巴、土登诺布和达赖喇嘛的二哥嘉乐顿珠频繁往返于西藏、噶伦堡和美国之间，开始了阴谋策划反对《17条协议》、策动西藏叛乱、驱逐西藏中央政府权力机构、实现“西藏独立”的计划。同时，他们也考虑到上述计划失败后而实施的下一步计划：挟持达赖喇嘛出逃，在印度另立西藏“流亡政府”。此刻，美国驻印使馆从加尔各答领事馆派副领事撒切尔（N. G. Thacher）赴噶伦堡，与夏格巴等人秘密会面，积极参与谋划活动。撒切尔先是向夏格巴提供了一份关于“中共代表最早

① 美国国家档案，793B. 00/5 - 2951，《国务卿致美国驻印度大使的电报》，第2051号，1951年6月2日。

② 美国国家档案，793B. 00/5 - 2951，《国务卿致美国驻印度大使的电报》，第2051号，1951年6月2日；另见梅·戈尔斯坦《喇嘛王国的覆灭》，第812页。

③ 同上。

可能在6月22日到达西藏”的情报，并告诫夏格巴，“重要的是达赖喇嘛在这之前要公开否认《17条协议》”，[①] 然后重申美国的态度：第一，达赖喇嘛应该把印度（或者泰国和锡兰）作为最合适的避居地；第二，美国政府愿意秘密提供援助，使达赖喇嘛到达他所选择的任何一处避难地；第三，如果西藏接受中共的条件，援助就“毫无指望”；第四，如果达赖喇嘛离开西藏（无论去印度、泰国或美国），都会受到“自治国家的政治领袖和宗教领袖”规格的接待。[②] 两天后，美国驻加尔各答总领事再次催促土登诺布推动达赖喇嘛采取行动。[③] 7月初，达赖喇嘛初步作出决定，听从美国的意见去印度“避难”。为了慎重从事，他请求美国说服印度，并让印度作出接受达赖喇嘛一行“避难”的担保。此后，美国驻印大使不仅亲自出马敦促印度政府主动邀请达赖喇嘛到印度，而且还推动盟国英国也敦促印度政府发出这一邀请。[④] 在美国和英国的敦促下，印度最终作出决定：允许达赖喇嘛到印度避难。[⑤] 与此同时，美国驻印使馆已经为夏格巴、土登诺布等人设计了一个挟持达赖喇嘛出逃的具体方案：①先从随行人员中选择一小部分信得过的人同他们（达赖喇嘛及其随从——引者按）一道悄悄离开，并最好在夜间启程，以避免达赖喇嘛被从各大寺院及拉萨的政府机构中派往亚东的代表劝回拉萨。②再命令某某（档案公开时删去了名字）秘密将他护送到印度。（此处删去了一部分）③假如上述两种方案都行不通，达赖喇嘛就致函某某（此处删去了名字）请求某某（此处删去了名字）秘密地转交给两名联络员哈雷尔（Harrer）和帕特逊（Patterson），并按照原定计划（由有关人士）化装在亚东附近迎接达赖喇嘛，然后把他

---

① 美国国家档案，793B.00/6－1951，《美国驻印度大使致美国国务卿的电报》，第3687号，1951年6月19日；793B.00/6－2551，《美国驻加尔各答总领事致美国国务卿的电报》，第3678号，1951年6月25日。

② 美国国家档案，793B.00/7－251，《副领事撒切尔同夏格巴和泽仁晋美于1951年6月26日会谈的报告》（泽仁晋美为夏格巴的英语翻译——引者按），1951年7月2日。

③ 美国国家档案，793B.00/7－351，《美国驻加尔各答总领事致美国国务卿的电报》，第13号，1951年7月3日。

④ 美国国家档案，793B.00/7－1451，《美国驻加尔各答总领事致美国国务卿的电报》，第43号，1951年7月14日；793B.00/7－1615，美国国务院致伦敦大使的电报，第335号，1951年7月16日。

⑤ 美国国家档案，793B.00/7－1951，《美国驻加尔各答总领事致美国国务卿的电报》，第61号，1951年7月21日。

送到印度。[①] 当时，达赖喇嘛因为受到西藏内部“主张统一”力量的压力，无奈于7月23日返回拉萨。美国的秘密计划何时实施，只得再作计议。

达赖喇嘛返回拉萨，并没有使美国退出西藏舞台。9月17日，美国驻印度使馆将一份亨德森签字的文件通过达赖喇嘛的私人代表尼恩转交达赖喇嘛。文件所示，“假如您留在西藏，要么将会被（删去了一部分），要么就会被迫充当中共的奴仆，将无助于您的民族”，“如果至尊愿意去锡兰或其他某个国家避难，美国政府将做好准备，尽力协助做好外出避难的安排，帮助您获准通过所要涉及的国家中转，并为您及您的家人和随从人员支付旅行费用”，“如果在其他国家避难有困难，美国将安排至尊及随行人员来美国避难”，“美国认为，必须把抵抗中共对西藏的入侵当作长期性的问题来看待”，美国将“准备对现在和将来抵抗共产党入侵西藏的行动给予支持，并且提供切实可行的物资援助”，“美国向您提供上述援助和支持的前提是您离开西藏，公开否认西藏代表和中共代表所缔结的《协议》，并且依然愿意在反对共产党方面与美国合作”。[②]

1952年2月13日，美国国务院远东司司长艾利逊（Allison）和官员埃克威尔（Ekvall）、南亚司代理司长威尔（Well）、远东司中国科科长帕金斯（Perkins）与官员安德森（Anderson）等人，在华盛顿接见了土登诺布，得知“达赖喇嘛和西藏人现在正寄希望于今后‘可能发生的事情’（意指寻机叛乱、达赖出逃——引者按）”，“西藏人的政策没有变，将来也不会改变”。艾利逊立即向土登诺布保证，“美国对西藏的同情”和“友谊”，“将会继续下去”，并鼓励土登诺布“不要对反对共产党中国的事业失去信心”。[③]

正是在美国的支持和操纵下，西藏分裂势力气焰嚣张，明目张胆地搞了一系列旨在制造“西藏独立”的阴谋活动。2月18日，在中央政府代表张经武和噶厦主持的“司噶全体会议”上，两司曹鲁康娃和洛桑扎西公开声称：“西藏是独立国，有自己的国旗”，反对悬挂中国国旗，反对人民解

① 美国国家档案，793B. 00/7 - 1751，《美国驻加尔各答总领事致美国国务院的电报》，第52号，1951年7月17日。

② 美国国家档案，793B. 00/9 - 1851，致达赖喇嘛的信的第1号附件，见《美国驻印大使致美国国务卿的电报》，第662号，1951年9月18日。

③ *FRUS*，1952 - 1954，XIV，*China*，pp. 8 - 9.

放军进驻西藏，诬蔑《17条协议》是“强加”给他们的，要进行修改。3月31日，伪“人民会议”① 纠集2000多人在拉萨集会示威，包围中央人民政府代表住宅和西藏工委机关，并向人民解放军挑衅，阴谋制造事端，发动叛乱，驱逐中央政府，赶走解放军。此间，美国政府密切关注西藏的事态变化，积极采取措施支持西藏分裂势力。国务院远东司司长艾利逊分析道：在过去的半年中，“西藏多数人”已经从“个人被动接受中共占领的起始阶段发展到集体的公开示威和骚乱的阶段”，“虽然达赖喇嘛和他的亲信僧侣及世俗顾问人员已经公开地接受了中共的领导，但看起来他们正在推行一个明智的深思熟虑的计划，去激起人们对中共军队的敌意”，“西藏的形势正在向着符合美国利益的方向发展”。因此他建议美国政府应进一步秘密援助西藏抵抗力量。② 他的建议得到了美国国家安全委员会的极度重视，决定由中央情报局在西藏实施NSC5412计划——秘密援助地下反共抵抗力量的行动计划。

NSC5412计划是美国总统艾森豪威尔于1954年3月15日批准的国家安全委员会计划。此后，1955年3月12日、12月28日，美国总统又批准修补了NSC5412/1和NSC5412/2计划。这三个文件均属“遏制国际共产主义行动的秘密军事行动计划”。在NSC5412/2文件中特别规定，在国家安全委员会负责下，具体由中央情报局负责领导反对和遏制“国际共产主义行动”的全部间谍和反间谍行动。这项秘密行动的目标是“广泛地传播”美国的价值观；为国际共产主义运动制造麻烦，阻止苏联集团的军事力量的增长和经济发展；不信任并减少共产主义意识形态和有关组织的发展；在世界各地区减少国际共产主义的控制；在受到国际共产主义威胁和统治的地区发展地下抵抗力量和秘密帮助游击队活动，并保证那些力量在战争中的有效能力，使他们在战争中扩大军事力量获得所需的供应品。③ 在其亚洲冷战的总体战略中，美国把中国列为冷战的主要敌对目标。据此，美

① 伪“人民会议”：1951年11月，由反对祖国统一的一些西藏商人、寺庙管事、不规僧人等，在西藏反动上层支持下组织起来的组织。

② *FRUS*, 1952 - 1954, XIV, *China*, *Memorandum by the Acting Director of Chinese Affairs* (*Allison*), pp. 51 - 52.

③ 缩微胶卷：《国家安全委员会文件》，第4卷（Start of Reel 4, Dcoument of the National Security Council），NSC5412，NSC5412/1，NSC5412/2，美国大学出版社，1980。

国中央情报局在中国西藏地区开始了秘密地下援助“藏独”行动。

同年，美国中央情报局在印度靠近西藏边境的阿尔莫拉一带设立课报网，建立了3个“教育中心台”、2个“医院”、2个“麻风病医院”和1个“肺病疗养院”。实际上，由这些机构组成了中央情报局秘密行动基地。同时，中央情报局通过嘉乐顿珠在西藏扩大间谍网，把叛乱活动发展成“一场公路之战”。他们成立了所谓“护教军”、“民族自卫军”，还纠集了一些凶悍的康巴人和土匪。“反叛者依靠这条山路（从噶伦堡而来的——引者按）获得所需的大部分弹药。”①

1954～1955年，美国中央情报局支持西藏上层分裂势力夏格巴、鲁康娃、洛桑扎西在印度的噶伦堡设立了所谓“西藏国民大会”总部，以策划领导西藏地区的叛乱和分裂祖国的活动。1955年春天，一个美国中央情报局的下属机构开始在噶伦堡城郊征募西藏士兵，并先后在台湾、冲绳群岛、色斑岛、关岛等地秘密进行训练，② 然后秘密将这些受训人员遣回西藏，作为抵抗力量的骨干。同年夏季，西藏上层分裂势力在康定县策划了康巴地区的叛乱，企图以康巴叛乱为前线，掩护西藏本区“驱汉独立”。在这次叛乱中，美国中央情报局派遣游击战专家安东尼（Anthony）帮助西藏分裂势力组织了袭击解放军的军事暴动。在此次康巴叛乱失败后，美国中央情报局的宣传工具——“美国自由亚洲学会”资助土登诺布到美国做旅行演讲。③ 11月，达赖喇嘛应邀去印度参加释迦牟尼涅槃2500周年纪念会。这时，土登诺布和嘉乐顿珠从美国赶回印度，与夏格巴等分裂势力相配合，共同策划乘机使达赖喇嘛滞留印度噶伦堡，以便从事所谓“西藏独立”活动。夏格巴还特别策划了一个计划：在达赖喇嘛访问加尔各答时，用汽车劫持达赖喇嘛到此地的美国领事馆。后来，由于周恩来总理亲自访问印度，使尼赫鲁许诺不支持“藏独”势力。周总理还两次与达赖喇嘛长谈，亲自做工作，才使达赖喇嘛于1957年2月初返回拉萨。④ 这使西藏分裂势力挟持达赖喇嘛脱离西藏的阴谋暂告失败。

① 于力人编著《中央情报局50年（下）》，时事出版社，1998，第884页。

② John Prados, "Presidents Secret, Wars - CIA and Pentagon Cover Operation Since W. W. II.," New York: Willian Marrow and Company, Inc, 1986, p. 159.

③ 于力人编著《中央情报局50年（下）》，第884～885页。

④ 直荣边吉：《达赖喇嘛——分裂者的流亡生涯》，河南出版社，1997，第34～35页。

于是，他们便决定煽动西藏地区的分裂势力发动武装叛乱，乘机挟持达赖喇嘛外逃。

1958年11月4日，美国中央情报局为西藏分裂势力实施武装叛乱计划提供武器，一架运输机在山南哲古给叛乱分子空投武器50包；11月26日，向西藏山南地区运送武器弹药226驮；① 年底，向扎古拉马塘高地空投一批武器，约100支美式来复枪、20挺轻机枪、2门55毫米迫击炮、60枚手榴弹，每支枪和每门炮配置300发子弹或炮弹。② 12月20日，在噶伦索康主持的“官员代表大会”上，分裂主义分子叫嚷“为宗教和民族要与中央战斗到底”，并决定“要把达赖喇嘛请到一个安全地方，然后再和他们战斗”。③

1959年初，西藏武装叛乱逐步升级，叛乱分子以及“人民会议”的骨干成员，不仅袭击解放军，而且对藏民劫掠、烧杀，强迫他们反对中央政府。3月10日，西藏地方政府和上层反动集团终于公开撕毁和平解放西藏的《17条协议》，发动了全面的武装叛乱。在叛乱失败后，3月17日夜，达赖集团由罗布林卡渡拉萨河南逃。达赖一行用牲口驮着金银财物和布达拉宫的珍宝，由康巴人担任后卫，在中央情报局训练的西藏特工帮助下，穿越山口国境，行程两周，终于逃到印度。“一路上，曾在中央情报局受训的报务员紧紧相随，把达赖喇嘛的行程随时报告给华盛顿。”中央情报局在达卡的基地与达赖一行保持密切联系，并准备好一种适合在西藏稀薄空气中飞行的C－130型运输机，随时给他们空投所需物资。④ 一位美国作者L. 弗莱彻·普罗迪曾把达赖喇嘛的出逃看成是美国中央情报局的功绩之一，他写道：“这一离奇的出逃及其重要意义，作为中央情报局那些无法谈论的业绩之一，已经永远封锁于他们那些无法谈论的拿手好戏的记录

---

① 西藏自治区党史资料征集委员会编《中共西藏党史大事记》（1949～1994），西藏人民出版社，1995，第83～84页。

② 克里斯·穆林：《美中央情报局对现在的阴谋》，《远东经济评论》1975年第89卷36期；另见《20世纪的西藏——国外藏学研究译文集（第十辑）》，西藏人民出版社，第312～313页。

③ 列康尼章：《西藏上层反动派策划的叛乱是怎样发生的》，《中国藏学》1989年第2期；杨公素：《中国反对外国侵略干涉西藏地方斗争史》，中国藏学出版社，1992，第332～333页。

④ 于力人编著《中央情报局50年（下）》，时事出版社，1998，第886页。

之中，如果没有中央情报局，达赖喇嘛永远不能被救出走。”[①]

1959年3月26日，在美国国家安全委员会第400次会议上，中央情报局局长杜勒斯对西藏叛乱原因的分析与西藏分裂势力的造谣同出一辙，即“由于中国共产党要绑架达赖喇嘛并强行带到北京”。[②] 4月1日，国务卿向艾森豪威尔总统报告：“近期西藏的反叛者图谋坚持并操纵达赖喇嘛到印度，最近计划已经完成。”[③] 可见，西藏叛乱和达赖叛逃，是西藏上层分裂势力蓄谋策划的行动，而美国政府对这一行动也是事先知道并支持的。

在达赖喇嘛叛逃印度后，经美国国家安全委员会、国防部、国务院和中央情报局讨论，美国总统艾森豪威尔批准，美国的西藏政策仍然依循NSC5412/2号文件。[④] 1959年底，中央情报局把在美国受训的康巴人空投到西藏羌塘地区的南错卡（Nam Tso Kha），[⑤] 用来组织和发展西藏境内的反共抵抗力量。1959年至1962年3月，有170多名康巴人在美国科罗拉多州落基山中接受中央情报局的游击战争训练。1960年前后，西藏反叛势力把游击活动根据地从西藏境内转移到尼泊尔的木斯塘，并在此地集结了大约6000名康巴人。他们在美国中央情报局的支持下，时常过境袭击西藏境内的解放军。为了直接领导和援助康巴人游击队，美国中央情报局在新德里设立了指挥部，还在尼泊尔成立了名为“亚利桑那直升机”的航空公司，以便提供武器和粮食。当时约有600名美国和平队以指导农业的名义从博卡拉出发沿咯利干达基河上溯，进入木斯塘街道开展情报活动。[⑥] 据查，1961年美国中央情报局给康巴人的津贴平均每人每月5000卢比，1964年增加到

---

① L. 弗莱彻·普罗迪：《秘密工作队：中央情报局及其盟友控制美国和世界》，普莱迪斯—霍尔出版公司，1973，第351页。

② *FRUS*, 1958 - 1960, XIX, *Tibet*, *U. S. Response to the Rebellion in Tibet*, 367. *Editorial Note*, p. 751.

③ *FRUS*, 1958 - 1960, XIX, *Tibet*, p. 753.

④ Ibid., p. 809.

⑤ 克里斯·穆林：《美中央情报局对现在的阴谋》，《远东经济评论》1975年第89卷36期；另见《20世纪的西藏——国外藏学研究译文集（第十辑）》，西藏人民出版社，第313页。

⑥ 高桥照：《美国中央情报局操纵西藏叛乱》，《20世纪的西藏——国外藏学研究译文集（第十辑）》，第324～325页。

22500 卢比。[①] 美国还以红十字会的名义向他们提供了经济和军事援助。

此外，在 1959 年 5 月 8 日，美国国务院、参谋长联席会议讨论了西藏的法律地位问题。他们在查明近几个世纪西藏并没有“独立”和“自治”条约后，不得不承认：“中国中央政府历代都保留其对西藏的宗主权。”[②] 十天后，在美国国务院远东司、国际组织事务局、法律顾问委员会等召开的联席会议上，美国决定帮助达赖喇嘛将西藏问题提交联合国大会，以“通过民族自决”的方式，使达赖流亡势力得到国际社会的承认。[③] 在美国的努力下，印度和英国不顾中国的反对，最终承认所谓达赖喇嘛“流亡政府”有权向联合国提交呼吁书，并接受达赖喇嘛一行在印度避难。[④] 9 月 4 日，美国驻印使馆授意达赖喇嘛向联合国提出谴责《17 条协议》的提案，并明确提出此提案要建立在“批判共产党中国侵犯人权”问题上，而不是建立在“侵略”问题上面，因为“关于人权渠道，联合国可能予以承认”。[⑤] 11 月 3 日，美国助理国务卿墨菲（Murphy）和国务院远东司司长帕森斯（Parsons）接见土登诺布，向他转告美国的新决定：美国承认“西藏是中国宗主权下的自治国家”，并支持达赖喇嘛将“西藏问题”提交联合国，促使西藏问题国际化，以实现西藏地区人民自决权，进而脱离中国。[⑥]

这样，达赖喇嘛等“藏独”势力便以西藏“人权问题”为中心在联合国挑起了反对中国的斗争。在第 14 届（1959 年）、第 16 届（1961 年）和第 20 届（1965 年）联合国大会上，在美国的幕后鼓动和操纵下，三次通

---

① 克里斯·穆林：《美中央情报局对现在的阴谋》，《远东经济评论》1975 年第 89 卷 36 期；另见《20 世纪的西藏——国外藏学研究译文集（第十辑）》西藏人民出版社，第 312～313、315～316 页。

② *FRUS*, 1958－1960, XIX, *Tibet*, *U. S. response to the Rebellion in Tibet*, *Memorandum on the Substance of Discussion at a Department of State-Joint Chiefs of Staff Meeting*, pp. 768－769.

③ *FRUS*, 1958－1960, XIX, *Tibet*, *Draft Memorandum from the Assistant Secretary of State for Far Eastern affairs (Robertson) to Secretary of State*, p. 765.

④ 1960 年 9 月，达赖流亡集团在印度达兰萨拉召开第一届“西藏人民代表大会”，公布了“宪法”，宣告成立“岗钦吉雄”即“大雪国政府”（也称“西藏流亡政府”），同时宣布达赖喇嘛为“国家首脑”。

⑤ *FRUS*, 1958－1960, XIX, *Tibet*, *U. S. Response to the Rebellion in Tibet*, *Telegram from the Embassy in India to the Department of State*; *Memorandum of Conversation (Appeal of the Dalai Lama to the United Nations)*, pp. 777－778, p. 780.

⑥ *FRUS*, 1958－1960, XIX, *Tibet*, pp. 800－801.

过了关于西藏问题的决议。决议中都把西藏列入自决权范围。

其实，联合国关于西藏问题的三个决议是冷战时代以美国为首的西方集团反共反华战略的产物。当时联合国没有恢复中国政府的合法席位，台湾占据着中国的席位。虽然台湾当局也反对西藏独立，但因它支持流亡藏人的反共活动，在联合国没有开展有效的反对西藏独立的斗争。可以说，联合国的决议是对中国“无理的缺席审判”，亦可视为外交上的无效尝试。这三个决议对后来西藏问题的发展产生了恶劣影响。西藏分裂势力以及国外反华势力经常引用这些决议来攻击中国在西藏侵犯人权，鼓噪西藏“民族自决”，图谋达到西藏独立的目的。

总之，美国西藏政策是在继承英帝炮制的意在否定中国对西藏拥有主权的所谓“宗主权”理论的基础上形成的。第二次世界大战后伴随着冷战的发展，美国西藏政策基本定位，成为美国亚洲冷战战略的重要组成部分，其基本内容是支持达赖分裂势力的“藏独”活动，反共反华，遏制中国。遗憾的是，这项政策一直到冷战已经结束多年后的今天也未发生根本的变化。

（原载《美国研究》1999 年第 2 期）

美援与战后台湾的经济改造

牛　可*

【内容提要】本文意在对1950年后十多年间美国因素在政策和制度层面上对台湾发展的影响进行深入考察。本文发现，美国对台湾施加影响的一个重要的和基层的途径，是美国驻台机构与台湾经济官僚集团之间形成的"跨政府关系"。这种关系有其特有的组织载体和制度机制，并成为战后前期台湾经济发展的重要制度基础和政策、战略形成的关键因素。文章进而叙述了在跨政府关系的架构下，美国驻台机构和台湾经济官僚是如何共同导演了台湾的进口替代工业化和发展战略的转型。本文认为，虽然美国因素对战后台湾经济发展模式的形成有重大而深刻的影响，但并没有在台湾复制出符合"自由发展主义"理念的美式经济模式。

【关键词】美国外交　"美台"关系　美援　美国驻台机构　跨政府关系　台湾　发展

从1950年到20世纪60年代中期，台湾政治经济发展的外部动力机制在很大程度上在于冷战国际政治环境下美国的政策行为，在于美国赋予它的"反共前沿"和"民主橱窗"的地位和身份，在于"霸权—附庸"关系之下美国对台湾的援助和扶植。从1950年6月朝鲜战争爆发后到20世

* 牛可，历史学博士，时任北京大学历史系讲师。

纪60年代中期，台湾接受的美援总额达41.5亿美元，其中军援和经援分别约占57%和43%。[①] 而美台之间的援助关系，以及美国对台湾发展进程和后果的影响，都远不仅限于相对容易观察到的经济资源流动。随美援而来的是大批美国驻台官员和专家顾问，他们与主持台湾经济发展的技术官僚群体结成了密切的合作关系。而这种关系可以被判定为政治学家罗伯特·基欧汉和约瑟夫·奈所描述的“跨政府关系”。正是以这种关系为主要的和基层的途径，美国对台湾的发展政策、战略和制度施加了广泛深入的影响。

一 对台美援的组织结构与运作方式

“跨政府关系”（Transgovernmental Relations）是指“那些不受政府内阁或行政首脑的政策控制或严格指导的、不同（国家）政府部门之间的一系列直接的相互影响”。一个政府内部的次级官僚机构在某种程度上具有相对于其政治领导人和上级部门的自主性，总有按照自己的利益和旨趣行事的能力和意愿。而不同国家政府的次级部门之间又可能存在共同的利益、理念和偏好，由此在工作交往中形成某种合作关系。基欧汉和奈指出，跨政府行为有两种主要类型。一种是“跨政府的政策协调”，指双方的次级部门在没有来自高层的详细政策指导的情况下，主要通过非正式的交往进行政策执行和调整活动；另一种是“跨政府联盟”，指政府的次级单位与另一国政府中有共同行为取向的机构和人员建立联盟以对抗他们自己政府中的某些成分。[②] 后文将会说明这两种情况在台湾的确都存在。

美国一般把技术官僚（经济官僚）群体视为国民党政权中健康成分，一向予以支持和扶植。特别是经济官僚一般对国民党政权内部自蒋介石以降许多人热衷于扩充军队、发展军事工业的做法持消极态度，主张首先立

---

① Samuel P. S. Ho, *Economic Development of Taiwan, 1860～1970* (New Haven: Yale University Press, 1978), p. 110. 关于对美援经济效应的分析，另参见 Neil Jacoby, *U. S. Aid to Taiwan: A Study of Foreign Aid, Self-Help, and Development* (New York: Praeger, 1966)；赵既昌：《美援的运用》，联经出版公司，1985。

② 罗伯特·基奥恩、约瑟夫·奈：《跨政府关系和国际组织》，西里尔·布莱克主编《比较现代化》，上海译文出版社，1996，第601～610页。

足台湾发展“民生经济”，而在整个50年代和60年代初，美国各驻台机构更是以遏制蒋介石集团反攻大陆的企图、防止台湾经济军事化为其工作的基本目标，因此双方在这个关键方面有不谋而合之处。以其经济实用主义理念、利益中立的地位、专业化和技术化的工作作风，而且往往具有欧美教育背景，台湾的经济官僚群体很容易与美国援助官员和专家建立亲和感，形成密切的合作关系。这种关系，连同美国依靠援助施加压力的“杠杆效应”，被美国用以强化其影响力向台湾内部事务的渗透。而台湾的经济官僚也借重这种关系加强自己在国民党政权中的地位和力量，为了使自己的主张和政策被采纳、执行，有时会主动把美国人当作帮助其对抗其他部门，甚至修改决策的同盟引入政策制定过程，从而形成“跨政府联盟”。

这种跨政府联盟有其特有制度机制和组织载体，这就是美国驻台援助机构和台湾方面与美援运用有关的机构。

美国驻台机构包括“使馆”、经援使团（驻台外援机构）和军援顾问团。与战后美国外援政策服从于政治军事战略的总体状况相适应，美国对台援助机构的活动也是在强调组织和职能的系统性的原则下由美国驻台“大使”进行总体指导和协调。[①] 后来又进一步建立了由全部驻台军事和文职代表团领导人组成的所谓“驻在国小组”（Country Team），在“大使”的主持下在外交政策和援助政策之间以及在各项援助计划之间进行协调。

华盛顿负责对外援助事务的中央机构历经多次改组，[②] 但其在台湾的派驻机构则在职能和人员上都保持了相当的连续性和稳定性。驻台经援机构的业务范围在20世纪50年代初即被明确规定，它在外交使团首脑的督导和军援顾问团的协助下负责各项与经济援助有关的事务，并多方参与台湾的经济规划与政策制定。[③] 到60年代的国际开发署时期，随着美国援助政策更加强调经济援助（相对于军事援助）和受援国的经济发展，国际开发署驻台分署在制定援助政策过程中的地位进一步得到加强，并被要求更

---

① The Secretary of State to the Embassy in the Republic of China, April 25, 1951, *Foreign Relations of United States*（以下为 *FRUS*），1951，Vol. 7，pp. 1648 – 1649。另参见卡尔·兰金著《兰金回忆录》，海英译，上海人民出版社，1975年，第87~90页。

② 1948年设立的经济合作署（ECA）先后改组为共同安全署（MSA，1951年）、对外业务署（FOA，1954年）、国际合作署（ICA，1955年）、国际开发署（AID，1961年）。

③ The Secretary of State to the Embassy in the Republic of China, April 25, 1951, *FRUS*, 1951, Vol. 7, p. 1649.

加积极地参与台湾的经济决策。国际开发署驻台分署署长由总署署长任命，并服从国务院和驻台“使馆”的政治和工作指导。由于他实地负责经济援助，熟悉台湾经济的实际状况并直接同台湾当局上下官员打交道，所以尽管他并不最终决定对台援助的计划和内容，但其意见对美国对台援助政策具有相当的影响力。他还负责向台湾当局解释美国援助政策的目标和内容，实际上充任台湾当局经济政策总顾问的角色。[①] 驻台美援使团的下属机构根据台湾经济的各产业部门进行了相当细致的划分，除了经济分析、计划和审计三个办公室，驻台经济援助机构设有自然资源、电力、教育、贸易和工业，以及公共行政等小组，其工作人员均为各自领域的专家。

隶属于国防部的美国驻台湾军事援助顾问团（Military Assistance Advisory Group）设立于1951年5月，与经援使团同样是在驻台“使馆”的指导下，并且在经援使团的协助下负责领导和协调美国对台军事援助和合作。[②] 军援顾问团的工作也可以被视为具有相当的经济政策效应，因为20世纪50年代它的工作重点之一是敦促台湾当局裁减军队和限制其军费开支。[③]

“大使馆”、经援使团、军援顾问团构成美国官方正式驻台机构的三驾马车。除此之外，一家专门承接政府项目的纽约私人公司——怀特工程公司（J. G. White Engineering Corporation）也在台湾经济运行中发挥着独特作用。怀特公司的五名专家早在1948年底就受经济合作署之聘来到台湾，对台湾的资源和经济状况进行调查和研究，并参与拟订最初的对台援助计划。在美国政府于1949年1月公开宣布放弃台湾之后，怀特公司仍积极主张扩大对台援助。[④] 20世纪50年代怀特公司在美台援助关系中具有双重身份：驻台美国经援使团的援助计划评估机构和台湾当局的经济技术顾问。

① Neil Jacoby, *U. S. Aid to Taiwan: A Study of Foreign Aid, Self-Help, and Development* (New York: Praeger, 1966), p. 57.

② 关于对军援顾问团业务范围的规定，参见 *FRUS*, 1951, Vol. 7, pp. 1649 - 1650。

③ Nancy B. Tucker, *Taiwan, Hong Kong and United States, 1945 - 1992: Uncertain Friendship* (New York: Twayne Publishers, 1994), p. 64.

④ George Kerr, *Formosa Betrayed* (Boston: Houghton Mifflin, 1965), pp. 136 - 137; Nick Cullather, "'Fuel for the Good Dragon': The United States and Industrial Policy in Taiwan, 1950 - 1965," in *Diplomatic History*, Vol. 20, No. 1, 1996, pp. 6 - 9.

它向台湾派送各部门的专家，并且向美援运用委员会提供技术和经济方面的咨询。一位主管台湾经济事务的官员在报告中称：“在福摩萨拥有怀特工程公司对美国政府来说是十分幸运的，它可为中国官员和私营工商机构所用。德比欧塞特（Val de Beausset，怀特公司高级工程师）先生在能干的中国经济专家、工程师和工业管理人员当中享有令人艳羡的受尊敬的地位。”①此外，在整个50年代怀特公司还负责选拔赴美接受技术培训的人员。②

美国驻台援助机构和人员的工作内容不仅仅局限于美援的派拨、运用等方面的事务，实际上驻台美援机构始终把帮助台湾建立具有长远发展潜力的经济作为自己的中心任务，强调美援计划和台湾经济发展的统一和协调。在对台湾的经济事务发挥指导作用方面，驻台“使馆”和美援使团具有比华盛顿和国务院更为积极的态度，并不断向华盛顿争取更大和更灵活的处置权力。本来，1951年3月19日腊斯克曾向驻台美援使团发出训令：“在该岛经济行政事务中，经济合作署使团应该提供建议，但不应该公开地或暗地里向中国人发布命令。”③但经过经济合作署和驻台机构的坚持和说服，不到两个月国务院的态度就改变了，腊斯克在1951年5月的一份政策指导文件中收回了“建议而不命令”的训令，认可美国驻台援助机构所采取的“更具强制性的政策”。④6月底，经济合作署署长也重申了“活跃地和坚定地施加影响”的工作原则。⑤此后十多年间，美国各驻台机构以援助为施加影响的“杠杆”，实地参与台湾经济社会纲领和经济发展政策的制定和实施。

在援助关系的运作过程中，很大程度上出于美国方面的要求和设计，台湾当局内部也进行了相应的制度安排和机构设置。美援运用委员会、经济安定委员会、农复会等与美援相关的机构成为美国对台湾的经济事务施加影响的渠道，同时也成为台湾当局制定和推行整体和部门经济发展计

① Barnett to Rusk, October 3, 1951, *FRUS*, 1951, Vol. 7, p. 1823.

② Jacoby, *U. S. Aid to Taiwan*, p. 58.

③ Rusk to Griffin, March 19, 1951, *FRUS*, 1951, Vol. 7, pp. 1596 – 1597.

④ Rusk to Griffin, May 9, 1951, *FRUS*, 1951, Vol. 7, p. 1665.

⑤ Foster to the Embassy in the Republic of China, June 30, 1951, *FRUS*, 1951, Vol. 7, p. 1725.

划的中枢机构。这是战后台湾经济发展制度结构的一个突出特征。台湾当局最初并无专门的、类似于韩国经济企划院和日本通产省的全面指导经济和制定产业政策的中枢机构设置，而集中体现国民党政权干预经济特征的经济计划职能部门的设立与沿革乃与美援经验有着密不可分的关系。

美援运用委员会（Council on U. S. Aid，CUSA）主任委员由“行政院长”兼任，“行政院”内各主要经济职能部门（包括“经济部”、“财政部”、“中央银行”等）的主要负责人及台湾“省长”均为其成员。美援会的正式职能包括：选定援助项目，采购和分配美援进口物资；监督援助项目的执行；掌握美援进口衍生商品的台币“对等基金”的使用；与美国经援使团进行联络会商。[①]美援会独立于国民党政权正常的立法和行政程序，在人事和业务中享有相当的自主性。美援会的日常行政开支不在国民党当局行政经费中拨取，而是直接来自美援，能够以高工资雇聘职员，也使之具有高出其他部门的工作效率。[②]美援会的实际地位远在经济部、财政部等常规经济职能部门之上，而且其职权和影响力远远超出美援运用范围之外，成为台湾当局推行发展战略和制定宏观经济计划的重要部门。

经济安定委员会（Economic Stabilization Board，ESB）的设立也是一个美国制度结构影响台湾经济发展的事例。1950 年底，经济合作署驻台分署署长穆懿尔（Raymond T. Moyer）建议设立一个由高层经济官员组成、定期举行会议审议重要财经问题的经济安定委员会，但因台湾方面抵制而未被立即采纳。后来经蓝钦当面敦促蒋介石，这个机构才于 1951 年 3 月得以正式成立。[③]“经安会”由“财政部长”和“台湾省政府主席”领导，同时与美援会一样也容纳了“行政院”内各经济职能部门的主要官员，成为台湾当局财政经济政策主要的设计、审议和联系协调机构。1953 年 7 月，

---

① Jacoby，*U. S. Aid to Taiwan*，p. 61；Sampson C. Shen，“The Government of The Republic of China and It's Functions，” in *Free China Review*，October 1950，p. 12. 李国鼎：《我们如何运用美国经援》，《台湾的对外技术合作与外资利用》，东南大学出版社，1994，第 198 – 199 页。

② Thomas Gold，*State and Society in Taiwan Miracle*（New York：M. E. Sharpe，1986），pp. 68 – 69.

③ 《兰金回忆录》，第 260 页。

主管台湾公营企业并具有广泛经济政策权力的台湾生产事业管理委员会被合并到经济安定委员会，经安会的职权进一步扩大，享有某种超越“行政院”内其他经济职能部门的地位。[①]而美援使团的代表作为“观察员”一直在这个机构中“活跃而坚定地”施加着影响。

在整个50年代，美援会和经安会是指导台湾经济发展的中枢机构，堪称台湾当局的“超级经济部”。1958年9月，经安会被撤销，其在农业、工业和交通运输领域编制部门计划的业务被转交给经济部和交通部，但制定宏观经济计划和美援运用方面的职能，特别是其下属的工业发展委员会，则为美援运用委员会所继承。这样，美援会实际上一度成为最主要的，甚至几乎是唯一的负责设计和协调台湾总体经济发展计划与政策的机构。具有重要意义的第四期经建计划（1961～1964年）就是由美援会负责拟定的。[②]

在台湾的经济发展的制度结构中同样明显地体现美国因素和作用，同时更不符合机构设置常规的是美国人直接在其中任职、充当台湾当局“超级农业部”的“中国农村复兴联合委员会”（Joint Commission on Rural Reconstruction，JCRR）。农复会由蒋介石亲自任命的三名中方委员和美国总统任命的两名美方委员组成，与“行政院”没有直接的隶属关系，而且与美援会一样，享有独立的人事权力以及独立而充足的美援经费来源。由于“行政院”内不设农林部，美国“使馆”和美援机构驻台使团不设主管农业的下属机构，有关美援在农业方面的事务，以及台湾农业的长期规划和政策实施均由农复会全权筹理，因此农复会实际上兼具台湾当局的“农业部”和美援机构的农业小组的双重身份。[③]而且，农复会与美国驻台机构和台湾方面的其他有关机构形成了复杂、密切而又灵活的工作关系，其中特别强调与美国驻台“使馆”、美援使团、美援会、经安会之间的沟通和协调。[④]美台双方委员的合作是融洽顺利的，似乎不存在美方委员以势压

---

① 参见李国鼎《创造经济奇迹的手》，《台湾的经济计划及其实施》，东南大学出版社，1995，第306～308页；Jacoby，*U. S. Aid to Taiwan*，pp. 59－60.

② Chien-Kuo Pang，*The State and Economic Transformation*：*The Taiwan Case*，New York：Garland，1992，p. 54. 1963年9月，在美援即将停止的情况下，美援会被改组为国际经济合作发展委员会。

③ Jacoby，*U. S. Aid to Taiwan*，p. 62.

④ 谢森中回忆、张训舜回忆，黄俊杰编《中国农村复兴联合委员会口述历史访问记录》，台北中研院近代史研究所，1992，第133、201页。

人的情况。[①]倒是可以看到，当台方委员在主张不得伸张或不便公开表达意见时，他们会借重美方委员和专家向上司或其他部门施加影响和压力。[②]

通过上述考察我们可以看到，美台援助关系全面、深入地渗透和反映到台湾当局的组织结构与经济政策的制定和实施之中。援助关系运作的组织结构和制度机制，就是美国因素“内化”于台湾当局的政治与行政结构的机制，同时也是“跨政府关系”赖以存在的载体。一定的发展模式有其特殊的政治和行政的制度结构，而这又在相当程度上决定着政府干预经济的方式和内容。台湾国民党政权之干预经济的制度、内容和方式，受到美国因素至为深刻的影响，而美国因素产生作用最主要和最基本的形式和途径是美国驻台机构与台湾经济技术官僚群体之间的这种“跨政府关系”。

战后前期台湾经济发展的政治行政体制区别于国民党在大陆时期的一个重要特征是具有鲜明经济理性和高度专业效能的经济官僚群体在国民党政权内部逐渐取得相对独立地位，并在越来越大的程度上主导着台湾经济发展的政策与战略。这种状况的形成与对台美援的制度机制一个基本特点有直接的关系，即在国民党政权内部，美援管理机构与制定和执行发展政策及经济计划的职能部门两者之间的高度重合。美国援助机构在提供建议和施加政策影响时往往并不需要通过最高政治领导人，而是直接与台湾的经济官僚形成紧密合作关系。可以说“跨政府关系”的组织和运作机制本身就是加强经济技术官僚在台湾经济政策制定中的地位和作用的机制。而美援本身也具有为经济技术官僚管理经济和制定经济发展政策提供财政基础的作用。

台湾经济技术官僚在经济政策领域中发挥作用的主要障碍来自国民党军队系统的传统势力，而台湾当局内经济官僚集团地位的上升至少部分地是由于军事机构和军人在经济事务的影响力的逐渐下降，并最终被排除在经济政策制定程序之外而实现的。对台美援的一个重要效应正在于促进了军事机构的势力退出经济政策领域的过程。一方面，美国对台湾的军事援助减轻了军事部门和非军事部门之间对资源的争夺，并且美国援助机构支

① 参见张训舜回忆、李崇道回忆，黄俊杰编《中国农村复兴联合委员会口述历史访问记录》，第17、69页。

② 有一个典型的例子可参见黄俊杰《光复初期台湾土地改革过程中的几个问题》，《战后台湾的转型及其展望》，正中书局，1995，第101～130页。

持甚至直接赞助国民党军队兴办自己的生产事业以开源增收（如在美援帮助下，“国军退役官兵辅导委员会”成为一个规模庞大的综合性经济实体），[①] 从一定程度上避免了军队势力在其经费给养得不到保证的情况下干预财政分配；另一方面，美国驻台机构出于防止国民党军队过度膨胀和降低军费开支的目的，往往在经济官僚和军事机构发生争执时支持前者压制后者，因为前者虽不如美国人之甚，但一般也反对军费支出过于庞大。当然，台湾经济技术官僚的地位和作用并非全然来自美国对它的支持和扶植，这与台湾当局政治领导人对经济官僚集团采取亲和、支持的姿态也有关系。[②] 但可以想见，这其中多少有投美国人所好的因素。

经济发展的过程同时也是一个政治与行政的过程，特定的经济发展道路有其特定的政治和制度基础，特定的经济政策和发展战略又主要是由其特定的“代理人”（agent）群体在特定政治权力结构和经济政策机构中所主持制定和实施的。政治体制、经济行政机构及其运作程序、制定和实施经济政策的群体，以及经济政策本身等相互关联的要素共同构成经济发展的体制和模式。美国因素广泛深刻地作用于构成台湾发展“模式”的各项要素，而美国因素发挥作用最主要和最基本的形式和途径是美国驻台机构与台湾经济技术官僚群体形成的“跨政府关系”。以这种关系为基础，美国驻台机构和台湾经济官僚导演和推进了台湾的进口替代工业化和出口导向工业化。

二　“跨政府关系”与进口替代工业化

在20世纪50年代大部分时期，美国的援助官员和经济顾问并不像后来美援机构所宣称的那样始终坚决反对在台湾建立进口替代的经济体制。恰恰相反，实际上他们当时在对美援的派拨和运用进行计划和监督时，在向台湾当局提供政策建议和参与政策制定时，并没有刻意遵循西方自由市

① Alice Amsden, “The State and Economic Development,” in Peter Evans, Dietrich Rueschemeyer and Theda Skocpol, eds., *Bring the State Back In* (Cambridge: Cambridge Univ. Press, 1985), p. 99.

② Pang Chien-Kuo, *The State and Economic Transformation: The Taiwan Case* (New York: Garland, 1992), pp. 80-89; Thomas Gold, *State and Society in the Taiwan Miracle*, p. 67.

场经济的理念和原则，并没有把在台湾确立完全的私人企业制度和自由贸易体制作为其在实际的工作中切实追求的目标。他们推动台湾经济发展的方向大体上与国民党经济技术官僚的方向是一致的。他们与台湾经济官僚共同促成了后来在美国受到广泛批评的所谓“干预主义的”或“国家社会主义的”工业化政策、战略和制度体制。

20 世纪 50 年代华盛顿的对外援助政策中并不像 50 年代末以后那样特别强调在受援国建立自由市场体制。虽然一般说来美国援助政策的基本理念是一种将援助、自由市场制度和经济发展结合起来“自由发展主义”（liberal developmentalism），而且官方宣传也始终以此为基调，但援助机构和有政策影响力的经济学家对在欠发达国家搞国家导向的政策和经济计划并不总是刻意反对。[①] 身处受援国的援助官员们更是在实际工作中往往会发现，由于缺乏必要的经济和制度基础，马歇尔计划的经验无法照搬到欠发达国家，推行发展援助计划必须通过和倚重当地的政府。美国援助官员在政策的实际执行过程中经常根据受援国的情况因地制宜做出并不具有“市场教条主义”色彩的对策。台湾岛上的美国官员清楚，他们来到这里的最终目的是帮助国民党生存下来。为此，他们只能用经济实用主义而不是抽象的自由市场观念去面对所要处理的问题。而他们与台湾经济官僚们之间良好的合作关系，也更多地来自经济实用主义而不是经济自由主义。

美国官员的实用主义首先表现在他们对公营企业的态度上。虽然他们认为一个强大的私人经济部门是健康经济的基础和不可分割的部分，但他们面对的是日本人遗留下来的工业企业，如果不由当局出面经营就会陷于生产停顿的局面，因而他们只能把台湾的公营企业作为一种别无选择的情况接受下来。实际上，在 20 世纪 50 年代上半期美国援助机构的对策是在公营经济和私营经济之间采取中间路线，即在把私人企业的发展作为长期目标加以推动的同时，对公营企业不是予以革除，而是致力于改善其经营不良的状况，以实现扩大生产和稳定经济的目标。实际上，当时美援机构把大部分经援款项送到公营企业。

1952 年 5 月，共同安全署驻台官员的报告表明，这个机构对公营企业

① 兼涉官学两界、对美国外援政策有重要影响的罗斯托代表国务院表达这样的立场，欠发达国家利用外援和发展经济时必须实行“国家规划”。沃·惠·罗斯托：《从第七层楼上展望世界》，商务印书馆，1973，第 87 ~ 89 页。

在台湾经济中的作用持有一种非常积极的评价，已着手采取并建议继续采取细致和切实的措施对其予以支持。[①] 1954 年，美国驻台“大使馆”经济处主管埃尔伍德（Robert Elwood）在台湾的官方刊物上撰文指出：“在台湾这个地方，想要采取行动，一下子就把所有权调整过来，让大部分或全部工业归私人所有，好像是行不通的。这样的做法一定会产生打击士气的后果，亦会妨碍现行扩大工业生产计划的实行。”“首先必须采取步骤使那些政府企业能在健全基础上营业……”[②]

下面的例子反映出有时美国人对“私有化”的态度比国民党人还要“保守”。1953 年，为配合第三阶段土地改革即“耕者有其田”计划的实施，台湾当局决定部分向民间开放公营企业，将台湾水泥公司、造纸公司、工矿公司和农林公司四大公营企业资产作价为股票（其价格当然是被高估的），作为补偿发放给土改中失去土地的地主。一位学者获得的档案资料表明，美国官员和顾问对于这一导向私人企业制度的举措不仅不感到鼓舞，反倒担心在私人管理下这些企业可能无法生存。共同安全署驻台分署在七八月间的多份报告中指出，如果这些企业中的一个或者全部失败，不仅会对正在进行的土改产生不良后果，而且还将破坏在台湾长期发展私营企业的机会。而如果没有政府的支持，将这四个企业交给私人管理很可能会导致它们的失败。驻台分署希望在为私营企业的经营创造出良好条件之前，暂时不要将这四个公司向私人部门转让，为此它甚至与“经济部”发生激烈的争执。[③] 这个计划在台湾方面的坚持下最终还是被执行了。由此可以看出，美国驻台官员和台湾经济官僚一样，都承认公营经济在台湾的存在和发展在当时有着客观必然性和阶段的合理性，都主张公营经济和私营经济并举的方针，尽管双方强调的侧重可能因时因事而有所不同。

美国官员对私营企业的扶植也显然不是从纯粹的自由企业制度的立场出发，而是在一种把“政府”指导和控制、扩大私营部门与促进经济长远发展结合起来的考虑下进行的，此中产生了后来所谓的“确定产业目标”

① *FRUS*，1952～1954，Vol. 14，p. 58.

② 《自由中国之工业》，1954 年 4 月，第 6 页。转引自陈玉玺《台湾的依附发展》，人间出版社，1992，第 73～74 页。

③ 西蒙：《外部参与与内部改革》，韦艾德、葛苏珊主编《台湾政治经济理论研究》，鹭江出版社，1992，第 188～189 页。

(Industry Targeting) 政策即战略性产业政策。他们采用的一种方式是在当局的指导下建立私人企业：在被选择优先发展的行业中先在美援的支持下投资建厂，然后把这些企业交付具有“私人企业家”身份的人经营。而怀特公司承担“目标产业”的评估和选择扶植对象的工作。1953 年，怀特公司在其关于台湾工业发展的建议书中就把塑胶（塑料）工业确定为重点扶持的“目标”。1955 年，美援机构和怀特公司启动了一项投资建厂计划以求实现塑料产品的进口替代。尹仲容选择王永庆在 1957 年工程完工后接管了这个工厂。后来这个工厂发展为台湾的大型企业联合体——台塑集团。①

美国驻台机构为稳定经济和有效运用美援而“活跃而坚定地”施加的影响也产生了促使台湾当局强化其对财政、金融、外贸和外汇的计划和控制并使之制度化的效应。在 1951 年 3 月 19 日经济安定委员会的首次会议上，以“观察员”而非正式成员与会的美国顾问的发言占去了会议的大部分时间，他们面对面地向陈诚、严家淦和尹仲容说明当局执行“严格”的外汇管制的必要性。作为这次及其后两次经安会会议的结果，“行政院”于 4 月 19 日宣布实行复式汇率制度。② 这种以本币高估、进口汇率远远高于出口汇率为基本特征的制度经数度调整沿用至 20 世纪 50 年代末，成为与进口替代工业化相适应的贸易保护政策的基本制度。③

1951 年 6 月 30 日，经济合作署署长在给驻台“使馆”的政策训令中，把对台湾当局的预算、外汇进行“有效的管制”并对“各种来源的资金”进行“务实的计划”明确宣布为美国各驻台机构的工作责任。④ 而各驻台机构对此早有准备，而且显然对“管制”和“计划”持有比他们的上司更为积极的态度。此前，经济合作署驻台分署署长穆懿尔和共同安全署驻台分署署长蔡斯（William C. Chase）在致华盛顿的备忘录中表示：“……美国政府（应该）作为紧急事项要求中华民国政府制定某些实际的程序，并提交美国政府代表加以紧急的考虑和讨论。通过这些程序，美国主管机构

① Robert Wade, *Governing the Market: Economic Theory and the Role of Government in East Asia Industrialization* (Princeton Univ. Press), p. 80；康绿岛：《李国鼎口述历史》，卓越文化事业股份有限公司，1993，第 86~87 页。

② Cullather, op. cit. p. 4.

③ Maurice Scott, "Foreign Trade," in W. Galenson, ed., *Economic and Structural Change in Taiwan* (Ithaca: Cornell Univ. Press, 1979), pp. 314-315.

④ *FRUS*, 1951, Vol. 7, p. 1724.

才可能同中国有关的军政官员一道对福摩萨的资源和资金实行有效的监管……”[①]到8月间，一个访台归来的参议院代表团就已根据其在台湾的见闻报告说，经济合作署驻台分署“时重时轻地插手于建立国民经济预算，为增加财政收入而修改税收体制，以及建立更严格的进口计划的制度”，而且参与到“有关银行和货币、外汇的具体运用和整体性的国民经济计划等日常决策中去了”。[②]

毫无疑问，美国驻台机构自己所做的和要求国民党政权做的都是为了加强“政府”对经济的干预及其制度基础，而这是台湾进口替代体制乃至其后的出口导向体制中不可或缺的成分。实际上，台湾的经济计划实践与运用美援的经历有着直接的关系。1952年8月，共同安全署驻台分署要求经济安定委员会就美援终止前的台湾经济发展作出全面的长期规划。9月26日，经安会向驻台分署提交了一份为期四年的经济计划草案。台湾“四年经建计划”的编订和实施自此开始。该计划草案实际上是以此前提出的美援申请计划为基础加以拟定的，而且其关于工业的部分基本上依样复制了此前由怀特公司专家德比欧塞特制订的一份工业发展计划，采用了其中的预算和目标数字。[③] 该计划的一个显著特点是，在继续对纺织和其他轻工业实行保护的同时，在对进口和外汇的管制中加强对消费品进口的限制而放宽对生产资料进口的限制。这个计划体现了进口替代政策的基本精神，标志着台湾进口替代工业化的正式启动。

台湾进口替代体制中有一个颇具特色的制度，即在纺织工业中实施的“代纺代织”制度。这种当局和纺织业厂商之间的委托来料加工制度，实际上既是一种对纺织业“极其周密的幼稚产业保护政策”，又是一种对私营企业的价格、利润、雇佣和生产水平施行严格管制和控制乃至垄断的制度。[④] 不仅“代纺代织”制度全额依赖美援进口原棉和棉纱，而且鲜为人知的是，这种严重“扭曲价格”的制度是由怀特工程公司的两位工程

① *FRUS*, 1951, Vol. 7, pp. 1715 - 1716.

② Senate Appropriations Committee, Special Subcommittee on Foreign Economic Cooperation, *United States Aid to Formosa*, 82d Cong., 1st sess., August 1951, p. 4 - 6, 转引自 Cullather, op. cit. p. 11。

③ Cullather, op. cit. pp. 14 - 15.

④ 隅谷三喜男、刘进庆、涂照彦：《台湾经济发展的成就与问题：新兴工业化经济群体的典型分析》，厦门大学出版社，1996，第116页。

师——德比欧塞特和布芬顿（Sidney L. Buffington）——与时任“中央信托局”局长的尹仲容所共同制定的，并受到经济合作署驻台分署官员的欣赏和支持。[①] 具有讽刺意味的是，后来国际开发署（经济合作署的后身）对这种制度进行了尖锐的批评。

美国官员和顾问为在台湾建立适应进口替代工业化的金融体制作出努力。1951 年，美国联邦储备银行通过美援机构的安排与台湾当局建立了合作关系，以对台湾的银行制度和货币政策提供咨询。被美联储派往台湾的货币政策专家莫里尔（Chester Morill）与台湾经济官僚共同加强了当局对金融系统的控制。他在经安会的会议上向台湾官员建议，台湾的“中央银行”制度不应该仿照美联储，因为后者容易受到外部的干扰和压力。[②] 美国官员和专家还设计各种美援贷款计划，向私营工商业和农民提供信贷。其中著名的“统一农贷计划”，即为农复会农贷组组长考夫曼（I. H. Kauffman）和曾任康乃尔大学农学院院长、美国农贷管理局局长的马雅斯（W. I. Myers）亲自拟订。[③]

当然也有美国人与台湾方面发生分歧的情况，而分歧的解决未必以不利于强干预的方式进行。比如，“肥料换谷制”以官定的高肥料价格和低米价为基本内容，是一种肥料专卖和粮食征收的双重强制掠夺机制，也是对农业的隐性税收机制。[④] 美方委员一向不满这种制度，主张肥料和稻谷的价格均应由市场供需调节，此事曾引起“农复会内部仅有之一次中美委员意见分歧”。为此，美援运用委员会专门召集会议，台湾方面表明不取消肥料换谷制的坚决态度并提出自己的理由。分歧以美方委员的妥协而告终。[⑤]

台湾的进口替代工业化与土地改革的实施有着极为密切的关系。虽然土改的动力并非全部来自美国方面，具体操作也主要由“行政院”直接负责，但农复会和美国专家也参与了土改的全过程并发挥了重要的推动、创议、规划、指导和协助作用。特别是美籍专家雷正琪（W. L. Ladejinsky）

---

① Cullather, op. cit., p. 9.

② Cullather, op. cit., pp. 11 - 12.

③ 赵既昌：《美援的运用》，第 14 ~ 15 页。

④ 参见隅谷三喜男等前引书，第 79 ~ 80 页；董正华等：《透视“东亚奇迹”》，学林出版社，1999，第 98 ~ 99 页。

⑤ 张宪秋：《张宪秋回忆录》，台北，“行政院”农委会，1990，第 34 ~ 36 页。

和安德生（W. A. Anderson）的作用更为突出。前者曾直接敦促蒋介石进行土改第二阶段的“公地放领”，并参与拟订实施细则；[①] 而后者在著名的“安德生报告”中提出了农会改组一整套办法，被充分加以贯彻实施，可谓是指导整个农会改组的纲领性文件。[②]

综上所述，在台湾进口替代战略的实施过程中，美国的意识形态宣扬与其驻台官员的实际作为之间存在着巨大的反差。与通行的观点相反，美国官员和顾问在很大程度上背离了自由市场原则，与台湾经济官僚的路线基本保持了一致，并没有执著于在台湾复制美国的经济模式。美国不仅在资金上支持了进口替代工业化战略的实施，而且参与了进口替代工业化的政策和经济计划的制订，帮助奠定了进口替代的制度基础。

三　促成台湾工业化发展战略转型

台湾由进口替代到出口导向的工业化发展战略转型的一个背景是，20世纪50年代中期以来，美国对外援助政策中出现的一种变化趋势，即更多地把提高受援国私人投资和强化自由市场制度作为援助政策的目标予以强调。[③] 有利于台湾进口替代体制和国家导向政策的外部环境开始逐渐发生变化。美国在对台援助中更加强调“培养自促的增长能力”和“最大限度地自力更生”，驻台援助机构的工作也进行了相应的调整。

然而，促成发展战略转型的动力更多地来自当时岛内经济形势。与其他发展中国家和地区一样，相对成功的台湾进口替代体制也暴露出其自身难以克服的局限。20世纪50年代中期以后，台湾非耐用消费品的内部市场趋于饱和，投资疲软，经济增长速度减慢。[④] 美国方面又不断警告台湾

---

① 《雷正琪博士函为公地放领事》，黄俊杰编《中国农村复兴联合委员会史料汇编》，第179～181页。

② 安德生为康乃尔大学教授，于1950年秋来台进行乡村社会调查和研究，于1952年8月提出《安德生报告》。郭敏学：《台湾农会发展轨迹》，台北，商务印书馆，1984，第1页；《安德生报告》见黄俊杰前引书，第209～219页。

③ Burton Kaufman, *Trade and Aid: Eisenhower's Foreign Economic Policy, 1953 - 1961* (Baltimore: Johns Hopkins Univ. Press, 1982), pp. 68 - 73.

④ Gustav Ranis, "Industrial Development," in Galenson, eds., *Economic Growth and Structural Change in Taiwan*, p. 219.

当局美援将在数年内终止。台湾经济官僚看到，如不及时扩大出口，则必将面临外汇严重短缺的局面。这种情况下，台湾当局面临着两种选择：要么维持现有体制，推行以耐用消费品（资本密集型生产）为重点的深度进口替代；要么变更现有体制，在已具相当规模的非耐用消费品（劳动力密集型）生产的基础上使台湾经济出口转向扩张的道路。这在国民党政权内部引起了尖锐的意见分歧和争论。大致说来，主张采取第一种对策的是台湾银行、台湾“省政府”及其下属机构、公营企业的领导人、军界，以及外汇贸易审议委员会的部分成员（尤其是其主任委员兼“财政部长”徐柏园）；主张采取第二种对策的则是与美国驻台机构关系最为密切的经济安定委员会、美援运用委员会，尤其是以尹仲容为首的多年来深受美援机构影响和支持的经济官僚。①

第二种意见最终占了上风。这个结果反映了美国长期以来对国民党政权深层影响中相互关联的两个重要方面：首先是国民党政权反攻大陆目标的淡化，以及其基本政策路线由政治军事本位向经济发展本位的转换；其次与政策转型关系更为直接的是，在美援运用的过程中经济技术官僚地位不断上升，最终确立了在经济决策中的主导地位。

1957 年，台湾外汇收支状况恶化，年底蒋介石任命了一个由“副总统”陈诚牵头并包括俞鸿钧（“行政院长”）、许柏园、尹仲容、严家淦（美援会主委）的九人小组专门研究解决办法。在这个小组的会议上，许柏园和尹仲容之间发生尖锐的对立：前者以现有外汇外贸体制有助于维持经济安定为由坚决反对对其进行改革，而后者则认为现有体制因导致低效和腐败行为而已失去存在的合理性。尹仲容的意见得到蒋介石、陈诚的支持。1958 年 4 月，许柏园被迫辞职，而尹仲容则乘势提出以简化汇率机制、放宽进口管制和鼓励出口为重要内容和目标的外汇外贸体制改革方案。4 月 19 日，这个方案为国民党中常会通过，“经济部”颁布《改进外汇贸易方案》，先把近 10 种复式汇率简化为双重汇率。11 月

① Stephen Haggard, *Pathways From the Periphery: The Politics of Growth in the Newly Industrializing Countries* (Ithaca: Cornell Univ. Press, 1990), pp. 86 – 89; Stephan Haggard and Chien-Kuo Pang, "The Transition to Export-Led Growth in Taiwan," in Joel D. Aberbach, David Dollar, and Kenneth L. Sokoloff, eds., *The Role of the State in Taiwan's Development* (New York: M. E. Sharpe, 1994), pp. 65 – 69.

又对新台币实行贬值，其对美元的比价由此前的约 25 元兑换 1 美元下降为约 36 元兑换 1 美元。这是为台湾进口替代向出口导向战略转型的第一步。①

发展战略转型更为重大和决定性的步骤是“19 点财经改革措施”和“奖励投资条例”的出台和实施。其中作为实施体制变革的总体指导文件，“19 点财经改革措施”与美国的敦促和影响有着更直接和明显的关系。它实际上是直接来自于“赫乐逊八项建议”。

1959 年 11 月下旬和 12 月初，美国副国务卿狄龙（C. Douglass Dillon）和经济合作署副署长萨启奥（Leonard J. Saccio）相继访问台北。他们都表示台湾具有加速经济发展的潜力，希望其成为其他亚洲国家的典范。这实际上是一年前杜勒斯访台敦促台湾当局对岛内经济发展给予更多关注②的继续，但方式已由施加压力改为更多的正面诱导。萨启奥还特别向陈诚表示，只要台湾方面最大限度地调动岛内资源投入经济发展，美国就将重新考虑此前多次表示过的要不断缩减对台援助规模的打算，为台湾经济的加速发展制订进一步的专门援助计划。③ 尹仲容主持下的美援运用委员会很快做出反应，向经济合作署驻台分署署长赫乐逊提交了一份第三期四年经建计划的草案，附带提出对大量美援的申请。赫乐逊对这个计划的方向表示肯定，但认为内容过于宽泛而缺乏具体步骤，而且没有体现出“最大限度的自力更生”原则。在 12 月的一次午餐会上，赫乐逊向“经济部”和“财政部”官员“详细地解释了我们（美国驻台官员）的想法到底是什么，并指出我们希望从中国政府那里得到什么样的反应”。一星期后，美援会又向赫乐逊提交了经过修改后内容细致得多的四年经建计划草案，但赫乐逊仍然不满意。他告诉美援会，美国方面“希望看到关于中国政府更明确地表述其（在加速经济发展的计划方面）最大限度地做出努力而准备采取的具体步骤”。于是，尹仲容请求赫乐逊提出一份阐明美国方面具体

① Haggard and Pang, op. cit., pp. 73 – 75.

② 1958 年 10 月下旬台海危机期间，杜勒斯亲自到台湾对蒋介石进行劝说和加压。他批评国民党政权的“军国主义”色彩过于浓厚，极力敦促蒋介石集团缩减军费发展经济，对此后者不得不做出正面回应。*FRUS*, 1958 – 1960, Vol. 19, pp. 413 – 417, 515.

③ Pang Chien-Kuo, *State and Economic Transformation*, pp. 180 – 181; *FRUS*, 1958 – 1960, Vol. 19, p. 643.

意见的书面建议，“以便使他能够仔细地研究，并拿来给其他政府成员看”。[①] 尹仲容对改革的具体措施实际上早已有所擘划，此举显然是借力于美国援助机构，来加速他所主张的改革计划出台。[②]

结果，赫乐逊向美援会提交了关于“加速经济发展计划”的纲要。12月29日，美援会将这份纲要的译文呈送陈诚。在这个纲要中，赫乐逊指出计划的目标是，“在今后四五年内最大限度地推进合理的经济增长，创造未来的自促增长的条件，以便在军事装备和剩余农产品之外消除对援助的需要”。为了实现这些目标，赫乐逊就台湾当局所应该采取的行动提出八项建议：（1）在减少军事目的的资源投入方面采取“果断决定”；（2）为实现价格稳定实行紧缩性的财政和信贷政策；（3）对税收制度进行改革，革除现存税收体制对企业构成的障碍；（4）实行统一的和符合实际的汇率，从而防止对资源的不合理利用和过度消费，鼓励出口，取消对私营企业和生产出口产品企业的歧视；（5）放松外汇管制，引入市场机制；（6）设立一个公用设施委员会，对公用设施进行有效的管理；（7）建立投资银行机制，简化投资手续，吸收社会闲散资金；（8）向私人业主出售公营企业。赫乐逊还指出，美国援助也要相应地作出调整。[③]

陈诚收到赫乐逊建议书的次日，即邀请赫乐逊和驻台“大使馆”代办雅格尔（Joseph A. Yager）前往商讨，与会的还有严家淦、尹仲容、李国鼎等人。二人在力陈采纳“加速经济发展计划”的必要性之余，赫乐逊还特别指出他的建议书并不代表华盛顿的指令，而是“大使馆”和经济合作分署以书面的和更具体的形式表达塞西奥访台时所提出的建议，目的在于加速经济增长和鼓励私人部门的发展并为此提供必要的援助。但他这次还是动用了“援助杠杆”：台湾当局应该“最大限度地自力更生”，美国将不事先确定今后各年援助的实际数额，而是将最终视台湾当局在为私人企业发展创造良好环境方面所做出的业绩而定。陈诚在强调台湾当局困难的同时表示，美国提出的建议是一年前蒋介石和杜勒斯的联合公报的自然发展结果，台湾方面原则上同意赫乐逊八点建议的内容。12月31日，

① *FRUS*, 1958～1960, Vol. 19, pp. 643－644.

② 在50年代中期，尹仲容就已提出1959年后被执行的与扩大出口有关的许多政策措施。Haggard and Pang, op. cit., pp. 72－73.

③ *FRUS*, 1958－1960, Vol. 19, p. 644; Pang Chien-Kuo, op. cit., pp. 183－184.

赫乐逊和雅格尔向国务院提出建议：为了进一步推动台湾当局采取行动，应该在国务卿与驻美“大使”之间、驻台“大使”与蒋介石之间安排高层对话，并从中寻求与台湾方面就美国所提出计划正式互换照会；在最近期则应该“将赫乐逊和尹仲容之间的信函往来作为致力于根据已在书面上达成的共识采取行动的恰当方式”。他们向上司表达了充分的乐观：“我们感到这里的热情是真实的，我们必须积极地行动，以通过恰当的渠道保持和引导这种热情。”①

1960年1月4日，赫乐逊的八项建议连同一份与之有关的备忘录被送交蒋介石。7日，蒋介石召集了由陈诚、张冲、严家淦、尹仲容、李国鼎等人参加的会议。蒋介石听取了关于12月30日美台联合会议的背景、目标、结论及台湾的社会经济形势的汇报，陈诚尤其传达了美方在限制军费方面的坚决态度。时势使然，这次会议经蒋介石首肯做出了将1961年的军费开支维持在1960年水平的决定，而且还对赫乐逊建议的总体精神和其他具体内容给予肯定和支持，这样国民党最高领导集团终于正式确认了经济改革和政策转型的基本方向。作为对赫乐逊八点建议的正式回应，这次会议还指定尹仲容主持草拟财政经济改革的方案并负责具体实施。② 会议结束后的当日晚些时候，严家淦、尹仲容和李国鼎即与赫乐逊、雅格尔会面，通知他们蒋介石已做出支持八点改革建议的决定。赫、雅二人认识到执行改革计划的“道路已被扫清”，向严、尹、李“在总统那里取得的成功”表示“祝贺”。③

尹仲容等人实际上认为赫乐逊八点建议尚不够全面，于是决定扩大财经改革的范围。这样塞西奥和赫乐逊的建议终于扩展为尹仲容的“19点财经改革措施”。这个文件容纳了八点建议的基本精神和主要内容，包括放松对经济的管制、鼓励出口、改进金融和税收体制、为私人企业和海外企业创造良好的投资和经营环境以及平衡当局的财政收支，同时在下列方面增加了新的内容：鼓励储蓄和积累、建立“中央银行”制度、放松贸易管制、充分利用公营生产设施、调整公务员薪金制度以及限制军费开支等。1月14日，尹仲容将阐明第三期四年经建计划（1961～1964）的目标并吸

① *FRUS*, 1958～1960, Vol. 19, pp. 645－646.

② Pang Chien-Kuo, op. cit., pp. 183－184.

③ *FRUS*, 1958～1960, Vol. 19, pp. 648－649.

收了“19点财经改革措施”内容的“加速经济发展方案”的正式文本送交赫乐逊，并在附信中通告说该方案已被“行政院委员会”通过，而且蒋介石也在原则上肯定了“19点财经改革措施”。[①] 至此，台湾工业化战略转型大局已定，而且其基本政策框架也告形成。

剩下的是将改革措施进一步制度化、法律化。出于避免意见分歧和既得利益干扰的目的，陈诚责成享有充分独立性的美援会负责起草“奖励投资条例”。出于同样目的，陈诚将新成立的“工业开发与投资中心”设在美援会而不是其他机构之下。1960年6月2日，“行政院委员会”通过了“奖励投资条例”。[②]

在对台湾当局施加放弃反攻大陆和压缩军费开支压力的同时，美国开始加大促使其进行以出口扩张和发展私营经济为中心的经济“自由化”的推动力，这是台湾发展战略转型的之所以相对迅捷、平稳的重要原因。而外向型生产体制的迅速建立和顺利运行，又在很大程度上是以进口替代工业化的相对成功为必要条件的。特别是台湾的进口替代工业化基本上是以劳动力密集型轻工业消费品为方向和主要内容，这个选择不仅在当时是现实的和合理的，而且与当时建立的良好基础设施一道使后来劳动力密集型出口导向生产获得了一个与其基本方向相符的坚实基础。这一点可在与同样受到美国的援助和影响的韩国的对比中更清楚地看到。与在台湾一样，20世纪50年代美国在对韩国的援助中也强调发展轻工业基本消费品和基础设施以促使其实现经济的稳定和自给，但属意“北伐”的李承晚政权凭借其冷战中的有利政治地位，利用美国驻韩美军司令部和联合国朝鲜重建署（UNKRA）的矛盾，成功地抗拒了美国的压力，并保持了对美援运用的处置权，力求把进口替代工业化的重点放在重工业和军事工业领域。[③] 缺乏台湾那样运行良好的“跨政府关系”，或许可以被认为是韩国进口替代成效较差，而且发展体制转型伴随着剧烈的政治不稳定和政权更迭的重要原因。

---

① *FRUS*, 1958～1960, Vol. 19, p. 649, footnote 2.

② Haggard and Pang, op. cit., p. 82; Pang Chien-kuo, op. cit., p. 189.

③ 尽管如此，韩国50年代中期在美国顾问坚持下建设的一批轻工业项目仍在60年代朴正熙出口生产体制中发挥了骨干作用。尹保云：《韩国的现代化：一个儒教国家的道路》，东方出版社，1995，第60～62页。

美国之推动台湾发展战略转型在很大程度上是在促进经济“自由化”改革的名目之下进行的，而且后来的新古典主义经济学家也把这一转型看做自由主义经济路线的胜利，看作是对干涉主义政策的抛弃和真正的贸易自由化的开端。然而，台湾的出口导向体制与此前的进口替代体制之间有着根本的连续性，“自由化”的程度实际上是十分有限的，其内容和方式也是具有高度的选择性的。[①] 台湾经济官僚主张也可以说是一种渐进的经济自由化路线，这与在援助政策的实际执行过程中也已改弦更张了的美援机构的要求之间存在着巨大的差距。即使是断言美国援助推动了台湾自由化的雅各比也无法否认，美国援助机构在台湾的财政和货币领域里的影响是有限的，其对公营企业实施“非国有化”的劝告和压力也往往不能奏效。[②]

出口导向体制的建立并未伴随着完全的自由贸易体制的建立，恰恰相反，进口替代体制下的进口控制和保护性关税一直延续到70年代。一位学者指出，60年代唯一具有实质意义的自由化步骤仅汇率改革一项。[③] 而且，真正的汇率单一的外汇体制实际上直到1963年10月才告形成。[④] 对进口的管制在很大程度上被保留下来，即所有的进口仍然要有当局的许可证。台湾当局将进口商品按“禁止”、“控制”和“允许”三大类进行细致的划分，至1968年被“禁止”和“控制”的商品项目仍达4700多种，1970年又增加到4988种。[⑤] 虽然对以生产出口产品为目的原料和设备的进口的限制相对宽松，但只有当某种原材料产品在岛内不能生产，或其国内市场价格超过同类进口产品的综合成本达到预先规定的比例（最初高达25%）时，台湾当局才会给这种产品的进口发放许可证。[⑥] 而当局关于“自制率”（国产化率）的规章也反映了对进口的限制。[⑦] 台湾的关税虽经

① 有人甚至认为这不过是“伪自由化”。Alice Amsden, “Taiwan's Industrial Policies: Two Views, Two Types of Subsidy,” Erik Thorbecke & Henry Wan, eds., *Taiwan's Development Experience: Lessons on Roles of Government and Market* (Boston: Kluwer, 1999), pp. 97－98.

② Jacoby, *U. S. Aid to Taiwan*, pp. 144, 147.

③ M. Shahid Alam, *Governments and Markets in Economic Development Strategies: Lessons from Korea, Taiwan, and Japan* (New York: Praeger, 1989), p. 4.

④ Haggard and Pang, op. cit., p. 74.

⑤ Maurice Scott, “Foreign Trade,” in Walter Galenson, ed., *Economic Growth and Structural Change in Taiwan* (Ithaca: Cornell Univ. Press), p. 330.

⑥ Alam, op. cit., p. 55.

⑦ Scott, op. cit., p. 333.

数度调整，但在1973年之前总体上没有明显变化。所以，一位持自由主义观点的学者也认为对台湾的“自由化”不应估计过高：“自由化在1964年前后并没有真正启动，大多数的管制在1970年后仍然未被消除……”①

台湾当局对包括美国公司在内的海外私人投资进行严格的限制。它对申请来台投资的外商进行严格挑选，并利用各种手段促使他们与当地公、私营企业进行合作，经过一段限定的时间后迫使其把所有权转交台湾业主。面对限制，最初美、日企业往往采用向台湾的厂家发放生产许可证以收取转让费和专利费的方式进入台湾。这种办法使台湾在引进资金和技术的同时最大限度地保持了对关键产业的内部控制。1965年台湾当局在高雄建立了第一个出口加工区后这种状况有了很大改观，但其专门机构仍然对外资企业进行着严密的监督和规范。而设立出口加工区的一个明确目标，就是以积极的方式在促进出口的同时限制外资企业对岛内市场的渗透。

台湾20世纪60年代的劳动力密集型出口导向生产体制，实际上是一种把对进口的限制和对出口的鼓励结合起来的“新重商主义”体制。② 进口替代至少在部分经济部门中仍然继续着，而对经济的行政干预也没有被放弃。私营企业发展得到当局的鼓励，其外部环境也逐渐变得宽松了一些，但它们的命运仍然在很大程度上取决于是否能够争取到当局的补贴、信贷和出口退税待遇（而这又不完全靠经营业绩而定）。公营企业（以及国民党的“党营事业”）仍然在虽然缓慢但却稳定的扩展之中：据库兹涅茨的研究，公营经济部门在台湾国民生产净值中的比重由1951～1953年的10.9%上升到1961～1973年的13%，在1971～1973年也大体保持了这一水平。③

从长期趋势来看，台湾出口导向工业化可以被认为同时也是一个经

① Scott, op. cit., p. 331.

② 有一位经济学家把台湾的贸易体制形象地归纳为“进口关税加出口退税”。Tein-chen Chou, “The Pattern and Strategy of Industrialization in Taiwan: Specialization and offsetting Policy,” in *Developing Economies*, Vol. 23, June 1985, p. 151.

③ Simon Kuznets, “Growth and Structural Shirts,” in Galenson, *Economic and Structural Change in Taiwan*, pp. 78－79.

济“自由化”的过程，但关键在于，这一过程是以渐进的、积累性的、有选择的和有控制的方式实现的。美国直接促成了台湾发展体制的转型，并为新的出口经济的运行提供了资金、技术和市场等方面的条件，但它没有如其所希望、设想和宣传的那样在台湾复制出美国的经济模式。

（原载《美国研究》2002 年第 3 期）

香港：中美关系中的“新”因素？

鲍绍霖*

【内容提要】本文探讨了香港回归前后美国的主要对港政策及对香港事务的干预，特别是在亚洲金融危机和香港终审法院关于港人内地子女居留权的裁决所引起的法律危机期间美国所采取的政策和措施。作者发现，随着香港的回归和英国人的撤离，美国有悖常理地比中国中央政府更多地卷入了香港事务，而美国对香港的批评和压力总是随着中美关系的恶化而增强。作者因此呼吁：美国在处理中美关系的过程中，既不应把香港宠坏，也不应使香港成为一只替罪羊。

【关键词】美国外交　中美关系　香港　回归前后

一　末日预言中被遗忘的因素

在香港回归前五个月的1997年2月，有份香港报纸刊发了一幅漫画：一名战败的英国士兵穿着罗马式盔甲、手握断剑和一副写有“西方民主”字样的盾牌，他神情沮丧，站在一堆被丢弃的破烂武器中间，地上有一面

* 鲍绍霖（Danny S. L. Paau），时任香港浸会大学历史系（History Department，Hong Kong Baptist Universtiy）教授。

残破的英国米字旗；一名配备罗马式装备的美国将军率领一队美国士兵朝他走来，并喊道："让我们接管这儿吧。"① 这幅漫画是在肯定还是在反对美国的卷入，漫画家是否认为美国只对推进香港的民主感兴趣，人们不得而知。但漫画似乎在暗示：有一点是肯定的，即英国将退出，中国将进入香港，而美国也将成为影响香港未来的一个主要因素。

这幅漫画指出了香港回归前大量有关香港命运的文章所忽视的一个重要问题，即应对除了中国以外的外部势力或影响进行严肃讨论，这样才能更全面地评估香港所需面对的问题。事实上，那些对这个地区的命运所作的广为流传且貌似先知先觉的末日预言，无一例外地把关注点错误地放在了中国身上，而预言者对中国的雄心与工作重心却毫不了解。这些预言描绘的图景极其灰暗，有的预测香港经济、政治、法律和社会秩序将全面下滑，还有的预测中国政府将对香港进行"重新殖民化"或者干脆会用光香港所有的资源②，实际上，这些预言都没有成为现实，正如它们忽视了其他"外部"影响一样。即便是在今天，关注香港的学者还是不像那名漫画家，依然没有学会把眼光放在中国内地及其在这个前英国统治地区中的支持者之外，去寻找殖民统治结束后香港现实麻烦的可能和潜在的根源。很可惜，他们的观察大多在中英之间的政治纠纷以及民主和人权问题，多数观察家都忽视了其他一些问题及其根源，而其中的一些问题早已显现。

---

① *Express Daily*, Feb. 11, 1997, A9.

② Jamie Allen, *Seeing Red: China's Uncompromising Takeover of Hong Kong* (Singapore: Butterworth-Heinemann Asia, 1997)，作者预言香港会出现"一个殖民化和非殖民化过程"，而且在大约十年后，"至少有 65 万"名移民会从大陆来到香港（p. xx），香港经济会走向衰落（p. 282）；另见 Mark Roberti, *The Fall of Hong Kong: China's Triumph and Britain's Betrayal* (New York etc.: John Wiley & Sons, Inc., 1994)，作者预言像李柱铭这样的民主党人士会被禁止参选立法会议员，而且立法会将"完全按照北京的意思行事"（p. 314），同时作者承认在港英统治时期，政府职位的任命不够公开和公平，而且他预计这种情况会更加恶化（p. 318）；另参见 Louis Kraar, "The Death of Hong Kong," *Fortune*, June 26, 1995, pp. 40－52；"The Sinking of An Island," *Express News*, May 6, 1997, A2；另一本书指责英国这个"世界上历史最悠久的议会民主国家将 600 万人民拱手交给一个产生于革命的国家，而这个国家以动用武力而不是以法治著称"，Bruce Bueno de Mesquita, David Newman and Alvin Rabushka, *Red Flag over Hong Kong* (Chatham, N. J.: Chatham House Publishers, Inc., 1996), p. ix；CNN 香港记者站主任 Mike Chinoy 当时甚至认为李柱铭在香港回归后有可能被解放军逮捕，他后来也承认这并未发生。《外国媒体的预言失灵了》，1998 年 6 月 16 日《明报》，A6。

撇开末日预言不谈，作为一个快速发展并极度繁华的城市，香港的确存在一些自己的麻烦。首先，殖民统治结束后的香港很容易出现一些问题，其根源不在中国内地，而在香港自身，在英国的某些“遗产”以及国际社会。香港自身产生问题的一个主要原因，是香港回归的《中英联合声明》签署后中英两国在1984～1997年长达13年的冲突与矛盾。这种长期、激烈的政治纠纷耗费了政府的时间与精力，并将香港本地和海外人士的注意力过分狭隘地集中在了政治问题、民主、人权以及中英两国的根本差异上。结果，其他问题（其中有一些非常紧迫、严峻和困难的问题）被忽视，无法得到及时处理。在香港回归后的几个月，诸如房屋、投机、就业等问题就浮出水面，而且达到了不易克服的程度。[①] 这些问题是由即将离去的英国统治者在最后一刻通过的有问题的法案导致，甚至“制造”，或是使之恶化的。例如，英国人自诩：尽管是在离港前夕，但最终却给予了香港以民主。然而，外界很少有人知道英国人也严重地侵犯了香港本地居民的政治权利，因为它给予了移居国外的香港人与香港本地居民同样的权利和更优惠的待遇，而这些人对香港或中国既不必宣誓效忠也无须承担义务。另外，那些即将离港的殖民官员还涉嫌试图进一步削弱香港青年本已十分淡漠的民族认同感；至少他们在最后一刻通过的有关教育和法律的法案使这个问题进一步复杂化。相比之下，指责英国人还试图将有权有利的高级职位保留在移居国外的香港人（主要是英国人）[②] 手中，与在其他领域的一系列“不寻常”举动相比简直不值一提。很少有人对前殖民政府这种可疑的行为提出质疑，尽管最近有些忧心忡忡的教育工作者开始感到奇怪：为何在回归18个月后，香港青年对祖国的认同感并未提升；面对香港与内地的联系日益加强的形势，这种状况会对香港青年产生何种影响。迄

① 例如，笔者曾在美国、澳大利亚和本港的几所大学发表演讲，对过度悲观的预计作了批评。有关香港需要正视的“现实”问题，参见 Danny S. L. Paau，“Observations：More Urgent Problems Hong Kong Faces，” in Danny S. L. Paau，ed.，*Reunification with China：Hong Kong Academics Speak*（Canada & Hong Kong：Asian Research Service，1998），pp. 133－138。

② 有关英国人那些不那么友善的“遗产”或在香港政权移交前埋下的“地雷”，参见 Danny S. L. Paau，“Curious Maneuver? Certain Moves of the British Government in Hong Kong before Departure，” in Danny S. L. Paau，ed.，*Reunification with China：Hong Kong Academics Speak*，pp. 63－80。

今为止，除中国内地以外的影响香港的其他可能的外部因素尚未引起学术界的注意。

然而，最近发生的一些事件却使香港人民必须面对现实：来自外部的问题与压力比来自香港自身或北部地区（即中国内地）的问题与压力更难应付。亚洲金融危机和近几个月来的一系列法律与政治危机让香港人认识到，其他国家（尤其是美国）如果出于任何原因对这片小飞地不满，就可能对香港提出批评、施加压力甚至进行威胁。另外，几乎可以肯定的是，回归后香港完全有可能成为美国对付中国的一张牌或一个抵押品。

二　1997 年前的香港和中美关系

美国学者对美国卷入香港事务做过深入研究的人不多，南希·塔克（Nancy Tucker）是其中之一。她指出，自香港被割让给英国起，美国就对这片领地表示出浓厚的兴趣。美国之所以对香港感兴趣，首先是因为长期以来香港被认为是进入中国内地的立足点和通道；其次，冷战时期香港被作为情报收集站；再次，香港被认为是美国在亚洲的战略性商业中心。塔克指出，美国在 1843 年设立了香港第一个外国领事馆，美国人在 1865 年担任了汇丰银行筹委会委员。[①] 当然，她无须提醒我们，香港长期以来还是美国最大的情报收集中心之一，而且对亚洲感兴趣的美国公司大多将其地区总部设在香港。此外，第二次世界大战结束后，可能出于与英国竞争的目的，美国通过对香港高等教育的资助计划和介入，大力推进其文化、价值观、影响力和利益。[②] 20 世纪 50 年代和 60 年代，美国资助了香港高

---

① Nancy Tucker, *Taiwan*, *Hong Kong*, *and the United States*, *1945 ～ 1992* (New York & Ontario: Macmillan, 1994), p. 198.

② Tucker, p. 227. Tucker 还注意到了下面两个人的文章，即 Anthony E. Sweeting, "The Reconstruction of Education in Post-war Hong Kong, 1945 ～ 1954: Variations in the Process of Policy Making," Hong Kong: University of Hong Kong PhD. Dissertation, 1989 及 Gerald A. Postiglione, "The United States and Higher Education: Preserving the High Road to China," 这是在 1991 年 5 月于北京召开的"20 世纪美国与亚太地区国际研讨会"的论文。有关对本港大学未来趋势的忧虑，参见 Terill E. Lautz, "Higher Education in China and Hong Kong," in *United States-China Relations*, *Notes from the National Committee*, Vol. 25, No. 1 (summer, 1996), pp. 4, 12 － 13。

等教育计划，目的在于“使海外华人远离中国。”[1] 因此，在冷战前和冷战上半期，美国在香港的利益、政策和种种举动是由美国对中国的看法、担忧和希望所决定的。

20 世纪 70 年代，中国仍是美国对香港态度的一个重要因素。虽然中美关系在 70 年代开始解冻，两国间的正式外交关系在 1979 年得以最终建立，但台湾及其相关问题（如军售）仍然是两国加强友好关系的障碍。到 1984 年时，香港在美国对华政策中扮演的角色有了新内容。那一年签署的《中英联合声明》明确宣布中国要收回香港。由于这一决定早在回归前 13 年就公之于众，因此美国有足够的时间评估回归的后果——香港在困难重重的中美关系中正在成为一个新的因素。除了意识形态和口头上所说的原因外，中国将获得大量财力和人力资源以及技术与商业秘诀的前景促使美国要密切观察香港，并寻求保护措施。塔克指出，虽然在通常为白热化的谈判中美国仅扮演了一个“边缘角色”，但这“并不表明美国对香港不关注，而是表明美国在这个进程中没有一个正式的立场”。[2] 实际上，除英国外，美国对香港的关注确实表现得最为明显。在回归前，美国就表示了对香港事务的关注并积极涉足香港事务。例如，早在 1984 年中英两国就归还 1840 年鸦片战争的战利品达成协议后，共和党党纲就立即“明确地”呼吁香港自决。这种倡议与他们对台湾、西藏和新疆这些中国控制较弱、易于受到挑战的边疆地区抛出的主张并没有两样。从这个意义上看，共和党的呼吁似乎证明某些美国人把香港看成是中国的控制可能受到挑战的另一个边疆。这也许有助于解释美国对香港回归的一些做法。

冷战在香港回归前已经结束。然而，中美关系没有改善，反倒恶化了。正如上文指出的那样，当英国准备离开香港时，美国对香港的兴趣却越来越大。1989 年中美关系降至最低点时，美国对香港的兴趣和行动进一步加强。此后，中美关系的恢复经历了一个漫长而艰辛的过程。两国间的相互宽容至今仍十分困难、令人沮丧。20 世纪 90 年代初期是中美关系最为对立的时期，而美国为香港回归所做的准备行动也在加强。

---

① Tucker, op. cit, p. 226.

② Tucker, op. cit. , p. 218.

1990年8月3日，美国驻香港总领事宣称，香港已成为美国对华政策中的一个因素。[①] 学者们不会不注意到，正如与北京关系正常化并与台湾断交后所做的一样，在香港回归后，美国国会也通过了一系列有关香港的法律。1991年9月，米奇·麦康内尔（Mitch McConnell）参议员提出了国会通过的"最为全面的"保护美国在港利益、保护香港公民自由和民主化的法案。[②] 其后经过修订，它成为极其重要的《1992年美国香港政策法》。

在香港回归前，美国还做了其他的法律准备。在《1990年移民法》中，美国将香港移民的年度限额由1987年的600人增至5000人，后来又增至1万人。香港移民还被允许迟至2002年再赴美定居。这项政策获得了香港居民的广泛欢迎，被认为是防止大规模移民和稳定香港的必要政策。但是其他的一些措施则被有保留地接受。例如，由于担心随着回归的临近香港会失去新闻自由，美国在1997年7月前宣布为记者准备3000个特别签证配额。至少那些提防美国意图的人警觉地注意到，美国驻港总领事频繁造访新闻机构，询问它们在香港回归后是否会停止对民主党人的报道。下文所引便是怀疑者的评论：

> 这些所谓的问题实际上是在（对本港记者）施压，以确保美国在港战略利益可以像在英国统治时那样得到保障。一个名为自由论坛亚洲中心（Freedom Forum Asian Center）的组织一直以来都在邀请报纸编辑参加各类研讨会，"讨论"如何报道立法会选举。其目的……十分明显，那就是确保某些人（候选人）能够"安全"地进入立法会。[③]

这种担忧可能是有根据的，因为美国至少在口头上与彭定康将香港问题"国际化"的企图一唱一和——后者不顾《基本法》规定，正在为其加

① 《香港（目前）对美国更加重要》，1990年8月14日《世界日报》（北美）第5版。

② 即《1992年美国香港政策法》。有关该法案的讨论请参见 Cindy Y. Y. Chu, "The Business Concerns, Hong Kong and Sino-American Relations,"于1998年10月在香港浸会大学香港与中美关系研讨会上的论文。

③ Wong Kai Yuen，《将香港视为（美国的）财产》，1998年5月10日《东方日报》，B7。

速香港民主化的单方计划寻求国际支持。① 不管怎么说，美国对香港民主党议事日程的兴趣也表现得很充分。例如，有报道称美国的竞选技巧对民主党在1991年和1995年立法会选举中的大获全胜发挥了极大作用。此外，常被称为香港的“叶利钦”和“达赖喇嘛”的民主党主席李柱铭（Martin Lee）也经常被邀请去美国发表演讲和在国会作证。② 香港人远赴美国寻求支持的事情不胜枚举，我们无须进一步讨论这一话题。

另一方面，尽管塔克认为在中英关于香港问题的长期而且常常是白热化的争论中美国缺乏一种“正式立场”，但是美国还是常常情愿支持英国。某些争端最终可以通过相互谅解和调停得到解决，但另一些争端则不然。而在所有中英争端中，美国似乎总是不分青红皂白地支持英国。事实上，中英争端的解决方式多种多样，而有时美国对英国的支持可能“来得太快”。例如，中国能够就终审法院安排问题与英国达成协议。但彭定康单方面增加立法会直选议席的做法，中方认为他背离了《基本法》的具体规定。1995年的立法会按照彭定康的设计选出，而中国拒绝让它“坐直通车”过渡到香港回归之后。相反，中国设立了一个“临时立法会”以暂时填补这一真空，直到一个严格按照《基本法》规定选举的新立法机构出现为止。正如在其他争端中那样，美国在这一问题上支持了英国人。③ 于是，美国也反对设立临时立法会。④ 需要指出的是，1989~1996年即香港回归

① 《明报》1993年5月11日第59版曾对彭定康的美国之行做了报道，报道指出虽然彭定康表面上是去游说要求美国继续无条件授予中国最惠国地位，但有人怀疑他只是想“打香港问题国际化这张牌”，寻求美国的支持。彭定康花了很大工夫劝说美国人支持他的方案，从而使他的改革成果在香港回归后得以巩固。有关彭定康的言论可参见“Hong Kong's Last Governor Delivers Remarks on the Future of Hong Kong,” in *United States-China Relations*, *Notes from the National Committee*, Vol. 25, No. 1 (summer, 1996), pp. 1 - 2, 14 - 15。

② 参见“Hong Kong's Last Governor Delivers Remarks on the Future of Hong Kong,” in *United States-China Relations*, *Notes from the National Committee*, Vol. 25, No. 1 (summer, 1996), p. 220。

③ 例如，美国国务院于1995年4月初呈交给国会的《美国香港政策法报告》（US-Hong Kong Policy Act Report）就批评中国拖延与英国就终审法院安排一事达成共识，另外，该报告还称这种拖延有可能伤害在香港的1000多家美国公司的利益。参见Jasper Becker, “US Comments Provoke China,” *South China Morning Post*, April 7, 1995。

④ 除了表示抗议外，美国国务卿马德林·奥尔布赖特还声称，如果中方邀请她参加宣誓就职仪式，她将拒绝参加。但除了英国首相托尼·布莱尔以外，其他政要都没有参与这一“抵制行为”。参见*South China Morning Post*, April 20, 1997。

倒计时的后半段，恰巧是1979年中美建交以来最困难的时期。直到1997年4月时，美国还在不停地敦促或警告中国应遵循英国对1984年《联合声明》的解释，尤其是对维护所有公民自由的解释。① 另外，直到1997年5月之前，白宫一直没有停止对当选香港特区行政长官董建华的批评，因为他建议对涉及社会团体和公共安全的法律条款进行修订。② 这些条款在香港回归前夕经彭定康授意，为削弱政府权力而被匆忙修改过。幸运的是，由于认识到1996年台海军事对峙期间冲突失控的危险性，中美双方此后重新检讨了各自的政策并作出极大努力改善两国关系。因此，到1997年7月时，中美关系的改善至少在当时已经足以阻止美国的公开批评。香港回归后，中方认真恪守了不干涉香港内部事务的政策，在亚洲金融危机的影响全面显现前，各方对香港的未来均表示乐观。而香港也暂时避开了国际社会的严厉批评和压力。

总而言之，中国并不满意回归前美国对香港事务的干预。尽管《中英联合声明》和《基本法》有白纸黑字的规定，但华盛顿对中国将如何对待这个曾受英国殖民统治的地区还是表现出强烈的怀疑。美国站在英国一边，向中国内地和香港施加了大量压力。实际上，尽管国会通过的《1992年美国香港政策法》声明美国承认香港的回归，但美国似乎时时显出不达到反对中国对香港恢复行使主权的目的就不罢休的态度。因此，中国似乎有充分的理由怀疑美国有意干涉香港的内部事务，正如美国已经干涉了西藏、新疆和台湾事务一样。对香港回归的喜悦被一个不期而至的矛盾所冲淡：殖民者的离去并不能带来新主权对香港的完全控制。香港将要回到中国的怀抱，但是包括美国在内的外部世界却担心香港无法真正行使已获保证的高度自治权。于是，美国人将填补某些中国自己无法填补的真空。

三　中美关系近期的恶化：干预的绝好时机？

自1989年起，中美关系就极富对抗性。两国关系的紧张和互不信任持续升温，到1996年台海危机时达到高潮，它使两国走到了战争边缘。1997

① Simon Beck, "Clinton Warns Beijing on HK" *South China Morning Post*, April 20, 1997.

② 1997年5月11日《东方日报》A15；有关更早一些的批评请参见同一报纸1997年11月9日，A2。

年，两国开始了修补相互关系的努力。江泽民1997年底对美国的访问获得了比尔·克林顿1998年6月对中国的回访。可惜的是，两位首脑的明显善意不足以解决问题。业已建立“战略性伙伴关系”的声明并未带来持久的友谊。例如，就在江泽民访问华盛顿之后，美国国务院立即任命了一名西藏事务协调员。① 虽然中国在亚洲金融危机中表现冷静、尽力支撑，不使人民币贬值，因而防止了世界经济局势的恶化，但是一系列令人不快的事件还是威胁了两国间脆弱的关系，这在1999年尤其如此。正是在中美关系迅速恶化的背景下，香港特区政府1998年对市场史无前例的干预遭到了华盛顿的严厉批评。因此，了解有关争端几乎同时发生并在短期内急速加剧的背景是必要的。

在中美近期一系列迅速恶化的争端中，最引多数学者注意的固然要数所谓“中国间谍”窃取美国敏感军事技术事件。当然，在互相猜疑的气氛中，这种事情并不新鲜。众所周知，中国一直在寻求引进军用和民用高技术。另一方面，中国的确对可能向美国泄露其军事机密极为敏感，1998年1月发生的华棣事件可以证明这一点。② 在近期一系列危机出现之前，美国国会于1997年11月通过了一项议案，要求中央情报局和联邦调查局每年对中国在美国进行的经济、政治和军事间谍活动做出报告。③ 1999年2月，共和党控制的国会决定禁止向亚太移动电信公司出售价值4.5亿美元的卫星，声称其精密的天线可能被用于中国军队，尽管据称供应商为准备此次销售已投入1亿多美元。④ 需要注意的是，几乎与此同时，一批在美国的中资企业高级经理，包括某些已经身在美国的人士，其签证被拒签或拒绝延期。这给许多中资企业的继续监管带来了严重的问题，而这些企业中的每一个都雇佣了数百名美国工人。⑤ 但是，对间谍活动的恐惧占了上风。

另一个严重争端围绕中国对台湾的所谓作战态势和台湾可能加入战区导弹防御（TMD）计划（这会使台湾成为美国的一个实际上的军事盟国）

---

① 《克江会面后的喧嚣》，1997年11月9日《东方日报》A2。

② “Missile Scientist ‘to be Put on Trial’ (in China),” *Hong Kong Standard*, March 17, 1999. 华棣是斯坦福大学国际安全与合作研究中心的助理研究员，他曾是中国的一名军事科学家。1998年1月，他在回国探亲时被中国警方逮捕，原因可能是他向美国人泄漏了中国弹道导弹计划的机密。

③ Hong Kong Standard, Nov. 9, 1997.

④ “Security Risks Cited, US Blocks Sale of Satellite,” *Hong Kong Standard*, Feb. 24, 1999.

⑤ 《中资企业经理被拒发美国签证》，《亚洲周刊》，1999年3月22~28、18~19日。

的报道展开。1999年2月底，美国国防部发表的一份报告称台湾军队面对大陆进攻时准备不足。另外，有报道称台湾因近期揭露的一系列军方丑闻而士气低落，并且无力聘任其国防计划所需的技术人员。相反，据报道中国大陆已集结了制导和巡航导弹。五角大楼的这份报告预测，到2005年时大陆将对台湾形成“压倒性优势”。① 报告还声称大陆最早可于2000年台湾“总统”选举时发动对台攻击。② 这一切都与五角大楼5个月前的结论相反，当时五角大楼认为除非台湾宣布自己是一个分离的独立的政治实体，与大陆断绝亲缘关系，否则中国在15年内是不会发动一场大规模战争的，因为中国的近期目标，据这同一份报告称，是发展经济并取得大国地位。③ 此后，包括前国防部长威廉·佩里在内的一批美国高层人士纷纷访问台湾。但这无助于缓和中美两国的紧张关系。④ 中国的反应可想而知：它立即驳斥了关于间谍或盗窃的指控，还援引了包括《洛杉矶时报》、《基督教科学箴言报》、《华尔街日报》和《美国新闻与世界报道》等主要美国报刊的评论。⑤ 另一方面，中国最担忧的是据称台湾可能被包括在TMD计划中，这会使台湾成为美国和日本的一个事实上的军事伙伴。中国认为这是“最令人无法忍受的事情”，因此向美国发出了严正警告。⑥ 然而，当美国国务卿奥尔布赖特访华时，却对中国进行了一系列指责，包括指责中

① 《大陆将在五年后“解放”台湾》，1999年2月27日《星岛日报》B12。

② 《美国预计明年将发生台海危机》，1999年3月1日《东方日报》，A6。据报道，台湾还寻求购买四艘拥有最新型雷达系统的最先进的美国战舰。

③ 1998年11月11日《明报》A14。

④ “Ex-Defense Minister (William Perry) to Visit Taipei,” *Hong Kong Standard*, March 7, 1993.

⑤ 《美国报纸反驳所谓的“核（技术）盗窃事件”》，1999年3月20日《文汇报》。这条消息报道说，1999年3月16日，包括《洛杉矶时报》、《基督教科学箴言报》和《华尔街日报》在内的多家美国重要报纸都刊发报道或评论，批评《纽约时报》等报纸一些不负责任的报道以及在缺乏调查和证据的情况下胡乱指责。这篇文章还称《美国新闻与世界报道》在1999年1月23日要求美国人不要在没有证据的情况下做出这样的指责。

⑥ “Beijing Tells US to Drop Defense Plan, ‘Last Straw’ Warning on Taiwan Arms,” *Hong Kong Standard*, March 7, 1999；另请参见《中美关系中的底线》，《亚洲周刊》，1999年3月15～21日。这篇文章还讨论了亨廷顿发表于1999年3～4月号《外交》杂志上的文章，亨廷顿在文章中指出，美国正在对其军事力量进行“全球化”，其做法是与区域性大国建立联盟和限制主要区域性大国的发展，从而防止可能的竞争者出现。美国在欧洲、拉美、阿拉伯中亚地区以及亚洲地区都已采取这种战略。但如果美国的亚洲计划包括台湾，就有可能触动中美关系中的“底线”。有关美国这一计划和在亚洲地区行动更详尽的分析，请参见《美国促使亚洲（均势）重新结盟背后的秘密》，《亚洲周刊》，1998年11月23～29日。

国将数百枚导弹指向台湾。她没有对中国要求澄清台湾是否被包括在TMD计划中的询问做出回应。[①] 正是在这种气氛下，诸如“马尼拉在斯普拉特利群岛（即南沙群岛——译者注）（与中国）的争端中寻求美国支持”之类的报道似乎进一步加剧了中美的猜忌和敌意。[②]

中美间其他更多的“周期性”和“习惯性”争论仍在继续。1999年2月底，美国国务院发表了一份有关中国人权记录的报告，称中国的人权记录近期“极度恶化”，还特别提及对“有组织的持不同政见者”的镇压和对西藏民族主义者的所谓酷刑、随意逮捕及无公审拘禁。[③] 中国对此反应强烈，这是不难预料的。[④]

自中美两国1979年建立正式外交关系后的短暂蜜月期以来，两国的冲突从未真正停止过。20世纪80年代，英国准备撤出香港的消息公开后，美国的评论、批评、建议或威胁也开始重新引人注目。虽然多数外国政府总体上对北京对待回归后的香港的做法表示满意，但美国仍继续其密切关注香港事态发展的政策。1997～1998年的首脑外交结束后，美国对中国的批评（以及中国对美国的反批评）立即恢复并愈演愈烈。[⑤] 而1998年夏季以来，美国人对香港的批评也最激烈，当时，香港特区政府采取了一些审慎的措施来约束外部势力在香港股市的投机行为。1999年第一季度是1996年台海军事对峙以来中美关系的最低谷。同样，在这同一时间出现的香港最严重的法律危机中，美国对香港进行了可能是最集中和最直率的批评。无论这种巧合是否意味着美国对华政策和对港政策有某种关联，严厉反应出现在关系最糟时的这个明显的事实，的确需要立即给予关注。[⑥]

---

① 《奥尔布赖特国务卿在访问时又提出一个挑战》，1999年3月3日《东方日报》A4。

② Gret Torode, “Manila Looks to US in Spratlys Dispute (with China),” *South China Morning Post*, 3/10/1999, 10.

③ Simon Beck, “Rights Abuses Condemned in US Report,” *South China Morning Post*, Feb. 27, 1999, 7.

④ 在这些指责出现之后不久，就出现了很多反驳美国代表团的文章，例如，Liu Weiguo等，《西藏历史上的“人权”》，1993年3月11日《文汇报》A7；Ni Xiaoyang等：《达赖继续搞分裂活动》，1999年3月8日《文汇报》A6。另请参见Charles Snyder, “US Accused of Rights ‘Double Standard’,” *Hong Kong Standard*, March 7, 1999.

⑤ Luo Fu：《江克高峰会后（对华）批评再次抬头》，1997年11月9日《东方日报》A2。

⑥ 一名专栏作家认为，由于中美关系恶化，美国声音更大，更想干预香港事务。参见Charles Snyder, “Spy Row May Blow Relations Apart,” *Hong Kong Standard*, March 12, 1999。

在考察法律危机和美国的反应之前，让我们先来研究一下美国自1998年夏季以来对香港特区政府处理国际对冲基金投机股市问题所做的批评。这一点十分重要，因为这是香港回归后遭受的第一次严厉批评。

四　亚洲金融危机及美国对香港的不满

一位曾仔细研究过导致《1992年美国香港政策法》制定的一系列美国国会辩论的学者指出，美国对回归后的香港主要有三大考虑。它们按重要性排列分别是经济因素、民主化和人权。仔细研究后就会发现，1992年法律的内容主要概述了“美国的政策，它全部是经济方面的考虑。”① 研究过《1992年美国香港政策法》或各类听证文件的经济学家和历史学家们早就认识到并考察过回归后美国在香港的金融利益和图景。只要指出这一点就足够了：在多数观察家眼中香港的贸易价值是毋庸置疑的。在香港，每个普通居民不仅“在1991年购买了难以置信的价值1300美元的美国产品”，② 而且，1996年汇丰银行自称在香港的每日净利为1亿港元（约合1280万美元）！③ 因此，毫不奇怪，这部涉及香港回归的法律的一个主要内容，就是确保维持现状（至少是在贸易关系方面的现状）成为第一要务。香港将继续被给予独立于中国的经济实体的地位。尽管人们早就注意到，香港经济已越来越与内地经济结为一体，但无论是美国还是中国内地方面都不愿看到香港被卷入中美贸易纠纷。④ 虽然香港商人对此感到担忧，但迄今为止香港尚未受到中美诸多贸易争端的影响。此外，由于香港将美国视为最重要、最有利的贸易伙伴，因此回归后香港和美国极少出现经贸

① Cindy Chu, “The Business Concerns, Hong Kong and Sino-American Relations,” 这是在1998年10月由香港浸会大学历史系和林思齐东西学术交流研究所中西关系研究项目共同主办的“香港与中美关系问题”研讨会上提交的一篇未发表的论文。Chu的结论是，保持现状和美国的利益是主要动机。

② Tucker, op. cit., p. 221.

③ 《每天都赚一亿（港元）：汇丰银行每天都在创造奇迹》，《港人治港的开端》，《明报》回归日特刊，1997年7月，第31～32页。

④ 田北俊：《（江的）美国之行对香港同样有利》，1997年11月9日《东方日报》A2。作为本港一名重要商业领袖，田先生非常重视香港与内地的紧密经济关系。在这篇短文中，他希望所谓的“战略伙伴关系”能促进香港与美国的贸易。这在另一个方面也反映出一名本地领袖对中美商贸冲突可能对香港造成不利影响而感到担忧。

纠纷。而且，中美经贸矛盾很少影响到香港，因为香港被给予了与中国内地不同的、通常都是更优惠的贸易地位。美国偶尔也会敦促香港加强遏制盗版产品的力度，甚至可能威胁将香港列入301条款的观察名单。但总的来说，美国与香港没有重大商业纠纷。香港回归后，美国企业迅速去填补英国人离去所造成的真空，后者不再享有前殖民者的特权或特许权。然而，在亚洲金融危机中，美国却对香港特区政府进行了最严厉的批评和威胁，这震动了整个香港。

当然，本文没有必要给出亚洲金融危机“登陆”香港的详细记录。众所周知，虽然香港未能躲过这次危机，但与大多数亚洲邻国相比，香港迄今为止的状况要好得多。然而，有必要指出很重要的但却常被人忽视的两点。首先，丰裕的20世纪80年代以来的普遍繁荣掩盖了香港经济中的许多缺点和弱点，其实，香港经济可能并不完全适应与邻国的竞争。在经济自由主义名义下出现的猖獗投机以及所称的土地匮乏，使香港的商用和民用房地产价格几十年来一直保持世界最高水平。这种情况抬高了工资、生活成本和商业运营成本，导致了所谓的“泡沫经济”。[①] 更糟的是，由于几乎任何行业都无法获得投机（包括股市投机和房地产投机等）那样的迅速回报，所以制造业逐渐萎缩，许多企业迁往北方（即中国内地）或成本较低的其他邻近地区。许多香港人早就把能够迅速致富的投机作为其“正当”职业。[②] 造成香港这种独特“工作文化”的因素很多也很复杂，值得经济学家深入研究。在这里我无意也无需对此详加讨论。[③] 需要指出的是，随着投机日益猖獗，香港成了国际对冲基金（包括来自美国的大玩家）喜爱的胜地。其次，回归前的末日预言在香港人中间除了只阅读英文报刊的人外很少有人相信，但是在回归前的最后几个月中，投机者实际上却绘制了一幅经济过度繁荣的景象。例如，1996年12月，恒生指数在1万点左右。但8个月后，恒指不可思议地猛蹿至1.6万点！同期的房地

① 《香港的泡沫经济与泡沫心理》，《亚洲周刊》，1998年6月8～14日，第6页。

② 《经济风暴的避风港》，《亚洲周刊》，1998年6月8～14日，第47～48页。

③ 例如可参见《赶走泡沫经济和政治急躁》，《亚洲周刊》，1998年10月12～18日，第8页。有关对香港经济架构脆弱性的分析，请参见“Hong Kong Estimated to be Able to Feed Only About Four Million People According to Current Economic Structure” （Hong Kong：The Great China Times Research Institute，1998）。

产价格也上升了1/3。当时，贸易或商业方面并没有出现支撑这种市场大幅增长的相应景气。尽管大多数香港居民那时基本是听天由命的，可是由于香港经济表象出奇的繁荣，他们对内地的信心也随之增加。现在看来，这种没有根据的乐观情绪似乎说明当时的实际情况是一种狂热的市场投机制造并烘托出来的经济繁荣假象。此外，在一种虚幻的信心和不现实的乐观情绪的驱动下，业余投机者们就可能更加大胆地去尝试“迅速致富”。所有这一切使得香港在亚洲金融危机突然来临时成了强大的国际对冲基金的一个特别脆弱的牺牲品。需要指出的是，由于资金雄厚、经验老到、金融技巧高超，美国公司可以在香港市场上游刃有余，并大有斩获。

到1998年1月时，恒生指数猛跌至7900点，使得人人惊慌失措。由美国的奇才领导下的一些公司充当先锋，庞大的国际对冲基金①在击垮了多数亚洲国家货币及其国民经济后，于1997年10月对港元发动猛烈攻击。香港特区为保卫与美元的联系汇率制度遭受了巨额损失。随着多数亚洲国家市场的崩溃，旅游业等某些通常利润很高的行业严重萎缩。1998年年初，大量小玩家在其中投机的“投资”公司或“金融”公司面临倒闭。这些公司“挪用”客户资金做投机，因此，在亚洲经济整体下滑的背景下损失惨重。由于这类公司一般为成百上千名小客户服务，因此它们的清算破坏力极大、影响范围极广。② 香港股市和房市面临全面崩溃，而在1998年漫长而炎热的夏季，港元的崩溃似乎也近在咫尺。香港特区政府成了很容易找到的替罪羊，遭到了从不称职、对倒闭公司监管不力到无作为等广泛指责。政客们也对特区政府展开攻击，尽管负责公共监督机构的高级官员实际上是前彭定康政府的原班人马。③ 正是在这种背景下，香港特区政府出人意料地于1998年8月14日对港元的攻击者进行“反击”。在中国央行

① 本港的报道指责乔治·索罗斯的量子基金和朱利安·罗伯逊的老虎基金的投机行为最积极。请参见《激烈的反击战——拒绝成为投机者的自动取款机》，《亚洲周刊》，1998年9月7～13日，第38～43页。

② 有关这类案件的介绍可参见《回归第一年的经济恐怖剧》，1998年7月1日《星岛日报》A22。

③ 需要注意的是，自由党（以工商业人士为主）主席田北俊批评上任政府过多强调与中国的政治纠纷，因而忽视了经济发展。他在一次电台节目中所做的评论被 Hong Kong Standard（July 12，1998）报道。

的公开支持下，特区政府将数额惊人的1200亿港元（约合153.9亿美元）投入香港股市，这一举措曾被广泛报道，这里无需赘述。[①] 政府的干预行动一经公布，立即遭到经济学家、律师、民主党人、自由派人士和国际社会尤其是美国的严厉批评。[②] 美国的反应与本港的批评家同样刻薄。[③] 学者和经济学家批评政府闯入了一个“禁区”。其他人对大量资金的涉入提出了警告，而那些标榜为“民主党人”的立法会议员们则对政府采取单独行动的做法大为恼火。[④] 1998年8月，特区政府面临着自1997年7月就职以来的最严重的危机。

本文的目的并非要讨论经济自由主义或自由放任与政府干预主义孰是孰非。[⑤] 这里也没有必要详述美国政府和有关机构对香港特区政府所谓的违反经济自由主义的神圣教义而发出的严重警告。然而，需要指出的是，这一次美国的批评和压力似乎与一些大投资者的实际威胁相一致，并获得了后者的支持。据报道，1998年9月中旬，为了表示对特区政府的干预及更严格地监视“大玩家”的后续建议的不满，包括摩根斯坦利和美林在内的四大美国投资公司威胁要撤离香港。[⑥] 由于香港经济正在痛苦挣扎，这些来自外国的批评和威胁加剧了特区政府承受的巨大压力。幸运的是，香港大众对特区政府这种果敢但却可能很危险的行动表示欢迎。而这些措施似乎也成效卓著。[⑦] 至少对港元的袭击立即停止了，而香港也获得了短暂的喘息之机。由世界上两个最大的外汇储备（即香港和中国内地的外汇储

① 请参见《激烈的反击战》。另请参见 Zhang Li《香港的反击令人诧异》，《亚洲周刊》，1998年9月7~13日，第46页。

② 上引文，作者报道称美国出于利己主义因素干涉这一事件。

③ 本港批评政府这一干预行动的人包括香港大学著名经济学教授张五常。实际上，当这条消息公布后，多数经济学家都严厉批评了政府的做法。

④ 例如立法会议员中最坦率最激进的“民主党人”刘慧卿就曾愤怒地朝政府官员大喊大嚷，说他们“竟敢在没有事先征求立法会意见和许可的前提下动用这么多公共资金”。

⑤ 有关现在对此问题的评论，请参见那些认为不干预主义无法继续对付当前对冲基金的文章，例如《理论的缺乏与觉醒》，《亚洲周刊》，1998年9月7~13日；《香港金融保卫战的重要性》，《亚洲周刊》，1998年9月7~13日；《打破（经济）自由化和全球化的咒语》，《亚洲周刊》，1998年9月14~20日；《把整个世界从经济危机中拯救出来的第三条道路》，《亚洲周刊》，1999年10月12~18日，第7页。这些文章援引了诸如 Milton Friedman 和 Paul Krugman 等美国教授的观点，他们认为政府的干预也许是有道理的。

⑥ 《四大美国公司威胁撤出香港》，1998年9月16日《香港日报》B1。

⑦ 同上。

备）支持的这个大胆举动如果不是打败了投机者的话，似乎至少也是暂时吓退了投机者。在最初的担忧消除后，许多报刊开始反过来批评那些反对干预的学者和政客，指责学者的反对意见缺乏“理性和严肃”态度，政客们则连金融和经济学的“基本知识都不懂”。[①] 在公众支持的激励下，香港政府继续对证券交易监管机制进行改革。[②] 1998 年 8 月 14 日行动之后，特区政府未再采取任何新的干预措施，这让包括美国人在内的所有人都舒了口气。另外，香港政府立即展开了一系列公关活动，解释其做法并打消西方国家尤其是美国的疑虑。例如，1998 年 10 月，香港财政司司长在华盛顿举行的世界银行—国际货币基金组织联席会议中的 22 国集团（包括工业化国家和新兴国家和地区）财长特别会议上发表讲话，有报道称他赢得了某些理解。[③]

虽然至今经济学家们还在对这类干涉的必要性、恰当性甚至成效争执不下，但香港基本上已经闯过了这次危机。首先，随着国际投机者至少是暂时的撤退，许多人担心的这次大赌博中的巨大损失并未出现。实际上，最新报道指出：到 1998 年底时，这次大胆行动在 6 个月内带来了 350 亿港元（约 44.8 亿美元）的净收益，而且，随着经济的进一步改善，预计收益还会增加。[④] 其次，更重要的是，这次果敢而引人注目的行动及其显著成效的迅速出现，意味着相关的辩论迅速降温。尴尬万分并困惑异常的自由放任派经济学家们从镁光灯下撤回到自己的书房，而那些过早地说三道四的政客们则对货币游戏这个他们不熟悉的领域失去了兴趣。香港内部的

① 大多数报纸社论和评论在表示了最初的担忧后，都反过来赞扬政府采取的大胆举动。例如，《香港政府对投机者的反攻赢得民心》，《亚洲周刊》，1998 年 9 月 14～20 日，第 10 页。

② 《社论：彻底改革证券交易机构、重建金融城》，《明报》，1998 年 9 月 8 日，A12。这篇社论报道说政府已提出 30 个变革方案以改善证券和期货交易机制；《香港政府在赢得（初步）胜利后开始对投机者收费》，《亚洲周刊》，1998 年 9 月 14～20 日，第 48～49 页。据称有些单位在大规模干预中反应不够迅速。参见 1998 年 9 月 8 日《东方日报》A19 的报道。

③ Charles Snyder, "HK Wins Plaudits in Washington," *Hong Kong Standard*, Oct. 10, 1998, 10. 此外，特区行政长官在同年 11 月与一些来访美国参议员会谈的时候对香港特区政府采取的干预行为做出了解释。他进一步敦促七国集团国家在讨论如何监督国际对冲基金时应征询在投机活动中受害者的意见。参见 1998 年 11 月 10 日《明报》A9。

④ 《社论：外汇储备的盈利能力吸引了所有人的目光》，1999 年 3 月 27 日《文汇报》A3；也请参见《外汇储备盈利 942 亿美元》，1999 年 3 月 27 日《明报》A2。

沉寂也许抑制了国外的进一步批评。上文提到的特区政府官员及时采取的公关努力如果尚未获得谅解的话，似乎已博得了许多人的同情。然而，无论特区政府保护港元的干预措施是对是错，显然都无法使美国感到满意。直至 1999 年 1 月，美国驻港总领事包润石（Richard A. Boucher）先生仍将特区政府“对股市的干预”作为一件质疑香港是否在自由的“基本原则”上“有点儿退步”的大事。[①] 不过，他很快补充说，他知道香港有时不得不“在复杂的情况下”做出“艰难的决定”。

但是，除了为抵御国际对冲基金的攻击而采取铤而走险的行动外，小小的香港在金融方面不可能做出什么令美国不满的事情。毕竟美国是一个极其重要的商业伙伴，而港元也与美元挂钩；香港特区政府一直坚持维护这种联系汇率制度，甚至在亚洲金融危机时为此付出了高昂的代价。也许更多的是，香港存在着比不得不回应美国批评的这类问题更多的问题。例如，尽管新机场在正式开放前就被指责对飞机征收极高的降落费，但香港并未立即作出反应。然而，最近为了回应联航和敦豪快递公司的抱怨，新机场的管理当局却马上宣布正在进行调查，而且暗示可能下调降落费。[②] 此外，香港还在寻求使美国进一步参与其经济重振。上文已指出，香港的竞争力下降在这场金融风暴中暴露无遗，特区政府已提出一项雄心勃勃的经济改革方案，首先要推动增值产品和高技术产品的生产，其次要加强香港的旅游业。这个方案包括很多计划，比如，兴建一座价值 130 亿美元的“数码港”、一座专供豪华游轮使用的新码头，还有望在香港修建一个迪斯尼主题公园。难怪加利福尼亚大学伯克利分校前校长、现任特区政府创新技术委员会主席的田长霖教授称，这些拟议中的计划将“使美国金融专家为之一振”。[③] 香港很快就派出商务代表团去推销这些经济计划并吸引金融和技术投资。[④] 当特区政府和迪斯尼乐园之间漫长而艰苦的谈判仍在进行

① Richard A. Boucher, “The United States' Role in Asia's and Hong Kong's Recovery,” *Remarks to the Hong Kong General Chamber of Commerce*, January 25, 1999 (USIS, 1999).

② “Landing Charges Likely to be Cut,” *Hong Kong Standard*, March 27, 1999 Business, 1; “Laissez-faire a Myth,” *Hong Kong Standard*, March 23, 1999, Business, 1.

③ M. K. Shankar, “Sentiment ‘Strongly Positive’, Cyberport Puts HK on the Map,” *Hong Kong Standard*, March 23, 1999, Business, 1.

④ “Team Jet out with Message for US,” *Hong Kong Standard*, March 20, 1999; 1999 年 3 月 27 日《文汇报》A11。

时，微软公司董事长比尔·盖茨突然现身香港，公布了“微软——香港电信”合作项目。该公司刚刚取得了一份未加详细说明的“公众服务”计算机化的诱人的政府合同，而盖茨宣称微软公司将积极投标更多的项目。[①] 微软还宣布它将参与拟议中的数码港计划。[②] 美国与香港商业利益互补的事实是很明显的。

如上所述，虽然香港对股市的干预令美国不满，并导致香港与世界唯一超级大国的对立，但中美两国的众多贸易纠纷迄今尚未影响到香港。首先，这与美国对香港的经济政策有关；其次，是由于中国政府的低姿态和对香港事务的不干涉政策，而且中国不希望使香港卷入中美之间的大量纠纷；再次，这与香港不同于中美两国的本身商业价值观和香港周旋于中美两国之间的灵活性有关。然而在中美其他的冲突中，香港就不那么容易躲避旋涡了。

五　美国在法律上卷入香港事务

前面提到，《1992 年美国香港政策法》大多涉及经济问题，但是正如一名学者所说，其表达的特色是“政治辞令”。[③] 此外，鉴于美国完全支持前港督彭定康最后一刻在香港进行的民主改革以及美国希望推进中国民主化的一贯政策，美国对中国的香港政策继续表示关注并施加压力是很自然的，有时还就民主和人权问题直接向特区政府施压。前面的讨论中提到，就拟议修订在英国治理的最后时刻由立法会匆忙通过的有关社团和公共安全的法律一事，美国多次批评过香港特区行政长官办公室。[④] 美国坚决反对设立“临时”立法会来处理紧迫的立法事宜，而中国则拒绝让按照彭定康方案选出的立法会过渡到 1997 年 7 月 1 日以后，并发誓要根据《基本法》的规定重新选举立法机构，在新的立法机构选出之前，临时立法会将履行相关职责。[⑤] 有关的批评颇为严厉，但持续的时间并不长。香港回归

① 《微软获得香港政府合约》，1999 年 3 月 10 日《明报》A2。

② Karen Chan, “Gates Vows Microsoft Role in Cyberport,” *Hong Kong Standard*, March 10, 1999, 1.

③ Cindy Chu，前引文，p. 2。

④ 《东方日报》，1997 年 4 月 12 日，A15；1997 年 5 月 18 日，A15。

⑤ *South China Morning Post*, June 11, 1997.

几天后，新成立的特区政府宣布，新的立法会选举将于 1998 年 5 月举行，距临时立法会就职还不到 10 个月。政务司司长陈方安生 1998 年 1 月在洛杉矶奥兰治县（Orange County）世界事务协会（World Affairs Council）上发言强调：5 月的选举将是公平和公开的，所有政党均可参选，那些曾严厉批判过这一选举安排的人士也不例外。这一解释消除了早些时候人们对反北京的民主党人可能被踢出立法会的担心。[①] 事态后来的发展证明，除了《基本法》规定的直选议席有所减少外，民主并未随新政府的到来而削弱。超过 60% 的登记选民不顾暴雨，走出家门，参加了 1998 年 5 月 24 日的选举，民主党人再次赢得单一党派的最多议席，其中部分功劳要归于美国选举和竞选艺术专家们的悉心指导。实际上，在新的特区政府领导下，香港的民主可能有了适度发展的机会。例如，在英国统治时期，新界的村民代表选举仅对“土生土长的”居民（即那些祖祖辈辈都居住在这个村子里的居民）开放，其他居民无权参加，即使他们可能在这里住了一辈子。1999 年 3 月，一个法院判定这种限制是对人权的侵犯，是非法的，应予废除。[②] 因此，至少在村庄一级，民主有了适度的进步，香港媒体对此大加赞扬。[③]

此外，虽然临时立法会已经“废除”了英国人临走前匆忙制定的有关社团和公共安全法中的条款，但并无迹象表明香港公民的政治权利受到限制。例如，虽然理论上游行示威须获得警察局局长或特区行政长官的批准，但就我所知，从未有人试图阻止过示威游行，即便是未经许可的游行。另外，我也从未听说过对特区政府试图限制新闻自由的任何指控。相反，公众近来对所谓滥用这种自由、黄色新闻，以及本港记者随意侵犯他人隐私倒提出了批评。[④]

显然，对香港的人权和民主挑不出什么毛病。令人宽慰的是，1999 年

---

① 1998 年 1 月 14 日《明报》A7。

② Lily Dizon, “Resident Rights Upheld in Vote Case,” *Hong Kong Standard*, March 3, 1999, 1.

③ 《社论：本地居民享有特权是不公正的》，1999 年 3 月 13 日《明报》A2。

④ 最近出现了对一些记者滥用新闻自由的抱怨，如 Huang Wenfang：《恰当的行为与不当的行为》，1999 年 4 月 4 日《明报》E7；Qiu Zhenhai：《香港：无冕之王的堕落》，1999 年 4 月 5 日《文汇报》C2。本港的一名歌手也对记者滥用新闻自由提出了批评，参见梁汉文《梁汉文：媒体很恐怖》，1999 年 4 月 10 日《文汇报》C12，以及 Michael Wang, “Media Neglecting Social Duty,” *Hong Kong Standard*, April 10, 1999, 2。

2月公布的一份美国政府报告评价说，香港特区享有“高度自治”，迄今仍是一个“依法保护人权的自由社会”。该报告称，特区政府总体来说尊重其公民的人权，尽管报告也声称存在“某种程度的媒体自我审查、对公民改变其政府能力的限制以及对立法机构影响政府政策的权力的限制”。[①] 虽然中美两国在民主和人权方面存在公开分歧，但回归后的香港迄今未卷入中美争端。相反，是美国卷入了香港最近的法律危机，从而使香港遭受了巨大压力，下面我们来讨论这个问题。

在考察美国卷入1999年1月底爆发的香港特区首次法律危机之前，有必要指出，自香港回归以来，特区政府就发现本地律师是敌视中国的香港政客们最放肆、最有力、最坚定的盟友。香港回归后，没完没了的诉讼立即提交到了法院。第一批诉讼中的某些案件挑战临时立法会的合法性及其通过或修改的法律的合法性。其他的诉讼则试图将新华通讯社这类“国家机构”送上法庭。例如，激进派立法会议员刘慧卿（Emily Lau）控告新华社对她要求提供该社保存的一份有关她本人的“秘密档案”的请求不予理睬。法律界人士和政客们对诸如香港本地法院与中国内地法院的司法管辖权这类问题最为敏感。例如，他们曾尝试引渡绰号“大阔佬”的张子强，但未成功。张子强是香港居民，绑架了本地一些大亨们的亲戚并勒索了上亿港元的赎金，后逃到内地，直到在广州被捕并受审。这些法律界人士和政客指责律政司司长梁爱诗未能将“大阔佬”引渡回港。内地法院判定该嫌犯因在内地走私炸药而被捕，声称内地法院拥有完全的司法管辖权。被告人被认定有罪并被判死刑，但是一些香港法律界人士却指责特区政府屈服于中国内地的压力。[②] 在另一起案件中，律师们和政客们又联手行动，企图将律政司司长赶下台。香港一份英文报纸的老板及一个相关的商业帝国被指控出于审计目的（为吸引广告商）虚报报纸发行量。梁爱诗在审查了相关证据后却决定起诉该报的高级编辑人员，而不起诉报纸老板萨莉（Sally Aw）。人们议论纷纷，有人称这名老板因与内地和特首关系密切，才免予起诉。在接受立法会质询时，梁爱诗解释说，她的决定是基于起诉的证据不足。实际上这对解释她的决定已经足够了。但也许是出于无意，

① Charles Snyder, “SAR Praised in US Rights Report,” *Hong Kong Standard*, Feb. 27, 1999, 10.

② 《社论：公正在人民心中》，1999年3月13日《文汇报》A5。

她补充说，她担心在香港回归后立刻起诉本地仅有的两份英文报纸之一的老板，可能会让国际社会误认为特区政府试图压制新闻自由。她谈到的另一个顾虑是，这名老板当时正在重组其商业帝国的财务，起诉可能对其努力带来负面影响，如果其商业帝国破产，她的许多雇员将失业。[①] 梁爱诗在1997年3月11日立法会的不信任投票中幸免于难，这项动议以悬殊的票数遭到否决。然而，她与法律界人士支持的那些政客之间的紧张关系却在继续。上面这些争论没有逃过美国驻港总领事包润石那双警惕的眼睛。1999年1月25日在对香港总商会的演讲中，他列举了所有这些法律纠纷并高声感叹，难道“这一系列事件”没有“提出疑问”：香港是否在“诸如自由、法治、地方自治等基本原则”上“有点儿退步”？[②] 这一背景有助于我们下面对法律危机（有人称之为宪法危机）的讨论。

我在其他地方已经指出，港人的内地子女问题是撤离香港的港英政府有意忽略并遗留下来的一大难题。[③] 大量香港居民已在内地结婚，或生有子女。但因香港地域狭小、生活昂贵，他们的家人来港与亲人同住并不容易，许多人住在深圳等邻近城市。使事情变得更为复杂的是，在内地育有私生子的已婚香港男子有时只想让其子女来港，而不希望他们的母亲来。无论如何，这些人常常需要等待多年才能获得离开内地的许可和移居香港的配额。很多人会作为非法移民偷渡入港。但是，非法移民没有机会取得正式的工作证件和身份证件。他们不能享受公立医院和学校这类公共设施，而且一旦被抓，就会立即被强制遣返。

英国人统治期间，这个问题就已经造成了许多悲剧，这些妻子和孩子没有居留权，因为他们不是英国公民。香港回归后，这个问题立即浮上水面。这些人是中国公民，而香港现在是中国的一部分。因此，许多持旅行证（它要求持证人在到期前返回）来港的人和没有任何合法证件偷渡来港的人都拒绝离开香港。在政权交接后的1997年7月3日，成千上万名无证

① 参见1999年3月12日《文汇报》C2刊登的梁爱诗于1999年3月11日在立法会所作解释的全文。

② Richard A. Boucher，前引文。此事在1999年1月26日《东方日报》A20上有报道。

③ Danny S. L. Paau，“Observations：More Urgent Problems Hong Kong Faces，” in Danny Paau，ed.，*Reunification with China*：*Hong Kong Academics Speak*（Hong Kong：Aian Research Service，1998），p. 136.

子女涌到入境处，要求取得居留权。临时立法会召开了几次紧急会议，并通过了对移民法的一些修正案，要求这些逾期逗留或无证逗留的子女返回内地，等待赴港许可证。在律师和人权活动家的帮助下，这些人利用特区政府1997年10月起提供的法律援助资金将他们的案子提交到法院。他们每败诉一次就会立即上诉至高一级的法院。最后，案子到达最高级的终审法院。1999年1月29日，终审法院做出了“里程碑式的裁决”①，认定这些子女有居留权。1997年7月这个事件最初出现时，民意调查显示绝大多数香港居民反对内地儿童突然涌入，他们担心这会使社会服务和资源配置过度紧张。②

来自内地的批评迅速使这件事成为美国信用评级机构标准普尔公司所称的香港法院与内地司法当局的“首次争执”。许多人开始担忧这一事件的最终结果。③ 许多政客、学者和法律界人士极力反对来自内地的任何“干涉”，特区政府则处境尴尬，紧张而焦急地想要平息这一事态。

因香港律师和政客先是得到英国驻港领事馆的支持，后又得到美国人的支持，事态迅速恶化。英国人称终审法院的裁决“重申了香港在司法事务上的自主权”，并警告说，“限制”终审法院“独立司法权”的任何举动都会成为“我们严重关注的事件”。④ 美国驻港总领事也做出了相同的表示。美国人再次协调一致地对特区政府施压。在港美国商人表示支持美国政府的立场。在香港美国商会主席马畋（Frank Martin）发表的一个声明中，他附和说需要保卫司法自主权，并警告说任何推翻终审法院裁决的企图都会打击国际社会的信心。虽然他并不认为这一争论的拖延会导致大批美国公司撤离，但他声称任何“对法治的明显侵蚀”都会削弱国际投资者对香港的信心。他承认这一裁决将给香港带来严重问题，但他又敦促香港不要做出“让步”以保卫其司法自主权。⑤ 中国外交部和香港特区政府都

---

① “Editorial: Landmark Ruling,” *South China Morning Post*, Jan 30, 1999, 14.

② Danny S. L. Paau，前引文，p. 136。

③ “Rating Agency Expects More Tests, Court Ruling ‘First of Controversies’,” *Hong Kong Standard*, Feb. 24, 1999, 2.

④ Lucia Tangi and Charles Synder, “Powers Told to Back Off Controversy,” *Hong Kong Standard*, Dec. 12, 1999, 1.

⑤ “Confidence in Autonomy May be Undermined Says Chamber,” *Hong Kong Standard*, Feb. 12, 1999, 2.

要求外国不要干涉中国的内政。① 一名香港记者从华盛顿报道说：克林顿政府“本周强烈表示支持（终审）法院”，并警告北京和香港不要损害它。这名记者指出，《华盛顿邮报》也“发表社论反对北京”。② 美国国务卿马德林·奥尔布赖特再次加入了这场合唱。1999 年 3 月初访华时她提出了这件事并质问：“香港的司法独立是否得到了尊重？”③

香港特区政府立即派出律政司司长与内地的法律专家和司法当局“联络”。随后，特区政府出人意料地“要求”终审法院就其判决的部分内容（特别是它与全国人大的运转关系问题）做出澄清。终审法院并未改变其关于港人内地子女拥有居留权的裁决，但却阐明它接受全国人大及其常务委员会在解释包括《基本法》（即香港的小宪法）在内的法律方面的最高权力。④ 香港报刊赞赏这一不寻常的举动，称之为“最佳解决方案”⑤，并表示宽慰，还希望这场争论能尽快结束。⑥ 中央政府再也没有提出进一步的批评或要求，除了律师和更激进的民主党人外，大多数香港人对危机的结束感到满意。当奥尔布赖特国务卿 1999 年 3 月初在北京询问此事时，负责香港事务的副总理钱其琛回答说此事已经“解决”。⑦ 但是，以为美国的压力随之结束却错了。例如，香港民主党主席李柱铭在香港美国商会演讲时宣称法治受到削弱，政府对香港的最高法院施加了压力，香港目前有“两个终审法院”。他威胁外国商人说，如果他们现在不捍卫法治，将来在与中国有关机构的官司中就会吃苦头。⑧ 据报道，迟至 1999 年 4 月，在美国国务院提交国会的香港问题年度报告中，还称香港终审法院在“澄清”一事上

---

① 1999 年 2 月 12 日《明报》A9。

② Charles Snyder, “US Takes Note as Abode Storm Rages,” *Hong Kong Standard*, Feb. 12, 1999, 10.

③ Fong Tak-ho, “US to Closely Watch Developments,” *Hong Kong Standard*, March 3, 1999, 1.

④ Cliff Buddle and Chris Yeung, “Justices Clarify Ruling: We Were Not Challenging NPC,” *Hong Kong Standard*, Feb. 29, 1999, 1.

⑤ “Editorial: Best Way Out,” *South China Morning Post*, Feb. 27, 1999, 14；《社论：律政司司长为终审法院的退让铺平道路》，1999 年 2 月 25 日《东方日报》A19。

⑥ 例如可参见《社论：解释裁决、平息争端》，1999 年 2 月 27 日《星岛日报》A2；以及《社论：宪法麻烦该结束了》，1999 年 2 月 27 日《明报》；其英语版于 1999 年 3 月 1 日 E8 版刊登。

⑦ Fong Tak-ho，前引文。

⑧ Jimmy Cheung, “Warning of Two Final Courts, Political Heat ‘Hurts Morale of Judiciary’,” *South China Morning Post*, March 6, 1999, 2.

受到过压力。报告还抱怨，在裁决做出几周后，香港特区政府仍未采取措施为内地居民申请居港证做出安排，并警告中央政府不要再对这一事件做任何评论。① 这种继续的关注与批评要求我们深入探讨这场争论的核心。

所谓“居留权”事件给有关的人们提出了很多问题。对内地出生子女的家长而言，这是家庭重聚的感情问题。对律师和人权活动家而言，这是司法独立和人权问题。对政府而言，这是技术和后勤忧虑问题。对在内地没有子女的人士而言，这是资源紧张和有序移民问题。对中央政府而言，问题可能是对非婚生子女的担心。对目前正在排队等待许可证和配额的人而言，这是一个涉及公平的问题，即是否允许他人插队。对大多数表示担心的人而言，这是人口数过多（估计在100万～300万人之间）② 和可能进一步挤占香港日趋减少的资源的问题。③ 这些都是十分现实而严峻的问题。然而这个所谓“宪法危机”的核心问题却与移民没有多少关系。记住这一点是必要的，内地协助控制赴港移民的数量是因为香港无力接纳如此多的外来人口。事实上，让更多的内地移民来港对他们有百益而无一害，这可以缓解家乡的就业压力，还可能从寄自香港的汇款中开辟一种新的收入来源。

因此，在这种全景下来看，美国的批评就大错特错了。值得注意的是，曾协助内地子女争取居港权的贝嘉莲（Pam Baker）律师对美国的这份报告提出了批评，并且否认特区政府“强迫”终审法院澄清其裁决，只是“要求”它澄清。她补充说，对此不应该大惊小怪，因为“一国两制”是新概念，需要时间来发现并弥合歧异。④

裁决中真正引起内地法律专家和中央政府关注的，简言之，是“附带意见”（即对判决并非必要因此也无约束力的对某个问题的补充意见）部分，它被某些人解释为宣称香港地方法院有权审查全国人大及其常务委员

---

① Charles Snyder, “Abode Row Raises US Fears on Free Judiciary,” *Hong Kong Standard*, April 4, 1999, 1.

② 《社论：中国和香港密切协作解决移民危机》，1999年2月23日《东方日报》A19。这篇社论对估计的大量人数表示了担忧，要求香港像欧美那样实行配额制度，并敦促政府遣返那些没有正当许可证的人士。

③ 有关对各种担忧的总结可参见1999年1月30日《香港日报》A1－2。

④ May Tam, “Political Parties Divided over US Comments,” *Hong Kong Standard*, April 4, 1999, 16.

会通过的法律，而这将导致真正的宪法危机。一名观察家认为，北京担心的是香港法院似乎已宣布从中国最高立法机构全国人大通过的法律中“独立”。此外，他认为北京还担心这可能成为其他方面“独立”的前奏：

> 对北京而言，这种局面还包括外国和香港的一些势力一直在努力将香港变成一堵“柏林墙”，它的倒塌将对内地产生一种多米诺效应。①

终审法院在澄清中维持了它对居留权的裁决，但却尽力解释说原裁决并未质疑全国人大常委会解释《基本法》的权力，香港法院将遵守《基本法》，“本院（终审法院）承认不能质疑这一权力”。② 于是，中央政府让事态平息下来。

但是，香港自回归后似乎无法避免法律争端。上文提到，香港的激进派政客和美国尚未放弃终审法院问题。在这一事件尘埃落定之前，另一场潜在的宪法危机又出现了。1999 年 3 月 30 日，在两名人士被控损毁国旗和香港特别行政区区旗的案件中，上诉法院判定《国旗及国徽条例》和《区旗及区徽条例》违反《基本法》第 39 条保护表达自由的规定。该判决无视了这样一个事实：《基本法》附件三包括了对香港特区有约束力的国旗法，该法规定焚毁中国国旗是一种刑事犯罪行为。③ 与居留权问题不同的是，上诉法院的这一裁决可能具有重大的政治含义。中央政府将做出何种反应，另一次可能给外国干涉提供借口的危机是否正在来临，还不是得而知。感受到国际压力并担心中国政府反应的香港有识之士有理由担心香港被拖入中美敌对中。例如，一名记者担心由于在终审法院裁决上的争论，香港在中美关系中可能无法“洁身自好”。他声称，在与中国的交往中，美国“既不应使香港被溺爱宠坏，也不应使它成为一只替罪羊”。④

① Jackie Sam, “Ruling Raises Independence Fears,” *Hong Kong Standard*, Feb. 12, 1999, 11; Chen Yuen Han:《终审法院说了什么》，1999 年 2 月 20 日《东方日报》B19。

② Cliff Buddle and Chris Yeung，前引文。

③ “Ruling Seen as Challenge to NPC Authority, Jurisdiction Controversy Looms,” *Hong Kong Standard*, April 3, 1999, 4.

④ Charles Snyder, “US Takes Note as Abode Storm Rages,” 1.

自回归的第一天起，法律争论就一直困扰着香港。只是到最近，它们才发展成香港与中央政府之间的一场宪法危机，并为外国干涉创造了条件。

连那些末日预言家们都没有料到会出现这类问题。香港人民需要自己来找出解决方案。

六　结论

到目前为止，这一点应该很清楚：美国在香港回归后一直密切关注香港，而且在香港“出现问题”时常常立即提出批评并施加压力。无论“回归”与“高度自治”对香港人意味着什么，迄今为止有悖常理的是，美国人比中国人更多地填补了英国人离去所造成的真空。这在香港面临的两大危机（即亚洲金融危机和终审法院居留权裁决所引起的“宪法危机”）中表现得特别明显。这会给香港带来更多帮助还是更大困难仍需进一步探讨。但有一件事是肯定的：迄今为止，中国不是香港回归后诸多麻烦的根源。

上面对若干事例的讨论并非一部 1997 年后香港发展的完整历史，也不是美国卷入香港事务的完整记录。但从中却可管窥美国对香港的态度：或是把香港作为一个小独立实体，或是把她视作中国的一个新边疆地区。对于相信美国的关注和干预有利于香港的人而言，上述讨论也许有助于他们看清宣称的目标与实际结果之间的距离。在进行此类讨论前，我们必须先讨论“国际化”这一概念，这个词最先是英国人用来证明要求国际社会干预香港的正当性的。1998 年 7 月 2 日，在为欢迎比尔·克林顿而于前总督官邸举办的一次招待会上，克林顿暗示，香港的国际化而不是民族化（或重新民族化）才是正确的道路。许多人对这一基本概念十分模糊，那些倡导国际化，甚至邀请外部势力干预的人也不例外——其实，“国际化”与“国际控制”是两回事。[①] 包括纽约、伦敦、东京等在内的多数大城市都是高度国际化的都市，它们对外国人开放，并能包容来自各种背景的人民、

① 有关“国际化”和“受外国势力控制”的区别，请参见 Yu Wing Yin《香港是否是一个国际化的都市?》，1998 年 7 月 9 日《明报》D10。

文化、活动和习俗。它们不同程度地受到外部的影响。但如果认为任何一个这类城市的市长或居民无视国家主权并接受外国势力的控制就大错特错了。香港应该继续向所有人开放，但其主权却不容侵犯或挑战。下面，我们再来看美国卷入香港事务的某些例子。

由于美国的一些大公司参与了对冲基金在香港的投机活动，它们批评和威胁特区政府 1998 年 8 月短期干预股市的做法是可以理解的。另外，由于经济学家对经济自由主义和政府干预主义孰是孰非意见不一，美国政府可能出于自己的信念而对香港政府提出抗议。但世界银行和国际货币基金组织在亚洲金融危机期间抛出的救助计划却一再要求亚洲经济进一步开放，这件事情值得认真讨论。如果香港特区政府试验性的干预在尘埃最终落定后被证实是正确的和必要的，这就确实需要人们重新思考：公认的理论是否普遍适用，特别是对美国希望将其“拉回正确轨道”的那些国家来说。

关于美国卷入香港特区终审法院一事，有几点值得注意。第一，虽然居留权是裁决的核心问题，但中央政府和特区政府都没有对此挑战。正如上文所解释过的，这次争论的核心在于香港法院是否高于中国的国家议会——全国人大。香港和中央政府都不希望出现宪法危机，因此这一事件很快被宣布“处理完毕”。当然，“一国两制”的概念是一种试验。香港和内地需要的是相互理解、相互包容，以及让两种不同的法律哲学协作的积极态度。长期怀疑内地法律体系的香港律师迄今显得防范过度和缺乏宽容，这从上述两个法律案例中可以看到。从长远看，他们需要与包含了“两种制度”的那个公式中的“一个国家”部分努力和解。外部压力只会增加更多的难题，而无助于问题的解决。

第二，在宪法危机平息后不到一个月，美国就迫不及待地批评特区政府在加速制定接纳港人内地子女赴港的制度和程序上缺乏进展。实际情况是，终审法院授予了非婚生子女与婚生子女相同的居住权，这大大出乎香港政府和中央政府的意料，在法院做出这个一揽子裁决后，政府至今无法确定有居留权子女的可靠数量。为了获得比较可靠的数据，香港特区进行了一次调查。但由于这些问题十分敏感，尤其是在问及在内地育有私生子的香港人时更是如此，因此，这项调查未能取得多大进展。此外，涉及非婚生子女的这项裁决与中国内地现行法律有矛盾。希望这件事得到很快解决是不现实的。法院的裁决允许不考虑先后次序、签证配额和日程表而给自称是香港人子女的一切人授予居留权，据报道，有超过 100 万的人会进入小小的香港，这至少是件令人踌躇的事情。包括美国在内的最重视人权的民主国家对移民都极其谨慎地进行分类，制定先后顺序、配额、优先条件和年龄限制等。目前，美国甚至对移民资助人有财务资格的要求。如果香港制定同样要求，仅这一条就可能让多数在内地有家庭的单身香港人丧失资格。总之，需要解决的技术性问题极为繁杂，美国这样的外部观察者理应更加宽容。

第三，港人内地子女的赴港资格问题可能是最难解决的矛盾之一。美国和香港的人权倡导者们也许并不体谅中央政府的困难，因为这有可能被解释为对香港人的特别待遇，甚至是被延伸至其非婚生子女身上的特别待遇。作为香港最高司法机构的终审法院的确做出了裁决。但那些批评政府的律师们也应该记得，早在 1993 年，一次中英联合联络小组正式会议就做出决定，只有当孩子父母双方有一人满足了香港永久居民的条件时，这名孩子才可以取得香港的居留权。这一正式决定在当时的保安分部（Security Branch）于 1994 年 1 月 3 日给立法会国籍小组委员会（Nationality Subcommittee）的一份报告中被记录下来。这份报告的副本也被作为证据提交给了在 1999 年 1 月 29 日做出这个颇具争议的裁决的终审法院。[①]

第四，英国人最先对要求终审法院做出澄清一事提出批评，美国人紧随其后。需要指出的是，仅仅在一个多月前的 1999 年 3 月，英国方面曾警告不要干预此案。在中英联合联络小组讨论香港问题的一次会议上，英方宣称它“不（希望）使终审法院事件成为一个问题”。英方组长包雅伦（Alan Paul）解释说，英国“将不干涉涉及中国主权的事务”。他甚至称有“非常明显的迹象”表明中英关系走在“正常的轨道上，而且进展顺利”。[②] 问题是，为什么美国不能不干涉这一事务，让中美关系和美港关系变得正常？中央政府为了让香港人感到宽慰，在终审法院做出澄清后已经平息了此案。

① Ian Wingfield, “Letter to the Editor: Clearing Up Confusion,” *South China Morning Post*, March 14, 19/1999, 11. Wingfield 是香港政府的一名检察官。

② Alan Castro, “Welcome Words from the JLG in Such Clamorous Times,” *Hong Kong Standard*, March 23, 1999, 13.

第五，香港大众，包括受过良好教育的非法律专家，在这一系列挑战特区政府的诉讼中被不由自主地引入歧途。许多人认为香港的法律界人士做了其职业和信念要求他们做的事，捍卫了香港的法治和司法独立。事实上，法律界本身的分裂使香港的未来更加不确定。更糟糕的是，他们不知如何做出判断。而越来越多的人已在质疑那些受到尊敬的律师和政客，为什么“有些人”不去寻求两种不同的法律哲学和体系之间的相互理解和相互包容，反而利用这些案例“考验北京的容忍度”？这说明，在这些挑战的背后也许隐藏着一个政治目的。一名评论家这样问道：

> 如果司法系统被当成一个政治工具，（司法）独立的意义何在？一旦法治成为政治游戏的牺牲品，（法治的）尊严又在何方？[①]

在终审法院事件中，宪法危机引来了美国的干预和压力，香港的法律界人士、政客和普通民众应该仔细想一想，他们是否希望这种事情再次发生。这种思考十分重要，因为，涉及尊重国旗和香港区旗问题的另一次可能的宪法危机已经引来了新的流言飞语。

最后，美国对上述事件的卷入使更加警觉的香港人担心陷入中美两大国间的冲突，而这两大国又碰巧在很多方面都有差异。甚至在香港回归中国前，观察家们就注意到克林顿总统公开呼吁中国执行不干预香港事务的政策。尽管他的告诫和中国的反应都很温和，但一些香港媒体已经在恳求，回归后的香港不应成为中美任何可能冲突的受害者。[②] 正如本文前面所说，在与中国的交往中，美国“既不应使香港被溺爱宠坏，也不应使它成为一只替罪羊”。

（翟峥译，胡国成校）

（原载《美国研究》2002 年第 3 期）

① Cho King Hang：《谁在制造香港的法律危机?》，《亚洲周刊》，1999 年 2 月 15 ~ 28 日。

② 《社论：香港不应成为中美政治冲突中的牺牲品》，1999 年 1 月 31 日《东方日报》A15。

中美危机行为比较分析*

王缉思　徐　辉**

【内容提要】本文探讨了朝鲜战争以来中美政治军事危机的基本特征和影响双方危机行为的主要因素，对比分析了两国在危机管理中所遵循的基本理念和原则。作者认为，要避免今后中美之间的重大危机，应当对双边关系做出清晰定位，防止“敌人意象”被重新激活。两国应当对于对方的决策机制、危机管理的观念有更为深入的了解，务实地引导公众舆论。在双边问题和涉及第三方的问题上，需要完善政府间的直接沟通渠道，建立危机防范机制。“有理、有利、有节”和“战略上藐视敌人，战术上重视敌人”一直是中国处理对美危机的重要原则。在新形势下，这些原则需要加以补充。

【关键词】外交军事战略　中美关系　危机管理　行为比较分析

1949年以来中美关系发展变化的历史，是一部频繁发生危机的历史。在第二次世界大战后的主要国家关系中，除美苏关系之外，没有其他任何两个大国之间曾发生过如此多、如此严重的冲突和危机。为什么中美两国之间发生危机的频率如此之高？而自朝鲜战争后，中美之间的危机没有导

* 本文的缘起是作者提交给2004年2月在北京召开的一次中美危机研讨会的英文论文。成文过程中，江忆恩（Alastair Ian Johnston）和史文（Michael Swaine）提出了宝贵的意见，谨此致谢。

** 王缉思，时任北京大学国际关系学院教授；徐辉，时任国防大学防务学院副教授。

致直接的军事冲突，这又是为什么？今后，中美双方能否避免再次发生重大的政治—军事危机？如何避免？

为了回答这些问题，中美两国学者进行了广泛的案例研究。他们在各自的假设之上，对历次中美危机爆发的背景、决策模式、演变过程和结局及其影响等问题进行了分析和论证。[①] 本文的目的在于：（1）从总体上把握中美之间危机的基本特征；（2）对决定中美危机行为的主要因素做出分析，指出双方在危机处理中所遵循的基本理念和主要原则；（3）为预防和妥善处理未来的中美危机提出一些思路。

本文的研究对象，不包括1989年政治风波之后出现的中美关系紧张之类的政治危机，而是与军事安全密切相关的危机。一起国际军事安全危机至少应具备三个条件：（1）两个或两个以上国家的基本价值面临威胁；[②]（2）决策者须在有限的时间内做出反应；（3）这种反应导致敌对性军事互动的可能性很高。如果情势已经具备了前两个条件，需要启动危机管理机制，但导致战争的可能性并不高，则可称为“准危机”，如1999年5月北约飞机轰炸中国驻贝尔格莱德大使馆事件和2001年4月海南岛附近空域的

① 相关著作包括：Allen Whiting，China Crosses the Yalu：*The Decision to Enter the Korean War*（Stanford，CA：Stanford University Press，1960）；Allen Whiting，*The Chinese Calculus of Deterrence*（Ann Arbor：University of Michigan Press，1975）；Alexander L. George and Richard Smoke，*Deterrence in American Foreign Policy*（New York：Columbia University Press，1974）；Davis B. Bobrow，Steve Chan，and John A. Kringen，*Understanding Foreign Policy Decisions：The Chinese Case*（New York：the Free Press，1979）；Gerald Segal，*Defending China*（Oxford：Oxford University Press，1985）；Melven Gurtov and Byong-Mong Huang，*China under Threat：The Politics of Strategy and Diplomacy*（Baltimore：JAN Press，1980）；Shuguang Zhang，*Deterrence and Strategic Culture：Chinese-American Confrontations*（Cornell University Press：1992）；J. H. Kalicki，*The Pattern of Sino-American Crises：Political and Military Interactions in the 1950s*（London：Cambridge University Press，1975）；Thomas J. Christensen，*Useful Adversaries：Grand Strategy，Domestic Mobilization and Sino-American Conflict 1947 ~ 1958*（Princeton：Princeton University Press，1996）；戴超武：《敌对与危机的年代：1954 ~ 1958年的中美关系》，社会科学文献出版社，2003。此外，中国学者章百家、宫力、牛军、吴白乙、张沱生等对中美危机的个案进行过专题研究。

② 面临威胁的“基本价值”可能包括该国具体的国家利益，也可能涉及该国在国际舞台上的声望，如捍卫承诺和讨价还价的能力，甚至可能涉及该国领导人自身的权力地位。这三类基本价值并非完全相互排斥，在许多危机中，上述基本价值可能同时受到威胁。古巴导弹危机就是最明显的例证。在美国决策者看来，苏联在古巴部署导弹的行为，对美苏战略力量平衡、美国在国际社会的声望及约翰·肯尼迪总统本人的政治生命同时构成了威胁。

中美军机相撞事件。为了便于从总体上把握中美之间危机的特征和规律，本文把中美之间的军事安全危机和准危机放在一起研究，统称为中美危机，主要包括：导致中美两国在朝鲜半岛兵戎相见的朝鲜战争、1954～1955年和1958年两次台湾海峡危机、越南战争、1996年3月的台湾海峡军事对峙，以及“炸馆事件”和“撞机事件”。

一　中美危机的基本特征

中美之间的危机，或爆发于中美关系处于敌对时期，或发生在一些分析家所称的“非敌、非友”状态的冷战后时期。在1971～1996年的25年间，尽管两国在意识形态和台湾问题上存在严重分歧，但几乎从未出现过任何可能导致两国军事对抗的征兆。1979年，美国国会通过了《与台湾关系法》，并继续向台湾出售武器，导致中国政府的强烈抗议。但是，两国为对抗苏联扩张而建立的“准同盟”关系仍能得以保持。在地区安全领域，两国以各种方式展开了静悄悄但十分重要的情报分享和军事合作。[①] 1989年政治风波之后，当时的中国领导人把美国视为煽动和支持动乱、企图颠覆中国政府的严重政治威胁。然而，即使在如此紧张的政治气氛中，也极少有人预期中美之间会发生军事危机。这种状况直到1995～1996年的台海军事对峙才开始发生变化。

中美之间长期未曾发生军事危机的事实证明，当双方面对某种共同战略威胁时，尽管双方尚未建立技术上可行的危机管理机制和措施（如领导人之间的“热线”），也能够达成某种默契来防止军事危机。中美危机同两国的意识形态对立没有必然联系，同是否建立了危机管理机制也没有必然联系，而是同两国是否面临共同安全威胁以及两国领导人对双边关系的认知有很大关联。这可以说是中美危机的第一个基本特征。

① 关于卡特和里根时期中美两军关系的记述，参见 Robert S. Ross, *Negotiating Cooperation: the United States and China 1969～1989* (Stanford, California: Stanford University Press, 1995), pp. 144－150, 236－239。在里根政府时期，美国只限制四类武器技术的对华出口，包括：能够增强中国战略导弹、核武器、情报及反潜能力的技术。在这一限制框架内，美国可以向中国出售那些不威胁美国的地区盟国或不能打破台湾海峡两岸力量平衡的防御性装备。

除2001年南海撞机事件外，中美危机的发生都同第三方有关，① 属于美国学者理查德·莱博所称的“衍生危机”一类。② 这是中美危机的第二个基本特征。在朝鲜战争和越南战争中，中美两国都为了支持各自的盟友而卷入了军事对抗，而不是各自的盟友为了中美两国而卷入战争。在三次台海军事对峙中，虽然中美之间有发生军事冲突的危险，但台湾首当其冲，主要的对立面是中国大陆和中国台湾。炸馆事件中的第三方是离中美两国万里之遥、同两国安全均无直接利害关系的南斯拉夫。在科索沃战争中，中国政府强烈谴责以美国为首的北约的侵略行径，支持米洛舍维奇领导下的南斯拉夫政府。因此当得知北约飞机轰炸中国驻南使馆后，绝大多数中国人认定这是“美国的蓄意报复”，不相信这是“误炸”或偶发事件。

中美危机的第三个基本特征，是两国都从未通过挑起军事危机来直接威胁对方的国家生存，更不想通过危机来发动战争，而是在危机状态下向对方发出希望避免交战的信号。例如，朝鲜战争爆发后，周恩来在毛泽东的授权下，曾通过公开和秘密渠道向美国发出信息，警告美国政府：如果美军把战火烧到鸭绿江边，企图彻底推翻朝鲜革命政权，中国不会“坐视不管”。但是，这些重要信息要么被美军前线总司令麦克阿瑟将军故意忽略，要么没有传达到杜鲁门政府最高层。在美方对中方的警告置之不理的情况下，毛泽东才做出了赴朝参战的艰难选择。在美国方面，杜鲁门政府在国民党当局撤退到台湾后已明确地采取了从中国脱身的政策，其介入朝鲜内战的初衷并非以朝鲜为跳板来进攻中国。没有证据表明，杜鲁门总统、艾奇逊国务卿等美国最高决策人员如事先确信大规模的中国正规军已经准备入朝，并将不惜代价将美军赶回三八线以南，仍会支持麦克阿瑟将战争推向中朝边境地区。

近年来解密的大量历史资料表明，假如中美之间的信息传递渠道是畅通的，两国在朝鲜战场上的正面较量或许可以避免。朝鲜战争之后中美双

① 台湾从领土主权的意义上说是中国的一部分，但本文中所指的“中美”，是指中美两国政府，因此台湾当局可以被视为中美以外的第三方。

② 莱博根据危机产生的政治和历史根源，将国际危机区分为三种基本类型：（1）证实敌对状态的危机（Justification of Hostility Crisis）；（2）衍生危机（Spin-off Crisis）；（3）边缘政策危机（Brinkmanship Crisis）。详见 Richard Ned Lebow, *Between Peace and War: The Nature of International Crisis* (Baltimore and London: John Hopkins University Press, 1981), pp. 23 –97。

方都从中吸取了深刻的经验教训，都强调谨慎用兵，执行严格的交战规则，避免两军直接冲突。从美国方面看，最深刻的教训有两条：一是领教了中国决策者的意志、决心和中国军队的战斗力，今后要避免和中国军队作战特别是地面战；二是要加强危机期间的沟通，重视中国发出的警告和信号，并做出明确回应。一位美国历史学家指出，在越南战争期间，“美国领导人确实‘接受’了朝鲜战争的教训，开始重视中国发出的各类警告，把避免与中国军队的冲突作为制订计划时要考虑的重要因素。他们被迫小心谨慎地制定每一步的战争升级策略，千方百计地避免与中国发生正面冲突，即中美之间面对面的战争”。①

中国方面总结出的经验对以后中方的危机行为也产生了十分重要的影响。一方面，毛泽东在抗美援朝战争总结大会上指出：“这一次，我们摸了一下美国军队的底。对美国军队，如果不接触它，就会怕它。我们跟它打了三十三个月，把它的底摸熟了。美帝国主义并不可怕，就是那么一回事。我们取得了这一条经验，这是一条了不起的经验”。② 另一方面，毛泽东所说的把美军的“底摸熟了”，也包括认识到自身军队在技术装备和后勤保障等方面同美军的差距，认识到有现代化武器装备的美国军队不是好对付的。③

在1958年的台湾海峡危机中，毛泽东命令对金门等沿海岛屿实施炮击，是美国当年7月入侵黎巴嫩后，中国以实际行动对阿拉伯人民的支持。毛泽东对这一行动的解释是：“金门炮战，意在击美”；④ “这次炮轰金门，老实说是我们为了支援阿拉伯人民而采取的行动，就是要整美国人一下。美国欺负我们多年，有机会为什么不整它一下”。⑤ 毛泽东发动的反美宣传言辞激烈，但在实际作战部署中却极力避免与美军交战，所谓“整它一

① 在中央党校国际战略研究中心和美国费正清东亚研究中心的合作研究中，双方学者对这一问题达成了共识。详细论述可参见姜长斌和罗伯特·罗斯主编《1955～1971年的中美关系——缓和之前：冷战冲突与克制的再探讨》，世界知识出版社，1998，“写在前面”第9页、正文第7、138～174页。

② 转引自逄先知、金冲及主编《毛泽东传 1949～1976》，中央文献出版社，2003，第189～190页。

③ 陶文钊、梁碧莹主编《美国与近现代中国》，中国社会科学出版社，1996，第192页。

④ 逄先知、金冲及主编《毛泽东传 1949～1976》，中央文献出版社，2003，第853页。

⑤ 见宫力前引文，第56页。

下”，只限于外交和政治方面。1958 年 8 月，解放军福建前线指挥部发现美国军舰为国民党舰队护航，向金门岛进行后勤补给，就此事向毛主席请示。毛泽东的答复是：“只准打蒋舰，不准打美舰”，并反复强调，如果护航的美舰向解放军开炮，则“不准还击”。① 同年 9 月，毛泽东在总结过去几年对美斗争的经验时说，“美国人和我们都怕打仗，但是谁怕得更多一点呢？是杜勒斯怕我们怕得多一点”。②

1996 年解放军在台湾海峡进行一系列实弹演习，目的是“显示维护祖国统一的坚定决心，警告‘台独’和外国干涉势力。”③ 但与前两次危机相比，中美两国保持了较好的沟通，拉大了与战争边缘的距离，因此也可以把它视为各自显示实力和决心的一起准危机。1996 年 3 月，美国向台湾附近海域派遣航母编队的行为并不表明它愿意为了台湾而挑起与中国的战争。为了防止中方做出过激反应，第二个航母战斗群根本未接近台湾。

在 1999 年炸馆事件和 2001 年撞机事件中，中美双方都没有公开威胁要通过使用武力来强制解决危机。④ 这一行为模式与 1979 年中越边境地区的危机、美国 1991 年在伊拉克及 1999 年在科索沃采取的军事行动等危机行为相比，形成了鲜明的对照。在上述事件中，中美两国都分别做好了一旦政治目的无法实现就要采取军事行动的准备。

中美危机的第四个特征是“敌人意象”被不断“激活”。美国心理和意象学家肯尼斯·博尔丁指出，复杂政治组织的行为取决于决策，而决策又取决于决策者的心理意向。⑤ 理查德·赫尔曼从战略角度把国家之间的

---

① 叶飞：《毛主席指挥炮击金门》，1993 年 12 月 24 日《人民日报》，转引自苏格《美国对华政策与台湾问题》，北京·世界知识出版社，1998，第 303 页；另见逄先知、金冲及主编《毛泽东传 1949～1976》，中央文献出版社，2003，第 861 页。

② 逄先知、金冲及主编《毛泽东传 1949～1976》，中央文献出版社，2003，第 863 页。

③ 王文荣主编《战略学》，国防大学出版社，1999，第 252 页。

④ 本文作者认为，根据能够掌握到的信息，没有证据说明克林顿政府的决策者在科索沃战争期间有意通过轰炸中国大使馆挑起与中国的政治危机，更不用说军事危机。在我们所听到的对事件的所有解释中，没有人认为是美国为了挑起中国的军事反应而故意制造了这起危机。

⑤ Kenneth Boulding, “National Images and International System,” *Journal of Conflict Resolution*, III, June, 1959, 转引自多尔蒂·小普法尔茨格拉夫《争论中的国际关系理论》，第 261 页。

心理意象划分为五种类型：敌人意象、退化意象、殖民意象、帝国主义意象、盟友意象。[①] 其中“敌人意象”在冷战时期尤为典型，其基本特点是，两个长期敌对国家的人民会对对方形成固定的、常常被扭曲的看法，而且相互之间的这种看法颇为相似。阿瑟·格拉德斯通对冷战时期美苏两国之间的敌人意象进行了系统研究。他指出：“双方都认为，对方热衷于侵略和征服，没有人性，不真诚、不可信、能做出极端残暴和邪恶的事情，因此不值得尊重和体谅，等等。（在敌对的国家和民族之间）以这些概念看待对手成了每个公民的道德义务，谁要是怀疑就要遭到谴责。双方都在为即将到来的战争而积极准备，全力以赴地积累强大的军事力量，以便能够摧毁敌人……双方都认为，即将来临的战争完全是由对方的敌意造成的。”[②]

这种敌人意象一旦形成并成为决策者信念体系的一部分，很难不对决策产生影响，并在危机中导致“敌意升级”现象。即使一方对敌方意图的判断是错误的，最终也可能成为“自我证实的预言”（self-fulfilling prophecy）。[③]

早在1950年朝鲜战争爆发之前，在中美两国领导人和大部分政治精英的心目中便形成了相互的敌人意象。中美在朝鲜战争中的直接军事冲突，进一步强化了敌人意象。在后来发生的所有危机中，这种敌人意象都被不断“激活”，并且使任何一方都难以通过某种更加务实冷静、不事声张的方式进行危机管理。

1950年4月，美国发表《国家安全委员会第68号文件》，其中制定的大战略不仅致力于遏制苏联，而且反对“共产党暴政”的扩散。“红色中国”即是美国眼中“共产党暴政”的典型。为推行这一战略，杜鲁门政府在国内进行了深入彻底的反共政治动员，造成麦卡锡主义甚嚣尘上，反过

① Richard Hermann and Michael P. Fischerkeler, “Beyond the Enemy Image and Spiral Model: The Cognitive-Strategic Research after the Cold War,” *International Organization*, Vol. 49, No. 3, Summer 1995, p. 421.

② 转引自多尔蒂·小普法尔茨格拉夫《争论中的国际关系理论》，第262页。

③ 在国际政治中，“自我证实的预言”常指一个决策集团为预防某种事态发生而采取政策措施，但正是这些政策措施，促成了它所要预防的事态的发生。例如，美苏冷战初期，杜鲁门政府预言一旦中共掌握了全国政权，中国将全面倒向美国的敌手苏联，于是美国采取了扶蒋反共的政策，支持国民党打内战，拒不同中共建立接触。美国此项对华政策的结果，是促使中国在建国初期采取了向苏联“一边倒”的政策，从而证实了美国的预言。

来搬石头砸了杜鲁门政府自己的脚，使其对华政策更为僵硬。在艾森豪威尔政府期间，许多美国官员甚至把中国共产党视为“魔鬼政权”和“无法无天的侵略者”。①

抗美援朝运动开始后，中国大地上迅速掀起了以认清美帝国主义本质为中心的全民教育。1950 年 10 月 26 日，即志愿军正式入朝的第二天，中共中央发出《关于在全国进行时事宣传的指示》，详细论证了“美国是中国人民不共戴天的敌人”、“美国是和平的敌人和国际侵略战争的大本营”、“美国是民主的敌人和法西斯反动的大本营”、“美国是文化的敌人和人类精神堕落的大本营”、“美国是纸老虎”等判断，要求“我全国人民对美帝国主义应有一致的认识和立场，坚决消灭亲美的反动思想和恐美的错误心理，普遍养成对美帝国主义的仇视、鄙视、蔑视的态度”。② 此后，美国的敌人形象在历次中美对抗和中国国内政治运动中不断强化。

2000 年 10 月，中国国内举办了声势浩大的纪念抗美援朝战争 50 周年的活动。纪念活动强调，抗美援朝战争是一场正义的、必要的战争，这场战争不仅捍卫了中国的主权和安全，而且激发了全国人民的爱国热情，加速了国内的经济发展，同时批评了一些人“肆意歪曲战争原因，否认抗美援朝运动伟大历史意义”的错误言论。③

在新中国成立后的 20 多年中，中美两国相互为敌，“敌人意象”不断强化，是不足为奇的。然而直到今天，中美之间的敌人意象依然在关键时刻、关键问题上被不断激活，则是值得研究和关注的问题。自 20 世纪 70 年代以来，尤其是在中国改革开放二十多年来，至少在官方文件中，两国已不再是战略敌手。克林顿执政时期，两国政府承诺“致力于建立建设性的战略伙伴关系”。今天，中美两国政府的目标是建立“建设性合作关系”。但是，两国之间的战略定位实际上并不清晰，在两国政界、军界和民间，都有相当多的人确信对方就是敌国，或者终将成为敌国，所谓“战略伙伴关系”等说法无非是外交辞令而已。在 1999 年炸馆事件和 2001 年

① Alexander L. George and Richard Smoke, *Deterrence in American Foreign Policy: Theory and Practice* (New York: Columbia University Press 1974), p. 272.

② 《中共中央关于在全国进行时事宣传的指示》（一九五〇年十月二十六日），http://www.pladaily.com/item/kmyc50/wenxian/19501026_wenxian.htm。

③ 参见纪念朝鲜战争 50 周年系列文章，《当代中国史研究》2000 年第 6 期，第 6～83 页。

撞机事件中，敌人意象在中国媒体上极为鲜明；而在撞机事件处理过程中，美国媒体“妖魔化中国”表现得尤为明显。

二　中美危机中的非对称性

中美危机中双方在利益、实力、管理手段和政策选择余地等方面存在的非对称性，以及主观认知上的差距，这可以部分解释为什么朝鲜战争之后的中美危机都避免了恶性升级，但也都没有“干净”地解决，而是积累了不少敌意和隐患。

国际危机来源于对手之间的利益冲突。危机双方对各自利益相对重要程度的认识，决定了危机双方的决心和意志，以及可能的危机结局。亚历山大·乔治和威廉姆·西蒙斯指出，某一危机方是否采取坚决行动的决心和意志，与受到威胁的利益的重要程度成正比。[①] 也就是说，如果己方受威胁的利益越重要，捍卫利益的决心和意志就越坚决，妥协的余地就越小。相对而言，受威胁的利益不那么重要的一方，在危机中妥协的余地就较大。

客观地说，同珍珠港事件、柏林危机、古巴导弹危机及“9·11 事件”等重大危机相比，中美之间发生的危机都没有威胁到美国的核心国家安全利益。朝鲜战争爆发之前，杜鲁门政府并未将朝鲜半岛作为美国军队防御的关键战略地区，说明朝鲜不涉及美国的核心利益。20 世纪 50～60 年代，台湾和南越的对美国的战略重要性都没有达到必须牺牲美国士兵生命予以保护的程度。美国在越南战争中遭受惨重损失，1973 年从印度支那撤军。三十多年来的历史证明，干涉越南是美国的败笔，而结束越南战争对美国来说除了“威望”受损以外，并不是战略上的失败。

然而对中国来说，中美之间的所有危机都发生在中国领土范围之内（台湾）或者“家门口”（朝鲜、越南），或者关系到中国的领土完整（台湾）、主权（台湾、海南及其附近海域、中国驻南斯拉夫大使馆），因此涉及中国的核心利益、国家尊严和民族感情。

这种客观上的利益差距，决定了美国在中美危机中的妥协余地大于中

① 参阅 Alexander L. George and William E. Simons, eds., *The Limits of Coercive Diplomacy* (Boulder · San Francisco · Oxford: Westview Press, 1994), pp. 15－16, 281－282。

国。美国在朝鲜战场上遭受建国后第一次军事上的巨大挫折后接受停战，从印度支那不体面地撤军，在台湾海峡危机中未使用武力，在炸馆事件和撞机事件后向中方道歉，都是妥协的表现。中方虽然在各次危机中也做了妥协，但就自己的相对实力而言，可以说是妥协较小的一方。

然而从主观方面看，中美双方对己方和对方的利益有着相当大的认知差距。美国现实主义国际政治理论的开创者摩根索指出，国家对本国利益的界定，依据的是它所掌握的实力。一个国家的实力越强，它对自己利益的界定就越宽泛。中美危机中两国的行为证明了这个论点。①

作为危机双方中较弱的一方，中国对国家利益的界定过去一直集中于本国的领土主权。中方认为，自己的危机行为是在维护本国的核心利益、核心价值，是“保家卫国”，其正义性是毋庸置疑的；而美国对中国核心利益的挑战和对亚洲安全事务的干涉，则毫无道义上的正当性可言。因此，对美国的危机行为，中国人只能根据他们对帝国主义所奉行的强权政治、霸权扩张政策的传统理解来认识和批判。

美方则对于本国的国家安全利益有着更为宽泛的解释。首先，第二次世界大战以后，作为超级大国和现行国际秩序的既得利益者，美国界定的国家利益是全球性的。作为“两洋国家”，美国对其在世界各地的安全利益重要性的排序，并不以该地区同美国的地理距离为主要依据，更没有中国通常所用的“周边国家”的概念。由于历史原因，美国人很难接受“亚洲是亚洲人的亚洲”的观念，而倾向于将包括美洲西海岸的环亚太地区视为一个整体，认为亚太安全关系到美国的切身利益。这是美国不断卷入东亚地区危机和冲突的重要原因。

其次，美国领导集团对国家核心价值的界定，除了主权、领土安全之外，还包括在国际社会的所谓责任、声望（reputation）② 等抽象意义上的价值，而这种抽象价值与美国在世界各地的“安全承诺”紧密相连。在美国人看来，自己的危机行为是对威胁到美国关键利益和责任的行为的反

① Hans J. Morgenthau, *Politics Among Nations: The Struggle for Power and Peace* (New York: Alfred A. Knopp, 1985), pp. 3 - 17.

② 唐世平对“声望”在决策者心目中的地位及其对决策的影响进行了详细论述。参见 Tang Shiping, “Reputation, Cult of Reputation, and International Conflict,” *Forthcoming in Security Studies*。

应。如不做出反应，将不仅损害现实的战略利益，而且会向对手发出错误信号，严重损害美国在盟友和国际社会中的信誉及今后讨价还价的能力。例如，在1962年10月美国情报机关发现苏联正在古巴部署进攻性战略导弹时，国防部长麦克纳马拉最初不以为然，认为“导弹就是导弹，部署在哪里都一样”。然而，大多数美国决策者援引肯尼迪总统关于决不允许苏联进攻性战略武器出现在古巴的承诺，认为如果美国不能捍卫其承诺，势必鼓励苏联在世界其他地区进一步采取挑战美国的行为。① 许多美国学者认为，朝鲜内战之所以爆发，是因为杜鲁门政府事先没有公开承诺保护南朝鲜。② 1990年8月，伊拉克敢于公然吞并科威特，也同美国官员事先未能明确承诺保护科威特密切相关。③

再次，除上述利益、声望之外，美国还是一个意识形态色彩极为浓厚的国家，认为它有义务在世界范围内推广民主，捍卫自由和人权。这种“天定命运”的学说是支撑美国对外政策的重要道义力量。

中美两国围绕台湾问题的几次危机和较量，集中反映了各自对国家利益的解释。中国在台湾问题上对国家主权、统一和领土完整的追求不言而喻；美国则以本国在太平洋地区的战略利益、国际安全承诺、反共意识形态来为自己的行为辩护。

影响危机行为和结局的另一个重要因素，是对手之间的相对实力对比和政策选择的余地。麦克·布莱彻和乔纳森·威肯费尔德在研究战略对手之间的危机时指出，“在拥有正向力量差距（目标国家比危机挑起方强大）的危机中，目标国家无需运用暴力手段来实现其危机目标；在拥有负向力量差距（目标国家的实力弱于危机挑起方）的危机中，面对强大对手以非暴力手段挑起的危机，目标国家采取暴力手段将是不明智的”。④

① Richard Ned Lebow, *Between Peace and War: The Nature of International Crisis* (Baltimore and London: The John Hopkins University Press, 1981), pp. 187 - 188.

② Alexander L. George and Richard Smoke, *Deterrence in American Foreign Policy: Theory and Practice* (New York: Columbia University Press, 1974), p. 536.

③ 在伊拉克入侵科威特之前，面对萨达姆赤裸裸的战争威胁言论，美国政府曾不断向萨达姆发出美国将不会干涉的错误信号。可参阅徐辉博士论文《从波斯湾到朝鲜半岛：后冷战时期美国危机管理比较研究》，2003年6月，第33页。

④ Michael Brecher and Jonathan Wilkenfeld, *A Study of Crisis* (Ann Arbor, Michigan: The University of Michigan Press, 2000), p. 177.

中美两国在国家力量和军事能力方面具有非对称性。站在美国的角度看，三次台海危机基本上都属于“正向力量差距”危机。美国是“目标国家”，却因实力较强而无须实际使用武力；处于相对弱势的中国，也不希望与军事实力强大的美国发生大规模武装冲突。美国可以运用更多的手段，如经济制裁、外交孤立、军事封锁、动员和利用盟国甚至操纵联合国，等等，来处理与中国发生的危机。由于核心利益很少受到威胁且拥有相对充分的手段，美国便能够在与中国及其他国家的危机中享有更大的政策选择余地。例如，美国在 1950 年选择介入朝鲜战争，而在 1973 年则选择从越南战争中脱身；在 20 世纪 90 年代中期的波黑冲突中，美国先是选择不介入政策，尔后又视情况卷入其中。2002 ~ 2003 年的伊拉克危机是美国挑起的，是所谓“证实敌对状态的危机”。以后发生的战争，完全是布什政府政策选择的结果，被称为“选择的战争”（a war of choice）。

相比之下，中国在处理同美国的危机中，手段和政策选择余地都受到较大限制。在核心利益面临威胁时，中国要么诉诸武力（或威胁使用武力），要么在美国的有限让步之后，做出某种妥协。非到万不得已，中国不会对美国首先使用武力。朝鲜战争之后，中国在中美危机中的通常行为，除了外交声明和交涉之外，就是在国内进行政治宣传、教育和动员，以及人民群众的反美示威游行。这种行为可以向美方表示中方对危机关切的严重程度，但是在何种程度上能够影响以及如何影响了美方的危机行为，需要进一步研究。美方使用过的经济制裁、外交孤立、联合国决议等手段，尚未成为中国切实可行的政策选择。

不应忽视的一点是，虽然中国的实力同美国相比不占上风，但就像朝鲜战争所表明的那样，中国仍具备给美国的国家安全、军队和生命财产造成无法估量损失的能力。因此，决心、意志和有限的军事威慑能力（包括核打击能力），可以在一定程度上弥补中国处理危机手段的不足。此外，在中美经贸关系迅速发展、中国的国际影响不断扩大的今天，一旦发生新的中美危机，中国将可以运用新的手段来制约美国的行为，而美国的政策选择余地也会因此而缩小。

中美危机中双方在利益、实力、处理手段和政策选择余地上的非对称性，对今后中美可能发生的危机有很大的影响。中美最现实的潜在冲突点，是台独势力铤而走险，突破大陆方面可以容忍的底线，迫使大陆使用武力加以警示和遏制，美国则援引《与台湾关系法》进行干涉，从而造成中美直接对抗。

对于这样一场潜在危机，颇具代表性的一种中方观点认为，台湾问题事关中国的核心利益，但只涉及美国的边缘利益或一般利益。根据这一推理，如果美国能够理性地认真实施战略评估，会认为就保卫台湾而与中国进行一场战争代价太大，没有必要。因此，当中国决定采取强制行动遏止台湾“独立”时，不必过于顾忌美国军事卷入的风险。

一些有影响的美国人士，在这个问题上的观点同上述中方观点针锋相对。他们承认台湾问题对中国事关重大，但否认美国应该或者将会在大陆武力攻台时放手不管。他们强调，美国一向把在国际安全方面的“承诺”（commitment）和信誉（credibility）视为自己的核心价值。美国通过《与台湾关系法》和许多政策声明，将“防卫台湾”视为其国际承诺和信誉的重要象征之一。如果在大陆对台湾使用武力面前表示退缩，美国将在国际上信誉扫地，更何况美国在军事方面占有较大优势，对使用武力采取更为谨慎态度的，应当是较弱的中方。[①]

三　中美两国危机管理的基本理念和指导原则

人们常常把国际政治—军事危机视为和平与战争之间的过渡期或转折点。也就是说，危机同时包含了走向和平和导致战争的两种因素。因此，危机管理也就具备了和平外交和暴力行为的双重特性，但又与和平外交中的劝说和战争中的暴力行为有所区别。危机中的外交一般发生在两个敌对的行为体之间，为了和平解决而做出的妥协往往具有被迫的性质，是为了减少损失而不得不做出的“痛苦的妥协”；危机中的“暴力”也不同于战争中的暴力，其目的并非使用武力消灭对手的军队或占领其领土，而是通过武力威胁，影响对手的决心和政策，迫使其按照己方意志改变某种行为或接受己方条件。危机管理和战争行为的根本差别在于，后者是军事实力的直接碰撞，而前者是意志、决心和智慧的较量与博弈。在危机管理中，暴力行为与和平外交的双重特性，体现在通过武力威胁向对手施加压力，

① 本文作者近年来参加的关于中美关系、台湾问题、中美危机、国际安全的研讨会中，中美双方经常各执己见，就这个问题产生激烈争论。

以及为减少损失而被迫做出妥协。因此，在美国的危机管理研究中，讨价还价、劝说、施压、妥协等基本理念占有十分重要的地位。

首先，美国危机管理理论的一个核心内容是基于“非零和博弈”（Non-Zero-Sum-Game）① 理论之中的讨价还价。危机中的讨价还价，是指决策者根据对危机双方利益、手段和能力的分析，适时地综合或交替运用劝说、施压和妥协等策略，促使对手在可接受的条件下改变其决心和行为，从而实现己方政策目标。为此，美国研究者十分重视危机中“讨价还价的能力”（Bargaining Power）。这种能力不同于简单的实力对比，它体现为以相对利益分析和力量对比为基础的一种政治能力（Political Power）和决心（Resolve），即在与对手的互动中，通过威胁施压或承诺给予某种奖励，促使对手按照己方的意志改变决心和行为的能力。为了增加己方讨价还价的筹码，危机管理者必须及时掌握信息和情报，摸清对手底线，并通过官方政策声明、领导人讲话、私下沟通等方式，或通过某种具体行动（如军事调动）的方式，向对手传递信息，强调己方意志的坚定性和不可逆转性，从而使对手相信，按照己方意志行事是符合双方利益的唯一正确选择。

“胡萝卜加大棒”是美国最常用的一种讨价还价模式。当然，根据危机性质和对手的不同，胡萝卜和大棒的分量会有很大差别。但其所追求的最高境界是：让对手在大棒威胁之下屈服，但只给尽可能少的胡萝卜作为回报。2002 年以来朝鲜核危机陷入僵局的重要原因之一，就是美国政府试图让朝鲜无条件放弃核武器而不愿给予任何回报。② 只有在互动过程中逐步发现对手具有相当大的讨价还价能力之后，美国才可能考虑通过某种形式的议题联接（Issue-Linkage）或利益交换（Quid Pro Quo）来达成协议。1962 年古巴导弹危机的和平解决和 1994 年美朝关于核问题的日内瓦框架协议都是这种逻辑的结果。

其次，美国的危机理论强调把握施压和妥协之间的平衡。危机期间向

① “非零和博弈”的对立面是“零和博弈”。在“零和博弈”中，己方之“得”即对方之“失”，己方之“失”即对方之“得”。美国在后冷战时期的海湾危机、科索沃危机和伊拉克危机等几起危机中，都采取了“零和博弈”的政策，并最终导致了危机的恶性升级。这超出本文研究的范畴，属于不可管理的危机。

② 在 1993～1994 年的朝鲜核危机期间，面对美朝双方谈判屡屡陷入僵局的状况，负责与朝方谈判的首席代表卡卢奇多次抱怨说，美国政府试图要求朝鲜接受一切谈判条件，但只打算给一箱甜橙作为回报。转引自 Ton Oberdorfer, *The Two Koreas: A Contemporary History* (Basic Books: 2001), p. 291。

对手施加压力的目的是维护或促进己方利益，但施加压力过度很可能引起对手反弹，增大导致战争的风险；妥协的目的是为了达成和平解决的协议，但同样面临让步过大的风险。这是危机管理者面临的基本政策困境。要走出这一困境，必须把握好施压和妥协之间的平衡。用斯奈德和迪辛的话说，就是要“谨慎施压”和“廉价妥协”，并实现二者之间巧妙的结合。① 美国学者在古巴导弹危机之后提出的一系列危机管理原则，均反映了对危机管理困境的认识和把握二者之间平衡的需要。其主要原则可归纳为：决策集思广益；正确认知对手；追求有限目标；保持灵活选择；保持信息渠道畅通；尽力化解事态；围绕利益讨价；慎用武力威胁；争取广泛支持；相互保留面子；小心先例效应等。②

有的美国学者指出：一般情况下，美国倾向于以军事戒备和武力展示，甚至竭力发出准备动武的信号来向对手显示决心，但如果对手在能力上非同一般，美方在实际动武的决策上还是相当克制或谨慎的；美国愿意实施快速而非缓慢的升级，因为他们认为逐步升级容易被对方视为怯弱，招致对方的反制。但与此同时，美国只把军事手段作为施加压力的多种手段之一，并强调通过提升战备等级和军事部署调整等手段实施威慑；在鹰派势力占主导地位时，美国倾向于使用军事恫吓甚至核威胁，这既表明他们对核优势的迷信，也反映出他们对一旦常规力量部署后失去控制的担心。美国在朝鲜战争后期的谈判阶段和1954年的台海危机中，都曾根据当时提出的“大规模报复战略”，威胁对中国大陆使用核武器，并认为这是迫使中国接受停火条件和防止危机升级的重要原因。③

再次，强调危机行为的“合法性”，重视发挥政府各个部门的法律专

---

① Glenn H. Snyder & Paul Diesing, *Conflict among Nations: Bargaining, Decision Making, and System Structure in International Crises* (Princeton, N. J.: Princeton University Press, 1977), p. 254.

② James L. Richardson, *Crisis Diplomacy: The Great Powers since the Mid-Nineteenth Century* (New York & Melbourne: Cambridge University Press, 1994); Alexander L. George, ed., *Avoiding War: Problems of Crisis Management* (Boulder · San Francisco · Oxford: Westview Press, 1991); 中国学者胡平在其编著的《国际冲突分析与危机管理研究》（军事谊文出版社，1993）一书中，对美国学者提出的危机管理原则进行了编译和介绍；徐辉在其博士论文《从波斯湾到朝鲜半岛：后冷战时期美国危机管理研究》中，对美国学者提出的危机管理原则进行了归纳总结。

③ Alexander L. George and Richard Smoke, *Deterrence in American Foreign Policy: Theory and Practice* (New York: Columbia University Press, 1974), pp. 235－265.

家在危机管理中的作用。一些有关危机问题的专家指出，危机行为的合法性不仅仅是指符合公认的法律规范，而且还包括更为广泛的主观上对己方行为正当性的坚定信念。

所谓“合法性”，在美国人看来包括三个方面。第一个方面是符合法律规定，包括国际法、国际条约、某些国内立法，以及在联合国等国际组织的授权下采取的行动。利用国际法和联合国授权的行动可以证明美国行为的正当性，掩饰自己的真实意图，将对手置于“非法”地位，还可以让联合国充当调解人或向危机地区派出维和部队。例如，美国在1950年即以“联合国军”的名义干涉朝鲜内战，把朝鲜北方的军事行动和中国人民志愿军入朝作战说成是“非法侵略”。又如，在1962年的古巴导弹危机期间，肯尼迪政府根据美国国际法专家的意见，把对古巴海域的军事封锁称为“检疫隔离”（quarantine），因为按照国际法的解释，军事封锁等同于宣战行为。此外，美国在采取军事行动之前，还根据1947年《里约互助条约》第6款和国际法第51款获得了《美洲国家组织》的授权和联合国的认可。这种重视“合法性”的行为方式，不仅有利于获得各方的支持或认可，有利于同对手讨价还价，甚至可以使对手在做出让步时“有法可依”，为自己寻找台阶。

第二个合法性来源是某些公认的原则、惯例或长期形成的传统。1938年的慕尼黑危机清楚地表明，维护“民族自决”原则能够增强讨价还价的地位。美国对拉美地区奉行的门罗主义传统，也增强了美国在古巴导弹危机中采取坚决行动的决心和讨价还价的地位。

第三个合法性来源是维持长期形成的某种安全“现状”。美国人一般认为维持现状一方的合法性高于打破现状一方。根据这种对合法性的理解和认识，美国不断卷入台海危机的行为，在美国看来就成了“有法可依”的“合法”行为。维持台海现状、捍卫美国对台安全承诺等说辞，堂而皇之地成了美国干涉中国内部事务的合法性基础。在中方看来，2001年中美撞机事件的发生，完全是因为美国在中国沿海地区进行的非法的间谍飞行，但在美国看来，在国际公海上空的间谍飞行早已成为符合国际法和国际惯例的合法行为。

不言而喻的是，美国对合法性的理解，充分体现了维护其既得利益的需要。由于大多数国际法都属于习惯法，其本身不具有国内法那样的强制性，一旦按照国际法行事不符合主权国家利益，降低其讨价还价能力和地位时，主权国家很可能将其抛在一边，转而寻求其他理由证明自身行为的合法性。[①]

虽然“危机管理”一词来自于国外，但中国共产党拥有八十多年来丰富的应对危机的历史经验。中国共产党自1921年成立以来，便不断面临对自身生存的威胁和挑战，经历过无数的危机磨炼。党的领导层仍然保持着强烈的危机感，并反复告诫全党，要居安思危，同外部敌对势力策划支持的“西化、分化”的颠覆和渗透活动作斗争。中国社会中的精英阶层对“百年屈辱史”记忆犹新，在发生外交冲突时，民族危机感会油然而生。就感性认识和实践经验而言，中国在对外关系的危机管理方面本应比美国有更大的发言权和更多的研究成果。

但从理论角度来看，中国对危机管理的研究还处于初级阶段，仍往往局限在战略层次上看待危机决策，即按照“国家人格化假设”分析对手的决策和行为，而缺乏从微观层次提出专门的危机行为理论和危机管理原则。

危机理论的缺憾，并不等于中国的危机行为无章可循。在当代中国的战略思想当中，有两个最著名、最实用、最简明扼要的指导原则，可以用来解释中国的危机行为。这两个原则都产生于中国共产党面对日本侵略和国民党军事威胁的20世纪30～40年代。

第一个指导原则是“战略上藐视敌人，战术上重视敌人”，即坚持战略上的原则性与战术上的灵活性的统一。[②] 毛泽东提出的“帝国主义和一

---

① Glenn H. Snyder and Paul Diesing, *Conflict among Nations: Bargaining, Decision Making, and System Structure in International Crises* (Princeton, N. J.: Princeton University Press, 1977), p. 184.

② 1936年12月，毛泽东在红军大学所做的《中国革命战争的战略问题》演说中指出：“我们的战略是‘以一当十’，我们的战术是‘以十当一’，这是我们制胜敌人的根本法则之一。”“我们是以少胜多的——我们向整个中国统治者这样说。我们又是以多胜少的——我们向战场上作战的各个局部的敌人这样说。”（《毛泽东选集》，人民出版社1964一卷本，第209页）1948年1月18日，毛泽东在为中共中央起草的决议草案《关于目前党的政策中的几个重要问题》中又说：“当我们正确地指出在全体上，在战略上，应当轻视敌人的时候，却决不可在每一个局部上，在每一个具体问题上，也轻视敌人。”这些论述后来被概括为“战略上藐视敌人，战术上重视敌人”口号，成为毛泽东战略和策略思想的集中表达。（《毛泽东选集》，人民出版社1967一卷本，第1162页）1957年，毛泽东通过下面这段话重新阐述了这一原则：“为了同敌人作斗争，我们在一个长时间内形成了一个概念，就是说，在战略上我们要藐视一切敌人，在战术上我们要重视一切敌人。也就是说在整体上我们一定要藐视它，在一个一个的具体问题上我们一定要重视它。如果不是在整体上藐视敌人，我们就要犯机会主义的错误。……但是在具体问题上，在一个一个敌人的问题上，如果我们不重视它，我们就要犯冒险主义的错误。”（《毛泽东选集》第五卷，人民出版社，1977，第499～500页）

切反动派都是纸老虎”、“原子弹也是纸老虎”的著名论断,[①] 是“战略上藐视敌人”的集中体现。他的“纸老虎”理论,有利于在面对强大的敌人时增强中国共产党人的勇气和信心。同时,毛泽东也提醒人们,敌人又是能吃人的真老虎,在战术上、在处理危机时必须加以重视。

基于这一原则,在中国所经历的对外关系危机中,官方的声明总是具有强烈的道义色彩(如捍卫国家主权和领土完整、无产阶级国际主义、国际平等,等等),强调强大和正义在自己一方,敌方是虚弱而且无理的。“战术上重视敌人”的处理方式并不出现在公开声明之中。因此,这些官方声明在美国人眼中经常被视为缺乏可操作性的、既不现实也不合理的原则性陈述(rhetoric)。哈佛大学教授江忆恩评论道:“象征性的战略文化(原则),在很大程度上与(中国)政府战略的实用主义决策规则相脱节。从某种程度上讲,最主要的目的似乎是以习惯性的话语,以文化上可以接受的方式证明其行为的正当性。”[②] 这一危机行为模式,即强硬的言词与谨慎的行动相结合,当然并非中国所特有,更非中国共产党所独有。中国行为的独特之处在于,此类“习惯性话语”根植于悠久的政治传统、强国心态和引以为自豪的文明之中,在中国人看来十分自然。但是,美国人透过意识形态的眼光、基于对上述危机行为合法性的理解来解读中国的声明,又自恃实力强于中国,因此中美危机在最初阶段总是呈现出政治上高度紧张的“相互藐视”的特征。

中国在危机中的另一个指导原则包括了三个概念或三个阶段。这一原则是毛泽东在抗日战争期间,为了打破国民党顽固派对中共的武装进攻而

---

① 《和美国记者安娜·路易斯·斯特朗的谈话》(1946 年 8 月),《毛泽东选集》,人民出版社,1967 一卷本,第 1087 ~ 1092 页;《一切反动派都是纸老虎》(1957 年 11 月 18 日),《毛泽东选集》第五卷,人民出版社,1977,第 499 ~ 500 页。

② 江忆恩认为:“有证据表明,中国存在两类战略文化。一类由象征性或理想主义的一系列假设和优先选择所构成,一类是曾经在明朝时期的战略选择中发挥过重要作用的行动原则。象征性的战略文化(原则),在很大程度上与政府战略的实用主义决策规则相脱节,从某种程度上讲,其最主要的目的似乎是以习惯性的话语,以文化上可以接受的方式证明其行为的正当性。行动原则反映了我们称之为 parabellum 或顽固的现实主义战略文化。从实质上看,它主张应对安全威胁的最佳途径是使用武力消灭敌人。这种偏好可以根据对自身相对实力的强弱的十分仔细的权衡得以调节。”见 Alastair Iain Johnston, *Cultural Realism: Strategic Culture and Grand Strategy in Chinese History* (Princeton, New Jersey: Princeton University Press 1995), p. 10。

提出的。毛泽东指出，同顽固派斗争应当“有理、有利、有节。”他解释说：

……第一是自卫原则。人不犯我，我不犯人，人若犯我，我必犯人。这就是说，决不可无故进攻人家，也决不可在被人家攻击时不予还击。这就是斗争的防御性。对于顽固派的进攻，一定要坚决、彻底、干净、全部地消灭之。第二是胜利原则。不斗则已，斗则必胜，决不可举行无计划无准备无把握的斗争。……这就是斗争的局部性。第三是休战原则。在一个时期内把顽固派的进攻打退之后，我们应该适可而止，使这一斗争告一段落。……决不可无止境地每日每时地斗下去，决不可被胜利冲昏自己的头脑。这就是每一斗争的暂时性。①

“有理、有利、有节”的原则同“战略上藐视敌人，战术上重视敌人”的原则是一致的，但前者在政治和行动上更加实用。根据这一原则，中国把 1962 年的对印度作战和 1979 年的对越南作战称为“自卫反击”。基于同样的原则，在中美撞机事件中，中国从一开始就坚持“一切责任都在美方”的立场。因为人民解放军是在自己的领海线附近实施防御行动，而美国的飞机是对中国进行间谍活动，因此正义完全在中国一方。至于说复杂的技术问题和细节问题，则居于危机管理的次要地位。

然而这绝非意味着中国在未经仔细评估后果的情况下，就会草率地采取没有节制的行动。实际上，在实现了有限的目标之后，中方经常利用“有理、有利、有节”的原则来说明妥协的必要性，为了更大、更长远的利益和目标而平息事态。例如，在处理因 1995 年 6 月李登辉访美所引发的危机时，中方通过取消高层互访和召回驻美大使等行动，暂时冻结了对美关系。为了缓解这一政治危机，克林顿政府发出了一系列信号，如克林顿亲自保证他将坚持一个中国政策；国务卿克里斯托弗建议在出席东盟地区论坛外长会议期间，与中国外交部长钱其琛在文莱举行会谈，并称要向江泽民主席转交一封克林顿总统的亲笔信；克里斯托弗还专门就美国对华政

① 毛泽东：《目前抗日统一战线中的策略问题》，《毛泽东选集》第二卷，人民出版社，1967，第 707 页。

策发表演讲，强调对华政策的重要性。根据钱其琛的回忆，正是考虑到美国的上述姿态，他才同意在国际场合与克里斯托弗见面，并说这是“为了体现对美斗争‘有理、有利、有节’的外交策略”。[①] 自此，这场危机的处理便告一段落。

不难看出，中美双方危机管理的基本理念和谈判模式与各自的文化背景密切相关。首先，美国人习惯于从博弈的视角，以施压与妥协并用的手段来管理危机；中国则总要先做出政治上的是非判断，从正义还是非正义的道义视角看待冲突事件。这是中美双方认识和管理危机的最重要差异。其次，美国人习惯于针对具体问题，用利益交换的方式，寻求军事上、法理上或技术上的解决；而中国人倾向于强调大局，特别是依照当时两国关系的性质来进行交涉，力求达到政治上有理、有利的局面，一旦事态平息就不再纠缠于细节。美国中美关系专家文厚指出：“从总体上讲……对美国人来说，谈判一词的含义是，通过妥协或利益交换寻求冲突解决，与此同时，依照相关的法律和司法体系来判断行为本身的正当性并保证承诺的兑现。中国人则倾向于强调自身原则的一贯性及其不言而喻的真实性；强调通过有条件的、非持久的协议来制约冲突，直到那些原则或真理取得胜利；重视以道义劝说为基础来达成共识与和谐。”[②]

实际上，中国政府在 1995 ~ 1996 年的台海较量、驻南使馆被炸事件及中美撞机事件中的谈判，都依循了同一种行为模式：首先根据“有理”的原则，对美国侵犯中国主权和领土完整的行为提出强烈抗议，置美国于不义的地位；而后要求美国政府承认错误并为其错误行为向中方道歉。在上述的几次事件中，美国尽管没有完全满足中方提出的条件，但还是不得不做出某种妥协。当取得能够宣传的某种外交成果时（“有利”），便开始降低姿态，让风波逐渐平息下来（“有节”）。最后，中国官方总是强调中美关系的大局稳定符合中国的国家利益，强调美方做出了妥协而中方坚持了原则立场，取得了重大的外交成功。

在历次中美政治军事危机的处理中，两国政府从未正式接受过对方对事件的解释。无从对争执做出一个具备法理意义的“结案”，也没有对防

---

① 钱其琛：《外交十记》，世界知识出版社，2003，第 311 页。

② Alfred D. Wilhelm, Jr., *The Chinese at the Negotiating Table* (Washington D. C.: National Defense University Press, 1994), p. 5.

止以后发生类似危机做出一个双方都接受的正式约定。① 表面看来，危机已经过去，中国坚持原则，保持克制，同时保留了继续提出要求和采取进一步行动的权利。另一方面，也可以说危机中的争端并未获得解决。于是当类似危机再次发生时，人们总是习惯于从公众的历史记忆中寻求对新危机的认识，从而可能把偶发事件视为对方有意的挑衅行为。

四　总结历史经验，避免重大危机

国际危机的理论研究表明，危机及其管理的一个决定性因素，是决策者对利益面临威胁、时间压力和战争可能性的认知。危机管理与战争行动的最大区别，在于后者着眼于打赢，而前者的目的在于防止战争的同时维护或扩大自身利益。因此，成功的危机管理只能是在双方的利益冲突点和利益共同点之间找到某个妥协点，双方都无法也不应该追求压倒对手的最高目标。恰恰相反，双方的决策者应该把导致危机及其升级的因素视为“共同的敌人”，并一方面给出己方可以妥协的底线，另一方面努力减少对方的危机感，降低其受威胁的程度和相互的敌意，给予双方相对充足的反应时间，并避免采取可能导致战争的行动，从而增大危机的可管理空间。

从朝鲜战场上的兵戎相见，到后来一系列危机的和平结局，可以看到中美两国的决策者在处理双方危机中的一条“学习曲线”。双方的行为从力图打赢战争向威慑对手转变，又从威慑对手向共同管理危机转变，危机的可管理空间逐步扩大。但是，管理危机能力的提高，并不意味着双方已经找到了防止再次爆发严重危机或者更为妥善地管理危机的思路和机制，也不能掩盖双方对以往危机行为和结果的认知差距。

美国应在中美危机中吸取什么教训，是一个重要问题，但不在本文探讨范围之内。我们在这里思考得更多的是，中国方面在处理对美关系危机

---

① 相对比较正式的结案，是在李登辉访美事件之后的1995年8月，美方向中方通报了以后类似情况下美国将单方面采取的若干限制措施。这一通报“基本上回应和解决了中方的严重关切”。见钱其琛《外交十记》，前引书第313页。1999年炸馆事件后，美方就中国使馆的人员伤亡和财产损失支付了450万美元的赔偿，中方也就美国在中国的财产损失做出了小额赔偿。美方就此次“失误”作出了官方解释，但没有被中方正式接受。参见陶文钊《中美关系史（1972～2000）》，上海人民出版社，2004，第362～369页。2001年撞机事件后，中方损失的赔偿问题至今尚未得到解决，事件原因更是各执一词。

中，可以总结出哪些历史经验，以避免未来可能发生的危机，或者在危机出现后更为妥善地管理，防止其发展为影响中国发展与稳定的重大危机。

第一，一个不言自明的道理是，中美危机预防与管理中间的首要因素是两国政治关系的基本状况。换言之，两国政治关系的改善是沟通信息、减少误判、降低冲突、达成谅解的前提。1978 年以来中国改革开放的对内政策同争取稳定和改善对美关系的政策是一致并且同步的，因此管理中美危机的行为同执行“革命外交路线”的时期有明显的不同。改革开放之后，特别是在全面建设小康社会的进程中，没有也不会再有毛泽东在发动 1958 年金门炮战时那种“意在击美”、“有机会就要整美国人一下”的战略意图。中国管理中美危机的出发点是最大限度维护自己的权益，又尽最大努力防止冲突升级，因为中美关系的不稳定会带来中国社会和经济的不稳定。

但是，中美两国究竟是敌是友还是非敌非友的战略定位，至今不够清晰。[①] 今天两大国之间所谓“建设性合作关系”，究竟是掩盖对抗性矛盾的一种外交辞令，还是对双边关系现状的一种陈述？是一种虚无缥缈的愿景，还是经过双方努力可以达到的长远目标？在中国日趋强大，而美国继续保持其超强地位的历史时期，双方是否愿意实现并且可能实现一种双赢局面？中国希望世界走向多极化，是否意味着它愿意看到以至希望促成美国走向衰落？美国说要战胜对其全球“领导地位”的挑战，是否意味着它最终要与崛起的中国为敌？这是关心本国前途的中美战略家们不能回避的问题，也是管理未来一旦发生的中美危机时不能不考虑的政治大背景。

第二，危机时期政府决策部门的相互协调，对舆论和公众情绪的引导，都至关重要。正因为中美战略定位的问题尚未解决，正因为许多人认为中美之间现在就是敌对关系，或随时可能成为敌对关系，或最终一定会成为敌对关系，今后一旦出现两国之间的危机（包括无意中的突发事件），人们所熟知的“敌人意象”就立刻会在一些政府部门、政治精英和公众中被激活，并且通过包括大众媒体在内的各种渠道，影响两国高层对危机的管理。

① 关于当今中美关系战略定位的一种分析，参阅王缉思《美国大选后的外交政策走向与中美关系》，徐敦信主编《新世纪初世界大势纵论》，世界知识出版社，2005，第 236～246 页。

“敌人意象”被激活，很可能表现为媒体对中美敌对的历史和美国在炸馆、撞机等事件中的行为的追溯和谴责，以及学生和公众要求上街示威游行，要求政府采取更为激烈的抗美行动等。实际上，根据多次调查，中国知识精英和公众近年来一直对美国和中美关系持相当客观冷静的态度，[①]同官方对美政策是基本吻合的。因此，在危机期间“敌人意象”的激活和公众的激愤情绪并非必然，其关键因素在于政府有关部门和主流媒体如何相互配合，对公众加以引导，防止出现政府危机行为受表面上的“民意表达”制约的局面。[②]

虽然中美敌对时期中方的危机决策深受当时“以阶级斗争为纲”的国内政策和以“无产阶级国际主义”为纲的外交路线的影响，但有一个优点不容忽视，那就是毛泽东能够在周恩来等少数高级干部的协助之下，做出最具权威性的决策，并且上下齐心，贯彻到底，基本上不受国内决策过程中官僚政治因素的拖累。中下层干部和普通民众谈不上知情权，而一旦被动员起来，就会自觉地、毫不迟疑地执行所有的决策。在许多情况下，正是毛泽东本人那种非凡的感召力、威望和收放自如的政治技巧，使人们无从发觉中方在危机中所做的妥协，发觉结果同初衷相背离的情况。这种决策过程简单明快、公众信息来源单一的背景，在今天的中国绝不可能再造。当任何未来危机出现时，人们从电子通讯和电视上得到多种不同报道、不同解读的速度，都将大大高于层层传达中央指示的速度。这就更有必要在政府各个部门之间（特别是对外关系的职能部门同对内宣传部门）、政府同媒体之间，建立相关的危机预警机制和信息传递系统，使最高决策者的意图在第一时间得到忠实的传达和贯彻。

第三，中美危机中的许多实例表明，美方的战略意图、决策机制和危机管理机制不但复杂，而且常常是混乱而自相矛盾的，因此要在“国家行为人格化”的理性模式之外，寻找对美国危机行为的更合理解释，改进应对措施。

---

① 参阅《环球时报》2005 年 3 月 4 日发表的调查报告《五大城市民意调查：中国人如何看待中美关系》，http：//cul. sina. com. cn/c/2005 － 03 － 04/113516. html；另可参阅赵梅《中国人看美国》，陶美心、赵梅主编《中美长期对话》，中国社会科学出版社，2001，第 3～20 页。

② 如果美国决心以中国为敌，挑起重大危机，需要全国上下同仇敌忾地应战，当然另当别论。

国际危机方面的许多研究成果表明，一个国家的战略家虽然深刻了解本国决策面临的诸多制约因素，却往往倾向于从理性的角度看待对手的危机行为，即假设对手的一切行为都是在全面了解双方意图、能力和手段等重要信息的基础上，根据己方利益的需要，经过精心策划而做出的理性决策。这就是所谓“国家行为人格化的理性假设”。但从被引为“经典案例”的古巴导弹危机，到冷战后的数次中美危机，都并不完全符合这种理性假设。

在美国，虽然危急时刻的权力主要集中在总统及国家安全委员会的少数成员手中，平时决策中司空见惯的官僚政治斗争可能有所收敛。但是，由于面临时间压力和战争风险，危机管理者往往需要在十分有限的时间内，在信息不对称的情况下做出决策，常常面临着“信息泛滥”或“信息不足”、部门之间缺乏协调、军事和文职领导人之间出现分歧等一系列障碍。政府与国会的政治争斗和沟通不畅更是经常出现。

回顾给李登辉发放访美签证、炸馆、撞机等事件中美方的危机行为，可以看到许多由决策过程复杂、混乱和内部斗争所产生的非理性因素。根据事后所得到的情况再做综合分析，很难想象美国领导人在允许李登辉访美问题上出尔反尔、北约飞机轰炸中国大使馆和用美军侦察机同中国战斗机相撞，都是当时美国最高决策者基于长远的战略图谋而精心策划的危机。但当时对这些事件的一种解释是美方故意“测试中方反应的底线”，并且将事件同当时的“中国威胁论”、美国的全球霸权野心膨胀、遏制中国的图谋等战略大背景联系起来，对美方行为的程序细节和技术细节则不做过多描述。实际上，对于对手的决策程序和危机发生的细节了解得越详细，越准确，自己的战略判断就越正确，危机的管理也越完善。

第四，纵观朝鲜战争以来的历次中美危机行为，能够发现双方之间在危机时期的信息传递和直接沟通是逐渐改善的，近年来更有了通过有效沟通防范危机的事例。例如，由于有了在朝鲜战争前期缺乏沟通的教训，中美双方在越南战争期间通过各个渠道达成了避免直接交战的默契，划清了出兵同对方作战的底线。中方在对美方发出信号、沟通信息方面，表现得更为主动和积极。[①] 又如，中国政府对 2001 年撞机事件的处理，显

① 参见李丹慧《三八线与十七度线：朝战和越战期间中美信息沟通比较研究》，www. shenzhihua. net。

然从 1999 年的炸馆事件中吸取了经验，从引导舆论到把握反应的力度都有了改善。中国在 2003 年 3 月伊拉克战争前后对国际危机的处理，也同 1999 年科索沃战争前后的危机处理形成了对照，避免了可能出现的中美关系恶化。更值得称道的是，中国政府准确地把握了美国在伊拉克战争后战略重点转移的动向，寻求中美之间在阻遏台独上的共同点，避免了中美之间的重大危机。由于过去的中美危机绝大多数涉及第三方，而今后中美之间的利益重合与矛盾的范围必将日益扩大到双边关系之外，两国在涉及第三方的问题和领域里越来越需要加强沟通，建立互信机制和危机防范机制。

第五，在吸取历史经验方面，无论是在中美战略家和学者的对话中，还是在中国方面旨在“知己知彼”的战略研究中，都有许多工作可做。以 1996 年的台海紧张局势为例，有一则不断被中方引用的报道说，由于军事演习期间美军指挥机构发现中国出动了多艘核潜艇，美方将已派遣到台湾东边炫耀武力的航母编队后撤了近 100 海里，以避免同中国海军接触。[①] 美方则认为，向台湾附近海面派遣航母编队是向盟友和国际社会显示美国决心的必要措施，是履行美国对台湾的“安全承诺”，是告诫中国大陆不能对台湾采取进一步军事行动，从而防止了危机升级。中美双方对过去危机的认知差距之大，由此可见一斑。

出于可以理解的原因，在中国的许多历史文献和教材中，对于中美危机中己方（特别是毛泽东等领导人）“战略上藐视敌人”的论述很多，“战术上重视敌人”的论述则完全不涉及或者一带而过，一些读者从中引申出来的印象是，毛泽东比他以后的领导人在对美斗争中更有魄力，更加“敢于斗争，敢于胜利”。这种印象，客观上形成了对现行政策的压力。

在中国方面对历史事实的一些阐述中，不准确、不完整的事例也不少。例如，朝鲜战争时期的美国参谋长联席会议主席奥马尔·布莱德雷在 1951 年 5 月的一次听证会上指出，如果按照朝鲜战场美军指挥官麦克阿瑟的建议，把战争扩大到中国境内，将犯重大战略错误。他说：“红色中国并不是一个谋求主导世界的强大国家。坦率地讲，在参联会看来，这一战

① 参阅苏格《美国对华政策与台湾问题》，世界知识出版社，1998，第 750 页。

略（即将战争扩大到中国境内——引者注）将使我们在错误的地点，错误的时间，和错误的敌人进行一场错误的战争。”① 然而中国的一般出版物一直把这一段名言解释为杜鲁门政府承认与中国在朝鲜进行的战争是错误的和失败的。实际情况是，美国官方从未在出兵朝鲜问题上进行过反思。但是在越南战争问题上，美国的国内争论至今没有结束。

最后，对于国际危机管理的指导原则和方法，还需要做更多的研究。“战略上藐视敌人，战术上重视敌人”和“有理、有利、有节”都仍然有指导意义，但这两大原则都是对敌斗争中的原则，是敌方有意制造对抗时的对应原则，是在实力上尚未能压倒敌手时的行动原则。如果中国在对美关系中的指导思想是“增加信任，减少麻烦，发展合作，不搞对抗”，是在维护国家核心利益的前提下避免和化解重大危机，那么就需要对这些原则做出修改和补充，并且从微观上进一步完善预防危机、管理危机的机制。

（原载《美国研究》2005 年第 2 期）

① 转引自 Akira Iriye, *Across the Pacific: An Inner History of American-East Asian Relations* (New York: Harcourt Brace Jovanovich, 1967), p. 289。

“中国崛起”与“中国威胁”

——美国“意象”的由来

朱 锋*

【内容提要】近一个时期以来，在美国甚嚣尘上的“中国威胁”论并非只是基于意识形态的偏见或者多数美国人对中国问题缺乏了解，而是美国对“中国崛起”的一种必然反应。“中国崛起”及随之而来的美国的“中国威胁意象”，既与美国在当今国际体系中独特的地位有关，也同美国在中国问题上的传统所坚持的“价值、利益和政治”所驱动的政策需要紧密相连。这种“意象”与美国的意识形态因素关系较少，而更多地与美国在国际权力结构中的地位相关联。

【关键词】美国军事与外交　中美关系　“9·11”后　中国威胁　中国崛起

对于“中国崛起”伴生而来的“中国威胁”，常常引起中国人的愤怒和不满。为什么“中国崛起”在美国必然产生“中国威胁论”，这不能简单以美国人有敌视中国的情绪或者有浓厚的意识形态色彩来进行解释。“中国崛起”不但是中华民族复兴的问题，也是国际关系从理论到实践都必然产生的深刻历史问题。“中国崛起”不仅是中国人自己的，也是世界

* 朱锋，时任北京大学国际关系学院教授。

的。“中国的崛起如果继续的话，将是21世纪世界最重要的趋势。”① 正是由于“中国崛起”所具有的世界意义，其背后又存在广泛而又深邃的理论、政策、观念和价值问题，才使“中国崛起”的过程会不断催生各种看法和争议，并带来各种政策反应和战略性的调整。

美国是世界上唯一的超级大国，也是今天国际权力结构中唯一的主导性国家，美国的“中国威胁论”的本源不在于美国特定的政策传统，而在于它和崛起中的中国在国际关系系统结构中的特殊关系。② 然而，美国的“中国威胁意象”（image of China threat）远比这种国际关系理论的结构主义解释要复杂得多。美国的“中国威胁意象”的形成和发展，客观上是一个价值驱动、政策驱动和利益驱动“三合一”的过程。

本文在综合各种文献研究、政策分析和实证调查的基础上，力图能对“中国崛起”伴生而来的美国“中国威胁论”的各种观点进行分析，并从国际关系基本的理论争论、价值和美国人“中国观”的内涵出发，对“中国威胁”论的思维特点和结构进行探讨，以期提供中美关系及中国与世界互动过程中我们认识外在世界的一种方法和理解。

一 “中国崛起”和“中国威胁”：伴生的基本原因分析

对中国崛起的最大争论是这一崛起过程是否会对地区和世界造成不可避免的威胁，从而打破现有的国际秩序，并引发难以控制的大国冲突甚至战争。这个传统的国际关系理论和历史结论并不是由“中国经验”产生的，而是由西方经验发展而来的，也是国际关系理论分析和认识权力关系

① Nicholas D. Kristol, “China's Rise,” *Foreign Affairs*, Vol. 72, No. 5 (November/December 1993), p. 59.

② 有关美国作为世界唯一超级大国和崛起的中国在无政府状态下的国际体系中关系的最新理论论述，参见 Barry Buzan, *The United States and the Great Powers: World Politics in the Twenty-First Century* (Cambridge: Polity Press, 2004); G. John. Ikenberry and Michael Mastanduno, eds., *International Relations Theory and the Asia-Pacific* (New York: Columbia University Press, 2003); John J. Mearsheimer, *Tragedy of Great Power Politics* (New York: W. W. Norton & Company, 2001); Ethan B. Kapstein and Michael Mastanduno, eds., *Unipolar Politics: Realism and State Strategies after the Cold War* (New York: Columbia University Press, 1999)。

的基础内容。“中国崛起”如果能够真正走出一条和平的道路，显然，这代表了对传统国际关系理论和历史经验的颠覆。正因为如此，中国崛起才具有如此重大的震撼力，从而使得围绕着这个命题的争论可能还仅仅是开了一个头。

中国崛起的另外一个争论的动因，是美国强烈感受到的来自中国的对其现有霸权地位和利益的冲击。这种利益驱动的关注远比理论驱动的争论复杂和尖锐得多，因为这不仅涉及当政者对中国崛起的政策反应，也涉及西方政府在价值上对中国的排斥。因而美国有关中国崛起的争论背后，有着出于保护私利需要而对中国未来的警觉的难以掩饰的价值动机。

1993年围绕着世界银行以购买力平价（PPP）标准计算中国国内生产总值（GDP）而出现的中国经济实力排行世界第三位的报告，以及欧佛霍尔特（William H. Overholt）对中国未来有可能成为新的“超级大国”的断言，引发了冷战结束以来第一波的中国威胁论。[①] 最开始的这两项非常有影响力的研究都对中国的未来持积极的看法。[②] 但《纽约时报》资深记者尼古拉斯·克里斯托夫（Nicholas D. Kristof）在1993年《中国崛起》一文中，提出了两个理论性的命题：一是随着中国实力的增长，中国必然要在国际关系中追求更多的权力；二是他认为中国是一个内在特点不稳定的国家，如中国的民族自豪感很强，但一直深受西方伤害，在与世界其他国家打交道时一直有被排挤、欺负和受伤害的“巨人的痛苦”（annoyance of a giant）。[③] 克里斯托夫的结论仍然认为中国将来不太可能是一个“侵略性的、不负责任的国家”。

然而，世界银行报告的惊人数据、欧佛霍尔特对中国将成为“超级大国”的大胆预言和克里斯托夫对中国崛起的判断，在西方学术界和媒体掀起了轩然大波。这三份材料最大的震慑力，是它们描绘了一个将在经济实

---

① William Overholt, *China: The Next Economic Superpower*? (London: Weidenfeld & Nicolson, 1993). 也有人提出，在21世纪的第二个十年，亚洲的经济产值将超过欧洲和北美，一个重要的原因就是中国经济的巨大发展。参见 Urban C. Lehner, “Belief in an Imminent Asia Century Is Gaining Sway?” *Wall Street Journal*, May 17, 2003。

② 例如，Overholt强调发展起来之后的中国将对世界经济政治都有建设性的贡献，而不太会成为潜在的危险。William Overholt, *China: The Next Economic Superpower*? pp. 351 - 354.

③ Nicholas D. Kristol, “China's Rise,” *Foreign Affairs*, pp. 70 - 72.

力甚至整个国家能力上与西方"平起平坐"、在同一力量水平上竞争的中国。这使陶醉在冷战结束后"历史终结"的喜悦中的美国，突然要面对一个"历史远远没有终结"的中国对西方的挑战。美国朝野在"政治倾向"层次上产生的"中国威胁"看法，成为主导20世纪90年代美国有关中国问题辩论的最主要的分野。①

在1993年，"中国崛起"还并非是一个清晰的概念，只能说是中国发展的强劲势头所带来和展示出的某种潜力。"中国威胁论"接踵而至，最重要的原因是受1989年政治风波的影响，美国的"中国视角"普遍带有强烈的意识形态色彩。这场政治风波使中美两国人权和制度对立问题在美国的中国政策中尖锐化和模式化了。虽然老布什政府在这场政治风波之后仍竭力想要推行现实主义的对华外交，但美国国会、媒体和人权组织都强烈要求白宫说明人权问题在对华政策中的基本定位。② 人权问题成为美国对华政策必须关注的基本问题。此外，"中国威胁"论也反映了美国国内政治环境中多样化的利益背景和多元化的利益主张在中国问题上的争论。各种不同的利益集团常常在中国问题上有相当不同的看法，美国国会又需要不断制造理由来干预白宫的中国政策，美国舆论更是把中国问题视为表达美国人民看法的重要领域。中国威胁论在相当程度上是美国国内政治的必然产物。③

其次，很多美国人，包括政治精英都对中国所知甚少。美国公众和政治人物的对中国的看法经常在两个极端上摇摆。要么是尼克松访华后在对苏冷战的时刻，美国人突然对中国有一种多了个"帮手"的天真、简单的同情和

① 为何在美国"政治倾向"会产生对中国问题的不同看法，以及这些看法如何主导"中国威胁论"，请参见 Denny Roy, "The 'China Threat' Issue: Major Arguments," *Asian Survey*, Vol. 71, No. 12 (December 1996), pp. 758 - 771; Thomas Christensen, "Posing Problems but not Bucking," *International Security*, Vol. 21, No. 3 (Spring 2001), pp. 1 - 34。

② 参见 Harry Hading, *The Fragile Relationships*: *US-China Relations since 1972* (Washington, D. C.: the Brookings Institution, 1992), pp. 58 - 65; Robert Mann, About the Face; Roger W. Sullivan, "Discarding the China Card," *Foreign Policy*, No. 86 (Spring 1992), p. 21。

③ 有关20世纪90年代美国国内政治对中国政策的作用，请参见 Robert G. Sutter, *U. S. Policy Toward China*: *An Introduction to the Role of Interest Groups* (Lanham: Rowman & Littlefield Pulishers, Inc, 1998); Kenneth Lieberthal, "Domestic Forces and Sino-U. S. Relations," in Ezra F. Vogel, ed., *Living with China*: *U. S. -China relations in the Twenty-fist Century* (New York: Norton, 1997), pp. 254 - 276。

好感，要么就是1989年后一边倒地认为中国是一种“邪恶”。这种对立的、非常极端化的中国观直到20世纪90年代中期都没有改变过。[①] 大多数美国人之所以不了解中国，一方面是由于长期以来，中国对美国并不重要，以至于中国问题在向来以功利主义著称的美国没有多少需要曝光或者认真看待的空间；另一方面则是由于从一开始，在美国人看世界的“余光”中，中国就是一个落后、神秘、古怪和另类的国家。这种印象几乎根深蒂固。[②]

由于缺乏对中国的了解，美国人总是自以为是地按照西方的制度原则和社会结构来判断和衡量中国，按照美国人所认知的“常理”（conventional wisdom）来认识中国问题。在这种背景下，对中国偏见很深的人士就直接叫嚷“中国威胁”，而严肃的学者至少认识到中国今后的发展充满了不确定性，包括中国能否顺利进入“后邓小平时代”、平稳渡过权力交接，中国的内在社会关系紧张将如何克服，以及中国未来做什么样的政策选择，等等。在这些学者看来，中国并不必然就是“威胁”，但“威胁”至少是很有可能的一种结果。[③] 他们从西方学者的政治和社会关系角度出发，同样难以对中国的发展做出准确和积极的勾画与预判。如沈大伟认为，中国的社会结构正在“磨损”，犯罪率直线上升、年轻人异化、知识分子反叛及“拜金主义”盛行，国家权威的下降和道德水平的堕落是根本原因。[④] 然而，这些问题事实上也可以解释为中国国家与社会分离、

---

① 有关美国人的中国观念的两极对立，请参见 Nancy B. Tucker, “China and America, 1941 - 1991,” *Foreign Affairs*, Vol. 70, No. 5 (Winter 1991 - 1992), pp. 75 - 92; David Shambaugh, “Patterns of Interaction in Sino-American Relations,” in Thomas W. Robinson and David Shambaugh, eds., *Chinese Foreign Policy: Theory and Practice* (Oxford: Oxford University Press, 1994), pp. 197 - 223。

② 专门介绍美国人中国观的专著，请参考 Herald R. Isaacs, *Scratches on our Minds: American Images of China and India* (New York: John Day, 1958); T. Christopher Jespersen, *American Images of China: 1931 - 1949* (Stanford, CA: Stanford University Press, 1996)。

③ 这方面的代表性论著，参见 Richard Baum, “China After Deng: Ten Scenarios in Search of Reality,” *China Quarterly*, No. 145 (March 1996), pp. 153 - 175; Robert G. Sutter, China in Transition: Changing Conditions and Implications for U. S. Interests, Washington, D. C., CRS Report no. 93 - 1061 S, 1993; Maria Hsia Chang, “China's Future: Regioanlism, Federation, or Disintegration,” *Studies in Comparative Communism*, September 1992, pp. 211 - 227; Andrew Nathan and Robert S. Ross, *The Great Wall and Empty Fortune* (New York: Newton, 1997); Ezra Vogel, eds., *Living With China* (New York: M. E. Sharpe, 1997)。

④ David Shambaugh, “Containment or Engagement of China? Calculating Beijing's Response,” *International Security*, Vol. 21, No. 2 (Fall 1996), pp. 180 - 196.

个人权利自由和发展的结果。换句话说，不同的政治取向在很大程度上决定了对中国改革开放后国内局势的判断。

从对中国抱有偏见角度出发，这些变化不仅被视为是中国政局和社会动荡的表现，更是中国对外政策有可能受国内危机影响而变得更具有"威胁性"的前兆。为此，鼓吹"中国威胁"的有些学者甚至走向另外一个极端：要么认为国内关系的紧张将使中国崩溃在所难免，所以一个"即将"崩溃的中国的威胁性也就自然降低了；要么从中国的强大的"威胁论"转向中国"衰落"的"威胁论"，认为中国的崩溃同样将给世界造成巨大的压力，至少中国未来的前景存在很大脆弱性，中国对世界的威胁始终都难以消除。[①] 在这些人看来，即使没有可靠证据显示"中国威胁"，而"中国崛起"所带来的"中国威胁论"也被夸大，但并不等于中国不是"威胁"。也有学者认为，中国发展最好的结果无非是成为一个"二流的中等强国"（second-rank middle power）。[②] 西方国家不需要太把中国当回事，只有这样中国才会认真实行"西方希望中国进行"的政治改革。[③] 这种从所谓西方人的"常理"出发来认识和判断中国问题，当然难以避免扭曲和偏差。麻省理工学院教授黄亚生（Yasheng Huang）指出，美国人要纠正他们的错误观点，最好是首先改变他们所通常认为的"常理"。[④]

20 世纪 90 年代中国威胁论观点的第三个特点或者说是第三种状况，是基于美国政界和学术界对冷战结束后国际关系发展不确定的现实而产生的"威胁意识"。这是一种立足于美国自身利益，需要寻找到美国和西方世界面临的下一个敌人，并在政治、军事和经济上都能更好地有所准备而在思想上做出的必然反应。在美国冷战后将要面对的不确定世界所产生的新威胁中，无论是在安全理论上还是在美国国家安全利益的重新定义上，中国都是一个不可能漏掉的、最有可能给美国带来威胁的对象。

---

① David Shambaugh, "China's Fragile Future," *World Policy Journal*, Fall 1994, pp. 41 - 45; Gerald Segal, "China Change Shape," *Foreign Affairs*, May 1994; David S. Goodman and Gerald Segal, eds., *China Deconstructs* (London: Routledge, 1994); Gerald Segal and David S. Goodman, *China Without Deng Xiaoping* (Melbourne and New York: ETT, 1995).

② Gerald Segal, "Does China Matter?" *Foreign Affairs*, Vo. 78, No. 5 (September/ October 1999), pp. 24 - 36.

③ 参见 Gerald Segal, China Changes Shape, *Adelphi Papers*, No. 287, London: IISS, 1994。

④ Yasheng Huang, "Why China Will not Collapse?" *Foreign Policy*, Summer 1995, p. 68.

冷战结束后，未来究竟是一个什么样的世界，对美国来说有太多不可知因素。因为冷战结束得太快，美国还来不及为国际体系的过渡做好准备。正如乔治·凯南（George Kennan）所言，“冷战的结束，把美国推到了一个似乎还缺乏存在一个重要的敌对大国的世界，很明显这也给美国人提出了谁将是美国最重要的敌人这样一个只有少数人准备好回答的问题”。[①] 在1992年美国大选中，一个广泛争论的话题是美国政治评论员诺曼·奥斯坦因（Norman Ornstein）提出的问题：“什么应该是像美国这样的超级大国在一个已经不再有超级大国之间对抗的世界上应该做的事？”[②] 在只有美国是唯一的超级大国的世界里，美国的战略终究应向何处去？这是一个困扰美国的话题。这种困境正如基辛格所言，“失去了需要与之奋战的敌人之后，美国就像‘飘荡在新世界汪洋中’，比曾经历的20世纪任何时期都要安全，但却没有了要去完成的使命”。[③]

为此，美国一方面积极着手制定冷战后新的全球战略，继续维持与巩固美国在单极世界的国家利益和霸权地位，另一方面则开始寻找新的“敌人”。在相当一部分人美国人看来，无论是拒绝民主化进程的社会主义意识形态和制度特点，还是缺乏对美国所主导的国际军控与裁军制度的热情，中国都是美国潜在的最重要的“敌人”。虽然在官方政策上，美国仍然维持了对中国一种模糊的“非敌非友”的关系，[④] 但美国的东亚地区安全战略的调整，很快围绕为了防范和遏止中国这个最有潜力的“敌人”而进行的。

首先，在地区安全方面，美国认为“后霸权时代”对美国最大的威胁是出现一个在区域层次上对美国利益的直接挑战者。随着两极体系的崩溃，美国已经成为世界上唯一的超级大国。但两极体系的崩溃导致美苏全球战略对抗结束的同时，在区域层次上留下了新的权力真空。如果出现萨达姆执政的伊拉克那样的地区性扩张国家，不仅排斥美国的利益，而且也将实质性地伤害美国在全球的战略地位。这种新挑战者出现的过程，就是

---

① George F. Kennan, *Around the Cragged Hill: A Personal and Political Philosophy* (New York: W. W. Norton, 1993), p. 180.

② Norman Ornstein, "Foreign Policy and the 1992 Elections," *Foreign Affairs*, Vol. 71, No. 3 (Summer 1992), pp. 1 – 16.

③ Henry Kissinger, "At Sea in a New World," *Newsweek*, June 6, 1994, pp. 6 – 8.

④ 对20世纪90年代初中美之间这种“非敌非友”关系的论述，参见 Harry Harding, *The Fragile Relationship: the U. S. -China Relations since 1972*。

美国的战略研究者们所说的“地区层次上的多极化过程”。如果美国无法对这个过程加以有效遏止，新的活跃的地区力量将必然把挑战的矛头指向美国。即使不和美国发生直接的利益冲突，地区性新的力量中心的崛起过程，也必然是损害美国既得利益的过程。①

美国的基本对策是一方面在全球进行战略调整。由于不再需要面对前苏联的战略压力而保持前沿战略力量对峙，美国开始减少在欧洲的驻军，撤走在欧洲部署的战略核武器，关闭在菲律宾的苏比克湾海军基地和克拉克空军基地，降低在亚太地区的驻军规模。另一方面，美国继续保持和巩固以美国为核心的军事同盟体系，维持前沿驻军，加强对如中东地区的全球战略节点地区的军事存在，通过重新对欧洲和亚洲承担安全义务的方式，一方面继续保持美国军事力量的全球网络体系，保证美国能随时介入和干预地面冲突，继续实行冷战时代能够同时打两场战区战争的防务力量配置；另一方面，威慑和防范新的地区安全的挑战以防止出现针对美国的地区层次上的军事和战略挑战。在后冷战时代美国全球安全战略的重组过程中，中国是美军主要的防范对象。而在东亚，中国更是美国军事和战略力量的首要对象。现任美国副总统办公室国家安全助理的前普林斯顿大学教授阿兰·弗里德伯格（Aaron Friedberg）在20世纪90年代初就曾断言，美国是否能继续成为亚洲国家，在很大程度上取决于美国是否能继续将其强大的军事力量投射在亚洲地区。②

自克林顿政府起，美国东亚战略的核心开始确立为防止出现一个新的如前苏联那样和美国具有同等竞争力的军事力量，并能与美国在同一层次上较量的“同辈竞争者”（peer competitor）。美国认为，中国不仅是最具有潜力成为这样的战略竞争者，而且与西方或东方同样具有潜力的竞争者相比，中国是最具有挑战性的国家。例如，在后冷战时代有关欧洲政治走向问题的探讨中，多数学者都反对欧洲将重新回到不稳定的多极时代的论

---

① 有关这方面的研究，最有代表性成果有：Thomas J. Christensen and Jack Snyder, “Predicting Alliance Pattern,” *International Organization*, Vol. 44, No. 2 (Spring 1990), p. 168; John Mearsheimer, “Back to the Future: Instability in Europe after the Cold War,” *International Security*, Vol. 15, No. 1 (Summer 1990), pp. 5 – 56; Richard Ullman, *Securing Europe* (Princeton: Princeton University Press, 1991)。

② Aaron Friedberg, “Ripe for Rivalry: Prospects for Peace in a Multipolar Asia,” *International Security*, Vol. 18, No. 3 (Winter 1993/94), p. 7.

点，认为欧洲国家特点的变化、欧洲一体化进程所形成的欧洲传统大国之间制度化的紧密联系，以及战争在成本和收益方面所出现的革命性变革，使欧洲即使继续强大，但也不会让英国、法国、德国等欧洲大国重新堕入强权竞争的多极化的、不稳定的过去。因为这些欧洲大国都已经成为民主国家的典范，有着成熟的权力制衡机制，民族主义在这些国家已经不是主流意识形态，欧洲联盟的观念已经深入人心。① 这些欧洲变化的新因素，在国际关系理论中通常也被称为是“非结构因素”，它们同样能说明强国的兴起并不必然导致不稳定和冲突。

然而，当美国的学者以同样的研究方法审视中国问题的时候，却无法得出他们对欧洲冷战后关于未来的同样结论，也无法将亚洲与冷战结束后的欧洲等同。换句话来说，美国学者对欧洲和亚洲进行比较研究，对亚洲所得出的结论相当悲观，认为冷战后支撑美国对欧洲有乐观看法的经验和理论依据完全无法适用于亚洲。② 因为在一个两极体系对抗的主导因素突然消失的亚洲，地区各国必然为了财富、威望和权力展开新的权力角逐，包括进行军备竞赛、在领土问题上威胁诉诸武力而极可能引发新的地区冲突。③ 失序的东亚局势对美国的战略利益是一种本质上的威胁，因为美国

① 对欧洲新战略和政治特点的研究，参见 Stephen Van Evera, “Primed for Peace: Europe After the Cold War,” *International Security*, Vol. 15, No. 3 (Winter 1990/91), pp. 7－57; Robert Jervis, “The Future of World Politics: Will It Resemble the Past?” *International Security*, Vol. 16, No. 3 (Winter 1991/92), pp. 39－73; Jack Snyder, “Averting Anarchy in the New Europe,” *International Security*, Vol. 14, No. 4 (Spring 1990), pp. 5－41; James M. Goldgeier and Michael McFaul, “Core and Periphery in the Post-Cold War Era,” *International Organization*, Vol. 46, No. 2 (Spring 1992), pp. 467－491; Stanley Hoffmann and Robert Keohane, “Correspondence: Back to the Future, Part II: International Theory and Post-Cold War Europe,” *International Security*, Vol. 15, No. 2 (Fall 1990), pp. 191－194。

② 这一方面的典型论述，请参见 Aaron Friedberg, “Ripe for Rivalry: Prospects for Peace in a Multipolar Asia;” Robert Jervis, “the Future of World Politics: Will It Resemble the Past;” Gerald Segal, “East Asia and the Constrainment of China,” *International Security*, Spring 1996; David S. Goodman and Gerald Segal, eds., *China Rising: Nationalism and Interdependence* (London: Routledge, 1997); “How Insecure is Pacific Asia?” *International Affairs*, Vol. 72, No. 2 (April 1997); “The Asia-Pacific: What Kind of Challenge?” in Anthony McGrew and Christopher Brook, *Asia-Pacific in the New World Order* (London: Routledge, 1998)。

③ Richard K. Betts, “Wealth, Power, and Instability: East Asia and the United States after the Cold War,” *International Security*, Vol. 18, No. 3 (Winter 1993/94), pp. 34－77; Robert Taylor, *Greater China and Japan: Prospects for an Economic Partnership in East Asia* (London: Routledge, 1996), pp. 178－184.

这时面临着要么"选边"，进行干预性的战争，要么随着地区强权的崛起，面临着自己被"逐出"亚洲的命运。而这两点都是美国所不愿意看到的。要避免这种困境出现，美国必须继续维持在东亚的驻军和军事同盟关系，通过在战略上遏止"中国威胁"和重新承诺对东亚的地区安全责任。

冷战后美国东亚安全战略向冷战时代过渡，从一开始就是以"中国威胁"为目标的。尽管美国和日本在贸易摩擦和经济竞争上存在冲突，但美国认定日本是一个"瘸腿"大国，日本国内的和平主义及宪法对日本发展军事力量的限制，让日本无法单独发展成有效制约中国的独立战略力量。特别是中国基于历史原因而形成的对日本的"不信任"，一旦美国无法对所谓"中国崛起"保持美国一马当先的战略戒备，美国在东亚战略势力的弱化将会直接引起中日之间的冲突而使美国面临更大的消极后果。[①] 而美日在价值、制度和利益上的高度一致，更让美国认为日本是其在亚洲保持战略利益的"命定的帮手"。但由于日本的军事崛起无法得到亚洲邻国的认同，因而除中国外，美国在东亚找不其他潜在的、有分量的战略对手。[②] 美国所关注的朝鲜和台湾问题也都和中国直接或间接有关。中国不仅由于经济的持续发展为军事力量建设提供了强大的工业支持，而且在南中国海领土争端上似乎表现出了"侵略性"的势头，因而被美国解读为"既有对外动用武力的力量和意志"，又能让亚洲邻国对其动用武力而保持"沉默"的国家。[③] 并且，中国军事力量的发展和安全努力从根本上就是要排斥美国的存在和打击美国在亚洲的影响力。[④] 由于冷战后中国在东亚战略结构中地位总体上升的趋势和中国的"反美"战略意图，而被美国称为"出现

---

① 关于美国对中日关系的战略分析及由此而对美国东亚战略的影响，参见 Steve Chan, *East Asian Dynamism: Growth, Order and Security in the Pacific Region* (Boulder: Westview Press, 1993); Aaron Friedberg, "Ripe for Rivalry: Prospects for Peace in a Multipolar Asia;" Thomas Christensen, "Beijing's Realpolitik," *Foreign Affairs*, Vol. 75, No. 5 (September/ October 1996), pp. 37 – 52。

② Gerald Segal, "Coming Confrontation between China and Japan," *World Policy Journal*, Vol. 10, No. 2 (Summer 1993); Denny Roy, "Hegemon on the Horizon: China's Threat to East Asian Security," *International Security*, Vol. 19, No. 1 (Summer 1994), pp. 149 – 168.

③ Michael G. Gallagher, "China's Illusory Threat to the South China Sea," *International Security*, Vol. 19, No. 1 (Summer 1994), pp. 169 ~ 194.

④ David Shambaugh, "China's Security Policy in the Post-Cold War Era," *Survival*, Vol. 34, No. 2 (Summer 1992), p. 89.

在地平线上的东亚霸权国家”。

通过把中国定义为美国在东亚最大的“战略性威胁”，对美国政府来说至少有四个方面的好处：一是说服东亚民主国家继续团结在美国的周围，维持与美国的军事同盟体系，使美国在东亚继续保持强大的前沿驻军，保证美国的东亚战略利益在任何情况下不受侵害和排斥；二是保证美国在东亚的政治和经济利益，避免被任何东亚国家或者东亚国家的联合而“边缘化”，甚至逐出亚洲，这就需要美国在战略上遏止中国这样的“地区强国”；三是符合美国冷战后继续在东亚和全球推动民主进程的需要，在对中国保持强大的战略和政治压力的同时，通过鼓励中国的经济开放实现中国政治向民主转型的目标；四是能够最大限度地获得美国国会的支持，凝聚美国公众的价值和意愿，减少美国东亚政策在国内政治中所受到的批评。说到底，“中国威胁”论的出现，充分反映出美国冷战后的东亚战略重建需要首先明确“谁是敌人、谁是朋友”的战略要求。“如果美国无法清晰地划定敌人和阵营的区别，任何战略的调整都无法完成。”①

二　中国威胁：国际关系理论“问题”？

由于“中国威胁论”的理论根源是所谓大国崛起必然带来权力转移及国际关系理论中所论证的国家间权力分配的变化必然导致冲突的结论，20世纪90年代美国政界和学术界在讨论“中国威胁论”这个命题的时候，一直是一个矛盾和争论的过程。但这些具有学术和理论特点的认识，同样是美国“中国威胁意象”的基础。不了解这些认识，客观上无法了解美国的“中国威胁意象”的形成和发展。

1. 制度/结构论

美国人无论是从民主意识形态还是从冷战的经验，都自然而然地认同那些和美国人一样摆脱专制和享有自由的国家，而冷战的体验又使他们相信共产主义国家就是像斯大林式的苏联和法西斯德国那样具有侵略性。因此，他们将发生1989年政治风波的中国与这些国家等同起来，相信所谓的

① Michael Cox, *US Foreign Policy after the Cold War: Superpower without a Mission?* (London: Chatham House Papers, 1996), pp. 100 - 101.

中国"制度决定论"的侵略性。这种制度决定论的"中国威胁"论的一个典型逻辑是一国政府"在国内如何对待其国民"就会在国际关系中同样对待其他国家的人民。① 即使没有实际的事例证明中国是一个会"侵略别国"的国家，但他们也这样相信。这是基于美国的意识形态和制度认识而产生的典型的"中国威胁论"的依据。② 虽然这并不意味着美国人毫无例外地都将中国视为是一种"威胁"，但至少大多数美国人根据民主与否的标准在意识深处不认同中国是一个"友好国家"的事实，为美国的"中国威胁论"提供了重要的社会背景和思想土壤。

站在西方立场上认为中国的政治结构—意识形态特征必然对西方构成挑战，并很可能引起未来与西方冲突的最具极端观点是亨廷顿（Sammuel Huntington）的《文明的冲突》。他认为未来"文明—意识形态"差异将是冲突和战争的主要原因。③ 这种用冷战对立模式在将中国列为美国的敌对意识形态国家的观点所得出的必然结论是，中国究竟是对邻国的威胁，还是变成美国的敌人，从而成为全球秩序的"系统性的挑战"，这还是一个没有得到回答的问题。④ 在这一波的中国威胁论的讨论中，中国国内状况对外交政策的影响并不是关注的重点，而只是基于对中国社会主义制度特征及政治结构特点的主观臆断。谈论中国威胁的，大多是美国研究中国外交和国际政策的专家，很少有专门从事中国内政研究的学者。⑤ 而一些曾在中国做过记者的美国人，更是从他们对中国的肤浅认识出发，提出"中国最有可能采取的制度形式是一种'集合性的'（corporatist）、军事化的、民族主义的国家，在相当程度上类似于墨索里尼统治时期的意大利和弗朗

---

① Jim Hoagland, "Simply China," *Washington Post*: National Weekly Edition, June 12 - 18, 1995, p. 28.

② Ezra F. Vogel, ed., *Living With China: U. S. -China Relations in the Twenty-first Century* (New York: Norton, 1997), p. 29.

③ Samuel Huntington, "Crash of Civilizations?" *Foreign Affairs*, Vol. 72, No. 3 (Summer 1993), pp. 22 - 49.

④ David Shambaugh, "Containment or Engagement of China? Calculating Beijing's Response," p. 180; David Shambaugh, *Political Dynamics in Transitional China: Implications for the United States* (Carlisie Barracks, Penn: U. S. Army War College National Strategy Institute, 1996), p. 23.

⑤ 有研究了中国改革开放后社会发展状况的学者，却认为中国改革开放的深入将使中国的外交政策趋向温和。Michael D. Swaine, *China: Domestic Change and Foreign Policy* (Santa Monica: RAND National Defense Research Institute, 1995).

西斯科·佛朗哥统治下的西班牙那样的法西斯国家”。[①]

与此同时，有部分美国学者相信，中国“非民主”的政治制度不仅源自所谓“一党专制”的意识形态，也来自于中国威权体制背后的政治结构问题。也就是说，中国传统的“大一统”、“皇权至上”等封建思想和中国人的政治理解都会继续让中国维持一种“帝国式”的权力统治的方式，而不是去追求建立在鼓励社会力量多元化和个人权力基础上的多元主义的民主政治。中国依然还有2/3的地区被少数民族而不是被汉族居住的现实，更让中国维护“帝国式”的统治方式变得非常必要。[②] 他们认为，20世纪90年代上半期中国面临权力交接的问题，而从苏联共产党和中国共产党的历史发展来看，权力交接和接班人的选拔在社会主义国家都是一个严重的问题。中国的“政权更替”将会像前苏联那样将中国的政治结构“拖入到”新的权力争夺的旋涡，从而进一步阻止中国的民主化进程。这种认为中国政治结构的特点阻碍中国民主化进程的观点在美国的中国研究中非常普遍。[③] 而另外一种对中国制度的分析是，中国的民主化会削弱中国共产党的执政能力，因而中国的政治精英没有意愿也害怕承担民主化进程所招致的权力和威望的损失。[④] 在他们看来，民主和平论对解释中国的未来战略动向几乎毫无用处。另外一种极端的对中国国内政治的理解是，权力斗争使中共权威受损，军队因而会重新成为权力的实际中心，历史上的“军阀”割据将重新上演。至少，军队可能会成为中国最有权力的单位。[⑤]

---

① Richard Bernstein and Ross H. Munro, “The Coming Conflict with American,” *Foreign Affairs*, Vol. 76, No. 2 (March/ April 1997), p. 29.

② Ross Terrill, *The New Chinese Empire*: *Beijing's Political Dilemma and What It Means for the United States* (New York: Basic Books, 2003).

③ 这方面代表性的研究，参见 Arthur Waldron, “China's Coming Constitutional Challenges,” *Obis*, Winter 1995, pp. 19 - 35; David M. Finkelstein and Maryanne Kivlehan (Armonk: M. E. Sharpe, 2003)。

④ Richard Bernstein and Ross H. Munro, “The Coming Conflict with America,” *Foreign Affairs*, Vol. 76, No. 2 (March/April 1997), pp. 26 - 29.

⑤ Arthur Waldron, “Warlordism versus Federalism: The Revival of a Debate?” *The China Quarterly*, March 1990, pp. 116 - 128; Michael D. Swaine, *The Military and Political Succession in China*: *Leadership*, *Institutions*, *Beliefs* (Santa Monica, CA: The RAND Corporaion, 1993); Arthur Waldron, “China's Coming Constitutional Challenges;” Richard Bernstein and Ross H. Munro, “The Coming Conflict with America,” *Foreign Affairs*, March/April 1997, p. 25.

另有学者则从中国经济改革的道路来解释中国政治威胁的理由。他们认为，经济改革已经使得中国出现了"去中央化"或者"非中心化"（de-centralization）的过程，地方势力对中央权威的抗拒正在扩大。中国政府为了保持权力控制，继续不断地加强干预和对社会经济的控制，其结果是中国经济不仅不会变成真正意义上的"市场经济"，也不会真正走上西方想要看到的"政治自由化"的道路。① 中国政治经济制度特殊的结构形式，让中国经济改革和发展不会带来尽快的民主变化。

从上述对中国国内政治发展所持的极端主义观点来看，中国是一个"强大"但"不稳定的、不满意现状的、常常在国际共同体之外行动的修正主义"性质的国家。② 即使在温和的学者看来，由于中国国内政治从威权体制向民主体制的转型显然是一个非常艰巨的任务，在此期间国内制度和社会形态的内在紧张，有可能改变中国的对外政策，导致中国对外行动的攻击性。此外，美国学者普遍认为中国的外交政策决策是高度集中的、缺乏有效的信息提供和高高在上的（insularity），因此，常常在"真空"里决策，幕僚及利益集团的作用都被压缩到最小限度，缺乏灵活的政策选择。③ 他们认为，中国的这一外交决策机制难以保证其政策选择是温和和务实的。美国前国防部长哈罗德·布朗（Herald Brown）认为，未来中国究竟是一个"合作性的角色"（cooperative player），还是国际关系中"愤怒的民族主义的破坏者"（angry nationalistic disruption），这取决于未来中国领导制度的性质。④

2. 理论/经验论

有美国人提出中国威胁论的一个重要的依据，是历史上大国的经济发

① Margaret Pearson, *Joint ventures in the People's Republic of China* (Princeton: Princeton University Press); Richard Hornik, "The Muddle Kingdom? Bursting China's Bubble," *Foreign Affairs*, Vol. 73, No. 3 (May/June 1994), pp. 28 – 42; Jack A. Goldstone, "The Coming Chinese Collapse," *Foreign Policy*, Summer 1995, pp. 35 – 52; David Zweig, "Developmental Communities' on China's Coast: The Impact of Trade, Investment, and Transnational Alliances," *Comparative Politics*, April 1995, pp. 253 – 274.

② Gerald Segal, "Does China Matter?" *Foreign Affairs*, Vol. 78, No. 5 (September/ October 1999), pp. 24 – 36.

③ David Shambaugh, *Containment or Engagement of China? Calculating Beijing's Responses*, p. 201.

④ Herald Brown, "Preface," in James Shinn, ed., *Weaving the Net: Conditional Engagement with China* (New York: A Council on Foreign Relations Book, 1997), p. x.

展毫无例外地都带来了政治影响的扩大，并进而通过追求军事力量的强盛来获得更大的国际空间。如英国于1588年打败西班牙的“无敌”舰队后取而代之成为此后300年间国际关系的新霸主；法国的崛起也产生了拿破仑战争，德国在19世纪后期的崛起则将世界带入了第一次世界大战。军国主义的日本和法西斯主义的德国的强大把世界拖入了第二次世界大战。战后美苏两大超级大国的全球战略对峙很大程度上也因为两国在战争中迅速膨胀的国内经济和军事力量。20世纪60年代，美国芝加哥大学教授奥根斯基（A. F. K. Organski）根据现实主义分析方法，将这种大国的力量发展将不可避免地会扩散到政治和军事领域的历史经验，概括成了“权力转移”（power transition）理论。[①] 这一理论后来经奥根斯基教授和他的学生一起共同进行了修正和发展，成为解释国际关系中大国崛起将不可避免地导致扩张性的权力追求，进而产生新的权力冲突，并导致不稳定甚至战争的基本理论。在理论的层面上比奥根斯基的权力转移理论更为彻底、更有说服力的对大国崛起的不稳定甚至战争作用的解释，是吉尔平（Robert Gilpin）的《世界政治中的战争与变革》一书。该书是从体系结构的角度说明为什么国家间力量发展的不平衡很可能招致大国冲突的最权威的作品之一。它从理论上总结了崛起的大国为何会成为国际秩序的挑战者、挑战将以何种方式进行、国际体系的主导者如何应对、现有的国际合作要素为何难以阻止“挑战者”与“主导者”冲突等一系列问题。[②] 相对来说，吉尔平的理论在结论上要乐观得多，他并不认为国家间为了权力、威望和财富的纷争完全无法避免最后的冲突和战争。为此，他随后潜心研究国际政治经济，就是要通过了解权力追求与财富追求之间动态互动来找到破解非和平方法解决国际冲突的路径。[③] 在吉尔平看来，经济民族主义是引发国际经济系统中权力分散化，进而威胁系统稳定的重要因素。[④]

如上所述，大国崛起的非和平历史、国际关系理论中大国崛起必然导

① A. F. K. Organski, *World Politics* (New York: Knopf Publishers, 1968).

② Robert Gilpin, *War and Change in World Politics* (Cambridge: Cambridge University Press, 1981).

③ Robert Gilpin, *The Political Economy of International Relations* (Princeton: Princeton University Press, 1987).

④ Robert Gilpin, *The Political Economy of International Relations*, p. 406.

致新的权力分配从而引发冲突的观点，是一些美国政界和学界人士解释现实和未来"中国威胁"的一种普遍的理论和历史依据。

3. 能力/意图论

"中国威胁论"的另一个论据是所谓中国挑战美国的能力和意图问题。在能力问题上，美国人的直觉是"中国崛起"给中国带来了可以挑战美国的"能力"，因此"中国崛起"等同于"能力崛起"。无论是在中国问题上采取积极、温和立场的分析人士还是对中国的发展非常有偏见，甚至敌视的观察家，都普遍相信，中国经济的增长必然带来其国际影响力的扩大，必然将使中国在自己的边界之外追求和行使权力。问题在于，中国究竟以什么方式在更大的权力基础上扮演自己的国际角色？这种不确定性成为中国威胁论的最重要的理由之一。

例如，有美国学者认为，一个脆弱的经济是不可能发展出强大的军事力量，也不可能承担战争所需要的经济代价。中国的崛起意味着开始有能力追求强大的军事力量，特别是军事力量中的海外投放力量，这就构成了可以挑战和威胁美国的能力基础。虽然多数学者不认为中国已经具备了足够挑战美国的能力，[①] 但美国"中国威胁论"的鼓吹者们认为，首先，中国现在没有能力威胁美国，但并不等于未来没有；相反，中国发展的势头证明中国未来这样的能力是可以期待的。其次，从美国利益出发，美国只有"坚实地拥有经济的超强地位和金融的强大，美国的霸权才不会受到任何真正的威胁"，即使中国崛起产生了一种潜在的削弱美国霸权的能力，这样的中国同样也是一种"威胁"。所以，从能力角度出发的"中国威胁"论非常敏感，其采取的对策从美国继续加强在东亚地区的驻军、加强美国在亚洲的战略影响、巩固军事同盟与伙伴关系，一直到美国从经济上强化出口控制机制、阻止所有敏感技术对中国的出口、美国国会设立美中经济安全委员会就中美经济合作是否损害美国的安全利益进行评估、美国国会要求五角大楼每年提交中国经济力量的评估报告，到2005年修改能源法阻止中国石油公司并购美国能源企业等诸方面。

① Robert S. Ross, "Beijing as A Conservative Power," *Foreign Affairs*, Vol. 76, No. 2 (March/April 1997), pp. 33 - 44; Andrew Nathan and Robert Ross, *The Great Wall and the Empty Fortress: China's Search for Security* (New York: W. W. Norton, 1997); Michael O'Hanlon and Bates Gill, "China's Hollow Military," *International Security*, 2000.

对中国战略意图的分析上，美国的看法随着中国力量的增强而改变。有学者认为，中国是要通过军事扩张改变现有的国际秩序，还是愿意认可现有的秩序和游戏规则进而成为国际社会中“负责任”的一员，很难预测。中国虽然改革开放，但对“相互依存、国际制度和规则仍然相当抵触”。[①] 也有学者认为中国愿意积极参与国际社会，但只是一个“规则的制定者”，而不会是一个“规则的接受者”。中国的领导层对西方官员在人权问题上的虚伪、高傲和无知非常地憎恨。[②] 中国对外政策强调“强权政治”（realpolitik），追求力量和力量间的平衡是其基本理念和手段。[③] 特别是基于历史上对日本的不信任，中国一定会大力发展军事力量来应对日本的重新武装，并在台湾问题上出于民族自豪感而对台独倾向继续采取军事威胁的方法。虽然这种“强权政治”的思想并不能说明中国必然有挑战美国的“意图”，但却在相当程度上成为美国观察中国“意图”的一个重要视角。美国的主流的观点认为中国未来的“战略意图”是“可变的”、“流动的”。[④] 也有学者认为中国存在很强的反美主义，其长远的战略意图就是要将美国“赶出”亚洲。[⑤] 美国即便对中国实行接触政策，也必须追求“稳定的安全区域”，以应对通过经济上把中国吸纳进国际社会的政策却未能使中国变得更加“温和”的局面。

为此，有学者提出观察中国国际行为，进而判断美国是否对中国实行“接触”还是“遏止”政策的十项原则，包括中国不得单方面对外进攻性地使用武力、和平解决领土争端、尊重国家主权、航行自由、对军事力量发展采取克制态度、军事力量的透明度、不扩散、贸易与投资的市场准入、合作解决跨国问题及尊重基本人权。[⑥] 也有学者提出以台湾问题、市

---

① Michael Oksenberg, "The China Problem," *Foreign Affairs*, Vol. 70, No. 3 (Summer 1991), p. 10.

② Kenneth Lieberthal, "A New China Strategy," *Foreign Affairs*, Vol. 74, No. 6 (November/December 1995), pp. 38 – 42.

③ Charles Krauthammer, "Why We Must Contain China," Time, July 31, 1995, p. 72; Alastair Iain Johnston, *Cultural Realism: Strategic Culture and Grand Strategy in Chinese History* (Princeton: Princeton University Press, 1995); Thomas J. Christensen, "Chinese Realpolitik."

④ Robert S. Ross, "Beijing as a Conservative Power," *Foreign Affairs*, Vol. 76, No. 2 (March/April 1997), pp. 33 – 44.

⑤ Arthur Waldron, "Deterring China," *Commentary*, Vol. 100, No. 4 (October 1995), p. 18; Kristof Bernstein and Robert Munro, "Coming Conflict with China."

⑥ James Shinn, ed., *Weaving the Net: Conditional Engagement With China*, pp. 2 – 28.

场准入及不扩散问题为判断中国国际行为的准则。[①] 这些原则和问题都成为判断和衡量中国国际意图的标尺，其基本结论是中国如果有能力和意图对外扩张、实行军事冒险主义或公然挑战美国的安全利益，那么美国政府就应迅速地从对华"接触"转向对华"遏止"。

4. 社会/文化论

有关中国社会状况与其对外政策之间的关系分析，也为"中国威胁论"的制造者提供了一种依据。有学者认为，中国现代政治的发展，并没有建立起多元民主所需要的文化板块，因而中国人的思维模式仍然是"绝对化的"（absolutist mentality）。中国的社会状况依然固守在消极和内省型的传统上，缺乏对公共生活的热情和政治变革的勇气。中国社会依然有着强烈的"意识形态外观，团体利益远远超越于私人利益"，"高傲的精英常常蔑视外交政策规划的重要性"。[②] 美国研究中国政治制度和政治文化问题学者白鲁洵（Lucian W. Pye）提出，中国政治合法性的基础是儒教文化中的"伦理—道德因素"。这种政治文化让中国政府认为"有权干预私人生活，有责任帮助人民改善其生活状况"，结果是公权力在社会生活中的绝对地位。这种政治文化不仅阻碍中国发展个人权力保障基础上的民主参与，而且让中国政治的民主进程非常缓慢。[③] 也有学者提出，中国人世界观的心理基础是强烈的"自卑感"，因而总不能容忍别人比自己具有更加优越的权力地位，或者整个社会心态是要改变落后，甚至不顾规则地想要强大。这就为所谓中国国际行为的"危险性"提供了心理基础。[④] 美国学者对中国社会状况的极端分析也制造了另外一种"中国威胁论"的依据，即所谓"即将到来的中国的崩溃"。[⑤] 这种观点认为崩溃后中国所产生的难民、跨国犯罪及武器安全等问题，将给世界带来严重威胁。

除此之外，美国学者颇为注意研究中国在对待外部世界问题上的基本心

① Audrey Cronin and Patrick Cronin, "The Realistic Engagement of China," *Washington Quarterly*, Vol. 19, No. 1 (Winter 1996), pp. 141 – 170.

② Lucian W. Pye, "China: Erratic State, Frustrated Society," *Foreign Affairs*, Vol. 69, No. 4 (Fall 1990), p. 54.

③ 转引自 Richard Hornik, "The Muddle Kingdom: Bursting China's Bubble," p. 48。

④ Jianwei Wang, "Coping with China as a Rising Power," in James Shinn, ed., *Weaving the Net: Conditional Engagement with China*, pp. 133 – 174.

⑤ Gordon G. Chang, *The Coming Collapse of China* (New York: Random House, 2001).

态。他们认为，历史上中国一直是一个具有“侵略性”的帝国，这种历史的征服和战争欲望在今天中国的国际行为中依然还可以见到其无法割裂的联系。[1] 另一方面，美国学者注意到了自从鸦片战争以来中国受到西方侵略与奴役的历史，认为对这一段屈辱的历史记忆是中国民族主义高涨的根源，而民族主义激情往往会激发其寻求强硬的对外对抗性行动。他们认为，中国“受伤害的民族主义总是萦绕在心头的历史的屈辱感和对外国人的强烈的不信任”，以及中国政府对这些“扭曲”情感的操纵和利用，将推动中国采取“进攻性的、大规模的”对抗性的对外政策，至少会继续将美国视为“敌人”。[2] 中国的民族主义一直是中国威胁论鼓吹者重点关注的对象。有学者认为，中国的民族主义具有进攻性和排外的特点，这是将中国的对外政策引向冒险和扩张及阻挠中国与世界接轨重要的国内诱因。[3] 正如罗伯特·萨特（Robert Sutter）所总结的，美国人担心一个经济上不断强大，但又有着强烈民族主义诉求的中国会给美国带来很多的麻烦，例如美国在东亚的安全利益、防止大规模杀伤性武器的交易与运送、以市场为基础的国际经济体系的稳定，以及环境、人权等其他问题的国际规范问题。[4]

三　“中国威胁”：进入21世纪之后新的发展

美国有关“中国威胁论”的讨论，不论采取何种政治倾向，得出何种结论，最终的落脚点是形成相应的政策建议，并以政策主张作为赞同抑或

① Jonathan D. Spence, *The Search for Modern China* (New York: Norton, 1990); *Chinese Roundabout: Essays in History and Culture* (New York: W. W. Norton, 1992).

② Richard Bernstein and Ross H. Munro, *The Coming Conflict with China* (New York: Alfred A. Knopf, 1997), pp. 34 - 53; Stephen Yetz, "Don't Comprise even if the Embassy Bombing," *The Heritage Foundation Belief*, No. 221, May 1999.

③ Allen S. Whiting, "Assertive Nationalism in Chinese Foreign Policy," *Asian Survey*, August 1993, pp. 913 - 933; Muqun Zhu, "Chinese Nationalism in the Post-Deng Era," *China Strategic Review*, vol. 2, No. 2 (March/ April 1997), pp. 68 - 83; Suisheng Zhao, "We are Patriots First and Democrats Second: The Rise of Chinese Nationalism in the 1990s," In Edward Friedman and McCormick, eds., *What if China Does Not Democratize?* (Armonk, NY: M. E. Sharpe, 2000), p. 1 - 22.

④ Robert Sutter, "China's Rising Power: Alternative U. S. National Security Strategies," *CRS Report*96 - 518F, June 6, 1996.

反对"中国威胁论"的基本目的。其结果,"中国威胁"的讨论也就变成美国社会各派政治和社会势力关于采取何种中国政策的大辩论。

美国政治右翼主张立即对华实行"遏止"政策,要求美国政府立即与中国的"敌人"结盟,并加强美国在亚太地区已有的同盟关系,采取政策公然支持和呼吁颠覆中国政府。① 与这种"遏止"政策相关的政策选项还包括"吓阻"或"束缚"中国,即采取基于武力威胁和军事同盟的均势政策,在战略和政治上孤立中国,而后再根据中国实际的政策动向决定是否应全面遏止。②

但在20世纪90年代美国有关中国威胁论的讨论中,主流的意见是对中国实行接触政策,主要基于三方面的重要考虑:首先,对华实行接触政策可以鼓励中国加入国际社会,并进而通过这种接触给予好处促进中国经济发展的方式,试图有效地影响中国的未来发展,让中国在继续改革开放和融入国际社会的进程中变得"温和"和"富有责任感";其次,接触政策着眼于继续保持一个合作、交往和互利的美中关系,不仅可以避免把中国推向极端,更重要的是可以让美国从美中贸易及政治合作中获益,并有机会不断地去正面"改变"中国;再次,接触政策并不意味着美国放松对中国的警惕,更不意味着美国对中国进行没有原则的妥协。接触政策的同时,是在战略和军事上继续严格地防范中国,威慑中国可能做出的对台湾动武等美国不愿意看到的政策选择,同时,在政治上继续对所谓中国的"坏行为"说"不"。总之,接触政策是在美国高度关注和警觉中国未来"威胁"的同时,按照美国的意志尽量引导和改变中国,保持美国对华政策战略选择的最大空间,不急于为美国去制造一个敌人。接触政策构成克林顿政府对华政策的基本内容。③

---

① 这方面的文章包括:Charles Krauthammer, "Why We Must Contain China," *Time*, July 31, 1995, p. 72; Gideon Rachman, "Containing China," *Washington Quarterly*, Vol. 19, No. 1 (Winter 1996), pp. 129 – 140。

② Arthur Waldron, "Deterring China," *Commentary*, Vol. 100, No. 4 (October 1995); Gerald Segal, "East Asia and the Constrainment of China," *International Security*, Vol. 20, No. 4 (Spring 1996), pp. 107 – 135; David Shambaugh, "Containment or Engagement of China? Calculating Beijing's Response," *International Security*, Vol. 21, No. 2 (Fall 1996), pp. 180 – 209.

③ 关于克林顿政府实行对华接触政策的战略考虑,详见 Kenneth Lieberthal, "A New China Strategy," *Foreign Affairs*, Vol. 74, No. 6 (November/December 1995), pp. 35 – 49。

在美国的中国政策讨论中，有关接触政策的提法和相应的政策建议也是五花八门。有学者提出对中国实行“有条件”的接触论，即美国对华实行接触政策必须满足美国基本的对华利益要求和政治关注。例如改善人权、不能用武力方式解决台湾问题，以及不得威胁邻国等。① 也有学者提出“建设性接触论”：既帮助中国发展经济，承认中国“正当”的国家发展目标，同时又对中国的“错误行为”进行纠正，同时，通过保持美国在东亚的强大军事部署及优势的战略力量，保证中国的强大不能对美国在亚洲的利益构成威胁。② 有学者甚至提出了“强制性接触论”，要求美国政府通过严厉的政策手段迫使中国先做出改变，再鼓励中国的发展和强大。③ 还有学者提出“有限接触论”，认为接触过程，美国最重要的还需要了解接触政策可以不断实现的目标，那就是不应该让中国更快地发展强大的军事和战略力量，使中国按照美国的政治标准实行政治改革，但美国也需要更多地了解中国，并建立起对华“接触政策”的国内政治共识。④ 事实上，这些政策建议的内容或多或少地都包含在克林顿政府所采取的对华“全面接触”（comprehensive engagement）政策中，也反映出“中国威胁论”尽管影响很大但在美国的对华政策中并不占据主导地位的事实。

从克林顿政府开始全面阐述和执行“全面接触”（comprehensive engagement）政策，至今已十年。在这十年中，一方面中国继续崛起；另一方面来自美国的“中国威胁”论仍在继续发展，中美两国关系也继续保持了稳定发展的势头。目前值得关注的焦点不是“中国威胁论”是否将改变美国政府的对华接触政策，而是美国的“中国威胁”与“中国崛起”伴生的“中国意象”中有哪些新的因素出现。

首先，“中国崛起”的论断正在越来越走向中国是未来“超级大国论”，“中国崛起论”的“新崛起”正在带来“中国威胁”中的诸多新

① James Shinn, ed., *Weaving the Net: Conditional Engagement with China* (New York: Council on Foreign Relations, 1996).

② Audrey Cronin and Patrick Cronin, "The Realistic Engagement of China," *Washington Quarterly*, Vol. 19, No. 1 (Winter 1996), pp. 141-170.

③ Michael J. Mazarr, "The Problem of a Rising Power: Sino-American Relations in the 21st Century," *Korean Journal of Defense Analysis*, Vol. 7, No. 2 (Winter 1995), pp. 7-40.

④ Bates Gill, "Limited Engagement," *Foreign Affairs*, Vol. 78, No. 3 (May/June 1999), pp. 53-61.

"威胁论"。[①]

其中，"中国崩溃"论还在继续发展，但对中国国家与社会结构问题的关注重点已经从20世纪90年代前半期的中国政权交接和政治制度的内在紧张关系，转向中国目前不断出现的社会紧张关系及其所带来的持续的不满和冲击。美国观察家认为，中国政府并没有足够的能力解决这些问题。中国目前出现了新的"政治风险"——巩固政权合法性、消除腐败和推行人民更加拥护的责任政治，以及"社会风险"——缩小贫富差距、降低地区发展的不平衡、有效的社会安全政策及解决边缘群体的对抗心理等，已经取代了20世纪90年代对中国能否顺利进行权力交接的疑虑，对中国军队等强势群体在国家权力结构中的作用，以及中国政府是否将因国内政治失败而走向极端主义等问题的关注。[②] 由此而带来的挑战是，应如何判断今天中国的改革开放和政治社会转型，这也成为新的争论焦点。悲观论者认为中国的转型不仅保守而且还将面临失败；乐观论者认为中国的转型正处在"半杯水"状态，最终会"注满"。[③]

在对中国的"社会/文化"层次的关注上，一方面传统上西方对中国民族主义的忧虑还在继续，强调中国若不能控制情绪化的民族主义思潮的发展将直接伤害其外交政策的信任度与国际影响力。但不少研究开始指出，中国的民族主义在相当程度上是中国人自发对于一些具体事件的反映，而不是整体上"排外"或者"仇外"的民族主义。这种"事件"导向的民族主义情

---

① 最新有关中国将作为"超级大国"崛起的论述，参见：Oded Shenkar, *The Chinese Century: The Rising Chinese Economy and It's Impact on the Global economy, the Balance of Power, and Your Job* (New York: Wharton School Publishing, 2004); Ted C. Fishman, *China, Inc.: How the Rise of the Next Superpower Challenges America and the World* (Boston: Simon & Schuster Adult Publishing Group, 2005)。

② 有关中国政治与社会关系紧张可能导致中国崩溃的论述，参见 Gordon Chang, *The Coming Collapse of China*；有关中国政治与经济发展互动关系的新变化及较为积极的论述，参见 Bruce J. Dickson, *Red Capitalists in China: The Party, Private Entrepreneurs, and Prospects for Political Change* (New York: Cambridge University Press, 2003); Tony Saich, *Governance and Politics of China*, Second Edition, (London: Palgrave, 2004); Minxin Pei, "Dangerous Denials: China's Economy Is Blinding the World to its Political Risks," *Foreign Policy Special Report* "China Rising," January/February 2005, pp. 56 – 58。

③ 美国加州大学洛杉矶分校教授鲍瑞嘉（Richard Baum）2005年4月14日在美国国会"美中安全审查委员会"听证会上的发言。《华盛顿再审对华政策：要同中国人接触》，《华盛顿观察》，2005年4月20日。

绪固然有其破坏力，但至少不能说明中国民族主义具有难以避免的“情绪化”和“危机化”的本质。[①] 在分析中国目前的社会问题上，那种认为中国是一个“奇怪”国家的看法正在明显下降。相反，对中国目前经济发展所涌现出的“社会/文化”层次上的积极变化开始有了更多的关注。最有代表性的是2005年美国《时代》周刊、《新闻周刊》等相继推出有关中国问题的特别报道，以建设性的方式描述中国今天在社会层面上与世界关系的新动向。其他有关中国“信心”越来越突出的研究也不少见，认为中国的转型总体上来说让中国的国内和对外政策都变得更加积极和有建设性。[②]

值得注意的是，在“社会/文化”层面上研究中国崛起和中国未来可能的政策选择之间的关系中，强调中国历史上作为一个庞大的东亚帝国所具有的“历史特征”对今天中国的政治文化仍具有相当大的影响的观点，仍是目前有关“中国威胁”看法中常常被引用的重要论述之一。耶鲁大学的斯宾司（Jonathan D. Spence）教授，就一再强调中国历史“是今天看待和分析中国的透镜之一”。[③] 这些历史性研究著述常常力图发现中国古代“侵略性”和“帝国特征”，试图以此说明今日中国与其“帝国特征”的历史之间有着斩不断的联系。[④] 目前，对中国历史上进行所谓“好战”问题的研究仍然有所谓层出不穷的“新发现”。[⑤] 白鲁洵甚至评论说，这些新的中国“侵略历史”的研究，正在改变中国近代历史上一直受西方影响的观点，认为中国早在清朝初期就介入了与英国和俄罗斯对中亚地区的争夺。[⑥] 这种评论刻意将康熙王朝平定新疆准噶尔部落叛乱及和沙皇俄国签订的《尼布楚条约》说成是中国开始进行“大国争夺”。有关中国历史上

---

① Peter H. Gries, “Tears of Rage: Chinese Nationalist Reactions to the Belgrade Embassy Bombing,” *The China Journal*, Vol. 46, No. 3 (July 2001), pp. 25–43.

② John Gittings, *The Changing Face of China: From Mao to Market* (Oxford: Oxford University Press, 2005).

③ Jonathan D. Spence, “The Once and Future China,” *Foreign Policy Special Report* “China Rising”, January /February 2005, pp. 44–48.

④ 参见 Ross Terrill, *China's New Empire*, 2002; Gavin Menzies, *1421: the Year China Discovered the America* (London: Bantom Books, 2003)。

⑤ 最近两本代表性的著述是，Peter C. Perdue, *China Marches West: The Qing Conquest of Central Eurasia* (Cambridge, MA: Harvard University Press, 2005)；另一本是 Gavin Menzies, *1421: the Year China Discovered the America*。

⑥ Lucian W. Pye, “Asia and Pacific,” *Foreign Affairs*, Vol. 84, No. 3 (May/June, 2005), pp. 91–93.

就曾经是一个“富于侵略性和海外扩张性”的观点，正在为解释中国今后的国际行为提供所谓新的依据。[①]

其次，在“理论/经验”层次上对中国的研究也呈现出多元化的发展势头。虽然米尔斯海默（John Mearsheimer）教授的《大国政治的悲剧》（The Tragedy of Great Power Politics）代表了90年代以来“中国威胁论”在国际关系理论上的新高度，[②] 但他的理论本身存在很大的争议。他的结论“美国如果想要在今后避免与中国打仗，那么最好就从现在开始遏止中国”的观点，在美国朝野反响寥寥。美国战略家布热津斯基（Zbigniew Brzezinski）专门针对米尔斯海默教授的观点指出，中国的和平崛起是可以实现的，中国并没有挑战美国的野心，在持续的经济发展过程中，中美两国可以建立起稳固的合作关系。[③] 与此同时，对于“中国崛起”并不必定带来“中国威胁”的有深度的论述也开始多了起来。这些研究从国际关系理论到经验事实，都反驳了那些认为中国的崛起必然带来威胁的观点。

除了米尔斯海默那样用现实主义理论分析中国的重要学术著作之外，用批判理论和后现代主义来分析中国崛起是否构成“中国威胁”的理论努力也在不断出现。现执教于英国曼彻斯特大学政治学系的美国教授卡拉汉（William A. Callahan）运用后现代主义国际关系理论分析中国的主权观念、当代政治与世界意识，以及中国的民主化进程，认为中国是否是“威胁”很大程度上取决于中国与美国、中国与世界的观念互动，但至少现在这个程度上，中国是一个“观念和知觉”都会发生“移动”与“变化”的国家，是一个国际主张还有“不确定性”的国家。[④] 美国科罗拉多大学政治学系格利斯教授（Peter H. Gries）运用社会心理学的理论架构分析中国崛起中的“威胁”问题，他认为中国既不是一个“内在的和平主义国家”，也不是“坚定的攻击性国家”，在国际关系中认同与冲突的演进而不是利益与冲突的发展，

① Philip Bowring, “China's Growing Might and the Spirit of Zhenghe,” *International Herald Tribune*, August 2, 2005.

② John Mearsheimer, *The Tragedy of Great Power Politics* (New York: Columbia University Press, 2001).

③ Zbigniew Brzezinski, “Make Money, Not War,” *Foreign Policy Special Report* “China Rising,” January /February 2005, pp. 46 – 47.

④ William A. Callahan, *Contingent States: Greater China and Transnational Relations* (Minneapolis: University of Minnesota Press, 2004).

将决定中国的未来。这些运用非主流国际关系理论来分析“中国崛起”与“中国威胁”的理论成果，将在未来对“中国威胁论”的讨论产生重大影响。①

再次，支撑“中国威胁”论的一些新的观点也在不断出现，“中国崛起”与“中国威胁”之间的较量正在进入“议题导向性”的新时期。较量的重点已经从20世纪90年代的中国国内“制度/结构”问题转向中国经济崛起的现实挑战问题。其中一个很重要的事实是，“中国崛起”正在产生越来越重大的全球经济效应，以至于许多专家们都认为全球经济体制必须因中国的经济发展重新进行调整，以适应崛起后的中国。但是美国对于中国如此强劲的发展始终缺乏从政策到心理各个方面的准备，而只是一味从自己的短期现实利益出发叫嚷来自中国的“威胁”。例如，有美国学者认为，人民币与美元挂钩的政策导致了美国的巨额贸易赤字和国内就业率下降；中国海外石油需求的扩大及争取原油进口渠道多样化的政策威胁到美国的能源安全，并且是导致世界石油价格攀升的原因之一；中国继续违背有关知识产权的国际承诺；中国2005年3月通过的《反国家分裂法》加剧了海峡两岸局势的紧张，中国军费每年以2位数的速率增长，但美国强调的是中国目前并不面临国际安全“威胁”。此外，中国大量的出口产品正在威胁全球化经济中与中国有着出口重叠性的发展中国家经济的观点，目前也有相当的市场，产生了诸如中国经济发展的“竞争力威胁”（competitive threat）的概念。②

综上所述，“中国崛起”所伴生的“中国威胁”的意象并不单纯是意识形态作用的结果，也并非是因为缺乏“了解”而产生的。相反，“中国崛起”与“中国威胁”在美国的“中国意象”中顽固和执著存在的根本原因，是因为它既是一种意识形态的防御性和进攻性兼容的反应，也是美国的一种政策手段，因为中国威胁论的存在可以成为在具体的地区战略调

---

① Peter H. Gries, “Social Psychology and the Identity-conflict Debate: Is a ‘China Threat’ Inevitable?” *European Journal of International Relations*, Vol. 11, No. 2 (2005), pp. 235 – 265.

② “Is the Waking Giant a Monster?” *The Economist*, February 13th, 2003; Edwards S. Steinfeld, “China's Shallow Integration: Networked Production and the New Challenges for Late Industrialization,” *World Development*, Vol. 32, No. 11, 2004, pp. 1971 – 1987; D. Rosen, “Low-tech Bed, High-Tech Dreams,” *China Economic Quarterly*, Issue 4, 2003, pp. 20 – 40; 不赞成中国经济正在威胁周边及拉美发展中国家的论述，参见：Sanjaya Lall and Manuel Albaladejo, “China's Competitive Performance: A Threat to East Manufactured Exports?” *World Development*, Vol. 32, No. 9, 2004, pp. 1441 – 1466. P. Nolan, *China and the Global Business Revolution* (Basingstoke: Palgrave, 2001)。

整和大国关系重组过程中提供目标和方向的推进剂;"中国威胁论"更是具体的利益估算和诉求的结果,它本质上反映了国际关系中权力是自私的这一基本特点。在意识形态、政策需要和利益追求的总体环境下,在美国,"中国崛起"与"中国威胁"的伴生具有广泛而又深刻的理论依据。在美国的"中国意象"中,这些理论依据的共生状态不仅为美国的意识形态、政策需要和利益追求提供了具体的思维方式和观念的结构过程,也是美国在中国问题上的政策、利益与意识形态目标"具体化"的基本来源。特别是美国国内政治与文化的多元主义,决定了"中国崛起"与"中国威胁"之间的伴生状态恐怕很难消除。

美国学者、智库及保守的政策官员在90年代出现"中国威胁"论,可以说它是美国政治与政策环境的必然产物。其中,在中国问题上根深蒂固的民主攻势、美国冷战后实际的战略利益需要、对中国问题常常表现出的美国式的"无知",以及冷战后国际体系的转型等诸多因素相互作用,对"中国威胁"论的出现和发展起到了推波助澜的作用。美国政府在中国政策问题上的左右摇摆、有些政治人物从自身的价值出发或者是为了迎合有些势力不点名地将中国视为"流氓国家"的看法,[①] 以及以中国做"靶子"来重新构筑其冷战后的东亚战略等现实利益需要,客观上进一步刺激了媒体、右翼学者与政治人物在"中国威胁"问题上的大做文章。因此,不能简单地以在中美关系中去"意识形态化"来"解构"美国以"威胁论"为代表的消极的"中国意象"。"中国崛起"与"中国威胁"广泛的理论背景,事实上意味着"中国崛起"与"中国威胁"的伴生,与意识形态和价值问题关联较少,而更多地与无政府状态下国际关系体系及美国目前是单极霸权的权力结构特点相关联。

在2003年之后出现的这新一波的"中国威胁"论中,中国产品的世界扩张、中国经济发展对其他大国"压缩性"的消极影响,以及中国崛起同时给世界造成能源、原材料竞争压力,成为新的理由,反映出"一个唯一的主导性大国和一个崛起中的大国注定的麻烦不断的关系"。[②] 由于经济

① 有关有些美国人将中国视为"流氓国家"的分析,参见 Harry Harding, "The Future of U. S. Foreign Policy: Regional Issues, Hearings before the House Committee," *Foreign Affairs*, February 17, 1993。

② Editorial, "Emerging China," *Washington Post*, July 10, 2005.

增长模式、能源需求及资源竞争都不可避免地涉及地缘政治、地缘战略争夺，并对国际安全局势必然发生影响，因此这一波“中国威胁”论背后的大国竞争议题开始突出，世界权力分配的格局正在随着中国崛起和印度的振兴开始了新的变化。有学者认为，“权力正在向亚洲转移”。这一波“中国威胁”论的突出话题不是中国国内“制度/结构”不确定的未来，而是中美之间层出不穷的争论性问题。如美国国内政治对中海油竞购尤尼科（Unocal）公司所表现出来的过激反应。这种具体问题导向型的“中国威胁论”越来越突出，一方面反映出中美关系的“复杂”性质，另一方面也说明美国对中国目前“崛起”的程度和影响的评估和反应，已从防务和战略层面越来越发展为更加实质性的具体领域。双方在全球和地区事务上的争执点很可能越来越多。很大程度上，美国的“中国崛起”与“中国威胁”的伴生“意象”的调整和演变，将决定两国关系的未来。

（原载《美国研究》2005年第3期）

更多信息请查询：www.ssap.com.cn

美国研究系列丛书·相关链接

美国是中国最重要的研究对象国之一，美国问题研究对中国各界的重要性自不待言。经过长期筹备，中国社会科学院美国研究所与社会科学文献出版社共同推出美国研究系列著作，有《美国蓝皮书》、《美国研究丛书》、《美国研究译丛》和《当代美国丛书》共四个系列。

《美国蓝皮书》是中国社会科学院美国研究所和中华美国学会编撰的国内首部美国问题研究报告，每年出版一本，旨在对美国的内政外交等诸方面进行跨年度梳理和归纳，并对其来年的走势适当进行预测。《美国研究丛书》收录国内学者关于美国问题的最新专题性优秀研究成果。《美国研究译丛》收录海外美国问题研究的重要著作，为读者提供一个了解、认识美国的域外视角。《当代美国丛书》此次修订出版，依然坚持深入浅出的著述风格，在科学性的基础上兼顾可读性，在全方位、多角度的前提下深入地剖析美国的方方面面。

美国蓝皮书

黄平　倪峰　主编

2011年6月出版

69.00元

ISBN 978-7-5097-2390-6

美国研究丛书

王孜弘　主编

2011年6月出版

39.00元

ISBN 978-7-5097-2256-5

卢咏　著

2011年4月出版

49.00元

ISBN 978-7-5097-2119-3

相关链接

更多信息请查询：www.ssap.com.cn

美国研究丛书

樊吉社　张帆　著
2011 年 1 月出版
49.00 元

ISBN 978-7-5097-1974-9

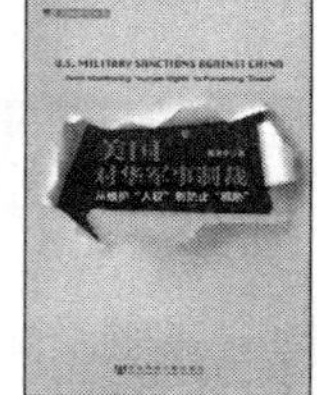

张金翠　著
2010 年 12 月出版
45.00 元

ISBN 978-7-5097-1765-3

美国研究译丛

〔美〕罗伯特·卡根　著
袁胜育　郭学堂　葛腾飞　译
2011 年 6 月出版
89.00 元(上、下)

ISBN 978-7-5097-2310-4

〔法〕夏尔－菲利普·戴维
路易·巴尔塔扎　于斯丹·瓦伊斯　著
钟震宇　译
2011 年 1 月出版　49.00 元

ISBN 978-7-5097-1996-1

〔美〕尼娜·哈奇格恩
〔美〕莫娜·萨特芬　著
张燕　单波　译
2011 年 1 月出版　39.00 元

ISBN 978-7-5097-1768-4

〔美〕理查德·罗斯克兰斯
顾国良　主编
2010 年 8 月出版　29.00 元

ISBN 978-7-5097-1247-4

当代美国丛书

朱世达　著
2011 年 6 月出版
59.00 元

ISBN 978-7-5097-2322-7

刘杰　著
2011 年 6 月出版
49.00 元

ISBN 978-7-5097-2261-9

当代美国丛书

何家弘　主编
2011 年 6 月出版
59.00 元

ISBN 978-7-5097-2201-5

陈宝森　王荣军　罗振兴　主编
2011 年 6 月出版
59.00 元（估）

其他

黄平　胡国成　赵梅　主编
2011 年 6 月出版
189.00 元（上、下卷）

ISBN 978-7-5097-2289-3

黄平　主编
2009 年 7 月出版
39.00 元

ISBN 978-7-5097-0835-4

周建明　著
2009 年 5 月出版
45.00 元

ISBN 978-7-5097-0781-4

姜琳　著
2008 年 3 月出版
39.00 元

ISBN 978-7-80230-984-5

陈宝森　著
2007 年 5 月出版
99.00 元

ISBN 978-7-80230-431-4

徐世澄　主编
2007 年 5 月出版
46.00 元

ISBN 978-7-80230-404-8

图书在版编目（CIP）数据

美国研究文选：1987～2010/黄平，胡国成，赵梅主编．—北京：社会科学文献出版社，2011.6

ISBN 978－7－5097－2289－3

Ⅰ.①美…　Ⅱ.①黄…　②胡…　③赵…　Ⅲ.①美国－研究－1987～2010－文集　Ⅳ.①D771.2－53

中国版本图书馆 CIP 数据核字（2011）第 067013 号

美国研究文选（1987～2010）（上、下卷）

主　　编／黄　平　胡国成　赵　梅

出 版 人／谢寿光
总 编 辑／邹东涛
出 版 者／社会科学文献出版社
地　　址／北京市西城区北三环中路甲 29 号院 3 号楼华龙大厦
邮政编码／100029

责任部门／编译中心（010）59367139
电子信箱／bianyibu@ssap.cn
项目统筹／祝得彬
责任编辑／段其刚　董风云
责任校对／师敏革　杜若普　宋建勋　白秀君　王洪强
责任印制／董　然
总 经 销／社会科学文献出版社发行部　（010）59367081　59367089
读者服务／读者服务中心（010）59367028

印　　装／北京季蜂印刷有限公司
开　　本／787mm×1092mm　1/16
印　　张／57.5
版　　次／2011 年 6 月第 1 版
字　　数／922 千字
印　　次／2011 年 6 月第 1 次印刷
书　　号／ISBN 978－7－5097－2289－3
定　　价／189.00 元（上、下卷）